오직 스터디 카페 멤버에게만 주어지는 특별 혜택!
이기적 스터디 카페

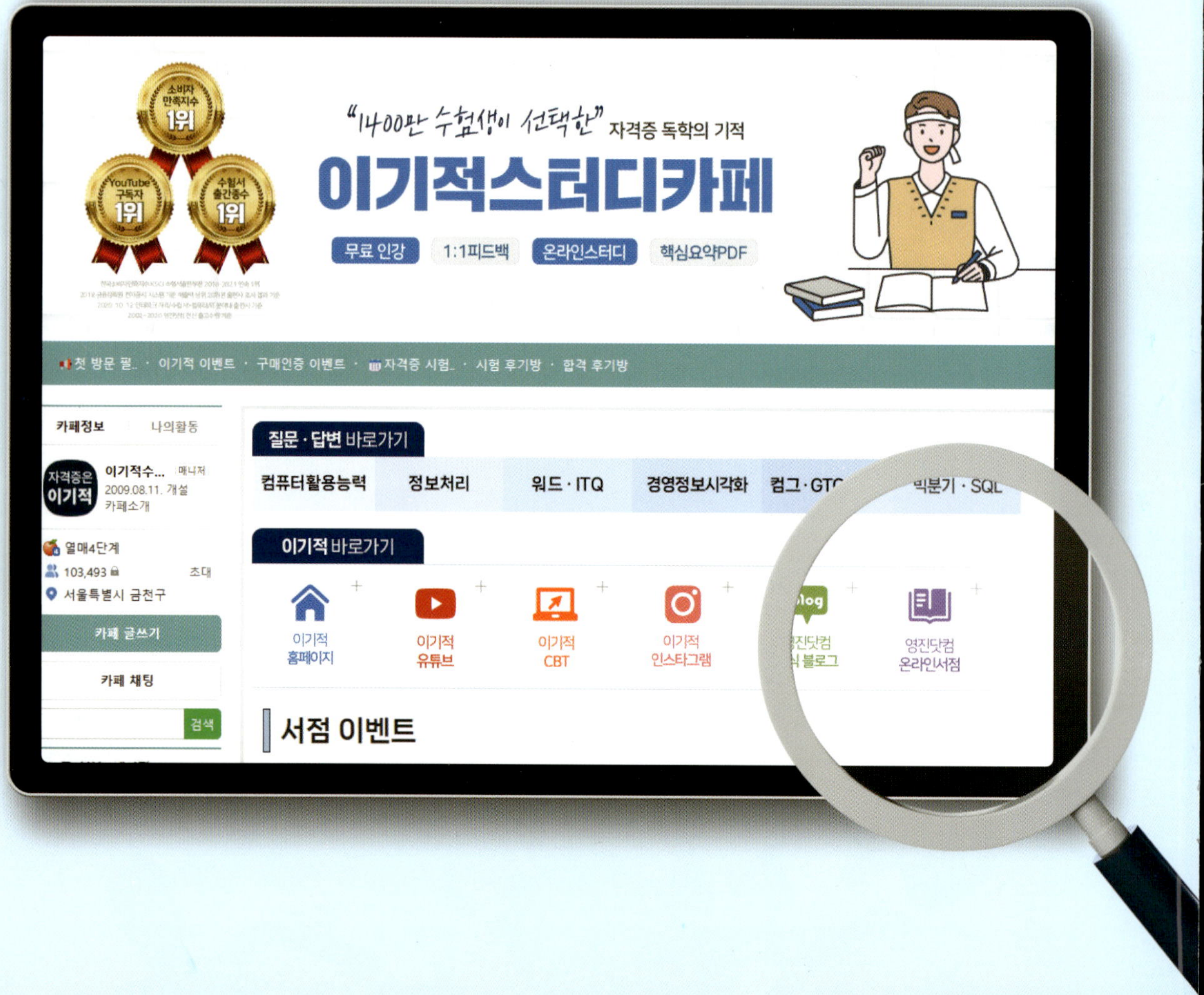

이기적 스터디 카페

합격을 위한 기적 같은 선물
또기적 합격자료집

혼자 공부하기 외롭다면?
온라인 스터디 참여

모든 궁금증 바로 해결!
전문가와 1:1 질문답변

1년 내내 진행되는
이기적 365 이벤트

도서 증정 & 상품까지!
우수 서평단 도전

간편하게 한눈에
시험 일정 확인

합격까지 모든 순간 이기적과 함께!

이기적 365 EVENT

QR코드를 찍어 이벤트에 참여하고 푸짐한 선물 받아가세요!

1. 기출문제 복원하기

이기적 책으로 공부하고 시험을 봤다면 7일 내로 문제를 제보해 주세요!

2. 합격 후기 작성하기

당신만의 특별한 합격 스토리와 노하우를 전해 주세요!

3. 온라인 서점 리뷰 남기기

온라인 서점에서 책을 구매하고 평점과 리뷰를 남겨 주세요!

4. 정오표 이벤트 참여하기

더 완벽한 이기적이 될 수 있게 수험서의 오류를 제보해 주세요!

※ 이벤트별 혜택은 변경될 수 있으므로 자세한 내용은 해당 QR을 참고해 주세요.

기적의 적중률, 여러분의 참여로 완성됩니다
기출 복원 EVENT

기출 복원하기 ▶

전원 지급

1. 이기적 수험서로 공부하고 시험에 응시했다면 누구나 참여 가능

2. 응시일로부터 7일 이내 복원 문제만 인정(수험표 첨부 필수!)

3. 중복, 누락, 허위 문제는 당첨 대상에서 제외

※ 이벤트별 혜택은 변경될 수 있으므로 자세한 내용은 해당 QR을 참고해 주세요.

시험 환경 100% 재현!
CBT 온라인 문제집

CBT 온라인 문제집 이용 가이드

- **STEP 1**   CBT 사이트 (cbt.youngjin.com) 접속하기
- **STEP 2**   과목을 선택하고 시작하기 버튼 클릭하기
- **STEP 3**   시간에 맞춰 문제 풀고 합격 여부 확인하기
- **STEP 4**   로그인하면 MY 페이지에서 응시 결과 확인 가능

글자 크기 조절
글자 크기 100% 150% 200%

안 푼 문제 수 확인 가능
· 전체 문제 수 : 40 · 안 푼 문제 수 : 40

실제 시험처럼 시간 재며 풀기
제한 시간 40분
남은 시간 37분 39초

모바일 접속도 가능

답안 표기란에 체크

안 푼 문제로 바로 이동 가능
합격 결과 즉시 확인

이기적 CBT

합격을 위해 모두 드려요.
이기적 합격 솔루션!

이기적이 여러분을 위해 준비했어요

저자가 직접 알려주는, 무료 동영상 강의

자격증 독학 어렵지 않아요. 혼자 공부하지 마세요.
어렵고 헷갈리는 내용은 선생님과 함께 해요.

이론을 함께 공부하고, 필기와 실기 동차 합격

정보처리기사는 필기와 실기의 이론 내용이 거의 비슷해요~
이론은 한 번에 공부하고, 문제는 따로 풀어보세요!

시험의 처음부터 끝까지, 또기적 학습자료집

시험 유의사항과 실격사항부터, 모의고사까지!
이기적 스터디 카페에서 구매인증하고 받아가세요~

무엇이든 물어보세요, 1:1 질문답변

공부하다 궁금한 게 생기셨나요? 무엇이든 물어보세요.
금방 답해 드릴게요.

※ 〈2026 이기적 정보처리기사 필기+실기 올인원〉을 구매하고 인증한 회원에게만 드리는 자료입니다.

◀ 모든 혜택 한 번에 보기

정오표 바로가기 ▶

또, 드릴게요! 이기적이 준비한 선물
또기적 합격자료집

1. **시험에 관한 A to Z 합격 비법서**
   책에 다 담지 못한 혜택은 또기적 합격자료집에서 확인

2. **편리하고 똑똑한 디지털 자료**
   PC · 태블릿 · 스마트폰으로 언제든 열람하고 필요한 부분만 출력 가능

3. **초보자, 독학러 필수 신청**
   혼자서도 충분한 학습 플랜과 수험생 맞춤 구성으로 한 번에 합격

※ 도서 구매 시 추가로 증정되는 PDF용 자료이며 실제 도서가 아닙니다.

◀ 또기적 합격자료집 받으러 가기

이렇게
기막힌
적중률

정보처리기사
올인원
1권·이론서

"이" 한 권으로 합격의 "기적"을 경험하세요!

차례

출제빈도에 따라 분류하였습니다.
- 상 : 반드시 보고 가야 하는 이론
- 중 : 보편적으로 다루어지는 이론
- 하 : 알고 가면 좋은 이론

이 책의 구성	1-10
CBT 시험 가이드	1-12
시험의 모든 것	1-14
시험 출제 경향	1-16
Q&A	1-20

PART 01 소프트웨어 설계

1권

CHAPTER 01 소프트웨어 개발 방법론
- 상 SECTION 01 소프트웨어 개발 방법론 — 1-24
- 상 SECTION 02 소프트웨어 개발 방법론 테일러링 — 1-39

CHAPTER 02 요구사항 확인
- 하 SECTION 01 소프트웨어 개발 환경 분석 — 1-54
- 상 SECTION 02 요구사항 확인 — 1-60
- 상 SECTION 03 UML — 1-71

CHAPTER 03 화면 설계
- 하 SECTION 01 UI 요구사항 — 1-78
- 하 SECTION 02 UI 설계 — 1-84

CHAPTER 04 애플리케이션 설계
- 상 SECTION 01 공통 모듈 설계 — 1-92
- 중 SECTION 02 시스템 연동 설계 — 1-102

CHAPTER 05 인터페이스 설계
- 하 SECTION 01 인터페이스 설계 — 1-114

PART 02 소프트웨어 개발

CHAPTER 01 자료 구조
- SECTION 01 자료 구조 … 1-122
- SECTION 02 탐색(Search) … 1-136
- SECTION 03 정렬(Sorting) … 1-146

CHAPTER 02 통합 구현
- SECTION 01 연계 데이터 구성 … 1-158
- SECTION 02 연계 메커니즘 구성 … 1-162
- SECTION 03 연계 모듈 구현 … 1-169

CHAPTER 03 제품 소프트웨어 패키징
- SECTION 01 제품 소프트웨어 패키징 … 1-176
- SECTION 02 제품 소프트웨어 매뉴얼 작성 … 1-183
- SECTION 03 제품 소프트웨어 버전 관리 … 1-189

CHAPTER 04 애플리케이션 테스트
- SECTION 01 애플리케이션 테스트 케이스 설계 … 1-194
- SECTION 02 애플리케이션 통합 테스트 … 1-200
- SECTION 03 애플리케이션 성능 개선 … 1-208

PART 03 데이터베이스 구축

CHAPTER 01 논리 데이터베이스 설계
- SECTION 01 데이터베이스 기본 … 1-216
- SECTION 02 논리 개체 상세화 … 1-224
- SECTION 03 논리 E-R 다이어그램 … 1-233
- SECTION 04 데이터베이스 정규화 … 1-241

CHAPTER 02 SQL 활용
- SECTION 01 구조적 질의어 … 1-250
- SECTION 02 SQL 활용 … 1-258

CHAPTER 03　물리 데이터베이스 설계

- ㉠ SECTION 01 물리 속성 조사 분석　　　　　　　　　　　1-282
- ㉠ SECTION 02 데이터베이스 물리 속성 설계　　　　　　　1-284
- ㉢ SECTION 03 물리 데이터베이스 모델링　　　　　　　　1-298

CHAPTER 04　데이터 전환

- ㉠ SECTION 01 데이터 전환　　　　　　　　　　　　　　　1-304

PART 04　프로그래밍 언어 활용

CHAPTER 01　프로그래밍 개발 환경 구축

- ㉠ SECTION 01 프로그램 개발 환경 구성　　　　　　　　　1-310

CHAPTER 02　절차형 프로그래밍 언어

- ㉣ SECTION 01 데이터 가공 및 입출력　　　　　　　　　　1-316
- ㉣ SECTION 02 선택 및 반복 제어문　　　　　　　　　　　1-324
- ㉣ SECTION 03 자료 구조와 포인터　　　　　　　　　　　1-334

CHAPTER 03　객체지향 프로그래밍 언어

- ㉣ SECTION 01 객체지향 방법론　　　　　　　　　　　　　1-342
- ㉣ SECTION 02 객체지향 프로그래밍　　　　　　　　　　　1-351

CHAPTER 04　스크립트 프로그래밍 언어

- ㉣ SECTION 01 파이썬 프로그래밍　　　　　　　　　　　　1-364

CHAPTER 05　운영체제 활용

- ㉠ SECTION 01 운영체제　　　　　　　　　　　　　　　　1-380
- ㉣ SECTION 02 프로세스　　　　　　　　　　　　　　　　1-390
- ㉢ SECTION 03 기억 장치 관리　　　　　　　　　　　　　1-398

PART 05 정보 시스템 구축 관리

CHAPTER 01 IT 프로젝트 정보 시스템 구축 관리

- SECTION 01 네트워크 구축 관리 — 1-412
- SECTION 02 통신망 기술 — 1-420
- SECTION 03 통신 프로토콜 — 1-429
- SECTION 04 정보 시스템 신기술 동향 — 1-441

CHAPTER 02 개발 보안 구축

- SECTION 01 소프트웨어 개발 보안 구축 — 1-452
- SECTION 02 시스템 보안 구축 — 1-459

CHAPTER 03 암호 기술

- SECTION 01 보안 공격 및 예방 — 1-468
- SECTION 02 보안 솔루션 — 1-476
- SECTION 03 암호 기술 — 1-483

PART 06 필기! 문제로 합격하기   2권

- CHAPTER 01 실전 모의고사 — 2-5
- CHAPTER 02 최신 기출문제 — 2-185
- CHAPTER 03 최신 기출문제 정답 & 해설 — 2-347

PART 07 실기! 문제로 합격하기

- CHAPTER 01 실전 모의고사 — 2-423
- CHAPTER 02 최신 기출문제 — 2-525
- CHAPTER 03 최신 기출문제 정답 & 해설 — 2-619

이 책의 구성

STEP 1 핵심만 정리한 이론

정보처리기사 시험에
자주 출제되는 핵심 이론만 쏙쏙!

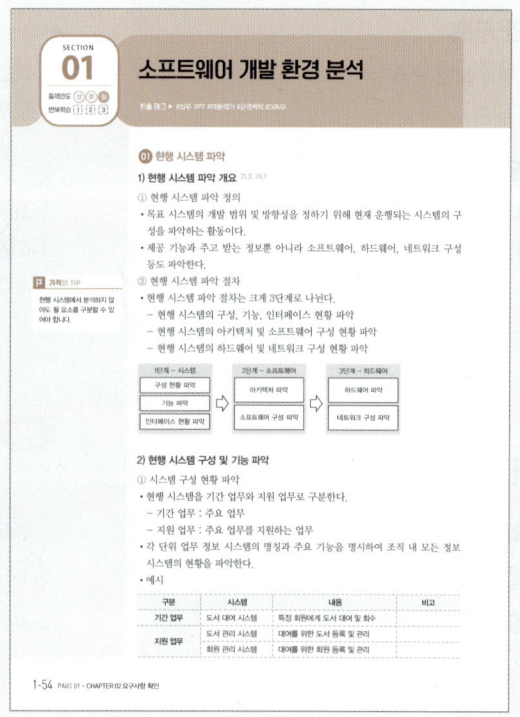

- 출제빈도와 빈출태그 확인
- 반복 학습을 통해 이론 완벽 숙지
- 기적의 TIP과 더 알기 TIP 참고

STEP 2 필기 모의고사 & 기출문제

자격증 준비에서 가장 중요한
모의고사와 기출문제 풀어보기

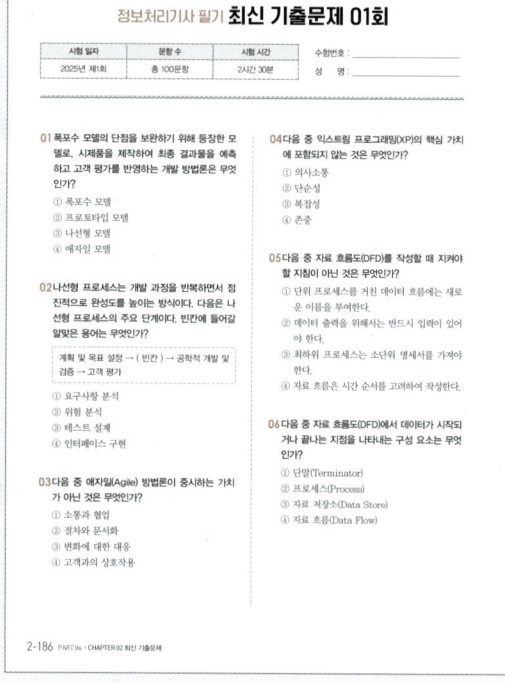

- 필기 모의고사 10회, 기출문제 10회
- 2025년 1회 최신 기출문제 수록
- 친절한 해설로 틀린 문제 바로 복습

STEP 3 실기 모의고사 & 기출문제

BONUS  시험장에서도, 막판 정리

실제로 직접 써보면서 배우는
모의고사와 기출문제 풀어보기

도서 구매자 특별 제공
마지막까지 이기적과 함께!

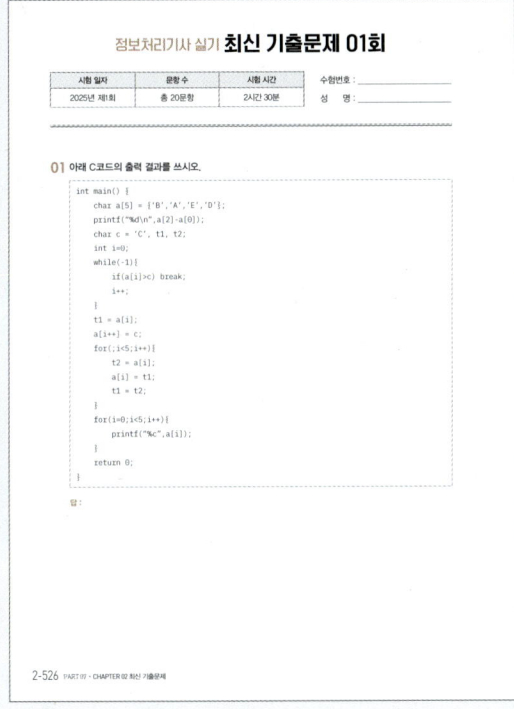

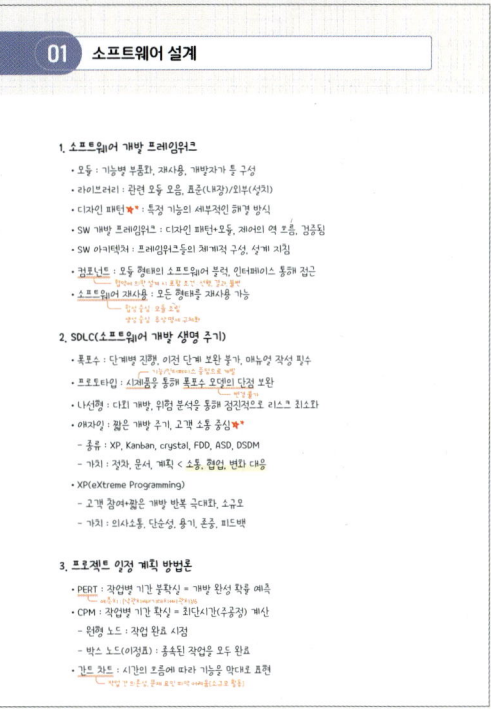

- 실기 모의고사 10회, 기출문제 10회
- 2025년 1회 최신 기출문제 수록
- 친절한 해설로 틀린 문제 바로 복습

- 이기적 도서 구매자 특별 자료
- 시험장까지 가져갈 수 있는 핸드북
- 시험에서 가장 중요한 내용들로 구성

CBT 시험 가이드

CBT란?

CBT는 시험지와 필기구로 응시하는 일반 필기시험과 달리, 컴퓨터 화면으로 시험 문제를 확인하고 그에 따른 정답을 클릭하면 네트워크를 통하여 감독자 PC에 자동으로 수험자의 답안이 저장되는 방식의 시험입니다.

오른쪽 QR코드를 스캔해서 큐넷 CBT를 체험해 보세요!

큐넷 CBT 체험하기

CBT 응시 유의사항

- 수험자마다 문제가 모두 달라요. 문제은행에서 자동 출제됩니다!
- 답지는 따로 없어요!
- 문제를 다 풀면, 반드시 '제출' 버튼을 눌러야만 시험이 종료되어요!
- 시험 종료 안내방송이 따로 없어요!

FAQ

Q. CBT 시험이 처음이에요! 시험 당일에는 어떤 것들을 준비해야 좋을까요?

A. 시험 20분 전 도착을 목표로 출발하고 시험장에는 주차할 자리가 마땅하지 않은 경우가 많으므로, 대중교통을 이용하는 것을 추천합니다. 무사히 시험 장소에 도착했다면 수험자 입장 시간에 늦지 않게 시험실에 입실하고, 자신의 자리를 확인한 뒤 착석하세요.

Q. 기존보다 더 어려워졌을까요?

A. 시험 자체의 난이도 차이는 없지만, 랜덤으로 출제되는 CBT 시험 특성상 경우에 따라 유독 어려운 문제가 많이 출제될 수는 있습니다. 이러한 돌발 상황에 대비하기 위해 이기적 CBT 온라인 문제집으로 실제 시험과 동일한 환경에서 미리 연습해 두세요.

Q. 풀었던 문제의 답안 수정은 어떻게 하나요?

A. 마킹한 답안을 수정할 경우에는 문제지 화면에서 수정하고자 하는 문제의 답을 다시 클릭하면 먼저 체크한 번호는 없어지고 새로 선택한 번호가 검은색으로 마킹됩니다.

Q. 문제를 다 풀고 나면 어떻게 하나요?

A. 문제를 다 풀고 시험을 종료하려면, '시험 종료' 버튼을 클릭하면 됩니다. 마킹하지 않은 문제가 있을 경우 남은 문제의 문제번호 목록을 보여 주고, 남은 문제번호를 선택한 다음 [문항으로 이동] 버튼을 클릭하면 문제화면에 클릭한 문제가 나타납니다. 남은 문제가 없을 경우 최종적으로 종료 여부를 확인하는 대화상자가 나타나며 [예]를 클릭하면 시험이 종료되고 수험자가 작성한 답안은 자동으로 저장되어 서버로 전송됩니다.

CBT 진행 순서

좌석번호 확인 — 수험자 접속 대기 화면에서 본인의 좌석번호를 확인합니다.

↓

수험자 정보 확인 — 시험 감독관이 수험자의 신분을 확인하는 단계입니다.
신분 확인이 끝나면 시험이 시작됩니다.

↓

안내사항 — 시험 안내사항을 확인하고, 다음을 클릭합니다.

↓

유의사항 — 시험과 관련된 유의사항을 확인합니다.

↓

문제풀이 메뉴 설명 — 시험을 볼 때 필요한 메뉴에 대한 설명을 확인합니다.
메뉴를 이용해 글자 크기와 화면 배치를 조정할 수 있습니다.
남은 시간을 확인하며 답을 표기하고, 필요한 경우 아래의 계산기를 이용할 수 있습니다.

↓

문제풀이 연습 — 시험 보기 전, 연습을 해 보는 단계입니다.
직접 시험 메뉴화면을 클릭하며, CBT가 어떻게 진행되는지 확인합니다.

↓

시험 준비 완료 — 문제풀이 연습을 모두 마친 후 [시험 준비 완료] 버튼을 클릭하면 시험 감독관의 지시에 따라
시험이 시작됩니다.

↓

시험 시작 — 시험이 시작되었습니다. 수험자는 제한 시간에 맞추어 문제풀이를 시작합니다.

↓

답안 제출 — 시험을 완료하면 [답안 제출] 버튼을 클릭합니다. 답안을 수정하기 위해 시험화면으로 돌아가고
싶으면 [아니오] 버튼을 클릭합니다.

↓

답안 제출 최종 확인 — 답안 제출 메뉴에서 [예] 버튼을 클릭하면, 수험자의 실수를 방지하기 위해 한 번 더 주의 문구가
나타납니다. 시험 문제 풀이가 완벽히 끝났다면 [예] 버튼을 클릭하여 최종 제출합니다.

↓

합격 발표 — CBT 시험이 모두 종료되면, 퇴실할 수 있습니다.

이제 완벽하게 CBT 필기시험에 대해 이해하셨나요?
그렇다면 이기적이 준비한 CBT 온라인 문제집으로 학습해 보세요!

이기적 온라인 문제집 : https://cbt.youngjin.com

이기적 CBT 바로가기

시험의 모든 것

시험 알아보기

● **자격 소개**

정보시스템 등의 개발 요구사항을 이해하여 각 업무에 맞는 소프트웨어의 기능에 관한 설계, 구현 및 테스트를 수행하고 사용자에게 배포하며, 버전관리를 통해 제품의 성능을 향상시키고 서비스를 개선하는 직무이다.

● **응시 자격**
- 모든 학과 응시 가능
- 실기는 필기 합격자 대상

● **필기 시험 과목**
- 소프트웨어 설계
- 소프트웨어 개발
- 데이터베이스 구축
- 프로그래밍 언어 활용
- 정보 시스템 구축 관리

● **검정 방법**
- 필기 : 객관식 4지 택일형, 과목당 20문항(과목당 30분)
- 실기 : 필답형(2시간 30분)

출제기준

● **개요**
- 적용 기간 : 2026.01.01~2026.12.31
- 정보통신 〉 정보기술 〉 정보처리기사

출제기준 상세보기

● **세부 출제기준**

소프트웨어 설계	요구사항 확인
	화면 설계
	애플리케이션 설계
	인터페이스 설계
소프트웨어 개발	데이터 입출력 구현
	통합 구현
	제품소프트웨어 패키징
	애플리케이션 테스트 관리
	인터페이스 구현
데이터베이스 구축	SQL 응용
	SQL 활용
	논리 데이터베이스 설계
	물리 데이터베이스 설계
	데이터 전환
프로그래밍 언어 활용	서버 프로그램 구현
	프로그래밍 언어 활용
	응용 SW 기초 기술 활용
정보 시스템 구축 관리	소프트웨어 개발 방법론 활용
	IT 프로젝트 정보 시스템 구축 관리
	소프트웨어 개발 보안 구축
	시스템 보안 구축

접수 및 응시

- **시험 일정**
  - 1년에 필기/실기 각 3회씩 시행
  - 정확한 시험 일정은 시행처 참고

- **유의 사항**
  - 원서접수시간은 원서접수 첫날 10:00부터 마지막 날 18:00까지
  - 시험 일정은 종목별, 지역별로 상이할 수 있음
  - '접수 일정 전에 공지되는 해당 회별 수험자 안내(Q-net 공지사항 게시)' 참조 필수

- **합격 기준**
  - 필기 : 100점을 만점으로 하여 과목당 40점 이상, 전과목 평균 60점 이상
  - 실기 : 100점을 만점으로 하여 60점 이상

- **과락 여부**

  필기시험의 경우, 한 과목이라도 40점 미만으로 나올 경우 과락으로 불합격 처리

합격 발표

- **합격자 발표**

  필기시험 합격예정자 및 최종합격자 발표시간은 해당 발표일 09:00 시행처 홈페이지 참고

- **자격증 발급**
  - 인터넷 발급 신청하여 우편수령
  - 인터넷 자격증 발급신청 접수기간 : 월요일~일요일(24시간) 연중 무휴
  - 인터넷을 이용한 자격증 발급신청이 가능한 경우
    - 배송신청가능자 : 공단이 본인 확인용 사진을 보유한 경우 (2005년 9월 이후 자격취득자 및 공인인증 가능자)
  - 인터넷 우편배송 신청 전 공단에 직접 방문하여야 하는 경우
    - 공단에서 확인된 본인사진이 없는 경우
    - 신분 미확인자인 경우(사진상이자 포함)
    - 법령개정으로 자격종목의 선택이 필요한 경우
  - 인터넷 자격증 발급 시 비용 발생
  - 발급 문의 : 32개 지부/지사

고사장 및 시험 관련 문의

- 시행처 : 한국산업인력공단
- 홈페이지 : www.q-net.or.kr

📞 1644-8000

시험 출제 경향

정보처리기사 필기 시험은 총 5과목으로 분류되며, 과목별 20문항씩 출제가 되고 문항별 배점은 5점입니다. 과목별 100점 만점에 과목당 40점 이상, 평균 60점 이상을 받으면 합격입니다. 정보처리기사 실기 시험은 별도의 과목 구분 없이 20문항이 출제되며 문항별 배점은 5점입니다. 또한 부분 점수를 인정하는 문제 비중이 높습니다. 필기를 통해 배우는 대부분의 지식을 실기 시험에 활용할 수 있기 때문에 필기 일정과 실기 일정을 병행하여 공부하는 것이 좀 더 효율적인 학습 방법이라고 볼 수 있습니다.

PART 01 소프트웨어 설계

1과목에서는 소프트웨어 설계에 필요한 전반적인 사전 지식에 대해 다룹니다. 클라이언트의 요구사항을 정확히 파악하여 필요한 개발 환경을 구성하고, 개발될 정보 시스템의 구조를 설계하는 단계입니다.

챕터	요약
소프트웨어 개발 방법론	• 1과목에서 가장 높은 출제 비중(필기 기준 평균 10~12점)을 가지므로 실기와 필기 모두에서 중요한 부분을 차지하고 있습니다. 소프트웨어 개발에 필요한 이론과 방법론에 대해 서술합니다. • 핵심 키워드 : SW공학, 개발 방법론, SDLC, 형상관리 등
요구사항 확인	• 클라이언트의 요구사항을 파악하고 정리, 표현하는 기술에 대해 서술하는 챕터입니다. 요구사항을 시각적으로 표현하기 위해 사용하는 다양한 요소들이 출제됩니다. • 핵심 키워드 : 유스케이스, 자료 흐름도, 자료 사전, UML 등
화면 설계	• 유저 인터페이스 설계에 대한 기반 지식을 서술합니다. 필기 및 실기 모두 출제 빈도가 적은 편으로 핵심 키워드 중심으로 간단히 공부하고 넘어가도 큰 무리가 없는 챕터입니다. • 핵심 키워드 : UI 원칙, UX, 프로토타입, 감성공학 등
애플리케이션 설계	• 소프트웨어 개발 방법론과 쌍벽을 이룰 정도로 출제 비중이 높은 챕터입니다. 애플리케이션의 구조를 설계하는 구체적인 방법과 성능 평가 기준을 서술합니다. • 핵심 키워드 : 모듈, 결합/응집도, 아키텍처 패턴, 코드 설계, 디자인 패턴 등
인터페이스 설계	• 1과목 중 가장 출제 비중이 적은 챕터입니다. 서로 다른 시스템끼리의 상호작용을 돕는 인터페이스 기술과 유지보수에 대해 서술합니다. 학습 일정에 여유가 없다면 가볍게 보고 넘어가세요. • 핵심 키워드 : 인터페이스 요구사항, 인터페이스 오류 처리 등

PART 02 소프트웨어 개발

2과목에서는 실제 소프트웨어를 개발하기 위한 실무적 지식을 다룹니다. 내용은 어렵지만 깊은 난이도의 문제가 출제되는 편은 아니며, 출제가 특정 섹션에 집중되어 있으므로 학습 전략을 잘 세운다면 큰 무리 없이 진행할 수 있습니다.

챕터	요약
데이터 입출력 구현	• 방대한 디지털 데이터를 효율적으로 관리하는 데이터 구조와 빠른 연산을 위한 탐색 및 정렬 알고리즘에 대해 서술합니다. 실기 시험에서는 해당 챕터를 보지 않아도 풀 수 있을 정도의 적은 부분을 차지하지만 필기에서 압도적으로 비중이 크기 때문에 필기 학습에 집중할 수 있도록 하세요. • 핵심 키워드 : 스택, 큐, 리스트, 트리, 순회, 폴리쉬, 정렬, 탐색 등
통합 구현	• 다양한 시스템을 통합하여 구현하는 메커니즘과 인터페이스의 종류 및 예외 처리에 대한 도구에 대해 서술합니다. 관련 도구와 구현 방식에 집중하여 학습하도록 하세요. • 핵심 키워드 : IDE, 형상관리 도구, EAI, JSON, 인터페이스 구현 검증 도구 등
제품 소프트웨어 패키징	• 개발된 소프트웨어를 패키징하기 위한 빌드 도구와 매뉴얼 작성, 소프트웨어 버전을 관리하는 도구에 대해 서술합니다. 2과목 중 가장 비중이 작은 챕터로, 각 도구의 특징에 집중하여 학습하시기 바랍니다. • 핵심 키워드 : 빌드 자동화 도구, 매뉴얼 작성 원칙, 버전 관리 도구 등
애플리케이션 테스트 관리	• 개발 단계 전반에 걸친 테스트 기법과 애플리케이션의 성능 평가 기준에 대해 서술합니다. 데이터 입출력 구현과 달리 필기와 실기 모두에서 높은 출제 비중을 보이고 있으니 좀 더 깊이 있는 학습이 필요합니다. • 핵심 키워드 : 화이트/블랙박스 테스트, 테스트 커버리지, V모델, 코드 최적화, 유지보수 비용 측정 등

PART 03 소프트웨어 구축

3과목에서는 다량의 관련된 정보들을 체계적으로 관리하기 위한 데이터베이스를 설계, 구축, 운용하는 기술에 대해 다룹니다. 다른 과목들에 비해 암기량은 적은 편이지만, 이해가 어려운 개념들이 많아서 정답률이 다소 떨어지게 됩니다. 이해를 위해 책과 영상 등의 다양한 형태로 학습하여 이해력을 높이는 것이 좋습니다.

챕터	요약
논리 데이터베이스 설계	• 데이터베이스의 종류와 데이터베이스를 설계하기 위한 모델링 요소 및 시각화 요소에 대해 서술합니다. 3과목에서 가장 어려운 챕터인데다 출제 비중이 3과목 중 가장 커서 무시할 수 없는 챕터입니다. 책과 동영상, 질문 게시판 등을 통해 이해도를 높일 수 있도록 학습하는 것이 좋습니다. • 핵심 키워드 : DBMS, E-R 다이어그램, 정규화, 무결성 등
SQL 응용	• 데이터베이스를 운용하기 위한 언어의 기초 문법에 대해 서술합니다. 데이터 구조를 생성하고 데이터 및 권한 등을 관리하는 문법에 필요한 다양한 키워드에 집중하여 학습하세요. • 핵심 키워드 : DDL, DML, DCL, 트랜잭션, CRUD 등
SQL 활용	• SQL문법을 기초로 하는 다양한 기술들과 병행 제어와 관련된 문제점을 해결하는 방안에 대해 서술합니다. 출제 비중은 높지 않지만 학습량이 적은 편이므로 학습 시간 대비 점수를 얻기 좋은 챕터입니다. • 핵심 키워드 : 프로시저, 트리거, 인덱스, 뷰, 로킹 등
물리 데이터베이스 설계	• 앞선 챕터들에서 배운 이론을 바탕으로 실제 데이터베이스를 생성하는 물리 데이터 모델링에 대해 서술합니다. 논리 모델과 물리 모델의 특성을 고려하여 데이터를 통합, 분할, 분산시키는 기술에 대해 숙지하세요. • 핵심 키워드 : 파티셔닝, 통합, 투명성, 빅 데이터 등
데이터 전환	• 3과목에서 가장 출제 비중이 적은 챕터로서, 데이터를 상황에 맞게 전환하거나 정제하여 성능을 향상시키는 이론에 대해 서술합니다. 실기에서는 아직까지 출제된 부분이 없습니다. • 핵심 키워드 : 데이터 검증 프로그램 구현, 오류 데이터 정제 등

PART 04 프로그래밍 언어 활용

4과목에서는 C와 Java, Python 문법을 기초로 하는 프로그래밍 문제와 운영체제 관련 문제들이 출제됩니다. 프로그래밍 언어의 기초가 없는 경우에는 기초부터 꼼꼼하게 학습해야 하고, 실기에서도 큰 비중을 차지하기 때문에 반드시 가져가야 하는 과목이기도 합니다.

챕터	요약
프로그램 개발 환경 구축	• 출제 비중이 거의 없는 편이지만, 나머지 챕터를 위한 기초 영역이기 때문에 무시할 수 없는 챕터입니다. 언어 기초가 이미 학습되어 있는 분들도 놓치고 있는 부분은 없는지 체크한다는 느낌으로 한 번은 정독하고 넘어갈 수 있도록 하세요. • 핵심 키워드 : 프로그래밍 기본 개념, 변수, 식별자 등
절차지향 프로그래밍	• C언어에 대한 프로그래밍 문법에 대해 서술합니다. 프로그래밍 언어는 단순하게 키워드의 역할이나 의미를 묻는 문제보다, 작은 프로그램의 결과 또는 빈칸을 채우는 형식의 문제가 더 큰 비중을 차지하기 때문에 암기와 이해가 병행되어야 합니다. • 핵심 키워드 : 입출력, 선택, 반복, 자료구조, 포인터 등
객체지향 프로그래밍	• Java와 Python을 활용한 객체지향 문법과 개발 절차에 대해 서술합니다. 단순하게 키워드의 역할이나 의미를 묻는 문제보다, 코드를 통한 객체지향 기술에 대한 문제를 출제하는 경향이 강하므로 암기보다는 코드를 분석하는 능력을 향상시킬 수 있도록 학습하는 것이 좋습니다. • 핵심 키워드 : 객체, 클래스, 캡슐화, 상속, 객체지향 분석 방법론 등
운영체제	• 운영체제 챕터에서는 운영체제의 종류별 특징과 명령어, 프로세스와 기억장치 관련 기술에 대해 서술합니다. 비슷한 뜻과 용어가 많기 때문에 확실하게 암기하지 않으면 실수할 수 있으니 주의해야 합니다. • 핵심 키워드 : 윈도우즈, 유닉스, 리눅스, 페이징, 프로세스 등

PART 05 정보 시스템 구축 관리

5과목에서는 개발한 정보 시스템이 효율적으로 운용될 수 있도록 구축하고 또 구축된 시스템을 관리하기 위한 매우 다양한 기술들에 대해 서술합니다. 실제 시스템을 구축할 수가 없으니 기술에 대한 용어가 문제로 자주 출제되는 편인데, 문제는 그 양이 매우 많고 비슷한 용어들도 많다는 것입니다.

챕터	요약
정보 통신의 기초	• 정보 통신의 기본 개요에 대해 서술합니다. 출제 비중이 굉장히 적고 어려운 부분이 없어서 가볍게 암기하여 넘어 갈 수 있습니다. 실기에서는 아직까지 출제된 부분이 없습니다. • 핵심 키워드 : 데이터 전송 방식, 신호 변환 등
데이터 전송 제어	• 데이터 전송 과정에서 발생하는 오류 및 전송 회선을 공유하는 기술, 네트워크 통신망을 구성하는 기술과 장비에 대해 서술합니다. 비슷한 용어가 굉장히 많은 챕터이니 학습에 주의하시기 바랍니다. • 핵심 키워드 : 오류제어, 다중화기, IEEE, 교환회선, 네트워크 장비 등
통신 프로토콜	• 네크워크를 구성하는 각각의 계층과 다양한 프로토콜, 신기술 용어 등이 가득 서술된 챕터입니다. 어렵지만 5과목 중 1~2위를 다투는 출제 비중을 가지고 있으며 실기에서도 자주 출제되니 꼼꼼하게 학습하세요. • 핵심 키워드 : OSI 7계층, 프로토콜, 서브넷 마스크, 신기술 동향 등

시스템 보안 구축	• 시스템 보안과 관련된 용어와 취약점, 보안 구현에 필요한 정책과 인증 시스템 등을 서술합니다. 한두 번만 훑어보면 50~60% 정도는 상식적인 접근만으로도 답을 유추할 수 있게 됩니다. 출제 비중이 낮은 편에 속하니 시간이 없다면 후순위로 미뤄두는 것도 전략이 될 수 있습니다. • 핵심 키워드 : 시큐어 코딩, 취약점, 인증, 접근 통제 등
보안 공격 및 예방	• 구축된 정보 시스템의 위험과 위협 요소를 분석하고 해당 요소를 제거, 차단하는 보안 솔루션에 대해 서술합니다. 이 중 시스템 공격 유형과 보안 솔루션에 집중하여 학습하면 점수를 올리는 데 도움이 됩니다. • 핵심 키워드 : 악성 프로그램, 취약점 분석, 침입 차단/감지 시스템 등
암호 기술	• 암호와 관련된 용어, 알고리즘, 보안 기술 및 디지털 저작권에 대해 서술하는 챕터입니다. 상당히 높은 출제 비중을 가지며 실기에서도 자주 출제되고 있으니 꼼꼼하게 학습하도록 하세요. • 핵심 키워드 : 암호화 알고리즘, 암호화 기법, DRM 등

실기 유형 분석 문제 유형별 예시

필기는 문제의 형태가 4지선다로 동일하지만, 실기는 다양한 형태의 주관식으로 출제됩니다. 이 중, 키워드를 기반으로 정답을 입력하는 단답(또는 항목 구분)형 문제가 전체 문제의 절반을 약간 넘는 55% 정도를 차지합니다. 실기를 필기와 병행해야 하는 이유가 바로 이것이죠.

유형	예시
키워드 기반	디자인 패턴 중, (❶) 패턴은 반복적으로 사용하는 객체들의 상호 작용을 패턴화한 것으로, 큰 작업을 여러 개의 객체로 분리하는 방법 및 기능의 구체적인 알고리즘을 정의하는 패턴이다. 패턴의 종류로는 Interpreter, Observer, Command 등이 있다.
항목 구분	(❶) : 입출력 간의 연관성은 없지만, 모듈의 기능들이 하나의 문제를 해결하기 위해 순차적으로 수행되는 경우의 응집도 (❷) : 모듈의 기능들이 동일한 입출력 데이터를 사용하여 서로 다른 기능을 수행하는 경우의 응집도
약술	트랜잭션의 특징 중 원자성(atomicity)에 대하여 약술하시오.
SQL	다음 SQL문장의 실행결과를 쓰시오. ```\nSELECTCOUNT(*) FROMEMP_TBL\n WHEREEMPNO > 100 ANDSAL >=3000\n OREMPNO = 200;\n```
프로그래밍	다음은 Python 언어로 작성된 프로그램이다. 이를 실행한 결과를 쓰시오. ```\nclass arr:\n a = ["Seoul", "Kyeonggi", "Inchon",\n "Deajoen", "Daegu", "Pusan"]\n\nstr01 = ''\nfor iin arr.a:\n str01 += i[0]\nprint(str01)\n```

Q 정보처리기사는 어떤 식으로 공부하면 좋을까요?

A 우선 정보처리기사는 필기와 실기의 출제 범위가 90% 이상 동일하기 때문에 필기 시험이 끝나도 반복적으로 학습할 수 있어야 합니다. 본 책의 시험은 이렇게 출제된다를 참고하여 전체 학습의 흐름과 핵심 키워드들을 먼저 파악하세요. 그런 다음 책의 이론 부분 전체를 가볍게 훑어보세요. 모든 내용을 이해한다기보다는 섹션별로 어떤 포인트들이 있는지 알 수 있을 정도면 됩니다. 이 과정이 끝나면 본격적으로 이론 학습을 시작하는 것이 암기와 이해에 훨씬 더 도움이 됩니다. 이론을 공부할 때는 이해를 위한 학습이 우선입니다. 보다 자세한 내용은 네이버 이기적 스터디 카페의 공부법 게시판을 참고하세요.

Q 책에 있는 내용만으로 이해가 힘든데, 동영상도 제공해 주시나요?

A 정보처리기사의 전 과정을 동영상 교육 콘텐츠로 제공해 드리고 있습니다. 동영상은 챕터별 정규 교육 컨텐츠와 이해가 어려운 파트를 쉽고 재밌게 설명해드리는 꿀팁 컨텐츠로 나누어 제공합니다. 자세한 사항은 네이버의 이기적 스터디 카페를 참고하세요.

Q 책에 오타(또는 잘못된 정보)가 있는 것 같아요!

A 책을 집필할 때 내부 3차, 외부 2차에 걸쳐 최선을 다해 오타 검수를 합니다. 그럼에도 오타가 발견되는 경우가 종종 있는데, 전문 용어들이 많다 보니 사람이 직접 검수를 해야 하는 부분들이 많아서 발생하는 휴먼 에러입니다. 번거로우시겠지만 학습 전에 홈페이지나 스터디 카페 등을 통해 정오표 확인을 부탁드리며, 정오표에 없는 내용은 제보해 주시면 좀 더 나은 도서를 만드는 데 도움이 될 것 같습니다. 감사합니다.

Q 시험 문제들이 제가 풀었던 문제랑 다른 것 같아요!

A 원칙적으로 필기와 실기 시험의 문제는 유출이 되지 않습니다. 책에 수록된 기출복원문제는 단어 그대로 수험자분들의 기억을 토대로 복원된 문제이기 때문에 원본과 다름이 있을 수 있다는 점을 이해해 주세요.

Q 공부하면서 궁금한 점이 있을 땐 어디로 문의하면 되나요?

A 네이버의 이기적 스터디 카페의 정보처리기사 질문 게시판을 이용하시면 가장 빠르게 저자가 직접 답변을 드립니다. 유튜브 댓글이나 공식 홈페이지 문의 게시판은 확인이 어려우니 스터디 카페를 적극 활용해 주세요.

Q 비전공자인데 책의 내용만으로는 프로그래밍이 너무 어렵습니다.

A 저희도 많은 고민을 한 부분입니다. 비전공자분들이 책만 보고 프로그래밍 언어를 활용할 수 있을 정도의 수준으로 집필을 하게 되면 책의 분량이 지금의 2배 정도가 되기 때문에 서로가 부담이 될 수밖에 없습니다. 어느 한 부분 이해가 안 되실 경우에는 질문 게시판과 비정기적으로 업로드되는 강의 영상을 활용해 주세요. 이 밖에도 스터디 카페에 개선 의견 남겨주시면 최대한 도움을 드릴 수 있는 방법을 찾도록 하겠습니다.

Q 책에서 못 본 내용이 시험에 나왔습니다. 어떻게 공부해야 하나요?

A 개정된 지 얼마 되지 않은 시험이라서 공식 출제 범위와 실제 출제 영역이 100% 완벽하게 일치하지 않습니다. 출제 범위를 벗어난 출제율이 지극히 낮은 항목은 책에 수록되어 있지 않은 예도 있습니다. 책이 출간된 이후의 출제 경향을 분석하여 추가 학습이 필요한 내용은 스터디 카페를 통해 지속인 지원을 해드릴 예정이니 스터디 카페를 자주 방문하여 학습에 도움을 받으시기 바랍니다.

Q 정보처리기사의 시험 응시료는 얼마인가요?

A 필기는 19,400원 / 실기는 22,600원입니다. 자세한 내용은 시험의 시행처인 큐넷 홈페이지를 참고해 주세요.

Q 정보처리기사의 시험 일정은 어떻게 되나요?

A 여러 변수에 따라 달라질 수 있기 때문에 원하는 시기에 직접 홈페이지나 스터디 카페를 방문하셔서 확인하시는 것을 추천드립니다. 일반적으로 1년에 3번 시험을 보는데, 1회는 3~4월, 2회는 5~7월, 3회는 8~10월 즈음에 진행이 됩니다.

Q 정보처리기사의 합격 기준 점수는 어떻게 되나요?

A 필기는 100점을 만점으로 하여 과목당 40점 이상, 전과목 평균 60점 이상이며 실기는 100점을 만점으로 하여 60점 이상이 합격입니다.

Q 정보처리기사의 시험 시간과 방식은 어떻게 되나요?

A 필기는 객관식 4지선다형으로 2시간 30분간 진행되며 CBT(Computer Based Test) 방식으로 진행됩니다. 실기는 주관식 필답형으로 2시간 30분간 진행되며, 시험지에 직접 기입하여 제출합니다.

Q 정보처리기사의 필기 합격 유효기간은 어떻게 되나요?

A 필기 면제 기간은 약 2년이며 필기 면제 종료일 기준은 실기 시험 접수일이 아닌, 실기 시험응시일을 기준으로 합니다. 따라서 필기면제 종료일 이전에 시험에 응시할 수 있도록 학습 스케줄을 세우시기 바랍니다.

Q 정보처리기사 시험을 보러 갈 때 신분증이 필요한가요?

A 시험 응시에 필요한 준비물은 수험표, 신분증, 필기구(흑색 싸인펜 등), 수정테이프(선택) 등이 있습니다. 기타 자세한 사항은 수험표에 매우 상세히 나타나 있으니 수험표를 꼼꼼히 읽어주세요.

PART 01

소프트웨어 설계

파트 소개

1과목에서는 소프트웨어 설계에 필요한 전반적인 사전 지식에 대해 다룹니다. 클라이언트의 요구사항을 정확히 파악하여 필요한 개발 환경을 구성하고, 개발될 정보 시스템의 구조를 설계하는 단계입니다. 필기, 실기에 상관없이 각 챕터별로 다양하게 출제되는 부분으로 이후 학습할 내용들의 기반이 되는 이론이기도 합니다.

CHAPTER

01

소프트웨어 개발 방법론

학습 방향

필기와 실기 모두에서 가장 높은 출제 비중을 가진 챕터입니다. 소프트웨어 개발에 필요한 이론 및 방법론에 대한 전반적인 내용을 다룹니다. 다양한 이론과 방법론이 궁극적으로 목표하는 것이 무엇인지에 대해 생각하면서 공부하세요.

소프트웨어 개발 방법론

빈출 태그 ▶ #플랫폼 #프레임워크 #SDLC #애자일 #개발 방법론

01 소프트웨어 공학

1) 상용 소프트웨어

① 상용 소프트웨어 특징
- 상업적 목적이나 판매를 목적으로 개발되는 소프트웨어이다.
- 소프트웨어 개발에 사용된 소스코드는 배포하지 않는다.
- 다양한 형태의 라이선스를 이용하여 배포되며 기술 지원을 보증한다.

➕ 더 알기 TIP

핵심 기능을 축소한 프리웨어, 사용 기간을 제한하는 쉐어웨어, 광고를 포함하는 애드웨어 등도 이윤 창출을 목적으로 제작되기 때문에 상용 소프트웨어라고 볼 수 있습니다. 소스코드가 없다면 함부로 복제하거나 변형시킬 수 없겠죠?

② 상용 소프트웨어 분류체계
- 상용 소프트웨어는 범용과 특화 소프트웨어로 나뉜다.
    - 산업 범용 소프트웨어 : 시스템 SW, 미들웨어, 응용 SW 등
    - 산업 특화 소프트웨어 : 자동차, 항공, 교육, 물류 등의 산업 전용

2) 응용 소프트웨어

① 응용 소프트웨어 특징
- 특정 업무를 처리하기 위한 목적으로 작성된 소프트웨어이다.
- 애플리케이션, 응용 솔루션 및 서비스 등 다양한 이름으로 불린다.

② 응용 소프트웨어 분류체계
- 응용 소프트웨어는 크게 6가지로 나뉜다.
    - 기업용 소프트웨어 : 오피스웨어, ERP, SCM, BI, CRM 등
    - 영상 처리 소프트웨어 : 영상 인식, 스트리밍, 영상 편집 등
    - CG/VR 소프트웨어 : 3D 스캐닝과 프린팅, 모델링, 가상현실, 홀로그램 등
    - 콘텐츠 배포 소프트웨어 : 콘텐츠 보호, 관리, 유통 등
    - 자연어 처리 소프트웨어 : 정보 검색과 질의응답, 의사 결정 지원, 언어 분석 등
    - 음성 처리 소프트웨어 : 음성 인식, 합성, 처리 등

> **더 알기 TIP**
>
> 응용 소프트웨어 분야는 지금도 확장되고 있습니다. 책에서는 대부분 기업용 소프트웨어를 중심으로 소프트웨어 이론을 설명합니다.

- 기업용 소프트웨어들의 특성은 아래와 같다.
  - 오피스웨어 : 워드, 엑셀, 그룹웨어 등의 일반 업무용
  - ERP : 경영 활동 프로세스 통합 관리
  - SCM : 물류의 흐름 파악 및 지원
  - BI : 데이터를 활용하여 의사 결정 지원
  - CRM : 고객 특성에 맞는 마케팅 활동 지원

3) 시스템 소프트웨어

① 시스템 소프트웨어 정의

- 사용자가 손쉽고 효율적으로 컴퓨터 시스템을 사용하도록 돕는 소프트웨어이다.
- 일반적으로 하드웨어 제작사에서 제공되며 운영체제와도 같은 의미를 가진다.

② 시스템 정의 21.5

- 컴퓨터 시스템과 같은 의미로 쓰이며, 특정 업무를 수행하기 위해 중앙 처리 장치를 중심으로 구성된 하드웨어 및 소프트웨어의 총칭이다.
- 컴퓨터 시스템은 기본적으로 입력, 처리, 출력, 제어, 피드백의 기능을 수행하기 위한 장치들이 존재한다.
  - 입력(Input) : 시스템 처리가 필요한 데이터, 제어 요소 등을 전달
  - 처리(Process) : 입력된 값을 정해진 방식에 맞게 처리하여 결과를 도출
  - 출력(Output) : 처리 결과를 출력 장치(모니터, 프린터 등) 및 저장 장치로 전달
  - 제어(Control) : 데이터 처리를 위해 각 장치들의 기능 수행을 제어
  - 피드백(Feedback) : 기능 수행이 잘못된 경우 적절한 처리과정을 다시 반복

> **기적의 TIP**
>
> 시스템의 기본 요소가 아닌 것을 찾을 수 있어야 합니다.

> **더 알기 TIP**
>
> 계산기를 생각해보세요. 버튼(입력)을 누르면 화면(출력)에 해당 숫자가 출력(제어)되고, 더하기를 누르면 덧셈(처리)결과값이 출력됩니다. 그리고 더하기 버튼을 계속 눌러도 더하기는 한 번만(피드백) 계산하도록 되어 있죠?

③ 시스템의 성능평가 기준

- 일반적으로 시스템의 목적은 아래 항목들을 만족시키는 것이다.
  - 처리능력(Throughput) : 단위 시간 내 작업 처리량
  - 반환 시간(Turnaround Time) : 작업 의뢰부터 처리까지의 시간

- 사용 가능도(Availability) : 필요할 때 즉시 사용 가능한 정도(가용성)
- 신뢰도(Reliability) : 주어진 문제를 정확하게 해결하는 정도

더 알기 TIP

요청한 작업에 대해 빠르고 완벽하게 결과를 낼 수 있긴 하지만 3시간 뒤부터 작업이 가능하다면, 사용 가능도가 떨어진다고 할 수 있습니다.

④ 플랫폼(Platform)
- 특정 시스템을 바탕으로 제공되는 운영체제 및 운영환경을 뜻한다.
- 무엇을 기준으로 설정하느냐에 따라 플랫폼의 범위가 달라질 수 있다.
  - 응용 프로그램 관점에서의 플랫폼 : 윈도우즈, 안드로이드 등
  - 카카오 서비스 이용자 관점에서의 플랫폼 : 카카오톡
- 플랫폼의 성능을 측정하는 기준에는 가용성, 응답 시간, 정확성, 사용률이 있다.
  - 가용성(Availability) : 필요할 때 즉시 사용 가능한 정도(사용 가능도)
  - 응답 시간(Response Time) : 명령에 반응하는 시간(처리 시간과 다름)
  - 정확성(Accuracy) : 처리 결과가 기대한 값과 비교해서 정확한지 측정
  - 사용률(Utilization) : 데이터 처리에 시스템 자원을 사용하는 정도

4) 소프트웨어 공학 20.8, 21.3, 24.7

① 소프트웨어 공학 정의
- 최소의 비용과 개발 기간을 통해 높은 품질의 소프트웨어를 도출하기 위한 모든 수단과 도구들의 총칭이다.
- 소프트웨어 개발의 품질과 생산성의 향상을 목표로 연구하는 학문이다.
- 소프트웨어 공학의 목적은 아래와 같다.
  - 소프트웨어 개발에 필요한 비용과 기간의 예측
  - 하드웨어에 대한 소프트웨어의 상대적 비용 절감
  - 급속하게 발전하는 하드웨어, 소프트웨어 기술 반영

② 소프트웨어 공학의 기본 원칙
- 현대적인 프로그래밍 기술을 지속적으로 적용한다.
- 소프트웨어 품질에 대해 지속적인 검증을 시행한다.
- 소프트웨어 개발 단계별 산출물에 대한 명확한 기록을 유지한다.

더 알기 TIP

개발에 대한 기록과 정보가 남아 있으면 이후 유지보수가 편리해지고 코드를 다시 재사용할 수 있습니다.

> **기적의 TIP**
>
> 소프트웨어 공학의 개념이 아닌 것을 선택할 수 있어야 합니다.

5) 소프트웨어 개발 프레임워크 20.6, 20.9, 21.3, 21.5, 21.8, 22.4, 22.7, 23.3

① 모듈(Module)
- 프로그램을 기능별로 분할하여 재사용이 가능하게끔 부품화한 것이다.
- 개발자가 프로그램의 기본 틀을 제공하고, 모듈을 활용하여 기능을 구체화한다.

② 라이브러리(Library)
- 툴킷이라고도 하며, 관련 있는 모듈들을 모아놓은 것이다.
- 라이브러리에 존재하는 각 모듈이 반드시 독립적인 것은 아니다.
  - 표준 라이브러리 : 프로그래밍 언어에 내장
  - 외부 라이브러리 : 별도의 설치를 통해 사용 가능

> **기적의 TIP**
> 모듈과 라이브러리의 개념을 기억해 두세요.

③ 디자인 패턴(Design Pattern)
- 특정 기능에 대한 문제해결을 위한 추상적인 가이드라인을 제시한 것이다.
- 프로그램의 세부적인 구현 방안을 위해 참조하는 해결 방식을 제시한 것이다.

> **+ 더 알기 TIP**
> 여기서는 각 용어들의 관계를 파악하기 위한 간단한 특징 정도만 서술하고 있습니다. 이후에 각 개념들이 자세하게 나옵니다.

④ 소프트웨어 개발 프레임워크(Framework)
- 디자인 패턴에 모듈의 장점 및 기능을 결합하여 실제적인 개발의 틀(frame)을 제공한다.
- 프레임워크가 프로그램의 기본 틀을 제공하고, 개발자가 기능을 구체화하는 제어의 역 흐름이 발생한다.
- 프로그램의 기반, 구조를 잡아주는 코드의 모임이며 자연스럽게 특정 디자인 패턴을 유도한다.
- 이미 검증된 프레임워크를 사용함으로써 품질, 예산, 유지보수에 이점이 있다.
- 프로그램 구성의 복잡도가 감소하여 상호 운용성과 개발 및 변경이 용이해진다.

> **기적의 TIP**
> 프레임워크의 전반적인 내용이 전부 출제된 적이 있습니다.

> **+ 더 알기 TIP**
> 개발자가 프로그램의 흐름을 주도하는 것이 일반적인 제어의 흐름입니다. 프레임워크가 이를 대신하기 때문에 제어의 역 흐름이라고 하는 것이고, 프로그래머의 일을 대신 해주는 것이기 때문에 개발의 난이도는 더욱 떨어지게 되겠죠?

⑤ 소프트웨어 아키텍처(Architecture)
- 다수의 프레임워크를 체계적으로 구성, 설명하는 구조체를 말한다.
- 소프트웨어의 설계와 업그레이드를 통제하는 지침과 원칙을 제공한다.

> **기적의 TIP**
> 컴포넌트에 대한 정의는 굉장히 다양하지만, 모듈과 확실히 다른 점은 컴포넌트 자체가 소프트웨어의 역할을 수행할 수 있다는 점입니다.

⑥ 컴포넌트(Component) 20.8, 22.4, 23.3, 24.2
- 모듈의 형태로 재사용 가능한 확장된 소프트웨어 블록이다.
- 일반적인 코딩을 벗어나 마치 레고(블럭)처럼 컴포넌트를 결합하고, 인터페이스를 통해 서로에게 접근한다.
- 프레임워크 및 아키텍처가 적용되어 있어 안정적이다.
- 협약에 의한 설계를 따를 경우에 포함되어야 할 조건은 아래와 같다.
  - 선행조건 : 컴포넌트 오퍼레이션 사용 전에 참이어야 하는 조건
  - 결과조건 : 컴포넌트 오퍼레이션 사용 후에 참이어야 하는 조건
  - 불변조건 : 컴포넌트 오퍼레이션 실행 중에 참이어야 하는 조건

➕ **더 알기 TIP**
협약에 의한 설계는 프로그램 안에서 모듈끼리 어떤 값을 주고받는 행위에 대한 규칙이나 약속을 뜻합니다. 우리가 회원가입을 하거나 특정 서류를 제출할 때 작성하거나 건네 받는 서류의 양식을 떠올려 보세요.

⑦ 재사용 가능한 소프트웨어 요소
- 소프트웨어의 부분 또는 전체 영역을 모두 재사용 요소로 볼 수 있다.
- 부분적인 코드뿐 아니라 응용된 지식과 데이터 구조도 재사용 가능한 요소에 포함된다.
- 개발 이후의 테스트 계획, 문서화 방법 및 절차 등도 재사용 가능 요소이다.

⑧ 소프트웨어 재사용 방법
- 소프트웨어를 재사용하는 방법은 합성 중심과 생성 중심 방식으로 나뉜다.
  - 합성(Composition) 중심 : 모듈(블록)을 조립하여 소프트웨어를 완성시키는 블록 구성 방식
  - 생성(Generation) 중심 : 추상적인 명세를 구체화하여 소프트웨어를 완성시키는 패턴 구성 방식

02 소프트웨어 개발 수명 주기 20.6, 20.8, 20.9, 21.3, 21.8, 22.7, 23.3, 24.2, 24.5

1) 소프트웨어 개발 수명 주기 23.7, 24.7

> **기적의 TIP**
> 소프트웨어 생명 주기별 특성을 묻는 문제가 자주 출제됩니다.

① 소프트웨어 개발 수명 주기 정의
- 소프트웨어 개발 방법론의 바탕이 된다.
- 소프트웨어 개발 과정을 단계별로 구성한 것으로 단계별 산출물이 존재한다.

➕ **더 알기 TIP**
소프트웨어 개발 수명 주기(SDLC)는 소프트웨어 생명주기, 소프트웨어 공학 패러다임 등으로 다양하게 불리고 있습니다. 단순하게 소프트웨어 개발 단계를 정의하는 방식으로 생각해주세요.

② 폭포수(Waterfall) 모델
- 과거에 가장 폭넓게 사용되던 방식이다.
- 정해진 단계를 한 번씩만 진행하며 이전 단계로 돌아갈 수 없다.
- 단계별로 결과물이 명확하게 산출되어야 다음 단계로 넘어가는 방식이다.
- 제품의 기능 보완이 불가능하므로 매뉴얼 작성이 필수적이다.

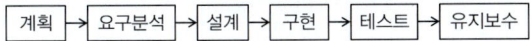

➕ 더 알기 TIP

폭포수 모델의 명확한 단점은 바로 문제를 발견해도 되돌릴 수 없다는 것입니다. 아무리 완벽하게 프로그래밍을 한다 해도 100% 문제점 및 보완사항이 없는 프로그램은 없습니다.

③ 프로토타입(Prototype) 모델 25.2
- 폭포수 모델의 단점을 보완한 모델로 시제품(prototype)을 통해 최종 결과물을 예측할 수 있다.
- 시제품은 사용자와 시스템 사이의 인터페이스에 중점을 두어 개발한다.
- 시제품은 추후 최종 구현 단계에서 골격으로 사용된다.

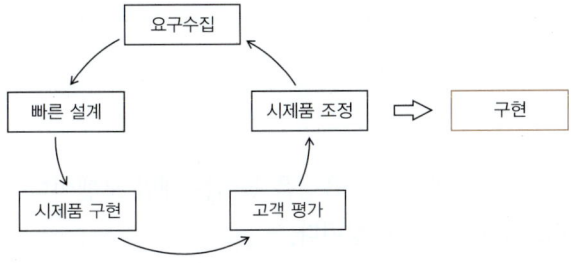

④ 나선형(Spiral) 모델 20.8, 20.9, 21.3, 21.6, 21.8, 23.3, 23.7, 24.7, 25.2
- 폭포수 모델과 프로토타입 모델의 장점에 위험 분석 기능을 더한 모델이다.
- 나선을 돌듯이 여러 번의 지속적인 개발 과정을 통해 점진적으로 개발하는 것이다.
- 개발 중 발생할 수 있는 위험을 최소화하는 것이 목적이며 유지보수가 필요 없다.
- 누락 및 추가된 요구사항 반영이 가능하다.

🚩 기적의 TIP

문제에서 나선형 모델을 설명하는 키워드를 찾을 수 있어야 합니다.

🚩 기적의 TIP

개발 프로세스의 순서가 올바르게 나열된 것을 찾을 수 있어야 합니다. 용어가 다르게 출제될 수 있으나 의미에 집중하여 풀이하시면 됩니다.

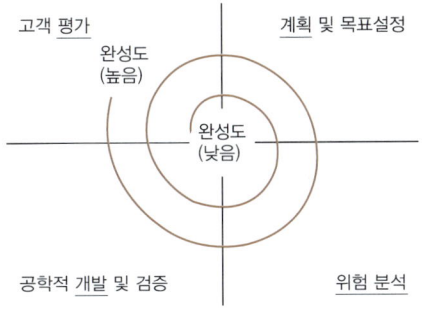

> 🟦 **더 알기** TIP
>
> 나선형 모델의 핵심은 반복적인 개발 사이클을 통해 완성도가 점점 올라간다는 점입니다. 개발 단계에선 목표 시스템에 맞춰(공학적) 폭포수, 프로토타입 등 다양한 모델을 적용할 수 있습니다.

⑤ **애자일 모델** 20.6, 20.8, 21.3, 21.5, 21.8, 22.3, 22.4, 23.3, 23.7, 24.2, 24.7, 25.2

- 소프트웨어를 사용할 고객과의 소통에 중심을 둔 방법론들의 통칭이다.
- 짧은 개발 주기를 반복하면서 고객의 피드백을 소프트웨어에 반영한다.
- 고객과의 소통을 통해 작업의 우선순위를 지정하여 개발을 진행한다.
- 애자일 모델을 기반으로 하는 개발 모델은 Scrum, XP, Kanban, crystal, FDD(기능 주도 개발), ASD(적응형 소프트웨어 개발), DSDM(동적 시스템 개발) 등이 있다.
- 절차, 문서, 계획보다 소통, 협업, 변화 대응에 가치를 둔다.

> 🟦 **더 알기** TIP
>
> 소프트웨어 개발 수명 주기가 발전해 오면서 고객의 요구사항을 점점 더 신경쓰고 있다는 것이 느껴지시나요? 결국 소프트웨어 사용자는 고객이고, 고객의 요구사항을 만족시킬수록 소프트웨어 품질은 상승하게 됩니다.

> 🅱 **기적의 TIP**
>
> 애자일 모델의 종류와 개념, 핵심가치를 기억해 두세요.

> 🅱 **기적의 TIP**
>
> 스크럼 모델과 관련된 용어들을 암기하세요.

2) 스크럼 모델 22.3, 23.3, 24.5

① 스크럼 모델 특징

- 스크럼 팀을 구성하여 팀을 중심으로 개발의 효율성을 높이는 개발 모델이다.
- 제품 책임자와 스크럼 마스터, 개발팀으로 구성된다.
- 반복적인 스프린트를 통해 제품을 완성시켜 나간다.
  - 스프린트(sprint) : 2~4주 정도의 기간 내에서 하나의 task를 개발하는 과정
  - 태스크(task) : 개발 요구사항(사용자 스토리)을 개발자(팀)별로 나눈 것
- 스크럼의 가치는 확약, 전념, 정직, 존중, 용기 등이 있다.

> 🟦 **더 알기** TIP
>
> 스크럼은 럭비 경기에서 양 팀 선수들이 하나의 집단을 형성하여 서로 협력을 통해 공을 빼앗는 대형을 말합니다. 따라서 스크럼 모델은 팀 단위 협력을 포인트로 두고 학습하면 좋습니다.

② 제품 책임자(Product Owner)
- 목표 제품에 대한 책임을 지고 의사를 결정하는 역할을 담당한다.
- 이해관계자(Stakeholder)들의 의견을 종합하여 요구사항을 백로그에 작성하고 우선순위를 조정한다.
  - 제품 백로그(backlog) : 우선 순위에 따라 개발에 필요한 사용자 스토리를 나열한 목록
  - 스프린트 백로그 : 해당 스프린트에서 개발해야 할 태스크를 나열한 목록
  - 사용자 스토리 : 사용자 요구사항을 단어의 나열이 아닌 이야기(시나리오)의 형태로 표현한 것
  - 릴리즈 계획 : 제품 백로그에 작성된 사용자 스토리를 기반으로 전체 개발 일정 수립
- 팀원들은 백로그에 스토리 추가만 가능하고 우선순위 조정은 불가능하다.

> **기적의 TIP**
> 사용자 요구사항은 사용자가 업무(비즈니스)에 필요한 기능을 요구하는 것으로, 비즈니스 요구사항 및 개발 요구사항으로도 불립니다.

더 알기 TIP

제품 책임자는 우선순위를 조정해서 어떤 파트를 먼저 개발할 것인지를 결정할 수 있고, 그 책임과 권한 또한 유일합니다. 스크럼의 가치를 생각하면서 각자의 역할을 학습해 보세요.

③ 스크럼 마스터(Scrum Master)
- 개발팀원들의 원활한 업무를 위한 가이드 역할을 담당한다.
- 일일 스크럼 회의를 주관할 수 있으며 개발 과정에서 발생된 장애 요소를 공론화하여 해결할 수 있도록 처리한다.
- 스크럼 마스터의 역할은 팀원들이 상황에 유연하게 대응할 수 있도록 조력하는 역할이며 통제의 권한은 없다.

④ 개발팀(Development Team)
- 제품 책임자와 스크럼 마스터를 제외한 모든 개발에 참여하는 인원들이다.
- 개발팀에는 개발자뿐 아니라 디자이너와 테스터 등도 포함된다.
- 개발팀원들은 능동적으로 팀을 구성하고 문제를 해결할 수 있어야 한다.

⑤ 스크럼 모델 개발 프로세스
- 스크럼 모델 개발 프로세스는 아래와 같다.

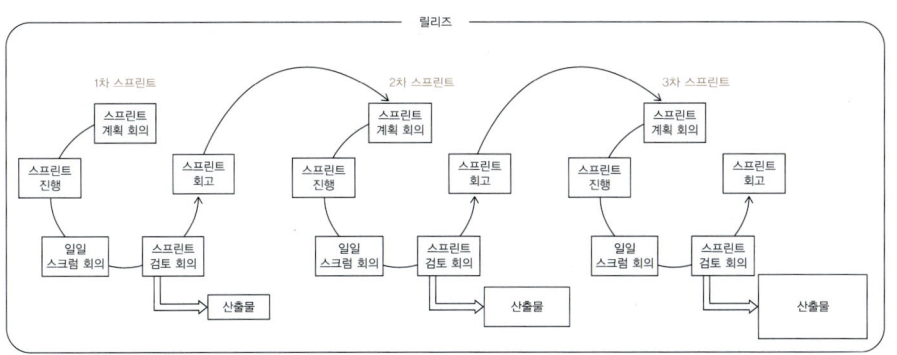

- 스프린트 계획 회의 : 스프린트 백로그 작성, 개발 일정 수립
- 스프린트 진행 : 백로그에 기록된 태스크를 담당 개발자에게 할당
- 일일 스크럼 회의 : 짧은 시간 동안 소멸차트를 통해 진행 상황 점검, 태스크 상황에 따라 할 일, 진행 중, 완료의 상태로 변경
- 스프린트 검토 회의 : 사용자와 함께 개발이 완료된 부분 또는 전체 제품을 테스트하고 피드백을 제품 백로그에 반영
- 스프린트 회고 : 스프린트 진행 자체의 문제점, 개선점 도출

3) XP(eXtreme Programming) 모델

① XP 모델 특징 20.6, 20.9, 22.7, 23.5, 24.2, 24.5, 24.7, 25.2

- 고객의 참여와 짧은 개발 과정의 반복을 극대화하여 개발 생산성을 높이는 개발 모델이다.
- 소규모 인원으로 진행하는 프로젝트에 효과적이며 단계별 단순한 설계를 통해 개발 속도를 향상시킨다.
- XP의 가치는 의사소통, 단순성, 용기, 존중, 피드백이 있다.

> **더 알기 TIP**
>
> 스크럼과 XP는 애자일이라는 같은 방법론에서 출발했기 때문에 유사한 부분이 매우 많습니다. 용어를 기준으로 서로 구분할 수 있도록 학습하시는 것을 추천합니다.

② XP 모델 개발 프로세스 20.8

- 사용자 스토리에 기록된 내용을 바탕으로 릴리즈 계획을 수립하고 분석된 스토리에 따라 스파이크 또는 이터레이션을 진행한다.
  - 소규모 릴리즈 : 기능별로 고객의 피드백을 받을 수 있도록 릴리즈의 규모를 작게 분할한다.
  - 스파이크 : 특정 기술의 확인을 위해 다른 모든 조건을 무시하고 간단하게 개발하는 프로그램
  - 이터레이션 : 하나의 릴리즈를 1~3주의 개발 기간으로 세분화한 단위

> **더 알기 TIP**
>
> 스파이크는 기능에 대한 검증만을 위해 개발하는 프로그램이므로 다른 요소를 모두 배제하고 빠르고 단.순.하.게. 만들어도 아무런 문제가 없습니다.

- 스파이크를 통해 기술이 검증되면 해당 부분을 이터레이션으로 전달한다.
- 이터레이션 진행 도중에서 새로운 스토리가 작성될 수 있다.
- 이터레이션을 통해 부분 완료된 제품을 고객이 직접 사용자 스토리에 포함된 테스트 사항을 통해 승인 검사를 수행한다.
- 테스트 과정에서 새로운 요구사항, 오류 등이 발견되면 다음 이터레이션에 반영한다.

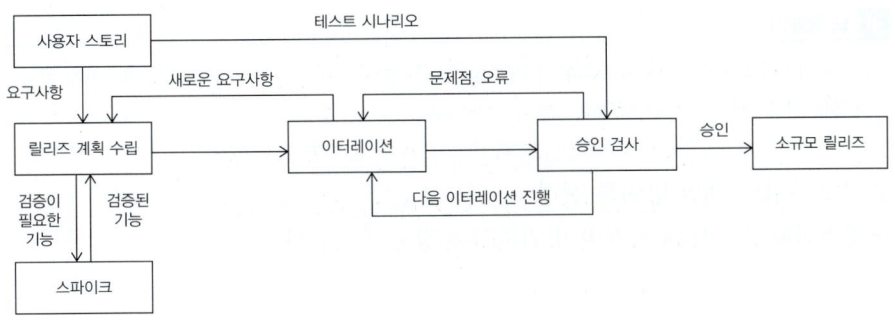

③ XP 기본 원리 20.9

- XP의 실천 사항은 12개 항목으로 나뉜다.

> **기적의 TIP**
>
> XP의 기본 원리는 설명보다 항목에 집중하세요.

항목	설명
Planning Game	게임처럼 선수, 규칙, 목표 등을 설정하여 계획 수립
Small Releases	짧은 주기의 릴리즈로 고객의 피드백 최대화
System Metaphor	개발 과정에서 최종 목표 시스템의 구조를 조망
Simple Design	가능한 가장 단순한 설계
Test Driven Development	우선 단위 테스트 이후 실제 코드 작성
Design Improvement	기능을 유지하면서 코드 개선 작업 수행
Pair Programming	2명의 개발자가 코딩, 리뷰 공동 수행
Collective Ownership	시스템의 코드는 언제나 개발자 누구나 수정 가능
Continuous Integration	항상 빌드 및 배포가 가능한 상태 유지
Sustainable Pace	주당 일정 시간 이상을 일하지 않도록 오버타임 지양
Whole Team	개발 효율을 위해 고객을 프로젝트 팀원으로 상주시킴
Coding Standards	원활한 의사소통 위해 표준화된 관례에 따라 코드 작성

03 소프트웨어 개발 방법론

1) 소프트웨어 개발 방법론

① 소프트웨어 개발 방법론 정의
- 소프트웨어 개발 전 과정에 지속적으로 적용할 수 있는 방법, 절차, 기법을 말한다.
- 소프트웨어를 개발함에 있어 생산성과 소프트웨어 품질을 향상시킨다.
- 소프트웨어 공학에서 가장 많이 활용하는 방법론이다.

② 소프트웨어 개발 방법론의 절차
- 소프트웨어 개발 방법론의 절차는 분석, 설계, 구현, 시험으로 나뉜다.
  - 분석 : 개발 준비, 시스템 요구사항 분석, 소프트웨어 요구사항 분석
  - 설계 : 시스템 설계, 소프트웨어 구조 및 상세 설계
  - 구현 : 소프트웨어 코딩 및 단위 시험
  - 시험 : 소프트웨어와 시스템 통합 및 테스트, 소프트웨어 설치 및 인수 지원

> **➕ 더 알기 TIP**
> 정보처리기사를 공부하면서 소프트웨어 개발 방법론의 절차 안의 모든 내용에 대해서 학습하게 됩니다. 정보처리기사의 가장 큰 뼈대라고 생각하셔도 좋습니다.

③ 소프트웨어 개발 방법론 선정
- 정형화된 소프트웨어 개발 방법론의 특징을 파악한다.
- 소프트웨어 개발 방법론의 특징을 고려하여 타당성과 적정성을 설정한다.
  - 타당성 : 개발 절차에 따라 설정
  - 적정성 : 개발 단계별 산출물에 따라 설정

> **➕ 더 알기 TIP**
> 특정 방법론의 요구사항 분석 절차가 목표 시스템을 개발하기에 적절한지(타당성), 요구사항 분석에 의한 산출물이 목표 시스템에 필요한 실제 산출물과 일치(적정성)하는지 판단합니다.

- 개발 방법론 선정을 위한 계획서를 작성한다.
- 선정 계획서를 바탕으로 정성, 정량평가를 진행하여 개발 방법론을 선정한다.

2) 소프트웨어 개발 방법론 종류

① 구조적 방법론
- Yourdon에 의해 개발되어 1970년대까지 가장 많이 적용되었던 방법론이다.
- 구조적 분석을 통해 고객의 요구사항을 자료 흐름도(DFD)로 표현한다.
  - 자료 흐름도(DFD) : 프로그램을 기능 단위별 데이터의 흐름으로 표현한 구조도
  - 자료 사전(DD) : DFD에 표현된 자료 저장소를 구체화
- 모듈 중심의 설계를 통해 모듈 간 결합도를 낮춰 독립성을 높인다.
- 순차, 선택, 반복의 논리 구조 구성으로 프로그램 복잡성을 최소화한다.

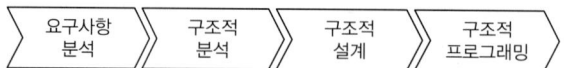

> **➕ 더 알기 TIP**
> 요구사항 분석은 요구사항 섹션에서 자세하게 다룹니다. 구조적 분석에 해당하는 부분 역시 요구사항 분석과 맞닿아 있으므로 해당 섹션에서 자세히 다루게 되니 학습에 참고 바랍니다.

② 정보공학 방법론 22.4, 23.5
- 1980년대 등장한 방법론으로 개발 단계별 정형화된 기법들을 통합 적용한 데이터 중심 방법론이다.
- 현행 업무프로세스 및 시스템을 분석하여 정보 전략 계획을 수립한다.

- 업무 영역 분석을 통해 개념적인 수준의 데이터와 프로세스를 설계한다.
  - 데이터 모델링 도구 : 개체-관계 다이어그램(ERD)
  - 프로세스 모델링 도구 : 자료 흐름도, 프로세스 의존도(PDD), 프로세스 계층도(PHD)
- ERD를 기반으로 분할 다이어그램, 액션 다이어그램, 의존 다이어그램 등을 활용해 실질적인 시스템을 설계한다.

> **기적의 TIP**
> 데이터 구조를 설계할 때, ERD를 활용합니다.

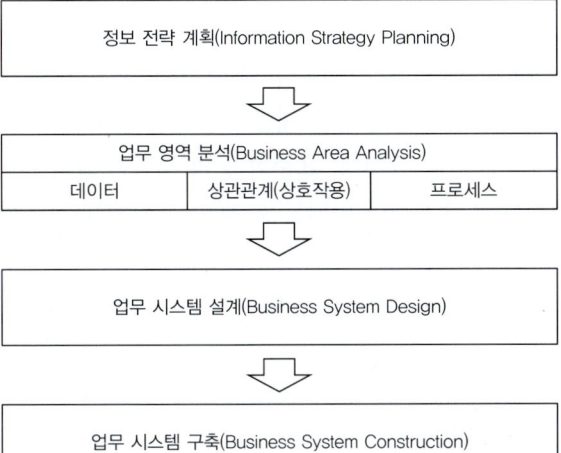

> **+ 더 알기 TIP**
> 다이어그램은 별도의 섹션에서 다양한 종류를 자세히 서술합니다. 지금은 어떤 방법론에 어떤 용어들이 포함되는지 정도만 파악하세요.

③ 객체지향 방법론 21.8, 23.3

- 실체(Entity)를 독립된 형태의 객체(Object)로 표현하고, 객체들 간 메시지 교환을 통해 상호작용하도록 프로그램을 개발하는 방법론이다.
  - 속성 : 객체를 나타내는 성질, 값, 데이터
  - 메소드 : 객체의 속성을 이용한 일련의 동작들
- 데이터 객체를 저장하기 위해서 관계형 테이블로 변환하는 과정(Object-Relation Mapping)이 필요하다.
- 객체지향 방법론의 기본 원칙은 캡슐화, 정보은닉, 추상화, 상속성, 다형성이 있다.
  - 캡슐화 : 데이터와 해당 데이터의 처리 기능을 하나로 묶어냄
  - 정보은닉 : 다른 객체에게 자신의 정보를 숨김
  - 추상화 : 객체의 공통적인 속성을 상위 객체로 도출
  - 상속성 : 상위 객체의 속성을 하위 객체가 물려받아 사용
  - 다형성 : 하나의 수행 방법으로 여러 형태의 기능 수행

> **기적의 TIP**
> 객체지향 주요 개념들은 직접적으로 출제될 뿐만 아니라 프로그래밍 관련 문제에도 반영되어 있기 때문에 항상 숙지하고 있어야 합니다.

요구분석 → 객체지향 분석 → 객체지향 설계 → 객체지향 구현 → 데이터 객체 / 기능 객체

> **+ 더 알기 TIP**
>
> 관계형 테이블은 우리가 흔히 사용하는 '표'로 이해하시면 됩니다. 역시 뒤에서 자세히 다룹니다. 관계형 테이블은 다른 방법론에서도 공통적으로 채용하는 데이터 모델입니다. 또한, 객체지향 방법론은 별도의 섹션에서 자세히 다룹니다.

④ 컴포넌트 기반(CBD : Component Based Development) 방법론 20.9, 21.3, 21.5

- 컴포넌트들을 조립해서 하나의 새로운 프로그램을 개발하는 방법론이다.
- 개발 생산성, 이식성 및 호환성, 신속성, 유연성, 표준화 등의 장점이 있다.
- 일반적으로 프로세스 설계과정에선 객체지향 방법론을, 데이터 설계 과정에선 정보공학 방법론을 사용한다.
- 선행 투자 비용이 높고, 조립식 시스템에 따르는 책임 및 지적 재산권을 고려해야 한다.
- 컴포넌트 기반의 단계별 산출물은 아래와 같다.

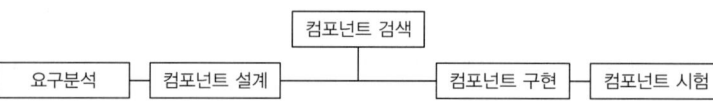

요구분석 → 컴포넌트 설계 → 컴포넌트 검색 / 컴포넌트 구현 → 컴포넌트 시험

- 분석 단계 : 사용자 요구사항 정의서, 유스케이스 명세서, 요구사항 추적표 등
- 설계 단계 : 사용자 인터페이스 설계서, 컴포넌트 설계서, 인터페이스 설계서, 아키텍처 설계서, 총괄시험 계획서, 시스템시험 시나리오, 엔티티 관계 모형 기술서, 데이터베이스 설계서, 통합시험 시나리오, 단위시험 케이스, 데이터 전환 및 초기 데이터 설계서 등
- 구현 단계 : 프로그램 코드, 단위 시험 결과서, 데이터베이스 테이블
- 시험 단계 : 통합시험 결과서, 시스템시험 결과서, 사용자 지침서, 운영자 지침서, 시스템 설치 결과서, 인수시험 시나리오, 인수시험 결과서

⑤ 애자일 방법론

- 수시로 변하는 상황과 고객의 요구사항을 바로바로 반영하여 개발하는 방법론이다.

> **+ 더 알기 TIP**
>
> 애자일 방법론은 앞서 다뤘던 애자일 모델과 의미가 같습니다. 애자일 방법론은 특정 하나의 개발 방법론이 아니기 때문에 이미지를 포함시키지 않았습니다. 방법론에서 제시하는 그림들은 전부 암기가 아닌 개발의 흐름을 파악하기 위함이 목적이라는 점을 기억해 두세요.

기적의 TIP

CBD에 대한 장점이 아닌 것을 선택할 수 있어야 합니다. 장점은 단어가 아닌 단어를 나타내는 문장이 될 수도 있습니다. (예 새로운 기능 추가 및 확장을 용이하게 한다. = 유연성)

기적의 TIP

각 단계별 산출물을 구분할 수 있어야 합니다. 전체를 완벽하게 암기하기보다 공통적으로 포함되는 단어 패턴을 찾아보세요.

⑥ 제품 계열 방법론
- 특정 제품에 적용하고 싶은 공통된 기능을 개발하는 방법론이다.
- 임베디드 소프트웨어를 작성하는 데 유용하며 영역공학과 응용공학으로 구분된다.
  - 영역공학 : 영역 분석, 영역 설계, 핵심 자산을 구현하는 영역
  - 응용공학 : 제품 요구 분석, 제품 설계, 제품을 구현하는 영역
- 두 공학을 연계하기 위한 제품 요구사항, 제품 아키텍처, 제품의 조립생산이 필요하다.

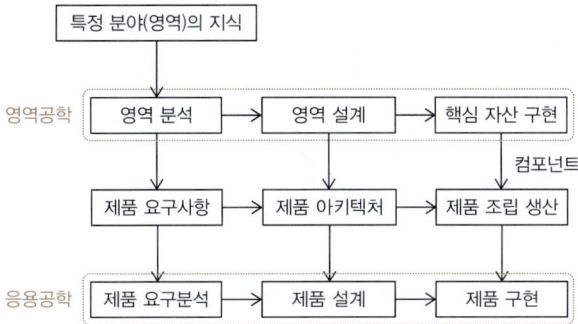

3) 소프트웨어 보안 개발 방법론

① 보안 개발 방법론 정의
- 소프트웨어의 보안 취약점을 최소화하기 위한 지침 및 사례를 기반으로 개발하는 방법론이다.
- 시스템 환경에 따라 다양한 취약점이 발견되므로 다양한 보안 방법론들이 존재한다.

> **더 알기 TIP**
> 보안 관련 용어들은 이해를 하기에는 너무 어렵고 복잡하기 때문에 우선 서로를 구분할 수 있을 정도로 학습하시는 것이 좋습니다. 각각의 세부 항목을 세밀하게 묻는 문제는 거의 출제되지 않습니다.

② MS-SDL
- 마이크로소프트사가 자체적으로 수립한 소프트웨어 개발 모델이다.

③ Seven Touchpoints 20.8
- 실무적으로 검증된 소프트웨어 보안의 모범 사례 7가지를 개발 모델에 통합한 것이다.
  - 코드 검토(code review)
  - 아키텍처 위험 분석(architectural risk analysis)
  - 침투 테스트(penetration testing)
  - 위험 기반 보안 테스트(risk-base security testing)
  - 악용 사례(abuse cases)
  - 보안 요구(security requirement)
  - 보안 운영(security operation)

> **기적의 TIP**
> 모범 사례, 실무 검증 키워드와 7가지 포인트를 연결할 수 있어야 합니다.

④ CLASP(Comprehensive, Lightweight Application Security Process)
- SDLC 전반에 걸친 포괄적으로 효율적인 보안 모델이다.
- 활동 중심, 역할 기반의 프로세스로 구성되어 있으며 이미 운영 중인 시스템에 적용하기 좋다.
- 개념, 역할 기반, 활동 평가, 활동 구현, 취약성의 5가지 관점에 따라 보안 절차를 진행한다.

⑤ CWE(Common Weakness Enumeration)
- 소프트웨어 보안 취약점을 체계적으로 분류한 데이터베이스이다.

➕ 더 알기 TIP

CWE는 매년 내용이 추가되어 매우 방대합니다. 그러나 시험에 출제될 확률이 매우 희박하기 때문에 세부 항목은 제외하였습니다.
만약 이해하기 어렵거나 애매한 단어는 구글링이나 이기적 스터디 카페의 질문 게시판에 남겨주시고 답변을 기다리는 동안 다음 범위 학습을 시작하는 것이 효율적입니다.

SECTION 02 소프트웨어 개발 방법론 테일러링

출제빈도 상 중 하
반복학습 1 2 3

빈출 태그 ▶ #PERT #CPM #LOC #COCOMO #CMM #SPICE

01 소프트웨어 개발 방법론 테일러링

1) 개발 방법론 테일러링 개요 22.3

① 방법론 테일러링 정의
- 개발 프로젝트의 특성 및 필요에 따라 기존의 소프트웨어 개발 모델을 최적화하는 활동이다.
- 기존 개발 모델의 절차, 활동, 산출물 등의 가공, 적용, 정제를 반복적으로 수행한다.

② 방법론 테일러링의 필요성
- 다양한 유형의 프로젝트를 하나의 정형화된 개발 모델만을 적용하기가 어렵다.
- 개발 모델을 선정하기 위한 내부적, 외부적 요건이 서로 충돌하는 경우가 많다.

③ 방법론 테일러링의 필요성 판단 기준
- 테일러링의 필요성은 내부적, 외부적 요건으로 나누어 판단한다.
  - 내부적 요건 : 목표 환경, 요구사항, 프로젝트 규모, 보유 기술 등
  - 외부적 요건 : 법적 제약사항, 표준 품질 기준 등

> 🎯 기적의 TIP
> 테일러링의 목적이 무엇인지 생각해 보세요.

> 🎯 기적의 TIP
> 필요성 판단 기준의 요건을 구분할 수 있어야 합니다.

➕ 더 알기 TIP

테일러링은 제한된 환경 안에서 최대의 작업 효율과 고품질의 결과물을 산출하기 위한 활동입니다.
테일러링 판단 기준은 법적인 가이드 라인과 규제를 제외하면 전부 내부적 요건이라고 생각하세요.

2) 개발 방법론 테일러링 프로세스

① 프로젝트 일정 및 자원현황 반영
- 개발 방법론에 프로젝트 일정과 비용, 목표 품질, 투입 자원, 위험관리 요소를 반영한다.

② 기반이 되는 개발 모델에 맞춰 개발 단계별 절차 수립
- 이해관계자들에게 반영된 결과를 설명하여 테일러링을 확정한다.

③ 테일러링 완료된 개발 모델에 대한 매뉴얼 작성
- 확정된 개발 모델의 단계별 활동 목적과 작업 내용, 산출물에 대한 매뉴얼을 작성한다.

3) 소프트웨어 개발 프로젝트 개요

① 소프트웨어 개발 프로젝트 정의
- 미리 계획된 일정과 자원의 범위 안에서 정해진 목표를 달성하기 위한 모든 활동을 말한다.
- 프로젝트는 업무마다 개발 방법이나 시간이 정해져 있으며 단계적으로 진행된다.

② 소프트웨어 개발 프로젝트 관리 요소 [24.5]
- 소프트웨어 개발 프로젝트는 인적자원(People), 일정(Process), 문제 인식(Problem)을 기반으로 관리된다.
- 총 5가지의 프로젝트 관리 요소를 개발 방법론에 반영한다.
  - 일정 : 활동 순서, 활동 기간 산정, 일정 개발, 일정 통제
  - 비용 : 원가 산정, 예산 편성, 원가 통제
  - 투입 자원 : 팀 편성 및 관리, 자원 산정, 조직 정의, 자원 통제
  - 위험 : 위험 식별, 위험 평가, 위험 대처, 위험 통제
  - 품질 : 품질 계획, 품질 보증 수행, 품질 통제 수행

> **더 알기 TIP**
> 일반적으로 통용되는 용어들은 같은 의미의 다른 용어로 문제가 출제될 수도 있습니다. 단어 자체보다는 의미에 좀 더 무게를 두고 학습하세요.

③ 소프트웨어 개발 프로젝트 계획 및 예측 [22.3]
- 개발 영역과 인력자원, 비용 및 일정 등을 고려하여 프로젝트 계획을 수립한다.
- 프로젝트 진행 중 발생하는 위험요소에 대해서는 예측이 불가능하다.
- 프로젝트의 규모를 우선적으로 파악하고 프로젝트의 복잡도 등을 파악한다.

> **기적의 TIP**
> 프로젝트를 계획하고 관리하는 것의 목적은 '효율적인 개발'입니다.

02 프로젝트 일정 관리

1) 프로젝트 일정 관리 원칙 [24.7]
- 관리 가능한 여러 개의 작업으로 분할한다.
- 분할된 작업들의 의존성에 따라 상호관계 네트워크를 설정한다.
- 작업별로 요구되는 시간을 설정한다.
- 개발자에게 적절한 시간을 할당한다.
- 프로젝트 참여 인원은 규모에 따라 프로젝트 시작 전에 결정한다.
  - Brooks의 법칙 : 프로젝트 진행 중에 새로운 인원을 투입할 경우 오히려 일정을 지연시킴

> **기적의 TIP**
> WBS(작업분해구조, Work Breakdown Structure)란, 작업을 여러 개의 작은 단위로 분해하여 계층 구조로 표현하는 프로젝트 일정 관리 기법입니다.

> **더 알기 TIP**
>
> 새롭게 인원이 투입되면 적응 기간도 필요하고 인수인계나 의사소통에서 오는 오해 등으로 인해 오히려 작업 기간에 악영향을 끼칠 수 있습니다.

2) 프로젝트 일정 계획 방법론 22.4, 22.7

① 프로젝트 일정 계획 방법론 정의
- 프로젝트 일정을 계획대로 진행할 수 있도록 스케줄을 작성하는 방법론이다.
- 자원과 비용을 가장 적게 사용하면서 가장 짧은 시간 내에 완성할 수 있도록 스케줄링한다.
- 소요 기간의 예측 가능성에 따라 PERT, CPM 등으로 나뉜다.
- 일정 수립이 목적이며 정확한 프로젝트 진행 비용 산정은 별도로 진행한다.

② PERT(Program Evaluation and Review Technique)
- 작업별 개발 기간이 불확실하여 개발 기간 내에 전체 프로젝트를 완료할 수 있을지에 대한 확률을 분석할 때 사용하는 방법이다.
- 프로젝트를 구성하는 각 작업들을 낙관치, 기대치, 비관치로 구성하여 종료 시기를 예측한다.
  - 예측치 = (낙관치+4×기대치+비관치)/6
- 노드와 간선을 통해 작업의 완료시점(이벤트)과 해당 작업의 소요시간을 예측하여 표현한다.

① 프로젝트 시작　⑤ SW 개발 완료
② 요구사항 분석 완료　⑥ 통합 구현 완료
③ HW 설계 완료　⑦ 프로젝트 종료
④ HW 구현 완료

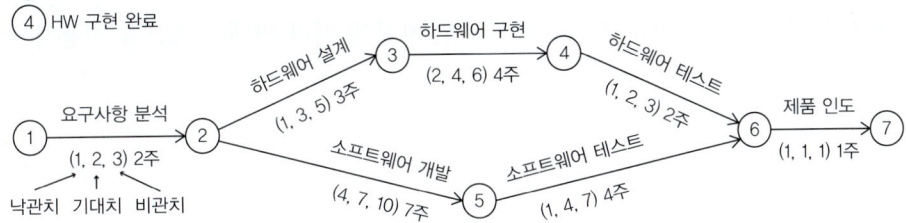

> **기적의 TIP**
>
> 각 모델의 특징을 구분할 수 있어야 합니다.

> **기적의 TIP**
>
> 작업에 필요한 시간을 예측할 때는 다음과 같은 수식을 사용할 수 있습니다.
>
> TE = (O + 4M + P) / 6
>
> 여기에서 TE는 예상 시간이며, O는 낙관적인 소요 시간, M은 가장 현실적인 시간, P는 비관적인 상황에서의 최대 소요 시간을 의미합니다. 이 세 가지 추정치를 기반으로, 가장 가능성이 높은 시간에 높은 비중을 두어 평균을 계산하는 방식입니다.

> **더 알기 TIP**
>
> PERT는 표 형태로도 구성이 가능합니다. 중요한 점은 확실하지 않은 개발 기간을 이벤트를 중심으로 예측하여 구성한다는 것이죠. 예측치 공식도 암기가 필요합니다.

③ CPM(Critical Path Method) 20.8, 24.5, 24.7, 25.2
- 작업별 개발 기간이 확실한 경우에 사용하는 방법으로 임계 경로 기법이라고도 한다.
- 계획된 최단시간으로 전체 프로젝트를 완료하기 위한 주공정 경로와 소요 기간을 계산한다.
- 2가지 종류의 노드와 간선으로 구성된다.
  - 원형 노드 : 특정 작업의 완료 시점
  - 박스 노드(이정표) : 해당 이정표에 종속된 모든 작업이 완료되어야 다음 작업 진행 가능
- 임계 경로를 통해 개발 기간을 결정한다.
  - 임계 경로(Critical Path=주공정) : 작업 소요시간이 가장 오래 걸리는 경로

> **기적의 TIP**
> 임계 경로를 실제로 계산할 수 있어야 합니다.

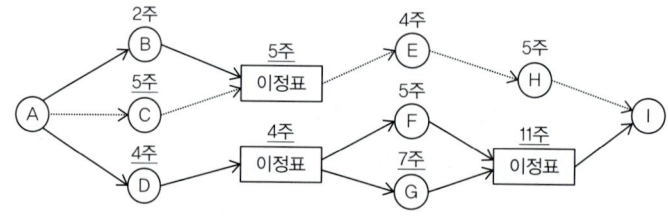

임계 경로(주공정) ─────▶
이정표에 반영된 작업들의 개발 소요기간을 밑줄 처리함

더 알기 TIP

출제 경향을 보면 PERT는 공식이나 개념에 대한 문제가 출제되고, CPM은 실제 네트워크에 대한 이미지와 함께 이정표 및 임계 경로를 묻는 문제가 자주 출제되고 있습니다.

④ 간트 차트(Gantt Chart) 22.3, 23.7
- 프로젝트 개발 일정을 기능별로 시간의 흐름에 따라 막대 그래프를 사용하여 표현한 일정표이다.
- 작업 간의 의존성(선후관계) 및 작업의 문제 요인을 파악하기 어렵다.
- 상세한 정보를 표현하기 어려워 소규모 활동으로 이루어지는 프로젝트에 적합하다.

> **기적의 TIP**
> 간트 차트에서 수평 막대는 작업 기간을 나타냅니다.

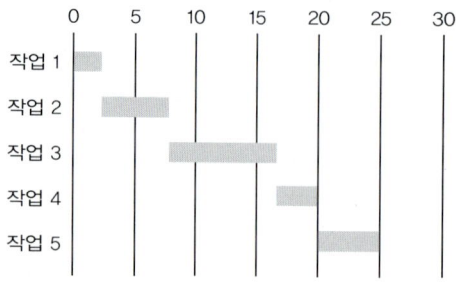

03 프로젝트 비용산정 모델

1) 소프트웨어 사업비 종류

- 소프트웨어 사업비는 6가지로 나뉜다.

종류	설명
정보 전략 계획 수립 비용	적정성 및 타당성 분석을 통해 프로젝트 계획을 수립하는 업무에 대한 비용
소프트웨어 개발 비용	소프트웨어 개발에 필요한 인원과 기간, 개발 도구 등에 대한 비용
소프트웨어 유지 보수 비용	제품 지원, 기술 지원, 사용자 지원 등의 서비스 제공 비용
소프트웨어 재개발 비용	개발된 소프트웨어의 일부를 다시 개발하는(유지 보수 범위를 초과하는) 비용
데이터베이스 구축 비용	소스 데이터를 이용자 친화적 형태로 가공하는 작업에 대한 비용
시스템 운영 환경 구축 비용	테스트 단계의 시험 환경 및 운영 환경을 설계, 구축하는 비용

2) 소프트웨어 비용 산정

① 소프트웨어 비용 산정 정의

- 소프트웨어 개발에 필요한 여러 가지 프로젝트 관리 요소를 기반으로 소프트웨어 프로젝트의 규모를 파악하여 개발에 필요한 비용을 미리 산정하는 활동이다.
- 비용이 너무 낮으면 개발자들의 부담이 커지고 곧 품질의 저하로 이어지므로 적정선을 잘 산정해야 한다.
- 정해진 산출법을 통해 개발 비용을 과학적이고 합리적으로 산정해야 한다.
- 대표적으로 하향식, 상향식 기법으로 나뉜다.

더 알기 TIP

소프트웨어 비용을 결정하는 요소는 매우 다양하고 주관적일 수 있기 때문에 소프트웨어 비용 산정 기법이 합리적인 비용을 결정하는 근거가 될 수 있습니다.

② 소프트웨어 비용 결정 요소

- 소프트웨어 비용을 결정하는 요소는 프로젝트, 자원, 생산성이 있다.
  - 프로젝트 : 제품 복잡도, 시스템 크기, 요구 신뢰도
  - 자원 : 인적자원, 하드웨어 자원, 소프트웨어 자원
  - 생산성 : 개발자 역량(지식, 경험, 이해도 등), 개발 기간

더 알기 TIP

세부적인 항목을 개념적으로만 이해해도 요소 3가지를 서로 구분할 수 있습니다.

3) 하향식 비용 산정 기법 24.5

① 하향식 비용 산정 기법 정의
- 과거의 유사한 개발 경험을 기반으로 비용을 산정하는 비과학적인 기법이다.
- 소프트웨어의 전체 비용을 산정한 뒤 각 기능(작업)별로 세분화한다.
- 전문가 측정 기법과 델파이 측정 기법 등이 있다.

② 전문가 측정 기법
- 경험이 있는 둘 이상의 전문가들이 신속하게 비용을 산정하는 것이다.
- 개인적이고 주관적인 판단이 포함될 가능성이 높다.

③ 델파이(delphi) 측정 기법
- 전문가 측정 기법의 단점을 보완한 기법으로 조정자(Coordinator)가 여러 전문가의 의견을 종합하여 비용을 산정한다.
- 전문가들은 측정 비용을 조정자에게 익명으로 제출하고 조정자는 서로 의견을 공유하고 조율하는 과정을 통해 어느 정도 일치되는 비용이 도출되면 개발 비용으로 선정한다.

+ 더 알기 TIP

하향식 기법의 가장 큰 특징은, 비용 산정에 대한 객관(과학)적인 근거가 없이 경험에 의해 비용이 산정된다는 것입니다.

---

4) 상향식 비용 산정 기법 24.2, 25.2

① 상향식 비용 산정 기법 정의
- 프로젝트의 세부적인 작업 단위별로 비용을 산정한 뒤 전체 비용을 산정하는 방식이다.
- LOC, Effort Per Task, 수학적 산정 기법 등이 있다.

② LOC(Line Of Code) 기법 20.6, 21.3, 21.8, 22.3, 22.4, 22.7, 23.3, 24.2
- 각 기능의 소스코드 라인 수의 비관치, 낙관치, 기대치를 통해 예측치를 계산하고 이를 기반으로 비용을 산정하는 기법이다.
  - 낙관치 : 가장 적은 예측 라인 수
  - 기대치 : 평균적인 예측 라인 수
  - 비관치 : 가장 많은 예측 라인 수
  - 예측치 = (낙관치+4×기대치+비관치)/6
- 측정이 용이하고 이해하기 쉬워서 많이 사용된다.
- LOC 기반 비용 산정 공식은 아래와 같다.
  - 노력 = 개발 기간×투입 인원 = LOC/인당 월평균 생산 코드 라인
  - 개발 비용 = 노력×월평균 인건비
  - 개발 기간 = LOC/인당 월평균 생산 코드 라인/투입 인원

기적의 TIP

비용 산정 공식을 통해서 실제 결과를 계산할 수 있어야 합니다.

- 개발 기간 = LOC/(인당 월평균 생산 코드 라인×투입 인원)
- 생산성 = LOC/노력

> **+ 더 알기 TIP**
>
> 비용 산정 공식은 여러 가지 형태의 문제 보기로 출제될 수 있습니다. 예를 들어, 5개월 동안 10명의 인원이 월평균 2만 라인의 코드를 생산했다고 하면 LOC는 [5×20,000×10]=100만 라인입니다. 괄호나 이항에 유의하시기 바랍니다. 노력은 인월(人月), Man Month, Person Month 등으로도 불립니다.

③ 단계별 노력(Effort Per Task) 기법
- 단순 코드 라인 수만으로 측정하는 LOC 기법을 보완한 기법이다.
- 각 기능들을 구현시키는 데 필요한 노력에 가중치를 별도 반영하여 측정한다.

5) 수학적 산정 기법 20.6, 20.8, 20.9, 21.5

① COCOMO(COnstructive COst MOdel) … 21.8, 22.4, 22.7, 23.3, 23.7, 24.2, 24.5, 25.2
- 보헴(Boehm)이 제안한 LOC 기반 비용 산정 기법으로, 비용 산정에 널리 통용된다.
- LOC의 규모 및 분석 기준에 따라 아래와 같이 분류된다.

	가장 단순한 형태로 LOC만을 이용하여 산정	
Basic(기본형)	Organic (조직형)	5만 라인(50KDSI*) 이하의 사무처리, 업무용, 과학용 응용 소프트웨어
	Semi-Detached (반분리형)	30만 라인(300KDSI) 이하의 운영체제, DBMS, 트랜잭션 처리 시스템
	Embedded (내장형)	30만 라인(300KDSI) 이상의 초대형 규모의 시스템, 소프트웨어
Intermediate(중간형)	Basic에서 요구사항의 복잡성, 팀의 능력, 개발 환경 등을 추가 분석	
Detailed(상세형)	Intermediate에서 각 개발 단계를 좀 더 세부적으로 분석	

*KDSI(Kilo Delivered Source Instruction) : 소스코드를 1,000단위로 표현

> **기적의 TIP**
>
> 수학적 산정 기법의 종류가 아닌 것을 구분할 수 있어야 합니다.

> **+ 더 알기 TIP**
>
> 기사 레벨의 시험에서는 상세 모델의 상세한 사항이나 실제 공식을 적용한 복잡한 문제의 결과를 묻는 문제까지는 출제될 확률이 매우 희박합니다. Basic에서는 KDSI 기준으로 구분될 수 있도록 학습하고, 나머지는 COCOMO의 포함 여부에 집중하세요.

② Putnam
- Putnam이 제안한 비용 산정 기법으로 시간에 따른 함수로 표현되는 Rayleigh-Norden 곡선의 노력 분포도에 기반한다.
- 소프트웨어 생명 주기의 전 과정 동안에 사용될 노력의 분포를 예측해주는 기법이다.
- 생명 주기 예측 모형이라고도 불리며 대형 프로젝트의 노력 분포 산정에 이용된다.
- 개발 기간이 늘어날수록 프로젝트 적용 인원의 노력이 감소한다.
- Putnam 모델을 기초로한 자동화 비용 측정 도구로 SLIM(Software LIfe-cycle Management)이 있다.

+ 더 알기 TIP

각각의 비용 산정 기법에서 도출할 수 있는 키워드를 기반으로 학습하세요.

③ 기능 점수(Function Point) 기법
- 알브레히트가 제안한 기법으로 소프트웨어 기능을 증대시키는 요인(비용 산정 요인)별로 가중치를 부여하여 비용을 산정한다.
  - 기능 증대 요인 : 입력, 출력, 사용자 질의, 데이터 파일, 인터페이스 등
- 요인별 가중치를 합산하여 총 기능점수를 산출하고 이를 이용하여 비용을 산정한다.
- FP 모델을 기초로 한 자동화 비용 측정 도구로 ESTIMACS가 있다.

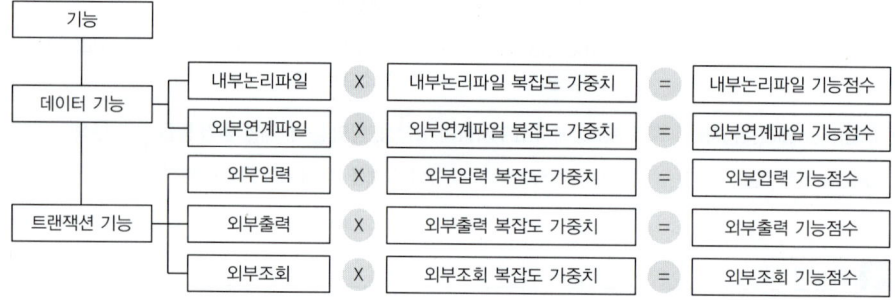

+ 더 알기 TIP

가중치는 바로 앞에서도 나왔던 개념입니다. 가중치가 붙게 되면 단순 측정보다 좀 더 정확한 측정을 할 수 있다는 의미로 해석하시면 됩니다.

04 투입 인력 자원 구성

1) 책임 프로그래머 팀 유형

① 중앙 집중형 팀 구성
- 1인 책임 프로그래머를 위해 다수가 보조 역할을 담당하는 성(Star)형 구조이다.

② 중앙 집중형 팀 구성 특징
- 소규모 소프트웨어를 단기적으로 개발하는 데 적합한 구조이다.
- 기능 구현의 분담이 필요 없는 단순한 난이도의 프로젝트에 적합하다.
- 대부분의 개발 팀원들의 만족도가 낮고 이직률이 높다.

2) 민주주의식 팀 유형

① 분산형 팀 구성
- 개개인의 담당 개발 영역이 독립적으로 존재하는 링(Ring)형 구조이다.

② 분산형 팀 구성의 특징
- 대규모 소프트웨어를 장기적으로 개발하는 데 적합한 구조이다.
- 기능 구현의 분담을 통해 복잡한 난이도의 프로젝트에 적합하다.
- 대부분의 개발 팀원들의 만족도가 높고 이직률이 낮다.

> **➕ 더 알기 TIP**
>
> 팀을 구성하는 두 가지 유형은 서로가 반대되는 특징을 가지고 있습니다. 상식적으로 생각해보면 충분히 유추할 수 있는 특징들이니 이해를 바탕으로 학습하세요.

05 소프트웨어 품질 관리

1) 소프트웨어 개발 표준 20.8, 21.5, 24.2

① ISO/IEC 12207
- 국제표준화기구(ISO)에서 제정한 표준 소프트웨어 수명 주기 프로세스이다.
- 기본, 지원, 조직의 3가지 분류로 나뉜다.
    - 기본 생명 주기 프로세스 : 획득, 공급, 개발, 운영, 유지보수
    - 지원 생명 주기 프로세스 : 문서화, 형상 관리, 문제 해결, 품질 보증, 검증, 확인, 합동 검토, 감리
    - 조직 생명 주기 프로세스 : 관리, 기반 구조, 개선, 교육 훈련

② ISO/IEC 12119
- 패키지 소프트웨어의 제품 품질 요구사항 및 테스트를 위한 국제 표준이다.

> **🏁 기적의 TIP**
>
> 각 개발 표준의 명칭을 구분할 수 있어야 합니다.

> **🏁 기적의 TIP**
>
> ISO/IEC 12207의 세부 프로세스를 구분할 수 있어야 합니다.

③ ISO/IEC 29119
- 소프트웨어 테스트를 위한 국제 표준이다.

④ ISO/IEC 9126(25010) 20.6, 23.5, 23.7, 24.2, 24.5
- 소프트웨어 품질 특성 및 평가에 관한 표준으로, 2011년에 호환성과 보안성을 강화하여 25010으로 개정되었다.
- 6가지 외부 품질 특성을 정의하고 있으며, 각 특성에는 세분화된 21가지 내부 평가 항목을 정의한다.
- 품질의 측정과 관리에는 다양한 표준 측정 메트릭(Metrics)을 활용하도록 제시한다.
- 6가지 외부 품질 특성은 아래와 같다.
  - 기능성(Functionality) : 명시된 요구사항을 만족하는 기능
  - 신뢰성(Reliability) : 정의된 성능 수준을 유지하는 능력
  - 사용성(Usability) : 사용자에 의해 이해, 학습, 사용, 선호되는 능력
  - 효율성(Efficiency) : 사용되는 자원에 따라 요구 성능을 제공하는 능력
  - 유지보수성(Maintainability) : 제품이 수정, 개선, 개작될 수 있는 능력
  - 이식성(Portability) : 서로 다른 환경으로 이식될 수 있는 능력

> **기적의 TIP**
> ISO/IEC 9126의 외부 품질 특성을 구분할 수 있어야 합니다.

외부 품질	내부 품질
기능성	적합성, 상호운용성, 보안성, 정확성, 준수성
신뢰성	고장 허용성, 회복성, 성숙도, 준수성
사용성	학습성, 운영성, 이해도, 친밀성, 준수성
효율성	반응 시간, 지원 특성, 준수성
유지보수성	분석성, 변경성, 안정성, 테스트 용이성, 준수성
이식성	적용성, 설치성, 공존성, 교체성, 준수성

➕ **더 알기 TIP**

ISO/IEC 9126 관련 문제는 개정 이후 첫 회차에 한 문제가 출제되었지만, 이후로 출제가 되고 있지 않습니다. 현재 9126은 폐기(Revoke)가 된 상태라 문제 출제 시 25010을 적용해야 하지만, 공식 출제 자료인 NSC학습모듈에는 9126이 안내되어 있어 논란의 여지가 많을 수 밖에 없는 영역입니다. 때문에 본 책에서는 불필요하게 늘어나는 학습량을 지양하기 위해 내부 품질에 대한 영문 표기와 해설을 삭제하였음을 안내드립니다.

2) CMM(Capability Maturity Model)

① CMM의 특징
- 소프트웨어 개발 업체들의 업무 능력 평가 기준을 세우기 위한 평가 능력 성숙도 모델이다.
- 소프트웨어 개발 능력(기술적 측면) 측정 기준 및 개발 조직의 성숙도(인간적 측면)를 평가한다.

- 소프트웨어 제품 자체의 품질과는 직접 연관성이 없으며 소규모 업체에는 적용이 어렵고 비효율적이다.

② CMM 단계별 프로세스 성숙도 [20.6, 20.9]
- CMM의 단계별 프로세스 성숙도 평가 기준은 초기, 반복, 정의, 관리, 최적화의 5단계로 나뉜다.
  - 초기(Initial) : 개발 관리 프로세스의 부재
  - 반복(Repeatable) : 성공한 프로젝트의 프로세스를 반복
  - 정의(Defined) : 프로세스의 정의와 이해 가능
  - 관리(Managed) : 프로세스에 대한 성과를 측정, 분석, 개선, 관리 가능
  - 최적화(Optimizing) : 지속적인 품질 개선 진행

③ CMM 프로세스 관리 품질 평가 기준
- CMM의 프로세스 관리 평가 기준은 레벨1에서 레벨5로 나뉘며 레벨이 오를수록 생산성과 품질이 높다.
  - 레벨1(혼돈적 관리) : 순서의 일관성 부재
  - 레벨2(경험적 관리) : 경험을 통한 관리
  - 레벨3(정성적 관리) : 경험의 공유 및 공식적인 관리
  - 레벨4(정량적 관리) : 조직적, 통계적 분석을 통한 관리
  - 레벨5(최적화 관리) : 위험 예측 및 최적화 도구 활용

3) CMMI(Capability Maturity Model Integration) [23.5]

① CMMI의 특징
- CMM을 발전시킨 것으로서, 소프트웨어와 시스템 공학의 역량 성숙도를 평가하기 위한 국제 공인 기준이다.
- CMMI의 프로세스 영역은 프로세스 관리, 프로젝트 관리, 엔지니어링, 지원으로 나뉜다.

> **더 알기 TIP**
>
> 발전을 시켰다는 것은, 보완이 필요한 큰 단점이나 큰 기능이 추가되었다는 뜻입니다. 두 모델의 프로세스 성숙도 차이를 파악하세요.

② CMMI의 기반 모델
- CMMI는 기반이 되는 3가지 CMM 모델이 통합(Integration)되어 있다.
  - SW-CMM : S/W 개발 및 유지보수에 관련된 성숙도 모델
  - SE-CMM : 시스템 엔지니어링 능력 성숙도 모델
  - IPD-CMM : 프로젝트 간 협동/통합 프로젝트 개선 모델

> **기적의 TIP**
>
> CMM과 CMMI의 단계별 프로세스 성숙도를 구분할 수 있도록 학습하세요.

③ CMMI의 단계별 프로세스 성숙도
- CMMI의 단계별 프로세스 성숙도 평가 기준은 초기, 관리, 정의, 정량적 관리, 최적화의 5단계로 나뉜다.
  - 초기(Initial) : 표준화된 프로세스 없이 프로젝트 수행결과 예측 곤란
  - 관리(Managed) : 기본적인 프로세스 구축에 의해 프로젝트 관리
  - 정의(Defined) : 세부 표준 프로세스 기반 프로젝트 통제
  - 정량적 관리(Quantitatively Managed) : 프로젝트 활동이 정량적으로 관리, 통제되고 성과 예측 가능
  - 최적화(Optimizing) : 지속적인 개선활동이 정착화되고 최적의 관리로 프로젝트 수행

4) SPICE(Software Process Improvement and Capability dEtermination)

① SPICE의 정의 20.8, 20.9
- 소프트웨어 품질 및 생산성 향상을 위한 소프트웨어 프로세스를 평가하는 국제 표준(ISO/IEC 15504)이다.
- ISO/IEC 12207로부터 파생되었으며 CMM의 단점을 개선하기 위해 제정되었다.

② SPICE의 목적
- SPICE의 목적은 3가지로 정리할 수 있다.
  - 프로세스 개선을 위해 개발 기관 스스로 평가
  - 요구 조건 만족 여부를 개발 조직 스스로 평가
  - 계약을 위한 수탁 기관의 프로세스를 평가

③ SPICE의 단계별 프로세스 성숙도 21.5, 24.7
- SPICE의 단계별 프로세스 성숙도 평가 기준은 6단계로 구분되어 있다.
  - 레벨0(불완전) : 프로세스가 구현되지 않거나 프로세스 목적을 달성하지 못함
  - 레벨1(수행) : 해당 프로세스의 목적은 달성하지만 계획되거나 추적되지 않음
  - 레벨2(관리) : 프로세스 수행이 계획되고 관리되어 작업 산출물이 규정된 표준과 요구에 부합
  - 레벨3(확립) : 표준 프로세스를 사용하여 계획되고 관리
  - 레벨4(예측 가능) : 표준 프로세스 능력에 대하여 정량적인 이해와 성능이 예측
  - 레벨5(최적) : 정의된 프로세스와 표준 프로세스가 지속적으로 개선

기적의 TIP

품질과 생산성 향상, 프로세스 평가라는 키워드와 SPICE를 연결할 수 있어야 합니다.

기적의 TIP

단계별 프로세스 성숙도(수행 능력)를 파악하고 있어야 합니다.

기적의 TIP

개발 표준은 어려운 용어도 많고 헷갈리기도 쉬워서 학습하기가 어렵습니다. 표준과 표준의 차이를 최우선으로 학습하시고, 각 단계별 설명은 가장 나중에 암기하시거나 특정 키워드 하나 정도만 뽑아서 암기하시는 것을 추천합니다.

5) CASE(Computer Aided Software Engineering) 도구 ··· 21.5, 23.5, 24.2, 24.5, 25.2

① CASE 도구 정의 및 특징
- 소프트웨어 개발 프로세스의 전 과정에서 자동화를 지원하는 소프트웨어 도구이다.
- 컴퓨터 지원 시스템공학 도구라고도 하며 개발자의 반복적인 작업량을 줄이는 것을 목표로 한다.
- CASE의 원천 기술은 구조적 기법, 프로토타이핑, 자동 프로그래밍, 정보 저장소, 분산 처리 등이 있다.

② CASE 도구 목표
- 소프트웨어 품질을 향상시키고 재활용성 수준을 끌어올린다.
- 소프트웨어 개발의 전 과정을 자동화하고 점진적 개발을 지원한다.
- 표준화된 문서 생성과 정보 공유 및 협업 지원을 통해 유지 보수, 생산성을 향상시킨다.

③ CASE 도구 특징
- 소프트웨어 품질과 생산성, 신뢰성을 향상시키는 데 도움을 준다.
- 도구의 비용은 비싸지만 개발 비용, 기간은 절감된다.
- 명령어, 문법의 숙지가 필요하며 CASE 도구 간 호환성이 없다.

④ CASE 도구 계층적 분류
- CASE 도구는 상위, 하위, 통합으로 나뉜다.
  - 상위 : 요구 분석과 설계 단계 지원
  - 하위 : 코드 작성과 테스트, 문서화, 유지보수 지원
  - 통합 : 전체 과정을 지원하기 위한 도구 통합

⑤ SADT(Structured Analysis and Design Technique)
- SoftTech 사에서 개발한 구조적 분석 및 설계 도구이다.
- 블록 다이어그램을 채택한 자동화 도구이다.

⑥ SREM(Software Requirements Engineering Methodology)
- TRW 사에서 개발한 RSL과 REVS를 사용하는 요구 분석용 자동화 도구이다.
  - RSL(Requirement Statement Language) : 요소, 속성, 관계, 구조들을 기술하는 요구사항 기술언어
  - REVS(Requirement Engineering and Validation System) : RSL 기술 요구사항 분석 명세서를 출력하는 분석 시스템

⑦ TAGS(Technology for Automated Generation of Systems)
- 시스템 공학 방법 응용에 대한 자동 접근 방법으로 개발 주기의 전 과정에 이용할 수 있는 통합 자동화 도구이다.

> **기적의 TIP**
> CASE의 개념과 특징을 묻는 문제가 출제됩니다.

> **기적의 TIP**
> CASE 도구별 키워드를 구분할 수 있어야 합니다.

⑧ PSL/PSA
- 미시간대학에서 개발한 PSL과 PSA를 사용하는 요구 분석용 자동화 도구이다.
  - PSL(Problem Statement Language) : 요구사항 기술언어
  - PSA(Problem Statement Anayzer) : PSL 기술 요구사항 분석 명세서를 출력하는 분석 시스템

06 프로젝트 형상 관리

1) 형상 관리 20.6, 21.6, 22.7, 23.3, 24.5

① 형상 관리 정의
- 소프트웨어 개발 프로젝트의 모든 과정에서 발생하는 산출물들의 종합 및 변경과정(version)을 체계적으로 관리하고 유지하는 활동 및 기법이다.

② 형상 관리 특징
- 여러 개발자가 같은 프로젝트를 개발하면서 발생하는 문제를 최소화한다.
- 불필요한 수정을 제한하고 버전 관리를 통해 변경 사항의 관리(revision)가 가능하다.

> **기적의 TIP**
> 형상 관리에 대한 잘못된 보기를 선택할 수 있어야 합니다.

2) 형상 관리 프로세스 21.8, 23.5, 25.2

① 형상 식별
- 형상 관리 대상을 식별하여 이름 및 관리번호를 부여하는 작업이다.
- 수정 및 추적이 가능하도록 기준선(Baseline)을 정하는 활동이다.

② 형상 통제
- 형상 항목의 변경 요구를 검토하고 승인하는 작업이다.
- 변경 항목을 현재의 베이스라인에 성공적으로 반영하도록 제어한다.
- 형상 변경은 별도 조직(형상통제위원회)의 승인을 통해 이루어질 수 있어야 한다.

③ 형상 상태 보고
- 형상 관리 작업의 결과를 기록하고 관리하는 작업이다.
- 베이스라인의 상태 및 형상 반영 여부를 관리한다.

④ 형상 감사
- 변경될 베이스라인의 무결성을 공식 승인하기 위해 검증하는 작업이다.

> **기적의 TIP**
> 형상 관리에서 형상 통제 프로세스가 존재하는 목적을 찾을 수 있어야 합니다.

➕ **더 알기 TIP**

형상 관리는 모든 프로세스에서 이뤄지는만큼 좀 더 다양한 용어와 기술, 도구들이 있습니다. 이후에 좀 더 자세하게 다루게 되므로 여기에서는 형상 관리의 간단한 개념과 틀에 대해서만 간단히 다뤘습니다.

CHAPTER

02

요구사항 확인

학습 방향

클라이언트의 요구사항을 파악하고 정리, 표현하는 기술에 대해 서술하는 챕터입니다. 요구사항을 시각적으로 표현하기 위해 사용하는 다양한 요소들이 출제됩니다. 요구사항이 정확하지 않으면 개발 이후의 소프트웨어의 품질 관리 및 유지 보수에 막대한 비용이 들기 때문에 요구사항을 정확히 하는 것에 초점을 맞추게 됩니다.

SECTION 01 소프트웨어 개발 환경 분석

빈출 태그 ▶ #업무 파악 #미들웨어 #운영체제 #DBMS

01 현행 시스템 파악

1) 현행 시스템 파악 개요 21.3, 24.7

① 현행 시스템 파악 정의
- 목표 시스템의 개발 범위 및 방향성을 정하기 위해 현재 운행되는 시스템의 구성을 파악하는 활동이다.
- 제공 기능과 주고 받는 정보뿐 아니라 소프트웨어, 하드웨어, 네트워크 구성 등도 파악한다.

② 현행 시스템 파악 절차
- 현행 시스템 파악 절차는 크게 3단계로 나뉜다.
  - 현행 시스템의 구성, 기능, 인터페이스 현황 파악
  - 현행 시스템의 아키텍처 및 소프트웨어 구성 현황 파악
  - 현행 시스템의 하드웨어 및 네트워크 구성 현황 파악

> **기적의 TIP**
> 현행 시스템에서 분석하지 않아도 될 요소를 구분할 수 있어야 합니다.

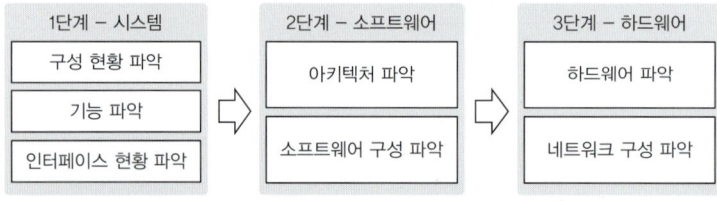

2) 현행 시스템 구성 및 기능 파악

① 시스템 구성 현황 파악
- 현행 시스템을 기간 업무와 지원 업무로 구분한다.
  - 기간 업무 : 주요 업무
  - 지원 업무 : 주요 업무를 지원하는 업무
- 각 단위 업무 정보 시스템의 명칭과 주요 기능을 명시하여 조직 내 모든 정보 시스템의 현황을 파악한다.
- 예시

구분	시스템	내용	비고
기간 업무	도서 대여 시스템	특정 회원에게 도서 대여 및 회수	
지원 업무	도서 관리 시스템	대여를 위한 도서 등록 및 관리	
	회원 관리 시스템	대여를 위한 회원 등록 및 관리	

② 시스템 기능 현황 파악
- 단위 업무 시스템이 현재 제공하고 있는 기능을 파악하는 것이다.
- 단위 업무 시스템에서 제공하는 기능들을 주요 기능과 세부 기능으로 구분하여 계층형으로 표현한다.
- 예시

시스템	단위 기능	하부 기능	세부 기능
도서 대여	도서 검색	도서 정보 조회	…
		대여 금액 조회	…
	회원 검색	회원가입 여부 확인	…
		연체 정보 확인	…

③ 시스템 인터페이스 파악
- 단위 업무 시스템들이 서로 주고 받는 데이터의 종류나 형식, 프로토콜, 연계 유형, 주기 등을 파악한다.
  - 데이터 형식 : 고정 포맷, 가변 포맷, JSON, XML 등
  - 통신규약(프로토콜) : TCP/IP, X.25 등
  - 연계 유형 : EAI, FEP 등
- 예시

송신 시스템	수신 시스템	연동 데이터	연동 형식	통신 규약	연계 유형	주기
회원 관리	도서 대여	회원 정보	JSON	TCP/IP	EAI	요청
도서 대여	도서 관리	도서 정보	XML	TCP/IP	EAI	수시

더 알기 TIP

실제 작업은 예시들보다 훨씬 더 복잡하지만, 단순히 이해를 돕기 위한 용도이므로 평소에 흔히 볼 수 있는 도서대여점을 기준으로 최대한 간단하게 표현하였습니다. 처음 보는 용어들이 좀 보이실텐데, 이후에 자세하게 다루기 때문에 일단 지금은 서로를 파악하고 구분할 수 있는 정도로만 학습하세요.

3) 현행 시스템 아키텍처 및 소프트웨어 파악

① 시스템 아키텍처 구성도 파악
- 기간 업무 수행을 위한 기술 요소들을 계층별로 구성한 도표이다.
- 업무 시스템별로 아키텍처가 다른 경우에는 가장 핵심이 되는 기간 업무 처리 시스템을 기준으로 한다.

더 알기 TIP

시스템 아키텍처 구성도는 정해진 규격이 없고, 아무리 간단하게 표현해도 사전 지식 없이는 학습에 아무런 도움이 되지 않기 때문에 생략합니다. 아키텍처를 구성하는 요소들은 이후에 자세히 다룹니다.

② 소프트웨어 구성도 파악
- 단위 업무 시스템의 업무 처리를 위해 설치되어 있는 소프트웨어들의 사양과 라이선스 방식, 개수 등을 파악한다.
- 시스템 구축 시 소프트웨어 비용이 적지 않기 때문에, 소프트웨어 라이선스 파악이 중요하다.

구분	시스템명	SW 제품명	용도	라이선스 적용 방식	라이선스 개수
기간 업무	도서 대여	MySQL	DB	상용	1
		Apache	WAS	오픈 소스	무제한

4) 현행 시스템 하드웨어 및 네트워크 파악

① 하드웨어 구성도 파악
- 단위 업무 시스템들의 물리적 위치와 주요 사양, 수량, 이중화 적용 여부 등을 파악한다.
- 이중화는 서비스 기간, 장애 대응 정책에 따라 결정되며, 현행 시스템에 이중화가 적용된 경우에는 목표 시스템에도 대부분 구축이 필요하다.
- 이중화를 적용할 경우 인프라 구축 기술 난이도 및 비용 증가의 가능성이 높다.

구분	시스템명	서버 용도	제품명	주요 사양	수량	이중화
기간 업무	도서 관리	DB	Dell CD03	CPU: 6Core RAM: 16GB	1	Y

② 네트워크 구성도 파악
- 단위 업무 시스템들의 네크워크 구성을 파악하여 그림으로 표현한다.
- 서버의 위치 및 네트워크 연결방식 파악을 통해 조직 내 서버들의 물리적인 위치 관계를 파악할 수 있다.
- 조직 내 보안 취약성 분석 및 대응, 네트워크 장애 발생 추적 및 대응을 하기 위한 근거로 활용 가능하다.

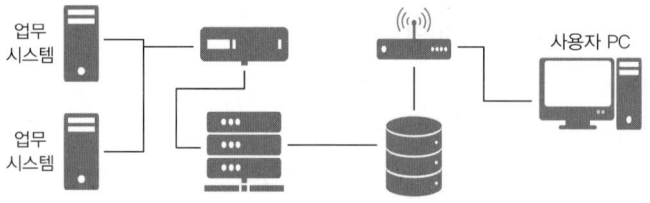

+ 더 알기 TIP

이미지들은 이해를 돕기 위한 것일 뿐, 실제 문제를 맞추기 위해서는 각 파악 단계에서 파악해야 하는 핵심 키워드를 기억하세요.

02 개발 기술 환경 식별

1) 운영체제

① 운영체제 정의
- 사용자가 손쉽고 효율적으로 컴퓨터 시스템을 사용하도록 돕는 소프트웨어이다.
- 하드웨어와 소프트웨어 리소스를 관리하고 컴퓨터 프로그램을 위한 공통 서비스를 제공한다.

② 운영체제 종류 및 특징
- 주요 운영체제로는 Microsoft Windows, UNIX, Linux, iOS, Android 등이 있다.
    - Microsoft Windows : 다양한 라이선스 정책, 중소 규모 서버, 개인용 PC
    - UNIX : 다양한 라이선스 정책, 대용량 처리, 안정성이 요구되는 서버
    - Linux : 무료, 확장성, 다양한 버전 제공, 중대 규모 서버
    - iOS : 유료, 하드웨어에 포함, 스마트폰, 태블릿PC
    - Android : 무료, 리눅스 기반, 스마트폰, 태블릿PC

더 알기 TIP
운영체제에 대한 자세한 사항은 뒤에서 자세히 다룹니다. 개발 기술 환경 식별에서는 기술 환경을 식별하기 위한 필수 요소들 정도만 다룹니다.

③ 운영체제 식별 시 고려사항
- 운영체제 관련 요구사항 식별에는 신뢰도, 성능, 기술 지원, 주변 기기, 구축 비용 등을 고려해야 한다.
    - 신뢰도 : 메모리 누수, 보안 취약점, 버그 등으로 인한 성능 저하 및 장애 발생 가능성
    - 성능 : 대규모 작업 처리, 동시 사용자 요청 처리, 지원 가능 메모리 크기
    - 기술 지원 : 공급 업체의 안정적인 기술 지원, 사용자 커뮤니티, 오픈 소스 여부
    - 주변 기기 : 설치 가능 하드웨어, 주변 기기 지원 여부
    - 구축 비용 : 하드웨어, 라이선스, 유지관리 비용

더 알기 TIP
요구사항 식별에 필요한 항목에 집중하세요. 항목에 대한 설명은 이해를 돕기 위한 부분이며 설명을 보고 항목과 연결이 가능한 수준이면 충분합니다.

2) DBMS(DataBase Management System)

① DBMS 정의
- 사용자, 애플리케이션, 데이터베이스와 상호 작용하여 데이터를 저장, 관리, 상호작용하는 시스템이다.

> **더 알기 TIP**
> DBMS에 대한 자세한 내용은 뒤에서 다룹니다. 여기에서는 각 종류별 특징과 고려해야 하는 사항에 집중하세요.

② DBMS 종류 및 특징
- 주요 DBMS로는 Oracle, MS-SQL, My-SQL, MongoDB 등이 있다.
    - Oracle : 유료, 대규모, 대량 데이터의 안정적인 처리
    - MS-SQL : 유료, 중소 규모 데이터의 안정적인 처리
    - My-SQL : 무료, 오픈 소스 관계형 DBMS
    - MongoDB : 무료, 오픈 소스 NoSQL DBMS

③ DBMS 식별 시 고려사항
- 정보 시스템 구축 시 DBMS 관련 요구사항 식별에는 가용성, 성능, 기술 지원, 상호 호환성, 구축 비용 등을 고려해야 한다.
    - 가용성 : 백업 및 복구의 편의성, 이중화 및 복제 지원
    - 성능 : 대용량 데이터 처리 능력, 질의 최적화
    - 상호 호환성 : 설치 및 운용 가능한 운영체제가 다양함

> **더 알기 TIP**
> 기술 지원, 구축 비용은 앞에서 설명한 용어이기 때문에 생략하였습니다. 항목에 좀 더 집중하세요.

3) 미들웨어(Middleware)

① 미들웨어 정의
- 운영체제와 소프트웨어 애플리케이션 사이(Middle)에 위치하여 운영체제가 제공하는 서비스를 확장하여 제공하는 소프트웨어이다.
- 데이터 교환의 일관성 유지를 위해 표준화된 인터페이스를 제공한다.

더 알기 TIP

미들웨어는 별도의 섹션에서 자세히 다루기 때문에 여기서는 미들웨어를 선정(식별)하는 데 고려해야 하는 사항들에 대해서만 다룹니다.

② 미들웨어 식별 시 고려사항
- 미들웨어 관련 요구사항 식별에는 가용성, 성능, 기술 지원, 구축 비용 등을 고려해야 한다.
  - 성능 : 대규모 처리, 다양한 설정 옵션, 가비지 컬렉션

4) 오픈 소스(Open Source) 소프트웨어

① 오픈 소스 정의
- 소스코드를 무료로 공개하여 제한 없이 누구나 사용 및 개작이 가능한 소프트웨어이다.

② 오픈 소스 식별 시 고려사항
- 무료로 공개하는 범위에 따라 다양한 라이선스가 존재한다.
- 사용 가능한 라이선스의 개수와 기술의 지속 가능성을 파악해야 한다.

더 알기 TIP

오픈 소스는 수익성이 제로에 가깝기 때문에 제작사의 기술 지원이 어려운 경우가 많습니다. 특정 오픈 소스 소프트웨어를 채용하여 시스템을 운영 중인데, 해당 제작사가 문을 닫거나 기술 지원을 끊어 버리면 문제가 발생할 확률이 커질 수 밖에 없겠죠.

SECTION 02 요구사항 확인

빈출 태그 ▶ #요구사항 도출 #유스케이스 #다이어그램 #기능/비기능 #구조적 분석 도구

01 요구공학(Requirements Engineering)

1) 요구공학 개요

① 요구공학 정의
- 소프트웨어 개발의 기초가 되는 요구사항을 정의하고, 문서화하고, 관리하는 프로세스이다.
- 이해관계자들에게 효과적인 소통 수단을 제공하고 불필요한 비용을 절감시킨다.
- 구조화된 요구사항으로 요구사항 변경 추적이 가능하며 요구사항 손실이 최소화된다.

② 요구공학 프로세스 21.5, 22.3
- 요구공학 프로세스는 도출(Elicitation), 분석(Analysis), 명세(Specification), 검증(Validation)의 단계를 가진다.

> 기적의 TIP
> 요구공학 프로세스(요구사항 개발 프로세스)의 순서를 올바르게 연결할 수 있어야 합니다.

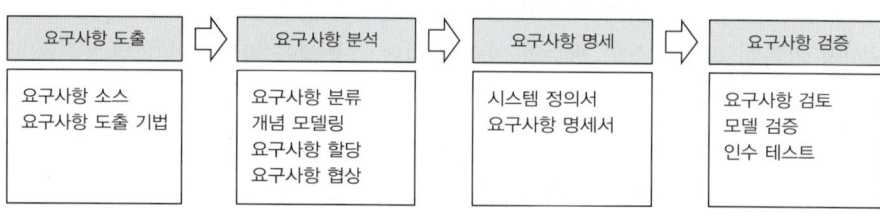

2) 요구사항 관리 도구

① 요구사항 관리 도구 정의
- 사용자 요구사항의 정의 및 관리, 변경에 대한 사항을 관리하는 도구이다.

② 요구사항 관리 도구 주요 기능 21.5
- 요구사항 변경에 따른 영향도 및 비용 편익의 분석이 가능하다.
- 요구사항이 변경된 이력을 추적할 수 있다.
- 요구사항을 조직적으로 관리하며 우선순위나 리스크 관리가 가능하다.
- 요구사항 관리 환경 조성 및 외부 연동, 협업 환경을 제공한다.

> 기적의 TIP
> 요구사항 관리 도구의 주요 기능이 아닌 것을 선택할 수 있어야 합니다.

➕ 더 알기 TIP

요구사항 관리 도구는 요구사항 관리에 도움을 주는 도구이므로, 주요 기능들 대부분이 요구사항 관리 도구가 없더라도 개발팀이 직접 수행해야 하는 활동들입니다.

02 요구사항 도출(Requirement Elicitation)

1) 요구사항 도출

① 요구사항 도출 정의
- 소프트웨어가 해결해야 할 문제를 이해하는 첫 번째 단계로 요구사항을 어디에서, 어떻게 수집할 것인지를 결정하는 단계이다.
- 요구사항을 도출하는 과정에서 이해관계자가 식별되고, 개발자와 고객 사이의 관계가 생성된다.
- 정확한 요구사항 도출을 위해 다양한 이해관계자들 간의 효율적인 의사소통이 중요하다.

② 요구사항 도출 기법 21.5, 24.5
- 사용자 요구사항은 불명확하고 변할 수 있기 때문에 다양한 도출 기법을 사용해야 한다.
- 요구사항 도출 기법에는 인터뷰, 설문, 사용자 스토리, 업무절차 조사, 브레인 스토밍 회의, 프로토타이핑, 유스케이스 등이 있다.
  - 인터뷰 : 다양하고 많은 사용자의 의견을 듣기 위해 계획하고 진행
  - 설문 : 이해관계자들의 관심, 내부 정보, 개선 의견을 끌어낼 문항 준비
  - 사용자 스토리 : 사용자, 개발자와 함께 시스템에 바라는 기능을 이야기 형태로 기술
  - 업무절차 조사 : 기업의 내부 표준, 업무 매뉴얼 등을 조사하여 요구 및 제한 사항 도출
  - 브레인 스토밍 회의 : 인터뷰와 함께 수행하여 최대한 많은 요구사항 수집, 훈련된 인원이 스토밍 진행
  - 프로토타이핑 : 예상 기능 일부를 빠르게 구현(프로토타입)하여 피드백 진행
  - 유스케이스 : 사용자 요구사항을 시스템 이용자와 기능, 관계로 표현

2) 유스케이스(Use Case) 다이어그램

① 유스케이스 다이어그램 정의
- 사용자와 다른 외부 시스템들이 목표 시스템을 이용하여 수행하는 기능을 사용자의 관점에서 표현한 도표이다.
- 시스템의 범위를 파악할 수 있고 외부 요소와 시스템 간의 상호 작용을 파악할 수 있다.

② 유스케이스 다이어그램 구성 요소 21.5, 22.4, 23.3, 23.5
- 유스케이스 다이어그램 구성 요소에는 시스템 범위, 액터(actor), 유스케이스, 관계 등이 있다.
  - 시스템 범위(scope) : 관련 유스케이스들을 사각형으로 묶어서 표현
  - 사용자(주) 액터 : 상호작용을 통해 이득을 얻는 대상(주로 사람이며 최대한 간단하게 표현)

> **기적의 TIP**
> 요구사항 도출 기법이 다양한 이유를 고민해보세요.

> **기적의 TIP**
> 유스케이스는 요구사항 도출 기법 및 분석 단계에서 가장 많이 쓰이는 기법입니다. 당연히 문제에서도 자주 출제가 되겠죠. 좀 더 깊게 학습하시는 것을 추천합니다.

> **기적의 TIP**
> 유스케이스 다이어그램의 구성 요소가 아닌 것을 찾을 수 있어야 합니다.

- 시스템(부) 액터 : 주 액터의 목적 달성을 위해 제공되는 외부 시스템(조직, 기관)
- 유스케이스 : 사용자 관점의 제공 서비스나 기능을 단순하게 표현
- 관계 : 유스케이스와 유스케이스, 액터와 유스케이스의 관계 표현

③ 유스케이스 다이어그램 작성 시 주의사항
- 유스케이스는 실행순서를 나타내지 않기 때문에 흐름도(FlowChart)처럼 그리지 않는다.
- 여러 관계 요소를 과도하게 사용하지 않고 최대한 간결하게 표현한다.

④ 유스케이스 기술서
- 액터가 시스템과 상호작용하는 과정을 보다 구체적으로 서술한 문서이다.
- 유스케이스 다이어그램에 있는 각각의 유스케이스에 대해서 작성해야 한다.
- 유스케이스 기술서를 구성하는 요소는 아래와 같다.
  - 유스케이스명 : 액터가 달성하고자 하는 목적을 명확하게 표현
  - 액터명 : 실제 사람의 이름이 아닌 역할이나 그룹의 이름 사용
  - 개요 : 유스케이스 수행 시나리오를 간략하게 요약
  - 사전조건 : 유스케이스 수행을 위한 사전 조건 기술
  - 사후조건 : 유스케이스 수행 후에 만족해야 하는 조건 기술
  - 기본흐름 : 목적 달성을 위해 수행되는 완전한 상호작용 흐름 기술
  - 트리거 : 유스케이스가 시작되는 사건, 기본흐름의 첫 번째로 기술
  - 대체흐름 : 기본흐름을 벗어나 선택적, 예외적으로 처리되는 흐름을 기술

유스케이스명	회원 등록
액터명	주 액터 : 관리자 부 액터 : 회원관리 시스템
개요	관리자가 회원관리 시스템에 신규 회원을 등록한다.
사전조건	회원관리 시스템이 정상 작동 중이어야 한다. 회원 등록을 위한 정보 입력을 위해 신분증이 있어야 한다.
사후조건	회원관리 시스템에 등록한 회원의 정보 검색이 가능하다.
기본흐름	1. 관리자는 회원 등록 메뉴에 진입한다.(트리거) 2. 관리자는 회원 등록 정보를 시스템에 입력한다. 3. 시스템은 입력된 정보에 대한 무결성 및 중복성을 검증한다. 4. 시스템은 새로운 정보를 등록하고, 검색 대상에 포함시킨다. 5. 관리자는 회원 등록 메뉴를 종료하고 신분증을 회원에게 돌려준다.
대체흐름1	3a. 입력 정보의 무결성 검증이 불가능한 경우 3a. 1. 입력한 정보와 원본 정보의 불일치성을 확인한다. 3a. 2. 잘못 입력된 정보를 수정한다. 3b. 입력 정보의 중복성 검증이 불가능한 경우 3b. 1. 기존에 입력된 정보를 통해 실제 회원정보를 식별한다.
대체흐름2	…
…	…

3) 유스케이스 다이어그램의 관계 21.3, 23.3

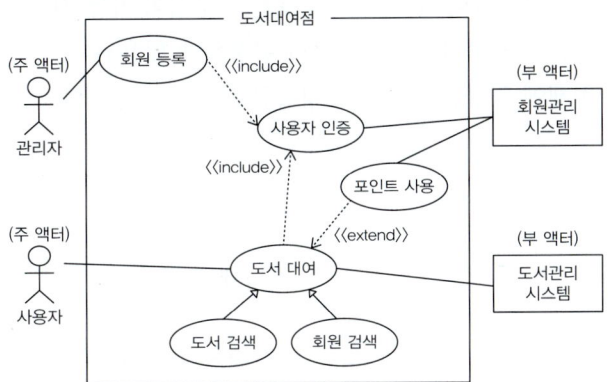

① 포함 관계(필수적)
- 공통으로 사용되는 기능을 별도로 추출하여 새로운 유스케이스를 생성하고 연결한 관계이다.
- 기존 유스케이스에서 새로운 유스케이스 방향으로 점선 화살표를 연결하고, 〈〈include〉〉를 표기한다.

② 일반화 관계
- 유스케이스 간의 상위, 하위 관계를 표현한다.
- 하위 유스케이스에서 상위 유스케이스 방향으로 속이 빈 실선 화살표를 연결한다.

③ 확장 관계(선택적)
- 특정 조건에서만 실행되는 유스케이스를 생성하고 연결한 관계이다.
- 선택적 유스케이스에서 원래의 유스케이스 방향으로 점선 화살표를 연결하고, 〈〈extend〉〉를 표기한다.

> **더 알기 TIP**
> 유스케이스 이미지는 각각의 요소에 대한 예시를 표현하는 데 중점을 두었기 때문에 작성 주의사항 기준에 맞지 않는다는 점을 참고하세요. 예를 들어, 도서 검색 기능은 현재 이미지에 나타난 시스템 상에서는 공유되는 기능이 아니기 때문에 생략이 가능합니다. 잘못된 유스케이스를 고치는 문제가 출제되지는 않기 때문에 주의사항 정도만 파악하셔도 됩니다.

03 요구사항 분석(Requirement Analysis)

1) 요구사항 분석 20.6, 20.9, 23.5, 25.2

① 요구사항 분석 정의
- 요구사항 도출 단계에서 도출된 다양한 요구사항들을 분석하여 목표 시스템이 제공해야 하는 기능 및 특성을 조정해 나가는 활동이다.
- 도출된 요구사항 중 명확하지 않거나, 상충되는 요구사항 등을 분석하여 문제점을 해결한다.

② 요구사항 분석 특징
- 소프트웨어의 정확한 범위 파악과 외부 환경과의 상호작용 분석이 가능하다.
- 요구사항 분석 단계에서의 문서 산출물은 유지보수에 유용하게 활용된다.
- 요구사항의 변경은 개발 전체에 영향을 끼치므로 정확한 분석이 필요하다.

2) 요구사항 분석 기법

① 요구사항 분류(Requirement Classification) 21.8, 22.4, 23.3, 23.7
- 소프트웨어 관점에서 요구사항은 시스템이 제공해야 할 역량, 성능, 기능 등을 의미한다.
- 요구사항은 기술 내용에 따라 기능적 요구사항과 비기능적 요구사항으로 나뉜다.
  - 기능적 요구사항 : 시스템의 기능, 제어 연산, 기술에 대한 요구사항
  - 비기능적 요구사항 : 성능, 보안, 품질, 안전 등에 대한 요구사항

+ 더 알기 TIP

도서 대여 시스템을 생각해 봅시다. 새 도서를 등록하는 기능, 등록된 도서를 검색하는 기능은 기능적 요구사항에 해당됩니다. 도서 등록 시 중복 도서를 체크하고, 최대 2만권까지 등록이 가능하고, 도서 검색은 최대 2초 안에 완료되어야 한다는 등의 항목들은 비기능적 요구사항입니다.

- 요구사항은 관점 및 대상에 따라 사용자 요구사항과 시스템 요구사항으로 나뉜다.
  - 사용자(소프트웨어) 요구사항 : 사용자에게 제공해야 하는 것, 친숙한 표현
  - 시스템 요구사항 : 시스템(개발자)에게 제공해야 하는 것, 기술적 표현
- 요구사항의 출처와 우선순위, 적용 범위, 변경 가능성 등을 식별한다.

② 개념 모델링(Conceptual Modeling) 22.3, 23.5, 24.7
- 분석된 요구사항을 기반으로 업무 처리의 실체(Entity)들과 그들의 관계(Relation)를 모델링하는 것이다.
- 현실의 문제를 모델링하는 것으로 요구사항 분석의 핵심 단계라고 할 수 있다.
- 개념 모델은 문제가 발생하는 상황에 대한 공통의 이해와 해결책을 제시한다.
- 대부분의 개념 모델링은 UML(Unified Modeling Language)을 사용하지만, 이외에도 유스케이스 다이어그램, 데이터 흐름 모델, 상태 모델, 목표 기반 모델, 사용자 인터랙션, 객체 모델, 데이터 모델 등과 같은 다양한 모델을 작성할 수 있다.

+ 더 알기 TIP

개념 모델을 표현하는 UML은 다음 섹션에서 자세히 다룹니다. 여기서는 '개념'이라는 단어의 의미를 이해하는 데 집중하세요. 개념은 사람마다 다르게 느낄 수 있는 생각이나 현상, 의미 등을 하나로 통일하는 것입니다. 당연히 의사소통 및 문제해결에 도움이 되겠죠.

> **기적의 TIP**
> 기능과 비기능을 구분하는 문제는 다양한 범위에서 출제될 수 있습니다.

> **기적의 TIP**
> 모델링은 모델을 정의하는 과정입니다.

③ 요구사항 할당(Requirement Allocation)
- 정리된 요구사항을 만족시키기 위한 구성 요소들을 식별하는 과정이다.
- 구성 요소들의 상호작용을 분석하여 추가적인 요구사항을 발견할 수 있다.

④ 요구사항 협상(Requirement Negotiation)
- 요구사항들이 서로 어긋나서(상충) 요구사항을 전부 만족시키지 못하는 경우에 이를 합의하는 과정이다.
- 요구사항이 상충하는 경우는 크게 3가지가 있으며, 하나를 포기하기보다는 우선순위 부여를 통해 적절한 기준점을 찾는 것(합의)이 좋다.
  - 두 명의 이해관계자가 요구하는 요구사항이 서로 충돌되는 경우
  - 요구사항과 자원이 서로 충돌되는 경우
  - 기능적 요구사항과 비기능적 요구사항이 서로 충돌되는 경우

⑤ 정형 분석(Formal Analysis)
- 요구사항 분석 프로세스의 마지막 단계로, 요구사항을 정확하고 명확하게 표현한다.
- 구문(Syntax)과 의미(Semantics)를 갖는 정형화된 언어를 이용해 요구사항을 수학적 기호로 표현한 후 이를 분석하는 과정이다.

3) 구조적 분석

① 구조적 분석의 특징 21.3
- 정형화된 분석 절차에 따라 요구사항을 파악하고 도형 중심으로 표현한 도표이다.
- 구조적 분석의 기본 원리 4가지는 추상화 원칙, 정형화 원칙, 분할 정복, 계층화가 있다.
  - 추상화(Abstract) 원칙 : 객체들의 공통된 성질을 추출하여 중요한 특징만 간단하게 표현
  - 정형화(Formality) 원칙 : 문제 해결에 정형화된(공학적인) 접근 방법을 적용
  - 분할 정복 : 어려운 문제 해결을 위해 해결이 쉬운 작은 문제로 나누어 해결
  - 계층화 : 분할된 모듈을 트리 구조로 배열하여 관리의 난이도 감소

> **더 알기 TIP**
> 모듈화 프로그램에 구조적 분석의 기본 원리를 적용해 구조적(절차적) 프로그래밍의 개념이 탄생하였습니다. 시험에는 구조적 분석의 기본 원리와 구조적 분석 도구의 특징에 대해서 출제됩니다.

- 구조적 분석 도구는 자료 흐름도, 자료 사전, NS 차트, HIPO 등이 있다.

> **기적의 TIP**
> 구조적 분석의 개념은 구조적 개발 방법론과 같은 의미를 가집니다.

② 자료 흐름도(DFD : Data Flow Diagram) ⋯ 20.8, 20.9, 22.3, 22.7, 23.7, 24.5, 24.7, 25.2
- 기능에 의한 데이터의 흐름을 도형으로 표현한 도표이다.
- 제어의 흐름이 아닌 데이터의 흐름에 중심을 두고 있으며 작업 소요시간은 파악 불가능하다.
- 자료 흐름도의 작성 지침은 다음과 같다.
  - 단위 프로세스를 거친 데이터 흐름에는 새로운 이름 부여
  - 데이터 출력을 위해서는 반드시 입력 필수
  - 해당 프로세스와 하위 자료 흐름도의 데이터 흐름 일치
  - 최하위 프로세스는 소단위 명세서를 가짐
- 자료 흐름도는 프로세스, 자료 흐름, 자료 저장소, 단말로 구성된다.
  - 프로세스 : 데이터 처리 과정, 타원(원)으로 표기
  - 자료 흐름 : 데이터 흐름 방향, 화살표로 표기
  - 자료 저장소 : 데이터가 저장되는 곳, 상하 평행선으로 표기
  - 단말 : 데이터 입출력 주체, 사각형으로 표기

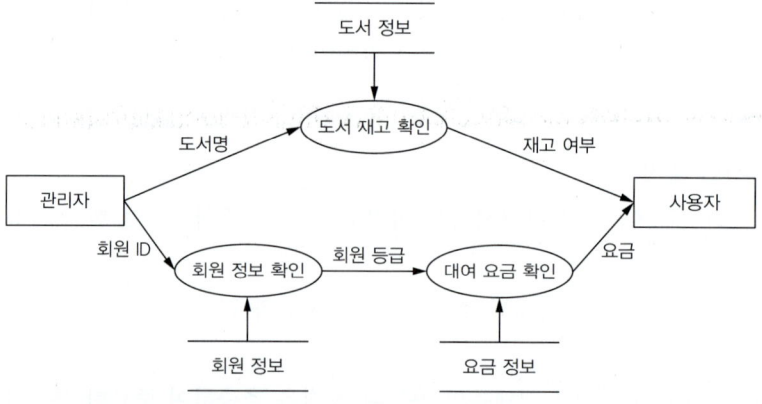

③ 자료 사전(DD : Data Dictionary) 20.6, 20.8, 20.9
- 자료 흐름도에 사용된 데이터의 이름과 속성을 표기한 자료(메타 데이터)이다.
  - Meta Data : 데이터의 정의 및 설명 등을 위해 사용하는 데이터
- 모든 데이터는 아래의 규칙에 맞게 정리한다.
  - 정의 : 등호(=)로 표현, 자료의 명명
  - 연결 : 더하기(+)로 표현, 서로 다른 두 데이터를 연결
  - 선택 : 대괄호([ ])와 파이프라인(|)으로 표현, 복수의 데이터 중 선택
  - 반복 : 중괄호({ })로 표현, 반복되는 데이터
  - 생략 : 괄호(( ))로 표현, 생략 가능 데이터
  - 주석 : 에스터리스크(*)로 감싸서 표현, 데이터를 설명하는 주석

자료 사전	설명
대여번호 = 대여일+회원번호+일련번호	대여번호는 대여일과 회원번호와 일련번호를 연결하여 나타낸다. 예 042400201 : 4월 24일 2번 회원의 1번째 대여 021103402 : 2월 11일 34번 회원의 2번째 대여
회원등급 = ["G"|"S"|"B"] = *G:골드, S:실버, B:브론즈*	회원등급은 골드, 실버, 브론즈에 해당하는 코드 중 하나로 나타낸다.
주소 = (회원의 거주지 주소)	주소는 선택적으로 입력받는다.
회원별대여기록 = {회원번호}+일련번호	회원별 대여기록은 특정 회원번호가 반복되고 그 뒤에 일련번호가 증가하여 연결된다. 예 01601 : 16번 회원의 1번째 기록 01602 : 16번 회원의 2번째 기록 ...

④ NS(Nassi-Schneiderman) 차트 22.3, 23.7, 24.2, 24.7
- 문제 처리 프로세스를 도형을 통해 논리 중심으로 표현한 차트이다.
- 순차, 선택, 반복의 제어구조를 명확히 표현하여 프로그램 구현이 쉽다.

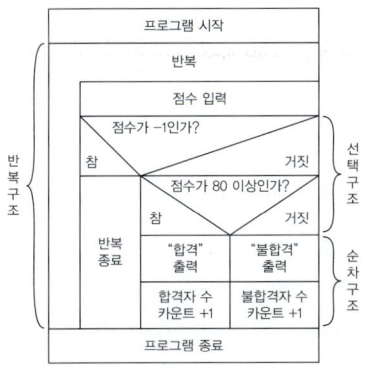

> 기적의 TIP
> NS는 위에서 아래로 내려가는 순차 제어구조를 가지기 때문에 임의 제어 이동이 어렵습니다. 예시 이미지를 통해 각각의 제어구조를 어떻게 표현하는지 파악하세요.

> 기적의 TIP
> NS 차트가 표현하지 못하는 구조를 고민해 보세요.

⑤ HIPO(Hierarchy Input Process Output) 20.6, 21.3, 22.7, 24.2, 24.5, 24.7
- 기능과 데이터의 관계를 계층 구조로 표현하여 한눈에 이해하기 쉽도록 구성한 도표이다.
- 시스템의 기능을 여러 개의 고유 모듈로 분할하여 계층적으로 나타낸다.
- 기능과 자료의 의존성을 동시에 표현할 수 있으며 하향식 소프트웨어 개발에 유용하다.
- HIPO는 가시적, 총체적, 세부적의 3가지 도표로 나뉜다.
  - 가시적 도표(Visual Table of Contents) : 시스템의 전체적 기능과 흐름을 트리 형태로 표현한 구조도
  - 총체적 도표(Overview Diagram) : 기능별 입력, 처리, 출력에 대한 전반적인 정보를 제공하는 도표
  - 세부적 도표(Detail Diagram) : 총체적 도표의 기능을 구성하는 기본 요소들을 상세히 기술하는 도표

> 기적의 TIP
> HIPO에 대한 잘못된 설명을 선택할 수 있어야 합니다.

> 기적의 TIP
> 3가지 도표가 전부 포함되어야만 HIPO가 되는 것은 아닙니다. 중요한 점은 '모듈화하여 계층적으로 표현'했다는 점입니다. 각각의 분석 도구의 차이점을 파악하세요.

04 요구사항 명세(Requirement Specification)

1) 요구사항 명세 개요 20.9

① 요구사항 명세 정의
- 분석된 요구사항의 체계적인 검토, 평가, 승인이 가능하도록 문서화하는 것이다.
- 요구사항 명세 방식에 따라 정형 명세 기법과 비정형 기법으로 나뉜다.

② 정형 명세 기법
- 수학적 표현으로 사용자의 요구사항을 정확하게 표현하는 기법이다.
- 명세 과정의 오류나 모호성을 쉽게 파악할 수 있다.
- 비교적 어려운 표현으로 작성되므로 이해하는 데 많은 시간이 필요하다.

③ 비정형 명세 기법
- 자연어 기반으로 사용자의 요구사항을 친숙하게 표현하는 기법이다.
- 사용자와 개발자 간의 의사전달이 용이하다.
- 다양한 표현으로 작성되므로 완전한 검증이 어렵다.

④ 명세서 작성 시 고려사항
- 명세서 작성 시 고려해야 하는 사항은 정확성, 명백성, 완전성, 일관성, 중요도, 수정 가능성, 추적성 등이 있다.
  - 정확성 : 모든 요구사항이 소프트웨어에 반영
  - 명백성 : 애매한 표현 없이 요구사항을 명확히 서술
  - 완전성 : 기능, 성능, 제약사항, 속성 등 필요한 정보를 모두 서술
  - 일관성 : 서술된 요구사항 간의 모순, 상충이 없음
  - 중요도 : 중요도 및 우선순위에 따라 요구사항 나열
  - 수정 가능성 : 다른 요구사항에 영향을 최소화하며 변경되도록 서술
  - 추적성 : 요구사항과 관련된 문서, 산출물 참조 가능

> **기적의 TIP**
> 명세 기법의 차이를 확실히 구분할 수 있어야 합니다.

> **더 알기 TIP**
> 요구사항 명세서에 기록된 요구사항을 기반으로 프로그래밍이 시작됩니다. 요구사항이 완벽에 가까울수록 고품질의 프로그래밍이 가능하겠죠? 전부 암기하지 않아도 이해를 바탕으로 학습하시면 충분히 정답을 선택할 수 있습니다.

05 요구사항 검증(Requirement Validation)

1) 요구사항 검증 기법

① 요구사항 검증 기법 정의

- 요구사항을 기반으로 생성된 산출물을 대상으로 요구사항이 올바르게 반영되었는지 확인하는 방법이다.
- 잘못된 요구사항을 기반으로 개발된 소프트웨어를 수정하려면 엄청난 비용이 소모된다.
- 요구사항 검증단계에서는 유효성, 일관성, 완결성, 현실성, 검증 가능성 등을 파악한다.
  - 유효성 : 요구사항을 만족하는 기능을 제공하는지 파악
  - 일관성 : 상충하는 요구사항이 존재하는지 파악
  - 완결성 : 모든 요구사항을 만족하는지 파악
  - 현실성 : 환경, 예산, 규제 등의 사유로 개발이 불가능한지 파악
  - 검증 가능성 : 완성된 소프트웨어를 통해 요구사항 검증이 가능한지 파악

> **더 알기 TIP**
>
> 소개된 특성은 다른 비슷한 의미의 단어나 영어 단어의 형태로 출제될 수도 있습니다. 단순 암기보다는 단어가 가지는 의미에 집중하세요. 요구사항 검증의 목적을 이해한다면 충분히 정답을 선택할 수 있습니다.

- 단계별로 요구사항 검토, 프로토타이핑, 모델 검증, 인수 테스트 등이 있다.

2) 요구사항 검증 기법 종류 22.4, 22.7, 23.3, 23.5, 24.5, 24.7

① 요구사항 검토(Review)

- 요구사항 검토 담당자들이 직접 요구사항 명세서를 검증하는 일반적인 방법이다.
- 검증 방식에 따라 동료 검토, 워크스루, 인스펙션으로 나뉜다.
  - 동료(Peer) 검토 : 요구사항 명세서 작성자가 다수의 동료들(이해관계자)에게 내용을 직접 설명하면서 결함을 분석(비형식적)
  - 워크스루(Walk Through) : 미리 요구사항 명세서를 배포하여 사전 검토 후 짧은 회의를 통해 결함을 분석
  - 인스펙션(Inspection) : 요구사항 명세서 작성자 이외의 전문 검토 그룹이 상세히 결함을 분석(형식적)

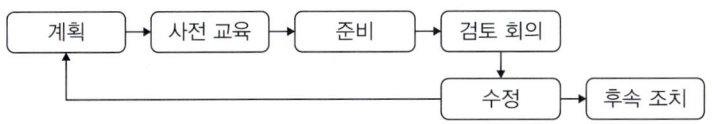

> **기적의 TIP**
>
> 검증 방식은 요구사항뿐 아니라 모든 검토 활동에 활용됩니다.

> **기적의 TIP**
>
> 인스펙션 절차는 단계마다 의미는 같지만 다른 용어를 사용하기도 합니다.

② 프로토타이핑
- 요구사항 검증을 위한 시제품을 신속하고 간단하게 개발하여 요구사항을 검증하는 방법이다.
- 즉각적인 피드백이 가능하고 문제점의 사전 식별이 가능하며 새로운 요구사항이 도출될 수 있다.
- 단계가 반복될수록 비용이 증가하며 사용성이 과대평가될 수 있다.

더 알기 TIP

프로토타입은 소프트웨어의 일부만을 구현하였기 때문에, 프로토타입에 만족했다고 해서 실제 개발될 전체 기능을 구현한 소프트웨어 역시 만족하는 것은 아닙니다. 예를 들어, 5가지의 기능을 하나하나 검증했을 때는 만족스러웠지만, 실제 이 기능을 모두 합친 소프트웨어에서는 여러 가지 요인으로 프로토타이핑 당시의 만족도보다 낮은 경우가 발생하기도 합니다. 이를 "사용성이 과대평가되었다."라고 합니다.

③ 모델 검증
- 요구사항 분석 단계에서 개발된 모델이 요구사항을 만족하는지 검증하는 방법이다.
- 각각의 모델이 분석된 요구사항을 정확히 도출하였고, 또 반영하였는지 검증한다.
- 실제 실행을 통해 검증(동적 분석)하는 것이 아닌, 모델의 구조 및 의사소통 경로 등을 검증(정적 분석)하는 것이다.

④ 인수(Acceptance) 테스트
- 개발이 완료된 소프트웨어를 직접 인수받아 인수자가 직접 테스트하여 요구사항 만족 여부를 검사하는 방법이다.
- 인수자는 해당 소프트웨어에 대한 개발 정보가 부족하므로 각 요구사항에 대한 테스트 계획을 세워서 만족 여부를 판단해야 한다.

더 알기 TIP

요구사항은 언제 어느 단계에서든 생성 가능하며 검증의 대상입니다. 학습의 편의성을 위해 요구사항 섹션에 모아두었지만, 앞으로의 내용에서 이따금씩 다시 소개되며 좀 더 자세히 다루기로 합니다.

SECTION 03 UML

빈출 태그 ▶ #관계 #다이어그램 #사물

01 UML(Unified Modeling Language) 20.6, 20.8, 20.9, 21.3, 21.5, 22.3, 22.7, 23.7, 24.7

1) UML 정의
- 개발자 간의 원활한 의사소통을 위해 소프트웨어 공학에서 사용되는 표준화된 범용 모델링 언어이다.
- Rumbaugh, Booch, Jacobson 등의 객체지향 방법론의 장점을 통합하였다.
- 사물(Things), 관계, 다이어그램으로 구성된다.

> 🎯 **기적의 TIP**
> UML에 대한 설명을 이해할 수 있어야 합니다.

2) UML 구성 요소

① 사물
- 다이어그램 안에서 관계가 형성될 수 있는 대상으로, 모델을 구성하는 가장 중요한 요소이다.
- 사물의 종류는 구조(Structural), 행동(Behavioral), 그룹(Grouping), 주해(Annotation)가 있다.
  - 구조 사물 : 개념적, 물리적인 요소(Class, Interface, Usecase, Node, …)
  - 행동 사물 : 각 요소들의 행위, 상호작용
  - 그룹 사물 : UML 요소들을 그룹화
  - 주해 사물 : UML에 대한 부가적 설명, 주석

> 🎯 **기적의 TIP**
> UML 구성 요소가 아닌 것을 선택할 수 있어야 합니다.

> ➕ **더 알기 TIP**
> UML은 객체지향 방법론을 기반으로 하기 때문에 객체지향과 관련 있는 용어가 자주 나옵니다. 비전공자 분들은 익숙하지 않은 단어들이 보이실 텐데, 이후에 자세하게 다루게 되니 가볍게 보고 넘어가시기 바랍니다. 학습에 영향이 있을 수 있는 단어들은 미리 설명을 하고 있습니다.

② 관계
- 사물과 사물의 연관성을 표현한 것이다.
- 연관, 집합, 포함, 일반화, 의존, 실체화 관계가 있다.

③ 다이어그램
- 사물과의 관계를 정형화된 도형으로 표현하여 의사소통에 도움을 주는 도구이다.
- 시스템의 상호작용과 구조, 흐름 등이 가시화된 것이다.
- 6개의 구조적(정적) 다이어그램과 7개의 행위(동적) 다이어그램이 있다.

> 🎯 **기적의 TIP**
> 두 종류의 다이어그램을 구별하는 것뿐만 아니라 각 다이어그램의 설명과도 연결할 수 있어야 합니다.

④ 스테레오 타입(Stereo type)
- UML 기본적 요소 이외에 새로운 요소를 만들어내는 확장 구조들 중 하나이다.
- 기존 UML의 형태를 유지하면서 내부적으로 다른 의미를 표현한다.
- '《 》' 기호를 사용하여 표현하며 특별한 규칙은 없지만 일반적인 종류는 아래와 같다.
    - 《include》 : 관계된 유스케이스를 반드시 실행하는 포함 관계
    - 《extend》 : 관계된 유스케이스를 선택적으로 실행하는 확장 관계
    - 《interface》 : 추상 메소드만으로 이루어진 클래스(인스턴스 생성 불가)
    - 《entity》 : 처리 과정에서 기억 장치에 저장될 정보들을 표현
    - 《boundary》 : 시스템 외부와의 상호작용 담당
    - 《control》 : 시스템의 기능 및 제어 담당

02 관계의 종류 20.8, 21.5, 21.8, 22.7, 24.2, 24.5

1) 연관(Association) 관계

① 연관 관계 정의
- 둘 이상의 사물이 서로 관련되어 있음을 나타낸다.
- 특정 사물이 다른 사물의 특성을 지속적으로 참조하는 관계이다.
- 방향성을 실선 화살표로 표현하되, 양방향일 경우에는 실선으로만 표현한다.
- 연관 객체의 다중도(Multiplicity)를 사물 양 끝단에 표기한다.
    - * : 없거나 다수
    - n : n개
    - n..m : 최소 n개, 최대 m개
    - n..* : n개 이상

② 연관 관계 예시

- 고객은 도서를 대여하지 않거나 다수의 도서를 대여할 수 있다.
- 도서를 대여한 고객은 없거나 여러 명일 수 있다.

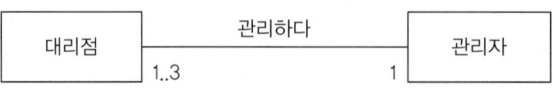

- 대리점은 1명의 관리자에게 관리된다.
- 관리자는 최소 1곳에서 최대 3곳까지 대리점을 관리한다.

2) 집합(Aggregation) 관계

① 집합 관계 정의
- 사물(Part)이 다른 사물(Whole)에 포함되어 있는 관계를 표현한다.
- 전체와 부분은 서로 독립적이다.
- 전체 사물 쪽에 속이 빈 마름모를 붙여서 실선으로 표현한다.

② 집합 관계 예시

- 컴퓨터는 1개 이상의 마우스를 가진다.
- 컴퓨터(Whole)와 마우스(Part)는 서로 독립적인 관계이다.

+ 더 알기 TIP

컴퓨터와 마우스는 서로 독립적이기 때문에 컴퓨터가 없어지더라도 마우스는 함께 사라지지 않습니다. 때문에 다른 컴퓨터나 다른 용도에 사용이 가능하겠죠.

3) 포함(Composition) 관계

① 포함 관계 정의
- 사물(Part)이 다른 사물(Whole)에 포함되어 있는 관계를 표현한다.
- 전체와 부분은 서로 종속적이다.
- 전체 사물 쪽에 속이 찬 마름모를 붙여서 실선으로 표현한다.

② 포함 관계 예시

- 무선 마우스는 1개의 마우스 리시버를 가진다.
- 무선 마우스(Whole)와 마우스 리시버(Part)는 서로 종속적인 관계이다.

+ 더 알기 TIP

집합과 포함의 결정적인 차이는 '전체가 사라졌을 때 부분이 살아남을 수 있는가?'를 생각해보면 됩니다. 무선 마우스 리시버는 마우스마다 고유하게 가지는 부품이기 때문에 마우스가 고장나면 리시버 역시 사용을 못하게 됩니다.

> **기적의 TIP**
> 문제의 그림을 보고 어떤 관계인지 파악이 가능해야 합니다.

4) 일반화(Generalization) 관계

① 일반화 관계 정의
- 하나의 사물이 다른 사물에 대해 상위, 하위 관계를 가지는 것을 표현한다.
  - 상위 사물 : 하위 사물들의 일반적인 속성을 가진 사물을 표현
  - 하위 사물 : 상위 사물에 대해 구체적인 속성을 가진 사물을 표현
- 상위 사물 쪽에 속이 빈 삼각 실선 화살표로 표현한다.
- [하위 사물 is kind of 상위 사물]의 형태로 해석된다.

② 일반화 관계 예시

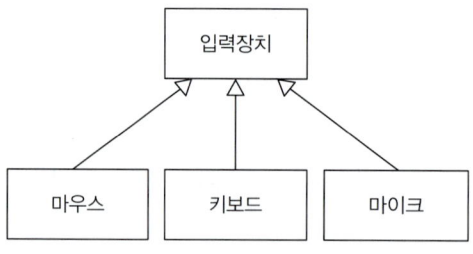

- 마우스는 입력장치의 한 종류이다(Mouse is kind of input device).
- 입력장치에는 마우스, 키보드, 마이크 등이 있다.

> **기적의 TIP**
> 의존 관계의 핵심은 사물의 변화가 다른 사물에 영향을 끼친다는 것입니다.

5) 의존(Dependency) 관계

① 의존 관계 정의
- 필요에 의해 짧은 시간 동안만 관계를 유지하는 형태이다.
- 사물의 변화가 관계된 사물에 영향을 미친다.
- 영향을 받는 사물 쪽에 점선 화살표로 표현한다.

② 의존 관계 예시

- 고객의 특성에 따라 때때로 사은품을 지급하거나, 지급하지 않는다.

> **기적의 TIP**
> 실체화 관계에 대한 설명 중 올바른 것을 선택할 수 있어야 합니다.

6) 실체화(Realization) 관계

① 실체화 관계 정의
- 사물들의 공통적인 기능을 상위 사물로 그룹화하여 표현한다.
- 상위 사물 쪽에 속이 빈 삼각 점선 화살표로 표현한다.
- [하위 사물 can do 상위 사물]의 형태로 해석된다.

② 실체화 관계 예시

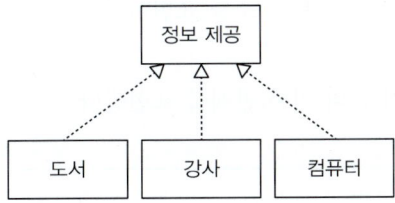

- 컴퓨터는 정보를 제공할 수 있다(Computer can do provide information).
- 정보 제공 기능이 있는 사물은 도서, 강사, 컴퓨터 등이 있다.

> **더 알기 TIP**
>
> 일반화 관계와 실체화 관계는 실선과 점선, 그리고 해석의 차이가 있습니다. 공통 속성을 묶은 것은 일반화, 공통 기능을 묶은 것은 실체화입니다.

03 다이어그램의 종류

1) 구조적(Structural) 다이어그램 20.6, 21.8, 22.3, 23.7, 24.2

① 클래스(Class) 다이어그램
- 객체지향 모델링에서 클래스 간의 구조적인(정적인) 관계를 표현한다.
- 시스템의 구조와 문제점 파악이 가능하다.
- 클래스 다이어그램은 클래스명, 속성, 연산, 접근 제어자 등으로 구성된다.
  - -(private) : 클래스 내부에서의 접근만 허용
  - +(public) : 클래스 외부에서의 접근도 허용
  - #(protected) : 동일 패키지 및 자식 클래스에서의 접근만 허용
  - ~(default) : 동일 패키지 클래스에서의 접근만 허용

② 객체(Object) 다이어그램
- 클래스의 인스턴스를 객체 간의 관계로 표현한다.
- 클래스 다이어그램과 달리 특정 시점의 시스템 구조를 파악할 수 있다.

> **더 알기 TIP**
>
> 클래스 다이어그램만으로도 프로그램 설계가 가능합니다. 객체 다이어그램은 이 설계를 통해 생성된 객체가 운용되는 좀 더 자세한 예시를 보여준다고 이해할 수 있습니다.

③ 컴포넌트(Component) 다이어그램
- 구현 단계에서 사용되며 컴포넌트 간의 구성과 연결 상태를 표현한다.

④ 배치(Deployment) 다이어그램
- 구현 단계에서 사용되며 노드, 컴포넌트 등의 물리적인 아키텍처를 표현한다.

> **기적의 TIP**
>
> 구조적 다이어그램이 아닌 것을 선택할 수 있어야 합니다.

> **기적의 TIP**
>
> 클래스 다이어그램의 구성 요소를 구분할 수 있어야 합니다.

⑤ 복합체 구조(Composite Structure) 다이어그램
- 복합적인 구조를 가지는 컴포넌트, 클래스 등의 내부 구조를 표현한다.

⑥ 패키지(Package) 다이어그램
- 같은 그룹의 하위 모듈들을 묶어주는 패키지 간의 의존 관계를 표현한다.

➕ **더 알기 TIP**

다이어그램별 예시 이미지는 자세히 표현하기에 비전공자분들이 이해하기가 거의 불가능하고, 간략히 표현을 하게 되면 객체지향 프로그래밍 경험이 있는 분들이 개념을 헷갈릴 수 있을 수 있는 문제가 있어 생략합니다. 대부분의 문제는 각 다이어그램의 상위 분류를 묻거나 다이어그램별 키워드만 숙지하고 있어도 충분히 풀이가 가능합니다.

2) 행위적(Behavioral) 다이어그램 20.8, 21.8, 22.4, 22.7, 23.3, 24.5, 24.7, 25.2

> **기적의 TIP**
> 행위 다이어그램이 아닌 것을 선택할 수 있어야 합니다.

① 유스케이스(Use case) 다이어그램
- 사용자의 요구사항을 분석하여 기능을 중심으로 모델링한 결과물을 표현한 것이다.

② 상태(State) 다이어그램
- 한 객체의 이벤트 활성에 따른 상태 변화를 표현한 것이다.
- 모든 기간, 모든 객체를 대상으로 하는 것이 아닌 특정 기간, 특정 객체를 대상으로 표현한다.

③ 활동(Activity) 다이어그램
- 흐름도처럼, 객체의 프로세스나 로직의 처리 흐름을 순서에 따라 표현한다.

④ 절차(Sequence) 다이어그램
- 객체들의 생성과 소멸, 객체들이 주고받는 메시지를 표현한다.
- 시스템의 동적인 면을 표현하는 대표적인 다이어그램이다.
- 생명선, 실행, 메시지, 객체 등으로 구성되며 시간의 흐름을 위에서 아래로 표현한다.
    - 생명선(Lifeline) : 객체(사각형)에서 뻗어나가는 점선, 시간 흐름에 따라 길어짐
    - 실행(Activation) : 점선 위 직사각형, 활성화(상호작용) 상태
    - 메시지(Message) : 화살표, 요청과 응답을 통해 주고받는 데이터

> **기적의 TIP**
> 시퀀스 다이어그램의 특징이 아닌 것을 구분할 수 있어야 합니다.

⑤ 통신(Communication) 다이어그램
- 시퀀스 다이어그램의 요소에 더해 객체들의 연관 관계까지 표현한다.

⑥ 타이밍(Timing) 다이어그램
- 객체의 상태 변화와 시간에 따른 상호작용을 표현한다.

⑦ 상호작용 개요(Interaction Overview) 다이어그램
- 통신, 시퀀스, 타이밍 등의 다이어그램 사이의 제어 흐름을 표현한다.

> **기적의 TIP**
> 행위 다이어그램 중, 시퀀스, 통신, 타이밍, 상호작용 개요 다이어그램을 묶어서 상호 작용 다이어그램으로 분류하기도 합니다.

CHAPTER
03

화면 설계

학습 방향

유저 인터페이스(UI : User Interface) 설계에 대한 기반 지식을 서술합니다. 필기 및 실기 모두 출제 빈도가 적은 편으로 핵심 키워드 중심으로 간단히 공부하고 넘어가도 큰 무리가 없는 챕터입니다. UI의 구현 목적이 무엇일지 고민하며 학습해 보세요.

SECTION 01

UI 요구사항

빈출 태그 ▶ #UI 구성 요소 #UI 정의 #접근성 #UI 프로토타입

01 UI 요구사항 확인

1) UI(User Interface) 21.5, 21.8, 22.4, 22.7, 23.3, 23.5, 24.7, 25.2

① UI 정의 및 특징
- 사용자와 컴퓨터 상호 간의 원활한 소통을 도와주는 연계 시스템이다.
- 다양하고 복잡해지는 업무에 따라 단순한 상호작용을 위한 UI에서 실행 오류를 줄이기 위한 UI로 발전되었다.
- 단순한 기능의 전달이 아닌 정보의 내용과 그 안에 포함된 의미를 전달하는 과정으로 발전하고 있다.

② UI 분야
- UI가 추구하는 분야는 물리적 제어, 구성과 표현, 기능적 분야가 있다.
  - 물리적 제어 분야 : 정보의 제공과 기능 전달
  - 구성과 표현 분야 : 콘텐츠의 상세적 표현과 전체적 구성
  - 기능적 분야 : 사용자가 쉽고 간편하게 사용

③ UI 종류
- UI의 종류는 상호작용의 유형에 따라 CLI, GUI, NUI 등으로 다양하게 나뉜다.
  - CLI(Command Line Interface) : 명령 문자열을 통해 시스템과 상호작용
  - GUI(Graphic User Interface) : 메뉴, 아이콘 등의 그래픽 요소를 통해 상호작용
  - NUI(Natural User Interface) : 사람의 음성, 촉각 등을 통해 상호작용

> **더 알기 TIP**
> UI는 다양한 종류가 있지만, 보편적으로 사용하는 형태들만 출제됩니다.

기적의 TIP
UI의 개념과 종류별 특징을 구분할 수 있어야 합니다.

기적의 TIP
NUI는 대부분 터치 제스처를 활용합니다. Tap, Double Tap, Drag, Flick, Pinch, Press, Rotate, swipe 등이 있습니다.

2) UI 표준과 지침

① UI 표준과 지침 정의
- UI 표준은 모든 UI에 공통적으로 적용되어야 하는 내용을 의미한다.
- UI 지침은 UI 개발 과정에서 지켜야 할 공통의 세부 개발 방향을 의미한다.
- 다양한 업무 케이스를 반영하여 여러 상황에 대처할 수 있도록 UI 표준을 수립한다.
- 원활한 표준 적용을 위해 충분한 가이드와 활용 수단을 제공해야 한다.

② UI 스타일 가이드 작성 프로세스
- UI 스타일 가이드는 UI 스타일을 작성할 때 기준이 되어야 하는 규칙이다.
- UI 스타일 가이드 작성 절차는 아래와 같다.
  - 구동 환경 정의 : 컴퓨터 환경, 운영체제, 웹 브라우저 등을 정의
  - 레이아웃 정의 : 화면의 구조를 몇 가지 영역으로 나누어 정의
  - 네비게이션 정의 : 원하는 정보를 빠르고 정확하게 검색, 이동할 수 있는 체계 정의
  - 기능 정의 : 적용될 기능 및 데이터들의 관계 모델 정의
  - 구성 요소 정의 : 화면에 표시할 UI element 정의

③ 레이아웃 구성 요소
- 레이아웃 구성 요소는 구동 환경에 따라 달라지거나 생략될 수 있다.
- 일반적인 구성 요소로는 Indicator, Header, Navigation, Contents, Button, Footer 등이 있다.

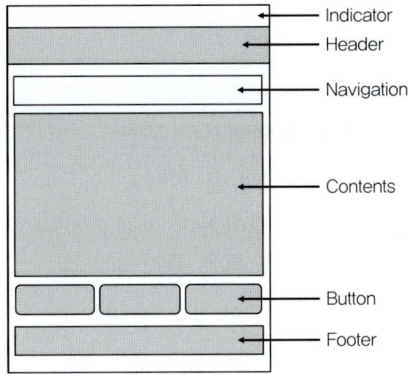

> **기적의 TIP**
>
> 표준과 지침의 차이를 묻는 문제가 출제되지는 않습니다. 절차나 구성 요소에 집중하세요.

- Indicator 영역 : 각종 서비스의 상태 알림, 수신 정보를 기호를 통해 표현하는 영역
- Header 영역 : 회사의 정체성(로고, 사이트명 등)을 표현하는 영역
- Navigation 영역 : 현재 서비스의 위치 및 다른 서비스로의 이동을 지원하는 영역
- Content 영역 : 사용자에게 전달되는 정보가 나타나는 영역
- Button 영역 : 특정 정보에 직접 접근할 수 있도록 별도의 요소를 표현하는 영역
- Footer 영역 : 회사 정보, 저작권 정보 등 정보 제공자의 정보를 나타내는 영역

④ UI element 종류 21.3, 24.7

> **기적의 TIP**
>
> UI element에 대한 설명을 보고 올바른 답을 선택할 수 있어야 합니다.

- 사용자와 서비스가 상호작용할 수 있는 요소들로, 다양한 버튼과 박스들이 존재한다.

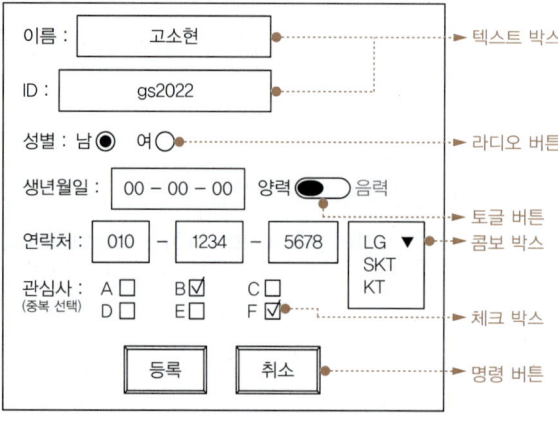

- 텍스트(Text) 박스 : 서비스 이용에 필요한 정보를 입력하는 공간
- 라디오(Radio) 버튼 : 다수의 나열된 항목 중 하나의 값을 선택
- 토글(Toggle) 버튼 : 하나의 버튼으로 두 상태를 번갈아가며 설정
- 콤보(Combo) 박스 : 드롭 다운 리스트에서 원하는 항목을 하나만 선택
- 체크(Check) 박스 : 다수의 나열된 항목 중 하나 이상의 값을 선택
- 명령(Command) 버튼 : 전송, 이동, 초기화 등의 지정된 명령을 수행

3) 한국형 웹 콘텐츠 접근성 지침(KWCAG)

① 웹 사이트 개발 시 고려사항
- 독립적인 PC 소프트웨어보다 웹 서비스를 이용하는 이용자가 압도적으로 많다.
- 많은 이용자가 이용하는 서비스를 개발할 때는 다양한 계층의 인원이 같은 서비스를 이용할 수 있도록 웹 표준, 웹 접근성, 웹 호환성 등을 준수하는 것이 좋다.
  - 웹 표준 : 웹 페이지가 다양한 브라우저에서 동일하게 구현되도록 제작하는 기법
  - 웹 접근성 : 누구나 어떤 환경에서라도 제공하는 모든 정보를 이용 가능해야 하는 속성
  - 웹 호환성 : 다른 시스템 환경에서도 동등한 서비스를 제공하는 속성

+ 더 알기 TIP

어떤 인터넷 브라우저(크롬, 익스플로러 등)를 사용하더라도 웹 페이지가 같은 형태로 나타나게끔 제작하는 것이 웹 표준이고, 서로 다른 플랫폼(모바일, 윈도우즈, 맥OS 등)에서도 같은 서비스를 이용할 수 있게끔 하는 것이 웹 호환성입니다.

② 웹 콘텐츠 접근성(Web Content Accessibility) 정의
- 디지털 약자(장애인, 고령자 등)가 웹 사이트에서 제공하는 정보에 비장애인과 동등하게 접근하고 이해할 수 있도록 보장하는 지침이다.
- 콘텐츠를 제공할 때, 디지털 약자를 위한 대체 형식의 콘텐츠를 함께 제공하는 것이다.
- 콘텐츠를 이용할 때, 정해진 방식 이외의 다른 방식을 통해서도 콘텐츠에 접근할 수 있도록 하는 것이다.

③ KWCAG 준수 지침
- 한국형 웹 콘텐츠 접근성 지침(Korean Web Content Accessibility Guideline)은 4가지의 큰 원칙과 각 원칙을 준수하기 위한 13개의 작은 지침으로 구성되어 있다.
- 4가지 큰 원칙은 인식의 용이성, 운용의 용이성, 이해의 용이성, 견고성이 있다.
  - 인식(Perceivable)의 용이성 : 콘텐츠를 모든 사용자가 인식할 수 있도록 설계
  - 운용(Operable)의 용이성 : UI 구성 요소를 모든 사용자가 내비게이션할 수 있도록 설계
  - 이해(Understandable)의 용이성 : 콘텐츠를 모든 사용자가 이해할 수 있도록 설계
  - 견고성(Robust) : 미래 다양한 기술로도 접근할 수 있도록 견고하게 설계

4) 전자정부 웹 표준 준수 지침

① 내용의 문법 준수
- 모든 웹 문서는 적절한 문서타입을 명시해야 하며 그에 따른 적절한 문법을 준수해야 한다.
- 모든 페이지는 사용할 인코딩 방식을 표기해야 한다.

② 내용과 표현의 분리
- 논리적인 마크업을 구성하여 구조적인 페이지를 만들어야 한다.
- 사용된 스타일 언어는 표준적인 문법을 준수해야 한다.

③ 동작의 기술 중립성 보장
- 스크립트의 비표준 확장 사용은 배제되어야 한다.
- 스크립트 비 사용자를 위한 대체 텍스트나 정보를 제공해야 한다.

④ 플러그인의 호환성
- 플러그인은 다양한 웹 브라우저를 고려해야 한다.

⑤ 콘텐츠의 보편적 표현
- 메뉴는 다양한 브라우저 사용자도 접근할 수 있어야 한다.

⑥ 운영체제 독립적인 콘텐츠 제공
- 제공되는 미디어는 범용적인 포맷을 사용해야 한다.

⑦ 부가 기능의 호환성 확보
- 인증 기능은 다양한 브라우저에서 사용 가능해야 한다.

⑧ 다양한 프로그램 제공
- 정보를 열람하는 기능은 다양한 브라우저에서 사용 가능해야 한다.
- 별도의 다운로드가 필요한 프로그램은 윈도우, 리눅스, 맥킨토시 중 2개 이상의 운영체제를 지원해야 한다.

➕ 더 알기 TIP

전자정부의 웹 사이트는 모든 국민이 이용할 수 있어야 하기 때문에, 여러 가지 표준화되지 않은 기술을 적용하여 화려하고 멋지게 만들 수가 없습니다. 일반 사용자들의 만족감은 높아질 수 있지만, 사이트 이용이 익숙치 않은 디지털 약자들은 정부의 서비스를 온전히 받아들이기가 힘들어지기 때문이죠. 그렇기에 전자정부의 웹 사이트는 일반인들이 좀 답답해 하더라도 표준과 접근성을 가장 엄격하게 지켜야 합니다.

02 UI 프로토타입

1) UI 프로토타입 개요

① UI 프로토타입 정의 및 특징
- UI에 대한 사용자 요구사항을 검증하기 위해 최대한 단순하게 제작한 시제품이다.
- UI의 작동을 이해하는 데 필요한 요소만 포함되며 지속적으로 보완, 개선된다.
- 미리 제작된 시제품을 통해 사용자 설득, 사전 결함 발견 등의 장점이 있다.
- 반복적인 작업으로 인해 비용이 증가하며 중요 기능이 누락될 가능성이 있다.

② UI 프로토타입 작성 프로세스
- UI 프로토타입 작성의 일반적인 절차는 사용자가 최종 승인할 때까지 아래의 단계를 반복한다.
    - 사용자 요구사항을 분석
    - 수기 또는 도구를 활용하여 프로토타입 작성
    - 사용자가 직접 확인 및 피드백 진행

더 알기 TIP

프로토타입은 여기저기에서 매우 자주 등장하는 개념입니다. 프로토타입의 목적이 무엇인지를 파악하는 것이 핵심 학습 포인트겠죠.

2) UI 프로토타입 전략

① Paper Prototype
- 손으로 직접 스케치하여 프로토타입을 제시하는 방식이다.
    - 화이트보드, 펜, 종이, 포스트잇 등을 이용하여 손으로 직접 작성
- 특별한 도구나 비용, 사전 지식 없이 수행 가능하며 변경 사항을 즉시 반영할 수 있다.
- 실제 테스트가 불가능하고 복잡한 UI 요소 간의 상호 관계를 나타내기 어렵다.

② Digital Prototype
- 컴퓨터 소프트웨어를 이용해 제작한 프로토타입을 제시하는 방식이다.
    - 파워포인트, 아크로뱃, visio, keynote 등을 이용하여 작성
- 최종 제품과 유사한 환경으로 제작하여 테스트가 가능하며, 수정이 용이하다.
- 소프트웨어에 숙련된 전문가 또는 사용법을 숙지하는 시간이 필요하다.

③ UI 프로토타입 작성 시 고려사항
- 프로토타입의 대상 범위와 목표, 기간 및 비용을 고려하여 계획을 세운다.
- 프로토타입은 실제 개발에 그대로 참조될 수 있는 수준이 되어야 한다.
- 가급적 프로토타입에 투입되는 기간 및 비용을 최소화하여 목적을 달성할 수 있도록 계획한다.

SECTION 02 UI 설계

빈출 태그 ▶ #UI 설계 원칙 #UI 설계 도구 #유용성 #HCI #UX

01 UI 설계

1) UI 설계 개요

① UI 설계 정의
- 정의된 UI 요구사항과 UI 표준 및 지침을 바탕으로 UI가 구현될 수 있도록 설계하는 것이다.
- 기능의 흐름과 기타 제약 사항들을 반영하여 모든 시스템의 내외부 화면을 상세히 설계한다.

② UI 시스템의 필수 기능 20.9, 22.4, 23.3
- 사용자 입력을 지원하는 프롬프트(prompt)와 전달되는 명령이 올바른지 검증하는 기능이 필요하다.
- 결함(error)의 처리와 결함에 대한 메시지 처리 기능이 필요하다.
- UI 운용에 대한 도움말 기능을 지원해야 한다.
- 시스템의 상태 및 상호작용에 대한 결과를 출력하여 사용자가 인지(Feedback)할 수 있도록 한다.

> **기적의 TIP**
> UI 시스템의 필수 기능이 아닌 것을 선택할 수 있어야 합니다.

＋ 더 알기 TIP

프롬프트란, 여러분들이 어떤 값이나 명령을 입력하기 위해 참고하는 모든 요소들을 의미합니다. 예를 들어 어떤 값을 입력하는 경우, 그 앞에 [정수 입력(1~100):]이나 [복사(c), 종료(z):]같은 안내 문자열이 프롬프트에 해당됩니다.

③ UI 설계 원칙 20.6, 20.8, 21.8, 22.3, 22.7, 23.7, 24.2
- UI 설계의 기본 원칙은 직관성, 유효성, 학습성, 유연성 등이 있다.
  - 직관성 : 별다른 노력 없이 이해할 수 있고 즉시 사용 가능하는 정도
  - 유효성 : 사용자의 목적을 정확하게 달성하는 정도
  - 학습성 : 누구나 쉽게 배우고 익힐 수 있는 정도
  - 유연성 : 사용자 요구사항을 수용하고 오류를 최소화하는 정도

> **기적의 TIP**
> UI 설계 기본 원칙들에 대한 의미를 파악하고 있어야 합니다. 비슷한 의미의 다른 용어가 출제될 수 있습니다.

④ UI 설계 지침 22.4, 23.3
- UI를 통해 구현하고자 하는 결과의 오류를 최소화하고 적은 노력으로 구현하는 결과를 얻을 수 있어야 한다.
- UI는 막연한 작업 기능에 대해 구체적인 방법을 제시하며 업무에 대한 이해도를 높여준다.

- UI는 정보 제공자와 공급자의 원활하고 쉬운 매개 역할을 수행한다.
- 이러한 UI의 역할을 만족시키기 위한 설계 지침은 아래와 같다.
  - 사용자 중심 : 사용자가 쉽고 편하게 사용할 수 있는 환경 제공
  - 일관성 : UI 요소 조작 방법을 빠르게 습득하고 기억하기 쉽게 설계
  - 단순성 : 가장 단순한 조작으로 작동이 가능하도록 설계
  - 결과 예측 가능 : 기능의 결과와 그 예상이 일치하도록 설계
  - 가시성 : 주요 기능을 한눈에 파악할 수 있도록 설계
  - 표준화 : 표준화된 디자인을 적용하여 손쉬운 기능 구조 파악이 가능하도록 설계
  - 접근성 : 다양한 직무, 연령, 성별의 계층을 수용하도록 설계
  - 명확성 : 기능 및 결과에 대한 명확히 인지할 수 있도록 설계
  - 오류 발생 해결 : 오류에 대한 상황을 정확히 인지할 수 있도록 설계

> **기적의 TIP**
> UI를 통해 사용자에게 무엇을 제공하고 싶은지를 생각해 보세요.

> **기적의 TIP**
> 설계 지침이 굉장히 많은데요. 보통 필기 문제는 옳지 않은 것을 선택하는 유형이 자주 나오기 때문에 전부 암기하지 않더라도 앞의 UI 설계 원칙과 비교하여 성격이 맞지 않는 용어를 찾으면 됩니다.

2) UI 설계 절차

① 문제 정의
- 시스템의 목적과 UI를 통해 해결해야 할 문제를 자유롭게 기술한다.

② 사용자 모델링 24.3
- 사용자의 컴퓨터 소프트웨어 운용 지식에 따라 초급자, 중급자, 숙련자 그룹으로 분류한다.
- 사용자 모델에 따라 시스템의 사용성을 확대할 수 있는 전략을 세운다.

③ 작업 분석
- 사용자 모델과 해결해야 할 문제들을 세분화하고 시스템을 통해 처리되어야 하는 작업을 정의한다.
- 사용자 그룹이 시스템을 이용해 수행하게 될 작업과 개념이 구체화된다.

④ 컴퓨터 장치 및 기능 정의
- 분석된 작업을 사용자가 어떤 컴퓨터 장치를 통해 수행하는지 정의한다.
- 작업의 내용과 컴퓨터 장치를 통해 수행하는 내용이 일치해야 한다.
- 작업 수행능력 향상을 위해 일반적인 컴퓨터 기능(복사, 붙여넣기, 되돌리기 등)을 제공할 수 있도록 정의한다.

⑤ 사용자 인터페이스 정의
- 작업을 하기 위한 상호작용 장치(마우스, 키보드 등)를 식별한다.
- 사용자가 작업을 하면서 시스템의 상태를 UI를 통해 명확히 인식할 수 있도록 설계한다.

⑥ 디자인 평가
- 설계된 UI가 분석된 작업을 제대로 반영하였는지 평가한다.
- 설계된 UI가 사용자의 능력과 지식, 편의성을 고려하였는지 평가한다.

> **기적의 TIP**
> 잠재적인 사용자의 다양한 목적과 관찰된 행동 패턴을 응집시켜 놓은 가상의 사용자를 페르소나(Persona)라고 합니다.

02 UI 흐름 설계

1) UI 흐름 설계 프로세스

① 화면에 표현될 기능 식별
- 구축할 시스템에서 각각의 기능적, 비기능적 요구사항이 무엇일지 분석하고 정리한다.

② 화면의 입력 요소 식별
- 화면에 표현되어야 할 기능과 입력 요소를 확인하여 추가적으로 필요한 화면 요소를 식별한다.
- 기능 표현을 위해 필요한 화면들을 식별하고 각 화면 간 흐름을 식별한다.

③ 유스케이스를 통한 UI 요구사항 식별
- UI 요구사항이 반영된 유스케이스를 통해 구현에 필요한 요소와 흐름이 전부 식별되었는지 확인한다.

④ UI 유스케이스 설계
- 주요 기능에 관한 사용 사례(유스케이스)를 바탕으로 UI 유스케이스 설계를 수행한다.
- 각각의 액터가 어떤 행위를 하는지 분석하고 액터를 세분화하여 UI 유스케이스 설계를 수행한다.

⑤ 기능 및 양식 확인
- 기능 수행에 필요한 UI element를 식별하고, 적절한 규칙을 정의한다.

2) UI 설계서 작성 프로세스

① UI 설계서 표지
- 다른 문서와 혼동되지 않도록 프로젝트명이나 시스템명 등을 포함시켜 작성한다.

② UI 설계서 개정 이력
- UI 설계서가 수정될 때마다 어떤 부분이 수정되었는지 정리한 문서이다.
- 첫 작성 시 버전을 1.0으로 설정하고 변경 사항이 있을 때마다 0.1씩 증가시킨다.

③ UI 요구사항 정의
- 사용자의 요구사항을 정리한 문서이다.
- 요구사항별로 UI에 적용이 되었는지 여부를 표시한다.

④ 시스템 구조
- UI 요구사항과 UI 프로토타입에 기초하여 UI 시스템 구조를 설계한다.

⑤ 사이트 맵
- UI 시스템 구조의 내용을 사이트 맵의 형태로 작성한다.
- 사이트 맵의 상세 내용은 표 형태로 작성한다.

⑥ 프로세스 정의
- 사용자 관점에서 요구되는 프로세스들을 진행되는 순서에 맞추어 정리한다.

⑦ 화면 설계
- UI 프로토타입과 UI 프로세스 정의를 참고해 각 페이지별로 필요한 화면을 설계한다.
- 화면별로 고유 ID를 부여하고 별도 표지 페이지를 작성한다.

3) UI 화면 설계 기본 구성

① 윈도우(Window)
- UI 구성 요소를 나타내는 독립적인 박스(Box) 형태의 표시 영역이다.

② 메뉴(Menu)
- 소프트웨어에서 수행할 수 있는 기능을 텍스트로 나열한 영역이다.

③ 아이콘(Icon)
- 수행 가능한 기능이나 현재 소프트웨어의 상태 등을 작은 이미지로 표현한 것이다.

④ 포인터(Pointer)
- 화면상에서 정보 입력이 이뤄지는 위치를 시각적으로 나타낸 것이다.

4) 유용성 개념 적용

① 유용성 정의
- 사용자가 시스템을 통해 원하는 목표를 '얼마나 효과적으로 달성하는가'를 나타내는 특성이다.
- 유용성이 높은 UI는 사용자가 생각하는 UI와 개발자가 개발하려고 하는 UI의 차이가 적은 것이다.
- 유용성이 줄어드는 원인에는 실행 차와 평가 차가 있다.
  - 실행 차 : 사용자의 목적과 실행 기능이 다름
  - 평가 차 : 사용자의 목적과 실행 결과가 다름

② 실행 차를 줄이기 위한 절차
- 사용자 목적을 명확히 파악하여 중복 등의 불필요한 기능이 있는지 확인한다.
- 가능한 친숙하고 다양한 방법을 통해 적은 단계로 수행할 수 있도록 설계한다.
- 사용자가 의도한 행위 순서대로 실행될 수 있도록 설계한다.
  - 과도한 상호작용 배제
  - 피드백, 기본값, 취소, 초기화 기능 등을 적절히 설정

③ 평가 차를 줄이기 위한 절차
- 사용자가 수행한 행위로 인한 UI의 변화를 최대한 즉각적이고 직접적으로 파악할 수 있도록 설계한다.
- 변화된 시스템의 상태를 가능한 단순하고 쉽게 이해할 수 있도록 제시한다.
- 시스템을 통해 사용자의 목적이 충족되는지 사용자가 쉽게 파악할 수 있도록 설계한다.

더 알기 TIP

실행 차는 기능의 수정을 통해 줄일 수 있고, 평가 차는 결과의 수정을 통해 줄일 수 있습니다.

03 UI 상세 설계

1) UI 시나리오

① UI 시나리오 작성
- UI의 기능 구조, 대표 화면, 화면 간 상호작용 흐름 등을 문서화한 것이다.
- 사용자가 UI를 통해 최종 목표를 달성하기 위한 방법이 순차적으로 기록된다.
- UI 시나리오 문서 작성, UI 디자인, UI 구현 순으로 진행된다.

② UI 시나리오 작성 원칙
- UI의 전체적인 기능과 작동 방식을 개발자가 한눈에 쉽게 이해 가능하도록 구체적으로 작성한다.
- 모든 기능은 공통 적용이 가능한 UI 요소와의 상호작용을 일반적인 규칙으로 정의한다.
- 각각의 UI 형태를 대표하는 화면의 레이아웃과 그 화면 속의 기능들을 정의한다.
- 상호작용의 흐름을 순서(Sequence), 분기(Branch), 조건(Condition), 루프(Loop) 등으로 명시한다.
- 예외 상황에 대비한 케이스들과 기능별 상세 기능 시나리오를 정의한다.
- UI 시나리오 규칙을 지정한다.

③ UI 시나리오 문서 작성 요건
- UI 시나리오 문서 작성 요건에는 완전성, 일관성, 이해성, 가독성, 수정 및 추적 용이성 등이 있다.
- 모범적인 UI 시나리오 문서는 오류를 감소시키고 혼선을 최소화하며 비용 및 개발 기간을 감소시킨다.
  - 완전성 : 기능에 대한 누락이 없어야 함
  - 일관성 : 모든 문서의 UI 스타일이 한결같아야 함
  - 이해성 : 첫 사용에도 이해하기 쉽도록 구성해야 함
  - 가독성 : 정보를 쉽게 인식할 수 있도록 여백, 들여쓰기, 줄 간격 등 조정
  - 수정 및 추적 용이성 : 쉽게 추적 및 수정할 수 있어야 함

2) UI 설계 도구의 종류 22.3

① 와이어프레임
- 초기 기획 단계에 제작되며 페이지(화면)에 대한 대략적인 뼈대나 레이아웃만 설계하여 나타낸다.

② 목업
- 실제 화면과 유사한 형태로 제작한 정적인(기능을 반영하지 않은) 모델이다.

③ 스토리보드
- 와이어프레임에 더해 콘텐츠에 대한 설명, 화면 간 이동 흐름을 추가한 문서이다.

④ 프로토타입
- 특정 기능만을 간단하게 구현하여 테스트 및 피드백이 가능한 모델이다.

⑤ 유스케이스
- 요구사항을 빠르게 파악하기 위해 사용자의 요구사항을 기능 단위로 표현한 모델이다.

3) 감성공학(Human Sensibility Ergonomics) 22.3

① UI 감성공학 정의
- 인간의 특징이나 감성을 UI 설계에 최대한 반영시키는 기술이다.
- 인간이 추구하는 감성을 구체적인 디자인을 통해 실현하는 공학적인 접근 방식이다.
- 인간의 생체, 감각 등을 과학적으로 측정하여 분석된 감성을 HCI 설계에 반영한 것이다.

> **기적의 TIP**
> 설명을 읽고 해당하는 설계 도구를 선택할 수 있어야 합니다.

② HCI(Human Computer Interface)
- 인간과 시스템의 상호작용이 보다 편리하고 안전하게 이루어지도록 연구하는 학문이다.
- 사용자가 시스템을 이용함에 있어 최적의 경험을 할 수 있도록 하는 것이 최종 목표이다.

③ UX(User eXperience)
- 사용자가 시스템을 이용하면서 느끼게 되는 종합적인 경험을 뜻한다.
- 단순 기능 및 절차, 결과에서의 만족뿐 아니라 시스템과의 상호작용 과정에서 얻게 되는 만족감(가치 있는 경험)에 대한 것이다.
- UI는 사용성과 편의성을 중시한다면 UX는 이를 통해 느끼게 되는 만족감을 중시한다.
- UX의 특징으로는 주관성, 정황성, 총체성 등이 있다.
  - 주관성(Subjectivity) : 같은 현상에 대해 사람들마다 느끼는 감정이 다름
  - 정황성(Contextuality) : 경험이 발생하는 주변 환경에 따라 느끼는 감정이 다름
  - 총체성(Holistic) : 개인의 심리적인 요인에 의해 느끼는 감정이 다름

> **기적의 TIP**
> UX는 UI와 비교하는 문제가 출제됩니다. UI의 특징과 구분할 수 있도록 학습하세요.

CHAPTER

04

애플리케이션 설계

학습 방향

소프트웨어 개발 방법론과 쌍벽을 이룰 정도로 출제 비중이 높은 챕터입니다. 애플리케이션의 구조를 설계하는 구체적인 방법과 성능 평가 기준을 서술합니다. 용어의 암기뿐만 아니라 각 이론들의 폭넓은 이해가 필요한 챕터입니다. 소현쌤의 비밀 노트를 최대한 활용하여 이해할 수 있도록 학습하세요.

SECTION 01 공통 모듈 설계

빈출 태그 ▶ #재공학 #응집도 #결합도 #공유도 #제어도

01 공통 모듈 식별

1) 소프트웨어 설계

① 소프트웨어 설계 정의 24.2

- 요구사항 분석 단계에서 도출된 요구 기능이 소프트웨어에서 실현될 수 있도록 알고리즘을 설계하고, 그 알고리즘에 의해 사용, 처리될 자료구조를 문서화하는 것이다.
- 대표적인 설계 방식은 절차 지향/객체 지향, 상향식/하향식이 있다.
  - 절차 지향 설계(Process Oriented Design) : 작업 처리 절차를 중심으로 설계, 컴퓨터의 처리 구조와 유사해 속도가 빠르지만 유지보수가 어려움
  - 객체 지향 설계(Object Oriented Design) : 절차와 절차의 영향을 받는 데이터를 하나로 묶어서 설계, 설계 난이도가 높고 속도가 느린 편이지만 코드의 재활용성 및 유지보수가 쉬움

➕ **더 알기 TIP**

- 절차 지향은 프로그램의 전체적인 기능 동작에 중점을 두어 개발하는 것이고, 객체 지향은 각 객체(절차+데이터)들의 상호작용에 중점을 두어 개발하는 것입니다. 또한 해결해야 할 문제에 따라 적절한 설계 방식을 선택하는 것이지 어느 것이 더 좋다, 나쁘다의 개념이 아닙니다.
- 상향식 설계(Bottom-up design)는 기능을 가진 작은 단위 모듈을 먼저 개발하고, 이 모듈을 조합하여 전체 시스템을 완성해 나가는 방식이고, 하향식 설계(Top-down design)는 요구사항 분석을 통해 전체 구조를 설계하고, 해당 구조에 기반한 하위 모듈을 정의/구현하는 방식입니다.

② 소프트웨어 설계 모델 24.7

- 일반적인 소프트웨어 설계 모델은 데이터 설계, 아키텍처 설계, 인터페이스 설계, 절차 설계 순으로 구성된다.
  - 데이터 설계 : 요구사항 분석을 통해 식별된 정보를 자료 구조로 변환
  - 아키텍처 설계 : 소프트웨어를 구성하는 요소들(모듈)의 관계 및 프로그램 구조
  - 인터페이스 설계 : 소프트웨어가 시스템 및 사용자와 상호작용하는 방식이나 구성
  - 절차 설계 : 각 모듈이 수행할 기능들을 절차적으로 구성
- 전체적인 설계 단계를 상위와 하위로 나누어서 구분할 수도 있다.

- 상위(아키텍처) 설계 : 예비 설계. 시스템 구조, DB 설계, 화면 레이아웃 등
- 하위(모듈) 설계 : 상세 설계. 구성 요소들의 내부 구조(로직), 동적 행위(절차) 등

③ 소프트웨어 설계 추상화 23.7
- 소프트웨어의 상세 설계 이전에 소프트웨어 구현에 대해 대략적, 포괄적인 구상을 하는 단계이다.
- 추상화를 통해 상세 설계(구체화)를 좀 더 효율적으로 수행할 수 있게 된다.
- 소프트웨어 설계에 사용되는 대표적인 추상화 기법은 3가지로 나뉜다.
  - 제어 추상화 : 상세 제어 매커니즘이 아닌 포괄적인 표현으로 대체
  - 과정 추상화 : 상세 수행 과정이 아닌 전반적인 흐름만 파악하도록 표현
  - 자료 추상화 : 데이터의 세부적인 속성 및 표현 방법 없이 대표적인 표현으로 대체

➕ **더 알기** TIP

제어 추상화의 예시 : A, B, C 과목 중 하나라도 40점 미만이거나 전체 과목 평균이 60점 미만이면 "불합격", 평균이 60점 이상이면 "합격"을 하는 기능을 구현해야 할 때, 이 모든 과정을 〈합격판별〉이라는 표현으로 압축하는 것

④ 바람직한 설계의 기준 24.2
- 소프트웨어 설계는 아래의 조건들을 만족해야 한다.
  - 요구사항 명세서의 모든 내용을 구현
  - 구현 및 테스트를 통해 결함과 기능 추적 가능
  - 유지 보수 시 변경이 용이
- 좋은 설계는 각 기능이 확실하고 분명하게 분리되어 구성되어야 한다.
  - 독립적인 기능을 가진 모듈로 구성
  - 절차와 자료 구조에 대한 명확한 표현
  - 모듈의 효과적 제어를 위해 계층적으로 구성

2) 공통 모듈 21.8, 22.3

① 모듈화
- 프로그램이 효율적으로 관리될 수 있도록 시스템을 분해하고 추상화하는 기법이다.
- 모듈화를 통해 소프트웨어의 성능을 향상, 수정, 재사용, 유지 관리를 용이하게 할 수 있다.
- 모듈의 개수에 따라 통합 비용의 차이가 발생하므로 적절한 구간을 지정해야 한다.
  - 모듈의 개수가 많은 경우 : 모듈의 크기가 작아짐, 통합 비용 상승
  - 모듈의 개수가 적은 경우 : 모듈의 크기가 커짐, 통합 비용 하락

🚩 **기적의** TIP

모듈의 개념에 대한 설명을 구별할 수 있어야 합니다.

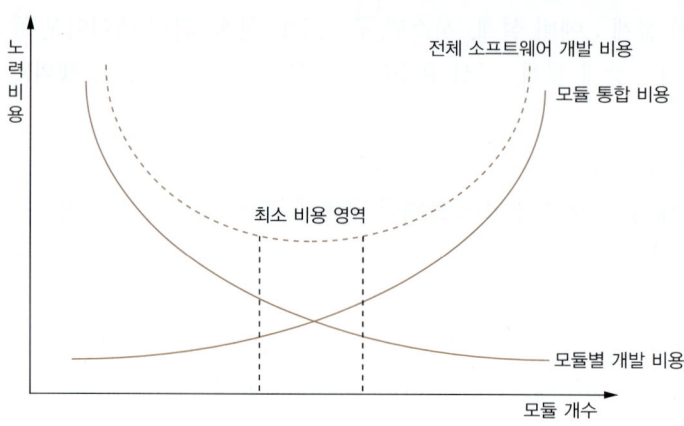

> **더 알기 TIP**
>
> 어떤 웹 사이트의 회원가입, ID 찾기, PW 찾기 등의 기능은 전부 실명인증 절차가 필요합니다. 따라서 실명인증 기능을 모듈화하면 개발 및 유지관리에 이점이 있습니다.

② 공통 모듈 20.8, 20.9, 21.3, 22.3, 23.3, 24.2, 24.5

- 여러 기능 및 프로그램에서 공통적으로 사용할 수 있는 모듈이다.
- 누구나 사용할 수 있도록 사용법 등이 공개되어 있어야 하고 유지보수가 용이해야 한다.
- 공유도와 응집도는 높이고, 제어도와 결합도는 낮추도록 설계되어야 한다.

> **더 알기 TIP**
>
> 공유도, 응집도, 제어도, 결합도는 잠시 후에 자세히 다룹니다. 지금은 어떤 게 높고 낮아야 하는지 기억해두세요.

③ 소프트웨어 재사용(Re-Use) 20.8, 20.9, 23.5

- 개발 시간과 비용의 절감을 위하여 이미 검증이 완료된 기능을 재구성하여 목표 시스템에 적합하도록 최적화시키는 작업이다.
- 재사용의 규모에 따라 함수와 객체, 컴포넌트, 애플리케이션 범위로 나뉜다.
  - 함수와 객체 재사용 : 클래스나 메소드 단위의 소스코드를 재사용
  - 컴포넌트 재사용 : 컴포넌트 자체는 수정하지 않고 인터페이스를 통해 재사용
  - 애플리케이션 재사용 : 공통 업무 기능을 제공하는 애플리케이션을 재사용

기적의 TIP

효과적인 모듈 설계를 위한 개념이 아닌 것을 선택할 수 있어야 합니다.

기적의 TIP

공통 모듈의 재사용 범위가 아닌 것을 선택할 수 있어야 합니다.

3) 소프트웨어 재공학(Re-Engineering) 22.3, 22.7

① 소프트웨어 재공학 정의
- 기존의 시스템을 이용하여 보다 나은 시스템을 구축하는 방법이다.
- 개발의 규모가 커지면서 발생한 소프트웨어의 위기를 개발이 아닌 유지보수의 측면으로 해결하는 것이다.
  - 소프트웨어의 위기 : 신뢰성 저하, 개발비의 증대, 계획의 지연 등
- 분석, 재구성, 역공학, 이식 등의 방법이 있다.

② 분석(Analysis)
- 기존 소프트웨어의 명세를 통해 소프트웨어를 분석하고 재공학 대상을 식별하여 재공학의 가치를 판단하는 것이다.

③ 재구성(Restructuring)
- 소프트웨어의 기능이나 외적인 동작은 변형하지 않으면서 소프트웨어의 코드를 재구성하여 내부 구조와 품질을 향상시키는 것이다.

④ 역공학(Reverse Engineering) 22.3, 24.7, 25.2
- 외계인 코드로부터 소프트웨어의 소스코드를 복구하여 설계 정보와 데이터 구조 정보 등을 추출한다.
  - 외계인 코드(Alien Code) : 아주 오래되거나 참고문서 또는 개발자가 없어서 유지보수 작업이 어려운 코드
- 소프트웨어의 동작 과정 및 설계 정보를 재발견하는 것이 목적이다.

⑤ 이식(Migration) 23.5
- 기존 소프트웨어의 구조 및 기능을 다른 플랫폼에서 사용할 수 있도록 변환하는 것이다.

> **더 알기 TIP**
>
> 소프트웨어의 유지보수 생산성을 극대화하는 재사용(Re-Use), 역공학(Reverse Engineering), 재공학(Re-Engineering)의 앞 글자를 묶어서 3R이라고 합니다.

기적의 TIP

재공학의 기능을 구분할 수 있어야 합니다.

기적의 TIP

외계인 코드와 스파게티 코드를 구분할 수 있어야 합니다.

4) 공통 모듈 식별 프로세스

① 단위 업무 기능 분석
- 단위 시스템의 업무 기능을 분석하여 공통 부분을 식별하는 단계이다.
- 업무 기능을 정제(표준화)하고 누락이나 중복되는 기능이 있는지 검토한다.

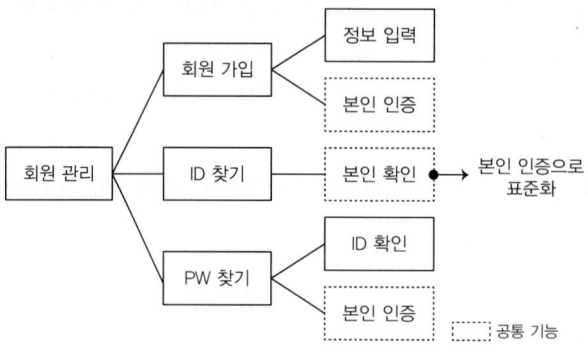

② 유스케이스 분석
- 유스케이스 다이어그램의 포함 관계(《include》)를 분석하여 공통 기능으로 적용 가능한지 검토하는 단계이다.

③ 검토 회의 진행
- 단위 시스템의 이해관계자들 의견을 취합하여 공통 기능에 대한 적용 여부를 검토하고 담당자를 선정하는 단계이다.

④ 상세 기능 명세
- 공통 기능에 대한 설명과 담당자, 입출력 항목 등에 대한 상세 기능을 문서화하는 단계이다.

⑤ 식별된 기능 통합
- 각각의 단위 시스템에서 식별된 공통 기능을 통합하는 단계이다.
- 단위 시스템 간의 동일한 기능이 발견되면 전체 공통 기능으로 통합한다.

⑥ 관리 프로세스 수립
- 공통 기능 관리에 대한 역할과 관리 절차를 수립하는 단계이다.
- 관리에 필요한 저장소, 입출력 데이터, 사용법 등을 정의하고 이후 기능 변경이나 삭제에 대한 절차도 마련한다.

➕ 더 알기 TIP

어떤 순서가 효율적일지 논리적으로 접근해보세요. 상세 기능을 명세하고 통합한 뒤에 회의를 진행했는데, 만약 기능 적용이 불가능하다고 결정이 된다면? 앞의 절차가 모두 헛수고가 되겠죠.

5) 공통 모듈 명세 원칙 20.6

① 정확성(Correctness)
- 해당 기능이 목표 시스템에 필요한 것인지 여부를 정확히 판단할 수 있도록 명세한다.

② 명확성(Clarity)
- 해당 기능이 분명하게 이해되고 한 가지로 확실하게 해석될 수 있도록 명세한다.

③ 완전성(Completeness)
- 해당 기능의 구현에 필요한 모든 요구사항을 명세한다.

④ 일관성(Consistency)
- 해당 기능이 다른 공통 기능들과 상호 충돌이 없도록 명세한다.

⑤ 추적성(Traceability)
- 해당 기능이 가지는 요구사항의 출처와 관련 시스템의 관계 등에 대한 식별이 가능하도록 명세한다.

> **더 알기 TIP**
> 모두가 공통으로 사용해야 하므로 오해와 충돌이 없게끔 명세하는 것이 핵심입니다.

02 모듈의 품질 개선

1) 모듈 응집도(Cohesion) 20.6, 20.8, 20.9, 21.3, 21.5, 21.8, 23.5, 23.7, 24.2, 24.5, 25.2

① 응집도 정의
- 모듈의 내부 요소들의 관계가 얼마나 밀접한지(관련이 있는지)를 나타내는 정도이다.
- 응집도가 강할수록 필요한 요소들로만 구성되므로 모듈의 독립성이 높아진다.

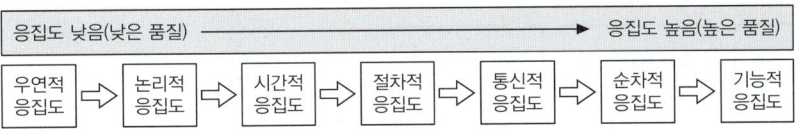

응집도 낮음(낮은 품질) → 응집도 높음(높은 품질)
우연적 응집도 ⇒ 논리적 응집도 ⇒ 시간적 응집도 ⇒ 절차적 응집도 ⇒ 통신적 응집도 ⇒ 순차적 응집도 ⇒ 기능적 응집도

> **더 알기 TIP**
> 독립성의 반대는 의존성입니다. 어떤 모듈을 사용하려는데 원하지 않는 모듈을 함께 사용해야 한다면, 해당 모듈은 의존성이 있다고 볼 수 있습니다. 이 의존성을 줄이고 독립성을 높이는 것이 결국 모듈의 품질을 상승시키는 것입니다.

② 기능적(Functional) 응집도
- 모든 기능 요소들이 하나의 문제를 해결하기 위해 수행되는 경우이다.
- 모듈은 계층적으로 구성되며 아래로 갈수록 세분화되기 때문에 최하위 모듈의 대부분은 기능적 응집도를 가진다.

③ 순차적(Sequential) 응집도
- 모듈의 기능 수행으로 인한 출력 결과를 다른 모듈의 입력값으로 사용하는 경우이다.

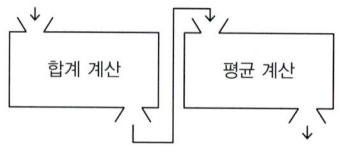

④ 통신적(Communication) 응집도
- 동일한 입력을 기반으로 수행된 기능의 출력 결과를 이용하여 서로 다른 기능을 수행하는 경우이다.

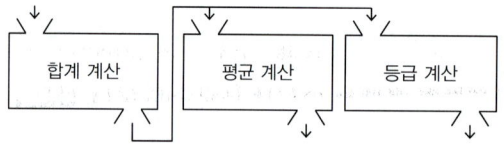

> **기적의 TIP**
> 절차적, 순차적 응집도의 차이를 확실히 구분할 수 있어야 합니다.

⑤ 절차적(Procedural) 응집도
- 하나의 문제를 해결하기 위해 여러 모듈들이 순차적으로 수행되는 경우이다.

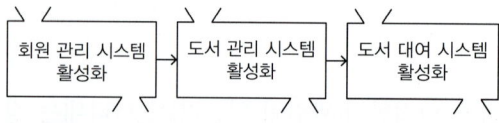

⑥ 시간적(Temporal) 응집도
- 각 기능들의 연관성은 없지만 특정 시기에 함께 수행되어야 하는 경우이다.

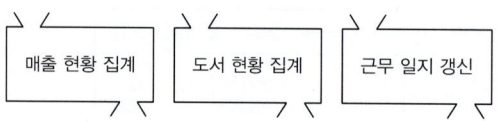

⑦ 논리적(Logical) 응집도
- 유사한 성격이나 형태를 가진 기능을 하나의 모듈에서 수행되도록 하는 경우이다.

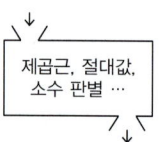

⑧ 우연적(Coincidental) 응집도
- 모듈 내부의 구성 요소들이 서로 아무런 관련이 없는 경우이다.
- 모듈화의 이점이 전혀 없고 유지보수가 어렵기 때문에 모듈 설계를 다시 진행하는 것이 좋다.

> **기적의 TIP**
> 우연적 응집도는 어떠한 연관성도 없는 응집도를 의미합니다.

2) 모듈 결합도(Coupling) 20.6, 20.8, 20.9, 21.3, 21.5, 21.8, 22.4, 22.7, 23.5, 24.5, 25.2

① 결합도 정의
- 모듈과 모듈 간의 관련성이 얼마나 깊은지(의존적인지)를 나타내는 정도이다.
- 결합도가 약할수록 의존성이 약해지므로 모듈의 독립성이 높아진다.

> **기적의 TIP**
> 결합도에 대한 올바른 설명을 선택할 수 있어야 합니다.

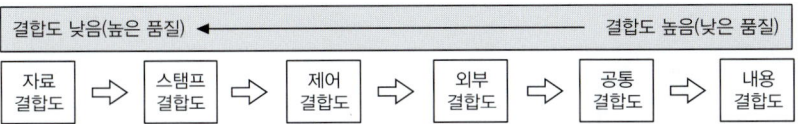

> **기적의 TIP**
> 가장 강한 결합도와 가장 약한 결합도의 순서를 구별할 수 있어야 합니다.

② 자료(Data) 결합도
- 모듈 간의 인터페이스로 전달되는 인수와 매개변수를 통해서만 상호작용이 일어나는 경우이다.
  - 인수(Argument) : 인자로 전달되는 입력값
  - 매개변수(Parameter) : 인수를 통해 전달받은 값 또는 공간

> **기적의 TIP**
> 매개변수와 자료 구조를 명확히 구분할 수 있어야 합니다.

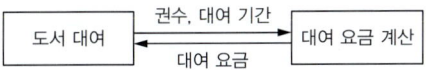

③ 스탬프(Stamp) 결합도
- 관련 있는 모듈들이 동일한 자료 구조를 공유하는(전달하는) 경우이다.
- 특정 모듈에서 자료 구조를 변화시켰다면, 관련 있는 다른 모듈에 그 영향이 미친다.

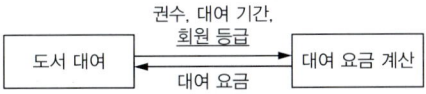

④ 제어(Control) 결합도
- 전달 대상 모듈에게 값만 전달하는 것이 아니라 제어 요소를 함께 전달하는 경우이다.
- 전달되는 제어 요소에 따라 대상 모듈의 처리 절차가 달라진다.

> **기적의 TIP**
> 제어 요소, 제어 신호 등의 키워드를 통해 제어 결합도를 선택할 수 있어야 합니다.

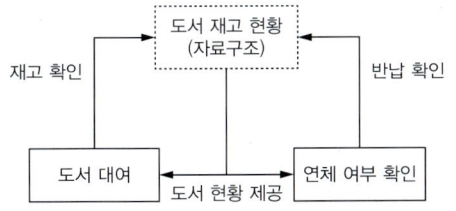

⑤ 외부(External) 결합도
- 인수의 전달 없이 특정 모듈이 다른 모듈의 내부 데이터를 참조하는 경우이다.

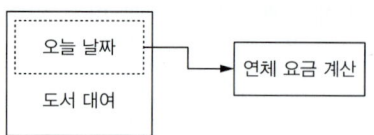

⑥ 공유(Common) 결합도
- 모듈이 모듈 외부에 선언된 변수를 참조하여 기능을 수행하는 경우이다.
- 외부 변수는 관련 없는 모듈들도 접근할 수 있으므로 문제가 발생할 가능성이 크다.

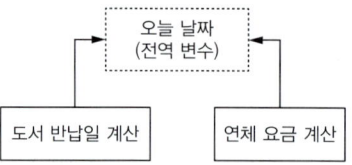

⑦ 내용(Content) 결합도
- 모듈이 다른 모듈의 내부 기능과 데이터를 직접적으로 사용하는 경우이다.
- 가장 좋지 않은 결합으로 모듈의 설계를 다시 진행하는 것이 좋다.

➕ 더 알기 TIP

응집도와 결합도는 실제 프로그래밍 코드를 통한 예시가 정확하지만, 코드 자체를 이해하지 못하는 경우에는 예시를 드는 의미가 없겠죠. 그러므로 개념의 이해를 돕기 위한 간단한 예시 이미지를 첨부하였습니다.

3) 복잡도 21.6, 22.7, 23.5, 24.5

① 공유도(Fan-In)
- 자신을 호출(공유)하는 모듈의 수를 나타낸다.
- 공유도가 높은 경우 공통 모듈화 측면에서는 잘 설계되었다고 할 수 있다.
- 단일 실패지점이 발생할 수 있으므로 중점 관리 및 더 많은 테스트를 통한 검증이 필요하다.

② 제어도(Fan-Out)
- 자신이 호출(제어)하는 모듈의 수를 나타낸다.
- 제어도가 높은 경우 불필요한 업무 로직을 단순화시킬 방법이 없는지 검토가 필요하다.

🚩 기적의 TIP

이미지를 보고 공유도와 제어도를 계산할 수 있어야 합니다.

③ 예시

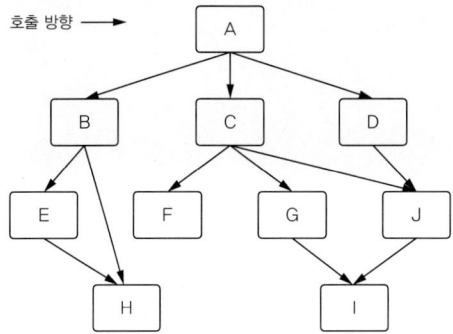

- 공유도(Fan-In)
  - 모듈 A : 0
  - 모듈 C : 1(A)
  - 모듈 H : 2(B, E)
- 제어도(Fan-Out)
  - 모듈 A : 3(B, C, D)
  - 모듈 C : 3(F, G, J)
  - 모듈 H : 0

➕ 더 알기 TIP

Fan-In은 단어 그대로 자신에게 들어오는(In) 화살표의 개수를 파악하세요. 반대로 Fan-Out은 단어 그대로 자신에게서 나가는(Out) 화살표의 개수를 파악하면 되겠죠.

SECTION 02 시스템 연동 설계

빈출 태그 ▶ #코드 설계 #소프트웨어 아키텍처 #미들웨어 솔루션 #재해 복구

01 타 시스템 연동 설계

1) 시스템 코드 설계

① 코드(Code) 20.6, 20.8, 20.9

- 데이터를 사용 목적에 따라 그룹으로 분류하고 특정 자료의 선별을 용이하게 하기 위해 부여한 숫자, 문자 등으로 구성된 기호 체계이다.
- 코드의 역할 및 기능은 대표 3가지와 기타 5가지로 나뉜다.
  - 식별 : 각 데이터 간의 성격에 따라 구분
  - 분류 : 특정 기준이나 동일한 유형에 대한 그룹화
  - 배열 : 의미를 부여하여 나열
  - 기타 : 표준화, 간소화, 연상, 암호화, 오류 검출 기능
- 코드의 유형은 순차, 블록, 10진, 그룹 분류, 연상, 표의 숫자, 합성 등이 있다.

> **+ 더 알기 TIP**
> 코드의 설계 원칙이나 고려사항에 대한 문제들도 코드의 기능을 중심으로 풀이하면 어렵지 않게 풀어 나갈 수 있습니다.

> **기적의 TIP**
> 코드의 기능과 각 코드의 특징을 구별할 수 있어야 합니다.

> **기적의 TIP**
> 코드의 구분을 키워드로 구분할 수 있어야 합니다.

② 순차(Sequence) 코드

- 데이터가 발생한 순서대로 일정한 일련번호를 부여하는 방법이다.
- 코드의 길이가 상대적으로 짧고 단순하며 추가가 간단하다.

001, 002, 003, …

③ 블록(Block) 코드

- 항목들의 특성을 식별하여 블록으로 구분한 뒤에 블록 내에서 순서대로 번호를 부여하는 방법이다.
- 공통 특성별로 분류 및 집계가 용이하며 각 블록의 예비 코드 확보가 가능하다.

경제(01)	01-01, 01-02, 01-03, …
컴퓨터(02)	02-01, 02-02, 02-03, …
문학(03)	03-01, 03-02, 03-03, …

④ 10진(Decimal) 코드
- 코드의 좌측에서 우측으로 갈수록 세분화되는 그룹을 정의하여 10진수로 번호를 부여하는 방법이다.
- 도서 분류식 코드라고도 불리며 그룹 레벨별 최대 10개의 항목까지 구분할 수 있다.

경제	100	...	...	...	...
컴퓨터	200	프로그래밍	210	C언어	211
				자바	212
		디자인	220	...	...
문학	300	...	...	...	...

⑤ 그룹 분류(Group Classification) 코드
- 전체 대상을 대, 중, 소분류로 구분하여 순차 번호를 부여하는 방법이다.
- 10진 코드와 다르게 분류 개수에 제한을 두지 않는다.

대분류	골드(G), 실버(S), 일반(C), ...
중분류	10대(1), 20대(2), 30대(3), ...
소분류	강남구(01), 연수구(02), 종로구(03), ...
예시	G102 : 연수구에 거주하는 10대 골드 회원 C201 : 강남구에 거주하는 20대 일반 회원

⑥ 연상(Mnemonic) 코드
- 코드에 대상 항목의 특징을 반영하여 대상에 대한 연상이 가능하게끔 코드를 부여하는 방법이다.
- 숫자뿐 아니라 영문자도 함께 조합하기 때문에 표의성이 뛰어난 코드를 정의할 수 있다.

LED-C-32	32인치 LED 커브드 모니터

⑦ 표의 숫자(Significant Digit) 코드
- 대상 항목에서 측정 가능한 수치 데이터를 조합하여 부여하는 방법이다.
- 실제 수치에 따라 자릿수가 비교적 길어지고, 중복값이 발생할 가능성이 높다.

20-10-120	가로 20cm, 세로 10cm, 깊이 120cm

⑧ 합성(Combined) 코드
- 둘 이상의 코드를 함께 조합하여 부여하는 방법이다.

C언어 학습서가 여러 권 있는 경우(10진 코드 + 순차 코드)	212-01, 212-02, 212-03, ...

2) 시스템 연동

① 시스템 연동
- 서버와 네트워크를 활용하여 서로 다른 기능을 수행하는 시스템 간에 접속을 통해 업무를 수행하는 체계이다.
- 시스템의 목표에 따라 데이터 연동, 인터페이스 연동, 웹 서비스 연동 등을 적용한다.

② 데이터 연동
- 데이터베이스 공유를 통해 다른 시스템과 연계하여 업무를 수행하는 체계이다.

③ 인터페이스 연동
- API(Application Programming Interface)와 RMI(Remote Method Invocation) 등을 통해 다른 시스템과 연계하여 업무를 수행하는 체계이다.

④ 웹 서비스 연동
- 네트워크상에서 서로 다른 기종의 시스템 간에 표준화된 데이터 및 여러 관련 기술을 통해 연계하고 업무를 수행하는 체계이다.
- 웹 서비스는 SOAP, UDDI, WSDL로 구성된다.

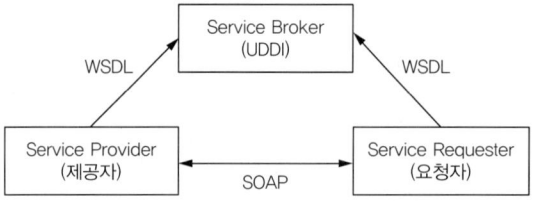

- SOAP(Simple Object Access Protocol) : 이기종 시스템의 데이터, 서비스 호출을 위한 XML 기반의 통신규약
- UDDI(Universal Description Discovery Integration) : 간편한 웹 서비스 검색을 위한 XML 기반의 통합 레지스트리
- WSDL(Web Service Description Language) : 웹 서비스를 기술하기 위한 XML 기반 표준 언어

더 알기 TIP

데이터베이스와 인터페이스에 대해서는 이후에 자세히 다룹니다. 이번 섹션에서는 연동의 개념 자체에 집중해주세요.

3) 소프트웨어 아키텍처

① 시스템 아키텍처 20.9, 23.5

- 시스템의 최적화를 위해 시스템 전체에 대한 논리적인 기능 체계와 구성 방식을 뜻한다.
- 구성 요소 간의 관계 및 외부 환경과의 관계를 표현하고 시스템의 동작 원리를 나타낸다.
- 소프트웨어 아키텍처 설계에 제약을 거는 상위 개념이다.

> **더 알기 TIP**
>
> 시스템은 하드웨어와 소프트웨어를 아우르는 개념입니다. 그러므로 시스템 아키텍처는 당연히 소프트웨어 아키텍처에 영향을 줍니다.

기적의 TIP

시스템 아키텍처의 개념을 확실히 숙지하고 있어야 합니다.

② 소프트웨어 아키텍처

- 소프트웨어의 기본 구조를 정의한 것으로 소프트웨어 설계 및 구현을 위한 틀을 제공한다.
- 소프트웨어 구성 요소들(모듈, 컴포넌트 등)의 상호관계를 정의한다.
- 소프트웨어 아키텍처를 기반으로 설계된 소프트웨어는 품질 확보, 구축, 개선이 용이하다.
- 소프트웨어 품질 요구사항을 만족할 수 있는 아키텍처를 선정한다.

> **더 알기 TIP**
>
> 소프트웨어 아키텍처는 일종의 가이드라인, 매뉴얼과 같은 역할을 합니다. 앞에서 이러한 자료들을 작성할 때 어떤 부분을 고려해야 하는지 충분히 배웠죠? 의사소통, 표준화, 이해하기 쉽게, 명확하게, …

③ 계층화(Layered) 패턴 20.9

- 시스템을 논리적인 레이어(계층 구조)로 분리하여 서로 인접한 레이어끼리만 상호작용하는 패턴이다.
- 특정 레이어만 개선하여 시스템의 유지보수가 가능하다.
- 일반적인 애플리케이션, 웹 애플리케이션 개발 등에 활용된다.
- 시스템을 물리적으로 분리하는 n-Tier 패턴과 재사용이 가능한 서비스 단위로 구축하는 서비스 지향 아키텍처(SOA) 패턴이 있다.

> **기적의 TIP**
>
> SOA 계층이 아닌 것을 선택할 수 있어야 합니다.

	n-Tier		SOA
1-Tier	클라이언트, 애플리케이션, 데이터 계층을 한 계층으로 구현		표현(Presentation) 계층
			프로세스(Process) 계층
2-Tier	클라이언트, 애플리케이션을 한 계층으로 구현하고 데이터 계층을 다른 한 계층으로 구현		서비스(Service) 계층
			비즈니스(Business) 계층
3-Tier	클라이언트, 애플리케이션, 데이터 계층을 모두 물리적으로 분리하여 구현		영속(Persistency) 계층

+ 더 알기 TIP

SOA는 다양하게 구성될 수 있기 때문에 표에 나와있지 않은 계층이 보기로 출제될 수 있습니다. 예를 들어 표현 계층은 UI 계층으로, 서비스 계층은 애플리케이션 계층 등으로 출제됩니다. 기존 계층과 최대한 관계 없는 보기를 선택해주시기 바랍니다.

④ 클라이언트/서버(Client/Server) 패턴
- 서비스를 제공하는 하나의 서버와 서비스를 요청하는 다수의 클라이언트로 구성되는 패턴이다.
- E-mail 시스템이나 은행, 예매 서비스를 제공하는 온라인 애플리케이션에 활용된다.

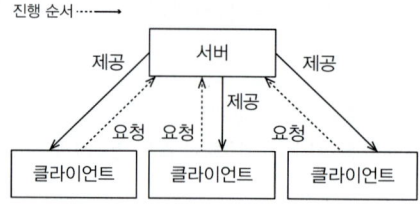

⑤ 마스터/슬레이브(Master/Slave) 패턴 21.8
- 작업을 분리하고 배포하는 마스터와 요청한 작업을 처리하는 다수의 슬레이브로 구성되는 패턴이다.
- 마스터는 슬레이브들이 반환한 결과를 취합하여 최종 결과값을 반환한다.
- 마스터 측의 신뢰할 수 있는 데이터를 슬레이브가 동기화하여 활용한다.

> **기적의 TIP**
>
> 마스터와 슬레이브의 역할을 구분할 수 있어야 합니다.

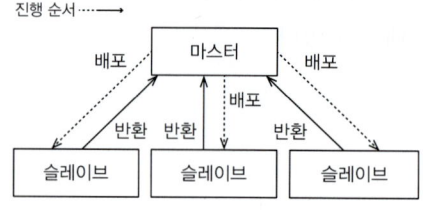

⑥ 파이프-필터(Pipe-Filter) 패턴 20.9, 21.5, 21.8, 22.7, 24.7, 25.2
- 서브 시스템(Filter)에 입력된 데이터를 처리한 결과를 파이프를 통해 다음 서브 시스템으로 전달하는 과정으로 구성되는 패턴이다.
- 데이터 스트림을 생성하고 처리하는 시스템에서 버퍼링, 동기화 목적으로 활용한다.

> **기적의 TIP**
> 파이프-필터 패턴에 대한 옳은 보기를 선택할 수 있어야 한다.

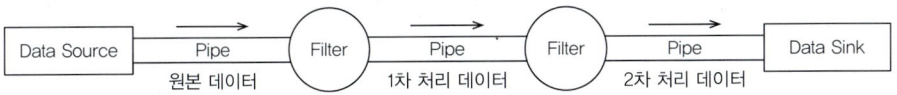

⑦ 브로커(Broker) 패턴
- 다수의 서버와 다수의 클라이언트 사이에 브로커를 두고 클라이언트의 요청을 브로커가 판단하여 적절한 서버에게 전달하는 방식으로 구성되는 패턴이다.
- 서버는 제공 가능한 서비스를 브로커에게 제공하여 클라이언트에 요청에 따라 적절한 서비스가 존재하는 서버를 연결(Redirection)한다.
- 원격 서비스 실행을 통해 상호작용하며 컴포넌트 간의 통신을 조정하는 역할을 한다.

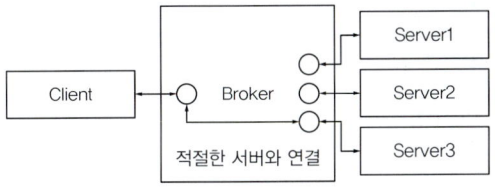

⑧ 피어-투-피어(Peer-To-Peer) 패턴
- 각 컴포넌트가 서버와 클라이언트의 역할을 유동적으로 바꾸어가며 서비스를 요청하고 제공하는 패턴이다.
- 파일 공유와 같은 형식의 네트워크에 활용한다.

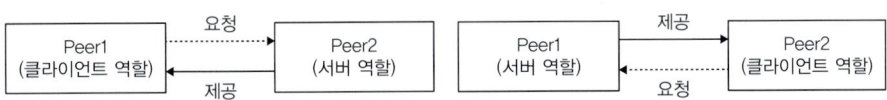

⑨ 이벤트-버스(Event-Bus) 패턴
- 데이터와 처리 결과를 특정 채널에 전달하고, 이 채널을 구독하고 있는 리스너는 전달된 메시지에 대해 알림을 수신하는 패턴이다.
- 이벤트-버스 패턴의 주요 요소는 이벤트 소스, 이벤트 리스너, 채널, 이벤트 버스가 있다.

- 이벤트 소스(Event Source) : 데이터 처리 결과를 메시지화하여 특정 채널로 발행
- 채널(Channel) : 이벤트 소스로부터 메시지를 전달받는 서버, 클라이언트, 컴포넌트
- 이벤트 리스너(Event Listener) : 특정 채널의 메시지를 구독한 사용자
- 이벤트 버스(Event Bus) : 발행된 메시지 관리, 구독한 리스너 관리 영역
• 메신저, 휴대폰의 알림 서비스에 활용한다.

⑩ MVC(Model, View, Controller) 패턴 22.4, 23.3, 23.7

> **기적의 TIP**
> MVC의 각 구성요소의 역할을 구분할 수 있어야 합니다.

• 데이터와 시각화 요소, 상호작용을 서로 분리하여 UI 변경에 다른 업무 로직이 받는 영향을 최소화하는 패턴이다.
• 웹 애플리케이션 등에 활용되며 Model, View, Controller로 구성된다.
  - Model : 응용 프로그램의 데이터 처리 담당
  - View : 모델의 데이터 시각화 담당(UI)
  - Controller : 모델과 업무 로직의 상호작용 담당

⑪ 블랙보드(Blackboard) 패턴
• 비결정성 알고리즘(결과가 정해지지 않은 해결 전략)을 구현하는 패턴이다.
• 기존 지식들과의 패턴 매칭을 통해 데이터를 검색하며 새로운 데이터 객체를 생성할 수 있다.
• 블랙보드 패턴은 블랙보드, 지식 소스, 제어 컴포넌트로 구성된다.
  - 블랙보드(Blackboard) : 중앙 데이터 저장소
  - 지식 소스(Knowledge Source) : 특정 문제를 해결할 수 있는 서브 모듈
  - 제어 컴포넌트(Control Component) : 상황에 따라 모듈 선택, 설정, 실행
• 구문 인식, 차량 인식, 음성 인식, 신호 해석 등에 활용된다.

더 알기 TIP

비결정성 알고리즘을 간단히 비유하자면, 오늘 날씨를 물어봤을 때 오전이랑 오후의 대답이 다르거나, 내비게이션에서 같은 목적지를 설정해도 시간대별로 다른 경로를 추천해주는 경우를 생각해보면 됩니다.

⑫ 인터프리터(Interpreter) 패턴
- 특정 언어 및 명령어로 작성된 프로그램을 해석하는 컴포넌트 설계에 적용되는 패턴이다.
- 특정 언어로 작성된 표현식(문장, 수식 등)을 수행하는 방법을 결정한다.
- SQL, 통신 프로토콜의 해석 등에 활용된다.

02 미들웨어 솔루션

1) 미들웨어 종류별 특징 20.6, 20.8, 20.9, 21.3, 22.4, 22.7, 23.3, 23.5, 24.5, 25.2

① DBMS(DataBase Management System)
- 데이터베이스 제공 업체(Vendor)에서 제공하는 클라이언트에서 데이터베이스와 연결하기 위한 미들웨어이다.
- 데이터베이스만 물리적으로 분리되므로 2티어 아키텍처에 해당한다.

② RPC(Remote Procedure Call)
- 응용 프로그램의 프로시저를 사용하여 다른 위치(원격)에서 동작하는 프로시저를 로컬 프로시저처럼 호출하기 위한 미들웨어이다.

③ MOM(Message Oriented Middleware)
- 메시지 기반의 비동기형 메시지를 전달하는 방식의 미들웨어로 서로 다른 기종의 분산 데이터 시스템의 데이터 동기화를 위해 많이 사용되는 미들웨어이다.

④ TP-Monitor(Transaction Processing Monitor)
- 온라인 트랜잭션 업무(은행, 예매, 예약 등)를 처리하고 감시 및 제어하는 미들웨어이다.
- 사용자 수가 증가하여도 빠른 응답 속도를 유지해야 하는 업무에 활용된다.

⑤ ORB(Object Request Broker)
- 객체지향 미들웨어로 코바(CORBA) 표준 규격을 구현한 미들웨어이다.
  - CORBA(Common Object Request Broker Architecture) : 객체 관리 그룹(OMG : Object Management Group)에서 정의한, 분산 컴퓨팅과 객체지향 기술을 통합한 표준 아키텍처
- 애플리케이션들 간 어느 위치든, 누가 만들었든 상관없이 상호 간 통신을 보장하고 분산 객체 간의 상호 운용을 위한 미들웨어 역할을 한다.
- 최근에는 TP-Monitor의 장점을 결합한 제품도 출시되고 있다.

기적의 TIP

키워드를 중심으로 적절한 미들웨어를 선택할 수 있어야 합니다.

⑥ WAS(Web Application Server)
- HTTP 세션 처리를 위한 웹 환경을 구현하기 위한 미들웨어이다.
- 데이터 액세스, 세션 관리, 트랜잭션 관리 등을 위해 데이터베이스와 연동하여 활용된다.

2) 웹 서버와 웹 애플리케이션 서버 25.2

① 웹 서버(Web Server)
- 웹 브라우저(클라이언트)의 요청을 통해 HTML이나 자바스크립트, 이미지, 영상 등의 정적인 콘텐츠를 제공한다.

② 웹 애플리케이션 서버(WAS)
- 서버단(Level)에서 애플리케이션이 동작할 수 있는 환경을 제공한다.
- 다른 기종의 시스템 간의 애플리케이션 연동을 통해 동적인 콘텐츠를 제공한다.

③ 웹 서버와 WAS의 일반적인 구성
- 사용자가 웹 브라우저를 통해 요청하는 서비스 중, 정적 데이터를 웹 서버가 처리하고 동적 콘텐츠는 WAS에 전달하여 데이터를 처리함으로써 서버의 자원을 효율적으로 처리할 수 있도록 구성한다.

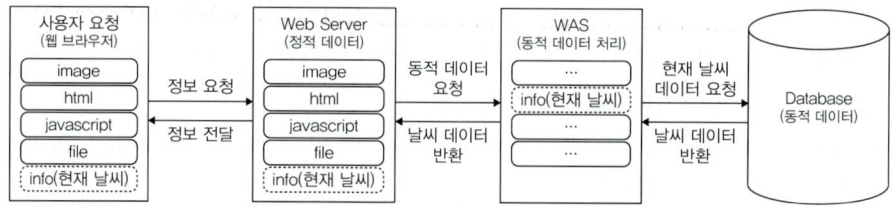

더 알기 TIP

웹 서버와 WAS의 구성이 무조건 예시 이미지와 같이 설정되어 있지는 않습니다. 서로의 역할 구분을 돕기 위한 예를 든 것임을 참고하세요.

03 연동 오류 예측

1) 코드의 오류 발생 형태 21.5, 24.7

① 생략(Omission) 오류
- 입력된 코드 중, 한 자리가 누락된 경우이다.

정상 입력	A02-2H
오류 입력	A02-2

기적의 TIP

예시를 참고하여 각각의 오류를 구분할 수 있어야 합니다.

② 필사(Transcription) 오류
- 입력된 코드 중, 한 자리가 잘못 입력된 경우이다.

정상 입력	A02-2H
오류 입력	A02-4H

③ 전위(Transposition) 오류
- 입력된 코드 중, 좌우 자리가 바뀌어 입력된 경우이다.

정상 입력	A02-2H
오류 입력	A02-H2

④ 이중(Double) 전위 오류
- 입력된 코드 중, 전위 오류가 둘 이상 발생한 경우이다.

정상 입력	A02-2H
오류 입력	A20-H2

⑤ 추가(Addition) 오류
- 입력된 코드 중, 한 자리가 추가 입력된 경우이다.

정상 입력	A02-2H
오류 입력	A022-2H

⑥ 임의(Random) 오류
- 여러 오류가 둘 이상 결합하여 발생한 경우이다.

정상 입력	A02-2H
오류 입력	A02-H24

2) 오류 대응방안

① 이중화
- 복수의 시스템을 활용하여 주 시스템에 장애가 발생하는 경우에도 정상적인 서비스가 제공될 수 있도록 하기 위한 기술들을 말한다.
- 이중화 기술들은 가용성을 극대화시킨다.
- 액티브-액티브, 액티브-스탠바이 방식이 있다.
  - 액티브-액티브(Active-Active) : 평상시에도 모든 시스템이 서비스를 제공
  - 액티브-스탠바이(Active-StandBy) : 주 시스템에 장애가 발생하는 경우 다른 시스템이 서비스 제공

② 재해 복구 시스템(DRS : Disaster Recovery System)
- 원활한 재해 복구 수행을 지원하기 위한 시스템으로, 업무 연속성의 유지를 위한 체계이다.
- 재해 발생 시 준비되는 시스템이 아니라 평상시에 확보해두는 시스템이다.
- 복구 수준에 따라 Mirror Site, Hot Site, Warm Site로 나뉜다.
  - Mirror Site : 주 시스템과 동일한 수준의 시스템을 복구 센터에 구축하여 동시 서비스
  - Hot Site : 주 시스템과 동일한 수준의 시스템을 복구 센터에 구축하여 대기 상태 유지
  - Warm Site : 중요성이 높은 정보 자원만 복구 센터에 보관
  - Cold Site : 최소한의 기술 자원(공간, 전기, 냉방, 습도관리 등)만 복구 센터에 확보

③ 복구 목표 시간(RTO, Recovery Time Objective)
- 중단된 서비스를 복구하기 위해 주 시스템에 허용되는 최대 허용 중단 시간을 의미한다.

④ 복구 목표 시점(RPO, Recovery Point Objective)
- 서비스 중단 시점과 마지막 복구 시점 사이에 허용되는 데이터 손실량을 의미한다.

복구 유형	특징	RTO
Mirror Site	구축 비용 높음. 갱신 빈도 높은 시스템에 비효율적	즉시
Hot Site	구축 비용 높음. 갱신 빈도 높은 시스템에 효율적	수 시간
Warm Site	구축 비용 낮음. 최대 하루 주기로 백업	수 일
Cold Site	구축 비용 가장 낮음. 완전 복구 어려움	수 개월

⑤ 업무 영향 분석(BIA, Business Impact Analysis)
- 재해나 장애로 인해 서비스의 문제가 발생한다는 것을 가정하여 이에 따른 영향도 및 손실 평가를 조사하는 방법이다.
- 주요 업무 프로세스를 식별하고 각 서비스의 장애 발생 시 손실 비용을 분석한다.
- 서비스 중요도에 따라서 복구에 대한 우선순위를 부여하고 주요 서비스별 최대 극복 가능 시간을 선정한다.

CHAPTER
05

인터페이스 설계

학습 방향

1과목 중 가장 출제 비중이 적은 챕터입니다. 서로 다른 시스템끼리의 상호작용을 돕는 인터페이스 기술과 유지보수에 대해 서술합니다. 학습 일정에 여유가 없다면 가볍게 보고 넘어가셔도 좋습니다.

SECTION 01 인터페이스 설계

빈출 태그 ▶ #송수신 시스템 식별 #시스템 연계 기술 #필수 암호화 항목

01 인터페이스 시스템 식별

1) 인터페이스 요구사항

① 인터페이스 정의 22.4
- 인터페이스는 서로 다른 시스템 및 사용자 사이에서 정보를 주고받는 물리적, 논리적 매개체를 의미한다.
- 상호작용의 대상에 따라 시스템 인터페이스와 사용자 인터페이스로 나뉜다.

+ 더 알기 TIP

사용자 인터페이스에 대해서는 이미 앞에서 상세하게 다루었기 때문에 여기서는 시스템 인터페이스를 기준으로 내용이 진행됩니다. 시스템 인터페이스의 요구사항 분석이나 검증 방법 역시 앞서 배운 것과 동일하여 이번 섹션에서는 매우 간략하게 소개되었습니다. 내용이 없다고 해서 '시스템 인터페이스는 요구사항 분석이나 검증을 하지 않는구나'라고 생각하시면 안 되겠죠.

② 시스템 인터페이스 요구사항 20.8
- 시스템 인터페이스는 네트워크를 통해 조직 내부 또는 외부에 존재하는 시스템 간의 접속을 통해서 업무를 수행하기 위한 인터페이스이다.
- 서로 독립적인 시스템이 연동되어 상호작용하기 위한 접속 방법이나 규칙을 의미한다.
- 시스템 인터페이스 요구사항은 인터페이스 이름, 연계 대상 시스템, 연계 범위 및 내용, 연계 방식, 송신 데이터, 인터페이스 주기, 기타 고려 사항을 명시한 것으로 내외부 인터페이스 대상 시스템 및 기관과 시스템 연동 방안을 사전에 협의해야 한다.
- 시스템 인터페이스 요구사항 역시 기능적 요구사항과 비기능적 요구사항으로 나뉜다.
  - 기능적 요구사항 : 시스템 연계를 통해 수행될 기능, 입출력 등의 기능적 속성
  - 비기능적 요구사항 : 기능적 요구사항을 만족시키기 위한 제약조건(성능, 신뢰도, 안정성 등)

+ 더 알기 TIP

요구사항의 유형은 앞서 다루었던 유형과 동일합니다.

P 기적의 TIP

인터페이스는 관점에 따라 소프트웨어, 하드웨어, 프로세스의 성격을 가질 수 있습니다. 중요한 포인트는 '상호작용'입니다.

P 기적의 TIP

요구사항 검증 방법이 아닌 것을 선택할 수 있어야 합니다. 요구사항 검증 방법은 소프트웨어와 인터페이스에 공통으로 적용됩니다.

③ 시스템 인터페이스 요구사항 분석 절차
- 요구사항을 기능적 요구사항과 비기능적 요구사항으로 분류하여 구체화한다.
- 요구사항 분석 기법(분류, 개념 모델링, 할당, 협상)을 적절히 이용하여 분석한다.
- 요구사항을 적절한 수준으로 세분화(계층화)하고 우선순위 부여 및 누락된 요구사항을 추가한다.
- 식별, 산출된 요구사항을 명세하여 이해관계자들과 공유한다.

④ 시스템 인터페이스 요구사항 명세서 작성 시 고려사항
- 인터페이스별로 연계 방식과 유형, 주기 등을 식별할 수 있어야 한다.
- 송수신 데이터 정보와 코드 정보 등 교환되는 데이터에 대한 정보를 식별할 수 있어야 한다.
- 인터페이스 구현에 필요한 환경 정보와 기술적 요구사항을 식별할 수 있어야 한다.
- 송수신 시스템의 업무 담당자와 IT 담당자의 정보를 확인할 수 있어야 한다.

2) 연계 시스템 구성

① 송신 시스템
- 데이터베이스와 애플리케이션으로부터 생성된 연계 테이블 또는 파일을 목표 시스템으로 송신하는 시스템이다.
- 수신 시스템에 대응하도록 코드 및 데이터를 변환하고, 오류 등을 대비하기 위한 로그를 기록한다.

② 수신 시스템
- 수신한 연계 데이터(테이블, 파일)를 시스템의 데이터 형식에 맞게 변환하여 데이터베이스에 저장하거나 애플리케이션에서 활용할 수 있도록 하는 시스템이다.

③ 중계 시스템
- 연계 데이터의 보안을 강화하거나 다중 플랫폼을 지원하기 위해 송수신 시스템의 사이에서 데이터를 중계 및 모니터링하는 시스템이다.

구분	단계	작업
송신 시스템	1	연계 데이터 생성 및 추출
	2	코드 매핑 및 데이터 변환
	3	인터페이스 테이블/파일 생성
	4	로그 기록
	5	중계 시스템 또는 송신 Adapter 통해 데이터 전송
중계 시스템	6	데이터 처리(암호화, 변환, 매핑 등) 후 전송

	7	중계 시스템 또는 수신 Adapter 통해 데이터 수신
	8	인터페이스 테이블/파일 생성
수신 시스템	9	코드 매핑 및 데이터 변환
	10	로그 기록
	11	연계 데이터 데이터베이스 및 애플리케이션에 반영

3) 송수신 데이터 식별

① 식별 대상 데이터
- 시스템 간에 교환되는 데이터는 표준 전문(표준화된 형식의 텍스트 데이터)에 따라 이루어진다.
- 인터페이스 명세서에는 전문에 대한 세부 정보가 누락 없이 포함되어야 한다.
- 전문은 전문 공통부와 개별부, 종료부로 구성된다.
  - 전문 공통부(고정) : 전문 길이(8byte), 시스템 공통부(248byte), 거래 공통부(256byte)로 구성
  - 전문 개별부(가변) : 데이터부(nbyte)로 구성
  - 전문 종료부(고정) : 전문 종료부(2byte)로 구성

② 전문 공통부(표준 항목)
- 시스템 공통부는 시스템 연동 시 필요한 공통 정보(시스템, 인터페이스, 서비스, 응답 결과, 장애 정보)로 구성된다.
- 거래 공통부는 시스템 연동 처리 시에 필요한 인원 및 기기 정보, 기기(매체) 정보, 테스트 정보 등으로 구성된다.

③ 전문 개별부(송수신 데이터 항목)
- 송수신 시스템이 업무를 수행하는 데 필요한 데이터이다.
- 인터페이스별로 전송되는 데이터의 항목과 순서가 다르므로 데이터 식별을 통해 연계 데이터 항목과 매핑이 필요하다.
- 송수신 데이터 식별은 요구사항 정의서, 테이블 정의서 등을 활용한다.

④ 공통 코드
- 시스템 연계 시 공통으로 사용하는 시스템 코드, 상태 코드, 오류 코드 등을 의미한다.
- 코드값과 코드명, 코드 설명 등을 관리한다.

⑤ 필수 암호화 항목
- 법률로 정한 암호화 필수 항목이 인터페이스를 통해 교환되는 경우에는 적절한 암호화 방법을 이용해 암호화 처리를 해야 한다.
  - 정보통신망 이용 촉진 및 정보 보호 등에 관한 법률 : 주민번호, 비밀번호, 공개 비동의 개인정보
  - 전자금융 거래법, 신용 정보의 이용 및 보호에 관한 법률 : 주민번호, 비밀번호, 계좌번호

4) 인터페이스 설계를 위한 데이터베이스 산출물

① 개체 정의서
- 개념 모델링 과정에서 도출한 개체 타입과 관련 속성, 식별자 등에 대한 개괄적인 정보를 포함한 문서이다.

② 테이블 정의서
- 논리 및 물리 모델링 과정에서 작성되는 산출물로, 테이블에서 관리되는 컬럼들의 특징과 인덱스, 업무 규칙 등을 문서화한 것이다.

③ 코드 정의서
- 전체 데이터베이스에서 유일하게(중복 없이) 정의되는 코드의 정의를 문서화한 것이다.
- 코드와 별도로 도메인을 정의할 수도 있다.
  - 도메인(Domain) : 입력되는 데이터의 유형과 범위를 지정(1~100, 남/녀, 날짜 등)

02 인터페이스 상세 설계

1) 시스템 연계 방식

① 직접 연계 방식
- 중계 시스템이나 솔루션을 거치지 않고 직접 연결되어 인터페이스하는 방식이다.
- 연계 처리 속도가 빠르고 구현이 단순하여 개발 비용과 개발 기간이 단축된다.
- 송수신 시스템 간의 결합도가 높아지고 시스템 변경에 민감해진다.
- 보안 처리와 비즈니스 로직 구현을 인터페이스별로 작성해야 하고 통합 환경 구축이 어렵다.

② 간접 연계 방식
- EAI(Enterprise Application Integration)등의 연계 솔루션을 통해서 인터페이스하는 방식이다.
- 서로 다른 네트워크와 프로토콜 등 다양한 환경의 시스템들을 연계하고 통합 관리할 수 있다.
- 인터페이스 변경에 유연한 대처가 가능하고 보안이나 업무 처리 로직 반영이 용이하다.
- 연계 절차가 비교적 복잡하고 성능 저하의 가능성, 개발 및 테스트 기간이 오래 걸린다.

➕ 더 알기 TIP

성능이 빠르더라도 안정성이 확보되지 않으면 신뢰도가 떨어져 사용이 어렵습니다. 따라서 직접 연계 방식보다는 간접 연계 방식을 좀 더 자세히 다루게 됩니다.

> **기적의 TIP**
> 시스템 연계 기술에 대한 설명을 보고 적절한 기술을 선택할 수 있어야 합니다.

2) 시스템 연계 기술 21.3

① DB Link
- 데이터베이스에서 제공하는 DB Link 객체를 이용하는 기술이다.
- 수신 시스템에서 DB Link를 생성하고 송신 시스템에서 해당 DB Link를 직접 참조하는 방식이다.

② DB Connection
- 수신 시스템의 WAS에서 송신 시스템 DB로 연결하는 DB Connection Pool을 생성하고 연계 프로그램에서 해당 DB Connection Pool을 이용하는 기술이다.

③ API
- 송신 시스템의 DB에서 데이터를 읽어와서 제공하는 애플리케이션 프로그래밍 인터페이스 프로그램이다.

④ JDBC(Java DataBase Connectivity)
- 수신 시스템의 프로그램에서 JDBC 드라이버를 이용하여 송신 시스템 DB와 연결하는 기능이다.

⑤ Hyper Link
- 웹 애플리케이션에서 하이퍼링크를 이용하는 기술이다.

⑥ Socket
- 서버는 통신을 위한 소켓을 생성하여 포트를 할당하고 클라이언트의 통신 요청 시 클라이언트와 연결하고 통신하는 네트워크 기술이다.

⑦ Web Service
- WSDL, UDDI, SOAP 프로토콜을 이용하여 연계하는 기술이다.

3) 연계 통신 유형

① 실시간 처리 방식
- 실시간 처리 방식은 단방향, 동기, 비동기, 지연 처리 방식이 있다.

통신 유형	설명
단방향(Notify)	실시간 File, DB 연계처럼 데이터를 요청하는 시스템의 응답이 필요 없는 업무에 사용
동기(Sync)	데이터 동기를 위해 거래 요청의 응답을 대기(Request-Reply)하는 방식으로, 업무 특성상 응답을 바로 처리해야 하거나 응답 속도가 빠를 경우에 사용
비동기(Async)	요청을 보내고 다른 작업을 하다가 준비되었다는 신호를 받으면 다시 처리하는 방식으로, 거래량이 많거나 많은 데이터를 전송하는 업무에 사용
지연 처리(Deferred)	순차 처리 및 지연 처리가 필요한 업무에 사용

② 배치 처리 방식
- 처리할 작업을 모아서 정해진 시간에 수행하는 방식이다.
- 연계 스케줄러에 의해 구동되는 이벤트 방식과 타이머에 의한 방식이 있다.

4) 인터페이스 오류 유형

① 연계 서버 오류
- 연계 서버의 실행 여부, 송수신, 전송 형식 변환 등 연계 서버의 기능과 관련된 장애 또는 오류이다.
  - 연계 서버 다운, 송수신 시스템 접속 오류 등

② 송신 시스템 연계 프로그램 오류
- 연계 데이터 추출을 위한 데이터베이스 접근 권한 오류, 데이터 변환 시 예외 상황 미처리 등으로 인한 연계 프로그램 오류이다.
  - 미등록 코드로 인한 코드 매핑 오류

③ 연계 데이터 오류
- 연계 데이터값이 유효하지 않음으로 인해 발생하는 오류이다.
  - 일자 데이터값에 2022-17-03 입력하는 경우

④ 수신 시스템 연계 프로그램
- 수신 받은 데이터를 운영 데이터베이스에 반영하는 과정에서 접근 권한 문제, 데이터 변환 시 예외 상황 미처리 등으로 인한 연계 프로그램 오류이다.
  - 데이터 등록이나 갱신 오류

⑤ 인터페이스 오류 처리 절차
- 연계 시스템의 로그 파일에 오류 코드와 에러 발생에 대한 상세 내용을 기록하도록 연계 프로그램을 작성한다.
- 기록된 로그 파일의 내용을 확인하여 원인을 분석하고 오류 유형에 따라 해결 방안을 수립한다.
  - 오류 코드 : 오류를 식별할 수 있는 코드
  - 오류 내용 : 오류 발생 내용과 원인을 기술

5) 인터페이스 설계서 작성

① 인터페이스 설계서 구성
- 인터페이스 설계서는 인터페이스 목록과 인터페이스 정의서로 구성된다.
  - 목록 : 업무와 연계에 참여하는 시스템의 연계 방식과 통신 유형 등
  - 정의서 : 송수신 시스템 간의 데이터 속성과 저장소의 상세 내역 등

PART 02

소프트웨어 개발

파트 소개

2과목에서는 실제 소프트웨어를 개발하기 위한 실무적 지식을 다룹니다. 내용이 다소 어렵지만, 이해가 바탕이 되는 난이도 높은 문제가 출제되는 편은 아니기 때문에 암기만으로도 점수 획득이 가능하며, 출제 분포 역시 특정 섹션에 집중되어 있기 때문에 학습 전략을 잘 세운다면 큰 무리 없이 진행할 수 있습니다.

CHAPTER
01

자료 구조

학습 방향

방대한 디지털 데이터를 효율적으로 관리하는 데이터 구조와 빠른 연산을 위한 탐색 및 정렬 알고리즘에 대해 서술합니다. 실기 시험에서는 해당 챕터를 보지 않아도 풀 수 있을 정도의 적은 부분을 차지하지만 필기에서 압도적으로 비중이 크기 때문에 필기 학습에 집중할 수 있도록 하세요.

SECTION 01 자료 구조

빈출 태그 ▶ #선형/비선형 #수식 표기법 #연결 리스트 #트리 순회

01 자료 구조와 알고리즘

1) 자료 구조의 개념

① 자료 구조 정의
- 프로그램에서 쉽게 활용될 수 있도록 논리적으로 설계된 데이터 구조 및 관계이다.
- 데이터의 유형과 업무 상황에 따라 다양한 형태의 자료 구조를 선택하여 활용한다.

② 자료 구조 특징
- 같은 데이터라도 데이터 구조를 어떻게 구성하는지에 따라 성능에 많은 영향을 미친다.
- 효과적인 자료 구조는 데이터 용량과 실행 시간 등을 최소한으로 사용한다.
- 데이터의 추가, 삭제, 탐색을 보다 효율적으로 연산할 수 있도록 설계된다.

➕ 더 알기 TIP

잘 정돈된 서랍장, 책장에서 물건을 찾는 속도는 그렇지 못한 서랍장, 책장에서 물건을 찾는 속도에 비해서 월등히 빠르죠? 데이터 역시 마찬가지입니다.

2) 자료 구조의 유형 21.3, 21.8, 22.3, 25.2

① 단순 구조
- 프로그래밍 언어에서 제공하는 기본 데이터 타입을 사용하는 구조이다.
- 정수, 실수, 문자 등의 데이터를 의미하며, 단순 구조를 확장하여 자료 구조가 구성된다.

② 선형 구조
- 데이터들의 대응 관계가 1:1로 구성되는 구조이다.
- 선형 구조의 유형은 크게 순차 구조와 연결 구조로 구분된다.
  - 순차(Sequential) 구조 : 데이터 탐색 속도 우선
  - 연결(Linked) 구조 : 데이터 이동(삽입, 삭제 등) 속도 우선
- 선형 구조의 종류는 스택, 큐, 데크, 선형 리스트, 연결 리스트 등이 있다.

> 🇵 기적의 TIP
>
> 선형 구조와 비선형 구조에 해당하는 자료 구조를 구분할 수 있어야 합니다.

③ 비선형 구조
- 데이터들의 대응 관계가 1:1이 아닌 1:N, N:M 등으로 구성되는 구조이다.
- 비선형 구조의 종류는 트리와 그래프가 있다.

＋ 더 알기 TIP

선형 구조는 이해하기 쉬운 대신 종류가 많고, 비선형 구조는 이해하기 어려운 대신 종류가 적은 편입니다. 1:N은 '일대다', N:M은 '다대다'라고 읽습니다.

④ 파일 구조
- 보조기억 장치에 실제로 데이터가 기록될 때 활용되는 자료 구조이다.
- 파일 구조의 종류는 순차 파일, 직접 파일, 색인 순차 파일 등이 있다.

3) 알고리즘(Algorithm)

① 알고리즘 정의
- 문제를 해결하기 위해 수행해야 할 기능들의 효율적인 해법이다.
- 알고리즘과 데이터 구조가 결합하여 프로그램이 완성된다.
- 여러 상황 및 조건에 따라 최적의 알고리즘을 선정하여 적용한다.

② 알고리즘 원칙
- 입력은 없을 수 있지만 출력은 반드시 1개 이상 존재한다.
- 모든 기능은 명확한 의미를 가지며 완벽히 구성되어 있어야 한다.
- 모든 기능은 지정된 횟수만큼 반복되어야 하며 실제 연산이 가능해야 한다.

③ 알고리즘 성능 판단 기준
- 알고리즘은 정확성, 명확성, 수행량, 메모리 사용량 등의 기준을 통해 알고리즘의 최적성을 판단할 수 있다.
  - 정확성 : 올바른 입력에 대해 기대 출력값이 동일한지 판단
  - 명확성 : 알고리즘이 이해와 변경이 용이한지 판단
  - 수행량 : 단위 시간 대비 주요 연산의 수행 횟수
  - 메모리 사용량 : 문제 해결에 사용된 메모리 공간

＋ 더 알기 TIP

알고리즘의 성능 판단 기준에 속도가 빠져있다는 점을 주의해야 합니다. 속도는 시스템 환경에 따라 달라질 수 있기 때문에 속도가 아닌 수행량(횟수)을 기준으로 측정됩니다. 수행량 역시 모든 연산이 아닌 주요 연산을 기준으로 한다는 점에 유의하세요.

④ 알고리즘의 표현
- 알고리즘을 표현하는 일반적인 방법에는 순서도와 의사코드가 있다.
- 엄격히 정해진 방식은 없지만, 누구나 명확히 이해할 수 있게 일관성 있는 표현 양식을 사용해야 한다.

- 순서도(Flow Chart) : 약속된 도형과 기호로 표현
- 의사코드(Pseudo Code) : 일반적인 언어로 코드와 유사하게 표현

➕ **더 알기** TIP

순서도와 의사코드는 알고리즘을 표현하는 것이지, 프로그래밍에 반영하는 것(코딩)이 아닙니다. 따라서 순서도나 의사코드를 기반으로 프로그래밍이 되지 않으면 실행은 불가능합니다.

> 🏁 **기적의 TIP**
>
> 알고리즘의 설계 기법이 아닌 것을 선택할 수 있어야 합니다.

4) 알고리즘 설계 기법 20.8, 23.5, 24.2, 24.7

① 동적 계획법(Dynamic Programming)
- 어떤 문제를 해결하기 위해 그 문제를 더 작은 문제의 연장선으로 생각하는 방식(Bottom-up)이다.
- 작은 문제의 해(풀이)를 활용하여 큰 문제의 해를 찾는다.

② 탐욕적 알고리즘(Greedy Algorithm)
- 분기마다 가장 최적의 해를 선택하여 결과를 도출하는 방식이다.
- 반드시 종합적인 최적 해를 보장하지는 않는다.

③ 재귀적 알고리즘(Recursive Algorithm)
- 풀이 도중 같은 풀이를 다시 불러오는 과정을 반복하는 방식이다.
- 호출의 역순으로 결과가 출력된다.

④ 근사 알고리즘(Approximation Algorithm)
- 최적화되는 답을 구할 수는 없어도 비교적 빠른 시간에 계산이 가능하도록 근사 해법을 수행하는 알고리즘이다.

⑤ 분할 정복법(Divide and Conquer)
- 크고 방대한 문제를 효율적으로 풀 수 있는 단위로 작게 나누는(Top-down) 방식이다.
- 계산된 결과를 다시 합쳐서 큰 문제의 결과를 구한다.

⑥ 퇴각 검색법(Backtracking)
- 분기구조 탐색에서 탐색에 실패하는 경우, 탐색이 성공했던 이전 분기로 되돌아가는 방식이다.
- 새로운 탐색이 가능한 분기까지 과정을 되돌려 진행되는 알고리즘이다.
- 대표적으로 깊이 우선 탐색 알고리즘(DFS)이 있다.

➕ **더 알기** TIP

알고리즘 설계 기법은 문제로 출제할 수 있을 정도로 단순하게 구현하기가 매우 까다롭기 때문에 각 설계 기법의 문제 해결 방식 정도만 파악하셔도 대부분 무리 없이 풀이가 가능합니다.

02 선형 구조

1) 스택(Stack)

① 스택의 구조 21.3, 22.4, 23.3

- 데이터의 입출력이 한쪽에서만 일어나는 구조이다.
- 스택 포인터(TOP)가 가장 마지막에 삽입된 데이터가 저장된 위치 정보(값)를 저장한다.
- 스택 포인터는 데이터가 삽입(PUSH)될 때마다 1씩 증가하며, 스택의 크기를 넘어서게 되면 오류(Overflow)를 발생시킨다.
- 스택 포인터는 데이터를 추출(POP)할 때마다 1씩 감소하며, 0보다 작아지게 되면 오류(Underflow)를 발생시킨다.

> **➕ 더 알기 TIP**
> TOP에 마지막 위치값을 저장한다는 표현은 TOP이 '마지막 위치를 가리킨다'는 표현으로도 쓰입니다. Overflow와 Underflow는 스택뿐 아니라 데이터를 추가(입력), 삭제(출력)하는 대부분의 자료 구조에서 발생할 수 있는 오류인데 보통 이런 오류가 발생하지 않도록 프로그램을 구현합니다.

> **🚩 기적의 TIP**
> TOP, PUSH, POP은 문제에서 다른 용어로 대체될 수도 있습니다. 각 용어가 가진 역할에 집중하세요.

② 스택의 특징 21.5, 22.3, 23.7, 25.2

- 가장 나중에 삽입된 데이터가 가장 먼저 추출되는 후입선출(LIFO : Last In First Out) 방식이다.
- 프로그램의 함수(서브 루틴) 호출, 깊이 우선 탐색, 재귀 호출, Linear List, Post-fix 등에 사용된다.
- 0-주소 명령어 방식에서 활용된다.

> **🚩 기적의 TIP**
> 선형 구조들의 특징을 구분할 수 있어야 합니다.

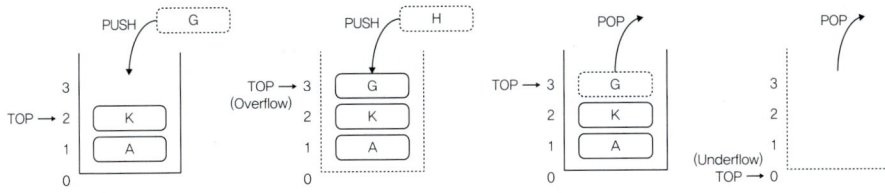

> **🚩 기적의 TIP**
> 스택 연산을 통해 나타날 수 있는 결과가 아닌 것을 선택할 수 있어야 합니다.

③ 수식 표기법

- 피연산자와 연산자를 배치, 나열하는 방법이다.
- 연산자의 위치에 따라 전위식, 중위식, 후위식으로 나뉜다.
  - 전위식(Pre-fix) : 연산자가 피연산자들의 앞(왼쪽)에 위치
  - 중위식(In-fix) : 연산자가 피연산자들의 중간에 위치
  - 후위식(Post-fix) : 연산자가 피연산자들의 뒤(오른쪽)에 위치

> **➕ 더 알기 TIP**
> 전위식은 폴란드의 논리학자가 괄호가 필요 없는 표기법을 고안한 것으로, 폴란드(Polish) 표기법이라고 불리기도 합니다. 중위식은 우리가 평소에 사용하던 방식이고, 후위식은 전위식에서 방향이 바뀐 것으로, 역 폴란드 표기법이라고도 합니다.

> **기적의 TIP**
> 표기법의 종류와 실제 변환 결과로 계산할 수 있어야 합니다.

2) 수식 표기법 변환 20.9, 21.3, 21.5, 23.5, 24.7

① 중위식을 전위식으로 변환
- 연산 순위가 빠른 연산부터 전위식으로 변환한 후 하나의 그룹으로 묶는다.
- 해당 그룹과 그 다음 연산을 차례로 전위식으로 변환한다.
- 중위식 (A−B)*C+D를 전위식으로 변환하는 단계는 아래와 같다.

(A−B)*C+D ⟶ −AB
(A−B)*C+D ⟶ *−ABC
(A−B)*C+D ⟶ +*−ABCD

> **더 알기 TIP**
> 그룹으로 묶는다는 표현은 변환된 부분을 묶어서 생각하라는 뜻입니다. 편의상 괄호로 묶어서 기록할 수도 있지만, 이때는 최종 결과에서 반드시 괄호를 없애줘야 합니다.

② 중위식을 후위식으로 변환
- 연산 순위가 빠른 연산부터 후위식으로 변환한 후 하나의 그룹으로 묶는다.
- 해당 그룹과 그 다음 연산을 차례로 후위식으로 변환한다.
- 중위식 (A−B)*C+D를 후위식으로 변환하는 단계는 아래와 같다.

(A−B)*C+D ⟶ AB−
(A−B)*C+D ⟶ AB−C*
(A−B)*C+D ⟶ AB−C*D+

③ 전위식을 중위식으로 변환
- 연산 순위가 빠른 연산부터 중위식으로 변환한 후 하나의 그룹으로 묶는다.
  - 전위식의 가장 오른쪽 연산자가 가장 빠른 연산 순위를 가짐
- 해당 그룹과 그 다음 연산을 차례로 중위식으로 변환한다.
- 연산 순위가 변경되지 않도록 괄호를 적절히 추가한다.
- 전위식 +*−ABCD를 중위식으로 변환하는 단계는 아래와 같다.

+*−ABCD ⟶ A−B
+*−ABCD ⟶ (A−B)*C
+*−ABCD ⟶ (A−B)*C+D

※ 괄호를 넣지 않으면 연산 순서가 바뀜

④ 후위식을 중위식으로 변환
- 연산 순위가 빠른 연산부터 중위식으로 변환한 후 하나의 그룹으로 묶는다.
  - 후위식의 가장 왼쪽 연산자가 가장 빠른 연산 순위를 가짐
- 해당 그룹과 그 다음 연산을 차례로 중위식으로 변환한다.
- 연산 순위가 변경되지 않도록 괄호를 적절히 추가한다.
- 후위식 AB-C*D+를 중위식으로 변환하는 단계는 아래와 같다.

AB-C*D+ ⟶ A-B
AB-C*D+ ⟶ (A-B)*C
AB-C*D+ ⟶ (A-B)*C+D
※ 괄호를 넣지 않으면 연산 순서가 바뀜

3) 큐(Queue) 21.8

① 큐의 구조
- 데이터의 입출력이 서로 다른 방향에서 일어나는 구조이다.
- 삽입 포인터(Rear)는 가장 마지막에 삽입된 데이터의 위치를 가리키며 삽입될 때마다 1씩 증가한다.
- 삭제 포인터(Front)는 가장 처음에 삽입된 데이터의 위치를 가리키며 삭제될 때마다 1씩 증가한다.
- Rear와 Front의 초기값은 모두 -1이며 두 값이 같을 때는 큐에 데이터가 비어있는 경우이다.

② 큐의 특징 22.7
- 가장 먼저 삽입된 데이터가 가장 먼저 출력되는 선입선출(FIFO : First In First Out) 방식이다.
- 프린터 스풀이나 입출력 버퍼와 같은 대기 행렬에 적합한 자료 구조이다.
- 데이터가 삭제될수록 Front값이 증가하므로 저장된 데이터를 다시 앞쪽으로 옮겨줘야 한다.

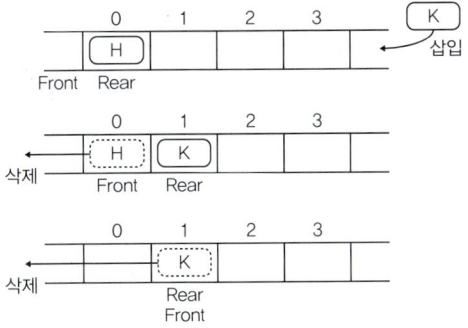

> **기적의 TIP**
> 스택과 큐는 의사 코드나 프로그램 코드의 형태로 출제될 수 있습니다.

> **기적의 TIP**
> 큐와 스택은 서로의 특징을 비교하는 문제가 종종 출제됩니다.

4) 데크(Deque)

① 데크의 구조
- 데이터의 입출력이 양쪽 모두에서 일어나는 구조(양방향 큐)이다.
- 각각의 포인터(Left, Right)가 데이터 삽입, 삭제에 따라 1씩 증감한다.

② 데크의 특징
- 데이터의 입력과 출력이 빈번한 경우에 적절한 자료 구조이다.
- 입출력 제한 유형에 따라 스크롤 방식과 쉘프 방식으로 나뉜다.
  - 입력 제한(Scroll) : 출력은 양쪽에서 가능하지만 입력은 한쪽에서만 가능
  - 출력 제한(Shelf) : 입력은 양쪽에서 가능하지만 출력은 한쪽에서만 가능

5) 선형(Linear) 리스트 22.7

① 선형 리스트의 구조
- 같은 유형의 데이터가 연속된 공간에 저장되는 자료 구조이다.
- 가장 단순한 구조이며 접근 속도(탐색 속도)가 빠르다.
- 삽입, 삭제 시 나머지 데이터들의 위치 이동이 필요하므로 시간이 오래 걸린다.
- 선형 리스트의 대표적인 유형으로는 배열(Array)이 있다.

② 배열의 특징
- 하나의 이름을 통해 같은 크기, 같은 유형의 데이터들이 연속적으로 나열된 공간에 접근할 수 있다.
- 하나의 이름과 첨자(Index)를 통해 데이터들의 위치를 구분한다.
- 고정 크기의 메모리 공간을 사용하며 논리적인(접근하는) 순서와 물리적인(저장된) 순서가 같다.
- 배열의 중간 위치에 데이터를 삽입하는 경우, 해당 위치의 오른쪽에 있는 모든 요소를 한 칸씩 오른쪽으로 이동시켜야 한다.
  - N개의 데이터를 가진 배열의 평균 이동 횟수 : (N+1)/2

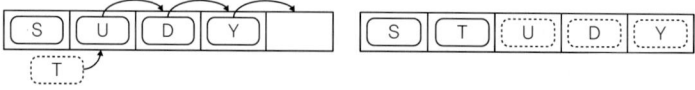

- 배열의 중간 위치에 있는 데이터를 삭제하는 경우, 해당 위치의 오른쪽에 있는 모든 요소를 한 칸씩 왼쪽으로 이동시켜야 한다.
  - N개의 데이터를 가진 배열의 평균 이동 횟수 : (N-1)/2

6) 연결(Linked) 리스트 22.7, 24.7

① 연결 리스트의 구조
- 데이터의 삽입, 삭제가 어려운 배열의 단점을 보완한 자료 구조이다.
- 데이터의 연속적 나열이 아닌, 서로 다른 위치의 노드와 노드의 연결로 구성된다.
  - 노드(Node) : 데이터와 자신이 연결된 데이터의 포인터(위치값을 저장하는 변수)를 묶는 단위
- 노드마다 포인터가 필요하므로 기억 공간이 추가로 필요하며 접근 속도는 배열보다 느린 편이다.
- 노드의 형태와 구성에 따라 다양한 종류의 연결 리스트가 존재한다.

② 단일(Single) 연결 리스트
- 1개의 포인터를 사용하여 자신의 다음 노드 위치를 기억하는 형태의 리스트이다.
- 마지막 노드의 포인터는 Null값을 가진다.

> **더 알기 TIP**
>
> Null값은 '값이 비어있다'라는 뜻을 가집니다. 특정 공간에 0 또는 " "(공백)이 저장되어 있는 것과 Null값이 저장되어 있는 것은 전혀 다른 의미를 가집니다. 예를 들어 조건을 입력하는 공간이 공백이라면 '조건이 없는 것'이고, Null값이 입력되어 있다면 '비어있는 데이터를 검색'한다는 뜻입니다.

- 탐색은 항상 첫 노드부터 시작되어야 하며, 포인터가 훼손되면 복구가 불가능하다.

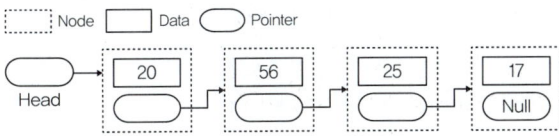

③ 단일 원형(Circular) 연결 리스트
- 단일 연결 리스트의 형태에서, 마지막 노드에서 다시 첫 노드로 탐색이 가능한 형태의 리스트이다.
- 마지막 노드의 포인터는 첫 노드의 위치값을 가진다.
- 반복해서 전체 노드의 탐색이 가능하다.

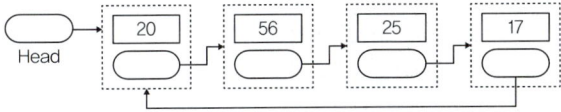

> **기적의 TIP**
>
> 선형 리스트(배열)와 연결 리스트의 차이점을 구분할 수 있어야 합니다.

④ 이중(Double) 연결 리스트
- 2개의 포인터를 사용하여 자신의 전(Prev), 후(Next) 노드 위치를 기억하는 형태의 리스트이다.
- 양방향 탐색이 가능하고, 포인터가 훼손되어도 복구의 가능성이 있다.
- 첫 노드의 Prev포인터와 마지막 노드의 Next포인터는 Null값을 가진다.

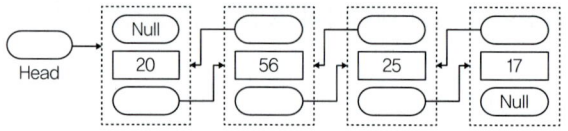

⑤ 이중 원형 연결 리스트
- 이중 연결 리스트와 원형 리스트의 특징을 합한 형태의 리스트이다.
- 양방향 탐색이 가능하고, 포인터 훼손 시 복구의 가능성이 있으며 반복적인 순회가 가능하다.
- 첫 노드의 Prev포인터는 마지막 노드의 위치값을 가지고, 마지막 노드의 Next포인터는 첫 노드의 위치값을 가진다.

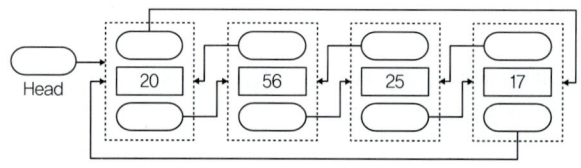

03 비선형 구조

1) 트리(Tree) 21.3

① 트리의 구조
- 데이터를 1:N의 계층 구조로 표현하는 자료 구조이다.
- 각 노드는 하나의 간선(Edge, Branch)으로 연결된다.
  - N개의 노드를 가진 트리의 간선 개수 : N-1
- 방향성이 있는 비순환 그래프의 한 종류이다.
- 트리의 구조에 따라 이진 트리, 포화 이진 트리, 완전 이진 트리 등으로 나뉜다.

② 트리의 용어 20.6, 20.8, 24.2, 25.2
- 트리의 노드는 위치와 서로의 관계에 따라 여러 역할을 가진다.
  - 근(Root) 노드 : 부모가 없는 노드, 트리에는 하나의 루트 노드만 존재
  - 단말(Leaf) 노드 : 자식이 없는 최하단 레벨 노드
  - 내부(Internal) 노드 : 단말 노드가 아닌 노드
  - 형제(Sibling) 노드 : 같은 부모를 갖는 노드

근 노드, 내부 노드, C의 형제 노드, B의 형제 노드, D의 형제 노드, E의 형제 노드, 단말 노드

- 트리의 구조를 파악할 수 있는 여러 용어들이 존재한다.
  - 노드의 크기(Size) : 자신을 포함한 모든 자식 노드 개수
  - 노드의 깊이(Depth) : 자신의 부모 노드 개수
  - 노드의 높이(Height) : 자신으로부터 가장 깊은 단말 노드까지의 거리(간선 개수)
  - 트리의 높이 : 루트 노드로부터 가장 깊은 단말 노드까지의 거리(간선 개수)
  - 노드의 레벨(Level) : 같은 깊이를 가지는 노드의 집합
  - 노드의 차수(Degree) : 자신의 자식 노드(간선) 개수
  - 트리의 차수 : 최대 차수를 가지는 노드의 차수

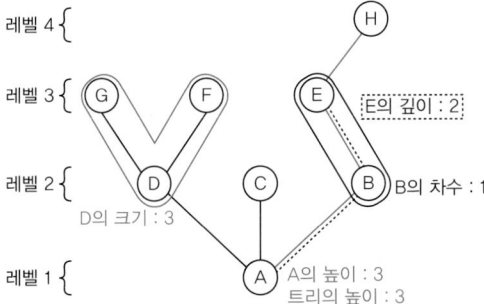

+ 더 알기 TIP

트리의 구조를 파악할 때는 예시 이미지처럼 나무(Tree) 형태로 뒤집어서 해석하는 것이 훨씬 쉽습니다. 용어의 의미와 뻗어 나가는 방향이 일치하기 때문인데, 예를 들어 높이는 위쪽으로, 깊이는 아래쪽으로, 크기는 얼마나 자랐는지, 차수는 가지가 몇 개나 뻗어있는지를 생각해보면 어렵지 않게 이해할 수 있습니다.

③ 이진(Binary) 트리
- 자식 노드가 최대 2개인 노드들로만 구성된 트리이다.
- 이진 트리의 종류는 전, 포화, 완전 이진 트리가 있다.
  - 전(Full) 이진 트리 : 마지막 레벨까지 모든 형제 노드가 0개 또는 2개인 트리
  - 완전(Complete) 이진 트리 : 마지막 레벨을 제외한 모든 형제 노드가 2개이고, 마지막 레벨의 노드는 왼쪽에서 오른쪽으로(순서대로) 채워져 있는 트리
  - 포화(Perfect) 이진 트리 : 마지막 레벨까지 모든 형제 노드가 2개인 트리

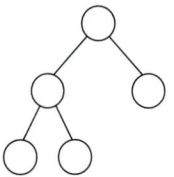
전(Full) 이진 트리
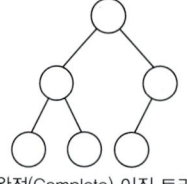
완전(Complete) 이진 트리
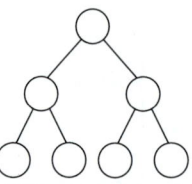
포화(Perfect) 이진 트리

더 알기 TIP

이진 트리의 종류는 데이터가 아닌 트리의 모양으로 판단합니다. 왼쪽부터 순서대로 채워져 있으면 완전, 아예 비어있거나 꽉 차있으면 전, 전부 꽉 차있으면 포화입니다. 그러니까 전과 포화 역시 순서대로 채워져 있으니 완전 이진 트리에 해당됩니다.

2) 트리의 순회 20.6, 20.8, 20.9, 21.3, 21.8, 22.4, 22.7, 23.3, 23.7, 24.2, 24.5, 24.7

> **기적의 TIP**
> 문제의 보기 중 올바른 순회의 운행 결과를 선택할 수 있어야 합니다.

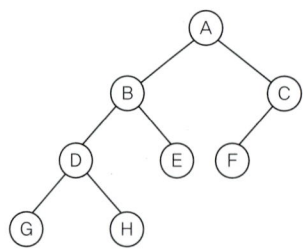

① 중위 순회(In-Order)
- 가장 좌측의 자식 노드로 시작하여 해당 노드의 부모 노드, 형제 노드 순으로 순회하는 방식이다.
    - 좌측 자식 노드 → 부모 노드 → 우측 자식 노드 순으로 순회
    - G → D → H → B → E → A → F → C

② 전위 순회(Pre-Order)
- 부모 노드로 시작하여 해당 노드의 자식 노드를 차례로 순회하는 방식이다.
    - 부모 노드 → 좌측 자식 노드 → 우측 자식 노드 순으로 순회
    - A → B → D → G → H → E → C → F

③ 후위 순회(Post-Order)
- 가장 좌측의 자식 노드로 시작하여 해당 노드의 형제 노드, 부모 노드 순으로 순회하는 방식이다.
    - 좌측 자식 노드 → 우측 자식 노드 → 부모 노드 순으로 순회
    - G → H → D → E → B → F → C → A

더 알기 TIP

순회의 이름에 해당하는 노드가 진행 순서의 가운데로 옵니다. 예를 들어 중위는 가운데에 있는 부모 노드가 순회 진행의 가운데 순서(좌→부모→우)로 오고, 후위는 뒤(오른쪽)에 있는 우측자식 노드가 순회 진행의 가운데 순서(좌→우→부모)를 가지며, 전위는 앞(왼쪽)에 있는 좌측 자신 노드가 순회 진행의 가운데 순서(부모→좌→우)를 가집니다.

④ 순회 진행의 예시

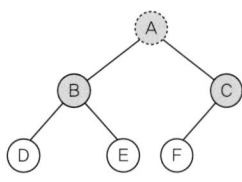

- 위의 트리를 전위 순회 방식(부모→좌→우)으로 진행한다면 먼저 루트 노드 (가장 위에 있는 부모 노드, 색 영역)에 접근한다.
  - A (진행된 노드는 점선 표시)

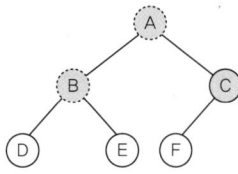

- 이후 순서에 따라 좌측 노드에 접근한다.
  - A → B

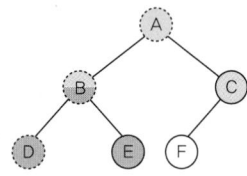

- 접근한 노드의 자식 노드가 존재한다면, 해당 노드를 서브 노드(회색 영역)의 부모 노드로 취급하여 순회 방식(부모→좌→우)을 다시 적용한다.
  - A → B → D

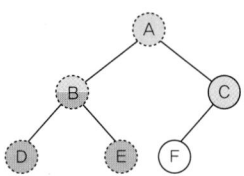

- 자식 노드가 존재하지 않는다면 이후 순서에 따라 우측 노드에 접근한다.
  - A → B → D → E

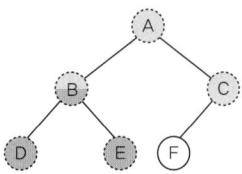

- 서브 노드(회색 영역)의 순회가 종료되면 다시 상위 노드(색 영역)로 돌아가서 나머지 순서에 따라 진행한다.
  - A → B → D → E → C

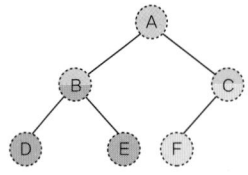

- 접근한 노드의 자식 노드가 존재한다면, 해당 노드를 서브 노드(밝은 회색 영역)의 부모 노드로 취급하여 순회 방식(부모→좌→우)을 다시 적용한다.
  - A → B → D → E → C → F

3) 그래프(Graph) 20.9, 23.3, 23.5, 24.5

① 그래프의 구조
- 노드를 N:M의 구조로 연결하여 데이터 간의 관계를 표현하는 자료 구조이다.
- 노드 간 2개 이상의 경로 설정이 가능한 네트워크 모델이다.
- 그래프는 여러 개의 고립된 부분 그래프(Isolated Subgraphs)로 구성될 수 있다.
- 노드 간 순환이 가능하므로 루트 노드, 부모-자식 관계라는 개념이 없다.
- 기준에 따라 다양한 형태의 그래프가 존재한다.
  - 방향의 유무 : 방향 그래프, 무방향 그래프
  - 모든 노드의 연결 여부 : 부분 그래프, 완전 그래프
  - 특정 노드의 연결 여부 : 연결 그래프, 비연결 그래프
  - 순환 여부 : 비순환 그래프, 순환 그래프
  - 가중치 유무 : 가중치 그래프, 비가중치 그래프

② 그래프의 용어
- 그래프의 구성 요소는 정점과 정점과의 관계로 이루어진다.
  - 정점(Vertex) : 트리의 Node와 같은 개념
  - 간선(Edge, Branch) : 정점을 연결하는 선
  - 인접 정점(Adjacent Vertex) : 간선에 의해 직접 연결된 정점
  - 사이클(Cycle) : 시작과 종료의 정점이 동일한 경우
  - 단순 경로(Simple Path) : 반복되는 정점이 없는 경로
- 그래프의 구조를 파악할 수 있는 여러 용어들이 존재한다.
  - 정점의 차수(Degree) : 무방향 그래프에서 하나의 정점에 인접한 정점의 수
  - 진입 차수(In-Degree) : 방향 그래프에서 외부에서 오는 간선의 수(내차수)
  - 진출 차수(Out-Degree) : 방향 그래프에서 외부로 향하는 간선의 수(외차수)
  - 경로 길이(Path Length) : 경로를 구성하는 데 사용된 간선의 수

③ 방향(Directed) 그래프
- 간선에 방향성이 존재하여 한 방향으로 진행되는 그래프이다.
- 정점 A에서 정점 B로 갈 수 있는 형태는 〈A,B〉로 표현한다.
  - 〈A,B〉와 〈B,A〉는 서로 다른 방향
  - 방향 그래프의 최대 간선 수 : n(n-1)
  - 완전 그래프 : 모든 정점에 간선이 연결된 그래프

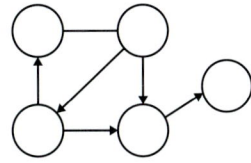

> **기적의 TIP**
>
> 그래프의 최대 간선 수를 계산할 수 있어야 합니다.

④ 무방향(Undirected) 그래프
- 간선에 방향성 없이 양방향으로 진행되는 그래프이다.
- 정점 A와 정점 B를 서로 갈 수 있는 형태는 (A,B)로 표현한다.
  - (A,B)와 (B,A)는 서로 동일한 표현
  - 무방향 그래프의 최대 간선 수 : n(n-1)/2

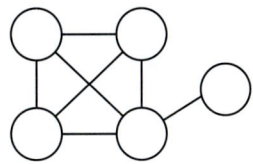

더 알기 TIP

인접행렬을 이용한 그래프 표현

방향 그래프	• 행 머리글이 출발 노드, 열 머리글이 도착 노드에 해당한다. • 출발 노드와 도착 노드의 방향이 겹치는 곳에 1, 남은 공간에 0을 입력한다.
무방향 그래프	• 인접행렬이 우하향 대각선을 기준으로 대칭된다. • 행/열 머리글이 각각 출발 노드인 동시에 도착 노드이다.

SECTION 02 탐색(Search)

출제빈도 상 중 하
반복학습 1 2 3

빈출 태그 ▶ #탐색의 종류 #시간 복잡도 #해시 함수

01 탐색의 개념

1) 탐색의 개념

① 탐색의 정의
- 많은 양의 데이터에서 원하는 데이터를 찾는 작업, 활동이다.
- 탐색에 이용되는 기억 장치에 따라 내부 탐색과 외부 탐색으로 나눌 수 있다.
  - 내부 탐색 : 주기억 장치 탐색, 적은 양의 데이터를 빠르게 탐색
  - 외부 탐색 : 보조기억 장치도 함께 탐색, 많은 양의 데이터를 느리게 탐색

② 탐색의 종류
- 탐색을 위해 데이터를 분할, 변형, 접근하는 방법에 따라 다양한 유형이 존재한다.
  - 선형 탐색 : 대상 데이터를 처음부터 순차적으로 비교하여 검색
  - 이분 탐색 : 대상 데이터를 절반씩 나누어 가며 검색
  - 보간 탐색 : 찾을 값의 위치값을 예상하여 검색하는 사전식 탐색
  - 블록 탐색 : 대량의 데이터를 그룹별로 블록화하여 인덱싱을 통해 검색
  - 이진 트리 탐색 : 검색 대상 데이터를 이진 트리로 변형한 뒤에 검색
  - 해싱 탐색 : 해싱 함수를 사용하여 데이터를 검색

➕ 더 알기 TIP

탐색의 종류별 자세한 내용은 잠시 후에 자세히 다룹니다만, 각 탐색에 대한 내용이 많기 때문에 서로를 구분하기 수월하도록 미리 간략하게 정리해 두었습니다.

2) 복잡도

① 공간 복잡도
- 탐색 등을 진행하는 대상 알고리즘이 연산을 수행하며 사용되는 메모리 공간의 크기를 나타내는 단위이다.
- 일반적인 경우 공간 복잡도가 알고리즘의 품질에 영향을 미치는 비중은 시간 복잡도에 비해 현저히 낮은 수준이다.
- 빅데이터 처리 시에는 메모리 용량을 초과할 수 있으므로 상황에 맞는 적절한 처리 절차가 필요하다.

② 시간 복잡도
- 탐색 등을 진행하는 대상 알고리즘으로 인해 연산이 수행되는 횟수를 나타내는 단위이다.
- 하드웨어 및 운영 시스템의 환경에 따라 실행 시간이 달라지므로, 연산의 횟수가 보다 정확한 기준이 될 수 있다.
- 모든 연산이 횟수 카운트에 반영되지는 않기 때문에 정확하지는 않지만, 데이터 비교 및 할당 횟수 등을 카운트하여 대략적인 횟수를 산출한다.
- 데이터에 따라 연산 횟수 산출 결과가 다를 때는 최악의 경우를 기준으로 산출한다.
- 일반적으로 빅 오(O) 표기법을 이용해 연산 횟수(시간 복잡도)를 나타낸다.
  - 빅 오(O) 표기법 : 대문자 'O'와 괄호를 사용하여 입력 자료당 소요되는 연산 횟수 표현법

3) 빅 오(O) 표기법 20.6, 22.7, 23.7, 24.2, 25.2

① O(1)
- 입력 데이터 수와 관계 없이 일정한 수행 횟수를 가지는 시간 복잡도이다.
- 시간 복잡도가 가장 빠른(적은) 최고의 알고리즘을 뜻한다.

② O(logN)
- 입력 데이터 수에 따라 연산 횟수가 늘어나는 폭이 점점 줄어드는 시간 복잡도이다.
- 이분 탐색, 이진 트리 탐색에 활용된다.

> **더 알기 TIP**
> 로그는 매우 큰 입력값에서도 결과에 크게 영향을 받지 않습니다. 그러니까 입력 데이터 수가 많아지더라도 연산 횟수에는 큰 차이가 나지 않겠죠?

③ O(N)
- 입력 데이터 수에 따라 연산 횟수가 일정하게 증가(비례)하는 시간 복잡도이다.
- 선형 시간 알고리즘이라고도 하며, 수열 계산이나 순차 탐색 등에 활용된다.

④ O(NlogN)
- 입력 데이터 수에 따라 연산 횟수가 늘어나는 폭이 점점 커지는 시간 복잡도이다.
- 퀵 정렬, 힙 정렬, 병합 정렬 등에 활용된다.

> **더 알기 TIP**
> NlogN은 선형(N)과 로그(logN)가 결합된 것으로 선형 로그 시간 알고리즘이라고도 부를 수 있습니다.

기적의 TIP

각각의 시간 복잡도가 의미하는 연산 횟수를 구별할 수 있어야 합니다.

기적의 TIP

1이라는 것은 연산을 한 번 수행한다는 것이 아니라 항상 고정적인 연산 횟수를 가진다는 것을 의미합니다. 그리고 고정적인 연산 횟수라고 해도 그 상수값이 지나치게 크다면 의미가 없습니다.

기적의 TIP

빅 오 표기법에서 logN은 log$_2$N과 같습니다. 각 시간 복잡도를 가지는 탐색이나 정렬도 문제로 출제됩니다.

⑤ $O(N^2)$
- 입력 데이터 수에 따라 연산 횟수가 데이터 수의 제곱만큼 필요한 시간 복잡도이다.
- 비효율적인 알고리즘으로 버블 정렬, 선택 정렬 등에 활용된다.

➕ 더 알기 TIP

입력 데이터 수가 적은 경우에는 알고리즘 구현에 시간을 더 많이 쏟을 수도 있기 때문에 조금 비효율적인 알고리즘이라도 빠르게 구현 가능한 알고리즘을 채택하는 경우도 많습니다. 대표적으로 시험 문제도 복잡한 퀵 정렬보다는 버블, 선택 정렬이 더 자주 나오죠?

⑥ $O(2^N)$
- 입력 데이터 수에 따라 연산 횟수가 데이터 수의 지수승만큼 필요한 시간 복잡도이다.
- 피보나치 수열 등의 연산을 재귀 호출을 통해 연산하는 경우가 대표적이다.

⑦ $O(N!)$
- 입력 데이터 수에 따라 연산 횟수가 입력 데이터 수의 누승(팩토리얼)만큼 필요한 시간 복잡도이다.
- 시간 복잡도가 가장 느린 알고리즘으로 입력값이 조금만 커져도 계산이 어려워진다.

⑧ 입력된 데이터 수에 따른 시간 복잡도

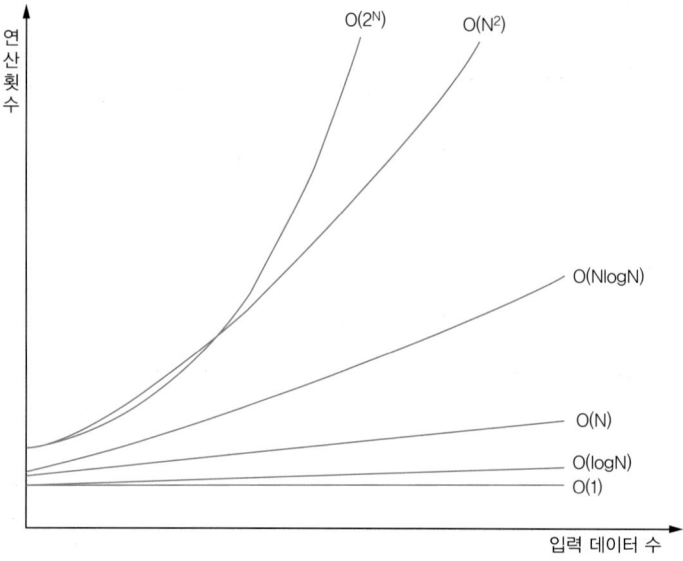

입력 자료수 시간 복잡도	2	3	4	5	6	7	8
$O(1)$	1	1	1	1	1	1	1
$O(logN)$	1	1.6	2	2.3	2.6	2.8	3
$O(N)$	2	3	4	5	6	7	8
$O(NlogN)$	2	4.8	8	11.6	15.5	19.7	24
$O(N^2)$	4	9	16	25	36	49	64
$O(2^N)$	4	8	16	32	64	128	256
$O(N!)$	2	6	24	120	720	5040	40320

+ 더 알기 TIP

실제 시간 복잡도를 계산하는 문제는 출제되지 않습니다. 위 표와 차트는 시간 복잡도에 따라 연산 횟수가 얼마나 차이나게 되는지에 대한 이해를 돕기 위한 것으로, 차트에는 수치의 차이가 너무 큰 $O(N!)$의 시간 복잡도는 제외하였습니다.

02 탐색의 종류

1) 선형(Linear) 탐색 22.4

① 선형 탐색 정의
- 검색 대상을 처음부터 순차적으로 비교하여 검색하는 방식이다.
- 데이터의 개수나 정렬 여부를 알지 못해도 사용 가능하다.
- 다른 복잡한 알고리즘을 사용하기에는 데이터 수가 적을 때 활용할 수 있다.
- 선형 탐색의 시간 복잡도는 $O(N)$이다.
  - N개의 데이터를 가진 자료 구조의 선형 탐색의 비교 횟수 평균 : $(N+1)/2$

② 선형 탐색 알고리즘의 예시
- 정렬되지 않은 5개의 데이터 중 22를 탐색하는 경우를 생각해보자.
  - 22가 1번째 공간에 있는 경우 비교 횟수는 1
  - 22가 3번째 공간에 있는 경우 비교 횟수는 3
  - 22가 N번째 공간에 있는 경우 비교 횟수는 N
- 시간 복잡도는 최악의 경우를 산출하므로 $O(N)$이 된다.

P 기적의 TIP

선형 탐색의 장점은 어떠한 조건에서도 사용 가능하다는 점입니다.

+ 더 알기 TIP

5개 데이터의 평균 비교 횟수 : $(1+2+3+4+5)/5 = 3$
9개 데이터의 평균 비교 횟수 : $(1+2+3+4+5+6+7+8+9)/9 = 5$
10개 데이터의 평균 비교 횟수 : $(1+2+3+4+5+6+7+8+9+10)/10 = 5.5$
결과의 패턴을 보면 항상 (입력 데이터+1)을 반으로 나눈 값이 결과로 나옵니다.

2) 이분(Binary) 탐색 21.3, 22.4, 23.3, 24.2, 24.5

① 이분 탐색의 정의
- 검색 대상을 절반으로 나누어 가며 검색하는 방식이다.
- 나눠진 데이터 그룹 중 대소 비교를 통해 해당 그룹을 다시 절반으로 나누어 가는 방식이다.
  - 반드시 선행되어야 하는 작업 : 데이터 개수 파악, 데이터 정렬
- 이분 탐색의 시간 복잡도는 O(logN)이다.

② 이분 탐색 알고리즘의 예시

```
찾을 값 = 85
위치   0  1  2  3  4  5  6  7  8  9  10 11 12 13 14
데이터 19 33 34 37 44 45 52 56 59 61 74 75 85 91 92
```

- 오름차순으로 정렬된 15개의 데이터 중, 85를 찾아야 하는 경우를 생각해보자.

```
찾을 값 = 85          찾을 값이 더 큼
0  1  2  3  4  5  6  7  8  9  10 11 12 13 14
19 33 34 37 44 45 52 56 59 61 74 75 85 91 92
시작                 중간                 끝
```

- 시작과 끝의 위치를 이용하여 중간 위치값을 구하여, 중간 위치에 저장된 데이터와 찾을 값을 비교한다.
  - 중간 위치 : (시작 위치+끝 위치)/2

```
           찾을 값 = 85
0  1  2  3  4  5  6  7  8  9  10 11 12 13 14
19 33 34 37 44 45 52 56 59 61 74 75 85 91 92
시작              중간 시작      중간        끝
```

- 값이 일치하지 않는다면 대소비교를 통해 해당되지 않는 그룹을 검색 대상에서 제외한 뒤 남은 영역에 대해 다시 이분 탐색을 진행한다.
  - 찾을 값이 같은 경우 : 탐색 종료
  - 찾을 값이 더 큰 경우 : 시작 위치를 중간 다음(+1) 위치로 변경하여 다시 이분 탐색 진행
  - 찾을 값이 더 작은 경우 : 종료 위치를 중간 이전(-1) 위치로 변경하여 다시 이분 탐색 진행
- 계산된 중간 값이 실수인 경우 소수점을 버림하여 진행한다.

- 찾을 값과 중간 위치에 저장된 데이터가 일치하는 경우 탐색은 종료된다.
- 만약 검색 대상에 찾을 값이 존재하지 않는 경우에는 시작 위치가 끝 위치보다 커지면서 탐색이 종료된다.

3) 블록(Block) 탐색

① 블록 탐색의 정의
- 대량의 검색 대상을 그룹별로 블록화하여 인덱싱을 통해 검색하는 방식이다.
  - N개의 데이터를 가진 자료 구조의 가장 이상적인 블록의 개수 : $\sqrt{N}$
- 블록별 가장 큰 값을 이용하여 인덱스를 생성하고 이를 통해 검색을 진행한다.
- 블록 내부 데이터는 다음 블록의 최소값보다 작아야 한다.
- 블록 내부 요소들은 정렬되어 있지 않으므로 순차 탐색을 진행한다.

② 블록 탐색 알고리즘의 예시

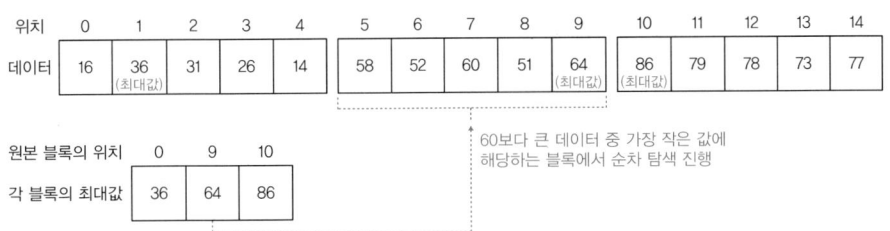

- 15개의 데이터 중, 60을 찾아야 하는 경우에 대해 생각해보자.
- 15의 제곱근은 3이므로, 3개의 블록을 나누어 진행한다.
  - 제곱근 연산의 결과가 실수인 경우 소수점 버림
- 각 블록의 최대값을 도출한 뒤 오름차순 정렬하여 인덱스를 생성한다.

- 인덱스 데이터와 찾을 값을 비교하여 검색 대상 블록을 선택한다.
  - 찾을 값보다 큰 데이터 중 가장 작은 값을 가진 인덱스의 블록을 검색
- 선택된 블록에서 순차 탐색을 진행한다.
  - 해당 블록에 일치하는 데이터가 없다면 다른 범위에서도 찾을 값은 존재하지 않음

4) 보간(Interpolation) 탐색

① 보간 탐색의 정의
- 검색 대상에서 찾을 값이 있을 만한 위치를 예상하여 검색(사전식)하는 검색 방식이다.
- 검색 대상 데이터들이 일정한 규칙을 가지며 나열되어 있고, 전체 데이터 수를 알고 있을 때 활용한다.
- 순차 탐색으로 진행하지만 블록 탐색보다 속도가 빠른 편이다.
- 시간 복잡도는 $O(\log(\log N))$이다.

② 보간 탐색 공식
- 보간 탐색은 위치를 예상하는 방식이기 때문에 해당 위치에 값이 없을 경우, 공식에 사용된 최소, 최대 범위를 확장하여 재검색이 필요하다.
  - ((찾을 값-최소값)/(최대값-최소값))×데이터 개수

> **더 알기 TIP**
>
> 보간 탐색은 예측치를 이용한 탐색이기 때문에 탐색의 결과나 과정을 묻는 문제가 출제될 확률이 매우 희박합니다. 공식과 특징 등을 중심으로 학습하세요.

5) 이진 트리(Binary Tree) 탐색

① 이진 트리 탐색의 정의
- 검색 대상 데이터를 이진 트리로 변환한 뒤에 검색하는 것이다.
- 첫 데이터를 근 노드로 지정하고 이후 데이터들은 트리 진행 순서대로 연결한다.
- 부모 노드와 비교하여 작은 값은 왼쪽, 큰 값을 오른쪽에 연결한다.
- 시간 복잡도는 $O(\log N)$이다.

② 이진 트리 탐색 알고리즘의 예시

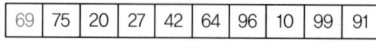

- 10개의 데이터 중, 10을 찾아야 하는 경우를 생각해보자.
- 첫 데이터를 근 노드로 생성한다.

- 다음 데이터와 부모 노드를 비교하여 적절한 방향으로 연결한다.

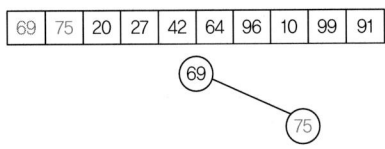

- 부모 노드보다 큰 경우 : 오른쪽에 연결

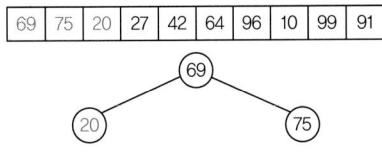

- 부모 노드보다 작은 경우 : 왼쪽에 연결

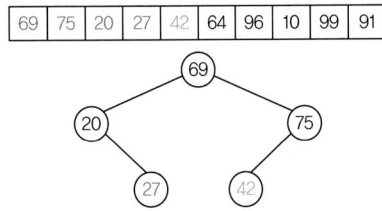

- 하나의 부모 노드는 셋 이상의 자식 노드를 연결할 수 없으므로 다음 레벨에서 계속 진행한다.
- 연결 가능한 부모 노드가 둘 이상인 경우, 데이터의 크기에 따라 적절한 노드를 선택하여 연결한다.

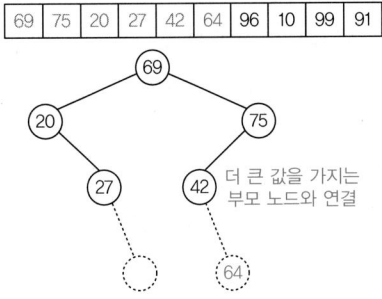

- 연결할 노드의 수가 부모 노드의 수보다 큰 경우 : 연결 가능한 노드 중 큰 수(가장 오른쪽)에 연결

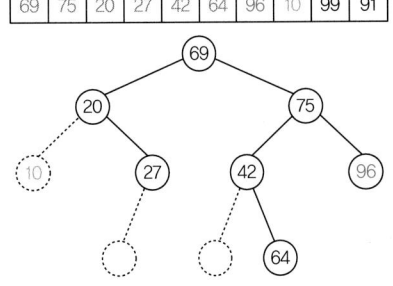

- 연결할 노드의 수가 부모 노드의 수보다 작은 경우 : 연결 가능한 노드 중 작은 수(가장 왼쪽)에 연결

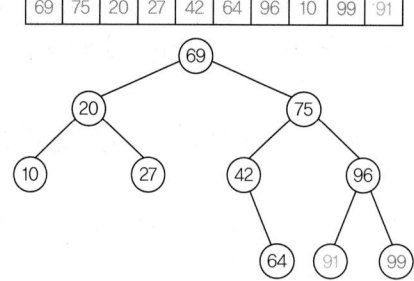

- 완성된 이진 트리를 통한 탐색의 시간 복잡도에 따라 데이터 10은 약 3회 만에 탐색이 가능하다.

6) 해시(Hash) 탐색

① 해시 탐색의 정의
- 적절한 해시 함수를 사용하여 데이터를 검색하는 방식이다.
- 데이터의 내용과 인덱스를 미리 연결하여 짧은 시간에 탐색이 가능하며 시간 복잡도는 O(1)이다.
- 해싱 함수를 통해 결정된 저장 위치가 충돌(중복)할 경우에는 적절한 조치가 필요하다.

② 해시 탐색 관련 용어
- 해시 테이블은 홈 주소와 버킷, 슬롯으로 구성된다.
- 해싱 함수는 키를 입력받아 계산된 결과를 데이터가 저장될 홈 주소로 사용한다.
  - 홈 주소(Home Address) : 해시 테이블의 내부 인덱스(위치값)
  - 키(Key) : 데이터 레코드 중, 해시 함수의 입력값이 되는 데이터
  - 버킷(Bucket) : 슬롯들의 집합, 하나의 홈 주소에 여러 버킷 존재 가능
  - 슬롯(Slot) : 하나의 데이터를 저장할 수 있는 공간
  - 해시 테이블(Hash Table) : 다수의 홈 주소와 버킷으로 구성된 기억 공간, 해시 함수의 참조 대상
- 슬롯이나 버킷의 상태에 따라 다양한 용어들이 존재한다.
  - 동의어(Synonym) : 충돌이 일어난 슬롯의 집합
  - 충돌(Collision) : 서로 다른 슬롯이 같은 키를 가지는 현상
  - 프로빙(Probing) : 충돌이 발생한 데이터를 다음 버킷(1차)이나 멀리 떨어진 버킷(2차)으로 이동
  - 체인법(Chaining) : 오버플로우 해결을 위해 슬롯을 연결 리스트 형태로 연결

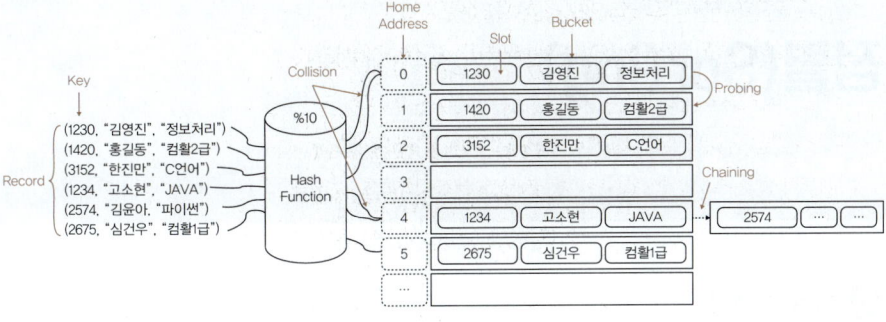

> **더 알기 TIP**
>
> 아직까지는 해시 테이블의 구성에 대해서 문제가 출제된 적은 없지만, 설명만으로는 이해가 어렵다고 판단되어 이해를 돕기 위한 예시로 가상의 해싱 과정을 나타내 보았습니다. 형태보다는 개념을 익힌다는 느낌으로 참고해주세요.

③ 해시 함수의 종류 20.9, 21.3, 22.7, 23.3, 24.2, 24.7

- 해시 함수는 연산의 방식에 따라 제산법, 폴딩법, 제곱법, 숫자분석법, 기수변환법, 무작위법 등으로 나뉜다.
  - 제산법(Division) : 키를 특정 값으로 나눈 나머지 값을 이용해 저장 위치 결정
  - 폴딩법(Folding) : 키를 여러 부분으로 나누어 부분별 숫자의 합연산, XOR 연산의 결과로 저장 위치 결정
  - 제곱법(Square) : 키를 제곱한 결과의 일부분으로 저장 위치 결정
  - 숫자분석법(Digit Analysis) : 키의 숫자 분포가 고른 부분을 분석하여 저장 위치 결정
  - 기수변환법(Radix Conversion) : 키의 값을 다른 진법으로 변환하여 저장 위치 결정
  - 무작위법(Random) : 난수를 이용하여 저장 위치를 결정

④ 해시 함수의 조건
- 해시 함수는 충돌을 최소화할 수 있어야 한다.
- 함수의 계산이 너무 복잡하지 않고 빠르게 처리될 수 있어야 한다.

> **기적의 TIP**
>
> 해싱 함수에 대한 설명을 보고 적절한 함수를 선택할 수 있어야 합니다.

정렬(Sorting)

빈출 태그 ▶ #선택 정렬 #버블 정렬 #삽입 정렬

01 정렬의 개념

1) 정렬의 개념

① 정렬의 정의
- 다수의 데이터를 일정한 규칙에 따라 순서대로 나열하는 방법이다.
- 대부분의 정렬은 오름차순과 내림차순으로 구분되며 레코드 단위로 정렬된다.
  - 오름차순(Ascending Order) : 작거나 앞선 데이터부터 순서대로 나열
  - 내림차순(Descending Order) : 크거나 뒷선 데이터부터 역순으로 나열

> **더 알기 TIP**
>
> 오름차순은 '1, 2, 3, 4, …'처럼 수가 점점 커져(오름)갑니다. 문자처럼 크기가 없는 데이터의 경우에는 '가, 나, 다, …' 같이 우리가 일반적으로 알고 있는 순서가 오름차순입니다.

② 정렬의 종류별 시간 복잡도 21.5, 23.3, 23.7, 24.7, 25.2
- 정렬도 탐색과 마찬가지로 데이터의 분포에 따라 시간 복잡도에 차이가 발생한다.

정렬 방식	평균	최악
삽입 정렬	$O(N^2)$	$O(N^2)$
버블 정렬	$O(N^2)$	$O(N^2)$
선택 정렬	$O(N^2)$	$O(N^2)$
쉘 정렬	$O(N^{1.5})$	$O(N^{1.5})$
힙 정렬	$O(N\log N)$	$O(N\log N)$
이진 병합 정렬	$O(N\log N)$	$O(N\log N)$
퀵 정렬	$O(N\log N)$	$O(N^2)$
버킷 정렬	$O(D+N)$	$O(N^2)$

> **더 알기 TIP**
>
> 탐색은 하나의 데이터를 찾는 것이지만, 정렬은 다수의 데이터를 이동시키는 것이기 때문에 데이터의 분포에 따른 시간 복잡도의 차이가 큰 편입니다.

> **기적의 TIP**
>
> 각 정렬의 평균 또는 최악의 시간 복잡도를 선택할 수 있어야 합니다.

02 정렬의 종류

1) 선택(Selection) 정렬 20.8, 20.9, 21.3, 21.5, 21.8, 22.7, 23.5

① 선택 정렬의 정의

- 정렬 대상 중 기준값(Key)으로 선택된 데이터를 나머지 데이터와 비교하는 정렬 방식이다.
- 선택된 데이터와 나머지 데이터들의 최소값을 비교하여 필요시 서로를 교환한다.
  - 선택 데이터 〉 나머지 데이터들의 최소값 : 치환
  - 선택 데이터 〈 나머지 데이터들의 최소값 : 유지
- 모든 비교가 끝나면 첫 데이터 공간에는 가장 작은 데이터가 존재하게 되고, 첫 데이터 공간을 제외한 나머지 공간을 정렬 대상으로 재지정하여 선택 정렬을 반복한다.
- 정렬 작업을 반복할 때마다 비교가 시작되는 위치가 증가한다.
- 선택 정렬의 시간 복잡도는 $O(N^2)$이다.

② 선택 정렬 알고리즘의 예시

> **기적의 TIP**
> 각 정렬의 단계별 결과값을 구할 수 있어야 합니다. 모든 정렬은 특별한 언급이 없다면 오름차순을 기준으로, 왼쪽에서 오른쪽으로 진행됩니다.

- 6개의 데이터를 선택 정렬하는 경우를 생각해보자.
- 첫 데이터(50)를 기준값(Key)으로 선택하고 나머지 영역에서 최소값(41)을 도출한다.
- 기준값(50)보다 최소값(41)이 더 작으므로 서로를 교환한다.

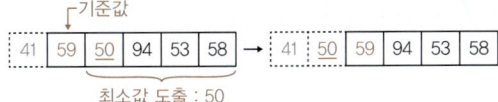

- 두 번째 데이터(59)를 기준값(Key)으로 선택하고 나머지 영역에서 최소값(50)을 도출한다.
- 기준값(59)보다 최소값(50)이 더 작으므로 서로를 교환한다.

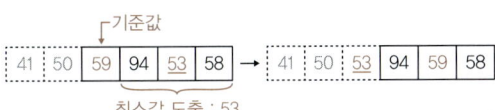

- 세 번째 데이터(59)를 기준값(Key)으로 선택하고 나머지 영역에서 최소값(53)을 도출한다.
- 기준값(59)보다 최소값(53)이 더 작으므로 서로를 교환한다.

```
┌기준값
41│50│53│94│59│58  →  41│50│53│58│59│94
      최소값 도출 : 58
```

- 네 번째 데이터(94)를 기준값(Key)으로 선택하고 나머지 영역에서 최소값(58)을 도출한다.
- 기준값(94)보다 최소값(58)이 더 작으므로 서로를 교환한다.

```
        ┌기준값
41│50│53│58│59│94  →  41│50│53│58│59│94
      최소값 도출 : 94
```

- 다섯 번째 데이터(59)를 기준값(Key)으로 선택하고 나머지 영역에서 최소값(94)을 도출한다.
- 기준값(59)보다 최소값(94)이 더 크므로 교환하지 않는다.

2) 버블(Bubble) 정렬 22.4, 23.7

① 버블 정렬의 정의
- 정렬 대상 중 기준값으로 지정한 데이터와 해당 데이터의 다음(오른쪽) 데이터와 비교하는 정렬 방식이다.
- 기준값과 오른쪽 데이터를 비교하여 필요시 서로를 교환하고, 오른쪽 데이터를 기준값으로 재지정하여 다시 정렬을 반복한다.
  - 기준값 > 오른쪽 데이터 : 치환
  - 기준값 < 오른쪽 데이터 : 유지
- 모든 비교가 마무리 되면 마지막 위치에 가장 큰 데이터가 존재하게 되고, 마지막 위치를 제외한 영역에 대해 다시 버블 정렬을 진행한다.
- 정렬 작업을 반복할 때마다 비교가 종료되는 위치가 감소한다.
- 버블 정렬의 시간 복잡도는 $O(N^2)$이다.

② 버블 정렬 알고리즘의 예시
- 6개의 데이터를 버블 정렬하는 경우를 생각해보자.

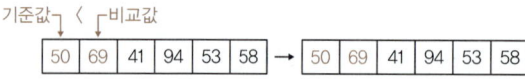

- 첫 위치의 데이터(50)를 기준값(Key)으로 정하고, 비교값은 바로 오른쪽의 데이터(69)로 정한다.
- 기준값(50)이 비교값(69)보다 작으므로 교환하지 않는다.

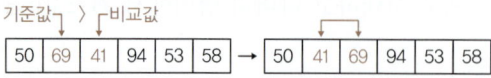

> **기적의 TIP**
> 버블 정렬의 수행 단계를 파악할 수 있어야 합니다.

- 두 번째 위치의 데이터(69)를 기준값(Key)으로 정하고, 비교값은 바로 오른쪽의 데이터(41)로 정한다.
- 기준값(69)이 비교값(41)보다 크므로 서로를 교환한다.

```
기준값  <  비교값
| 50 | 41 | 69 | 94 | 53 | 58 |  →  | 50 | 41 | 69 | 94 | 53 | 58 |
```

- 세 번째 위치의 데이터(69)를 기준값(Key)으로 정하고, 비교값은 바로 오른쪽의 데이터(94)로 정한다.
- 기준값(69)이 비교값(94)보다 작으므로 교환하지 않는다.

```
기준값  <  비교값
| 50 | 41 | 69 | 94 | 53 | 58 |  →  | 50 | 41 | 69 | 53 | 94 | 58 |
```

- 네 번째 위치의 데이터(94)를 기준값(Key)으로 정하고, 비교값은 바로 오른쪽의 데이터(53)로 정한다.
- 기준값(94)이 비교값(53)보다 크므로 서로를 교환한다.

```
기준값  >  비교값
| 50 | 41 | 69 | 53 | 94 | 58 |  →  | 50 | 41 | 69 | 53 | 58 | 94 |
```

- 다섯 번째 위치의 데이터(94)를 기준값(Key)으로 정하고, 비교값은 바로 오른쪽의 데이터(58)로 정한다.
- 기준값(94)이 비교값(58)보다 크므로 서로를 교환하면, 마지막 위치에 가장 큰 값(94)이 이동된다.

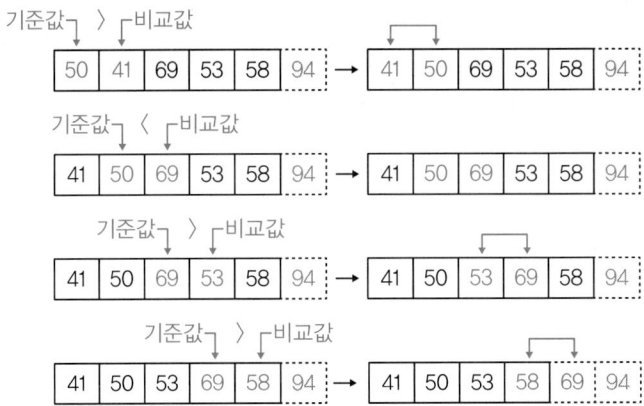

- 정렬된 마지막 위치를 제외한 영역에 대해 버블 정렬을 다시 진행한다.

➕ **더 알기 TIP**

선택 정렬과 버블 정렬은 분명 같은 시간 복잡도를 가지고 있는데 이미지로 보면 정렬 과정이 버블 정렬이 더 길고 복잡해 보이죠? 앞서 소개한 선택 정렬에서는 최소값을 구하는 과정이 생략되었기 때문입니다. 단계별 데이터 이동 과정을 파악하는 것이 중요합니다.

3) 삽입(Insertion) 정렬 24.7

① 삽입 정렬의 정의
- 정렬 대상 중, 좌측에 이미 정렬된 요소와 비교하여 자신의 위치를 찾아 삽입하는 정렬 방식이다.
- 좌측 데이터와 비교해야 하므로 두 번째 데이터부터 정렬을 진행한다.
- 데이터가 삽입되면 기존의 데이터들은 우측으로 밀려난다.
- 삽입 정렬의 시간 복잡도는 $O(N^2)$이다.

② 삽입 정렬 알고리즘의 예시

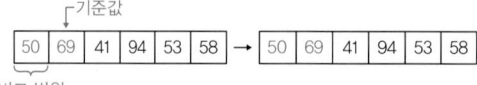

- 6개의 데이터를 삽입 정렬하는 경우를 생각해보자. 두 번째 위치에서부터 시작한다.
- 두 번째 위치의 데이터를 기준값(69)으로 지정하고, 기준값의 좌측 정렬된 데이터들(50)을 비교 범위로 지정한다.
- 기준값(69)보다 큰 데이터가 없다면 교환하지 않는다.

| 50 | 69 | 41 | 94 | 53 | 58 | → | 41 | 50 | 69 | 94 | 53 | 58 |

- 세 번째 위치의 데이터를 기준값(41)으로 지정하고, 기준값의 좌측 정렬된 데이터들(50, 69)을 비교 범위로 지정한다.
- 기준값(41)보다 큰 데이터가 있다면 큰 데이터(50, 69) 중 가장 작은 데이터(50)의 위치에 기준값을 삽입한다.

| 41 | 50 | 69 | 94 | 53 | 58 | → | 41 | 50 | 69 | 94 | 53 | 58 |

- 네 번째 위치의 데이터를 기준값(94)으로 지정하고, 기준값의 좌측 정렬된 데이터들(41, 50, 69)을 비교 범위로 지정한다.
- 기준값(94)보다 큰 데이터가 없다면 교환하지 않는다.

| 41 | 50 | 69 | 94 | 53 | 58 | → | 41 | 50 | 53 | 69 | 94 | 58 |

- 다섯 번째 위치의 데이터를 기준값(53)으로 지정하고, 기준값의 좌측 정렬된 데이터들(41, 50, 69, 94)을 비교 범위로 지정한다.
- 기준값(53)보다 큰 데이터가 있다면 큰 데이터(41, 50, 69, 94) 중 가장 작은 데이터(69)의 위치에 기준값을 삽입한다.

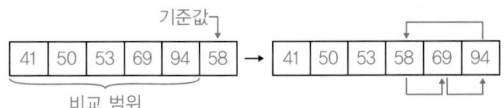

- 여섯 번째 위치의 데이터를 기준값(58)으로 지정하고, 기준값의 좌측 정렬된 데이터들(41, 50, 53, 69, 94)을 비교 범위로 지정한다.
- 기준값(58)보다 큰 데이터가 있다면 큰 데이터(41, 50, 53, 69, 94) 중 가장 작은 데이터(69)의 위치에 기준값을 삽입한다.

4) 쉘(Shell) 정렬

① 쉘 정렬의 정의
- 많은 데이터의 이동이 필요한 삽입 정렬의 단점을 보완한 정렬 방식이다.
- 데이터들의 간격을 정하고 간격을 점차 줄여가면서 삽입 정렬을 진행하는 정렬 방식이다.
  - N개의 데이터를 가진 자료 구조의 간격을 구하는 공식 : $1.72\sqrt[3]{N}$
  - 데이터의 수가 적거나 보편적인 상황에서의 공식 : N/2
- 정해진 간격으로 다수의 부분 리스트를 생성하여 각각 삽입 정렬을 진행한다.
- 정렬된 부분 리스트를 연결하여 삽입 정렬을 반복 진행하고 최종적으로 하나의 리스트로 완성한다.

② 쉘 정렬 알고리즘의 예시

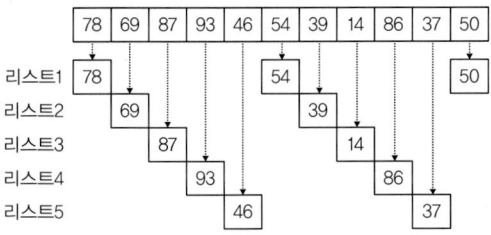

- 11개의 데이터를 쉘 정렬하는 경우를 생각해보자. 간격은 5로 지정한다.
- 설정한 간격으로 데이터를 추출하여 부분 리스트를 생성한다.

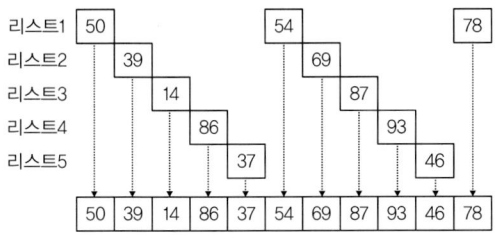

- 각 부분 리스트를 삽입 정렬한 뒤 다시 재결합한다.

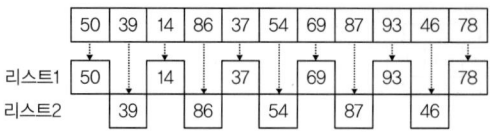

- 간격을 2(5의 절반)로 재설정하고, 설정한 간격으로 데이터를 추출하여 부분 리스트를 생성한다.

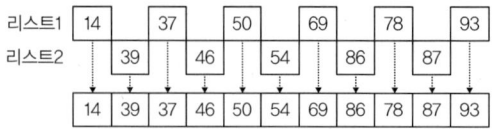

- 각 부분 리스트를 삽입 정렬한 뒤 다시 재결합한다.

| 14 | 37 | 39 | 46 | 50 | 54 | 69 | 78 | 86 | 87 | 93 |

- 재설정할 간격이 1이면 전체 데이터를 대상으로 삽입 정렬을 진행한다.

5) 힙(Heap) 정렬 23.7, 24.5

① 힙 정렬의 정의
- 정렬 대상을 완전 이진 트리 형태로 만들어 정렬하는 방식이다.
- 자식 노드가 부모 노드보다 큰 경우 자료를 교환한다.
- 최대값, 최소값을 비교적 쉽게 추출할 수 있는 방식이다.

② 힙 정렬 알고리즘의 예시

| 50 | 69 | 41 | 94 | 53 | 58 |

- 6개의 데이터를 힙 정렬하는 것을 생각해보자.
- 정렬 대상을 하향식 힙으로 생성한다.

(50)

– 루트 노드에서부터 차례로 추가(부모→좌측→우측)

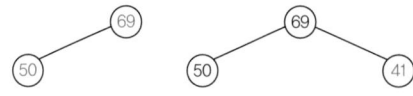

– 추가된 자식 노드가 부모 노드보다 큰 경우 부모 노드와 교환

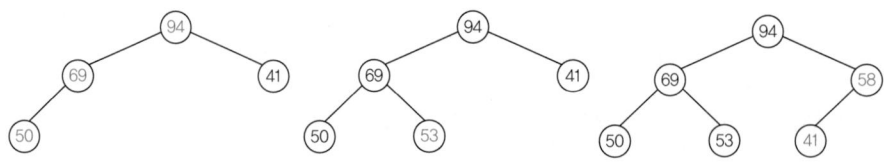

– 교환된 노드 역시 부모 노드와 비교하여 필요시 계속해서 교환

• 생성된 힙에서 최대 노드를 추출, 삭제하면서 배열에 역순으로 나열한다.

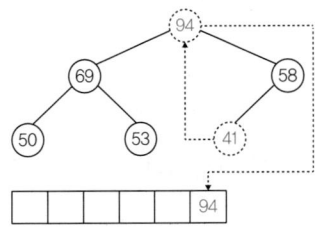

- 첫 노드를 배열의 마지막으로 이동, 마지막 노드를 첫 노드의 자리로 이동

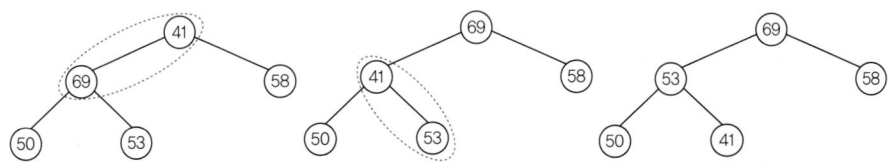

- 변형된 힙은 하향식 생성 조건(큰 노드가 부모 노드로)을 통해 다시 구조화

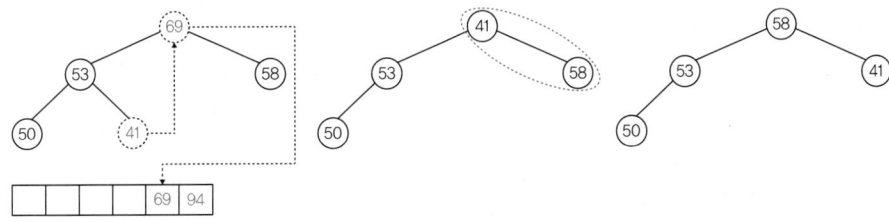

- 첫 노드를 배열의 빈 영역의 마지막으로 이동, 마지막 노드를 첫 노드의 자리로 이동
- 변형된 힙은 하향식 생성 조건(큰 노드가 부모 노드로)을 통해 다시 구조화

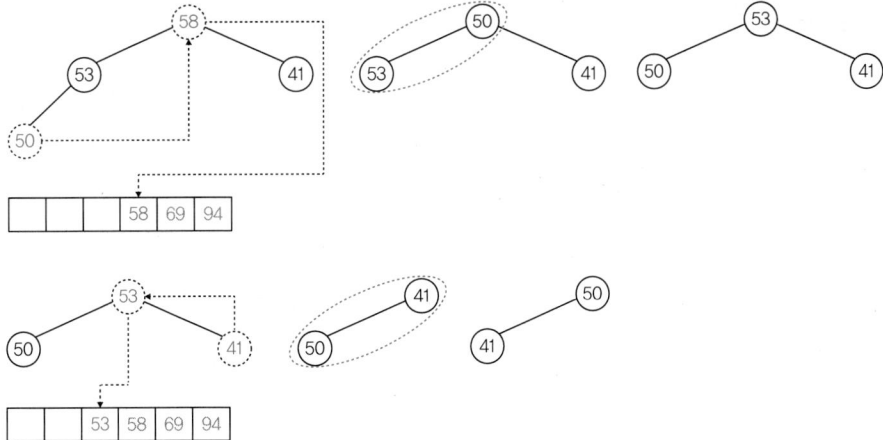

- 같은 방식으로 힙의 노드가 2개 남을 때까지 반복

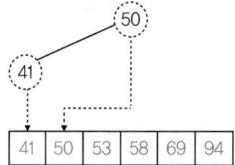

- 힙이 전부 삭제되면 배열의 데이터는 오름차순 정렬되어 저장된다.

6) 이진 병합(Merge) 정렬

① 이진 병합 정렬의 정의
- 두 데이터를 한 쌍으로 병합하여 정렬하고, 정렬된 두 그룹을 다시 한 쌍으로 하여 정렬을 반복하는 방식이다.
- 각 그룹의 요소를 비교하여 작은 값을 우선 병합하여 정렬한다.

② 이진 병합 정렬 알고리즘의 예시

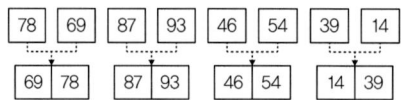

- 8개의 데이터를 이진 병합 정렬하는 경우를 생각해보자.
- 근접한 2개의 데이터를 하나의 그룹으로 묶어 정렬한다.

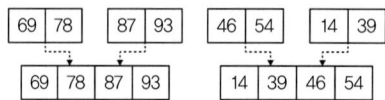

- 정렬된 근접한 2개의 그룹을 다시 하나의 그룹으로 묶어 정렬한다.
  - 그룹의 요소는 작은 데이터부터 순서대로 병합

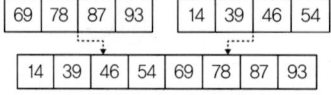

- 하나의 그룹이 될 때까지 병합과 정렬을 반복한다.

7) 버킷(Bucket) 정렬

① 버킷 정렬의 정의
- 정렬 대상의 데이터 범위를 균등하게 나눈 여러 버킷을 생성하여 정렬하는 방식이다.
- 데이터 범위 파악이 가능해야 한다.
- 각각의 버킷은 스택을 이용하여 정렬한다.

② 버킷 정렬 알고리즘의 예시
- 11개의 데이터를 버킷 정렬하는 경우를 생각해보자.
  - 수의 범위가 1~20, 버킷의 범위는 5로 가정하여 진행

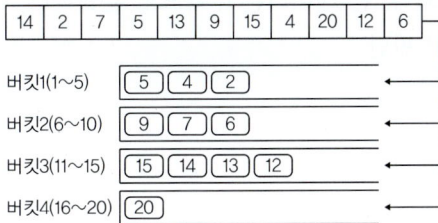

- 각 버킷의 범위에 해당하는 데이터를 삽입한 뒤 정렬한다.

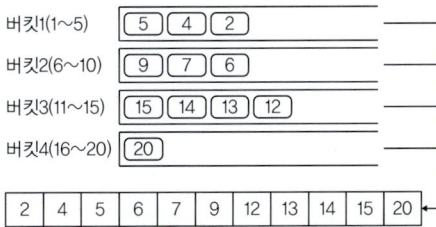

- 작은 범위를 가진 버킷부터 순서대로 추출하여 하나의 리스트로 연결한다.

8) 퀵(Quick) 정렬 21.3, 22.3

① 퀵 정렬의 정의
- 하나의 리스트를 기준값을 기준으로 2개의 비균등 크기의 배열로 분할하여 정렬하는 방식이다.
- 분할 정복 알고리즘을 적용한 정렬 기법으로, 매우 빠른 시간 복잡도를 가진다.
  - 분할(Divide) : 기준값(pivot)을 기준으로 큰 값은 오른쪽, 작은 값은 왼쪽의 부분 배열로 분할
  - 정복(Conquer) : 부분 배열을 다시 분할, 적절한 크기가 되면 정렬
  - 결합(Combine) : 정렬된 부분 배열들을 하나로 결합
- 많은 자료 이동을 없애고, 순환 호출을 이용하여 정렬을 반복한다.

② 퀵 정렬 알고리즘의 예시

| 56 | 33 | 87 | 41 | 99 | 13 | 67 | 27 | 73 |

- 9개의 데이터를 퀵 정렬하는 경우를 생각해보자. 기준값을 56(밑줄)으로 설정한다.
  - 데이터의 수가 적으므로 영역이 3개 이하인 경우에 정렬 진행

> **기적의 TIP**
>
> 퀵 정렬은 구현이 까다로워서 정렬 과정을 묻는 문제보다 틀린 개념을 찾는 문제가 출제될 확률이 높습니다.

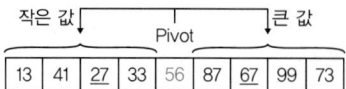

- 기준값(56)을 기준으로 작은 데이터는 좌측, 큰 데이터는 우측으로 분할한다.
  - 이 때 기준값은 이미 정렬이 되었다고 판단

- 각 영역에서 새로운 기준값을 설정하여 다시 분할한다.
  - 좌측 영역은 27, 우측 영역은 67을 기준으로 분할
  - 이 때, 27과 67은 이미 정렬이 되었다고 판단

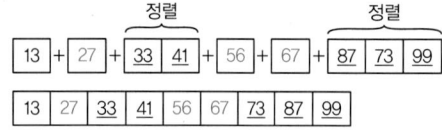

- 적절한 크기로 분할된 영역을 정렬하고 전체 영역을 하나로 결합한다.

CHAPTER
02

통합 구현

학습 방향

다양한 시스템을 통합하여 구현하는 메커니즘과 인터페이스의 종류 및 예외 처리에 대한 도구에 대해 서술합니다. 다양한 통합 관련 도구와 구현 방식에 집중하여 학습 하도록 하세요.

SECTION 01 연계 데이터 구성

빈출 태그 ▶ #XML #JSON #AJAX

01 연계 요구사항 분석

1) 통합 구현 개념 21.5

① 통합 구현 정의
- 사용자 요구사항을 해결하기 위한 새로운 서비스 창출을 위해 모듈 간의 연계(인터페이스)와 통합을 구성하는 것이다.
- 통합 구현은 아키텍처 구성이나 송수신 방식에 따라 다양한 방식이 있다.
- 통합 구현 요소는 송수신 시스템, 중계 시스템 및 연계 데이터와 네트워크 등이 있다.

② 송신 시스템
- 전송하고자 하는 데이터를 생성하는 시스템이다.
  - 송신 모듈 : 필요에 따라 데이터를 변환 후 송신
  - 모니터링 : 데이터 생성 및 송신 상태 모니터링
- 일반적으로 연계 솔루션이 적용될 경우에는 데이터 생성 처리만 구현한다.

③ 중계 시스템
- 내부 시스템과 외부 시스템 간의 연계 시에 적용되는 아키텍처이다.
- 내외부 구간의 분리로 보안성이 강화되고, 인터넷 망이나 인트라넷 망을 연결할 수 있다.
- 송신된 데이터의 오류 처리 및 수신 시스템의 데이터 형식으로 변환 또는 매핑 등을 수행한다.

> **기적의 TIP**
> 통합 구현의 구성 요소를 키워드로 구분할 수 있어야 합니다.

➕ **더 알기 TIP**

송신 시스템에서 데이터를 변환 후 송신했는데 왜 중계 시스템에서 또 변환을 하는 걸까요? 위의 예시 이미지에서는 송수신 시스템이 1:1로 연결되어 있지만 실제로는 다수의 송수신 시스템이 존재합니다. 따라서 각각의 시스템이 사용하는 데이터의 형식도 다르겠죠. 때문에 표준으로 정한 데이터 형식으로 우선 변환하여 중계 시스템에 전송한 뒤에, 중계 시스템은 또 다시 전송 시스템에서 사용하는 적절한 데이터로 변환을 해주는 것이죠.

④ 수신 시스템과 모듈
- 중계 시스템으로부터 데이터를 받아서 처리하는 시스템이다.
  - 수신 모듈 : 수신 받은 데이터가 응용 프로그램이나 데이터베이스에 적합하도록 정제, 변환하여 반영
  - 모니터링 : 연계 데이터 수신 현황 및 오류 처리, 데이터 반영 모니터링

⑤ 연계 데이터
- 시스템 간 송수신되는 데이터로 속성, 길이, 타입 등이 포함된 데이터이다.
- 데이터의 형식은 데이터베이스(테이블과 컬럼)와 파일(text, xml, cvs, …) 등으로 분류할 수 있다.

⑥ 네트워크
- 각 시스템을 연결해주는 통신망으로 물리적인 망(유선, 무선, 공중망, 사설망)과 송수신 규약(Protocol)을 의미한다.

2) 연계 요구사항 분석

① 연계 요구사항 분석 입력물
- 송수신 시스템과 운영되는 데이터의 이해를 통해 사용자의 요구사항을 정확히 분석할 수 있다.
- 요구사항 분석 시 필요한 입력물은 아래와 같다.
  - 시스템 구성도 : 송수신 시스템의 네트워크, 하드웨어, 시스템 소프트웨어 구성 확인
  - 응용 애플리케이션 구성 : 연계 데이터가 발생하는 응용 애플리케이션의 메뉴 구조도, 화면 설계서, UI 정의서, 연계 데이터 발생 시점 및 주기, 패턴 등 확인
  - ERD/테이블 정의서 : 데이터 모델링 기술서, 테이블 간의 연관도, 테이블별 컬럼이 정의된 테이블 정의서, 공통 코드 및 공통 코드값에 대한 설명서, 사용자 요구사항에서 데이터의 송수신 가능 여부, 데이터 형식 및 범위 등을 확인
- 식별된 사용자 요구사항은 송수신 시스템 운영 환경과 데이터를 적용하여 연계 방식과 주기, 연계 데이터 등을 분석한다.

② 연계 요구사항 분석 도구 및 기법
- 효과적인 연계 요구사항을 분석하기 위해 설문 조사, 인터뷰, 체크리스트와 같은 도구 및 기법을 활용한다.
  - 인터뷰 : 연계 데이터 정의, 목적, 필요성 식별
  - 체크리스트 : 시스템 운영 환경, 성능, 보안 등의 고려사항 점검
  - 설문 조사 : 서비스 목적에 따라 연계 데이터, 연계 주기 등 분석
  - 델파이 기법 : 각 분야 전문가로부터 연계 데이터 및 사용자 요구사항 식별
  - 연계 솔루션 비교 : 다양한 연계 솔루션 연계 시의 성능, 보안, 데이터 처리 등의 장단점 비교

> **기적의 TIP**
>
> 요구사항 분석 도구나 기법은 앞에서 다뤘던 항목과 별다른 점이 없습니다. 이러한 기법을 통해서 무엇을 식별하고자 하는 것인지가 중요합니다.

③ 연계 요구사항 분석 출력물
- 분석을 통해 식별된 요구사항은 요구사항 분석서, 인터페이스 정의서, 회의록 등에 기록된다.
- 요구사항 유형, 요구사항 설명, 해결 방안, 요구사항에 대한 제약 조건, 중요도, 출처의 내용으로 작성하되 연계 주기, 연계 방식, 연계 데이터를 식별하고 확인할 수 있도록 기술해야 한다.

02 연계 데이터 식별 및 표준화

1) 연계 데이터 표준화

① 연계 데이터 표준화 정의
- 연계 데이터를 식별하고, 식별된 연계 데이터를 표준화하는 과정이다.
- 연계 데이터의 구성 과정의 산출물은 연계(인터페이스) 정의서이다.
- 연계 데이터 표준화 절차는 아래와 같다.

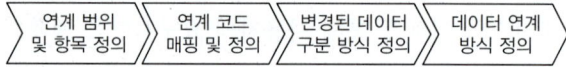

연계 범위 및 항목 정의 》 연계 코드 매핑 및 정의 》 변경된 데이터 구분 방식 정의 》 데이터 연계 방식 정의

② 연계 범위 및 항목 정의
- 시스템 간 연계하려는 정보를 상세화하며 범위와 항목을 정의한다.
- 송수신 시스템에서 연계하고자 하는 각 항목의 데이터 타입 및 길이, 코드화 여부 등을 확인한다.
- 연계 항목이 상이할 경우, 일반적으로 연계 정보가 활용되는 수신 시스템 기준으로 적용 및 변환한다.

③ 연계 코드 변환 및 매핑
- 연계되는 정보 중 코드로 관리되어야 하는 항목을 변환한다. 대표적인 방법은 아래와 같다.
  - 송신 시스템 코드를 수신 시스템 코드로 매핑
  - 송수신 시스템에서 사용되는 코드를 통합하여 표준화 후 매핑
- 코드로 관리되는 정보는 정확한 정보 전환 및 검색 조건으로 활용된다.

④ 변경된 데이터 구분 방식 정의
- 정의와 표준화가 완료된 정보를 각 시스템에 반영하기 위해 연계 데이터 식별자와 변경 구분을 추가한다.

- 추가되는 정보는 식별자(PK : Primary Key), 변경 구분, 관리정보 등이 있다.
  - 식별자 : 대상 데이터를 유일하게 식별 및 구별할 수 있는 이름
  - 변경 구분 : 송신 정보를 수신 시스템의 테이블에 어떻게 반영(추가, 수정, 삭제)할지 식별
  - 관리정보 : 연계 정보의 송수신 여부, 일시, 오류 코드 등의 모니터링을 위한 정보

⑤ 연계 데이터 표현 방식 정의 20.6, 20.8, 22.3, 22.4, 23.3, 23.7
- 연계 데이터를 테이블이나 파일 등의 형식으로 구성한다.
- 테이블은 컬럼(속성)을 통해 상세화되며 파일로 구성된 경우에는 파일 형식에 따라 태그나 항목 분리자 사용 등에 의해 상세화된다.
  - XML(eXtensible Markup Language) : 사용자가 임의로 생성한 태그를 통해 상세화
  - JSON(JavaScript Object Notation) : XML 대체하는 독립적인 개방형 표준 형식, 자바스크립트 기반, 〈속성, 값〉의 쌍으로 표현, AJAX 기술에서 많이 사용됨
  - YAML(Yaml Ain't Markup Language) : JSON에서 발전된 마크업 언어, 사람이 쉽게 읽을 수 있음
  - Text 형식 : 항목 분리자(Delimiter : 콤마, 콜론, 세미콜론 등)를 통해 상세화
- 구성된 연계 데이터는 응용 애플리케이션에서 연계 데이터 생성 시점, 연계 주기, 적용되는 연계 솔루션에 따라 다르게 표현될 수 있다.

> **기적의 TIP**
>
> 설명을 보고 각 데이터 표준을 구분하여 선택할 수 있어야 합니다.

+ **더 알기 TIP**

AJAX
- Asynchronous Javascript And XML
- 차세대 웹 2.0의 기술들을 통칭하는 용어
- 비동기식 자바 스크립트와 XML을 활용하는 기술

2) 인터페이스 정의서 및 명세서

① 인터페이스 정의서
- 송신 시스템과 수신 시스템 간의 인터페이스 현황을 작성한다.

② 인터페이스 명세서
- 인터페이스 정의서에서 작성한 인터페이스 ID별로 송수신하는 데이터 타입, 길이 등 인터페이스 항목을 상세하게 작성한다.

SECTION 02 연계 메커니즘 구성

빈출 태그 ▶ #오류 코드 #암호화 알고리즘 #채널 암호화

01 간접 연계 메커니즘 구성 요소

1) 연계 데이터 생성 및 추출

- 운영 DB에서 연계 데이터를 추출하고 생성하는 부분으로 적용하는 연계 솔루션과는 관계 없이 응용 시스템별로 별도로 구현한다.
- 응용 시스템에서 구현하는 방식으로는 프로그램에서 생성하는 방법과 DB의 오브젝트를 이용하는 방법이 있다.
- 데이터를 추출하여 생성하는 과정에서 오류가 발생할 경우, 로그(Log) 테이블 또는 파일에 발생한 오류 내역을 발생 시점, 오류 코드, 오류 내용 등 상세하게 기록한다.

2) 코드 매핑 및 데이터 변환

- 송신 시스템에서 사용하는 코드를 수신 시스템의 코드로 매핑 및 변환하고, 데이터 타입이 다를 경우 데이터 변환 작업을 수행한다.
- 코드 매핑 및 데이터 변환은 송신 시스템 측의 데이터 생성 시에 수행하거나, 수신 시스템 측의 데이터 반영 전에 수행할 수 있다.
- 코드 매핑 및 데이터 변환 과정에서 발생한 오류는 변환 일시, 오류 코드 및 오류 내용들을 로그 테이블에 기록한다.

3) 인터페이스 테이블 또는 파일 생성

- 인터페이스 테이블 또는 파일의 구조, 레이아웃을 사전에 협의하여 정의한다.
- 일반적으로 송수신 시스템의 파일 구조를 동일하게 구성하지만 경우에 따라서 다르게 설계할 수 있다.
- 송신 시스템 인터페이스 테이블에는 송신 관련 정보를 관리하기 위한 항목을 추가하여 설계한다.
- 수신 시스템 인터페이스 테이블에는 수신 관련 정보를 관리하기 위한 항목을 추가하여 설계한다.
- 연계 데이터에 생성 단계 및 과정에서 발생한 모든 오류 사항은 로그 테이블에 기록한다.

4) 로그 기록

- 송수신 시스템에서의 일련의 과정상 모든 활동에 대한 결과를 기록한다.
- 로그를 파일로 기록할 경우에는 파일이 생성되는 위치인 디렉토리, 생성 시점, 파일명 생성 규칙, 생성하는 파일 형식 등을 정의한다.
- 송수신 과정에서 오류가 발생했을 경우, 오류 발생 현황과 원인을 분석하여 대응할 수 있다.

5) 연계 서버

- 인터페이스 송수신과 관련된 모든 처리를 전송 주기마다 수행한다.
  - 연계 전송 주기 : 데이터 생성 방식이나 시점에 따라 실시간, 분, 시간, 일 단위로 설정
- 연계 서버는 송신 시스템 또는 수신 시스템 중 한 곳에만 설치하는데, 일반적으로 수신 시스템 구간에 위치한다.

6) 연계 데이터 반영

- 연계 데이터를 운영 DB에 반영하기 위해서는 별도의 변환 프로그램의 구현이 필요하다.
- 수신 연계 테이블에 데이터를 적재하여 주기적으로 운영 데이터베이스로의 변환 프로그램을 구현한다.

02 연계 장애 및 오류 처리 구현

1) 연계 메커니즘 장애 발생 구간

① 송신 시스템
- 데이터의 생성 및 추출, 코드 매핑 및 데이터 변환 과정에서 오류가 발생한다.
- 인터페이스 테이블을 등록하는 과정에서 오류가 발생한다.

② 연계 서버
- 수신받은 데이터 형식을 수신 시스템의 인터페이스 테이블에 저장하기 위해 해당 형식으로 변환하는 과정에서 오류가 발생한다.
- 송신 시스템의 인터페이스 테이블에서 로드된 연계 데이터를 전송 형식으로 변환하는 과정에서 오류가 발생한다.
- 연계 데이터를 송신, 수신하는 과정에서 오류가 발생한다.

③ 수신 시스템
- 인터페이스 테이블의 연계 데이터를 로드하는 과정에서 오류가 발생한다.
- 코드 매핑 및 데이터 변환, 운영 DB에 데이터를 반영하는 과정에서 오류가 발생한다.

2) 장애 및 오류 유형과 처리 방안

① 장애 및 오류 유형
- 연계 시스템에서 발생하는 장애나 오류의 유형은 크게 3가지로 분류된다.
  - 연계 시스템 오류 : 연계 시스템의 기능 관련(실행, 송수신, 형식 변환 등) 장애 및 오류
  - 연계 프로그램 오류 : 권한 불충분, 예외 처리 미흡, 구현 등의 오류
  - 연계 데이터 오류 : 송신 시스템의 연계 데이터 자체가 유효하지 않은 경우의 오류

② 장애 및 오류 처리 방안
- 대부분의 오류는 해당 시스템의 오류 로그를 통해 원인을 분석하고 조치를 취할 수 있다.
- 데이터 자체가 문제인 경우 오류 분석을 통해 데이터를 보정한 후 재전송한다.

③ 장애 및 오류 처리 절차
- 운영자는 장애 및 오류 현황 모니터링 화면을 이용하여 1차로 확인한다.
- 모니터링 화면을 통해 확인이 불가할 경우, 로그 파일의 내용을 이용하여 2차로 확인한다.
- 분석된 결과에 따라 대응 조치를 수행한 뒤, 필요하다면 재작업을 진행한다.
  - 송신 시스템 재작업 : 연계 데이터 생성 및 추출 작업 재처리
  - 수신 시스템 재작업 : 연계 응용 프로그램 재실행

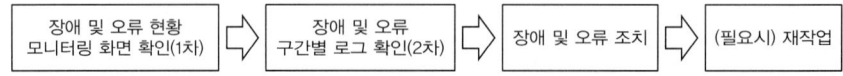

3) 장애 및 오류의 정의

① 장애 및 오류 관리 범위
- 연계 솔루션이 제공하는 기능을 변경하거나 추가 설계가 불가능하므로, 장애 및 오류를 기록하고 관리하는 방식의 설계는 송수신 시스템의 연계 응용 프로그램에 의한 관리 대상 장애 및 오류 범위로 한정한다.

> **더 알기 TIP**
> 오븐(연계 솔루션)을 이용해서 요리(연계 응용 프로그램)를 한다고 생각해보세요. 오븐에 문제가 있으면 우리는 요리를 하기 전에 AS를 맡깁니다. 하지만 레시피나 조리과정에 문제가 있으면 우리 스스로 수정이 가능하기 때문에 오류 관리 범위에 포함되는 것입니다.

② 장애 및 오류 코드와 메시지 정의
- 데이터 연계 과정에서 발생할 수 있는 오류를 식별하여 적절한 코드를 부여한다.
- 오류 내용은 이해가 용이하도록 내용을 보완하여 작성한다.
- 오류 코드는 일정한 규칙에 따라 부여한다.
  - 장애 및 오류를 뜻하는 Error의 첫 글자로 시작
  - 오류 발생 위치 : 연계 서버(S), 연계 프로그램(A)
  - 오류 유형 : 형식(F), 길이(L), 코드(C), 데이터(D), 권한(S), 필수 입력(M)
  - 일련번호 : 오류 유형 및 분류별로 일련번호 부여

더 알기 TIP

EAD002 : 연계 프로그램(A)에서 처리하는 중복된 데이터(D)로 인한 데이터 오류
ESS001 : 연계 서버(S)에서 처리할 작업의 접근 권한(S)으로 인한 접근 오류

4) 오류 로그 테이블 설계

① 오류 로그 테이블 설계 방식
- 오류 로그 테이블(파일)은 기록 단위에 따라 연계 테이블에 대한 로그와 연계 데이터에 대한 로그로 설계할 수 있다.
- 오류 로그 테이블은 로그 테이블과 분리하거나 통합하여 설계할 수 있다.
  - 오류 로그 테이블 : 오류 내용을 확인하기 위한 기록
  - 로그 테이블 : 연계 메커니즘 전반을 모니터링

더 알기 TIP

오류 로그, 오류 로그 테이블, 오류 로그 파일은 모두 같은 객체를 가리키는 용어입니다. 일반적으로 테이블, 파일은 생략하여 사용합니다.

② 오류 로그 관리 요소
- 오류 로그와 로그의 분리 및 통합 여부와 관계 없이, 오류 데이터를 추적, 분석, 보완, 재처리가 가능하도록 관련 정보를 관리한다.
  - 오류가 발생한 데이터가 포함된 행(Row)의 식별값
  - 오류가 발생한 항목(속성, 컬럼)
  - 오류 코드와 내용
  - 기타(선후 관계 및 추적성) 부가 요소 : 오류 발생 일시, 데이터 담당자 정보 등

③ 연계 데이터 보안 적용

1) 전송 구간(Channel) 암호화

① 채널 암호화 정의
- 네트워크에서 데이터가 전송되는 형식, 패킷의 암(복)호화로 네트워크에서 비인가자 또는 악의적인 사용자가 전송 데이터, 패킷을 가로채더라도 쉽게 그 내용을 파악하지 못하도록 하는 것이다.
- 채널 암호화는 범위가 네트워크이므로 전송되는 전체 데이터에 적용된다.
- 채널 암호화를 위해서는 채널 암호화를 지원하는 가상 사설망(VPN : Virtual Private Network) 또는 유사 솔루션이나 연계 솔루션을 적용해야 한다.

② 전용선과 VPN
- 채널의 보안을 위해서 송수신 시스템만을 위한 전용선 설치와 병행하여 채널 암호화 솔루션을 적용할 수 있다.
- 서로 다른 네트워크 또는 거리, 비용 등으로 인해 전용선 설치가 어려운 경우에는 VPN을 활용한다.

> **더 알기 TIP**
>
> VPN은 공중망의 회선을 사설망처럼 활용하는 기술입니다. SSL VPN, IPSec VPN 등 여러 가지가 있는데 자세한 내용은 뒷부분에서 다루게 되고, 여기에서는 암호화 자체에 대해서만 다룹니다. 앞으로는 특별한 언급이 없다면 암/복호화를 암호화로 표기합니다.

2) 데이터 보안

① 데이터 보안 정의
- 송수신 시스템 데이터 연계 과정에서 암호화를 적용하는 방식이다.
- 데이터 보안의 구현은 암호화 적용 대상, 암호화 알고리즘, 암호화 적용 환경 설정의 설계가 필요하다.

② 연계 메커니즘에서 데이터 암호화 처리 프로세스
- 송신 시스템에서는 운영 DB에서 연계 데이터를 추출하여 보안 대상 컬럼을 선정하여 암호화 알고리즘으로 암호화한 후 연계 테이블에 등록한다.
- 수신 시스템에서는 연계 테이블에서 연계 데이터를 읽고 암호화된 컬럼이 있을 경우 복호화하여 운영 DB에 반영한다.
- 송수신 시스템 간에 데이터 보안을 위해서는 연계 데이터 중 암호화 적용 컬럼과 적용된 암호화 알고리즘, 암호화 키 등을 협의하고 공유해야 한다.
- 송수신 시스템에는 암호화를 위한 동일한 암호화 알고리즘 라이브러리가 설치된다.

③ 암호화 적용 대상 선정
- 연계 데이터에 암호화를 적용하게 되면 암호화 적용 컬럼과 테이블 수가 증가할수록 시스템 성능은 저하된다. 따라서 보안을 위협받지 않고 성능이 보장될 수 있도록 적정 수준의 보안을 적용하는 것이 좋다.
- 일반적으로 법률로 정한 암호화 필수 항목에 대해서 적절한 암호화 방법을 이용해 암호화 처리를 해야 한다.
  - 정보통신망 이용 촉진 및 정보 보호 등에 관한 법률 : 주민번호, 비밀번호, 공개 비동의 개인정보 등
  - 전자금융 거래법, 신용 정보의 이용 및 보호에 관한 법률 : 주민번호, 비밀번호, 계좌번호 등

+ 더 알기 TIP

암호화 항목에 대해서는 1과목에서도 잠깐 나왔었던 부분입니다. 암호화되는 항목을 외우려고 하기보다는 어떤 항목들이 암호화되는지를 파악해주세요.

④ 암호화 알고리즘
- 암호화 알고리즘은 암호화 방향에 따라 단방향과 양방향 알고리즘이 있다.
  - 단방향 알고리즘 : 암호화만 가능한 알고리즘(HASH 기반 알고리즘)
  - 양방향 알고리즘 : 암호화/복호화가 가능한 알고리즘(대칭키, 비대칭키)
- 송수신 시스템 간의 적용되는 암호화 키의 동일 여부에 따라 대칭키와 비대칭키 알고리즘이 있다.
  - 대칭키 알고리즘 : 동일한 암호화 키를 공유하는 방식(TKIP, WEP, DES, AES, …)
  - 비대칭키 알고리즘 : 서로 다른 암호화 키를 사용하는 방식(RSA, DSA, DH, ElGamal, …)

+ 더 알기 TIP

암호화 알고리즘의 종류별 내용은 5과목에서 자세히 다룹니다. 여기서는 암호화 알고리즘의 분류 정도만 파악하세요.

3) 연계 응용 프로그램 구현 시 암호화 알고리즘 적용

① 암호화 적용 대상, 알고리즘 결정
- 법률, 시스템 환경, 성능 등을 고려하여 암호화 적용 대상과 알고리즘을 결정한다.
- 결정된 사항들은 연계 메커니즘 정의서에 반영한다.

> **더 알기 TIP**
>
> 모든 설계 과정에서는 해당 과정에 대한 산출물이 존재합니다. 연계 메커니즘 정의서는 당연히 연계 메커니즘을 정의하는 단계의 산출물이겠죠? 따라서 연계 메커니즘을 정의하는 단계에서 언급되었던 요소들이 포함됩니다. 정의서가 중요한 것이 아니라, 어떠한 과정에서 정의서가 산출되었는지가 중요합니다.

② 암호화 대상 컬럼의 데이터 길이 변경
- 일반적으로 암호화된 값은 암호화되기 전의 값(평문)보다 커지기 때문에 암호화 적용 대상 컬럼의 크기(길이)를 충분히 늘려준다.
- 변경한 길이는 연계 테이블 정의서 및 명세서에 반영한다.

③ 암호화 알고리즘 적용 방식
- 암호화 알고리즘은 연계 솔루션이나 시스템에서 사용하고 있거나 제공하는 알고리즘을 적용할 수 있다.
- 구글 등에서 제공하는 오픈 소스 암호화 알고리즘을 적용하거나, 한국인터넷진흥원에서 국내 개발용 알고리즘을 신청하여 적용할 수도 있다.

④ 암호화 처리를 위한 고려사항
- 결정한 알고리즘이 적용된 암호화/복호화 API가 패키징된 라이브러리를 확보하여 연계 시스템에 설치한다.
- 시스템에서 제공하거나 적용되어 있는 알고리즘이 아닌 경우에는, 별도로 확보한 알고리즘 라이브러리를 연계 시스템의 라이브러리 저장소에 설치한다.

SECTION 03 연계 모듈 구현

빈출 태그 ▶ #EAI #ESB #인터페이스 구현 검증 도구

01 연계 모듈 구현 환경 구성 및 개발

1) 연계 기술 표준(EAI) 20.6, 20.9, 22.7, 23.5, 23.7, 25.2

① EAI(Enterprise Application Integration)의 정의
- 서로 다른 기종의 시스템 간의 연동을 가능하게 해주는 전사적 애플리케이션 통합 환경이다.
- 송수신 어댑터(모듈)를 이용해 메시지 변환이 가능하여 서로 다른 코드나 프로토콜을 사용하는 시스템 간 통신이 가능하다.

② Point-to-Point
- 미들웨어 없이 애플리케이션 간 직접 연결하는 방식이다.
- 연계 솔루션 없이 단순한 통합이 가능하지만, 시스템의 변경이나 재사용이 어렵다.

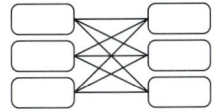

③ Hub & Spoke(EAI)
- 단일 접점 시스템(허브)을 통해 데이터를 전송하는 중앙 집중형 연계 방식이다.
- 확장 및 유지보수가 용이하지만, 허브 자체에 장애가 발생하면 전체 시스템에 문제가 생긴다.

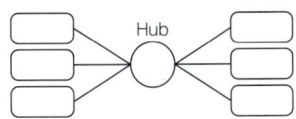

④ Message Bus(ESB : Enterprise Service Bus) 21.5
- 송수신 시스템 사이에 미들웨어(Bus)를 두어 확장성과 처리량이 향상되는 방식이다.
- 별도의 어댑터가 필요 없고 관리 및 보안이 용이하며 서비스 중심의 통합을 지향한다.
- 웹 서비스 기반 통신으로 표준화가 어려운 편이며 직접 연계에 비해 성능이 낮은 편이다.

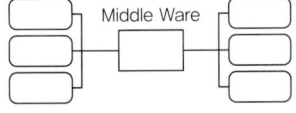

> **기적의 TIP**
> EAI의 구축 유형이 아닌 것을 선택할 수 있어야 합니다.

> **기적의 TIP**
> 메시지 버스에 대한 설명으로 옳은 것을 선택할 수 있어야 합니다.

⑤ EAI/ESB(Hybrid)
- 허브&스포크 방식을 사용하는 그룹과 그룹 사이에 ESB를 적용하는 표준 통합 기술이다.

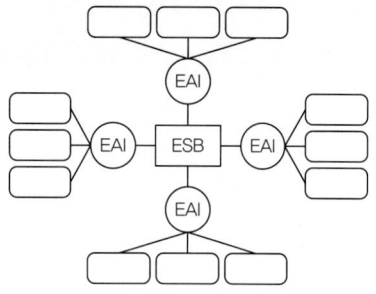

> **더 알기 TIP**
>
> 정확히 말하면 기존의 Point-to-Point 방식에서 EAI를 적용하고, 거기에 발전하여 ESB와 EAI/ESB 방식이 나타난 것입니다. 하지만 문제를 출제할 때는 전부 EAI 영역이라고 생각하시고 서로의 특징을 구분해주시면 됩니다.

2) 연계 모듈 구현 환경 구축 절차

① EAI/ESB 솔루션 도입 시
- 송수신 시스템에서 각각 연계를 위한 DB를 설치하고, 사용자 계정을 생성한다.
  - 연계 시스템들의 계정명은 동일하지 않아도 됨
  - 연계 목적에 따라 별도의 연계 사용자 계정 생성 가능
- 생성된 사용자 계정으로 연계 테이블, 로그, 오류 로그, 매핑 테이블 등을 생성한다.
  - 각 테이블은 송수신 시스템 환경에 적합하게 별도 생성
  - 각 테이블 설계 정의서와 데이터베이스 오브젝트별 명명 규칙 참고
- 송수신 시스템에 각각 연계 응용 프로그램을 구현한다.
  - 송신측 프로그램 구현 요소 : DB에서 데이터 추출, 수신측 코드로 변환
  - 수신측 프로그램 구현 요소 : 데이터 유효성 검증, DB에 데이터 반영
- EAI/ESB 연계 방식에서는 DBMS의 트리거(Trigger) 객체를 활용한다.
- 트리거 객체는 프로그래밍 언어로 구현된 암호화 알고리즘을 호출하는 데 제한적이다.
  - 연계 데이터 보안 적용 : 프로그래밍 언어를 이용하여 구현
  - 송수신 내부 시스템 적용 : 트리거 활용

② 웹 서비스 방식 도입 시
- 웹 서비스 방식은 실제 전송이나 전송 이력에 대한 기록 및 모니터링 기능을 별도로 구현해야 한다.
- 송수신 시스템에서 각각 연계 파일, 로그, 오류 로그가 생성될 위치와 파일을 정의한 후 디렉토리를 생성한다.
- 송신 시스템에서 운영 DB로부터 연계 데이터를 추출하여 XML 형식으로 생성하는 프로그램(자바 기반)을 구현한다.
  - 송신 시스템 운영 DB 연결, 데이터 추출, 코드 매핑 및 데이터 변환, 연계 파일 생성 등
  - 구현된 서비스를 주기적으로 실행하기 위해 스케줄러 등록
- SOAP, RESTful 등을 사용하여 데이터를 송수신한다.
  - 상세 내용이 포함된 서비스 명세서(WSDL)를 작성하여 송수신 시스템 간 공유
- WSDL에 기술된 운영 DB에 연계 데이터를 반영하는 서비스(자바 기반)를 구현한다.
  - 수신 시스템의 서비스 호출이 가능한 위치에 배치

02 연계 테스트 및 검증

1) 연계 테스트

① 연계 테스트 정의
- 구축된 연계 시스템과 연계 시스템의 구성 요소가 정상적으로 동작하는지 확인하고 검증하는 활동이다.

② 연계 테스트 구간
- 송수신 시스템 사이의 연계 테이블 간 테스트를 수행한 뒤, 연계 데이터를 추출(송신측) 및 반영(수신측)하는 테스트를 진행한다.
- 연계 업무의 단위 테스트, 연계 테스트, 통합 테스트를 단계적으로 수행한다.
  - 통합 테스트 : 응용 애플리케이션 기능과의 통합 구조상의 흐름 테스트

➕ 더 알기 TIP

테스트 기법과 종류는 별도의 챕터에서 매우 자세하게 다룹니다. 여기서는 항목끼리 구분할 수 있을 정도로만 기억해 두세요.

2) 연계 모듈 테스트 케이스 작성 및 명세화

① 송수신 연계 프로그램의 단위 테스트 케이스 작성
- 송수신 시스템에서 확인해야 할 사항을 각각 도출하여 테스트 케이스를 작성한다.
  - 송수신 시스템의 개별 데이터 유효값(타입, 길이, 필수 여부 등)을 체크하는 케이스 작성
  - 데이터 간의 연관 관계(미등록 데이터 수정, 변경, 부재 등)를 체크하는 케이스 작성

② 연계 테스트 케이스 작성
- 송수신 시스템 각각의 연계 프로그램의 기능 위주 결함을 확인하는 단위 테스트 케이스이다.
- 연계 테이블 간 송수신 절차의 전후로 연결하여 흐름을 확인하는 내용으로 작성한다.
  - 프로그램 실행 결과, 송수신 결과, 데이터 반영 결과 확인 등

3) 연계 시스템 검증

① 연계 테스트 환경 구축
- 연계 테스트 환경은 실제 운영 환경과 최대한 유사하게 구축한다.
  - 테스트 환경 요소 : 연계 서버, 송수신 어댑터, 운영 DB, 연계 테이블, 연계 프로그램 등
- 송수신 기관 간에 테스트 수행 일정, 절차, 방법, 소요 시간, 테스트 환경, 환경 구축 기간 등을 협의하여 계획을 수립한다.

② 연계 테스트 수행
- 구축한 테스트 환경에서 테스트 케이스의 절차대로 실제 테스트를 진행하고 결과를 확인한다.
- 단위 테스트가 오류 없이 수행 완료되면 연계 테스트를 수행한다.

```
단위 테스트                              연계 테스트
내용 : 기능 동작 및 결함 여부      ⇨     내용 : 데이터 흐름 및 기능의 정상 동작 여부
대상 : 송수신 시스템(연계 프로그램)       대상 : 연계 시스템 전체
```

③ 연계 테스트 수행 결과 검증 20.6, 20.9, 21.5, 22.4, 22.7, 24.2, 25.2
- 연계 테스트 케이스의 시험 항목 및 처리 절차 순서에 따라 수행한 테스트 결과와 기대 결과의 일치 여부 확인을 위한 검증을 수행한다.
- 테스트 결과를 검증하는 일반적인 방법은 아래와 같다.
  - 운영 DB 테이블의 건수를 카운트(Count)하는 방법
  - 실제 테이블이나 파일을 열어서 데이터를 확인하는 방법
  - 파일 생성 위치의 파일 생성 여부와 파일 크기를 확인하는 방법

- 연계 서버(또는 연계 엔진)에서 제공하는 모니터링 화면의 내용을 확인하는 방법
- 시스템에서 기록하는 로그를 확인하는 방법
• 연계 시스템 구현 검증을 지원하는 도구는 아래와 같다.
  - xUnit : java(Junit), C++(Cppunit) 등 다양한 언어를 지원하는 단위 테스트 프레임워크
  - STAF : 서비스 호출, 컴포넌트 재사용 등 다양한 환경을 지원하는 테스트 프레임워크
  - FitNesse : 웹 기반 테스트 케이스 설계/실행/결과 확인 등을 지원하는 테스트 프레임워크
  - NTAF : STAF와 FitNesse를 통합한 프레임워크
  - Selenium : 다양한 브라우저(웹) 지원 및 개발 언어를 지원하는 웹 애플리케이션 테스트 프레임워크
  - watir : Ruby(언어) 기반 웹 애플리케이션 테스트 프레임워크

> **기적의 TIP**
>
> 인터페이스 구현 검증 도구에 대한 설명을 보고 알맞은 도구를 선택할 수 있어야 합니다.

4) 인터페이스 예외 처리

① 송신 시스템의 예외 처리 방안
• 데이터 송신 시 예외가 발생하는 케이스를 정의하고 케이스별 예외 처리 방안을 정의한다.
  - 송신 데이터에서 예외가 발생하는 경우 : 송신 전 데이터를 정제, 정합성 체크
  - 프로그램 자체에서 예외가 발생하는 경우 : 논리적 결함 수정, 충분한 테스트
  - 서버에서 예외가 발생하는 경우 : HTTP status code를 참고
• HTTP status code는 다양한 종류가 존재한다.
  - 400 : 잘못된 요청
  - 401 : 인증 실패
  - 403 : 접근 거부 문서 요청
  - 404 : 페이지 없음
  - 408 : 요청 시간 만료
  - 500 : 내부 서버 오류
  - 501 : 구현되지 않음
  - 502 : 잘못된 게이트웨이
  - 503 : 서버 과부하

② 수신 시스템의 예외 처리 방안
- 데이터 수신 시 예외가 발생하는 케이스를 정의하고 케이스별 예외 처리 방안을 정의한다.
  - 송신 데이터에서 예외가 발생하는 경우 : 특수문자를 다른 문자로 대치, 정합성 체크
  - 프로그램 자체에서 예외가 발생하는 경우 : 논리적 결함 수정, 충분한 테스트, 송신측 프로그램 수정
  - 서버에서 예외가 발생하는 경우 : 서버 불안정 해소(입력 대기 큐 사용)

5) 연계 시스템 오류 모니터링

① 인터페이스 오류 사항을 즉시 확인하는 경우
- 오류 발생 현황을 즉시 인지하여 조치할 수 있는 경우이다.
  - 오류 알람 메시지 확인 : 사용자가 가장 먼저 인지
  - E-mail 전송 : 사용자 인지 확률 낮음
  - SMS : 사용자, 관리자 모두 즉시 인지 가능(비용 발생)

② 인터페이스 오류 사항을 주기적으로 확인하는 경우
- 시스템 관리자가 주기적으로 로그와 오류 로그를 통해 오류 여부를 확인하고 원인을 추적한다.
- 오류 발생 이력을 통해 주기적으로 발생하는 오류를 분석하여 오류의 재발생을 막을 수 있다.
  - 오류 로그 : 구체적 오류 내역 확인 가능(전문성 필요)
  - 오류 테이블 : 오류 내역 관리 용이
  - 오류 모니터링 도구 활용 : 오류에 대한 전반적 관리 가능(비용 발생)

③ APM(Application Performance Management)
- 사용자 환경에 설치하여 송수신 시스템의 기능 및 성능 운영 현황을 관리할 수 있는 모니터링 도구이다.
- 시스템의 성능, 처리량, 가용성, 무결성, 신뢰성을 확보할 수 있다.

CHAPTER

03

제품 소프트웨어 패키징

학습 방향

개발된 소프트웨어를 패키징하기 위한 빌드 도구와 매뉴얼 작성, 소프트웨어 버전을 관리하는 도구에 대해 서술합니다. 2과목 중 암기량 대비 출제율과 난이도는 낮은 편입니다. 각 도구의 특징에 집중하여 학습하시기 바랍니다.

SECTION 01 제품 소프트웨어 패키징

빈출 태그 ▶ #빌드 도구 #SW 패키징 #DRM

01 사용자 중심 패키징 수행

1) 제품 소프트웨어 패키징

① 소프트웨어 패키징 정의
- 개발이 완료된 제품 소프트웨어를 고객에게 전달하기 위한 형태로 묶어내는 것이다.
- 설치와 사용에 필요한 모든 내용(제반 절차 및 환경 등)을 포함하는 매뉴얼이 포함되어야 한다.
- 제품 소프트웨어에 대한 패치 및 업그레이드를 위해 버전 관리를 수행할 수 있어야 한다.

> **더 알기 TIP**
> 패키징은 포장이라고 생각하면 이해가 쉽습니다. 모니터를 구입하면 배송되는 상자 안에는 모니터만 있는 것이 아니라 매뉴얼이나 조립 설명서, 보증서, 조립에 필요한 도구 등이 포함되어 있죠?

② 소프트웨어 패키징 특징 22.7, 24.5
- 제품 소프트웨어의 이용자는 개발자가 아닌 사용자이므로 사용자의 편의성을 중심으로 구성된다.
- 사용자의 실행 환경을 이해하고, 범용적인 환경에서 사용이 가능하도록 패키징한다.
- 사용자의 편의성을 위해 지속적인 관리(버전 관리와 릴리즈 노트 등)를 진행한다.

2) 제품 소프트웨어 패키징을 위한 모듈 빌드

① 소프트웨어 모듈 및 패키징
- 소프트웨어 모듈화를 통해 성능의 향상, 디버깅, 테스트, 통합 및 수정을 용이하게 해야 한다.
- 모듈의 개념을 정확히 적용하여 기능 단위로 패키징함으로써 모듈화의 이점을 최대한 활용할 수 있다.
- 배포 전 테스트 및 수정 단계에서도 모듈 단위로 분류하여 작업을 진행한다.

> **기적의 TIP**
> 패키지에는 사용자를 위한 요소가 다수 포함되지만, 개발 자원(소스코드 등)은 포함되지 않습니다.

② 소프트웨어 빌드 20.9, 22.3, 23.3, 23.7
- 소스코드를 컴퓨터에서 실행할 수 있는 제품 소프트웨어의 단위로 변환하는 과정 및 결과물이다.
- 소스코드가 실행 코드로 변환되는 컴파일 과정이 핵심이며, 결과물에 대한 상세 확인이 필요하다.
- 소프트웨어 빌드 자동화 도구(Ant, Make, Maven, Gradle, Jenkins 등)를 활용하면 컴파일 이외에도 다양한 유틸리티를 활용할 수 있다.
  - Jenkins : Java언어 기반, 웹 서버 기반, 형상 관리 도구 연동 가능
  - Gradle : groovyDSL 기반, 오픈 소스, 태스크 단위 실행, 플러그인 활용 가능

> **기적의 TIP**
> 소프트웨어 빌드 도구의 차이를 구분할 수 있어야 합니다.

+ 더 알기 TIP
DSL은 Domain Specific Language의 약자로, 특정 분야에 최적화된 프로그래밍 언어를 뜻합니다. 그러니까 Gradle에 최적화된 언어라는 뜻이 되겠죠.

3) 사용자 중심 패키징 수행 22.3

① 사용자 실행 환경의 이해
- 고객 편의성을 위해 사용자 실행 환경(OS, 시스템 사양, 고객의 운용 방법 등)을 우선 고려하여 패키징을 진행한다.
- 여러 가지 실행 환경을 고려해야 하는 경우 해당 환경들에 맞는 배포본을 분류하여 패키징 작업을 여러 번 수행한다.

② 사용자 관점에서의 패키징 고려 사항
- 사용자의 시스템 사양(OS, CPU, 메모리 용량 등)의 최소 수행 환경을 정의한다.
- 사용자가 직관적으로 확인할 수 있는 UI를 제공하고, 매뉴얼과 일치시킨다.
- 하드웨어와 함께 통합 적용되는 경우에는 Managed Service 형태로 제공하는 것이 좋다.
- 안정적인 배포가 가장 중요하고, 다양한 사용자의 요구반영을 위해 항상 변경 및 개선 관리를 고려하여 패키징해야 한다.

> **기적의 TIP**
> 누구를 위해 패키징을 하는 것인지 기억하세요.

+ 더 알기 TIP
Managed Service : 요즘 프렌차이즈 식당을 가보면 무인 주문 시스템(키오스크)이 많죠. 키오스크의 소프트웨어 관리는 해당 식당이 아니라 키오스크 제작 업체가 맡게 되는데, 키오스크 제작 업체에서는 하드웨어 문제만 관리하고 소프트웨어 관련 문제는 외부 소프트웨어 개발 업체에 의뢰를 하는 것이 비용과 효율 면에서 이점이 있습니다.

4) 소프트웨어 패키징 수행 절차

① 기능 식별
- 소스 기능을 통해 처리되는 기능 수행을 위한 입출력 데이터를 식별한다.
- 소스 내부의 메인 함수의 기능 식별, 관련 데이터의 흐름 및 출력 절차를 확인한다.
- 메인 함수 이외의 호출 함수를 정의하고 이에 대한 출력값을 식별한다.

② 모듈화
- 모듈로 분류할 수 있는 기능 및 서비스 단위로 분류한다.
- 여러 번 호출되어지는 공유, 재활용 함수를 분류한다.
- 모듈화를 위해 결합도, 응집도를 식별해내고 모듈화 수행을 준비한다.

③ 빌드 진행
- 빌드 진행을 위한 소스코드 및 결과물을 준비한다.
- 정상적으로 빌드가 되는 기능 및 서비스를 사전에 분류한다.
- 빌드 도구의 사전 선택 확인 및 빌드 도구를 통한 빌드를 수행한다.

④ 사용자 환경 분석
- 패키징 수행 시 실제 사용할 사용자의 최소 사용자 환경을 사전에 정의한다.
- 모듈 단위의 여러 가지 기능별 사용자 환경을 여러 방면으로 테스트한다.

⑤ 패키징 적용 시험
- 사용자 환경과 같은 환경으로 패키징을 적용하여 소프트웨어 테스트를 수행한다.
- 소프트웨어가 UI 및 시스템 환경과 맞지 않는 것이 있는지, 불편한 부분이 있는지 사전에 체크한다.

⑥ 패키징 변경 개선
- 사용자 입장을 반영하여 재패키징을 대비해 변경 부분을 정리한다.
- 현재 사용자 환경 내에서 가능한 최소 수준의 개선 포인트를 도출한다.
- 도출된 변경점을 기준으로 모듈, 빌드 수정을 하고 재배포를 수행한다.

02 릴리즈 노트 작성

1) 릴리즈 노트

① 릴리즈 노트 정의
- 릴리즈 노트는 릴리즈 정보를 사용자의 편의성을 위해 공유할 수 있도록 문서화한 것이다.
  - 릴리즈 정보 : 상세 서비스를 포함하여 회사가 제공하는 제품을 수정, 변경, 개선하는 일련의 작업
- 릴리즈 노트는 개발팀에서 직접 책임(Ownership)을 가지고 명확하고 정확하며 완전한 정보를 제공해야 한다.

② 릴리즈 노트 특징
- 테스트의 진행 이력, 개발팀이 제공 사양을 얼마나 준수했는지 확인할 수 있다.
- 사용자에게 소프트웨어에 대한 보다 더 확실한 정보를 제공한다.
- 기본적으로 전체적인 제품의 수행 기능 및 서비스의 변화를 공유한다.
- 자동화 개념을 적용하여 전체적인 버전 관리 및 릴리즈 정보를 체계적으로 관리할 수 있다.

2) 릴리즈 노트 작성

① 릴리즈 노트 작성 항목
- 릴리즈 노트에 대한 표준 형식은 없지만, 배포되는 정보의 유형과 사용자의 요구사항에 기초하여 공통 항목에 대한 다음 스타일은 정의되어야 한다.

작성 항목	설명
Header	문서 이름(릴리즈 노트 이름), 제품 이름, 버전 번호, 릴리즈 날짜, 참고 날짜, 노트 버전 등
개요	제품 및 변경에 대한 간략한 전반적 개요
목적	릴리스 버전의 새로운 기능 목록과 릴리즈 노트의 목적에 대한 간략한 개요, 버그 수정 및 새로운 기능 기술
이슈 요약	버그의 간단한 설명 또는 릴리즈 추가 항목 요약
재현 항목	버그 발견에 따른 재현 단계 기술
수정/개선 내용	수정/개선의 간단한 설명 기술
사용자 영향도	버전 변경에 따른 최종 사용자 기준의 기능 및 응용 프로그램상의 영향도 기술
SW 지원 영향도	버전 변경에 따른 SW의 지원 프로세스 및 영향도 기술
노트	SW 및 HW Install 항목, 제품, 문서를 포함한 업그레이드 항목 메모
면책 조항	회사 및 표준 제품과 관련된 메시지, 프리웨어, 불법 복제 방지, 중복 등 참조에 대한 고지 사항
연락 정보	사용자 지원 및 문의 관련한 연락처 정보

② 릴리즈 노트 추가 작성 및 개선 사항 발생의 예외 케이스
- 릴리즈 정보의 예외 케이스 발생에 따른 추가 및 개선 항목이 나타날 수 있으므로 릴리즈 노트의 항목이 추가될 수 있다.
- 테스트 단계에서 베타 버전이 출시되거나, 긴급 버그 수정, 자체 기능 향상, 사용자 요청 등의 특이한 케이스 등이 발생할 수 있으므로 이러한 경우에도 추가 항목이 작성되어야 한다.

3) 릴리즈 노트 작성 절차

① 모듈 식별
- 모듈화 및 빌드 수행 후 릴리즈 노트 기준의 항목을 순서대로 정리한다.
- 소스코드 기능을 통해 처리되는 데이터와 기능 및 데이터의 흐름을 정리한다.
- 메인 함수 이외의 호출 함수를 정의하고 이에 대한 출력값을 식별한다.

② 릴리즈 정보 확인
- 릴리즈 노트 작성을 위한 문서명, 제품명의 릴리즈 기존 정보를 확인한다.
- 최초 패키징 버전 작성을 위한 버전 번호와 초기 릴리즈 날짜를 확인한다.
- 매번 패키징 수행 진행 날짜 및 릴리즈 노트의 갱신 버전을 확인한다.

③ 릴리즈 노트 개요 작성
- 빌드 이후에 제품 및 패키징 변경에 대한 사항을 간략히 메모한다.
- 버전 번호 내용, 버전 관리 사항 등을 릴리즈 노트에 기록한다.

④ 영향도 체크
- 이슈, 버그 발생에 따른 영향도를 상세 기술한다.
- 발생된 버그의 설명, 개선한 릴리즈 항목을 기술한다.
- 버그 발견을 위한 재현 테스트 및 재현 환경을 기록한다.

⑤ 정식 릴리즈 노트 작성
- 앞서 정의된 내용을 포함하여 정식 릴리즈 노트에 기본 사항을 포함하여 기술한다.
- 이전 정보의 릴리즈 노트 개요, 개선에 따른 원인 재현 내용, 영향도 등을 상세히 기술한다.

⑥ 추가 개선 항목 식별
- 추가 개선에 따른 추가 항목을 식별하여 릴리즈 노트를 작성한다.
- 정식 노트를 기준으로 추가 개선 버전에 대해서 점차적으로 버전을 향상하여 릴리즈 노트를 작성해 나간다.

03 패키징 도구 활용

1) 제품 소프트웨어 패키징 도구

① 제품 소프트웨어 패키징 도구 정의
- 제품 소프트웨어 패키징 작업 진행 및 안정적 유통을 지원하는 도구이다.
- 불법 복제로부터 디지털 콘텐츠의 지적 재산권을 보호해 주는 보안 기능을 포함한다.

② 소프트웨어 패키징 도구 활용 시 주의사항 20.6, 20.8, 20.9
- 사용자에게 배포되는 소프트웨어이므로 반드시 내부 콘텐츠에 대한 암호화 및 보안을 고려해야 한다.
- 여러 가지 콘텐츠 및 단말기 간 DRM(디지털 저작권 관리기술) 연동을 고려한다.
- 사용자 입장에서 불편해질 수 있는 문제를 고려하여 최대한 효율적으로 적용한다.
- 제품 소프트웨어의 종류에 맞는 알고리즘을 선택하여 배포 시 범용성에 지장이 없도록 한다.

> **기적의 TIP**
> SW 패키징 도구 활용 시 주의사항이 아닌 것을 선택할 수 있어야 합니다.

2) 제품 소프트웨어 저작권 보호

① 저작권의 정의
- 문학 또는 예술의 범위에 속하는 창작물인 저작물에 대한 배타적 독점적 권리로 타인의 침해를 받지 않을 고유한 권한이다.

② 디지털 저작권 보호 기술
- 콘텐츠 및 컴퓨터 프로그램과 같이 복제가 용이한 저작물에 대해 불법 복제 및 배포 등을 막기 위한 기술적인 방법을 통칭한다.
- 문서 파일 외에도 전자책, 멀티미디어, 스트리밍 등의 다양한 분야에 적용 가능하다.
- 저작권 보호 기술은 다음과 같은 특성을 가진다.
  - 사용자 인가를 거쳐 콘텐츠 복제의 제한적 허용
  - Clearing House를 통한 요금 부과
  - 보안 기능 고려를 위해 업무 규칙과 암호를 함께 패키징

3) DRM(Digital Rights Management) 22.4, 23.3, 23.5, 24.2, 24.7

① 디지털 저작권 관리 구성 요소
- 콘텐츠 제공자, 콘텐츠 분배자, 콘텐츠 소비자 간의 패키징 배포 및 관리의 주체를 중앙의 클리어링 하우스에 이관하여 키 관리 및 라이선스 발급 관리를 진행한다.

> **기적의 TIP**
> DRM의 목적을 염두에 두고 학습하세요.

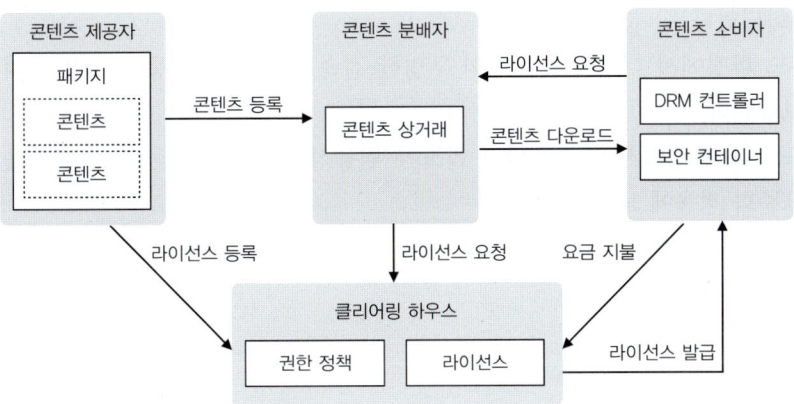

- 콘텐츠 제공자(Contents Provider) : 콘텐츠를 제공하는 저작권자
- 콘텐츠 분배자(Contents Distributor) : 쇼핑몰 등으로써 암호화된 콘텐츠 제공
- 패키저(Packager) : 콘텐츠를 메타 데이터와 함께 배포 가능한 단위로 묶는 기능
- 보안 컨테이너 : 원본을 안전하게 유통하기 위한 전자적 보안 장치
- DRM 컨트롤러 : 배포된 콘텐츠의 이용 권한을 통제
- 클리어링 하우스(Clearing House) : 키 관리 및 라이선스 발급 관리

② 보안 기능 중심의 패키징 도구 기술 및 활용 22.7, 25.2
- 올바른 패키징 도구의 활용을 위해서는 암호화/보안 기능 중심의 요소 기술을 정확히 이해하고 있어야 한다.
- 이 기술을 바탕으로 패키징 도구를 이용하여 나오는 결과물에 대한 신뢰도를 향상시킬 수 있다.
  - 암호화(Encryption) : 콘텐츠 및 라이선스 암호화하고, 전자 서명을 할 수 있는 기술
  - 키 관리(Key Management) : 콘텐츠를 암호화한 키에 대한 저장 및 배포 기술
  - 암호화 파일 생성(Packager) : 콘텐츠를 암호화하기 위한 기술
  - 식별 기술(Identification) : 콘텐츠에 대한 식별 체계 표현 기술
  - 저작권 표현(Right Expression) : 라이선스의 내용 표현 기술
  - 정책 관리(Policy management) : 라이선스 발급 및 사용에 대한 정책 표현 및 관리 기술
  - 크랙 방지(Tamper Resistance) : 크랙에 의한 콘텐츠 사용 방지 기술
  - 인증(Authentication) : 라이선스 발급 및 사용의 기준이 되는 사용자 인증 기술

③ 패키징 도구 적용 관련 기술적 동향
- 패키징 도구 제공 업체에 의해 개발되며, 각종 기술들이 표준화를 통해 통합 플랫폼화되었다.
- 클라우드 환경에서 디지컬 콘텐츠의 투명한 접속, 이용, 이동 등의 사용 편리성을 보장한다.
- 특정 도구나 환경에서만 적용되지 않도록 범용성을 확보하고 상호 호환성을 위한 표준화 적용에 노력한다.

> **기적의 TIP**
> DRM의 기술 요소가 아닌 것을 찾을 수 있어야 합니다. DRM의 목적을 함께 생각해 보세요.

SECTION 02 제품 소프트웨어 매뉴얼 작성

빈출 태그 ▶ #설치 매뉴얼 #사용자 매뉴얼

01 제품 소프트웨어 설치 매뉴얼

1) 제품 소프트웨어 매뉴얼 21.5

① 제품 소프트웨어 매뉴얼 정의
- 제품 소프트웨어 개발 단계부터 적용한 기준이나 패키징 이후 설치 및 사용자 측면의 주요 내용 등을 문서로 기록한 것이다.
- 사용자 중심의 기능 및 방법을 나타낸 설명서와 안내서를 의미한다.
- 실제 개발자들이 많이 겪어 보지 못하는 영역이기 때문에 개발보다도 더 어려움을 겪는 작업이다.

② 제품 소프트웨어 설치 매뉴얼 작성 원칙
- 설치 매뉴얼은 개발자의 기준이 아닌 사용자의 기준으로 작성한다.
- 최초 설치 실행부터 완료까지 순차적으로 작성한다.
- 각 단계별 메시지 및 해당 화면을 순서대로 전부 캡처하여 설명한다.
- 설치 중간에 이상 발생 시 해당 메시지 및 에러에 대한 내용을 분류하여 설명한다.

> **기적의 TIP**
> 매뉴얼을 사용하는 주체가 누구인지 고려하여 학습하세요.

2) 제품 소프트웨어 설치 매뉴얼 작성 항목

① 설치 매뉴얼 기본 작성 항목
- 제품 소프트웨어 설치 매뉴얼은 개요 및 서문, 기본 사항 등에 대해 순서대로 설명한다.
  - 목차 : 매뉴얼 전체의 내용을 순서대로 요약
  - 개요 : 설치 매뉴얼의 구성, 설치 방법, 순서 등 기술
- 서문에서는 문서 이력, 주석, 설치 도구의 구성 등을 설명한다.
  - 문서 이력 정보 : 설치 매뉴얼의 변경 이력 기록(버전, 작성일, 변경 내용 등)
  - 설치 매뉴얼의 주석 : 주의사항(반드시 숙지), 참고사항(영향 가능성) 등
  - 설치 도구의 구성 : 설치 파일 및 폴더 설명, 제품 설치 환경 체크 항목 등
- 기본 사항에 대해 설명할 때는 간략한 기능 및 UI를 첨부하여 설명한다.
  - 제품 소프트웨어 개요 : 제품 소프트웨어의 주요 기능 및 UI(화면상의 버튼, 프레임 도식화) 설명
  - 설치 관련 파일 : 제품 소프트웨어를 설치하기 위한 관련 파일(exe, ini, log 등) 설명

- 설치 아이콘 : 구동용 설치 아이콘 설명
- 프로그램 삭제 : 해당 소프트웨어 삭제 시 원래대로 삭제하는 방법을 설명
- 관련 추가 정보 : 설치 프로그램 관련 프로그램 제작사 추가 정보 기술

② 설치 매뉴얼 작성 상세 지침
- 제품 소프트웨어의 설치 방법을 순서대로 상세하게 설명해야 한다.
  - 설치 화면 : 화면을 계속 캡처하여 표시되는 내용 및 안내창의 메시지 설명
  - 설치 이상 시 메시지 설명 : 설치 단계, 메시지별 참고사항, 주의사항 등을 안내
  - 설치 결과 : 정상 설치 완료 시의 최종 메시지 안내
  - FAQ : 자주 발생하는 어려움 안내
  - 점검 사항 : 사용자 환경, 설치 권한, 에러 발생 시 체크할 사항
  - 네트워크 환경 및 보안 : 사전 연결성 체크, 보안 및 방화벽에 대한 안내
- 소프트웨어 설치에 관련된 기술적인 지원이나 제품 서비스를 받을 수 있는 연락 수단을 설명해야 한다.
  - 유선 및 E-mail, 웹 사이트
- 제품 키의 보존, 저작권 정보, 불법 등록 사용 금지 등의 사용자 준수사항을 권고한다.

3) 제품 소프트웨어 설치 매뉴얼 작성 절차

① 기능 식별
- 소프트웨어 자체의 목적 및 내용과 전체적인 기능을 흐름순으로 정리하여 설명한다.

② UI 분류
- 화면 중심으로 UI와 메뉴를 순서대로 분류하고, 사전에 작성된 UI 정의서를 항목별로 분류한다.
- 설치 매뉴얼 기준의 양식을 목차에 맞게 UI를 분류한다.

③ 설치/백업 파일 확인
- 제품을 설치할 파일 및 백업 파일명 및 폴더 위치를 확인한다.
- 실행, 환경, 로그, 백업 등의 다양한 파일들을 확인하고 기능을 숙지한다.

④ Uninstall 절차 확인
- 제품을 제거할 때 필요한 언인스톨 파일과 단계를 순서대로 기술한다.
- 언인스톨 이후 설치 전 상태로의 원복을 최종 확인한다.

⑤ 이상 Case 확인
- 설치 진행 시 이상 메시지 등에 대한 케이스를 발생시키고, 이에 따른 메시지를 정리한다.
- 다양한 이상 현상의 내용에 맞는 메시지가 간결하고 정상적으로 표시되는지 확인한다.

⑥ 최종 설치 완료 결과 적용
- 설치 최종 완료 후 이에 대한 메시지 및 최종 결과를 캡처하여 기술한다.
- 최종 매뉴얼을 정리 검토하고 최종적으로 정상 결과를 적용한다.

02 제품 소프트웨어 사용자 매뉴얼

1) 제품 소프트웨어 사용자 매뉴얼 20.9, 21.3

① 사용자 매뉴얼 작성의 기본 사항
- 사용자 매뉴얼은 제품의 기능부터 고객 지원에 대한 안내까지를 포함하는 문서이다.
- 설치와 사용에 필요한 제반 절차 및 환경 등 전체 내용을 포함하는 매뉴얼을 작성한다.
- 개발된 컴포넌트 사용 시 알아야 할 내용, 패키지의 기능과 인터페이스, 포함된 메소드 등의 설명이 포함된다.

② 사용자 매뉴얼 작성 절차 21.8
- 사용자 매뉴얼을 작성하는 절차는 작성 지침 정의, 사용자 매뉴얼 구성 요소 정의, 구성 요소별 내용 작성, 사용자 매뉴얼 검토의 단계로 구성된다.
  - 작성 지침 정의 : 사용자 매뉴얼을 작성하기 위한 지침 설정
  - 사용자 매뉴얼 구성 요소 정의 : 소프트웨어의 기능, 구성 객체, 객체별 메소드, 사용 예제, 세팅 방법 등
  - 구성 요소별 내용 작성 : 제품 소프트웨어 구성 요소별로 내용을 작성
  - 사용자 매뉴얼 검토 : 기능 설명의 완전성 검토
- 사용자 매뉴얼 작성은 컴포넌트 명세서 및 구현 설계서로부터 구현된다.

> **기적의 TIP**
> 설치 매뉴얼과 사용자 매뉴얼은 작성의 대상이 다를 뿐, 작성의 방향이나 성격은 같습니다.

> **기적의 TIP**
> 각 단계의 상세 설명보다는 절차에 집중하세요.

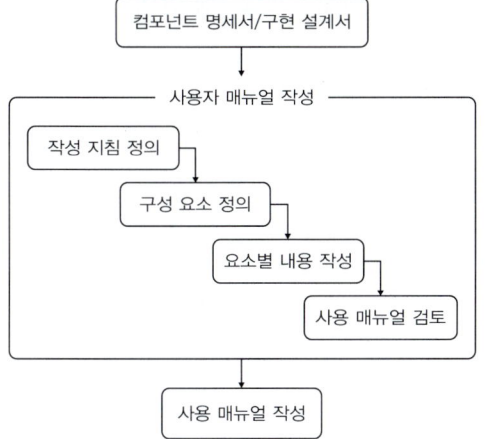

2) 제품 소프트웨어 사용자 매뉴얼 작성 항목

① 사용자 매뉴얼 기본 작성 항목
- 사용자 매뉴얼은 일반적으로 개요, 서문 및 기본 사항을 위주로 작성된다.
  - 목차 : 매뉴얼 전체의 내용을 순서대로 요약
  - 개요 : 제품 소프트웨어의 주요 특징(구성, 실행 방법, 점검 기준, 설정 방법)에 대해 정리
- 서문은 문서 이력, 주석, 기록 항목 등을 설명한다.
  - 문서 이력 정보 : 설치 매뉴얼의 변경 이력 기록(버전, 작성일, 변경 내용 등)
  - 사용자 매뉴얼의 주석 : 주의사항(반드시 숙지), 참고사항(영향 가능성) 등
  - 기록 보관 : 제품 등록, 추가 정보, 웹 사이트, 지원 양식 등
- 기본 사항에서는 제품 소프트웨어의 기능과 UI를 첨부 및 요약한다.
  - 제품 소프트웨어 개요 : 제품 소프트웨어 주요 기능 및 UI 설명
  - 제품 소프트웨어 사용 : 최소 환경, 최초 동작, 주의사항 등
  - 제품 소프트웨어 관리 : 사용 종료 및 관리 등에 대한 내용
  - 모델, 버전별 특징 : 제품 구별을 위한 모델이나 버전별 UI, 기능의 차이
  - 기능, 인터페이스 특징 : 제품의 기능 및 인터페이스 특징
  - 제품 소프트웨어 구동 환경 : 개발 언어 및 호환 OS, 설치 과정 요약

② 사용자 매뉴얼 작성 상세 지침
- 소프트웨어의 사용 방법을 다양한 측면에서 상세하게(화면 캡처 활용) 설명한다.
  - 사용자 화면 및 UI : UI에서 주목해야 할 주의사항과 참고사항 안내
  - 주요 기능 분류 : 기능 순서대로 화면을 첨부하여 기능 동작 시 참고사항, 주의사항 안내
  - 응용 프로그램/설정 : 함께 동작하거나 충돌하는 프로그램 안내, 기본 설정값 안내
  - 장치 연동 : 소프트웨어가 삽입 또는 연동되는 장치 안내
  - 네트워크 환경 : 소프트웨어와 관련한 네트워크 정보와 관련 설정값 표시
  - 프로파일 설명 : 환경 설정 파일(필수 파일)의 변경 금지 안내
- 소프트웨어 설치에 관련된 기술적인 지원이나 제품 서비스를 받을 수 있는 연락 수단을 설명해야 한다.
  - 유선 및 E-mail, 웹 사이트
- 제품 키의 보존, 저작권 정보, 불법 등록 사용 금지 등의 사용자 준수사항을 권고한다.

03 제품 소프트웨어 배포용 미디어

1) 제품 소프트웨어 배포본

① 제품 소프트웨어 배포본
- 제품 소프트웨어 배포본은 개발된 컴포넌트 또는 패키지에 대해 제품화하고 배포 정보를 포함한 산출물이다.
- 소프트웨어의 버전, 시스템 설치 및 운영을 위한 요구사항, 설치 방법, 달라진 기능, 알려진 버그 및 대처 방법 등을 포함하여 배포한다.

② 제품 소프트웨어 배포본 중요 사항
- 제품 소프트웨어의 배포본은 최종 완성된 제품으로 안정성을 고려하여 배포한다.
- 신규 및 변경을 고려하여 배포본에는 고유 버전 및 배포 단위의 기준을 정한다.
- 배포용 미디어를 제작할 때에는 저작권 및 보안에 유의하여 제작한다.
- 자체의 고유 시리얼 넘버(Serial Number)를 반드시 부착하고 복제 및 사후 지원을 고려하여 제작한다.

2) 제품 소프트웨어 배포용 미디어 제작

① 설치 파일 및 매뉴얼의 미디어 기본 구성
- 배포용 미디어 제작 시 다음과 같은 항목을 포함하여 제작한다.
  - 버전 정보 : 제품 소프트웨어 패키징의 버전 정보
  - 요구 사양 : 시스템이 설치되고 운영되기 위한 H/W, S/W의 사양
  - 설치 방법 : 설치하고 운영 가능하게 하는 방법
  - 새로운 기능 : 이전 버전에 비해 나아진 기능
  - 알려진 오류/대처 방법 : 현재까지 개발된 시스템의 알려진 오류를 기술, 대처 방안 포함
  - 제약 사항 : 현재까지 개발된 시스템의 설치, 운영상의 제약사항 포함

② 배포용 미디어 제작 방법
- 배포용 미디어는 온라인과 오프라인으로 각각 제작할 수 있으며, 각 유형별로 특성에 맞추어 제작해야 한다.
  - 온라인 미디어 : 실행 파일로 통합, 기능 패치, 호환성 제공
  - 오프라인 미디어 : 고유 시리얼 넘버를 포함하여 불법유통 방지(관리 시스템 사전 확보)

3) 제품 소프트웨어 배포용 미디어 제작 절차

① 제품 소프트웨어 배포용 미디어 선정
- 배포용 미디어의 유형(온라인/오프라인)을 선정한다.
- 미디어 작성 SW/HW를 통해 배포용 미디어를 작성한다.

② 시리얼 넘버 등록 및 관리 체계 확인
- 시리얼 넘버의 부여 체계 및 규칙을 사전에 정의하고 관리 체계를 수립(시스템화)한다.

③ 설치 파일 및 매뉴얼 최종 확인
- 실제 설치가 가능한 정상 설치 파일인지 확인한다.
- 설치 매뉴얼 및 사용자 매뉴얼을 미디어 제작 전에 최종 확인한다.

④ 명세서대로 구현되었는지 검토
- 제작된 배포용 미디어와 매뉴얼에 대한 테스트가 완료되었는지 최종 확인한다.

⑤ 충분한 정보를 담았는지 검토
- 제품 설치 및 사용에 이상이 없도록 소프트웨어와 문서 정보가 포함되었는지 확인한다.

⑥ 인증을 받았는지 확인 후 배포
- 미디어 제작 이전에 인증 활동을 통하여 인증을 받았는지 확인 후 배포한다.

SECTION 03 제품 소프트웨어 버전 관리

빈출 태그 ▶ #형상 관리 #형상 관리 기능/역할 #형상 관리 도구별 특징

01 제품 소프트웨어 버전 등록

1) 제품 소프트웨어 패키징의 형상 관리 20.9, 21.5, 22.4, 24.2

① 제품 소프트웨어 형상 관리 도구 정의
- 프로그램의 개발 단계별 산출물(소스코드, 문서, 개발 이력 등)의 변경 사항 등을 관리하는 기능을 제공하는 환경이다.
- 소프트웨어의 변경 사항(버전)을 체계적으로 추적하고 통제할 수 있는 솔루션이다.

> **더 알기 TIP**
> 형상 관리는 버전 관리라고도 합니다.

② 제품 소프트웨어 형상 관리의 중요성
- 제품 소프트웨어는 지속적으로 변경되므로 이에 대한 개발 통제가 중요하다.
- 제품 소프트웨어의 형상 관리가 잘 되지 않으면 배포판의 버그 및 수정에 대한 추적의 결여 및 무절제한 변경이 난무할 수 있다.
- 형상 관리가 잘 되지 않으면 제품 소프트웨어의 가시성(Visibility)에서 결핍이 일어나게 되고 전체적인 조망이나 Insight가 결여되어 장기적인 관리 체계에 문제를 야기할 수 있다.

> **더 알기 TIP**
> 시험에 자주 나오는 개념이라 어려운 말을 그대로 기록하였습니다. 쉽게 표현하자면, 문제를 발견하거나 발견된 문제의 원인을 분석하는 데 필요한 요소들이 한눈에 들어오지 않는다고 생각하시면 됩니다.

2) 제품 소프트웨어의 버전 등록 상세 기법 20.8, 21.5

① 형상 관리 도구의 기능
- 형상 관리 도구에서 자주 사용되는 기능들은 아래와 같다.
  - check-out : 저장소(repository)로부터 원하는 버전의 소프트웨어 형상의 사본을 컴퓨터로 가져오는 기능
  - check-in : 개발자가 수정한 소스코드를 저장소에 업로드하는 기능

> **기적의 TIP**
> 형상 관리를 통해 관리하는 항목이 아닌 것을 선택할 수 있어야 합니다.

> **기적의 TIP**
> 형상 관리 도구의 기능에 대한 설명과 기능을 올바르게 연결할 수 있어야 합니다.

- commit : 저장소 업로드가 성공적으로 완료되었을 때, 반영을 최종 승인하는 기능
- update : 저장소와 컴퓨터의 형상을 동기화하는 기능(소스코드 수정 전에 반드시 수행)
- import : 비어 있는 저장소에 처음 소스를 업로드하는 기능
- export : 버전 관리 파일을 뺀 순수 소스코드 파일만 받아오는 기능

② 일반적인 작업 단계별 버전 등록 절차
- 형상 관리 도구의 기본 기능을 바탕으로 Git을 예로 들면, 일반적인 작업 단계별 버전 등록 절차는 아래와 같다.
  - 추가(Add) : 개발자가 신규로 어떤 파일을 저장소에 추가
  - 인출(Check-out) : 추가되었던 파일을 개발자가 인출
  - 예치(Commit) : 개발자가 인출된 파일을 수정한 다음, 저장소에 예치
  - 동기화(Update) : Commit 작업 이후 새로운 개발자가 자신의 작업 공간을 동기화
  - 차이(Diff) : 기존 개발자가 처음 추가한 파일과 이후 변경된 파일의 차이를 확인

02 제품 소프트웨어 형상 관리 도구

1) 제품 소프트웨어 형상 관리 도구

① 형상 관리 도구 사례
- 형상 관리를 기존의 개발 도구에 단순히 포함하는 형태를 벗어나 ALM의 형태로 발전 중이다.
  - ALM(Applicaton Lifecycle Management) : 전체 라이프 사이클을 관리
- ITIL 기반의 ITSM 도입으로 SW뿐 아니라 HW까지 전체적인 서비스 관점으로 형상 관리를 진행한다.
  - ITIL(IT Infrastructure Library) : IT 서비스를 쉽게 제공하고 관리할 수 있는 가이드 또는 프레임워크
  - ITSM(IT Service Management) : IT 업무 및 관련 절차를 기술 중심의 운영 또는 관리에서 벗어나 서비스화 및 비즈니스 중심으로 재설계하여 SLA에 맞는 IT 서비스를 제공하는 것
  - SLA(Service Level Agreement) : 협의된 서비스 수준
- 형상 관리는 EAMS, PPM 등의 전사적 IT Governance의 한 부분으로 정의되어 비즈니스 영속성을 유지하기 위해 통합 관리된다.
  - IT Governance : 바람직한 IT 활용을 위한 의사결정 및 책임에 대한 프레임워크

- EAMS(EA Management System) : EA의 관리 및 활용을 위한 구현 시스템
- EA(Enterprise Architecture) : 기업의 전략적인 목표에 도달하기 위한 IT 청사진
- PPM(Project and Portfolio Management) : 중앙 집중식 프로젝트 관리

② 형상 관리 도구 사용 목적 23.7
- 최종 배포본 이후의 소프트웨어 변경 관리, 추가 버전 등의 관리 편의성이 상승한다.
- 사용자 문의에 대한 수작업 및 유지보수의 생산성이 개선된다.
- 적은 비용과 인력의 투입만으로 형상 관리가 가능해진다.
- 성능이 좋은 도구라도 사용이 미숙하다면 오히려 개발복잡도가 증가할 수 있다.

③ 형상 관리 도구 사용 시 유의사항
- 효율적인 형상 관리 도구 사용을 위해 다양한 기능을 활용하고, 문제 발생 시 해결 매뉴얼의 사전 준비가 필요하다.
- 제품 소프트웨어의 지속적인 형상 관리와 형상 관리의 기준(공식적인 합의)이 필요하다.
- 배포 후 수정 중인 소프트웨어의 형상 관리 도구 사용은 최대한 신중하게 진행한다.

④ 형상 관리 도구 사용의 필요성 20.8
- 형상 관리 지침에 의거 버전에 대한 정보에 언제든지 접근할 수 있어야 한다.
- 인가되지 않은 사용자가 소스를 수정할 수 없도록 해야 한다.
- 동일한 프로젝트에 대해서 여러 개발자가 동시에 개발할 수 있어야 한다.
- 에러 발생 시 최대한 빠른 시간 내에 복구한다.
- 사용자의 요구에 따라 적시에 최고 품질의 소프트웨어를 공급해야 한다.

> **기적의 TIP**
> 형상 관리 도구의 필요성은 역할이라고 표현하기도 합니다. 잘못된 보기를 선택할 수 있어야 합니다.

2) 형상 관리 도구 유형별 특징

① 저장 방식에 따른 유형
- 관리 방식에 따른 형상 관리 도구에는 공유 폴더, 클라이언트/서버, 분산 저장소 방식이 있다.

관리 방식	설명	예시
공유 폴더	개발이 완료된 파일은 공유 폴더에 복사하고 담당자는 자신의 PC로 다운로드하여 동작 여부 확인 후 각 개발자들이 동작 여부 확인	RCS, SCCS
클라이언트/서버	중앙 서버에서 형상 관리 시스템이 항시 동작되며, 개발자들의 작업내역을 축적할 수 있고 모니터링 가능	CVS, SVN
분산 저장소	중앙의 원격 저장소에서 개발자들의 개인 로컬 저장소에 복사하여 개발한 뒤, 다시 원격 저장소에 반영	Git, Bitkeeper

② 구분에 따른 유형 21.5, 22.4, 23.3
- 관리 구분에 따른 형상 관리 도구에는 저장소별, 소스 공개 유형별 도구가 있다.

구분	유형	예시
저장소 구분	로컬 형상 관리 시스템	RSC
	중앙 집중형 형상 관리 시스템	CVS, SVN, Clear Case
	분산형 형상 관리 시스템	Git, Mercurial
소스 공개 유형	Open Source 관리 도구	CVS, SVN
	상용 형상 관리 도구	PVCS, Clear Case

> **기적의 TIP**
> 관리 도구의 유형을 구분할 수 있어야 합니다.

③ CVS(Concurrent Versions System)
- 서버와 클라이언트로 구성되어 다수의 인원이 동시에 범용적인 운영체제로 접근 가능하여 형상 관리를 가능하게 하는 도구로, 클라이언트가 이클립스 도구에 내장되어 있다.

④ SVN(Subversion)
- CVS의 단점을 보완한 형상 관리 도구로, 사실상 업계 표준으로 사용되고 있다.

⑤ RCS(Revision Control System)
- CVS와 달리 소스 파일의 수정을 한 사람으로 제한하는 형상 관리 도구이다.

⑥ Bitkeeper
- SVN과 비슷한 중앙 통제 방식의 버전 컨트롤 툴로서 대규모 프로젝트에서 빠른 속도를 내도록 개발된 형상 관리 도구이다.

⑦ Git
- 리눅스 커널의 버전 컨트롤을 하는 Bitkeeper를 대체하기 위해 나온 형상 관리 도구이다.
- 속도에 중점을 둔 분산형 형상 관리 시스템이며, 대형 프로젝트에 효과적이고 유용하다.
- Git의 주요 특징은 다음과 같다.
  - Git의 작업 폴더는 모두 전체 기록과 각 기록을 추적할 수 있는 정보를 포함하는 완전한 형태의 저장소
  - 네트워크에 접근하거나 중앙 서버에 의존하지 않음
  - Git는 GNU 일반 공중 사용 허가서v2 하에 배포되는 자유 소프트웨어

⑧ Clear Case
- IBM에서 제작된 복수의 서버와 클라이언트가 연계되는 구조이며 서버의 추가가 가능한 형상 관리 도구이다.

CHAPTER

04

애플리케이션 테스트

학습 방향

개발 단계 전반에 걸친 테스트 기법과 애플리케이션의 성능 평가 기준에 대해 서술합니다. 데이터 입출력 구현과 달리 필기와 실기 모두에서 높은 출제 비중을 보이고 있으므로 좀 더 깊이 있는 학습이 필요합니다.

SECTION 01 애플리케이션 테스트 케이스 설계

빈출 태그 ▶ #테스트 원리 #정적/동적 테스트 #화이트박스/블랙박스 테스트 #테스트 오라클

01 애플리케이션 테스트 케이스 작성

1) 소프트웨어 테스트

① 소프트웨어 테스트 정의
- 테스트란 사용자가 요구하는 기능, 성능, 사용성, 안정성 등을 만족하는지 찾아내는 활동이다.
- 응용 애플리케이션이나 시스템의 결함을 찾아내어 문제점을 해결하는 것이 최종 목표이다.

➕ 더 알기 TIP

학습하시면서 결함, 오류, 에러 같은 비슷한 단어들이 많이 보이시죠? 잠시 후에 이들이 어떤 차이가 있는지 다루게 됩니다.

② 소프트웨어 테스트의 필요성
- 프로그램에 잠재된 오류를 발견하고 이를 수정하여 올바른 프로그램을 개발할 수 있다.
- 프로그램 실행 전에 코드 리뷰, 인스펙션 등을 통해 오류를 사전에 예방할 수 있다.
- 반복적인 테스트를 거쳐 제품의 신뢰도를 향상하여 사용자 기대 수준을 만족시킬 수 있다.

2) 소프트웨어 테스트 기본 원칙

🚩 기적의 TIP

소프트웨어 테스트의 원리를 구분할 수 있어야 합니다.

① 소프트웨어 테스트 원리 21.5, 22.7, 23.7, 24.2, 24.7
- 테스트는 잠재적인 결함을 줄여나가는 활동이지만, 모든 결함을 없앨 수(완벽한 테스트)는 없다.
- 테스트는 개발 초기부터 SDLC 각 단계의 정황(Context)에 적합한 기법을 사용할 수 있어야 한다.
- 효율적인 소프트웨어 테스트 진행을 위한 테스트 원리는 다음과 같다.
    - 결함 집중(Defect Clustering) : 결함의 대부분은 특정 모듈에 집중되어 존재(낚시 법칙, 파레토 법칙)
    - 낚시의 법칙 : 낚시 포인트처럼, 특정 위치에서 많은 결함 발생
    - 파레토(Pareto)의 법칙 : 결함의 80%는 20%의 기능에서 집중적으로 발생

- 살충제 패러독스(Pesticide Paradox) : 동일한 테스트 케이스로 반복 실행하면 새로운 결함 발견 불가능(개선 필요)
- 오류-부재의 궤변(Absence of Errors Fallacy) : 결함이 없더라도 요구사항을 만족하지 못한다면 품질 보증 불가능

② 소프트웨어 테스트 절차
- 일반적인 테스트 프로세스는 테스트 계획, 테스트 분석 및 디자인, 테스트 케이스 및 시나리오 작성, 테스트 수행, 테스트 결과 평가 및 리포팅의 절차로 이루어진다.

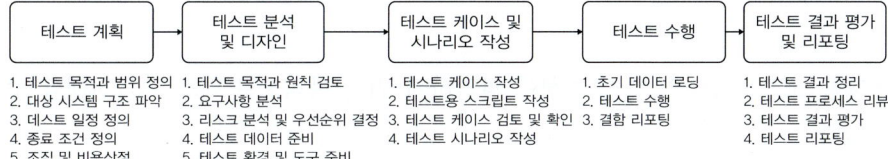

③ 소프트웨어 테스트 산출물
- 소프트웨어 테스트의 산출물에는 테스트 계획서, 테스트 케이스, 테스트 시나리오, 테스트 결과서 등이 있다.
  - 테스트 계획서 : 테스트 목적 및 범위, 수행 절차, 일정, 역할, 시스템 구조, 종료 조건 등으로 구성
  - 테스트 케이스 : 테스트 설계 산출물, 입력값, 실행 조건, 기대 결과 등으로 구성
  - 테스트 시나리오 : 항목별 테스트 수행을 위한 여러 테스트 케이스의 동작 순서로 구성
  - 테스트 결과서 : 테스트 절차 및 결과에 대한 평가와 분석

3) 소프트웨어 테스트 유형 20.6, 20.9, 21.5, 21.8, 23.5, 23.7, 24.2, 24.5

① 프로그램 실행 여부에 따른 분류
- 프로그램의 실행 여부에 따라 정적 테스트와 동적 테스트가 있다.
  - 정적 테스트 : 프로그램 실행 없이 소스코드의 구조 분석(인스펙션, 동료 검토, 워크스루 등)
  - 동적 테스트 : 프로그램의 실행 화면을 보면서 테스트 수행(화이트박스, 블랙박스)
- 화이트박스는 프로그램의 내부 로직(경로 구조, 루프 등)을 중심으로 테스트를 진행한다.
- 블랙박스는 프로그램의 기능(요구사항 만족 여부, 결과값)을 중심으로 테스트를 진행한다.

> **더 알기 TIP**
> 화이트박스 블랙박스 모두 프로그램을 실행한다는 면에서는 같은 그룹이지만, 소스코드를 분석한다는 면에서는 서로 다른 방향성을 가집니다.

> **기적의 TIP**
> 정적 테스트를 키워드로 구분할 수 있어야 합니다. 정적 테스트는 SDLC 전반에 적용 가능합니다.

> **기적의 TIP**
> 테스트와 디버깅, 검증과 확인의 차이를 기억해 두세요.

② 테스트와 디버깅
- 테스트는 제품에 대한 검증과 확인을 수행하는 것이다.
  - 검증(Verification) : 제품의 개발(생산) 과정에 대한 테스트(개발자 입장)
  - 확인(Validation) : 제품의 개발(생산) 결과에 대한 테스트(사용자 입장)

➕ **더 알기 TIP**
- 검증 : 제대로 하고 있나?
- 확인 : 결과가 제대로인가?

- 디버깅(Debugging)은 프로그램의 오류를 찾고, 수정하는 것이다.

③ 목적 기반 테스트

> **기적의 TIP**
> 목적 기반 테스트에 대한 설명을 읽고 적절한 항목을 선택할 수 있어야 합니다.

- 제품 소프트웨어의 특정 특성을 파악하기 위한 목적으로 테스트를 진행할 수 있다.
  - 회복(Recovery) : 실패를 유도하여 정상 복귀가 가능한지 테스트
  - 안전(Security) : 소스코드 내의 보안 결함에 대한 테스트
  - 강도(Stress) : 과부하 시에도 시스템이 정상 작동하는지 테스트
  - 성능(Performance) : 응답시간, 처리량, 반응속도 등의 테스트
  - 구조(Structure) : 시스템 내부 로직, 복잡도 등을 테스트
  - 회귀(Regression) : 변경된 코드에 대한 새로운 결함 여부 테스트
  - 병행(Parallel) : 둘 이상의 시스템에 동일한 테스트 수행

④ 설계 기반 테스트
- 테스트 진행의 기반이 되는 자료에 따라 명세 기반, 구조 기반, 경험 기반 테스트로 나뉜다.
  - 명세 기반 테스트 : 주어진 명세를 기반으로 테스트 케이스를 구현하여 테스트
  - 구조 기반 테스트 : 소프트웨어 내부 로직을 기반으로 테스트 케이스를 구현하여 테스트
  - 경험 기반 테스트 : 유사한 테스트를 진행했던 테스트의 경험을 기반으로 테스트

4) 화이트박스 테스트 기법 20.8, 23.7, 25.2

① 기초 경로(Basic Path) 테스트
- McCabe가 제안한 것으로 대표적인 화이트박스 테스트 기법이다.
- 설계서나 소스코드를 기반으로 흐름도를 작성하여 논리적 순환 복잡도(Cyclomatic complexity)를 측정한다.
- 측정된 결과를 기반으로 실행 경로의 복잡도를 판단한다.
  - 복잡도 = 간선수 - 노드수 + 2

> **기적의 TIP**
> 실제 그래프를 기반으로 순환 복잡도를 계산할 수 있어야 합니다.

더 알기 TIP

기초 경로 복잡도는 아래처럼 해석할 수 있습니다. 복잡도를 계산하고 해석해보세요.

5 이하	단순함	20~49	매우 복잡
6~10	안정적(구조적)	50 이상	불안정(비구조적)
11~19	일반적인 복잡도		

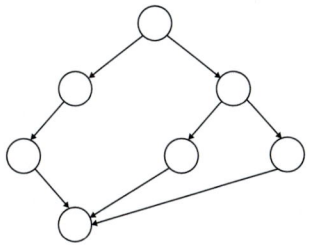

- 복잡도 = 8(간선수)-7(노드수)+2 = 3
- 단순한 구조의 프로그램이다.

---

② 제어구조 검사
- 소스코드 내의 제어구조들에 대한 테스트 기법이다.
  - 조건 검사(Condition Testing) : 논리식(조건)을 중심으로 테스트
  - 루프 검사(Loop Testing) : 반복 구조를 중심으로 테스트
  - 데이터 흐름 검사(Data Flow Testing) : 변수의 정의와 사용을 중심으로 테스트

5) 블랙박스 테스트 기법 20.6, 20.8, 20.9, 21.3, 21.5, 22.3, 22.4, 23.3, 23.5, 24.2, 24.5, 24.7, 25.2

① 동등 분할(Equivalence Partitioning) 테스트
- 입력 조건에 유효한 값과 무효한 값을 균등하게 하여 테스트 케이스를 설계한다.

② 경계값 분석(Boundary Value Analysis)
- 입력 조건의 경계에서 오류가 발생할 확률이 높다는 점을 이용하여 입력 조건의 경계값을 테스트 케이스로 설계한다.

③ 원인-효과 그래프(Cause-Effect Graphing) 테스트
- 입력 데이터 간의 관계와 출력에 미치는 영향을 분석하여 효용성이 높은 테스트 케이스를 설계한다.

④ 오류 예측(Error Guessing)
- 과거의 경험이나 확인자의 감각에 의존하여 테스트 케이스를 설계한다.

⑤ 비교(Comparison) 테스트
- 여러 버전의 프로그램에 동일한 테스트 자료를 제공하여 테스트하는 기법이다.

> **기적의 TIP**
> 화이트박스와 블랙박스의 테스트 기법과 기법별 특징을 구분할 수 있어야 합니다.

6) 테스트 케이스

① 테스트 케이스 정의 21.3, 24.2

- 설계 기반 테스트의 산출물로, 요구사항 준수 여부를 확인하기 위해 설계된 입력값, 실행 조건, 기대 결과로 구성된 테스트 항목 또는 이것이 기록된 명세서를 말한다.

② 테스트 케이스 작성 절차 22.4

- 테스트 케이스의 정확성, 재사용성, 간결성 보장을 위해 아래의 절차에 따라 작성된다.
  - 테스트 계획 검토 및 자료 확보 : 테스트 대상의 정보 확보, 요구사항 및 기능 명세서 검토
  - 위험 평가 및 우선순위 결정 : 기능별 결함 해결에 있어 상대적인 중요성 설정
  - 테스트 요구사항 정의 : 테스트 대상, 특성, 조건, 기능 식별
  - 테스트 구조 설계 및 테스트 방법 결정 : 테스트 케이스 형식과 분류, 절차, 장비, 도구 등 결정
  - 테스트 케이스 정의 : 각 요구사항에 대해 입력값, 실행 조건, 기대 결과 기술
  - 테스트 케이스 타당성 확인 및 유지보수 : 기능 및 환경 변화에 따라 테스트 케이스 갱신 및 유용성 검토

③ 테스트 오라클 20.9, 22.7, 23.3

- 테스트의 결과가 참인지 거짓인지를 판단하기 위해서 사전에 정의된 참 값을 입력하여 비교하는 기법 및 활동이다.
- 테스트 오라클의 유형으로는 참, 샘플링, 휴리스틱, 일관성 검사가 존재한다.
  - 참(True) 오라클 : 모든 입력값에 대하여 기대 결과를 생성(발생된 오류 모두 검출)
  - 샘플링(Sampling) 오라클 : 특정 몇 개의 입력값에 대해서만 기대 결과 제공
  - 휴리스틱(Heuristic) 오라클 : 샘플링 오라클을 개선, 특정 입력값에 대해 기대 결과를 제공하고, 나머지 값들에 대해서는 휴리스틱(추정)으로 처리
  - 일관성 검사(Consistent) 오라클 : 애플리케이션 변경이 있을 때, 수행 전과 후의 결과값이 동일한지 확인
- 참 오라클은 미션 크리티컬한 업무에 적용하고, 샘플링이나 휴리스틱 오라클은 일반 업무나 게임 등의 업무에 적용한다.
  - 미션 크리티컬 : 항공기, 발전소 등 작은 결함에도 치명적인 문제가 발생할 수 있는 업무

02 테스트 수행 환경 구축

1) 테스트 환경 구축 유형

① 테스트 환경 구축
- 개발된 응용 소프트웨어가 작동될 환경과 최대한 유사한 하드웨어, 소프트웨어, 네트워크 시설을 구축하여 테스트를 진행한다.
- 물리적으로 독립된 테스트 환경을 구축하기 힘든 경우에는, 가상 머신 기반의 서버 또는 클라우드 환경을 이용하여 테스트 환경을 구축하여 테스트를 진행한다.
- 물리적으로 분할이 어려운 네트워크 역시 VLAN과 같은 기법을 이용하여 논리적으로 분할된 환경을 구축하여 테스트를 진행한다.
  - VLAN(Virtual LAN) : 하나의 물리적 네트워크를 여러 논리적 네트워크로 분할하는 기술

2) 테스트 데이터 24.5

① 테스트 데이터 정의
- 컴퓨터의 동작이나 시스템의 적합성을 시험하기 위해 개발, 생성된 데이터의 집합이다.
- 프로그램의 기능을 확실하게 테스트할 수 있도록 확실한 조건을 갖춘 데이터이다.

② 테스트 데이터 준비 유형
- 테스트 데이터는 실제 데이터와 가상 데이터로 구분된다.
  - 실제 데이터 : 실제 운영 데이터, 연산을 통한 결과
  - 가상 데이터 : 스크립트를 통해 인위적으로 생성

③ 테스트 시작과 종료
- 테스트의 시작 조건을 정의할 수 있지만, 단계별 테스트를 위해 모두 만족하지 않아도 시작이 가능하다.
- 테스트의 종료 조건은 업무 기능의 중요도에 따라 다양한 형태로 정의될 수 있다.
  - 시작 조건 : 계획 수립, 명세 작성, 역할과 책임 정의, 환경 구축 등의 완료
  - 종료 조건 : 모든 테스트 수행, 테스트 일정 만료, 테스트 비용 소진 등

④ 테스트의 성공과 실패
- 테스트 시나리오의 기대 결과와 실제 테스트 결과가 일치하면 성공으로 판단한다.
- 동일한 데이터, 이벤트를 중복하여 테스트하였을 때, 동일한 결과가 나오면 성공으로 판단한다.
- 이 밖에도 다양한 요소에 따라 성공의 판단 기준이 다양해질 수 있다.

SECTION 02 애플리케이션 통합 테스트

빈출 태그 ▶ #상향식/하향식 #스텁 #드라이버 #결함 #커버리지

01 애플리케이션 통합 테스트 수행

1) 통합 테스트 수행 21.5, 21.8, 22.4, 23.3, 23.5, 24.5

① V-모델 22.3, 23.3, 23.7, 24.2

- 개발 단계별로 검증하고 수행해야 하는 테스트를 시각화한 모델이다.
- 각 개발 단계에 대한 개발 과정을 검증(개발자 입장)하고, 개발 결과를 확인(사용자 입장)한다.

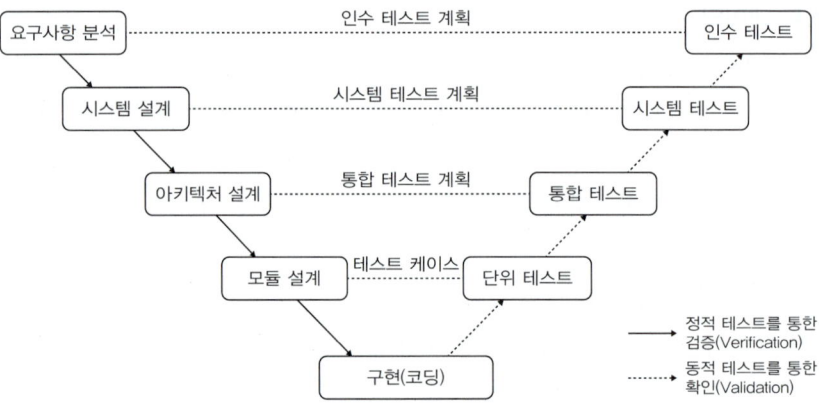

② 단위 테스트 24.7

- 소프트웨어 설계의 최소 단위인 모듈(컴포넌트)의 기능을 중심으로 테스트하는 것이다.
- 모듈의 기능 수행 여부와 논리적인 오류를 검출하는 과정이다.
- 블랙박스 테스트가 불가능하지는 않지만, 일반적으로 화이트박스 테스트를 진행한다.

③ 통합 테스트

- 소프트웨어의 각 모듈 간의 인터페이스 관련 오류 및 결함을 찾아내기 위한 체계적인 테스트 기법들의 총칭이다.
- 단위 테스트가 끝난 모듈 또는 컴포넌트 단위의 프로그램들이 설계 단계에서 제시한 애플리케이션과 동일한 구조와 기능으로 구현되었는지 확인하는 활동이다.

> **기적의 TIP**
> V-모델을 통해 개발 프로세스를 파악할 수 있습니다.

> **기적의 TIP**
> 단위 테스트 도구에는 CppUnit(C++), Junit(Java), HttpUnit(웹 사이트) 등이 있습니다.

> **기적의 TIP**
> 각 단계별 테스트를 구분할 수 있어야 합니다.

- 통합 테스트는 점증적 방식과 비점증적 방식으로 나눌 수 있다.
  - 비점증적 방식 : 모든 모듈을 통합한 전체 프로그램을 한 번에 테스트(빅뱅)
  - 점증적 방식 : 통합 단계별로 테스트를 수행하는 방식(하향식 통합, 상향식 통합)

테스트 방안	빅뱅	상향식	하향식
수행 방법	모든 모듈을 동시에 통합 후 테스트	최하위 모듈부터 상위 모듈로 단계별 통합하며 테스트	최상위 모듈부터 하위 모듈로 단계별 통합하며 테스트
더미 모듈	없음	테스트 드라이버	테스트 스텁
장점	작은 시스템, 단기간	장애 위치 파악 수월, 개발 시간 낭비 없음	장애 위치 파악 수월, 중요 모듈의 선 테스트 가능, 설계상 결함 조기 발견
단점	장애 위치 파악 어려움, 모든 모듈이 개발되어야 진행 가능	중요 모듈들을 마지막에 테스트, 프로토타입의 어려움	많은 더미 모듈 필요, 하위 모듈들의 불충분한 테스트 수행

④ 하향식(Top Down) 통합 20.6, 20.8, 21.3, 21.8, 22.3, 22.4, 22.7, 23.5, 24.2

- 메인 제어 모듈을 시작으로 제어의 경로를 따라 아래 방향으로 이동(통합)하면서 테스트를 진행하는 방식이다.
- 하위 모듈이 통합되는 방향은 깊이 우선 방식과 너비 우선 방식이 있다.
  - 깊이 우선 : 해당 모듈에 종속되어 있는 모듈을 우선 탐색하는 기법
  - 너비 우선 : 해당 모듈과 같은 레벨에 위치한 모듈을 우선 탐색하는 기법

> **기적의 TIP**
>
> 상향식과 하향식 통합의 차이를 비교하는 문제가 출제됩니다.

+ 더 알기 TIP

깊이 우선 방식과 너비 우선 방식의 순서를 잘 알아두세요. 네모 칸 안의 숫자는 모듈의 통합 순서를 의미합니다.

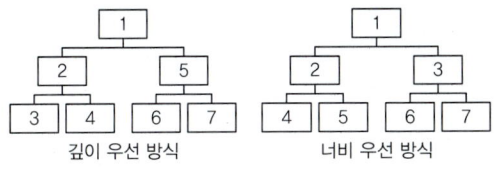

깊이 우선 방식　　너비 우선 방식

- 메인 제어 모듈은 작성된 프로그램을 활용하고, 아직 통합되지 않은 하위 모듈은 stub을 활용하여 테스트를 진행한다.
  - stub : 상위 모듈의 테스트를 위한 최소한의 기능만 가지는 더미 모듈
- 테스트 초기부터 시스템 구조의 시각화가 가능하지만, 테스트 케이스 사용이 어렵다.
- 해당 모듈의 테스트가 완료되면 정해진 통합 방향에 따라 하위 stub이 하나씩 실제 모듈로 대체되고 다음 테스트의 대상이 된다.
- 전체 통합이 완료되면 회귀 테스트를 통해 통합으로 인한 오류가 있는지 확인한다.

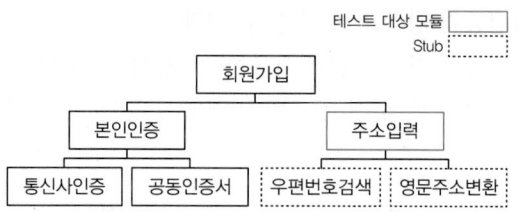

➕ 더 알기 TIP

주소입력 모듈에 대한 테스트를 진행하는 예시 이미지입니다. 주소입력 모듈을 테스트하기 위해 우편번호검색 모듈과 영문주소변환 모듈에서 필요한 기능만 추출하여 Stub을 생성합니다. 공동인증서는 과거 문제가 그대로 기출되면서 공인인증서로 출제될 가능성이 있습니다.

⑤ 상향식(Bottom Up) 통합 20.6, 20.8, 21.3, 21.8, 22.3, 22.4, 22.7, 23.5, 24.2
- 애플리케이션 구조에서 최하위 모듈을 시작으로 제어의 경로를 따라 위쪽 방향으로 이동(통합)하면서 테스트하는 방식이다.
- 테스트 대상 모듈의 상위 모듈에 종속되어 있는 하위 모듈 그룹을 클러스터화하여 테스트를 진행한다.
- 클러스터화된 하위 모듈들의 상위 모듈에 대해서는 데이터 입출력을 확인하기 위한 Driver를 작성하여 진행한다.
  - Driver : 테스트 단계에서 존재하지 않는 상위 모듈의 역할을 하는 더미 모듈
- 해당 모듈의 테스트가 완료되면 정해진 통합 방향에 따라 상위 Driver가 실제 모듈로 대체되고 다음 테스트의 대상이 된다.

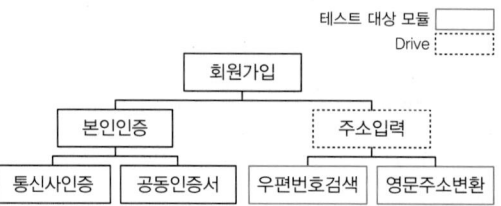

⑥ 회귀 테스트
- 통합 테스트가 완료된 후에 변경된 모듈이나 컴포넌트가 있다면 새로운 오류 여부를 확인하기 위해 이전과 같은 케이스로 수행하는 테스트이다.
- 모듈이나 컴포넌트의 변화로 인해 의도하지 않은 오류가 생기지 않았음을 보증하기 위한 활동이다.
- 회귀 테스트 케이스를 선정하는 방법은 아래와 같다.
  - 모든 애플리케이션의 기능을 수행할 테스트 케이스의 대표적인 샘플 도출
  - 변경에 의한 영향도가 가장 높은 애플리케이션 기능에 집중한 추가적인 테스트 케이스 도출
  - 실제 수정이 발생한 모듈 또는 컴포넌트에서부터 시행하는 테스트 케이스 도출

⑦ 시스템 테스트
- 개발된 소프트웨어가 목표 컴퓨터 시스템에서 완벽하게 수행되는지를 확인하는 테스트이다.
- 실제 사용 환경과 유사하게 만든 환경에서 테스트를 진행하여 환경적인 장애 리스크를 최소화한다.
- 기능적 요구사항과 비기능적 요구사항으로 구분하여 테스트를 진행한다.

⑧ 인수 테스트 20.6, 20.8, 21.3, 22.7, 24.2, 24.5, 25.2
- 개발이 완료된 소프트웨어에 대해 사용자 요구사항 충족 여부를 사용자가 직접 테스트하는 것이다.
- 인수 테스트 단계에서 소프트웨어에 문제가 없으면 사용자는 소프트웨어를 인수하게 되고, 프로젝트는 종료된다.
- 인수 테스트에는 대표적으로 알파(Alpha) 테스트와 베타(Beta) 테스트가 있다.
  - 알파 테스트 : 개발자의 장소에서 진행되는 테스트, 개발자와 문제점 함께 발견
  - 베타 테스트 : 제한되지 않은 환경에서 테스트, 개발자에게 문제점 통보

> **기적의 TIP**
> 인수 테스트의 종류와 종류별 설명을 구분할 수 있어야 합니다.

2) 테스트 자동화 도구

① 테스트 자동화
- 테스트 도구를 활용하여 반복적인 테스트 작업을 스크립트 형태로 구현하는 것이다.
- 테스트 자동화 도구는 휴먼 에러를 줄이고, 테스트에 소요되는 비용과 시간 절감 및 품질 향상에 도움을 준다.
- 각 테스트 단계별 자동화 도구의 종류는 아래와 같다.
  - 테스트 계획 : 요구사항 관리
  - 테스트 분석 : 테스트케이스 생성
  - 테스트 수행 : 테스트 자동화, 정적 분석, 동적 분석, 성능 테스트, 모니터링
  - 테스트 관리 : 커버리지 측정, 형상 관리, 결함 관리

② 테스트 자동화 도구 장점
- 반복되는 테스트 데이터 재입력 작업을 자동화할 수 있다.
- 사용자 요구 기능의 일관성 검증에 유리하다.
- 테스트 결과값에 대한 객관적인 평가 기준을 제공한다.
- 테스트 결과의 통계 작업과 그래프 등 다양한 시각화 요소를 제공한다.
- UI가 없는 서비스의 경우에도 정밀한 테스트가 가능하다.

③ 테스트 자동화 도구 단점
- 도구 도입 후 도구 사용 방법에 대한 교육 및 학습이 필요하다.
- 도구를 프로세스 단계별로 적용하기 위한 시간, 비용, 노력이 필요하다.
- 상용 도구의 경우 가격과 유지 관리 비용이 높아 추가 투자가 필요하다.

3) 테스트 자동화 도구 유형

① 정적 분석 도구(Static Analysis Tools)
- 애플리케이션을 실행하지 않고 분석하는 도구로, 코드 관련 결함(표준, 스타일, 복잡도 등)을 발견하기 위해 사용된다.
- 테스트를 수행하는 사람이 작성된 소스코드에 대한 이해를 바탕으로 도구를 이용해서 분석하는 것이다.

② 테스트 실행 도구(Test Execution Tools)
- 테스트를 위해 작성된 스크립트를 실행하는 도구로, 스크립트마다 특정 데이터와 수행 방법을 포함한다.
- 테스트 실행 도구는 데이터 주도 접근 방식과 키워드 주도 접근 방식으로 나눌 수 있다.
  - 데이터 주도 접근 : 데이터가 저장된 시트를 읽어와서 테스트 진행, 반복 수행 가능, 스크립트 지식이 없어도 수행 가능
  - 키워드 주도 접근 : 키워드(수행 동작)와 데이터가 저장된 시트를 읽어와서 테스트 진행, 수행 동작 정의 및 테일러링 가능

③ 성능 테스트 도구
- 애플리케이션의 성능 목표 달성을 확인하기 위해 처리량, 응답 시간, 경과 시간, 자원 사용률에 대해 테스트를 수행한다.
- 일반적으로 시스템 테스트 단계에 성능 테스트를 진행하며, 결과 해석에 전문가의 도움이 필요한 경우도 있다.

④ 테스트 통제 도구
- 테스트에 대한 계획 및 관리를 위한 도구로, 요구사항에 최적화된 형태의 정보를 관리하기 위해서 다른 도구들과 연계해서 사용할 수 있다.
- 테스트 관리 도구, 형상 관리 도구, 결함 추적/관리 도구 등이 있다.

⑤ 테스트 하네스(Test Harness) 23.7, 25.2
- 테스트를 지원하기 위한 코드와 데이터들의 총칭으로, 단위 또는 모듈 테스트에 사용하기 위해 코드 개발자가 작성하는 것들이다.
- 테스트 하네스는 Test Driver와 Test Stub을 비롯하여 아래의 요소들로 구성된다.
  - 테스트 스위트(Test Suites) : 테스트 대상 컴포넌트나 모듈, 시스템에 사용되는 테스트 케이스의 집합
  - 테스트 케이스(Test Case) : 입력값, 실행 조건, 기대 결과 등의 집합
  - 테스트 스크립트(Test Script) : 자동화된 테스트 실행 절차에 대한 명세
  - 목 오브젝트(Mock Object) : 사용자의 행위를 조건부로 사전에 입력해 두면, 그 상황에 예정된 행위를 수행하는 객체

02 애플리케이션 테스트 결과 분석

1) 테스트 결과 분석

① 소프트웨어 결함 21.8, 25.2

- 소프트웨어의 결함을 말할 때 에러(Error), 결함(Defect), 결점(Fault), 버그(Bug), 실패(Failure)와 같은 용어가 사용되며, 이런 용어들의 정의를 다음과 같이 정리할 수 있다.
  - 오류(Error) : 결함의 원인이 되는 것으로, 일반적으로 휴먼 에러에 의해 생성되는 실수
  - 결함(Defect)/결점(Fault)/버그(Bug) : 오류가 원인이 되어 제품에 포함되는 완전하지 못한 부분
  - 실패(Failure)/문제(Problem) : 결함에 의해 의도하지 않은 결과가 발생하는 것

> **기적의 TIP**
> 각 용어의 정확한 의미에 대해 파악할 수 있어야 합니다.

➕ 더 알기 TIP

개발자의 오타(오류)로 인해 연산에 결함이 나타나고, 이 연산을 실행하면서 문제가 발생하는 것입니다.

② 테스트 보고서

- 모든 테스트가 완료되면, 테스트 계획과 테스트 케이스 설계부터 단계별 테스트 시나리오, 테스트 결과까지 모두 포함된 문서를 작성한다.
- 테스트 계획, 소요 비용, 테스트 결과로 판단 가능한 대상 소프트웨어의 품질 상태를 포함한 문서를 작성한다.
- 정량화된 품질 지표인 테스트 성공률, 테스트 커버리지, 발생한 결함의 수와 결함의 중요도 등을 포함한다.
- 테스트 결과서는 결함과 관련한 사항을 중점적으로 기록하며, 결함의 내용 및 자원, 재현 순서를 상세히 기록한다.
- 단계별 테스트 종료 시 테스트 실행 절차를 리뷰하고 결과에 대한 평가를 수행하고, 그 결과에 따라 절차를 최적화하여 다음 테스트에 적용한다.

테스트 결과 정리 ⇨ 테스트 요약 문서 ⇨ 품질 상태 ⇨ 테스트 결과서 ⇨ 테스트 실행 절차 및 평가

2) 결함 관리

① 테스트 결함 관리

- 각 단계별 테스트 수행 후 나타난 결함의 재발 방지를 위해, 유사한 결함 발견 시 처리 시간 단축을 위해 결함을 추적하고 관리하는 활동이다.
- 개발 기획, 설계, 코딩, 테스트 부족 등으로 결함이 나타날 수 있다.

- 결함의 심각도(치명도, 영향도)를 표준 단계별로 정의하고, 심각도를 고려하여 관리의 우선순위를 결정한다.
  - 심각도 : 치명적(Critical), 주요(Major), 보통(Normal), 경미한(Minor), 단순(Simple) 등
  - 우선순위 : 결정적(Critical), 높음(High), 보통(Medium), 낮음(Low) 또는 즉시 해결, 주의 요망, 대기, 개선 권고 등

② 결함 관리 프로세스

- 결함 관리는 결함 관리 DB를 통해 모니터링하여 체계적으로 관리된다.

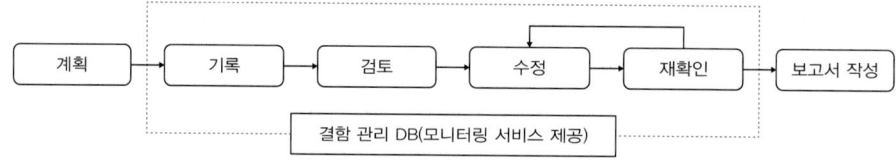

③ 결함 추이 분석 정의

- 테스트 완료 후 발견된 결함의 관리 측정 지표를 분석하여 향후 발생을 추정하는 작업이다.
- 결함 관리 측정 지표에는 결함 분포, 결함 추세, 결함 에이징이 있다.
  - 결함 분포 : 모듈 또는 컴포넌트의 특정 속성에 해당하는 결함의 수를 측정
  - 결함 추세 : 테스트 진행 시간의 흐름에 따른 결함의 수를 측정
  - 결함 에이징 : 등록된 결함에 대해 특정한 결함 상태의 지속 시간을 측정

④ 결함 추적 상태 24.5

- 결함은 처리 현황에 따라 다양한 상태를 가질 수 있다.
  - 결함 등록(Open) : 발견된 결함이 등록된 상태
  - 결함 검토(Reviewed) : 등록된 결함에 적절한 후속 작업(할당, 보류, 해제)을 선택하기 위해 검토
  - 결함 할당(Assigned) : 결함 수정을 위해 담당 개발자에게 결함 할당
  - 결함 수정(Resolved) : 담당 개발자가 결함 수정을 완료한 상태
  - 결함 조치 보류(Deferred) : 우선순위 및 일정에 의해 결함의 수정을 보류, 연기한 상태
  - 결함 종료(Closed) : 결함이 해결되어 개발 담당자가 종료를 승인한 상태
  - 결함 해제(Clarified) : 개발 담당자가 결함을 검토하여 결함이 아니라고 최종 판단

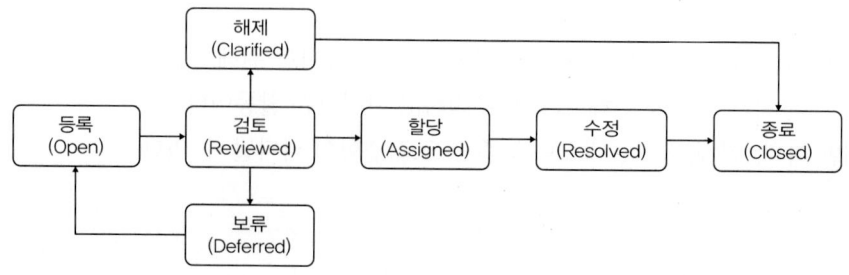

3) 테스트 커버리지(Coverage) 23.5

① 테스트 커버리지 정의
- 주어진 테스트 케이스에 의해 수행되는 소프트웨어의 테스트 범위를 측정하는 테스트 품질 측정 기준이다.
- 테스트 커버리지 정의를 통해 테스트의 정확성과 신뢰성을 향상시키는 역할을 한다.

② 기능 기반 커버리지
- 대상 애플리케이션의 전체 기능을 모수로 설정하고, 실제 테스트가 수행된 기능의 수를 측정하는 방법이다.
- 100% 달성을 목표로 하며, 일반적으로 UI가 많은 시스템의 경우 화면 수를 모수로 사용할 수도 있다.

③ 라인 커버리지
- 대상 애플리케이션의 전체 소스코드 라인 수를 모수로 설정하고, 테스트가 수행한 라인 수를 측정하는 방법이다.
- 단위 테스트에서는 라인 커버리지를 척도로 삼기도 한다.

④ 코드 커버리지
- 소프트웨어 테스트를 충분히 진행했는지를 나타내는 지표 중 하나로, 소스코드의 구조 코드 자체가 얼마나 테스트되었는지를 측정하는 방법이다.
    - 구문(Statement) 커버리지 : 모든 구문을 한 번 이상 수행하는 테스트 커버리지
    - 결정(Decision) 커버리지 : 결정문의 결과가 참과 거짓의 결과를 수행하는 테스트 커버리지
    - 조건(Condition) 커버리지 : 결정문 내부 개별 조건식의 결과가 참과 거짓의 결과를 수행하는 테스트 커버리지
    - 조건/결정 커버리지 : 결정문의 결과와 결정문 내부 개별 조건식의 결과가 참과 거짓의 결과를 수행하는 테스트 커버리지
    - 변형 조건/결정 커버리지(MC/DC) : 결정문 내부 개별 조건식 결과에 상관없이 독립적으로 전체 조건식의 결과에 영향을 주는 테스트 커버리지(가장 안전한 커버리지, 도구 사용 권장)
    - 다중 조건 커버리지 : 결정문의 모든 조건식의 모든 가능한 논리적 조합을 고려하는 테스트 커버리지

> **기적의 TIP**
>
> 결정은 분기(Branch)라고 표현하기도 합니다.
> - 결정문 : 하나 이상의 조건식을 통해 프로그램의 흐름이 변하는 분기
> - 조건식 : 두 값을 비교하여 하나의 논리값을 도출하는 식

더 알기 TIP

프로그래밍 지식 없이 코드 커버리지를 완벽하게 이해하기는 굉장히 어렵습니다. 지식이 있어도 헷갈릴 확률이 높아서 서로를 구분할 수 있게끔 암기하는 것이 우선입니다.

SECTION 03 애플리케이션 성능 개선

빈출 태그 ▶ #클린 코드 #코드 분석 도구 #소프트웨어 품질 평가 항목 #정형 기술 검토

01 애플리케이션 성능 분석

1) 애플리케이션 성능 측정

① 애플리케이션 성능 측정 정의 25.2
- 사용자의 요구 기능을 해당 애플리케이션이 최소의 자원을 사용하면서 얼마나 빨리, 많은 기능을 수행하는지를 측정하는 활동이다.
- 애플리케이션의 성능을 측정하기 위한 지표는 처리량, 응답 시간, 경과 시간, 자원 사용률 등이 있다.
  - 처리량(Throughput) : 주어진 시간에 처리할 수 있는 단위 작업(트랜잭션)의 수
  - 응답 시간(Response Time) : 사용자 입력에 대한 응답이 나타날 때까지의 시간
  - 경과 시간(Turnaround Time) : 사용자 입력에 대한 결과 출력이 완료될 때까지의 시간
  - 자원 사용률(Resource Usage) : 단위 작업 처리를 위한 CPU, 메모리, 네트워크 등의 사용량

> **더 알기 TIP**
> 시스템, 플랫폼, 애플리케이션 등은 결국 사용자의 문제를 해결하기 위해 만들어지기 때문에 성능을 측정하는 지표 역시 크게 차이가 나지는 않습니다.

② 애플리케이션 성능 분석 도구
- 성능 분석 도구는 애플리케이션의 성능을 점검하는 도구와 시스템 자원 사용량을 모니터링하는 도구로 분류할 수 있다.
  - 성능/부하/스트레스(Performance/Load/Stress) 점검 도구 : 애플리케이션의 성능 점검을 위해 가상의 사용자를 점검 도구 상에서 인위적으로 생성한 뒤, 시스템의 부하나 스트레스를 통해 성능 측정 지표인 처리량, 응답 시간, 경과 시간 등을 점검하기 위한 도구
  - 모니터링(Monitoring) 도구 : 애플리케이션 실행 시 자원 사용량 확인, 성능 모니터링, 성능 저하 원인 분석, 시스템 부하량 분석, 장애 진단, 사용자 분석, 용량 산정 등의 기능을 제공하여, 시스템의 안정적 운영을 지원하는 도구

분류	도구명	설명	지원 환경
성능 점검 (오픈 소스)	JMeter	HTTP, FTP, LDAP 등 다양한 프로토콜을 지원하는 안전성, 확장성, 부하, 기능 테스트 도구	크로스 플랫폼
	LoadUI	HTTP, JDBC 등 주로 웹 서비스를 대상으로 서버 모니터링을 지원하는 UI를 강화한 부하 테스트 도구	크로스 플랫폼
	OpenSTA	HTTP, HTTPS 지원하는 부하 테스트 및 생산품 모니터링 도구	윈도우즈
모니터링	Scouter	단일 뷰 통합/실시간 모니터링, 튜닝에 최적화된 인프라 통합 모니터링 도구	크로스 플랫폼
	Zabbix	웹 기반 서버, 서비스, 애플리케이션 모니터링 도구	크로스 플랫폼

2) 애플리케이션 성능 저하 원인 분석

① DB 연결 및 쿼리 실행
- DB를 연결하기 위한 Connection 객체를 생성하거나 쿼리를 실행하는 애플리케이션 로직에서 성능 저하 또는 장애가 많이 발견된다.
  - DB Lock : 대량의 데이터 조회, 과도한 업데이트 및 인덱스 생성 시 DB가 잠기는 현상
  - DB Fetch : 필요한 데이터보다 많은 양의 데이터 요청이 들어올 경우 응답 시간 저하 발생
- 트랜잭션의 확정(Commit)이 이루어지지 않거나, 불필요한 확정이 자주 발생하는 경우에 성능이 저하될 수 있다.
- Connection 객체를 종료하지 않거나(Connection Leek), 커넥션 풀의 크기가 적절하지 않은 경우에도 성능 저하가 발생할 수 있다.

② 내부 로직
- 웹 애플리케이션의 인터넷 접속 불량으로 인해 클라이언트의 정상적 로딩이 어려운 경우 성능이 저하될 수 있다.
- 대량이나 큰 용량의 파일을 업/다운로드할 경우 처리 시간이 길어져 성능이 저하될 수 있다.
- 오류 처리 로직과 실제 처리 로직을 분리하지 않은 경우, 예외 처리로 인해 성능이 저하될 수 있다.

③ 외부 호출
- 특정 트랜잭션이 수행되는 동안 외부 트랜잭션의 호출이 장시간 수행되거나 타임아웃 발생으로 성능이 저하될 수 있다.

④ 잘못된 환경
- 스레드 풀(Thread Pool), 힙 메모리(Heap Memory)의 크기를 너무 작게 설정하면 Heap Memory Full 현상 발생으로 성능이 저하될 가능성이 있다.
- 라우터, L4 스위치 등 네트워크 관련 장비 간 데이터 전송 실패 또는 전송 지연에 따른 데이터 손실 발생 시 애플리케이션의 성능 저하 또는 장애가 발생할 수 있다.

02 애플리케이션 성능 개선

1) 소스코드 최적화 20.6, 20.8, 20.9, 21.5, 21.8, 22.3, 22.7, 24.7, 25.2

① Bad Code
- 다른 개발자가 로직을 이해하기 어렵게 작성된 코드이다.
- 로직의 제어 코드들이 정제되지 않고 서로 얽혀(스파게티 코드) 있거나, 식별자들의 정의를 알 수 없고, 동일한 로직이 중복 작성된 코드 등이 있다.
- 코드의 복잡도가 증가하고 잦은 오류가 발생할 가능성이 있다.

② Clean Code
- 가독성이 높고, 단순하며 의존성이 낮고 중복이 최소화된 코드를 말한다.
- 애플리케이션 기능 및 설계에 대한 이해가 쉽고, 프로그래밍 속도가 빨라진다.
- 클린 코드를 작성하기 위한 원칙은 가독성, 단순성, 의존성 최소화, 중복성 최소화, 추상화 등이 있다.

③ 소스코드 최적화 기법
- 클래스는 하나의 역할(책임)만 수행할 수 있도록 응집도를 높인다.
- 클래스 간 의존성을 최소화하여 결합도를 약하게 한다.
- 올바른 코딩 스타일을 파악하여 코드 가독성을 높인다.
- 기억하기 쉽고 발음이 쉬운 용어나 접두어 등을 사용하여 이름을 정의한다.
- 적절한 주석문을 사용하여 소스코드에 대한 내용을 보충한다.

④ Hard Code
- 프로그램 코드에 프로그램 설정값, 사용자 데이터, 암호 등과 같은 것들을 직접적으로 기록하는 것이다.
- 소프트웨어 개발 단계에서 매우 유용하지만, 잠재적인 보안 위협과 유지 보수에 어려움이 수반된다.

2) 소스코드 품질 분석 도구 20.6, 20.9, 21.8, 22.3, 22.4, 22.7, 23.3, 23.5, 24.2, 24.7, 25.2

① 소스코드 품질 분석 정의
- 소스코드에 대한 코딩 스타일, 설정된 코딩 표준, 코드의 복잡도, 코드 내에 존재하는 메모리 누수 현황, 스레드의 결함 등을 발견하고 이를 해결하여 코드의 품질을 향상시킨다.

> **기적의 TIP**
> 스파게티 코드와 외계인 코드를 구분할 수 있어야 합니다.

> **기적의 TIP**
> 클린 코드 작성 원칙과 그 의미에 대해 이해하고 있어야 합니다.

- 일반적인 테스트를 비롯하여 코드 인스펙션, 정적 분석, 동적 분석, 증명, 리팩토링 등이 있다.

② 소스코드 정적 분석 도구
- 작성된 소스코드를 실행시키지 않고, 코드 자체만으로 품질 분석을 진행하는 도구이다.
  - pmd : 자바 및 다른 언어의 소스코드에 대한 버그 및 데드 코드 분석
  - cppcheck : C/C++ 코드에 대한 메모리 누수, 오버플로우 등 분석
  - SonarQube : 소스코드 통합 플랫폼, 플러그인 확장 가능
  - checkstyle : 자바 코드에 대한 코딩 표준 준수 검사 도구

③ 소스코드 동적 분석 도구
- 애플리케이션을 실행하여 코드의 품질을 분석하는 도구이다.
  - Avalanche : Valgrind 프레임워크 및 STP 기반 소프트웨어 에러 및 취약점 분석
  - Valgrind : 자동화된 메모리 및 스레드 결함 발견 및 분석

④ 코드 인스펙션(Code Inspection)
- 소스코드에 존재할 수 있는 결함, 오류, 표준 위반 사항 등을 사람(전문가, 동료 등)이 직접 읽고 검토하여 찾아내는 형식적인 정적 분석 기법이다.
- 컴파일이나 실행 없이 코드 자체를 분석할 수 있어 SDLC 초기에 적용 가능하다.

⑤ 증명(Proof)
- 코드의 정확성을 수학적 방법으로 증명하는 절차이다.
- 소프트웨어 품질이 매우 중요한 고신뢰 시스템(항공, 금융 등)에 사용된다.

⑥ 리팩토링(Refactoring)
- 외부 기능의 변화 없이, 소스코드의 내부 구조를 개선하는 작업이다.
- 버그를 줄이기 위한 목적이 아닌 코드 품질 향상이 목표이다.

3) 소프트웨어 유지보수

① 소프트웨어 유지보수 정의
- 소프트웨어의 기능을 지속적으로 개선하고, 오류를 제거하여 만족도를 향상시키는 품질 보증 활동이다.
- 표준화되어 있지 않은 외계인 코드, 스파게티 코드, 문서화되어 있지 않은 프로그램은 유지보수가 어렵다.
- 유지보수로 인해 부작용이 발생하지 않도록 회귀 테스트 등이 필요하다.
  - 코드 부작용 : 코드의 변경으로 인해 발생하는 부작용
  - 데이터 부작용 : 자료 구조의 변경으로 인해 발생하는 부작용
  - 문서 부작용 : 코드와 데이터에 대한 변경이 설계 문서, 매뉴얼 등에 적용되지 않아서 발생하는 부작용

> **기적의 TIP**
> 정적 분석 도구와 동적 분석 도구를 구분할 수 있어야 합니다.

> **기적의 TIP**
> 소스코드 품질 분석 도구들이 지원하는 기능은 이 밖에도 상당히 다양하고 지금도 발전하고 있습니다. 우선 정적과 동적을 구분하는 것이 핵심이고, 중요 기능 위주로만 암기하세요.

> **기적의 TIP**
> 소스코드 인스펙션에서 정의되는 오류
> - 데이터 오류(DA) : 데이터 유형 정의, 변수 선언, 매개변수 등에서 나타나는 오류
> - 기능 오류(FN) : 서브루틴이나 블록이 잘못된 것(What)을 수행하는 오류
> - 논리 오류(LO) : 서브루틴이나 블록이 수행하는 방법(How)을 잘못 수행하는 오류
> - 성능 오류(PF) : 프로그램을 수행하며 요구되는 성능을 만족시키지 못하는 오류
> - 문서 오류(DC) : 프로그램 구성 요소인 선언 부분, 잘못되거나 불필요한 주석 등에서 나타나는 오류

② 소프트웨어 유지보수 유형 25.2
- 소프트웨어 유지보수는 하자 보수, 완전 보수, 적응 보수, 예방 보수 등으로 구분된다.
    - 하자 보수(Corrective maintenance) : 소프트웨어 버그나 잠재적 오류의 원인 제거
    - 완전 보수(Perfective maintenance) : 가장 많은 유지보수의 비용 소모, 성능 문제 수정 및 보완
    - 적응 보수(Adaptive maintenance) : 운영 환경의 변화를 기존의 소프트웨어에 반영
    - 예방 보수(Preventive maintenance) : 사용자의 요구를 미리 예측하여 반영

③ 소프트웨어 유지보수 비용 측정 방법
- 소프트웨어 유지보수 비용을 측정하는 방법에는 대표적으로 BL, COCOMO, Vessey & Webber가 있다.

방법	대표 공식	설명
BL (belady와 lehman)	$M = P + K \times e^{(c-d)}$	• M : 유지보수를 위한 노력(인원/월) • P : 생산적인 활동(개발)에 드는 비용 • K : 통계값에서 구한 상수(주관적 평가 수치 : 1에 가까울수록 경험이 많음) • c : 복잡도 • d : 소프트웨어에 대한 지식 정도(주관적 평가)
COCOMO (COnstructive COst MOdel)	$M = ACT \times DE \times EAF$	• M : 유지보수를 위한 노력(인원/월) • ACT(Annual Change Traffic) : 유지보수 비율(1년간 한 라인당 가해지는 변경 횟수) • DE(Development Effort) : 생산적인 활동(개발)에 드는 비용 • EAF(Effort Adjust Factor) : 노력 조정 수치(주관적 평가)
Vessey & Webber	$M = ACT \times 2.4 \times [KDSI]^{1.05}$	• M : 유지보수를 위한 노력(인원/월) • ACT(Annual Change Traffic) : 유지보수 비율(1년간 한 라인당 가해지는 변경 횟수) • KDSI(Kilo Delivered Source Instruction) : 1000라인 단위로 묶은 전체 라인 수

4) 소프트웨어 품질 평가

① 소프트웨어 품질 보증(SQA : Software Quality Assurance) 정의
- 제품 소프트웨어의 기능과 사용자의 요구사항이 일치하는지를 확인하는 체계적인 시스템과 활동을 총칭한다.
- 소프트웨어 품질 확보를 위한 요구사항과 개발 절차, 평가 절차를 제공한다.

② 정형 기술 검토(FTR : Formal Technical Review) 22.3, 23.5, 23.7, 24.2, 24.7, 25.2
- 가장 일반적으로 정형화된 기술 검토 방법으로, 소프트웨어에 대한 요구사항 일치 여부, 표준 준수 및 결함 발생 여부를 검토하는 정적 분석 기법이다.

- FTR의 원칙은 아래와 같다.
  - 검토될 제품에 대한 체크 리스트를 개발
  - 자원과 시간 일정을 할당
  - 문제 영역을 명확히 표현하고 의제를 제한
  - 제품의 검토에만 집중
  - 검토의 과정과 결과를 재검토
  - 논쟁과 반박을 제한
  - 참가자의 수를 제한
  - 사전 준비를 강요하고 사전에 작성한 메모들을 공유
  - 모든 검토자들을 위해 의미있는 훈련을 진행
  - 해결책이나 개선책에 대해서 논하지 않음

③ 소프트웨어 품질 목표 항목 20.6, 20.8, 21.6, 21.5, 21.8, 24.7

- 소프트웨어 품질을 평가하는 세부 항목들은 아래와 같다.
  - 정확성(Correctness) : 사용자의 요구사항을 충족
  - 신뢰성(Reliability) : 정확하고 일관된 결과로 요구된 기능을 오류 없이 수행하는 시스템 능력
  - 효율성(Efficiency) : 요구되는 기능을 수행하기 위해 최소한의 자원 소모
  - 무결성(Integrity) : 허용되지 않는 사용이나 자료의 변경을 제어
  - 유지보수 용이성(Maintainability) : 품질 개선, 오류 수정 등의 용이함
  - 사용 용이성(Usability) : 소프트웨어를 쉽게 이용
  - 검사 용이성(Testability) : 소프트웨어를 쉽게 시험
  - 이식성(Portability) : 다양한 하드웨어 환경에서도 운용 가능하게끔 변경
  - 상호 운용성(Interoperability) : 다른 소프트웨어와 무리 없이 정보 교환
  - 유연성(Flexibility) : 소프트웨어를 쉽게 수정
  - 재사용성(Reusability) : 소프트웨어를 다른 목적으로 사용

④ 시스템 신뢰도 측정

- 소프트웨어 신뢰도를 평가하는 데 기준이 되는 요소 중 하나인 평균 시간에는 평균 무장애 시간, 평균 장애 시간, 평균 복구 시간 등이 있다.

평균 무장애 시간(MTBF)	• MTBF : Mean Time Between Failure • (수리 가능 제품) 평균 장애 발생 간격 평균 • MTBF = MTTF + MTTR
평균 장애 시간(MTTF)	• MTTF : Mean Time To Failure • (수리 불가능 제품) 고장이 발생할 때까지의 동작시간 평균 • MTTF = 총 동작시간 / 사용횟수
평균 복구 시간(MTTR)	• MTTR : Mean Time To Repair • 고장이 발생한 시점부터 수리가 완료될 때까지의 수리시간 평균 • MTTR = 총 고장시간 / 사용횟수

- 평균 시간을 활용하여 시스템의 가용성(Availability)을 측정할 수 있다.
  - 가용성 = MTTF / MTBF

> **기적의 TIP**
> 정형 기술 검토의 원칙(지침)이 아닌 것을 찾을 수 있어야 합니다.

> **기적의 TIP**
> 소프트웨어 품질 목표가 아닌 것, 설명 중 올바른 것을 찾을 수 있어야 합니다. 비슷한 설명이 많으므로 학습에 주의하세요.

PART

03

데이터베이스 구축

파트 소개

다량의 관련된 정보들을 체계적으로 관리하기 위한 데이터베이스를 설계, 구축, 운용하는 기술에 대해 다룹니다. 다른 과목들에 비해 암기량은 적은 편이지만, 이해가 어려운 개념들이 많아서 정답률이 다소 떨어지게 됩니다. 이해를 위해 책과 영상 등의 다양한 형태로 학습하여 이해력을 높이는 것이 좋습니다.

CHAPTER

01

논리 데이터베이스 설계

학습 방향

데이터베이스의 종류와 데이터베이스를 설계하기 위한 모델링 요소 및 시각화 요소에 대해 서술합니다. 3과목에서 가장 어려운 챕터인데다 출제 비중이 3과목 중 가장 커서 무시할 수 없는 챕터입니다. 책과 동영상, 질문 게시판 등을 통해 이해도를 높일 수 있도록 학습하는 것이 좋습니다.

SECTION 01 데이터베이스 기본

빈출 태그 ▶ #DB 시스템 #스키마 #RDBMS #개체 타입 #키

01 데이터베이스 관리 시스템

1) 데이터베이스 시스템

① DB 시스템 정의
- 데이터베이스는 업무 수행에 필요하고 관련 있는 데이터의 체계적인 집합이다.
- 여러 사용자 및 응용 프로그램이 데이터를 공유하여 사용할 수 있도록 데이터를 통합하여 저장하고 운영하는 데이터 관리 시스템이다.
  - 공유 데이터(Shared Data) : 여러 응용 프로그램들이 공통으로 필요로 하는 데이터
  - 통합 데이터(Integrated Data) : 불필요한 데이터를 제거하고 중복이 최소화된 데이터
  - 저장 데이터(Stored Data) : 컴퓨터 시스템이 접근할 수 있는 저장 매체에 저장된 데이터
  - 운영 데이터(Operational Data) : 조직의 목적을 위해 지속적으로 필요한 데이터

② DB 시스템 특징
- 데이터베이스 시스템의 특징은 실시간 접근성, 지속적인 변화, 동시 공유, 내용에 의한 참조, 데이터의 논리적 독립성이 있다.
  - 실시간 접근성(Real Time Accessibility) : 사용자 요청에 실시간으로 응답하여 처리
  - 계속적인 진화(Continuous Evolution) : 데이터의 생성이나 변경, 삭제 등을 통해 항상 최신 상태 유지
  - 동시 공유(Concurrent Sharing) : 여러 사용자가 동시에 원하는 데이터 이용 가능
  - 내용에 의한 참조(Content Reference) : 데이터 위치가 아닌 사용자가 요구하는 데이터 내용에 따라 데이터를 참조
  - 데이터의 논리적 독립성(Independence) : 응용 프로그램과 데이터베이스를 분리하여 데이터의 논리적 구조 변경에도 응용 프로그램을 변경할 필요 없음

- 데이터베이스의 특징에 따라 데이터베이스는 중복을 최소화하고 무결성, 보안성, 안정성, 효율성 등을 유지할 수 있다.
- 많은 기능이 있는 만큼 구조가 복잡하여 구축에 많은 비용이 소모되고 관리에 어려움(백업, 복구, 과부하 등)이 있어 전문가가 필요하다.

> **더 알기 TIP**
>
> 모든 데이터베이스의 핵심은 "데이터 무결성"입니다. 무결성(정확성, 일관성)의 개념을 폭넓게 이해하고 있어야 합니다. 데이터베이스의 그 무엇을 공부하더라도 이 무결성이라는 개념을 고려하여 학습하세요.

2) 스키마(Schema) 20.9, 21.3, 23.5, 23.7, 24.2

① 스키마 정의
- 데이터베이스의 자료 구조와 표현 방법, 관계 등을 정의한 제약조건이다.
- 데이터베이스 관리 시스템(DBMS)과 데이터베이스 구축 환경을 고려하여 정의되며 데이터 사전에 저장된다.
- 스키마는 관점에 따라 외부, 개념, 내부의 구조를 가진다.

② 외부 스키마
- 특정 사용자의 입장에서 필요한 데이터베이스의 구조를 정의한 스키마이다.
- 실제 세계에서 존재하는 데이터를 어떤 형식이나 구조로 표현할 것인가를 정의한다.
- 같은 데이터베이스에서도 서로 다른 관점을 정의(다양한 외부 스키마)하고 사용자가 선택하여 이용할 수 있도록 한다.

③ 개념 스키마
- 모든 사용자(조직)의 입장에서 필요한 데이터베이스의 구조를 정의한 스키마이다.
- 효율적인 관리를 위한 접근권한, 보안정책, 무결성 규칙 등도 포함된 DB 전체를 정의한다.
- 데이터베이스 관리자(DBA)에 의해 구성되며, DB당 하나만 존재한다.

④ 내부 스키마
- 물리적인 저장장치 입장에서 데이터베이스가 저장되는 방법이나 구조를 정의한 스키마이다.
- 기억 장치에 데이터를 물리적으로 구현하기 위한 방법(내부 형식, 물리적 순서 등)을 정의한다.
- 내부 스키마의 내용에 따라 데이터를 구현하여 운영체제의 파일 시스템에 의해 저장(기록)된다.

> **기적의 TIP**
>
> 각 스키마에 대한 설명을 보고 적절한 스키마를 선택할 수 있어야 합니다.

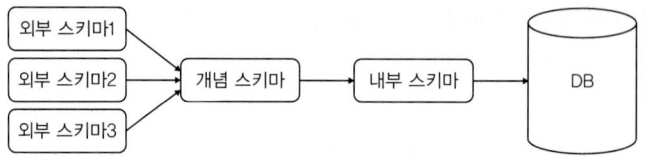

> **더 알기** TIP
>
> 스키마는 조립 설명서 같은 개념입니다. 실제 구현과 저장은 이 설명서를 참고하여 운영체제가 파일 시스템을 이용하여 진행합니다.

3) 데이터베이스 관리 시스템 20.6

① DBMS(DataBase Management System) 정의
- 사용자와 데이터베이스 사이에서 데이터를 저장하고 분석하기 위해 상호작용하는 시스템이다.
- 데이터베이스를 운용하는 시스템으로, 데이터베이스의 특징을 그대로 계승한다.

> **더 알기** TIP
>
> 데이터베이스 시스템과 DBMS는 항상 함께하기 때문에 같은 특성을 가집니다.

② DBMS의 구성
- 일반적인 DBMS의 구조는 아래와 같다.

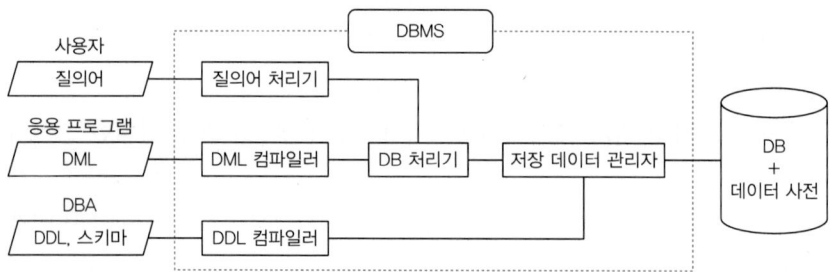

- 질의어 처리기 : 사용자가 입력한 질의어를 분석하여 데이터베이스 처리기로 전송
- DML 컴파일러 : 응용 프로그램에서 작성된 DML 명령어를 분석하여 데이터베이스 처리기로 전송
- 데이터베이스 처리기 : 데이터베이스가 실행되는 동안 DB 연산을 저장 데이터 관리자에 전송
- DDL 컴파일러 : DBA가 작성한 DDL이나 스키마를 분석하여 저장 데이터 관리자에 전송
- 저장 데이터 관리자 : DB와 데이터 사전의 접근 관리, 운영체제에 파일 접근 요청

③ DBMS의 필수 기능
- 데이터베이스의 필수 기능은 정의, 조작, 제어 기능이 있다.
  - 정의 기능 : 데이터의 논리적, 물리적 구조 정의
  - 조작 기능 : 데이터 조회, 생성, 삭제, 변경 조작
  - 제어 기능 : 동시성 제어(데이터 동시 사용 관리), 보안과 권한 기능

> **기적의 TIP**
> DBMS 특징은 넓은 개념으로 이해하고 있어야 합니다.

02 관계형 데이터베이스

1) DB 시스템 유형

① 파일 시스템 22.3
- 자료에 쉽게 접근할 수 있도록 논리적인 파일 단위로 관리하는 일반적인 데이터 관리 시스템이다.
  - FAT(File Allocation Table) : 간단한 구조, 파일 크기 제한, 데이터 보호 기능 부족
  - NTFS(NT File System) : FAT에서 발전, 고성능, 고용량, 고보안

② HDBMS(Hierarchical DBMS)
- 데이터를 계층화(상하관계)하여 관리하는 형태의 데이터베이스 시스템이다.
- 접근 속도가 빠르지만, 상하 종속적이라 데이터 구조 변화에 유연한 대응이 어렵다.
- 모든 레코드의 관계는 1:N 관계이며, N:M 관계의 표현이 어렵다.

> **기적의 TIP**
> A보다 발전된 B는 대부분의 기능이 개선되지만, 하위 버전에 대한 호환은 보장되지 않습니다.

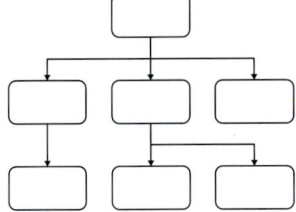

+ 더 알기 TIP

데이터의 기본 저장 단위는 레코드입니다. 자동차를 생각해보면 모델명, 배기량, 가격 등의 속성들을 하나로 묶은 단위가 레코드입니다. 모델명만 따로 삭제하거나 정렬하게 되면 데이터들이 엄청 뒤죽박죽 되겠죠? 모든 데이터 조작은 레코드 단위로 진행됩니다.

③ NDBMS(Network DBMS)
- 데이터를 네트워크 형태로 관리하는 형태의 데이터베이스 시스템이다.
- HDBMS의 상하 종속관계 해결이 가능하지만 구성이 복잡하고 데이터 종속성은 해결하지 못한다.
- 모든 레코드의 관계는 1:1부터 N:M까지 모두 표현할 수 있다.

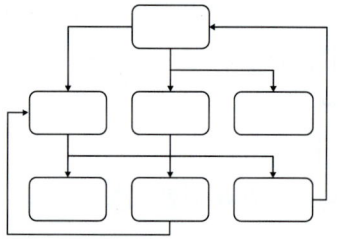

④ RDBMS(Relational DBMS) 22.7

- 데이터를 테이블 구조로 모델링하여 관리하는 형태의 대표적인 데이터베이스 시스템이다.
- 업무 변화에 적응력이 높아 유지보수, 생산성이 향상된다.
- 레코드가 아닌 테이블(릴레이션)을 기준으로 상호 간의 관계를 설정한다.
- 단순하면서도 뛰어난 논리적 구조를 지원하지만, 시스템의 부하가 커질 수 있다.

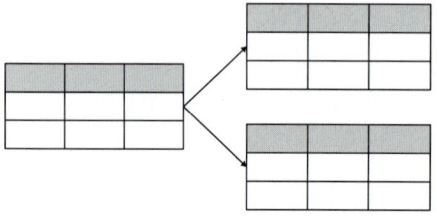

> **기적의 TIP**
>
> 데이터베이스를 구분하는 기준은 데이터 간의 관계입니다.

+ 더 알기 TIP

데이터베이스를 설계하고 사용하는 주체는 역시 사람이죠. 사람이 가장 받아들이기 쉬운 표 형태의 데이터베이스가 가장 많이 쓰이는 이유입니다. 앞으로의 데이터베이스 이론은 대부분 관계형 데이터베이스(RDBMS)를 기준으로 설명합니다.

2) 관계형 데이터베이스 용어

① 개체 타입(Entity Type)

- 현실 세계의 개념이나 대상을 데이터베이스로 표현하고자 하는 논리적인 표현 단위이다.
- 개체 타입은 다수의 속성으로 표현된다.
  - 제품의 속성 : 색상, 크기, 가격, 모델명 등
  - 고객의 속성 : 성명, 주소, 신용 등급, 연락처 등
- 개체 타입은 관계형 데이터베이스(RDB)에서 릴레이션에 해당하며 테이블 형태로 표현된다.
  - 개체 : 개체 타입의 규칙을 통해 생성된 대상으로, 파일 시스템의 레코드와 대응

+ 더 알기 TIP

개체 타입이 붕어빵 기계라면, 개체는 붕어빵에 해당됩니다.

② 속성(Attribute)
- 개체를 구성하는 고유의 특성으로 의미 있는 데이터의 가장 작은 논리적 단위이다.
- 속성 자체만으로는 의미가 없지만, 관련 있는 속성을 모아서 의미 있는 개체를 구성할 수 있다.
- 한 개체의 속성값은 파일 시스템에서 필드를 의미하며 테이블의 열(Column)에 해당한다.

+ 더 알기 TIP

속성과 속성값은 구분되어야 합니다. 학생 개체의 성적이 80이라면, 성적이 속성이고 80이 속성값입니다. 하지만 단순하게 80을 성적이라고 지칭하는 경우도 많기 때문에 80을 '속성'이라고 오해할 수 있습니다. 이러한 오해는 문제의 지문에서도 나타날 수 있기 때문에 문맥을 통해 이해할 수 있어야 합니다.

③ 도메인(Domain) 20.6, 21.3
- 하나의 속성값이 가질 수 있는 모든 원자(분해할 수 없는) 값의 집합이다.
- 도메인 정의가 어려운 경우에는 속성의 특성을 고려한 데이터 타입을 정의한다.
  - 등급 속성 : vip, gold, silver, bronze로 도메인 정의
  - 성별 속성 : 남, 여로 도메인 정의
  - 이름 속성 : 20개의 문자로 데이터 타입 정의

④ 튜플(Tuple) 22.4, 22.7, 25.2
- 하나의 개체(레코드)를 표현하는 완전하고 고유한 정보 단위이다.
- 각 튜플은 고유해야 하며 순서가 없다.
- 테이블의 행(Row)에 해당하며, 릴레이션 인스턴스(Relation Instance)라고도 한다.

⑤ 릴레이션(Relation) 20.8, 20.9, 21.3, 21.5, 22.3, 22.4, 23.3, 23.5, 23.7, 24.2, 24.5, 24.7
- 개체에 관한 데이터를 속성과 튜플로 구성된 2차원 테이블의 구조로 표현한 것이다.
- 릴레이션 스키마와 릴레이션 인스턴스의 결합으로 구성된다.
  - 릴레이션 스키마(Relation Schema) : 릴레이션에 포함된 속성명 집합(논리적 구조)
  - 릴레이션 어커런스(Relation Occurrence) : 릴레이션 인스턴스와 같은 의미

> **기적의 TIP**
> 도메인에 대한 올바른 설명을 찾을 수 있어야 합니다.

> **기적의 TIP**
> 튜플과 관련된 문제는 굉장히 다양한 형태로 출제됩니다. 특히 속성과 헷갈리지 않도록 주의하세요.

> **기적의 TIP**
> 릴레이션의 특징 중 잘못된 설명을 구분할 수 있어야 합니다.

- 릴레이션과 관련된 용어에는 차수, 기수, Null 등이 있다.
  - 차수(Degree) : 전체 속성의 개수
  - 기수(Cardinality) : 전체 튜플의 개수
  - Null : 정보의 부재(없음)를 명시

> **기적의 TIP**
> 차수와 기수를 구분하고 실제 결과값을 계산할 수 있어야 합니다.

➕ **더 알기 TIP**
데이터베이스를 이해하기 위해서는 기본 용어에 대한 이해가 필수적입니다.

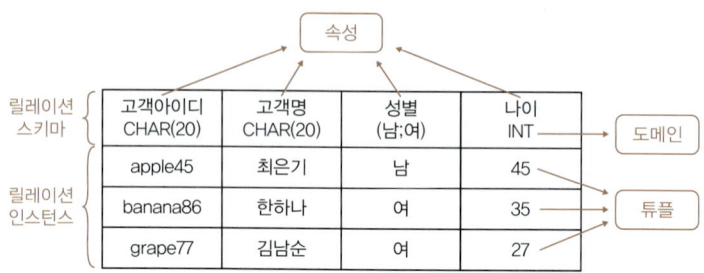

3) 키(Key) 20.6, 20.9, 21.8, 22.3, 22.4, 22.7, 23.3, 23.5, 23.7, 24.2, 24.5, 25.2

① 키의 정의
- 데이터를 분류, 정렬하거나 검색할 때의 기준이 되는 속성을 의미한다.
  - 정렬 알고리즘의 키 : 기준값
  - 데이터베이스의 키 : 기준 속성
- 데이터베이스에 저장되어 있는 튜플들을 유일하게 구별할 수 있는 식별자의 역할을 한다.
- 키의 종류에는 후보키, 기본키, 대체키, 슈퍼키, 외래키 등이 있다.

② 후보키(Candidate Key)
- 릴레이션에 존재하는 모든 튜플에 대해 유일성과 최소성을 모두 만족시키는 속성이다.
  - 유일성 : 튜플을 유일하게 구분할 수 있는 성질
  - 최소성 : 가장 적은 수의 속성(하나의 속성)으로 구성되는 성질
  - 학생 테이블의 후보키 : 학번, 주민번호, 연락처 등
- 튜플의 식별을 위해 후보키 중 하나를 지정하여 사용한다.

③ 기본키(Primary Key)
- 후보키들 중 튜플의 식별을 위해 지정된 속성이다.
- 기본키 역시 후보키의 특징(유일성, 최소성)을 만족해야 하므로 중복과 Null을 가질 수 없다.
  - 대체키(Alternate Key) : 기본키로 지정된 속성을 제외한 후보키들

> **기적의 TIP**
> 키들의 특징을 구분하고, 유일성과 최소성의 의미를 파악하세요.

④ 슈퍼키(Super Key)
- 튜플의 식별을 위해서는 유일성을 만족하는 속성이 있어야 한다.
- 유일성을 만족하는 속성이 없을 때, 둘 이상의 속성을 합쳐서 튜플을 식별할 수 있게 만들어진 속성이다.
- 슈퍼키와 후보키와의 차이점은 최소성의 만족 여부이다.

> **더 알기 TIP**
>
> 마트에서 계산을 하다보면 포인트 적립을 하기 위해 전화번호 4자리를 묻는 경우가 있죠? 그런데 가끔 같은 번호가 있어서 추가로 이름을 묻는 경우가 있습니다. 전화번호(4자리) 속성만으로는 고객을 확실히 구별(식별)할 수 없기 때문에 고객명 속성이 필요한 것이죠. 이런 경우 '전화번호(4자리)+고객명'이 슈퍼키에 해당됩니다.

⑤ 외래키(Foreign Key)
- 관계된 다른 릴레이션의 기본키를 참조하는 속성이다.
- 외래키는 기본키를 참조하지만, 외래키 자체는 키의 속성(유일성)을 만족하지 않을 수도 있다.

> **더 알기 TIP**
>
> 대여 테이블의 "회원번호(외래키)"에서 회원 테이블의 "회원번호(기본키)" 속성을 참조하는 경우를 생각해보죠. 특정 회원이 대여한 횟수가 많다면, 이 회원의 회원번호는 대여 테이블에 중복되어(유일성 성립 안 됨) 입력이 되겠죠? 특별한 경우가 아니라면, 외래키는 중복 및 Null이 허용됩니다.

> **기적의 TIP**
>
> 외래키가 다른 키들과 다른 점이 무엇인지 파악해야 합니다.

SECTION 02 논리 개체 상세화

빈출 태그 ▶ #식별자 #데이터 모델 #관계

01 논리 개체 정의

1) 개체

① 개체 정의
- 현실 세계의 식별 가능한 대상을 디지털화하기 위해 추상화(개체 타입)하여 표현(개체)한 단위이다.
- 하나의 개체 타입에 의해 여러 개체 생성이 가능하며 각 개체는 서로 독립적이다.
- 각 개체들은 파일 시스템의 각 레코드들과 대응(같은 의미)된다.

② 개체 타입(개체 스키마)
- 개체명과 개체 속성을 정의하여 명세한 것으로, 모든 개체는 개체 타입을 통해 생성된다.
  - 개체 인스턴스 : 특정 개체 타입에 의해 생성된 개체만을 호칭할 때 사용
- 개체 타입은 업무 프로세스에 반드시 필요한 정보로 구성되며 다른 개체 타입과 관계를 형성한다.

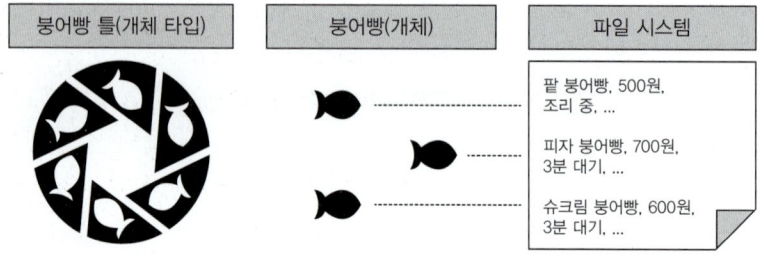

③ 개체 타입 정의 시 고려사항
- 가급적 약어 사용을 지양하고, 실제 업무에서 사용하는 용어를 사용한다.
- 정의되는 이름들은 고유해야 하며 단수 명사를 사용한다.

2) 속성

① 속성의 정의
- 개체의 정보를 나타내는 고유의 특성으로 개체의 성격을 구체적으로 나타낸다.
- 개체를 구성하는 가장 작은 단위이며 속성 간에는 순서가 없다.
- 속성의 특성에 따라 기본 속성, 설계 속성, 파생 속성으로 나뉜다.
  - 기본 속성 : 업무 분석을 통해 정의된 속성
  - 설계 속성 : 업무 식별을 위해 새로 만들거나 기존 데이터를 변형하여 정의된 속성
  - 파생 속성 : 다른 속성의 영향을 받아 정의된 속성
- 속성의 개체 구성 방식에 따라 기본키 속성, 외래키 속성, 일반 속성으로 나뉜다.
  - 기본키 속성 : 개체를 식별할 수 있는 속성
  - 외래키 속성 : 다른 개체와 관계를 가지는 속성

② 속성 정의(도출) 시 고려사항
- 다른 속성에 의해 생성되지 않는 원시 속성은 제거할 경우 재현이 불가능하므로 제거하지 않는다.
- 모든 개체가 정의되어 있지 않은 상황에서는 각 속성 후보들을 적절한 기준으로 분류한 뒤, 분류 기준과 가장 부합하는 그룹을 개체 타입으로 지정한다.
- 약어 사용을 지양하고 개체 타입과 다른 실제 업무에 사용되는 이름으로 정의한다.

③ 관계 스키마(Relation Schema)
- 현실 개체를 디지털 세계에 표현하기 위해 도출된 속성들의 논리적인 구조이다.
- 도출된 속성 간 관계와 제약사항(종속성)에 따라 다수의 릴레이션으로 분할(스키마 변환)한다.
- 스키마 변환은 아래의 원칙을 준수해야 한다.
  - 분리 : 서로 독립적인 관계성을 가진 속성을 별도의 릴레이션으로 분리
  - 데이터 중복의 감소 : 데이터 중복 최소화를 유지하며 분리
  - 정보 무손실 원칙 : 릴레이션 분리 후 정보의 손실이 없도록 분리

3) 식별자(Identifier)

① 식별자 정의
- 하나의 개체 타입에서 각각의 개체를 유일하게 구분할 수 있는 결정자로 키와 같은 의미이다.
- 식별자로 지정되면 그 식별자는 변하지 않아야 하며, 주 식별자는 반드시 값이 존재해야 한다.
- 식별자는 대표성 여부, 자체 생성 여부, 단일 속성 식별 여부, 대체 여부에 따라 다양한 형태로 나뉜다.

② 주 식별자와 보조 식별자
- 주 식별자는 개체 타입의 대표성을 나타내는 유일한 식별자로 기본키와 같은 의미이다.
- 보조 식별자는 주 식별자를 대신하여 개체를 식별할 수 있는 식별자이다.

③ 내부 식별자와 외부 식별자
- 내부 식별자는 자신의 개체 타입으로부터 생성되는 식별자이다.
- 외부 식별자는 다른 개체 타입에서 주 식별자를 상속받아 자신의 개체 타입에 포함시키는 연결자이다.

④ 단일 식별자와 복합 식별자
- 단일 식별자는 개체를 식별할 때 필요한 속성이 하나인 식별자이다.
- 복합 식별자는 개체를 식별하기 위해 둘 이상의 속성이 필요한 식별자이다.

⑤ 원조 식별자와 대리 식별자
- 원조 식별자는 가공되지 않은 원래의 식별자이다.
- 대리 식별자는 복합 식별자의 속성들을 하나의 속성으로 묶어 하나의 식별자로 만들어 활용하는 인조 식별자이다.
  - 인조 식별자 : 코드, 일련번호 등의 데이터를 새로 생성하여 식별자 지정

더 알기 TIP

식별자는 데이터베이스 모델링에 적용되며, 키는 물리적인 데이터베이스에 적용됩니다.

4) 개체 정의서

① 개체 정의서
- 논리적 개체와 속성, 식별자들이 모두 확정된 이후에 이들에 대한 명세서를 작성한 것이다.
- 개체 정의서에 포함될 항목에는 개체 타입명, 개체 타입 설명, 유의어, 개체 타입 구분, 관련 속성, 식별자 등이 있다.

02 데이터 모델링

1) 데이터 모델링

① 데이터 모델링 정의 20.9, 22.4, 25.2
- 현실 세계의 개념적인 기업의 정보 구조를 디지털 세계의 논리적인 데이터 모델로 명확하고 체계적으로 변환하여 문서화하는 기법을 말한다.
- 현실의 정보 구조(비즈니스 요구사항)를 기반으로 실체(Entity)와 관계(Relation)를 통해 정보 구조를 표현한다.

➕ 더 알기 TIP

기업의 정보 구조는 기업에서 업무 운영에 필요한 모든 정보를 뜻합니다. 모델링은 '설계'라는 표현을 사용하기도 합니다.

- 데이터 모델의 표시 요소는 논리적 구조, 연산, 제약 조건이 있다.
  - 논리적 구조 : 논리적으로 표현된 개체들 간의 관계
  - 연산 : 데이터 처리(삽입, 삭제, 변경) 방법
  - 제약 조건 : 저장되는 데이터의 논리적인 제약 조건
- 데이터 모델의 구성 요소는 개체, 속성, 관계이다.

② 일반적인 시스템 개발 절차 22.7, 23.3, 23.5, 24.2
- 시스템 개발은 데이터 관점과 프로세스 관점으로 진행된다.
- 비즈니스 요구사항을 기반으로 전략 수립, 분석, 설계, 개발 단계로 진행된다.
- 전략 수립 단계에서는 개념 모델링을 통해 개발 범위를 파악한다.
- 분석 모델링 단계에서는 업무 중심의 분석을 통해 논리 데이터 모델링을 수행한다.
- 설계 모델링 단계에서는 실제 개발 환경을 고려하여 물리 데이터 모델링을 수행한다.
- 개발 단계에서는 데이터 모델을 기반으로 DB를 구축하고 애플리케이션을 개발한다.

> **기적의 TIP**
> 데이터 모델의 구성 요소와 표시 요소는 다른 개념입니다.

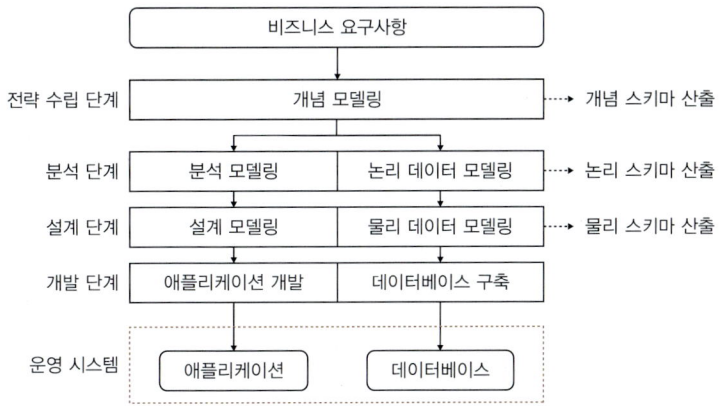

> **기적의 TIP**
> 개념을 통해 논리를, 논리를 통해 물리 모델을 생성합니다.

③ 데이터 모델링 특징
- 연관 조직의 정보요구에 대한 정확한 이해를 할 수 있다.
- 사용자, 설계자, 개발자 간에 효율적인 의사소통 수단을 제공한다.
- 데이터 체계 구축을 통한 고품질의 소프트웨어와 유지보수 비용의 감소 효과를 기대할 수 있다.
- 신규 또는 개선 시스템의 개발 기초를 제공한다.
- 데이터 중심 분석을 통한 업무 흐름 파악이 용이하고 데이터 무결성을 보장할 수 있다.

➕ 더 알기 TIP

명확하고 체계적으로 정리된 문서는 모두가 오해 없이 의사소통을 가능하게 합니다. 때문에 불필요한 시간 낭비나 비용을 줄일 수 있는 것이죠.

2) 개념 데이터 모델링

① 개념 데이터 모델링 정의
- 비즈니스 요구사항을 표현한 상위 수준의 모델로, 데이터 모델의 골격을 설계한다.
- 주요 엔티티타입, 기본 속성, 관계, 주요 업무 기능 등을 포함한다.
- 주요 업무 영역에 포함되는 주요 엔티티타입 간의 관계를 파악하여 주요 업무 규칙을 정의한다.

② 개념 데이터 모델링 특징 22.4
- 특정 DBMS로부터 독립적인 표현이 가능한 E-R 모델 등을 이용하여 구현한다.
- 개념 모델링의 주요 작업(Task)은 순서보다는 필수 요소로 이해하는 것이 좋다.
  - 요구분석, 주요 개체 선별, 개체 정의, 식별자 정의, 개체 통합, 개체 간 관계 도출

> 📋 **기적의 TIP**
>
> E-R 모델(다이어그램)은 굉장히 다양한 곳에서 사용됩니다.

➕ 더 알기 TIP

소프트웨어에서 구현해야 하는 모든 요구사항 중, 주요 업무 영역에 대한 부분만을 우선 모델링하여 소프트웨어 및 데이터 모델의 큰 틀을 잡는 과정입니다.

3) 논리 데이터 모델링 20.6, 22.3, 24.7

① 논리 데이터 모델링 정의
- 개념 데이터 모델을 기초로 하여 업무 영역의 업무 데이터 및 규칙을 구체적으로 표현한 모델이다.
- 모든 업무 영역에 대한 업무용 개체(Who), 속성, 관계, 프로세스(How) 등을 포함한다.
- 일반적으로 논리 데이터 모델과 데이터 모델은 같은 의미를 가지며 관계 표현 방법에 따라 관계형, 계층적, 네트워크형 데이터 모델이 있다.

② 논리 데이터 모델링 기법
- 개념 데이터 모델의 개념적 구조를 컴퓨터가 이해(처리)할 수 있는 논리적 구조로 변환(매핑)한다.
- 목표하는 DBMS에 적용할 수 있는 DB 스키마 및 트랜잭션 인터페이스를 설계한다.

③ 논리 데이터 모델링 특징
- 요구사항을 충분히 수집하지 않으면 다음 단계의 요구사항 변경에 따른 많은 비용이 발생한다.
- 특정 시스템의 성능 및 제약사항으로부터 독립적이다.
- E-R 모델을 활용하여 이해당사자들과 의사소통한다.
- 모든 업무 데이터를 정규화하여 표현한다.

> **기적의 TIP**
> 논리적 데이터 모델링 단계에서 수행하지 않는 작업을 구분할 수 있어야 합니다.

03 논리 개체의 관계 정의

1) 관계(Relationship)

① 관계의 정의
- 둘 이상의 개체 간에 존재나 행위에 있어 의미 있는 연결 상태이다.
  - 존재에 의한 관계 : 정보의 흐름이 정적(상속)인 상태(예 학교와 학생 개체)
  - 행위에 의한 관계 : 정보의 흐름이 동적(업무흐름)인 상태(예 고객과 주문 개체)
- 개체 간의 관계는 1과 0, N(다수)을 활용하여 표현되며, 적절한 관계는 개체 간 참조무결성을 보장한다.
  - 1:1 : 한 개체와 대응되는 다른 개체가 반드시 하나씩 존재
  - 1:0 or 1:1 : 한 개체와 대응되는 개체가 없거나 하나만 존재
  - 1:1 or 1:N : 한 개체와 대응되는 개체가 하나거나 다수 존재
  - 1:0 or 1:1 or 1:N : 한 개체와 대응되는 개체가 없거나 하나거나 다수 존재
  - 1:N : 한 개체와 대응되는 개체가 다수 존재

> **더 알기 TIP**
>
> 모든 대응이 1로 시작되는 이유를 고민해 보세요.
> 관계(Relationship)를 표현할 때는 한 개체(기준 개체)에서 다른 개체로의 대응 관계를 설명합니다. 이때 기준이 되는 개체 하나가 다른 개체와 얼마나 관계를 맺을 수 있는지를 설명하는 것이므로 "1:"으로 시작합니다. 즉, 하나의 개체 인스턴스가 다른 개체 인스턴스와 맺는 최소/최대 관계 수를 표현합니다.

② 관계 표현의 의미
- 시스템에서 개체가 어떻게 관리되느냐에 따라서 관계의 표현이 달라질 수 있다.
- 관계를 개체의 명칭의 파악이 아닌, 업무 연관 관계를 파악하여 결정한다.
- 학생의 시험 성적관리는 '학생' 개체와 '성적' 개체를 1:N으로 연결해야 학생별로 다수의 성적관리가 가능하다.
- 학생의 기본 정보를 사용 빈도나 보안 등을 위해 복수의 개체로 분할하여 1:1로 연결할 수 있다.

③ 다대다 관계의 해소
- 관계의 표현에서 알 수 있듯이, N:M 관계는 어떤 방법으로도 구현이 불가능하다.
  - 데이터 종속성에 대한 결정이 불가능하여 모델의 논리적 불안정 유지
  - 불안정 상태로 인해 정규화 및 문서화 작업 불가능
- N:M 관계는 새로운 관계 개체와 업무 규칙을 통해 1:N 관계로 변경해야 한다.

➕ **더 알기** TIP

N:M 관계를 해소하는 방법은 상황에 따라 다양하므로 실제 관계를 해소하기 위한 구체적인 방법이 문제로 출제될 확률은 매우 적습니다. 구현이 불가능하다는 점과 어떻게 해결해야 하는지에 대한 추상적인 방법 정도만 학습하셔도 좋습니다.

2) 관계의 종류

① 속성(개체 내, Intra-Entity) 관계
- 개체를 기술하기 위해 해당 객체가 가지는 속성들 사이의 관계를 나타낸 것이다.

② 개체(개체 간, Inter-Entity) 관계
- 개체와 개체 사이의 관계를 나타낸 것이다.

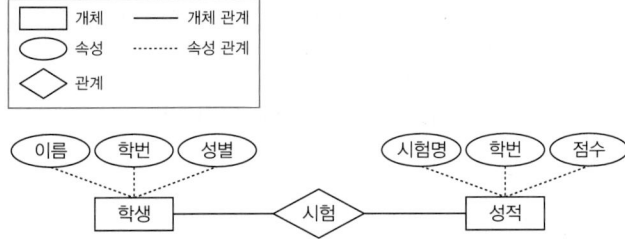

➕ **더 알기** TIP

위의 예시 이미지는 다음 섹션에서 배우게 될 개체-관계 다이어그램을 활용하였지만, 이해를 돕기 위해 변형된 부분이 있으니 정확한 표기법은 다음 섹션에서 학습하시고 여기서는 관계에 대한 이해를 목적으로 학습해 주세요.

③ 종속(Dependent) 관계 24.2
- 개체와 개체 사이의 주종 관계를 나타낸 것으로 식별 관계와 비식별 관계가 있다.
  - 식별 관계 : 개체의 외래키가 기본키에 포함되는 관계
  - 비식별 관계 : 개체의 외래키가 기본키에 포함되지 않는 관계

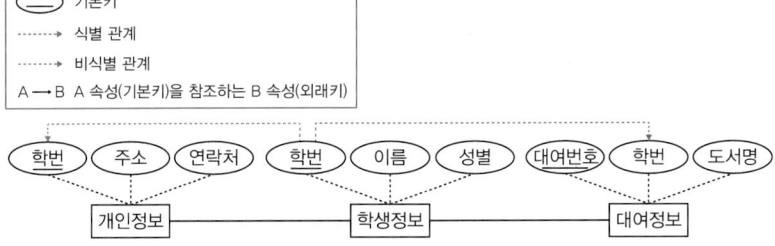

④ 중복(Redundant) 관계
- 특정 두 개체들 사이에 두 번 이상의 종속 관계가 발생하는 관계이다.
- 최적화 작업이 어려워지므로 꼭 필요한 경우가 아니라면 실제 업무에서는 사용하지 않는 것이 좋다.

⑤ 재귀(Recursive) 관계
- 특정 개체가 자기 자신을 다시 참조하는 관계이다.
- 데이터베이스 성능에 영향을 줄 수 있으므로 많은 주의를 필요로 한다.

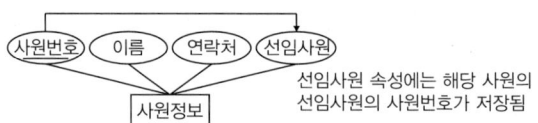
선임사원 속성에는 해당 사원의
선임사원의 사원번호가 저장됨

⑥ 상호 배타적(Mutually Exclusive, Arc) 관계
- 특정 속성의 조건이나 구분자를 통해 개체 특성을 분할하는 일반화 관계를 나타낸 것으로 배타적 OR 관계라고도 한다.
- 하위 구성 개체들 중 하나의 개체와 통합되는 관계 특성을 가진다.

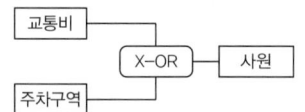
사원은 교통비, 주차구역 중 하나만 제공받는다.

SECTION 03 논리 E-R 다이어그램

빈출 태그 ▶ #ERD #표기법 #확장 ERD

01 논리 E-R 다이어그램 작성

1) E-R 다이어그램(ERD, Entity-Relationship Diagram) 21.8, 25.2

① ERD의 정의
- 1976년 피터 첸(Peter Chen)의 논문을 통해서 최초로 제안되었다.
- 데이터의 개념을 일관되게 인식할 수 있도록 개체와 개체 간 관계를 미리 약속된 도형을 사용하여 알기 쉽게 표현한 도표이다.
- 이해관계자들이 서로 다르게 인식하고 있는 뷰(View)들을 하나로 통합할 수 있는 단일화된 설계안을 만들 수 있어 개념, 논리 데이터 모델링에서 많이 사용된다.
- ERD의 기본 구성 요소는 개체, 관계, 속성이 있다.

② ERD의 특징
- 논리 데이터 모델을 표현한 것으로 목표 시스템 환경을 고려하지 않는다.
- 완성도 있는 ERD는 업무 수행 방식의 변경에 영향을 받지 않지만, 업무 영역이 변경되는 경우에는 설계 변경이 발생할 수 있다.
- ERD의 개체들은 물리 데이터 모델링 과정에서 분할 또는 통합될 수 있다.

③ ERD 작성 시 고려사항
- 가용 공간을 활용하여 복잡해 보이지 않도록 배열한다.
- 관계는 수직, 수평선을 이용하여 교차되지 않도록 관계된 엔티티를 가까이 배열한다.
- 업무 흐름에 관련된 엔티티는 일반적인 진행 순서를 고려하여 배열한다.

> **기적의 TIP**
> 다른 다이어그램들과 ERD에 대한 설명을 구분할 수 있어야 합니다.

④ E-R 다이어그램 표기법

- E-R 다이어그램의 표기법은 굉장히 다양하지만, 이 책에서는 문제에서 자주 쓰이는 피터-첸 표기법과 이론 해설에 유용한 정보 공학 표기법에 대해 설명한다.

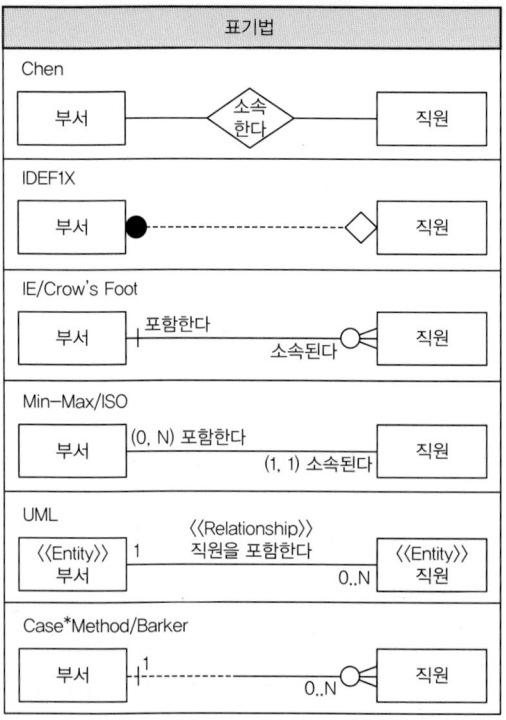

+ 더 알기 TIP

다른 표기법이 출제 범위에 포함되지 않는 것은 아닙니다. 하지만 아직까지 출제가 되지 않은 점과 더불어, 비슷한 여러 표기법을 모두 공부하여 오히려 정답 선택에 방해가 되는 것보다는 그 시간에 다른 섹션의 학습 시간을 늘리는 것이 학습에 이득이 된다는 판단하에 다른 표기법에 대한 내용은 삭제하였음을 알려드립니다.

2) E-R 다이어그램 표기법 22.3, 22.7

① Peter-Chen 표기법
- 학습과 시험에 가장 많이 사용되는 표기법으로 각 요소를 단순한 도형으로 표현한다.

기호	의미	설명
▭	개체 타입	독립적으로 존재하는 개체
▣	약한 개체 타입	상위 개체 타입을 가지는 개체
◯	속성	일반 속성
◯(밑줄)	기본키 속성	개체 타입의 인스턴스를 식별하는 속성
◎	다중값(복합) 속성	여러 값을 가지는 속성
◇	관계 타입	객체 간 관계와 대응수(1:1, 1:N 등) 기술
──	요소의 연결	개체와 개체 간, 속성 간 관계 구조 정의

> **기적의 TIP**
> 기호와 의미를 연결할 수 있어야 합니다.

② IE(Information Engineering)/Crow's Foot 표기법
- 정보 공학 표기법은 1981년에 클리프 핀켈쉬타임과 제임스 마틴이 공동 개발하였다.
- 개체 타입에 포함되는 모든 속성을 하나의 그룹으로 표현하는 관계형 데이터베이스에 최적화되어 있는 표기법이다.

- 두 개체 간의 대응수는 1:1, 1:N, N:M을 표현한다.
- 두 개체 간의 참여도는 필수(Mandatory)와 선택(Optional) 두 가지를 표현한다.

예시	B 개체		관계
	참여도	대응수	
A ⊢⊢ B	필수	1	1:1 (모두 필수인 경우 참여도가 생략되는 경우도 있음)
A ⊢⊢O B	선택	1	1:0 or 1:1
A ⊢⊢K B	필수	N	1:N
A ⊢⊢OK B	선택	1 or N	1:0 or 1:1 or 1:N
A ⊢⊢O B	선택	N	1:0 or 1:N
A ⊢⊢K B	필수	1 or N	1:1 or 1:N

'A 개체의 참여도:필수'와 '대응수:1'은 학습 편의를 위해 고정값으로 진행

02 E-R 다이어그램 설계 사례

1) 시나리오를 통한 다이어그램 요소 추출

① 홈쇼핑 전화 주문 시나리오
- 고객으로부터 전화를 받는다.
- 고객이 원하는 물품을 물품 목록에서 찾는다.
- 고객이 원하는 물품의 재고가 있으면 주문 수량을 접수받는다.
- 고객의 주소, 연락처를 주문내역과 함께 기록한다.
- 고객 정보를 확인하여 총 주문금액 및 주문횟수를 누적하여 기록한다.

② 시나리오 기반 요소 도출
- 고객 개체는 고객명, 주소, 연락처, 총 주문금액, 총 주문횟수의 속성을 가진다.
- 물품 개체는 물품명, 재고수량 속성을 가진다.
- 주문내역 개체는 주문 번호, 주문 수량, 고객 연락처, 배송지 속성을 가진다.
- 각 개체 간의 관계는 아래와 같이 정의할 수 있다.
  - 고객은 주문내역이 없거나 하나 또는 다수가 존재
  - 물품은 주문 내역이 없거나 하나 또는 다수가 존재
  - 주문내역에는 한 명의 고객이 존재
  - 주문내역에는 하나의 물품이 존재

➕ 더 알기 TIP

요소 추출은 업무 방식에 따라 다양한 형태로 나오기 때문에 여러분이 생각하는 도출 요소와 다를 수 있습니다. 이해를 돕기 위해 축약된 예시이며 모든 규칙을 완벽히 따른 결과가 아님을 알려드립니다.

③ 추출된 요소 기반 ERD 작성
- 피터 첸 표기법으로 작성된 ERD는 아래와 같다.

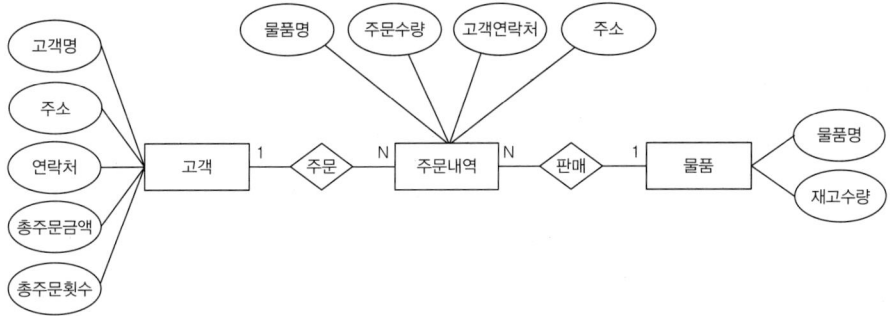

- 관계형 데이터베이스 설계는 IE 표기법이 최적화되어 있으므로 IE 표기법으로 변환한다.

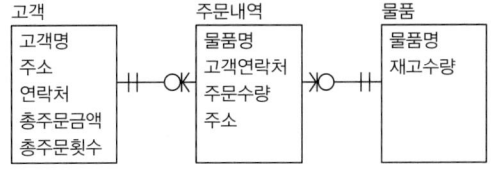

2) 릴레이션 스키마 작성

① 도출된 요소 외에 추가 제약사항 정의
- 고객 개체의 연락처와 주소는 변경될 수 있으며, 같은 이름이 존재할 수 있다.
  - 고객 개체의 고유 식별이 가능하도록 설계 속성(고객번호) 추가
  - 연락처와 주소는 주문내역에서 삭제하여 고객번호를 통해 확인(무결성 보증)

> **더 알기 TIP**
>
> 주문내역에서 삭제된다고 해서 실제 주문내역에 해당 정보가 안 나타나는 것은 아닙니다. 고객 개체와 주문내역 개체에 모두 주소가 존재하게 되면 어느 한쪽의 데이터가 변경되었을 때, 다른 한쪽 데이터와의 일관성을 잃어버리기 때문에 무결성이 훼손됩니다. 때문에 주문내역에서는 고객번호만 정의하고 필요한 경우 고객 개체의 주소값을 사용하겠다는 뜻입니다. 실제 눈에 보인다. 안 보인다의 개념이 아닌 데이터의 출처를 명확히 한다는 개념으로 이해하시기 바랍니다.

- 물품 개체에는 같은 이름의 물품명이 존재할 수 있다.
    - 물품 개체의 고유식별이 가능하도록 설계 속성(물품번호) 추가
    - 물품명은 주문내역에서 삭제하여 물품번호를 통해 확인(무결성 보증)
- 주문내역 개체에서 한 고객이 같은 주문을 여러 번 할 수 있다.
    - 주문내역 개체의 고유식별이 가능하도록 설계 속성(주문번호) 추가

② 추가 제약사항을 고려하여 ERD 수정

- 추가된 속성은 기본키에 해당하므로 가장 위쪽에 배치하고 선을 그어 다른 일반 속성과 구분한다.
- 외래키 속성의 경우 속성명의 오른쪽에 (FK)를 붙여서 모두가 인지할 수 있도록 한다.
    - 기본키와 외래키의 이름이 반드시 같지 않아도 됨

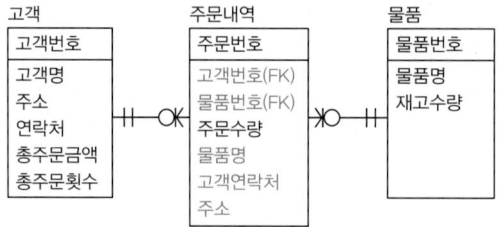

③ 목표 DBMS에 맞춰 ERD 변경

- SQL표준에서는 테이블명과 속성명에 한글이나 공백을 허용하지 않는다.
- 시스템에서 표현 가능한 범위로 도메인을 지정한다.

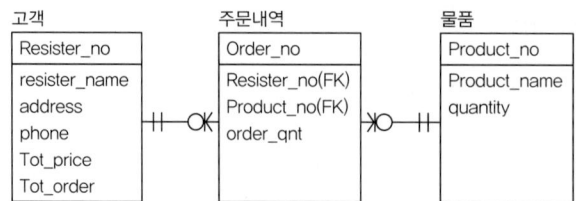

3) 확장 E-R 다이어그램 20.6

① 확장 E-R 모델의 정의
- 기존 E-R 모델의 개념에 재사용, 상속, 확장성 등의 개념을 적용하여 현실 세계를 보다 정확하게 표현하기 위한 모델이다.
- 확장 E-R 모델의 주요 개념은 슈퍼/서브 타입, 특수화/일반화, 상속, 집단화, 분류화 등이 있다.
- 객체지향 개념에서 클래스 간의 관계를 설명할 때에도 사용될 수 있다.

② 서브 타입(Sub type)
- 하나의 상위 개체 타입이 다수의 하위 개체 타입과 관계될 때, 상하위 개체 타입을 각각 슈퍼 타입/서브 타입이라고 한다.
- 서브 타입을 슈퍼 타입으로 하는 또 다른 서브 타입이 존재할 수 있다.
- "서브 타입 is a 상위 타입" 관계로 해석된다.
- 서브 타입은 배타적 서브 타입과 포괄적 서브 타입으로 나뉜다.
  - 배타적(Exclusive) 서브 타입 : 서브 타입 중 하나와 통합
  - 포괄적(Inclusive) 서브 타입 : 서브 타입 중 하나 또는 다수와 통합

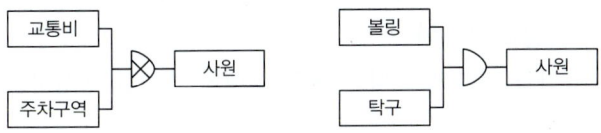

사원은 교통비, 주차구역 중 하나만 제공받는다.   사원은 볼링과 탁구 동아리에 (중복) 가입할 수 있다.

③ 일반화(Generalization)/구체화(Specialization)
- 일반화는 다수의 하위 개체 타입을 상위 개체의 유형 간 부분 집합으로 표현하는 상향식 설계 방식이다.
- 구체화는 개체 타입을 다수의 하위 개체 타입으로 분리하는 하향식 설계 방식이다.
- 하위 개념으로 내려갈수록 구체화되고, 상위 개념으로 올라갈수록 일반화된다.
- 하위 개체 타입은 상위 개체 타입의 속성과 메소드를 상속받는다.
- "하위 개체 is a 상위 개체" 관계로 해석된다.

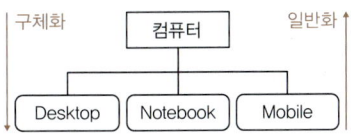

> **기적의 TIP**
> 확장 E-R 모델의 잘못된 정의를 찾을 수 있어야 합니다.

④ 집단화(Aggregation)/분해화(Decomposition)
- 집단화는 특정 유형과 관련 있는 개체 타입들을 통해 새로운 개체 타입을 생성하는 방식이다.
- 여러 부품(하위 개체)이 모여(구조화) 새로운 제품(상위 개체)을 만드는 형태로 상속 관계를 가질 수 없다.
- 분해화는 개체의 결합으로 이루어진 개체를 다시 하나하나 나누는 방식이다.
- "부품 개체 is part of 결합 개체" 관계로 해석된다.

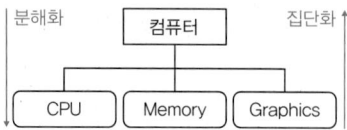

⑤ 분류화(Classification)/인스턴스화(Instantiation)
- 분류화는 특정 유형을 공통적으로 가지는 하위 개체들을 묶어 하나의 상위 개체로 정의하는 방식이다.
- 조직의 업무 유형에 따라 하위 개체들을 여러 가지 유형으로 분류할 수 있다.
  - 사원 관리에서의 사람 : 부서 유형으로 분류화
  - 축구 경기에서의 사람 : 팀별로 분류화
- 인스턴스화는 한 개체의 특성을 기본으로 하는 여러 형태의 개체를 생성하는 방식이다.
- "하위 개체 is member of 상위 개체" 관계로 해석된다.

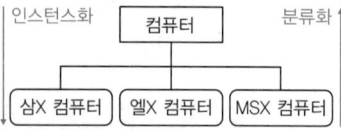

> **더 알기 TIP**
>
> 같은 컴퓨터를 가지고도 굉장히 다양한 형태의 관계 구조가 만들어지죠? 결국 모델링이라는 것은, 현실 세계를 어떠한 기준과 방법으로 추상화(Abstraction)할 것인지에 대한 일련의 과정인 것입니다.

SECTION 04 데이터베이스 정규화

빈출 태그 ▶ #종속성 #정규화 단계 #이상 현상

01 함수적 종속

1) 데이터 종속성(Data Dependency)

① 데이터 종속성 정의
- 데이터와 다른 데이터(또는 애플리케이션)가 의존 관계에 있는 특성으로 관계형 모델을 설계할 때 고려해야 하는 가장 중요한 요소이다.
- 데이터 종속성으로 인해 서로의 변경, 삽입, 삭제 등에 제약이 따르거나 데이터 무결성이 훼손된다.
- 데이터 종속성은 함수 종속, 다가(다치) 종속, 조인 종속이 있다.

② 함수 종속(Functional Dependency) 21.8, 23.5, 24.2, 24.5
- 한 속성이 다른 속성을 유일하게 식별할 수 있는 상태의 종속성이다.
- A 속성이 B 속성을 유일하게 식별할 수 있다면 'B 속성은 A 속성에 함수적으로 종속'되었다고 하며 식으로 표현하면 아래와 같다.
  - A 속성이 B 속성을 유일하게 식별 : A→B 또는 B=F(A)
  - A 속성이 C, D 속성을 유일하게 식별 : A→C, A→D 또는 A→{C, D}
- A→B일 때, A 속성을 결정자(Determinant), B 속성을 종속자(Dependent)라고 한다.
  - 결정자 : 종속성 규명의 기준이 되는 속성
  - 종속자 : 결정자에 의해 값이 정해지는 속성

> **기적의 TIP**
>
> 문제와 책에서는 화살표를 사용하여 종속성을 표현합니다.

+ 더 알기 TIP

학생정보를 검색하는 경우를 생각해보죠. 이름으로 검색했을 때, 중복되지 않게 검색될 확률이 보장될까요? 학번은 어떤가요? 이름은 같은 이름을 가진 학생이 있을 수 있기 때문에 학번을 완벽히 특정하진 못하지만, 학번은 유일하기 때문에 이름(뿐 아니라 모든 정보)을 완벽히 특정할 수 있습니다. 이 경우에 학번(결정자)이 이름(종속자)을 유일하게 식별한다고 할 수 있습니다.

+ 더 알기 TIP

모든 종속을 100% 이해하기는 어렵지만, 함수 종속은 반드시 이해할 수 있어야 합니다.

③ 다가(다치) 종속(MultiValued Dependency)
- 하나의 결정자가 다른 여러 관련 없는 속성의 값을 결정하는 종속성이다.
- 둘 이상의 종속자가 하나의 속성에 종속되었지만, 종속자는 서로 독립적(관련이 없음)일 때 발생하며 식으로 표현하면 아래와 같다.
  - G 속성이 H, J 속성을 식별하지만 H, J는 관련이 없을 때 : G→→H|J

> **더 알기 TIP**
> 다치 종속은 관련 없는 두 개의 릴레이션을 억지로 하나의 식별자로 묶어서 나타낼 때 발생합니다.

④ 조인 종속(Join Dependency)
- 릴레이션을 셋 이상의 릴레이션으로 분해한 뒤 다시 조인하여 복원될 수 있는 종속성이다.
- 릴레이션이 분해된 뒤에 공통키를 기준으로 다시 조인되어 원래 릴레이션을 복원할 수 있어야 함을 의미한다.

2) 폐포(Closure)

① 폐포의 정의
- 특정 속성에 종속되었다고 추론 가능한 모든 속성의 집합으로, 식으로 표현하면 아래와 같다.
  - 회원번호 속성의 폐포 : 회원번호$^+$
- 특정 속성에 폐포에는 자기 자신이 포함된다.
  - 회원번호$^+$ = 회원번호, 이름, 연락처, …
- 암스트롱 공리에 따른 종속성 추론 기본 규칙은 아래와 같다.
  - 반사(Reflexivity) : Y가 X의 부분집합(X⊇Y)이면, X → Y 성립
  - 증가(Augmentation) : X → Y이면, XZ → YZ 성립
  - 이행(Transitivity) : X → Y이고 Y → Z이면, X → Z 성립
- 위의 기본 규칙에 의해 아래와 같은 부수적 법칙의 유도가 가능하다.
  - 결합(Union) : X → Y이고 X → Z이면, X → YZ 성립
  - 분해(Decomposition) : X → YZ이면, X → Y이고 X → Z 성립
  - 의사이행(Pseudo Transitivity) : X → Y이고 YZ → W이면, XZ → W 성립

> **더 알기 TIP**
> 폐포의 이해가 필요한 문제는 정보처리기사 레벨에서 출제되지 않습니다. 폐포의 정의와 추론 규칙의 종류 정도만 파악하고 넘어가세요.

02 정규화 수행

1) 정규화(Normalization) 20.6, 20.8, 21.3, 21.5, 21.8, 22.3, 22.4, 23.5, 23.7, 24.2, 24.7, 25.2

① 정규화 정의
- 데이터 무결성을 유지하기 위해 중복성을 최소화하고 정보의 일관성을 보장하기 위한 개념이다.
- 논리 데이터 모델링을 상세화하는 가장 중요한 단계이다.
- 기본 정규형에는 1NF, 2NF, 3NF가 있고, 고급 정규형에는 BCNF, 4NF, 5NF가 있다.
  - 비정규형 : 정규화가 전혀 진행되지 않은 상태
  - 1NF(제1정규형) : 도메인이 원자값만 가지도록 분해
  - 2NF(제2정규형) : 부분 함수 종속 제거
  - 3NF(제3정규형) : 이행적 함수 종속 제거
  - BCNF(보이스 코드 정규형) : 결정자가 후보키가 아닌 종속 제거
  - 4NF(제4정규형) : 다치 종속 제거
  - 5NF(제5정규형) : 후보키를 통하지 않는 조인 종속 제거

> **기적의 TIP**
> 정규형과 정규화는 같은 용어입니다. 각 정규형에서 제거되는 종속(성)을 구분할 수 있어야 합니다.

② 정규화 특징
- 데이터 모델의 정확성, 일치성, 단순성, 비중복성, 안정성 등을 보장한다.
- 잘못된 릴레이션을 어떻게 분해해야 하는지에 대한 판단 기준을 제공한다.
- 데이터 모델의 단순화를 통해 편의성과 안정성, 무결성을 유지할 수 있다.
- 유연한 데이터 구축이 가능하지만 물리적인 접근경로가 복잡해진다.

③ 정규화의 목적
- 정규화의 궁극적인 목적은 데이터의 삽입, 갱신, 삭제 등에서 발생할 수 있는 이상 현상을 제거하는 것이다.
  - 이상 현상(Anomaly) : 잘못된 릴레이션 설계로 예기치 못한 현상이 발생하는 것
- 이상 현상은 삽입 이상, 갱신 이상, 삭제 이상으로 나뉜다.
  - 삽입 이상 : 튜플 삽입 시, 관련 없는 정보도 함께 삽입해야 하는 현상
  - 갱신 이상 : 튜플 갱신 시, 데이터의 불일치가 발생하는 현상
  - 삭제 이상 : 튜플 삭제 시, 관련된 정보도 함께 삭제해야 하는 현상

> **기적의 TIP**
> 이상 현상의 정의와 종류를 구분할 수 있어야 합니다.

2) 정규화의 형태(정규형, NF : Normal Form) 20.6, 20.8, 20.9, 21.3, 21.5, 22.3, 23.3, 24.2, 24.5

① 제1정규형(1NF)
- 원자 값이 아닌 값을 가지는 속성이 제거된 릴레이션 스키마이다.
  - 원자(atomic) 값 : 더 이상 논리적으로 분해될 수 없는 값
- 릴레이션의 모든 속성의 도메인이 원자 값을 가진다면 1NF에 해당한다.

> **기적의 TIP**
> 1NF는 간단한 테이블로도 표현이 가능하여 실제로 작업이 진행된 올바른 결과를 찾을 수 있어야 합니다.

- 제1정규형은 원자 값을 보장하기 위한 정규화로, 릴레이션이 1NF를 만족하여도 불필요한 데이터 중복으로 인해 이상 현상의 해결이 보장되지는 않는다.

비정규형

직원코드	직원명	담당업무
E01	김버들	고객상담, 마케팅
E02	최주하	마케팅, 판매

1NF

직원코드	직원명	담당업무
E01	김버들	고객상담
E01	김버들	마케팅
E02	최주하	마케팅
E02	최주하	판매

② 제2정규형(2NF)
- 부분 함수적 종속성을 가진 속성이 제거된 릴레이션 스키마이다.
- 릴레이션이 1NF이고, 모든 속성이 완전 함수 종속을 가진다면 2NF에 해당한다.
  - 완전 함수 종속(Full Functional Dependency) : 종속자가 모든 결정자에 종속되는 경우
  - 부분 함수 종속(Partial Functional Dependency) : 종속자가 일부 결정자에 종속되는 경우

완전 함수 종속

학번	이름	성별	거주지
1111	전영신	남	서울
2222	유남순	여	서울
3333	윤세정	여	경기
4444	전영신	남	인천

학번→이름
학번→성별
학번→거주지

부분 함수 종속

학번	과목	이름	성적
1111	컴퓨터	정바람	70
2222	컴퓨터	권영석	80
1111	수학	정바람	75
2222	수학	권영석	75

학번→이름
(부분 함수 종속)

{학번,과목}→성적
(완전 함수 종속)

- 완전 함수 종속 관계를 만들기 위해 릴레이션을 기본키 중심으로 분해한다.

학번	과목	성적
1111	컴퓨터	70
1111	수학	75
2222	컴퓨터	80
2222	수학	75

{학번,과목}→성적

학번	이름
1111	정바람
2222	권영석

학번→이름

③ 제3정규형(3NF)
- 이행적 함수 종속성(Transitive Dependency)을 가진 속성이 제거된 릴레이션 스키마이다.
  - 종속자 C의 결정자가 B 외에도 A가 추가로 존재하는 종속 관계 : A → B, B → C, A → C

2NF

도서코드	도서명	저자
B01	파이썬	오연준
B02	파이썬	오연준
B03	컴활	김남규
B04	정보처리	성하나

도서코드→도서명
도서명→저자
도서코드→저자

- 릴레이션이 2NF이고, 결정자가 아닌 모든 속성이 릴레이션의 기본키에 이행적으로 종속되지 않는다면 3NF에 해당한다.
- 결정자이자 종속자에 해당하는 속성을 기준으로 릴레이션을 분할한다.

도서코드	도서명
B01	파이썬
B02	파이썬
B03	컴활
B04	정보처리

도서코드→도서명

도서명	저자
파이썬	오연준
컴활	김남규
정보처리	성하나

도서명→저자

④ Boyce-Codd 정규형(BCNF)
- 결정자가 후보키가 아닌 함수 종속이 제거된 릴레이션 스키마이다.

3NF

학번	이름	과목	교수
1111	전영신	파이썬	김교수
2222	유남순	자바	박교수
3333	윤세정	정보처리	한교수
4444	전영신	자바	박교수

학번→이름
{학번,과목}→교수
(과목은 후보키가 아님)

- 릴레이션이 3NF이고, 모든 결정자가 후보키이면 BCNF에 해당한다.
- 3NF를 강화한 정규형으로 실제적인 정규화의 목표가 되는 단계이다.

BCNF

학번	이름	교수
1111	전영신	김교수
2222	유남순	박교수
3333	윤세정	한교수
4444	전영신	박교수

학번→이름
학번→교수

교수	과목
김교수	파이썬
박교수	자바
한교수	정보처리

교수→과목

> **기적의 TIP**
> 이행적 함수 종속성에 관련된 개념과 관계식을 숙지하세요.

> **기적의 TIP**
> BCNF에 대한 설명 중 올바른 것을 선택할 수 있어야 합니다.

> **기적의 TIP**
> 실제 정규화를 진행하는 문제는 BCNF 정도까지만 이해되면 충분합니다. 대부분의 문제는 각 정규형의 특징을 묻는 문제가 나옵니다. 4NF, 5NF는 실제로 거의 접하기 어려운 형태이므로 특징만 기억해두세요.

⑤ 제4정규형(4NF)
- 다치종속성을 가진 속성을 제거하는 단계이다.
- 정규화된 테이블은 다대다 관계를 가질 수 없으므로 거의 고려되지 않는 단계이다.

과목	강사	프로그램
컴활	송햇살	엑셀
컴활	송햇살	엑세스
컴활	백세호	엑셀
컴활	백세호	엑세스
컴활	백미래	엑셀
컴활	백미래	엑세스

과목→→강사|프로그램

과목	강사
컴활	송햇살
컴활	백세호
컴활	백미래

과목	프로그램
컴활	엑셀
컴활	엑세스

⑥ 제5정규형(5NF)
- 후보키를 통하지 않은 조인 종속을 제거한 릴레이션 스키마이다.
- 릴레이션에 존재하는 모든 조인 종속성이 릴레이션의 후보키를 통해서만 성립된다면 5NF이다.

03 논리 데이터 모델 품질 검증

1) 좋은 데이터 모델의 개념

① 좋은 데이터 모델
- 시스템의 비즈니스 요구사항이 빠짐없이 구현되고 시스템 운영에 최적화되어 설계된 데이터 모델이다.
- 하지만 좋은 데이터 모델에 대한 객관적인 기준이 없어 데이터 모델 품질에 대한 평가가 어렵다.

2) 데이터 모델의 평가 요소

① 완전성(Completeness)
- 업무에 필요한 모든 데이터가 완전히(빠짐없이) 정의되어 있어야 한다.
- 이 기준을 충족하지 못하면 품질 평가의 의미가 없으므로 가장 먼저 확인해야 하는 검증 요소이다.

② 중복 배제(Non-Redundancy)
- 동일한 데이터는 단 한 번의 기록으로 반복하여 사용함으로써 관리 비용을 최소화해야 한다.
- 데이터베이스 운영의 필요에 따라 데이터를 일부러 중복시키는 경우도 있다.

③ 업무 규칙(Business Rules)
- 데이터 모델에 표현된 업무 규칙을 공유하여 이해관계자들이 동일한 판단 하에 데이터를 조작할 수 있어야 한다.
- 일반적으로 애플리케이션 개발 단계에서 구현하지만, 가능하다면 데이터 모델링 단계에서 우선 진행할 수 있다.

④ 데이터 재사용(Data Reusability)
- 데이터 통합 설계를 통해 데이터 재사용성을 향상시킬 수 있다.
- 애플리케이션에 대해 독립적으로 설계하여 데이터 재사용성을 향상시킬 수 있다.

⑤ 안정성 및 확장성(Stability and Flexibility)
- 데이터 모델은 구조적 안정성과 확장성, 유연성을 고려하여 설계해야 한다.

⑥ 간결성(Elegance)과 통합성(Integration)
- 정규화 등을 통해 효율적인 데이터 구조를 모델링하였더라도, 관리 측면에서 너무 복잡하다면 합리적인 방법으로 데이터를 통합하여 활용해야 한다.
- 데이터를 통합할 때는 이후 업무 변화에 데이터 모델이 받는 영향을 최소화할 수 있도록 고려한다.

⑦ 의사소통(Communication)
- 업무 규칙은 개체, 서브 타입, 속성, 관계 등의 형태로 최대한 자세히 표현하여 이를 기반으로 이해관계자 모두가 소통할 수 있도록 해야 한다.

3) 논리 데이터 모델 품질 기준

① 정확성
- 데이터 모델이 표기법에 따라 정확하게 표현되었고, 업무 영역 또는 요구사항이 정확하게 반영되었는지 판단한다.
  - 사용된 표기법에 따라 데이터 모델이 정확하게 표현되었는가
  - 대상 업무 영역의 업무 개념과 내용이 정확하게 표현되었는가
  - 요구사항의 내용이 정확하게 반영되었는가
  - 업무 규칙이 정확하게 표현되었는가

② 완전성
- 데이터 모델의 구성 요소를 정의하는 데 있어서 누락을 최소화하고, 요구사항 및 업무 영역 반영에 있어 누락은 없는지 판단한다.
  - 모델 표현의 충실성(완성도)
  - 필요한 항목(엔터티/속성 설명 등)들의 작성 상태
  - 논리 데이터 모델링 단계에서 결정해야 할 항목들의 작성 상태(식별자, 정규화, 중복배제, 이력관리 등)
  - 요구사항 반영 및 업무 영역 반영의 완전성(목적하는 업무 영역을 기술(설계)하는 데 있어서 논리 데이터 모델 구성 요소(엔터티, 속성, 관계 등)들이 누락 없이 정의된 정도)

③ 준거성
- 제반 준수 요건들이 누락 없이 정확하게 준수되었는지 판단한다.
    - 데이터 표준, 표준화 규칙 등을 준수하였는가
    - 법적 요건을 준수하였는가

④ 최신성
- 데이터 모델이 현행 시스템의 최신 상태를 반영하고 있고, 이슈사항들이 지체 없이 반영되고 있는지 판단한다.
    - 업무상의 변경이나 결정사항 등이 시의적절하게 반영되고 있는가
    - 최근의 이슈사항이 반영되었는가
    - 현행 데이터 모델은 현행 시스템과 일치하는가

⑤ 일관성(통합성)
- 여러 영역에서 공통 사용되는 데이터 요소가 전사 수준에서 한 번만 정의되고 이를 여러 다른 영역에서 일관되게 활용하는지 판단한다.
    - 여러 주제 영역에서 공통적으로 사용되는 엔터티는 일관성 있게 사용되는가
    - 모델 표현상의 일관성을 유지하고 있는가

⑥ 활용성
- 작성된 모델과 그 설명 내용이 이해관계자에게 의미를 충분하게 전달할 수 있으면서, 업무 변화 시에 설계 변경이 최소화되도록 유연하게 설계되었는지 판단한다.
    - 작성된 설명 내용이나 모델 표기 등이 사용자나 모델을 보는 사람에게 충분히 이해가 될 수 있고, 모델의 작성 의도를 명확하게 이해할 수 있는가(의사소통의 충분성)
    - 오류가 적고 업무 변화에 유연하게 대응하여 데이터 구조의 변경이 최소화될 수 있는 설계인가(데이터 설계의 유연성)

CHAPTER
02

SQL 활용

학습 방향

데이터베이스를 운용하기 위한 언어의 기초 문법과 SQL 문법을 기초로 하는 다양한 기술들과 병행 제어와 관련된 문제점을 해결하는 방안에 대해 서술합니다. 전공 지식이 없는 분들은 SQL 실습을 위한 환경을 갖추기가 어려우므로 데이터 구조를 생성하고 데이터 및 권한 등을 관리하는 문법에 필요한 다양한 키워드에 집중하여 학습하세요.

SECTION 01 구조적 질의어

빈출 태그 ▶ #DDL #DML #DCL #관계 대수 #관계 해석

01 SQL(Structured Query Language)

1) SQL의 개념

① SQL 정의
- 관계형 데이터베이스를 제어하는 DBMS의 표준 언어로 관계 대수를 기초로 만들어졌다.
- 릴레이션을 입력하여 새로운 형태의 릴레이션을 출력한다.
- 자연어와 유사한 구조로 학습과 사용이 용이한 고급 언어이다.
- SQL은 정의, 조작, 제어 기능을 각각 데이터 정의어, 데이터 조작어, 데이터 제어어로 구현한다.

② 내장 SQL
- 프로그래밍 언어에서 관계형 데이터베이스를 제어하기 위해 통합(포함)된 SQL이다.
  - 내장 SQL의 입장에서 프로그래밍 언어를 호스트 프로그램이라 지칭
- 호스트 프로그램이 실행될 때 함께 실행되며 실행문 구현이 가능하다면 어느 곳에서나 사용 가능하다.
- 일반 SQL은 다수의 튜플 반환이 가능하지만, 내장 SQL의 수행결과는 단 하나의 튜플만을 반환하며 일반 변수를 사용하여 저장할 수 있다.
- 호스트 프로그램 컴파일 시 내장 SQL은 선행처리기에 의해 분리되어 컴파일 된다.
- 호스트 변수와 대응되는 데이터베이스 필드 이름은 달라도 되지만, 데이터 타입은 일치해야 한다.

2) SQL 명령어 분류

> **기적의 TIP**
> DDL에 해당하지 않는 명령어를 찾을 수 있어야 합니다.

① 데이터 정의어(DDL : Data Definition Language) … 21.8, 23.5, 24.2, 24.5, 25.2
- 데이터 조작을 위한 공간(DataBase Object)을 정의, 수정, 변경하는 언어로 DBA가 사용한다.
  - DBA(DataBase Administration) : 데이터베이스 관리자
- 데이터베이스 객체는 스키마, 도메인, 테이블, 뷰, 인덱스 등이 있다.

- 일반적인 DDL 명령은 아래와 같으며 한 번 수행되면 이전 상태로 되돌릴 수 없다.
  - CREATE : DB 객체 생성
  - ALTER : DB 객체 수정
  - DROP : DB 객체 제거
  - TRUNCATE : DB 객체 데이터 전체 삭제

② 데이터 조작어(DML : Data Manipulation Language) … 22.7, 23.3, 23.7, 24.5

> **기적의 TIP**
> 잘못된 DML에 해당하는 명령어를 구분할 수 있어야 합니다.

- 사용자(응용 프로그램)가 DBMS를 통해 데이터베이스를 조작하기 위한 인터페이스를 제공하는 언어이다.
- 데이터를 검색(조회), 삽입, 갱신, 삭제할 수 있도록 관련 기능을 제공한다.
- 일반적인 DML 명령은 아래와 같으며 TCL을 활용하여 실행 전 상태로 복귀 가능하다.
  - INSERT : 데이터 삽입
  - UPDATE : 데이터 갱신
  - DELETE : 데이터 삭제
  - SELECT : 데이터 조회

③ 데이터 제어어(DCL : Data Control Language) … 20.8, 20.9, 22.3, 22.4, 24.5, 25.2

> **기적의 TIP**
> DCL의 명령어를 정확히 구분할 수 있어야 합니다.

- 사용자의 데이터 접근 통제와 병행 수행(공유)을 위한 제어 언어이다.
- 제어 기능이라는 공통점이 있는 일반적인 DCL 명령은 아래와 같다.
  - GRANT : 사용자 권한 부여
  - REVOKE : 사용자 권한 회수
  - COMMIT : 트랜잭션 결과 반영(확정)
  - ROLLBACK : 트랜잭션 작업 취소
  - CHECKPOINT : 트랜잭션 복귀지점 설정
- 트랜잭션 관련 명령어는 작업 대상이 서로 다르기 때문에 TCL이라는 별도의 분류를 사용하기도 한다.
  - TCL(Transaction Control Language) : 트랜잭션 제어어

02 관계 대수

1) 관계 해석(Relational Calculus)

① 관계 해석 개념 23.5

- 원하는 정보가 무엇(What)인지에 대해 정의하는 비절차적 언어이다.
- 코드(E.F.Codd) 박사가 제안한 것으로 수학의 술어 해석(Predicate Calculus)에 기반한다.
  - 술어 해석 : 객체에 대한 명제 해석으로 실행 결과가 반드시 참, 거짓으로 나타남

- SQL문과 같은 질의어를 사용하며 튜플 관계 해석과 도메인 관계 해석으로 구성된다.
  - 튜플 관계 해석 : 튜플을 기준으로 데이터 조회
  - 도메인 관계 해석 : 속성을 기준으로 데이터 조회
- 기본적으로 관계 해석과 관계 대수는 관계 데이터베이스를 처리하는 기능과 능력 면에서 동등하다.

② 관계 해석 논리 기호 22.3, 23.7

- 관계 해석 연산자는 OR, AND, NOT이 있다.
  - OR(∨) : 원자식 간의 관계를 '또는'으로 연결
  - AND(∧) : 원자식 간의 관계를 '그리고'로 연결
  - NOT(¬) : 원자식을 부정
- 관계 해석 정량자는 전칭 정량자와 존재 정량자가 있다.
  - 전칭 정량자(Universal Quantifier, ∀) : 모든 것에 대하여(for all)
  - 존재 정량자(Existential Quantifier, ∃) : 어느 것 하나라도 존재(there exists)

2) 관계 대수(Relational Algebra) 20.8, 20.9, 21.5, 21.8, 22.7, 23.5, 23.7, 24.7, 25.2

① 관계 대수 정의

- 원하는 정보와 그 정보를 어떻게(How) 유도하는가를 정의하는 절차적 언어이다.
- 연산자와 연산 규칙을 사용하여 주어진 릴레이션으로부터 원하는 릴레이션을 유도한다.
- 일반 집합 연산자와 순수 관계 연산자로 구분된다.
  - 일반 집합 연산자 : 합집합(∪), 교집합(∩), 차집합(−), 교차곱(×)
  - 순수 관계 연산자 : SELECT(σ), PROJECT(π), JOIN(⋈), DIVISION(÷)

➕ 더 알기 TIP

DML의 SELECT와 순수 관계 연산자의 SELECT는 약간 다른 개념입니다.

② 합집합(Union) 22.3, 23.5, 24.5

- 두 릴레이션을 튜플의 중복 없이 합하는 연산으로, 식으로 표현하면 아래와 같다.
  - R ∪ S = {e | e ∈ R ∨ e ∈ S} = R UNION S
  - 릴레이션 R, S를 합집합하는 경우를 관계 해석 및 관계 대수로 표현

- 두 릴레이션은 차수와 대응 속성의 도메인이 동일해야 한다.

R

회원번호	이름	과목
1	노여진	영어
2	복승헌	국어
3	강미르	수학

U

S

회원번호	이름	과목
2	복승헌	국어
3	강미르	수학
4	이미래	과학

=

R∪S

회원번호	이름	과목
1	노여진	영어
2	복승헌	국어
3	강미르	수학
4	이미래	과학

③ 교집합(Intersection) 21.5, 24.7

- 두 릴레이션에서 동일한(중복) 튜플을 추출할 때 사용하는 연산으로, 식으로 표현하면 아래와 같다.
  - $R \cap S = \{e \mid e \in R \land e \in S\}$ = R INTERSECT S
- 두 릴레이션은 차수와 대응 속성의 도메인이 동일해야 한다.

> **기적의 TIP**
> 수식기호나 명령어뿐 아니라 실제 실행 결과도 계산할 수 있어야 합니다.

R

회원번호	이름	과목
1	노여진	영어
2	복승헌	국어
3	강미르	수학

∩

S

회원번호	이름	과목
2	복승헌	국어
3	강미르	수학
4	이미래	과학

=

R∩S

회원번호	이름	과목
2	복승헌	국어
3	강미르	수학

④ 차집합(Difference)

- 대상 릴레이션(R)에서 다른 릴레이션(S)과 동일한 부분을 제거하여 추출하는 연산으로, 식으로 표현하면 아래와 같다.
  - $R - S = \{e \mid e \in R \land e \notin S\}$ = R MINUS S
- 두 릴레이션은 차수와 대응 속성의 도메인이 동일해야 한다.
- 차집합의 결과는 항상 대상 릴레이션(R)의 부분집합이다.

R

회원번호	이름	과목
1	노여진	영어
2	복승헌	국어
3	강미르	수학

−

S

회원번호	이름	과목
2	복승헌	국어
3	강미르	수학
4	이미래	과학

=

R−S

회원번호	이름	과목
1	노여진	영어

⑤ 곱집합(Cartesian Product) 21.5, 21.8

- 두 릴레이션의 튜플을 합치고 순서쌍의 집합을 만드는 연산으로, 식으로 표현하면 아래와 같다.
  - $R \times S = \{(e, m) \mid e \in R \land m \in S\}$
- 두 릴레이션의 차수와 대응 속성의 도메인이 같지 않아도 된다.
- 결과 릴레이션의 기수는 두 릴레이션 기수들의 곱이다.

> **기적의 TIP**
> 곱집합의 결과 릴레이션의 기수와 차수를 계산할 수 있어야 합니다.

➕ **더 알기 TIP**

곱집합은 SQL의 크로스 조인(Cross Join)과 같은 의미를 가지며, 연산의 결과 또한 같습니다.

- 결과 릴레이션의 차수는 두 릴레이션 차수들의 합이다.

R				S			R×S				
회원번호	이름	과목		성별	지역		회원번호	이름	과목	성별	지역
1	노여진	영어	×	남	서울	=	1	노여진	영어	남	서울
2	복승헌	국어		여	인천		1	노여진	영어	여	인천
3	강미르	수학					2	복승헌	국어	남	서울
							2	복승헌	국어	여	인천
							3	강미르	수학	남	서울
							3	강미르	수학	여	인천

⑥ SELECT 21.3, 22.3

- 릴레이션에서 조건에 맞는 튜플을 추출하여 수평적(튜플) 부분 집합을 구하는 연산이다.
  - σ〈조건〉R

➕ 더 알기 TIP

σ는 그리스 문자로 '시그마'라고 읽습니다. 실제 표현식은 〈조건〉 영역을 아래 첨자로 표현하지만, 학습에는 큰 문제가 없으니 단순하게 표현하였습니다.

- 릴레이션에서 대여횟수가 7보다 큰 튜플만 추출하는 연산식과 결과는 아래 이미지와 같다.

R

회원번호	이름	대여횟수
1	강한결	12
2	하지웅	3
3	김이경	9
4	복승헌	7
5	이봄	5
6	사공별	8

σ 대여횟수 〉7 (R)

회원번호	이름	대여횟수
1	강한결	12
3	김이경	9
6	사공별	8

📌 기적의 TIP

SELECT와 PROJECT의 설명과 연산식을 구별할 수 있어야 합니다.

⑦ PROJECT 21.3, 22.3, 25.2

- 릴레이션에서 지정된 속성만을 추출하여 수직적(속성) 부분 집합을 구하는 연산이다.
  - π〈속성명〉R

➕ 더 알기 TIP

π는 그리스 문자로 '파이'라고 읽습니다.

- 릴레이션에서 회원번호와 이름 속성만 추출하는 연산식과 결과는 아래 이미지와 같다.

R

회원번호	이름	대여횟수
1	강한결	12
2	하지웅	3
3	김이경	9
4	복승헌	7
5	이봄	5
6	사공별	8

π 회원번호, 이름 (R)

회원번호	이름
1	강한결
2	하지웅
3	김이경
4	복승헌
5	이봄
6	사공별

⑧ JOIN
- 두 릴레이션에서 조건에 맞는 튜플을 하나로 합친 릴레이션을 생성하는 연산이다.
- 두 릴레이션에 공통 속성이 한 개 이상 존재해야 한다.
- 조인의 종류는 동일 조인, 자연 조인, 외부 조인, 세타 조인이 있다.
  - 동일 조인 : R ⋈ 속성 = 속성 S = 동일 속성을 기준으로 조인(동일 속성 중복)

R

학번	성명	수강코드
111	정으뜸	S01
222	탁두리	S02
333	윤혜림	S03

S

학번	수강과목	점수
111	파이썬	90
222	자바	80
333	정보처리	85

R ⋈ 학번=학번 S

학번	성명	수강코드	학번	수강과목	점수
111	정으뜸	S01	111	파이썬	90
222	탁두리	S02	222	자바	80
333	윤혜림	S03	333	정보처리	85

  - 자연 조인 : R ⋈N S = 동일 속성을 기준으로 조인(중복 속성 제외)

R

학번	성명	수강코드
111	정으뜸	S01
222	탁두리	S02
333	윤혜림	S03

S

학번	수강과목	점수
111	파이썬	90
222	자바	80
333	정보처리	85

R⋈N(학번) S

학번	성명	수강코드	수강과목	점수
111	정으뜸	S01	파이썬	90
222	탁두리	S02	자바	80
333	윤혜림	S03	정보처리	85

＋ 더 알기 TIP

자연 조인은 ⋈(보타이)만 표기하여 나타내는 경우가 많습니다. 외부 조인은 완전, 왼쪽, 오른쪽이냐에 따라 보타이 기호가 약간씩 다르며 +는 외부 조인을 통합하여 나타낼 때 사용합니다.

- 외부 조인 : R ⋈ + S = 조건에 맞지 않는 튜플도 결과에 포함하는 확장 조인(Null 포함)

R

학번	파이썬	자바
111	70	85
222	78	80

S

학번	컴활	정보처리
111	60	90
333	65	95

완전 외부조인(R,S : 모두 포함)

학번	파이썬	자바	컴활	정보처리
111	70	85	60	90
222	78	80	Null	Null
333	Null	Null	65	95

R

학번	파이썬	자바
111	70	85
222	78	80

S

학번	컴활	정보처리
111	60	90
333	65	95

왼쪽 외부조인(R : 모두 포함, S : 일치 포함)

학번	파이썬	자바	컴활	정보처리
111	70	85	60	90
222	78	80	Null	Null

R

학번	파이썬	자바
111	70	85
222	78	80

S

학번	컴활	정보처리
111	60	90
333	65	95

오른쪽 외부조인(R : 일치 포함, S : 모두 포함)

학번	파이썬	자바	컴활	정보처리
111	70	85	60	90
333	Null	Null	65	95

- 세타 조인 : R ⋈ θ S = 등호(=) 이외의 조건식을 기준으로 조인

⑨ DIVISION

- 대상 릴레이션(R)에서 다른 릴레이션(S) 속성의 데이터와 일치하는 튜플 중, 다른 릴레이션(S)의 속성과 일치하는 속성을 제거한 릴레이션을 생성하는 연산이다.

R

이름	성별
김오성	남
전다운	여
권영석	여
최나길	여
고경택	남
권잔디	여

÷

S

성별
남

=

R÷S

이름
김오성
고경택

3) 쿼리 최적화 규칙

① 쿼리 최적화 기준
- 데이터 모델은 설계 및 운용 방식에 따라 다양하게 구성되므로 절대적인 최적화 규칙은 존재하지 않는다.
- 다양한 사용자의 경험을 통한 일반적인 최적화 규칙을 적용한다.

② 쿼리 최적화의 일반적인 규칙
- 일반적으로 원치 않는 데이터가 가장 많이 제거되는 추출(Project) 연산을 최대한 일찍 수행한다.
- 원치 않는 튜플이 제거되는 선택(Select) 연산은 가급적 일찍 수행한다.
- 조인(Join) 연산은 데이터베이스 용량 및 성능에 비교적 큰 영향을 끼치므로 가급적 마지막에 수행한다.

SECTION 02 SQL 활용

빈출 태그 ▶ #CASCADE #RESTRICT #삭제/조회/권한 부여 문법

01 데이터 정의어

1) CREATE

① 데이터베이스 객체 생성
- 데이터베이스 객체(DB, TABLE, INDEX, VIEW 등)를 생성한다.

```
CREATE 〈객체 유형〉 〈객체명〉(〈옵션〉);
```

> **더 알기 TIP**
>
> SQL 및 프로그래밍 언어의 문법을 기술하기 위한 언어를 메타언어(MetaLanguage)라고 합니다. 각각의 입력 요소는 '〈 〉'로 감싸서 표현하며, 생략이 가능한 요소는 '[ ]'로 표현하고, 반복이 가능한 요소는 '[, ...]'로 표현하며, 선택이 가능한 요소는 '|'로 나열하여 표현합니다.

② 테이블 생성 옵션 20.6, 22.3, 22.7
- 테이블 생성 시, 옵션을 활용하여 생성되는 컬럼의 세부사항을 지정할 수 있다.
- 테이블 생성에 대한 일반적인 문법은 아래와 같다.

```
CREATE TABLE 〈테이블명〉(
    〈컬럼명〉 〈데이터유형〉 [〈제약조건〉] [, ...],
    [테이블 제약조건]
    );
```

- 데이터 유형(자료형)은 매우 다양하지만 대표적으로 사용되는 것들은 아래와 같다.
    - INT : 정수
    - DOUBLE : 실수(부동소수점)
    - CHAR(N) : 최대 N개의 문자 입력이 가능한 고정크기 문자열
    - VARCHAR(N) : 최대 N개의 문자 입력이 가능한 가변크기 문자열
    - DATE : 날짜

- 각 필드에 지정 가능한 대표적인 제약조건은 아래와 같다.
  - UNIQUE : 유일키(식별자) 정의
  - NOT NULL : 공백을 허용하지 않음
  - CHECK : 컬럼에 허용되는 값을 제한
- 각 테이블에 지정 가능한 제약조건은 매우 다양하지만 대표적으로 사용되는 것들은 아래와 같다.
  - PRIMARY KEY (〈컬럼명〉[, ...]) : 기본키(UNIQUE + NOT NULL) 정의
  - FOREIGN KEY (〈컬럼명〉[, ...]) REFERENCES (〈컬럼명〉[, ...]) : 외래키 정의
  - ON UPDATE 〈처리옵션〉 : 데이터 갱신 시 처리옵션에 따라 작업 수행
  - ON DELETE 〈처리옵션〉 : 데이터 삭제 시 처리옵션에 따라 작업 수행
- 데이터 갱신 및 삭제의 처리옵션은 다음과 같다.
  - NO ACTION : 무시
  - SET DEFAULT : 관련 튜플 모두 기본값 지정
  - SET NULL : 관련 튜플을 (삭제하는 대신) NULL값으로 수정
  - CASCADE : 관련된 튜플 모두 함께 처리
  - RESTRICT : 관련된 튜플이 없는 경우에만 처리

> **기적의 TIP**
>
> 삭제 및 갱신의 처리옵션을 구분할 수 있어야 합니다.

③ 테이블 구조 복사

- SELECT문에 의해 구성된 테이블 정보와 같은 형식의 테이블을 생성할 수 있다.
  - CREATE TABLE 〈테이블명〉 AS 〈SELECT문〉;

④ 테이블 생성의 예시

- 학번, 이름, 연락처 컬럼을 가지는 학생 테이블을 생성하고 각 컬럼의 제약조건을 아래와 같이 설정할 때의 SQL 문장은 아래와 같다.
  - 학번 : 정수를 저장하는 기본키
  - 이름 : 최대 10개의 문자를 필수 입력
  - 연락처 : 최대 15개의 문자를 저장, '비공개'를 기본값으로 지정

```
CREATE TABLE 학생(
  학번 INT PRIMARY KEY,
  이름 CHAR(10) NOT NULL,
  연락처 CHAR(15) DEFAULT '비공개'
);
```

- 학생 테이블을 참조하는 도서대여 테이블을 생성하고, 관련 테이블과의 제약 사항을 아래와 같이 설정할 수 있다.
  - 대여일 : 날짜 데이터를 필수 입력
  - 학번 : 학생 테이블의 학번(기본키)을 참조, 원본 변경 시 함께 변경, 원본 삭제 시 관련된 행이 존재하면 삭제 취소
  - 도서명 : 최대 20개의 문자를 필수 입력

```
CREATE TABLE 도서대여(
  대여일 DATE NOT NULL,
  학번 INT,
  도서명 CHAR(20) NOT NULL,
  FOREIGN KEY(학번) REFERENCES 학생(학번)
    ON UPDATE CASCADE
    ON DELETE RESTRICT
);
```

더 알기 TIP

SQL 문장은 단순한 방향으로 진행되므로 순서보다는 각 토큰(문장 조각)이 의미하는 기능을 분석할 수 있도록 학습하세요.

2) ALTER 22.3, 24.2

① 컬럼 변경

- (이미 생성된) 테이블에 추가할 컬럼을 마지막 컬럼 뒤(또는 다른 위치)에 추가한다.

```
ALTER TABLE <테이블명> ADD <필드명> <데이터타입> [<위치옵션>];
```

  - FIRST : 첫 컬럼 앞에 추가
  - AFTER <컬럼명> : 특정 컬럼 뒤에 추가
- 테이블의 컬럼을 변경(데이터 유형 또는 이름)한다.

```
ALTER TABLE <테이블명> MODIFY <컬럼명> <데이터유형>;
ALTER TABLE <테이블명> RENAME COLUMN <원본컬럼명> TO <변경컬럼명>;
```

  - MODIFY : 데이터 유형 변경
  - RENAME COLUMN : 컬럼명 변경
- 테이블의 컬럼을 삭제한다.

```
ALTER TABLE <테이블명> DROP <컬럼명>;
```

기적의 TIP

ALTER는 데이터를 변경하는 것이 아니라 데이터베이스 객체(테이블 구조 등)를 변경합니다.

② 제약조건 변경
- 제약조건을 추가한다.

```
ALTER TABLE <테이블명> ADD CONSTRAINT <제약조건명> <제약조건>;
```

- 제약조건을 비활성화하거나 삭제한다.

```
ALTER TABLE <테이블명> ENABLE|DISABLE|DROP CONSTRAINT <제약조건명>;
```

- ENABLE : 제약조건 활성화
- DISABLE : 제약조건 비활성화
- DROP : 제약조건 삭제

3) DROP

① 데이터베이스 삭제
- 데이터베이스 객체를 삭제한다.

```
DROP <객체 유형> <객체명> [<삭제옵션>];
```

> **더 알기 TIP**
> ALTER~DROP과 DROP은 의미가 다릅니다. 주의하세요.

② 레코드 삭제 22.7
- 테이블의 구조를 유지하는 상태에서 모든 (데이터) 레코드를 삭제한다.

```
TRUNCATE TABLE <테이블명>;
```

> **기적의 TIP**
> 조건 없이 delete를 수행하는 것과 같은 결과를 냅니다.

02 데이터 조작어

1) INSERT 25.2

- 특정 테이블의 컬럼 순서대로 모든 값을 지정하여 삽입한다.

```
INSERT INTO <테이블명> VALUES (<값>[, ...]);
```

- 특정 컬럼을 지정하여 값을 삽입한다.

```
INSERT INTO <테이블명> (<컬럼명>[, ...]) VALUES (<값>[, ...]);
```

- 다른 테이블의 레코드를 복사하여 값을 삽입한다.

```
INSERT INTO <테이블명> (<필드>[, ...]) <SELECT문>
```

2) UPDATE 20.9, 21.5, 23.7

- 지정한 조건을 만족하는 레코드들의 해당 컬럼의 필드값을 갱신한다.

```
UPDATE <테이블명> SET <컬럼명>=<값>[, ...] WHERE <조건식>;
```

> **기적의 TIP**
> UPDATE 형식에 대한 설명 중 올바른 것을 선택할 수 있어야 합니다.

3) DELETE 22.3

- 지정한 조건을 만족하는 레코드를 삭제한다.
- 조건을 생략하면 모든 레코드를 삭제하게 되니 주의해야 한다.

```
DELETE FROM <테이블명> WHERE <조건식>;
```

> **기적의 TIP**
> 테이블을 삭제하는 것과 테이블 데이터 전체를 삭제하는 것은 다른 작업입니다.

4) SELECT 20.6, 20.8, 21.5, 23.5, 23.7, 24.7

- 지정한 형식과 조건에 대응되는 결과를 릴레이션 형태로 출력한다.
- SQL 명령 중 가장 많이 사용되는 명령어이다.

```
SELECT [ALL|DISTINCT] <컬럼명>[, ...] FROM <테이블명>
  [WHERE <조건식>] [GROUP BY <컬럼명>] [HAVING <조건식>]]
  [ORDER BY <컬럼명> [ASC|DESC]];
```

- ALL(기본값) : 지정된 모든 레코드 검색, '*'도 같은 의미
- DISTINCT : 중복된 레코드는 하나만 출력
- GROUP BY는 지정된 컬럼의 데이터를 기준으로 튜플을 그룹화한다.
- 그룹별로 조건을 만족하는 레코드를 검색하기 위해서는 HAVING 절을 사용한다.
- ORDER BY는 조회된 레코드를 특정 컬럼을 기준으로 정렬한다.

> **기적의 TIP**
> DISTINCT의 정의는 문제마다 다르게(중복되지 않게, 중복을 제거, ...) 표현되니 넓은 범위로 해석되도록 학습하세요.

03 SELECT 활용

1) AS

① 집계함수와 AS 20.8, 23.3, 23.7

- 집계함수를 사용해 컬럼의 값을 요약할 수 있다.
    - COUNT() : 레코드 개수
    - SUM()/AVG() : 합계/평균
    - MAX()/MIN() : 최대값/최소값
    - STDDEV() : 표준편차
    - VARIANCE() : 분산
- 집계함수의 결과는 집계함수식이 컬럼명이 되어 출력된다.

```
SELECT SUM(점수) FROM 학생정보;
```

- AS문을 활용하여 컬럼명을 지정할 수 있다.
    - 공백이 포함된 문자열은 작은 따옴표로 감싸서 표현

```
SELECT SUM(점수) AS 합계 FROM 학생정보;
```

> **기적의 TIP**
>
> 집계 함수가 아닌 것을 찾을 수 있어야 합니다.

학생정보

학번	이름	성별	학과	점수
111	권영석	남	컴퓨터	70
222	한세환	남	컴퓨터	80
333	박라움	여	경영	75
444	한필수	남	디자인	85

AS 미사용	AS 사용
SUM(점수)	합계
310	310

② 컬럼과 AS

- 일반 컬럼명을 변경할 수 있다.
- 원본 컬럼명을 이용한 수식의 결과를 나타내는 형태로 활용할 수 있다.

```
SELECT 이름 AS 학생명, 점수-5 AS 성적 FROM 학생정보;
```

학생정보

학번	이름	성별	학과	점수
111	권영석	남	컴퓨터	70
222	한세환	남	컴퓨터	80
333	박라움	여	경영	75
444	한필수	남	디자인	85

결과

학생명	성적
권영석	65
한세환	75
박라움	70
한필수	80

> **기적의 TIP**
> 조건식은 굉장히 다양한 형태로 출력됩니다.

2) 조건식 20.6, 20.8, 21.3, 21.5, 21.8, 22.3, 22.4, 23.3, 24.2, 24.5, 24.7, 25.2

① AND

- 연산자 좌우의 모든 조건을 만족해야 할 때 사용한다.

```
SELECT * FROM 성적 WHERE 국어>=80 AND 영어>=80;
```

- 국어점수와 영어점수가 모두 80 이상인 레코드를 조회
- 범위 비교를 하는 경우에는 BETWEEN 연산자를 이용할 수 있다.

```
SELECT * FROM 성적 WHERE 수학>=80 AND 수학<90;
SELECT * FROM 성적 WHERE 수학 BETWEEN 80 AND 89;
```

- 수학 점수가 80점대(80~89)인 레코드를 조회

> **더 알기 TIP**
> BETWEEN A AND B는 A와 B도 포함하는 범위입니다.

② OR

- 연산자 좌우의 조건 중 하나만 만족하면 되는 경우에 사용한다.
- OR은 IN 연산자를 이용해서 표현할 수 있다.

```
SELECT * FROM 성적 WHERE 반="1반" OR 반="3반" OR 반="5반";
SELECT * FROM 성적 WHERE 반 IN("1반", "3반", "5반");
```

- 1, 3, 5반 학생의 성적 정보를 조회

③ IS NULL

- 값이 비어 있는 경우를 검색해야 하는 경우에 사용한다.

```
SELECT * FROM 성적 WHERE 벌점 IS NULL;
```

- 벌점 컬럼의 필드가 비어 있는 레코드를 조회

④ LIKE

- 특정 문자 패턴을 가지는 문자열을 검색해야 하는 경우에 사용한다.

```
SELECT * FROM 성적 WHERE 이름 LIKE 〈패턴〉;
```

- LIKE %강 : 강으로 끝나는 문자열 패턴
- LIKE 강% : 강으로 시작하는 문자열 패턴
- LIKE %강% : 강을 포함하는 문자열 패턴
- LIKE 강_ : 강으로 시작하는 2글자 문자열 패턴
- LIKE _강_ : 강이 가운데 있는 3글자 문자열 패턴
- LIKE 강__ : 강으로 시작하는 3글자 문자열 패턴

3) 하위 질의(Sub Query)

① 서브 쿼리 정의
- 메인 쿼리에 포함된 또 하나의 쿼리를 서브 쿼리라고 한다.
- 서브 쿼리는 메인 쿼리 이전에 한 번만 실행되며 결과값은 메인 쿼리의 내부 요소로 활용된다.

② 서브 쿼리 사용 시 유의사항
- 비교 연산자의 오른쪽에 기술하고 소괄호로 감싼다.
- 서브 쿼리의 결과는 메인 쿼리가 기대하는 행의 수 또는 컬럼의 수와 일치해야 한다.
- 서브 쿼리는 출력(표시)의 용도가 아니기 때문에 ORDER BY 절을 사용하지 않는다.

③ 단일 행 서브 쿼리
- 서브 쿼리의 수행 결과가 오직 하나의 행으로 반환되는 쿼리이다.
- 단일 행 비교 연산자(=, 〈 〉, 〉, 〉=, 〈, 〈=)를 사용하여 비교한다.

```
SELECT * FROM 성적 WHERE 학과 =
    (SELECT 학과 FROM 성적 WHERE 이름 = "권영석");
```

- 서브 쿼리 결과 : 성적 테이블에서 이름 필드가 권영석인 레코드의 학과 값을 결과로 반환
- 메인 쿼리 결과 : "권영석의 학과"와 같은 학과를 가진 레코드를 조회

④ 다중 행 서브 쿼리 20.9, 21.3, 24.7
- 서브 쿼리의 수행 결과가 여러 행으로 반환되는 쿼리이다.
- 다중 행 비교 연산자(IN, ANY, SOME, ALL, EXISTS)를 사용하여 비교한다.
- 데이터베이스 수업을 듣는 학생 중, 인공지능 수업을 듣는 학생을 조회하는 경우를 생각해보자.

데이터베이스

학번	성명	학년	학과
1111	황소리	1	컴퓨터
2222	설병곤	1	수학
3333	류강민	2	컴퓨터
4444	윤혜림	3	통계학
5555	이고은	4	수학

인공지능

학번	성명	학년	학과
1111	황소리	1	컴퓨터
6666	예으뜸	3	전자
3333	류강민	2	컴퓨터
7777	윤혜림	1	통계학
8888	장주환	4	수학

> 🅵 **기적의 TIP**
>
> 적절한 다중 행 비교 연산자를 선택할 수 있어야 합니다.

- IN 연산자는 서브 쿼리의 결과를 메인 쿼리의 조건절에 대입하여 조건 비교 후 결과를 출력한다.

```
SELECT 성명, 학년 FROM 데이터베이스 WHERE 학번 IN
    (SELECT 인공지능.학번 FROM 인공지능);
```

- 서브 쿼리 결과 : 인공지능의 학번들을 결과로 반환
- 메인 쿼리 결과 : "인공지능의 학번"들과 일치하는 학번을 가진 레코드를 조회

- EXISTS 연산자는 메인 쿼리의 결과를 서브 쿼리의 조건식에 대응하여 결과를 출력한다.
- 서브 쿼리의 SELECT 절은 무시된다.

```
SELECT 성명, 학년 FROM 데이터베이스 WHERE EXISTS
    (SELECT * FROM 인공지능 WHERE 데이터베이스.학번 = 인공지능.학번);
```

- 메인 쿼리에서 조회된 레코드에 서브 쿼리의 조건식을 적용

> **더 알기 TIP**
>
> IN과 EXISTS를 구분하는 가장 좋은 방법은 WHERE 이후 형식입니다. IN은 연산자 앞에 컬럼명이 존재하지만, EXISTS는 연산자 앞에 컬럼명이 없죠?

4) 정렬과 그룹 23.5, 24.2

① 단일 정렬

- 특정 컬럼을 기준으로 오름차순 또는 내림차순 정렬한다.

```
SELECT * FROM 성적 ORDER BY 성별 ASC;
SELECT * FROM 성적 ORDER BY 반 DESC;
```

- 〈컬럼명〉 ASC : 오름차순 정렬
- 〈컬럼명〉 DESC : 내림차순 정렬

② 다중 정렬

- 정렬된 레코드를 또 다른 특정 기준으로 다시 정렬한다.

```
SELECT * FROM 성적 ORDER BY 성별 ASC, 반 DESC;
```

- 성별을 기준으로 오름차순 정렬
- 성별 데이터가 같은 레코드들은 반을 기준으로 내림차순 정렬

③ 그룹과 요약
- 특정 컬럼을 기준으로 동일한 데이터별로 레코드를 그룹화하여 요약한다.

```
SELECT 성별, COUNT(*) FROM 성적 GROUP BY 성별;
```

- 레코드를 성별 기준으로 요약하여 성별별 개수 출력
- 요약된 그룹별 데이터를 기준으로 조건을 지정하여 레코드를 나타낼 수 있다.

```
SELECT 성별, COUNT(*) FROM 성적 GROUP BY 성별 HAVING COUNT(*)<3;
```

- 요약된 그룹의 개수가 3보다 작은 레코드만 조회

> **기적의 TIP**
> WHERE 절과 HAVING 절의 차이를 구분할 수 있어야 합니다.

성적

학번	이름	성별	학과	점수
111	권영석	남	컴퓨터	70
222	한세환	남	컴퓨터	80
333	박라움	여	경영	75
444	한필수	남	디자인	85

결과(임시)

성별	COUNT(*)
남	3
여	1

조건 지정

성별	COUNT(*)
여	1

- 그룹별 요약을 위해서는 집계 함수가 아닌 그룹 함수를 사용한다.
  - ROLLUP() : 지정된 컬럼 중 첫 컬럼의 각 그룹의 합계와 전체 합계
  - CUBE() : 지정된 모든 컬럼의 각 그룹의 합계와 전체 합계
  - GROUPING SETS() : 각 그룹별 총 합계만 표시
  - GROUPING() : 집계 함수를 지원하는 함수

원본 테이블

반	성별	성적평균
2	남	87
3	여	80
2	여	85
3	남	75
1	남	79
1	여	83

GROUP BY ROLLUP(반,성별)

반	성별	성적평균
1	남	79
1	여	83
1	NULL	162
2	남	87
2	여	85
2	NULL	172
3	여	80
3	남	75
3	NULL	155
NULL	NULL	489

GROUP BY CUBE(반,성별)

반	성별	성적평균
NULL	NULL	489
NULL	남	241
NULL	여	248
1	NULL	162
1	남	79
1	여	83
2	NULL	172
2	남	87
2	여	85
3	NULL	155
3	여	80
3	남	75

GROUP BY GROUPING SETS(반,성별)

반	성별	성적평균
1	NULL	162
2	NULL	172
3	NULL	155
NULL	남	241
NULL	여	248

5) 조인 24.5

① INNER JOIN

- 두 테이블의 기준 필드가 일치하는 레코드만 조인한다.

```
SELECT * FROM <왼쪽 테이블> JOIN <오른쪽 테이블> ON <왼쪽 테이블>.<컬럼명> = <오른쪽 테이블>.<컬럼명>;
```

② OUTER JOIN

- 두 테이블의 기준 필드가 일치하지 않는 모든 레코드도 함께 조인한다.

```
SELECT * FROM <왼쪽 테이블> OUTER JOIN <오른쪽 테이블> ON <왼쪽 테이블>.<컬럼명> = <오른쪽 테이블>.<컬럼명>;
```

③ LEFT JOIN

- 왼쪽 테이블 레코드는 전부 포함하고, 오른쪽 테이블 레코드는 기준 필드가 일치하는 것만 조인한다.

```
SELECT * FROM <왼쪽 테이블> LEFT JOIN <오른쪽 테이블> ON <왼쪽 테이블>.<컬럼명> = <오른쪽 테이블>.<컬럼명>;
```

④ RIGHT JOIN

- 오른쪽 테이블 레코드는 전부 포함하고, 왼쪽 테이블 레코드는 기준 필드가 일치하는 것만 조인한다.

```
SELECT * FROM <왼쪽 테이블> RIGHT JOIN <오른쪽 테이블> ON <왼쪽 테이블>.<컬럼명> = <오른쪽 테이블>.<컬럼명>;
```

➕ **더 알기 TIP**

조인은 앞서 배운 관계 대수의 조인과 그 개념이 다르지 않습니다. 형식과 개념을 익혀주세요.

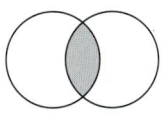
INNER JOIN

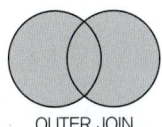
OUTER JOIN

LEFT JOIN

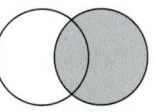
RIGHT JOIN

04 데이터 제어어

1) 권한 제어

① GRANT [20.9, 22.4, 23.3]

- 특정 사용자 및 그룹(역할)에게 특정 권한을 부여한다.
- 옵션에 따라서 부여받은 권한에 대해서 다른 사용자에게 다시 부여가 가능하다.

```
GRANT <권한 유형> TO <대상>
  [WITH GRANT OPTION|WITH ADMIN OPTION];
```

- WITH GRANT OPTION : 부여받은 권한을 다른 사용자에게 부여, 회수 가능
- WITH ADMIN OPTION : 부여받은 권한을 다른 사용자에게 부여만 가능
- 권한 유형은 기존 SQL 명령들과 특정 ROLE을 지정할 수 있다.
- 권한 부여 대상은 특정 사용자 및 ROLE, 모든 인원(PUBLIC)에게 부여할 수 있다.

② REVOKE [24.7]

- 대상에게 부여된 권한을 회수한다.

```
REVOKE <권한 유형> FROM <대상>;
```

- WITH GRANT OPTION으로 권한을 부여한 사용자의 권한을 회수하면, 권한을 부여받은 사용자가 부여한 또 다른 사용자의 권한도 함께 회수된다.

➕ **더 알기 TIP**

GRANT는 구성이 단순하기 때문에 권한의 연쇄 작용과 ROLE에 대해서만 이해하시면 문제 풀이는 크게 어렵지 않습니다.

🔑 **기적의 TIP**

GRANT 명령어의 올바른 형식을 선택할 수 있어야 합니다.

③ ROLE
- 사용자에게 허가 가능한 권한들의 집합 또는 같은 권한을 부여받는 사용자 그룹을 뜻한다.
- 사용자 그룹의 관리는 역할 기반 접근 제어(RBAC : Role Based Access Control) 방식을 사용한다.
  - RBAC : 개별적 분할이 아닌, 수행하는 역할을 기반으로 나누고 사용자 그룹에 권한을 부여
- ROLE은 CREATE ROLE 권한을 가진 사용자에 의해서 생성된다.
- 한 사용자가 여러 ROLE을 가질 수 있고, 여러 사용자에게 같은 ROLE을 부여할 수 있다.
  - 〈역할명〉을 이름으로 하는 역할 생성

```
CREATE ROLE 〈역할명〉;
```

  - 〈역할명〉에 〈권한〉을 부여

```
GRANT 〈권한〉[, ...] TO 〈역할명〉;
```

  - 〈사용자〉에게 〈역할명〉 부여

```
GRANT 〈역할명〉 TO 〈사용자〉[, ...];
```

2) 트랜잭션 제어

① 트랜잭션 정의
- 데이터베이스를 조작하는 논리적 연산들(주로 DML)이 하나 이상 모인 단위 작업이다.
- 분해할 수 없는 최소 단위로, 트랜잭션의 완료 및 회복의 기준 단위가 된다.

② 트랜잭션 특징(ACID) 20.6, 20.8, 21.3, 21.8, 22.3, 22.4, 22.7, 23.3, 23.5, 23.7, 24.2, 24.5, 24.7, 25.2
- 트랜잭션의 특징은 4가지가 있다.
  - 원자성(Atomicity) : 모든 연산이 수행되거나 하나도 수행되지 말아야 함
  - 일관성(Consistency) : 시스템 고정 요소는 트랜잭션 이후에도 같아야 함
  - 고립성(Isolation) : 트랜잭션 실행 도중 다른 트랜잭션의 영향을 받지 않아야 함
  - 지속성(Durability) : 트랜잭션의 결과는 항상 유지(영구 반영)되어야 함

> **기적의 TIP**
> 트랜잭션은 개념부터 특징까지 다양하게 자주 출제됩니다.

③ 트랜잭션 상태 제어 22.4, 22.7, 23.3, 23.7
- 트랜잭션은 수행 즉시 반영되는 것이 아니므로 진행 상황에 따라 다양한 상태를 가진다.
  - 활동(Active) : 실행 중인 상태
  - 부분 완료(Partially Committed) : 마지막 연산을 끝내고 결과를 반영하기 직전의 상태
  - 완료(Committed) : 연산을 완료하고 결과를 데이터베이스에 반영한 상태
  - 실패(Failed) : 연산 실행 중 어떤 오류에 의해 더 이상 연산이 진행될 수 없는 상태
  - 철회(Aborted) : 트랜잭션 실패로 트랜잭션 실행 전 상태로 복구(ROLLBACK)된 상태
  - 실행 취소(Undo) : 변경되었던 데이터를 취소하고 원래의 내용으로 복원
  - 다시 실행(Redo) : Undo를 통해 원래 내용으로 변경되었던 데이터를 다시 앞의 내용으로 복원

> **기적의 TIP**
> 트랜잭션의 상태를 구분할 수 있어야 합니다.

④ COMMIT 20.8, 21.5
- 트랜잭션에 의한 변경 사항을 최종 반영한다.
- COMMIT이 완료되면 이전 상태로 복구(ROLLBACK)할 수 없다.

⑤ ROLLBACK 20.8, 21.5
- 트랜잭션에 의한 변경 사항을 이전 상황으로 복구한다.
- 최종 반영(COMMIT) 전까지의 작업은 메모리 영역에서 진행되므로 복구가 가능하다.

> **기적의 TIP**
> COMMIT과 ROLLBACK 덕분에 트랜잭션은 원자성을 보장받습니다.

⑥ SAVEPOINT
- 트랜잭션의 규모가 너무 크거나 복잡한 경우에 ROLLBACK 지점을 별도로 지정한다.
- 여러 개의 SAVEPOINT를 지정할 수 있다.

SAVEPOINT가 없는 경우의
오류지점 ●———→ 복구지점
오류지점 ●┄┄┄→ 복구지점

삽입 → 갱신 → 삭제 → 조회 → 갱신 → 삽입 → 삭제 → 삽입 → 조회 → 삽입 → 갱신 → 조회
         ↑COMMIT   ↑SAVEPOINT   ↑SAVEPOINT   ↑COMMIT

05 절차형 SQL

1) 절차형 SQL 개념

① 절차형 SQL 정의
- 순차적인 SQL문의 실행, 분기, 반복을 활용하여 다양한 기능을 수행하는 모듈이다.
- 절차형 SQL은 프로시저, 사용자 정의 함수, 트리거로 나뉜다.
- 절차형 SQL의 필수 구성 요소는 DECLARE, BEGIN, END가 있다.
  - DECLARE : 절차형 SQL의 명칭, 변수, 인수, 타입 등을 정의하는 영역
  - BEGIN~END : 실제 구현 영역
- OR REPLACE 예약어를 통해 기존 코드를 덮어씌울 수 있다.

② 절차형 SQL 특징
- DBMS 내부에서 직접 실행되며 사용 난이도가 쉬워 DB 작업의 효율성과 생산성이 향상된다.
- 비즈니스 로직을 캡슐화하여 데이터 관리 및 무결성 유지가 용이하다.
- DBMS별로 문법의 차이가 있으며 절차형 프로그래밍 언어와 다르게 효율성은 떨어진다.

2) 프로시저(Procedure)

① 프로시저 정의
- 호출을 통해 실행되는 절차형 SQL이다.
- DML(DQL) 위주로 구성되며 주기적으로 반복되는 작업에 사용된다.
- 사용자 정의 함수와 다르게 반환값이 존재하지 않는다.

② 프로시저 구성 요소
- 필수 구성 요소에 더해 CONTROL, EXCEPTION, SQL, TRANSACTION 등이 있다.
  - CONTROL : 순차, 분기(조건), 반복 처리 영역
  - EXCEPTION : 예외 발생 시 예외 처리 방법 정의 영역
  - SQL : 주로 DML을 사용하여 데이터 처리
  - TRANSACTION : SQL 수행 내역의 반영, 취소 처리 영역

3) 사용자 정의 함수(User Defined Function)

① 사용자 정의 함수 정의
- 호출을 통해 실행되는 절차형 SQL이다.
- DML(DQL) 위주로 구성되며 프로시저와 다르게 반환값이 존재한다.

② 사용자 정의 함수 구성 요소
- 필수 구성 요소에 더해 CONTROL, EXCEPTION, SQL, RETURN 등이 있다.
  - CONTROL : 순차, 분기(조건), 반복 처리 영역
  - EXCEPTION : 예외 발생 시 예외 처리 방법 정의 영역
  - SQL : 주로 DML을 사용하여 데이터 처리
  - RETURN : 호출 위치에 반환할 값이나 변수 정의

4) 트리거(Trigger) 20.6, 22.7

① 트리거 정의
- 데이터베이스의 이벤트(데이터 변경) 발생에 의해 자동으로 호출되는 절차형 SQL이다.
- 특정 이벤트에 따른 관련 작업을 자동으로 수행하는 것이 목적이다.
- 데이터 작업과 더불어 무결성 유지 및 로그 메시지 출력 등의 처리를 위해서 사용한다.
- 트리거는 외부 변수의 입출력과 반환값이 존재하지 않는다.

② 트리거 구성 요소
- 필수 구성 요소에 더해 CONTROL, EXCEPTION, SQL, EVENT 등이 있다.
  - EVENT : 트리거가 실행되는 조건(필수)
  - CONTROL : 순차, 분기(조건), 반복 처리 영역
  - EXCEPTION : 예외 발생 시 예외 처리 방법 정의 영역
  - SQL : 주로 DML을 사용하여 데이터 처리
- 기타 옵션을 통해 트리거가 수행되는 시점을 정의할 수 있다.
  - AFTER : 테이블이 변경된 후 실행
  - BEFORE : 테이블이 변경되기 전 실행
  - FOR EACH NOW : 트리거 적용 대상을 테이블에서 '레코드마다'로 변경
  - NEW : 새롭게 반영될 데이터
  - OLD : 기존 데이터

③ 트리거 작성 시 유의사항
- DCL을 사용할 수 없으므로 포함하지 않는다.
- 오류가 발생하면 이벤트가 발생한 작업도 영향을 받으므로 더 높은 기준의 무결성 및 품질이 요구된다.

> **기적의 TIP**
> 절차형 SQL 중 트리거의 설명을 찾을 수 있어야 합니다.

06 인덱스와 뷰

1) 인덱스(INDEX)

① 인덱스 정의 21.3

- 저장된 데이터를 빠르게 검색할 수 있도록 구성된 자료 구조 및 방법이다.
- 원본 테이블의 검색 대상 컬럼으로부터 유도된 별도의 인덱스 테이블을 생성하고, 데이터에 접근하기 좋은 형태로 순서를 변경한다.
- 컬럼을 기본키로 설정하면 인덱스는 자동으로 생성된다.
- 원본 테이블에 의해 인덱스가 생성되는 구조로 원본 테이블의 수정이 잦을수록 비효율적이다.

인덱스 테이블

학번	원본위치
2502	3
3857	1
3893	8
4005	6
6285	4
6663	5
8732	7
9685	2

원본 테이블

학번	이름	과목	교수
3857	신치원	워드	김남규
9685	하그루	컴활	손은채
2502	이믿음	컴활	한세환
6285	정민정	컴활	황소리
6663	강미르	파이썬	정바람
4005	성한길	자바	성재신
8732	송햇살	C언어	유남순
3893	추지수	정보처리	제갈동빈

② 인덱스 설계 시 고려사항

- 새로 추가되는 인덱스가 기존 접근 경로에 영향을 미칠 수 있음에 유의한다.
- 너무 넓은 범위의 인덱스는 추가적인 저장 공간 및 오버헤드를 발생시킨다.
- 인덱스와 테이블 데이터의 저장 공간은 적절히 분리한다.

③ 인덱스 구현 21.8, 22.4, 23.3

- 인덱스를 생성한다.

```
CREATE [UNIQUE] INDEX <인덱스명> ON <테이블명>(<컬럼명><정렬옵션>[, ...]);
```

  - UNIQUE : 중복값을 허용하지 않는 인덱스 생성

- 인덱스를 삭제한다.

```
ALTER TABLE <테이블명> DROP INDEX <인덱스명>;
```

- 인덱스를 변경한다.

```
ALTER [UNIQUE] INDEX <인덱스명> ON <테이블명>(<컬럼명>[, ...]);
```

- 인덱스를 조회한다.

```
SHOW INDEX FROM <테이블명>;
```

2) 뷰(VIEW) 20.6, 22.3, 22.4, 23.3, 23.7, 24.2, 24.5, 25.2

① 뷰 정의
- 하나 이상의 테이블로부터 유도되는 논리적인(실체가 없는) 가상 테이블이다.
- 뷰의 정보는 시스템 카탈로그에 저장되며 외부 스키마를 구성할 때 사용된다.
- 뷰를 통해 또 다른 뷰를 정의할 수 있으며 같은 데이터를 각각의 다른 방법으로 제공할 수 있다.
- 실체가 존재하지 않기 때문에 종속된 테이블이 제거되면 함께 제거된다.

② 뷰 장점 20.8, 20.9, 21.3
- 데이터의 논리적인 독립성을 유지하여 원본의 테이블 구조 변경에 영향을 최소화할 수 있다.
- 여러 테이블에 존재하는 데이터에 접근하는 방법을 단순화, 다양화할 수 있다.
- 테이블의 일부 데이터에 대해서만 접근을 허용하는 방식으로 데이터 보안을 유지한다.

③ 뷰 단점 20.8, 20.9, 21.3
- 물리적인 실체 데이터가 없기 때문에 자체 인덱스 사용이 불가능하고 내용을 수정하는 것도 많은 제약이 따른다.
- 뷰를 변경하기 위해서는 삭제한 뒤 다시 생성해야 한다.

④ 뷰 구현
- 뷰를 생성한다.

```
CREATE VIEW <뷰 이름>(<컬럼 목록>) AS SELECT문 [옵션];
```

- REPLACE : 뷰가 이미 존재하는 경우 재생성
- FORCE : 원본 테이블의 존재 여부에 관계 없이 뷰 생성
- NOFORCE : 원본 테이블이 존재할 때만 뷰 생성
- WITH CHECK OPTION : 조건에 사용된 컬럼의 값을 수정 불가능하도록 설정
- WITH READ ONLY : 모든 컬럼의 값 수정 불가능(DML 작업 불가능)

> **더 알기 TIP**
>
> 뷰 자체의 문법은 어렵지 않으니 개념을 위주로 공부하세요.

- 뷰를 삭제한다.

```
DROP VIEW <뷰 이름>;
```

- 뷰를 조회한다.

```
SELECT * FROM <뷰 이름>;
```

07 SQL 지원 도구

1) 시스템 카탈로그와 데이터 사전

① 시스템 카탈로그(System Catalog) 정의
- 데이터베이스 객체들에 대한 정의와 명세를 메타 데이터 형태로 유지 관리하는 시스템 테이블이다.
- 데이터 사전(Data Dictionary)이라고도 한다.

② 시스템 카탈로그 구성 요소
- 시스템 카탈로그는 시스템 카탈로그와 데이터 디렉토리, 메타 데이터로 구성된다.
  - 시스템 카탈로그 : DBA가 사용하는 데이터 사전과 같은 의미
  - 데이터 디렉토리 : DBMS에 의해서만 접근 가능한 데이터 사전 접근 정보
  - 메타 데이터 : 다른 데이터를 설명하기 위한 데이터

③ 시스템 카탈로그 특징 21.3, 21.5, 22.4, 22.7, 23.3, 23.7, 24.2, 24.7
- DBMS가 스스로 생성하고 유지하며 데이터 디렉토리에 저장된 접근 정보를 통해 접근할 수 있다.
- DML을 통해 내용 조회가 가능하지만, 직접적인 변경은 불가능하다.
- DDL을 통해 데이터베이스 객체가 변경되면 DBMS에 의해 자동으로 변경된다.

④ DBMS 접속 응용 시스템 정의
- 데이터베이스 관리 도구를 직접 사용하는 방법 외에도 별도 응용 프로그램 사용을 통해서도 접근이 가능하다.
- 사용자는 응용 프로그램을 통해 DBMS에 접속하여 데이터베이스를 사용한다.
- 대표적인 응용 프로그램으로는 JDBC와 MyBatis가 있다.
  - JDBC : Java 환경에서 DB에 접속할 수 있도록 해주는 API
  - MyBatis : 복잡한 JDBC 코드를 단순화하여 SQL을 거의 그대로 사용 가능, spring 기반 프레임워크와 통합하여 우수한 성능 제공

> **기적의 TIP**
> 시스템 카탈로그는 DBMS가 자동 생성, 관리하므로 조회는 가능하지만 변경은 불가능합니다.

2) SQL 지원 도구

① PL/SQL
- 프로그래밍 언어의 특성을 통합한 확장 SQL 기능이다.
- 스크립트 형태로 실행 가능하며 모듈화, 절차적 프로그램 작성이 가능하다.
- 식별자 선언, 에러 처리가 가능하고 성능 향상을 기대할 수 있다.

② SQL*Plus
- Oracle사에서 제공하는 SQL 지원 도구이다.
- 키워드 축약, 다중 행 입력, 종료 문자 생략이 가능하다.

③ APM(Application Performance Management)
- 안정적인 시스템 운영을 위한 모니터링 도구로 시스템 부하량과 접속자 파악, 장애 진단 기능이 있다.
- 시스템 리소스 모니터링과 사용자 대상 모니터링이 있다.

④ TKPROF
- 실행되는 SQL 문장을 추적, 분석하여 지침을 제공해준다.
- 분석 가능한 정보는 아래와 같다.
  - Parse, Execute, Fetch 수
  - CPU 작업시간
  - 물리적, 논리적 Reads
  - 처리된 튜플 수
  - 라이브러리 캐시 Misses
  - Commit/Rollback
- 인스턴스 수준과 세션 수준의 추적이 있다.
  - Instance Level : 지속적인 설정 방법으로 모든 SQL 수행에 대한 추적, 많은 부하 발생
  - Session Level : 임시적인 설정 방법으로 특정 프로세스별로 추적

> **기적의 TIP**
> SQL 지원 도구는 아직 출제된 적이 없고 출제 비중도 매우 낮습니다. 각 도구의 특징을 구분하는 정도로만 학습하세요.

⑤ EXPLAIN PLAN
- SQL 문장의 경로를 분석하여 성능 개선 지침을 제공해준다.
- 분석 가능한 정보는 아래와 같다.
  - Recursive call
  - DB block gets
  - Consistent gets
  - Physical reads
  - Redo size
  - Byte sent via SQL*Net from client
  - Byte received via SQL*Net from client
  - Sort(Memory/Disk)
  - Row processed
⑥ 소스코드 인스펙션 도구(Source Code Inspection)
- 데이터베이스를 조작하는 프로시저 코드 등을 분석하여 성능의 문제점을 개선함으로써 데이터베이스의 성능을 향상시키는 도구이다.

08 병행 제어와 로킹

1) 병행 제어(Concurrency Control, 동시성 제어)

① 병행 제어 정의 22.3, 23.7, 25.2
- 데이터베이스의 활용도를 최대화하기 위해 여러 사용자들의 데이터베이스 공동 사용을 최대화하는 기술이다.
- 병행 처리에서 오는 문제점을 개선하여 데이터베이스의 일관성을 유지한다.

② 병행 처리의 문제점
- 병행 처리의 문제점은 분실된 갱신, 모순성, 연쇄 복귀, 비완료 의존성 등이 있다.
  - 분실된 갱신(Lost Update) : 데이터를 두 개의 트랜잭션이 갱신하면서 하나의 작업이 진행되지 않는 경우의 문제점
  - 모순성(Inconsistency) : 데이터를 두 개의 트랜잭션이 갱신하면서 사용자가 원하는 결과와 일치하지 않는 상태가 되는 경우의 문제점
  - 연쇄 복귀(Cascading Rollback) : 데이터를 두 개의 트랜잭션이 갱신하면서 문제가 발생하면 두 트랜잭션 모두 갱신 전으로 복귀하는 상태가 되는 경우의 문제점
  - 비완료 의존성(Uncommitted Dependency) : 하나의 트랜잭션이 실패하고 회복이 이뤄지기 전에 다른 트랜잭션이 실패한 수행 결과를 참조하는 경우의 문제점
- 병행 처리 문제점을 개선하기 위한 제어 기법에는 로킹과 회복이 있다.

2) 로킹(Locking) 21.8, 23.5, 24.2, 24.7

① 로킹 정의
- 트랜잭션이 갱신 중인 데이터를 다른 트랜잭션이 접근하지 못하도록 잠그는 것이다.
- 로크의 단위 크기에 따라 데이터베이스의 성능에 영향을 미치므로 적절한 크기를 지정한다.

② 로크의 단위
- 로크의 단위가 큰 경우 로크의 개수가 적어져 병행 제어 기법이 단순해진다.
  - 병행성(공유도) 수준이 낮아지고 오버헤드 감소
- 로크의 단위가 작은 경우 로크의 개수가 많아져 병행 제어 기법이 복잡해진다.
  - 병행성(공유도) 수준이 높아지고 오버헤드 증가

③ 타임 스탬프(Time Stamp) 기법
- 트랜잭션이 순서대로(직렬) 처리될 수 있도록 데이터 항목에 타임 스탬프를 부여하는 기법이다.

④ 낙관적 병행 제어(Optimistic Concurrency Control) 기법
- 트랜잭션 수행 동안은 어떠한 검사도 하지 않고, 트랜잭션 종료 시에 일괄적으로 검사하는 병행 제어 기법이다.
- 장기적 트랜잭션을 철회할 때, 자원낭비 가능성이 있어서 동시 사용 빈도가 낮은 시스템에서 주로 사용된다.

⑤ 다중 버전 병행 제어(MVCC : Multi Version Concurrency Control) 기법
- 데이터의 여러 버전(Version)을 유지하면서, 읽기와 쓰기를 병렬로 처리할 수 있게 하는 동시성 제어 기법이다.

3) 회복(Recovery)

① 회복 정의
- 특정 장애로 인해 데이터베이스에 문제(무결성 훼손)가 발생했을 때, 문제 발생 이전의 상태로 복원하는 것이다.
- 장애의 유형은 트랜잭션, 시스템, 미디어 장애 등이 있다.
  - 트랜잭션 장애(Transaction Failure) : 트랜잭션 내의 논리적 오류로 인한 장애
  - 시스템 장애(System Failure) : 하드웨어 오작동으로 인한 장애
  - 미디어 장애(Media Failure) : 디스크 고장으로 인한 장애

② 회복 관련 연산자
- 회복 기법에 관련된 연산자에는 Undo와 Redo가 있다.
  - Undo : 변경된 데이터를 취소하여 원래의 내용으로 복원
  - Redo : Undo로 인해 회복된 내역이 기록된 로그를 바탕으로 다시 데이터를 반영

> **기적의 TIP**
> 각 로킹 기법을 구분할 수 있어야 합니다.

> **기적의 TIP**
> 로그를 이용한 회복 기법의 종류 2가지를 구분할 수 있어야 합니다.

③ 로그를 이용한 회복 20.8, 24.7
- 로그를 이용한 회복은 갱신 시점에 따라 즉시 갱신과 지연 갱신으로 나뉜다.
    - 즉시 갱신 : 트랜잭션의 결과를 그 즉시 반영, 문제 발생 시 복원(Undo)
    - 지연 갱신 : 갱신 결과를 로그에 기록하고 트랜잭션이 완료되면 한 번에 반영(Redo)

④ 검사 시점에 의한 회복
- 로그에 있는 내용이 데이터베이스에 반영될 때마다 CheckPoint(SavePoint)를 둔다.
- 장애가 발생하면 CheckPoint 이전엔 Redo 연산을, 이후엔 Undo 연산을 실시한다.

⑤ 그림자 페이징 기법
- 문제 발생 시 로그가 아닌 그림자 페이지(복사본)로 대체하여 회복하는 기법이다.
- 데이터베이스를 일정 크기의 페이지 단위로 구분하여 각 페이지에 복사본을 유지한다.

CHAPTER

03

물리 데이터베이스 설계

학습 방향

앞선 챕터들에서 배운 이론을 바탕으로 실제 데이터베이스를 생성하는 물리 데이터 모델링에 대해 서술합니다. 논리 모델과 물리 모델의 특성을 고려하여 데이터를 통합, 분할, 분산시키는 기술에 대해 숙지하세요.

SECTION 01 물리 속성 조사 분석

빈출 태그 ▶ #시스템 파악 #이중화 #접근제어

01 시스템 분석

1) 시스템 자원 체계 파악

① 시스템 자원 정의
- 데이터베이스 설치 및 운용에 영향을 끼치는 물리적인 요소들을 뜻한다.
- 대표적인 운영 체계 자원은 하드웨어, OS/DBMS 버전, DBMS 파라미터 정보 등이 있다.

② 하드웨어 자원 파악
- 하드웨어 자원에는 CPU, 메모리, 디스크, 입출력 컨트롤러, 네트워크 등이 있다.
  - CPU : 장치의 성능과 부하가 집중되는 영역
  - Memory : 사용하는 메모리 영역, 사용 가능한 메모리 영역
  - Disk : 디스크 자원 정보, 분할된 형태, 디스크 활용률, 사용 가능 공간
  - I/O Controller : 입출력 컨트롤러 성능
  - Network : 처리 가능 정도, 제공 가능 처리 속도, 접속 가용 정도

③ OS 및 DBMS 버전
- 운영체제와 DBMS의 버전 차이는 운영 환경에 영향을 끼칠 수 있으므로 운영 환경과 관련된 운영체제의 관련 요소를 파악한다.

④ DBMS 매개변수(Parameter) 정보
- 매개변수는 시스템 간의 값을 주고받는 역할(매개)을 하는 것으로 변수와 동일한 역할을 한다.
- DBMS 매개변수는 시스템별로 많은 차이가 있어 그 종류 및 관리 대상 등에 대한 정확한 정의가 필요하다.
- 매개변수는 묵시적 형태와 명시적 형태가 있다.
  - 묵시적 파라미터 : 지정하지 않을 경우 자동으로 기본값 할당
  - 명시적 파라미터 : 지정해야만 값 할당

⑤ 데이터베이스 환경 파악
- 시스템 운영 체계 및 자원의 내용을 파악하기 위해 시스템 구성 요소인 데이터베이스와 서버, 네트워크, 스토리지, 운영체제 등에 대한 제원을 파악해야 한다.

- 기존에 작성되어 관리되어 온 내역이 있다면 확인 후 참조할 수 있으나, 그렇지 않다면 각각의 제원 상의 내용은 출시 시점 또는 버전에 따라 달라질 수 있으므로 제품 매뉴얼이나 관련 사이트에서 정확히 확인할 필요가 있다.

2) 데이터베이스 관리 요소

> ➕ 더 알기 TIP
>
> 데이터베이스 관리 요소들은 이미 배운 것도 있고 앞으로 더 자세하게 배울 것도 있습니다. 지금은 관리 요소들의 종류 정도만 파악될 수 있도록 학습하세요.

① 데이터베이스 구조
- 데이터베이스의 구조에 따라 사용 중 발생하는 문제에 대한 대응 방법이 다르다.
- 데이터의 안전한 저장과 관리를 위해서 서버와 데이터베이스의 구조에 대한 이해가 필요하다.

② 이중화 구성
- 장애 발생 시 데이터베이스를 복구하기 위한 방법으로, 동일한 데이터베이스를 이중으로 구성하여 동시에 갱신, 관리하는 방법이다. 데이터베이스 유형에 따라 다양한 형태로 활용된다.

③ 분산 데이터베이스(분산 구조)
- 물리적으로 분산되어 있는 데이터베이스를 네트워크를 통해 통합하여 논리적으로 하나의 데이터베이스처럼 관리하는 형태로, 사용자 입장에서는 안정적이고 높은 성능을 기대할 수 있는 구조이다.

④ 접근제어
- 데이터베이스는 DBMS 자체적인 보안이 강력하기 때문에 해킹보다는 사용자의 권한 오남용을 막아야 한다.
- 데이터베이스의 무결성 확보를 위해 사용자의 접근을 제어하는 수단(임의 접근 통제, DAC)을 파악해야 한다.
    - DAC(Discretionary Access Control) : 사용자의 신원 정보를 통해 권한 부여

⑤ DB 암호화
- 정보자원의 중요성이 높아짐에 따라 데이터베이스 보호에 대한 중요성도 점차 증가하고 있다.
- 접근제어 이외에도 중요한 보안 분야가 바로 DB 암호화이다.
- 데이터 암호화, 인증, 권한 관리 등으로 구성되며 데이터가 유출되더라도 복호화가 어렵도록 강력한 암호화가 필요하다.

> 🅵 기적의 TIP
>
> **분산 데이터베이스 시스템의 구성 요소**
> 분산 처리기, 분산 데이터베이스, 분산 네트워크

SECTION 02 데이터베이스 물리 속성 설계

빈출 태그 ▶ #인덱스 테이블 #분할 테이블 #스토리지 #파티셔닝

01 저장 레코드 형식 설계 22.4, 23.3

1) 저장 테이블 유형

① 일반 유형 테이블(Heap-Organized Table)
- 대부분의 상용 DBMS에서 표준 테이블로 사용하고 있는 테이블이다.
- 테이블 내에서 Row의 저장 위치는 특정 속성의 값에 기초하지 않고 해당 Row가 삽입될 때 결정된다.

일반 테이블

학번	이름	과목	교수
3857	신치원	워드	김남규
9685	하그루	컴활	손은채
2502	이믿음	컴활	한세환
6285	정민정	컴활	황소리
4005	성한길	워드	성재신

② 클러스터 인덱스 테이블(Clustered Index Table)
- 기본키 및 인덱스 등의 순서를 기반으로 데이터가 저장되는 테이블이다.
- 인덱스에 데이터 페이지가 있는 구조로 단순 인덱스를 이용하는 방법보다 데이터를 빠르게 액세스 할 수 있다.
- 데이터가 입력될 때마다 위치 지정이 필요하므로 유지비용이 상승한다.
- 검색 속도는 상대적으로 빠르지만 입력, 수정, 삭제 속도는 느리다.
- 테이블당 하나만 생성할 수 있다.

클러스터 인덱스 테이블

학번	이름	과목	교수
2502	이믿음	컴활	한세환
3857	신치원	워드	김남규
6285	정민정	컴활	황소리
9685	하그루	컴활	손은채
4005	성한길	워드	성재신

> **기적의 TIP**
> 저장 레코드 형식(양식)은 데이터의 타입 및 분포, 접근 빈도 등을 고려하여 설계합니다.

③ 비 클러스터형 인덱스(Nonclustered Index Table)
- 데이터 페이지와 인덱스 페이지를 분리하여 구성한 테이블이다.
- 인덱스엔 데이터가 아닌 데이터가 저장된 위치(RID : Record Identifier/Rowid)가 저장된다.
- 검색 속도는 상대적으로 느리지만 입력, 수정, 삭제 속도는 비교적 빠르다.
- 테이블별로 여러 개 생성 가능하다.

비 클러스터 인덱스 테이블

학번	원본위치
2502	5
3857	4
6285	2
9685	1
4005	3

학번	이름	과목	교수
2502	이믿음	컴활	한세환
3857	신치원	워드	김남규
6285	정민정	컴활	황소리
9685	하그루	컴활	손은채
4005	성한길	워드	성재신

④ 수평 분할 테이블(Horizontal Partitioning Table, Sharding)
- 릴레이션 스키마를 복제하여 분할 키(Partitioning Key)를 기준으로 데이터를 분산 저장하는 테이블이다.
- 일반적으로 파티셔닝은 수평 분할을 의미한다.
- 테이블당 데이터와 인덱스의 개수가 작아지면서 성능이 향상된다.

수평 분할 테이블

학번	이름	과목	교수
3857	신치원	워드	김남규

학번	이름	과목	교수
9685	하그루	컴활	손은채
2502	이믿음	컴활	한세환
6285	정민정	컴활	황소리

| 4005 | 성한길 | 워드 | 성재신 |

⑤ 수직 분할 테이블(Vertical Partitioning Table)
- 릴레이션 스키마를 분할하여 데이터를 분산 저장하는 테이블이다.
- 사용 빈도가 적은 컬럼과 자주 사용되는 컬럼을 분리하여 성능을 향상시킨다.

수직 분할 테이블

학번	이름
3857	신치원
9685	하그루
2502	이믿음

학번	과목	교수
3857	컴활	손은채
9685	컴활	한세환
2502	컴활	황소리

| 4005 | 성한길 | 워드 | 성재신 |

⑥ 외부 테이블(External Table)
- 외부 파일을 연결하여 데이터베이스 내의 일반 테이블과 같은 형태로 이용할 수 있도록 DBMS와 연결된 테이블이다.
- 데이터웨어하우스(DataWarehouse)에서 ETL(Extraction, transformation, Loading) 등의 작업에 유용하게 활용할 수 있는 테이블이다.

⑦ 임시 테이블(Temporary Table)
- 트랜잭션 및 세션별로 데이터를 저장하고 처리할 수 있는 테이블을 말한다.
- 저장된 데이터는 트랜잭션이 종료되면 사라지는 휘발성의 속성을 보이며, 타 세션에서 처리되는 데이터의 경우에는 공유할 수 없다.
- 절차적 처리를 위해 임시적으로 사용할 수 있는 테이블이다.

2) 컬럼 변환

① 물리적 순서 조정
- Null이 없는 고정 길이 컬럼을 앞 쪽에 배치한다.
- 가변 길이와 Null이 많을 것으로 예상되는 컬럼을 뒷 쪽에 배치한다.

② 데이터 타입 및 길이 지정
- 고정 길이 데이터 타입은 최소 길이를 지정한다.
- 가변 길이 데이터 타입은 예상되는 최대 길이로 지정한다.
- 소수점 이하 자릿수의 정의는 반올림되어 저장되므로 정밀도를 확인하여 지정한다.

③ 문자열 비교
- 일반적으로 문자열 비교 방법은 길이가 작은 컬럼 끝에 공백을 추가하여 길이를 같게 한 후 비교하는 방식과, 공백의 추가 없이 비교하는 방식이 있다.

④ 데이터 타입 변환 비교
- 문자열과 숫자를 비교하는 경우, 숫자가 우선순위가 높기 때문에 내부적으로 문자열을 숫자로 변환하여 비교한다.
  - 문자열 컬럼에 알파벳이 등이 혼용되어 변환이 어려운 경우 SQL 오류 발생
- Like를 사용한 비교의 경우 비교 연산에 적용되는 데이터 대상을 문자열로 변환하여 비교를 수행한다.

3) 테이블 스페이스(Table Space)

① 테이블 스페이스 정의
- 데이터베이스 객체 내 실제 데이터를 저장하는 물리적인 공간이다.
- 데이터베이스에 저장되는 내용에 따라 테이블 스페이스는 테이블, 인덱스, 임시 테이블 등의 용도로 구분하여 설계한다.

- 테이블이 저장되는 테이블 스페이스는 업무별로 지정
- 대용량 테이블은 독립적인 테이블 스페이스 지정
- 테이블과 인덱스는 분리 저장
- LOB(Large Object) 타입 데이터는 독립적인 공간 지정

② 데이터베이스 용량 설계
- 정확한 데이터 용량 예측을 통해 저장 공간을 효과적으로 사용할 수 있도록 한다.
- 디스크 채널의 병목현상을 최소화하여 접근 성능을 향상시킬 수 있다.
- 테이블 및 인덱스별로 적합한 저장 옵션을 지정할 수 있다.
  - 데이터베이스의 초기 및 증가 크기 고려
  - 데이터베이스에서 제공되는 트랜잭션 관련 옵션 고려
  - 데이터베이스에서 설정한 최대 크기 및 자동 증가치 고려
- 일반적인 데이터베이스 용량 분석 절차는 아래와 같다.
  - 데이터와 관련한 기초 자료를 수집하여 용량 분석
  - DBMS에 이용될 객체별 용량 산정
  - 테이블과 인덱스의 테이블 스페이스 용량 산정
  - 데이터베이스 설치 및 관리를 위한 시스템 용량을 합해 디스크 용량을 산정

02 스토리지

1) 클러스터링(Clustering)

① 클러스터링 정의
- 데이터 액세스 효율 향상을 위해 특정 기준으로 분류된 동일한 성격의 데이터를 동일한 데이터 블록에 저장하는 물리적인 저장 기법이다.

② 클러스터링 특징
- 테이블에 클러스터드 인덱스를 생성하여 접근 성능을 향상시킨다.
- 데이터 분포도가 넓은 테이블은 클러스터링하여 저장 공간을 절약할 수 있다.
- 처리 범위가 넓은 경우에는 단일 테이블 클러스터링을 적용한다.
- 조인이 많이 발생하는 경우에는 다중 테이블 클러스터링을 적용한다.

③ 클러스터링 고려사항
- 데이터 변경이나 전체 테이블 탐색이 자주 발생하는 경우에는 클러스터링을 하지 않는 것이 좋다.
- 파티셔닝된 테이블은 클러스터링이 불가능하다.

2) 파티셔닝(Partitioning) 20.8, 21.5, 22.7, 23.7

① 파티셔닝 정의
- 대용량 테이블을 논리적인 작은 테이블로 나누어 성능 저하 방지와 관리를 용이하게 하는 것이다.
- 파티셔닝의 유형은 아래 4가지로 나뉜다.
  - 범위(Range) 분할 : 지정한 컬럼 값을 기준으로 분할
  - 해시(Hash) 분할 : 해시 함수에 따라 데이터를 분할
  - 조합(Composite, 복합) 분할 : 범위 분할 후 해시 분할로 다시 분할
  - 목록(List) 분할 : 분할할 항목을 관리자가 직접 지정

② 파티션의 장점
- 데이터 접근 범위를 줄여 성능이 향상된다.
- 전체 데이터의 훼손 가능성이 감소되어 데이터의 가용성이 증가된다.
- 각 분할 영역을 독립적으로 백업, 복구할 수 있다.
- Disk Striping 기능으로 입출력 성능을 향상시킬 수 있다.
  - Disk Striping : 데이터를 물리적으로 나눠서 기록

3) 스토리지(Storage) 20.9, 21.5, 22.3, 22.7, 23.5, 24.2, 24.5, 24.7, 25.2

① 스토리지 정의
- 단일 디스크로 처리할 수 없는 대용량의 데이터를 저장하기 위해 서버와 저장장치를 연결하는 기술이다.
- 스토리지의 유형에는 DAS, NAS, SAN이 있다.

② DAS(Direct Attached Storage)
- 서버와 저장장치를 직접 연결하는 방식으로 다른 서버와 파일 공유가 불가능한 구조이다.
- 속도가 빠르고 설치 및 운영이 용이하며 초기 구축 비용과 유지보수 비용이 저렴하다.
- 확장성이 상대적으로 부족하므로 공유가 필요 없는 환경에 적합하다.

③ NAS(Network Attached Storage)
- 서버와 저장장치를 네트워크를 통해 연결하는 방식이다.
- 별도의 파일 관리 기능(NAS Storage)을 통해 저장장치를 관리한다.
- 확장성이 우수하고 파일 공유가 가능하지만 다중 접속 시 성능 저하의 가능성이 있다.

④ SAN(Storage Area Network)
- DAS의 빠른 처리와 NAS의 파일 공유의 장점을 혼합한 방식이다.
- 서버와 저장장치를 연결하는 전용 네트워크를 별도로 구성한다.
- 저장장치 및 파일 공유가 가능하고 확장성, 유연성, 가용성이 뛰어나다.
- 장비(FC : Fibre Channel) 업그레이드가 필수이며 비용이 많이 든다.

03 물리 데이터베이스 설계서 작성

1) 무결성 설계 20.6, 20.8, 21.3, 21.5, 21.8, 22.4, 22.7, 23.3, 23.5, 24.2, 24.5

① 무결성 정의
- 데이터의 정확성과 일관성을 유지하여 결손과 부정합이 없음을 보증하는 특성이다.
- 데이터 변경 시 여러 가지 제한(무결성 검증 코드, 조건 유지, 조건 설정)을 두어 무결성을 보증한다.
- 데이터베이스 무결성에는 도메인 무결성, 개체 무결성, 참조 무결성, 사용자 정의 무결성 등이 있다.

② 도메인 무결성(Domain Integrity)
- 열의 값이 정의된 도메인의 범위 안에서 표현되는 무결성이다.
- 데이터 형식, 타입, 길이, Null 허용 여부 등의 제약으로 무결성을 보장한다.

③ 개체 무결성(Entity Integrity)
- 특정 열에 중복 값 또는 Null에 대한 제한을 두어 개체 식별자의 역할을 할 수 있게 하는 특성이다.
- 각 개체의 식별은 개체 무결성이 적용된 열에 의해 판단한다.

④ 참조 무결성(Referential Integrity)
- 참조 관계가 존재하는 두 개체 간 데이터의 일관성을 보증하는 특성이다.
- 참조하는 열은 참조되는 열(식별자)에 존재하지 않는 값을 참조할 수 없다.

더 알기 TIP

성적 릴레이션의 학번(외래키)이 학생 릴레이션의 학번(기본키)만을 참조하는 것을 참조 무결성이라고 합니다.

⑤ 무결성 강화
- 무결성은 데이터 품질에 직접적인 영향을 주기 때문에 무결성 유지 방안을 확보해야 한다.
  - 애플리케이션 : 데이터 사용 시 적용할 사용자 정의 무결성 검증 코드 구현
  - 데이터베이스 트리거 : 데이터베이스 운영 중 이벤트 발생 시 무결성 검증 트리거 구현
  - 제약 조건 : 원칙적으로 잘못된 데이터 입력을 막아 무결성 보장

기적의 TIP

무결성은 3과목 전체 내용 전반에 적용되는 개념입니다. 반드시 완벽히 숙지하도록 하세요.

기적의 TIP

각각의 무결성에 대한 보기를 보고 올바른 설명을 선택할 수 있어야 합니다.

2) 트랜잭션 설계

① CRUD 분석 20.9, 22.7, 24.7

- Create, Read, Update, Delete의 앞 글자를 표현한 약어이다.
- 트랜잭션의 CRUD 연산에 대해 CRUD Matrix를 작성하여 분석하는 것이다.
  - CRUD Matrix : CRUD 프로세스와 테이블(데이터)의 영향도를 테이블 형식으로 표현

프로세스\테이블	학생	학과	교수
학생등록	CRUD	R	
수강등록	R	R	R

  - 학생등록 프로세스는 학생 테이블에서 가장 많이 발생되는 것을 확인 가능

② 트랜잭션 분석 활용

- 테이블에 저장되는 데이터 양을 유추하여 데이터베이스 용량을 산정한다.
- 프로세스가 과도하게 발생하는 테이블에 대해서 여러 디스크에 분산 배치한다.
- 특정 채널에 집중되는 트랜잭션을 분산시켜 TIME-OUT을 방지한다.

3) 인덱스 설계

① 인덱스 설계 목적

- 데이터베이스에서 조회 작업은 가장 중요하고 많이 사용되는 연산이다.
- 인덱스 활용을 통해 데이터 접근 경로를 단축함으로써 데이터 조회 속도를 향상시킬 수 있다.
- 인덱스는 구성하는 구조나 특성을 기반으로 트리 기반, 비트맵, 함수 기반, 도메인 등의 인덱스로 분류할 수 있다.

② 트리 기반 인덱스

- 인덱스를 저장하는 블록들이 트리 구조를 이루고 있는 형태이다.
- 일반적인 상용 DBMS의 경우 트리 구조 기반의 B+ 트리 인덱스를 주로 활용한다.
  - B 트리 인덱스 : 키 값의 크기를 비교하는 하향식 탐색, 모든 단말 노드의 레벨이 같음
  - B+ 트리 인덱스 : 경로를 제공하는 인덱스 세트와 데이터 위치를 제공하는 순차 세트로 구성
- B+ 트리 인덱스의 경우 루트에서 리프 노드까지 모든 경로의 깊이가 일정한 밸런스 트리(Balanced Tree) 형태로, 여타 인덱스와 비교할 때 대용량 데이터의 삽입과 삭제 등 데이터 처리에 좋은 성능을 유지한다.

기적의 TIP

CRUD에 대한 설명 중 올바른 것을 선택할 수 있어야 합니다.

기적의 TIP

인덱스 관련된 문제는 설계 방식보다는 인덱스의 개념과 구성(클러스터, 비 클러스터)에 대한 문제가 출제됩니다. 여기서는 설계 목적과 유형 항목 정도만 기억해 두셔도 좋습니다.

③ 비트맵 인덱스
- 비트맵(0과 1로 구성된)으로 구성된 인덱스로, Row의 상대적 위치를 통해 실제 위치를 계산할 수 있다.
- 비트로만 구성되어 있어 다중 조건을 효율적으로 연산할 수 있고 압축 효율이 매우 좋다.
  - 비트맵 조인 인덱스 : 인덱스 구성 컬럼이 다수 개체의 컬럼으로 생성(조인)된 비트맵 인덱스

④ 함수 기반 인덱스
- 컬럼의 값을 특정 함수식에 적용하여 도출된 값을 사용하는 인덱스로, B+ 트리 인덱스나 비트맵 인덱스를 생성한다.
- 대소문자, 띄어쓰기 등의 형식에 구애받지 않고 조회 가능하지만 함수식 연산으로 인해 시스템 부하가 발생할 수 있다.

⑤ 도메인 인덱스
- 필요한 인덱스를 개발자가 직접 만들어 사용하는 확장형(Extensible) 인덱스이다.

4) 인덱스 설계 절차

① 접근 경로 수집
- 접근 경로는 테이블에서 데이터를 찾는 방법으로 다양한 방법을 통해 수집할 수 있다.
  - 반복 수행되는 접근 경로 : 탐색의 기준이 되는 컬럼(가장 일반적)
  - 분포도가 양호한 컬럼 : 중복 값이 없어 수행속도가 보장되는 컬럼
  - 조회 조건에 사용되는 컬럼 : 날짜, 건물명 같이 조회 조건으로 많이 이용되는 컬럼
  - 자주 결합되어 사용되는 컬럼 : 둘 이상의 컬럼을 조합하여 조회
  - 일련번호 컬럼 : 일련번호를 기반으로 탐색하는 경우가 빈번한 경우
- 이외에도 다양한 추출 조건 및 비교 연산자 등을 활용하여 접근하는 경우도 있다.

② 후보 컬럼 선정
- 테이블의 크기가 작거나 단순 보관 및 전체 조회용 테이블은 인덱스를 생성하지 않는다.
- 다른 테이블과 순차적 조인이 발생되는 경우에 인덱스를 설정한다.
- 수정이 빈번하지 않고 랜덤 액세스가 자주 발생하는 경우에 인덱스를 설정한다.
- 분포도가 10%~15% 이하인 컬럼에 인덱스를 설정한다.
  - 분포도 = 데이터별 평균 기수 / 테이블 총 기수 × 100

③ 접근 경로 결정
- 인덱스 후보 컬럼 목록을 이용하여 접근 유형에 따라 어떤 인덱스 후보를 사용할 것인가를 결정한다.
- 누락된 접근 경로가 있다면 분포도 조사를 실시하고 인덱스 후보 컬럼에 추가한다.

④ 컬럼 조합 및 순서 결정
- 단일 컬럼의 분포도가 양호하면 단일 컬럼 인덱스로 확정한다.
- 결합 컬럼 인덱스가 필요한 경우에는 추가 고려를 통해 선두 컬럼을 결정한다.
  - 항상 사용되는 컬럼
  - 등호 연산을 조건으로 사용하는 컬럼
  - 분포도가 좋은 컬럼
  - 정렬이나 그룹이 되는 컬럼

⑤ 적용 시험
- 설계된 인덱스를 적용하고 접근 경로별 인덱스가 사용되는지 테스트한다.
- 여러 접근 경로가 존재하는 테이블은 여러 인덱스가 생성되므로 각 인덱스를 모두 확인해야 한다.

04 분산 설계

1) 분산 데이터베이스 22.3, 23.7, 25.2

① 분산 데이터베이스 정의
- 물리적으로 분산되어 있는 데이터베이스를 단일 데이터베이스로 인식할 수 있도록 논리적으로 통합하여 운용되는 데이터베이스 시스템이다.

② 분산 데이터베이스 특징
- 시스템 규모를 점진적으로 확장할 수 있고 대용량 데이터 처리가 가능하다.
- 특정 DB에 문제가 발생해도 다른 DB를 사용할 수 있어서 신뢰도, 가용성이 보장된다.
- 원격 데이터에 대한 의존도를 감소시키지만 데이터베이스 설계 및 관리가 복잡해지고 비용이 증가한다.
- 상대적으로 데이터 무결성 훼손과 오류 발생 가능성이 상승한다.

③ 분산 데이터베이스 설계 전략
- 분산 데이터베이스의 설계가 잘못될 경우에는 복잡성과 비용 증가, 무결성 훼손 등의 문제가 발생한다.
- 데이터의 분할, 복제, 갱신 주기, 유지 방식 등에 따라 여러 가지 설계 전략이 존재한다.

> **기적의 TIP**
> 분산 데이터베이스의 구성요소는 '분산 처리기', '분산 데이터베이스', '분산 트랜잭션' 등이 있습니다.

- 하나의 컴퓨터만 DB를 관리, 나머지는 접근만 가능하도록 하는 방식
- 지역 DB에 데이터를 복제하여 실시간(또는 주기적)으로 데이터를 갱신하는 방식
- 분산 환경에서 각 지역 DB를 독립적으로 유지하는 방식
- 분산 환경에서 전 지역 DB를 하나의 논리적 DB로 유지하는 방식

2) 분산 데이터베이스 관리 시스템

① 분산 데이터베이스 투명성 20.6, 22.4, 23.3, 23.5, 24.7

- 분산 데이터베이스는 사용자에게 하나의 데이터베이스처럼 인식될 수 있어야 한다.
- 이를 위해 사용자들이 데이터의 물리적 배치와 특정 지역의 데이터에 대한 액세스 방법을 별도로 알 필요가 없어야 한다는 특성을 뜻한다.

> **기적의 TIP**
>
> 투명성에 대한 옳은 설명 및 잘못된 답을 선택할 수 있어야 합니다.

> **더 알기 TIP**
>
> 투명성은 "알아서 해준다"라고 생각하면 편합니다. 각 투명성을 제공하기 위해 개발자들은 어떤 기술을 적용해야 하는지 고민해보세요.

- 분산 데이터베이스 관리 시스템은 분할, 위치, 중복, 장애, 병행 투명성이 제공될 수 있어야 한다.

② 분할 투명성(Fragmentation Transparency)

- 테이블(릴레이션)의 분할 구조를 사용자가 별도로 파악할 필요가 없어야 한다.
- 사용자의 질의를 분할된 테이블에 맞게끔 여러 단편 질의로 변환해준다.

③ 위치 투명성(Location Transparency)

- 어떤 작업을 수행하기 위해 분산 데이터베이스 상에 존재하는 어떠한 데이터의 물리적인 위치의 고려 없이 동일한 명령을 사용할 수 있어야 한다.

④ 중복 투명성(Replication Transparency)

- 중복된 데이터와 데이터의 저장 위치 등에 대한 정보를 사용자가 별도로 인지할 필요가 없어야 한다.
- 사용하고 있는 데이터가 해당 사용자에 논리적으로 유일하다고 생각할 수 있는 환경을 제공한다.

⑤ 장애 투명성(Failure Transparency)

- 분산 데이터베이스 환경에서 특정 지역의 컴퓨터 시스템이나 네트워크에 장애가 발생해도 데이터 무결성과 트랜잭션의 원자성이 보장되어야 한다.

⑥ 병행 투명성(Concurrency Transparency)

- 다수 트랜잭션이 동시 수행되는 환경에서도 결과의 일관성이 유지되어야 한다.

3) 분산 데이터베이스 설계 기법

① 테이블 위치 분산
- 데이터베이스의 테이블들을 여러 지역에 중복되지 않게끔 분산 배치하는 것이다.

② 테이블 분할(Fragmentation)
- 하나의 테이블을 나누는 것으로, 아래의 규칙을 준수해야 한다.
  - 완전성 : 전체 데이터를 대상으로 손실 없이 분할
  - 재구성 : 분할된 테이블은 원래 테이블로 재구성되어야 함
  - 상호 중첩 배제 : 각 레코드와 컬럼이 중복되지 않아야 함(키 제외)
- 일반적인 분할 기법에는 수직 분할과 수평 분할이 있다.

③ 테이블 할당(Allocation)
- 동일한 분할 테이블을 복수의 서버에 생성하는 것으로, 비 중복 할당과 중복 할당이 있다.
  - 비 중복 할당 : 분할 테이블이 단일 노드에만 존재하도록 할당(비용 증가, 성능 저하)
  - 중복 할당 : 비 중복 할당의 문제점 해결을 위해 노드에 분할 테이블(전체 또는 부분)을 중복 할당

05 보안설계

1) 접근 통제 기술

① 임의 접근 통제(DAC, Discretionary Access Control)
- 데이터에 접근하는 사용자의 신원에 따라 접근 권한을 부여하는 방식이다.
- 임의 접근 통제에 사용되는 SQL 명령어에는 GRANT와 REVOKE가 있다.
- 객체를 사용하는 주체가 접근 통제 권한을 지정하거나 제어할 수 있다.

> **더 알기 TIP**
>
> 임의 접근 통제는 GRANT를 사용할 수 있으니 WITH GRANT OPTION에 의해 주체가 접근 통제 권한을 지정할 수 있는 것입니다.

② 강제 접근 통제(MAC, Mandatory Access Control)
- 주체와 객체의 등급을 비교하여 접근 권한을 부여하는 방식이다.
- 주체가 아닌 제3자(DBA)가 접근 통제 권한을 지정한다.
- 데이터베이스 객체별로 보안 등급을 부여할 수 있다.
  - 읽기 : 주체 등급이 객체 등급과 같거나 높은 경우
  - 수정 및 등록 : 주체 등급이 객체 등급과 같은 경우

> **기적의 TIP**
>
> 객체의 등급이 낮아도 데이터 등록이 가능하다는 점에 주의하세요.

③ 접근 통제 구성 요소
- 접근 통제의 3요소는 접근 통제 정책, 접근 통제 메커니즘, 접근 통제 보안 모델이다.

④ 감사 추적
- 감사 추적은 데이터베이스에 접속한 애플리케이션 및 사용자의 모든 활동을 기록하는 것이다.
- 오류로 인한 데이터베이스의 복구 및 부당한 조작을 파악하기 위한 목적으로 활용할 수 있다.
- 개인 책임성 보조와 문제 발생 시 사건의 재구성이 가능하며, 사전에 침입 탐지를 확인한다거나 사후 문제를 분석하여 보안을 강화하기 위해 활용할 수 있다.
- 감사 추적 시에는 사용자 및 사용에 대한 정보(실행 프로그램, 클라이언트, 날짜 및 시간, 접근 데이터의 이전 및 이후 값 등)를 저장한다.

2) 접근 통제 보안 모델

① 접근 통제 행렬(ACM, Access Control Matrix) 24.5
- 접근 통제 매커니즘을 보안 모델로 발전시킨 대표적인 형태이다.
- 접근 주체를 행, 객체를 열로 하여 주체별 객체접근 권한을 표현한 매트릭스이다.

주체 \ 객체	대여관리	회원관리	급여관리
관리자	Read, Delete	All	All
사원	Read, Write	Read, Write	

> **기적의 TIP**
> 접근 통제 매커니즘에는 접근 통제 목록, 보안 등급, 암호화, 패스워드 등이 있습니다.

② 기밀성 모델
- 군대 시스템 등 특수한 환경에서 사용되는 무결성보다 기밀성(유출 방지)에 중점을 두는 모델이다.
- 접근 객체에 보안 등급(극비, 비밀, 일반, 미분류)을 분류하여 아래의 데이터 제약 조건을 적용한다.
  - 단순 보안 규칙 : 주체는 자신보다 높은 등급의 객체를 읽을 수 없음
  - ★(스타)-보안 규칙 : 주체는 자신보다 낮은 등급의 객체에 정보를 쓸 수 없음
  - 강한 ★(스타) 보안 규칙 : 주체는 자신과 등급이 다른 객체에 대하여 읽거나 쓸 수 없음

규칙과 권한	등급	자신보다 낮은 등급	자신과 같은 등급	자신보다 높은 등급
단순 보안 규칙	읽기	가능	가능	제한
★(스타)-보안 규칙	쓰기	제한	가능	가능
강한 ★(스타) 보안 규칙	읽기, 쓰기	제한	가능	제한

③ 무결성 모델
- 기밀성 모델에서 정보 비밀성을 위해 정보의 일방향 흐름 통제를 활용하는 경우 발생 가능한 정보의 부당 변경 등을 방지하기 위한 보안 모델이다.
- 기밀성 모델과 같이 주체 및 객체의 보안등급을 기반으로 하며, 제약 조건 역시 유사하게 적용된다.
    - 단순 보안 규칙 : 주체는 자신보다 낮은 등급의 객체를 읽을 수 없음
    - ★(스타)-무결성 규칙 : 주체는 자신보다 높은 등급의 객체에 정보를 쓸 수 없음

규칙과 권한	등급	자신보다 낮은 등급	자신과 같은 등급	자신보다 높은 등급
단순 보안 규칙	읽기	제한	가능	가능
★(스타)-무결성 규칙	읽기, 쓰기	가능	가능	제한

3) 접근 통제 정책

① 신분 기반 정책
- 개인 또는 그룹의 신분에 근거한 접근 제한 정책이다.
    - IBP(Individual-Based Policy) : 단일 사용자가 하나의 객체에 대해 허가를 부여받는 경우
    - GBP(Group-Based Policy) : 복수 사용자가 하나의 객체에 대하여 같은 허가를 함께 부여받는 경우

② 규칙 기반 정책
- MAC와 같은 개념으로, 주체가 갖는 권한에 근거한 접근 제한 정책이다.
    - MLP(Multi-Level Policy) : 사용자 및 객체가 각각 부여된 기밀 분류에 따른 정책
    - CBP(Compartment-Based Policy) : 조직 내 특정 집단별(부서)로 구분된 기밀 허가에 따른 정책

③ 역할 기반 정책
- GBP가 변형된 형태로 정보에 대한 사용자의 접근이 개별적인 신분이 아니라 개인의 직무 또는 직책에 따라서 결정되는 방법이다.

4) 접근 통제 조건

① 접근 통제 조건 정의
- 접근 통제 매커니즘의 취약점을 보완하기 위해 추가 적용할 수 있는 조건들이다.

② 값 종속 통제(Value-Dependent Control)
- 일반적인 통제 정책들의 경우 저장된 데이터 값에 영향을 받지 않지만 상황에 따라 저장 값을 근거로 접근 통제를 관리하는 경우도 발생한다.

③ 다중 사용자 통제(Multi-User Control)
- 특정 객체에 대해 복수 사용자가 함께 접근 권한을 요구하는 경우 다수 사용자에 대한 접근 통제 지원 수단이 필요하다.

④ 컨텍스트 기반 통제(Context-Based Control)
- 특정 외부요소(특정 시간, 네트워크 주소, 접근 경로, 위치, 인증 수준 등)에 근거하여 접근을 관리하는 방법으로 여타 보안 정책과 결합하여 보안 시스템을 보완한다.

SECTION 03 물리 데이터베이스 모델링

빈출 태그 ▶ #타입 변환 #반정규화

기적의 TIP

논리 데이터 모델을 실제 적용될 저장장치에 효율적으로 적용하기 위한 과정입니다.

01 물리 데이터 모델 변환

1) 개체를 테이블로 변환

① 테이블 구성 21.8

- 테이블은 데이터 유형을 지정하는 컬럼과 데이터 값을 저장하는 로우로 구성된다.
- 테이블은 기본키와 외래키를 통해 다른 테이블과의 관계를 설정한다.

논리 모델	물리 모델
개체 타입(Entity Type)	테이블(Table)
개체(Entity)	로우(Row)
속성(Attribute)	컬럼(Column)
식별자(UID : Unique IDentifier)	후보키(Candidate Key) - 키(Key)
주 식별자(Primary Identifier)	기본키(Primary key)
보조 식별자(Secondary Identifier)	대체키(Alternate Key)
외래 식별자(Foreign Identifier)	외래키(Foreign key)

+ 더 알기 TIP

여러분의 이해를 돕기 위해 논리 모델의 설명에 테이블과 관련 용어를 사용했지만, 논리 모델은 설계도와 같은 개념으로 실제 데이터가 존재하지 않습니다.

② 슈퍼 타입 기준 변환

- 서브 타입을 슈퍼 타입에 통합하여 하나의 테이블로 변환하는 방식이다.
- 서브 타입에 적은 양의 속성이나 관계를 가진 경우에 적절한 방식이다.

단일 테이블 통합으로 유리한 경우	• 데이터의 액세스가 상대적으로 용이하다. • 뷰를 이용하여 각각의 서브 타입만을 액세스하거나 수정할 수 있다. • 수행 속도가 좋아지는 경우가 많다. • 서브 타입 구분이 없는 임의 집합에 대한 가공이 용이하다. • 다수의 서브 타입을 통합하는 경우 조인이 감소할 수 있다. • 복잡한 처리를 하나의 SQL로 통합하기가 용이하다.
단일 테이블 통합으로 불리한 경우	• 특정 서브 타입에 대한 NOT Null 제한이 어렵다. • 테이블의 컬럼 및 블럭 수가 증가한다. • 처리마다 서브 타입에 대한 구분(TYPE)이 필요한 경우가 많이 발생한다. • 인덱스의 크기가 증가한다.

③ 서브 타입 기준 변환
- 슈퍼 타입을 각각의 서브 타입에 추가하여 서브 타입별 하나의 테이블로 변환하는 방식이다.
- 서브 타입에 많은 양의 속성이나 관계를 가진 경우에 적절한 방식이다.

단일 테이블 통합으로 유리한 경우	• 각 서브 타입 속성들의 선택 사양이 명확한 경우에 유리하다. • 서브 타입 유형에 대한 구분을 처리마다 할 필요가 없다. • 전체 테이블을 스캔하는 경우 유리하다. • 단위 테이블의 크기가 감소한다.
단일 테이블 통합으로 불리한 경우	• 서브 타입 구분 없이 데이터를 처리하는 경우에 UNION이 발생할 수 있다. • 처리 속도 감소가 발생할 가능성이 높다. • 트랜잭션을 처리하는 경우 다수 테이블을 처리하는 경우가 자주 발생한다. • 복잡한 처리를 하는 SQL의 통합이 어렵다. • 부분 범위에 대한 처리가 곤란해진다. • 여러 테이블을 통합한 경우 뷰로 조회만 가능하다. • UID의 유지관리가 어렵다.

④ 개별 타입 기준 변환
- 슈퍼 타입과 서브 타입을 각각의 테이블로 변환하는 방식으로 각 테이블은 1:1 관계가 형성된다.
- 개별 타입 기준으로 테이블을 변환하는 경우는 아래와 같다.
  - 전체 데이터에 대한 처리가 자주 발생하는 경우
  - 서브 타입 처리가 대부분 독립적으로 발생하는 경우
  - 통합하는 테이블의 컬럼 수가 지나치게 많은 경우
  - 서브 타입 컬럼 수가 다수인 경우
  - 트랜잭션이 주로 슈퍼 타입에서 발생하는 경우
  - 슈퍼 타입에서 범위가 넓은 처리가 빈번하게 발생하여 단일 테이블 클러스터링이 필요한 경우

2) 관계 변환

① 1:M 변환
- 가장 보편적인 형태의 관계이며, 왼쪽 개체(1)의 주 식별자와 오른쪽 개체(M)의 외래 식별자를 각각 기본키와 외래키로 추가한다.

② 1:1 변환
- 1:1 관계는 어느 쪽 개체든 한쪽 개체의 주 식별자를 외래키로 추가한다.
- 상대적으로 자주 사용되는 테이블이 외래키를 갖는 것이 좋다.

③ 1:M 순환 관계 변환
- 개체 자신의 기본키를 참조하는 외래키 컬럼을 추가한다.
- 데이터의 계층 구조를 표현하기 위해 사용되는 방식이다.

④ 배타적 관계 변환
- 실제 데이터 환경에서는 빈번하게 등장하게 되는 논리 데이터 모델의 배타적 관계 모델은 외래키의 분리 혹은 결합을 통해 변환된다.
  - 외래키 분리 : 관계별로 컬럼을 생성하는 방법, 외래키 제약 조건 생성 가능, 선택적 입력, 제약 조건 추가 생성 필요
  - 외래키 결합 : 관계들을 하나의 컬럼으로 통합, 외래키 제약 조건 생성 불가능, 별도 컬럼 필요

외래키 분리

주민번호	이름
1233-123	고경택
1245-455	전나래

학번	이름
1111	전다운
2222	조치원

외래키 통합

식별번호	식별타입	이름
1233-123	주민번호	고경택
1245-455	주민번호	전나래
1111	학번	전다운
2222	학번	조치원

3) 컬럼 변환 및 데이터 표준 적용

① 관리 목적의 컬럼 추가
- 업무 수행 속도 향상을 위해 필요한 정보(등록 일자, 연번 등)를 컬럼으로 추가한다.

② 데이터 타입 선택
- 물리 모델링에서 자주 발생하는 문제 중 하나가 컬럼 데이터 형식 설정의 오류로 인한 문제이다.
- 물리적인 DBMS 특성을 고려하여 최적의 데이터 타입을 선택한다.
  - 데이터 타입은 SQL의 데이터 타입과 동일

③ 데이터 명명 규칙
- 물리 데이터 모델의 각각의 요소에 이름을 정의하기 위한 근거이다.
- 데이터 명명 규칙 파악을 통해 물리 데이터베이스 설계 시 발생 가능한 혼란을 방지할 수 있다.
- 데이터 명명 규칙은 시스템 카탈로그(데이터 사전)를 통해 파악할 수 있다.
- 이외에 기본적인 명명 규칙은 아래와 같다.
  - 테이블명의 변환 시 엔터티 한글명과 동일한 용어를 사용하면서 해당 용어를 영문명으로 전환
  - 영문명은 영문 약어를 사용하며, 표준 용어 사전에 등록된 표준 영문 약어를 참조
  - 테이블의 명명 순서는 업무 영역, (주제어) 수식어, 주제어, (분류어) 수식어, 분류어, 접미사의 순서로 적용

02 데이터베이스 반정규화

1) 반정규화(De-Normalization) 20.9, 22.7, 24.2, 24.5

① 반정규화 정의
- 정규화된 논리 데이터 모델을 시스템 운영의 단순화를 위해 중복, 통합, 분할 등을 수행하는 데이터 모델링 기법이다.
- 완벽한 수준의 정규화를 진행하면 일관성과 안정성은 증가하지만 성능이 저하될 수 있으므로 성능 향상을 위해 테이블을 통합, 분할, 추가하는 과정이다.

② 반정규화가 필요한 경우
- 정규화에 충실하여 종속성과 활용성은 향상되었지만, 수행 속도가 느려진 경우이다.
- 다량의 범위나 특정 범위 데이터만 자주 처리해야 하는 경우이다.
- 집계 정보가 자주 요구되는 경우이다.

> **기적의 TIP**
> 정규화와 반정규화의 개념을 명확히 구분할 수 있어야 합니다.

2) 반정규화 유형

① 중복 테이블 추가 20.6
- 특정 범위의 데이터가 자주 처리되거나 많은 양의 데이터를 자주 처리하는 경우에 수행한다.
- 처리 범위를 줄이지 않고는 수행속도를 개선할 수 없는 경우에 수행한다.
- 중복 테이블을 추가하는 방법은 아래와 같다.
  - 집계 테이블 추가
  - 진행(이력관리) 테이블 추가
  - 특정 부분만 포함하는 테이블 추가

② 테이블 조합
- 대부분의 데이터 처리가 둘 이상의 테이블에서 진행되는 경우에 수행한다.
- 데이터 액세스가 간편해지지만 row수가 증가하여 처리량이 증가하는 경우가 있을 수 있다.
- 데이터 편집 규칙이 복잡해질 수 있다.

③ 테이블 분할 23.5
- 특정 컬럼의 사용빈도가 높은 경우에 수행한다.
- 사용자에 따라 특정 부분만 지속적으로 사용되는 경우에 수행한다.
- 테이블을 분할하는 방법은 수직 분할과 수평 분할이 있다.
  - 수직 분할 : 컬럼을 사용빈도에 따라 나눔
  - 수평 분할 : 데이터 범위를 사용빈도에 따라 나눔
- 상황에 따라 의도한 성능을 발휘하지 못할 수 있다.
- 데이터 처리가 아닌 검색에 중점을 두어 판단해야 한다.

> **기적의 TIP**
> 반정규화 유형의 대부분은 우리가 앞서 배웠던 내용들입니다.

> **기적의 TIP**
> 잘못된 중복 테이블을 추가하는 방법을 선택할 수 있어야 합니다.

④ 테이블 제거
- 테이블의 재정의 및 기타 반정규화 수행으로 인해 더 이상 액세스되지 않는 테이블이 발생한 경우에 수행한다.
- 유지보수 단계에서 많이 발생하며, 관리 소홀이 주된 원인이 된다.

⑤ 컬럼의 중복화
- 자주 사용되는 컬럼이 서로 다른 테이블에 분산되어 있어 액세스 범위가 넓어지는 경우에 수행한다.
- 기본키의 형태가 적절하지 않거나 너무 많은 컬럼으로 구성된 경우에 수행한다.
- 성능 향상을 위해 중복 컬럼이 필요한 경우에 수행한다.
- 다른 해결 방법은 없는지 우선 검토한다.
- 데이터 저장공간의 낭비 및 무결성을 해치지 않게 주의해야 한다.

CHAPTER

04

데이터 전환

학습 방향

3과목에서 가장 출제 비중이 적은 챕터로서, 데이터를 상황에 맞게 전환하거나 정제하여 성능을 향상시키는 이론에 대해 서술합니다. 실기에서는 아직까지 출제된 부분이 없습니다.

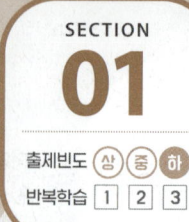

데이터 전환

빈출 태그 ▶ #ETL #데이터 정합성 #데이터 관리 책임

01 데이터 전환 프로그램 구현

1) ETL(데이터 전환)

① ETL 정의
- 데이터 이관(데이터 이행, Data Migration)을 위한 추출(Extraction), 변환(Transformation), 적재(Loading) 기능의 영어 앞 글자를 딴 표현이다.
- 기존의 원천 시스템에서 데이터를 추출하여 목적 시스템의 데이터베이스에 적합한 형식으로 변환한 후, 목적 시스템에 적재하는 일련의 과정을 의미한다.
- 운영 데이터의 안정적인 전환을 위해서 데이터 전환 전략을 수립한다.

② 데이터 전환 전략
- 데이터 전환 절차(데이터 수집, 분석, 입력 등)를 표준화한다.
- 데이터 전환 및 결과 검증에 대한 전담 인원을 배치하여 데이터 전환의 효율성과 안정성을 확보한다.
- 개발 일정 및 업무 중요도, 데이터 유형 등을 고려하여 우선 순위를 결정한다.
- 관리 항목, 관리 코드 등의 업무 표준 데이터를 표준화한다.
- 데이터 전환 범위 및 시스템 간 전환 절차를 고려하여 전환 시나리오를 구성한다.

> **더 알기 TIP**
> 내용이 많아 보이지만 결국 표준화, 우선순위, 안정성입니다.

③ 데이터 전환 절차
- 데이터 전환 절차는 환경에 따라 다소 차이가 발생할 수 있으므로 유연한 적용이 필요하다.
- 시스템 개발 프로젝트와 유사한 개념이므로 요구사항 분석, 설계, 구현, 테스트의 큰 틀에서 진행된다.

2) 데이터 전환 프로세스

① 데이터 전환 계획 및 요건 정의 단계
- 데이터 전환 수행을 위해 현행 정보 시스템(As-Is)과 원천 데이터의 구조를 분석한다.

- 프로젝트 계획 : 프로젝트 범위 및 목표, 인원, 계획, 관리 내용 설정
- 프로젝트 환경 구축 : 전환 프로젝트 수행에 필요한 컴퓨터 환경 구축
- As-Is 분석 : 장비, 솔루션, 네트워크 구성, 데이터 형식 및 크기 파악
- To-Be 분석 : 목표 시스템 분석 및 데이터베이스 구조 분석
- 데이터 전환 요건 정의 : 이해관계자의 데이터 전환 요건 명시

② 데이터 전환 설계 단계
- 정의된 전환 요건과 업무 흐름을 기준으로 데이터 전환을 위한 데이터 매핑 및 검증 규칙을 설계한다.
  - 로지컬 매핑(Logical Mapping) : 데이터 ETL 로직과 영역별 업무 흐름 반영
  - 코드 매핑(Code Mapping) : 원천 데이터 분석 결과를 기반으로 To-Be 정의, 매핑 관계 기술
  - 검증 규칙(Rule) 정의 : 데이터 전환 과정에서 변환된 데이터의 검증 규칙 명시
  - 전환 설계서 작성 : 데이터 매핑 관련 내용 기술

③ 데이터 전환 개발 단계
- 전환 설계서를 기반으로 전환 프로그램을 구현한다.
  - 전환 개발 환경 구축 : 개발 표준 및 방법론을 준수하여 개발 환경 구축
  - 전환 프로그램 개발 : 데이터 전환 설계서에 따라 전환 프로그램 구현
  - 검증 프로그램 개발 : 정의된 검증 규칙에 부합하는 검증 프로그램 구현

④ 데이터 전환 테스트 및 검증 단계
- 데이터 전환 테스트를 진행하고 진행 결과를 검증한다.
  - 전환 검증 설계 : 데이터 전환 진행 및 결과 검증 단계 설계
  - 추출 검증 : 데이터 전환을 위한 데이터 추출 결과 검증
  - 변환 결과 검증 : 데이터 변환 작업에 대한 검증
  - 최종 전환 설계 : 검증 과정에서 발견된 수정 사항 반영
  - 전환 인프라 구축 : 실제 데이터 전환을 위한 인프라 구축
  - N차 전환 검증 : 전환 테스트를 반복하여 데이터 정합성 확보

⑤ 데이터 전환 단계
- 실제 원천 시스템의 데이터를 추출하고, 변환하여 목표 시스템에 적재한다.
  - 최종 전환 : 데이터 이관 진행 후 결과 검증
  - 안정화 지원 : 전환 데이터 모니터링
  - 후속 단계 데이터 전환 : 모니터링 단계에서 발견된 문제점 파악 후 후속 단계 진행
  - 전환 완료 보고서 작성 : 의사 결정자에게 보고

3) 데이터 전환 프로그램의 종류

① SQL 스크립트 직접 변환
- SQL 스크립트를 이용하여 소스 DB에서 목적 DB로 직접 변환하는 방법이다.

② 프로그램 직접 변환
- 응용 프로그램을 이용하여 소스 DB에서 목적 DB로 직접 변환하는 방법이다.

③ 프로그램 경유 변환
- 응용 프로그램을 이용하여 소스 DB를 중간 형태의 파일로 변환하고 다시 목적 DB로 변환하는 방법이다.

02 데이터 정합성 검증

1) 데이터 정합성 검증 방안

① 참조 무결성
- 데이터 품질 향상을 위해 테이블 간 컬럼과 로우, 데이터의 정합성 등을 확인하는 것을 권장한다.

② 산술적 정당성
- 반드시 진행해야 하는 프로세스로, 전환된 데이터가 목표 시스템의 모델을 준수하는지 확인한다.
  - 전체 및 부분 간의 합계가 일치하는지 여부, 전체 및 부분 간의 건수가 일치하는지 여부, 범위 값이 일치하는지 여부

③ 물리적 정당성
- 매핑된 모든 데이터가 목표 시스템 내에서 적절하게 전환되었는지 확인한다.
- 필수 권장 사항은 아니지만 데이터 품질을 높이기 위해 실시하는 것이 좋다.
  - 데이터 형식이 일치하는지 여부, Null 값이 존재하는지 여부
- 고품질 데이터를 운영하기 위한 데이터 품질 방법론의 관리 요소는 아래와 같다.
  - 데이터 관리 정책, 데이터 표준 관리, 데이터 모델 관리, 데이터 흐름 관리, 데이터베이스 관리, 데이터베이스 보안 관리, 데이터 활용 관리, 사용자 요구사항 관리, 업무적 적합성
- 반드시 진행해야 하는 프로세스로, 매핑된 모든 데이터가 목표 시스템의 비즈니스 룰을 준수하고 Cleansing Data가 정확하게 반영되었는지 확인한다.
  - 통계 비교를 통한 데이터 일치성 확인
  - 업무 규칙을 적용하여 데이터 일치성 확인
  - 정제 규칙을 적용하여 데이터 일치성 확인

④ 물리 객체
- 적재 이후 Table별 인덱스(Index) 수 및 내용이 일치하며 정상 상태인지 확인한다.
- 필수 사항은 아니지만 데이터 품질을 높이기 위해 실시하는 것이 좋다.

2) 데이터 전환 결과 보고서

① 데이터 전환 결과 분석
- 데이터 전환 결과는 전환된 내용과 시간, 오류 내역, 오류율을 점검하여 원인을 분석한다.
- 특히 오류 데이터 값을 분석하여 다음 단계인 데이터 정제 요청이 필요한지 판단할 수 있는 근거를 제시해야 한다.

② 분석 결과를 반영한 결과 보고서 작성
- 데이터 전환 결과 보고서는 전환 결과를 분석하고 상세한 결과와 집계를 작성하여 목표한 전환의 완전성을 높일 수 있도록 한다.
- 결과 보고서에는 전환 일정, 내역, 작업 인원, 전환 장소 및 결과 등이 포함되어야 한다.

3) 데이터 관리 책임과 역할

① CIO(Chief Information Officer)/EDA(Enterprise Data Administrator)
- 개괄적인 관점으로 데이터 관리를 총괄하여 관리 정책을 수립한다.
- 데이터 관리자 간 이슈사항을 조정한다.

② DA(Data Administrator)
- 개념적인 관점으로 전사 데이터 변경 관리를 총괄하며 전사 데이터 통합 모델을 관리한다.
- 데이터 표준을 개발 및 조정한다.

③ Modeler
- 논리적인 관점으로 특정 기능 영역에 대한 요구사항 및 이슈사항을 조정하고 통합한다.
- 특정 기능 영역의 비즈니스 룰을 토대로 데이터 모델링을 수행한다.

④ DBA(DataBase Administrator)
- 물리적인 관점으로 데이터베이스를 디자인하고 데이터와의 형상 관리를 수행한다.
- 데이터베이스의 모니터링과 튜닝, 보안 설정을 담당한다.

⑤ User
- 운용적인 관점으로 데이터베이스를 활용하며 데이터에 대한 추가 요건을 요청한다.

PART 04

프로그래밍 언어 활용

파트 소개

C와 Java, Python 문법을 기초로 하는 프로그래밍 문제와 운영체제 관련 문제들이 출제됩니다. 프로그래밍 언어의 기초가 없는 경우에는 기초부터 꼼꼼하게 학습해야 하고, 운영체제 파트 역시 암기할 내용이 많아서 비전공자분들이 가장 많이 좌절하는 과목이기도 하죠. 그렇지만 실기에서도 큰 비중을 차지하기 때문에 반드시 가져가야 하는 과목이기도 합니다.

CHAPTER
01

프로그래밍 개발 환경 구축

학습 방향

출제 비중이 거의 없는 편이지만, 나머지 챕터를 위한 기초 영역이기 때문에 무시할 수 없는 챕터입니다. 언어 기초가 이미 학습되어 있는 분들도 놓치고 있는 부분은 없는지 체크한다는 느낌으로 한 번은 정독하고 넘어갈 수 있도록 하세요.

SECTION 01 프로그램 개발 환경 구성

빈출 태그 ▶ #언어별 특징 #배치 프로그램

01 프로그래밍 언어

1) 프로그램 개발 언어 22.3, 24.7

① 프로그램 개발 언어의 선정 기준
- 프로그램 개발에 필요한 언어의 선정에는 알고리즘 및 자료 구조의 난이도와 소프트웨어의 수행 환경, 담당 개발자의 경험과 지식 등을 고려해야 한다.
- 일반적인 선정 기준에는 적정성, 효율성, 이식성, 친밀성, 범용성이 있다.
  - 적정성 : 목표하는 개발 시스템의 목적에 부합
  - 효율성 : 적은 시간과 노력으로 원하는 목표 도달
  - 이식성 : 일반적인 운영 환경에 설치 가능 여부
  - 친밀성 : 개발자의 언어에 대한 이해도
  - 범용성 : 다양한 경험 사례와 사용 분야

② 프로그래밍 언어
- 컴퓨터 하드웨어가 명령을 수행하게끔 지시하는 표기법, 문법, 구문이다.
  - 하드웨어 : 컴퓨터를 구성하는 물리적인 기계장치
  - 소프트웨어 : 하드웨어를 운영하기 위해 개발되는 프로그램
  - 프로그래밍 : 프로그램을 제작하는 절차
  - 코딩 : 코드를 통해 프로그램을 작성하는 과정
- 프로그래밍 언어는 정확한 문법과 코드를 가진다.
  - 문법 : 정확한 형태의 구문(Syntax)
  - 코드 : 정확한 의미체계(Semantic)

기적의 TIP
다른 단어로 출제되더라도 의미 파악을 통해 잘못된 것을 찾을 수 있어야 합니다.

+ 더 알기 TIP

인간이 사용하는 자연어(한국어, 일본어, 영어 등)는 사용하는 상황이나 사용자의 경험 및 받아들이는 사람의 상태에 따라 다양하게 해석될 수 있습니다. 특히 우리나라 언어는 어순이나 문법요소를 몇 가지 생략하더라도 의미 전달이 가능하죠. 하지만 컴퓨터는 이러한 부정확하고 모호한 의미를 가진 언어를 해석하지 못합니다. 때문에 어떤 컴퓨터든 어떤 상황이든 하나의 해석을 도출할 수 있도록 만든 언어가 바로 프로그래밍 언어입니다.

③ 저급 언어와 고급 언어
- 프로그래밍 언어는 사람과의 친밀성을 기준으로 저급 언어와 고급 언어로 나뉜다.
  - 저급 언어 : 배우기 어렵고 성능이 빠른 언어, 기계친화적, 호환성 낮음(기계어, 어셈블리어 등)
  - 고급 언어 : 배우기 쉽고 성능이 느린 언어, 인간친화적, 호환성 높음(C, Java, Python 등)

④ 언어 번역 프로그램
- 개발자가 프로그래밍 언어로 작성한 프로그램 코드를 원시(Source) 프로그램이라고 한다.
- 원시 프로그램을 컴퓨터가 이해할 수 있는 목적 프로그램으로 번역해주는 것이 언어 번역 프로그램이다.
- 언어 번역기라고도 하며 대표적으로 어셈블러, 컴파일러, 인터프리터가 있다.
  - 어셈블러 : 어셈블리어 코드 번역, 명령 연산 기호화 기계어를 1:1 대응
  - 컴파일러 : 고급 언어 코드 전체 번역, 번역 속도 느림, 실행 속도 빠름
  - 인터프리터 : 고급 언어 코드 행 단위 번역(목적 프로그램 생성 안 함), 번역 속도 빠름, 실행 속도 느림

2) 프로그래밍 언어의 종류 20.6, 21.5, 21.8, 22.7, 25.2

① C
- UNIX 운영체제 구현을 위해 1972년에 개발된 언어이다.
- 문법의 간결성, 효율성, 효과적인 포인터 타입 제공 등으로 인해 최근까지 가장 많이 사용되는 시스템 프로그래밍 언어이다.

② C++
- C언어와 객체지향 기술을 통합한 프로그래밍 언어이다.
- C언어에 대한 상위 호환성을 갖지만, 기존에 없던 개념을 통합함으로써 매우 복잡한 규격을 가지게 되었다.

③ Java
- 객체지향 프로그래밍을 위해 개발된 프로그래밍 언어이다.
- 컴파일을 통해 생성된 class 파일을 가상 머신을 통해 실행하는 방식이다.
- C++에 비해 구조가 단순하며 분산 환경 시스템 및 보안성을 지원한다.
- Garbage Collector를 통해 메모리 관리를 수행한다.
  - Garbage Collector : 더 이상 사용되지 않는 객체를 메모리에서 자동으로 제거하는 모듈

> **기적의 TIP**
> 각 언어의 특징을 구분할 수 있어야 합니다.

④ JavaScript
- 웹 페이지 동작을 구현하는 객체지향 스크립트 언어로 1995년에 개발되었다.
  - 스크립트 언어 : 목적 프로그램 생성 없이 즉시 번역하여 실행하는 언어
- 쉬운 난이도로 빠른 시간에 코드를 완성할 수 있고 확장성이 좋다.
- 프로토타입을 기반으로 객체 상속이 가능하다.
- 보안이나 성능 면에서는 다른 언어와 비교하였을 때 부족한 편이다.

⑤ Python
- 문법의 구조가 매우 단순하여 배우기 쉽고 이식성이 좋다.
- 다양한 라이브러리를 제공하며 동적 타이핑을 지원하는 객체지향 스크립트 언어이다.

➕ 더 알기 TIP

자바스크립트와 파이썬은 스크립트 언어인 동시에 객체지향 언어이기도 합니다. 따라서 "스크립트 언어이다." 또는 "객체지향 언어이다."라고만 되어 있어도 틀린 것이 아닙니다.

  - 동적 타이핑 : 자료형의 결정을 컴파일 단계가 아닌 런타임(실행) 단계에서 결정하는 방식
- 시스템(하드웨어) 직접 제어를 제외하면 거의 모든 기능을 수행할 수 있다.

⑥ PHP
- HTML에 포함되어 동작하는 서버측 스크립트 언어이다.
- C언어와 유사한 문법 구조를 가지며 객체지향 프로그래밍을 지원한다.
- 다양한 라이브러리를 사용할 수 있지만 비교적 보안에 취약하다.

02 개발 환경 구성

1) 하드웨어 환경 구성

① 클라이언트 환경 구성
- 서버측 시스템에서 제공하는 서비스를 이용하기 위한 하드웨어 및 소프트웨어이다.
  - PC, 웹 브라우저, 모바일 앱 등
- 서버 시스템과 사용자와의 인터페이스를 제공한다.

② 서버 환경 구성
- 서버 환경은 다양한 활용 목적에 따라 다양한 구성으로 나뉜다.
  - 웹 서버 : 클라이언트에서 요청하는 정적 파일을 제공하는 환경
  - 웹 애플리케이션 서버 : 동적 웹 서비스를 제공하는 환경
  - 데이터베이스 서버 : 데이터베이스가 설치, 운영되는 환경
  - 파일 서버 : 파일 저장과 공유를 위한 환경

2) 소프트웨어 환경 구성

① 요구사항 관리 도구
- 목표 시스템의 기능과 제약 조건 등의 고객 요구사항을 수집, 분석, 추적하는 것을 지원하는 도구이다.
  - JFeature, JRequisite, OSRMT, Trello 등

② 모델링 도구
- 기능의 논리적 결정을 위한 UML 지원, DB 설계 지원 등의 기능이 있는 도구이다.
  - ArgoUML, DB Designer, StarUML 등

③ 소프트웨어 구현 도구 22.4, 23.3, 23.7, 25.2
- 프로그램 개발에 가장 많이 사용되는 도구로서, IDE(통합 개발 환경, Integrated Development Environment) 도구라고도 한다.
- 코드의 작성 및 편집, 디버깅 등과 같은 다양한 기능이 있다.
  - Coding : 자바, 파이썬 등 개발언어를 통해 애플리케이션 개발 환경 제공
  - Compile : 문법에 어긋나는지 확인하고 기계어로 변환하는 기능 제공
  - Debugging : 프로그래밍 과정에 발생하는 오류 및 비정상적인 연산 제거
  - Deployment : 외부 형상, 배포관리 기능과 연계되어 자동 배포 등 가능
  - DB Link : JDBC, ODBC 등을 통한 데이터베이스 연동
- 구현해야 할 소프트웨어가 어떤 프로그래밍 언어로 개발되는지에 따라 다양한 도구들이 존재한다.
  - Eclipse, Visual Studio Code, IntelliJ, NetBeans 등

> **기적의 TIP**
>
> IDE의 세부 기능을 구분할 수 있어야 합니다.

④ 소프트웨어 테스트 도구
- 소프트웨어의 품질을 높이기 위해 테스트에 사용되는 소프트웨어 도구들이다.
- 코드의 테스트, 테스트에 대한 리포팅 및 분석 등의 작업이 가능하다.
  - xUnit, STAF, Valgrind, JMeter 등

⑤ 소프트웨어 형상관리 도구
- 개발자들이 작성한 소스 및 리소스 등 산출물에 대한 버전 관리를 위한 도구이다.
- 다수의 개발자들로 구성된 팀 단위 프로젝트로 진행할 때 유용하다.
  - CVS, Subversion, Git 등

⑥ 소프트웨어 빌드 도구
- 개발자가 작성한 소스에 대한 빌드 및 배포를 지원하는 도구이다.
- 프로젝트에서 사용되는 구성 요소들과 라이브러리들에 대한 의존성 관리를 지원한다.
  - Ant, Maven, Gradle 등

3) 배치 프로그램

① 배치 프로그램 정의 20.8
- 사용자의 상호작용 없이 일련의 작업들을 정기적으로 반복 수행하거나 정해진 규칙에 따라 일괄 처리하는 기능을 가진 프로그램이다.
- 배치 프로그램의 필수 요소는 대용량 데이터 처리, 자동화, 견고함, 안정성, 성능이 있다.
  - 견고함 : 유효하지 않은 데이터 처리에 의해 동작이 중단되지 않아야 함
  - 안정성 : 문제의 유형과 발생 시점 등을 추적할 수 있어야 함
- 스프링 배치, Quartz 스케줄러 등의 배치 스케줄러를 통해 주기적으로 수행해야 하는 작업을 지원한다.

② Spring Batch
- Spring Source사와 Accenture사의 공동 작업으로 2007년에 개발한 스프링 프레임워크 기반 오픈 소스 프레임워크이다.
  - 스프링 프레임워크의 3대 요소 : DI, AOP, 서비스 추상화

③ Quartz Scheduler
- 스프링 프레임워크에 플러그인되어 수행하는 Job과 실행 스케줄을 정의하는 Trigger를 분리하여 유연성을 제공하는 오픈 소스 스케줄러이다.

기적의 TIP

배치 프로그램의 설명과 올바른 용어를 연결할 수 있어야 합니다.

CHAPTER

02

절차형 프로그래밍 언어

학습 방향

C언어에 대한 프로그래밍 문법에 대해 서술합니다. 프로그래밍 언어는 단순하게 키워드의 역할이나 의미를 묻는 문제보다, 작은 프로그램의 결과 또는 빈칸을 채우는 형식의 문제가 더 큰 비중을 차지하기 때문에 암기와 이해가 병행되어야 합니다.

데이터 가공 및 입출력

빈출 태그 ▶ #상수 #예약어 #변수 선언 #기본 함수 #연산자 우선순위

01 자료형

1) C언어

① C언어의 특징
- 고급 언어의 장점(쉬운 난이도)과 저급 언어의 장점(하드웨어 제어)을 모두 갖춘 구조적 프로그래밍 언어이다.
- 이식성이 뛰어나고 자원 낭비 없는 효율적인 프로그래밍이 가능하다.
- 다양한 연산자 및 기능을 제공하여 프로그램 개발에 제한이 거의 없다.

② C언어 기본 작성 규칙
- 프로그램은 main 함수를 호출하면서 시작되며, 모든 함수는 블록 구조로 정의된다.
  - 블록 구조 : 중괄호({ })로 감싸져 있는 코드 영역
- 영문자의 경우 대소문자를 엄격하게 구분하며 모든 명령문은 세미콜론(;)으로 마무리된다.
- 기본 라이브러리 사용을 위해 전처리기를 사용하며 코드에 대한 설명이 필요한 경우에는 주석을 활용한다.

2) 상수의 표현 21.3, 21.5, 25.2

① 정수형 상수
- 정수를 표현하는 상수에는 10진수, 8진수, 16진수가 있다.
  - 10진수 표현 : 보통 방식으로 표현(예 10, 2022, -67, ⋯)
  - 8진수 표현 : 숫자 앞에 0을 붙여 표현(예 023, 056, 07, ⋯)
  - 16진수 표현 : 숫자 앞에 0x를 붙여 표현(예 0xD2, 0x135, 0xFA, ⋯)

② 실수형 상수
- 실수를 표현하는 상수에는 10진수 표기 방식과 지수 표기 방식이 있다.
  - 10진수 표현 : 보통 방식으로 표현(예 3.1415, -0.45, 12.0, ⋯)
  - 지수 표현 : 문자 e를 포함하여 10의 N제곱을 표현(예 $12e3 = 12 \times 10^3$)

> **더 알기 TIP**
>
> 수학에서의 실수(Real Number)와 프로그래밍 언어에서의 실수(부동소수점, Floating Point Number)는 다른 개념을 가집니다. 소수점이 붙으면 무조건 실수라고 생각하면 이해가 쉽습니다.

③ 문자형 상수

- 문자 상수는 작은 따옴표로 감싸서 표현하며, 각 문자는 특정 코드값(수)으로 구성된다.
- 실제 저장되는 값은 수(코드값)이기 때문에 더하거나 빼는 연산도 가능하다.
  - 문자에 1을 더하면 다음 문자가 출력됨
- 문자열은 큰 따옴표로 감싸서 표현하며, 문자와 문자열은 서로 다른 타입을 가진다.

> **기적의 TIP**
>
> 문자와 숫자의 개념을 정확히 파악하세요.

3) 변수 선언 규칙

① 기본 명명 규칙 20.6, 21.3, 21.8, 23.7, 25.2

- 변수명의 첫 글자는 영문자 또는 언더바(_)만 사용한다.
- 이후 글자에는 영문자와 언더바 이외의 숫자를 사용할 수 있다.
- 변수명은 고유해야 하며, 예약어로 지정할 수 없다.
  - 예약어(keyword) : 프로그래밍 언어가 사용하기 위해 미리 선점한 단어

② 헝가리안 표기법(Hungarian Notation)

- 컴퓨터 프로그래밍에서 변수 및 함수의 이름 인자 앞에 데이터 타입을 명시하는 코딩 규칙이다.
- 데이터 타입을 변수명에서 바로 추정할 수 있고 변수명의 충돌을 방지할 수 있다.
- 데이터 타입이 바뀌면 전체 변수명도 변경해야 하며, 변수의 이름을 기억하기 힘들어진다.
- 예전에는 IDE가 부실하여 이 규칙이 유용했지만, 지금은 사용하지 말 것을 권고하고 있다.

> **기적의 TIP**
>
> 실제 변수명을 보고 규칙에 어긋난 부분을 찾을 수 있어야 합니다.

4) 변수 선언과 자료형

① 변수 정의

- 데이터를 저장하는 공간 및 저장된 값 자체를 의미한다.
- 변수에 값을 저장하는 것을 할당이라고 하며, 모든 변수는 사용 전에 최초 한 번은 할당(초기화)되어야 한다.
- 변수 선언 시 변수명 앞에 필요한 형태의 자료형을 입력한다.
  - 〈자료형〉〈변수명〉;

② 자료형 정의 20.8, 20.9, 23.5, 24.2

- 데이터를 저장하는 공간의 크기와 형태를 결정한다.
- 자료형이 생성하는 메모리의 크기는 컴퓨터 시스템에 따라 달라질 수 있다.
- 변수 선언에 사용되는 대표적인 예약어와 자료형의 크기는 아래와 같다.

예약어	자료형	크기(Byte)	
		C	Java
byte	정수형	없음	1
short		2	2
int		4	4
long		4	8
char	문자형	1	2
float	실수형	4	4
double		8	8

> **기적의 TIP**
>
> 앞에서도 언급했듯이 메모리의 크기는 시스템에 따라 달라질 수 있으므로 정확한 답 안처리를 위해 자료형의 구분이 다른 예약어를 찾는 형태의 문제가 출제될 확률이 높습니다.

> **기적의 TIP**
>
> char은 문자형 변수지만, 내부 처리 방식은 정수와 같기 때문에 정수를 할당할 수도 있습니다.

③ 변수 선언의 예시

```
#include <stdio.h>
int main()                //프로그램 시작
{
    int score;            //정수형 변수 생성
    score = 70;           //score 변수에 70 할당
    double grade = 3.8;   //실수형 변수 생성과 동시에 3.8 할당
    return 0;             //프로그램 종료
}
```

02 서식 문자열

1) 이스케이프 시퀀스

① 이스케이프 시퀀스 정의
- 기존 문자의 기능 외에 별도의 기능을 가지는 확장 문자열이다.
- 문자열 안에서 〈역슬래시(\)+문자〉의 형태로 표현한다.

② 이스케이프 시퀀스의 종류

종류	기능
\n	Enter (줄 바꿈)
\t	Tab (간격 띄우기)
\b	← (커서 한 칸 이동)
\r	Home (커서 현재 행의 처음으로 이동)
\\	\ (역슬래시 출력)

2) 서식 지정자

① 서식 지정자의 역할 23.5, 24.5, 25.2
- 메모리에 저장되어 있는 데이터를 개발자가 원하는 형식으로 변환하여 출력해 준다.
- 문자열 안에서 〈%+옵션+문자〉의 형태로 표현된다.

② 서식 지정자 종류

종류	변환 형식
%d	10진수
%o	8진수
%x	16진수
%u	부호 없는 정수
%lf	실수
%e	지수 형태 실수
%c	문자
%s	문자열

③ 서식 지정자 옵션

옵션	설명
-	확보된 공간에서 왼쪽 정렬(기본값 : 오른쪽 정렬)
+	숫자 앞에 부호 삽입
자연수	입력한 수만큼 공간 확보
0	확보한 공간의 여백을 0으로 채움

03 표준 입출력 함수

> **더 알기 TIP**
>
> 표준 입출력이란, 키보드로부터 입력을 받고 모니터로 출력을 하는 것입니다. 시험에서는 입력 함수보다는 출력 함수 위주로 코드가 작성됩니다.

1) 입력 함수

① getchar()
- 키보드로부터 문자 하나를 입력받는 함수이다.

```
char c;                //문자형 변수 선언
c = getchar();         //문자 하나를 입력 받아 변수c에 할당
```

② gets(〈문자배열〉)
- 키보드로부터 문자열을 입력받는 함수이다.

```
char c[10];              //문자 10개를 저장할 수 있는 배열 선언
gets(c);                 //입력받은 문자열을 배열 c에 할당
```

③ scanf(서식 문자열[, &〈변수명〉[, …]])
- 키보드로 입력받은 데이터를 지정한 서식을 기반으로 변환하여 저장하는 함수이다.

```
char grade;                         //문자형 변수 선언
double score;                       //실수형 변수 선언
scanf("%lf %c", &score, &grade);    //입력받은 문자열을 띄어쓰기를 기준으로 실수와 문자
                                    로 해석하여 각각 변수score와 변수grade에 할당
```

2) 출력 함수

① putchar(〈문자〉)
- 문자 하나를 모니터로 출력하는 함수이다.

```
char c = 's';            //문자형 변수 선언과 동시에 's' 할당(초기화)
putchar('a');            //문자 a를 모니터에 출력
putchar(c);              //변수c에 저장된 문자(s) 출력
```

② puts(〈문자열〉)
- 문자열을 모니터로 출력하는 함수이다.

```
char g[10] = "hello";    //문자 10개를 저장할 수 있는 배열 선언 후 "hello"로 초기화
puts(g);                 //문자 배열 g에 저장된 문자열 모니터에 출력
puts("world");           //문자열 world를 모니터에 출력
```

> **기적의 TIP**
> 원본 데이터와 형식이 같다고 해서 서식 문자열을 생략해서는 안 됩니다. 프로그래밍 언어는 정해진 형식을 반드시 따라야 합니다.

③ printf(서식 문자열[, &〈변수명〉[, …]])
- 다수의 데이터를 지정한 서식을 기반으로 변환, 통합하여 모니터로 출력하는 함수이다.

```
printf("점수는 %.1lf점\n학점은 %c입니다.", 4.2, 'A');
```

결과	점수는 4.2점
	학점은 A입니다.

- %.1lf : 데이터(4.2)를 소수점 이하 한자리(.1)를 가지는 실수(lf)로 표현
- \n : 줄바꿈
- %c : 데이터('A')를 문자로 표현

04 연산자

1) 연산자 개념

① 연산자 정의
- 하나 또는 그 이상의 데이터를 연산하여 새로운 결과값을 만들어내는 토큰(token)이다.
  - 토큰 : 코드를 유의미하게 분해한 최소 단위
- 일반적으로 연산자는 단항 연산자와 이항 연산자로 나뉜다.
  - 단항 연산자 : 하나의 항을 연산하여 결과를 내는 연산자
  - 이항 연산자 : 두 개의 항을 연산하여 결과를 내는 연산자

② 연산자 우선순위 21.5, 21.8, 22.3, 22.4, 23.5
- 일반적인 산술 및 비교 연산은 우측 방향으로 진행된다.
- 괄호 안의 연산이 가장 우선되며, 단항, 이항 연산의 순으로 진행된다.
- 곱셈과 나눗셈이 덧셈, 뺄셈보다 먼저 진행된다.

우선순위	연산자	종류	결합 방향
높음	단항	++, --, -, !, ~, sizeof, &, *	좌측
↕	산술	*, /, %, +, -	우측
	시프트	<<, >>	우측
	관계	<, >, <=, >=, ==, !=	우측
	비트	&, ^, |	우측
	논리	&&, ||	우측
낮음	복합대입	=, +=, -+, *=, /=, %=, <<=, >>=	좌측

> **기적의 TIP**
> 연산자를 우선 순위에 따라 나열할 수 있어야 합니다. 연산자 우선 순위는 모든 코드에서 고려해야 하는 기본 사항입니다.

③ 연산의 결과 데이터 타입
- 피연산자의 값이 아니라 데이터 타입에 따라 결과 데이터의 타입이 결정된다.
- 결과 데이터를 할당, 출력, 연산하기 위해 데이터 타입 간의 호환성을 고려해야 한다.
  - 같은 타입의 피연산자 : 같은 타입의 결과 데이터 도출
  - 다른 타입의 피연산자 : 더 크고 정밀한 타입의 피연산자 타입으로 결과 데이터 도출

➕ **더 알기 TIP**

값이 큰 것이 아니라 타입의 크기가 큰 것입니다. 예를 들어 300+5.4의 경우, 값은 300이 더 크지만 5.4를 표현하는 자료형(실수)의 타입이 더 크고 정밀하므로 결과 데이터는 실수 타입으로 도출됩니다.

2) 연산자 종류

① 산술 연산자 21.3

- 일반적인 사칙연산에 더해 몫과 나머지를 구하는 연산자를 포함한다.

연산자	계산식	설명
+	a + b	덧셈
−	a − b	뺄셈
*	a * b	곱셈
/	정수 / 정수	몫
/	정수 / 실수	나눗셈
%	a % b	나머지

> **더 알기 TIP**
> 나눗셈 연산자는 피연산자가 모두 정수일 때, 정수 몫을 구할 수 있습니다.

> **기적의 TIP**
> 산술 연산자의 종류가 아닌 것을 찾을 수 있어야 합니다.

② 관계 연산자 21.8, 23.3, 25.2

- 두 개의 데이터를 비교하는 연산이다.

연산자	계산식	설명
>	a > b	a가 b보다 큰 값인지 판단
>=	a >= b	a가 b보다 크거나 같은 값인지 판단(이상)
<	a < b	a가 b보다 작은 값인지 판단
<=	a <= b	a가 b보다 작거나 같은 값인지 판단(이하)
==	a == b	a와 b가 같은 값인지 판단
!=	a != b	a와 b가 다른 값인지 판단

> **기적의 TIP**
> 관계 연산자는 다른 연산자와 중첩되는 경우가 잦기 때문에 우선순위를 올바르게 판단할 수 있어야 합니다.

③ 논리 연산자 22.3, 22.4, 22.7, 23.5, 23.7

- 둘 이상의 논리값을 연산하여 하나의 논리값을 구하는 연산이다.
  - 논리값 : True, False

연산자	계산식	설명
&&	a && b	a와 b 모두 참인 경우에만 참
||	a || b	a와 b 중 하나라도 참이면 참
!	!a	a의 결과를 반전

> **기적의 TIP**
> 연산의 기능과 표현을 정확하게 이해하세요.

④ 비트 논리 연산자 20.6, 21.5, 22.7, 23.7, 25.2

- 2진수 비트 배열을 직접적으로 제어하는 연산이다.

연산자	계산식	설명
&	a & b	a와 b의 비트를 각각 and 연산
|	a | b	a와 b의 비트를 각각 or 연산
^	a ^ b	a와 b의 비트를 각각 xor 연산
~	~a	a의 비트를 not 연산
〉〉	a 〉〉 b	a의 비트를 우측으로 b만큼 이동
〈〈	a 〈〈 b	a의 비트를 좌측으로 b만큼 이동

> **기적의 TIP**
> 비트 논리 연산자와 논리 연산자를 헷갈리지 않도록 하세요. 연산의 결과도 계산할 수 있어야 합니다.

⑤ 복합 대입 연산자

- 연산과 연산의 결과 대입(=)을 동시에 진행하는 연산이다.

연산자	계산식	같은 의미	결과
+=	a += b	a = a + b	a + b의 결과를 a에 할당
-=	a -= b	a = a - b	a - b의 결과를 a에 할당
*=	a *= b	a = a * b	a * b의 결과를 a에 할당
/=	a /= b	a = a / b	a / b의 결과를 a에 할당
%=	a %= b	a = a % b	a % b의 결과를 a에 할당

➕ **더 알기 TIP**

등호와 결합된 연산자에서 등호는 항상 뒤에 붙습니다.

⑥ 전치/후치 증감 연산자 21.5, 25.2

- 코드를 진행하기 전이나 진행한 이후에 데이터를 1 증감시킨다.
- 해당 데이터의 연산 결과는 전치와 후치 모두 같지만, 이 값의 영향을 받는 다른 데이터들의 결과는 연산의 단계에 따라 달라질 수 있으므로 주의해야 한다.

연산자	계산식	같은 의미	결과
++	b + a++	b + a a = a + 1(후치 증가)	b + a를 계산한 뒤에 a값 증가
++	b + ++a	a = a + 1(전치 증가) b + a	a값 증가한 뒤에 b + a를 계산
--	b + a--	b + a a = a - 1(후치 감소)	b + a를 계산한 뒤에 a값 감소
--	b + --a	a = a - 1(전치 감소) b + a	a값 감소한 뒤에 b + a를 계산

> **기적의 TIP**
> 전치/후치 증감 연산자는 코드에 적용되었을 때 실수를 가장 많이 유발시키는 연산자입니다. 연산의 순서를 정확히 단계별로 파악할 수 있어야 합니다.

SECTION 02 선택 및 반복 제어문

빈출 태그 ▶ #if #for #while #표준 라이브러리

01 선택 제어문

1) if-else

① if ²⁴·⁵

- 조건식의 결과에 따라 선택적으로 명령문을 실행한다.
- 조건식이 '참'인 경우, 아래 블록 구조의 코드를 실행한다.
- 블록 구조가 없는 경우에는 하나의 코드만 실행한다.

```
int score = 70;              //변수score에 70 할당
if(score >= 80)              //변수score값이 80 이상이면 아래 코드 수행
   puts("합격입니다.\n");    //블록 구조가 없으므로 최초 한 줄만 if 영역에 해당됨
puts("수고하셨습니다.\n");   //if 영역이 아니므로 무조건 수행되는 코드
```

결과   수고하셨습니다.

```
int score = 70;              //변수score에 70 할당
if(score >= 80){             //변수score값이 80 이상이면 아래 코드 수행
   puts("합격입니다.\n");    //블록 구조 전체가 if 영역에 해당됨
   puts("수고하셨습니다.\n");
}
```

결과   <아무것도 출력 안 됨>

② if-else

- 조건식이 '참'인 경우와 '거짓'인 경우에 각각 실행해야 하는 명령이 다른 경우 사용한다.
- else문은 조건식이 거짓인 경우 아래 블록의 명령을 수행하며 else문만 단독으로 사용할 수는 없다.

> **기적의 TIP**
> IF문의 분석은 결국 조건식을 분석하는 것입니다.

```
int score = 70;
if(score >= 80)              //변수 score값이 80 이상이면
   puts("합격입니다.");       //수행되는 코드
else                         //그렇지 않을 경우(변수 score값이 80 미만이면)에
{
   puts("불합격입니다. ")     //수행되는 블록
   puts("재도전하세요!\n");
}
puts("수고하셨습니다");
```

결과   불합격입니다. 재도전하세요!
         수고하셨습니다.

③ 다중 if-else
- 실행되어야 하는 명령의 분기가 셋 이상일 때 사용한다.
- 분기마다 새로운 조건식을 세워야 하며, 마지막 else문은 조건을 입력하지 않는다.

```
int score = 70;
if(score >= 80)                //변수 score값이 80 이상이면 아래 코드 수행
   puts("합격입니다.");
else if(score >= 70)           //아니라면, 70 이상이면 아래 코드 수행
   puts("재시험 대상입니다.");
else                           //아니라면, 아래 코드 수행(조건식 없음)
   puts("불합격입니다.");
```

결과   재시험 대상입니다.

④ 삼항 연산자 20.8, 22.4, 25.2
- 변수의 단순 할당에 적용되는 if-else문을 간략히 표현할 수 있는 연산자이다.
- 3개 중 한 개의 항은 조건식, 두 개의 항은 할당 값에 해당한다.
  - (〈조건식〉)?〈값1〉:〈값2〉

```
int a = 10;              //아래의 if-else문과 동일
int b = 5;                  if(a>=b)
int c;                         c = 20;
c = (a>=b) ? 20 : 40;       else
                               c = 40;
```

> **기적의 TIP**
>
> C와 Java에서 if문을 삼항 연산자로 변환할 수 있어야 합니다.

2) switch-case-default

① switch

- 특정 데이터를 단일 값과 비교하여 명령을 실행한다.
- 비교 데이터는 숫자 또는 문자만 가능하다.
- 데이터가 일치하면 해당 영역뿐 아니라 아래의 모든 코드도 함께 실행한다.

```
int rank = 2;
int reward = 0;
switch(rank){
  case 1:                    //변수rank값이 1인 경우, 코드 수행 시작 지점
    reward += 100;
  case 2:                    //변수rank값이 2인 경우, 코드 수행 시작 지점
    reward += 100;
  case 3:                    //변수rank값이 3인 경우, 코드 수행 시작 지점
    reward += 100;
}
printf("%d", reward);
```

결과 200

② default

- 모든 데이터가 일치하지 않는 경우에 수행할 코드를 입력하는 영역이다.
- 일반적으로 가장 아래에 위치하며, 일치하는 데이터가 있는 경우에도 수행된다.

```
int rank = 5;
int reward = 0;
switch(rank){
  case 1:
    reward += 100;
  case 2:
    reward += 100;
  case 3:
    reward += 100;
  default:                   //변수rank값이 1,2,3이 아닌 경우 코드 수행 시작 지점
    reward += 50;
}
printf("%d", reward);
```

결과 50

③ break 22.7, 23.7

- 데이터가 일치하는 경우, 해당 case 영역에 해당하는 코드만 실행하거나, 코드 수행의 중지점을 지정해야 하는 경우에 사용되는 키워드이다.

```
int month = 4;
switch(month)
{
  case 2:                    //month값이 2일 때, 코드 시작 지점
    puts("총 28일입니다.");
    break;                   //break문에 의해 switch 종료
  case 4:                    //month값이 4일 때, 코드 시작 지점
  case 6:                    //month값이 6일 때, 코드 시작 지점
  case 9:                    //month값이 9일 때, 코드 시작 지점
  case 11:                   //month값이 11일 때, 코드 시작 지점
    puts("총 30일입니다.");
    break;                   //break문에 의해 switch 종료
  default:                   //month값이 어떤 case에도 해당되지 않을 경우
    puts("총 31일입니다.");
}
```

결과 총 30일입니다.

> **기적의 TIP**
> break로 인해 프로그램의 흐름(분기)이 크게 바뀝니다.

02 반복문 20.8, 21.5

1) 횟수 제한 반복문

① for

- 지정한 범위 또는 횟수만큼 해당 블록을 반복한다.
- 블록이 없다면 최초 한 행에 대해서 반복을 수행한다.
- break문을 통해 벗어날 수 있다.
  - for(〈초기식〉; 〈종료분기〉; 〈증감식〉){ 〈반복 영역〉 }
  - 초기식 : 반복 실행 전 한 번만 수행
  - 종료분기 : 반복 구역 실행 전 단계마다 수행, 조건을 만족하지 못하면 반복 종료
  - 증감식 : 반복 구역 실행 후 단계마다 수행

```
int i, sum=0;              //반복용 변수i 생성
                           //초기식 : 변수i에 1을 할당
                           //종료 분기 : 변수i가 10 이하가 아니면 종료
for(i=1; i<=10; i++)       //증감식 : 변수i를 1씩 증가하면서 반복
  sum += i;                //반복 영역 : 변수sum에 i값을 누적
printf("%d", sum);         //변수sum을 출력
```

> **기적의 TIP**
> 반복문은 패턴 파악이 중요합니다. 디버깅표를 통해 패턴을 파악하는 법을 자주 연습하세요. 반복문은 C와 Java가 동일합니다.

② continue
- continue문 아래의 코드를 무시하고 다음 단계 반복을 진행한다.
- if문과 결합하여 특정 조건에서만 continue를 수행하도록 구현한다.
- break문과 continue문은 모든 반복문에서 사용 가능하다.

```
int i=0;
int sum=0;
for(i=1; i<=10; i++){
  if(i%2==1)              //변수i값이 홀수일 경우
    continue;             //아래 코드를 건너뜀
  sum += i;
}
```

> **기적의 TIP**
>
> 디버깅표는 시험 출제범위가 아닙니다. 여러분이 반복문을 해석하실 때 도움을 드리고자 다양한 풀이 방법 중 하나를 제시한 것이므로 여러분이 편한대로 변형해 원하는 형태로 디버깅 표를 작성하여 학습하셔도 아무런 문제가 없습니다.

③ 디버깅표 작성
- 반복문에 영향을 주는 변수와 반복 구역의 코드를 나열하여 표 형태로 구현하는 것으로, 반복문의 반복 패턴을 파악하는 데 유용하다.
- 특별히 정해진 규칙은 없으며, 열은 코드의 순서, 행은 반복의 단계를 나타낸다.
- 첫 행에는 실행문을 입력하고, 두 번째 행부터는 실행문의 결과값을 기록한다.
- 반복 전 수행되는 1회성 코드나 초기식은 미리 적용하여 표에 나타낸다.

```
int i=0;
int sum=0;
for(i=1; i<=10; i++){
  if(i%2==1)              //변수i값이 홀수일 경우
    continue;             //아래 코드를 건너뜀
  sum += i;
}
```

변수		종료 분기	반복 구역			증감식
			if			
i	sum	i<=10	i%2==1	continue	sum+=i	i++
1	0	true	true	수행		2
2	0	true	false		2	3
3	2	true	true	수행		4
4	2	true	false		2+4	5
5	6	true	true	수행		6
6	6	true	false		2+4+6	7
7	12	true	true	수행		8
8	12	true	false		2+4+6+8	9
9	20	true	true	수행		10
10	20	true	false		2+4+6+8+10	11
11	30	false		반복 종료		

2) 조건 제한 반복문 24.2, 24.5

① while 22.3, 23.7

- 지정한 조건을 만족하는 동안 반복 구역의 코드를 반복한다.
- 조건을 먼저 판단한 다음 코드를 반복하므로 조건에 따라 전혀 반복이 되지 않을 수도 있다.
- break문과 continue문 사용이 가능하다.

```c
int input, sum=0;
scanf("%d", &input);          //입력받은 데이터를 input에 저장
while(input>=0){              //변수input값이 0 이상인 동안 반복
    sum = sum + input;        //input값을 변수sum에 누적
    scanf("%d", &input);      //입력받은 데이터를 input에 저장
}
printf("%d", sum);
```

> **기적의 TIP**
> while문과 for문의 구조를 상호 변환할 수 있어야 합니다.

② do-while

- 지정한 조건을 만족하는 동안 반복 구역의 코드를 반복한다.
- 코드를 먼저 실행한 다음 조건을 판단하는 형태로, 최소 1회 반복을 보장한다.
- break문과 continue문 사용이 가능하다.

```c
int input, sum=0;
do{
    scanf("%d", &input);      //입력받은 데이터를 input에 저장
    sum = sum + input;        //input값을 변수sum에 누적
}while(input>=0);             //변수input값이 0 이상인 동안 반복
printf("%d", sum);
```

③ 무한 반복(Loop) 20.9, 23.3, 24.7

- 조건식의 결과가 항상 참인 경우 반복 구역을 무한 반복하게 된다.
- 코드의 흐름과 업무 로직을 일치시키기 위해 Loop와 break를 활용하여 프로그램을 구현할 수 있다.
- 언어마다 참 값을 표현하는 방식이 다르므로 주의해야 한다.
    - C : while(1)
    - Java : while(true)
    - Python : while True:

> **기적의 TIP**
> 반복과 종료 분기를 통한 프로그램을 분석할 수 있어야 합니다.

> **기적의 TIP**
> Loop(무한루프라고 표현하는 경우가 많습니다)를 표현하는 방식을 구분할 수 있어야 합니다.

```c
int input, sum=0;
while(1){                     //무한반복 시작
    scanf("%d", &input);      //입력받은 데이터를 input에 저장
    if(input<0) break;        //input값이 음수면 반복 종료
    sum = sum + input;        //input값을 변수sum에 누적
}
printf("%d", sum);
```

03 함수

① 함수 특징
- 필요할 때에 특정 기능을 반복할 수 있도록 작성된 일종의 작은 프로그램이다.
- 함수는 각각 별도의 블럭으로 작성(정의)되며, 블록 안에서 호출된다.
- 함수가 호출되면 해당 함수가 모두 수행될 때까지 호출한 프로그램은 진행을 잠시 멈춘다.
- 일반적으로 함수는 입력, 처리, 출력으로 구현된다.
   - 입력(Input) : 함수 호출 시 전달된 인수를 매개변수에 저장
   - 처리(Process) : 매개변수를 약속된 기능으로 가공
   - 출력(Output) : 함수의 처리 결과를 호출 프로그램에 반환

② 표준 라이브러리 21.3, 21.5, 22.4, 23.3, 23.5, 23.7
- C언어에서는 개발자 편의를 위해 미리 개발된 함수들을 기능별로 묶은 라이브러리를 제공한다.
- 전처리 지시자 #include를 이용해 필요한 라이브러리를 코드에 포함시킬 수 있다.

> **기적의 TIP**
> 함수명을 보고 라이브러리를 특정할 수 있어야 합니다. 함수명은 대부분 해당 기능을 표현하는 단어 및 약어로 구성되기 때문에 암기가 어렵지 않습니다.

라이브러리	제공 기능	함수명	기능
stdio.h	데이터 입출력	printf()	서식에 의한 기본 출력
		scanf()	서식에 의한 기본 입력
		getchar()	문자 하나 입력
		putchar()	문자 하나 출력
math.h	수학	sqrt()	제곱근
		pow()	제곱수
		abs()	절대값
string.h	문자열 처리	strlen()	문자열 길이
		strcpy()	문자열 복사
		strcmp()	문자열 비교
stdlib.h	기본 데이터 관련	atoi()	문자열을 정수(int)로 변환
		atof()	문자열을 실수로 변환
		atol()	문자열을 정수(long)로 변환
		rand()	난수

③ 함수의 정의와 호출
- 함수는 main 함수 블록의 바깥에서 정의된다.
  - 〈반환 타입〉〈함수명〉(〈매개변수〉){ 〈코드〉 }
- 반환 타입에는 반환될 값의 타입을 지정하고, 반환값이 없는 경우에는 void를 입력한다.
- 함수명과 매개변수에 할당할 인수를 통해 호출한다.
  - 〈함수명〉(〈인수〉)

```
void multi(){              //multi 함수 정의(반환값 없음)
  int a;
  scanf("%d", &a);         //입력
  a*=2;                    //처리
  printf("%d", a);         //출력
}

int main(){
  multi();                 //multi 함수 호출
}
```

입력	30
결과	60

④ return
- 함수의 처리 결과 데이터를 함수 외부에서 활용하기 위해 사용한다.
- return이 수행되면 함수는 종료되고 함수의 호출 위치로 지정된 값이 반환된다.
  - return 〈반환값〉
- 반환되는 값은 함수 정의에서 지정한 타입과 호환되는 타입이어야 한다.

```
int multi(){               //multi 함수 정의(반환값 정수 타입)
  int a;
  scanf("%d", &a);         //입력
  a*=2;                    //처리
  return a;                //함수를 종료하며 변수a값을 호출 위치로 반환
}

int main(){
  int res;
  res = multi();
  printf("%d", res);       //multi 함수 호출 후 결과값을 변수res에 할당
}                          //변수res값 출력
```

입력	30
결과	60

⑤ 인수와 매개변수
- 함수 외부의 데이터를 함수 내부 입력 데이터로 활용하기 위한 문법 구조이다.
- 함수 외부에서 함수로 넘겨주는 값을 인수라고 하고, 이 인수를 할당받는 변수를 매개변수라고 한다.
- 함수 정의에서 선언되며 인수의 데이터 타입과 호환되는 타입으로 매개변수를 선언해야 한다.
- 매개변수와 리턴을 활용하면 함수는 순수 데이터 처리에 대한 기능만을 가질 수 있게 된다.

```
int multi(int a){            //multi 함수 정의(반환값 정수 타입)
  a*=2;                      //처리
  return a;                  //함수를 종료하며 변수a값을 호출 위치로 반환
}

int main(){
  int res, a;
  scanf("%d", &a);           //인수 a를 넘겨주며 multi 함수 호출 후 결과값을 할당
  res = multi(a);            //변수res값 출력
  printf("%d", res);
}
```

입력	30
결과	60

⑥ 값에 의한 전달(Call By Value)
- 인수를 통해 매개변수로 전달되는 값은 복사된 값으로, 함수 내부처리에 의해 원본이 변경되지 않는다.
- 변수에 다른 변수를 할당하는 것 역시 복사된 값이 할당되므로 두 변수는 서로 다른 값을 가진다.

```c
void half(int h){
    h = h/2;                //(복사된) 매개변수 값을 절반으로 나눔
}

int main(){
    int a=20;
    int b=a;                //변수a값을 b에 할당(값 복사)
    a++;                    //변수a값을 1증가
    printf("%d %d\n", a, b);
    half(b);
    printf("%d %d\n", a, b);
}
```

| 결과 | 21 20 |
| | 21 20 |

SECTION 03 자료 구조와 포인터

빈출 태그 ▶ #배열 #포인터 #포인터 연산

01 배열과 구조체

1) 배열의 선언과 초기화

① 배열 특징
- 하나의 식별자로 동일한 형식의 여러 데이터를 다룰 수 있다.
- 같은 크기와 타입의 공간이 연속적으로 생성된다.
- 저장되는 값의 크기는 다를 수 있지만, 데이터 타입은 같아야 한다.

② 배열의 선언
- 변수명 작성 규칙과 동일한 규칙을 사용하여 배열명을 선정한다.
- 배열의 크기(데이터의 개수)를 지정해야 하며, 초기화가 진행되어야 한다.
  - 〈자료형〉〈배열명〉[〈크기〉];

```
int ar1[5];         //정수 데이터 5개를 담을 수 있는 배열 생성
char ar2[10];       //문자 데이터 10개를 담을 수 있는 배열 생성
double ar3[3];      //실수 데이터 3개를 담을 수 있는 배열 생성
```

③ 배열의 초기화 20.6
- 선언과 동시에 초기화하는 경우에는 중괄호를 이용하여 전체 초기화가 가능하다.
- 배열의 일부만 초기화하는 경우에는 나머지를 자동으로 0으로 초기화한다.
- 선언 이후에 초기화하는 경우에는 각 데이터를 하나하나 초기화해야 한다.

```
int ar1[4]={2,4,5,3};   //정수형 배열 생성 후 각각 2, 4, 5, 3으로 초기화
int ar2[4]={0,0,0,0};   //정수형 배열 생성 후 각각 0, 0, 0, 0으로 초기화
int ar3[4]={0};         //정수형 배열 생성 후 각각 0, 0, 0, 0으로 초기화
```

> **기적의 TIP**
> 배열의 초기화 규칙을 이해해야 합니다.

2) 배열의 사용

① 주소 상수
- 배열 이름은 변수처럼 데이터를 할당할 수 없는 상수형 데이터이다.
  - 배열명은 배열의 위치(주소)를 저장하고 있는 상수
- 연속적으로 나열되어 있는 배열 데이터의 첫 번째 시작 위치값을 가진다.
- 배열은 이 주소값(배열명)을 기준으로 하여 첨자를 통해 데이터에 접근한다.

```
int ar[5]={1,2,3,4,5};
printf("%d", ar);        //변수ar의 주소값(상수) 출력(주소값은 시스템마다 다르게 출력됨)
```

② 첨자(Index)
- 동일한 간격으로 나열되어 있는 배열 데이터에 접근하기 위한 상대적 위치값이다.
- 〈배열명〉[〈첨자〉]의 형태로 사용하며, 배열이 첫 번째 시작 위치값을 가지고 있으므로 첨자의 시작은 0이다.
- 음수를 사용하거나 배열의 길이를 벗어나면 오류가 발생한다.

```
int ar[5]={1,2,3,4,5};
printf("%d\n", ar[0]);    //배열ar의 첫 번째 값 출력(1)
printf("%d\n", ar[3]);    //배열ar의 네 번째 값 출력(4)
printf("%d\n", ar[-1]);   //오류
printf("%d\n", ar[5]);    //오류
```

③ 반복문과 첨자 21.8, 22.3, 22.4
- 반복문의 반복용 변수를 첨자로 활용하면 배열의 데이터 할당과 연산, 출력을 효율적으로 구현할 수 있다.
- 배열의 첨자 위치에 반복용 변수를 삽입하여 단계별로 다른 위치에 접근한다.
- 첨자의 시작 값(0)에 유의하여 코드를 구현해야 한다.

```
int i, ar[5]={1,2,3,4,5};     //배열ar 선언 후 1,2,3,4,5로 초기화
for(i=0; i<5; i++)            //0부터 5 이전(4)까지 1씩 증가하며 반복
    ar[i] = ar[i]*2;          //반복용 변수를 통해 각 데이터를 2배로 누적
for(i=0; i<5; i++)
    printf("%d ", ar[i]);     //반복용 변수를 통해 배열의 각 데이터 출력
```

결과   2 4 6 8 10

> **기적의 TIP**
> 배열과 반복문을 활용하는 문제는 모든 언어에서 복합적으로 출제됩니다.

3) 2차원 배열

① 2차원 배열 선언
- 배열의 데이터가 또 다른 배열인 구조로, 실제 값이 할당되는 곳은 마지막 차원의 배열이다.
- 2차원 배열의 선언과 사용에는 두 개의 대괄호를 사용한다.
  - 〈자료형〉〈배열명〉[1차원 배열의 크기][2차원 배열의 크기];
- 1차원 배열은 2차원 배열의 주소 상수 역할을 한다.

② 2차원 배열의 초기화
- 2차원 배열들은 논리적으로는 떨어져 있지만 물리적으로는 연속된 공간에 나열된다.

- 2차원 배열의 초기화는 중괄호를 2중으로 겹쳐서 진행하며, 중괄호를 하나만 사용할 경우에는 배열의 순서에 맞춰서 할당된다.
- 설명의 편의상 행, 열로 표현하지만, 실제로는 연속된 공간에 나열되어 있다.

int arr[2][3]의 개념도

```
int arr1[2][3] = {1,2,3,4,5,6};
```

| 1 | 2 | 3 |
| 4 | 5 | 6 |

```
int arr2[2][3] = {{1,2}, {4,5}};
```

| 1 | 2 | 0 |
| 4 | 5 | 0 |

```
printf("%d %d\n", arr1[0][1], arr1[1][2]);
printf("%d %d\n", arr2[1][1], arr2[1][2]);
```

결과
```
2 6
5 0
```

4) 구조체

① 사용자 정의 자료형(구조체)
- C언어에서 기본으로 제공되는 자료형을 이용하여 새로운 자료형을 만드는 것이다.
- 배열과 달리 하나의 식별자로 서로 다른 형식의 데이터를 그룹으로 관리할 수 있다.
- 기존에 없던 자료형이므로 선언하기 전 자료형에 대한 정의가 우선되어야 한다.

② 구조체 정의
- main 함수 블록의 바깥에서 블록 구조로 정의한다.
  - 〈struct〉〈구조체 타입명〉{ 〈변수선언〉[, ...] };
- 구조체 정의 단계에서는 내부 변수를 초기화하지 않는다.

③ 구조체 변수 선언과 할당 22.4, 23.5, 23.7, 24.5
- 정의된 구조체 타입과 struct 키워드를 활용하여 구조체 변수를 선언한다.
- 선언과 동시에 초기화가 가능하며 중괄호를 이용한다.
- 첨자가 아닌 구조체 변수명과 내부 변수명을 통해 데이터에 접근할 수 있다.
  - 〈구조체 변수명〉.〈내부 변수명〉

> **기적의 TIP**
> 구조체에 접근하는 코드에 유의하세요.

```
struct student{                        //student 타입 구조체 정의
    int no;                            //구조체 내부에 선언되는 변수들
    int score;
    char grade;
};
int main(){
    struct student kim = {3021, 94, 'A'};    //student 타입 구조체 변수 선언과
    struct student jane = {2113, 86, 'B'};   //동시에 초기화
    jane.score = 82;                         //구조체 변수 데이터 할당
    printf("%d %c \n", kim.score, kim.grade);
    printf("%d %c \n", jane.score, jane.grade);
    return 0;
}
```

결과	94 A
	82 B

④ 비트 필드(Structure Bit Field)
- 정수 타입의 멤버 변수를 비트 단위로 쪼개서 사용할 수 있게 하는 방법이다.
  - 〈정수 타입〉 〈변수명〉 : 〈비트 수〉;
- 비트 필드의 각 변수의 비트 수는 지정한 정수 타입보다 클 수 없다.
- 비트 필드 구조체의 크기는 정수 타입 단위로 증가한다.
  - 여러 타입의 변수가 있는 경우 : 가장 큰 타입을 기준으로 증가

```
#include <stdio.h>
struct s{
    int x : 2;
    short y : 4;
};
struct k{
    short x : 8;
    short y : 10;
};
int main(){
    printf("int의 크기: %ld\n", sizeof(int));
    printf("short의 크기: %ld\n", sizeof(short));
    printf("%ld ", sizeof(struct s));
    printf("%ld ", sizeof(struct k));
    return 0;
}
```

결과	int의 크기: 4
	short의 크기: 2
	4 4

② 포인터

1) 포인터 연산

① 포인터 특징

- 식별자(변수명, 배열명 등)가 아닌 주소값으로 특정 데이터에 접근할 수 있는 기능이다.
- 복사된 데이터가 아닌 원본 데이터를 가공할 수 있다.
- 포인터 활용을 위한 연산자는 &(Ampersand)와 *(Asterisk)가 있다.
    - & : 식별자 앞에 붙여서 해당 식별자의 주소값 도출
    - * : 주소 데이터 앞에 붙여서 해당 위치로 접근

② 포인터 변수

- 특정 데이터의 주소값을 저장하는 변수로 식별자 앞에 *을 붙여 선언한다.
    - 〈참조할 자료형〉 *〈변수명〉;
- 포인터 변수의 크기는 고정되어 있으며 포인터 변수의 자료형은 참조할 데이터의 자료형을 의미한다.
- 특정 변수의 위치값을 저장한 포인터 변수는 해당 변수를 "가리킨다"라고 표현한다.

```
int data=10;
int *p;                    //포인터 변수 p 선언
p=&data;                   //변수 data의 주소값 할당
*p=20;                     //p가 가리키는 변수(data)에 20 할당
printf("%d %d", data, *p);
```

| 결과 | 20 20 |

③ 참조에 의한 전달(Call By Reference) 22.3, 24.2, 24.5
- 인수 전달 시 복사된 데이터를 전달하는 것이 아닌 참조(위치)값을 전달함으로써 데이터 원본을 가공할 수 있다.
- 여러 식별자와 포인터를 통해 하나의 원본을 여러 위치에서 접근할 수 있다.

```
void fa(int x, int *y)          //참조값을 전달받는 변수는 포인터 변수로 선언
{                                //n과 x는 독립적이지만, k와 *y는 같은 데이터
  x = x + 5;
  *y = *y + 5;                   //y가 가리키는 변수k값 5 증가
  return;
}

int main()
{
  int n=10, k=20;
  fa(n, &k);                     //n은 값 복사 전달, k는 참조값 전달
  printf("%d %d", n, k);
  return 0;
}
```

결과 10 25

> **기적의 TIP**
> 값에 의한 전달과 참조에 의한 전달의 개념은 모든 프로그래밍 언어에서 공통으로 적용됩니다.

2) 배열과 포인터 21.5, 21.8, 22.3, 22.4, 23.3, 23.5, 24.2

① 포인터 연산
- 데이터의 주소값을 가감(더하기, 빼기) 연산하는 경우, 해당 데이터의 타입 크기를 곱한 값으로 증감된다.
  - int형 데이터의 주소값에 2를 더하는 경우 : 2×4(int 타입 크기)만큼 증가
- 이러한 포인터 연산의 매커니즘은 배열의 첨자를 통한 접근 방식과 동일하다.
- 따라서 배열 주소를 포인터 변수에 할당하게 되면, 포인터 역시 배열처럼 사용할 수 있다.

```
int ar[5]={1,2,3,4,5};
int *p=ar;                       //포인터 변수 p에 배열ar 주소값 할당
printf("%d\n", p[2]);            //p가 가리키는 배열의 세 번째 값 출력(3)
printf("%d\n", *(p+2));          //p+2×4가 가리키는 데이터 값 출력(3)
printf("%d\n", *(ar+2));         //ar+2×4가 가리키는 데이터 값 출력(3)
```

> **기적의 TIP**
> 배열과 포인터가 함께 적용되는 문제는 상당히 풀기가 까다롭습니다. 최대한 많은 유형의 문제를 풀어보세요.

② 2차원 배열과 포인터
- 2차원 배열의 포인터 선언은 데이터 타입과 함께 배열의 길이도 계산에 포함되어야 한다.
- 2차원 배열 접근을 위한 포인터 선언 방법은 아래와 같다.
    - 〈참조할 자료형〉 (*〈변수명〉)[〈2차원 배열 크기〉];
    - 2행 3열의 2차원 배열의 경우 포인터 변수 p 선언 : int (*p)[3];
- 2차원 데이터에 접근하기 위해서는 포인터가 2중으로 필요하므로 구현에 주의해야 한다.

```
int arr[2][3]={1,2,3,4,5,6};
int (*p)[3]=arr;                //2차원 포인터 변수 p에 2차원 배열arr 주소값 할당
                                //포인터 연산 : N×4(타입 크기)×3(배열 크기)
printf("%d, ", *(p[1]+2));      //p[1][2]와 같은 위치 참조
printf("%d", *(*(p+1)+0));      //p[1][0]과 같은 위치 참조
```
결과   6, 4

3) 메모리 동적 할당 22.7, 24.5

① 동적 할당의 특징
- 고정 크기를 가지는 배열의 단점을 보완할 수 있는 기능이다.
- 기능 호출 시 전달되는 인수를 통해 동적인 크기로 연속된 공간(배열) 생성이 가능하다.
- 포인터와 첨자를 활용하여 접근할 수 있다.
- 동적 할당된 메모리의 제거를 위해서는 free 함수를 사용한다.

② malloc
- 생성하고자 하는 공간의 총 크기를 byte 단위로 전달하고, 생성된 공간의 타입을 변환하여 사용한다.
    - (〈변환타입〉*) malloc (〈총 크기〉)
- 생성된 공간은 초기화되지 않으므로 별도 초기화 코드가 필요하다.

③ calloc
- 생성하고자 하는 공간의 단위 크기를 byte 단위로 개수와 함께 전달하고, 생성된 공간의 타입을 변환하여 사용한다.
    - (〈변환타입〉*) calloc (〈개수〉, 〈단위 크기〉)
- 생성된 공간은 0으로 초기화된다.

④ realloc
- 이미 생성된 메모리의 크기를 변경할 수 있다.
    - realloc(〈메모리 포인터〉, 〈총 크기〉)

기적의 TIP

각 기능별 차이점을 구분할 수 있어야 합니다.

기적의 TIP

메모리 영역은 다음과 같이 구분할 수 있습니다.
- code : 프로그램 코드
- data : 전역/정적 변수
- heap : 동적 할당 데이터
- stack : 지역/매개 변수

CHAPTER
03

객체지향 프로그래밍 언어

학습 방향

Java를 활용한 객체지향 문법과 개발 절차에 대해 서술합니다. 단순하게 키워드의 역할이나 의미를 묻는 문제보다, 코드를 통한 객체지향 기술에 대한 문제를 출제하는 경향이 강하므로 암기보다는 코드를 분석하는 능력을 향상시킬 수 있도록 학습하는 것이 좋습니다.

SECTION 01 객체지향 방법론

출제빈도 상 중 하
반복학습 1 2 3

빈출 태그 ▶ #객체 용어 #객체 기술 #디자인 패턴 #럼바우

01 객체지향 기술

1) 객체지향 방법론

① 객체지향 방법론 정의
- 현실의 개체들을 디지털 세계의 객체로 대응하여 표현하는 것이다.
- 개체의 특성들을 추상화하여 객체의 속성으로 표현하고, 개체의 특성과 관련된 기능을 객체의 메소드로 표현한다.
  - 속성 : 객체에 포함되는 자료 구조, 상태값 등
  - 메소드 : 속성에 대한 연산 및 고유 수행 기능 등
- 각 객체들은 서로 통신을 통해 개체 간 관계를 표현한다.

② 객체지향 방법론 장점 21.8
- 실제 세계와 유사한 구조의 프로그램을 개발할 수 있다.
- 객체를 재사용하여 확장성, 유지보수 용이성, 개발 속도가 상승한다.
- 규모가 큰 프로그램 개발도 무리 없이 개발 가능하다.

③ 객체지향 방법론 단점 21.8
- 객체를 이용한 개발은 쉽지만, 객체 자체의 설계가 어렵다.
- 객체 자체의 규모가 큰 경우에는 속도가 느려질 수 있다.

> **기적의 TIP**
> 객체지향 기술(방법론)의 장단점을 파악하고 있어야 합니다.

2) 객체지향 기술의 구성 요소 21.5, 22.4, 22.7, 23.5, 23.7, 24.5

① 클래스(Class) 20.6, 20.8, 23.3
- 객체의 타입을 정의하고 구현(Instantiation)하는 틀(Frame)이다.
- 유사한 성격을 가진 객체들의 공통된 특성을 추상화한 단위이다.
- 객체가 가지는 속성과 객체가 수행하는 메소드를 정의한 것이다.
- C언어의 구조체와 구조체를 연산하는 함수를 하나로 묶어 발전시킨 것이다.

② 객체(Object) 20.6, 20.8, 23.3
- 클래스에 의해 구현된 각각의 대상(인스턴스)들을 총칭하는 것이다.
- 객체마다 고유한 속성을 가지며 클래스에서 정의한 메소드 수행이 가능하다.

③ 인스턴스(Instance)
- 특정 클래스에 의해 구현된 (좁은 범위의) 객체이다.

> **기적의 TIP**
> 객체지향 기술 구성 요소에 대한 설명 중 올바른 것을 선택할 수 있어야 합니다.

> **기적의 TIP**
> 클래스와 객체의 개념은 다양한 형태로 출제되므로 개념 파악이 중요합니다.

④ 메시지(Message)
- 객체 간 통신(상호작용)을 위해 서로 주고받는 인터페이스이다.
- 객체들은 요청 메시지를 통해 메소드 수행을 시작한다.

⑤ 메소드(Method)
- 요청 메시지에 의해 객체가 수행해야 할 연산을 정의한 것이다.
- C언어의 함수와 같은 개념을 가진다.

3) 객체지향 기술 20.8, 20.9, 21.3, 21.5, 21.8, 22.3, 22.4, 22.7, 23.3, 23.5, 23.7, 24.2, 25.2

① 캡슐화(Encapsulation)
- 문제 해결에 필요한 속성과 메소드를 하나로 묶는 것이다.
- 인터페이스가 단순해지고 재사용이 용이해진다.

② 정보은닉(Information Hiding)
- 캡슐화의 가장 큰 목적으로 실제 구현되는 내용의 일부를 외부로부터 감추는 것이다.
- 클래스 내부 속성과 메소드를 외부의 영향으로부터 보호할 수 있도록 설계하는 방법이다.

③ 추상화(Abstract)
- 클래스들의 공통된 요소를 추출하여 상위 클래스로 구현한다.
- 상위 클래스는 하위 클래스 구현을 위한 틀을 제공하며 상세한 구현은 하위 클래스가 담당한다.
- 현실 세계를 보다 자연스럽게 표현할 수 있다.

④ 상속(Inheritance)
- 상위 클래스의 멤버(속성과 메소드)를 하위 클래스에서 물려받도록 하는 것이다.
- 하위 클래스는 대부분의 상위 클래스 요소를 재사용하거나 확장할 수 있다.

⑤ 다형성(Polymorphism)
- 상속된 여러 하위 객체들이 서로 다른 형태를 가질 수 있게 하는 성질이다.
- 오버로딩, 오버라이딩 기술로 동일한 메소드명으로 서로 다른 작업을 할 수 있다.
  - 오버로딩 : 동일한 이름의 여러 메소드 중, 매개변수로 전달되는 인수의 타입과 개수를 식별하여 적절한 메소드를 호출해 주는 기능
  - 오버라이딩 : 상속받은 메소드의 내부 기능을 새롭게 정의하는 기능
- 둘 이상의 클래스에서 동일한 메시지에 대해 서로 다르게 반응할 수 있도록 한다.

> **기적의 TIP**
> 객체지향 기술에 대한 설명과 해당 기술을 연결할 수 있어야 합니다.

02 객체지향 개발 절차

1) 객체지향 분석 방법론 20.6, 20.8, 20.9, 21.3, 21.5, 21.8, 22.3, 22.7, 23.5, 23.7, 24.2, 24.5, 24.7

① Rumbaugh(럼바우)
- 소프트웨어의 구성 요소를 다양한 그래픽 표기법을 이용하여 모델링하는 기법이다.
- 가장 일반적으로 사용하는 방법으로 객체지향 분석의 일반 이론으로 사용된다.
- 럼바우의 분석 절차는 객체 모델링, 동적 모델링, 기능 모델링 순으로 진행된다.
  - 객체 모델링(정보 모델링) : 객체 다이어그램을 활용하여 객체와 객체 간의 관계 정의
  - 동적 모델링 : 상태, 활동 다이어그램을 활용하여 기능의 흐름을 표시
  - 기능 모델링 : 자료 흐름도(DFD)를 활용하여 입출력 데이터, 세부 기능 결정

② Booch
- 미시적(Micro) 개발 프로세스와 거시적(Macro) 개발 프로세스를 모두 사용하는 분석 기법이다.
- 클래스와 객체들을 분석 및 식별하고 클래스의 속성과 연산을 정의한다.

③ Jacobson
- 사용자와 시스템이 상호작용하는 시나리오(Use-Case)를 활용하여 분석하는 기법이다.

④ Coad와 Yourdon
- E-R 다이어그램을 사용하여 객체의 행위를 모델링하는 분석 기법이다.
- 객체 식별, 구조 식별, 주제, 속성과 인스턴스 연결, 연산과 메시지 연결 등을 정의한다.

⑤ Wirfs-Brock
- 분석과 설계 간 구분이 없으며 고객 명세서를 평가하여 설계 작업까지 연속적으로 수행하는 분석 기법이다.

2) 객체지향 설계 원칙(SOLID) 20.8, 20.9, 22.3, 22.7, 23.7, 24.7

① 객체지향 설계 정의
- 분석이 완료된 모델을 구체적 절차로 표현하는 단계로, 사용자 중심의 대화식 프로그램 개발에 적합하다.
- 클래스를 객체로, 속성을 자료 구조로, 기능을 알고리즘으로 표현하는 것에 중점을 둔다.

② 단일 책임(Single Responsibility)
- 하나의 클래스가 제공하는 모든 기능이 하나의 문제만 해결하도록 설계해야 한다.
- 하나의 문제 해결을 위해서만 클래스가 변경되며 낮은 결합도, 높은 응집도 유지가 보장된다.

③ 개방 폐쇄(Open-Closed)
- 확장에 대해선 개방적이어야 하고 수정에 대해서는 폐쇄적이어야 한다.
- 기존 코드의 수정 없이 기능을 수정하거나 추가할 수 있도록 한다.

④ 리스코프 치환(Liskov Substitution)
- 하위 클래스는 상위 클래스의 기능이 호환될 수 있어야 한다.
- 상위 클래스의 기능을 수행하기 위해 하위 클래스는 상위 클래스의 제약사항을 준수해야 한다.

⑤ 인터페이스 분리(Interface Segregation)
- 하나의 포괄적인 인터페이스보다 다수의 구체적인 인터페이스를 구성해야 한다.
- 사용하지 않는 인터페이스는 구현하지 말아야 한다.

⑥ 의존성 뒤집기(Dependency Inversion)
- 하위 클래스의 변경 사항이 상위 클래스에 영향을 미치지 않도록 구성해야 한다.
- 복잡한 클래스의 관계를 단순화하고 효율적인 커뮤니케이션이 가능하게 구성한다.

3) 객체지향 테스트

① 스레드 기반 테스트(Thread-Based Testing)
- 시스템에 대한 하나의 입력이나 이벤트 응답에 요구되는 클래스들의 집합을 통합(하향식)해가며 테스트한다.

② 사용-기반 테스트(Use-Based Testing)
- 상위 클래스와 관계를 갖지 않는 수준에서 클래스들을 독립적으로 검사한 후 상위 클래스와 결합(상향식)하는 방식이다.

③ 검증과 시스템 테스트
- 사용자의 요구가 객체에 정확히 반영되었는지, 성능이나 인터페이스상 오류는 없는지 검사하는 것이다.

03 디자인 패턴 20.6, 20.8, 20.9, 21.3, 21.5, 21.8, 22.7

1) 디자인 패턴 개념 22.3, 23.7

① 디자인 패턴 정의 22.3, 22.4, 24.2, 24.5, 25.2
- 반복적인 문제들의 해결을 위한 설계 패턴을 일반화한 것으로 GoF 디자인 패턴이라고도 한다.
  - GoF(Gang of Four) : 디자인 패턴을 제안한 책의 공동 저자인 에리히 감마(Erich Gamma), 리처드 헬름(Richard Helm), 랄프 존슨(Ralph Johnson), 존 블리시데스(John Vlissides)를 지칭하는 용어

> **기적의 TIP**
> 소프트웨어 아키텍처와 헷갈리지 않도록 학습하세요.

- 모든 종류의 시스템 구조에 적용하는 소프트웨어 아키텍처와 달리 디자인 패턴은 구현 단계의 문제에 실제로 적용 가능한 해결 방법이다.
- 기능의 향상이 아닌 문제 해결을 통한 소프트웨어의 구조 변경, 코드의 가독성 등에 집중한다.
- 5가지의 생성 패턴, 7가지의 구조 패턴, 11가지의 행위 패턴으로 구분된다.
  - 생성 패턴 : 클래스 정의, 객체 생성 방식에 적용 가능한 패턴
  - 구조 패턴 : 객체 간 구조와 인터페이스에 적용 가능한 패턴
  - 행위 패턴 : 기능(알고리즘), 반복적인 작업에 적용 가능한 패턴

생성	구조	행위
· Factory Method · Abstract Factory · Builder · Prototype · Singleton	· Adaptor · Bridge · Composite · Decorator · Facade · Flyweight · Proxy	· Interpreter · Template Method · Chain of Responsibility · Command · Iterator · Mediator · Memento · Observer · State · Strategy · Visitor

② 디자인 패턴 구성 요소 [20.8]
- 각 디자인 패턴은 아래의 구성 요소를 포함한다.
  - 패턴명과 구분 : 패턴의 이름과 패턴의 유형(생성, 구조, 행위)
  - 문제 및 배경 : 패턴이 적용되는 분야 또는 배경, 해결 가능한 문제
  - 솔루션 : 패턴을 구성하는 요소, 관계, 협동 과정
  - 사례 : 간단한 적용 사례
  - 결과 : 패턴을 사용할 때 이점과 영향
  - 샘플 코드 : 패턴이 적용된 소스코드

③ 디자인 패턴 특징 [20.9, 24.7]
- 소프트웨어 구조 파악과 원활한 의사소통이 가능하다.
- 소프트웨어 개발의 생산성, 효율성, 재사용성, 확장성 등이 향상된다.
- 초기 비용이 많이 들고 객체지향 개발에만 사용할 수 있다.

2) 생성(Creational) 패턴

① Factory Method
- 상위 클래스에서는 객체를 생성하기 위한 인터페이스를 정의하고 하위 클래스는 어떤 클래스의 인스턴스를 생성할 것인지를 결정하는 패턴이다.
- 객체를 생성하여 반환하는 메소드를 팩토리 메소드라고 하는데, 이 팩토리 메소드를 오버라이딩하여 객체를 반환하는 패턴이다.
- 사용자의 입력값이나 조건이 다른 상태에서 객체를 생성하는 경우에 적용할 수 있는 패턴이다.

② Abstract Factory
- 관련이 있는 서브 클래스를 묶어서 팩토리 클래스로 만들고, 조건에 따라 객체를 생성하는 패턴이다.
- 객체 생성 코드가 상위 클래스에 존재하여 생성된 객체를 하위 클래스가 받아서 사용한다.
- 다수의 클래스를 하나의 추상 클래스로 묶어서 관리할 수 있는 패턴이다.

➕ 더 알기 TIP

팩토리 메소드는 하나의 객체를 생성하기 위한 패턴이고 추상 팩토리는 여러 객체군을 생성하기 위한 패턴입니다.

③ Builder
- 객체 생성에 많은 인수가 필요한 복잡한 객체를 단계적으로 생성하는 패턴이다.
- 복잡한 객체 생성과정을 단계별로 분리(캡슐화)하여 동일한 절차에서도 서로 다른 형태의 객체를 생성할 수 있게 한다.

➕ 더 알기 TIP

피자를 만들 때, 토핑을 단계별로 쌓아감에 따라 피자의 종류가 정해지는 것과 같은 개념입니다.

④ Prototype
- 동일한 타입의 객체를 생성해야 할 때 필요한 비용을 줄이기 위한 패턴이다.
- 새로운 객체를 생성하는 것이 아닌 기존의 객체를 복사하여 특정 속성값을 변경한다.

⑤ Singleton [24.5]
- 클래스가 오직 하나의 인스턴스만을 가지도록 하는 패턴이다.
- 접근제한자와 정적 변수를 활용하며 다수의 인스턴스로 인한 문제(성능 저하 등)를 방지할 수 있다.

3) 구조(Structural) 패턴

① Adaptor
- 서로 다른 인터페이스를 가진 클래스들을 함께 사용할 수 있도록 하는 패턴이다.
- 클래스의 인터페이스를 다른 인터페이스로 변환하여 함께 작동하도록 해준다.

➕ 더 알기 TIP

높은 전압의 교류전기를 적절한 전압의 직류전기로 변환해주는 컴퓨터의 파워 서플라이, 가전제품의 어댑터와 같은 개념입니다.

② Bridge
- 복잡하게 설계된 클래스를 기능부와 구현부로 분리한 뒤, 두 클래스를 연결하는 패턴이다.
- 기능과 구현을 분리하면 결합도는 낮아지고, 각 클래스를 독립적으로 변경, 확장할 수 있게 된다.
- 필요에 따라서 클래스 간의 관계 변경이 필요할 때는 상속이 아닌 브릿지를 적용한다.
  - 상속 : 견고한 연결, 클래스 확장 편의성
  - 브릿지 : 느슨한 연결, 클래스 관계 변경 편의성

③ Composite
- 객체들의 관계를 트리 구조로 구성하여 단일 객체와 복합 객체를 동일하게 다루도록 하는 패턴이다.
- 다수의 클래스를 하나의 클래스로 취급할 수 있다.

④ Decorator
- 클래스 변경 없이 주어진 상황에 따라 기능을 추가하는 패턴이다.
- 기존 클래스의 메소드에 새로운 기능을 추가하거나 확장할 수 있다.

⑤ Facade
- 복잡한 서브 시스템들을 간편하게 사용할 수 있도록 단순화된 인터페이스를 제공하는 패턴이다.
- 다수의 하위 클래스들이 올바른 결합도를 갖도록 하여 의존 관계를 줄이고 복잡성을 낮출 수 있다.

> **더 알기 TIP**
> 우리가 수많은 가전제품의 기능들을 버튼 하나로 제어하는 것과 같은 개념입니다.

⑥ Flyweight
- 메모리 사용량을 최소화하기 위해 객체들 간 데이터 공유를 극대화하는 패턴이다.
- 사용빈도가 높을 것으로 예상되는 데이터를 중복 생성하지 않도록 외부 자료 구조에 저장하여 활용할 수 있도록 한다.

⑦ Proxy
- 특정 객체로의 접근을 해당 객체의 대리자를 통해 진행하는 패턴이다.
- 대리자를 통해 접근을 함으로써 원본 객체의 생성 연기, 원격 제어, 접근 제어 등을 결정할 수 있다.

> **더 알기 TIP**
> 규모가 있는 기업의 고객센터, 고위공직자들의 대변인 등의 역할로 이해하시면 좋습니다.

4) 행위(Behavioral) 패턴 23.5

① Interpreter
- 언어의 문법(Statement)을 평가(해석)하는 방법을 규정하는 패턴이다.
- 다양한 인수(매개변수)를 활용하여 여러 가지 명령을 처리할 수 있다.

② Template Method
- 상위 클래스에서는 알고리즘의 뼈대를 정의하고 구체적인 단계는 하위 클래스에서 정의하는 패턴이다.
- 알고리즘의 구조(고정적 기능)를 변경하지 않고 알고리즘의 특정 단계들을 재정의할 수 있다.

③ Chain of Responsibility
- 문제의 해결을 위한 일련의 처리 객체가 순서대로 문제를 해결하는 패턴이다.
- 각각의 처리 객체는 문제의 일정 부분을 처리할 수 있는 연산의 집합이고, 처리 객체에 의해 일부분이 해결된 문제는 다음 처리 객체로 넘겨져 계속 처리된다.
- 이 패턴은 결합을 느슨하게 하기 위해 고안되었으며 가장 좋은 프로그래밍 사례로 꼽힌다.

④ Command
- 요청을 객체의 형태로 캡슐화하여 나중에 이용할 수 있도록 요청에 필요한 정보를 저장하는 패턴이다.
- 메소드 이름, 매개변수 등의 정보를 저장하여 복구, 취소 등이 가능하다.

⑤ Iterator
- 내부 구현을 노출시키지 않고 집약된(집합) 객체에 접근하고 싶은 경우에 적용하는 패턴이다.
- 집합 객체에 대해 다양한 탐색 경로를 사용할 수 있고 서로 다른 집합 객체 구조에 대해서도 동일한 방법으로 접근할 수 있다.

⑥ Mediator
- 객체 간의 통신이 직접 이루어지지 않고 중재자를 통해 진행되어 결합도를 감소시키는 패턴이다.
- 복잡한 상호작용 관계를 단순화시킬 수 있어 객체 간 통신 복잡성을 줄일 수 있다.

> **더 알기 TIP**
> Bridge와 Mediator는 느슨한 결합을 유지할 수 있게 해줍니다.

⑦ Memento
- 롤백을 통해 객체의 상태를 이전 상태로 되돌릴 수 있는 기능을 제공하는 패턴이다.
- 객체의 캡슐화가 유지되는 상태에서 객체 내부 상태를 외부에 저장하여 복구가 가능하도록 한다.

⑧ Observer
- 객체의 상태 변화를 관찰하는 옵저버를 등록하여 상태 변화가 있을 때마다 등록된 옵저버에게 통지하는 패턴이다.
- 특정 객체에 변화가 생겼을 때, 옵저버는 다른 객체에 의존하지 않고 다른 객체에 통보해 줄 수 있다.

⑨ State
- 객체의 내부 상태에 따라 다른 기능을 수행하는 메소드를 구현하는 패턴이다.
- 객체의 상태에 따라 동일한 루틴에서도 다른 행동을 할 수 있다.

⑩ Strategy
- 문제를 해결하는 데 있어 다양한 알고리즘이 적용될 수 있는 경우에 알고리즘을 별도로 분리(캡슐화)하는 패턴이다.
- 특정 객체에 종속되지 않으며 알고리즘에 대한 확장과 변경이 용이하다.

⑪ Visitor
- 알고리즘을 자료 구조에서 분리하여 클래스를 수정하지 않고도 새로운 알고리즘을 추가할 수 있도록 하는 패턴이다.
- 분리된 알고리즘은 자료 구조를 방문(Visit)하여 문제를 해결하게 된다.

SECTION 02 객체지향 프로그래밍

빈출 태그 ▶ #클래스 #인스턴스 #상속 #추상 클래스 #인터페이스

01 클래스 설계

1) 클래스

① 클래스의 특징
- 자바는 모든 코드를 클래스 단위로 구현한다.
- main 메소드를 포함하는 클래스를 가장 먼저 실행한다.
- 클래스는 틀(Frame)을 제공할 뿐 데이터는 인스턴스화를 통해 구현된다.

```
class Circle{                              //Circle 클래스 정의
    …
}
public class HelloWorld{                   //HelloWorld 클래스 정의(시작 지점)
    public static void main(String[] args){  //main 메소드가 포함되어 있음
        …
    }
}
```

② 클래스 구성
- 클래스의 구성 요소인 멤버에는 멤버 변수와 멤버 메소드가 있다.
    - 멤버 변수 : 객체의 상태, 수치, 특성을 나타내는 변수
    - 멤버 메소드 : 객체에서 발생하는 모든 제어 및 기능, 요청 행위
- 멤버는 일반적으로 클래스의 외부 접근이 불가능하도록 접근을 제한(캡슐화)해야 한다.

```
class Circle{
    double pi = 3.141592;                  //멤버 변수 정의
    double radius;

    void volume(){                         //멤버 메소드 정의
        System.out.println(radius * radius * pi);  //기본 출력 메소드
    }
}
```

③ 기본 출력 메소드 24.2, 24.5

- Java에서는 3가지 유형의 출력 메소드가 있으며, 더하기 연산을 이용해 문자열과 숫자의 결합이 가능하다. 예 "2+"+3 → "2+3"
  - 출력 : System.out.print()
  - 출력+줄 바꿈 : System.out.println()
  - 서식에 의한 출력 : System.out.printf()

④ 접근제한자 22.4, 25.2

- 클래스 내 멤버들의 접근 수준을 결정하는 토큰이다.
- 프로그램, 패키지, 하위 클래스, 자신의 클래스 순으로 접근 수준을 결정한다.
- 접근제한자의 종류는 아래와 같다.

> **기적의 TIP**
> 접근제한자를 통해서 정보은닉을 구현합니다.

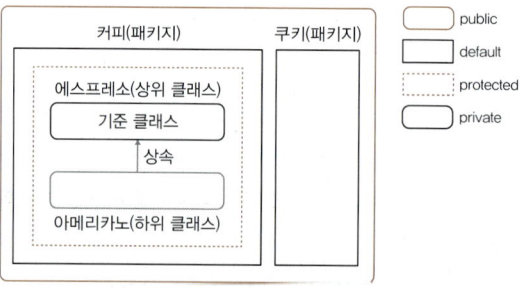

- public : 어떤 패키지에서도 접근 가능
- protected : 같은 패키지와 자식(sub) 클래스에서만 접근 가능
- default : 같은 패키지에서만 접근 가능
- private : 클래스 내부에서만 접근 가능

```
class Circle{
  private double pi = 3.141592;        //외부 접근 불가능
  private double radius;

  void volume(){
    System.out.println(radius * radius * pi);
  }

  public void set_radius(double r){    //private 멤버 접근을 위한 메소드
    radius = r;
  }
}
```

더 알기 TIP

멤버에 직접 접근하지 못하면 데이터의 오남용을 막을 수 있습니다. 우리가 음식점에서 음식을 주문할 때, 주방에 직접 가서 만드는 것이 아니라 키오스크나 서빙 직원을 통해 주문하는 것과 같은 개념입니다.

2) 인스턴스

① 인스턴스 생성
- 새로운 인스턴스를 생성하여 적절한 타입의 참조형 변수에 할당하는 작업이다.
- new 키워드와 클래스명을 이용하며 인스턴스가 생성되는 동시에 생성자가 호출된다.
  - 〈클래스명〉〈변수명〉 = new 〈클래스명〉();
- 일반적으로 참조형 변수와 생성되는 인스턴스는 타입이 같지만 개발자의 의도에 따라 다르게 지정할 수 있다.

② 인스턴스의 멤버 접근
- 외부에서 인스턴스의 멤버(변수, 메소드)에 직접 접근하기 위해서는 객체변수와 점(.)을 사용한다.
  - 〈객체변수〉.〈멤버이름〉
- 내부에서 멤버에 접근을 하는 경우에는 구역(블록 구조)을 고려하여 접근 방식을 달리한다.

③ 멤버 변수와 지역 변수 23.7
- 클래스 내부에 새로운 구역을 생성(메소드 정의)하게 되면 해당 구역은 외부와 독립된 지역으로 판단하므로 같은 이름으로 변수 생성이 가능하다.
- 클래스 내부에 생성된 변수를 멤버 변수(인스턴스 변수와 클래스 변수), 클래스 내부의 또 다른 구역에 생성된 변수를 지역 변수라고 한다.
- 지역 변수와 멤버 변수의 이름이 같은 경우에는 this 키워드로 구분하여 접근할 수 있다.

```
public class Variable {
    int c;                                      //c : 인스턴스 변수(멤버변수)
    static String d;                            //d : 클래스 변수(멤버변수)
    void func(int c){                           //c : 매개 변수(지역 변수)
        this.c = c;                             //멤버 변수c에 지역 변수c값 할당
    }
    public static void main(String args[]) {
        int a=30;                               //a : 정수형 변수(지역 변수)
        Variable b = new Variable();            //b : 참조형 변수(지역 변수)
        b.func(a);
    }
}
```

➕ 더 알기 TIP

변수의 위치에 따른 구분을 변수의 생존주기(scope)라고 하기도 합니다.

④ 클래스 변수 24.5

- 인스턴스 변수는 인스턴스마다 독립적으로 존재하며 특별한 경우가 아니라면 접근을 제한해 두는 것이 일반적이다.
- 같은 클래스로부터 생성된 모든 인스턴스가 함께 공유하는 데이터가 필요할 땐 클래스 변수를 사용한다.
  - [〈접근제한자〉] static 〈자료형〉 〈변수명〉;
- 클래스 변수는 클래스가 코드에 언급되는 순간 생성되며, 프로그램이 끝날 때까지 유지된다.

```java
class Circle{
  private double pi = 3.141592;
  private double radius;
  private static int cnt = 0;                    //클래스 변수 생성
  Circle(double radius){                          //생성자 메소드
    this.radius = radius;
    this.cnt++;
    System.out.println(                           //클래스 변수값 출력
      this.cnt + "번 객체가 생성되었습니다.");
  }
  void created_cnt(){
    System.out.println(                           //클래스 변수값 출력
      "총 " + this.cnt + "개 도형이 존재합니다.");
  }
}
public class HelloWorld{
  public static void main(String[] args){
    Circle c1 = new Circle(5.0);                  //Circle 인스턴스 생성
    Circle c2 = new Circle(4.0);
    Circle c3 = new Circle(6.0);
    c1.created_cnt();
  }
}
```

> **기적의 TIP**
>
> 소멸자 메소드명 : finalize

결과
1번 객체가 생성되었습니다.
2번 객체가 생성되었습니다.
3번 객체가 생성되었습니다.
총 3개 도형이 존재합니다.

➕ **더 알기 TIP**

이 코드는 생성자 메소드와 함께 참고하여 학습하기 바랍니다.

3) 생성자 메소드

① 생성자 메소드 특징
- 클래스 내부에 클래스명과 같은 이름으로 존재하는 특별한 메소드이다.
- 인스턴스가 생성될 때 자동으로 실행되며 별도로 실행할 수 없고 리턴문 사용이 불가능하다.
- 인스턴스 생성 시 멤버변수 및 연관 객체들의 초기화 작업에 사용된다.

② 오버로딩 23.7, 24.2
- 동일한 메소드명을 가진 메소드들을 매개변수의 개수와 유형을 기준으로 구분하여 실행해주는 기술이다.
- 생성자 역시 메소드이므로 오버로딩 적용이 가능하다.

```java
class Circle{
  private double pi = 3.141592;
  private double radius;

  Circle(double radius){                    //실수 인수 전달 시 수행되는 생성자
    this.radius = radius;
    System.out.println(
      "객체가 생성되었습니다.");
  }

  Circle(){                                 //인수 전달 없을 시 수행되는 생성자
    this.radius = 3.0;
    System.out.println(
      "기본 객체가 생성되었습니다.");
  }
}
public class HelloWorld{
  public static void main(String[] args){
    Circle c1 = new Circle(5.0);            //인수와 함께 생성자 호출
    Circle c2 = new Circle();               //인수 없이 생성자 호출
  }
}
```

결과
객체가 생성되었습니다.
기본 객체가 생성되었습니다.

02 객체지향 기술 적용

1) 상속

① 상속 특징
- 상위 클래스의 멤버 대부분을 하위 클래스에게 상속하여 상하위 클래스의 모든 멤버를 포함하여 인스턴스를 생성할 수 있게 하는 기술이다.
- extends 키워드를 사용하여 상속받을 상위 클래스를 지정한다.
  - class 〈하위 클래스명〉 extends 〈상위 클래스명〉 { ... }
- 상위 클래스는 하위 클래스들이 사용할 공통된 속성을 구현한다.
- 하위 클래스는 상위 클래스의 멤버를 재사용, 재정의, 추가 멤버를 확장하여 구현한다.

② 메소드 오버라이딩
- 상위 클래스의 메소드를 재정의하여 사용하는 기술이다.
- 상위 클래스와 동일한 메소드명과 매개변수를 지정하여 사용한다.

```java
class Espresso{                              //에스프레소 클래스 정의
  int espresso = 20;
  void recipe(){
    System.out.println(
      "에스프레소 " + espresso + "ml");
  }
}
class Americano extends Espresso{            //아메리카노 (하위) 클래스 정의
  int water = 80;                            //에스프레소 (상위) 클래스 상속
  void recipe(){                             //메소드 오버라이딩
    System.out.println(
      "에스프레소 " + espresso +
      "ml + 물" + water + "ml");
  }
}
public class HelloWorld{
  public static void main(String[] args){
    Espresso e1 = new Espresso();
    e1.recipe();                             //상위 클래스 메소드 호출
    Americano a1 = new Americano();
    a1.recipe();                             //하위 클래스 메소드 호출
  }
}
```

결과	에스프레소 20ml 에스프레소 20ml + 물 80ml

③ 업캐스팅 23.5

- 상속의 관계에서, 하위 클래스의 인스턴스를 상위 클래스 타입의 참조형 변수에 할당하는 것이다.
- 업캐스팅된 객체는 일반적으로 상위 클래스의 멤버에만 접근 가능하다.
- 상위 클래스의 메소드가 오버라이딩된 경우에는 업캐스팅이 되었어도 하위 클래스의 메소드가 수행된다.

할당 \ 생성	상위 객체	하위 객체
상위 참조형 변수	상위 멤버 접근	상위 멤버만 접근 (업캐스팅)
하위 참조형 변수	하위 멤버 접근 불가능 (오류)	상위+하위 멤버 접근

```
class SuperObject{
  public void paint(){            //③ 오버라이딩 되었으므로
    draw();                       //   하위 클래스의 paint 호출
  }
  public void draw(){             //⑦ 오버라이딩 되었으므로
                                  //   하위 클래스의 paint 호출

    draw();                       //⑥ 자기 자신 다시 호출
    System.out.println("Super Object");  //⑨ 문자열 출력
  }
}
class SubObject extends SuperObject{
  public void paint(){
    super.draw();                 //④ 실제 호출되는 메소드
                                  //⑤ 상위 클래스의 draw 메소드 호출
  }
  public void draw(){
    System.out.println("Sub Object");  //⑧ 문자열 출력
  }
}
public class Main{
  public static void main(String[] args) {
    SuperObject b = new SubObject();  //① 상위 참조 변수로 업캐스팅
    b.paint();                    //② 상위 클래스의 paint 메소드 호출
  }
}
```

결과
```
Sub Object
Super Object
```

2) 추상 클래스

① 추상 메소드
- abstract 키워드를 이용한 선언부만 있고 구현부(중괄호)는 없는 메소드이다.
- 반드시 하위 클래스에서 오버라이딩 해서 사용해야 한다.

② 추상 클래스 특징
- 추상 메소드를 하나 이상 포함하는 클래스이다.
- 추상 클래스를 상속받는 하위 클래스는 추상 클래스의 기본 틀(Frame) 안에서 기능을 구현하게 되므로 클래스의 체계적인 설계가 가능해진다.
- 추상 클래스의 모든 추상 메소드를 오버라이딩 하지 않으면 하위 클래스 역시 추상 클래스이다.

```java
abstract class Shape{                               //추상 클래스 정의
  abstract void draw();                             //추상 메소드 정의
}
class Circle extends Shape{
  void draw(){                                      //추상 메소드 오버라이딩
    System.out.println("원을 그립니다");
  }
}
class Rectangle extends Shape{
  void draw(){                                      //추상 메소드 오버라이딩
    System.out.println("사각형을 그립니다");
  }
}
public class HelloWorld{
  public static void main(String[] args){
    Circle c1 = new Circle();
    Rectangle r1 = new Rectangle();
    c1.draw();                                      //메소드명 통일 가능
    r1.draw();
  }
}
```

결과	원을 그립니다 사각형을 그립니다

3) 인터페이스

① 다중 상속의 문제점
- 자바는 원칙적으로 둘 이상의 상위 클래스를 상속받는 다중 상속을 금지하고 있다.

- 예를 들어, 클래스 A를 클래스 B, C가 상속받고 B, C를 다시 클래스 D가 상속받게 되었을 때, A의 멤버가 상속되는 경로가 불분명하여 부작용이 발생할 확률이 높아진다.
- 이러한 문제를 사전에 방지하면서 다중 상속의 이점을 가질 수 있는 기능이 인터페이스이다.

② 인터페이스 특징
- 모든 메소드가 추상 메소드로만 구성된 클래스이다.
- 인터페이스는 상위 클래스의 상속을 받지 않기 때문에 다중 상속의 문제를 방지할 수 있다.
- 상속은 기존 클래스의 멤버를 확장하는 개념을 가지지만, 인터페이스는 확장된 클래스의 기능을 제한하거나 변경하는 다형성의 개념을 가진다.
- interface와 implements 키워드를 사용하여 구현, 상속받는다.

```
interface Coffee{                       //커피 인터페이스 구현
  abstract void drink_coffee();         //커피 마시기 (추상) 메소드
}
interface Cookie{                       //쿠키 인터페이스 구현
  abstract void eat_cookie();           //쿠키 먹기 (추상) 메소드
}
class Cafe implements Coffee, Cookie{   //인터페이스 상속
  public void drink_coffee(){           //커피 마시기 메소드 오버라이딩
    System.out.println("커피를 마신다.");
  }
  public void eat_cookie(){             //쿠키 먹기 메소드 오버라이딩
    System.out.println("쿠키를 먹는다.");
  }
  public void talk(){                   //카페 객체의 기능 확장
    System.out.println("대화를 한다.");
  }
}
public class HelloWorld{
  public static void main(String[] args){
    Cafe k = new Cafe();                //카페 클래스의 인스턴스는 모든 기능 사용
    k.drink_coffee();
    k.eat_cookie();
    k.talk();
    Coffee c = k;                       //커피 타입 참조 변수는
    c.drink_coffee();                   //커피 마시기 메소드만 호출 가능
    Cookie x = k;                       //쿠키 타입 참조 변수는
    x.eat_cookie();                     //쿠키 먹기 메소드만 호출 가능
  }
}
```

4) 예외 처리

① 예외 처리 정의 22.3

- 프로그램 실행 도중 문제(예외)가 발생하면 프로그램이 멈추거나 종료되는 것을 방지하기 위해 예외를 해결(처리)하는 코드를 구현하는 것을 말한다.
- 괄호를 잘못 쓰거나, 함수명에 오타가 있는 등의 문법적인 부분 때문에 실행 전에 발생하는 문제를 문법 오류(Syntax Error)라고 하고, 문법이나 표현식에 문제는 없지만 의도치 않은 작동 및 입력으로 문제가 발생하는 것을 예외라고 한다.
- 예외를 식별할 영역을 별도로 지정하여 예외가 자주 발생하는 코드를 보완한다.

> **기적의 TIP**
> 오류와 예외의 차이를 정확히 구분하세요.

② 예외 처리 구성

- 예외 처리 영역은 try, catch, finally로 나뉜다.
  - try : 예외 발생을 감지하는 코드 영역
  - catch : 예외가 발생하면 수행되는 코드 영역
  - finally : (생략 가능) 예외 여부와 상관없이 항상 실행되는 블록

```java
public class HelloWorld{
    public static void main(String[] args){
        try{                    //예외 감지 영역
            〈코드 영역〉
        }
        catch(){                //예외 감지 시 실행 영역
            〈코드 영역〉
        }
        finally{                //무조건 실행되는 영역
            〈코드 영역〉
        }
    }
}
```

5) 스레드(Thread)

① 스레드 정의

- 하나의 프로세스(프로그램)에서 둘 이상의 일을 동시에 수행하는 것을 말한다.
- 스레드 수행을 위해서 해당 클래스에 Thread 클래스를 상속하거나 Runnable 인터페이스를 구현한다.
- 다중 스레드 작업 시에는 각 스레드끼리 정보를 주고받을 수 있어 처리 과정의 오류를 줄일 수 있다.
- 스레드를 구현할 때는 반드시 run 메소드를 재정의(오버라이딩)하여 스레드를 통해 수행될 코드를 정의한다.

> **더 알기** TIP
>
> 스레드는 코드가 동시 수행되므로 예상 결과가 절대적이지 않기 때문에, 구현 방식에 따라 사용되는 문법(키워드)을 중심으로 학습하는 것이 좋습니다.

② Thread 클래스 상속을 통한 스레드 구현

- Thread 클래스를 상속받아 구현하는 경우에는 extends 키워드를 사용하며 start 메소드를 통해 스레드를 실행한다.

```java
class Box extends Thread{                //Thread 클래스 상속
  public void run(){                     //run 메소드 재정의
    System.out.println("message");       //스레드 실행 시 수행되는 영역
  }
}
public class Main{
  public static void main(String[] args){
    Box a = new Box();                   //일반적인 객체 생성 방식
    a.start();                           //스레드 수행 메소드
  }
}
```

결과   message

③ Runnable 인터페이스 상속을 통한 스레드 구현

- Runnable 인터페이스를 상속받아 구현하는 경우에는 implements 키워드를 사용하며 Thread 생성자를 통해 스레드 객체가 생성된다.
- Thread 클래스를 이용하는 것보다 복잡하지만, 다중 상속을 통해 좀 더 유연한 프로그래밍이 가능하다.

```java
class Box implements Runnable{           //implements 인터페이스 상속
  public void run(){                     //run 메소드 재정의
    System.out.println("message");       //스레드 실행 시 수행되는 영역
  }
}
public class Main{
  public static void main(String[] args){
    Thread t = new Thread(new Box());    //Thread 생성자에서 다시 생성자 호출
    t.start();                           //스레드 수행 메소드
  }
}
```

결과   message

④ 멀티스레딩
- 다수의 스레드를 동시에 실행하는 프로그래밍 기법을 말한다.
- 동시에 여러 활동이 가능하고 메모리 공유를 통해 시스템 자원 소비를 줄일 수 있다.
- 자원을 공유하므로 충돌이 일어날 가능성과 복잡한 코딩으로 버그가 발생할 가능성이 커진다.

⑤ 스레드의 상태 전이
- 스레드는 전이 과정에 따라 Runnable, Running, Blocked의 상태로 나뉜다.
  - Runnable : start 메소드를 통해 스레드 실행이 준비된 상태
  - Running : run 메소드를 통해 스레드가 실행되는 상태
  - Blocked : 다양한 요인으로 인해 스레드가 잠시 작업을 멈춘 단계
  - Dead(Done) : 스레드 수행이 완료된 상태

> **더 알기 TIP**
>
> Blocked는 CPU의 점유권을 상실한 상태입니다. wait 메소드에 의해 Blocked 상태가 된 스레드는 notify 메소드를 통해 Runnable 상태로 전이되고, sleep 메소드에 의해 Blocked 상태가 된 스레드는 지정 시간이 지나면 Runnable 상태로 전이됩니다.

CHAPTER

04

스크립트 프로그래밍 언어

학습 방향

Python 프로그래밍 문법에 대해 서술합니다. 기초적인 문법은 매우 간단하므로 기존의 C와 Java를 비교하여 다른 형태의 연산(연산자, 기본 함수, 반복 구조 등) 및 기본 자료구조를 중점적으로 학습하시기 바랍니다. 또한, 파이썬은 객체지향 언어이기도 하므로 객체 관련 기술을 함께 배웁니다.

SECTION 01 파이썬 프로그래밍

빈출 태그 ▶ #시퀀스 #매핑형 #for #while

01 파이썬 기초

1) 변수와 상수

① 변수의 선언
- 파이썬은 상수 리터럴(표기법)의 타입에 따라 변수의 타입이 자동으로 정해지는 동적 타이핑 방식이다.
- C나 Java와는 달리 변수명 앞에 별도의 자료형을 명시하지 않는다.
- 파이썬에서는 한글도 변수명으로 사용 가능하지만 권장하지는 않는다.

② 정수형 상수
- 파이썬에서 표현 가능한 정수는 10진수, 8진수, 16진수, 2진수가 있다.
  - 10진 정수 : 일반적인 수치 표현 방식(예 234, 231, -10, …)
  - 8진 정수 : 숫자 앞에 0o 또는 0O를 붙임(예 0o12, 0O35, …)
  - 16진 정수 : 숫자 앞에 0x 또는 0X를 붙임(예 0x12A, 0XFF, …)
  - 2진수 : 숫자 앞에 0b 또는 0B를 붙임(예 0b11101, 0B100011001, …)

③ 실수형 상수
- 파이썬에서는 실수와 더불어 복소수 표현도 가능하다.
  - 실수 : 소수점이 있는 10진수 형태 또는 지수 형태로 표현(예 0.15, 3.14159, 1.5e4, …)
  - 복소수 : 실수부+허수부j 형식으로 표현(예 5+6.5j, 0+1.4j, …)

④ 문자열 상수
- 파이썬은 문자를 문자열로 통합하여 관리한다.
- 작은 따옴표와 큰 따옴표 모두 문자열로 인식한다.
  - 예 "a", 'hello', "123", …

2) 표준 입출력 함수

① 표준 입력 함수
- 키보드를 통해 프로그램으로 데이터를 입력받는 함수이다.
- 항상 문자열 형태로 입력받기 때문에 필요에 따라 다른 형태로 변환이 필요하다.
- 입력값에 대한 안내 문구(prompt)를 지정할 수 있다.
  - input([prompt])
  - int() : 입력값을 정수형으로 변환
  - float() : 입력값을 실수형으로 변환

② 표준 출력
- 모니터를 통해 프로그램의 데이터를 출력한 뒤 줄바꿈을 하는 함수이다.
- 데이터 형식 그대로 출력이 가능하며 여러 인수를 통해 출력 방식을 조정할 수 있다.
  - print(〈값〉[, ...][,sep=〈구분자〉][,end=〈종료자〉])
  - sep=〈구분자〉 : 출력값들 사이에 출력될 구분문자 지정(기본값은 띄어쓰기)
  - end=〈종료자〉 : 출력 종료 후에 출력될 종료문자 지정(기본값은 줄바꿈)

③ 주석 처리
- 프로그램에 영향을 미치지 않고 개발에 참고할 내용을 코드상에 기록한 것이다.
- C언어의 //와 대응되며 #문자를 통해 주석 처리한다.

```
name = input("이름 입력: ")              #문자열 입력받아 그대로 name변수에 저장
age = int(input("나이 입력: "))          #정수로 변환하여 age변수에 저장
sight = float(input("시력 입력: "))      #실수로 변환하여 sight변수에 저장

print("당신의 이름은", name)
print("나이는", age, "시력은", sight)
```

입력	이름 입력: 이기적 나이 입력: 35 시력 입력: 1.2
결과	당신의 이름은 이기적 나이는 35 시력은 1.2

> **기적의 TIP**
>
> 연산자는 기존 C언어의 연산자와 다른 부분만 설명합니다.

3) 연산자

① 산술 연산자

- 일반적인 산술 연산 외에 파이썬 전용 연산이 존재한다.

연산자	설명	예	결과
+	더하기	2 + 5	7
-	빼기	10 - 2	8
*	곱하기	5 * 3	15
/	나누기	4 / 2	2.0(결과가 실수로 나옴)
//	몫	5 // 2	2
%	나머지	5 % 2	1
**	제곱	2 ** 4	16

② 논리 비교 연산자

- 다수의 논리 데이터를 판단하는 연산이다.
- 파이썬은 하나의 데이터에 대한 두 개의 비교 연산을 동시에 처리할 수 있다.

```
a = 10
b = 40
c = 20
print(a == b == c)          #a, b, c 모두 같은 값인지 확인
print(0 <= a <= 100)        #a가 0 이상 100 이하인지 확인
print(a > 70 and b > 70)    #a, b 모두 70보다 큰지 확인
print(a >= 70 or b >= 70)   #a, b 중 하나라도 70 이상인지 확인
```

③ 멤버 연산자

- 데이터가 특정 데이터 구조에 포함되는지 여부를 판단하는 연산이다.
  - 〈찾을 데이터〉 [not] in 〈데이터 구조〉

```
print("a" in "task")        #문자열a가 task에 포함되는지 확인
print("x" not in "hello")   #문자열x가 hello에 포함되지 않는지 확인
```

02 자료 구조 22.4, 23.3, 24.2, 24.5

1) 시퀀스 자료 구조

① 시퀀스 특징

- 하나의 식별자로 서로 다른 타입의 다수 데이터를 관리할 수 있는 자료 구조이다.
- 데이터가 순서대로 나열되어 있어 인덱싱과 슬라이싱을 통해 데이터를 탐색한다.
- 시퀀스 생성 시 별도의 크기를 지정하지 않는다.
- 대표적인 시퀀스 자료 구조는 리스트, 문자열, 튜플 등이 있다.
  - 리스트 : 가변형(수정 가능), 대괄호로 표현
  - 튜플 : 불변형(수정 불가능), 소괄호로 표현
  - 문자열 : 불변형(수정 불가능), 따옴표로 표현

> **기적의 TIP**
> 자료 구조들의 특징을 구분할 수 있어야 합니다.

```
k = ["불고기","비빔밥"]        #리스트 생성
c = ["짜장","짬뽕"]            #리스트 생성
a = [k, c]                     #리스트 k, c
print(k)
print(c)
print(a)
```

결과	['불고기', '비빔밥'] ['짜장', '짬뽕'] [['불고기', '비빔밥'], ['짜장', '짬뽕']]

② 인덱싱

- 첨자를 사용하여 시퀀스 요소 중 하나에 접근할 수 있는 기술이다.
- C언어의 배열처럼 0부터 시작하여 증가하며 우측 방향으로 진행된다.
- 인덱싱을 역순(좌측 방향)으로 진행하기 위해서는 첨자를 -1부터 시작하여 감소시킨다.

문자열	p	y	t	h	o	n	!
시작	0	1	2	3	4	5	6
끝	-7	-6	-5	-4	-3	-2	-1

```
s = "Hello Python"
print(s[0], s[4])
print(s[-1], s[-4])
```

결과	H o n t

> **기적의 TIP**
> 종료첨자와 실제 슬라이싱되는 범위를 헷갈리지 말아야 합니다.

③ 슬라이싱 20.8, 20.9, 22.7, 24.2, 24.5

- 2개의 첨자를 사용하여 하나 이상의 시퀀스 요소에 접근할 수 있는 기술이다.
  - 〈시퀀스명〉[〈시작첨자〉:〈종료첨자〉:〈단계값〉]
  - 시작첨자의 위치부터 종료첨자의 위치 바로 전까지 슬라이싱
- 특정 요소를 생략할 수 있으며 각 요소의 기본값은 아래와 같다.
  - 시작첨자 생략 : 첫 요소부터 슬라이싱
  - 종료첨자 생략 : 마지막 요소까지 슬라이싱
  - 단계값 생략 : 첨자 1씩 증가
- 종료첨자의 값이 시퀀스의 길이보다 큰 경우에도 알아서 마지막까지만 슬라이싱한다.
- 단계값이 음수인 경우에는 역순으로 슬라이싱한다.

```
s = "Hello Python"
print(s[6:10])
print(s[-2:])
print(s[:5], s[6:])
print(s[::-1])
```

| 결과 | Pyth
on
Hello Python
nohtyP olleH |

- 슬라이싱을 할당부(좌변)에서 사용하는 경우에는 해당 시퀀스 요소에 접근하여 데이터를 할당한다.
  - 할당에 필요한 개수와 실제 데이터 개수가 동일하지 않으면 오류 발생

```
a = [1, 2, 3, 4, 5]
a[0:4:2] = ['a', 'b']
print(a)
```

| 결과 | ['a', 2, 'b', 4, 5] |

④ 리스트 관련 함수 24.5

- 리스트는 가변형 시퀀스이기 때문에 리스트를 수정할 수 있는 다양한 함수가 존재한다.
- 리스트에 데이터 요소를 추가하는 함수에는 append, extend, insert 등이 있다.
  - 〈리스트〉.append(〈데이터〉) : 〈리스트〉의 마지막 위치에 〈데이터〉 추가
  - 〈리스트〉.extend(〈자료구조〉) : 〈자료구조〉의 요소들을 분해하여 〈리스트〉의 마지막 위치에 차례로 추가
  - 〈리스트〉.insert(〈위치〉, 〈데이터〉) : 〈데이터〉를 〈리스트〉의 〈위치〉에 삽입

```
a = []                          #빈 리스트 생성
a.append(1)                     #리스트 마지막 위치에 1 추가
a.append([2, 3])                #리스트 마지막 위치에 [2, 3] 추가
a.extend([4, 5])                #리스트 마지막 위치에 4와 5 추가(리스트 분해)
a.insert(2, 0)                  #리스트 2번째 위치에 0 삽입
print(a)
```

결과	[1, [2, 3], 0, 4, 5]

➕ 더 알기 TIP

리스트의 위치 값은 배열과 마찬가지로 0부터 시작한다는 점에 유의하세요. 또한 리스트 내부 리스트는 하나의 요소로 취급한다는 것 역시 주의해야 합니다. 위의 코드에서, a의 0번째 값은 1이며, 1번째 값은 [2, 3]입니다.

- 리스트의 데이터 요소를 추출하거나 삭제하는 함수에는 index, remove, pop 등이 있다.
    - ⟨리스트⟩.index(⟨데이터⟩) : ⟨데이터⟩가 저장된 위치 값 반환(⟨데이터⟩가 없을 경우에는 오류)
    - ⟨리스트⟩.remove(⟨데이터⟩) : ⟨데이터⟩와 일치하는 첫 번째 요소 삭제
    - del ⟨리스트⟩[⟨위치⟩] : ⟨위치⟩의 저장된 요소 삭제(슬라이싱도 가능)
    - ⟨리스트⟩.pop(⟨위치⟩) : ⟨위치⟩의 저장된 요소 추출(다른 곳에 저장 가능)
    - ⟨리스트⟩.count(⟨데이터⟩) : ⟨리스트⟩ 내 ⟨데이터⟩와 동일한 요소 개수 반환
    - ⟨리스트⟩.clear() : ⟨리스트⟩의 모든 요소 삭제

> **기적의 TIP**
> del⟨⟨리스트⟩[⟨위치⟩]⟩처럼 사용할 수도 있습니다.

```
s = []                          #빈 리스트 생성
s.extend("Hello Python")        #"Hello Python"을 분해하여 리스트에 추가
s.remove("l")                   #['H','e','l','l','o',' ','P','y','t','h','o','n']
print(s.index('P'))             #문자열 P의 위치값 출력
print(s.pop(5))                 #리스트의 5번째 요소 추출(원본 삭제됨)하여 출력
print(s)
```

결과	5 P ['H', 'e', 'l', 'o', ' ', 'y', 't', 'h', 'o', 'n']

- 리스트는 가변형이므로 데이터 이동이 가능하여 정렬 및 반전이 가능하다.
    - ⟨리스트⟩.sort() : ⟨리스트⟩ 요소를 오름차순으로 정렬
    - ⟨리스트⟩.sort(reverse=True) : ⟨리스트⟩ 요소를 내림차순으로 정렬
    - ⟨리스트⟩.reverse() : ⟨리스트⟩ 요소의 순서를 반전
- 리스트 원본을 유지하고 싶을 때는 사본을 만들어 정렬 및 반전이 가능하다.
    - sorted(⟨리스트⟩) : ⟨리스트⟩의 사본을 만들어 오름차순 정렬
    - sorted(⟨리스트⟩, reverse=True) : ⟨리스트⟩의 사본을 만들어 내림차순 정렬

> **기적의 TIP**
> 원본을 유지하고 싶을 때는 sorted, 원본을 변형하고 싶을 때는 sort를 사용합니다.

⑤ 리스트 컴프리헨션
- 리스트에 규칙적인 값을 생성할 때, 직접 값을 입력하지 않고 for문과 수식을 사용하여 생성하는 방법이다.
  - 〈리스트 변수〉=[〈표현식〉 for 〈변수〉 in 〈시퀀스〉 if 〈조건식〉]
  - 표현식에 변수 사용 가능
  - if 부분은 생략 가능

```
a = [x+1 for x in range(10) if x<5]
print(a)
```

결과　　[1, 2, 3, 4, 5]

2) 매핑형 자료 구조

① 매핑형 특징
- 하나의 식별자로 서로 다른 타입의 다수 데이터를 관리할 수 있는 순서가 없는 자료 구조이다.
- 첨자(인덱싱)가 아닌 키 값과 매핑되어 있는 데이터에 접근하는 방식이다.

② 딕셔너리
- 키(key)와 값(value)의 쌍으로 구성된 데이터를 중괄호와 쉼표로 구분하여 정의한다.
- 데이터의 수정, 삽입, 삭제가 자유로운 가변형 데이터 구조이다.
- 키 값이 존재하는 경우에는 값을 참조하고, 키 값이 없는 경우에는 새로운 데이터를 생성한다.

```
d = {"name": "파이썬", "age": 20}    #key : "name", "age"
                                    #value : "파이썬", 20
d["sight"] = 1.5                    #키 값이 존재하지 않는 경우 : 데이터 생성
d["age"] = 30                       #key가 존재하는 경우 데이터 수정
print(d)
```

결과　　{'name': '파이썬', 'age': 30, 'sight': 1.5}

③ 딕셔너리 관련 함수
- 딕셔너리 자료구조는 매핑형이므로 위치 값이 아닌 키 값을 중심으로 함수가 구성되어 있다.
  - 〈딕셔너리〉.keys() : 딕셔너리에 저장된 키 값만 추출
  - 〈딕셔너리〉.values() : 딕셔너리에 저장된 데이터 값만 추출
  - 〈딕셔너리〉.items() : 딕셔너리에 저장된 키, 데이터 쌍을 튜플의 형태로 추출
  - 〈딕셔너리〉.get(〈키〉, 〈기본값〉) : 〈키〉값과 대응되는 데이터 반환. 만약 일치하는 〈키〉가 없을 경우, 〈기본값〉을 반환

> **기적의 TIP**
> 파이썬은 주로 자료 구조 활용에 대한 문제가 자주 출제됩니다.

> **기적의 TIP**
> 〈딕셔너리〉.get(〈키〉)는 〈딕셔너리〉[〈키〉]와 같은 동작을 하지만, 해당 키가 없을 경우 오류가 아닌 None을 출력합니다.

03 제어문

1) 선택 제어문

① 파이썬의 구역 구분
- 파이썬에서는 들여쓰기(띄어쓰기 4칸) 레벨을 통해 구역을 구분한다.
- 하위 영역이 필요한 문에는 콜론(:)을 사용한다.
- 들여쓰기 레벨이 같은 코드는 동일한 영역에 있다고 판단한다.

② if-elif-else [22.4]
- 조건식의 참, 거짓 여부에 따라 프로그램의 흐름을 바꾼다.
    - if 〈조건식〉: : 주어진 조건식이 참인 경우에 실행되는 영역
    - elif 〈조건식〉: : if문의 조건식이 거짓이고, elif문의 조건식이 참인 경우에 실행되는 영역
    - else: : 모든 조건식이 거짓인 경우에 실행되는 영역

> **기적의 TIP**
> 파이썬의 if문은 C와 약간 다르므로 주의해야 합니다.

```
a = 10
b = 20
if a > b:                       #a가 b보다 큰 경우에 수행되는 영역
    print("a가 큽니다.")

elif a == b:                    #a가 b와 같은 경우에 수행되는 영역
    print("두 수가 같습니다.")
else:                           #위 조건을 모두 만족하지 않는 경우에 수행되는 영역
    print("b가 큽니다.")
```

2) 반복 제어문

① for [22.3, 25.2]
- 지정한 데이터 구조를 순환하며 요소마다 반복 구역의 코드를 반복한다.
- 데이터 구조 요소들을 할당할 반복용 변수가 필요하다.
    - for 〈변수〉 in 〈시퀀스〉: : 시퀀스 요소들을 하나하나 변수에 할당하며 반복 수행
- 모든 반복 제어문은 continue와 break의 사용이 가능하다.

> **기적의 TIP**
> C/Java와 비슷하지만 다른 형식을 가지고 있으므로 로직을 정확히 파악해야 합니다.

```
a = [10, 20, 30]
for i in a:                     #리스트a의 요소를 차례로 i에 할당할 때마다 반복
    print(i, end=" ")           #종료문자를 띄어쓰기로 변경(줄바꿈 안 함)
```

결과   10 20 30

② range [24.5]

- 특정 범위의 정수를 나열하는 불변형 시퀀스로, for문과 결합하여 사용된다.
- range 함수를 통해 생성되고 3가지 인수가 필요하다.
  - range(〈시작값〉, 〈종료값〉, 〈증가값〉)
  - 시작값부터 종료값 바로 전까지 증가값만큼 증가하는 정수 시퀀스 생성
- 증가값은 생략 가능하며 기본값은 1이다.
- 시작값은 생략 가능하며 기본값은 0이다.

```
for i in range(1,7,2):      #1부터 7 이전까지 2씩 증가하며 반복
    print(i, end=" ")
print()                     #줄바꿈
for i in range(10):         #(0부터) 10 이전까지 (1씩 증가하며) 반복
    print(i, end=" ")
print()
for i in range(5,8):        #5부터 8 이전까지 (1씩 증가하며) 반복
    print(i, end=" ")
print()
for i in range(5,1,-1):     #5부터 1 이전까지 1씩 감소하며 반복
    print(i, end=" ")
```

결과
```
1 3 5
0 1 2 3 4 5 6 7 8 9
5 6 7
5 4 3 2
```

③ while
- for문처럼 특정 횟수나 데이터의 개수 등을 지정하지 않고 반복의 기준을 정해서 진행되는 반복문이다.
- 조건식을 이용하여 반복의 기준을 정하며 조건식의 결과가 참인 동안 반복이 수행된다.

```
sum = 0
cnt = 1
while True:            #(무한) 루프 수행
    sum += cnt         #sum에 cnt 누적
    if sum > 100:      #sum에 누적되는 값이 100을 넘으면 종료
        break
    cnt += 1
print(cnt)
```

| 결과 | 14 |

3) 함수

① 함수 특징

- 파이썬에서는 함수와 메소드의 개념에 차이가 없지만 일반적으로 외부에서 정의되는 것을 함수, 클래스 내부에 정의되는 것을 메소드라고 구분한다.
- 내장된 함수를 불러와서 사용하는 경우에는 import 키워드를 사용한다.
  - import 〈라이브러리명〉

➕ 더 알기 TIP

파이썬 프레임워크

Django	백엔드 웹 개발을 위한 강력하고 포괄적인 프레임워크
NumPy	과학 계산 및 수치 분석을 위한 라이브러리
Scikit-learn	머신러닝 알고리즘 개발 및 학습을 위한 라이브러리
Scrapy	웹 크롤링을 위한 프레임워크

> **기적의 TIP**
>
> 파이썬은 보다 다양한 매개변수 타입을 가지고 있습니다. 언어 기초가 없는 분들은 스터디 카페를 활용하여 선행 학습을 진행하는 것을 추천합니다.

② 함수 정의 25.2

- 함수 정의는 def 키워드를 사용하며 들여쓰기로 구분하여 내부 코드를 설계한다.
- 함수 정의의 마지막 줄에는 빈 줄을 추가하여 다른 함수와 구분될 수 있도록 한다.

```
def multi(num):
  num*=2
  return num

a = int(input("정수 입력: "))
res = multi(a)
printf(res)
```

입력	20
결과	40

04 객체지향 프로그래밍

1) 클래스

① 클래스 정의와 객체 생성

- class 키워드를 이용해 클래스를 구현한다.
- 인스턴스 생성 시 new 키워드 없이 클래스명만으로 생성 가능하다.

```
class ClassicCar:          #ClassicCar클래스 정의
  pass                     #내용이 없을 경우에 pass 키워드 입력


father = ClassicCar()      #ClassicCar인스턴스 생성하여 father변수에 할당
uncle = ClassicCar()       #ClassicCar인스턴스 생성하여 uncle변수에 할당
```

② 메소드 정의와 호출

- 외부에 정의되는 함수와 달리 클래스 내부에 정의된다.
- 함수와 다르게 첫 번째 매개변수에 self가 기본으로 지정되지만 호출할 때는 무시하고 호출한다.
- 클래스 내에서 정의되는 메소드는 인스턴스를 통해서 호출된다.

```
class ClassicCar:
  def drive(self):         #메소드 정의(self 매개변수 지정)
    print("수동 운전 모드!")


father = ClassicCar()
father.drive()             #메소드 호출(self 무시)
```

③ self
- 참조 변수를 통해서 호출되는 메소드는 자기 자신(self)이 기본 인수로 지정된다.
- self 키워드를 통해서 멤버 변수 및 멤버 메소드에 접근할 수 있다.
- 클래스 외부에서 내부 인스턴스 변수에 접근할 때는 참조변수가 self의 역할을 대신한다.

```
class ClassicCar:
    color = "빨간색"                          #클래스 변수(멤버 변수) 생성

    def test(self):
        color = "파란색"                      #지역 변수 생성
        print("color = ", color)              #지역 변수 출력
        print("self.color = ", self.color)    #멤버 변수 출력

father = ClassicCar()
father.test()
father.color = "검은색"
father.test()
```

결과	color = 파란색 self.color = 빨간색 color = 파란색 self.color = 검은색

④ 생성자 메소드
- 파이썬의 생성자 메소드는 이미 정의된 이름을 사용한다.
  - def __init__(self):
- 생성자 메소드는 인스턴스 생성 시 자동으로 호출되며 임의로 호출할 수 없다.

```
class ClassicCar:
    def __init__(self, color):      #생성자 메소드 정의
        self.color = color          #인스턴스 변수 정의하여 매개변수 값 할당

    def test(self):
        print(self.color)

father = ClassicCar("빨간색")        #인스턴스 생성 시 인수 전달
print(father.color)
father.color = "검은색"
print(father.color)
```

결과	빨간색 검은색

> **기적의 TIP**
> 생성자 메소드와 self를 이용하면 인스턴스 변수 생성과 동시에 값을 할당(초기화)할 수 있습니다.

2) 캡슐화

① 클래스 변수
- 멤버 변수는 모든 인스턴스에서 접근 가능하다.
- 클래스 변수는 클래스 구역에서 선언하며 하나의 변수를 모든 인스턴스에서 공유한다.
- 메소드 내부에서 클래스 변수에 접근하기 위해서는 클래스명을 사용한다.

② private 변수
- 인스턴스 내부에서는 서로 공유가 가능하지만 외부에서는 접근이 불가능한 변수이다.
- 특별한 키워드 없이 변수 앞에 언더스코어(_)를 두 개 붙여서 선언한다.

```
class Car:
    __cnt = 0                          #private 클래스 변수 생성

    def __init__(self, color):
        self.color = color             #인스턴스 변수 생성
        Car.__cnt += 1                 #클래스 변수 접근
        print(Car.__cnt, "번째 인스턴스 생성")   #클래스 변수 접근

c1 = Car("핑크")                        #인스턴스 생성 시 인수 전달
c2 = Car("파랑")                        #인스턴스 생성 시 인수 전달
```

결과
```
1 번째 인스턴스 생성
2 번째 인스턴스 생성
```

3) 상속

① 상속의 특징
- 기존의 클래스를 상속받아서 더 다양한 기능이 추가된 클래스를 디자인할 수 있다.
- 별도의 키워드 없이 클래스명만으로 상속을 구현할 수 있다.
  - class 〈하위 클래스명〉(〈상위 클래스명〉):
- 상속받은 하위 클래스는 상위 클래스의 대부분을 사용할 수 있다.

```
class ClassicCar:                    #상위 클래스 구현
  def drive(self):
    print("운전합니다.")

class Car(ClassicCar):               #하위 클래스 구현+상위 클래스 상속
  def __init__(self, color):
    self.color = color;

c = Car("핑크")
c.drive()                            #상위 클래스의 메소드 호출
print(c.color)
```

| 결과 | 운전합니다.
핑크 |

② super()
- 상위 클래스 생성자에 인수 전달이 필요한 경우, 하위 클래스에서 상위 클래스 생성자를 별도로 호출해야 한다.
- 하위 클래스 내부에서 상위 클래스에 접근하기 위해서는 super 메소드를 활용한다.

```
class Person:
  def __init__(self, name):
    self.name = name                 #③ 전달받은 값을 name에 할당

class Student(Person):
  def __init__(self, name, age):
    super().__init__(name)           #② 상위 클래스 생성자 호출하며 인수 전달
    self.age = age

  def welcome(self):
    print("환영합니다.", self.name, "님!")

x = Student("이기적", 36)            #① Student인스턴스 생성 시 인수 전달
x.welcome()
```

| 결과 | 환영합니다. 이기적 님! |

③ 메소드 오버라이딩
- 상위 클래스의 메소드를 재정의하여 새로운 기능을 추가하거나 기능을 변경할 수 있다.

```python
class ClassicCar:
  def drive(self):
    print("운전합니다.")

class Car(ClassicCar):
  def __init__(self, color):
    self.color = color;

  def drive(self):                    #메소드 오버라이딩
    print(self.color, "색 차 운전!")

c = Car("핑크")
c.drive()
```

결과 핑크 색 차 운전!

CHAPTER 05

운영체제 활용

학습 방향

운영체제 챕터에서는 운영체제의 종류별 특징과 명령어, 프로세스와 기억장치 관련 기술에 대해 서술합니다. 비슷한 뜻과 용어가 많기 때문에 확실하게 암기하지 않으면 실수할 수 있으니 주의해야 합니다.

운영체제

빈출 태그 ▶ #명령어 형식 #주소 지정 #레지스터 #환경 변수 #chmod

01 명령의 흐름

1) 명령어(Instruction)

① 명령이 전달되는 과정
- 사용자가 전달한 명령 문자열을 별도의 번역을 통해 bit 형태로 변환하여 전달한다.
- 전달받은 bit 형태의 명령은 순차적으로 수행되며 처리, 저장, 입출력 등을 진행한다.
  - 데이터 처리 : CPU에서 수행
  - 데이터 저장 : MEMORY에서 수행
  - 데이터 입출력 : 각 입출력 장치에서 수행

② CPU 제어상태(Major State)
- 메모리에 기억되어 있는 명령어가 처리되는 일련의 사이클이다.
- CPU의 4가지 상태인 인출, 간접, 실행, 인터럽트가 반복 수행되는 사이클이다.
  - Fetch Cycle : 주기억 장치에서 명령어를 인출하여 해석하는 단계
  - Indirect Cycle : 피연산자의 위치(주소)를 파악하는 단계
  - Execute Cycle : 해석된 명령어를 실행하는 단계
  - Interrupt Cycle : 인터럽트 발생 단계

2) 명령어 형식

① 명령어 구성
- 명령어는 연산 코드(연산자)와 연산 대상(피연산자)으로 구성된다.
  - Op-Code(Operation Code) : 비트수에 따라 명령어 개수 결정(2^3=8개)
  - Operand : 연산 대상, 없거나 다수 존재 가능
- 연산자에는 전달(Transfer), 함수 연산(Function), 제어(Control), 입력(Input), 출력(Output) 기능이 있다.
- 명령어의 형식에는 오퍼랜드의 개수에 따라 0-주소, 1-주소, 2-주소, 3-주소 명령어가 있다.

② 0-주소 명령어
- 오퍼랜드가 하나도 없는 명령어 형식이다.
- push와 pop을 사용하는 스택 구조에서 사용된다.

③ 1-주소 명령어
- 오퍼랜드가 1개 있는 명령어 형식이다.
- 일반적으로 누산기를 활용하여 연산한다.

④ 2-주소 명령어
- 오퍼랜드가 2개 있는 명령어 형식이다.
- 두 오퍼랜드의 연산 결과를 마지막 오퍼랜드에 덮어씌운다. (기존 값 제거됨)

⑤ 3-주소 명령어
- 오퍼랜드가 3개 있는 명령어 형식이다.
- 앞의 두 오퍼랜드의 연산 결과를 마지막 오퍼랜드에 할당하는 방식으로 공간을 가장 많이 차지한다.

3) 명령어 주소 지정 방식

① 주소 지정 방식 정의
- 피연산자의 실제 위치에 접근하는 방식으로 메모리 참조 횟수가 적을수록 접근 속도가 빠르다.
- 주소 지정 방식은 즉시, 직접, 간접, 계산에 의한 주소 지정 방식 등이 있다.

② 즉시(Immediate) 주소 지정
- 오퍼랜드에 데이터 주소가 아닌 실제 데이터가 존재하여 즉시 참조 가능한 방식이다.
  - 메모리 참조 횟수 : 0회
- 주소값이 아닌 실제 데이터가 할당되므로 데이터 크기에 따라 문제가 발생할 수 있다.

Op-Code	실제 데이터

③ 직접(Direct) 주소 지정
- 오퍼랜드에 연산 대상의 주소값을 저장하는 방식이다.
  - 메모리 참조 횟수 : 1회
- 간단하지만 메모리 확장 및 변경에 어려움이 있다.

Op-Code	주소값	→	실제 데이터

④ 간접(Indirect) 주소 지정
- 오퍼랜드에 연산 대상의 주소값이 저장되어 있는 곳의 주소값을 저장하는 방식이다.
  - 메모리 참조 횟수 : 2회

- 구조가 복잡하지만 주소의 길이에 상관없이 언제든 원하는 위치의 참조가 가능하다.

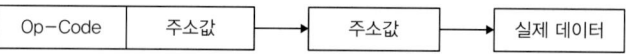

⑤ 계산에 의한 주소 지정
- 오퍼랜드에 저장된 주소값과 특정 레지스터의 값을 연산하여 실제 데이터가 있는 위치를 계산하는 방식이다.
- 인덱스 레지스터, 프로그램 카운터, 베이스 레지스터 등이 사용된다.

4) 레지스터

① 레지스터 정의
- CPU의 연산에 필요한 데이터 및 상태값을 일시적으로 저장하는 장치이다.
- 메모리 중 가격 대비 용량이 가장 작고 속도는 가장 빠르다.
- 변환 신호가 발생할 때까지 하나의 비트값을 유지할 수 있는 플립플롭(Flip-Flop)과 래치(Latch)로 구성된다.
  - 플립플롭(Flip-Flop) : 동기식
  - 래치(Latch) : 비동기식
- 레지스터는 CPU의 구성 요소인 제어장치와 연산장치에서 사용되며 다양한 종류가 있다.

② 제어장치(CU : Control Unit)
- 컴퓨터 내부의 모든 장치들의 동작이나 연산을 제어하는 장치이다.
- 제어장치에 필요한 레지스터 및 회로는 아래와 같다.
  - 메모리 주소 레지스터(MAR) : 주기억 장치 내에 출입하는 데이터의 위치를 기억하는 레지스터
  - 메모리 버퍼 레지스터(MBR) : 주기억 장치 내에 출입하는 데이터가 잠시 저장되는 레지스터
  - 프로그램 계수기(PC : Program Counter) : 다음에 실행할 명령어들의 위치를 보관
  - 명령 레지스터(IR : Instruction Register) : 현재 실행 중인 명령어를 보관
  - 명령 해독기(Decoder) : 명령 레지스터에 있는 명령을 해독하는 회로
  - 부호기(Encoder) : 해독된 명령어를 신호로 생성하는 회로
  - 번지 레지스터(Address Register) : 주기억 장치의 번지를 기억하는 장치

③ 연산장치(ALU : Arithmetic Logic Unit)
- 제어장치의 명령에 따라 실제 연산을 수행하는 장치이다.
- 연산장치에 필요한 레지스터 및 회로는 아래와 같다.
  - 가산기(Adder) : 누산기와 데이터 레지스터에 보관된 값을 더하는 회로
  - 누산기(Accumulator) : 연산의 결과를 일시적으로 보관하는 레지스터

- 보수기(Complementor) : 뺄셈 연산을 위해 보수로 변경해주는 회로
- 데이터 레지스터 : 연산에 사용될 데이터를 기억하는 레지스터
- 상태 레지스터 : 연산 중 발생되는 이벤트 상태를 기억하는 레지스터
- 인덱스 레지스터 : 주소 변경을 위해 사용되는 레지스터

5) 시스템 버스

① 버스(BUS) 정의
- 장치와 장치 사이에 정보 교환을 위해 물리적으로 연결된 회선이다.
- 시스템 버스는 내부 버스와 외부 버스로 나뉜다.
  - 내부 버스 : CPU 내부 요소 사이에서 정보를 전송하는 버스
  - 외부 버스 : CPU와 주변장치 사이에서 정보를 전송하는 주소 버스, 데이터 버스, 제어 버스

② 주소 버스
- 기억 장치의 주소값을 전달하는 단방향 버스이다.
- Nbit의 주소 버스를 가진 시스템은 2^N개의 메모리 위치를 할당할 수 있다.

③ 데이터 버스
- 데이터 이동경로를 제공하는 양방향 버스이다.
- 다수의 분리된 회선으로 구성되며, 회선의 개수가 곧 전송 가능 비트수를 의미한다.

④ 제어 버스
- 주소 버스와 데이터 버스를 제어하여 데이터 흐름을 관리하는 양방향 버스이다.

02 운영체제

1) 운영체제 개념

① 운영체제 정의 21.3
- 사용자가 컴퓨터 하드웨어를 효율적으로 운용할 수 있도록 인터페이스를 제공하는 시스템 소프트웨어이다.
- 시스템 리소스를 관리해주고 다양한 서비스 프로그램을 제공한다.
- 운영체제에 속하는 프로그램은 제어 프로그램과 처리 프로그램으로 나뉜다.
  - 제어 프로그램 : 데이터 관리, 모니터링, 작업 제어
  - 처리 프로그램 : 언어 번역기, 서비스 프로그램, 기타 응용

② 운영체제 시간 개념
- 운영체제를 이해하기 위한 다양한 시간의 개념은 아래와 같다.
  - 응답(반응) 시간(Response time) : 작업이 입력되고 처음 실행되기까지 걸린 시간

> **기적의 TIP**
> 제어 프로그램과 처리 프로그램을 구분할 수 있어야 합니다.

- 대기 시간(Waiting time) : 작업 시작 후 완료되기 전까지 작업이 진행되지 않은 시간
- 실행 시간(Running time) : 작업 시작 후 완료되기 전까지 작업이 진행된 시간
- 반환 시간(Turnaround time) : 실행 시간 + 대기 시간 = 작업 완료 시간
- 시간 간격(Time Slice, Quantum) : 프로세스가 운영체제로부터 할당받은 시간

③ 운영체제 자원 관리요소
- 운영체제가 관리하는 자원은 프로세스, 메모리, 주변장치, 파일 등이 있다.
  - 프로세스 관리 : 프로세스의 생존 주기(생성, 제거, 스케줄링 등) 전반
  - 기억 장치 관리 : 특정 프로세스에 사용되는 메모리의 할당 및 회수
  - 주변장치 관리 : 입출력 장치 등의 관리
  - 파일 관리 : 파일의 생성 및 삭제, 변경 등의 관리

2) 운영체제 종류별 특징

① Windows
- 그래픽 사용자 인터페이스(GUI) 기반으로 이미지화되어 있는 메뉴나 기능을 마우스로 선택할 수 있어 초보자도 쉽게 사용할 수 있다.
- 선점형 멀티태스킹을 통해 특정 응용 프로그램의 CPU 독점을 방지하고, 문제가 발생한 프로그램을 강제 종료할 수 있다.
- 한 대의 컴퓨터를 한 사람이 독점해서 사용하는 싱글 유저 시스템이다.
- 하드웨어 설치 시, 하드웨어 사용에 필요한 환경을 자동으로 구성(Plug&Play)해준다.
- 이미지, 차트 등의 객체를 다른 문서에 연결하거나 삽입하여 편집(OLE : Object Linking and Embedding)할 수 있다.

② UNIX 20.6, 20.9, 22.3, 22.4, 23.3, 24.2, 24.5
- C언어 기반으로 제작되어 이식성이 우수하고 라이선스 비용이 저렴하다.
- 다수의 작업을 병행 처리(Multi-Tasking)할 수 있고, 다수의 사용자가 동시에 사용(Multi-User)할 수 있다.
- 계층적 파일 시스템과 다양한 네트워크 기능이 존재한다.
- 유닉스는 커널과 쉘, 유틸리티로 구성된다.
  - 커널(Kernel) : 핵심 시스템 관리(하드웨어 보호, 서비스, 프로세스, 메모리, 파일 관리 등)
  - 쉘(Shell) : 사용자 명령 해석을 통해 시스템 기능 수행
  - 유틸리티(Utility) : 문서 편집, 언어 번역 등의 기능 제공

> **기적의 TIP**
> 유닉스의 구성 요소 특징을 구분할 수 있어야 합니다.

③ LINUX
- 유닉스 기반의 오픈 소스 시스템 소프트웨어이다.
- 다양한 배포 버전과 다양한 응용 프로그램을 제공한다.
- 마이크로 커널을 사용하는 유닉스와 달리 리눅스에서는 모놀리식(모놀리틱) 커널을 사용한다.
  - 마이크로(Micro) 커널 : 최소한의 기능 제공, 확장 가능
  - 모놀리식(Monolithic) 커널 : 확장 불가능, 간단한 구현, 빠른 속도
- 다양한 종류의 로그를 통해 서버의 상태 및 이력을 확인할 수 있다.
  - console : 커널 관련 내용을 저장하지 않고 지정된 장치에 표시
  - wtmp : 성공한 로그인/아웃, 시스템의 시작/종료 시간에 대한 로그 기록
  - utmp : 현재 로그인한 사용자의 상태에 대한 로그 기록
  - btmp : 실패한 로그인에 대한 로그 기록
  - lastlog : 마지막으로 성공한 로그인에 대한 로그 기록
  - boot.log : 부팅 시 나타나는 메시지 기록
  - cron : 작업 스케줄러의 작업 내역 기록
  - messages : 커널에서 실시간으로 전송되는 메시지 기록
  - maillog : 송수신되는 메일에 대한 로그 기록
  - xferlog : FTP 접속 사용자에 대한 로그 기록
  - secure : 시스템 접속에 대한 로그 기록

> **기적의 TIP**
>
> 안드로이드(Android)는 대표적인 리눅스 기반 오픈 소스 모바일 플랫폼입니다.

3) UNIX 주요 특징

① 유닉스 주요 명령어 20.8, 21.3, 22.7, 23.7, 24.2, 24.7

Windows	UNIX / LINUX	기능
DIR	ls	파일 목록 표시
COPY	cp	파일 복사
TYPE	cat	파일 내용 표시
REN	mv	파일 이름 변경
MOVE		파일 이동
MD	mkdir	디렉토리 생성
CD	chdir	디렉토리 위치 변경
CLS	clear	화면 내용 지움
ATTRIB	chmod	파일 속성 변경
FIND	find	파일 찾기
CHKDSK		디스크 상태 점검
FORMAT		디스크 초기화
	chown	소유재(권한) 변경
	exec	새로운 프로세스 수행
	fork	새로운 프로세스 생성

> **기적의 TIP**
>
> 문제 설명에 맞는 UNIX 명령어를 선택할 수 있어야 합니다. 리눅스 역시 유닉스 기반으로 개발되었기 때문에 같은 명령어를 사용합니다.

	fsck	파일 시스템 검사, 보수
	getpid	자신의 프로세스 정보를 얻음
	uname	시스템의 정보 출력
	mount	파일 시스템을 마운팅
	sleep n	n초간 대기
	who	접속한 사용자 출력
	&	백그라운드 작업 지시
	|	결과값을 다음 명령으로 연결
	grep	문자열 패턴 검색

② 유닉스 파일 시스템
- 유닉스 파일 시스템은 계층 구조로 구성되어 있으며 디렉터리나 주변장치를 파일과 동일하게 취급한다.
- 파일 소유자, 그룹 및 그 외 다른 사람들로부터 사용자를 구분하여 파일을 보호한다.
- 파일 형식은 일반 파일(Regular File), 디렉터리 파일(Directory File), 특수 파일(Special File)이 있다.
- 유닉스 파일 시스템은 부트 블록(Boot Block), 슈퍼 블록(Super Block), I-node(Index node) 블록, 데이터 블록으로 구성된다.
  - 부트 블록 : 부팅 시 필요한 코드를 저장하고 있는 블록
  - 슈퍼 블록 : 전체 파일 시스템에 대한 정보를 저장하고 있는 블록
  - I-node 블록 : 파일 및 디렉터리의 모든 정보를 저장하고 있는 블록
  - 데이터 블록 : 디렉터리별로 디렉터리 엔트리와 실제 파일에 대한 데이터가 저장된 블록

③ 유닉스 권한 설정 22.3
- 파일과 디렉터리의 권한을 변경하는 명령어(chmod)를 사용하여 읽기, 쓰기, 실행 권한을 변경한다.
- 소유자, 그룹, 사용자 순으로 권한을 지정하고 권한은 읽기(r), 쓰기(w), 실행(x) 순으로 설정한다.
  - 〈파일 타입〉〈소유자 권한〉〈그룹 권한〉〈일반사용자 권한〉
  - 파일 타입 : 일반 파일(-)과 디렉터리(d)로 구분
  - 권한을 제거하는 경우 : (-)으로 표현
- 각각의 권한에 2진수(1 : 가능, 0 : 불가능)를 대응시켜 권한을 변경한 뒤에 다시 결합하여 10진수로 변환하여 표현한다.

> **기적의 TIP**
> 실제 권한값을 계산할 수 있어야 합니다.

권한 예시	소유자			그룹			사용자			십진수 변환
	읽기	쓰기	실행	읽기	쓰기	실행	읽기	쓰기	실행	
rwx rwx rwx	1	1	1	1	1	1	1	1	1	777
rw- r-- rwx	1	1	0	1	0	0	1	1	1	647

4) 리눅스 권한 설정 24.7, 25.2

- 리눅스에서는 권한을 제거하는 명령어(umask)를 통해 권한을 설정한다.
- 파일과 디렉토리의 기본 권한은 각각 666과 777이며, 각각 소유자, 그룹, 사용자 권한을 의미한다.
- 읽기(4), 쓰기(2), 실행(1) 중 제한하고 싶은 권한에 해당하는 값을 뺄셈하여 권한을 설정한다.
  - umask 022 : 그룹과 사용자의 쓰기 권한 제거(644/755)
  - umask 027 : 그룹은 쓰기 권한 제거, 사용자는 모든 권한 제거(640/750)

5) Linux 쉘 스크립트

① 쉘 스크립트 정의
- 유닉스/리눅스 계열의 쉘에서 사용되는 명령어들의 조합으로 구성된 스크립트 언어이다.
- 스크립트를 작성하여 sh 파일로 저장한 뒤 필요할 때 또는 주기적으로 실행할 수 있다.

② 환경 설정 20.9, 21.5
- 쉘 스크립트의 환경 설정 변수는 아래와 같다.

변수	설명
$PATH	실행 파일을 찾을 경로
$HOME	현재 로그인한 사용자의 홈 디렉토리 경로
$LANG	쉘에서 사용하는 언어
$SHELL	로그인 시 사용하는 쉘 실행 파일 경로
$HISTSIZE	히스토리 파일에 저장되는 명령어의 수
$HISTFILE	히스토리 파일의 경로
$TMOUT	세션 유지 시간

> **기적의 TIP**
> 환경 변수와 설명을 연결할 수 있어야 합니다.

- 쉘 스크립트의 환경 설정 명령어는 아래와 같다.

변수	설명
env	전역 변수 설정 및 출력
set	사용자 환경 변수 설정
export	환경 변수를 설정
echo	환경 변수를 출력
setenv	사용자 환경 변수 설정
printenv	현재 설정되어 있는 환경 변수 출력
unset	환경 변수를 해제

③ 기본 입출력
- 기본 입력은 read 명령어를 사용한다.
- 기본 출력은 echo 명령어를 사용하며 변수를 출력할 때는 $를 붙인다.

read a	#키보드로 입력 받은 데이터를 변수a에 저장
echo "입력값은: "$a	#변수a에 저장된 데이터 출력
입력	20
결과	입력값은: 20

> **기적의 TIP**
> UNIX 명령어와 제어문이 함께 쓰이므로 폭넓은 숙지가 필요합니다.

④ 선택 제어문 20.9
- 쉘 스크립트에 적용되는 조건식은 아래와 같다.

연산자	의미(왼쪽값 기준)	표현 예시
-eq	같음	$a -eq $b
-ne	같지 않음	$a -ne $b
-gt	보다 큼	$a -gt $b
-ge	크거나 같음	$a -ge $b
-lt	보다 작음	$a -lt $b
-le	작거나 같음	$a -le $b
-a	and	$a -gc 70 -a $b -ge 70
-o	or	$a -eq "서울" -o $a -eq "경기"

- 쉘 스크립트의 if문은 논리적 구조가 다른 언어들과 크게 다르지는 않지만, 표현 방식에 차이가 있으므로 파악에 주의해야 한다.

```
read a                      #사용자 입력
if [ $a -ge 80 ]; then      #입력받은 값이 80 이상이면 수행
  echo "A"
elif [ $a -ge 70 ]; then    #입력받은 값이 70 이상이면 수행
  echo "B"
else                        #위 조건식을 모두 불만족하는 경우 수행
  echo "불합격"
fi                          #마무리는 if를 뒤집어서 씀
```

- 쉘 스크립트의 case문은 우측 괄호만 사용하거나 세미콜론(;)을 두 번 쓰는 등의 독특한 형식이 사용된다.

```
read month
case $month in                    #입력된 값(month)이
  "4" | "6" | "9" | "11")         #4, 6, 9, 11 중 하나인 경우에 수행
    echo $month"월은 30일까지!";;
  "2")                            #2인 경우에 수행
    echo $month"월은 28일까지!";;
  *)                              #조건들이 모두 불만족하는 경우에 수행
    echo $month"월은 31일까지!";;
esac                              #마무리는 case를 뒤집어서 씀
```

⑤ 반복 제어문

- 쉘 스크립트엔 for, while, until까지 총 3가지의 반복 제어문이 존재한다.
- 반복 제어문의 종료 키워드는 모두 done을 사용한다.
- for문은 반복 횟수를 지정하여 코드를 반복 수행하며, 2가지 형식으로 구현 가능하다.

```
for i in $(seq 1 10)        #1부터 10까지 반복하며 출력
do                          #반복 시작
  echo $i
done                        #반복 종료

for((i=1; i<=10; i++))      #1부터 10까지 반복하며 출력
do                          #반복 시작
  echo $i
done                        #반복 종료
```

- while문은 조건식을 만족하는 동안만 코드를 반복 수행한다.

```
number=0
while [ $number -le 10 ]    #number가 10 이하인 동안 반복
do
  echo "Number: ${number}"
  ((number++))              #number 1 증가
done
```

- until문은 조건식을 만족하는 순간 코드 반복을 종료한다.

```
number=0
until [ $number -gt 10 ]    #number가 10보다 크면 종료
do
  echo "Number: ${number}"
  ((number++))
done
```

SECTION 02 프로세스

빈출 태그 ▶ #프로세스 상태 #프로세스 스케줄링 #교착 상태

01 프로세스(Process)

1) 프로세스 개념

① 프로세스 정의
- 메모리에 적재되어 실행되고 있는 프로그램이다.
- 각 프로세스에 CPU가 할당되어 수행되며, 프로세스 정보는 PCB에 기록된다.
- CPU 및 할당 상태에 따라 다양한 프로세스 상태를 가진다.

② PCB(Process Control Block)
- 프로세스에 대한 정보를 기록한 테이블이다.
  - 고유 번호, 현재 상태, 포인터, 레지스터와 자원 정보, 스케줄링 정보, 입출력 상태 정보, 계정 정보 등
- 프로세스가 생성될 때마다 고유의 PCB가 생성된다.
- Time Slice에 의해 문맥 교환(Context Switching)을 수행한다.
- Time Slice가 작은 경우 : 문맥 교환수, 인터럽트 횟수, 오버헤드 증가
- Time Slice가 큰 경우 : 문맥 교환수, 인터럽트 횟수, 오버헤드 감소

2) 프로세스 상태 20.6, 21.8, 22.7

① 프로세스 주요 상태
- 프로세스 상태는 생성(Enter, New), 준비, 실행, 대기, 종료(Exit, Terminated)로 나뉜다.
  - 준비(Ready) : CPU의 할당을 기다리는 상태
  - 실행(Run) : CPU를 할당받아 작업이 진행되고 있는 상태
  - 대기(Wait) : 입출력 처리를 위해 잠시 작업이 멈춘 상태

② 프로세스 전이 과정
- 프로세스의 주요 상태는 Dispatch, Time Run Out, Block, Wake Up의 과정을 통해 변경된다.

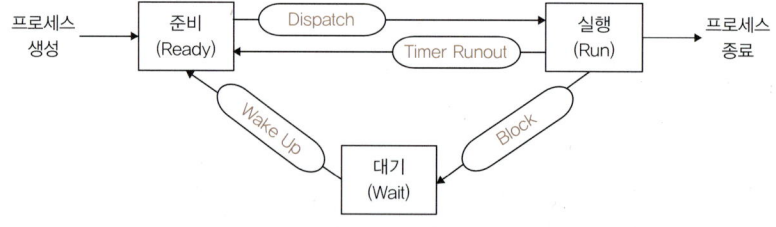

> **기적의 TIP**
> 문맥 교환이란 실행되는 프로세스의 상태 정보를 저장한 후, 다른 프로세스 정보를 PCB에 적재하는 과정을 의미합니다.

> **기적의 TIP**
> 프로세스 상태 관련 용어를 숙지해야 합니다.

- Dispatch : 준비 상태의 프로세스를 실행 상태로 변경
- Timer Runout : 할당된 시간 안에 작업을 끝내지 못해 준비 상태로 변경
- Block : 실행 상태 프로세스가 입출력 처리를 위해 대기 상태로 변경
- Wake Up : 대기 상태 프로세스를 준비 상태로 변경

3) 인터럽트 처리

① 인터럽트(Interrupt) 정의
- 수행 중인 프로세스가 특정 요인에 의해 일시 중지되었다가 다시 복귀하는 것이다.
- 프로세스의 재실행을 위해 중단 시점의 정보를 사전에 저장한다.
- 인터럽트는 외부 인터럽트, 내부 인터럽트, 소프트웨어 인터럽트로 분류된다.
  - 외부 인터럽트 : 입출력 장치, 타이밍 장치, 전원 이상, 기계 착오 등의 외부적인 요인에 의해 발생하는 인터럽트
  - 내부 인터럽트(Trap) : 잘못된 명령이나 데이터를 사용할 때 발생하는 인터럽트
  - 소프트웨어 인터럽트 : 요청에 의해 발생하는 인터럽트로, SVC(Super Visor Call)가 대표적

② 인터럽트 처리 절차
- 프로세스 실행 중 인터럽트가 발생하면 실행 중인 연산을 마무리한 뒤 프로세스를 일시 중단한다.
  - PCB, PC를 이용하여 프로세스 정보 저장
- 문맥 교환을 통해 CPU 할당을 전환하고 인터럽트 처리 루틴을 수행한다.
  - 인터럽트 원인 분석을 통해 필요한 서비스 루틴 수행
  - 우선순위에 따라 인터럽트 처리 루틴 수행
- PCB, PC 등에 저장된 프로세스 정보를 통해 프로세스 상태가 복구되고 재수행된다.

③ 프로세스 통신(IPC : Inter Process Communication)
- 직접적인 통신 방법이 없는 프로세스들이 통신을 하기 위해 사용하는 특별한 기법들이다.
- 실행 프로세스 간 통신을 가능하게 하는 메커니즘, 규칙이다.
- 대표적인 IPC 기법에는 공유 메모리 기법, 메시지 전달 기법이 있다.
  - 공유 메모리(Shared Memory) : 공유 메모리 영역을 통해 데이터 교환, 빠르지만 불안정
  - 메시지 전달(Message Passing) : OS에 의해 데이터 교환, 느리지만 안정적

4) 스레드

① 스레드 정의 22.4
- 프로세스 내에서 실행되는 흐름의 단위로 경량(Light Weight) 프로세스라고도 한다.
- 일반적으로 하나의 프로세스는 하나의 단일 스레드를 가지지만, 둘 이상의 스레드를 동시에 실행하는 다중 스레드 방식도 있다.
- 동일 프로세스 환경에서 스레드는 서로 독립적으로 다중 수행이 가능하다.

② 스레드 특징
- 다중 스레드의 독립 수행으로 병행성을 증진시킬 수 있다.
- 응용 프로그램의 응답 시간 단축과 처리율을 향상시킨다.
- 프로세스 간 통신이 향상되고 메모리의 낭비가 줄어든다.

③ 스레드 종류정의 22.4
- 스레드는 사용자 레벨과 커널 레벨로 나뉜다.
  - 사용자 수준 : 사용자 라이브러리를 통해 구현, 빠르지만 구현이 어려움
  - 커널 수준 : OS가 지원하는 스레드를 통해 구현, 느리지만 구현이 쉬움

④ 멀티 레벨 스레드
- 사용자 레벨과 커널 레벨 스레드를 혼합한 방식이다.
- 빠르게 수행되어야 하는 스레드는 사용자 레벨로 작동하고, 안정성이 필요한 스레드는 커널 레벨 스레드로 작동한다.

02 프로세스 스케줄링

1) 스케줄링 개념 22.7, 23.3, 24.5

① 프로세스 스케줄링 정의
- CPU 할당을 위해 프로세스들 사이의 우선 순위를 부여, 관리하는 것이다.
- 할당 대상에 따라 장기, 중기, 단기 스케줄링이 있다.
  - 장기 스케줄링 : 어떤 프로세스를 커널에 등록할 것인지를 결정
  - 중기 스케줄링 : 어떤 프로세스를 메모리에 할당할 것인지를 결정
  - 단기 스케줄링 : 어떤 프로세스에 CPU를 할당할 것인지를 결정
- 실행 중인 프로세스의 강제 중단 여부에 따라 비선점형, 선점형 스케줄링이 있다.
  - 비선점형(중단 불가) 스케줄링 : 일괄 처리 중심(FIFO, SJF, HRN)
  - 선점형(중단 가능) 스케줄링 : 실시간 처리 중심(RR, SRT, MFQ)

② 프로세스 스케줄링 원칙
- 중요 자원의 선점 및 안정성이 높은 프로세스가 우선순위를 가진다.
- 신속한 응답 시간, 효율적 자원 활용의 균형이 유지되어야 한다.
- 처리능력을 높이고 대기 시간, 응답 시간 등을 줄일 수 있도록 스케줄링한다.

2) 비선점형 스케줄링 20.6, 20.8, 20.9, 23.7, 24.2, 24.7

① FIFO(First In First Out)
- 프로세스가 도착(입력)한 순서대로 처리한다.
- 알고리즘이 가장 간단하지만, 평균 반환 시간이 길다.
  - 평균 반환 시간 = 평균 실행 시간 + 평균 대기 시간
  - 평균 실행 시간 = 총 실행 시간 / 프로세스 개수
  - 평균 대기 시간 = 총 대기 시간 / 프로세스 개수
  - 대기 시간 = 앞선 프로세스들의 실행시간 합계 − 도착 시간

프로세스	실행 시간	도착 시간	대기 시간
A	24	0	0
B	6	1	24−1=23
C	3	2	30−2=28

평균 실행 시간	11	평균 대기 시간	17	평균 반환 시간	28

② SJF(Short Job First)
- 실행 시간이 가장 짧은 프로세스 순으로 처리한다.
- 실행 시간이 긴 작업일 경우 무한 대기(기아) 상태가 발생할 수 있다.
- 짧은 시간의 작업들이 많은 경우에 FIFO보다 평균 대기 시간이 적다.

프로세스	실행 시간	도착 시간	대기 시간
A	24	0	0
B	6	1	27−1=26
C	3	2	24−2=22

평균 실행 시간	11	평균 대기 시간	16	평균 반환 시간	27

> **기적의 TIP**
> 실제 프로세스 큐를 보고 가장 먼저 처리되는 작업을 계산할 수 있어야 합니다.

③ HRN(Highest Response-ratio Next) 25.2
- FIFO와 SJF의 단점을 보완하여 개발된 방법이다.
- 대기 시간이 긴 프로세스의 우선순위를 높여서 긴 작업과 짧은 작업 간의 지나친 불평등을 해소할 수 있다.
- HRN 우선순위 공식의 계산 결과가 큰 작업에 높은 우선순위를 부여(Aging)한다.
  - 우선순위 공식 = (대기 시간+실행 시간)/실행 시간

프로세스	실행 시간	대기 시간	우선순위
A	20	10	1.5
B	4	20	6
C	6	10	2.6

> **기적의 TIP**
> HRN은 스케줄링 설명과 더불어 대기 시간이나 평균 반환 시간이 아닌 우선순위를 구하는 문제가 출제됩니다.

3) 선점형 스케줄링

① RR(Round Robin)
- 동일한 Time Slice를 사용하는 시분할 처리 시스템에 효과적으로 적용된다.
- Time Slice 단위로 프로세스를 처리하는 방식으로, 계산 방식은 FIFO와 동일하다.
- Time Slice가 실행 시간보다 크면 FIFO와 동일한 결과를 보인다.
- 5초의 Time Slice를 가진 프로세스를 RR 스케줄링하는 것을 생각해보자.

작업	A	B	C	D
남은 시간	10	18	5	3
도착 시간	0	2	5	6

- Time Slice 간격으로 전체 프로세스를 차례로 순회한 결과는 아래와 같다.
  - 프로세스 C는 10초 뒤에 수행되지만 5초 늦게 도착했으므로 실제 대기 시간은 5초
  - 프로세스 D는 15초 뒤에 수행되지만 6초 늦게 도착했으므로 실제 대기 시간은 9초

작업	A	B	C	D
남은 시간	5	13	0	0

- 같은 방식으로 남은 프로세스들을 수행한다.
- 프로세스 C와 D는 종료되었으므로 A와 B를 순회한다.
  - 프로세스 B는 총 18초의 대기시간을 가지지만 2초 늦게 도착했으므로 실제 대기 시간은 16초

작업	A	B	C	D
남은 시간	0	8	0	0

  - 평균 실행 시간 = (10 + 18 + 5 + 3) / 4 = 9
  - 평균 대기 시간 = (13 + 16 + 5 + 9) / 4 = 10.75
  - 평균 반환 시간 = 9 + 10.75 = 19.75

② SRT(Shortest Remaining Time)
- 작업이 끝나지 않은 프로세스의 남아 있는 실행 시간이 가장 작은 프로세스를 먼저 실행하는 방식이다.
- SJF 기법을 선점 형태로 변경한 기법으로, 점유 시간이 길어도 중요한 프로세스를 먼저 할당할 수 있다.

③ MFQ(Multilevel Feedback Queue)
- 짧은 작업이나 입출력 위주의 프로세스에 우선순위를 부여하기 위해 개발된 방식이다.
- 우선순위가 있는 각 큐(대기 리스트)가 있으며 큐마다 Time Slice가 존재한다.
- 낮은 큐일수록 Time Slice는 커지며, CPU 사용을 마친 프로세스는 낮은 큐로 이동된다.
- 맨 마지막 단계의 큐는 RR 스케줄링 방식을 사용한다.

03 프로세스 관련 기술

1) 상호배제(Mutex : Mutual eXclusion)

① 임계구역
- 다수의 프로세스가 서로 공유하는 자원의 영역이다.
- 자원을 공유하는 프로세스는 동시 사용이 불가능(배타적)하며 독점도 불가능하다.
- 위의 특징을 활용하여 프로세스 간 통신에 임계구역을 사용할 수도 있다.

② 상호배제 정의
- 하나의 프로세스만 임계구역에 접근할 수 있도록 다른 프로세스의 접근을 차단하는 것이다.
- 상호배제를 위해서는 아래 4가지의 요구조건이 충족되어야 한다.
  - 단일 프로세스만 임계구역에 존재
  - 임계구역 진입이 무한정 연기되지 않음
  - 임계구역 내 프로세스가 다른 프로세스의 진입 차단 가능
  - 프로세스 속도나 개수에 영향을 받지 않음

③ 상호배제 알고리즘
- 상호배체 알고리즘은 잠금, 인터럽트 봉쇄, 엄격한 교대가 있다.
  - 잠금 : 다른 프로세스가 접근할 수 없도록 잠금
  - 인터럽트 봉쇄 : 임계구역 사용 중 인터럽트 발생을 막아서 새로운 프로세스 접근 차단
  - 엄격한 교대 : 다수의 프로세스가 하나의 임계구역을 교대로 접근
- 현재 사용 중인 프로세스의 실행시간이 길다면 다른 프로세스는 임계구역을 사용하기 위해 계속해서 대기하게 되는데 이를 바쁜 대기 현상(Busy Wait)이라고 한다.
- 바쁜 대기 현상이 증가하면 운영체제는 부담을 갖게 되어 컴퓨터 시스템의 전체 성능이 떨어지게 되는데, 이 현상을 제거하기 위해 세마포어 알고리즘을 사용한다.

④ 세마포어(Semaphore) 22.3, 25.2
- 임계구역을 지키기 위한 기존 상호배제 알고리즘이 바쁜 대기 현상을 야기하는 것을 방지하고자 개발된 알고리즘이다.
- 프로세스가 이러한 바쁜 대기 현상을 방지하기 위해 잠시 재우고(Sleep, Wait, P연산) 나중에 깨워주는(Wakeup, Signal, V연산) 방식을 사용한다.
- 세마포어 알고리즘에서 사용되는 공유 자원의 수를 나타내는 변수를 세마포어 변수(S)라고 한다.

```
P(S){                              //프로세스 집입 시 실행
  while S<=0 do
    skip;
}
S :=S-1;
V(S){                              //프로세스 종료 시 실행
  S :=S+1;
}
```

> **기적의 TIP**
> 세마포어 알고리즘은 P연산과 V연산이 구현되어 있다는 점을 기억하세요.

2) 교착 상태 20.6, 21.5, 23.7, 24.2, 24.7

① 교착 상태 정의 20.6, 21.3, 22.7
- 다수의 프로세스가 같은 자원의 할당을 요구하며 무한정 기다리고 있는 상태이다.
- 교착 상태가 발생하기 위한 필요 충분 조건은 아래와 같다.
  - 상호 배제(Mutual exclusion) : 한 리소스는 한 번에 한 프로세스만이 사용 가능
  - 점유와 대기(Hold and wait) : 프로세스가 하나 이상의 리소스를 점유하고 있으면서 다른 프로세스가 가지고 있는 리소스를 기다리는 상태
  - 비선점(No preemption) : 프로세스가 리소스를 자발적으로 반환할 때까지 기다리는 상태
  - 환형 대기(Circular wait) : 각 프로세스가 순차적으로 다음 프로세스가 요구하는 자원을 가진 상태
- 교착 상태를 해결하기 위한 방안으로는 예방, 회피, 발견, 회복 등이 있다.

> **기적의 TIP**
> 교착 상태의 필요 충분 조건이 아닌 것을 선택할 수 있어야 합니다.

② 예방(Prevention)
- 교착 상태의 필요 충분 조건 중 하나 이상을 부정하여 교착 상태를 예방하는 것이다.
  - 상호배제 부정 : 공유 자원 동시 접근이 허용으로 신뢰성 보장 어려움
  - 비선점 부정 : 사용 중인 공유자원을 중단하거나 빼앗을 수 있는 가장 현실적인 예방 방식
  - 점유와 대기 부정 : 자원을 일부 점유한 프로세스가 추가 자원의 요구를 실패하는 경우 기존 자원 반납 후 다시 요청하는 방식
  - 환형 대기 부정 : 자신이 가진 자원의 앞, 뒤 순서 프로세스의 자원 요청을 금지시킴

③ 회피(Avoidance)
- 안정적 상태를 유지할 수 있는 프로세스의 요청만 받아들이는 방식으로 교착 상태 발생 가능성을 회피하는 것이다.
- 대표적인 회피 알고리즘으로 은행원 알고리즘(Banker's Algorithm)이 있다.

④ 발견(Detection)
- 컴퓨터의 중단 원인이 교착 상태인지 다른 이유인지 파악하는 방법이다.
- 공유 자원과 프로세스의 관계를 인접 행렬로 표현하여 파악한다.

⑤ 회복(Recovery)
- 교착 상태가 발생한 프로세스 중 중단할 프로세스를 정하여 자원을 빼앗는 방식이다.
- 희생양을 정하는 기준은 다음과 같다.
  - 우선순위가 낮은 프로세스
  - 진행률이 적은 프로세스
  - 자원을 적게 사용하고 있는 프로세스
  - 기아(무한 대기) 상태 등으로 수행이 불가능한 프로세스

> **기적의 TIP**
> 교착 상태 해결 방안별 특징을 숙지해야 합니다.

SECTION 03 기억 장치 관리

빈출 태그 ▶ #배치 전략 #페이징 교체 알고리즘 #디스크 스케줄링

01 기억 장치 할당 기법

1) 주기억 장치 관리 전략

① 주기억 장치 관리 전략의 필요성
- CPU가 접근해야 할 데이터를 보조기억 장치에서 주기억 장치로 적재하여 운영한다.
- 보조기억 장치는 속도가 느리지만 용량이 크고 저렴하다.
- 주기억 장치는 속도가 빠르지만 용량이 작고 비싸다.
- 한정된 주기억 장치의 공간을 효율적으로 사용하기 위한 전략이 필요하다.

② 반입(Fetch) 전략
- 보조기억 장치의 데이터를 언제 주기억 장치로 적재할 것인지를 결정한다.
- 요구(Demand) 반입 전략과 예상(Anticipatory) 반입 전략이 있다.
  - 요구 반입 : 실행 중인 프로그램이 특정 데이터 참조를 요구할 때 적재하는 방법
  - 예상 반입 : 실행 중인 프로그램에 의해 참조될 데이터를 예상하여 적재하는 방법

③ 배치(Placement) 전략 20.8, 21.3, 22.3, 23.5, 25.2
- 새로 반입되는 데이터를 주기억 장치의 어떤 공간에 위치시킬 것인지를 결정하는 전략이다.
- 최초 적합(First Fit), 최적 적합(Best Fit), 최악 적합(Worst Fit)이 있다.
  - 최초 적합 : 데이터 배치가 가능한 공간 중 첫 번째 공간에 배치
  - 최적 적합 : 데이터 배치가 가능한 공간 중 여유 공간(단편화)을 가장 적게 남기는 공간에 배치
  - 최악 적합 : 데이터 배치가 가능한 공간 중 여유 공간(단편화)을 가장 크게 남기는 공간에 배치
- 10K의 데이터를 배치하는 경우를 생각해보자.

메모리 공간	사용 상태	배치 전략
12K	빈 공간	First Fit(2K 단편화 발생)
10K	사용 중	
10K	빈 공간	Best Fit
15K	빈 공간	Worst Fit(5K 단편화 발생)

> 기적의 TIP
>
> 각각의 배치 방식에 따라 실제 배치되는 영역과 단편화 정보를 계산할 수 있어야 합니다.

④ 교체(Replacement) 전략 21.8, 23.7, 24.5
- 주기억 장치의 모든 영역이 이미 사용 중인 상태에서 새로운 데이터를 배치하기 위해 기존 데이터 중 어느 것을 교체할 것인지를 결정하는 전략이다.
- FIFO, OPT, LRU, LFU, NUR, SCR 등이 있다.

⑤ 주기억 장치 할당 기법
- 프로그램 및 데이터를 주기억 장치에 어떻게 할당할 것인지에 대한 기법이다.
- 데이터를 연속으로 할당하는 기법과 분산하여 할당하는 기법이 있다.
  - 연속 할당 기법 : 단일 분할 할당, 다중 분할 할당
  - 분산 할당 기법 : 페이징, 세그먼테이션

> **기적의 TIP**
> 페이지 교체 전략이 아닌 것을 구분할 수 있어야 합니다.

2) 단일 분할 할당 기법

① 단일 분할 할당 특징
- 주기억 장치의 사용자 영역을 한 명의 사용자만 사용하도록 하는 기법이다.
- 초기의 운영체제에서 많이 사용하던 단순한 기법으로 영역을 구분하는 레지스터가 사용된다.
- 프로그램의 크기가 작은 경우에는 영역이 낭비되고, 큰 경우에는 실행이 불가능하다.

② 오버레이 기법
- 주기억 장치보다 큰 프로그램을 실행하기 위한 기법이다.
- 프로그램을 분할하여 실행에 필요한 조각을 주기억 장치에 적재하여 프로그램을 실행한다.
- 주기억 장치의 공간이 부족해지면 불필요한 조각을 중첩하여 적재한다.

③ 스와핑 기법
- 프로그램 전체를 적재하여 사용하다가 다른 프로그램으로 교체하는 기법이다.
- 사용자 프로그램이 완료될 때까지 과정이 반복된다.
  - Swap In : 보조기억 장치에 있는 프로그램이 주기억 장치로 이동되는 것
  - Swap Out : 주기억 장치에 있는 프로그램이 보조기억 장치로 이동되는 것

3) 다중 분할 할당 기법

① 단편화(Fragmentation) 정의 24.5
- 주기억 장치에서 공간의 할당 및 반납에 따라 공간들이 조각나 사용하지 못하게 되는 공간이다.
  - 내부 단편화 : 데이터 및 프로그램을 할당하고 남은 공간
  - 외부 단편화 : 데이터 및 프로그램의 크기가 커서 할당되지 못하는 공간

② 단편화 해결 방안
- 단편화를 해결하기 위해 조각나 있는 공간을 합쳐야 한다.
  - 통합(Coalescing) : 서로 인접해 있는 공간을 하나로 합치는 과정
  - 압축(Compaction) : 서로 떨어져 있는 공간까지 하나로 합치는 과정

③ 고정 분할 할당 기법(MFT, Static Allocation)
- 주기억 장치의 사용자 영역을 여러 개의 고정된 크기로 분할하여 데이터를 할당하는 기법이다.
- 실행할 프로그램의 크기를 미리 알고 있어야 하고 프로그램 전체가 주기억 장치에 위치해야 한다.
- 단편화 발생으로 인해 주기억 장치의 공간 낭비가 크다.

④ 가변 분할 할당 기법(MVT, Dynamic Allocation)
- 단편화를 줄이기 위해서, 프로그램을 주기억 장치에 적재하면서 필요한 만큼만 영역을 분할하는 기법이다.
- 주기억 장치를 효율적으로 사용할 수 있으며, 다중 프로그래밍의 정도를 높일 수 있다.

02 가상기억 장치

1) 가상기억 장치 24.5

① 가상기억 장치 특징
- 보조기억 장치의 일부를 주기억 장치처럼 사용하여 용량이 큰 프로그램을 실행할 수 있도록 하는 기법이다.
- 프로그램을 다수의 블록으로 나누어 가상기억 장치에 저장해두고 필요한 블록만 주기억 장치에 할당하는 방식이다.
- 스와핑 기법에서 발전된 것으로, 연속 할당 방식에서 발생하는 단편화 문제를 해결할 수 있다.
- 페이징 기법과 세그먼테이션 기법으로 나뉜다.

② 페이징 기법 25.2
- 프로그램과 주기억 장치의 영역을 동일한 크기의 페이지와 페이지 프레임으로 나눈 후, 페이지(프로그램)를 페이지 프레임(주기억 장치)에 적재하는 기법이다.
- 외부 단편화는 발생하지 않지만, 내부 단편화는 발생할 수 있다.
- 페이지들의 위치 정보를 저장하는 페이지 맵 테이블을 사용하므로 비용 증가와 처리 속도 감소 등에 영향이 있다.

③ 세그먼테이션 기법 20.9
- 프로그램을 다양한 크기의 논리적인 세그먼트로 나눈 후, 주기억 장치에 적재하는 기법이다.
- 내부 단편화는 발생하지 않지만, 외부 단편화는 발생할 수 있다.
- 세그먼트 위치 정보를 저장하는 세그먼트 맵 테이블과 서로의 영역을 침범하지 않게 하는 장치가 필요하다.

> **기적의 TIP**
> 논리적 주소값(시작, 상대)을 통해 실제 물리 주소를 계산할 수 있어야 합니다.

- 세그먼트의 시작주소와 상대주소를 이용하여 실제 물리주소를 계산할 수 있으며 상대주소가 세그먼트 길이보다 큰 경우 에러(트랩)가 발생한다.

세그먼트	시작 주소	세그먼트 길이(크기)
0	100	300
1	700	500
2	1300	400
3	2300	500

➕ 더 알기 TIP

논리 주소쌍이 (1, 150)인 경우, 1번 세그먼트의 시작 주소가 700이므로 실제 물리 주소는 700+150=850입니다.

2) 페이지 교체 알고리즘 20.6, 20.9, 22.3, 22.4, 22.7, 23.3, 24.5, 24.7

① 페이지 교체 정의
- 페이지 프레임이 비어있을 때, 차례대로 페이지를 적재한다.
  - 페이지 부재 : 적재하려는 페이지가 페이지 프레임에 존재하지 않는 상태
- 페이지 부재가 발생하고 페이지 프레임에 빈 공간이 없을 때, 주기억 장치에 적재하는 프레임을 교체하는 방식에 대한 알고리즘이다.

② OPT(OPTimal replacement)
- 가장 오랫동안 사용하지 않을 페이지를 교체하는 기법이다.
- 페이지 부재 횟수가 가장 적게 발생하는 가장 효율적인 알고리즘이다.
  - 페이지 적중률(Hit Ratio) = 1 - (페이지 부재 횟수 / 참조 횟수)

③ FIFO(First In First Out)
- 가장 먼저 적재된(오래된) 페이지를 교체하는 기법이다.
- 이해하기 쉽고, 프로그래밍 및 설계가 간단하다.
- 참조 페이지가 [1, 3, 3, 1, 5, 4, 2, 4]이고 페이지 프레임이 3인 경우의 페이지 교체 흐름은 아래와 같다.

참조 페이지	1	3	3	1	5	4	2	4
페이지 프레임	1	1	1	1	1	4	4	4
		3	3	3	3	3	2	2
					5	5	5	5
페이지 부재	발생	발생			발생	발생	발생	

📌 기적의 TIP

특정 페이지 교체 알고리즘으로 페이지 교체를 진행할 때 발생하는 페이지 부재 횟수 파악이 가능해야 합니다.

④ LRU(Least Recently Used)
- 최근에 가장 오랫동안 사용하지 않은 페이지를 교체하는 기법이다.
- 각 페이지마다 스택(Stack)을 두어 현 시점에서 가장 오랫동안 사용하지 않은 페이지를 교체한다.
- 참조 페이지가 [A, R, R, A, C, B, K, B]이고 페이지 프레임이 3인 경우의 페이지 교체 흐름은 아래와 같다.

참조 페이지	A	R	R	A	C	B	K	B
페이지 프레임	A(0)	A(1)	A(2)	A(0)	A(1)	A(2)	K(0)	K(1)
		R(0)	R(0)	R(1)	R(2)	B(0)	B(1)	B(0)
					C(0)	C(1)	C(2)	C(3)
페이지 부재	발생	발생			발생	발생	발생	

* 괄호 안의 숫자는 참조되지 않은 횟수임

⑤ LFU(Least Frequently Used)
- 사용 빈도가 가장 적은 페이지를 교체하는 기법이다.
- 자주 사용되는 페이지는 사용 횟수가 많아 교체되지 않고 사용된다.

⑥ NUR(Not Used Recently)
- LRU와 비슷한 알고리즘으로, 최근에 사용하지 않은 페이지를 교체하는 기법이다.
- 최근에 사용되지 않은 페이지는 향후에도 사용되지 않을 가능성이 높다는 것을 전제로, LRU에서 나타나는 시간적인 오버헤드를 줄일 수 있다.
- 최근 사용 여부를 확인하기 위해서 각 페이지마다 참조 비트와 변형 비트가 사용된다.
  - 참조 비트 : 호출되지 않을 때 0, 호출되었을 때 1
  - 변형 비트 : 변형되지 않을 때 0, 변형되었을 때 1

참조 비트	변형 비트	교체 순서
0	0	1
0	1	2
1	0	3
1	1	4

⑦ SCR(Second Chance Replacement) [24.5]
- FIFO 기법의 단점을 보완하는 기법으로 오랫동안 주기억 장치에 있던 페이지 중 자주 사용되는 페이지의 교체를 방지하기 위한 기법이다.

3) 페이지 관리 방식

① 페이지 크기의 영향 21.5
- 페이지 크기가 작을 경우, 페이지 단편화가 감소되고 이동시간이 줄어든다.
  - 효율적인 Working Set 유지와 Locality 일치성 상승
  - 페이지 맵 테이블 크기 상승으로 인한 매핑 속도, 입출력 속도 저하
- 페이지 크기가 클 경우, 페이지 단편화가 증가되고 이동시간이 늘어난다.
  - 비효율적인 Working Set과 Locality 일치성 저하
  - 페이지 맵 테이블 크기 감소로 인한 매핑 속도, 입출력 속도 상승

② Locality(구역성)
- 프로세스가 특정 페이지를 집중적으로 참조하게 되는 특성이다.
- 가상 기억 장치 관리의 이론적 근거로서, 시간 구역성과 공간 구역성이 있다.
  - 시간 구역성(Temporal Locality) : 특정 페이지를 일정 시간 동안 집중적으로 접근하는 특성
  - 공간 구역성(Spatial Locality) : 특정 위치의 페이지를 집중적으로 접근하는 특성

③ 워킹 셋(Working Set) 21.3
- 프로세스가 특정 단위 시간 동안 자주 참조하는 페이지들의 집합이다.
- 워킹 셋을 주기억 장치에 상주시킴으로써 페이지 교체 및 부재가 줄어들어 메모리 관리 안정성이 보장된다.
- 워킹 셋은 시간이 지남에 따라 변화된다.

④ 페이지 부재 빈도(PFF : Page Fault Frequency) 방식
- 페이지 부재율에 따라 주기억 장치에 있는 페이지 프레임의 수를 늘리거나 줄여서 페이지 부재율을 적정 수준으로 유지하는 방식이다.
- 부재율이 상한선을 넘어가면 좀 더 많은 페이지 프레임을 할당하고, 하한선을 넘어가면 페이지 프레임을 회수하는 방식이다.

⑤ 프리페이징(Prepaging)
- 사용이 예상되는 모든 페이지를 한 번에 프레임에 적재하여 초기의 과도한 페이지 부재를 방지하기 위한 기법이다.

> **기적의 TIP**
> 페이지 크기별 특징을 구분할 수 있어야 합니다.

> **기적의 TIP**
> 워킹 셋에 관련된 설명을 숙지하고 있어야 합니다.

> **기적의 TIP**
> 스래싱이 발생하는 조건을 명확히 이해해야 합니다.

⑥ 스래싱(Thrashing) 21.5, 22.7
- 프로세스의 처리 시간보다 페이지 교체에 소요되는 시간이 더 많아지는 현상이다.
- 프로세스 수행 과정 중 자주 페이지 부재가 발생함으로써 나타나는 현상으로 전체 시스템의 성능이 저하된다.
- 다중 프로그래밍의 정도가 더욱 커지면 스래싱이 나타나면서 CPU의 이용률은 급격히 감소하게 된다.
- 스래싱 현상을 방지하는 방법은 아래와 같다.
    - 다중 프로그래밍의 정도를 적정 수준으로 유지
    - 페이지 부재 빈도를 조절하여 사용
    - 워킹 셋을 유지
    - 부족한 자원을 증설하고, 일부 프로세스를 중단
    - CPU 성능에 대한 자료의 지속적 관리 및 분석으로 임계치를 예상하여 운영

03 파일 편성(파일 설계)

1) 순차(Sequential) 편성 23.7, 24.5, 25.2

① 순차 편성 정의
- 입력되는 데이터의 논리적 순서에 따라 물리적으로 연속된 위치에 기록하는 편성 방식이다.
- 다음에 처리할 데이터가 바로 다음 위치에 있어 일괄 처리에 효율적이다.

② 순차 편성의 특징
- 기록 밀도가 좋고 어떤 저장 매체에도 편성이 가능하다.
    - 기록 밀도 : 데이터가 낭비되는 공간 없이 저장된 정도
- 파일의 이후 처리(추가, 변경, 삭제 등)가 불편하여 백업 등의 특별한 경우에 사용된다.
- 탐색 속도는 빠른 편이지만 순차 탐색만 사용할 수 있어 탐색의 효율은 떨어진다.

2) 임의(Random) 편성

① 랜덤 편성 정의
- 해싱 등의 방법으로 키를 변환하여 일정한 순서 없이 임의로 데이터를 기록하는 편성 방식으로 직접(Direct) 편성이라고도 한다.
- 데이터 처리에도 해싱을 적용하여 보관된 데이터의 위치에 따른 처리 속도가 일정하다.

② 랜덤 편성의 특징
- 키 변환(해싱)을 통해 처리하고자 하는 데이터에 직접 접근이 가능하다.
- 키 변환에 의한 지연 시간, 공간의 낭비, 충돌 문제에 대한 해결 방안이 필요하다.

3) 색인(Indexed) 순차 편성
① 색인 순차 편성 정의
- 데이터를 논리적 순서에 따라 물리적으로 연속된 위치에 기록하고, 저장 데이터에 대한 색인을 구성하여 색인을 통한 랜덤 처리와 일반 순차 처리를 병행할 수 있게 하는 편성 방식이다.
- 정적 인덱스와 동적 인덱스로 구성할 수 있다.
  - 정적 인덱스 : 인덱스의 내용은 변하지만 구조는 변하지 않는 방식, 기본 데이터 구역의 빈 공간이 없어 별도의 구역(오버플로우) 필요
  - 동적 인덱스 : 추가될 데이터를 감안하여 인덱스를 구성하는 방식, 미리 예비 구역을 편성해야 함
- 색인 구역, 기본 데이터 구역, 오버플로우 구역으로 구성된다.

② 색인 구역
- 기본 데이터 구역에 대한 색인(목차)을 구성하는 구역으로 총 3단계로 구분된다.
  - 트랙 색인 : 가장 작은 단위 색인
  - 실린더 색인 : (트랙 색인이 많을 경우) 트랙 색인에 대한 색인
  - 마스터 색인 : (실린더 색인이 많을 경우) 실린더 색인에 대한 색인

③ 기본 데이터 구역
- 실제 데이터가 편성되는 구역으로, 색인에 따라 물리적으로 연속된 위치에 기록된다.

④ 오버플로우 구역
- 정적 인덱스 편성에서 새로 추가될 데이터가 기록되지 못할 때(넘칠 때) 별도로 기록하기 위한 구역으로 실린더 오버플로우와 독립적 오버플로우 방식이 있다.
  - 실린더 오버플로우 : 실린더 색인별로 오버플로우 구역 설정
  - 독립적 오버플로우 : (독립된, 하나의) 별도의 오버플로우 구역 설정

⑤ 색인 순차 편성의 특징
- 순차 처리와 랜덤 처리를 통합하여 데이터 처리에 대한 융통성이 좋다.
- 색인 저장과 오버플로우 처리 등을 위한 별도의 공간이 필요하다.
- 데이터 처리가 용이하지만 처리 횟수가 많아지면 효율이 떨어지므로 재편성이 이뤄져야 한다.

04 디스크 스케줄링

1) 디스크 드라이브

① 디스크 드라이브 정의
- 데이터 반영구적 저장을 위한 하드웨어로 원판 형태의 디스크가 수직적으로 여러 개 모인 형태이다.
- 디스크는 트랙과 섹터, 실린더 등으로 구성되며, 액세스 암과 헤드를 통해 데이터를 입출력한다.
    - 트랙(Track) : 디스크에 동심원 형태로 구성된 데이터 저장 경로, 디스크는 다수의 트랙으로 구성됨
    - 섹터(Sector) : 트랙을 구성하는 최소 단위이자 데이터가 저장되는 단위
    - 실린더(Cylinder) : 모든 디스크의 특정 위치의 트랙에 대한 논리적인 집합
    - 액세스 암(Access Arm) : 데이터 액세스를 위해 특정 트랙(실린더)에 디스크 헤드를 위치시키는 장치
    - 디스크 헤드(Head) : 데이터를 액세스하는 장치
- 디스크는 보조기억 장치의 한 종류로서 기억 장치 중 가장 속도가 느린 편에 속하기 때문에, 처리 속도가 빠른 CPU의 효율적인 데이터 처리를 위해 다양한 스케줄링 방법이 존재한다.

② 디스크 접근 시간
- 데이터 액세스를 위해 디스크가 사용하는 시간이다.
- 디스크 접근 시간은 크게 Seek time, Rotation time, Transfer time이 있다.
    - Seek time : 액세스 암이 헤드의 위치를 특정 트랙(실린더)으로 이동하는 데 걸리는 시간
    - Rotation(Latency) time : 디스크가 회전하여 헤드 밑에 특정 트랙을 위치시키는 데 걸리는 시간
    - Transfer time : 디스크의 데이터가 주기억 장치로 전송되는 데 걸리는 시간

③ FCB(File Control Block)
- 운영체제가 특정 파일에 접근할 때 파악되어야 할 파일의 관리 정보를 저장해 둔 블록이다.
    - 보조기억 장치 유형, 파일ID, 주소, 파일 크기, 생성일 등
- 파일 디스크립터(File Descriptor)라고도 하며 보조기억 장치에 저장되어 있다가 파일이 실행될 때 주기억 장치로 옮겨진다.

④ RAID(Redundant Array of Independent Disks)
- 다수의 하드 디스크 드라이브(HDD)를 하나의 드라이브처럼 사용하는 방식이다.
- 디스크의 접근 성능을 높이거나 안정성을 높이는 등의 다양한 방식이 존재한다.
  - RAID-0 : 다수의 HDD에 데이터 분산 입출력, 속도 향상, 안정성 매우 떨어짐
  - RAID-1 : 다수의 HDD에 데이터 복사 입출력(미러링), 안정성 향상
  - RAID-5 : 최소 3개의 HDD 중 하나를 복구용으로 사용, 안정성과 효율이 뛰어남
  - RAID-0+1 : RAID-0으로 구성된 HDD을 다시 RAID-1로 구성
  - RAID-1+0 : RAID-1로 구성된 HDD를 다시 RAID-0으로 구성(안정적)

2) 디스크 스케줄링

① FCFS(First Come First Served)
- 입출력 데이터 요청(큐)이 들어온 순서대로 처리하는 방식이다.
- 단순하고 공평하게 처리하지만, 요청이 있을 때마다 디스크 헤드의 이동 방향이 바뀌어 진행되므로 비효율적이다.

헤드 위치 : 100
입출력 요청 : 90, 180, 50, 70, 20, 40

> **기적의 TIP**
> 실제 트랙은 0~199로 표현되고 일 단위까지 표현해야 하지만, 이해를 돕기 위해 단순하게 표현되었다는 점을 알려드립니다.

② SSTF(Shortest Seek Time First)
- 현재 디스크 헤드에서 가장 가까운 트랙의 요청을 먼저 처리하는 방식이다.
- Seek time을 최소화할 수 있고 처리량이 극대화된다.
- 응답 시간의 편차가 크고, 안쪽 및 바깥쪽 트랙의 요청에 대한 기아 현상 발생 가능성이 높아진다.

헤드 위치 : 100
입출력 요청 : 90, 50, 120, 200, 20, 40

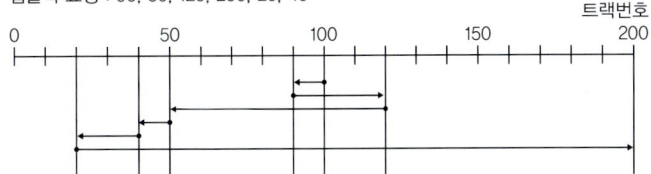

③ SCAN
- 현재 디스크 헤드가 진행되는 방향에 있는 요청을 전부 처리한 뒤, 반대 방향에 있는 요청을 처리하는 방식이다.
- 요청이 없어도 진행 방향의 마지막 트랙까지 진행된 후 반대 방향으로 진행된다.
- 엘레베이터 기법이라고도 하며, SSTF의 단점(기아 현상, 응답 시간 편차)을 보완한다.
- 양단(끝)의 트랙 요청에 대한 응답 시간이 늦어질 수 있다.

헤드 위치 : 100
입출력 요청 : 90, 110, 120, 50, 70, 170, 30

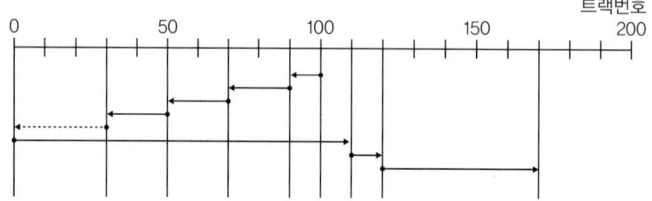

④ C(Circuler)-SCAN
- 항상 바깥쪽 트랙에서 안쪽 트랙으로 진행하며 요청을 처리하는 방식이다.
- 스캔 도중 추가되는 요청이 있더라도 이전 요청을 모두 처리한 뒤 처리된다.
- SCAN방식에 비해 조금 더 균등한 시간배분이 가능해져 응답 시간의 편차가 매우 적다.
- 처리할 요청이 없어도 항상 양단으로 이동하기 때문에 비효율적이다.

헤드 위치 : 100
입출력 요청 : 90, 110, 120, 50, 70, 170, 30

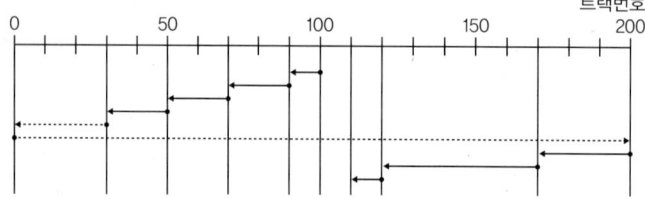

⑤ LOOK, C-LOOK
- SCAN과 C-SCAN을 보완한 방식으로, 진행 방향의 요청이 없는 경우 양단까지 진행하지 않고 방향을 전환하여 처리한다.
- 불필요한 헤드 이동시간을 제거할 수 있지만, 현재 진행 방향에 대한 트랙의 요청이 없는지 여부를 판단해야 한다.

헤드 위치 : 100
입출력 요청 : 90, 110, 120, 50, 70, 170, 30

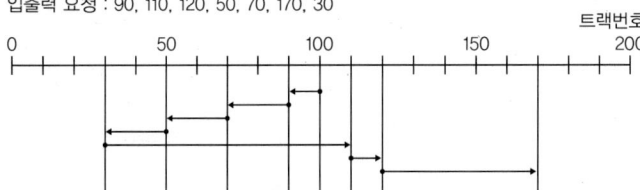

헤드 위치 : 100
입출력 요청 : 90, 110, 120, 50, 70, 170, 30

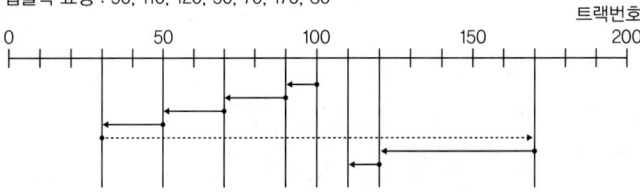

PART 05

정보 시스템 구축 관리

파트 소개

개발한 정보 시스템이 효율적으로 운용될 수 있도록 구축하고 또 구축된 시스템을 관리하기 위한 매우 다양한 기술들에 대해 서술합니다. 실제 시스템을 구축할 수가 없으니 기술에 대한 용어가 문제로 자주 출제되는 편인데, 문제는 그 양이 매우 많고 비슷한 용어들도 많다는 것입니다. 때문에 모든 용어를 암기한다고 생각하기보다는 자주 들여다 보면서 최대한 눈에 익혀두는 것이 점수 획득에 도움이 될 것입니다.

CHAPTER

01

IT 프로젝트 정보 시스템 구축 관리

학습 방향

정보 시스템을 구축하기 위한 네트워크 구축 유형과 네트워크를 통한 통신 기술과 프로토콜, 정보 시스템에 적용되는 신기술들의 동향을 서술합니다. 한 가지 분야에 다양한 유형의 모델과 기술들이 있으므로 서로를 구분할 수 있도록 학습하세요.

SECTION 01 네트워크 구축 관리

빈출 태그 ▶ #전송 제어 문자 #신호 변환 #전송 오류 제어 #ARQ

01 인터넷 구성

1) 통신 시스템

① 데이터 통신 정의
- 정보처리 시스템(컴퓨터)과 통신 회선을 이용하여 데이터를 처리하고 전송하는 것이다.
- 대부분 컴퓨터를 활용하여 데이터를 처리하고 전송하기 때문에 컴퓨터 통신이라고도 한다.
- 데이터 통신이 가능한 컴퓨터들과 통신 회선이 결합된 구조를 데이터 통신 시스템이라고 한다.
  - 데이터 통신 시스템의 요소 : 프로토콜, 송수신자, 전송매체, 메시지

② 데이터 통신 시스템 구성
- 데이터 통신 시스템은 데이터 처리계(컴퓨터)와 데이터 전송계(통신 관련)로 나뉜다.
- 데이터 통신 시스템은 데이터 처리(단말)장치(DTE : Data Terminal Equipment), 신호 변환장치(DCE : Data Communication Equipment), 통신 제어장치(CCU : Communication Control Unit)로 구성된다.
  - DTE : 데이터 입출력 및 오류 등을 제어하는 장치
  - DCE : 아날로그/디지털 신호를 서로 변환하는 장치(MODEM, DSU, CODEC 등)
  - CCU : 처리계와 전송계의 속도 차이를 조절하고, 통신 기능을 보강해 주는 장치

> **➕ 더 알기 TIP**
> CCU는 CCP(Communication Control Processor)나 FEP(Front End Processor)라고도 합니다.

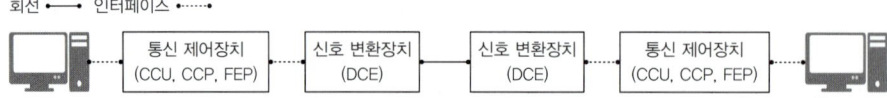

2) 신호 변환 방식

① MODEM(MOdulator and DEModulator)의 신호 변환
- 모뎀의 신호 변환(디지털 변조) 방식은 진폭 편이, 주파수 편이, 위상 편이, 진폭 위상이 있다.
  - 진폭 편이 변조(ASK : Amplitude Shift Keying) : 반송파의 진폭을 변화시키는 방식

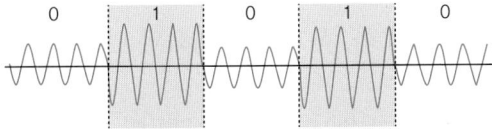

➕ 더 알기 TIP

반송파(Carrier Signal)는 변조되어 전송되는 아날로그 신호를 뜻합니다.

  - 주파수 편이 변조(FSK : Frequency Shift Keying) : 반송파의 주파수(주기)를 변화시키는 방식

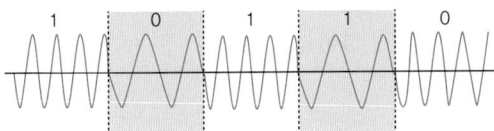

  - 위상 편이 변조(PSK : Phase Shift Keying) : 반송파의 위상을 변화시키는 방식

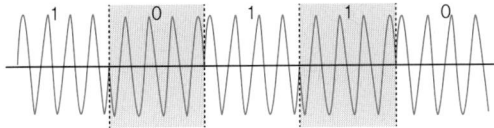

  - 진폭 위상 변조(QAM : Quadrature Amplitude Modulation) : 반송파의 진폭, 위상을 함께 변화시키는 방식

② DSU(Digital Service Unit)의 신호 변환
- 신호의 변조, 복조 방식이 단순하여 고속 전송에 효과적이다.
  - 전압을 주지 않거나(0), 양극(+), 음극(-)으로 표현
- DSU의 신호 변환 방식은 RZ, NRZ, 맨체스터 등이 있다.
  - 단극 RZ(Return to Zero) : 데이터가 1이면 전압을 한쪽(+ 또는 -)에 주고, 0이면 주지 않는 방식
  - 양극 NRZ(Non Return to Zero) : 데이터가 1이면 양극, 0이면 음극에 전압을 주는 방식

- 맨체스터(Manchester) : 하나의 펄스폭을 2개로 나누고, 1과 0을 반대로 구성하는 방식
- 바이폴라(Bipolar) : 데이터가 1이면 전압을 양쪽에 번갈아 주고, 0이면 주지 않는 방식

③ CODEC(enCOder/DECoder)의 신호 변환
- 펄스 코드 변조 방식(PCM : Pulse Code Modulation)을 적용하는 신호 변환 장치이다.
- PCM은 입력 신호를 표본화, 양자화, 부호화, 복호화, 여파화의 단계로 변환한다.
  - 표본화(Sampling) : 입력 신호를 일정 간격으로 추출하는 단계
  - 양자화(Quantization) : 표본화된 값을 정수화(반올림)하여 PAM(Pulse Amplitude Modulation) 신호로 변환하는 단계
  - 부호화(Encoding) : 양자화된 값을 디지털 신호(0,1)로 변환하는 단계
  - 복호화(Decoding) : 수신된 디지털 신호를 다시 PAM 신호로 복원하는 단계
  - 여파화(Filtering) : 복호화된 신호를 저역필터기(Low Pass Filter)에 통과시켜 원래의 입력 신호와 비슷하게 재구성하는 단계

3) 데이터 전송 시스템

① 데이터 통신 방식
- 데이터 통신 방식은 데이터 전송 방향에 따라 단방향, 반이중, 전이중 통신으로 나뉜다.
  - 단방향(Simplex) : 데이터 전송 및 수신의 역할이 정해져 있는 형태(TV, 라디오)
  - 반이중(Half-duplex) : 데이터 전송 및 수신의 역할을 서로 바꿀 수 있는 형태(무전기)
  - 전이중(Full-duplex) : 데이터 전송 및 수신을 동시에 가능한 형태(전화)

② 데이터 전송 방식
- 데이터 전송 방식은 동기화(Synchronization) 여부에 따라 결정된다.
  - 동기화 : 송신측과 수신측의 송수신 작업 수행시간을 정확히 맞추는 것
- 동기식 방식은 전송 효율과 속도가 높으며, 프레임 단위로 전송된다.
  - 전송 비트에 동기화를 위한 제어 정보(문자)를 붙여서 프레임 구성
- 비동기식 방식은 소량의 데이터를 저속으로 전송하며 문자 단위의 비트 블록을 전송한다.
- 동기식은 복잡하지만 고성능이고, 비동기식은 단순하고 저렴하지만 효율이 낮다.

③ 동기식 전송 제어 문자 24.5
- 동기화 유지를 위한 전송 제어 문자들은 아래와 같다.

제어문자	의미
SYN(SYNchronous Idle)	문자 동기
SOH(Start Of Heading)	헤딩의 시작
STX(Start of TeXt)	본문의 시작 및 헤딩 종료
ETX(End of TeXt)	본문의 종료
ETB(End of Transmission Block)	블록 종료
EOT(End Of Transmission)	전송 종료와 데이터링크 해제
ENQ(ENQuiry)	상대편에 데이터링크 설정과 응답 요구
DLE(Data Link Escape)	전송 제어 문자 구분자
ACK(ACKnowledge)	긍정 응답
NAK(Negative AcKnowledge)	부정 응답

4) 네트워크 장비 22.7, 23.5, 25.2

① 허브(Hub)
- 데이터 송수신을 위해 다수의 컴퓨터를 연결하는 장치로, 다수의 허브를 통해 구조적인 네트워크를 구축할 수 있다.
- 허브는 스위칭 여부에 따라 더미 허브와 스위칭 허브가 있다.
  - 더미(Dummy) 허브 : 네크워크 전체 대역폭(속도)을 컴퓨터들이 나눠 쓰는 방식(속도 저하)
  - 스위칭(Switching) 허브 : 통신이 필요한 컴퓨터에 대역폭을 집중시키는 방식(속도 유지)

② 리피터(Repeater)
- 데이터 전송 중 감쇠되는 신호를 증폭시켜 목적지까지 안정적으로 도달하게끔 하는 장치다.

③ 브리지(Bridge)
- 서로 다른 근거리 네트워크 영역(LAN : Local Area Network)을 연결하는 장치다.
- 같은 프로토콜을 사용하는 LAN과 LAN을 연결, 확장할 수 있고 데이터 움직임을 제어함으로써 트래픽을 조절하는 기능을 가진다.

④ 스위치(Switch)
- 허브의 기능을 확장한 것으로, 전송 중 패킷(전송 단위)의 충돌이 일어나지 않도록 목적지로 지정한 포트로만 1:1로 데이터를 전송하는 장치다.
- 소프트웨어 기반으로 처리되는 브리지와 달리 하드웨어 기반으로 빠른 속도로 전송이 가능하다.

> **기적의 TIP**
>
> 각 장비의 사용 목적을 생각해 보세요.

- 스위치는 계층에 따라 L2, L3, L4 등으로 나뉜다.
  - L2(Layer-2) : 패킷의 MAC 주소를 읽어 스위칭, 간단한 구조, 데이터링크 계층에 위치
  - L3(Layer-3) : L2에 라우팅 기능 추가, 특정 프로토콜 기반, 네트워크 계층에 위치
  - L4(Layer-4) : 프로토콜 기반, 부하 분산(Load Balancing) 기능 제공, 복잡한 설정

⑤ 라우터(Router)
- 서로 다른 프로토콜을 사용하는 네트워크를 연결하여 전송 목적지까지 최적의 경로를 설정해주는 장치다.
- 일반적으로 스위치와 브리지는 데이터링크 계층에서 운용되고, 라우터는 네트워크 계층에서 운용된다.

⑥ 게이트웨이(Gateway)
- 서로 다른 통신망에 접속하기 위한 관문의 역할을 하는 장치다.
- 자신의 네트워크에서 다른 네트워크로 이동하기 위해 반드시 거쳐야 하는 거점이다.

02 오류 제어

1) 데이터 흐름(오류) 제어

① 데이터 전송 프레임
- 송수신 비트열에 대해 부가적인 정보를 더하여 형식화한 데이터 블록이다.
- 데이터 전송 프레임은 동기식 전송에 사용된다.
- 문자 지향의 BSC와 비트 지향의 HDLC가 있다.

② BSC 프레임
- 반이중 전송만 지원하며 P2P나 멀티포인트 방식에서 주로 사용된다.
- 흐름 제어를 위해 Stop-and-Wait ARQ를 사용한다.
- 오류 검출이 어렵고 전송 효율이 나쁘다.
- 주로 동기식 전송에 사용되지만 비동기식 방식이 사용되기도 한다.

③ HDLC 프레임
- 다양한 데이터링크 형태에 적용된다.
- 모든 데이터 통신 방식을 지원하는 동기식 전송 방식이다.
- 흐름 제어를 위해 Go-Back-N, Selective Repeat ARQ를 사용한다.

- 전송 효율과 신뢰성이 높다.
- HDLC 프레임은 FLAG, ADDRESS, CONTROL, INFORMATION, FCS 등으로 구성된다.
  - FLAG(8bit) : 프레임의 시작과 끝(구분자)
  - ADDRESS(8bit) : 수신측의 주소값, 확장 시 16비트
  - CONTROL(8bit) : 제어 필드 형식이 다른 세 종류의 프레임 정의, 확장 시 16비트
  - INFORMATION(가변) : 실제 정보 메시지 포함
  - FCS(16bit) : Frame Check Sequence(CRC), 확장 시 32비트
- CONTROL 파트에 포함되는 프레임은 I프레임, S프레임, U프레임이 있다.
  - Information : 사용자 데이터 전송
  - Supervisory : 흐름 제어 기능 제공
  - Unnumbered : 보조 연결 제어 기능 제공

2) 오류 제어 방식

① 오류 발생 원인

- 데이터 전송 중 발생할 수 있는 오류와 오류의 원인들은 아래와 같다.
  - 감쇠(Attenuation) : 전송 거리에 따라 신호가 점차 약해지는 현상
  - 지연 왜곡(Delay Distortion) : 하나의 전송 매체로 여러 신호를 전달하는 경우 주파수에 따라 전달 속도가 달라지는 현상
  - 상호 변조 잡음(Intermodulation Noise) : 서로 다른 주파수들이 하나의 전송 매체를 공유할 때 주파수 간 합이나 차로 인해 새로운 주파수가 생성되는 현상
  - 충격 잡음(Impulse Noise) : 번개와 같은 외부적인 충격으로 발생하는 불규칙하고 높은 진폭에 의해 발생되는 잡음

② 오류 제어 방식

- 오류 제어 방식은 역채널의 이용 여부에 따라 순방향 오류 제어 방식(FEC)과 역방향 오류 제어 방식(BEC)이 있다.
  - 역채널 : 수신측이 송신측으로 제어 문자(ACK, NAK)를 전송하기 위한 채널
  - FEC(Forward Error Correction) : 역채널 미이용(해밍코드, 상승코드 등)
  - BEC(Backward Error Correction) : 역채널을 이용하여 승인 및 재전송 요청(패리티, ARQ 등)

3) 순방향(전진) 오류 제어

① 해밍(Hamming) 코드
- 데이터의 오류 검출(2bit) 및 직접 수정(1bit)도 가능한 오류 수정 코드이다.

② 상승 코드
- 여러 비트의 오류가 있더라도 경계값(한계값) 디코딩을 사용하여 여러 비트의 오류를 수정하는 코드이다.

4) 역방향(후진) 오류 제어

① 패리티(Parity) 검사
- 전체 비트열 내 1의 개수가 짝수(혹은 홀수) 개가 되도록 패리티 비트를 추가하는 것이다.
  - 1010010의 경우 짝수 패리티 설정 : 10100101
  - 1010010의 경우 홀수 패리티 설정 : 10100100
- 약속된 패리티 종류에 해당하지 않는 비트 배열이 도착하면 오류가 발생했다고 판단한다.
- 2개의 오류가 동시에 발생하는 경우에는 검출이 불가능하고, 오류 비트 위치의 검출이 불가능하다.

② 블록합 검사
- 패리티 검사의 단점을 보완하는 방식으로, 각 문자당 패리티 체크 비트와 전송 프레임의 모든 문자들에 대한 패리티 문자를 함께 전송하는 방식이다.

③ CRC(Cyclic Redundancy Check, 순환 중복 검사)
- 오류가 한꺼번에 많이 발생(Bust Error)하는 블록합 검사의 단점을 보완한 방식이다.
- 다항식 코드를 사용하여 오류를 검출하는 방식이다.

5) ARQ(Automatic Repeat reQuest) 21.8

① ARQ 정의
- 오류(Error)가 발생할 경우 자동으로 송신측에 데이터의 재전송을 요청하는 것이다.

② Stop and Wait ARQ
- 송신측이 전송한 프레임에 대하여 수신측으로부터 응답신호(ACK, NAK)를 받을 때까지 기다리는 방식이다.
- ACK(긍정 응답)가 오지 않은 경우 프레임이 손실되거나 중복 등이 일어난 것으로 판단한다.
- 1개의 파이프 라인(응답신호를 받기 전에 보낼 수 있는 프레임 개수)만 사용한다.

> **기적의 TIP**
> ARQ의 종류가 아닌 것을 선택할 수 있어야 합니다.

③ Go Back N ARQ
- 한 번에 여러 프레임을 보낸 후에 응답신호를 기다리고, 신호를 받으면 후속 데이터를 전송하는 방식이다.
- 송신측이 NAK(부정 응답)를 받게 되면, 해당 프레임뿐 아니라 당시에 보냈던 모든 프레임을 재전송한다.

④ Selective Repeat ARQ
- Go Back N ARQ의 단점을 보완한 방식으로 오류가 난 부분만 재전송하는 방식이다.
- 빠른 재전송이 가능하지만 수신측의 처리 과정이 복잡해진다.

⑤ Adaptive ARQ
- 전송 효율을 극대화하기 위해 데이터 프레임의 길이를 동적으로 변경하여 전송하는 방식이다.
- 수신된 데이터 프레임의 오류 발생률을 판단하여 송신측에 통보하면, 송신측은 발생률에 따라 길거나 짧은 프레임을 전송한다.
  - 오류 발생률이 낮은 경우 : 긴 길이의 프레임 전송
  - 오류 발생률이 높은 경우 : 짧은 길이의 프레임 전송

SECTION 02 통신망 기술

빈출 태그 ▶ #다중화/집중화 #CSMA #네트워크 토폴로지 #라우팅 프로토콜

01 회선 공유 기술

1) 다중화기(MUX : MUltipleXer) 20.9

① 다중화기 특징
- 하나의 고속 전송 회선에 다수의 데이터 신호를 중복하여 만들어 전송하는 방식이다.
- 전송 회선의 이용 효율이 상승하고, 집중화기에 비해 단순하고 저렴하다.
- 전송 채널과 수신 채널의 개수가 같고, 단말기들의 속도의 합과 전송 회선의 속도가 일치해야 한다.
- 전송 회선의 채널을 정적이고 규칙적으로 배분하고 공유한다.
- 분할의 주체에 따라 주파수 분할, 시간 분할, 코드 분할, 파장 분할 등이 있다.

② 주파수 분할 다중화(FDM, Frequency Division Multiplexing)
- 전송 회선의 대역폭을 다수의 작은 채널로 분할하여 동시에 이용하는 방식이다.
- TV, 라디오 등에서 사용하는 방식으로 상호 변조 잡음(상호 간섭)이 발생할 수 있다.
- 단순한 기술로 비용이 저렴하고 상호 간섭을 막기 위해 보호대역이 필요하다.

③ 시간 분할 다중화(TDM, Time Division Multiplexing)
- 전송 회선의 대역폭을 타임 슬롯으로 나누어 채널에 할당하는 방식이다.
  - 타임 슬롯(Time Slot) : 전송되는 데이터의 시간적 위치 또는 주기적 시간 간격
- 복잡한 기술로 비용이 많이 들고 타임 슬롯이 낭비되는 경우가 많다.
- 동기화 여부에 따라 STDM과 ATDM으로 나뉜다.
  - S(Synchronous)TDM : 채널을 정적으로 배분, 단순하지만 타임 슬롯 낭비 심함
  - A(Asynchronous)TDM : 채널을 동적으로 배분, 다양한 기능 지원 필요 (비용 상승)

> **기적의 TIP**
> 다중화기를 키워드별로 구분할 수 있어야 합니다.

④ 코드 분할 다중화(CDM, Code Division Multiplexing)
- 주파수 분할 다중화 방식과 시분할 다중화 방식의 장점을 혼합한 방식이다.
- TDM으로 전송 신호를 할당하고, 할당된 타임 슬롯에는 FDM으로 할당하는 방식이다.
- 기존 방식들에 비해 품질과 보안성이 뛰어나다.

⑤ 파장 분할 다중화(WDM, Wavelength Division Multiplexing)
- FDM보다 발전된 방식으로 광섬유 등을 매체로 광신호를 전송할 때 사용된다.
- 전송하고자 하는 여러 신호에 대해 서로 다른 파장을 할당하여 다중화한다.
- 빛의 파장은 서로 간섭을 일으키지 않아 전송 투명성과 확장성이 향상된다.

2) 집중화기(Concentrator)

① 집중화기 특징
- 하나의 전송 회선을 하나의 단말기가 독점하여 사용하고 나머지 단말들은 버퍼에서 자신의 차례가 올 때까지 기다리는 방식이다.
- 전송 채널과 수신 채널의 개수가 다르고, 단말기들의 속도의 합이 전송 회선의 속도보다 큰 경우에 사용한다.
- 비동기 전송 방식을 사용하며 구현 기술이 복잡하여 비용이 많이 든다.
- 같은 전송 회선을 동적으로 공유하는 공유 회선 점유 방식(MAC : Medium Access Control)의 원리에 따라 다양한 방식으로 구성된다.
  - 예약 방식, 경쟁 방식, 순서적 할당 방식, 선택 방식 등

> **더 알기 TIP**
>
> MAC는 매체 접근 제어라고도 합니다.

② 예약 방식(Reservation)
- 데이터 스트림(길고 연속적인 정보)에 대해 적당한 방식으로 전송 회선의 타임 슬롯을 미리 예약하는 방식이다.

③ 경쟁 방식(Contention)
- 트래픽이 적은 소량의 데이터 전송에 적합한 방식으로 대량의 데이터에 대해서는 성능이 떨어진다.
- 모든 단말기가 순서와 규칙 없이 경쟁을 통해 전송 회선을 점유하는 방식이다.
- ALOHA, slot-ALOHA, CSMA, CSMA/CD, CSMA/CA 등이 있다.
  - ALOHA : 최초의 무선 패킷 통신망, 긍정 응답이 없으면 전송을 포기하는 방식
  - slot-ALOHA : ALOHA 기법에 타임 슬롯을 할당하여 동기화

④ CSMA(Carrier Sense Multiple Access) 21.5, 23.7, 24.2
- 긍정 응답을 기다리지 않고 사용 중인 채널에 일정한 규칙을 통하여 접근하는 방식이다.
  - CSMA/CD(Collision Detection) : CSMA 방식에 충돌 검출 기능과 재송신 기능 추가(유선 LAN, Ethernet)
  - CSMA/CA(Collision Avoidance) : 예비 신호 전송을 통해 패킷 충돌을 피하는 방식(무선 LAN)
- CSMA/CD는 IEEE 802.3 프로토콜을 사용하고, CSMA/CA는 IEEE 802.11 프로토콜을 사용한다.

⑤ IEEE 802 표준 규약 20.6, 21.3, 22.7
- 미국 전기 전자 학회(IEEE) 산하에서 근거리 통신망(LAN : Local Area Network)과 도시권 통신망(MAN: Metropolitan Area Network) 표준을 담당하는 IEEE 802 위원회에서 제정된 일련의 표준 규약이다.
  - IEEE 802.3 : CSMA/CD
  - IEEE 802.4 : Token BUS
  - IEEE 802.5 : Token RING
  - IEEE 802.8 : Fiber optic LANs
  - IEEE 802.9 : 음성/데이터 통합 LAN
  - IEEE 802.11 : 무선 LAN(CSMA/CA)
- IEEE 802.11 추가 규정은 아래와 같다.
  - IEEE 802.11a : OFDM 기술 사용
  - IEEE 802.11b : HR-DSSS 기술 사용
  - IEEE 802.11c : 유선 LAN 및 무선 LAN과의 브리지 기능을 강화하기 위한 MAC 기능 수정
  - IEEE 802.11d : 지리적 규제 영역을 넘은 로밍 규격
  - IEEE 802.11e : Qos 보안 강화를 위해 MAC 지원 기능 채택
  - IEEE 802.11f : AP 상호 간에 로밍
  - IEEE 802.11g : OFDM, DSSS 기술 사용

⑥ 순서적 할당 방식(RR : Round Robin)
- 순서적 할당 방식에는 Rolling, Token, FDDI(Fiber Distributed Data Interface) 방식이 있다.
  - Rolling(중앙형) : 중앙 컴퓨터의 시간 통제로 정해진 시간만큼만 돌아가며 할당됨
  - Token(분산형) : 허가권(Token)을 갖는 단말기에만 회선 할당
  - 토큰 링 : 링 구조 회선에서 토큰 운영
  - 토큰 버스 : 버스 구조 회선에서 토큰 운영

> **기적의 TIP**
> CSMA의 종류를 구분할 수 있어야 합니다.

> **기적의 TIP**
> IEEE 802의 세부 표준을 구분할 수 있어야 합니다.

- 토큰 패싱 : 버스 구조 회선에서 토큰 링 형태로 운영
- 슬롯 링 : 다수의 데이터 프레임 운영
- FDDI : 토큰 링 기반, 백업용 토큰 링 추가, 넓은 지역을 광섬유로 연결하는 네트워크

⑦ 선택 방식(Selection)
- 데이터 전송을 위해 다수의 수신측 단말기 중 하나를 선택하여 전송하는 방식이다.
  - Select-Hold : 수신 준비 여부를 확인한 후 데이터를 전송(BSC 방식)
  - Fast-Select : 수신 준비 여부를 확인하지 않고 데이터를 전송(SDLC 방식)

02 교환 회선

1) 네트워크 토폴로지(Topology) 20.8, 21.3, 23.3, 24.5

① Bus Topology(버스형)
- 하나의 메인 통신 회선에 다수의 단말기가 연결되어 있는 형태이다.
  - 장점 : 간단한 구조, 단말기 추가/제거 용이, 단말기의 고장이 통신망에 영향 없음(신뢰성 상승)
  - 단점 : 메인 통신 회선의 길이 제한, 기밀 보장 어려움

② Star Topology(성형)
- 중앙에 메인 시스템을 중심으로 다수의 단말기가 연결되어 있는 형태이다.
  - 장점 : 단말기 추가/제거 용이, 교환 노드(중계기)의 수가 토폴로지 중 가장 적음
  - 단점 : 메인 시스템이 고장나면 전체 통신망 마비

③ Ring Topology(환형)
- 이웃하는 단말기를 P2P 방식으로 연결하는 형태이다.
  - 장점 : 양방향 데이터 전송, 특정 방향의 단말기가 고장나도 다른 방향으로 전송 가능
  - 단점 : 단말기 추가/제거 어려움, 기밀 보호 어려움, 전송 지연 발생 가능성 높음

④ Tree Topology(계층형)
- 인접한 단말기 간에는 하나의 통신 회선으로 연결(Star Topology)하고, 연결된 Star 토폴로지 간에는 Bus 토폴로지로 연결되는 형태이다.
  - 장점 : 분산 처리 시스템에 적용, 관리 및 확장이 용이함
  - 단점 : 특정 회선에 과도한 트래픽, 메인 시스템이 고장나면 해당 토폴로지 마비

> **기적의 TIP**
>
> 예시 이미지 또는 설명을 보고 적절한 토폴로지를 선택할 수 있어야 합니다.

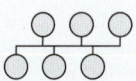
▲ 버스형

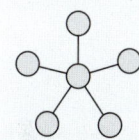
▲ 성형

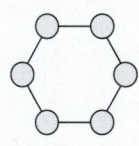
▲ 환형

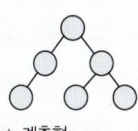
▲ 계층형

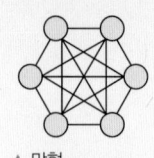
▲ 망형

⑤ Mesh Topology(망형)
- 공중 데이터 통신망에서 사용하는 방식으로 모든 단말기를 서로 연결한 형태이다.
  - 장점 : 회선 장애 시 다른 경로로 전송 가능(연결성 높음), 다수의 단말기로 다량의 통신 가능
  - 단점 : 통신 회선의 총 길이가 가장 길고 구축 비용과 시간이 많이 소요됨

2) 회선의 종류

① 전용 회선
- 통신 회선이 P2P나 멀티 포인트 방식으로 고정되어 있는 방식이다.
- 속도가 빠르고 오류가 적고 유지 보수가 용이하다.
- 데이터 전송량이나 사용 시간이 많을 때 효율적이다.

② 교환 회선
- 필요에 따라 교환장치에 의해 송신측과 수신측이 연결되는 방식이다.
- 전용 회선에 비해 전송 속도가 느린 편이지만 통신 장치와 회선 비용을 줄일 수 있다.
- 데이터 전송량이나 사용 시간이 적을 때 효율적이다.
- 교환 방식에는 회선 교환 방식과 축적 교환 방식이 있다.

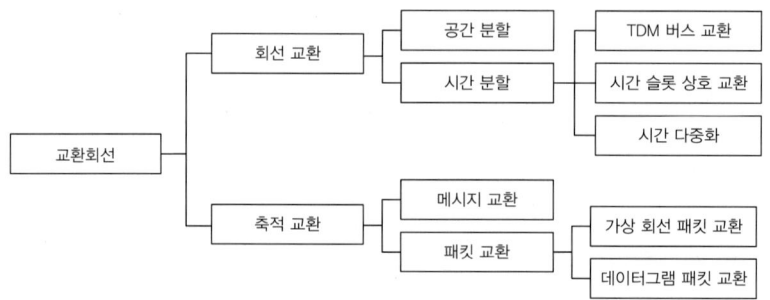

③ 회선 교환 방식
- 교환장치가 송신측과 수신측의 통신 회선을 물리적으로 연결시키는 방식이다.
- 데이터 전송 전에 통신 회선을 물리적으로 연결하여 고정 대역폭으로 전달된다.
- 접속에는 긴 시간이 소요되지만, 전송 지연이 거의 없어 실시간 전송이 가능하다.

④ 축적 교환 방식
- 전송할 데이터를 송신측의 교환장치에 저장해두었다가 해당 수신측의 전송 순서에 맞춰 전송하는 방식이다.
- 송신측과 수신측에 직접적인 접속 경로를 생성하지 않으므로 실시간 정보 교환에 부적합하다.

- 저장 매체를 경유하기 때문에 정보의 형식에 제약이 있다.
- 메시지 교환 방식과 패킷 교환 방식이 있다.
  - 메시지(전문) 교환 방식 : 각 메시지마다 경로 설정 가능, 전송 지연 시간이 매우 김
  - 패킷 교환 방식 : 메시지를 패킷으로 분할하여 전송, 빠른 응답 시간, 수신 측에서 재조립(가상 회선 패킷 교환 방식, 데이터그램 패킷 교환 방식)

3) 패킷 교환 방식

① 가상 회선(Virtual Circuit) 패킷 교환 방식
- 제어 패킷을 통해 가상의(논리적) 전송 경로를 확보한 뒤 데이터 패킷을 전송하는 방식이다.
- 전송 초기 단계에 논리적 연결 설정을 위한 작업이 필요하며 전송 경로에 종속적이다.
- 패킷의 전송 순서는 바뀌지 않고 그대로 전송되며, 체증(Traffic)이 비교적 많이 발생한다.

② 데이터그램(Datagram) 패킷 교환 방식
- 논리적 경로의 확보 없이 자유롭게 데이터 패킷을 전송하는 방식으로 제어 패킷이 필요 없다.
- 별도의 초기 설정이 필요 없고 전송 경로에 독립적이다.
- 패킷의 전송 순서는 바뀔 수 있고, 체증(Traffic)이 비교적 적게 발생한다.

③ ITU-T(CCITT) X.25 프로토콜
- X.25는 1976년 ITU-T에 의해 패킷 교환망 표준으로 제정된 것으로, 패킷 교환망의 DCE와 DTE 간의 인터페이스 제공에 관한 프로토콜이다.
  - ITU-T : 전화나 정보통신을 포함하는 모든 통신을 컴퓨터 네트워크에 통합하기 위한 표준안을 제시하는 상설기관
- 우수한 호환성, 신뢰성, 품질, 효율성을 가진다.
- 축적 교환 방식을 사용하므로, 전송을 위한 처리 지연이 발생할 수 있다.
- 가상 회선을 두 종류(가상 호, 영구적 가상 회선) 제공하며 모든 패킷은 최소 3옥텟의 헤더를 갖는다.
- 물리 계층, 링크(프레임) 계층, 패킷 계층으로 나뉜다.
  - 물리 계층 : 물리적 접속 인터페이스(X.21 사용)
  - 링크 계층 : 데이터링크의 순서 제어, 오류 제어 등 수행(LAP-B 사용)
  - 패킷 계층 : 가상 회선 지원, 데이터링크 다중화(Sliding Window 사용)

> **기적의 TIP**
>
> X.25는 과거에 자주 출제되는 영역이었지만, 최근 개정된 시험에서는 OSI와 TCP에 밀려 출제되지 않고 있어 간략하게 기술하였습니다.

> **기적의 TIP**
>
> 옥텟은 바이트와 의미가 같습니다.

4) 패킷 교환 방식의 트래픽 제어 기법

① 흐름 제어(Flow Control)
- 통신망 내 트래픽 제어의 원활한 흐름을 위해 노드 간 전송하는 패킷의 양이나 속도를 제어하는 것이다.
- 정지-대기 ARQ와 슬라이딩 윈도우 방식이 있다.
  - 정지-대기 ARQ : 수신측으로부터 긍정 응답을 받은 후에 데이터 프레임 전송
  - Sliding Window : 수신받을 수 있는 데이터의 크기(Window)를 전달하여 해당 크기만큼만 전달받는 방식

② 혼잡 제어(congestion control)
- 패킷의 대기 지연 시간이 너무 길어져 트래픽이 폭주하지 않도록 네트워크 측면에서 흐름을 제어하는 방식이다.

③ 교착 상태 회피(deadlock avoidance)
- 패킷을 저장하는 공간이 포화 상태에 있을 때, 다음 패킷들이 기억 장치에 진입하기 위해 무한정 기다리는 교착 상태를 회피하는 방식이다.
- 교착 상태에 있는 단말기 중 하나를 선택하여 해당 패킷 버퍼를 폐기한다.

03 라우팅 프로토콜

1) 라우팅(Routing)

① 라우팅 정의
- 데이터 패킷을 전송하는 데 있어 가장 빠르고 안정적인 경로를 설정하여 전송하는 기술이다.
- 경로 설정 전략은 고정 경로, 범람 경로, 적응 경로 전략이 있다.
  - 고정 경로 설정 : 데이터 패킷의 경로가 이미 정해져 있는 방식
  - 범람(Flooding) 경로 설정 : 송수신 간에 존재하는 모든 경로로 패킷을 전송(복사)하는 방식
  - 적응(Adaptive) 경로 설정 : 통신망의 상태에 따라 전송 경로가 바뀌는(동적) 방식

② 라우팅 프로토콜의 분류 22.4, 23.3
- 라우팅 프로토콜은 정적 라우팅과 동적 라우팅으로 나뉜다.
  - 정적 라우팅 : 관리자가 경로를 직접 설정, 빠르고 안정적, 변화 대응 어려움
  - 동적 라우팅 : 통신망의 상태에 따라 동적인 경로 설정, 라우터끼리 정보 공유

- 동적 라우팅은 라우팅 정보를 공유하는 범위에 따라 내부 라우팅과 외부 라우팅으로 나뉜다.
  - 내부 라우팅 프로토콜(IGP : Interior Gateway Protocol) : 같은 그룹 내 정보 공유
  - 외부 라우팅 프로토콜(EGP : Exterior Gateway Protocol) : 다른 그룹과 정보 공유

➕ **더 알기 TIP**

라우팅 프로토콜에서의 그룹은 자치 시스템(AS : Autonomous System)으로써 동일한 관리하에 존재하는 영역 및 서브 네트워크 등을 의미합니다.

- 내부 라우팅 프로토콜은 라우팅 테이블에 기록되는 정보에 따라 Distance Vector와 Link State Vector로 나뉜다.

> **기적의 TIP**
>
> 라우팅 프로토콜을 분류할 수 있어야 합니다.

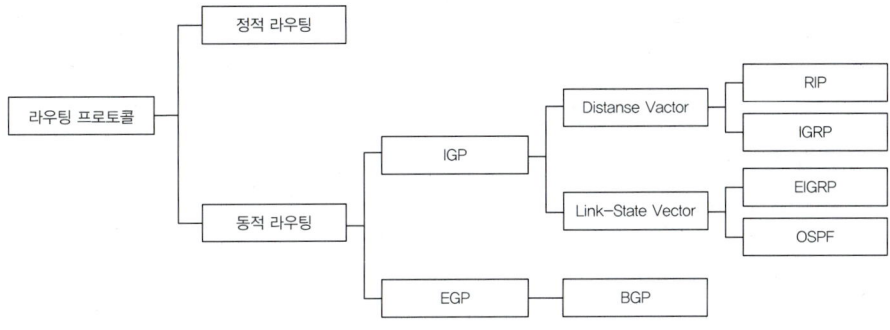

③ Distance Vector
- 목적지까지 데이터를 전송하기 위한 거리와 방향만을 라우팅 테이블에 기록하는 방식이다.
- 라우팅 정보를 획득하면 인접 라우터들에게 목적지와 매트릭(정보)을 알린다.
- 변화가 없어도 주기적으로 라우팅 정보가 교환되므로 트래픽이 증가하고, 인접 라우터에 의해 라우팅 테이블이 구성되므로 전체 네트워크의 파악이 어렵다.
- 최단 경로 탐색에는 Bellman-Ford 알고리즘을 사용한다.

④ Link State Vector
- 목적지까지 데이터를 전송하기 위한 모든 경로 정보를 라우팅 테이블에 기록하는 방식이다.
- 최단 경로 우선 알고리즘(SPF : Shortest Path First, Dijkstra)을 사용한다.
- 네트워크 변화를 빠르게 감지하여 경로를 재설정할 수 있다.

2) 라우팅 프로토콜의 종류별 특징

① RIP(Routing Information Protocol) 20.6, 20.8, 23.5, 25.2
- 최대 15홉 이하 규모의 네트워크를 주요 대상으로 하는 라우팅 프로토콜이다.
- 최적의 경로를 산출하기 위한 정보로써 홉(거리 값)만을 고려하므로, 실제로는 최적의 경로가 아닌 경우가 많다.
- 특정 시간 간격으로 업데이트가 발생하므로 컨버전스 타임(Convergence Time)이 길다.
  - Convergence Time : 라우터 간에 변경된 정보를 서로 주고받는 데 걸리는 시간

② OSPF(Open Shortest Path First) 21.5
- VLSM 및 CIDR을 지원하는 대규모 기업 네트워크에서 가장 널리 사용되는 프로토콜이다.
- RIP와 달리 라우팅 테이블의 변화가 발생하는 즉시 업데이트가 발생하므로 컨버전스 타임이 짧다.
- 홉 카운트와 더불어 다양한 요소를 고려하여 경로를 선택하기 때문에 최적의 경로일 확률이 높다.

③ IGRP(Internet Gateway Routing Protocol)
- 네트워크 변화에 대해 신속하게 반응할 수 있는 독립적 네크워크 내에서만 사용하는 프로토콜이다.
- 라우팅 테이블 갱신을 위해 필요한 정보만 전송할 수 있어 회선 부하가 감소된다.
- 홉 카운트를 기준으로 정보를 전송하며 데이터 전송 시 다양한 타입의 서비스를 지원한다.

④ EIGRP(Enhanced IGRP)
- 순차적으로 빠르게 패킷을 전달하는 신뢰성 있는 프로토콜이다.
- VLSM을 지원하여 IP주소의 낭비를 막을 수 있다.
- 보조 IP주소를 이용할 수 있고, 최대 홉 카운트가 224개이다.

⑤ BGP(Border Gateway Protocol)
- 독립 운용되는 대규모 네트워크 그룹(AS) 간 네트워크 정보를 교환하기 위해 주로 사용되는 정책 기반 프로토콜이다.
- Distance Vector 방식의 발전된 형태로, 최적의 경로를 찾는 라우팅 정보라기보다는 도달 가능성을 알리는 프로토콜에 가깝다.
- CIDR을 지원하며 대규모 정보 처리 및 보안에 이점이 있고 다양한 라우팅 변수(Routing Metric)를 활용할 수 있다.

SECTION 03 통신 프로토콜

빈출 태그 ▶ #OSI 7 Layer #TCP/IP #IP #서브넷팅

01 OSI 7계층

1) 통신 프로토콜

① 통신 프로토콜 정의
- 서로 다른 시스템에 존재하는 노드 간의 원활한 통신을 위한 규칙과 약속의 개념이다.
- 외교적인 회의에서 의정한 사항을 기록한 국제 공문서인 '의정서'에서 유래하였다.
- 통신 프로토콜의 기본 구성 요소는 구문, 의미, 시간으로 구성된다.
  - 구문(Syntax) : 데이터 구성 형식, 신호 레벨 등에 대한 형식 규정 등
  - 의미(Semantics) : 데이터 제어 방식, 에러 처리 규정 등
  - 시간(Timing) : 속도 제어, 순서 관리 기법 등

② 통신 프로토콜의 구조 24.5, 24.7
- 통신 프로토콜과 관련된 계층별 구조는 아래와 같다.

		OSI 7 Layer	TCP/IP Protocol	X.25
상위 계층	L7	Application Layer	Application (telnet, FTP, DHCP, TFTP, HTTP, SMTP, DNS, ANMP)	
	L6	Presentation Layer		
	L5	Session Layer		
하위 계층	L4	Transport Layer	Transport(TCP, UDP)	
	L3	Network Layer	Internet(ICMP, ARP, RARP, IP)	Packet Layer
	L2	Datalink Layer	Network Interface	Frame(Link) Layer
	L1	Physical Layer		Physical Layer

③ 프로토콜의 기능
- 프로토콜은 주소 설정, 순서 제어, 캡슐화, 분할 및 재조립, 연결 제어, 오류 제어, 동기화, 멀티플렉싱 등의 기능을 가진다.
  - 주소 설정(Addressing) : 각 전송 계층에 맞는 주소 지정
  - 순서 제어(Sequence Control) : 데이터 단위가 전송될 때 순서를 명시하는 기능
  - 캡슐화(Encapsulation) : 각 계층을 안전하게 통과하기 위해 데이터 정보를 하나로 묶음
  - 분할 및 재조립(Fragmentation & Reassembly) : 전송할 데이터를 분할하여 전송 효율을 높이고 수신된 데이터를 재조립하는 기능

- 흐름 제어(Flow Control) : 송신측에서 오는 데이터의 양과 속도 조절
- 오류 제어(Error Control) : 데이터 순서 오류, 시간 지연 등이 발생하는 경우 재전송을 요구하는 기능
- 동기화(Synchronization) : 데이터를 송수신하는 시점을 일치시키는 기능
- 다중화(Multiplexing) : 하나의 전송 회선에서 다수의 시스템이 동시에 통신할 수 있는 기능

④ OSI(Open System Interconnection) 7계층
- 네트워크에서 통신이 일어나는 과정을 7단계의 계층으로 나눈 국제표준이다.
- 통신이 일어나는 과정을 단계별로 이해하기 쉽고, 계층별 유지보수가 용이하다.
- OSI 7계층은 상위 계층과 하위 계층으로 나뉜다.
  - 상위 계층 : 응용, 표현, 세션 계층
  - 하위 계층 : 전송, 네트워크, 데이터링크, 물리 계층

> **기적의 TIP**
> 각 계층에 해당하는 특성을 구분할 수 있어야 합니다.

2) OSI 7계층의 계층별 특징 20.6, 20.9, 21.3, 21.5, 22.3, 22.7, 23.5, 24.2, 24.5, 24.7, 25.2

① 물리 계층(Physical Layer)
- 물리적(전기, 기계) 신호를 주고받는 계층으로, 데이터의 종류나 오류를 제어하지 않는다.
  - 전송 회선, 허브, 리피터 등

② 데이터링크 계층(Data Link Layer)
- 물리 계층을 통해 노드 간 송수신되는 정보의 오류와 흐름을 관리하여 정보 전달의 안전성을 높이는 계층이다.
- MAC 주소를 통해 통신하며 프레임 단위로 데이터를 전송한다.
  - 브리지, 스위치 등

③ 네트워크 계층(Network Layer)
- 주소를 정하고 경로를 선택하여 패킷(네트워크 계층의 기본 전송 단위)을 전달해주는 계층이다.
- 논리적 주소(IP) 부여를 통해 데이터를 목적지까지 가장 안전하고 빠르게 전달하는 라우팅 기능이 핵심이다.
  - 라우터, L3 스위치 등

④ 전송 계층(Transport Layer)
- 네트워크 상의 단말기 간 신뢰성 있는 데이터 송수신을 제공할 수 있도록 지원하는 계층이다.
- 오류 검출과 복구, 흐름 제어, 중복 및 누락 검사, 다중화 등을 수행하며 세그먼트 단위로 데이터를 전송한다.
- 종단 간 통신을 다루는 최하위 계층으로 송수신 프로세스를 서로 연결해준다.
  - TCP, UDP 등

⑤ 세션 계층(Session Layer)
- 데이터 통신을 위한 양 끝단의 응용 프로세스가 통신을 관리하기 위한 방법을 제공하는 계층이다.
  - 대화 제어(Dialogue Control) : 통신장치들 간의 상호작용을 유지, 동기화 등의 연결 서비스 제공
- 데이터 전송 중에 연결이 끊어지는 경우, 동기점(Synchronization Point)을 통해 오류를 복구한다.
  - 동기점 : 어디까지 성공적으로 전송이 진행되었는지를 나타내는 위치값

⑥ 표현 계층(Presentation Layer)
- 응용 프로세스 간 데이터 표현상의 차이에 상관없이 통신이 가능하도록 독립성을 제공하는 계층이다.
- 데이터의 코드 변환, 데이터 압축, 암호화 등의 수행을 통해 응용 계층의 부담을 덜어준다.

⑦ 응용 계층(Application Layer)
- 네트워크 가상 터미널(network virtual terminal)이 존재하여 서로 상이한 프로토콜에 의해 발생하는 호환성 문제를 해결하는 계층이다.
- 데이터 통신의 최종 목적지로 HTTP, FTP, SMTP, POP3, IMAP, Telnet 등과 같은 프로토콜을 적용하는 응용 프로그램을 통해 사용자에게 서비스가 제공된다.

> **기적의 TIP**
>
> **OSI의 데이터 단위(PDU)**
> - 물리 계층 : 비트
> - TCP : 세그먼트
> - UDP : 데이터그램
> - 응용 계층 : 전문(Message)

02 TCP/IP

1) Internet Protocol Suite

① TCP/IP 정의
- 전송 제어 프로토콜(TCP)과 인터넷 프로토콜(IP)의 약자를 표현한 것으로 인터넷 프로토콜 스위트(모음, 세트)라고도 한다.
- 데이터를 응용 프로그램에 맞추어 송수신하기 위한 프로토콜 및 필수 요건으로 4계층(응용, 전송, 인터넷, 네트워크 인터페이스)으로 구성되어 OSI 7계층 모델을 대체할 수 있다.
- TCP, IP뿐만 아니라 인터넷 관련 프로토콜을 총칭하는 용어이다.

2) 응용 계층 24.5

① 전자 우편(E-mail)
- 온라인으로 편지를 주고받을 수 있는 서비스이다.
- 송수신자가 인터넷에 연결되어 있지 않아도 이용할 수 있으며 첨부, 전달, 답장 등의 부가 기능이 있다.

- SMTP(Simple Mail Transfer Protocol), POP3(Post Office Protocol 3), MIME(Multipurpose Internet Mail Extensions), IMAP(Internet Messaging Access Protocol) 등의 프로토콜을 사용한다.
  - SMTP : 수신측 이메일 서버로 전송
  - POP3 : 수신측 이메일 서버에서 컴퓨터로 다운로드
  - MIME : 멀티미디어 메일을 주고받기 위한 프로토콜
  - IMAP : 이메일 서버에서 메일의 헤더를 분석하여 수신하기 전에 처리(분류, 삭제 등)
  - S/MIME : 전자 우편의 낮은 보안성을 보완하기 위해 메시지 기밀성, 무결성, 사용자 인증, 부인방지 등의 기능을 제공하는 보안 프로토콜

② 원격 제어 21.5, 23.7, 24.7

> **기적의 TIP**
> 원격 제어 서비스별 차이점을 구분할 수 있어야 합니다.

- 인터넷 상의 다른 컴퓨터를 자신의 컴퓨터처럼 사용할 수 있도록 하는 서비스이다.
- 암호화 여부에 따라 telnet(Tele Network)와 SSH(Secure Shell)이 있다.
  - telnet : 23번 포트 사용, 데이터를 평문으로 전달(보안성 하락)
  - SSH : 22번 포트 사용, 데이터를 암호화하여 전달(보안성 상승)

③ 웹 서비스(WWW : World Wide Web) 24.7

- 웹 상에서 일반 데이터 및 멀티미디어 데이터를 송수신하는 광역 정보 서비스이다.
- SSL(Secure Socket Layer) 계층의 포함 여부에 따라 HTTP(HyperText Transfer Protocol)와 HTTPS(Secure)로 나뉜다.

> **더 알기 TIP**
> SSL은 최근 TLS(TransportLayer Security Protocol)로 변경되었으나 시험에서는 SSL로 명칭하는 경우가 더 많습니다.

  - HTTP : 웹 서버와 사용자의 인터넷 브라우저 사이에 문서를 전송하기 위해 사용되는 프로토콜, 80번 포트 사용
  - HTTPS : HTTP에 SSL 계층을 포함하여 보안 기능이 강화된 프로토콜, 443번 포트 사용
  - S-HTTP : 제공되는 페이지만 암호화(HTTPS는 전체 통신 내용 암호화)

④ 파일 전송(FTP : File Transfer Protocol)

> **기적의 TIP**
> 잘 알려진 포트 번호
> - FTP : 21
> - SSH : 22
> - telnet : 23
> - SMTP : 25
> - DNS : 53
> - HTTP : 80
> - POP3 : 110
> - IMAP : 143
> - IRC : 194
> - HTTPS : 443

- 인터넷 환경에서 파일을 업로드/다운로드 할 수 있도록 하는 프로토콜이다.
- 익명으로 이용 가능하며 파일 타입에 따라 전송 모드를 다르게 설정한다.
  - Anonymous FTP : 익명으로 이용 가능한 FTP
  - T(Trivial)FTP : FTP보다 더 단순한 방식의 간단한 파일 전송 프로토콜

- Text(ASCII) Mode : 문서 파일 전송
- Binary Mode : 이미지 파일 전송

> **더 알기 TIP**
>
> 응용 계층의 서비스는 굉장히 다양해서 모든 내용을 담기에는 한계가 있으므로 주로 사용되는 서비스만 기술하였다는 점을 알려드립니다.

3) 전송 계층

① TCP(Transmission Control Protocol) 20.8, 21.8, 23.7, 24.7

- 불안정한 인터넷 프로토콜(IP) 위에서 애플리케이션이 안정적으로 데이터를 송신하는 방법을 제공한다.
  - 주소 지정, 다중화, 연결 유지, 패키징, 전송, 품질 관련 서비스, 흐름 제어 등
- 신뢰성 높은 데이터 전송을 위해 다양한 기능을 제공하므로 복잡한 프레임 구조를 가진다.

> **기적의 TIP**
>
> TCP에 대한 설명이 아닌 것을 선택할 수 있어야 합니다.

> **기적의 TIP**
>
> TCP 헤더의 기본 크기와 최대 크기를 숙지하세요.

Source Port	Destination Port	
Sequence Number		20byte
Acknowledgement Number		
H.LEN / Reserved / URG / ACK / PSH / RST / SYN / FIN	Window Size	
Checksum	Urgent Point	
Option		0~40byte
Padding		

- Source/Destination Port(16/16bit) : 출발지/목적지 포트 번호
- Sequence Number(32bit) : TCP 세그먼트를 식별, 재배열하기 위한 고유번호(Byte 단위로 증가)
- Acknowledge Number(32bit) : 수신된 Sequence Number에 대한 다음 수신 패킷의 번호
- Header Length(4bit) : TCP 헤더 길이 지정(4Byte 단위)
- Reserved(6bit) : 사용되고 있지 않은(예약된) 필드
- Flag Field(6bit) : URG(긴급), ACK(응답), PSH(바로 전송), RST(리셋), SYN(동기화), FIN(종료)
- Window size(16bit) : TCP 최대 수신 버퍼 크기(0~65535)
- Checksum(16bit) : TCP 헤더와 데이터 무결성 보장을 위한 에러 검출
- Urgent Point(16bit) : URG 플래그 비트가 사용된 경우 긴급 데이터 처리용 필드
- 두 단말기 간 논리적 연결을 설정하여 데이터를 패킷 단위로 교환한다.

- 연결형 프로토콜로 통신 수립 단계(3-way 핸드셰이킹) 때문에 지연시간이 발생한다.
    - 1단계 : 수신측에 SYN을 1로 설정하여 전송
    - 2단계 : 수신측은 1(SYN)을 받은 경우 SYN과 ACK를 1로 송신측에 전달
    - 3단계 : 송신측은 1(SYN, ACK)을 받은 경우 ACK를 1로 설정하여 수신측에 전달하여 통신 수립 성공

② UDP(User Datagram Protocol) 20.9, 21.3, 22.4, 23.3, 24.7

> **기적의 TIP**
> UDP에 대한 올바른 설명을 선택할 수 있어야 합니다.

- 신뢰성을 보장하지 않는 비연결성(비접속형) 통신을 제공하는 프로토콜이다.
- 흐름 제어 및 순서 제어가 없어 전송 속도는 빠르지만 신뢰성 보장이 어렵다.
- 스트리밍 서비스처럼 하나의 정보를 다수의 인원이 수신해야 하는 경우에 적합한 프로토콜이다.
- 신뢰성 제공을 위한 기능이 없어 상대적으로 간단한 프레임 구조를 가진다.

Source Port	Destination Port	
UDP length	UDP Checksum	} 8byte

- Source/Destination Port(16/16bit) : 출발지/목적지 포트 번호
- UDP length : UDP 헤더와 데이터를 합친 길이
- UDP checksum : UDP 헤더와 데이터를 모두 포함하여 체크

- UDP 상에서 동작되는 프로토콜은 TFTP, SNMP, RIP, NTP, RTP 등이 있다.
    - TFTP(Trivial File Transfer Protocol) : 간단한 파일 전송
    - SNMP(Simple Network Management Protocol) : 네트워크 관리 및 감시를 위해, 관리 정보 및 정보 운반
    - RIP(Routing Information Protocol) : 소규모 또는 교육용 등의 간단한 네트워크에 사용되는 라우팅 프로토콜
    - NTP(Network Time Protocol) : 컴퓨터 시간을 최상위 동기 클럭원에 동기화하는 프로토콜
    - RTP(Realtime Transport Protocol) : 실시간 멀티미디어 데이터를 효율적으로 전송하기 위한 프로토콜

4) 인터넷 계층

① IP(Internet Protocol) 20.6, 20.9, 22.3, 22.4, 22.7, 23.3, 23.7, 24.2, 24.7, 25.2

- 패킷 교환 네트워크에서 송수신 단말기 간 정보를 주고받는 데 사용하는 정보 위주의 프로토콜이다.
- 데이터는 패킷 또는 데이터그램 단위로 나누어 전송되며 별도의 경로 설정이 필요 없다.
- 비신뢰성과 비연결성이 특징으로, 패킷 전송 여부와 정확한 순서를 보장하려면 IP의 상위 프로토콜인 TCP를 사용해야 한다.

> **기적의 TIP**
> IP는 신뢰성을 보장할 수 있는 기능이 없기 때문에 신뢰성 보장이 가능한 TCP와 함께 사용됩니다.

- IP의 주소 체계는 IPv4와 IPv6로 나뉘며 각각 별도의 헤더 구조를 가진다.
- 물리적 주소(MAC)와 논리적 주소(IP)를 서로 변환해주는 프로토콜을 사용한다.
  - ARP(Address Resolution Protocol) : IP주소를 네트워크 접속 장치(MAC)주소로 변환
  - R(Reverse)ARP : 네트워크 접속 장치(MAC)주소를 IP주소로 변환
- IP 패킷을 처리할 때 발생할 수 있는 오류에 대한 정보를 제공할 수 있는 ICMP(Internet Control Message Protocol)를 사용한다.
  - ICMP : 네트워크에 연결된 단말기의 운영체제에서 오류 메시지를 수신하는 데 사용
- IPv4의 헤더 구조는 아래 이미지와 같다.

Version	H.LEN	Type of Service	Total Length	
Fragment ID		F.Flags	Fragment Offset	
Time To Live		Protocol ID	Header Checksum	20byte
Source Address				
Destination Address				
IP Option				0~40byte
Padding				

  - Version(4bit) : IP 버전
  - Header LENgth(4bit) : 헤더의 길이를 4바이트(32비트) 단위로 표현
  - TOS(8bit) : 서비스 요구사항(처리량, 전송 지연, 신뢰성, 우선순위 등)
  - Total Length(16bit) : IP 패킷의 길이를 바이트 단위로 표현
  - Fragment ID(16bit) : 패킷이 분할된 경우 재조립을 위한 식별 요소
  - Fragment Flags(3bit) : 분할 여부, 이후 분할 패킷이 남아있는지 여부
  - Fragment Offset(13bit) : 분할 전 데이터의 바이트 범위
  - Time To Live(8bit) : IP 패킷의 수명
  - Protocol ID(8bit) : 포함된 상위 계층 프로토콜
  - Header Checksum(16bit) : 헤더에 대한 오류 검출
  - Source/Destination Address(32/32bit) : 송수신측 IP주소
- IPv6의 헤더 구조(기본, 확장 헤더를 포함하지 않는 경우)는 아래 이미지와 같다.

Version	Traffic Class	Flow Label		
Payload Length		Next Header	Hop Limit	8byte
Source Address				16byte
Destination Address				16byte

기적의 TIP
ARP와 RARP의 차이를 구분할 수 있어야 합니다.

기적의 TIP
오류 메시지를 수신하는 역할을 하는 프로토콜은 ICMP 뿐입니다.

기적의 TIP
헤더 구조에 대한 옳은 설명을 선택할 수 있어야 합니다.

기적의 TIP
IPv4는 20~60byte, IPv6는 40byte의 헤더 크기를 가지며, 옥텟(octet)이라는 단위로 부르기도 합니다.

- Version(4bit) : IP 버전
- Traffic Class(8bit) : 서비스 요구사항(처리량, 전송 지연, 신뢰성, 우선순위 등)
- Flow Label(20bit) : IP를 연결 지향적 프로토콜처럼 사용
- Payload Length(16bit) : 페이로드(확장 헤더+상위 계층 데이터)의 바이트 단위 길이, 최대 2^{16}
- Next Header(8bit) : 확장 헤더 종류
- Hop Limit(8bit) : IP 패킷의 수명
- Source/Destination Address(128/128bit) : 송수신측 IP주소

② DNS(Domain Name Service)
- 문자열로 구성된 도메인 네임을 숫자로 된 IP주소로 변환해 주는 서비스이다.
  - Domain Name : 숫자로 구성된 IP주소를 문자열의 구성으로 변환한 것
- 도메인 네임은 고유해야 하며 공백 없이 문자 및 숫자를 이용해 구성된다.
- 각 지역의 NIC(Network Information Center)를 통해 도메인 네임을 관리한다.
  - InterNIC : 국제 도메인 관리 센터
  - APNIC : 태평양 도메인 관리 센터
  - KRNIC : 한국 도메인 관리 센터

③ IPSec(IP Security) [21.5, 22.7, 23.7, 24.7]
- 보안에 취약한 구조를 가진 IP를 개선하기 위해 국제 인터넷 기술 위원회(IETF)에서 설계한 표준이다.
- IPv4에서는 보안이 필요한 경우에만 선택적으로 사용하였지만 IPv6부터는 기본 스펙에 포함된다.
- IP계층에서의 보안성 제공을 위해 AH, ESP, IKE 프로토콜로 구성된다.
  - AH(Authentication Header) : 발신지 인증, 데이터 무결성만을 보장
  - ESP(Encapsulating Security Payload) : 발신지 인증, 데이터 무결성, 기밀성 모두를 보장
  - IKE(Internet Key Exchange) : 보안 관련 설정들을 생성, 키 교환
- IPSec의 동작 모드는 전송 모드와 터널 모드로 나뉜다.
  - 전송 모드(Transport Mode) : IP 헤더를 제외한 IP 패킷의 페이로드(Payload)만을 보호
  - 터널 모드(Tunneling Mode) : IP 패킷 전체를 보호

> **기적의 TIP**
> IPSec에 대한 올바른 설명을 선택할 수 있어야 합니다.

03 IP주소 체계 23.3, 23.5, 24.5, 25.2

1) IPv4

① IP주소
- 전 세계의 인터넷이 가능한 기기에 부여되는 유일한 식별 주소이다.
- IPv4의 경우 약 43억 개의 주소 지정이 가능한데 최근 주소의 양이 부족할 가능성이 높아짐에 따라 IPv6가 공표되었다.
- IPv4의 패킷 크기는 64KB로 제한되어 있다.
- 현재는 IPv4와 IPv6를 혼용하고 있으며 각 주소 체계의 변환을 담당하는 서비스(NAT : Network Address Translator)를 사용한다.

② IPv4의 주소 형식
- 8비트씩 4부분으로 구성되는 32비트 주소 체계이다.
- 각 자리는 0부터 255까지의 10진수로 표현하며 점(.)으로 구분한다.
- 네트워크 영역과 호스트 영역을 구분하는 5개의 클래스(A~E)가 있다.
- 유니캐스트, 멀티캐스트, 브로드캐스트의 전송 방식을 가진다.
  - 유니캐스트 : 1:1 방식으로 특정 수신자에게만 데이터를 전송하는 방식
  - 멀티캐스트 : N:M 방식으로 특정 그룹 수신자들에게 데이터를 동시 전송하는 방식
  - 브로드캐스트 : 같은 영역(도메인)에 있는 모든 단말기들에게 한 번에 전송하는 방식

③ IPv4의 클래스 구성 24.7
- A 클래스는 일반 사용자 대상 대규모 네트워크 환경에 쓰인다.
  - 주소 범위 : 0.0.0.0 ~ 127.255.255.255
- B 클래스는 일반 사용자 대상 중규모 네트워크 환경에 쓰인다.
  - 주소 범위 : 128.0.0.0 ~ 191.255.255.255
- C 클래스는 일반 사용자 대상 소규모 네트워크 환경에 쓰인다.
  - 주소 범위 : 192.0.0.0 ~ 223.255.255.255
- D 클래스는 멀티캐스팅용으로 실제로는 거의 사용되지 않는다.
  - 주소 범위 : 224.0.0.0 ~ 239.255.255.255
- E 클래스는 미래에 사용하기 위해 남겨둔 것으로 사용된 경우가 거의 없다.
  - 주소 범위 : 240.0.0.0 ~ 255.255.255.255

2) IPv4의 주소 부족 문제 해결 방안

① CIDR(Classless Inter-Domain Routing) 21.5
- 한정된 IP주소를 불필요하게 사용하는 것을 방지하거나 라우터의 처리 부담을 경감시킬 목적으로 개발된 IP주소 할당 방식이다.

> **기적의 TIP**
> IPv4와 IPv6의 차이점을 비교하며 학습하세요.

> **기적의 TIP**
> 각 클래스의 주소 범위를 기억해 두세요.

> **기적의 TIP**
> 실제 서브넷 마스크를 CIDR 형식으로 표기할 수 있어야 합니다.

- 기존의 IPv4의 클래스 체계를 무시하고 네트워크 주소와 호스트 주소를 임의로 구분하여 사용하는 것이다.
  - 192.168.0.1/22 : 좌측부터 22비트가 네트워크 ID, 나머지 10비트가 호스트 ID
  - 22의 의미 : 11111111.11111111.11111100.00000000 = 255.255.252.0

② DHCP(Dynamic Host Configuration Protocol)
- 부족한 IP주소를 해결하기 위해 몇 개의 IP를 여러 사용자가 공유할 수 있도록 인터넷에 접속할 때마다 자동으로 IP주소를 동적으로 할당해 주는 기술이다.

③ NAT(Network Address Translator)
- 사설 IP주소를 공인 IP주소로 바꿔주는 주소 변환기이다.
- 인터넷의 공인 IP주소를 절약할 수 있고 공격자로부터 사설망을 보호할 수 있다.

④ IPv6
- 32비트 체계의 IPv4를 넘어서는 128비트 체계의 주소체계이다.

3) 서브넷팅(Subnetting)

① 서브넷팅 정의
- 배정받은 하나의 네트워크 주소를 다시 여러 개의 작은 하위 네트워크로 나누어 사용하는 방식이다.
- IP주소 중 네트워크 주소와 호스트 주소를 식별하여 몇 비트를 네트워크 주소에 사용할지 정의한다.
- 서브넷 간의 호스트 수가 균일한지 가변적인지에 따라 FLSM과 VLSM으로 나뉜다.

② FLSM(Fixed Length Subnet Mask) 20.8, 21.8, 23.5, 23.7, 24.2
- 동일한 크기로 서브넷을 나누는 방식으로 각 그룹의 호스트 수가 유사한 경우에 유용한 방식이다.
- CIDR 형식으로 제공되는 네트워크 아이디와 나눠야 할 서브넷의 개수를 파악하여 나눈다.
  - 192.168.1.0/24를 6개의 서브넷으로 나눠야 하는 경우 8개의 서브넷으로 분할
  - 2의 제곱수인 2(1bit), 4(2bit), 8(3bit), 16(4bit), 32(5bit) 등의 단위로만 분할 가능
- 32비트 중 네트워크 비트를 제외한 호스트 비트에서 서브넷을 위한 비트를 부여한다.
  - 총 비트(32) − 네트워크 비트(24) = 호스트 비트
  - 8개의 서브넷 분할을 위해 호스트 비트의 왼쪽 3비트를 할당

> 기적의 TIP
> 실제 서브넷팅을 구현할 수 있어야 합니다.

Network Bit			Subnet Bit	Host Bit
11000000	10101000	00000001	000	00000~11111
			001	00000~11111
			010	00000~11111
			011	00000~11111
			100	00000~11111
			101	00000~11111
			110	00000~11111
			111	00000~11111

- 남은 호스트 비트의 범위와 서브넷 비트를 조합하여 각 서브넷의 IP주소 범위를 계산한다.
  - 1번 서브넷 : 192.168.1.0 ~ 192.168.1.31
  - 2번 서브넷 : 192.168.1.32 ~ 192.168.1.63
  - 3번 서브넷 : 192.168.1.64 ~ 192.168.1.95
  - 4번 서브넷 : 192.168.1.96 ~ 192.168.1.127
  - 5번 서브넷 : 192.168.1.128 ~ 192.168.1.159
  - 6번 서브넷 : 192.168.1.160 ~ 192.168.1.191
  - 7번 서브넷(미사용) : 192.168.1.192 ~ 192.168.1.223
  - 8번 서브넷(미사용) : 192.168.1.224 ~ 192.168.1.255
- 할당된 주소 중 컴퓨터에 부여할 수 있는 IP의 개수를 파악한다.
  - 호스트 비트가 5비트인 경우 2^5 = 32개의 주소가 있지만, 네트워크 주소와 브로드캐스트 주소를 제외한 30개의 IP주소만 사용 가능
  - 네트워크 주소 : 각 네트워크의 첫 번째 IP주소
  - 브로드캐스트 주소 : 각 네트워크의 마지막 IP주소
  - ip subnet-zero : ip subnet-zero를 적용해야 1번째 서브넷 사용 가능

③ VLSM(Variable Length Subnet Mask)

- 동일하지 않은 크기로 서브넷을 나누는 방식이다.
- 여러 그룹의 호스트 수가 크게 차이나는 경우에 유용한 방식이다.
- CIDR 형식으로 제공되는 네트워크 아이디와 나눠야 할 그룹별 호스트의 개수를 파악한다.
  - 192.168.1.0/24를 60개의 컴퓨터를 사용하는 A부서, 30개의 컴퓨터를 사용하는 B부서, 16개의 컴퓨터를 사용하는 C부서별로 서브넷을 나눠야 하는 경우
  - 네트워크 주소와 브로드캐스트 주소를 고려하여 필요한 호스트의 개수 파악
  - A부서는 64-2=62개의 IP주소 사용이 가능한 6비트의 호스트 비트가 필요
  - B부서는 32-2=30개의 IP주소 사용이 가능한 5비트의 호스트 비트가 필요

- C부서는 32-2=30개의 IP주소 사용이 가능한 5비트의 호스트 비트가 필요
- 사용될 호스트 비트를 제외한 잔여 호스트 비트는 서브넷 마스크로 사용한다.
  - A서브넷 : 192.168.1.0/24+2
  - A부서의 네트워크 주소 : 192.168.1.0
  - A부서의 브로드캐스트 주소 : 192.168.1.63
  - A부서가 사용 가능한 IP주소 : 192.168.1.1 ~ 192.168.1.62
  - B서브넷 : 192.168.1.64/24+3
  - B부서의 네트워크 주소 : 192.168.1.64
  - B부서의 브로드캐스트 주소 : 192.168.1.95
  - B부서가 사용 가능한 IP주소 : 192.168.1.65 ~ 192.168.1.94
  - C서브넷 : 192.168.1.95/24+3
  - C부서의 네트워크 주소 : 192.168.1.96
  - C부서의 브로드캐스트 주소 : 192.168.1.127
  - C부서가 사용 가능한 IP주소 : 192.168.1.97 ~ 192.168.1.126

4) IPv6

① IPv6 정의 20.6, 20.8, 21.3, 22.3, 22.7

- IPv4의 단점을 보완하기 위해 네트워크 기능 확장성을 지원하고, 보안 및 서비스 품질 기능 등이 개선되었다.
- 주소 자동 설정(Auto Configuration) 기능을 통해 손쉽게 이용자의 단말을 네트워크에 접속시킬 수 있다.
- 점보그램 옵션 설정으로 패킷 크기 제한을 없앨 수 있어서 대역폭이 넓은 네트워크를 효율적으로 사용 가능하다.
  - 점보그램(Jumbogram) : 기본 네트워크 기술의 표준 최대 전송 단위를 초과하는 인터넷 계층의 패킷 단위

② IPv6의 주소 형식 20.6, 24.2, 24.5, 24.7

- 16비트씩 8부분으로 구성되는 128비트 주소 체계이다.
- 각 자리는 0부터 FFFF(65535)까지의 16진수로 표현하며 콜론(:)으로 구분한다.
- 연속되는 앞자리의 0은 생략할 수 있다.
- 유니캐스트, 멀티캐스트, 애니캐스트의 전송 방식을 가진다.
  - 유니캐스트 : 1:1 방식으로 특정 수신자에게만 데이터를 전송하는 방식
  - 멀티캐스트 : N:M 방식으로 특정 그룹 수신자들에게 데이터를 동시 전송하는 방식
  - 애니캐스트 : 수신 가능한 가장 가까운 수신자에게 데이터를 전송하는 방식

정보 시스템 신기술 동향

빈출 태그 ▶ #주요 용어에 대한 개념 확인

01 신기술 동향

1) 소프트웨어 관련 기술 20.8, 20.9, 21.5, 22.3, 22.4, 22.7, 23.3, 23.5, 24.2

① 키오스크(Kiosk)
- 백화점, 영화관, 쇼핑센터 등에 설치되며 일반적으로 터치 스크린을 이용하여 운영되는 무인 종합 정보 시스템이다.

② Digital Twin
- 물리적인 자산을 컴퓨터에 동일하게 표현한 가상 모델로 물리적인 자산 대신 해야 할 일을 소프트웨어로 가상화함으로써 실제 자산의 특성에 대한 정확한 정보를 얻을 수 있는 기술이다.
- 자산의 최적화, 돌발사고 최소화, 생산성 증가 등 모든 과정의 효율성을 향상시킬 수 있다.

③ Mashup
- 웹에서 제공하는 정보 및 서비스를 이용하여 새로운 소프트웨어나 서비스, 데이터베이스 등을 만드는 기술이다.

④ 인공지능(AI : Artificial Intelligence)
- 인간의 두뇌와 같이 컴퓨터 스스로 추론, 학습, 판단 등 인간지능적인 작업을 수행하는 시스템이다.
- 인공지능 응용 분야에는 신경망, 퍼지, 패턴 인식, 전문가 시스템, 자연어 인식, 이미지 처리, 컴퓨터 시각, 로봇 공학 등이 있다.

⑤ 딥 러닝(Deep Learning)
- 인간의 두뇌를 모델로 만들어진 인공 신경망을 기반으로 하는 기계 학습 기술이다.
- 컴퓨터가 마치 사람처럼 스스로 학습할 수 있어 특정 업무를 수행할 때 정형화된 데이터를 입력받지 않고 스스로 데이터를 수집, 분석하여 처리한다.

⑥ 증강 현실(Augmented Reality)
- 사용자의 현실 세계에 3차원 가상 물체를 겹쳐 보여주는 기술이다.

> **기적의 TIP**
> 각각의 키워드에 해당하는 신기술 용어를 선택할 수 있어야 합니다.

> **기적의 TIP**
> 신기술 관련 용어는 기록되어 있는 것보다 훨씬 더 많고 다양합니다. 이는 출제 범위가 없는 것과 다름이 없기 때문에 우선 시험에 출제되었거나 관련된 용어들만 기록하였습니다.

⑦ 블록체인(Blockchain)
- P2P 네트워크를 이용하여 온라인 금융 거래 정보를 온라인 네트워크 참여자의 디지털 장비에 분산 저장하는 기술을 의미한다.
- 비트코인 등 주식, 부동산 등의 다양한 금융 거래에 사용이 가능하고, 보안과 관련된 분야에도 활용될 수 있어 크게 주목받고 있다.

⑧ 분산 원장 기술(DLT : Distributed Ledger Technology)
- 중앙 관리자나 중앙 데이터 저장소가 존재하지 않고 P2P망 내의 참여자들에게 모든 거래 목록이 분산 저장되어 거래가 발생할 때마다 지속적으로 갱신되는 디지털 원장을 의미한다.
- 기존의 중앙 서버와 같이 집중화된 시스템을 유지 및 관리할 필요가 없고, 해킹의 위험도도 낮기 때문에 효율성과 보안성 면에서 크게 유리하다.

⑨ Hash
- 임의의 길이의 입력 데이터나 메시지를 고정된 길이의 값이나 키로 변환하는 기술이다.
- 데이터의 암호화가 아닌 무결성을 검증하기 위한 방법으로 사용된다.

⑩ 양자 암호키 분배(QKD : Quantum Key Distribution)
- 양자 통신을 위해 비밀키를 분배하여 관리하는 기술로, 두 시스템이 암호 알고리즘 동작을 위한 비밀키를 안전하게 공유하기 위해 양자 암호키 분배 시스템을 설치하여 운용하는 방식으로 활용된다.

⑪ 프라이버시 강화 기술(PET : Privacy Enhancing Technology)
- 개인정보 침해 위험을 관리하기 위한 핵심 기술로 암호화, 익명화 등 개인정보를 보호하고 통제하는 기술을 통칭한다.

⑫ 그레이웨어(Grayware)
- 소프트웨어를 제공하는 입장에서는 악의성이 없더라도 사용자 입장에서는 유용하거나 악의적이라고 판단될 수 있는 애드웨어, 공유웨어, 스파이웨어 등의 총칭이다.

⑬ 리치 인터넷 애플리케이션(RIA : Rich Internet Application)
- 기존의 HTML보다 역동적이고 인터랙티브한 웹 페이지를 제공하는 제작 기술들의 통칭이다.

⑭ 시맨틱 웹(Semantic Web)
- 사람을 대신하여 컴퓨터가 정보를 읽고 이해하고 가공하여 새로운 정보를 만들어 낼 수 있도록 이해하기 쉬운 의미를 가진 차세대 지능형 웹이다.

⑮ 증발품(Vaporware)
- 판매 또는 배포 계획이 있었으나 실제로 고객에게 판매되거나 배포되지 않은 소프트웨어이다.

⑯ 오픈 그리드 서비스 아키텍처(OGSA : Open Grid Service Architecture)
- 애플리케이션 공유를 위한 웹 서비스를 그리드 상에서 제공하기 위해 만든 개방형 표준이다.

⑰ 소프트웨어 에스크로(Software Escrow)
- 소프트웨어 개발자의 지식재산권을 보호하고 사용자는 저렴한 비용으로 소프트웨어를 안정적으로 사용 및 유지보수 받을 수 있도록 소스 프로그램과 기술 정보 등을 제3의 기관에 보관하는 것이다.

⑱ 복잡 이벤트 처리(CEP : Complex Event Processing)
- 실시간으로 발생하는 많은 사건들 중 의미가 있는 것만을 추출할 수 있도록 사건 발생 조건을 정의하는 데이터 처리 방법이다.
- 금융, 통신, 전력, 물류, 국방 등에서 대용량 데이터 스트림에 대한 요구에 실시간으로 대응하기 위하여 개발된 기술이다.

⑲ HoneyPot [22.3, 25.2]
- 해커의 공격을 유도하여 그들의 활동을 추적하고 분석하는 데 사용되는 가상의 시스템이다.
- 실제 시스템과 유사하게 설계되어 해커가 실제 시스템이라고 착각하고 공격하도록 유도한다.

> **기적의 TIP**
> HoneyPot은 '해커를 유인한다'는 것이 핵심입니다.

⑳ TCP wrapper
- 호스트 기반 네트워킹 ACL 시스템으로서, 리눅스(유닉스) 같은 운영체제의 인터넷 프로토콜 서버에서 네트워크 접근을 필터링(차단)하기 위해 사용된다.
- 접근 제어 목적을 위한 필터 역할을 하는 토큰으로써 사용되며, 호스트나 부분망 IP 주소, 호스트명 쿼리 응답을 허용한다.

㉑ TensorFlow
- 구글(Google)사에서 개발한 오픈 소스 기계 학습(machine learning) 엔진이다.
- 텐서플로는 C++ 언어로 작성되었고, 파이썬(Python) 응용 프로그래밍 인터페이스(API)를 제공한다.
- 텐서플로는 스마트폰 한 대에서도 운영될 수 있고, 데이터 센터에 있는 수천 대 컴퓨터에서도 동작될 수 있다.

㉒ Docker
- 컨테이너 응용 프로그램의 배포를 자동화하는 오픈 소스 엔진이다.
- 소프트웨어 컨테이너 안에 응용 프로그램들을 배치시키는 일을 자동화해 주는 오픈 소스 프로젝트 및 소프트웨어이다.

㉓ Metaverse
- 메타버스는 가상을 뜻하는 Meta와 우주를 뜻하는 Universe의 합성어이다.
- VR(가상현실)보다 진화한 개념으로, 현실세계와 같은 사회·경제·문화 활동이 이뤄지는 3차원의 가상세계를 가리킨다.

2) 하드웨어 관련 기술

① Wearable Computing
- 컴퓨터를 옷이나 장신구처럼 몸에 착용할 수 있게 하는 기술이다.

② Memristor
- 메모리와 레지스터의 합성어로 전기가 없는 상태에서도 전사 상태를 저장할 수 있다.
- 인간의 뇌 시냅스와 같은 기능과 작동을 하는 회로소자로 인공 지능 분야에 활용된다.

③ 고가용성솔루션(HACMP) 24.2, 25.2
- 안정적인 서비스 운영을 위해 2대 이상의 시스템을 하나의 클러스터로 묶어서 장애 발생 시 즉시 다른 시스템으로 대체 가능한 환경을 구축하는 메커니즘을 의미한다.
  - 클러스터, 이중화 기술 등

④ 3D 프린팅
- 대상을 실제 손으로 만질 수 있는 물체로 만들어내는 것을 말한다.
- 건축가나 항공우주, 전자, 공구 제조, 자동차, 디자인, 의료 분야 등에서 사용되고 있다.
  - 4D 프린팅 : 특정 환경에 따라 스스로 형태를 변화시키거나 제조되는 프린팅 기술

⑤ N-Screen
- 복수의 다른 단말기에서 동일한 콘텐츠를 자유롭게 이용할 수 있는 서비스를 말한다.
  - Companion(Second) Screen : TV 방송 등의 내용을 공유하며 추가적인 기능을 수행할 수 있는 기기

⑥ Thin Client PC
- 하드디스크나 주변 장치 없이 기본적인 메모리만 갖추고 서버와 네트워크로 운영되는 개인용 컴퓨터이다.
- 기억 장치를 따로 두지 않기 때문에 데이터는 서버측에서 한꺼번에 관리한다.

⑦ 패블릿(Phablet)
- Phone과 Tablet의 합성어로, 태블릿 기능을 포함하는 5인치 이상의 대화면 스마트폰을 말한다.

⑧ C-Type USB
- USB 표준 중 하나로, 기존 A형에 비해 크기가 작고 위아래 구분이 없다.
- 데이터 전송 속도는 초당 10Gbps이며 전력은 최대 100w까지 전송된다.

> **기적의 TIP**
> HACMP는 High Availability Clustering Multi-processing의 약자입니다.

⑨ MEMS(Micro Electro Mechanical Systems)
- 초정밀 반도체 제조 기술을 바탕으로 센서, 액추에이터 등 기계 구조를 다양한 기술로 미세 가공하여 전기기계적 동작을 할 수 있도록 한 초미세장치이다.

⑩ TrustZone 기술
- 하나의 프로세서 내에 일반 애플리케이션을 처리하는 일반 구역과 보안이 필요한 애플리케이션을 처리하는 보안 구역으로 분할하는 기술이다.

⑪ M(Millennial) DISC
- 한 번의 기록만으로 자료를 영구 보관할 수 있는 광 저장 장치이다.
- 기존의 염료층에 표시하는 방식과 달리 물리적으로 조각하는 방식으로 빛, 열, 습기 등의 요인에 영향을 받지 않는다.

⑫ Cloud HSM(Cloud-based Hardware Security Module) 22.4, 22.7, 23.7
- 클라우드(데이터 센터) 기반으로 암호화 키 생성, 저장, 처리 등을 하는 보안 기기이다.
- 클라우드 HSM을 이용하면 클라우드에 인증서를 저장하므로 기존 HSM 기기나 휴대폰에 인증서를 저장해 다닐 필요가 없다.
- 기술적으로 네트워크 연결 상태에서 부하 처리에 무리가 없어야 하며, 유연한 확장성을 보장해야 한다.
- 하드웨어적으로 구현되므로 소프트웨어식 암호 기술에 내재된 보안 취약점을 해결할 수 있다.

> **기적의 TIP**
>
> 틀린 문장을 찾을 수 있도록 학습하세요.

3) 데이터베이스 관련 기술

① Big Data
- 기존의 관리 방법이나 분석 체계로는 처리하기 어려운 막대한 양의 정형 또는 비정형 데이터 집합이다.
- 기업이나 정부, 포털 등이 빅데이터를 효과적으로 분석하여 새로운 가치를 창출하고 있다.

② Broad Data
- 다양한 채널에서 소비자와 상호 작용을 통해 생성된, 기업 마케팅에 있어 효율적이고 다양한 데이터이며, 이전에 사용하지 않거나 알지 못했던 새로운 데이터나, 기존 데이터에 새로운 가치가 더해진 데이터이다.

③ Digital Archiving
- 디지털 정보 자원을 장기적으로 보존하기 위한 작업으로, 아날로그 콘텐츠는 디지털로 변환한 후 압축하여 저장하고, 디지털 콘텐츠로 체계적으로 분류하고, 메타 데이터를 만들어 DB화하는 작업이다.

> **기적의 TIP**
> 하둡에 대한 개념과 관련 기술들을 숙지해두세요.

④ Hadoop 20.9, 21.5, 23.5, 24.5
- 오픈 소스를 기반으로 한 분산 컴퓨팅 플랫폼이다.
- 가상화된 대형 스토리지를 형성하고 그 안에 보관된 거대한 데이터 세트를 병렬로 처리할 수 있도록 개발된 자바 소프트웨어 프레임워크이다.
  - 맵리듀스(MapReduce) : 흩어져 있는 데이터를 연관성 있는 것들끼리 묶는 작업(Map)을 수행한 뒤, 중복 데이터를 제거하고 원하는 데이터를 추출하는 작업(Reduce) 수행
  - 스쿱(Sqoop) : 하둡(Hadoop)과 관계형 데이터베이스 간에 데이터를 전송할 수 있도록 설계된 도구

⑤ Tajo
- 우리나라가 주도하는 하둡 기반의 분산 데이터웨어하우스 프로젝트이다.
- 맵리듀스를 사용하지 않고 SQL을 사용한다.

⑥ Data Diet
- 데이터를 삭제하는 것이 아니라 압축하고, 중복된 정보는 중복을 배제하고, 새로운 기준에 따라 나누어 저장하는 작업이다.
- 기업의 데이터베이스에 쌓인 방대한 정보를 효율적으로 관리하기 위해 대두된 방안으로, 같은 단어가 포함된 데이터들을 한 곳에 모아 두되 필요할 때 제대로 찾아내는 체계를 갖추는 것이 중요하다.

⑦ Data Warehouse
- 기업의 전략적 관점에서 효율적인 의사 결정을 지원하기 위해 데이터의 시계열적 축적과 통합을 목표로 하는 기술의 구조적, 통합적 환경이다.

⑧ Linked Open Data
- 사용자가 정확하게 원하는 정보를 찾을 수 있도록 웹 상의 모든 데이터와 데이터베이스를 무료로 공개하고 연계하는 것이다.
- 웹에 게시되는 데이터에 식별자(URI)를 부여하고 관련 정보를 구조적으로 제공하는 연계 데이터를 저작권 없이 무료로 제공하여 사용자가 정보를 다양하고 효율적으로 활용할 수 있도록 한다.
- 데이터를 재사용할 수 있고, 데이터 중복을 줄일 수 있는 장점이 있다.

⑨ Data Mining
- 대용량 데이터에서 의미 있는 통계적 패턴이나 규칙, 관계를 찾아내 분석하여 미래의 활동에 대해 유용하고 활용할 수 있는 정보를 추출하는 기술이다.

⑩ QBE(Query by Example)
- 데이터베이스에 대한 전문 지식이 없는 사용자가 쿼리문 작성 대신, 예시를 사용하여 데이터를 요청하는 방식이다.

⑪ OLAP(Online Analytical Processing)
- 사용자가 대화식으로 데이터를 다차원적으로 분석할 수 있게 해주는 기술로, Roll-up, Drill-down, Slice, Dice 등의 연산을 통해 다양한 시각에서 데이터를 집계하고 분석할 수 있다.
- 이는 주로 현재 경영 상태 파악을 통해 의사결정을 하기 위한 비즈니스 인텔리전스(BI) 분야에서 활용된다.

4) 네트워크 관련 기술 20.6, 20.8, 20.9, 21.3, 21.8, 22.3, 22.4, 22.7, 23.3, 23.5, 23.7, 24.5

① 블루투스(Bluetooth)
- 근거리 무선 접속을 지원하기 위해 사용되는 대표적인 통신 기술이다.
- 휴대폰, 노트북, 이어폰, 핸드폰 등을 기기 간에 서로 연결해 정보를 교환하는 근거리 무선 기술 표준을 말한다.

② 유비쿼터스(Ubiquitous)
- 시간과 장소에 상관없이 자유롭게 네트워크에 접속할 수 있는 정보 통신 환경이다.
- 컴퓨터는 물론 가전제품 등 다양한 기기로 언제 어디서나 네트워크 접속이 가능해야 한다.

③ Smart Grid [24.2]
- 전기 및 정보통신기술을 활용하여 전력망을 지능화, 고도화함으로써 고품질의 전력 서비스를 제공하고 에너지 이용효율을 극대화하는 전력망이다.

④ Wibro(Wireless Broadband Internet)
- 이동하는 상태에서도 초고속 인터넷을 이용할 수 있는 무선 휴대 인터넷 서비스이다.

⑤ Mesh Network [22.4]
- 기존 무선 랜의 한계 극복을 위해 등장하였으며, 대규모 디바이스의 네트워크 생성에 최적화되어 차세대 이동통신, 홈 네트워킹, 공공 안전 등의 특수 목적을 위한 새로운 방식의 네트워크 기술이다.

⑥ VoIP(Voice over Internet Protocol)
- 컴퓨터 네트워크 상에서 음성 데이터를 IP 데이터 패킷으로 변환하여 일반 데이터망에서 음성 통화를 가능하게 해주는 기술이다.

⑦ RFID(Radio Frequency IDentification)
- 모든 사물에 전자 태그를 부착하고 무선 통신을 이용하여 최대 10m 내의 사물의 정보 및 주변 상황 정보를 감지하는 센서 기술이다.
- 태그(Tag), 안테나(Antenna), 리더기(Reader), 서버(Server) 등의 요소로 구성된다.

> **기적의 TIP**
> 각각의 키워드에 해당하는 신기술 용어를 선택할 수 있어야 합니다.

> **기적의 TIP**
> 그물(Mesh) 형태의 네트워크는 통신량에 있어 이점이 있지만, 규모가 커질수록 경제성이 떨어집니다.

⑧ NFC(Near Field Communication)
- RFID 기술 중 하나로 최대 통신 거리가 10cm 이내로 좁은 비접촉식 통신 기술이다.
- 통신 장비 중 최대 통신 가능 거리가 가장 좁다.

⑨ WIPI(Wireless Internet Platform for Interoperability)
- 이동통신 업체 간에 같은 플랫폼을 사용토록 함으로써 국가적 낭비를 줄이자는 목적으로 추진된 한국형 무선 인터넷 플랫폼이다.

⑩ Wi-Fi(Wireless Fidelity)
- 무선 접속 장치(AP : Access Point)가 설치된 곳 주변에서 전파나 적외선 전송 방식을 이용하여 무선 인터넷을 할 수 있는 근거리 무선 통신망이다.

⑪ WAP(Wireless Application Protocol)
- 무선 인터넷 전송 규약으로 휴대 전화와 인터넷 통신 또는 다른 컴퓨터와의 통신을 위해 실시되는 국제 기준이다.

⑫ VPN(Virtual Private Network)
- 공용 네트워크를 사설 네트워크처럼 사용할 수 있도록 제공하는 기술이다.
  - SSL VPN : OSI 4계층 이상에서 암호화, 구축이 간편
  - IPSec VPN : OSI 3계층에서 암호화, 보안성이 높음

⑬ Beacon [25.2]
- 근거리에 있는 스마트폰을 자동으로 인식하여 필요한 데이터를 전송할 수 있는 무선 통신 장치이다.
- 최대 50m 거리에서도 무선으로 통신할 수 있다.

⑭ Foursquare [25.2]
- 위치 기반 소셜 네트워크 서비스이다.
- 자신의 위치를 지도 상에 표시하고, 방문한 곳의 정보를 남길 수 있는 체크인 기능을 제공한다.

⑮ PICONET
- 여러 개의 독립된 통신 장치가 블루투스 및 UWB 기술을 사용하여 통신망을 형성하는 무선 네트워크 구축 기술이다.
- TDM 기술을 사용하며 주국(Master)을 통해 일대다로 통신이 이루어진다.

⑯ MQTT(Message Queuing Telemetry Transport)
- TCP/IP 프로토콜 위에서 동작하는 발행-구독 기반의 메시징 프로토콜이다.
- 사물통신, 사물인터넷과 같이 대역폭이 제한된 통신환경에 최적화하여 개발된 푸시 기술 기반의 경량 메시지 전송 프로토콜이다.
- 메시지 매개자(Broker)를 통해 송신자가 특정 메시지를 발행하고 수신자가 메시지를 구독하는 방식으로 IBM이 주도하여 개발되었다.

⑰ 클라우드 컴퓨팅 25.2
- 컴퓨터, 휴대폰과 같은 통신 기기를 이용해 언제 어디서나 서비스를 이용할 수 있도록 하는 기술이다.
- 처리해야 하는 작업 및 데이터를 인터넷으로 연결된 다른 컴퓨터로 처리하는 기술이다.
- 응용 프로그램이나 데이터를 자신의 컴퓨터에 설치할 필요 없이 이용 가능하다.
    - SaaS(Software as a Service) : 인프라와 운영체제, 소프트웨어까지 갖춰져 있는 서비스
    - PaaS(Platform as a Service) : 개발을 위한 하드웨어 및 소프트웨어 구축이 되어 있는 서비스
    - IaaS(Infrastructure as a Service) : 서버, 스토리지, 네트워크 등의 인프라를 임대하는 서비스
    - BaaS(Blockchain as a Service) : 블록체인의 기본 인프라를 추상화하여 블록체인 응용기술을 제공하는 서비스

⑱ 소프트웨어 정의 데이터 센터(SDDC) 22.4, 24.2, 24.7
- 모든 하드웨어가 가상화되어 가상 자원의 풀(Pool)을 구성하고, 데이터 센터 전체를 운영하는 소프트웨어가 필요한 기능 및 규모에 따라 동적으로 자원을 할당, 관리하는 역할을 수행하는 데이터 센터이다.
- 컴퓨팅, 네트워킹, 스토리지, 관리 등을 인력 개입 없이 모두 소프트웨어로 정의한다.
    - SDC(Computing) : 소프트웨어 정의 컴퓨팅 환경으로 서버의 CPU, 메모리에 대해서 소프트웨어 명령어 기반으로 제어할 수 있는 컴퓨터
    - SDN(Networking) : 개방형 API를 통해 네트워크의 트래픽 전달 동작을 소프트웨어 기반 컨트롤러에서 제어/관리하는 가상화 네트워크 기술
    - SDS(Storage) : 서버와 전통적인 스토리지 장치에 장착된 이질적이고 연결되어 있지 않은 물리적 디스크 드라이브를 하나의 논리적인 스토리지로 통합한 가상화 스토리지 기술
    - 프로비저닝 : SDDC 자원에 대한 할당 관리 기술

⑲ Zing 24.2
- 기기를 키오스크에 갖다 대면 원하는 데이터를 바로 가져올 수 있는 기술이다.
- 10cm 이내 거리에서 3.5Gbps 속도로 데이터 전송이 가능한 초고속 근접무선통신(NFC : Near Field Communication)이다.
- 몇 초 안에 기가급 대용량 콘텐츠를 주고받을 수 있어 무선 저장장치, 서비스 단말기 등에 적합하다.

> 기적의 TIP
> SDDC는 Software Defined Data Center의 약자입니다.

> 기적의 TIP
> 인력이나 하드웨어가 아닌 소프트웨어가 '제어'한다는 점이 중요합니다.

⑳ 애드혹 네트워크(Ad-hoc network)
- 노드(node)들에 의해 자율적으로 구성되는 기반 구조가 없는 네트워크이다.
- 멀티 홉 라우팅 기능에 의해 무선 인터페이스가 가지는 통신 거리상의 제약을 극복할 수 있어 긴급 구조, 긴급 회의, 전쟁터에서의 군사 네트워크 등에 응용할 수 있다.

㉑ DPI(Deep Packet Inspection) 24.2, 24.5
- OSI 7 Layer 전 계층의 프로토콜과 패킷 내부의 콘텐츠를 파악하여 침입 시도, 해킹 등을 탐지하고 트래픽을 조정하기 위한 패킷 분석 기술이다.

㉒ IoT(Internet of Things)
- 유형 혹은 무형의 사물들이 다양한 방식으로 서로 연결되어 개별 객체들이 제공하지 못했던 새로운 서비스를 제공하는 것이다.

㉓ ZigBee
- 저속, 저비용, 저전력의 무선망을 위한 기술이다.
- 주로 무선 개인 영역 통신망(WPAN) 기반의 홈 네트워크 및 무선 센서망에서 사용되는 기술이다.

㉔ IBN(Intent Based Networking)
- 네트워크 관리자가 의도한 바를 시스템이 자동으로 파악하여 네트워크 구성 및 운영을 최적화하는 지능형 네트워킹 기술이다.
- 인간의 언어에 가까운 방식으로 네트워크를 관리하고, AI와 자동화 기술을 통해 네트워크 운영의 효율성을 극대화한다.

CHAPTER
02

개발 보안 구축

학습 방향

시스템 보안과 관련된 용어와 취약점, 보안 구현에 필요한 정책과 인증 시스템 등을 서술합니다. 한두 번만 훑어보면 50~60% 정도는 상식적인 접근만으로도 답을 유추할 수 있게 됩니다. 출제 비중이 낮은 편에 속하니 시간이 없다면 후순위로 미뤄두는 것도 전략이 될 수 있습니다.

SECTION 01 소프트웨어 개발 보안 구축

빈출 태그 ▶ #CIA #취약점 #결함관리

01 소프트웨어 개발 보안 설계

1) SW 개발 보안

① 정보보호(Protection) 정의
- 정보를 사용(수집, 가공, 저장, 송수신)함에 있어 발생할 수 있는 훼손이나 유출 등을 방지하기 위한 기술이나 이론 등을 총칭한다.
- 정보 자산을 손실과 도난 등으로부터 보호하는 정보 보안(Security)의 개념보다 넓은 의미로 정보 시스템의 안정성을 확보하는 개념이다.
- 일반적인 학습에서는 정보 보호보다는 보안이라는 개념이 통용된다.
- 정보보안 관리 체계는 관리의 대상에 따라 ISMS와 PIMS로 나뉜다.
  - ISMS(Information Security Management System) : 기업 내 정보 자산의 보호 시스템
  - PIMS(Personal Information Management System) : 기업의 개인정보 보호 시스템

② SW 개발 보안 정의
- 소프트웨어의 보안 취약점 제거, 보안을 고려한 기능 설계 등 소프트웨어 개발 프로세스에서 수행하는 보안 관련 활동 및 개념이다.
- 소프트웨어 개발 보안 역시 기존의 요구공학 프로세스(도출, 분석, 명세, 확인)를 기반으로 설계된다.

③ SW 개발 보안 요소(CIA) 20.8, 21.3, 22.4, 22.7, 23.3, 23.5, 23.7, 24.2, 24.5, 25.2
- SW 개발 보안을 설계하기 위한 정보보안의 3원칙은 기밀성(C), 무결성(I), 가용성(A)이 있다.
  - 기밀성(Confidentiality) : 인가된 사용자만 정보에 접근할 수 있는 속성
  - 무결성(Integrity) : 정보가 불법적으로 생성(위조), 변경(변조), 삭제되지 않는 속성
  - 가용성(Availability) : 인가된 사용자가 문제 없이 정보를 사용할 수 있는 속성

> **기적의 TIP**
> SW 개발 보안 요소는 정보보안의 3요소라고도 합니다.

> **기적의 TIP**
> 정보보안의 3원칙은 '인가된 사용자만(기밀성, C), 완전하고 정확한 정보에(무결성, I), 필요로 할 때마다 접근할 수 있도록 하는 것(가용성, A)'을 의미합니다.

④ 정보 보호 목표
- 정보 보호의 목표는 CIA 외에 인증성, 책임 추적성, 부인 방지성이 추가된다.
- 인증성(Authentication) : 식별된 사용자의 자격이나 메시지 내용을 검증하여 유효성을 확보하는 것이다.
- 책임 추적성(Accountability) : 사용자의 행동을 추적하고 기록하여 문제 발생 시 불이익이 없도록 하는 것이다.
- 부인 방지성(Non-Repudiation) : 데이터 송수신 사실에 대한 증명을 통해 해당 사실을 부인하지 못하도록 하는 것이다.

2) SW 개발 보안 관련 용어

① 자산(Asset)
- 조직이 가치를 부여한 유무형의 대상(하드웨어, 소프트웨어, 데이터, 정보 등)이다.

② 위협원(Threat Agents)
- 정보 자산에 위협을 가하는 행위를 하는 주체이다.
  - 해커, 단체, 자연재해, 내부직원 등

③ 위협(Threat)
- 정보 자산에 대한 위협원의 공격 행위이다.
  - 해킹, 삭제, 유출, 위조, 변조, 손상 등

④ 취약점(Vulnerability)
- 정보 시스템에 손상의 원인을 제공하는 보안상의 약점이다.
- 위협원은 취약점을 통해 자산에 위협을 가한다.

⑤ 위험(Risk)
- 위협에 의해 정보 자산이 피해를 입을 확률과 영향도이다.

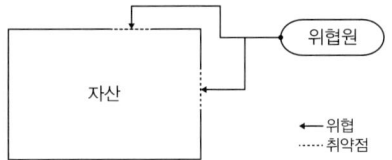

3) 소프트웨어 보안 약점

① 입력 데이터 검증 및 표현
- 프로그램 입력값에 대한 검증 누락이나 부적절한 검증, 데이터의 잘못된 형식 지정 등으로 인해 발생할 수 있는 보안 약점이다.
  - SQL 삽입, 경로 조작, 자원 삽입, 크로스 사이트 스크립트(XSS) 등

② 보안 기능
- 적절하지 않은 보안 기능으로 인해 발생할 수 있는 보안 약점이다.
  - 부적절한 인가, 중요 정보를 평문으로 보관, 하드코드된 비밀번호 등

③ 시간 및 상태
- 동시 수행을 지원하는 병렬 시스템 환경에서 시간 및 상태의 허술한 관리로 발생할 수 있는 보안 약점이다.
  - TOCTOU, 제어문 없는 재귀함수 사용 등

④ 에러 처리
- 불충분한 에러 처리로 인해 중요 정보가 에러 정보에 포함되어 발생할 수 있는 보안 약점이다.
  - 오류 상황 대응 부재, 오류 메시지를 통한 정보 노출 등

⑤ 코드 오류
- 개발자가 코딩 시 발생시킨 휴먼 에러로 인해 발생할 수 있는 보안 약점이다.
  - Null 포인터 역참조, 부적절한 자원 해제 및 접근 등

⑥ 캡슐화
- 불충분한 캡슐화로 인가되지 않는 사용자에게 데이터가 노출될 수 있는 보안 약점이다.
  - 제거되지 않은 디버깅 코드, 시스템 정보 노출 등

⑦ API 오용
- 부적절하거나 보안에 취약한 API 사용으로 발생할 수 있는 보안 약점이다.

4) SW 보안이 강화된 개발 환경 구현 계획 수립

① 개발 환경 구현
- 보안 관리자의 승인 및 개발자별 계정 인증을 통해 자산에 접근하도록 한다.
- 개발자용 계정은 개발자별 권한에 맞는 계정을 독립적으로 부여하고 지속적으로 관리한다.
- 개발자 PC는 백신 프로그램 설치 및 불필요한 인터넷 접속을 차단하며 항상 암호를 설정해둔다.
- 허가되지 않은 외부 저장장치를 통한 개발 시스템 접속을 차단한다.

② 응용 프로그램 구현 계획
- 시큐어 코딩(Secure Coding) 가이드를 참조하여 응용 프로그램 상세 설계서에 의한 코딩을 진행한다.
- 개발 일정을 준수하여 기한 내에 응용 프로그램 보안 코딩을 완료한다.
  - 시큐어 코딩 : 보안에 문제가 되는 부분을 보완하여 SW 보안 약점을 사전에 제거하는 코딩 기법
  - 하드 코드 : 암호화 키, 패스워드 등이 소스코드에 상수 형태로 존재하는 코드
- 시큐어 코딩 없이 개발된 소프트웨어의 사후 수정 비용은 시큐어 코딩 비용의 수십 배에 달한다.

③ 보안 정책 검토
- 보안 정책 항목에 대한 존재 여부, 요구 수준, 세부 내용을 분류하고 검토한다.
- 보안 대상에 대한 위협과 영향 범위, 사전 보안대책, 사후 대응책, 예산 등을 검토한다.
- 분야별로 검토된 보안 정책에 대한 적절성(기술적, 비용적 측면)을 판단한다.

02 소프트웨어 개발 보안 구현

1) SW 개발 보안을 위한 시큐어 코딩

① 응용 프로그램 구현
- 보안 요구사항이 반영된 상세 설계서를 바탕으로 보안 구현 시 고려사항을 참고하여 개발자가 직접 구현한다.
  - 개인정보 입력 시 암호화 범위 결정
  - 플랫폼에 맞는 보안 솔루션 제공 여부 확인
  - 암호화가 불필요한 부분(이미지 등)을 제외하여 암호화 적용
  - 구현이 끝나면 적절한 테스트 시나리오를 통해 검증 및 확인
- 보안 담당자는 설계된 내용들이 정확히 구현되었는지 점검하고 확인한다.
  - 악성 프로그램이 프로그램 버그를 악용하여 권한 획득이 가능한지 확인
  - 소스코드에 중요한 정보 및 악성코드가 삽입되었는지 확인
  - 실행 중 발생 가능한 예외사항에 대한 처리가 구현되었는지 확인

② 응용 프로그램 구현 환경 관리
- 로그인 정보 및 실패의 원인을 표시하고 잘못된 로그인 행위를 제한한다.
  - 잘못된 패스워드 입력 횟수 제한
  - 로그인 상태 유지 기능 및 일정 시간 경과 시 자동 로그오프
- 패스워드에 대한 적절한 제약사항과 암호화, 인증 기능을 강화한다.
  - 최소 길이 제한, 추측 가능한 패스워드 통제, 일정 기간 후 재설정
  - 패스워드 변경 시 인증이 필요하며 관리자도 알아볼 수 없도록 암호화
  - 금융 거래 등의 특수한 경우에는 강화된 인증 기능 적용
- 개발자 계정은 추측 가능하거나 불필요한 계정을 검토하여 삭제 및 철저하게 관리한다.
- 주요 데이터는 접근 통제가 적용되는 DB에 별도 저장하고 데이터별 보안 등급 지정 및 암호화를 수행한다.
- 개발자들을 그룹별로 접근 등급을 지정하여 권한 이외의 행동을 관리한다.
  - 다중 접속, 우회 접근, 백업 코드 접근, 허용되지 않은 정보 접근 등
- 보안에 관련된 정보 및 정보에 접근하는 대상에 대한 별도의 로그를 두어 관리한다.

2) 웹 애플리케이션 주요 취약점 점검 20.9, 21.8, 22.7

① XSS(Cross-Site Scripting)
- 웹 페이지에 악의적인 스크립트를 포함시켜 사용자측에서 실행되게끔 유도하는 것이다.

② 인젝션(Injection) 22.3, 23.7, 24.2, 24.5
- 코드나 SQL을 주입(Injection)하여 의도하지 않은 명령어를 수행(명령어 주입)하거나 허용되지 않은 데이터에 접근(자원 주입)하도록 조작하는 것이다.

③ 불안전한 직접적인 객체 참조
- 파일, 디렉토리, 데이터베이스 등에 대한 참조를 안전하지 않은 방법으로 제공하는 것이다.

④ 불안전한 암호 저장
- 공개적으로 접속 가능한 정보에서 민감한 암호화 데이터를 제공하는 것이다.

⑤ URL 접근 제한 실패
- 애플리케이션이 모호한 URL을 통해 서비스를 제한하는 것이다.

⑥ 취약한 인증 및 세션 관리
- 사용자 인증 및 세션에 대한 관리를 올바르게 이행하지 않는 것이다.

⑦ 사이트 간 요청 위조(CSRF : Cross-Site Request Forgery)
- 애플리케이션에 악의적인 영향을 끼치기 위해 요청을 위조하여 공격하는 것이다.

⑧ 잘못된 보안 설정
- 허가를 받지 않고 시스템 데이터 및 기능에 접근하여 시스템을 침해하는 것이다.

⑨ 불충분한 전송 레이어 보호
- 전송되는 데이터가 허용되지 않은 가로채기 및 중간자 공격을 당하는 것이다.

⑩ 검증되지 않은 리다이렉팅 및 포워드
- 공격자가 변조하여 배포한 URL 주소에 사용자가 접속하여 피싱 및 악성 코드에 노출되는 것이다.

⑪ 애플리케이션 로직 결함
- 애플리케이션 로직이 악용되어 작업 흐름이나 정보가 변환, 우회, 조작되는 것이다.

⑫ 인증 우회
- 보안 통제를 우회하여 내부 애플리케이션 기능에 직접 접근하는 것이다.

⑬ 권한 부여 우회
- 악의적 사용자가 권한을 강화하여 애플리케이션 기능 및 데이터에 비인가 접근을 하는 것이다.

> **기적의 TIP**
> 주요 취약점을 키워드로 구분할 수 있어야 합니다.

> **기적의 TIP**
> 주입(Injection) 공격은 매우 다양합니다.

03 소프트웨어 개발 보안 테스트

1) SW 개발 보안 테스트

① SW 보안 결함 등급

- 보안 테스트의 결함 등급은 보안사고 발생 시 복구에 필요한 우선순위를 결정하는 것이다.
- 보안의 영향도(impact)와 긴급도(urgency)에 따라서 측정된다.
  - 영향도 : 잠재적 손실의 영향
  - 긴급도 : 해결 시간의 중요성
  - 보안 결함 등급 = 영향도 × 긴급도
- 보안 등급에 따른 주요 관리 항목은 아래와 같다.
  - 높은 등급으로 할당된 보안 결함 사고의 수
  - 전체 문제 수 대비 근본 원인이 도출된 보안 결함 수
  - 한 번만에 근본 원인이 도출된 보안 결함 수

② SW 개발 보안 테스트의 종류

- SW 개발 단계에서 SW 보안 테스트를 하여 취약점을 진단하는 방법은 다음과 같이 정적 분석과 동적 분석으로 구분할 수 있으며, 상호 보완적으로 선택할 수 있다.
  - 정적 분석(소스코드) : 수정 비용 절감, 통합, 설계, 구조 관점의 보안 약점 발견 어려움
  - 동적 분석(실행 환경) : 정확도와 커버리지 향상, 도구 사용자 수준이 결과에 영향을 줌

③ SW 개발 보안 테스트의 일반 원칙

- 모든 보안 테스트는 이해관계가 긴밀하게 얽혀있을 경우 공정한 테스트가 불가능하기 때문에 개발자와 운영자는 분리되어 테스트를 수행하고 평가해야 한다.
- 일반적인 SW 보안 테스트 절차는 아래와 같다.
  - SW 보안 테스트 계획서에 따른 실시 : 보안 테스트 계획서에 따라 요구항목 및 취약점 점검
  - SW 보안 테스트의 적정성 판단 : 테스트 결과에 기반한 보안 기능의 적절성 판단
  - SW 보안 결과의 신뢰성 : 평가 절차에 따라 적절하게 실행되고 신뢰할 수 있는 기술로 검증되었는지 재확인
  - SW 보안 결함 발견 시 피드백 결과 확인 : 테스트 결과에 대한 피드백을 통해 기능 보완

2) SW 보안 결함관리

① SW 보안 결함 정의
- SW 보안 결함은 보안 명세서를 통해 기대하는 보안품질의 결과와 구현된 프로그램의 실제 테스트 결과의 차이점(불일치)이다.

② SW 보안 결함의 종류
- SW 보안 결함의 종류는 기대치와 예상치를 기준으로 아래와 같이 분류할 수 있다.
  - SW 보안 결함 : 소프트웨어 제품의 보안품질이 정의된 특성과 일치하지 않는 모든 행위
  - 발견된 보안 결함 : 설치/운영되기 전에 발견된 소프트웨어 보안 결함
  - 잠재적 보안 결함 : 설치/운영되는 환경에 전달된 소프트웨어 보안 결함
  - SW의 특이한 고장 : 잠재 보안 결함들이 소프트웨어의 운영 중에 나타나서 발생하는 하나 이상의 이상 징후들의 집합

③ SW 보안 결함관리 프로세스
- SW 보안 결함을 관리하기 위한 테스트 방법, 결함 추적 방법, 결함 분류에 대해 정의한다.
- 정의된 방법으로 결함에 대한 관리를 수행(기록, 검토, 수정, 재확인)하고 모니터링한다.
  - 기록 활동 : 처음 발견한 결함을 등록
  - 검토 활동 : 결함의 원인을 파악하고 담당 모듈 개발자가 검토
  - 수정 활동 : 문제해결 담당자에 결함을 할당하고 수정하는 활동
  - 재확인 활동 : 수정된 결함에 대해 수정 완료 여부 확인
  - 모니터링 : 미조치 결함 및 결함 진행 상태 지속 관리
- 조치된 결함에 대해 분석하여 조치 내역과 함께 중대한 취약점에 대한 리스크를 식별한 결과를 통해 보고서를 작성한다.
  - 아주 높은 리스크(Very High Risk) : 장애 수준, 즉각적인 개선 필요
  - 높은 리스크(High Risk) : 단기간(30일) 내 개선 필요, 리스크가 높은 환경 우선 개선
  - 중간 리스크(Medium Risk) : 중기간(75일) 내 개선 필요, 리스크가 높은 환경 우선 개선
  - 낮은 리스크(Low Risk) : 장기간(180일) 내 개선 필요

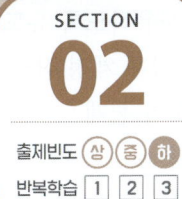

SECTION 02 시스템 보안 구축

빈출 태그 ▶ #보안 설계 #인증 #접근 통제 정책

01 시스템 보안 구현

1) 시스템 보안 설계 대상

① 시스템 보안 설계 정의
- 시스템 보안이란 시스템 구성 요소들 및 자원들의 기밀성, 무결성, 가용성을 보장하기 위해 취해지는 활동이다.
- 구체적으로 외부의 피해(해커, 바이러스, 자연재해에 의해 일어날 수 있는 피해)와 내부의 피해(불만을 품은, 부정직한, 혹은 해고당한 종업원에 의해 일어날 수 있는 피해)로부터 조직이 보유한 컴퓨터 시스템, 기록 및 정보 자원들을 보호하는 데 쓰이는 방법이다.
- 시스템 보안은 주로 계정과 패스워드 관리, 세션 관리, 접근제어, 권한 관리, 로그 관리 및 취약점 관리 등이 포함된다.

② 시스템 보안 설계 원칙
- 자원에 적용되는 보안 수준은 조직에 주는 가치에 비추어 적절해야 하며, 보안에 소요되는 비용은 그것이 주는 혜택에 비추어서 충분히 합리적이어야 한다.
- 보안 아키텍처는 변화하는 보안의 필요와 요구사항을 수용할 수 있어야 하며, 보호의 레벨이 변화할 경우에도 기본 보안 아키텍처를 수정하지 않고 지원할 수 있어야 하며, 또 보안의 서비스가 여러 가지 보호 레벨을 수용하고 미래의 확장되는 필요성을 수용할 수 있도록 충분히 확장성이 있어야 한다.
- 보안 아키텍처는 조직으로 하여금 안전한 업무를 전자적으로 수행할 수 있도록 통합된 보안서비스를 제공해야 한다.
- 모든 컴퓨터 플랫폼에 걸쳐 일관성 있는 프레임워크를 제공해야 한다.

③ 계정 관리에 대한 설계
- 시스템 보안의 계정 관리에 대한 설계는 Default 계정 사용 제한, 사용자 현행화, 개발자 계정 삭제 등으로 구분하여 작성한다.
  - 개발, 테스트 단계를 거쳐 안정화 단계로 들어서면 Default 계정 사용을 제한
  - 개발, 테스트 단계를 거쳐 안정화 단계로 들어서면 개발/시험용 계정을 삭제
  - 주기적으로 인사 시스템(퇴직, 휴직, 출장, 인사이동 등)과 연동하여 권한 정보 갱신

④ 패스워드 관리에 대한 설계
- 비밀번호 생성 규칙, 비밀번호 재사용 제한 등에 대해 설계를 한다.

- 다양한 규칙과 조합을 통해 예측이 불가능한 패스워드를 사용하도록 유도
- 비밀번호 입력 실패 횟수가 정해진 기준을 넘어서는 경우 강제 계정 잠금
- 일정 기간이 지나거나 임시 비밀번호를 변경하여 사용하도록 설계
- 모든 비밀번호는 외부로 노출되지 않도록 암호화하여 보관

⑤ 로그인 관리에 대한 설계
- 로그인 실패에 대한 구체적인 사유를 사용자가 알 수 없도록 설계한다.
- 사용자 계정에 대한 불법 사용 여부를 확인할 수 있는 최종 접속시간 등을 표시하도록 설계한다.

⑥ 세션 관리에 대한 설계
- 일정 시간 입력이 없는 경우 로그오프 또는 세션이 종료되도록 설계한다.
- 동일 사용자 계정으로 다중 세션이 연결되지 않고 경고 메시지가 출력되도록 설계한다.

⑦ 접근 제어 권한 관리에 대한 설계
- 관리 시스템에 접근 가능한 IP 대역 설정 및 관리 권한을 분리하여 접속 권한을 최소화하도록 설계한다.
- 주요 명령에 대해 권한을 가진 사람만 명령어 사용이 가능하도록 사용자 권한을 제한한다.

⑧ 로그 관리에 대한 설계
- 시스템 접근 권한의 변경 시 변경 이력에 대해 기록하도록 설계한다.
- 시스템 접근 및 운영 이력을 기록하도록 설계한다.
- 접근을 시도하는 모든 사용자의 접근 기록 및 이상 접속 시도에 대한 이력을 기록하도록 설계한다.

⑨ 취약점 관리에 대한 설계
- 시스템에 대한 악성 프로그램에 대응할 수 있도록 설계한다.
- 시스템의 보안 취약점을 주기적으로 점검하고 조치할 수 있도록 진단 및 조치 기준을 설정한다.

2) 시스템 보안 구현 계획 수립

① 시스템 보안 구현 환경
- 기밀성, 무결성, 가용성이 보장된 안전하고 신뢰성 있는 시스템 보안을 구현하기 위한 조건, 장소, 기타 여러 가지 여건을 의미한다.
- 시스템 보안 구현 환경의 유형은 관리적, 기술적, 물리적 차원으로 구분한다.
  - 관리적 차원 : 기업의 시스템 보안 정책, 시스템 보안 규정 및 절차서, 시스템 보안 조직 및 인원 등
  - 기술적 차원 : 시스템 보안 솔루션 및 패키지 등
  - 물리적 차원 : IDC, 보안 통제 공간, 잠금장치, 출입통제 장비 등

② 시스템 보안 구현 계획
- 시스템 보안 구현 계획이란 시스템의 보안 설계 내용대로 실제 현장에서 구현하기 위한 세부 범위, 일정, 장소, 인원, 도구, 매뉴얼 및 절차서를 포함하여 실행 방안을 구체화하는 작업을 의미한다.
- 시스템 보안 구현 계획에 포함될 사항들은 범위, 일정, 장소, 인원 등이 있다.
    - 범위 : 기간 및 자원을 고려하여 추진 범위 및 세부 업무 추진 내용 정의
    - 일정 : 전체 일정, 월간, 주간, 일 등을 포함하는 세부 일정 포함
    - 장소 : 설계, 구현 및 테스트 장소 포함
    - 인원 : 추진 범위 및 일정별로 작업 인원 포함
    - 기타 준비사항 : 보안 관련 매뉴얼 및 절차서, 기타 필요한 도구 등

3) 시스템 보안 구현 도구 21.5

① MBSA(Microsoft Baseline Security Analyzer)
- MBSA는 일반적으로 Windows 시스템에서 틀리기 쉬운 보안 관련 설정을 간단히 확인하는 기능을 갖추고 있다.

② NMAP(Network MAPper)
- 서버 관리자의 입장에서 자체 시스템 스캔을 통해 운영하는 서버의 다른 포트가 자신이 알지 못하는 사이에 열려 있는지 등을 확인하는 도구이다.

③ NBTScan
- NBTScan 프로그램은 NetBIOS name 정보를 얻기 위해 네트워크를 점검(scan)하는 프로그램이다.
- 점검하고자 하는 대상 IP에 대해서 UDP 포트 137을 사용하여 NetBIOS status 질의를 보내면 해당 시스템은 IP주소, NetBIOS 컴퓨터 이름, 사용자 이름, MAC 주소 등의 정보를 반송한다.

> **기적의 TIP**
> 시스템 보안 구현 도구에 대해 올바른 선택을 할 수 있어야 합니다.

02 접근 통제

1) 시스템(사용자) 인증(Authentication)

① 시스템 인증 정의
- 시스템 보안에서 인증은 로그인 요청 등을 통해 통신상에서 보내는 사람의 디지털 정체성 확인을 시도하는 과정이다.

② 시스템 인증 구분 22.4, 23.3, 24.2, 24.5, 25.2
- 신분 확인 요소별 접근 방법이 존재한다.
    - 알고 있는 것(지식 기반 인증, Something You Know) : 기억하고 있는 정보를 이용해 인증 수행(패스워드, 핀 번호 등)
    - 가지고 있는 것(소유 기반 인증, Something You Have) : 소지품을 통해 인증 수행(출입카드, OTP 등)

> **기적의 TIP**
> 사용자 인증 유형을 구분할 수 있어야 합니다.

- 스스로의 모습(존재 기반 인증, Something You Are) : 생체 정보를 통해 인증 수행(지문인식, 홍채인식 등)
- 행동하는 것(행위 기반 인증, Something You Do) : 행위자의 움직임을 통해 인증 수행(서명, 움직임 등)
- 수행하는 곳(위치 기반 인증, Somewhere You Are) : 행위자가 자리한 곳의 물리적/논리적 위치를 통해 인증 수행(GPS좌표, IP주소 등)

➕ 더 알기 TIP

한 가지의 인증 요소(일반적으로 패스워드)를 이용하여 신원을 검증하는 방식을 단일요소 인증, 단일인증(Single-factor Authentication) 등으로 부르기도 합니다. 하나의 아이디와 하나의 인증 수단을 이용하여 다수의 전자정부 서비스를 이용하는 디지털 원패스(Digital Onepass)와 구분해서 기억해두세요.

③ 로그인(Log-In)
- 사용자 계정 정보를 통해 시스템 접근 허가 증명을 얻기 위한 인증 과정이다.
- 로그인에 성공하거나 성공하지 못한 사용자의 활동 정보를 로그에 기록하여 이후 추적에 활용한다.
- 로그 기록은 위조 및 변조 방지를 위해 별도의 공간에 백업해둔다.

④ 세션(Session) 22.7, 25.2
- 사용자가 시스템에 로그인한 순간부터 로그아웃할 때까지의 구간이다.
- 세션이 유지되는 동안에는 사용자 인증이 유지되어 추가적인 인증이 필요 없다.
- 금융 거래 등의 중요한 정보 이용 시에는 세션에 대한 지속적, 추가적인 인증이 필요하다.
- 일정 시간 입력값이 없는 경우에는 세션을 종료시키는 것이 좋다.
- 세션 관리를 통해 비인가자의 세션 가로채기(Session Hijacking)를 통제해야 한다.
    - Session Hijacking : 공격 대상이 이미 시스템에 접속되어 세션이 연결되어 있는 상태를 가로채는 공격
- 다양한 탐지법을 통해 세션 하이재킹을 탐지할 수 있다.
    - 비동기화 탐지 : 서버와 시퀀스 넘버를 주기적으로 체크
    - Ack Storm 탐지 : 급격한 Ack 증가
    - 패킷의 유실과 재전송 증가 탐지 : 패킷의 유실과 길어진 응답시간을 탐지
    - 예상치 못한 접속의 리셋 탐지 : 세션이 멈추거나 리셋되는 경우를 탐지

⑤ SSO(Single Sign-On)
- 단 한 번의 로그인만으로 기업의 각종 시스템을 모두 이용할 수 있게 하는 응용 솔루션으로 편의성 증진과 인증 비용의 절감 효과가 있다.

🏆 기적의 TIP

세션 하이재킹의 탐지법을 숙지하세요.

2) 주요 인증 도구

① 디지털 서명(Digital Signature)
- 네트워크에서 송신자의 신원을 증명하는 방법으로, 송신자가 자신의 비밀키로 암호화한 메시지를 수신자가 송신자의 공개키로 해독하는 과정이다.
- 디지털 서명의 요구조건은 인증, 무결성, 부인방지, 유일성, 진위 확인 용이성 등이 있다.
  - 인증 : 정당한 송신자의 비밀키로 서명을 생성
  - 무결성 : 위조가 불가능해야 함
  - 부인방지 : 서명 사실을 부인할 수 없음
  - 유일성 : 다른 문서의 서명을 재사용할 수 없음
  - 진위 확인 용이성 : 서명의 진위를 누구든 쉽게 확인할 수 있음

② 디지털 인증서(Certificate)
- 공개키를 소유한 사용자에 대해서 신뢰할 만한 인증기관의 서명용 개인키로 전자 서명한 인증서이다.
- 서명한 공개키를 공인하는 전자 증명서로, 공개키 인증서라고도 하며 ITU-T의 X.509 방식을 따른다.
- 디지털 인증서를 통해 사람, 프로세스, 시스템, 장비, 거래 등에 대한 인증을 수행할 수 있다.
  - 전자메일용 인증서 : 전자메일 보안
  - 전자지불용 인증서 : 법인의 법적 증명 등
  - 소프트웨어 배포용 인증서 : 소프트웨어 신뢰도 인증
  - IPSec용 인증서 : IP 패킷 보안
  - SSL 인증서 : 안전한 소켓 계층 보안
  - 우리나라 공동인증서(공인인증서) : 개인 인증(인터넷 신분증)

③ 메시지 인증 코드(Message Authentication Code)
- 메시지 내 1비트만 변형되어도 코드 전체 값이 크게 달라지는 짧은 코드로서 메시지 무결성 코드라고도 한다.
- 메시지와 송수신자의 공유키를 입력하면 고정된 길이의 코드값으로 출력된다.
- 메시지 내용의 변경 검출을 통해 무결성을 확인하고 메시지 송신자에 대한 인증을 확인할 수 있다.
- 일반적으로 해시 함수를 이용하여 메시지 인증 코드를 구성한다.
  - 해시 함수 : 임의 길이의 메시지를 고정 길이의 해시값으로 변환시키는 단방향성 알고리즘

3) 인증 관련 프로토콜

> **기적의 TIP**
> AAA와 관련된 기술을 구별할 수 있어야 합니다.

① AAA 23.3, 23.5, 23.7, 25.2
- 인증(Authentication), 권한부여/인가(Authorization), 계정관리(Accounting)의 앞 글자를 딴 용어로 컴퓨터 네트워크 내에서 액세스를 제어하고 추적하는 데 사용되는 프레임워크이다.
- AAA 기능 구현을 위한 인증 프로토콜은 RADIUS, DIAMETER, TACACS 등이 있다.

② PAP(Password Authentication Protocol)
- 접근이 제한된 네트워크에 로그인할 수 있도록 평문의 아이디, 패스워드를 통해 인증하는 단순한 프로토콜이다.
- 인증요청과 인증응답의 2개 절차만 존재하며 평문의 형태로 전송하기 때문에 보안이 취약하다.

③ CHAP(Challenge Handshake Authentication Protocol)
- PAP의 단점을 보완한 것으로 시스템측에서 인증을 주관하는 프로토콜이다.
- 인증요청, 인증응답, 인증승인(거부)의 3단계 핸드셰이킹 방식으로 동작한다.

④ EAP(Extensible Authentication Protocol)
- 다수의 인증 프로토콜을 캡슐화시켜 다양한 인증 방식을 선택할 수 있게 하는 범용 인증 프로토콜이다.
- 유무선 LAN 연결 등에서 많이 활용되는 인증 프레임워크이다.

⑤ RADIUS(Remote Authentication Dial In User Serivce)
- 네트워크에 연결하고 네트워크 서비스를 받기 위해 중앙 집중화된 AAA 관리를 제공하는 서비스이다.
- PAP, CHAP 등의 다양한 프로토콜을 지원하고 UDP에 의해 전달된다.

⑥ DIAMETER
- RADIUS의 단점을 보완하고 서버 간 통신을 지원하는 확장성이 좋은 차세대 인증 프로토콜이다.
- 보안 기능, 장애복구 기능을 강화하여 신뢰성 있는 전송계층 프로토콜 사용이 가능하다.

4) 접근 통제 정책 22.4, 23.3, 23.5, 24.2, 24.7

① 임의적 접근 통제(DAC : Discretionary Access Control)
- 접근 요청자의 신분과 접근 규칙에 기반을 두는 접근 통제 방식이다.
- 사용자는 자원과 관련된 ACL(Access Control List)을 통해서 자원에 대한 권한을 부여받는다.
- 한 개체가 다른 개체에 대한 접근 권한을 부여할 수 있다.
- 신분을 통해 권한 부여가 가능하기 때문에 신분 도용의 위험이 있다.

② 강제적 접근 통제(MAC : Mandatory Access Control)
- 접근을 제어하는 보안 전문가에 의해 생성되는 규칙에 기반을 두는 접근 통제 방식이다.
- 보안 레이블과 보안 허가증을 비교하여 접근 제어를 하는 것을 말한다.
  - 보안 레이블 : 특정 시스템 자원이 얼마나 중요한 자원인지를 나타내는 정보
  - 보안 허가증 : 어떤 시스템 객체가 특정 자원에 접근할 수 있는지를 나타내는 정보
- 매우 엄격한 접근 통제 모델이라 보안성이 좋고, 중앙 집중식 관리 형태라 모든 객체에 대한 관리가 용이하다.
- 모든 접근에 대해 레이블을 정의하고 보안 정책을 확인해야 하므로 성능 저하가 발생한다.

③ 역할 기반 접근 통제(RBAC : Role Based Access Control)
- MAC와 DAC의 단점을 보완한 방식으로 사용자의 역할에 기반을 두고 접근을 통제하는 모델이다.
- 사용자 대신에 역할에 접근 권한을 할당하고 이후에 사용자는 정적이나 동적으로 특정 역할을 할당받게 된다.
- 역할과 권한의 관계는 사용자와 권한과의 관계에 비해 변경이 거의 이루어지지 않는다.
- 편한 관리 방법을 제공하며 관리 업무의 효율성을 가져온다.

> **기적의 TIP**
> 접근 통제 정책을 서로 비교하여 학습하세요.

정책	MAC	DAC	RBAC
권한 부여	시스템	데이터 소유자	중앙 관리자
접근 결정	보안 등급(Level)	신분(Identity)	역할(Role)
정책 변경	고정적	변경 용이	변경 용이
장점	안정적, 중앙 집중적	구현 용이, 유연함	관리 용이

5) 접근 통제 모델

① 기밀성 강조 모델
- 보안 요소 중 기밀성을 강조하는 모델로 BLP(Bell-LaPadula)가 있다.
  - BLP : 최초의 수학적 통제 모델로 높은 등급의 정보가 낮은 레벨로 유출되는 것을 통제하는 모델

② 무결성 강조 모델
- 보안 요소 중 무결성을 강조하는 모델로 Biba Integrity, Clark-Wilson, Chinese Wall이 있다.
  - Biba Integrity : BLP의 단점을 보완한 최초의 무결성 모델
  - Chinese Wall : 투자금융 회사 등에서 이익 충돌 회피를 위한 모델, 직무 분리를 접근 통제에 반영
  - Clark-Wilson : 위조 방지보다 변조 방지가 더 중요한 금융, 회계 등 자산 데이터 정보를 다루기 위한 상업용 모델

CHAPTER

03

암호 기술

학습 방향

구축된 정보 시스템의 위험과 위협 요소를 분석하고 해당 요소를 제거, 차단하는 보안 솔루션, 암호와 관련된 용어, 알고리즘, 보안 기술 및 디지털 저작권에 대해 서술하는 챕터입니다. 상당히 높은 출제 비중을 가지며 실기에서도 자주 출제되고 있으니 꼼꼼하게 학습하도록 하세요.

SECTION 01 보안 공격 및 예방

빈출 태그 ▶ #위험 관리 #악성 코드 #공격 유형

01 위험 관리 22.3, 23.3

1) 위험 관리(Risk Management)

① 위험의 정의
- 위협원이 행하는 위협에 의해 정보 자산이 피해를 입을 확률과 자산에 끼치는 영향을 의미한다.
- 취약점이 자산을 노출시키면 위협원이 위협을 통해 자산에 피해를 입힌다.

② 위험 관리 22.4, 24.5
- 위험을 인식하고 적절한 비용 이내에서 적절한 통제 방안을 통해 위협을 통제하는 과정이다.
- 위험을 전부 제거하는 것은 불가능하므로 위험을 수용 가능한 수준으로 감소시키는 것이 목적이다.
  - 잔여 위험 : 위험 관리를 통해 위험을 제거하고 남은 위험
- 잔여 위험이 너무 적은 경우는 위험 관리의 성능이 좋거나 자산의 가치가 낮은 경우일 수 있다.

③ 위험 관리 절차
- 위험 관리의 범위와 위험 분석 방법, 위험 분석 계획을 수립한다.
- 보호자산에 대한 위험을 식별하고 발생 가능성과 자산에 미치는 영향을 식별한다.
  - 위험 = 발생 가능성 × 손실의 정도
- 특성과 경험을 기반으로 위험 수준을 정성적(높음, 중간, 낮음 등)으로 평가하는 위험 분석을 수행한다.
  - 장점 : 수치화 불필요, 비용(시간, 노력) 낮음
  - 단점 : 주관적 평가, 근거 불명확
- 객관적인 기준을 기반으로 비용과 이익을 정량적으로 평가하는 위험 분석을 수행한다.
  - 장점 : 정보의 가치를 논리적으로 평가, 성능 평가 용이
  - 단점 : 비용 높음, 수치 작업 어려움

> **기적의 TIP**
> 위험 관리는 위험 분석이라고도 합니다.

> **기적의 TIP**
> 위험은 지속적으로 발생하기 때문에 해결이 아니라 '관리'가 필요합니다.

- 분석된 위험에 대한 대응 계획을 수립한다.
  - 위험 감소 : 보안 투자를 늘리는 등의 방법으로 위험이 발생할 확률 감소
  - 위험 회피 : 위험이 동반되는 사업을 수행하지 않거나 다른 방법 사용
  - 위험 전가 : 위험한 사업을 외주로 전환하거나 보험을 통해 위험부담 전가
  - 위험 수용 : 위험부담을 그대로 감수하고 진행
- 위험을 지속적으로 모니터링하고 통제한다.

2) 위험 분석 접근법

① 베이스라인(Baseline) 접근법
- 기존에 마련되어 있는 법령이나 표준, 가이드라인 등으로 기준선을 정하여 위험을 분석하는 방식이다.
  - 장점 : 시간 및 비용 절약 모든 조직에서 기본적으로 필요한 보호 대책 선택 가능
  - 단점 : 조직의 특성이 미반영되어 적정 보안 수준 초과 또는 미달 가능성

② 비정형(Informal) 접근법
- 구조적 방법론에 기반하지 않고 경험자의 지식을 통해 위험 분석을 수행하는 방식이다.
  - 장점 : 시간과 비용이 절약되고 작은 조직에서 부담 없이 접근 가능
  - 단점 : 구조화된 접근이 아니며 보호대책 및 소요비용의 불확실성 존재

③ 상세(Detailed) 위험 분석
- 이미 정립된 모델에 기초하여 자산, 위협, 취약점의 분석을 수행하여 위험을 분석하는 방식이다.
  - 장점 : 조직 내 적절한 보안수준 마련 가능
  - 단점 : 전문적인 지식이 필요하고 시간과 비용이 많이 필요함

④ 복합(Combined) 접근법
- 상세 위험 분석과 베이스라인 접근법을 복합적으로 사용하는 방식이다.
  - 장점 : 비용과 자원을 효율적으로 사용할 수 있음. 고위험 영역을 빠르게 식별 가능
  - 단점 : 고위험 영역이 잘못 식별되었을 경우, 위험 분석 비용이 낭비되거나 부적절하게 대응될 수 있음

⑤ 자동화 위험 분석 도구
- 위험 분석 기술 및 접근법을 기반으로 위험 분석을 수행하는 소프트웨어이다.
- 위험 분석 시 소요되는 비용과 휴먼 에러를 줄일 수 있지만 전문가의 지원이 필요하다.
- 분석의 결과는 빠르게 확인 가능하지만 결과를 무조건 신뢰하기는 어렵다.

3) 위협 요소 22.4, 23.3

① 의도적인 위협(Intentional Threats)
- 시스템을 직접 공격하거나 정보를 유출시키기 위한 형태의 위협이다.
  - 적극적인 위협 : 시스템의 정상 작동을 방해하는 형태, 탐지가 수월함
  - 소극적인 위협 : 정보 유출을 위해 잠입하는 형태, 탐지가 어려움

② 비의도적인 위협(Accidental Threats)
- 시스템의 고장으로 인해 무결성 및 가용성이 훼손됨으로써 발생하는 위협이다.
- 사용자의 실수 및 우연으로 인해 발생하는 위협이다.
  - 불량 데이터 입력과 정상 데이터 삭제
  - 부적절한 통제, 의도치 않은 기밀문서 열람

③ 자연적인 위협(Natural Threats)
- 화재, 지진과 같은 자연재해에 의해 발생하는 위협이다.

> **기적의 TIP**
> 위험은 물리적(화재, 파손, 고장 등)인 요소와 비물리적(설정, 실수 등)인 요소로 구분할 수도 있습니다.

4) 정보 시스템 취약점 22.3

하드웨어 취약점	습도, 먼지 등의 외부 오염과 충격 등에 보호되지 않는 장소에 의한 취약점이다.
소프트웨어 취약점	충분하지 않은 테스팅과 권한 제어 실패 등으로 인한 취약점이다.
네트워크 취약점	불안전한 네트워크 구조와 보호되지 않는 통신 라인으로 인한 취약점이다.
인적 취약점	적절하지 않은 채용과정이나 수준 낮은 보안 인식으로 인한 취약점이다.
위치 취약점	자연재해의 위험이나 전력 공급이 불안정한 장소로 인한 취약점이다.
관리 기간 취약점	정기적 감사나 보안 기술의 부족으로 인한 취약점이다.

> **기적의 TIP**
> 취약점은 상식적으로 접근하면 어렵지 않습니다.

5) 인터넷 서비스 취약점

전자메일 서비스 취약점	• 전자메일은 불특정 다수의 메일을 수신할 수 있기 때문에 항상 보안에 신경 써야 한다. • 첨부된 파일로 인해 악성 코드에 노출될 수 있으니 주의해야 한다.
프록시 서버 취약점	프록시 서버 설정에 문제가 있을 경우 이를 이용해 해킹 등의 경유지로 사용될 수 있다.

6) 운영체제 취약점

설치 취약점	운영체제 설치 과정에는 보안 기능 및 보안 계정의 제공이 어려워 보안에 취약해진다.
업그레이드 취약점	윈도우 업데이트 알람 등을 사용자가 무시하여 발생하는 보안 취약점이다.
포트 취약점	잘못된 설정 및 프로그램 설치로 인한 포트 개방으로 발생하는 보안 취약점이다.
P2P 취약점	컴퓨터 시스템을 상호 공유하면서 각자의 시스템 정보가 노출됨으로써 발생하는 보안 취약점이다.

02 보안 공격 20.6, 20.8, 21.3, 21.5, 21.8, 22.3, 22.4, 22.7, 23.3, 23.5, 24.5

1) 컴퓨터 바이러스

① 바이러스 정의
- 복제, 은폐, 파괴 기능을 통해 시스템을 마비시키거나 파일을 파괴하는 악성 코드의 한 종류이다.
- 감염대상(정상적인 파일)에 기생하여 존재하며 자신을 끊임없이 복제한다.

② 감염 위치에 따른 바이러스 분류

부트(Boot) 바이러스	부트 영역에 존재하여 부팅과 동시에 활동
파일(File) 바이러스	특정 실행 파일에 숨어있다 파일이 실행되면 활동
매크로(Macro) 바이러스	오피스 문서 등에 삽입되어 작동되는 바이러스
메모리 상주 바이러스	주기억 장치에서 용량 부족이나 프로그램 감염

> **기적의 TIP**
>
> **세대별 바이러스 분류**
> - 1세대 : 고정 크기의 단순한 원시 바이러스
> - 2세대 : 바이러스 자체를 암호화
> - 3세대 : 백신 프로그램의 탐지가 어렵도록 은폐
> - 4세대 : 다양한 암호화 기법을 통해 백신 개발 지연
> - 5세대 : 오피스 문서의 매크로에 삽입되어 실행되는 바이러스

2) 시스템 공격 유형

가로막기(Interruption)	• 데이터가 수신측에 정상적으로 전달되는 것을 방해하는 행위이다. • 가용성을 위협한다.
가로채기(Interception)	• 데이터 전송 중 불법적으로 데이터에 접근하여 내용을 보거나 도청하는 행위이다. • 기밀성을 위협한다.
수정(Modification)	• 전송 중인 데이터에 접근하여 내용의 일부분을 불법적으로 수정하는 행위이다. • 무결성을 위협한다.
위조(Fabrication)	• 데이터가 다른 송신자로부터 전송된 것처럼 꾸미는 행위이다. • 무결성을 위협한다.

3) 악성 코드 24.7

① 트로이 목마(Trojan Horse)
- 정상적인 파일로 가장해 컴퓨터 내부에 숨어 있다가 특정 포트를 열어 공격자의 침입을 도와 정보를 유출시킨다.
- 정상적인 파일에 포함되어 함께 설치되며 자체 감염 기능은 존재하지 않는다.

② 스파이웨어(SpyWare)
- 사용자 동의 없이 설치되어 컴퓨터의 정보를 수집(사용자 감시, 개인정보 유출)하는 소프트웨어이다.

③ 웜(Worm)
- 바이러스처럼 다른 파일에 기생하지 않고 독립적으로 자신을 복제하여 확산한다.
- 전파속도가 매우 빠르며 시스템에 과부하를 일으켜 마비시킨다.

> **기적의 TIP**
>
> 악성 코드, 멀웨어, 악성 프로그램 등 다양한 용어가 사용됩니다.

> **기적의 TIP**
>
> 다양한 공격 기술에 대해 숙지하고 있어야 합니다.

④ 키로거(Key Logger)
- 키보드 입력을 모두 기록하여 그 안에서 중요 정보를 탈취하는 도구이다.

⑤ 랜섬웨어(Ransomware)
- 인터넷 사용자의 컴퓨터에 침입하여 내부 문서 및 파일을 암호화한 뒤에 암호 해독용 프로그램 제공을 조건으로 사용자에게 돈을 요구하는 공격 방식이다.

4) 소극적 보안 공격 [23.5]

① 스캐닝(Scanning)
- 네트워크 상의 컴퓨터와 가동 서비스를 탐색하여 장비 구성, 포트 구성 등을 파악하는 것이다.
- 미리 정해둔 공격 패턴을 수행하여 취약점을 파악한다.

② 스니핑(Sniffing)
- 네트워크 상에 전송되는 트래픽을 훔쳐보는 행위로서 주로 자신에게 와야 할 정보가 아닌 정보를 자신이 받도록 조작하는 행위를 말한다.
- Switch Jamming, ARP Redirect, ICMP Redirect 등의 보안 공격 기법이 있다.
    - Switch Jamming(Mac Flooding) : 위조된 MAC 주소를 지속적으로 네트워크에 흘림으로써 스위치의 주소 테이블을 오버플로우시켜 스위치가 제 기능을 못하게 한 후 스니핑 수행
    - ARP Spoofing : 로컬 통신 서버와 클라이언트의 MAC 주소를 공격자의 MAC 주소로 속임
    - ARP Redirect : 희생자의 ARP Cache Table 정보 변조 후 스니핑
    - ICMP Redirect : 희생자의 라우팅 테이블 변조 후 스니핑

③ 스누핑(Snooping)
- 스니핑과 유사한 용어로 네트워크 상에 떠도는 중요 정보를 몰래 획득하는 행위이다.

5) 패스워드 공격

① 무차별 대입 공격(Brute Force Attack)
- 가장 단순한 암호 해독 방법으로, 패스워드를 찾기 위해 가능성 있는 모든 값을 전부 대입해보는 것이다.

② 크랙(Crack)
- 암호가 걸려있는 정품 소프트웨어의 암호화를 풀어 불법적으로 무제한 사용할 수 있게 하는 것이다.
    - 크래커 : 시스템 자원을 파괴하고 유출하는 사람

6) 서비스 거부(Denial of Service) 공격 22.4, 23.3, 23.5, 23.7, 24.2

① 죽음의 핑(Ping of Death)
- 규정된 크기 이상의 ICMP 패킷을 전송하여 DoS를 유발시키거나 과부하로 인한 Crashing, 리부팅 등을 유발하는 공격 방법이다.

② SYN Flooding
- TCP의 3-Way-Handshake 취약점을 이용한 공격으로 다량의 SYN 패킷을 보내 백로그큐를 가득 채워 다른 연결을 받아들이지 못하게 하는 방식의 공격법이다.

③ Smurf Attack
- ICMP 프로토콜의 취약점을 이용한 공격으로 여러 호스트가 특정 대상에게 다량의 ICMP Echo Reply를 보내게 하여 서비스 거부(DoS)를 유발시키는 보안 공격이다.

④ 분산 서비스 거부 공격(DDoS : Distributed Denial of Service)
- 분산된 다수의 좀비 PC(악성 Bot)를 이용하여 공격 대상 시스템의 서비스를 마비시키는 공격 방식이다.
- DoS 공격이 시스템의 취약점을 이용해 부하를 유발시키는 것이라면 DDoS 공격은 다수의 선량한 PC를 동원하여 서비스에 접근하기 때문에 뚜렷한 해결책이 없다.

⑤ LAND 공격(Local Area Network Denial Attack)
- 공격자가 패킷의 출발지 주소(Address)나 포트(port)를 임의로 변경하여 출발지와 목적지 주소(또는 포트)를 동일하게 함으로써, 공격 대상 컴퓨터의 실행 속도를 느리게 하거나 동작을 마비시켜 서비스 거부 상태에 빠지도록 하는 공격 방법이다.

⑥ 반사 공격(Distributed Reflection DoS)
- 출발지 IP를 공격대상 IP로 위조하여 다수의 반사 서버로 요청 정보(SYN)를 전송함으로써 공격 대상 컴퓨터는 반사 서버로부터 다량의 응답(SYN-ACK)을 받아 서비스 거부 상태를 일으키게 되는 방식의 공격 방법이다.

> **기적의 TIP**
> DoS 관련 문제는 굉장히 다양한 형태로 출제됩니다.

7) 블루투스 보안 공격 22.3

① 블루스나핑(Blue Snarfing)
- 블루투스의 취약점을 이용하여 목표 장비의 임의 파일에 접근하는 공격 방법이다.

② 블루버깅(Blue Bugging)
- 블루투스 장비 간의 취약한 연결 관리를 악용한 공격으로 공격 장치와 공격 대상 장치를 연결하여 공격 대상 장치에서 임의의 동작(전화, SMS, 주소록 등)을 실행하는 공격 방법이다.

③ 블루재킹(Blue Jacking)
- 블루투스를 이용해 스팸처럼 명함 등을 익명으로 전송하는 공격 방법이다.

> **기적의 TIP**
> 블루투스를 활용하는 공격은 이외에도 다양합니다.

8) 기타 보안 공격

① 중간자 공격(Man In The Middle)
- 통신을 연결하는 두 사람 사이에 중간자가 침입한 후 네트워크 통신을 조작하여 통신 내용을 도청하거나 조작하는 공격 기법이다.

② 재전송 공격(Replay Attack)
- 중간자 공격 등으로 유출된 암호나 토큰 등을 재전송함으로써 승인된 사용자로 오인하게 만들어 공격하는 방법이다.

③ SQL 인젝션(SQL Injection)
- SQL을 주입(Injection)하여 의도하지 않은 명령어를 수행하거나 허용되지 않은 데이터에 접근하도록 조작하는 것이다.

④ XSS(Cross-Site Scripting)
- 웹 페이지에 악의적인 스크립트를 포함시켜 사용자측에서 실행되게끔 유도하는 것이다.

⑤ 제로데이 공격(Zero Day Attack)
- 특정 취약점에 대한 보안 패치나 대응법이 발표되기 전에 해당 취약점을 이용하여 위협을 가하는 공격 방법이다.

⑥ 루트킷(Root Kit)
- 시스템 침입 후 침입 사실을 숨긴 채 차후의 침입을 위한 백도어, 트로이 목마 설치, 원격 접근, 내부 사용 흔적 삭제, 관리자 권한 획득 등 주로 불법적인 해킹에 사용되는 기능들을 제공하는 프로그램의 모음이다.

⑦ 백도어(Back Door)
- 해커가 이용자 몰래 컴퓨터에 접속하여 악의적인 행위를 하기 위해 설치해 놓은 출입통로 역할을 하는 악성코드이다.

⑧ 사전 공격(Dictionary Attack)
- 원본 데이터에 대한 해쉬값을 미리 계산하여 사전 형태(레인보우 테이블)로 만들어놓고 하나하나 대입해보는 공격 방법이다.

⑨ 세션 하이재킹(Session Hijacking)
- 정당한 사용자가 수행한 세션 인증을 가로채어 중요 자원에 접근하는 공격 방법이다.
- 일반적으로 TELNET이나 FTP와 같이, 암호화되지 않은 TCP 세션 기반의 응용 프로그램을 통해 공격한다.

⑩ 스푸핑(spoofing)
- 스니핑 등의 보안 공격을 위해 자신을 다른 주체(권한 있는 주체 또는 공격 대상 주체)로 속이는 행위로 다양한 방식이 존재한다.
  - MAC 주소 spoofing : 가짜 MAC 주소를 만들어 상대에게 발송하는 방법
  - IP spoofing : 가짜 IP 패킷을 만들어 마치 다른 호스트인 것처럼 가장하는 방법

⑪ 버퍼 오버플로우 공격
- 연속된 메모리 공간을 사용하는 프로그램에서 할당된 메모리 범위를 넘어선 위치에 자료를 입력하여 오작동 또는 악의적 코드를 실행할 수 있게 하는 공격 방법이다.
  - Stack Overflow 공격 : 버퍼를 초과하는 입력값을 의도적으로 발생시켜 장애 유발
  - Heap Overflow 공격 : 원래 프로그램이 가리키는 포인터 영역을 바꿈
- 오버플로우 공격을 차단하는 방법에는 스택 가드와 스택 쉴드가 있다.
  - 스택 가드(SG : Stack Guard) : 메모리 상에서 프로그램의 복귀 주소와 변수 사이에 특정 값을 저장해 두었다가 그 값이 변경되었을 경우 오버플로우 상태로 가정하여 프로그램 실행을 중단
  - 스택 쉴드(SS : Stack Shield) : 함수를 모두 수행하고 종료 시 저장된 값과 스택의 복사본 값을 비교해 값이 다를 경우 공격자로 간주하고 프로그램 실행을 중단

⑫ 사회 공학 공격(Social Engineering Attack) [23.7, 24.5]
- 친분이나 심리 등을 이용하는 비기술적인 수단으로 개인정보를 얻어내는 공격 기법으로 개인정보를 탈취하는 피싱(Phishing) 공격이 대표적이다.
  - Voice Phishing : 전화 등으로 공공기관을 사칭하여 이루어지는 피싱
  - Smishing : SMS + Phishing의 합성어로 SMS를 이용해 이루어지는 피싱
  - Parming : Private Data + Farming의 합성어로 가짜 사이트로 접속을 유도하여 개인정보 등을 탈취하는 사기 수법
  - Spear Phishing : 특정 그룹을 목표로 진행되는 피싱
  - Baiting : 무료 영화/웹툰 사이트 등으로 유도하여 진행하는 피싱

⑬ Watering Hole
- 특정 집단이 주로 방문하는 웹사이트를 감염시키고 피해 대상이 그 웹사이트를 방문할 때까지 기다리는 웹 기반 공격이다.

⑭ Dark Data
- 정보를 수집한 후, 저장만 하고 분석에 활용하고 있지 않은 다량의 데이터로 미래에 사용할 가능성이 있다는 이유로 삭제되지 않고 방치되어 있어, 저장 공간만 차지하고 보안 위험을 초래할 수 있다.

⑮ Typosquatting
- 사이트 주소를 잘못 입력하는 실수를 이용하여 불법 사이트에 접속하게 하여 피해를 주는 공격 방법이다.

보안 솔루션

빈출 태그 ▶ #IPS #IDS #오탐률/미탐률 #Secure OS

01 침입 차단 시스템(방화벽, Firewall)

1) 방화벽의 기능

- 불법적인 외부 침입을 차단하여 내부 네트워크를 보호하는 시스템이다.
- 조직의 보안 정책에 따라 인가되지 않은 서비스를 수행하는 트래픽을 차단한다.
  - 접근통제(Access Control) : 외부의 접근을 패킷 필터링, Proxy 방식 등으로 통제
  - 사용자 인증(Authentication) : 메시지, 사용자, 클라이언트에 대한 인증 수행
  - 감사 및 로그(Auditing/Loggging) : 정책 설정, 관리자 접근, 트래픽 차단 관련 사항 등의 접속 정보 기록
  - 프라이버시 보호(Privacy Protection) : 내외부 네트워크 사이에 위치하여 정보 유출 방지
  - 서비스 통제(Service Control) : 불안정한, 위험한 서비스의 필터링을 통해 취약점 감소
  - 데이터 암호화(Data Encryption) : VPN을 활용하여 방화벽 간 전송 데이터를 암호화
- Access Control List(ACL)를 통해 네트워크에 전송되는 트래픽에 대한 보안 정책을 설정한다.
  - ACL : 객체에 대한 접근이 허가된 주체들과 허가받은 접근 대상(종류)들이 기록된 목록

2) 방화벽의 한계

- 프로그램 내부에 포함된 악성 코드(바이러스, 웜, XSS, …)를 탐지하거나 방어할 수 없다.
- 시스템 내부자가 방화벽을 우회접속하는 것에 대해 막을 수 있는 방법이 없다.
- 예측하지 못한 새로운 형태의 공격에는 능동적으로 대응하기 어렵다.

3) 방화벽의 운영 정책

- 방화벽은 화이트리스트와 블랙리스트 정책이 존재한다.
  - Deny All 정책(Whitelist) : 내부로 들어오는 모든 트래픽을 먼저 차단하고 허용해야 할 트래픽만을 선별적으로 허용하는 방식
  - Permit All 정책(Blacklist) : 외부로 나가는 모든 트래픽을 허용하되 특정 트래픽만을 선별적으로 차단하는 방식

02 침입 방지 시스템(IPS : Intrusion Prevention System)

1) IPS 기본 구성

① IPS 정의
- 불법적인 외부 침입을 차단하여 내부 네트워크를 보호하는 시스템이다.
- 인터넷 서비스나 응용 프로그램의 취약점을 강화시키고 적절히 통제한다.
- 침입 이전에 방지하는 것이 목적으로, 알려지지 않은 형태의 공격도 지능적으로 자동 차단한다.
- 스크린 라우터와 배스천 호스트의 개수 및 위치에 따라 다양한 형태로 구축된다.

② 스크리닝 라우터(Screening Router)
- 일반 라우터의 기능에 내부로 진입하는 패킷의 헤더를 분석하여 필터링하는 기능을 더한 장치이다.
- 필터링 속도가 빠르고 비용이 적게 들지만 IP주소와 포트에 대한 침입 차단만 가능하다.
- 일반적으로 배스천 호스트와 함께 운영된다.

③ 배스천 호스트(Bastion Host)
- 내외부 네트워크 사이에서 게이트웨이 역할을 하는 호스트로 외부 공격에 대한 방어 기능을 담당하는 컴퓨터이다.
- 스크리닝 라우터보다 안정성이 높고 데이터에 대한 공격에 대해 확실한 방어가 가능하다.
- 배스천 호스트 자체가 손상되거나 배스천 호스트로의 접근 권한이 노출(로그인 정보 등)되기만 해도 기능이 무력화된다.

④ IPS 구축 시 고려해야 할 사항
- 접속 허용 리스트, 운영상 위험 요소 등에 대한 내부 네트워크 접속 정책을 결정한다.
- 모니터링 중 발견되는 위험 요소를 제거, 백업하는 방식과 보안 비용, 서비스 설치 및 구성에 대한 부분을 고려해야 한다.

> **기적의 TIP**
> IPS와 방화벽의 차이점은 알려지지 않은 형태의 공격을 차단할 수 있다는 것입니다. 알려지지 않은 공격을 차단하기 위한 시스템에 집중하세요.

> **기적의 TIP**
> 프록시(Proxy) 서버는 배스천 호스트에 설치되어 접근 제어, 인증, 바이러스 검색 등의 서비스를 제공합니다.

2) IPS 구축 방식 21.5

① 단일 홈 게이트웨이(Single-Homed Gateway) 구조
- 배스천 호스트에 통신 네트워크 카드 1개를 장착하여 사용한다.

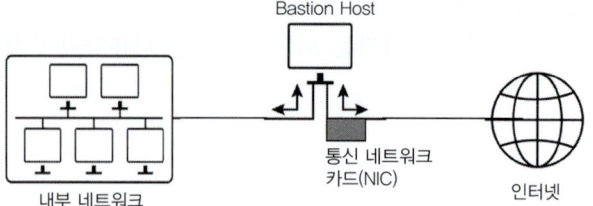

② 이중 홈 게이트웨이(Dual-Homed Gateway) 구조
- 배스천 호스트에 통신 네트워크 카드 2개를 장착하여 사용한다.

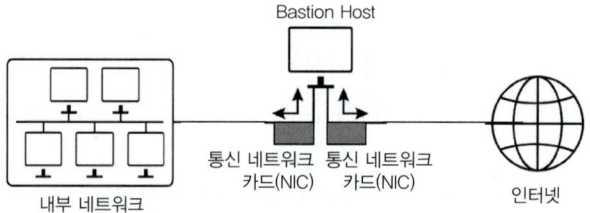

③ 스크린 호스트 게이트웨이(Screened Host Gateway) 구조
- 단일 홈 게이트웨이 구조에 스크리닝 라우터를 추가하여 사용한다.

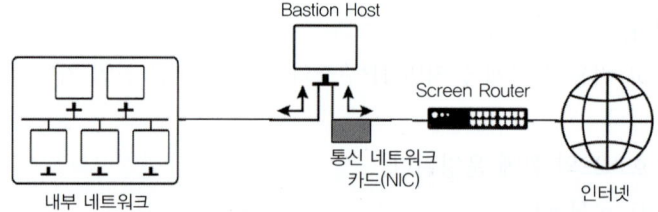

④ 이중 홈 게이트웨이+스크린 호스트 게이트웨이 구조
- 이중 홈 게이트웨이 구조에 스크리닝 라우터를 추가하여 사용한다.

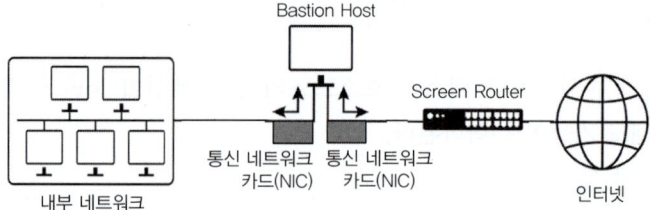

⑤ 스크린 서브넷 게이트웨이(Screen-Subnet Gateway) 구조
- 배스천 호스트 양쪽에 스크리닝 라우터를 설치한 후 외부에 통신 네트워크 카드를 추가하여 사용한다.

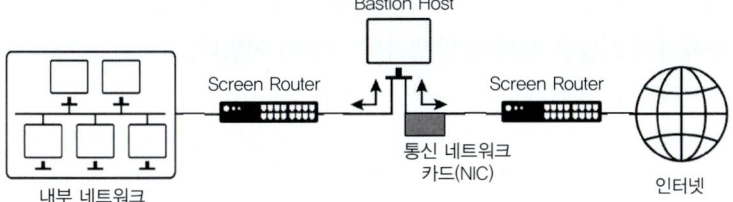

⑥ 이중 홈 게이트웨이+스크린 서브넷 게이트웨이 구조
- 배스천 호스트 양쪽에 스크리닝 라우터를 설치한 후 외부, 내부에 모두 통신 네트워크 카드를 설치하여 사용한다.

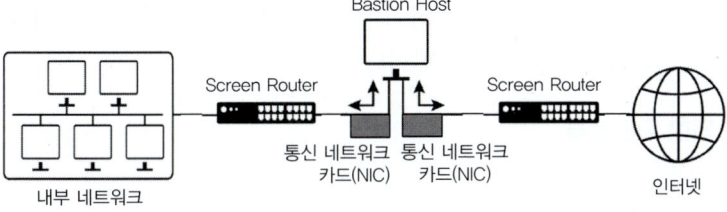

더 알기 TIP

많은 단계를 거칠수록 보안은 강력해지지만, 비용은 높아지고 성능은 떨어집니다.

03 침입 탐지 시스템(IDS : Intrusion Detection System) 21.8, 22.7

1) IDS

① IDS 정의 23.7
- 네트워크 상의 비정상적인 접근을 탐지하는 시스템이다.
- IPS와 달리 공격을 탐지할 수는 있지만 차단할 수는 없다.

② 오탐율과 미탐율
- 공격에 대한 탐지만 하고 차단을 하지 않는 이유는 탐지의 결과가 완벽할 수 없기 때문이다.
  - 오탐(False Positive) : 정상적인 접근을 비정상적인 접근이라고 잘못 판단
  - 미탐(False Negative) : 비정상적인 접근을 정상적인 접근이라고 잘못 판단

2) 데이터 수집원에 의한 IDS 분류

① 호스트 기반 IDS(H-IDS)
- 특정 호스트에서 수집된 자료를 분석하여 비정상 행위를 탐지하는 방식이다.
- 탐지가 정확하고 패킷의 손실도 없으며 추가적인 장비가 필요 없다.
- 운영체제에 종속적이고 많은 부하가 발생하며 구현이 어렵다.

② 네트워크 기반 IDS(N-IDS)
- IDS 장비를 네트워크 앞단에 설치하여 경유하는 트래픽을 분석하는 방식이다.
- 운영체제에 독립적이고 해커의 개입이 어려우며 비용이 저렴하다.
- 고속 네트워크의 경우 패킷의 손실 가능성이 있고 암호화된 트래픽은 분석이 불가능하다.
- 호스트 내부에서 벌어지는 비정상적인 행위에 대해서는 감지가 불가능하다.

③ 다중 호스트 기반 IDS
- 여러 호스트 시스템을 종합적으로 분석하여 비정상 행위를 탐지하는 방식이다.
- H-IDS에 N-IDS적인 성격을 더한 IDS이다.

3) 탐지 기반에 의한 IDS 분류 25.2

① 침입 대응 방법
- 외부의 공격에 대응하는 방법에는 예방, 선점, 방해, 오인, 탐지 등이 있다.
  - 침입 예방(Prevention) : 네트워크 취약점 관리
  - 침입 선점(Preemption) : 공격자의 서버와 프로그램 공격
  - 침입 방해(Deterrence) : 침입 목표를 숨기거나 위장
  - 침입 오인(Deflection) : 침입 목표와 유사한 시스템으로 유도
  - 침입 탐지(Detection) : 침입 행동 탐지 후 대응

② 지식 기반 침입 탐지(Knowledge-based Detection)
- 오용 탐지(Misuse Detection)라고도 하며 알려진 비정상 행위에 대한 패턴을 탐지한다.
- 알려진 패턴에 대한 오탐률이 낮지만 새로운 패턴에 대한 탐지는 어렵다(미탐률 높음).

③ 이상 탐지(Anomaly Detection)
- 정상 행위에 대한 패턴을 기반으로 새로운 행위에 대해 비정상 여부를 판단한다.
- 새로운 패턴에 대해 자동으로 업데이트(미탐률 낮음)가 가능하지만 오탐률이 높다.

> **기적의 TIP**
> 각 탐지 모델의 특징을 구분할 수 있어야 합니다.

4) 백도어 탐지 기법

① 백도어 정의
- 시스템 유지보수를 위해 인증 없이 접근할 수 있는 경로를 의미하지만, 해커가 이용자 몰래 컴퓨터에 접속하여 악의적인 행위를 하기 위해 설치해 놓은 출입구 역할을 하는 악성코드라는 의미가 더 크다.

② 백도어 탐지 기법
- 백도어를 탐지하는 기법은 아래와 같다.
  - 무결성 검사 : 공격자에 의해 변경된 파일 확인
  - 로그 분석 : 공격받은 기록 확인
  - SetUID 파일 검사 : 최상위 권한이 부여된 대상 확인
  - 열린 포트 검사 : 몰래 실행되거나 열어둔 포트 확인
  - 기타 바이러스 및 백도어 탐지 도구 이용

5) 백도어 탐지 도구 20.6, 21.3

① 스캐너 관련 도구
- 스캐너 관련 도구는 네트워크 요소의 취약점을 분석한다.
  - SAINT : CGI, DoS, SSH 취약점
  - SATAN : 네트워크 취약점
  - NMAP, Nessus : 서버 취약점
  - CGI scanner : 웹 서버 취약점
  - ICMPInfo : ICMP 프로토콜 취약점
  - Scan-Detector : UDP 취약점
  - Klaxon : 포트 취약점

② 침입 발견 도구
- 침입 발견 도구는 침입의 흔적을 탐지한다.
  - Chkwtmp : wtmp의 삭제된 부분 발견 도구
  - tcplogd, Shadow : Stealth Scan 발견 도구
  - MOM, AAFID : DDoS 발견 도구

③ 로그 감시 도구
- 로그 감시 도구는 로그인 관련 기록을 모니터링한다.
  - HostSentry : 허용되지 않은 로그인 감시
  - SWATCH, Analog : 실시간 로그인 감시
  - Watcher : 시스템 로그와 데몬들의 실행 상태 감시
  - PingLogger : ICMP 관련 로그 감시
  - John The Ripper : 패스워드 점검

> **기적의 TIP**
>
> 설명에 맞는 적절한 백도어 탐지 도구를 선택할 수 있어야 합니다.

④ 무결성 검사 도구 24.2, 24.7
- 무결성 검사 도구는 시스템과 파일의 무결성을 체크한다.
  - TripWire : 크래커의 침입, 백도어 생성, 설정파일 변경 체크
  - T(Texas)MAU : 파일 무결성 체크
  - trojan.pl : perl로 제작된 파일 무결성 체크 도구
  - Hobgoblin : 파일과 시스템 무결성
  - fcheck : 지정한 디렉토리 및 파일의 변조 여부 체크

04 Secure OS

1) 보안 운영체제(Secure OS)

① Secure OS 정의
- 신뢰성 운영체제(Trusted OS)라고도 하며 컴퓨터 운영체제 상에 내재된 보안 상의 결함으로 인하여 발생할 수 있는 각종 해킹으로부터 시스템을 보호하기 위하여 기존의 운영체제 내에 보안 기능을 추가한 운영체제이다.
- 보안 계층을 파일 시스템과 디바이스, 프로세스에 대한 접근 권한 결정이 이루어지는 운영체제의 커널 레벨로 낮춘 차세대 보안 솔루션이다.
- 컴퓨터 사용자에 대한 식별 및 인증, 강제적 접근 통제, 임의적 접근 통제, 재사용 방지, 침입 탐지 등의 보안 기능 요소를 갖춘 운영체제이다.

② Secure OS 보호 메커니즘
- 보안 운영체제에 적용된 보호 메커니즘은 아래와 같다.
  - 암호적 분리 : 내부 정보 암호화
  - 논리적 분리 : 프로세스 활동 영역 제한
  - 시간적 분리 : 프로세스 동시 실행 제한
  - 물리적 분리 : 사용자별 장비 사용 제한

③ Secure OS 주요 기능
- 보안 운영체제의 대표적인 보안 관련 기능은 아래와 같다.
  - 식별 및 인증 : 고유한 사용자 신분에 대한 인증 및 검증
  - 접근 통제 : 사용자의 접근 권한 통제
  - 완전한 중재 및 조정 : 모든 접근 경로에 대한 완전한 통제
  - 메모리 재사용 방지 : 메모리 사용 후 기억 장치 공간 초기화
  - 안전한 경로 : 보안, 작업의 안전한 수행 경로 제공

SECTION 03 암호 기술

빈출 태그 ▶ #암호 원리 #대칭키 암호화 #공개키 암호화 #해시 암호화

01 암호화 21.3

1) 암호(Cipher)

① 평문(Plaintext)
- 일반적인 문장으로 암호화 대상이 되는 문장이다.

② 암호문(Ciphertext)
- 평문에 암호화를 적용하여 출력된 결과 문장이다.
  - 암호화(Encryption) : 평문을 암호문으로 변형하는 과정
  - 복호화(Decryption) : 암호문을 평문으로 변형하는 과정
  - 키(key) : 암호화 및 복호화 과정에서 필요한 매개변수

③ 시대별 암호의 발전
- 암호는 점점 더 복잡하고 해석이 거의 불가능하도록 구성하는 것에 초점을 두어 발전하였다.
- 과거에는 군사, 연구 등의 특정 용도로 소수 인원만이 사용하였으나, 현재는 단순 압축 파일에도 암호 기술이 적용될 정도로 개방되어 있다.
  - 고대 암호 : 암호 기본 원리를 이용하여 직접 계산하는 단순 방식
  - 근대 암호 : 복잡한 기계 장치를 이용하여 암호화
  - 현대 암호 : 컴퓨터 연산을 통해 암호화

2) 암호의 기본 원리

① 전치 암호(Transposition Cipher)
- 평문에 나타난 문자들의 나열 순서를 바꾸는 방식이다.
- 단순히 위치만 변경하기 때문에 평문과 암호문의 사용 문자가 1:1 대응되며 문자 집합 역시 동일하다.
- "Transposition"을 전치 암호화하는 경우
  - 4개의 블록으로 평문을 나눈다 : [Tran][spos][itio][n]
  - {1, 3, 4, 2}의 순서로 위치를 변경한다 : [Tanr][sosp][tioi][n]
  - 블록을 다시 합친다 : Tanrsosptioin

② 치환 암호(Permutation Cipher)
- 평문에 나타난 문자들을 다른 문자로 바꾸는 방법이다.
- 서로의 문자 집합과 대응치가 다를 수 있다.
- 모든 전치 암호는 치환 암호에 포함된다.

> 기적의 TIP
>
> 암호 관련 용어로 옳지 않은 것을 찾을 수 있어야 합니다.

③ 대치(대입) 암호(Substitution Cipher)
- 평문에 나타난 문자들을 다른 함수 등을 사용하여 문자 또는 기호로 대치하는 방법이다.
- "CIPHER"를 대치 암호화하는 경우
    - A을 1로, B를 2로, …, Z를 26으로 대응하여 진행
    - 특정 함수식 f(x) = x + 5를 적용 : 3,9,16,8,5,18 → 8,14,21,13,10,23
    - 계산된 수에 대응되는 알파벳 매칭 : HNUMJW
- 대치 암호의 종류는 다음과 같다.
    - 아핀(Affine) 암호 적용 함수 : f(x) = ax+b (mod 26) (a≠0)
    - 카이저(Caesar, Shift) 암호 적용 함수 : f(x) = ax+b (mod 26) (a=1)
    - 선형(Linear) 암호 적용 함수 : f(x) = ax+b (mod 26) (b=0)

3) 암호 알고리즘 25.2

① 비밀키(대칭키) 암호화 22.4, 23.3, 23.5, 23.7, 24.5
- 키를 사용하여 양방향(암호화, 복호화)으로 변환 가능한 암호화 알고리즘이다.
- 암호화 키와 복호화 키가 동일(대칭)하여 키가 외부에 공개되어선 안 된다. (비밀키)
- 변환 방식에 따라 블록 암호와 스트림 암호로 구분된다.
- 대표적인 알고리즘은 DES, AES, SEED, ARIA, RC4 등이 있다.
- 알고리즘이 단순하고 속도가 빠르지만 관리해야 할 키의 개수가 비교적 많은 편이다.
    - N명이 대칭키 방식으로 암호화하는 경우 키의 개수 = N(N−1)/2

② 공개키(비대칭키) 암호화 22.4, 23.3, 23.5, 23.7, 24.5
- 키를 사용하여 양방향(암호화, 복호화)으로 변환 가능한 암호화 알고리즘이다.
- 암호화 키와 복호화 키가 달라서(비대칭) 암호화 키는 공개한다.
- 대표적인 알고리즘은 RSA가 있다.
- 알고리즘이 복잡하고 속도가 느리지만 관리해야 할 키의 개수가 비교적 적은 편이다.
    - N명이 공개키 방식으로 암호화하는 경우 키의 개수 = 2N

③ 해시 암호 21.8, 22.7, 23.5, 23.7, 24.2, 24.5
- 키 없이 단방향(암호화)으로만 변환 가능한 암호화 알고리즘이다.
- 주로 해시 함수를 통해 암호화가 진행되며 동일한 입력에 대해 동일한 출력을 보장한다.
    - 해시 함수(Hash Function) : 임의의 길이의 데이터를 고정된 길이의 데이터(해시값, 해시키)로 변환시켜 주는 함수
    - 솔트(Salt) : 같은 입력에 대해 다른 출력을 얻기 위해 추가하는 무작위 문자열

- 암호화, 무결성 검증 등 정보보호의 다양한 분야에서 활용된다.
- 대표적인 알고리즘은 SNEFRU, MD4, MD5, N-NASH, SHA 등이 있다.
  - SNEFRU : 1990년 R.C.Merkle가 제안한 128/254bit 암호화 알고리즘
  - MD4 : 1990년 Ron Rivest가 개발한 암호화 해시 함수(결함 존재)
  - MD5 : MD4를 대체하는 128bit 암호화 해시 함수(결함 존재)
  - N-NASH : 1989년 일본의 전신전화주식회사(NTT)에서 발표한 암호화 해시 함수
  - SHA : MD5 대체하는 256bit 암호화 해시 함수. SHA-0부터 SHA-512까지 다양한 종류가 있으며 현재까지도 사용됨

④ 블록 암호 24.7
- 평문을 일정한 크기의 블록으로 잘라낸 후 각 블록을 암호화하는 방식이다.
- 일반적으로 블록의 크기는 8bit 또는 16bit의 배수로 지정한다.
- 메시지의 길이가 nbit보다 작다면 nbit 블록을 만들기 위해 패딩(padding)이 추가된다.
- 블록 암호는 구현이 용이하며 혼돈과 확산 이론을 기반으로 설계된다.
  - 혼돈 이론 : 암호문과 키 사이의 관계를 숨김
  - 확산 이론 : 암호문과 평문 사이의 관계를 숨김
- 블록 암호의 종류에는 DES, SEED, AES, ARIA 등이 있다.

+ 더 알기 TIP

블록 암호 운용 방식

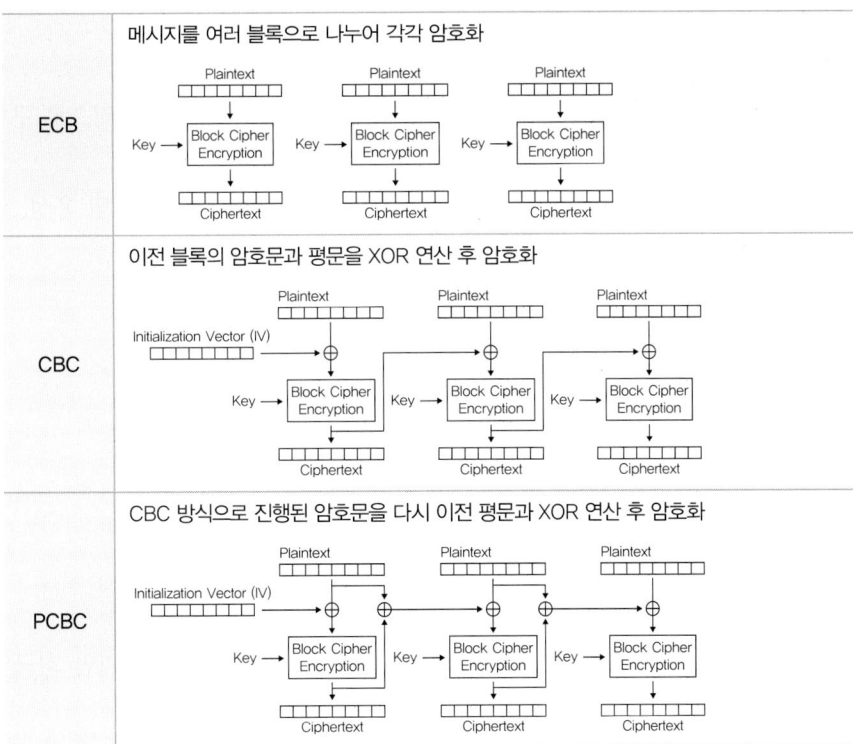

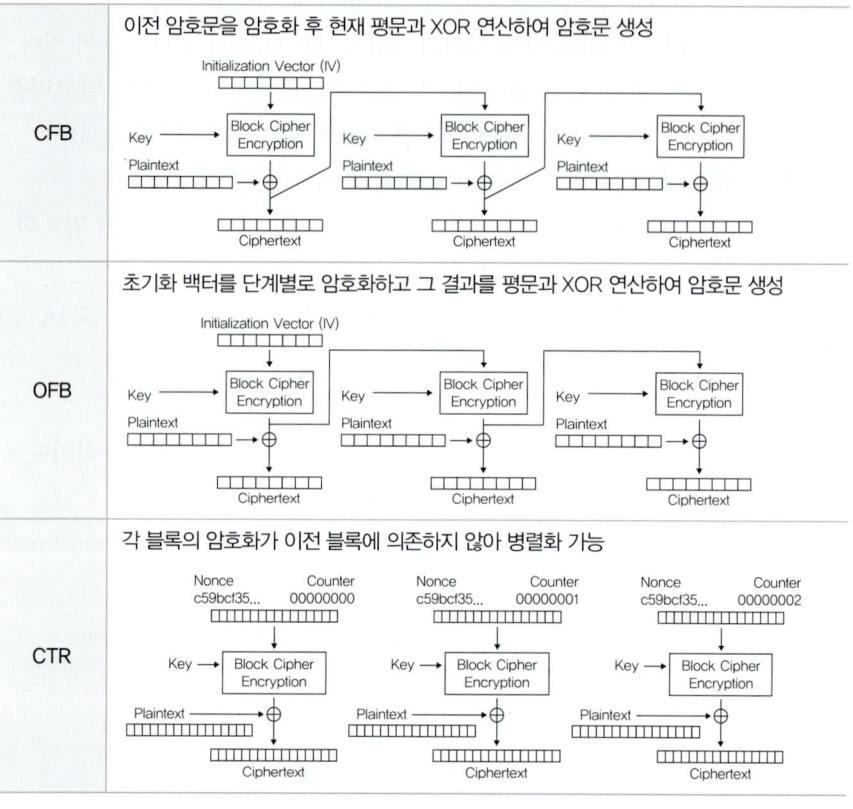

⑤ 스트림 암호
- 데이터 흐름을 순차적으로 암호화하는 방식으로, RC4 등이 있다.
- 평문과 키 스트림을 XOR 연산하여 암호문을 생성한다.
- 이론적으로 완벽하게 안전한 One Time Pad(일회용 암호)를 현실적으로 구현한 것이다.
- 블록 암호보다 빠르지만 암호화 강도는 약하여 주로 실시간 스트리밍 음성, 영상 등에 이용된다.

02 암호 알고리즘

1) 대칭키 암호화 22.3, 22.7, 24.2

① DES(Data Encryption Standard)
- 64bit의 블록 크기를 가지며, byte별로 1bit의 패리티 bit를 가진다.
- 따라서, 실제 비밀키의 길이는 56bit이며 16라운드를 진행한다.
  - 라운드(Round) : 암호화 단계를 여러 번 거치는 단위
- DES를 3중으로 하여 보안성을 강화한 3DES 알고리즘도 존재하지만 최근엔 사용하지 않는다.
  - 3DES의 키 길이 : 112 또는 168

기적의 TIP
비트 수치 및 키워드에 유의하여 학습하세요.

② AES(Advanced Encryption Standard)
- DES를 대체하는 미국의 표준 대칭키 블록 알고리즘이다.
- 128bit의 블록 크기와 가변 길이 키(128/192/256)를 가진다.
- 키의 길이에 따라 10/12/14 라운드를 진행한다.
- 메모리를 적게 사용하고 속도가 빨라 모바일 장비에서도 사용할 수 있다.

③ IDEA(International Data Encryption Algorithm)
- DES를 대체하기 위해 스위스에서 개발된 것으로 유럽에서 많이 사용한다.
- 국제 표준의 데이터 암호화 알고리즘으로 64bit의 블록 크기를 가진다.
- 키 길이는 128bit이며 8라운드를 진행한다.

④ SEED
- 한국인터넷진흥원(KISA)에서 민간 부분의 암호 활용을 위하여 국내 순수 기술로 개발하여 보급한 블록 대칭키 암호화 알고리즘이다.
- 128bit의 블록 크기와 128bit의 키 길이를 가지며 16라운드를 진행한다.
- ARIA 이전의 국내 표준 알고리즘이다.

⑤ ARIA(Academy, Research Institute, Agency)
- 국내 국가보안연구소를 중심으로 학계, 연구계가 공동으로 개발하여 정부 및 공공기관에서 범용적으로 사용하는 대칭키 블록 암호 알고리즘이다.
- AES 알고리즘이 개선된 것으로 128bit의 블록 크기를 가진다.
- 키 길이(128/192/256)에 따라 라운드(12/14/16)를 진행한다.

⑥ RC5
- 다양한 크기의 키, 블록, 라운드를 가질 수 있는 블록 암호화 알고리즘이다.
- 단순하고 빠르며 메모리 요구량이 낮은 편이다.
  - 블록 크기 : 32, 64, 128bit
  - 키 크기 : 0~2040bit
  - 라운드 : 0~255회
  - 사용 연산 : 덧셈, 뺄셈, 시프트, XOR

⑦ WEP(Wired Equivalent Privacy)
- 유선 LAN에서 기대할 수 있는 수준의 무선 LAN 보안 프로토콜이다.

⑧ TKIP(Temporal Key Integrity Protocol)
- IEEE 802.11 무선랜 보안에 사용된 웹 방식을 보완한 데이터 보안 프로토콜이다.
- WEP의 취약성을 보완하기 위해 RC4 알고리즘의 입력 키 길이를 128비트로 늘리고 패킷당 키 할당, 키값 재설정 등 키 관리 방식을 개선하였다.
- TKIP 기반의 무선 랜 보안 표준을 WPA(Wi-Fi Protected Access)라고 한다.

> **기적의 TIP**
> 무선 랜 관련 암호화 프로토콜을 구분할 수 있어야 합니다.

> **기적의 TIP**
> 공개키의 종류를 구분할 수 있어야 합니다.

2) 공개키 암호화 20.6, 20.8, 21.8, 23.5, 24.5, 25.2

① RSA(Rivest Shamir Adleman)
- 공개키 기반 서명 알고리즘 중 가장 먼저 실용화되고 가장 보편화되어 있는 알고리즘이다.
- 큰 합성수의 소인수 분해가 어렵다는 점을 이용한 알고리즘으로 키의 길이가 길고 속도가 느린 편이다.
- SSL, 공동인증서(공인인증서) 등에 활용되고 있다.

② ECC(Elliptic Curve Crypto)
- RSA의 대안으로 대두된 이산대수의 난해성에 기반한 공개키 암호화 알고리즘이다.
- RSA보다 적은 bit수의 키로 동일한 성능을 제공한다.
  - 160bit의 ECC가 1024bit의 RSA와 동일한 보안 수준을 가짐
  - 키 생성 시간이 RSA에 비해 수십 배 이상 빠름
- 비트코인, ElGamal 등에 활용되고 있다.
  - ElGamal : 이산대수 문제를 기반으로 하는 공개키 암호화 알고리즘

③ DSA(Digital Signature Algorithm)
- 미국 NIST에서 전자서명 표준(DSS)에서 사용하기 위해 발표한 정부용 공개키 암호화 알고리즘으로 ElGamal 알고리즘을 기반으로 만들어졌다.

3) 해시 암호 23.5

① MD 5(Message Digest 5)
- 암호화 알고리즘이 아닌 데이터 무결성을 점검하기 위한 해시 알고리즘으로 128bit의 해시값을 가진다.
  - MD4 : 32bit 컴퓨터에 최적화된 해시 알고리즘
  - MD5 : MD4의 확장판, 보안성 향상

② SHA(Secure Hash Algorithm)
- MD를 대체하기 위해 미국 NIST에서 개발한 해시 암호화 알고리즘이다.
- 1995년에 발표한 SHA-1과 2002년에 발표한 SHA-2가 있다.
  - SHA-1 : 64bit 기준, 512bit 단위 블록 처리, 160bit 해시값 생성
  - SHA-2 : SHA-224(28byte), SHA-256(32byte), SHA-384(48byte), SHA-512(64byte)

합격 후기 EVENT

모두에게 당신의 합격 스토리를 들려주세요

합격하고 마음껏 자랑하세요.
후기를 남기면 네이버페이 포인트를 선물로 드려요.

네이버페이 포인트 쿠폰
20,000원
5,000원

 블로그에 자랑 남기기
개인 블로그에
합격 후기 작성하고 20,000원 받기!

20,000원
네이버페이 포인트 지급

▲ 자세히 보기

 카페에 자랑 남기기
이기적 스터디 카페에
합격 후기 작성하고 5,000원 받기!

5,000원
네이버페이 포인트 지급

▲ 자세히 보기

※ 자세한 참여 방법은 QR코드 또는 이기적 스터디 카페 '이기적 이벤트' 게시판을 확인해 주세요.
※ 이벤트에 참여한 후기는 추후 마케팅 용도로 활용될 수 있으며 혜택은 변동될 수 있습니다.

한번에 합격, 자격증은 이기적

이기적 스터디 카페

합격 전담마크! 추가 자료부터
1:1 Q&A까지 다양한 혜택 받기

365 이벤트

매일 매일 쏟아지는 이벤트!
기출복원, 리뷰, 합격 후기, 정오표

막판정리 핸드북

마지막까지 함께할 수 있는
중요 내용들로 가득 담은 핵심 자료집

CBT 온라인 문제집

연습도 실전처럼!
PC와 모바일로 언제든지 시험 연습

이기적 스터디 카페

홈페이지 : license.youngjin.com
질문/답변 : cafe.naver.com/yjbooks

이기적 유튜브 채널

@ydot0789 채널을 구독해 주세요!
15만 구독자와 약 10,000개의 동영상으로 합격을 준비하세요!

이기적 카카오톡 플러스친구

@이기적 친구를 추가해 주세요!
합격을 부르는 소식, 카톡으로 먼저 받아보고 혜택을 챙기세요!

이렇게 기막힌 적중률

필기 + 실기

올인원

All in one

정보처리기사

2권·문제집

26
·2026년 수험서·
수험서 49,000원

고소현, 한진만 공저

막판정리 핸드북
Key Point 핵심 자료집 증정

CBT 서비스
시험장 환경 완벽 적응 가능

스터디 카페
질문/답변 및 이벤트 참여

YoungJin.com
영진닷컴

시험 환경 100% 재현!
CBT 온라인 문제집

CBT 온라인 문제집 이용 가이드

STEP 1 CBT 사이트 (cbt.youngjin.com) 접속하기

STEP 2 과목을 선택하고 시작하기 버튼 클릭하기

STEP 3 시간에 맞춰 문제 풀고 합격 여부 확인하기

STEP 4 로그인하면 MY 페이지에서 응시 결과 확인 가능

글자 크기 조절

안 푼 문제 수 확인 가능

실제 시험처럼 시간 재며 풀기

모바일 접속도 가능

답안 표기란에 체크

안 푼 문제로 바로 이동 가능 합격 결과 즉시 확인

이기적 CBT

이렇게 기막힌 적중률

정보처리기사
올인원
2권 · 문제집

"이" 한 권으로 합격의 "기적"을 경험하세요!

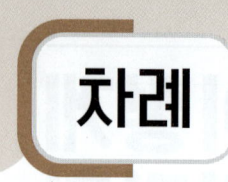

PART 06 필기! 문제로 합격하기

CHAPTER 01 실전 모의고사

SECTION 01 실전 모의고사 01회	2-6
SECTION 02 실전 모의고사 02회	2-24
SECTION 03 실전 모의고사 03회	2-42
SECTION 04 실전 모의고사 04회	2-61
SECTION 05 실전 모의고사 05회	2-79
SECTION 06 실전 모의고사 06회	2-98
SECTION 07 실전 모의고사 07회	2-115
SECTION 08 실전 모의고사 08회	2-133
SECTION 09 실전 모의고사 09회	2-151
SECTION 10 실전 모의고사 10회	2-168

CHAPTER 02 최신 기출문제

SECTION 01 최신 기출문제 01회(2025년 제1회)	2-186
SECTION 02 최신 기출문제 02회(2024년 제3회)	2-201
SECTION 03 최신 기출문제 03회(2024년 제2회)	2-216
SECTION 04 최신 기출문제 04회(2024년 제1회)	2-233
SECTION 05 최신 기출문제 05회(2023년 제3회)	2-247
SECTION 06 최신 기출문제 06회(2023년 제2회)	2-262
SECTION 07 최신 기출문제 07회(2023년 제1회)	2-277
SECTION 08 최신 기출문제 08회(2022년 제3회)	2-294
SECTION 09 최신 기출문제 09회(2022년 제2회)	2-311
SECTION 10 최신 기출문제 10회(2022년 제1회)	2-330

CHAPTER 03 최신 기출문제 정답 & 해설

	2-347

PART 07 실기! 문제로 합격하기

CHAPTER 01 실전 모의고사

SECTION 01 실전 모의고사 01회	2-424
SECTION 02 실전 모의고사 02회	2-436
SECTION 03 실전 모의고사 03회	2-446
SECTION 04 실전 모의고사 04회	2-456
SECTION 05 실전 모의고사 05회	2-466
SECTION 06 실전 모의고사 06회	2-475
SECTION 07 실전 모의고사 07회	2-485
SECTION 08 실전 모의고사 08회	2-496
SECTION 09 실전 모의고사 09회	2-505
SECTION 10 실전 모의고사 10회	2-514

CHAPTER 02 최신 기출문제

SECTION 01 최신 기출문제 01회(2025년 제1회)	2-526
SECTION 02 최신 기출문제 02회(2024년 제3회)	2-538
SECTION 03 최신 기출문제 03회(2024년 제2회)	2-548
SECTION 04 최신 기출문제 04회(2024년 제1회)	2-557
SECTION 05 최신 기출문제 05회(2023년 제3회)	2-566
SECTION 06 최신 기출문제 06회(2023년 제2회)	2-575
SECTION 07 최신 기출문제 07회(2023년 제1회)	2-585
SECTION 08 최신 기출문제 08회(2022년 제3회)	2-595
SECTION 09 최신 기출문제 09회(2022년 제2회)	2-603
SECTION 10 최신 기출문제 10회(2022년 제1회)	2-612

CHAPTER 03 최신 기출문제 정답 & 해설   2-619

PART 06

필기! 문제로 합격하기

파트 소개

이론을 모두 공부했다면 이제 문제로 합격에 한 발 다가갈 단계입니다. 필기, 문제로 합격하기를 통해 기출문제와 모의고사를 풀어보면서 이론에서 공부했던 내용들을 다시 한 번 복습해보세요. 이론 내용이 어떻게 문제화되는지 알아보고, 부족했던 부분들은 앞으로 돌아가서 확실하게 공부해두세요. 이기적은 모든 수험생들의 합격을 응원합니다!

CHAPTER

01

실전 모의고사

학습 방향

이론을 모두 공부했다면, 이제 앞으로 출제될 가능성이 있는 문제들을 풀어보세요. 각 이론들마다 문제화될 수 있는 내용들을 쏙쏙 골라 총 10회의 모의고사를 수록했습니다. 문제를 풀어본 후 잘 이해가 안 된다면 복습포인트를 통해 이론 내용을 복습하세요. 복습포인트가 '파트01-챕터01-섹션01'이라면, 이론 부분 중 '파트 01 → 챕터 01 → 섹션 01' 부분에 해당 내용이 서술되어 있습니다.

정보처리기사 필기 실전 모의고사 01회

시험 일자	문항 수	시험 시간
년 월 일	총 100문항	2시간 30분

수험번호 : _____
성   명 : _____

복습포인트 파트04-챕터03-섹션01
01 다음 중 디자인 패턴의 구성 요소에 해당하지 않는 것은 무엇인가?

① 패턴의 이름과 구분
② 사례
③ 서비스
④ 문제 및 배경

복습포인트 파트01-챕터01-섹션01
02 다음 중 프레임워크의 기대 효과에 해당하지 않는 것은 무엇인가?

① 품질 보증
② 재사용성 향상
③ 보안성 향상
④ 유지보수 용이성

복습포인트 파트01-챕터01-섹션02
03 다음 중 CMMI에 대한 설명과 가장 거리가 먼 것은 무엇인가?

① 어떤 모델이든 업무의 목적에 맞게 수정하여 사용할 필요가 있다.
② CMM의 이전 모델이다.
③ 프로세스 관리, 프로젝트 관리, 엔지니어링, 지원 영역 등이 있다.
④ 조직의 개발 프로세스 역량 성숙도를 평가한다.

복습포인트 파트01-챕터04-섹션01
04 다음 중 모듈의 개념에 대한 설명과 가장 거리가 먼 것은 무엇인가?

① 프로그램의 효율적인 관리를 위해 프로그램을 기능 단위로 분해한 것이다.
② 다른 모듈들을 호출하거나 호출을 당할 수 있으며 종속적으로 수행된다.
③ 소프트웨어 통합, 수정 및 테스트가 용이하며 오류의 파급 효과가 적다.
④ 인터페이스가 복잡하지만 소프트웨어의 이해가 쉽다.

복습포인트 파트01-챕터04-섹션02
05 코드의 분류 중 아래에서 설명하는 것은 무엇인가?

- 자료가 발생하는 순서를 논리적으로 배열하여 차례로 코드를 부여하는 방법이다.
- 코드 부여가 간단하고 추가가 용이하다.
- 코드의 길이가 짧고 단순 명료하다.

① Sequence Code
② Block Code
③ Decimal Code
④ Primary Code

정답 01 ③ 02 ③ 03 ② 04 ④ 05 ①

06 다음 중 자료결합도(Data Coupling)에 대한 설명과 가장 거리가 먼 것은 무엇인가?

① Call By Value의 방식으로 함수를 호출한다.
② 모듈 간의 인터페이스로 전달되는 인수와 전달받는 매개변수를 통해서만 상호작용이 일어나는 경우이다.
③ 두 모듈이 동일한 자료구조를 부분적으로 공유하는 경우이다.
④ 가장 낮은 결합도를 가지며 모듈의 품질을 향상시킨다.

07 다음 중 구조 패턴의 개념에 대한 설명과 가장 거리가 먼 것은 무엇인가?

① 반복적으로 사용하는 객체들의 상호작용을 패턴화한 것이다.
② 객체들의 협력에 의해 어떤 역할을 수행할 때 객체를 조직화시키는 일반적인 방식을 제시한다.
③ 객체에 접근할 수 있는 인터페이스와 새로운 기능을 제공한다.
④ 여러 객체를 모아 구조화시키는 패턴이다.

08 현행 시스템 중 아래에서 설명하는 것은 무엇인가?

- 단위 업무 시스템 간에 주고받게 되는 데이터에 대한 속성을 파악한다.
- 데이터의 종류, 형식, 프로토콜, 전송주기 등을 파악한다.

① 소프트웨어 구성 파악
② 시스템 인터페이스 파악
③ 하드웨어 구성 파악
④ 개발팀 구성 파악

09 유스케이스 기술서 구성 요소에서 기본흐름에 해당하지 않는 것은 무엇인가?

① 시스템과 액터 사이에 목적을 달성하기 위한 기본적인 상호작용 흐름을 기술한다.
② 첫 번째 단계는 해당 유스케이스를 시작하는 사건(trigger)을 기술한다.
③ 어떠한 오류나 예외가 발생하지 않고 모든 것이 완전하게 수행되는 것을 전제로 기술한다.
④ 유스케이스가 실행된 후에 만족해야 하는 조건을 기술한다.

10 다음 중 사용자 인터페이스에 대한 설명과 가장 거리가 먼 것은 무엇인가?

① 시스템을 조작하는 출력 수단과 시스템 정보를 표시하는 표시 수단이 있다.
② 둘 이상의 대상, 주로 사용자와 컴퓨터(시스템) 간의 상호작용이 원활하도록 도와주는 하드웨어 및 소프트웨어이다.
③ 물리적 제어, 기능적 제어, 전체 구성의 제어 등 3가지 분야로 나뉜다.
④ UI에 따라 사용자의 소프트웨어 이용 방식이 결정된다.

11 보안 개발 방법론의 종류 중 아래에서 설명하는 것은 무엇인가?

- 실무적으로 검증된 개발 보안 방법론 중 하나이다.
- 소프트웨어 보안의 모범 사례를 SDLC에 통합한 소프트웨어 개발 보안 생명주기 방법론이다.

① MS-SDL
② CLASP
③ CWE
④ Seven Touchpoints

12 구조적 방법론에서 개념에 해당하지 않는 것은 무엇인가?

① 정보와 정보의 구조를 중심으로 분석, 설계, 구현한다.
② 분할 정복을 통해 프로그램을 모듈화한다.
③ 순차, 선택, 반복으로 프로그램의 흐름을 구성하여 복잡성을 감소시킨다.
④ 데이터, 업무 활동, 상호작용으로 구성된다.

13 다음 중 XP(eXtreme Programming)의 가치에 해당하지 않는 것은 무엇인가?

① 피드백
② 정형 분석
③ 단순
④ 존중

14 컴포넌트 기반 방법론에서 시험단계 산출물에 해당하지 않는 것은 무엇인가?

① 사용자 지침서
② 인수시험 시나리오
③ 운영자 지침서
④ 사용자 인터페이스 설계서

15 다음 중 UML의 구성 요소에 해당하지 않는 것은 무엇인가?

① 다이어그램   ② 사물
③ 관계   ④ 보안

16 다음 중 소프트웨어 생명주기 모델에 해당하지 않는 것은 무엇인가?

① 나선형 모델(Spiral model)
② 화살 모델(Arrow model)
③ 폭포수 모델(Waterfall model)
④ 애자일 모델(Agile Model)

17 다음 중 소프트웨어 모듈 결합도에 해당하지 않는 것은 무엇인가?

① External Coupling
② Data Coupling
③ Stamp Coupling
④ Temporaal Coupling

18 다음 중 요구사항 개발 프로세스에 해당하지 않는 것은 무엇인가?

① 분석
② 제공
③ 검증
④ 명세

19 다음 중 시스템의 기본요소에 해당하지 않는 것은 무엇인가?

① Save
② Input
③ Process
④ Output

20 다음 중 자료 추상화에 대한 설명으로 옳은 것은 무엇인가?

① 데이터의 세부적인 속성 및 표현 방법 없이 대표적인 표현으로 대체
② 상세 제어 매커니즘이 아닌 포괄적인 표현으로 대체
③ 상세 수행 과정이 아닌 전반적인 흐름만 파악하도록 표현
④ 공통 속성을 가지는 데이터를 통합

21 선형 구조 중 아래에서 설명하는 것은 무엇인가?

> - 가장 먼저 삽입된 데이터가 가장 먼저 출력되는 선입선출(FIFO : First In First Out) 방식이다.
> - 프린터 스풀이나 입출력 버퍼와 같은 대기 행렬에 적합한 자료 구조이다.

① 데크(Deque)
② 단일 연결 리스트(Single Linked List)
③ 큐(Queue)
④ 이중 원형 연결 리스트(Double Circular Linked List)

22 탐색 기법에서 검색 대상의 데이터를 처음부터 순차적으로 비교하여 검색하는 기법에 해당하는 것은 무엇인가?

① 블록 탐색   ② 이분(이진) 탐색
③ 선형 탐색   ④ 이진 트리 탐색

23 화이트 박스의 제어 구조 검사 중 아래에서 설명하는 것은 무엇인가?

> 소스코드의 변수 정의, 사용을 중점적으로 테스트

① 루프 검사
② 조건 검사
③ 데이터 흐름 검사
④ 오류-예측 검사

24. 성능 측정 지표 중 아래에서 설명하는 것은 무엇인가?

> 명령이 입력된 후 응답 출력이 개시될 때까지의 시간이다.

① 처리량(Throughput)
② 자원 사용률(Resource Usage)
③ 반환 시간(Turnaround Time)
④ 응답 시간(Response Time)

25. 테스트 용어 중 아래에서 설명하는 것은 무엇인가?

> - 테스트 결과가 올바른지 판단하기 위해 사전에 정의된 참 값을 대입하여 비교하는 기법 및 활동을 말한다.
> - 결과를 판단하기 위해 테스트 케이스에 대한 예상 결과를 계산하거나 확인한다.

① 테스트 시나리오
② 테스트 오라클
③ 테스트 데이터
④ 테스트 케이스

26. 다음 중 동적 분석 도구에 해당하는 것은 무엇인가?

① pmd
② cppcheck
③ valgrind
④ checkstyle

27. 다음 연계 시스템 구성 단계별 작업 내용에 대한 설명 중, 중계 시스템에 대한 설명에 해당하는 것은 무엇인가?

① 연계 데이터를 생성하거나 원본 데이터를 통해서 추출한다.
② 연계 데이터를 데이터베이스 및 애플리케이션에 반영한다.
③ 데이터를 변환 및 매핑, 암호화하여 수신 시스템으로 전송한다.
④ 인터페이스 테이블/파일을 생성한다.

28. 제품 소프트웨어 버전 관리 도구 중 아래에서 설명하는 것은 무엇인가?

> - 서로 다른 개발자가 같은 파일을 작업했을 때 경고를 출력한다.
> - 시점별 작업 내용 저장이 용이하며 GUI 툴을 이용하여 모니터링이 가능하다.

① 단일 저장소 방식
② 클라이언트·서버 방식
③ 공유 폴더 방식
④ 분산 저장소 방식

정답 24 ④ 25 ② 26 ③ 27 ③ 28 ②

29 다음 중 아래에서 설명하는 것은 무엇인가?

> 동일한 테스트 케이스를 반복 실행하면 더 이상 새로운 결함을 발견할 수 없으므로 주기적으로 테스트 케이스를 개선하여 테스트를 진행해야 한다.

① 살충제 패러독스
② 결함 집중
③ 오류-부재의 궤변
④ 완벽한 테스트는 불가능

30 정렬의 기법 중에서 나머지 셋과 다른 복잡도를 가지는 기법에 해당하는 것은 무엇인가?

① 삽입 정렬
② 쉘 정렬
③ 버블 정렬
④ 선택 정렬

31 다음 중 이진 트리의 순회 종류에 해당하지 않는 것은 무엇인가?

① 연결 순회(Link-Order)
② 전위 순회(Pre-Order)
③ 중위 순회(In-Order)
④ 후위 순회(Post-Order)

32 다음 중 인터페이스 설계서에 대한 설명과 가장 거리가 먼 것은 무엇인가?

① 인터페이스 정의서와 인터페이스 제공 업체 정보로 구성된다.
② 인터페이스 현황을 쉽게 확인하기 위하여 한 시스템이 갖는 인터페이스 목록이다.
③ 인터페이스의 상세 데이터 명세와 각 기능의 세부 인터페이스 정보를 정의한 문서이다.
④ 각 시스템의 교환 데이터, 업무, 송수신 주체 등이 정의되어 있는 문서이다.

33 다음 중 시간 복잡도에 대한 설명과 가장 거리가 먼 것은 무엇인가?

① 탐색 등을 진행하는 대상 알고리즘으로 인해 연산이 수행되는 횟수를 나타내는 단위이다.
② 하드웨어 및 운영 시스템의 환경에 따라 실행 시간이 달라지므로, 연산의 횟수가 보다 정확한 기준이 될 수 있다.
③ 모든 연산이 횟수 카운트에 반영되지는 않기 때문에 정확하지는 않지만, 데이터 비교 및 할당 횟수 등을 카운트하여 대략적인 횟수를 산출한다.
④ 데이터에 따라 연산 횟수 산출 결과가 다를 때는 최선의 경우를 기준으로 산출한다.

[복습포인트] 파트01-챕터04-섹션01

34 테스트와 디버그의 목적으로 옳은 것은 무엇인가?

① 테스트는 오류를 찾는 작업이고 디버깅은 오류를 수정하는 작업이다.
② 테스트는 오류를 수정하는 작업이고 디버깅은 오류를 찾는 작업이다.
③ 둘 다 소프트웨어의 오류를 찾는 작업으로 오류 수정은 하지 않는다.
④ 둘 다 소프트웨어 오류의 발견, 수정과 무관하다.

[복습포인트] 파트02-챕터02-섹션03

35 서로 다른 기종의 시스템 간의 연동을 가능하게 해주는 전사적 애플리케이션 통합 환경을 무엇이라 하는가?

① TCL
② TMI
③ EAI
④ GUI

[복습포인트] 파트02-챕터04-섹션02

36 인수 테스트 중 아래에서 설명하는 것은 무엇인가?

> 다수의 사용자에게 제한되지 않은 환경에서 프로그램을 사용하게 하고 오류가 발견되면 개발자에게 통보하는 방식의 테스트 방법이다.

① 알파 테스트
② 베타 테스트
③ 형상 테스트
④ 오메가 테스트

[복습포인트] 파트02-챕터03-섹션01

37 제품 소프트웨어를 위한 빌드 자동화 도구에서 Jenkins에 해당하지 않는 것은 무엇인가?

① 가장 많이 사용되는 빌드 자동화 도구
② groovy언어 기반의 오픈 소스 자동화 도구
③ java 기반의 오픈 소스 자동화 도구
④ 서블릿 컨테이너에서 실행되는 웹 서버 기반 도구

[복습포인트] 파트02-챕터01-섹션01

38 다음 중 자료구조의 개념에 대한 설명과 가장 거리가 먼 것은 무엇인가?

① 프로그램에서 쉽게 활용될 수 있도록 논리적으로 설계된 데이터의 구조 및 관계를 의미한다.
② 데이터의 추가, 삭제, 탐색을 보다 효율적으로 연산하는 활동도 포함된다.
③ 업무유형에 따라 정해진 형태의 자료구조를 사용한다.
④ 같은 데이터라도 데이터 구조를 어떻게 구성하는지에 따라 성능에 많은 영향을 미친다.

정답 34 ① 35 ③ 36 ② 37 ② 38 ③

39 다음 중 V-모델에 대한 설명과 가장 거리가 먼 것은 무엇인가?

① 애플리케이션 테스트와 소프트웨어 개발 단계를 연결하여 표현한 것이다.
② 기존 스파이럴 모델에서 확장된 형태를 보이며 어느 단계에서 발생한 오류인지 추적이 가능하다.
③ 각각의 개발 단계에 대한 완성도를 개발자 관점에서 검증(Verification)하고, 각각의 개발 결과를 사용자 관점에서 확인(Validation)한다.
④ 소프트웨어 개발 단계에 따라 단위 테스트, 통합 테스트, 시스템 테스트, 인수 테스트 순으로 진행된다.

40 다음 중 클린 코드 작성 원칙에 해당하지 않는 것은 무엇인가?

① 단순성
② 의존성 배제
③ 보안성
④ 가독성

41 스키마에서 프로그래머나 사용자의 입장에서 본 데이터베이스의 모습을 나타낸 것에 해당하는 것은 무엇인가?

① 외부 스키마
② 물리 스키마
③ 내부 스키마
④ 개념 스키마

42 다음 중 E-R 다이어그램 작성 시 고려사항에 대한 설명과 가장 거리가 먼 것은 무엇인가?

① 사선과 곡선을 이용하여 관계를 표기한다.
② 업무 흐름과 관련된 개체는 진행 순서에 따라 왼쪽 위에서 오른쪽 아래로 배열한다.
③ 개체들은 정렬하여 중심부에 배열하고 관계 있는 개체는 서로 가까이 둔다.
④ 교차선이나 관계선이 너무 길지 않게끔 배열한다.

43 다음은 무엇에 대한 설명인가?

> 관계형 데이터베이스 관점에서 볼 때 이것은 다른 테이블로부터 유도된 하나의 테이블을 가리키며, 이를 유도하는 데 사용된 테이블을 정의 테이블이라 한다. 또한 이것은 자주 참조되는 테이블에 대해서 생성되고 편리하며 임의 보안 절차에서 사용된다.

① Catalog
② View
③ SQL
④ Schema

복습포인트 파트03-챕터03-섹션02

44 다음 중 클러스터의 고려사항에 대한 설명과 가장 거리가 먼 것은 무엇인가?

① 전체 테이블을 스캔하는 일이 자주 발생할 때는 클러스터링을 하지 않는 것이 좋다.
② 데이터 입력, 수정, 삭제에 대한 성능이 저하된다.
③ 데이터 페이지와는 별개로 별도의 페이지에 인덱스를 구성한다.
④ 처리 범위가 넓은 경우에는 단일 테이블 클러스터링을, 조인이 많이 발생하는 경우는 다중 테이블 클러스터링을 사용한다.

복습포인트 파트03-챕터03-섹션02

45 다음 중 파티션의 장점에 대한 설명과 가장 거리가 먼 것은 무엇인가?

① Disk Striping 기능으로 입출력 성능을 향상시킬 수 있다.
② 각 분할 영역을 독립적으로 백업하고 복구할 수 있다.
③ 데이터 분포도가 넓은 테이블을 클러스터링하면 저장 공간을 절약할 수 있다.
④ 전체 데이터의 훼손 가능성이 감소되고 데이터의 가용성이 증가된다.

복습포인트 파트03-챕터03-섹션02

46 다음 중 분산 데이터베이스 설계의 단점에 대한 설명과 가장 거리가 먼 것은 무엇인가?

① 단일 데이터베이스에 비해 데이터의 무결성을 보장하기 어렵다.
② 원격 데이터에 대한 의존도를 감소시킨다.
③ 데이터베이스 설계, 관리의 복잡도와 개발 비용이 증가한다.
④ 단일 데이터베이스에 비해 상대적으로 통제 기능이 취약하고 오류의 잠재성이 증가한다.

복습포인트 파트03-챕터01-섹션01

47 3개의 속성과 3개의 튜플을 가진 릴레이션 A와 2개의 속성과 2개의 튜플을 가진 릴레이션 B에서 카티션 프로덕트를 진행한 결과 릴레이션의 차수에 해당하는 것은 무엇인가?

① 4
② 5
③ 3
④ 6

복습포인트 파트03-챕터02-섹션02

48 다음 중 아래 SQL 문장에 대한 설명과 가장 거리가 먼 것은 무엇인가?

```
CREATE TABLE 학생(
학번 INT PRIMARY KEY,
이름 CHAR(10) NOT NULL,
연락처 CHAR(15) DEFAULT '비공개'
);
```

① 학생 필드는 정수를 저장하며 외래키로 설정한다.
② 이름은 최대 10개의 문자를 필수 입력할 수 있게 한다.
③ 연락처는 입력이 없을 시 "비공개"를 자동으로 입력한다.
④ 학생 테이블을 생성하는 문장이다.

PRIMARY는 필드를 기본키로 설정한다.

정답 44 ③ 45 ③ 46 ② 47 ② 48 ①

49 총 6개의 튜플을 갖는 EMPLOYEE 테이블에서 DEPT_ID 필드의 값은 "D1"이 2개, "D2"가 3개, "D3"가 1개로 구성되어 있다. 다음 SQL문 ㉠, ㉡의 실행 결과 튜플 수로 옳은 것은?

> ㉠ SELECT DEPT_ID FROM EMLOYEE;
> ㉡ SELECT DISTINCT DEPT_ID FROM EMPLOYEE;

① ㉠ 3 ㉡ 1
② ㉠ 3 ㉡ 3
③ ㉠ 6 ㉡ 1
④ ㉠ 6 ㉡ 3

DISTINCT는 중복값을 제외시킨다.

50 다음 중 데이터 모델링의 구성 요소에 해당하는 것은 무엇인가?

① 제약조건
② 논리적 구조
③ 속성
④ 연산

51 다음 중 DBMS의 특징에 해당하지 않는 것은 무엇인가?

① 중복성
② 일관성
③ 효율성
④ 회복성

52 정규화 과정에서 후보키를 통하지 않는 조인 종속을 제거한 상태에 해당하는 것은 무엇인가?

① 제3정규형
② 제4정규형
③ 제5정규형
④ 제1정규형

53 RDBMS의 기본 용어에서 릴레이션에서 정의된 속성의 개수에 해당하는 것은 무엇인가?

① 속성(Attribute)
② 도메인(Domain)
③ 릴레이션 스키마(Relation Schema)
④ 차수(Degree)

54 다음 내용을 실행하는 SQL 문장으로 옳은 것은?

> 주문(Purchase) 테이블에서 품명(ITEM)이 사과인 모든 행을 삭제하시오.

① DELETE FROM Purchase WHEN ITEM = "사과"
② DELETE FROM Purchase WHERE ITEM = "사과"
③ KILL FROM Purchase WHERE ITEM = "사과"
④ DELETE ITEM = "사과" FROM Purchase

55 다음 중 순수 관계 연산자에 해당하지 않는 것은 무엇인가?

① SELECT
② Divide
③ PROJECT
④ Division

56 다음 중 병행 제어의 목적에 대한 설명과 가장 거리가 먼 것은 무엇인가?

① 여러 사용자들이 데이터베이스의 공동 사용을 최대화하는 기술이다.
② 다중 사용으로 인한 장애 발생 시 데이터베이스를 복구하기 위한 방법을 말한다.
③ 사용자의 응답 시간을 최소화한다.
④ 데이터베이스 시스템의 활용도를 최대화한다.

57 SQL 명령어 중 아래에서 설명하는 것은 무엇인가?

- 논리적, 물리적인 데이터베이스를 정의하거나 수정할 목적으로 사용하는 명령어이다.
- 테이블의 구조를 정의하거나 수정할 목적으로 사용하는 명령어이다.
- 데이터베이스 관리자(DBA)가 사용하는 언어이다.

① 데이터 제어어
② 데이터 선언어
③ 데이터 조작어
④ 데이터 정의어

58 다음 중 데이터베이스 시스템의 정의에 해당하지 않는 것은 무엇인가?

① 저장 데이터(Stored Data)
② 공유 데이터(Shared Data)
③ 병합 데이터(Merge Data)
④ 운영 데이터(Operational Data)

59 뷰(View)의 설명으로 거리가 먼 것은?

① SQL에서 뷰를 생성할 때는 CREATE문을 사용한다.
② 뷰를 통하여 데이터를 접근하게 하면 뷰에 나타나지 않은 데이터를 안전하게 보호할 수 있다.
③ 필요한 데이터만 뷰로 정의해서 처리할 수 있기 때문에 관리가 용이해진다.
④ 삽입, 삭제 연산에 아무런 제한이 없으므로 사용자가 뷰를 다루기가 편하다.

60 반정규화(Denormalization) 유형 중 중복 테이블을 추가하는 방법에 해당하지 않는 것은?

① 빌드 테이블의 추가
② 집계 테이블의 추가
③ 진행 테이블의 추가
④ 특정 부분만을 포함하는 테이블 추가

61 알고리즘 설계 기법 중 아래에서 설명하는 것은 무엇인가?

> • 분기마다 가장 최적의 해를 선택하여 결과를 도출하는 방식이다.
> • 반드시 종합적인 최적 해를 보장하진 않는다.

① 재귀적 알고리즘(Recursive Algorithm)
② 분할 정복법(Divide and Conquer)
③ 퇴각 검색법(Backtracking)
④ 탐욕적 알고리즘(Greedy Algorithm)

62 다음 중 객체지향 기술의 구성 요소에 해당하지 않는 것은 무엇인가?

① 객체(Object)
② 메시지(Message)
③ 인스턴스(Instance)
④ 배열(Array)

63 다음 중 운영체제의 성능 평가 기준에 해당하지 않는 것은 무엇인가?

① 사용 가능도　　② 신뢰도
③ 실행 시간　　　④ 처리능력

64 다음 중 주기억장치 관리 전략의 필요성에 대한 설명과 가장 거리가 먼 것은 무엇인가?

① 한정된 주기억장치의 공간을 효율적으로 사용하기 위한 전략이 필요하다.
② 보조기억장치는 속도가 느리지만 용량이 크고 저렴하다.
③ 주기억장치는 속도가 빠르지만 용량이 작고 비싸다.
④ CPU가 접근해야 할 데이터를 주기억장치에서 보조기억장치로 적재하여 운영된다.

65 인터럽트의 종류에서 외부 인터럽트에 해당하지 않는 것은 무엇인가?

① Program check
② Machine check
③ Input Output
④ Power fail

66 메모리 관리 기법 중 최적 적합 방법을 사용할 경우 8K 크기의 프로그램 실행을 위해서는 어느 부분에 할당되는가?

번호	메모리 공간 크기	사용 여부
1	12K	사용 중
2	9K	빈 공간
3	12K	빈 공간
4	15K	빈 공간

① 1　　② 2
③ 3　　④ 4

[복습포인트] 파트04-챕터03-섹션01

67 다음 중 객체지향 설계 원칙에 해당하지 않는 것은 무엇인가?

① 파레토 법칙(Pareto Principle)
② 개방 폐쇄(Open-Closed)
③ 인터페이스 분리(Interface Segregation)
④ 의존성 뒤집기(Dependency Inversion)

[복습포인트] 파트04-챕터02-섹션03

68 아래의 C 코드에서 출력되는 결과에 해당하는 것은 무엇인가?

```c
int main()
{
    int ar1[5] = {1, 6, 4, 5, 3};
    int ar2[5] = {2, 3, 5};
    printf("%d", ar1[3]*ar2[3]);
    return 0;
}
```

① 30   ② 0
③ 12   ④ 25

- 배열의 인덱스는 0부터 시작한다.
- 배열의 초기화 시 값을 지정받지 못한 요소는 0으로 초기화된다.

[복습포인트] 파트04-챕터04-섹션01

69 아래의 파이썬 코드에서 출력되는 결과에 해당하는 것은 무엇인가?

```
a = "hello world"
b = "o"
print(b in a)
```

① 4   ② False
③ 5   ④ True

포함 여부만을 판단하는 연산자이다.

[복습포인트] 파트04-챕터02-섹션01

70 C언어에서 아래 코드의 출력 결과에 해당하는 것은 무엇인가?

```c
int main()
{
    int a = 3, b = 1, c = 1;
    if(a=5) b++;
    if(a==5) c++;
    printf("%d %d\n", b, c);
    return 0;
}
```

① 0 2
② 2 2
③ 1 0
④ 2 0

```c
int main()
{
    int a = 3, b = 1, c = 1;
    #1 a에 5를 할당
    #  a값이 0이 아니므로 true → b 증가(2)
    if(a=5) b++;
    #2 a가 5이므로 true → c 증가(2)
    if(a==5) c++;
    printf("%d %d\n", b, c);
    return 0;
}
```

정답 67① 68② 69④ 70②

71 C언어에서 다음 코드의 출력 결과에 해당하는 것은 무엇인가?

```
int main()
{
    printf("%d ", 'a'-'a');
    printf("%d ", 'A'-'A');
return 0;
}
```

① 0 0
② 1 1
③ a A
④ 0 1

• 문자와 다음 문자는 정수로 비교했을 때 1 차이가 난다.
• 문자를 같은 문자로 빼면 0이 된다.

72 다음 중 올바른 객체지향 분석 절차에 해당하는 것은 무엇인가?

① 기능 모델링 → 동적 모델링 → 객체 모델링
② 객체 모델링 → 기능 모델링 → 동적 모델링
③ 객체 모델링 → 동적 모델링 → 기능 모델링
④ 동적 모델링 → 객체 모델링 → 기능 모델링

73 다음 중 변수로 사용하지 못하는 단어에 해당하지 않는 것은 무엇인가?

① desk
② int
③ long
④ while

74 아래 파이썬 코드에서 출력되는 결과에 해당하는 것은 무엇인가?

```
num = 0xa
print(num)
```

① 0xa
② a
③ xa
④ 10

16진수 a는 10진수의 10과 같다.

75 객체지향 기술에서 동일한 이름의 여러 메소드 중, 매개변수로 전달되는 인수의 타입과 개수를 식별하여 적절한 메소드를 호출해 주는 기능에 해당하는 것은 무엇인가?

① 인스턴스(Instance)
② 생성자(Constructor)
③ 오버로딩(Overloading)
④ 객체(Object)

76 다음 중 프로세스 상태 전이 과정에 해당하지 않는 것은 무엇인가?

① Ready
② Time Run Out
③ Dispatch
④ Block

77 다음 중 자바 접근제어자에 해당하지 않는 것은 무엇인가?

① default
② Thread
③ public
④ private

78 프로그래밍 언어의 종류 중 아래에서 설명하는 것은 무엇인가?

- 1972년에 개발된 언어로, UNIX 운영체제 구현에 사용되는 언어이다.
- 범용 언어로 개발되었으나 문법의 간결성, 효율적 실행, 효과적인 포인터 타입 제공이라는 특징으로 인해 가장 많이 사용되는 시스템 프로그래밍 언어가 되었다.

① JavaScript
② Java
③ C
④ C++

79 운영체제 중 아래에서 설명하는 것은 무엇인가?

- C언어를 기반으로 제작되었으며, 이식성이 우수하다.
- 하나 이상의 작업을 병행 처리할 수 있고, 둘 이상의 사용자가 동시에 시스템을 사용할 수 있다.
- 쉘 명령어 프로그램과 사용자 위주의 시스템 명령어가 제공된다.

① Windows
② Shell Scripts
③ Unix
④ Linux

80 FIFO 알고리즘을 적용했을 때 페이지 부재 횟수는 몇인가?

- 참조 페이지 : [2, 0, 2, 1, 3, 6, 1, 3, 4]
- 페이지 프레임 : 3

① 5
② 6
③ 4
④ 3

참조 페이지	2	0	2	1	3	6	1	3	4
프레임	2	2	2	2	3	3	3	3	3
		0	0	0	0	6	6	6	6
				1	1	1	1	1	4
부재 발생	○	○		○	○	○			○

81 다음 중 전용 회선의 특징에 대한 설명과 가장 거리가 먼 것은 무엇인가?

① 전송 속도가 빠르고 품질이 좋고 많은 양의 데이터를 전송할 수 있다.
② 컴퓨터 사이에 교환기가 존재하여 통신 회선을 공유하는 방식이다.
③ 통신 범위가 좁고 사용 비용이 비싸다.
④ 컴퓨터 주소, 경로 선택이 필요 없으며 보안이 좋다.

82 IPv6의 주소체계 중 아래에서 설명하는 것은 무엇인가?

1:1 통신을 위한 주소로서 하나의 패킷이 하나의 목적지에 전송된다.

① 유니캐스트
② 브로드캐스트
③ 멀티캐스트
④ 애니캐스트

[복습포인트] 파트05-챕터03-섹션01

83 네트워크 공격 기술 중 아래에서 설명하는 것은 무엇인가?

> 고성능 컴퓨터를 이용해 초당 엄청난 양의 접속 신호를 한 사이트에 집중적으로 보냄으로써 상대 컴퓨터의 서버를 접속 불능 상태로 만들어 버리는 공격 행위이다.

① DDos 공격
② DoS 공격
③ Trinoo
④ Smurf attack

[복습포인트] 파트05-챕터03-섹션03

84 다음 중 대치 암호의 종류에 해당하지 않는 것은 무엇인가?

① 카이저 암호 적용 함수
② 선형 암호 적용 함수
③ 아핀 암호 적용 함수
④ 수평 암호 적용 함수

[복습포인트] 파트05-챕터03-섹션03

85 다음 중 대칭키 방식의 장점에 해당하지 않는 것은 무엇인가?

① 암호화/복호화 속도가 빠르다.
② 알고리즘이 단순하다.
③ 비교적 파일의 크기가 작다.
④ 관리해야 할 키의 수가 많아진다.

[복습포인트] 파트02-챕터03-섹션01

86 다음 중 DRM의 개념에 대한 설명과 가장 거리가 먼 것은 무엇인가?

① 디지털 미디어를 불법적으로 사용하는 것을 제한하기 위해 소유자가 이용하는 정보보호 기술의 일종이다.
② 디지털 저작권 관리를 통해 저작권자의 이익과 권리를 보호해 주는 기술과 서비스이다.
③ 문서 파일뿐만 아니라 음악 및 동영상, 전자책, 온라인 스트리밍 등의 다양한 분야에 적용할 수 있다.
④ RSADSI의 기술을 기반으로 개발된 보안 기술이다.

[복습포인트] 파트05-챕터01-섹션04

87 소프트웨어 관련 신기술 중 아래에서 설명하는 것은 무엇인가?

> 사람을 대신하여 컴퓨터가 정보를 읽고 이해하고 가공하여 새로운 정보를 만들어낼 수 있도록 이해하기 쉬운 의미를 가진 차세대 지능형 웹이다.

① Grayware
② Blockchain
③ Vaporware
④ Semantic Web

[복습포인트] 파트05-챕터02-섹션02

88 시스템 보안 구현 환경 중 IDC, 보안 통제 공간, 잠금장치, 출입통제 장비 등에 대한 여건으로 구분되는 차원은 무엇인가?

① 운영적 차원   ② 관리적 차원
③ 기술적 차원   ④ 물리적 차원

89 다음 중 바이러스의 기능에 해당하지 않는 것은 무엇인가?

① 복제
② 이동
③ 파괴
④ 은폐

90 다음 중 WWW(World Wide Web)에 대한 설명과 가장 거리가 먼 것은 무엇인가?

① 웹 브라우저와 하이퍼 텍스트에 의해 정보를 검색하고 정보를 제공받는다.
② HTTP 프로토콜을 사용해 인터넷에 분산되어 있는 많은 종류의 정보를 탐색할 수 있는 광역 정보 통신 서비스이다.
③ 특정 시스템을 사용하고 있는 사용자의 정보를 알아보기 위한 서비스이다.
④ 각각의 컴퓨터가 모여서 전 세계에 걸쳐 네트워크로 연결된 세계적인 인터넷망이다.

91 다음 중 물리 계층(Physical Layer)에 대한 설명과 가장 거리가 먼 것은 무엇인가?

① 물리적인 하드웨어 전송 기술로 이루어진다.
② 전기적인, 기계적인 신호를 주고받는 역할을 하는 계층이다.
③ 물리 주소인 MAC 주소가 이 계층에 해당된다.
④ 대표적인 장비로 통신 케이블과 허브가 있다.

92 다음 중 클라우드 컴퓨팅 기반 서비스에 대한 설명과 가장 거리가 먼 것은 무엇인가?

① SaaS
② BaaS
③ IaaS
④ CaaS

93 물리적 주소(MAC)를 논리적 주소(IP)로 변환해주는 프로토콜을 무엇이라 하는가?

① RARP
② ARP
③ ICMP
④ MtoI

94 SW 개발 보안을 위한 시큐어 코딩을 수행하는 보안 담당자가 검토해야 할 사항 중 가장 거리가 먼 것은 무엇인가?

① 악성 프로그램이 프로그램 버그를 악용하여 권한 획득이 가능한지 확인한다.
② 소스코드에 중요한 정보 및 악성코드가 삽입되어 있는지 확인한다.
③ 이름만으로 값을 예상 가능한 변수가 사용되었는지 확인한다.
④ 실행 중 발생 가능한 예외사항에 대한 처리가 구현되었는지 확인한다.

95 다음 중 아래에서 설명하는 것은 무엇인가?

> 웹에서 제공하는 정보 및 서비스를 이용하여 새로운 소프트웨어나 서비스, 데이터베이스 등을 만드는 기술이다.

① Deep Learning
② Blockchain
③ Hash
④ Mashup

96 다음 중 암호 관련 용어에 해당하지 않는 것은 무엇인가?

① Authorization
② Plaintext
③ Heartbleed
④ Ciphertext

97 SW 개발 보안의 목표 중 아래에서 설명하는 것은 무엇인가?

> 오직 인가된 사용자, 인가된 프로세스, 인가된 시스템만이 필요성에 근거하여 시스템에 접근해야 한다는 원칙

① 가용성(Availability)
② 무결성(Integrity)
③ 인증성(Authenticity)
④ 기밀성(Confidentiality)

98 다음 중 다중화기의 특징에 대한 설명과 가장 거리가 먼 것은 무엇인가?

① FDM, TDM, CDM, WDM 등이 있다.
② 집중화기보다 기술이 정교하고 비용이 비싸다.
③ 전송 채널의 개수와 수신 채널의 개수가 동일하다.
④ 통신 회선의 채널을 정적, 규칙적으로 배분하고 공유한다.

99 다음 중 침입 차단 시스템(IPS)에 대한 설명과 가장 거리가 먼 것은 무엇인가?

① 일반적으로 방화벽(Firewall)이 그 역할을 담당한다.
② 불법적인 외부 침입으로부터 내부 네트워크의 정보를 보호하기 위한 시스템이다.
③ 내부와 외부 네트워크 사이의 정보 흐름을 안전하게 통제하는 시스템이다.
④ 패스워드가 노출 및 위조, 변조되지 않도록 암호화한다.

100 원격 제어 서비스 중 SSH가 사용하는 포트번호는 무엇인가?

① 21
② 22
③ 23
④ 32

정보처리기사 필기 실전 모의고사 02회

시험 일자	문항 수	시험 시간
년 월 일	총 100문항	2시간 30분

수험번호 : _____

성　　명 : _____

복습포인트 파트01-챕터02-섹션02

01 다음 중 요구사항의 유형에 해당하지 않는 것은 무엇인가?

① 개발자
② 시스템
③ 기능
④ 비기능

복습포인트 파트01-챕터02-섹션03

02 다음 중 행위 다이어그램의 종류에 해당하지 않는 것은 무엇인가?

① State
② Component
③ Sequence
④ Communication

복습포인트 파트01-챕터01-섹션01

03 다음 중 시스템의 기본요소에 해당하지 않는 것은 무엇인가?

① 입력(Input)
② 피드백(Feedback)
③ 처리(Process)
④ 적재(Load)

복습포인트 파트01-챕터01-섹션01

04 XP 모델에서 개발 프로세스에 해당하지 않는 것은 무엇인가?

① 대규모 릴리즈
② 릴리즈 계획 수립
③ 스파이크
④ 승인 검사

복습포인트 파트01-챕터01-섹션01

05 보안 개발 방법론의 종류 Seven Touchpoints에서 소프트웨어 보안의 모범 사례에 해당하지 않는 것은 무엇인가?

① 보안 운영(security operation)
② 보안 요구(security requirement)
③ 악용 사례(abuse cases)
④ 보안 테스트(security testing)

복습포인트 파트01-챕터04-섹션02

06 다음 중 소프트웨어 아키텍처 패턴에 해당하지 않는 것은 무엇인가?

① Pipe-Filter 패턴
② Class 패턴
③ Broker 패턴
④ Client/Server 패턴

정답 01 ① 02 ② 03 ④ 04 ① 05 ④ 06 ②

07 다음 중 UML의 구성 요소에 해당하지 않는 것은 무엇인가?

① 행동
② 주해
③ 추상
④ 그룹

08 다음 중 형상관리의 역할 및 특성에 해당하지 않는 것은 무엇인가?

① 동일한 프로젝트를 여러 개발자가 동시에 개발이 가능해진다.
② 버전 관리를 통해 배포본 관리에 유용하다.
③ 역추적을 통해 문제가 발생한 코드의 작성자를 특정할 수 있다.
④ 사용자들의 불필요한 수정을 제한할 수 있다.

09 다음 중 객체지향 방법론의 기본 원칙에 대한 설명과 가장 거리가 먼 것은 무엇인가?

① 조직화 : 데이터와 데이터를 처리하는 기능을 하나로 묶은 것이다.
② 정보은닉 : 다른 객체에게 자신의 정보를 숨기는 것이다.
③ 다형성 : 하나의 이름으로 여러가지 기능을 가지는 것이다.
④ 상속성 : 상위 객체의 속성을 하위 객체가 물려받는 것이다.

10 다음 중 SPICE 모델의 단계에 대한 설명과 가장 거리가 먼 것은 무엇인가?

① 5단계 : 최적화
② 0단계 : 불안정
③ 3단계 : 예측
④ 2단계 : 관리

11 다음 중 요구사항 분석에 대한 설명과 가장 거리가 먼 것은 무엇인가?

① 요구사항들 중 서로 다르거나 중복, 상충되는 것을 해결한다.
② 최적화된 요구사항을 기초로 소프트웨어 개발 비용과 일정에 대한 제약을 설정한다.
③ 사용자 요구사항의 타당성을 조사한다.
④ 정리된 요구사항을 즉각 해결한다.

12 소프트웨어 생명주기 모델 중 아래에서 설명하는 것은 무엇인가?

- 개발 이전 단계로 돌아갈 수 없다는 전제하에 각 단계를 확실히 매듭짓는다.
- 과거 가장 폭넓게 사용된 전통적인 소프트웨어 생명 주기 모형이다.
- 매뉴얼 작성이 필요하다.

① 애자일 모델(Agile model)
② 프로토타입 모델(Prototype model)
③ 나선형 모델(Spiral model)
④ 폭포수 모델(Waterfall model)

13 다음 중 제어도(Fan-out)에 해당하지 않는 것은 무엇인가?

① 불필요한 호출이 있는지, 업무 로직을 좀 더 단순화할 수 있는지 검토가 필요하다.
② 이상적인 모듈 설계지만, 중점적인 관리가 필요하다.
③ 해당 모듈이 사용하는 하위 모듈들의 개수이다.
④ 제어도가 높다는 것은 해당 모듈이 호출할 수 있는 하위 클래스가 많다는 것이다.

14 컴포넌트 기반 방법론에서 시험단계 산출물에 해당하는 것은 무엇인가?

① 사용자 요구사항 정의서
② 시스템 설치 결과서
③ 단위시험 케이스
④ 총괄시험 계획서

15 다음 중 시스템 아키텍처의 설계에 대한 설명과 가장 거리가 먼 것은 무엇인가?

① 소프트웨어 아키텍처의 설계는 소프트웨어 상세 설계를 제약한다.
② 전체적인 아키텍처 설계, 인터페이스 정의, 사용자 인터페이스 설계 등을 수행한다.
③ 소프트웨어 아키텍처 설계는 시스템 아키텍처 설계에 제약을 하는 상위 설계이다.
④ 시스템 아키텍처 설계, 소프트웨어 아키텍처 설계, 소프트웨어 상세 설계는 일반적인 공통 특성을 가지고 있다.

16 다음 중 제어 추상화에 대한 설명으로 옳은 것은 무엇인가?

① 상세 제어 매커니즘이 아닌 포괄적인 표현으로 대체
② 데이터의 세부적인 속성 및 표현 방법 없이 대표적인 표현으로 대체
③ 상세 수행 과정이 아닌 전반적인 흐름만 파악하도록 표현
④ 공통 속성을 가지는 데이터를 통합

17 현행 시스템에서 네트워크 구성 파악에 해당하지 않는 것은 무엇인가?

① 서버의 위치와 서버 간의 네트워크 연결 방식을 구성도로 작성하여 물리적인 위치를 파악한다.
② 상담 시스템들의 네트워크 구성을 파악한다.
③ 보안 취약성을 미리 분석하여 적절한 대응을 할 수 있다.
④ 장애 발생 원인을 찾아 복구하는 용도로도 활용할 수 있다.

18 요구사항 명세에서 비정형 명세 기법에 해당하지 않는 것은 무엇인가?

① 명세가 간결하고 명세와 구현이 일치된다.
② 사용자의 요구를 상태, 기능, 객체 중심으로 서술한다.
③ 의사 전달 방법이 다양하고 이해가 용이하다.
④ 자연어를 기반으로 사용자의 요구를 서술한다.

19 다음 중 디자인 패턴의 장점에 대한 설명과 가장 거리가 먼 것은 무엇인가?

① 설계 변경에 대한 유연성과 이식성이 좋아진다.
② 개발자들 간의 원활한 의사소통이 가능하다.
③ 재사용성과 확장성이 좋아 개발 시간을 단축시킬 수 있다.
④ 객체지향 개발 위주로만 사용할 수 있다.

20 소프트웨어 개발 표준 중 아래에서 설명하는 것은 무엇인가?

- 소프트웨어 품질 및 생산성 향상을 위한 소프트웨어 프로세스를 평가하는 국제 표준이다.
- ISO 12207 소프트웨어 생명주기 프로세스에 기초하여 ISO 15504를 완성하였다.
- CMM과 비슷한 프로세스 평가 모델을 제시한다.

① CMM
② SPICE
③ CMMI
④ SPIRAL

21 다음 중 화이트박스의 개념에 대한 설명과 가장 거리가 먼 것은 무엇인가?

① 모든 소스코드의 논리적인 경로를 테스트 케이스로 설계하는 방법이다.
② 소스코드의 모든 문장을 한번 이상 테스트 수행하여 선택, 반복 등의 분기점을 테스트한다.
③ 코드의 제어 구조 설계 절차에 초점을 맞춰 테스트 케이스를 설계하며, 주로 테스트 과정 초기에 적용된다.
④ 요구사항 명세서를 기반으로 구현된 기능을 테스트 케이스로 설계하는 방법이다.

22 자료구조의 유형 중 아래에서 설명하는 것은 무엇인가?

- 프로그래밍 언어에서 제공하는 기본 데이터 타입이다.
- 정수형, 실수형, 문자형 등의 데이터이다.

① 단순 구조
② 비선형 구조
③ 파일 구조
④ 선형 구조

23 다음 중 형상 관리 도구의 필요성에 대한 설명과 가장 거리가 먼 것은 무엇인가?

① 높은 품질의 소프트웨어를 빠르게 개발한다.
② 프로젝트 개발 비용을 효율적으로 관리한다.
③ 빠른 오류 복구가 가능한다.
④ 여러 개발자의 동시 개발이 가능하다.

24 A/B−(C*D)/E의 산술식에서 Postfix 표기법으로 변환한 것에 해당하는 것은 무엇인가?

① AB/CD*E/−
② −/AB/*CDE
③ AB/−CD*E/
④ A/B−C*D/E

A/B−([C*D])/E → CD*
A/B−[([C*D])/E] → CD*E/
[A/B]−[([C*D])/E] → AB/CD*E/
[[A/B]−[([C*D])/E]] → AB/CD*E/−

25 다음 중 내부 로직에 의한 애플리케이션의 성능 저하 요소는 무엇인가?

① 데이터베이스 잠금
② 불완전한 완료
③ 특정 파일의 업로드, 다운로드로 인한 성능 저하
④ 불필요한 데이터베이스 패치

26 다음 중 테스트의 원칙에 해당하지 않는 것은 무엇인가?

① 자신이 아닌 다른 개발자가 테스트
② 프로그램의 계획 단계부터 테스트를 진행
③ 결함 없는 완벽한 소프트웨어를 지향
④ 결함 집중

27 다음 중 통합 개발 환경의 지원 기능에 해당하지 않는 것은 무엇인가?

① 컴파일 및 디버깅
② 외부 모듈과의 통합
③ 개발 환경
④ 프로젝트 개발 비용

28 아래 트리에서 근 노드에 해당하는 것은 무엇인가?

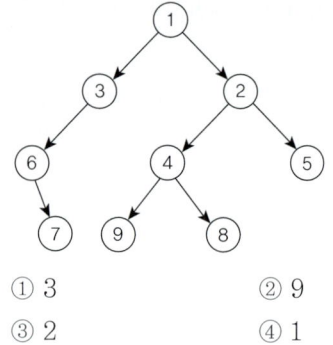

① 3   ② 9
③ 2   ④ 1

29 버블 정렬의 시간복잡도에서 최악의 경우에 해당하는 것은 무엇인가?

① $O(n)$ ② $O(nlogn)$
③ $O(1)$ ④ $O(n^2)$

30 다음 중 사용자 관점에서의 패키징 고려사항에 대한 설명과 가장 거리가 먼 것은 무엇인가?

① 하드웨어와는 별개로 적용된다.
② 사용자의 편의성과 사용상의 안정성을 우선 고려한다.
③ 소프트웨어 실행에 필요한 최소 시스템 환경을 정의한다.
④ 사용자가 이해할 수 있는 인터페이스와 매뉴얼을 제공한다.

복습포인트 파트02-챕터01-섹션02

31 탐색 기법 중에서 대량의 데이터를 그룹별로 블록화하여 인덱싱을 통해 검색하는 기법에 해당하는 것은 무엇인가?

① 이진 트리 탐색
② 해싱 탐색
③ 블록 탐색
④ 보간 탐색

복습포인트 파트02-챕터04-섹션02

32 테스트 커버리지 중 아래에서 설명하는 것은 무엇인가?

> • 프로그램의 테스트 수행 정도를 나타내는 값으로 테스트 수행의 완벽성을 측정할 수 있다.
> • 애플리케이션 테스트 충분성 지표 중 하나로, 구조 코드 자체가 얼마나 테스트되었는지를 측정하는 방법이다.

① 문자(Char) 기반 커버리지
② 코드(Code) 기반 커버리지
③ 라인(Line) 기반 커버리지
④ 기능(Function) 기반 커버리지

복습포인트 파트02-챕터01-섹션01

33 무방향성 완전 그래프에서 노드의 개수가 6개일 때, 최대 간선의 수에 해당하는 것은 무엇인가?

① 18   ② 15
③ 12   ④ 30

복습포인트 파트02-챕터04-섹션02

34 통합 테스트(Integration Test) 중 아래에서 설명하는 것은 무엇인가?

> • 개발된 단위 모듈 일부를 테스트하고 점차적으로 늘려가며 테스트 진행
> • 하향식 통합, 상향식 통합이 있음

① 비점증적 방식   ② 비순차적 방식
③ 순차적 방식   ④ 점증적 방식

복습포인트 파트02-챕터04-섹션02

35 애플리케이션 통합 테스트 중 아래에서 설명하는 것은 무엇인가?

> • 깊이 우선 방식과 너비 우선 방식이 있다.
> • 상위 컴포넌트 테스트 후, 점증적으로 하위를 테스트한다.

① 회기 테스트
② 상향식 통합 테스트
③ 빅뱅 테스트
④ 하향식 통합 테스트

복습포인트 파트02-챕터02-섹션03

36 EAI의 종류 중 아래에서 설명하는 것은 무엇인가?

> • 미들웨어 없이 애플리케이션 간 직접 연결하는 방식이다.
> • 솔루션의 구매 없이 단순하게 통합이 가능하지만, 변경이나 재사용이 어렵다.

① Message Bus   ② Hub & Spoke
③ EAI/ESB   ④ Point-to-Point

정답 31 ③ 32 ② 33 ② 34 ④ 35 ④ 36 ④

37 다음 중 사용자 매뉴얼 작성에 대한 설명과 가장 거리가 먼 것은 무엇인가?

① 문장의 해석 차이가 없도록 개발자들이 사용하는 전문 용어를 사용해 작성해야 한다.
② 제품 기능 및 고객 지원까지를 포함한다.
③ 패키지의 기능, 패키지의 인터페이스를 포함하고 있는 메소드나 오퍼레이션과 메소드의 파라미터 등의 설명을 포함한다.
④ 개발된 컴포넌트 사용 시 알아야 할 내용을 사용자 관점으로 진행된다.

38 코드 품질 향상 기법 중 아래에서 설명하는 것은 무엇인가?

- 소프트웨어 품질이 아주 중요한 경우에 활용되는 가장 이상적인 방법이다.
- 모든 기능의 기대 결과에 대해 실제 결과를 비교하여 무결성을 증명한다.

① 코드 인스펙션
② 테스트
③ 증명
④ 정적 분석

39 탐색 기법 중 아래에서 설명하는 것은 무엇인가?

- 검색 대상의 데이터를 처음부터 순차적으로 비교하여 검색하는 것이다.
- 데이터가 정렬되어 있지 않거나 데이터의 수를 알지 못해도 사용 가능하다.

① 해시 탐색(Hash Search)
② 보간 탐색(Interpolation Search)
③ 이분(이진) 검색(Binary Search)
④ 선형 탐색(Linear Search)

40 웹 서비스의 기본 주체 중 아래에서 설명하는 것은 무엇인가?

웹 서비스 제공자가 제공하는 서비스와 소비자가 원하는 서비스를 연결해 준다.

① Service Provider
② Service Broker
③ Service Consumer
④ Service Cellar

41 STUDENT 릴레이션에 대한 SELECT 권한을 모든 사용자에게 허가하는 SQL 명령문은 무엇인가?

① GRANT SELECT FROM STUDENT TO PROTECT;
② GRANT SELECT ON STUDENT TO PUBLIC;
③ GRANT SELECT FROM STUDENT TO ALL;
④ GRANT SELECT ON STUDENT TO ALL;

STUDENT 릴레이션에 대한 SELECT 권한(SELECT ON STUDENT)을 모든 사용자(TO PUBLIC)에게 허가(GRANT)한다.

42 다음 중 데이터베이스 관리 시스템(DBMS)에 대한 설명과 가장 거리가 먼 것은 무엇인가?

① 데이터를 표준화하고 보안을 강화하며 무결성을 유지시킨다.
② 많은 사용자가 공유할 수 있다.
③ 훼손된 데이터에 대한 복구가 매우 어렵다.
④ 데이터의 규모가 크고 복잡하지만 구축 자체는 쉬운 편이다.

43 종속성 중에서 정규화를 통해서 분해된 각 릴레이션이 분해 전 릴레이션으로 재구성될 수 있는 것에 해당하는 것은 무엇인가?

① Index Dependency
② Multi-Valued Dependency
③ Join Dependency
④ Functional Dependency

44 다음 중 DBMS의 특징에 해당하지 않는 것은 무엇인가?

① 병행성　　② 효율성
③ 무결성　　④ 보안성

45 데이터베이스 로그(log)를 필요로 하는 회복 기법은?

① 즉각 갱신 기법
② 대수적 코딩 방법
③ 타임 스탬프 기법
④ 폴딩 기법

46 관계 데이터베이스의 테이블인 수강(학번, 과목명, 중간성적, 기말성적)에서 과목명이 "DB"인 모든 튜플들을 성적에 의해 정렬된 형태로 검색하고자 한다. 이때 정렬 기준은 기말 성적의 내림차순으로 정렬하고 기말성적이 같은 경우는 중간성적의 오름차순으로 정렬하고자 한다. 다음 SQL 질의문에서 ORDER BY절의 밑줄 친 부분의 내용으로 옳은 것은?

```
SELECT * FROM 수강
WHERE 과목명 = "DB" ORDER BY _____;
```

① 중간성적 DESC, 기말성적 ASC
② 기말성적 DESC, 중간성적 ASC
③ 중간성적 DOWN, 기말성적 UP
④ 중간성적(DESC), 기말성적(ASC)

47 함수 종속의 종류에서 A → B, B → C, A → C 에 해당하는 것은 무엇인가?

① 완전 함수 종속
② 주종적 함수 종속
③ 부분 함수 종속
④ 이행적 함수 종속

48 데이터베이스 구조에서 데이터를 종속적인 상하 관계로 계층(Tree)화하여 관리하는 형태에 해당하는 것은 무엇인가?

① NTFS(NT File System)
② NDBMS(Network DBMS)
③ HDBMS(Hierarchical DBMS)
④ RDBMS(Relational DBMS)

49 다음 중 관계 스키마 설계 시 고려사항에 대한 설명과 가장 거리가 먼 것은 무엇인가?

① 현실 세계를 데이터베이스에 정확하게 표현하기 위한 논리적 구조를 결정한다.
② 일관성과 효율성을 고려하여 설계한다.
③ E-R 모델에 기초하여 릴레이션을 구성한다.
④ 중복 및 불필요한 데이터가 최대한 발생하도록 설계한다.

50 다음 중 성적 테이블을 삭제하려고 하는데, 성적 테이블은 학생 테이블의 학번 필드를 참조하고 있는 상태이다. 성적 테이블과 연결된 학생 테이블도 함께 삭제하고 싶을 경우 사용해야 하는 명령어는 무엇인가?

① ENABLE
② CASCADE
③ RESTRICT
④ DISABLE

51 다음 중 E-R 다이어그램에 대한 설명과 가장 거리가 먼 것은 무엇인가?

① 1976년에 피터 첸(Peter Chen)에 의해서 최초로 제안되었다.
② 단순성이 뛰어나 개념 데이터 모델링과 논리 데이터 모델링 등에서 가장 일반적으로 이용된다.
③ 업무 분석 결과로 도출된 개체와 개체 간의 관계를 그림 형태로 묘사한 것이다.
④ 개체와 개념, 기능을 통해 현실 세계를 단순하게 표현하여 이해관계자들이 데이터의 흐름과 연관성을 쉽게 파악하여 단일화된 설계안을 만들 수 있다.

52 다음은 무엇에 대한 설명인가?

> That is an international standard language used for defining the structure of a relational database in terms of tables, columns and various kinds of constraints.

① TUPLE
② SQL
③ DOMAIN
④ DBMS

영문 해석 : 이것은 테이블, 열 및 다양한 종류의 제약조건의 관점에서 관계형 데이터베이스의 구조를 정의하는 데 사용되는 국제 표준 언어이다.

53 키(key)의 종류 중에서 관계된 다른 릴레이션의 기본키를 참조하는 속성에 해당하는 것은 무엇인가?

① 슈퍼키(Super Key)
② 후보키(Candidate Key)
③ 기본키(Primary Key)
④ 외래키(Foreign Key)

54 절차형 SQL의 종류에 해당하지 않는 것은 무엇인가?

① 이벤트(Event)
② 사용자 정의 함수(User Defined Function)
③ 트리거(Trigger)
④ 프로시저(Procedure)

정답 49 ④ 50 ② 51 ④ 52 ② 53 ④ 54 ①

55 데이터베이스를 구성하는 데이터 개체, 이들 개체 사이의 속성, 이들 간에 존재하는 관계, 데이터 구조와 데이터 값들이 갖는 제약 조건에 관한 정의를 총칭해서 무엇이라고 하는가?

① VIEW
② DOMAIN
③ SCHEMA
④ DBA

56 다음 중 정규화의 목적에 대한 설명과 가장 거리가 먼 것은 무엇인가?

① 중복되는 튜플 없이 효과적인 데이터 표현 및 저장이 가능하도록 구성한다.
② 데이터 검색과 추출 등의 효율성을 높여 DBMS의 성능 향상에 기여하도록 구성한다.
③ 비교적 복잡한 연산자로 효과적인 연산이 가능하도록 구성한다.
④ 새로운 데이터에 의해 릴레이션이 영향을 받지 않도록 구성한다.

57 제품명과 단가로 이루어진 제품 테이블에서 단가에 대한 내림차순으로 검색하고자 한다. ( ) 안에 알맞은 SQL 명령으로 옳게 나열된 것은?

SELECT 제품명, 단가 FROM 제품 (①) 단가 (②);

① ① ORDER TO ② DESC
② ① ORDER BY ② DESC
③ ① ORDER ② DOWN
④ ① ORDER ② DESC

58 분산 데이터베이스 관리 시스템의 목표 중 아래에서 설명하는 것은 무엇인가?

- 사용하고 있는 데이터가 논리적으로 유일하다고 생각할 수 있는 환경을 제공해야 한다.
- 복제 데이터의 갱신을 처리하기 위해서는 모든 지역에 대한 데이터 갱신이 이루어져야 하므로 무결성을 보장하기 어려워진다.

① 병행 투명성
② 분할 투명성
③ 위치 투명성
④ 중복 투명성

59 다음 중 데이터 모델링의 목적에 대한 설명과 가장 거리가 먼 것은 무엇인가?

① 고품질 소프트웨어 개발과 유지보수 비용이 증가한다.
② 연관 조직의 정보 요구에 대한 정확한 이해를 목적으로 한다.
③ 이해관계자 간의 효율적인 의사소통 수단을 제공한다.
④ 신규 또는 개선 시스템의 개발 기초를 제공한다.

[복습포인트] 파트03-챕터02-섹션01

60 다음 중 데이터 제어어에 대한 설명과 가장 거리가 먼 것은 무엇인가?

① 데이터베이스 관리자가 사용하는 언어이다.
② 사용자별로 데이터베이스에 접근할 수 있는 권한을 부여하거나 회수하여 데이터 보안을 유지한다.
③ 여러 사용자가 데이터를 공유할 수 있도록 병행 제어를 수행하는 명령어이다.
④ 데이터 중복성을 유지하면서 여러 규정이나 제약조건 등을 기술하기 위한 명령어이다.

[복습포인트] 파트04-챕터05-섹션02

61 다음 중 프로세스 주요 상태에 해당하지 않는 것은 무엇인가?

① 제거
② 준비
③ 실행
④ 종료

[복습포인트] 파트04-챕터01-섹션01

62 프로그램 개발 관리 도구에서 빌드 도구에 해당하지 않는 것은 무엇인가?

① Jenkins
② Maven
③ STAF
④ Gradle

[복습포인트] 파트04-챕터03-섹션01

63 다음 중 객체지향 분석의 특징에 대한 설명과 가장 거리가 먼 것은 무엇인가?

① 기존의 업무 시스템을 객체 간의 상호작용으로 표현하는 것이다.
② 분석 대상을 클래스, 객체, 속성, 멤버 등의 형식적인 형태로 기술한다.
③ 소프트웨어로 개발해야 하는 업무를 분석하는 것이다.
④ 동적 모델링, 객체 모델링, 기능 모델링의 순서로 진행한다.

[복습포인트] 파트04-챕터02-섹션01

64 C언어에서 정수형 변수 a와 b에 각각 5와 2를 할당했을 때, a/b를 올바르게 출력하는 방법에 해당하는 것은 무엇인가?

① printf("%f\n", a/b);
② printf("%lf\n", a/b);
③ printf("%s\n", a/b);
④ printf("%d\n", a/b);

정수와 정수를 연산한 결과의 타입은 정수이다.

정답 60 ④ 61 ① 62 ③ 63 ④ 64 ④

65 다음 중 Working Set에 대한 설명과 가장 거리가 먼 것은 무엇인가?

① 자주 참조되는 워킹 셋을 주기억장치에 상주시킴으로써 페이지 부재 및 페이지 교체 현상이 줄어들어 프로세스의 기억장치 사용이 안정된다.
② 시간이 지남에 따라 자주 참조하는 페이지들의 집합이 변화하기 때문에 워킹 셋은 시간에 따라 변경된다.
③ 처음의 과도한 페이지 부재를 방지하기 위해 필요가 예상되는 모든 페이지를 한꺼번에 페이지 프레임에 적재하는 기법이다.
④ 프로세스가 일정 시간 동안 자주 참조하는 페이지들의 집합(Set)이다.

66 다음 중 쉘(Shell)에 대한 설명으로 옳은 무엇인가?

① 유닉스의 핵심요소로, 핵심 시스템을 관리하고 서비스를 제공한다.
② 사용자의 명령을 입력 받아 시스템 기능을 수행하는 명령 해석기이다.
③ 문서 편집, 데이터베이스 관리, 언어 번역, 네트워크 기능 등을 제공한다.
④ 사용자와 유틸리티 사이에서 중계자 역할을 담당한다.

67 객체지향 설계 원칙 중 아래에서 설명하는 것은 무엇인가?

> • 하위 클래스는 언제나 상위 클래스로 교체(호환)할 수 있어야 한다.
> • 서브 클래스는 상위 클래스가 정의한 제약사항을 준수해야 한다.

① 인터페이스 분리(Interface Segregation)
② 단일 책임(Single Responsibility)
③ 리스코프 치환(Liskov Substitution)
④ 개방 폐쇄(Open-Closed)

68 C언어에서 다음 코드의 출력 결과에 해당하는 것은 무엇인가?

```
int main()
{
    printf("%c ", 'c'+2*3);
    return 0;
}
```

① d ② g
③ i ④ a

'c' 다음 6번째(2*3) 문자 출력

69 다음 중 캡슐화의 장점에 대한 설명과 가장 거리가 먼 것은 무엇인가?

① 재사용이 용이하여 중복성이 최대화된다.
② 인터페이스가 단순해지고 가독성이 향상된다.
③ 사이드 이펙트에 의한 오류의 파급 효과가 적다.
④ 정보 은폐로 내부 데이터의 일관성이 유지된다.

70 다음 중 파이썬 연산자에 대한 설명과 가장 거리가 먼 것은 무엇인가?

① // : 제곱근 구하기
② * : 곱하기
③ % : 나머지 구하기
④ + : 더하기

71 다음 중 객체지향 기술의 특징에 대한 설명과 가장 거리가 먼 것은 무엇인가?

① 속성에 대한 기능, 동작을 메소드라고 한다.
② 현실 세계의 개체들을 속성과 메소드가 결합된 형태의 구조체로 표현한다.
③ 현실 세계에 존재하는 속성을 데이터화한 것을 데이터베이스라고 한다.
④ 구현된 객체와 객체 간의 통신을 통해 객체지향 프로그램이 구현된다.

72 인터럽트에 해당하지 않는 것은 무엇인가?

① 동적 인터럽트
② 외부 인터럽트
③ 내부 인터럽트
④ 소프트웨어 인터럽트

73 C언어에서 다음 코드의 출력 결과에 해당하는 것은 무엇인가?

```c
int main()
{
    char c[10] = "Hello";
    printf("%c ", c);
    return 0;
}
```

① e   ② Hello
③ 알 수 없음(오류)   ④ Hel

- %c는 정수 데이터를 문자로 변환하여 출력한다.
- c는 문자 배열의 이름 = 주소값

74 다음 중 주기억장치 관리 전략에 해당하지 않는 것은 무엇인가?

① 반입 전략
② 배치 전략
③ 교체 전략
④ 삭제 전략

복습포인트 파트04-챕터05-섹션02

75 다음 중 아래에서 설명하는 알고리즘에 맞는 교착상태 해결 방안은 무엇인가?

> - 안정적 상태를 유지할 수 있는 프로세스의 요청만 받아들이는 방식으로 교착 상태가 발생할 가능성을 회피한다.
> - 대표적으로 은행원 알고리즘(Banker's Algorithm)이 있다.

① Prevention
② Avoidance
③ Recovery
④ Detection

복습포인트 파트04-챕터02-섹션01

76 Java에서 아래 코드의 출력 결과에 해당하는 것은 무엇인가?

```
public class Main{
    public static void main(String[] args) {
        int x=5, y=0, z=0;
        System.out.print(x + "," + --x + "," + x++);
    }
}
```

① 5,4,5
② 5,5,4
③ 5,4,4
④ 5,5,5

- --x : 사용 전에 감소
- x++ : 사용 후에 증가

복습포인트 파트04-챕터05-섹션01

77 운영체제에서 처리 프로그램에 해당하지 않는 것은 무엇인가?

① 서비스
② 문제해결 응용
③ 모니터링
④ 언어 번역

복습포인트 파트03-챕터03-섹션02

78 다음 중 분산 처리 시스템의 장점에 대한 설명과 가장 거리가 먼 것은 무엇인가?

① 중앙 집중형 시스템에 비해 소프트웨어 개발이 어렵다.
② 시스템에 가해지는 부하를 균등하게 배분할 수 있다.
③ CPU 처리 능력의 한계를 극복할 수 있다.
④ 값비싼 자원의 공유 및 확장성이 좋아 작업 능력과 경제성을 향상시킬 수 있다.

복습포인트 파트04-챕터02-섹션02

79 C언어에서 아래 코드의 IF문을 삼항 연산자로 변환한 결과에 해당하는 것은 무엇인가?

```
if(a >= b) c = 20;
else c = 40;
```

① c = (a)=b) ? 20 : 40;
② c = (a)=b) : 40 ? 20;
③ c = a>=b ? (20 : 40);
④ c = (a)=b) : 20 ? 40;

if(〈조건식〉)변수=값1; else 변수=값2; → 변수=(〈조건식〉)?값1:값2

80 아래의 C 코드에서 출력되는 결과에 해당하는 것은 무엇인가?

```
int main()
{
    int ar[5] = {1, 2, 3};
    int i, sum=0;
    for(i=0; i<5; i++)
        sum *= ar[i];
    printf("%d", sum);
    return 0;
}
```

① 0
② 8
③ 6
④ 2

0부터 누승되는 경우의 결과는 무조건 0이다.

81 다음 중 IPS의 기능에 해당하지 않는 것은 무엇인가?

① 무결성 보장 기능
② 소프트웨어 감시 기능
③ 비밀성 보장 기능
④ 네트워크 감시 통제 기능

82 매체 접근 기술 중 아래에서 설명하는 것은 무엇인가?

- 점유 신호가 동시에 전달되어 충돌이 발생하면 일정 시간을 기다린 뒤 다시 점유 신호를 보낸다.
- 구현이 쉽고 전송량이 소량일 때 적합하다.

① 순서적 할당(RR) 방식
② 예약(Reservation) 방식
③ 경쟁(Contention) 방식
④ 분산형(Token) 방식

83 네트워크 관련 신기술 중 아래에서 설명하는 것은 무엇인가?

- 여러 개의 독립된 통신 장치가 블루투스 및 UWB 기술을 사용하여 통신망을 형성하는 무선 네트워크 구축 기술이다.
- TDM 기술을 사용하며 주국(Master)을 통해 일대다로 통신이 이루어진다.

① Ubiquitous
② MQTT
③ Mesh Network
④ PICONET

84 TCP의 헤더 구조에서 필드에 해당하지 않는 것은 무엇인가?

① Acknowledgement number 필드
② Source Port address 필드
③ Sequence number 필드
④ Version 필드

85. IPSec의 운영 모드 중 아래에서 설명하는 것은 무엇인가?

> 라우터와 라우터 간에 설정되며 inbound IP 패킷 전체에 대해서 AH 또는 ESP 프로토콜을 적용한다.

① 통신모드
② 터널모드
③ 브릿지모드
④ 전송모드

86. 감염 위치에 따른 바이러스의 분류에 해당하지 않는 것은 무엇인가?

① 부트 바이러스
② 라우터 바이러스
③ 매크로 바이러스
④ 파일 바이러스

87. 데이터베이스 관련 용어 중 아래에서 설명하는 것은 무엇인가?

> 일련의 데이터를 정의하고 설명해 주는 데이터이다.

① Broad Data
② Data Warehouse
③ Big Data
④ Meta Data

88. 다음 중 회선 교환 방식의 장점에 대한 설명과 가장 거리가 먼 것은 무엇인가?

① 비교적 길이가 길고 통신밀도가 높은 데이터 통신에 유리하다.
② 메시지 교환 방식과 패킷 교환 방식이 있다.
③ 통신경로 접속 시간이 매우 짧다.
④ 통신 중 전송제어 절차 정보의 형식에 제약을 받지 않는다.

89. CIDR(Classless Inter-Domain Routing) 표기에서 192.168.20.12/26과 같이 사용되었다면, 해당 주소의 서브넷 마스크(subnet mask)에 해당하는 것은 무엇인가?

① 255.255.255.248
② 255.255.255.0
③ 255.255.255.224
④ 255.255.255.192

- 26은 32비트의 2진수 중 1의 개수를 의미한다.
- 11111111.11111111.11111111.11000000 = 255.255.255.192

[복습포인트] 파트05-챕터02-섹션02

90 다음 중 시스템 보안 설계 원칙에 대한 설명과 가장 거리가 먼 것은 무엇인가?

① 보안 아키텍처는 변화하는 보안의 필요와 요구사항을 수용할 수 있도록 유연성과 확장성이 보장되어야 한다.
② 모든 컴퓨터 플랫폼에 걸쳐 각각의 특성에 맞는 프레임워크를 제공해야 한다.
③ 조직으로 하여금 안전하게 전자적으로 업무를 수행할 수 있도록 통합된 보안 서비스를 제공해야 한다.
④ 자원에 적용되는 보안 수준은 적절하고 비용은 합리적이어야 한다.

[복습포인트] 파트05-챕터01-섹션04

91 다음 중 소프트웨어 정의 데이터센터(SDDC)에 대한 설명과 가장 거리가 먼 것은 무엇인가?

① 입력 개입 없이 소프트웨어 조작만으로 제어한다.
② 컴퓨팅, 네트워킹, 스토리지 등을 모두 소프트웨어로 정의한다.
③ 모든 하드웨어들이 가상화된다.
④ 응용 프로그램이나 데이터를 자신의 컴퓨터에 설치할 필요없이 이용가능하다.

[복습포인트] 파트05-챕터02-섹션01

92 다음 중 정보가 갖추어야 할 기능에 대한 설명과 가장 거리가 먼 것은 무엇인가?

① 기밀성 : 모든 사용자들은 데이터의 내용을 파악할 수 있다.
② 부인봉쇄 : 수신자가 메시지의 발송을 나중에 부인하거나 발송되지 않은 메시지를 받았다고 주장할 수 없어야 한다.
③ 무결성 : 정보의 전달 과정에서 변경되지 말아야 한다.
④ 가용성 : 주어진 기간 동안 주어진 데이터를 권한이 있는 사용자가 사용할 수 있어야 한다.

[복습포인트] 파트05-챕터01-섹션03

93 OSI 7계층에서 상위 계층에 해당하지 않는 것은 무엇인가?

① Presentation Layer
② Session Layer
③ Application Layer
④ Data Link Layer

[복습포인트] 파트05-챕터03-섹션03

94 다음 중 시대별 암호에 대한 설명과 가장 거리가 먼 것은 무엇인가?

① 현대 암호 : 컴퓨터를 이용하여 복잡한 계산을 통해 생성되는 방식
② 미래 암호 : 기계 장치를 이용하는 암호 방식
③ 고대 암호 : 전치, 치환, 대치의 원리를 이용하여 직접 계산하는 방식
④ 근대 암호 : 컴퓨터를 이용한 방식

95 다음 중 양방향 암호화 알고리즘 종류에 해당하지 않는 것은 무엇인가?

① RSA
② DES
③ DoS
④ AES

96 다음 중 소프트웨어 개발 보안 용어에 대한 설명과 가장 거리가 먼 것은 무엇인가?

① 약점 : 자산에 위협이 되는 위협원의 공격 행동이다.
② 자산 : 서버의 하드웨어, 소프트웨어 및 기업의 중요 데이터와 별도로 가치를 부여한 대상
③ 위험 : 위협원이 취약점을 이용하여 위협 행동을 했을 경우에 자신에게 나쁜 영향의 결과를 가져올 영향도
④ 위협원 : 자산의 파괴와 손해가 발생하는 행동을 하는 내부 혹은 외부의 주체

97 다음 중 시스템 공격 유형 중 전형적인 공격 유형에 해당하는 것은 무엇인가?

① Interruption
② NearFieldSession
③ Elimination
④ Modification

98 다음 중 DRM의 기술 요소에 해당하지 않는 것은 무엇인가?

① 암호화
② 정책 관리
③ 제작자 관리
④ 키 관리

99 다음 중 TCP의 기능에 대한 설명과 가장 거리가 먼 것은 무엇인가?

① 두 단말기 간 연결을 설정하여 데이터를 패킷 단위로 교환한다.
② 전송 데이터의 흐름을 제어하고 데이터의 에러 유무를 검사한다.
③ 논리적인 가상 회선을 지원하여 모든 경로로 데이터가 전달되도록 한다.
④ OSI 7계층에서 전송(Transport) 계층에 해당한다.

100 다음 중 계정에 적용되는 시스템 보안 범위에 해당하지 않는 것은 무엇인가?

① 주기별 사용자 현행화
② 업무 내용
③ 개발자 계정 삭제
④ Default 계정 사용 제한

정보처리기사 필기 실전 모의고사 03회

시험 일자	문항 수	시험 시간
년 월 일	총 100문항	2시간 30분

수험번호 : _____
성　　명 : _____

[복습포인트] 파트04-챕터03-섹션01

01 디자인 패턴 중 아래에서 설명하는 것은 무엇인가?

> - 사용자의 입력값이나 조건이 다를 경우 조건에 맞는 다른 객체를 생성할 때 필요한 패턴이다.
> - 서브 클래스가 인스턴스를 결정하도록 하고 책임을 위임하는 패턴이다.

① Builder
② Factory Method
③ Abstract Factory
④ Prototype

[복습포인트] 파트01-챕터02-섹션01

02 개발 기술 환경 파악 단계에서의 고려사항에 해당하지 않는 것은 무엇인가?

① 기술 지원　　② 직관성
③ 주변 기기　　④ 가용성

[복습포인트] 파트01-챕터02-섹션03

03 UML의 구성 요소에서 관계의 종류에 해당하지 않는 것은 무엇인가?

① Dependency
② Generalization
③ Behavior
④ Realization

[복습포인트] 파트01-챕터02-섹션02

04 다음 중 요구사항 도출에 대한 설명과 가장 거리가 먼 것은 무엇인가?

① 소프트웨어 요구사항의 출처를 파악한다.
② 소프트웨어 요구사항을 어떠한 방법으로 수집할 것인지 파악한다.
③ 소프트웨어 개발 생명 주기 동안 불규칙적으로 반복되는 단계이다.
④ 개발자와 고객 사이의 관계가 만들어지고 이해관계자가 식별된다.

[복습포인트] 파트04-챕터03-섹션01

05 다음 중 행위 패턴의 Chain of Responsibility에 대한 설명과 가장 거리가 먼 것은 무엇인가?

① 각각의 처리 객체는 문제의 일정 부분을 처리할 수 있는 연산의 집합이다.
② 여러 기능을 실행할 수 있도록 재사용성이 높은 클래스를 설계하는 패턴이다.
③ 메시지를 보내는 객체와 이를 받아 처리하는 객체들 간의 결합도를 줄이기 위한 패턴이다.
④ 문제의 처리를 담당하는 여러 개의 처리기능을 두고 순서대로 처리해 나가는 패턴이다.

정답　01 ②　02 ②　03 ③　04 ③　05 ②

06 소프트웨어 생명주기 모델 중 아래에서 설명하는 것은 무엇인가?

> - 여러 번의 개발 과정을 거쳐 점진적으로 완벽한 소프트웨어를 개발하는 것이다.
> - 개발 중 발생할 수 있는 결함을 관리하여 최소화하는 것을 목적으로 한다.
> - 누락되거나 추가된 요구사항을 반영할 수 있고 유지보수 과정이 필요 없다.

① 프로토타입 모델(Prototype model)
② 폭포수 모델(Waterfall model)
③ 애자일 모델(Agile)
④ 나선형 모델(Spiral model)

07 모델링 중 아래에서 설명하는 것은 무엇인가?

> - 분석된 요구사항을 기반으로 업무 처리의 실체(Entity)들과 그들의 관계(Relation)를 모델링하는 것이다.
> - 현실의 문제를 모델링하는 것으로 요구사항 분석의 핵심 단계라고 할 수 있다.

① 동적 모델링
② 행위 모델링
③ 구조 모델링
④ 개념 모델링

08 다음 중 객체지향 방법론의 기본 원칙에 해당하지 않는 것은 무엇인가?

① 상속성
② 추상화
③ 캡슐화
④ 명확성

09 다음 중 SPICE 모델의 단계에 대한 설명과 가장 거리가 먼 것은 무엇인가?

① 1단계 : 소프트웨어 공학 원칙을 기반으로 프로세스 수행
② 2단계 : 자원의 한도 내에서 프로세스가 직접 작업 산출물 인도
③ 0단계 : 프로세스가 충분히 구현되지 못한 단계
④ 5단계 : 프로젝트 수행 최적화, 지속적인 업무 목적을 만족시킴

10 다음 중 플랫폼의 성능 평가 기준에 해당하지 않는 것은 무엇인가?

① 가용성(Availability)
② 명확성(Certainty)
③ 사용률(Utilization)
④ 응답 시간(Response Time)

11 다음 중 애자일(Agile) 방법론의 개념에 대한 설명과 가장 거리가 먼 것은 무엇인가?

① 일정한 주기를 반복하면서 개발 과정이 진행된다.
② 고객의 요구사항 변화에 민첩하고 유연하게(Agile) 대응할 수 있도록 진행하는 것이다.
③ 대규모 프로젝트, 숙련된 개발자, 급변하는 요구사항에 적합하다.
④ XP, Scrum, 기능 중심 개발(FDD), 동적 시스템 개발 방법(DSDM), 경량 개발, kanban 등이 대표적이다.

정답 06 ④ 07 ④ 08 ④ 09 ① 10 ② 11 ③

12 다음 중 소프트웨어 아키텍처의 개념에 대한 설명과 가장 거리가 먼 것은 무엇인가?

① 모듈, 컴포넌트 간의 상호관계를 설계하고 전개하기 위한 지침이다.
② 소프트웨어 품질 요구사항은 소프트웨어 아키텍처를 결정하는 데 중요한 요소로 작용한다.
③ 소프트웨어 구성 요소의 독립적인 결합 형태와 부분 구조이다.
④ 소프트웨어의 골격이 되는 기본 구조이며 소프트웨어 전체에 대한 큰 밑그림이다.

13 다음 중 구조적 분석의 특징에 대한 설명과 가장 거리가 먼 것은 무엇인가?

① 시스템 개발의 모든 단계에서 필요한 명세서 작성이 가능하다.
② 분석의 중복성을 배제하고 상향식으로 분석한다.
③ 도형과 도표 등의 이미지 중심의 형태로 표현한다.
④ 시스템 분석 시 사용자 참여 기회를 확대한다.

14 다음 중 시스템 인터페이스 요구사항 분석에 대한 설명과 가장 거리가 먼 것은 무엇인가?

① 요구사항을 기능적 요구사항과 비기능적 요구사항으로 분류하여 구체화한다.
② 시스템 인터페이스 요구사항 분석 절차
③ 중요도를 평가하여 우선순위를 부여하고, 누락된 시스템 인터페이스 요구사항을 추가한다.
④ 시스템 인터페이스의 요구사항 품질과 비용을 도출한다.

15 다음 중 모듈 설계 시 고려사항에 대한 설명과 가장 거리가 먼 것은 무엇인가?

① 모듈의 크기가 클수록 모듈의 개수가 적어지므로 모듈의 개발 비용이 커진다.
② 모듈 통합 비용과 개발 비용을 최대치로 잡아 최대 노력 비용을 산정한다.
③ 가급적 100라인 이내로 설계한다.
④ 모듈의 크기가 작을수록 모듈의 개수가 많아지므로 모듈을 통합하는 비용이 커진다.

16 다음 중 프로젝트 관리의 3P에 해당하지 않는 것은 무엇인가?

① People
② Problem
③ Process
④ Protect

17 다음 중 UI의 특징에 대한 설명과 가장 거리가 먼 것은 무엇인가?

① 사용자의 소프트웨어 만족도에 가장 큰 영향을 준다.
② 편리성과 가독성 향상에 의해 작업 시간을 단축시킨다.
③ 작업 시간이 단축됨에 따라 오류가 자주 발생한다.
④ 소프트웨어 아키텍처를 기반으로 설계되며, 가장 빈번하게 수정된다.

정답 12③ 13② 14④ 15② 16④ 17③

18 다음 중 명세서 작성 시 고려사항에 대한 설명과 가장 거리가 먼 것은 무엇인가?

① 회사의 임원들이 쉽게 이해할 수 있도록 작성한다.
② 시스템의 모든 기능과 모든 제약조건을 기술한다.
③ 우선순위에 따른 중요도를 기술한다.
④ 요구사항 검증을 위해 품질 측정 및 검증 방법, 기준 등을 기술한다.

19 다음 중 UI 개발 시스템의 필수 기능에 대한 설명과 가장 거리가 먼 것은 무엇인가?

① 사용자의 명령을 받을 수 있는 프롬프트 기능
② 결함(error) 처리와 결함 메시지 출력 기능
③ 사용자의 명령을 수집하는 기능
④ 도움말 지원 기능

20 다음 중 보안 개발 방법론의 종류 중 CWE에 해당하지 않는 것은 무엇인가?

① 보안 요구
② 코드 오류
③ 입력 데이터 검증 및 표현
④ 보안 기능

21 형상 관리 도구의 종류 중 아래에서 설명하는 것은 무엇인가?

> • 가장 오랫동안 사용된 형상 관리 도구이다.
> • 중앙 집중형 서버 저장소에 클라이언트가 접속해서 버전 관리를 실행한다.

① Perforce
② CVS
③ Git
④ SVN

22 제품 소프트웨어를 위한 빌드 자동화 도구에서 Gradle에 해당하지 않는 것은 무엇인가?

① Git과 같은 형상 관리 도구와 연동이 가능
② 안드로이드 앱 개발 환경에서 사용
③ 처리 명령들을 모아 태스크 단위로 실행
④ groovy언어 기반의 오픈 소스 자동화 도구

23 연계 요구사항 분석에 필요한 도구 및 기법 중 아래에서 설명하는 것은 무엇인가?

> 연계와 관련된 각 분야의 전문가로부터 연계 데이터 및 사용자 요구사항을 합의하는 기법이다.

① 분석 체크리스트
② 델파이 기법
③ 연계 솔루션 비교 분석
④ 사용자 인터뷰

24 다음 중 Clean Code에 대한 설명과 가장 거리가 먼 것은 무엇인가?

① 사용자가 직접 작성한 프로그램을 의미한다.
② 로직의 이해가 빠르고 수정 속도가 빨라진다.
③ 중복을 최소화한 가독성이 좋고 단순한 코드이다.
④ 오류를 찾기 용이하고 유지보수 비용이 낮아진다.

25 자료 (4, 3, 2, 1, 5)에서 삽입 정렬 기법(오름차순)을 사용했을 때, 1회전 후의 결과에 해당하는 것은 무엇인가?

① 1, 2, 3, 4, 5
② 2, 3, 1, 4, 5
③ 3, 4, 2, 1, 5
④ 2, 3, 4, 1, 5

- 1회전 : 3, 4, 2, 1, 5
- 2회전 : 2, 3, 4, 1, 5
- 3회전 : 1, 2, 3, 4, 5

26 인수 테스트 중 아래에서 설명하는 것은 무엇인가?

- 개발자의 장소에서 사용자가 개발자 앞에서 행하는 테스트 기법이다.
- 테스트는 통제된 환경에서 행해지며, 오류와 사용상의 문제점을 사용자와 개발자가 함께 확인하면서 기록한다.

① 베타 테스트
② 오메가 테스트
③ 알파 테스트
④ 형상 테스트

27 아래 트리에서 단말 노드의 개수에 해당하는 것은 무엇인가?

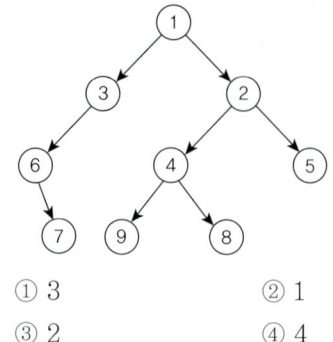

① 3
② 1
③ 2
④ 4

28 복잡도의 종류 중 아래에서 설명하는 것은 무엇인가?

- 탐색 등을 진행하는 대상 알고리즘이 연산을 수행하며 사용되는 메모리 공간의 크기를 나타내는 단위이다.
- 빅데이터 처리 시엔 메모리 용량을 초과할 수 있으므로 상황에 맞는 적절한 처리 절차가 필요하다.

① 탐색 복잡도
② 공간 복잡도
③ 시간 복잡도
④ 연산 복잡도

29 다음 중 선형 구조의 종류에 해당하지 않는 것은 무엇인가?

① Queue
② Deque
③ Graph
④ Stack

정답 24① 25③ 26③ 27④ 28② 29③

30 다음 중 이진 트리의 순회 종류에 해당하지 않는 것은 무엇인가?

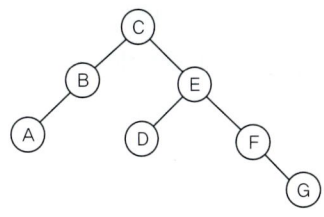

① C-A-B-D-E-F-G
② C-B-A-E-D-F-G
③ A-B-D-G-F-E-C
④ A-B-C-D-E-F-G

- 전위 순회 : root → left → right
- 중위 순회 : left → root → right
- 후위 순회 : left → right → root

31 애플리케이션 통합 테스트 중 아래에서 설명하는 것은 무엇인가?

> 테스트 초기부터 사용자에게 시스템 구조를 시각화할 수 있다.

① 하향식 통합 테스트
② 회기 테스트
③ 상향식 통합 테스트
④ 빅뱅 테스트

32 다음 연계 시스템 구성 단계별 작업 내용에 대한 설명 중, 송신 시스템에 대한 설명과 가장 거리가 먼 것은 무엇인가?

① 데이터를 변환 및 매핑, 암호화하여 수신 시스템으로 전송한다.
② 중계 시스템이나 송신 아답터를 통해 데이터를 전송한다.
③ 연계 데이터를 생성하거나 원본 데이터를 통해서 추출한다.
④ 인터페이스 테이블/파일을 생성한다.

33 성능 측정 지표 중 아래에서 설명하는 것은 무엇인가?

> 사용자가 데이터 및 명령을 입력한 시점부터 트랜잭션 처리 후 결과의 출력이 완료할 때까지 걸리는 시간이다.

① 자원 사용률(Resource Usage)
② 반환 시간(Turnaround Time)
③ 응답 시간(Response Time)
④ 처리량(Throughput)

34 블랙박스 테스트의 종류 중 아래에서 설명하는 것은 무엇인가?

> 입력 조건의 경계에서 오류가 발생할 확률이 높다는 점을 이용하여 입력 조건의 경계값을 테스트 케이스로 설계한다.

① 원인-효과 그래프 검사(Cause-Effect Graphing Testing)
② 동치(동등) 분할 검사(Equivalence Partitioning Testing)
③ 경계값 분석(Boundary Value Analysis)
④ 오류 예측 검사(Error Guessing)

35 탐색 기법 중에서 검색 대상 데이터를 이진 트리로 변형한 뒤에 검색하는 기법에 해당하는 것은 무엇인가?

① 블록 탐색
② 해싱 탐색
③ 이진 트리 탐색
④ 선형 탐색

36 소프트웨어 테스트에서 오류의 80%는 전체 모듈의 20% 내에서 발견된다는 법칙은?

① Brooks의 법칙
② Boehm의 법칙
③ Pareto의 법칙
④ Jackson의 법칙

37 인터페이스 구현 검증 도구에 해당하는 것은 무엇인가?

① Eclipse
② XTAF
③ STAF
④ Gradle

서비스 호출, 컴포넌트 재사용 등 다양한 환경을 지원하는 테스트 프레임워크

38 다음 아래의 그림을 보고 복잡도로 올바른 것은 무엇인가?

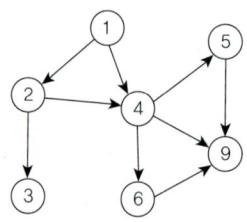

① 3
② 4
③ 5
④ 6

간선(Edge) 수 – 노드(Node) 수 + 2

39 해싱 함수에서 키를 여러 부분으로 나누어 부분별 숫자의 합연산이나 XOR연산의 결과로 위치를 결정하는 방법에 해당하는 것은 무엇인가?

① 제곱법(Square)
② 기수 변환법(Radix Conversion)
③ 폴딩법(Folding)
④ 의사 무작위법(Pseudo Random)

정답 34 ③ 35 ③ 36 ③ 37 ③ 38 ② 39 ③

40 테스트 자동화 도구의 종류 중 아래에서 설명하는 것은 무엇인가?

> - 프로그램을 실행하지 않고 코딩 표준, 코딩 스타일, 코드 복잡도 및 기타 결함 등을 발견하기 위해 사용된다.
> - 테스트를 수행하는 사람이 작성된 소스코드를 이해하고 있어야만 분석이 가능하다.

① 성능 테스트 도구
② 테스트 하네스 도구
③ 테스트 실행 도구
④ 정적 분석 도구

41 다음 중 정규형의 개념에 대한 설명과 가장 거리가 먼 것은 무엇인가?

① 데이터베이스는 반드시 모든 정규형을 만족해야 한다.
② 특정 조건에 만족하는 릴레이션 스키마의 형태를 의미한다.
③ 어떠한 관계 구조가 바람직한 것인지, 바람직하지 못한 관계를 어떻게 분해해야 하는지에 대한 판단 기준을 제공한다.
④ 기본 정규형에는 1NF, 2NF, 3NF가 있고 고급 정규형에는 BCNF, 4NF, 5NF가 있다.

42 데이터 조작어(DML)에서 신규 데이터를 테이블에 삽입하는 명령어에 해당하는 것은 무엇인가?

① INSERT   ② SELECT
③ UPDATE   ④ DELETE

43 정규화 과정에서 정규화가 전혀 진행되지 않은 상태에 해당하는 것은 무엇인가?

① 제5정규형
② 보이스 코드 정규형
③ 제3정규형
④ 비정규형

44 스토리지(Storage) 중 아래에서 설명하는 것은 무엇인가?

> - 서버와 저장장치를 전용 케이블로 직접 연결하는 방식으로 일반 가정에서 컴퓨터에 외장하드를 연결하는 방식이다.
> - 서버측에서 저장장치를 관리하고, 다른 서버에서는 접근 및 파일 공유가 불가능하다.
> - 속도가 빠르고 설치 및 운영 용이하며 초기 구축 비용 및 유지보수 비용이 저렴하다.

① SAN   ② NAS
③ DAS   ④ DoS

45 다음 중 스키마의 변환 원리에 해당하지 않는 것은 무엇인가?

① 데이터 중복 감소의 원칙
② 관련성 배제의 원칙
③ 정보 무손실 원칙
④ 분해의 원칙

46 학생 테이블에서 학번이 300인 학생의 학년을 3으로 수정하기 위한 SQL 질의어는?

① UPDATE 학년=3 FROM 학생 WHERE 학번=300;
② UPDATE 학생 SET 학년=3 WHERE 학번=300;
③ UPDATE FROM 학생 SET 학년=3 WHERE 학번=300;
④ UPDATE 학년=3 SET 학생 WHEN 학번=300;

UPDATE 〈테이블〉 SET 〈필드〉=〈값〉 WHERE 조건식;

47 다음 중 DBMS의 필수 기능에 해당하지 않는 것은 무엇인가?

① 조작 기능
② 정의 기능
③ 병합 기능
④ 제어 기능

48 데이터 모델링에서 논리적 설계 단계에 해당하지 않는 것은 무엇인가?

① 트랜잭션 인터페이스 설계
② 접근 경로 설계
③ 논리적 데이터베이스 구조로 매핑
④ 스키마의 평가 및 최적화

49 데이터베이스 시스템의 정의에서 조직의 목적을 위해 반드시 필요한 모든 데이터와 데이터들의 관계 집합에 해당하는 것은 무엇인가?

① 운영 데이터(Operational Data)
② 공유 데이터(Shared Data)
③ 통합 데이터(Integrated Data)
④ 저장 데이터(Stored Data)

50 다음 중 HDBMS(Hierarchical DBMS)에 대한 설명과 가장 거리가 먼 것은 무엇인가?

① 모든 링크 관계는 1:다 관계이며 다:다 관계를 직접 표현할 수 없다.
② 데이터 접근 속도가 느리며, 데이터 구조 변화에 유연하게 대응하기 어렵다.
③ 데이터를 종속적인 상하 관계로 계층(Tree)화하여 관리하는 형태의 데이터베이스 구조이다.
④ 속성들의 관계를 묶어 레코드로 표현하고, 레코드들의 관계를 링크로 표현한다.

정답 46 ② 47 ③ 48 ② 49 ① 50 ②

51 다음 중 SQL 성능 최적화의 개념에 대한 설명과 가장 거리가 먼 것은 무엇인가?

① 개발자는 소비자가 원하는 형태로 동작될 수 있도록 조정할 수 있어야 한다.
② 개발자는 SQL 작성 시, SQL 특성을 파악하여 적절히 구사할 수 있는 능력을 기본적으로 갖추어야 한다.
③ 최적화 프로그램의 수행 결과에 따라 엄청난 수행 속도 차이가 발생할 수 있다.
④ 쿼리 성능을 측정하고 개선하는 도구를 활용하여 데이터베이스의 프로시저를 효율적으로 수정하여 성능을 개선하는 활동이다.

52 다음 중 데이터가 함수 종속일 때의 추론 규칙에 해당하지 않는 것은 무엇인가?

① 증가 규칙
② 관계 규칙
③ 결합 규칙
④ 분해 규칙

53 다음 중 분산 데이터베이스 설계의 장점에 대한 설명과 가장 거리가 먼 것은 무엇인가?

① 데이터베이스 설계, 관리의 복잡도와 개발 비용이 증가한다.
② 처리가 어렵거나 불가능한 규모의 대용량 데이터 처리가 가능하다.
③ 한 사이트에 문제가 발생해도 다른 사이트 사용이 가능하기 때문에 신뢰도와 가용성이 향상된다.
④ 기존 시스템에 점진적으로 서버 확장이 용이하다.

54 다음 중 아래의 SQL 명령어에 대한 설명과 가장 거리가 먼 것은 무엇인가?

- DBA : GRANT SELECT ON STUDENT TO U1 WITH GRANT OPTION
- U1 : GRANT SELECT ON STUDENT TO U2
- DBA : REVOKE SELECT ON STUDENT FROM U1 CASCADE

① U2는 STUDENT에 대한 검색 권한을 다른 사용자에게 부여할 수 없다.
② DBA는 STUDENT에 대한 검색 권한이 있다.
③ U2는 STUDENT에 대한 검색 권한이 있다.
④ U1은 STUDENT에 대한 검색 권한이 없다.

- DBA : STUDENT 테이블의 검색 권한(GRANT SELECT ON STUDENT)을 U1에게 부여(TO U1)하고, U1은 부여받은 권한을 다른 사용자에게 부여(WITH GRANT OPTION)할 수 있다.
- U1 : 자신이 부여받은 검색 권한(GRANT SELECT ON STUDENT)을 U2에게 부여한다(TO U2).
- DBA : U1에게 부여한 STUDENT 테이블의 검색 권한을 회수(REVOKE)하고, U1이 부여한 권한도 회수(CASCADE)한다.

55 종속성 중에서 A 속성이 B 속성을 유일하게 식별할 수 있는 상태에 해당하는 것은 무엇인가?

① Join Dependency
② Multi-Valued Dependency
③ Functional Dependency
④ Index Dependency

56 SQL에서 DROP 문의 옵션(Optation) 중 "RESTRICT"의 역할에 대한 설명으로 가장 적합한 것은?

① 제거할 요소들을 기록 후 제거한다.
② 제거할 요소가 참조 중일 경우에만 제거한다.
③ 제거할 요소들에 대한 예비조치(back up) 작업을 한다.
④ 제거할 요소가 참조 중이면 제거하지 않는다.

57 SQL 명령어 중 아래에서 설명하는 것은 무엇인가?

- 데이터를 검색, 삽입, 갱신, 삭제할 수 있도록 지원하는 명령어이다.
- 사용자와 DBMS 간의 인터페이스를 제공한다.
- 일반 사용자 및 응용 프로그래머가 사용하는 언어이다.

① 데이터 조작어
② 데이터 정의어
③ 데이터 제어어
④ 데이터 선언어

58 SQL에서 테이블의 price을 기준으로 오름차순 정렬하고자 할 경우 사용되는 명령은?

① SORT BY price ASC
② SORT BY price DESCM
③ ORDER BY price ASC
④ ORDER BY price DESC

59 다음 중 데이터 무결성 제약사항에 해당하지 않는 것은 무엇인가?

① 개체 무결성
② 참조 무결성
③ 도메인 무결성
④ 대체 무결성

60 회복 기법 중 아래에서 설명하는 것은 무엇인가?

문제가 발생하면 로그에 있는 갱신 이전의 데이터로 데이터베이스를 복원하여 회복(Undo)한다.

① 로그 갱신
② 지연 갱신
③ 이상 갱신
④ 즉시 갱신

61 객체지향 분석 순서 중 아래에서 설명하는 것은 무엇인가?

- 업무 영역에서 요구하는 객체를 식별하는 단계이다.
- 식별된 객체에 포함될 속성과 메소드를 식별한다.
- 속성에 사용될 자료구조를 표현한다.

① 세부 모델링
② 물리 모델링
③ 동적 모델링
④ 객체 모델링

정답 56 ④ 57 ① 58 ③ 59 ④ 60 ④ 61 ④

62 아래의 파이썬 코드에서 출력되는 결과에 해당하는 것은 무엇인가?

```
a = [10, 20, 30, 40]
a.append(50)
a.remove(20)
print(a)
```

① [50, 10, 20, 30, 40, 20]
② [50, 0, 30, 40, 50]
③ [10, 0, 30, 40, 50]
④ [10, 30, 40, 50]

- append : 리스트 뒤에 값 추가
- remove : 리스트에 존재하는 값 삭제

63 객체지향 설계 원칙 중 아래에서 설명하는 것은 무엇인가?

> - 단일 클래스가 제공하는 모든 기능은 하나의 책임을 수행해야 한다.
> - 클래스를 변경하는 이유는 오직 하나뿐이어야 한다.
> - 낮은 결합도, 높은 응집도 유지가 가능하다.

① 개방 폐쇄(Open-Closed)
② 단일 책임(Single Responsibility)
③ 리스코프 치환(Liskov Substitution)
④ 의존성 뒤집기(Dependency Inversion)

64 다음 중 스래싱 현상을 방지하는 방법에 대한 설명과 가장 거리가 먼 것은 무엇인가?

① 페이지 부재 빈도를 조절하여 사용
② CPU 성능에 대한 자료의 지속적 관리 및 분석으로 임계치를 예상하여 운영
③ 부족한 자원을 증설하고, 일부 프로세스를 중단
④ 프리페이징을 유지

65 객체지향 기술 중 아래에서 설명하는 것은 무엇인가?

> - 하위(자식) 클래스 구현을 위한 큰 틀을 제공하며 상세한 구현은 하위 클래스에서 진행한다.
> - 현실 세계를 자연스럽게 표현할 수 있어 객체 중심의 안정된 모델링이 가능해진다.
> - 복잡한 문제를 간략화하는 기법으로 분석의 초점이 명확해진다.

① 상속(Inheritance)
② 캡슐화(Encapsulation)
③ 추상화(Abstract)
④ 메소드(Method)

66 다음 중 스레드 사용의 장점에 대한 설명과 가장 거리가 먼 것은 무엇인가?

① 여러 개의 프로세스를 하나의 스레드로 생성하여 복잡성을 증진시킬 수 있다.
② 하드웨어, 운영체제의 성능과 응용 프로그램의 처리율을 향상시킬 수 있다.
③ 실행 환경을 공유시켜 기억장소의 낭비가 줄어든다.
④ 프로세스들 간의 통신이 향상된다.

67 C언어에서 다음 코드의 출력 결과에 해당하는 것은 무엇인가?

```c
int main()
{
    int a = 'a'-'A';
    printf("%c ", 'T'+a);
    return 0;
}
```

① a   ② Ta
③ TA   ④ t

'a'와 'A'의 아스키코드 값을 모르더라도 변수 a에 두 문자의 차이값 즉, 소문자와 대문자의 차이값이 저장되는 것만 이해하면 풀이가 가능하다. 대문자 'T'에 이 차이값을 더해주게 되면 대문자가 소문자로 변한다.

68 C언어에서 아래 코드의 출력 결과에 해당하는 것은 무엇인가?

```c
int main()
{
    int a = 3;
    switch(a)
    {
        case 4 : printf("A");
        case 3 : printf("B");
        case 2 : printf("C"); break;
        case 1 : printf("D");
    }
    return 0;
}
```

① A B   ② A B C
③ B   ④ B C

```c
int main()
{
  int a = 3;
  switch(a)
  {
    case 4 : printf("A");
    #1 a가 3이므로 case 3부터 시작
    #B 출력
    case 3 : printf("B");
    #2 C 출력
    #break 만나기 전까지만 진행
    case 2 : printf("C"); break;
    case 1 : printf("D");
  }
  return 0;
}
```

정답 66 ① 67 ④ 68 ④

[복습포인트] 파트04-챕터01-섹션01

69 프로그래밍 언어의 종류에서 스크립트 언어에 해당하지 않는 것은 무엇인가?

① PHP
② JavaScript
③ C
④ Perl

[복습포인트] 파트04-챕터02-섹션01

70 다음 중 피연산자가 2개 필요한 연산자는 무엇인가?

① * ② ++
③ & ④ <<

연산자만 놓고 봤을 때는 해당 연산자의 역할이 여러가지로 해석될 수 있다. 예를 들어 *은 곱하기 연산 및 포인터 역할을 한다. 이런 유형의 문제에서는 확실하게 한 가지 역할을 하는 연산자를 찾을 수 있어야 한다.

[복습포인트] 파트04-챕터05-섹션02

71 다음 중 프로세스 스케줄링의 종류에 해당하지 않는 것은 무엇인가?

① 중기 스케줄링
② 초기 스케줄링
③ 단기 스케줄링
④ 장기 스케줄링

[복습포인트] 파트04-챕터02-섹션01

72 Java에서 아래 코드의 출력 결과에 해당하는 것은 무엇인가?

```
public static void main (String[]args)
{
  int total = 0;
  for (int i = 1; i <= 5; i++){
    for (int j = 1; j <= i; i++){
      total++;
    }
  }
  System.out.println (total);
}
```

① 14 ② 25
③ 15 ④ loop

```
public static void main (String[]args)
{
  int total = 0;
  for (int i = 1; i <= 5; i++){
    #1 안쪽 반복문의 증감식이 없으므로 무한 반복
    for (int j = 1; j <= i; i++){
      total++;
    }
  }
  System.out.println (total);
}
```

[정답] 69 ③ 70 ④ 71 ② 72 ④

복습포인트 파트04-챕터05-섹션03

73 다중 분할 할당 기법 중 아래에서 설명하는 것은 무엇인가?

> 데이터 및 프로그램을 할당하고 남은 공간

① 외부 단편화
② 공간 단편화
③ 내부 단편화
④ 상위 단편화

복습포인트 파트04-챕터05-섹션01

74 다음 중 윈도우즈의 특징에 해당하지 않는 것은 무엇인가?

① PnP
② 선점형 멀티태스킹
③ Adapter
④ 그래픽 사용자 인터페이스

복습포인트 파트04-챕터03-섹션01

75 객체지향 기술에서 속성과 메소드로 구성된 클래스의 인스턴스에 해당하는 것은 무엇인가?

① 다형성
② 메소드
③ 객체
④ 속성

복습포인트 파트04-챕터05-섹션01

76 다음 중 운영체제에서의 시간에 해당하지 않는 것은 무엇인가?

① 제거 시간
② 응답 시간
③ 실행 시간
④ 반환 시간

복습포인트 파트04-챕터02-섹션03

77 아래의 C 코드에서 출력되는 결과에 해당하는 것은 무엇인가?

```
int main()
{
  int a = 10;
  int *p = &a;
  printf("%d %d", --a, *p);
  return 0;
}
```

① 9 10
② 10 9
③ 9 9
④ 10 10

```
int main()
{
  int a = 10;
  #1 포인터 변수 p로 a 접근 가능
  #  *p와 a는 같은 의미
  int *p = &a;
  #2 *p가 --a보다 먼저 연산됨
  #  *p(10) 출력
  #  a감소(9) 후 출력
  printf("%d %d", --a, *p);
  return 0;
}
```

복습포인트 파트04-챕터05-섹션01

78 다음 중 리눅스의 특징에 대한 설명과 가장 거리가 먼 것은 무엇인가?

① 유닉스에서는 마이크로 커널, 리눅스에서는 모놀리틱 커널을 사용한다.
② 유닉스를 기반으로 하여 소규모 워크스테이션이나 PC에서 사용되게끔 제작되었다.
③ 다양한 배포판이 존재하며 다양한 응용 프로그램을 제공한다.
④ 한 대의 응용 프로그램을 한 사람이 독점해서 사용한다.

79 C언어에서 아래 코드의 출력 결과에 해당하는 것은 무엇인가?

```c
int main()
{
    int a=0;
    int b=a++;
    printf("%d", b);
    return 0;
}
```

① 2
② 1
③ -1
④ 0

int b=a++ : a값이 할당된 후에 증가

80 다음 중 배치(Placement) 전략에 대한 설명과 가장 거리가 먼 것은 무엇인가?

① 최적 적합 : 데이터 배치가 가능한 공간 중 여유 공간(단편화)을 가장 적게 남기는 공간에 배치
② 최악 적합 : 데이터 배치가 가능한 공간 중 여유 공간(단편화)을 가장 크게 남기는 공간에 배치
③ 요구 반입 : 실행 중인 프로그램이 특정 데이터 참조를 요구할 때 적재하는 방법
④ 최초 적합 : 데이터 배치가 가능한 공간 중 첫 번째 공간에 배치

81 다음 중 M(Millennial) DISC에 해당하는 설명으로 옳은 것은 무엇인가?

① 메모리와 레지스터의 합성어로 전기가 없는 상태에서도 전사 상태를 저장한다.
② 복수의 다른 단말기에서 동일한 콘텐츠를 자유롭게 이용할 수 있는 서비스이다.
③ 초정밀 반도체 제조 기술을 바탕으로 기계 구조를 다양한 기술로 미세가공하여 전기기계적 동작을 할 수 있도록 한 초미세장치이다.
④ 한 번의 기록만으로 자료를 영구 보관할 수 있는 광 저장 장치이다.

82 다음 중 아래에서 설명하는 것은 무엇인가?

시스템 구성 요소들 및 자원들의 CIA(기밀성, 무결성, 가용성)를 보장하기 위한 활동이다.

① 시스템 유지
② 시스템 제어
③ 시스템 기술
④ 시스템 보안

83 하드웨어 관련 신기술 중 아래에서 설명하는 것은 무엇인가?

컴퓨터를 옷이나 장신구처럼 몸에 착용할 수 있게 하는 기술이다.

① 패블릿
② 웨어러블
③ 고가용성
④ 비콘

정답 79 ④ 80 ③ 81 ④ 82 ④ 83 ②

84 아래에서 설명하는 원리에 해당하는 암호는 무엇인가?

> 평문에 나타난 문자들의 나열 순서를 바꾸는 방식으로, 단순히 위치만 변경하기 때문에 평문과 암호문의 사용 문자가 1:1 대응되며 문자집합 역시 동일하다.

① 대칭 암호 ② 대치 암호
③ 전치 암호 ④ 치환 암호

85 IP 계층 중 아래에서 설명하는 것은 무엇인가?

> 논리적 주소를 물리적 주소로 번역해 주는 프로토콜이다.

① ICMP ② DNS
③ RARP ④ ARP

86 다음 중 IPS 구축 시 고려사항에 해당하지 않는 것은 무엇인가?

① 서비스의 설치 및 구성
② 하드웨어 접속 정책 결정
③ 보안 비용
④ 모니터링 백업의 제어

87 다음 중 패킷 교환망에 대한 설명과 가장 거리가 먼 것은?

① 메시지를 패킷으로 분할하여 전송한다.
② 메시지별 경로 설정이 가능하지만, 전송 지연 시간이 매우 길다.
③ 분할된 메시지는 수신측에서 재조립된다.
④ 가상 회선 패킷 교환 방식과 데이터그램 패킷 교환 방식이 있다.

88 응용 계층(인터넷 서비스)에서 전자우편에 해당하지 않는 것은 무엇인가?

① POP3
② MIME
③ UDP
④ SMTP

89 다음 중 FDDI에 대한 설명과 가장 거리가 먼 것은 무엇인가?

① 백업용 링을 포함한 두 개의 토큰링을 운영
② 허가권을 갖고 있는 단말기에서만 공유 회선의 채널을 점유
③ 넓은 지역을 광섬유로 연결하는 네크워크
④ 최대 프레임 크기는 4500바이트

정답 84 ③ 85 ④ 86 ② 87 ② 88 ③ 89 ②

90 다음 중 세션 계층(Session Layer)에 대한 설명과 가장 거리가 먼 것은 무엇인가?

① TCP/IP 세션을 만들고 없애는 책임을 진다.
② 사용자가 OSI 환경에 접근할 수 있도록 한다.
③ 통신하는 사용자들을 동기화하고 오류복구 명령들을 일괄적으로 다룬다.
④ 동시 송수신 방식(duplex), 반이중 방식(half-duplex), 전이중 방식(Full Duplex)의 통신과 함께, 체크포인팅과 유휴, 종료, 다시 시작 과정 등을 수행한다.

91 다음 중 블록 암호(Block Cipher)에 대한 설명과 가장 거리가 먼 것은 무엇인가?

① 블록의 길이가 정해져 있으므로 기호의 삽입, 삭제가 불가능하다.
② 평문을 일정한 단위로 나누어서 단위마다 암호화 과정을 수행하여 암호문을 얻는 방법이다.
③ 블록 암호는 구현이 복잡하며, 혼돈과 확산 이론을 기반으로 설계된다.
④ 암호화 과정에서의 오류는 여러 변환 과정의 영향을 미치므로 파급력이 크다.

92 소프트웨어 관련 신기술 중 아래에서 설명하는 것은 무엇인가?

> • 인간의 두뇌를 모델로 만들어진 인공 신경망을 기반으로 하는 기계 학습 기술이다.
> • 컴퓨터가 마치 사람처럼 스스로 학습할 수 있어 특정 업무를 수행할 때 정형화된 데이터를 입력받지 않고 스스로 데이터를 수집, 분석하여 처리한다.

① Blockchain
② Grayware
③ Artificial Intelligence
④ Deep Learning

93 다음 중 웹 서비스 프로토콜에 해당하지 않는 것은 무엇인가?

① HTTPS   ② S-HTTP
③ SMTP   ④ HTTP

94 네트워크 공격 기술 중 아래에서 설명하는 것은 무엇인가?

> 불특정 다수에게 지인 또는 신뢰할 수 있는 기관으로 가장하여 이메일, 문자메시지(스미싱), 전화(보이스피싱) 등으로 개인정보 및 금융정보를 불법으로 뽑아내는 공격 방식

① Phishing
② Spoofing
③ Pharming
④ Trinoo

95 다음 중 TCP 헤더 구조에 포함되지 않는 것은 무엇인가?
① Sequence Number
② Type Of Service
③ Acknowledge Number
④ Flag Field

96 다음 중 보안 운영체제의 컴퓨터 사용자에 대한 보안 기능 요소에 해당하지 않는 것은 무엇인가?
① 임의적 접근 통제
② 재사용 방지
③ 강제적 접근 통제
④ 불규칙한 사용

97 소프트웨어 개발보안의 요구공학 프로세스 중 아래에서 설명하는 것은 무엇인가?

> • 이해관계자들의 지식과 성숙도, 표준사항을 고려하여 개발 요구사항 문제 보고서를 작성한다.
> • 추적성이 가능한 코드체계를 통하여 내용 검토를 수행한 후에 검증한다.

① 명세(Specification)
② 도출(Elicitation)
③ 분석(Analysis)
④ 검증(Validation)

98 다음 중 바이러스의 세대별 분류에 옳지 않는 것은 무엇인가?
① 1세대 : 원시 바이러스
② 2세대 : 암호화 바이러스
③ 3세대 : 은폐형 바이러스
④ 4세대 : 매크로 바이러스

99 다음 중 통신 프로토콜의 기본 구성 요소에 해당하지 않는 것은 무엇인가?
① 구문
② 정보
③ 의미
④ 시간

100 다음 중 대칭키 알고리즘에 해당하지 않는 것은?
① RSA
② DES
③ WEP
④ AES

정보처리기사 필기 실전 모의고사 04회

시험 일자	문항 수	시험 시간
년 월 일	총 100문항	2시간 30분

수험번호 : ＿＿＿＿＿＿＿＿＿＿

성　명 : ＿＿＿＿＿＿＿＿＿＿

복습포인트 파트01-챕터01-섹션01
01 다음 중 플랫폼의 성능 평가 기준에 해당하지 않는 것은 무엇인가?

① Availability　② Utilization
③ Accuracy　　④ Certainty

복습포인트 파트01-챕터02-섹션02
02 다음 중 요구사항 도출 기법에 해당하지 않는 것은 무엇인가?

① Storytelling
② Question Investigation
③ Prototyping
④ Scope

복습포인트 파트01-챕터02-섹션02
03 DFD(Data Flow Diagram)에서 구성 요소에 해당하지 않는 것은 무엇인가?

① Data Dictionary　② Data Flow
③ Data Store　　　 ④ Terminal

복습포인트 파트01-챕터01-섹션02
04 테일러링(Tailoring) 방법론에서 내부적 요건에 해당하지 않는 것은 무엇인가?

① 요구사항　　　② 법적 제약사항
③ 프로젝트 규모　④ 목표 환경

복습포인트 파트01-챕터01-섹션02
05 CMM의 프로세스에서 관리 명칭에 해당하지 않는 것은 무엇인가?

① 최적화　② 혼돈
③ 정성　　④ 반복

복습포인트 파트01-챕터02-섹션03
06 UML의 구성 요소의 관계의 종류 중 아래에서 설명하는 것은 무엇인가?

- 하나의 사물이 다른 사물에 대해서 상위(일반적), 하위(구체적) 관계를 표현한다.
- 상위 사물 쪽에 속이 빈 화살표를 붙여서 표현한다.
- 사물 사이를 실선으로 표현한다.

① Dependency　　 ② Composition
③ Generalization　 ④ Aggregation

복습포인트 파트01-챕터04-섹션01
07 다음 중 공통 모듈의 설계 원칙에 해당하지 않는 것은 무엇인가?

① Clarity　　　 ② Confidentiality
③ Correctness　 ④ Completeness

정답 01 ④ 02 ④ 03 ① 04 ② 05 ④ 06 ③ 07 ②

08 다음 중 컴포넌트 기반 방법론(CBD)에 대한 설명과 가장 거리가 먼 것은 무엇인가?

① 개발 기간 증가로 생산성과 품질을 높일 수 있다.
② 재사용이 가능한 컴포넌트 기반의 개발 방법론이다.
③ 유지보수 비용을 최소화할 수 있다.
④ 시스템을 신속하게 구축, 새로운 기능 추가 및 확장을 용이하게 한다.

09 다음 중 소프트웨어 생명주기 모델에 해당하지 않는 것은 무엇인가?

① Prototyping model
② Agile Model
③ Waterfall model
④ Arrow model

10 다음 중 행위 패턴의 Command에 대한 설명과 가장 거리가 먼 것은 무엇인가?

① 여러 기능을 실행할 수 있도록 재사용성이 높은 클래스를 설계하는 패턴이다.
② 요청 자체를 객체화(캡슐화)하여 클라이언트에 매개변수(parameter)로 넘길 수 있게 하기 위한 패턴이다.
③ 실행 취소에 필요한 상태 저장, 로그 기록(복구 가능), 명령어 조합을 가능하게 하고, Composite 패턴을 이용하여 여러 명령어의 구성이 가능하다는 특징이 있다.
④ 매개 변수를 사용하여 여러 가지 다른 요구 사항을 처리할 수 있다.

11 다음 중 명세서 작성 원칙에 해당하지 않는 것은 무엇인가?

① 완전성
② 일관성
③ 직관성
④ 개발 후 이용성

12 프로젝트 관리의 인적 자원 형태 중 아래에서 설명하는 것은 무엇인가?

- 단기적인 소규모 소프트웨어 개발에 유리하다.
- 팀원 대다수의 만족도가 낮아 이직률이 높다.
- 1인 독재 체제의 스타형 구조이다.

① 분산형
② 중앙 집중형
③ 깔대기형
④ 표면형

13 다음 중 소프트웨어 아키텍처 설계 시 고려사항에 대한 설명과 가장 거리가 먼 것은 무엇인가?

① 구현(코딩) 시 제약 사항을 파악해야 한다.
② 개발자와 사용자 간의 의사소통 도구로 활용할 수 있어야 한다.
③ 이해하기 어렵고, 복잡하게 작성해야 한다.
④ 품질 요구사항을 반영하여 품질의 정도를 측정해야 한다.

14 다음 중 다이어그램에 대한 설명과 가장 거리가 먼 것은 무엇인가?

① 정적 모델링은 주로 구조적 다이어그램을 사용한다.
② 시스템을 가시화한 뷰(View)를 제공하여 의사소통에 도움을 준다.
③ 사물과 사물들의 관계를 문자로 표현한다.
④ 동적 모델링은 주로 행위 다이어그램을 사용한다.

15 다음 중 소프트웨어 재공학의 과정에 해당하지 않는 것은 무엇인가?

① 분석(Analysis)
② 제거(Removal)
③ 역공학(Reverse Engineering)
④ 재구성(Restructuring)

16 다음 중 행위 패턴의 개념에 대한 설명과 가장 거리가 먼 것은 무엇인가?

① 기능의 구체적인 알고리즘을 정의하는 패턴이다.
② 큰 작업을 여러 개의 객체로 분리한 방법을 제공한다.
③ 반복적으로 사용하는 객체들의 상호작용을 패턴화한 것이다.
④ 객체에 접근할 수 있는 인터페이스와 새로운 기능을 제공한다.

17 다음 중 기능 점수의 비용 산정 요소와 가장 거리가 먼 것은 무엇인가?

① 프로그램 설치에 걸리는 시간
② 사용자 명령어 수
③ 입력 유형의 수
④ 출력 유형의 수

18 개발 기술 환경에서 DBMS의 고려사항에 해당하지 않는 것은 무엇인가?

① 구축 비용
② 주변 기기
③ 상호 호환성
④ 기술 지원

19 소프트웨어 모듈 결합도 중 아래에서 설명하는 것은 무엇인가?

> • 모듈 간의 인터페이스로 값만 전달되는 것이 아니라 제어 요소를 전달하는 경우이다.
> • 모듈이 전달하는 인수(제어 요소)로 인해 다른 모듈의 처리 절차가 변경되는 종속적인 관계이다.

① Stamp Coupling
② Control Coupling
③ Common Coupling
④ External Coupling

20 다음 중 내용 결합도(Content Coupling)에 해당하지 않는 것은 무엇인가?

① 가장 높은 결합도를 가지며 모듈의 품질을 하락시킨다.
② 가장 좋지 않은 결합으로 모듈의 설계를 다시 할 필요가 있다.
③ 모듈이 다른 모듈의 내부 기능과 데이터를 직접적으로 사용하는 경우이다.
④ 모듈이 다른 모듈의 내부 데이터를 참조하는 경우이다.

21 다음 중 데이터 연계를 위해 사용자가 임의로 태그를 생성할 수 있어 다양한 종류의 데이터를 기술하는 데 사용될 수 있는 언어에 해당하는 것은?

① XML
② JAVA
③ RUBY
④ LISP

22 다음 중 웹 서비스와 가장 거리가 먼 것은 무엇인가?

① SOAP(Simple Object Access Protocol)
② CIDR(Classless Inter-Domain Routing)
③ UDDI(Universal Description Discovery Integration)
④ WSDL(Web Service Description Language)

23 다음 중 수식 표기법의 종류에 해당하지 않는 것은 무엇인가?

① 상위식(Topfix)
② 후위식(Postfix)
③ 중위식(Infix)
④ 전위식(Prefix)

24 해시 탐색에서 하나의 데이터를 저장하는 공간에 해당하는 것은 무엇인가?

① 해시 테이블(Hash table)
② 슬롯(Slot)
③ 버킷(Bucket)
④ 오버플로우(Overflow)

25 다음 중 제품 소프트웨어 배포본 배포 시 고려 사항에 대한 설명과 가장 거리가 먼 것은 무엇인가?

① 복제 및 사후 지원을 위해 자체의 고유 일련 번호를 반드시 부착하여 제작한다.
② 미디어를 제작할 때에는 저작권 및 보안을 고려하여 제작한다.
③ 신규 및 변경을 고려하여 배포본에는 고유의 버전 및 배포 단위의 기준을 정한다.
④ 빠른 출시를 위해 제작되자마자 배포한다.

26 화이트 박스에서 제어 구조 검사에 해당하지 않는 것은 무엇인가?

① 루프 검사
② 조건 검사
③ 데이터 흐름 검사
④ 오류-예측 검사

27 선형 구조 중 아래에서 설명하는 것은 무엇인가?

- 데이터의 출입구가 양쪽 모두에 있는 구조이다.
- 각각의 포인터(Left, Right)가 데이터 삽입, 삭제에 따라 1씩 증가하거나 감소한다.
- 입출력 제한 유형에 따라 스크롤 방식과 쉘프 방식이 있다.

① 데크(Deque)
② 큐(Queue)
③ 스택(Stack)
④ 이중 연결 리스트(Double Linked List)

28 삽입 정렬의 시간복잡도에서 최악의 경우에 해당하는 것은 무엇인가?

① $O(n^2)$
② $O(1)$
③ $O(n)$
④ $O(n^{1.5})$

29 DRM의 구성 요소 중, 클리어링 하우스(Clearing House)에 대한 설명으로 옳은 것은?

① 콘텐츠를 제공하는 저작권자
② 원본을 안전하게 유통하기 위한 전자적 보안 장치
③ 키 관리 및 라이선스 발급 관리
④ 배포된 콘텐츠의 이용 권한을 통제

30 사용자 중심의 패키징 작업에서 모듈화에 해당하지 않는 것은 무엇인가?

① 기능 및 서비스 분류
② 여러 번 재사용되는 함수 분류
③ 모듈 간 결합도와 응집도 식별
④ 정상 기능 및 서비스 분류

31 자료 (67, 61, 26, 17, 85)에서 삽입 정렬 기법(오름차순)을 사용했을 때, 1회전 후의 결과에 해당하는 것은 무엇인가?

① 17, 26, 61, 67, 85
② 26, 61, 17, 67, 85
③ 61, 67, 26, 17, 85
④ 26, 61, 67, 17, 85

- 1회전: 61, 67, 26, 17, 85
- 2회전: 26, 61, 67, 17, 85
- 3회전: 17, 26, 61, 67, 85

[복습포인트] 파트02-챕터04-섹션03

32 다음 중 소스코드 최적화의 개념에 대한 설명과 가장 거리가 먼 것은 무엇인가?

① 소스코드는 지속적으로 변경되므로 최적화 역시 지속적으로 진행해야 한다.
② 코드의 구조를 개선하여 성능을 개선하는 모든 활동이다.
③ 나쁜 코드를 찾아서 읽기 쉽고 개선이 쉬운 클린 코드를 작성하는 것이다.
④ 네트워크 연결 상태를 바탕으로 소스 품질 분석 도구를 활용한다.

[복습포인트] 파트01-챕터02-섹션02

33 정적 테스트 중 아래에서 설명하는 것은 무엇인가?

- 검토 회의 전에 미리 준비된 자료를 배포하여 사전 검토 진행
- 검토 회의를 빠르게 진행하여 오류 조기 발견

① 인스펙션(Inspection)
② 경계값 분석(Boundary Value Analysis)
③ 워크스루(Walk Through)
④ 동료 검토(Peer Review)

[복습포인트] 파트02-챕터04-섹션01

34 블랙박스 테스트를 이용하여 발견할 수 있는 오류가 아닌 것은?

① 비정상적인 자료를 입력해도 오류 처리를 수행하지 않는 경우
② 정상적인 자료를 입력해도 요구된 기능이 제대로 수행되지 않는 경우
③ 반복 조건을 만족하는데도 루프 내의 문장이 수행되지 않는 경우
④ 경계값을 입력할 경우 요구된 출력 결과가 나오지 않는 경우

[복습포인트] 파트01-챕터04-섹션01

35 외계인 코드(Alien Code)에 대한 설명으로 옳은 것은?

① 프로그램의 로직이 복잡하여 이해하기 어려운 프로그램을 의미한다.
② 아주 오래되거나 문서 또는 개발자가 없어 유지보수 작업이 어려운 프로그램을 의미한다.
③ 오류가 없어 디버깅 과정이 필요 없는 프로그램을 의미한다.
④ 사용자가 직접 작성한 프로그램을 의미한다.

[복습포인트] 파트02-챕터01-섹션01

36 A*B+C−D/E의 산술식에서 Prefix 표기법으로 변환한 것에 해당하는 것은 무엇인가?

① A B C D E * + − /
② − + * A B C / D E
③ * + − / A B C D E
④ A B * C + D E /

[A*B]+C−D/E → *AB
[A*B]+C−[D/E] → *AB/DE
[[A*B]+C]−[D/E] → +*ABC/DE
[[[A*B]+C]−[D/E]] → −+*ABC/DE

[복습포인트] 파트02-챕터03-섹션03

37 다음 중 형상 관리를 통해 관리하는 항목에 해당하지 않는 것은 무엇인가?

① 문서의 버전
② 프로젝트 개발 비용
③ 변경 사항
④ 프로그램의 소스코드

정답 32④ 33③ 34③ 35② 36② 37②

38 다음 중, 결함 관리 측정 지표에 해당하지 않는 것은 무엇인가?

① 결함 분포
② 결함 강도
③ 결함 에이징
④ 결함 추세

39 다음 중 시스템 테스트 중, 비기능적 요구사항에 대한 설명과 가장 거리가 먼 것은 무엇인가?

① 요구사항은 성능과 가용성처럼 기능적 요구사항에서 다루지 못한 품질적인 요소를 다룬다.
② 시스템이 요구하는 기능과 서비스에 대한 요구사항이다.
③ 제약사항은 현실적으로 구현 가능한 수준이어야 한다.
④ 성능, 회복, 보안 등의 목적 기반 테스트를 진행한다.

40 자료구조의 유형 중 아래에서 설명하는 것은 무엇인가?

> • 데이터들의 대응 관계가 1:1로 구성되는 구조이다.
> • 순차(Sequential) 구조는 삽입과 삭제 시간이 많이 소요된다.
> • 연결(Linked) 구조는 삽입과 삭제가 효율적으로 이루어진다.

① 파일 구조
② 선형 구조
③ 단순 구조
④ 비선형 구조

41 함수 종속의 종류에서 속성 A가 속성 B를 결정하고, 속성 B가 속성 C를 결정하면, 속성 A가 속성 C를 결정하는 종속 관계에 해당하는 것은 무엇인가?

① 완전 함수 종속
② 부분 함수 종속
③ 주종적 함수 종속
④ 이행적 함수 종속

42 정규화 과정에서 도메인이 원자값만 가지도록 분해한 상태에 해당하는 것은 무엇인가?

① 제1정규형
② 제5정규형
③ 보이스 코드 정규형
④ 비정규형

43 키(key)의 종류 중에서 유일성은 만족시키지만, 최소성은 만족시키지 못하는 속성에 해당하는 것은 무엇인가?

① 후보키(Candidate Key)
② 슈퍼키(Super Key)
③ 외래키(Foreign Key)
④ 대체키(Alternate Key)

[복습포인트] 파트03-챕터01-섹션02

44 데이터 모델링 중 아래에서 설명하는 것은 무엇인가?

- 전체 데이터 모델링 과정 중 가장 핵심이 되는 과정이다.
- 목표 DBMS에 맞는 데이터베이스 스키마 및 트랜잭션 인터페이스를 설계한다.
- 비즈니스 영역의 업무 데이터 및 규칙을 구체적으로 표현한 모델로, 모든 업무용 개체, 속성, 관계, 프로세스 등을 포함한다.

① 독립적 설계
② 개념적 설계
③ 물리적 설계
④ 논리적 설계

[복습포인트] 파트03-챕터02-섹션02

45 성적 테이블에서 이름과 학과는 오름차순, 성별은 내림차순으로 조회하는 SQL에 해당하는 것은 무엇인가?

① SELECT 이름, 학과, 성별 FROM 성적 ORDER BY 이름 ASC, 학과 ASC , 성별
② SELECT 이름, 학과, 성별 FROM 성적 ORDER BY 이름, 학과, 성별 DESC
③ SELECT 이름, 학과, 성별 FROM 성적 ORDER BY 이름 ASC, 학과 DESC
④ SELECT 이름, 학과, 성별 FROM 성적 ORDER BY 이름 DESC, 학과 DESC, 성별 ASC

[복습포인트] 파트03-챕터02-섹션02

46 아래 SQL문에서 WHERE절의 조건이 의미하는 것은?

SELECT 이름, 과목, 점수
FROM 학생
WHERE 이름 NOT LIKE '박__';

① '박'으로 시작하는 모든 문자 이름을 검색한다.
② '박'으로 시작하지 않는 모든 문자 이름을 검색한다.
③ '박'으로 시작하는 3글자의 문자 이름을 검색한다.
④ '박'으로 시작하지 않는 3글자의 문자 이름을 검색한다.

- * : 0 또는 하나 이상의 문자열 대응
- _ : 하나의 문자 대응

[복습포인트] 파트03-챕터01-섹션01

47 RDBMS의 기본 용어 중 아래에서 설명하는 것은 무엇인가?

- 개체 정보의 특성을 나타내며 파일 시스템에서 필드에 해당된다.
- 이것은 고유해야 하며 이것 사이에는 순서가 없다.
- 데이터베이스를 구성하는 가장 작은 단위이다.

① 릴레이션 인스턴스(Relation Instance)
② 릴레이션(Relation)
③ 차수(Degree)
④ 속성(Attribute)

정답 44 ④ 45 ② 46 ④ 47 ④

48 데이터베이스 이상 현상 중에서 특정 튜플을 삭제할 때, 관련된 정보도 함께 삭제하지 않으면 삭제가 불가능한 상태에 해당하는 것은 무엇인가?

① 개념 이상
② 삭제 이상
③ 삽입 이상
④ 갱신 이상

49 정규화된 엔티티, 속성, 관계를 시스템의 성능 향상과 개발 운영의 단순화를 위해 중복, 통합, 분리 등을 수행하는 데이터 모델링 기법은?

① 인덱스 정규화
② 반정규화
③ 집단화
④ 머징

50 데이터 정의어(DDL)에서 데이터베이스 오브젝트를 생성하는 명령어에 해당하는 것은 무엇인가?

① TRUNCATE
② ALTER
③ CREATE
④ DROP

51 다음 중 E-R 다이어그램의 표기법에 해당하지 않는 것은 무엇인가?

① 각각의 요소는 실선으로 연결한다.
② 속성은 타원으로 표시한다.
③ 개체는 삼각형으로 표시한다.
④ 관계는 마름모로 표시한다.

52 병행 처리의 문제점 중 아래에서 설명하는 것은 무엇인가?

> 두 개의 트랜잭션이 같은 데이터를 동시에 갱신하게 되어 사용자가 원하는 결과와 일치하지 않는 상태가 되는 경우이다.

① 연쇄 복귀(Cascading Rollback)
② 분실된 갱신(Lost Update)
③ 모순성(Inconsistency)
④ 비완료 의존성(Uncommitted Dependency)

53 다음 SQL문의 의미로 적합한 것은?

> SELECT * FROM 사원

① 사원 테이블을 삭제한다.
② 사원 테이블에서 전체 레코드의 모든 필드를 검색한다.
③ 사원 테이블에서 "*" 값이 포함된 모든 필드를 검색한다.
④ 사원 테이블의 모든 필드에 "*" 값을 추가한다.

* : 모든 필드의 튜플

54 인사 테이블의 주소 필드에 대한 데이터 타입을 VARCHAR(10)으로 정의하였으나 필드 길이가 부족하여 20바이트로 확장하고자 한다. 이에 적합한 SQL 명령은?

① MODIFY FIELD
② MODIFY TABLE
③ ALTER TABLE
④ ADD TABLE

55 다음 중 파티션 유형에 해당하지 않는 것은 무엇인가?

① 부분 분할
② 범위 분할
③ 해시 분할
④ 조합 분할

56 다음 중 DBMS의 특징에 해당하지 않는 것은 무엇인가?

① 다양성
② 보안성
③ 회복성
④ 일관성

57 다음 중 순수 관계 연산자에서 사용하는 연산기호에 해당하지 않는 것은 무엇인가?

① ÷
② ∩
③ ⋈
④ Π

58 다음 중 절차형 SQL의 특징에 대한 설명과 가장 거리가 먼 것은 무엇인가?

① DBMS별로 문법 차이가 있어서 다른 환경에서 이식할 때 주의가 필요하다.
② BEGIN/END 형식의 블록화된 구조로 되어 있어 모듈화가 가능하다.
③ 비즈니스 로직을 캡슐화하여 데이터 관리 및 무결성 유지가 용이하다.
④ DBMS 외부에서 직접 실행되기 때문에 입출력 데이터가 적은 편이다.

59 뷰(view)에 대한 설명으로 옳은 것은?

① 셋 이상의 기본 테이블에서 유도된 실제 테이블이다.
② 시스템 내부의 물리적 표현으로 구현된다.
③ 뷰 위에 또 다른 뷰를 정의할 수 없다.
④ 데이터의 논리적 독립성을 제공한다.

60 DBMS의 필수 기능에서 데이터 조회, 생성, 삭제, 변경을 효율적이고 명확히 하는 것에 해당하는 것은 무엇인가?

① 병합 기능
② 제어 기능
③ 정의 기능
④ 조작 기능

정답 54 ③ 55 ① 56 ① 57 ② 58 ④ 59 ④ 60 ④

61 객체지향 설계 원칙 중 아래에서 설명하는 것은 무엇인가?

> - 하위 클래스의 변경 사항이 상위 클래스에 영향을 미치지 않도록 해야 한다.
> - 복잡한 컴포넌트들의 관계를 단순화하고 효율적인 커뮤니케이션이 가능하게 한다.

① 개방 폐쇄(Open-Closed)
② 단일 책임(Single Responsibility)
③ 의존성 뒤집기(Dependency Inversion)
④ 인터페이스 분리(Interface Segregation)

62 다음 중 객체지향 설계 원칙에 해당하지 않는 것은 무엇인가?

① 단일 책임(Single Responsibility)
② 상호배제(Mutex : Mutual eXclusion)
③ 리스코프 치환(Liskov Substitution)
④ 의존성 뒤집기(Dependency Inversion)

63 C언어에서 사용하는 관계 연산자에 해당하지 않는 것은 무엇인가?

① ==
② ===
③ >=
④ <

64 C언어에서 아래 코드의 출력 결과에 해당하는 것은 무엇인가?

```
int main()
{
  for(int i = 1; i <= 10; i++){
    if(i%2 == 0) continue;
    if(i == 7) break;
    printf("%d", i);
  }
  printf("\n");
  return 0;
}
```

① 1 3 5
② 1 2 3 4 5 6
③ 1 2 3 4 5 6 7
④ 2 4 6

i	if(i%2 == 0) continue;	if(i == 7) break;	printf("%d", i);
1	false	false	1
2	true	false	
3	false	false	3
4	true	false	
5	false	false	5
6	true	false	
7	false	true	
8			
9			
10			

65 다음 중 함수에 대한 설명과 가장 거리가 먼 것은 무엇인가?

① 정의된 함수를 호출하여 반복적으로 사용할 수 있다.
② 함수가 호출되면 현재 프로그램과 병행 수행된다.
③ 함수 호출 시 계산에 필요한 인수를 전달할 수 있다.
④ 기능별로 구분하여 반복적으로 재사용할 수 있도록 작성한 작은 프로그램이다.

66 아래의 파이썬 코드에서 출력되는 결과에 해당하는 것은 무엇인가?

```
s = "Hello Python"
a = [s[0], s[4], s[-6]]
print(a)
```

① ['H', 'o', 'P']
② "HoP"
③ [H, o, P]
④ ["HoP"]

67 다음 중 변수명 선언 규칙에 해당하지 않는 것은 무엇인가?

① 최대 10글자를 넘지 않는다.
② 첫 글자는 영문자와 언더바(_)를 사용해야 한다.
③ 예약어는 변수명으로 선언할 수 없다.
④ 공백이나 다른 특수문자를 포함할 수 없다.

68 객체지향 기술에서 추상화의 종류에 해당하지 않는 것은 무엇인가?

① 과정 추상화
② 자료 추상화
③ 제어 추상화
④ 세션 추상화

69 다음 중 단일 분할 할당의 오버레이 기법에 대한 설명과 가장 거리가 먼 것은 무엇인가?

① 주기억장치보다 작은 사용자 프로그램을 빠르게 실행하기 위한 기법이다.
② 주기억장치의 공간이 부족해지면 적재된 조각 중 불필요한 조각을 중첩하여 적재한다.
③ 여러 조각으로 나누는 작업은 프로그래머가 직접 수행해야 한다.
④ 프로그램을 여러 개의 조각으로 나눈 후 필요한 조각을 차례로 주기억장치에 적재하여 프로그램을 실행한다.

70 Java에서 아래 코드의 출력 결과에 해당하는 것은 무엇인가?

```
public static void main (String[]args)
{
  int[][] arr = {
    {2,7,9,5,5},
    {1,5,4},
    {6,5,8,1}
  };
  System.out.println (arr.length + arr[2][1] + arr[2].length);
}
```

① 16 ② 12
③ 13 ④ 8

2차원 배열에서 배열명.length : 내부 배열의 개수

	..[0]	..[1]	..[2]	..[3]	..[4]
arr[0]	2	7	9	5	5
arr[1]	1	5	4		
arr[2]	6	5	8	1	

71 다음 중 객체지향 기술의 장점에 대한 설명과 가장 거리가 먼 것은 무엇인가?

① 객체를 재사용하므로 확장성과 유지보수가 용이하며 개발 속도가 빠르다.
② 규모가 큰 대형 프로그램 개발을 객체를 이용하면 쉽게 프로그래밍할 수 있다.
③ 실제 세계와 유사한 구조의 프로그램을 개발할 수 있다.
④ 객체의 규모가 클수록 실행 속도가 빨라진다.

72 다음 중 멀티스레드 모델에 해당하지 않는 것은 무엇인가?

① 멀티 레벨 스레드
② 사용자 레벨 스레드
③ 커널 레벨 스레드
④ 프로세스 레벨 스레드

73 아래의 C 코드에서 출력되는 결과에 해당하는 것은 무엇인가?

```
int main()
{
  int ar[3][3] = {
    {1, 6, 4},
    {7, 9, 3},
    {2, 7, 2}
  };
  printf("%d", ar[2][1]*ar[1][0]);
  return 0;
}
```

① 42 ② 6
③ 49 ④ 21

2차원 배열에서 배열명.length : 내부 배열의 개수

	..[0]	..[1]	..[4]
arr[0]	1	6	4
arr[1]	7	9	3
arr[2]	2	7	2

정답 70② 71④ 72④ 73③

복습포인트 파트04-챕터05-섹션01

74 다음 중 운영체제의 자원관리에 해당하지 않는 것은 무엇인가?

① 기억장치 ② 파일
③ 네트워크 ④ 프로세스

복습포인트 파트04-챕터05-섹션02

75 다음 중 HRN에 대한 설명과 가장 거리가 먼 것은 무엇인가?

① FIFO와 SJF의 단점을 보완하여 개발된 방법이다.
② 실행 시간이 긴 작업일 경우 무한 대기(기아) 상태가 발생할 수 있다.
③ HRN 우선순위 공식의 계산 결과가 큰 작업에 높은 우선순위를 부여(Aging)한다.
④ 대기 시간이 긴 프로세스의 우선순위를 높여서 긴 작업과 짧은 작업 간의 지나친 불평등을 해소할 수 있다.

복습포인트 파트04-챕터02-섹션01

76 C언어에서 sum=sum+num을 복합대입연산자로 표현하는 방법에 해당하는 것은 무엇인가?

① num=+sum
② sum+=num
③ sum=+num
④ sum《+num

복습포인트 파트04-챕터03-섹션01

77 객체지향 분석 방법론에서 Rumbaugh 분석 모델의 종류에 해당하지 않는 것은 무엇인가?

① 객체 ② 동적
③ 기능 ④ 정적

복습포인트 파트04-챕터05-섹션01

78 운영체제의 자원관리 중 아래에서 설명하는 것은 무엇인가?

> 프로세스에게 메모리 할당 및 회수 등을 담당한다.

① 기억장치 관리
② 파일 관리
③ 주변장치 관리
④ 입출력 관리

복습포인트 파트04-챕터05-섹션01

79 환경 설정 변수 중 아래에서 설명하는 것은 무엇인가?

> 히스토리 파일에 저장되는 명령어의 수

① $LANG
② $TMOUT
③ $HISTSIZE
④ $HISTFILE

복습포인트 파트04-챕터01-섹션01

80 다음 중 스크립트 언어에 대한 설명과 가장 거리가 먼 것은 무엇인가?

① 문법상의 오류를 쉽게 발견할 수 있다.
② 번역 속도는 빠르지만, 실행 속도는 비교적 느리다.
③ 전체를 번역하지 않고, 한 번에 한 줄씩 번역하여 실행하는 방식이다.
④ 대표적으로 Java, Python 등의 스크립트 언어가 인터프리터 방식으로 번역된다.

81 다음 중 VPN(Virtual Private Network)에 대한 설명과 가장 거리가 먼 것은 무엇인가?

① IPSec VPN : OSI 3계층에서 암호화, 보안성이 높음
② 공용 네트워크를 사설 네트워크처럼 사용할 수 있도록 제공하는 기술이다.
③ SSL VPN : OSI 4계층 이상에서 암호화, 구축이 간편
④ 위치 기반 소셜 네트워크 서비스이다.

82 다음 중 소프트웨어 관련 신기술에 해당하지 않는 것은 무엇인가?

① Bluetooth
② Software Escrow
③ Grayware
④ Complex Event Processing

83 OSI 7 계층 중 응용 계층에 대한 설명으로 옳은 것은 무엇인가?

① IP주소 부여, 라우팅 기능이 있다.
② 데이터 통신의 최종 목적지이다.
③ 종단 간 통신을 다루는 최하위 계층이다.
④ 송수신 정보의 흐름을 관리한다.

84 다음 중 UDP의 헤더 구조에 해당하지 않는 것은 무엇인가?

① UDP Length
② Source IP Address
③ UDP Checksum
④ Source Port Number

85 다음 중 계정과 패스워드의 보안 요구사항에 대한 설명과 가장 거리가 먼 것은 무엇인가?

① 모든 사람에게 계정이 발급되어야 하며, 만약 퇴사 및 휴직 시에는 계정이 일시정지되어야 한다.
② 패스워드는 타인의 도용을 방지하기 위해 충분한 길이와 복잡성을 갖춰야 하며 주기적으로 변경해야 한다.
③ 필요한 계정에 대해서는 시스템 관리자 및 직책자의 검토 및 승인이 필요하다.
④ 원하는 시스템을 사용하기 위해서는 필요한 계정을 생성한다.

86 시스템 공격 유형 중 전형적인 공격 유형 중 아래에서 설명하는 것은 무엇인가?

- 전송 중인 데이터에 접근하여 내용의 일부분을 불법적으로 수정하는 행위이다.
- 무결성을 위협한다.

① Interception   ② Fabrication
③ Interruption   ④ Modification

복습포인트 파트05-챕터01-섹션02

87 다음 중 경로 선택 전략에 해당하지 않는 것은 무엇인가?

① 고정 경로 선택
② 적응적 경로 선택
③ 범람 경로 선택
④ 자유 경로 선택

복습포인트 파트05-챕터01-섹션03

88 192.168.0.0/24 네트워크에서 FLSM 방식으로 이용하여 5개의 subnet으로 나누고 ip subnet-zero를 적용했다. 이때 서브넷팅된 2번째 네트워크의 첫 번째 사용 가능한 IP주소에 해당하는 것은 무엇인가?

① 192.168.0.255
② 192.168.0.33
③ 192.168.0.32
④ 192.168.0.34

- 32비트 중 네트워크 비트(24)를 제외한 8비트로 서브넷팅 진행
- 필요한 서브넷 개수 파악 : 5개만 필요하지만 2의 제곱수로만 분할 가능하므로 8개로 분할
- 8비트 중 좌측 3비트(2^3=8)가 서브넷 주소, 우측 5비트가 호스트 주소로 사용됨
- 네트워크 비트에 해당하는 IP주소는 그대로 적고, 나머지 비트로 서브넷 표현
- ip subnet-zero가 없으면 첫 번째 서브넷은 무시
- 네트워크 주소, 브로드캐스트 주소를 제외한 영역이 실제 사용 가능한 IP주소

서브넷	네트워크 주소	브로드캐스트 주소
1	192.168.0.0(000 00000)	192.168.0.31(000 11111)
2	192.168.0.32(001 00000)	192.168.0.63(001 11111)
3	192.168.0.64(010 00000)	192.168.0.95(010 11111)
4	192.168.0.96(011 00000)	192.168.0.127(011 11111)
5	192.168.0.128(100 00000)	192.168.0.159(100 11111)
6	192.168.0.160(101 00000)	192.168.0.191(101 11111)
7	192.168.0.192(110 00000)	192.168.0.223(110 11111)
8	192.168.0.224(111 00000)	192.168.0.256(111 11111)

복습포인트 파트05-챕터01-섹션03

89 다음 중 S-HTTP의 개념에 대한 설명과 가장 거리가 먼 것은 무엇인가?

① 전자우편 보안 시스템 구현의 복잡성과 전자우편 암호화 시스템의 낮은 보안성을 보완하기 위해 개발되었다.
② HTTP에 보안 기능을 부가한 통신규약으로 웹 페이지의 데이터를 안전하게 주고받을 수 있도록 개발된 프로토콜이다.
③ 기존의 HTTP에 인증, 기밀성, 무결성, 부인방지 기능 등을 적용하였다.
④ 응용 계층에서 동작한다.

복습포인트 파트05-챕터02-섹션01

90 다음 SW 개발 보안의 3요소에 해당하지 않는 것은 무엇인가?

① 기밀성(Confidentiality)
② 무결성(Integrity)
③ 권한부여(Authorization)
④ 가용성(Availability)

복습포인트 파트05-챕터01-섹션04

91 사물에 전자 태그를 부착하고 무선 통신을 이용하여 최대 10m 내의 사물의 정보 및 주변 상황 정보를 감지하는 센서 기술은 무엇인가?

① VoIP
② WIPI
③ RFID
④ VPN

정답 87 ④ 88 ② 89 ① 90 ③ 91 ③

[복습포인트] 파트05-챕터03-섹션03

92 다음 중 공개키 방식의 단점에 해당하지 않는 것은 무엇인가?

① 암호화/복호화 속도가 느리다.
② 비교적 파일의 크기가 크다.
③ 관리해야 할 키의 수가 적다.
④ 알고리즘이 복잡하다.

[복습포인트] 파트05-챕터02-섹션02

93 다음 중 시스템 보안 구현 환경에 해당하지 않는 것은 무엇인가?

① 기술적 시스템 보안 구현 환경
② 논리적 시스템 보안 구현 환경
③ 관리적 시스템 보안 구현 환경
④ 물리적 시스템 보안 구현 환경

[복습포인트] 파트05-챕터03-섹션01

94 다음 중 감염 위치에 따른 분류에 해당하지 않는 것은 무엇인가?

① 매크로 바이러스
② 바이트 바이러스
③ 메모리 상주 바이러스
④ 부트 바이러스

[복습포인트] 파트05-챕터02-섹션01

95 다음 중 하드 코드된 암호화 키에 대한 설명과 가장 거리가 먼 것은 무엇인가?

① 암호화 키는 별도로 암호화하여 저장하거나 매번 키로 입력하여 사용해야 한다.
② 암호화 키가 프로그램 소스에 상수값으로 존재하여 암호화에 사용이 되는 것이다.
③ 타원곡선과 임의의 곡선과의 교점 연산에서 정의되는 이산대수 문제의 어려움을 이용하는 암호 방식이다.
④ 소스코드가 유출되었을 경우 암호화 키도 함께 유출되어 공격의 대상이 될 수 있다.

[복습포인트] 파트05-챕터01-섹션03

96 OSI 7 Layer의 상위 계층에 해당하는 프로토콜은 무엇인가?

① HTTP　　② SWITCH
③ HUP　　④ TCP

[복습포인트] 파트05-챕터01-섹션04

97 하드웨어 관련 신기술 중 아래에서 설명하는 것은 무엇인가?

> • USB 표준 중 하나로, 기존 A형에 비해 크기가 작고 위아래 구분이 없다.
> • 데이터 전송 속도는 초당 10Gbps이며 전력은 최대 100w까지 전송된다.

① B-Type USB
② C-Type USB
③ D-Type USB
④ E-Type USB

[복습포인트] 파트05-챕터03-섹션03

98 암호 시스템의 분류 중 아래에서 설명하는 것은 무엇인가?

> - 평문에 나타난 문자들을 다른 문자로 바꾸는 방법이다.
> - 서로의 문자 집합과 대응치가 다를 수 있다.

① Permutation Cipher
② Transposition Cipher
③ Hash Cipher
④ Substitution Cipher

[복습포인트] 파트05-챕터03-섹션02

99 다음 중 침입 목표와 유사한 시스템으로 유도하는 방식으로 외부 공격에 대응하는 방법은 무엇인가?

① Detection
② Preemption
③ Prevention
④ Deflection

[복습포인트] 파트05-챕터01-섹션02

100 IEEE 802의 표준 규약 중 아래에서 설명하는 것은 무엇인가?

> 유무선 LAN 간의 브릿지 기능을 강화하기 위한 MAC 기능 수정

① IEEE 802.11c
② IEEE 802.9
③ IEEE 802.11f
④ IEEE 802.11

정답 98 ① 99 ④ 100 ①

정보처리기사 필기 실전 모의고사 05회

시험 일자	문항 수	시험 시간
년 월 일	총 100문항	2시간 30분

수험번호 : _____

성   명 : _____

복습포인트 파트01-챕터01-섹션02

01 다음 중 유스케이스 다이어그램의 구성 요소에 해당하지 않는 것은 무엇인가?

① Formality
② relationship
③ scope
④ actor

복습포인트 파트01-챕터01-섹션01

02 다음 중 보안 개발 방법론의 종류에 해당하지 않는 것은 무엇인가?

① CWE
② SSF
③ CLASP
④ MS-SDL

복습포인트 파트01-챕터01-섹션01

03 다음 중 상용 소프트웨어 개념에 대한 설명과 가장 거리가 먼 것은 무엇인가?

① 제작에 필요한 원시 코드를 제공하지 않는다.
② 상업적 목적으로 생산되는 프로그램이다.
③ 홍보를 위한 특정 유료 소프트웨어도 포함된다.
④ 시중에 판매되고 유통되는 소프트웨어이다.

복습포인트 파트03-챕터01-섹션02

04 요구사항 분석에서 개념 모델링에 해당하지 않는 것은 무엇인가?

① 요구사항을 구체화하는 도구로 UML(Unified Modeling Language)을 사용한다.
② 사용자, 개발자, 요구사항으로 분류한다.
③ 사용자와 이해관계자, 주변 시스템이 상호작용하는 시나리오를 개념 모델로 작성한다.
④ 각각의 모델에 요구되는 기능과 서비스를 분석한다.

복습포인트 파트01-챕터01-섹션02

05 ISO/IEC 중 아래에서 설명하는 것은 무엇인가?

> 패키지 소프트웨어의 제품 품질 요구사항 및 테스트를 위한 국제 표준이다.

① ISO/IEC 29119
② ISO/IEC 12207
③ ISO/IEC 9126
④ ISO/IEC 12119

정답 01 ① 02 ② 03 ③ 04 ② 05 ④

06 다음 중 CPM을 이용한 일정 계획 순서에 대한 설명과 가장 거리가 먼 것은 무엇인가?

① 단계별로 작업 일정을 예측하여 기간을 예측한다.
② 작업을 기능과 특징별로 분류한다.
③ 소프트웨어 일부분의 규모를 추정한다.
④ 간트 차트를 작성한다.

07 소프트웨어 모듈 응집도 중 아래에서 설명하는 것은 무엇인가?

> • 모듈의 기능들이 하나의 문제를 해결하기 위해 순차적으로 수행되는 경우이다.
> • 순차적 응집도와 달리 이전 기능의 출력 데이터를 현재 기능의 입력 데이터로 사용하지 않는다.

① Sequential
② Communication
③ Procedural
④ Logical

08 Spiral model에서 개발 프로세스에 해당하지 않는 것은 무엇인가?

① 계획 및 초기 요구분석
② 1차 위험 분석
③ 1차 개발자 평가
④ 1차 프로토타입 개발

09 행위 다이어그램 중 유스케이스(Use Case) 다이어그램의 설명에 해당하는 것은 무엇인가?

① 사용자와 사용 사례로 구성되며, 사례 간의 관계를 구성한다.
② 시스템과 객체들이 주고받는 메시지를 표현한다.
③ 객체들이 주고받는 메시지뿐만 아니라 연관 관계까지 표현한다.
④ 객체의 프로세스나 로직의 처리 흐름을 순서에 따라 표현한다.

10 다음 중 공통 모듈의 재사용 범위에 해당하지 않는 것은 무엇인가?

① 컴포넌트
② 애플리케이션
③ 더미 코드
④ 함수와 객체

11 소프트웨어 개발 표준에서 ISO/IEC 9126 항목에 해당하지 않는 것은 무엇인가?

① 유지보수성(Maintainability)
② 성숙성(Maturity)
③ 효율성(Efficiency)
④ 기능성(Functionality)

12 다음 중 UML의 구성 요소의 실체화 관계에 대한 설명과 가장 거리가 먼 것은 무엇인가?

① 사물 사이를 점선으로 표현한다.
② 기능 쪽에 속이 꽉 찬 마름모 화살표를 붙여서 표현한다.
③ 한 객체가 다른 객체에게 오퍼레이션을 수행하도록 지정하는 의미적 관계이다.
④ 사물들을 기능적 요소로 서로를 그룹화할 수 있는 관계를 표현한다.

13 소프트웨어 모듈 응집도 중 아래에서 설명하는 것은 무엇인가?

> • 모듈 내부의 모든 기능 요소들이 단일 문제를 해결하는 데 수행되는 경우이다.
> • 모듈 구조의 최하위 계층에 많이 분포되어 있으며 기본 라이브러리의 모듈이 이에 해당된다.

① 통신적 응집도(Communication Cohesion)
② 논리적 응집도(Logical Cohesion)
③ 시간적 응집도(Temporal Cohesion)
④ 기능적 응집도(Functional Cohesion)

14 다음 중 프레임워크의 개념에 대한 설명과 가장 거리가 먼 것은 무엇인가?

① 코드 라이브러리, 애플리케이션 인터페이스(Interface) 등을 재사용이 가능하도록 소프트웨어 구성에 필요한 기본 뼈대(Frame)를 제공한다.
② 일정하게 짜여진 틀에서 제공되는 서비스 환경이다.
③ 응용 소프트웨어 개발을 어렵게 하기 위해서 설계, 구현 등을 재사용이 가능한 형태로 제공하는 소프트웨어 환경이다.
④ 다양한 소프트웨어 개발을 가능하게 하는 여러 형태의 컴포넌트들을 말한다.

15 다음 중 UI의 종류에 해당하지 않는 것은 무엇인가?

① CLI
② NUI
③ GUI
④ SUI

16 컴포넌트 기반 방법론에서 설계단계 산출물에 해당하지 않는 것은 무엇인가?

① 프로그램 코드
② 사용자 인터페이스 설계서
③ 엔티티 관계 모형 기술서
④ 컴포넌트 설계서

17 명세서 작성 원칙 중 아래에서 설명하는 것은 무엇인가?

> 명세 내용은 하나의 의미만 부여한다.

① 수정 용이성
② 명확성
③ 개발 후 이용성
④ 완전성

18 다음 중 프로젝트 관리의 민주주의식 팀에 해당하지 않는 것은 무엇인가?

① 팀원 대다수의 만족도가 높아 이직률이 낮다.
② 1인 독재 체제의 스타형 구조이다.
③ 장기적인 대규모 소프트웨어 개발에 유리하다.
④ 수평식 링형 구조이다.

19 다음 중 서비스 지향 아키텍처(SOA)의 계층과 가장 거리가 먼 것은?

① 클라이언트(Client) 계층
② 프로세스(Process) 계층
③ 표현(Presentation) 계층
④ 영속(Persistency) 계층

20 행위 패턴 중 아래에서 설명하는 것은 무엇인가?

> - 복합객체의 내부 표현은 보여주지 않고 순회(비공개 순회)하여, 원하는 데이터를 찾아갈 수 있게 해준다.
> - 트리 자료구조에서 자료형의 객체를 순차적으로 접근하려 할 경우 사용할 수 있다.

① Command
② Mediator
③ Observer
④ Iterator

21 정렬 알고리즘에서 O(nlogn)의 시간 복잡도를 가지는 정렬에 해당하지 않는 것은 무엇인가?

① 선택 정렬
② 힙 정렬
③ 병합 정렬
④ 퀵 정렬

22 비선형 구조 중 아래에서 설명하는 것은 무엇인가?

> - 노드를 간선으로 연결하여 관계를 표현할 수 있는 자료구조이다.
> - 순환하므로 루트 노드, 부모, 자식 노드의 개념이 없다.

① 스택(Stack)
② 그래프(Graph)
③ 트리(Tree)
④ 차수(Degree)

23 다음 중 패키징 도구 활용 시 주의사항에 대한 설명과 가장 거리가 먼 것은 무엇인가?

① 반드시 내부 콘텐츠에 대한 암호화 및 보안 기능을 고려한다.
② 여러 기종에 대한 콘텐츠 호환성 및 DRM 연동을 고려한다.
③ 초기 버전 릴리즈 노트를 작성한다.
④ 사용자 편의성을 고려해 최대한 단순하고 효율적으로 적용될 수 있도록 한다.

24 탐색 기법 중에서 찾을 값의 위치 값을 예상하여 검색하는 사전식 탐색 기법에 해당하는 것은 무엇인가?

① 보간 탐색
② 이진 트리 탐색
③ 해싱 탐색
④ 이분(이진) 탐색

25 다음 중 IDE의 프로그램 종류에 해당하지 않는 것은 무엇인가?

① Eclipse
② xUnit
③ Xcode
④ Visual Studio

26 다음 중 테스트 케이스의 개념에 대한 설명과 가장 거리가 먼 것은 무엇인가?

① 테스트 케이스를 미리 설계하면 테스트 오류를 사전에 방지할 수 있다.
② 가장 이상적인 테스트 케이스를 설계하려면 프로젝트 개발 시 작성해야 한다.
③ 소프트웨어가 사용자 요구사항을 준수하여 개발되었는지 확인하기 위해 설계된 입력값, 실행 조건, 기대 결과 등으로 구성된 테스트 항목에 대한 명세서이다.
④ 명세 기반 테스트의 설계 산출물에 해당한다.

27 형상 관리 도구의 종류 중 아래에서 설명하는 것은 무엇인가?

- 로컬 환경에서 형상 관리가 가능하다.
- 원격 저장소와 로컬 저장소를 동시 사용하기 때문에 복구가 용이하다.

① Git
② SVN
③ CVS
④ Perforce

28 다음 중 블랙박스 테스트의 종류에 해당하지 않는 것은 무엇인가?

① 경계값 분석(Boundary Value Analysis)
② 원인-효과 그래프 검사(Cause-Effect Graphing Testing)
③ 기초 경로(Basic Path)
④ 비교 검사(Comparison Testing)

29 다음 중 하향식 통합 테스트에 대한 설명과 가장 거리가 먼 것은 무엇인가?

① 모든 모듈을 통합하여 전체 프로그램을 한 번에 테스트한다.
② 테스트 초기부터 사용자에게 시스템 구조를 시각화할 수 있다.
③ 프로그램의 상위 모듈에서 하위 모듈 방향으로 통합하면서 테스트하는 기법이다.
④ 상위 모듈에서는 테스트 케이스를 사용하기 어렵다.

30 자료 (4, 3, 2, 1, 5)에서 선택 정렬 기법(오름차순)을 사용했을 때, 2회전 후의 결과에 해당하는 것은 무엇인가?

① 1, 2, 3, 4, 5
② 2, 3, 4, 1, 5
③ 2, 3, 1, 4, 5
④ 3, 2, 4, 1, 5

- 1회전 : 1, 3, 2, 4, 5
- 2회전 : 1, 2, 3, 4, 5

31 다음 중 테스트의 개념에 대한 설명과 가장 거리가 먼 것은 무엇인가?

① 제품 소프트웨어에 대한 패치개발 및 갱신을 위해 버전 관리를 수행하는 것이다.
② 구현된 소프트웨어를 대상으로 오류를 찾아내는 작업이다.
③ 수용 가능한 시간 내에 그 기능을 수행하며 충분히 사용 가능한지 평가한다.
④ 사용자가 요구하는 기능의 성능, 사용성, 안전성 등을 만족하지 못하는 결함을 찾아내는 활동이다.

32 성능 분석 도구 중 아래에서 설명하는 것은 무엇인가?

> 시스템의 최대한의 부하(Load)를 걸어 스트레스(Stress)를 줌으로써 각 성능 측정 지표의 최대값을 구할 수 있는 도구이다.

① 성능 유지 도구
② 성능 한계 도구
③ 성능 감시 도구
④ 성능 점검 도구

33 다음 중 비선형 구조의 종류에 해당하지 않는 것은 무엇인가?

① Binary Tree
② Undirected Graph
③ Stack
④ Directed Graph

34 테스트 커버리지 중 아래에서 설명하는 것은 무엇인가?

> - 전체 코드의 라인 수를 모수로 설정하고 테스트한다.
> - 테스트 시나리오가 수행한 코드의 라인 수를 측정하는 방법으로, 단위 테스트에서는 라인 기반 커버리지를 척도로 삼기도 한다.

① 라인(Line) 기반 커버리지
② 코드(Code) 기반 커버리지
③ 기능(Function) 기반 커버리지
④ 문자(Char) 기반 커버리지

35 다음 중 이진 트리의 순회 종류에 해당하지 않는 것은 무엇인가?

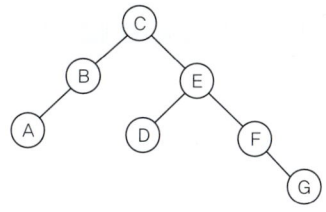

① C-B-A-E-D-F-G
② A-B-D-G-F-E-C
③ C-A-B-D-E-F-G
④ A-B-C-D-E-F-G

- 전위 순회 : root → left → right
- 중위 순회 : left → root → right
- 후위 순회 : left → right → root

36 다음 중 제품 소프트웨어 설치 매뉴얼 작성 순서에 해당하지 않는 것은 무엇인가?
① 이상 Case 확인   ② 기능 식별
③ UI 분류   ④ 네트워크 연결

37 다음 중 ESB에 대한 설명과 가장 거리가 먼 것은 무엇인가?
① 별도의 어댑터가 필요 없고 서비스 버스(Bus)라는 백본을 이용하여 통신하는 방식이다.
② 단일 접점인 허브 시스템을 통해 데이터를 전송하는 중앙 집중형 방식이다.
③ 미들웨어(버스)를 통해서 통합되므로 뛰어난 확장성, 대용량 처리가 가능하다.
④ 애플리케이션 사이에 미들웨어(버스)를 두어 처리하는 방식이다.

38 코드 품질 향상 기법 중 아래에서 설명하는 것은 무엇인가?

> 프로그램을 실행하여 결과를 분석하는 도구이다.

① 증명
② 테스트
③ 동적 분석
④ 정적 분석

39 소프트웨어 품질 목표 항목 중 아래에서 설명하는 것은 무엇인가?

> 정확하고 일관된 결과로 요구된 기능을 오류없이 수행하는 시스템 능력의 정도이다.

① 효율성(Efficiency)
② 무결성(Integrity)
③ 정확성(Correctness)
④ 신뢰성(Reliability)

40 인터페이스 구현 환경 구축 절차에서 연계를 위한 테이블 생성에 해당하지 않는 것은 무엇인가?
① 로그 테이블
② 매핑 테이블
③ 데이터 테이블
④ 연계 테이블

41 데이터 무결성 제약사항 중에서 기본키로 지정된 속성은 중복값과 Null값이 있어서는 안 된다는 성질에 해당하는 것은 무엇인가?

① 도메인 무결성
② 개체 무결성
③ 참조 무결성
④ 대체 무결성

42 스키마에서 데이터를 통합한 조직 전체의 데이터베이스 구조를 논리적으로 정의한 것에 해당하는 것은 무엇인가?

① 개념 스키마
② 외부 스키마
③ 물리 스키마
④ 내부 스키마

43 SQL 명령어 중 아래에서 설명하는 것은 무엇인가?

- 여러 사용자가 데이터를 공유할 수 있도록 병행 제어를 수행하는 명령어이다.
- 데이터 무결성을 유지하면서 여러 규정이나 제약조건 등을 기술하기 위한 명령어이다.
- 사용자별로 데이터베이스에 접근할 수 있는 권한을 부여하거나 회수하여 데이터 보안을 유지한다.

① 데이터 정의어
② 데이터 조작어
③ 데이터 선언어
④ 데이터 제어어

44 확장 E-R 다이어그램 중 아래에서 설명하는 것은 무엇인가?

- 하향식 설계 방식으로, "is-a" 관계를 기본으로 한다.
- 상위 개체 타입에서 하위 개체 타입을 보는 관점으로서 하위 개념으로 내려 갈수록 특수화된다.
- 상위 개체 타입과 겹치지 않게 서브 개체 타입을 분리하거나 서로 다른 현실 세계 상황으로 분리하기 위해 사용한다.

① 상속(Inheritance)
② 특수화(Specialization)
③ 분류화(Classification)
④ 집단화(Aggregation)

45 종속성 중에서 둘 이상의 속성(Multi-Valued)을 가진 결정자에 의해 정해지는 속성에 대한 의존성에 해당하는 것은 무엇인가?

① Join Dependency
② Multi-Valued Dependency
③ Index Dependency
④ Functional Dependency

46 뷰(View) 삭제문의 형식으로 옳은 것은?

① DELETE VIEW 뷰이름;
② DROP VIEW 뷰이름;
③ REMOVE VIEW 뷰이름;
④ OUT VIEW 뷰이름;

47 함수 종속의 종류에서 기본키만으로 해당 데이터를 식별 가능한 종속 관계에 해당하는 것은 무엇인가?

① 주종적 함수 종속
② 완전 함수 종속
③ 부분 함수 종속
④ 이행적 함수 종속

48 다음 SQL 문장의 의미는? (단, PURCHASE는 구매테이블, ITEM은 품명이다.)

> SELECT SUM(*) FROM PURCHASE WHERE ITEM="사과"

① 주문한 전체 사과 수량의 평균값을 구한다.
② 주문한 수량 중 최대값을 구한다.
③ 주문한 수량 중 최소값을 구한다.
④ 주문한 사과의 전체 수량을 구한다.

* : 전체 필드의 튜플

49 학생(STUDENT) 테이블에 컴퓨터정보과 학생 120명, 인터넷정보과 학생 160명, 사무자동화과 학생 80명에 관한 데이터가 있다고 했을 때, 다음에 주어지는 SQL문 (ㄱ), (ㄴ), (ㄷ)을 각각 실행시키면 결과 튜플 수는 각각 몇 개인가? (단, DEPT는 학과 컬럼명임)

> (ㄱ) SELECT DISTINCT DEPT FROM STUDENT;
> (ㄴ) SELECT DEPT FROM STUDENT;
> (ㄷ) SELECT COUNT(DISTINCT DEPT) FROM STUDENT WHERE DEPT="컴퓨터정보과"

① (ㄱ) 3 (ㄴ) 360 (ㄷ) 1
② (ㄱ) 360 (ㄴ) 3 (ㄷ) 120
③ (ㄱ) 3 (ㄴ) 360 (ㄷ) 120
④ (ㄱ) 360 (ㄴ) 3 (ㄷ) 1

DISTINCT가 붙으면 개수가 아닌 종류를 파악한다.

50 데이터 모델링 중 아래에서 설명하는 것은 무엇인가?

> • 논리 데이터 모델을 DBMS의 특성 및 성능을 최대한 고려하여 구체화시키는 단계이다.
> • 논리 데이터 모델을 바탕으로 데이터베이스에 포함될 저장 레코드 양식, 데이터 구조, 응답 시간, 저장 공간 등을 설계한다.

① 물리적 설계
② 독립적 설계
③ 개념적 설계
④ 논리적 설계

51 SQL 구문 형식으로 옳지 않은 것은?

① SELECT ~ FROM ~ WHERE ~
② DELETE ~ FROM ~ WHERE ~
③ INSERT ~ INTO ~ WHERE ~
④ UPDATE ~ SET ~ WHERE ~

52 병행 제어 기법 중 아래에서 설명하는 것은 무엇인가?

> • 트랜잭션 수행 동안은 어떠한 검사도 하지 않고, 트랜잭션 종료 시에 일괄적으로 검사하는 데이터베이스 병행제어 기법이다.
> • 장기 트랜잭션 철회 시 자원낭비 가능성이 있어, 동시 사용 빈도가 낮은 시스템에서 주로 사용한다.

① 다중 버전 병행제어
② 타임스탬프 기법
③ 로킹
④ 낙관적 병행제어

53 데이터베이스 시스템의 정의에서 여러 응용 프로그램들이 공통으로 필요로 하는 데이터를 공유하는 것에 해당하는 것은 무엇인가?

① 저장 데이터(Stored Data)
② 통합 데이터(Integrated Data)
③ 운영 데이터(Operational Data)
④ 공유 데이터(Shared Data)

54 다음 문장을 만족하는 SQL 문장은?

> 학번이 1000번인 학생을 학생 테이블에서 삭제하시오.

① DELETE FROM 학생 WHERE 학번=1000;
② DELETE FROM 학생 IF 학번=1000;
③ SELECT * FROM 학생 WHERE 학번=1000;
④ SELECT * FROM 학생 CONDITION 학번=1000;

• 삭제는 튜플 단위로 이뤄지므로 필드명을 적을 필요가 없다.
• DELETE FROM 〈테이블명〉 WHERE 〈조건식〉

55 RDBMS의 기본 용어 중 아래에서 설명하는 것은 무엇인가?

> • 하나의 속성에 입력될 수 있는 값들의 집합이다.
> • 이것 값은 더 이상 분해될 수 없는 형태로 입력된다.

① 튜플(Tuple)
② 릴레이션(Relation)
③ 도메인(Domain)
④ 정보의 부재(Null)

정답 51 ③ 52 ④ 53 ④ 54 ① 55 ③

56 다음 중 아래 SQL문장에 대한 설명과 가장 거리가 먼 것은 무엇인가?

```
CREATE TABLE 학생(
학번 INT PRIMARY KEY,
이름 CHAR(10) NOT NULL,
연락처 CHAR(15) DEFAULT '비공개'
);
```

① 연락처는 "비공개"로 설정한다.
② 이름은 최대 10개의 문자를 필수로 입력할 수 있게 한다.
③ 학생 테이블 생성하는 문장이다.
④ 학번 필드는 정수를 저장하며 기본키로 설정한다.

57 정규화 과정에서 부분 함수 종속을 제거한 상태에 해당하는 것은 무엇인가?

① 제5정규형   ② 제4정규형
③ 제2정규형   ④ 비정규형

58 다음 중 클러스터의 특징에 대한 설명과 가장 거리가 먼 것은 무엇인가?

① 데이터 접근 범위를 줄여 성능을 향상시킬 수 있다.
② 클러스터링된 테이블에 클러스터드 인덱스를 생성하면 접근 성능이 향상된다.
③ 클러스터는 데이터의 분포도가 넓을수록 유리하다.
④ 클러스터링된 테이블은 데이터 조회 속도를 향상시킨다.

59 다음 중 물리 데이터베이스 설계의 종류에 해당하지 않는 것은 무엇인가?

① 지역 집중형 설계
② 성형 집중형 설계
③ 분산 논리적 설계
④ 중앙 집중형 설계

60 다음 중 일반 집합 연산자에 해당하지 않는 것은 무엇인가?

① 차집합(Difference)
② 여집합(Complement set)
③ 교집합(Intersection)
④ 합집합(Union)

61 C언어에서 아래 코드의 출력 결과에 해당하는 것은 무엇인가?

```
int main()
{
  int a=20, b=40, c=30;
  printf("%d", a+b+c/3);
  return 0;
}
```

① 30.0   ② 30
③ 90   ④ 70

a+b+c/3과 (a+b+c)/3의 차이를 구분할 수 있어야 한다.

62 다음 중 헝가리안 표기법(Hungarian Notation)에 대한 설명과 가장 거리가 먼 것은 무엇인가?

① 데이터 타입을 변수명에서 바로 추정할 수 있지만 변수명의 충돌을 방지할 수 없다.
② 80년대 당시에는 IDE가 부실하여 이 규칙이 엄청 유용했지만, 지금은 사용하지 말 것을 권고하고 있다.
③ 데이터 타입이 바뀌면 전체 변수명도 변경해야 한다.
④ 컴퓨터 프로그래밍에서 변수 및 함수의 이름 인자 앞에 데이터 타입을 명시하는 코딩 규칙이다.

63 Java의 Circle 클래스 구현에서 클래스 변수의 외부 접근을 막기 위해 밑줄 친 공간에 들어가야하는 키워드에 해당하는 것은 무엇인가?

```
class Circle{
    _____ double pi = 3.141592;
    _____ double radius;
    void volume(){
      System.out.println(radius * radius * pi);
    }
    public void set_radius(double r){
      radius = r;
    }
}
```

① default
② private
③ static
④ public

64 객체지향 기술의 구성 요소에서 객체의 타입을 정의하고 객체를 구현(생성)하는 틀에 해당하는 것은 무엇인가?

① 클래스(Class)
② 럼바우(Rumbaugh)
③ 객체(Object)
④ 인스턴스(Instance)

65 객체지향 분석 순서 중 아래에서 설명하는 것은 무엇인가?

- 사용자 요구사항을 분석하여 입출력 데이터를 결정한다.
- 객체들의 제어 흐름, 기능의 상호작용 순서를 자료흐름도(DFD)로 나타낸다.
- 각 기능을 세부적으로 상세히 분석한다.

① 기능 모델링   ② 물리 모델링
③ 동적 모델링   ④ 정적 모델링

66 다음 중 스레드에 대한 설명과 가장 거리가 먼 것은 무엇인가?

① 프로세스 내에서의 작업 단위로서 시스템의 여러 자원을 할당받아 실행하는 프로그램 단위이다.
② 동일 프로세스 환경에서 서로 독립적인 다중 수행이 가능하다.
③ 한 개의 프로세스는 여러 개의 스레드를 가질 수 없다.
④ 스레드 기반 시스템에서 스레드는 독립적인 스케줄링의 최소 단위로서 프로세스의 역할을 담당한다.

67 객체지향 기술의 장점 중 아래에서 설명하는 것은 무엇인가?

> - 상속된 여러 하위 객체들이 서로 다른 형태를 가질 수 있는 성질이다.
> - 오버로딩, 오버라이딩 기술로 동일한 메소드명으로 서로 다른 작업을 할 수 있다.
> - 둘 이상의 클래스에서 동일한 메시지에 대해 서로 다르게 반응할 수 있도록 한다.

① Inheritance
② Polymorphism
③ Information Hiding
④ private

68 파이썬에서 사용할 수 있는 자료구조에 해당하지 않는 것은 무엇인가?

① 딕셔너리
② 구조체
③ 리스트
④ 튜플

69 쉘 스크립트의 관계 연산자 중 아래 문장의 의미는 무엇인가?

```
[ $a -eq $b ]
```

① a는 b보다 크거나 같다.
② a는 b보다 작거나 같다.
③ a와 b는 같지 않다.
④ a와 b는 같다.

70 C언어에서 아래 코드의 출력 결과에 해당하는 것은 무엇인가?

```
int main()
{
  int a, b;
  a = 2;
  while(a-- > 0)
    printf("a = %d \n", a);
  for(b = 0; b < 2; b++)
    printf("a = %d \n", a++);
  return 0;
}
```

① a = 1
   a = 0
   a = −1
   a = 0
② a = 1
   a = 1
   a = 1
   a = −1
③ a = 0
   a = 0
   a = 1
   a = 1
④ a = 1
   a = −1
   a = 0
   a = 1

a	b	while			for			
		a>0	a--	print a	b<2	print a	a++	b++
2		TRUE	1	1				
1		TRUE	0	0				
0		FALSE	−1					
−1	0				TRUE	−1	0	1
0	1				TRUE	0	1	2
1	2				FALSE			

정답 67 ② 68 ② 69 ④ 70 ①

71 아래 파이썬 코드에서 출력되는 결과에 해당하는 것은 무엇인가?

```
num = 0b1101 + 2
print(num)
```

① 15   ② 10
③ 11   ④ 12

1101₍₂₎ = 13₍₁₀₎

72 다음 중 인터럽트 종류에 대한 설명과 가장 거리가 먼 것은 무엇인가?

① SVC(SuperVisor Call) 인터럽트 : 명령의 요청에 의해서 발생
② 기계 착오(Machine check) 인터럽트 : CPU 등의 기능적 오류
③ 전원 이상(Power fail) 인터럽트 : 입출력 데이터의 오류
④ 프로그램 검사(Program check) 인터럽트 : 잘못된 명령이나 데이터를 사용

73 소프트웨어 환경 중 아래에서 설명하는 것은 무엇인가?

- java로 개발된 소프트웨어를 작동하기 위한 인터프리터 환경이다.
- 개발 시 표준 적용 버전을 명시하여 모든 개발자가 동일한 버전을 적용하는 것이 좋다.

① JVM(Java Virtual Machine)
② 웹 애플리케이션 서버
③ 웹 서버
④ DBMS

74 Windows 중 아래에서 설명하는 것은 무엇인가?

- 특정 응용 프로그램이 CPU를 독점하는 것을 방지하고 각 작업의 CPU 이용시간을 제어한다.
- 문제가 발생하는 프로그램을 강제 종료시킬 수 있다.

① OLE
② Single-User 시스템
③ PnP
④ 선점형 멀티태스킹

75 프로그래밍 관련 문법 중 중 아래에서 설명하는 것은 무엇인가?

- 프로그램 처리와 직접적으로 관계 없는 말을 메모처럼 입력하는 것이다.
- '//'이나 '/* */' 형식으로 입력하며 컴파일러는 이 부분을 무시하고 처리한다.
- 일반적으로 코드의 의미나 내용을 입력하여 개발자간 의사소통을 위해 사용한다.

① 제어문
② 주석
③ 포인터
④ 선언문

복습포인트 파트04-챕터02-섹션03

76 아래의 C 코드에서 출력되는 결과에 해당하는 것은 무엇인가?

```c
int main()
{
    int a = 15;
    int *p = &a;
    ++(*p);
    printf("%d", a);
    return 0;
}
```

① 15
② 16
③ 0
④ 1

- int *p = &a : *p로 a(15) 접근 가능
- ++(*p) : a값 증가(16)

복습포인트 파트04-챕터03-섹션01

77 객체지향 설계에서 객체를 구성하고 있는 클래스와 속성을 객체와 자료구조로 표현하는 모델에 해당하는 것은 무엇인가?

① 순차 모델
② 동적 모델
③ 객체 모델
④ 중심 모델

복습포인트 파트04-챕터05-섹션03

78 다음 중 다중 분할 할당 기법에 해당하지 않는 것은 무엇인가?

① 고정 분할 할당 기법
② 스와핑 기법
③ 단편화
④ 가변 분할 할당 기법

복습포인트 파트04-챕터05-섹션03

79 다음 중 주기억장치 관리에서 반입전략에 대한 설명과 가장 거리가 먼 것은 무엇인가?

① 요구 반입 : 실행 중인 프로그램이 특정 데이터 참조를 요구할 때 적재하는 방법
② 요구(Demand) 반입 전략과 예상(Anticipatory) 반입 전략이 있다.
③ 주기억장치의 데이터를 언제 보조기억장치로 적재할 것인지를 결정하는 전략이다.
④ 예상 반입 : 실행 중인 프로그램에 의해 참조될 데이터를 예상하여 적재하는 방법

복습포인트 파트04-챕터03-섹션01

80 객체지향 통합 테스트에서 시스템에 대한 하나의 입력이나 이벤트에 응답하는 데 요구되는 클래스들의 집합을 통합하여 테스트하는 방식에 해당하는 것은 무엇인가?

① 실행 기반 테스트
② 프로세스 기반 테스트
③ 스레드 기반 테스트
④ 검증 기반 테스트

복습포인트 파트05-챕터01-섹션03

81 IP의 헤더 구조 중 아래에서 설명하는 것은 무엇인가?

- IP 패킷의 수명 기간을 기록한다.
- 패킷이 소멸되기 이전에 데이터가 이동할 수 있는 단계의 수를 나타낸다.

① Flags
② Identifier
③ TTL
④ TOS

정답 76 ② 77 ③ 78 ② 79 ③ 80 ③ 81 ③

82 라우팅 프로토콜 중 아래에서 설명하는 것은 무엇인가?

> - 최대 홉카운트를 15 이하로 제한한다.
> - 라우팅 정보를 30초마다 자신이 속한 네트워크 내에 전달하며 일정 시간 경과 후에도 갱신되지 않을 경우 테이블에서 삭제한다.
> - 저속이며 브로드캐스트를 사용하기 때문에 대역폭을 많이 사용한다.

① RIP
② IGRP
③ BGF
④ OSPF

83 다음 중 세션 가로채기의 탐지 방안에 해당하지 않는 것은 무엇인가?

① 예상치 못한 접속의 리셋 탐지
② 인증 유효성 탐지
③ 패킷의 유실과 재전송 증가 탐지
④ 비동기화 탐지

84 TCP/IP에서 사용되는 논리주소를 물리주소로 변환시켜 주는 프로토콜은?

① TCP
② RARP
③ RTP
④ ARP

85 데이터베이스 관련 신기술 중 아래에서 설명하는 것은 무엇인가?

> 기업의 전략적 관점에서 효율적인 의사 결정을 지원하기 위해 데이터의 시계열적 축적과 통합을 목표로 하는 기술의 구조적, 통합적 환경이다.

① MapReduce
② Data Warehouse
③ Data Diet
④ Meta Data

86 다음 중 해시 암호 알고리즘에 해당하지 않는 것은 무엇인가?

① MD4　　② MD5
③ SHA　　④ RC4

87 다음 중 SDC에 대한 설명으로 옳은 것은 무엇인가?

① 소프트웨어 정의 컴퓨팅 환경으로 서버의 CPU, 메모리에 대해서 소프트웨어 명령어 기반으로 제어할 수 있는 컴퓨터
② 개방형 API를 통해 네트워크의 트래픽 전달 동작을 소프트웨어 기반 컨트롤러에서 제어/관리하는 가상화 네트워크 기술
③ 서버와 전통적인 스토리지 장치에 장착된 이질적이고 연결되어 있지 않은 물리적 디스크 드라이브를 하나의 논리적인 스토리지로 통합한 가상화 스토리지 기술
④ SDDC 자원에 대한 할당관리 기술

88 다음 중 아래에서 설명하는 것은 무엇인가?

> 시스템 침입 후 침입 사실을 숨긴 채 차후의 침입을 위한 백도어, 트로이목마 설치, 원격 접근, 내부 사용 흔적 삭제, 관리자 권한 획득 등 주로 불법적인 해킹에 사용되는 기능들을 제공하는 프로그램의 집합

① Rootkit
② Agent
③ Trap Door
④ Worm

89 다음 중 해시 함수(Hash Function)에 대한 설명과 가장 거리가 먼 것은 무엇인가?

① 동일한 값이 입력되면 언제나 동일한 출력값을 보장한다.
② 데이터의 암호화, 무결성 검증을 위해 사용될 뿐만 아니라 정보보호의 다양한 분야에서 활용된다.
③ 임의의 길이의 데이터를 고정된 길이의 데이터(해시값, 해시키)로 변환시켜 주는 함수이다.
④ 입력값의 길이와 출력값의 길이가 같다.

90 다음 중 IPv6의 주소체계에 해당하지 않는 것은 무엇인가?

① 유니캐스트
② 애니캐스트
③ 브로드캐스트
④ 멀티캐스트

91 네트워크 공격 기술 중 아래에서 설명하는 것은 무엇인가?

> • 여러 대의 공격자 컴퓨터를 분산 배치하여 동시에 동작하게 함으로써 시스템이 더 이상 정상적인 서비스를 제공할 수 없도록 만드는 공격 행위이다.
> • 처리할 수 없을 정도로 엄청난 분량의 패킷을 동시에 전송함으로써 네트워크의 성능을 저하시키거나 마비시킨다.

① DoS 공격
② Smurf Attack
③ Spoofing
④ DDos 공격

92 다음 중 아래에서 설명하는 것은 무엇인가?

> • 평문을 일정한 단위로 나누어서 단위마다 암호화 과정을 수행하여 암호문을 얻는 방법이다.
> • 암호화 과정에서의 오류는 여러 변환 과정의 영향을 미치므로 파급력이 크다.

① 블록 암호
② 섹션 암호
③ 치환 암호
④ 스트림 암호

93 다음 중 무선 LAN 기술의 IEEE 802의 표준 규약으로 알맞은 것은?

① IEEE 802.18
② IEEE 802.11
③ IEEE 802.3
④ IEEE 802.5

94 다음 중 IPS의 단점에 대한 설명과 가장 거리가 먼 것은 무엇인가?

① 압축 파일에 숨겨져 있는 바이러스를 찾지 못하고 침입 시에 알림 기능이 없다.
② 외부에서 발생하는 형태의 공격은 차단하지 못한다.
③ 네트워크의 속도가 느려지고 불편해진다.
④ 정해진 규칙 대로만 보호가 가능하며 새로운 형태의 공격을 차단하기 어렵다.

95 다음 중 Physical Layer의 장비에 해당하지 않는 것은 무엇인가?

① 리피터
② 스위치
③ 허브
④ 통신 케이블

96 다음 중 시스템 보안 구현 도구에 대한 설명과 가장 거리가 먼 것은 무엇인가?

① logging : 로그인 정보를 기록하는 행위
② nmap : 자체 시스템 스캔을 통해 취약점을 탐색
③ NBTScan : NetBIOS name 정보를 얻기 위해 네트워크 점검
④ MBSA : windows 시스템에서 틀리기 쉬운 보안 관련 설정들을 확인

97 하드웨어 관련 신기술 중 아래에서 설명하는 것은 무엇인가?

- 전기가 없는 상태에서도 전사 상태를 저장할 수 있다.
- 인간의 뇌 시냅스와 같은 기능과 작동을 하는 회로소자로 인공 지능 분야에 활용된다.

① High Availability
② MEMS
③ RAID
④ Memristor

98 다음 중 데이터 접근 통제 정책이 아닌 것은?

① AAC
② DAC
③ RBAC
④ MAC

99 다음 중 DRM의 기술 요소에 해당하지 않는 것은 무엇인가?

① 소비자 제어   ② 키 관리
③ 크랙 방지   ④ 식별 기술

100 다음 중 소프트웨어 개발 보안 구현의 고려사항에 대한 설명과 가장 거리가 먼 것은 무엇인가?

① 적절한 테스트 시나리오를 통해 구축된 보안 시스템을 검증한다.
② 암호화는 무조건적으로 모든 부분에 적용되어야 한다.
③ 소프트웨어 플랫폼을 확인하여 보안 모듈을 선택한다.
④ 개인정보 입력 시 암호화되어야 하는 범위를 결정한다.

정보처리기사 필기 실전 모의고사 06회

시험 일자	문항 수	시험 시간
년 월 일	총 100문항	2시간 30분

수험번호 : ＿＿＿＿＿＿＿＿＿＿
성　명 : ＿＿＿＿＿＿＿＿＿＿

복습포인트 파트01-챕터02-섹션03

01 다음 중 구조적(Structural) 다이어그램에 대한 설명과 가장 거리가 먼 것은 무엇인가?

① 배치(Deployment) 다이어그램 : 물리적인 요소인 결과물이나 컴포넌트 등의 위치를 표현한다.
② 객체(Object) 다이어그램 : 클래스의 인스턴스(Instance)를 객체 간의 관계로 표현한다.
③ 컴포넌트(Component) 다이어그램 : 복합적 구조를 갖는 컴포넌트, 클래스 등의 내부 구조를 표현한다.
④ 클래스(Class) 다이어그램 : 시스템의 구조와 문제점을 파악할 수 있다.

복습포인트 파트01-챕터04-섹션02

02 다음 중 SOA 기반 애플리케이션 계층에 해당하지 않는 것은 무엇인가?

① 표현 계층
② 디자인 계층
③ 데이터 접근 계층
④ 비즈니스 계층

복습포인트 파트01-챕터01-섹션01

03 다음 중 애자일의 핵심가치에 해당하지 않는 것은 무엇인가?

① 상호작용보다 절차에 더 가치를 둔다.
② 방대한 문서보다는 실행되는 소프트웨어에 더 가치를 둔다.
③ 계획을 따르기보다는 변화에 대응하는 것에 더 가치를 둔다.
④ 계약 내용보다는 고객과의 협업에 더 가치를 둔다.

복습포인트 파트01-챕터01-섹션02

04 다음 중 형상 관리 절차에 해당하지 않는 것은 무엇인가?

① 형상 상태 보고
② 형상 제거
③ 형상 식별
④ 형상 통제

복습포인트 파트01-챕터01-섹션01

05 다음 중 XP의 기본 원리(실천 항목)에 해당하지 않는 것은 무엇인가?

① Protected Server
② Test Driven Development
③ Continuous Integration
④ Whole Team

정답 01 ③ 02 ② 03 ① 04 ② 05 ①

06 다음 중 프레임워크의 특징에 해당하지 않는 것은 무엇인가?

① 모듈화(Modularity)
② 정확성(Accuracy)
③ 제어의 역 흐름(Inversion of Control)
④ 재사용성(Reusability)

07 다음 중 요구사항 검증 기법에 해당하지 않는 것은 무엇인가?

① 인수 테스트(Acceptance Tests)
② 프로토타이핑(Prototyping)
③ 요구사항 검토(Requirement Reviews)
④ 코드 검증(Code Verification)

08 다음 중 UI설계 기본 원칙에 대한 설명과 가장 거리가 먼 것은 무엇인가?

① 효율성 : 사용자의 목적을 정확하고 빠르게 달성할 수 있어야 한다.
② 유연성 : 대부분의 기기에 호환이 가능하다.
③ 일관성 : 기능 및 시각적 요소의 일치로 학습하기 용이해야 한다.
④ 직관성 : 가급적 별다른 이해 없이 즉시 사용할 수 있어야 한다.

09 컴포넌트 기반 방법론에서 설계단계 산출물에 해당하는 것은 무엇인가?

① 통합시험 결과서
② 사용자 지침서
③ 컴포넌트 설계서
④ 유스케이스 명세서

10 다음 중 SPICE 모델의 단계에 해당하지 않는 것은 무엇인가?

① 경험
② 불완전
③ 수행
④ 관리

11 디자인 패턴에 해당하지 않는 것은 무엇인가?

① 구조 패턴
② 생성 패턴
③ 행위 패턴
④ 조작 패턴

12 UML 확장 모델의 스테레오 타입 중 아래에서 설명하는 것은 무엇인가?

> 하나의 유스케이스가 어떤 시점에 다른 유스케이스를 실행할 수도 있고, 그렇지 않을 수도 있는 확장 단계

① 《include》
② 《entity》
③ 《extend》
④ 《interface》

13 다음 중 가장 낮은 소프트웨어 모듈 응집도는 무엇인가?

① Sequential
② Temporal
③ Communication
④ Procedural

14 다음 중 유스케이스 다이어그램의 관계에 해당하지 않는 것은 무엇인가?

① 일반화
② 확장
③ 포함
④ 개발

15 소프트웨어 개발 표준에서 ISO/IEC 9126 항목에 해당하지 않는 것은 무엇인가?

① Functionality
② Usability
③ Maintainability
④ recoverablity

16 다음 중 사물 연관 관계의 다중도에 대한 설명과 가장 거리가 먼 것은 무엇인가?

① .. : 또는
② * : 곱
③ 1 또는 n : 1(n)개의 객체
④ 0..1 : 연관 객체가 0 또는 1개 존재

17 다음 중 HIPO에 대한 설명과 가장 거리가 먼 것은 무엇인가?

① 수정 및 유지보수에 좋고 대규모 프로젝트에 적합하다.
② 입력, 처리, 출력으로 기본 시스템 모델이 구성된다.
③ 시스템의 기능을 고유한 모듈로 분할하고 이들 간의 인터페이스를 계층 구조로 표현한 양식이다.
④ 하향식 소프트웨어 개발을 위한 문서화 도구이다.

18 공통 모듈의 식별과 명세 중, 검토 회의에 해당하지 않는 것은 무엇인가?

① 업무 기능을 분석해 공통으로 사용될 수 있는 부분을 식별하여 후보군으로 선정한다.
② 개발자와 이해관계자가 함께 검토회의 일정을 수립한다.
③ 공통 기능에 대한 관리 담당자를 정한다.
④ 식별된 공통 기능이 재사용의 효과성이 높은지 검토한다.

정답 13 ② 14 ④ 15 ④ 16 ② 17 ① 18 ①

19 다음 중 개발 기술 환경 파악에서 고려사항에 대한 설명과 가장 거리가 먼 것은 무엇인가?

① 주변 기기 : 시스템에 설치 가능한 주변기기 정보이다.
② 기술 지원 : 소프트웨어의 기술 지원과 오픈 소스 적용 여부이다.
③ 가용성 : 대규모, 대용량 데이터에 대한 처리 능력이다.
④ 구축 비용 : 라이선스 비용 및 유지관리 비용이다.

20 다음 중 보안 개발 방법론의 종류 CLASP에 해당하지 않는 것은 무엇인가?

① 활동 중심 역할 기반의 프로세스로 구성된 집합체이다.
② 소프트웨어의 보안 취약점을 유발하는 원인을 7가지로 정리한 방법론이다.
③ 이미 운영 중인 시스템에 적용하기 적합하다.
④ 개념, 역할 기반, 활동 평가, 활동 구현, 취약성의 5가지 관점에 따라 개발 보안 절차를 진행한다.

21 다음 중 클린 코드 작성 원칙에 해당하지 않는 것은 무엇인가?

① 가독성
② 복잡성
③ 의존성 배제
④ 중복성 제거

22 선택 정렬의 시간복잡도에서 최악의 경우에 해당하는 것은 무엇인가?

① $O(n\log n)$
② $O(n^2)$
③ $O(dn)$
④ $O(n^{1.5})$

23 자료 (67, 61, 26, 17, 85)에서 선택 정렬 기법(오름차순)을 사용했을 때, 2회전 후의 결과에 해당하는 것은 무엇인가?

① 17, 26, 61, 67, 85
② 26, 61, 67, 17, 85
③ 26, 61, 17, 67, 85
④ 61, 26, 67, 17, 85

• 1회전 : 17, 61, 26, 67, 85
• 2회전 : 17, 26, 61, 67, 85

24 형상 관리 도구의 기능 중 아래에서 설명하는 것은 무엇인가?

> 비어 있는 repository에 처음 소스를 업로드하는 기능이다.

① commit
② update
③ export
④ import

25 자료구조의 유형 중 아래에서 설명하는 것은 무엇인가?

> • 데이터들의 대응 관계가 1:N, N:M 등으로 구성되는 구조이다.
> • 트리(Tree)는 1:N 관계를 계층적으로 나타낸 구조이다.
> • 그래프(Graph)는 N:M 관계를 그물망 형태로 나타낸 구조이다.

① 단순 구조　② 파일 구조
③ 선형 구조　④ 비선형 구조

26 다음 중 사용자 매뉴얼 작성에 대한 설명과 가장 거리가 먼 것은 무엇인가?

① 패키지의 기능, 패키지의 인터페이스를 포함하고 있는 메소드나 오퍼레이션과 메소드의 파라미터 등의 설명을 포함한다.
② 미디어를 사용할 때에는 항상 사용료를 지불해야 한다.
③ 개발된 컴포넌트 사용 시 알아야 할 내용을 사용자 관점으로 진행된다.
④ 설치와 사용에 필요한 제반 절차 및 환경 등 전체 내용을 포함하는 매뉴얼을 작성한다.

27 인수 테스트 중 아래에서 설명하는 것은 무엇인가?

> 다수의 사용자에게 제한되지 않은 환경에서 프로그램을 사용하게 하고 오류가 발견되면 개발자에게 통보하는 방식의 테스트 방법이다.

① 알파 테스트　② 베타 테스트
③ 형상 테스트　④ 오메가 테스트

28 아래 트리에서 4번 노드의 차수에 해당하는 것은 무엇인가?

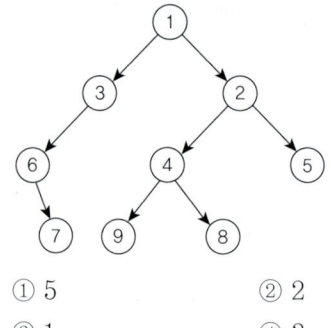

① 5　② 2
③ 1　④ 3

29 탐색 기법 중 아래에서 설명하는 것은 무엇인가?

> • 찾을 값의 위치 값을 예상하여 검색하는 사전식 탐색이다.
> • 찾고자 하는 자료가 일정한 규칙을 가지며 나열되어 있을 때 활용한다.
> • 탐색 공식을 적용하기 위해서는 전체 데이터의 수를 알고 있어야 한다.

① 이분(이진) 검색(Binary Search)
② 선형 탐색(Linear Search)
③ 보간 탐색(Interpolation Search)
④ 블록 탐색(Block Search)

30 다음 중 소프트웨어 유지보수의 종류에 해당하지 않는 것은 무엇인가?

① 비용 유지
② 완전 보수
③ 하자 보수
④ 예방 보수

31 소프트웨어 테스트와 관련한 설명으로 틀린 것은?

① 화이트박스 테스트는 모듈의 논리적인 구조를 체계적으로 점검할 수 있다.
② 블랙박스 테스트는 프로그램의 구조를 고려하지 않는다.
③ 테스트 케이스에는 일반적으로 시험 조건, 테스트 데이터, 예상 결과가 포함되어야 한다.
④ 화이트박스 테스트에서 기본 경로(Basis Path)란 흐름 그래프의 시작 노드에서 종료 노드까지의 서로 독립된 경로로 싸이클을 허용하지 않는 경로를 말한다.

32 다음 중 결함의 종류에 해당하지 않는 것은 무엇인가?

① 장애(Failure)
② 결함(Defect)
③ 오류(Error)
④ 차이(Diff)

33 HTTP status codes에서 '페이지 없음'에 해당하는 것은 무엇인가?

① 401
② 404
③ 500
④ 408

34 A*B+C의 산술식에서 Postfix 표기법으로 변환한 것에 해당하는 것은 무엇인가?

① ABC*+
② AB*C+
③ AC*B+
④ AC+B*

- [A*B]+C → AB*
- [[A*B]+C] → AB*C+

35 다음 중 코드(Code) 기반 커버리지에 대한 설명과 가장 거리가 먼 것은 무엇인가?

① 구문(Statement) 커버리지 : 모든 명령문을 적어도 한 번 수행하는 커버리지
② 다중 조건 커버리지 : 전체 조건식뿐만 아니라 개별 조건식도 참 한 번, 거짓 한 번 결과가 되도록 수행하는 커버리지
③ 분기(Branch) 커버리지 : 전체 결정문이 적어도 한 번은 참과 거짓의 결과를 수행
④ 조건(Condition) 커버리지 : 결정 명령문 내의 각 조건이 적어도 한 번은 참과 거짓의 결과가 되도록 수행하는 커버리지

36 사용자 중심의 패키징 작업에서 기능 식별에 해당하지 않는 것은 무엇인가?

① 모듈 간 결합도와 응집도 식별
② 메인함수 기능 정의 및 데이터 흐름 식별
③ 호출 함수 정의 및 출력 데이터 식별
④ 입출력 데이터 식별

37 통합 테스트(Integration Test) 중 아래에서 설명하는 것은 무엇인가?

- 모든 모듈을 통합하여 전체 프로그램을 한 번에 테스트
- 실제 모듈로 테스트 가능하지만 장애 위치 파악이 어려워 작은 시스템에만 적용

① 점증적 방식　② 순차적 방식
③ 비순차적 방식　④ 비점증적 방식

38 다음 중 연계 시스템을 구성하는 시스템과 거리가 먼 것은 무엇인가?

① 수신 시스템　② 동기 시스템
③ 중계 시스템　④ 송신 시스템

39 폴리쉬 표기법의 종류에서 연산자가 피연산자들의 중간에 위치하는 형식에 해당하는 것은 무엇인가?

① 중위식(Infix)　② 전위식(Prefix)
③ 후위식(Postfix)　④ 상위식(Topfix)

40 다음 중 프로그램의 기능, 결과를 위주로 테스트하는 기법으로 옳은 것은 무엇인가?

① 성능 테스트
② 화이트박스 테스트
③ 블랙박스 테스트
④ 경험 기반 테스트

41 회복에 따른 연산자 중 아래에서 설명하는 것은 무엇인가?

- 변경된 데이터를 취소하여 원래의 내용으로 복원시키는 연산이다.
- 주로 트랜잭션 실행 중 실패하였을 경우 원래의 내용으로 복원하는 경우에 사용한다.

① Medo
② Undo
③ Trando
④ Redo

42 다음 중 E-R 다이어그램의 표기법에 해당하지 않는 것은 무엇인가?

① 각각의 요소는 실선으로 연결한다.
② 개체는 사각형으로 표시한다.
③ 관계는 마름모로 표시한다.
④ 속성은 한쪽이 잘린 사각형으로 표시한다.

43 2개의 속성과 2개의 튜플을 가진 릴레이션 A와 3개의 속성과 3개의 튜플을 가진 릴레이션 B에서 카티션 프로덕트를 진행한 결과 릴레이션의 차수에 해당하는 것은 무엇인가?

① 4
② 5
③ 3
④ 6

정답　37 ④　38 ②　39 ①　40 ③　41 ②　42 ④　43 ②

44 함수 종속의 종류에서 기본키만으로는 해당 데이터를 식별할 수 없는 종속 관계에 해당하는 것은 무엇인가?

① 부분 함수 종속
② 주종적 함수 종속
③ 완전 함수 종속
④ 이행적 함수 종속

45 DBMS의 필수 기능에서 데이터의 논리적, 물리적 구조를 정의하는 것에 해당하는 것은 무엇인가?

① 정의 기능
② 조작 기능
③ 제어 기능
④ 병합 기능

46 성적 테이블을 생성한 뒤에 성적 테이블에서 평균 필드가 누락되어 있는 것을 확인하여 새롭게 추가해야 할 때 사용하는 명령어에 해당하는 것은 무엇인가?

① CREATE
② ALTER
③ UPDATE
④ MODIFY

47 관계 데이터베이스의 테이블인 수강(학번, 과목명, 중간성적, 기말성적)에서 과목명이 "DB"인 모든 튜플들을 성적에 의해 정렬된 형태로 검색하고자 한다. 이때 정렬 기준은 기말 성적의 오름차순으로 정렬하고 기말성적이 같은 경우는 중간성적의 내림차순으로 정렬하고자 한다. 다음 SQL 질의문에서 ORDER BY절의 밑줄 친 부분의 내용으로 옳은 것은?

```
SELECT * FROM 수강 WHERE 과목명 = "DB"
ORDER BY _____ ;
```

① 기말성적 DESC, 중간성적 ASC
② 기말성적 UP, 중간성적 DOWN
③ 기말성적 ASC, 중간성적 DESC
④ 기말성적 HIGH, 중간성적 LOW

48 RDBMS의 기본 용어 중 아래에서 설명하는 것은 무엇인가?

- 개체 내에서 하나의 완벽한 정보를 나타낸다.
- 파일 시스템에서 레코드에 해당된다.
- 이것은 고유해야 하며 이것 사이에는 순서가 없다.

① 차수(Degree)
② 기수(Cardinality)
③ 릴레이션 인스턴스(Relation Instance)
④ 튜플(Tuple)

49 다음 중 E-R 다이어그램 작성 시 고려사항에 대한 설명과 가장 거리가 먼 것은 무엇인가?

① 개체들은 정렬하여 중심부에 배열하고 관계 있는 개체는 서로 가까이 둔다.
② 업무 흐름과 관련된 개체는 진행 순서에 따라 오른쪽 위에서 왼쪽 아래로 배열한다.
③ 관계 있는 개체끼리 묶어준다.
④ 교차선이나 관계선이 너무 길지 않게끔 배열한다.

50 분산 데이터베이스 관리 시스템의 목표 중 아래에서 설명하는 것은 무엇인가?

> • 분산 데이터베이스와 관련된 다수의 트랜잭션들이 동시에 실현되더라도 그 트랜잭션의 결과는 영향을 받지 않는 성질이다.
> • 다수의 트랜잭션이 동시에 수행되는 경우에도 결과의 일관성이 유지되어야 한다는 것이다.

① 위치 투명성　② 병행 투명성
③ 중복 투명성　④ 분할 투명성

51 다음 중 성적 테이블을 삭제하려고 하는데, 성적 테이블은 학생 테이블의 학번 필드를 참조하고 있는 상태이다. 성적 테이블과 연결된 테이블이 있는 경우에는 삭제를 하지 않아야 할 경우에 사용해야 하는 명령어는 무엇인가?

① RESTRICT
② ENABLE
③ DISABLE
④ CASCADE

52 절차형 SQL 중 아래에서 설명하는 것은 무엇인가?

> • SQL 문장을 활용하여 특정 기능을 수행할 수 있는 트랜잭션 언어이다.
> • 호출을 통해 실행되며, 일반적으로 데이터 조작어 위주로 구성된다.
> • 매일 또는 주기적으로 반복되는 작업에 사용된다.

① Trigger
② User Defined Function
③ Data Query Language
④ Procedure

53 다음 중 순수 관계 연산자에 해당하지 않는 것은 무엇인가?

① SELECT
② PROJECT
③ Divide
④ Division

54 데이터 모델에서 모델링 프로세스에 해당하는 것은 무엇인가?

① 개념 – 논리 – 물리
② 개념 – 물리 – 논리
③ 물리 – 개념 – 논리
④ 물리 – 논리 – 개념

정답　49 ②　50 ②　51 ①　52 ④　53 ③　54 ①

55 고객 테이블의 모든 자료를 검색하는 SQL문으로 옳은 것은?

① SELECT % FROM 고객;
② SELECT - FROM 고객;
③ SELECT * FROM 고객;
④ SELECT # FROM 고객;

56 데이터 정의어(DDL)에서 데이터베이스 오브젝트를 변경하는 명령어에 해당하는 것은 무엇인가?

① DROP
② CREATE
③ ALTER
④ TRUNCATE

57 뷰(View)에 대한 설명으로 틀린 것은?

① DHA는 보안 측면에서 뷰를 활용할 수 있다.
② 데이터의 논리적 독립성을 제공한다.
③ 뷰를 이용한 또 다른 뷰를 생성할 수 있다.
④ 삽입, 삭제, 갱신 연산에 아무런 제한이 없으므로 사용자가 뷰를 다루기가 용이하다.

58 다음 중 정규화에 대한 설명과 가장 거리가 먼 것은 무엇인가?

① 데이터의 정확성이 높아진다.
② 물리적 접근이 복잡해진다.
③ 다양하고 많은 양의 조인이 발생한다.
④ 데이터 구축이 복잡해진다.

59 키(key)의 종류 중에서 기본키로 지정된 키를 제외한 후보키에 해당하는 것은 무엇인가?

① 대체키(Alternate Key)
② 기본키(Primary Key)
③ 외래키(Foreign Key)
④ 후보키(Candidate Key)

60 다음 영문과 관련되는 SQL 명령은?

> The Command removes tuples from a relation.

① KILL　　② DELETE
③ DEL　　④ ERASE

영문 해석 : 이 명령어는 릴레이션에서 튜플을 제거한다.

61 다음 중 가상기억장치의 개념에 대한 설명과 가장 거리가 먼 것은 무엇인가?

① 블록의 종류에 따라 페이징 기법과 세그먼테이션 기법으로 나눌 수 있다.
② 보조기억장치의 일부를 주기억장치처럼 사용하여, 용량이 큰 프로그램을 실행할 수 있도록 하는 기법이다.
③ 프로그램을 하나의 큰 블록으로 합쳐 가상기억장치에 저장해둔 뒤에 필요할 때 처음부터 끝까지 훑어내 처리한다.
④ 스와핑 기법에서 발전된 것으로, 연속 할당 방식에서 발생할 수 있는 단편화를 해결할 수 있다.

62 C언어에서 아래 코드의 출력 결과에 해당하는 것은 무엇인가?

```c
int main(){
  int i;
  int sum = 0;
  for(i=0; i<=10; i=i+2)
    sum = sum + i;
  printf("%d", sum);
  return 0;
}
```

① 10　　② 30
③ 45　　④ 32

i=0	i<=10	sum+=i	i+=2
0	true	0	2
2	true	0+2	4
4	true	0+2+4	6
6	true	0+2+4+6	8
8	true	0+2+4+6+8	10
10	true	0+2+4+6+8+10	12
12	false		

63 다음 중 객체지향 기술의 구성 요소에 해당하지 않는 것은 무엇인가?

① Instance
② Object
③ Cookie
④ Class

64 객체의 정의에서 속성에 대한 연산 기능과 객체가 수행하는 행위에 해당하는 것은 무엇인가?

① 객체　　② 메시지
③ 메소드　④ 생성자

65 다음 중 배치 프로그램의 필수 요소에 대한 설명과 가장 거리가 먼 것은 무엇인가?

① 발생한 문제에 대해 분석, 추적이 가능해야 한다.
② 주어진 시간 내에 다른 애플리케이션을 방해하지 않고 처리를 완료할 수 있어야 한다.
③ 예외 처리가 불가능하여 비정상적으로 작동하면 작동이 중단된다.
④ 대용량의 데이터를 처리할 수 있어야 한다.

66 아래의 C 코드에서 27을 출력하기 위해 밑줄 친 곳에 입력해야 하는 코드에 해당하는 것은 무엇인가?

```c
#include <stdio.h>
int main()
{
  int ar[3][3] = {
    {1, 2, 4},
    {6, 9, 3},
    {8, 7, 5}
  };
  printf("%d", ar[1][1] * ar_____);
  return 0;
}
```

① [1][0]　　② [1][2]
③ [2][1]　　④ [0][1]

ar[1][1] → 9

[복습포인트] 파트04-챕터05-섹션01

67 운영체제 중 아래에서 설명하는 것은 무엇인가?

- 언어 번역
- 서비스
- 문제 해결

① 제어 프로그램
② 서비스 프로그램
③ 보조 프로그램
④ 처리 프로그램

[복습포인트] 파트02-챕터01-섹션01

68 다음 중 알고리즘 특성에 대한 설명과 가장 거리가 먼 것은 무엇인가?

① 모든 기능은 지정한 횟수만큼 반복된 후 종료되어야 한다.
② 모든 기능이 명확한 의미와 완벽한 구성을 갖출 필요는 없다.
③ 출력은 반드시 1개 이상 존재한다.
④ 입력은 존재하지 않을 수 있다.

[복습포인트] 파트04-챕터02-섹션01

69 C언어에서 정수형 변수 a의 값을 1 증가시킨 뒤 2로 곱하는 연산에 해당하는 것은 무엇인가?

① (a++1)*2
② ++a*2
③ ++(a*2)
④ a+1*2

괄호가 없다면 이항연산(*)보다 단항연산(++)이 먼저 진행된다.

[복습포인트] 파트04-챕터05-섹션03

70 메모리 관리 기법 중 First Fit 방법을 사용할 경우 10K 크기의 프로그램 실행을 위해서는 어느 부분에 할당되는가?

번호	메모리 공간 크기	사용 여부
1	12K	사용 중
2	9K	빈 공간
3	12K	빈 공간
4	15K	빈 공간

① 1
② 2
③ 3
④ 4

[복습포인트] 파트04-챕터04-섹션01

71 파이썬에서 Car 클래스의 생성자 메소드를 정의할 때 사용하는 키워드에 해당하는 것은 무엇인가?

① Car
② Constructor
③ this.Car
④ __init__

[복습포인트] 파트04-챕터05-섹션02

72 다음 중 프로세스 스케줄링의 원칙에 대한 설명과 가장 거리가 먼 것은 무엇인가?

① 단위 시간당 가능한 최대의 처리가 될 수 있도록 해야 한다.
② 중요 자원의 선점 여부와 불안하지 않은 프로세스에 우선순위를 주어야 한다.
③ 응답 시간에 우선을 두어 빠른 응답을 목표로 한다.
④ 공정하게 배정되어야 하며 처리 응답 시간이 신속해야 한다.

73 객체지향 설계에서 설계 시 자료와 자료에 가해지는 프로세스를 묶어 정의하고 관계를 규명하는 모델에 해당하는 것은 무엇인가?

① 동시 모델
② 동적 모델
③ 객체 모델
④ 기능 모델

74 다음 중 피연산자가 2개 필요한 연산자에 해당하지 않는 것은 무엇인가?

① ++
② ==
③ 》
④ %

단항 연산자를 찾는 문제이다.

75 다음 중 유닉스에 대한 설명과 가장 거리가 먼 것은 무엇인가?

① 쉘 명령어 프로그램과 사용자 위주의 시스템 명령어가 제공된다.
② 표준이 정해져 있고 제품의 공급 업체(Vendor)가 많으며 라이선스 비용이 저렴하다.
③ 하나 이상의 작업을 병행 처리할 수 있고, 둘 이상의 사용자가 동시에 시스템을 사용할 수 있다.
④ 수평적 파일 시스템과 단편적인 네트워킹이 존재한다.

76 Java의 출력 메소드에서 인수의 출력과 함께 줄바꿈도 가능한 메소드에 해당하는 것은 무엇인가?

① System.out.printent( )
② System.out.print( )
③ System.out.println( )
④ System.out.printf( )

77 다음 중 인터럽트의 종류에 해당하지 않는 것은 무엇인가?

① 외부
② 내부
③ 소프트웨어
④ 하드웨어

78 객체지향 분석 방법론 중 아래에서 설명하는 것은 무엇인가?

- 미시적(micro), 거시적(macro) 개발 프로세스로 접근하는 방법이다.
- 각 작업에 대한 다이어그램, 클래스 계층 정의 및 클러스터링 작업을 수행한다.

① Rumbaugh
② Booch
③ Coad Yourdon
④ Jacobson

79 다음 중 C언어의 자료형에 해당하지 않는 것은 무엇인가?

① char
② float
③ short
④ String

정답 73② 74① 75④ 76③ 77④ 78② 79④

80 다음 중 유닉스 파일과 디렉토리 권한 지정 순서로 옳은 것은 무엇인가?

① 파일 타입, 소유자, 사용자, 그룹
② 파일 타입, 소유자, 그룹, 사용자
③ 소유자, 사용자, 그룹, 파일 타입
④ 소유자, 그룹, 사용자, 파일 타입

81 다음 중 아래에서 설명하는 것은 무엇인가?

- 한국인터넷진흥원에서 개발된 암호화 알고리즘이다.
- 128/256비트 고정키를 사용하고, 128/256비트의 블록을 암호화하는 블록 암호 방식이다.
- 16라운드를 통해 암호화된다.

① AES　　② ARIA
③ ECC　　④ SEED

82 UDP 계층 중 아래에서 설명하는 것은 무엇인가?

- 네트워크 장비를 관리 감시하기 위한 목적으로 UDP상에 정의된 응용 계층 표준 프로토콜이다.
- 네트워크 관리자가 네트워크 성능을 관리하고 네트워크의 문제점을 찾는다.

① TFTP
② NFS
③ RTP
④ SNMP

83 다음 중 프로세스 주요 상태에 해당하지 않는 것은 무엇인가?

① Removal
② Ready
③ Running
④ Exit

84 다음 중 아래에서 설명하는 것은 무엇인가?

인터넷이나 기타 디지털 매체를 통해 유통되는 데이터의 저작권 보호를 위해 데이터의 안전한 배포를 활성화하거나 불법 배포를 방지하기 위한 시스템이다.

① PIA
② Hash
③ Blockchain
④ DRM

85 오류 검출 방식 중 아래에서 설명하는 것은 무엇인가?

- 오류 검출과 교정이 가능한 코드로 2비트의 오류 검출 및 1비트의 오류 교정이 가능한 방식이다.
- 수신측에서 오류를 정정하여 수신하므로 송신측에서는 재전송을 하지 않는다.

① Block Sum Check
② Parity
③ Checksum
④ Hamming

86 시스템 보안과 관련하여 패스워드 관리에 대한 설계 항목과 가장 거리가 먼 것은?

① 기억하기 쉬운 단순한 비밀번호 사용을 통해 비밀번호 찾기 기능 사용 최소화
② 비밀번호 입력 실패 횟수가 정해진 기준을 넘어서는 경우 강제 계정 잠금
③ 일정 기간이 지나거나 임시로 발급받은 비밀번호를 변경하여 사용하도록 설계
④ 모든 비밀번호는 외부로 노출되지 않도록 암호화 하여 보관

87 다음 중 침입 탐지 시스템(IDS)에 대한 설명과 가장 거리가 먼 것은 무엇인가?

① 공격으로 판단되는 패킷을 차단할 수 있다.
② 방화벽과 상호 보완적으로 사용할 수 있다.
③ 외부뿐 아니라 내부 공격자의 공격을 탐지하여 공격에 대한 경고 메시지를 전달(수동적)할 수 있지만 자체적으로 차단을 하거나 작업을 중단(능동적)할 수는 없다.
④ 허가되지 않은 네트워크상의 비정상적인 행동을 탐지하고 이에 대응할 수 있는 기능을 가진 보안 시스템이다.

88 다음 중 유선 LAN에 사용되며 충돌을 감지하여 제어하는 통신 방식은 무엇인가?

① CSMA/CS
② CSMA/CD
③ CSMA/CC
④ CSMA/CA

89 응용 계층의 전자우편 중 아래에서 설명하는 것은 무엇인가?

> 텍스트, 이미지, 오디오 등의 멀티미디어 메일을 주고받기 위한 프로토콜이다.

① POP3
② SMTP
③ IMAP
④ MIME

90 다음 중 IPSec의 개념에 대한 설명과 가장 거리가 먼 것은 무엇인가?

① IP 패킷의 보안 프로토콜로 패킷을 제거하거나 삽입을 불가능하게 하는 보안 기술이다.
② IETF에 의해 표준화되었고 인증, 암호화, 무결성, 키 교환 등의 기능을 제공한다.
③ 웹 서버와 웹 브라우저에서 전달되는 데이터를 안전하게 송수신할 수 있도록 개발된 프로토콜이다.
④ 네트워크 계층에서 동작한다.

91 사용자 인증의 종류 중 아래에서 설명하는 것은 무엇인가?

> 2가지의 인증 요소를 이용하여 식별자의 신원을 검증하는 방식으로, 패스워드만을 이용하는 방식보다 훨씬 강력한 인증 방식이다.

① 단일(Unique) 사용자 인증
② 이중(Two-factor) 사용자 인증
③ SSO(Single Sign On) 인증
④ 단순(Simple) 사용자 인증

92 다음 중 전자서명 제공하는 기능에 해당하지 않는 것은 무엇인가?

① 무결성
② 사용자 인증
③ 부인방지
④ 통장 잔고

93 다음 중 Digital Twin에 대한 설명과 가장 거리가 먼 것은 무엇인가?

① 물리적인 자산을 컴퓨터에 동일하게 표현한 가상 모델
② 실제 자산의 특성에 대한 정확한 정보를 얻을 수 있는 기술
③ 인간의 두뇌를 모델로 만들어진 인공 신경망을 기반으로 하는 기계 학습 기술
④ 자산의 최적화, 돌발사고 최소화, 생산성 증가 등 모든 과정의 효율성 향상

94 OSI 7계층 중 아래에서 설명하는 것은 무엇인가?

- 네트워크 종단 시스템(단말기) 간의 일관성 있고 투명한 데이터 전송이 제공될 수 있도록 지원하기 위한 계층이다.
- 신뢰성 있고 효율적인 데이터를 전송하기 위해 오류 검출과 복구, 흐름 제어를 수행한다.

① 네트워크 계층
② 데이터링크 계층
③ 세션 계층
④ 전송 계층

95 다음 중 아래에서 설명하는 것은 무엇인가?

버퍼 오버플로우 공격 차단 방법으로 메모리상에서 프로그램의 복귀 주소와 변수 사이에 특정 값을 저장해 두었다가 그 값이 변경되었을 경우 오버플로우 상태로 가정하여 프로그램 실행을 중단하는 기술

① Stack Shield
② Stack immune
③ Stack Barrier
④ Stack Guard

96 주요 취약점 중 아래에서 설명하는 것은 무엇인가?

전송되는 데이터가 허용되지 않은 가로채기 및 중간자 공격을 당하는 것이다.

① 잘못된 보안 설정
② 취약한 인증 및 세션 관리
③ 가로채기
④ 불충분한 전송 레이어 보호

97 다음 중 블록 암호(Block Cipher) 종류에 해당하지 않는 것은 무엇인가?

① ARIA
② DES
③ Hegelin
④ AES

[복습포인트] 파트05-챕터02-섹션02

98 다음 중 데이터베이스 관련 신기술에 해당하지 않는 것은 무엇인가?

① Broad Data
② Hadoop
③ Smart Grid
④ Big Data

[복습포인트] 파트05-챕터01-섹션02

99 다음 중 교환 회선의 특징에 대한 설명과 가장 거리가 먼 것은 무엇인가?

① 크게 회선 교환 방식과 축적 교환 방식이 있다.
② 전송 속도가 느리고 품질이 나쁘며 적은 양의 데이터를 전송할 수 있다.
③ 컴퓨터 주소, 경로 선택이 필요 없으며 보안이 좋다.
④ 통신 범위가 넓고 사용 비용이 저렴하다.

[복습포인트] 파트05-챕터03-섹션01

100 다음 중 아래에서 설명하는 것은 무엇인가?

> 인터넷 사용자의 컴퓨터에 침입하여 내부 문서 및 파일을 암호화한 뒤에 암호 해독용 프로그램 제공을 조건으로 사용자에게 돈을 요구하는 공격 방식이다.

① Slowloris
② Ransomware
③ Bit Flipping
④ Heartbleed

정보처리기사 필기 실전 모의고사 07회

시험 일자	문항 수	시험 시간
년 월 일	총 100문항	2시간 30분

수험번호 : _____
성   명 : _____

복습포인트 파트01-챕터02-섹션03

01 다음 중 구조적 다이어그램의 종류에 해당하지 않는 것은 무엇인가?

① Component
② Object
③ Use case
④ Deployment

복습포인트 파트01-챕터04-섹션01

02 아래에서 설명하는 설계 추상화 방식은 무엇인가?

> 상세 수행 과정이 아닌 전반적인 흐름만 파악할 수 있도록 표현하는 추상화 방식

① 흐름 추상화
② 자료 추상화
③ 제어 추상화
④ 과정 추상화

복습포인트 파트01-챕터02-섹션02

03 다음 중 HIPO의 도표에 해당하지 않는 것은 무엇인가?

① 총체적
② 가시적
③ 반복적
④ 세부적

복습포인트 파트01-챕터01-섹션01

04 다음 중 애자일(Agile) 방법론 개념에 해당하지 않는 것은 무엇인가?

① 소규모 프로젝트, 숙련된 개발자, 급변하는 요구사항에 적합하다.
② XP, Scrum, 기능 중심 개발(FDD), 동적 시스템 개발 방법(DSDM), 경량 개발, kanban 등이 대표적이다.
③ 일정한 주기를 반복하면서 개발 과정이 진행된다.
④ 공통된 기능이 있는 제품들의 개발 비용 및 시간을 단축시킨다.

복습포인트 파트01-챕터01-섹션01

05 다음 중 XP의 기본 원리(실천 항목)에 대한 설명과 가장 거리가 먼 것은 무엇인가?

① 하나의 작업을 2명의 프로그래머가 코딩, 리뷰 공동 수행
② 즉석에서의 아이디어로 기획 수행
③ 선 단위 테스트 후 실제 코드 작성
④ 개발 효율을 위해 고객을 프로젝트 팀원으로 상주

정답 01 ③ 02 ④ 03 ③ 04 ④ 05 ②

06 다음 중 요구사항 분류에 대한 설명과 가장 거리가 먼 것은 무엇인가?

① 사용자, 개발자 요구사항으로 분류한다.
② 개발의 복잡성을 고려해 요구사항의 우선순위는 변경하지 않는다.
③ 형상관리 대상인지 아닌지를 분류한다.
④ 기능적, 비기능적 요구사항으로 분류한다.

07 다음 중 UI 설계 시 고려사항에 해당하지 않는 것은 무엇인가?

① 유연성
② 오류 해결
③ 접근성
④ 표준화

08 다음 중 우연적 응집도에 대한 설명과 가장 거리가 먼 것은 무엇인가?

① 모듈 내부의 각 구성 요소들이 서로 관련 없는 요소로만 구성된 경우이다.
② 각 기능들의 연관성은 없지만 특정 시기에 함께 처리해야 하는 기능들을 묶어놓은 경우이다.
③ 가장 약한 응집도를 가지며 모듈의 품질을 하락시킨다.
④ 모듈화의 장점이 전혀 없고 유지보수가 어렵다.

09 다음 중 소프트웨어 개발 방법론에 해당하지 않는 것은 무엇인가?

① 정보공학 방법론
② 구조적 방법론
③ 컴포넌트 기반 방법론
④ 절차지향 방법론

10 다음 중 기업용 소프트웨어에 해당하지 않는 것은 무엇인가?

① OD(Office Document)
② CRM(Customer Relationship Management)
③ BI(Business Intelligence)
④ SCM(Supply Chain Management)

11 다음 중 인덱스 순차 편성의 개념에 대한 설명과 가장 거리가 먼 것은 무엇인가?

① 삽입, 삭제가 많아지면 파일의 제거가 이루어져야 한다.
② 순차 처리와 랜덤 처리를 병행할 수 있고, 레코드의 삽입과 수정이 용이하다.
③ 색인 구역, 기본 데이터 구역, 오버플로우 구역으로 구성된다.
④ 인덱스를 저장하기 위한 공간과 오버플로우 처리를 위한 별도의 공간이 필요하다.

복습포인트 파트04-챕터03-섹션01

12 행위 패턴 중 아래에서 설명하는 것은 무엇인가?

> • 객체의 상태를 저장해 두었다가 복원해야 할 경우 사용하는 패턴이다.
> • 캡슐화의 원칙을 지키면서 객체의 내부 상태를 파악하고 객체의 상태를 저장해 둔 상태로 다시 복구할 수 있게 한다.

① Observer
② Mediator
③ Memento
④ Interpreter

복습포인트 파트01-챕터01-섹션02

13 다음 중 CMM(Capability Maturity Model) 5단계에 해당하지 않는 것은 무엇인가?

① Repeatable
② Comliance
③ Optimizing
④ Managed

복습포인트 파트01-챕터01-섹션01

14 다음 중 프레임워크의 특징에 해당하지 않는 것은 무엇인가?

① Reusability
② Modularity
③ Inversion of Control
④ Accuracy

복습포인트 파트01-챕터02-섹션02

15 요구사항 검증 방법 중 아래에서 설명하는 것은 무엇인가?

> • 검토 자료를 회의 전에 배포한다.
> • 짧은 시간 동안 회의를 진행하여 오류를 검출하고 문서화한다.

① Prototype
② Peer Review
③ Walk Through
④ Waterfall

복습포인트 파트01-챕터01-섹션01

16 다음 중 애자일 모델의 특징에 해당하지 않는 것은 무엇인가?

① 고객의 요구사항 변화에 유연하게 대응할 수 있도록 일정 주기를 반복하면서 개발 과정을 진행한다.
② 특정 개발 모델이 아니라 고객과의 소통에 초점을 맞춘 방법론을 통칭하는 것이다.
③ 각 개발주기에는 고객의 요구사항에 우선순위를 부여하여 개발을 진행한다.
④ 제품 책임자, 스크럼 마스터, 개발팀으로 구성된다.

정답 12 ③　13 ②　14 ④　15 ③　16 ④

17 형상 관리 절차 중 아래에서 설명하는 것은 무엇인가?

> - 절차와 표준, 스키마, 문서, 파일, 코드 등 모든 산출물을 대상으로 한다.
> - 각 대상을 계층(Tree) 구조로 구성한다.
> - 수정 및 추적이 용이하도록 베이스라인의 기준을 정하는 활동이다.

① 형상 감사　② 형상 식별
③ 형상 통제　④ 형상 상태 보고

18 다음 중 미들웨어의 종류에 해당하지 않는 것은 무엇인가?

① TP-Monitor
② N-Screen
③ DBMS
④ RPC

19 다음 중 소프트웨어 재사용 모듈 설계의 유의사항에 대한 설명과 가장 거리가 먼 것은 무엇인가?

① 공유도는 높이고, 제어도는 낮추어 설계되었는지 검토한다.
② 특정 프로그램에서만 독립적으로 사용할 수 있도록 설계한다.
③ 누구나 쉽게 이해하고 사용할 수 있도록 사용법이 공개되어야 한다.
④ 결합도는 약하게, 응집도는 높게 구성되어야 한다.

20 다음 중 LOC(Line Of Code) 기법에 해당하지 않는 것은 무엇인가?

① 비관치 : 예측된 라인 수 중 가장 많은 것이다.
② 낙관치 : 예측된 라인 수 중 가장 적은 것이다.
③ 기대치 : 예측된 라인 수들의 평균치이다.
④ 평균치 : 예측된 라인 수들의 평균치이다.

21 성능 측정 지표 중 아래에서 설명하는 것은 무엇인가?

> 정해진 시간에 처리할 수 있는 연산, 트랜잭션의 수이다.

① 자원 사용률(Resource Usage)
② 반환 시간(Turnaround Time)
③ 응답 시간(Response Time)
④ 처리량(Throughput)

22 다음 중 사용자 중심의 패키징 작업에 해당하지 않는 것은 무엇인가?

① 사용자 환경 분석
② 변경 부분 정리
③ 패키지 적용 시험
④ 모듈화

정답 17② 18② 19② 20④ 21④ 22②

23 다음 중 이진 트리의 순회 종류에 해당하지 않는 것은 무엇인가?

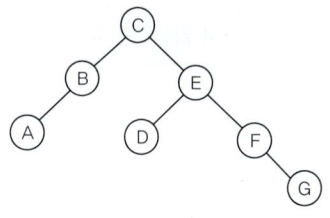

① C-B-A-E-D-F-G
② A-B-D-G-F-E-C
③ C-A-B-D-E-F-G
④ A-B-C-D-E-F-G

- 전위 순회 : root → left → right
- 중위 순회 : left → root → right
- 후위 순회 : left → right → root

24 다음 중 EAI의 특징에 대한 설명과 가장 거리가 먼 것은 무엇인가?

① Point-to-Point, Hub & Spoke, Message Bus(ESB) 등이 있다.
② 서로 다른 코드나 프로토콜을 사용하는 시스템 간 통신이 가능하다.
③ 원격지에 중요한 정보 자원만 부분적으로 보유하는 방식이다.
④ 어댑터를 이용해 메시지 변환이 가능하다.

25 다음 중 릴리즈 노트에 대한 설명과 가장 거리가 먼 것은 무엇인가?

① 소프트웨어와 함께 배포되어 최종 사용자에게 전달되는 문서이다.
② 전체적인 버전 관리를 체계적으로 관리할 수 있다.
③ 릴리즈 정보들은 철저하게 테스트를 진행한 후 개발팀에서 제공하는 사양에 대해 최종 승인된 후에 문서를 통해 배포된다.
④ 소유권은 개발을 후원한 스폰서가 가진다.

26 다음 중 기초 경로(Basic Path) 테스트에 대한 설명과 가장 거리가 먼 것은 무엇인가?

① McCabe가 제안한 것으로 대표적인 블랙박스 테스트 기법이다.
② 복잡도는 간선 수에서 노드 수를 뺀 값에 2를 더하여 구한다.
③ 측정 결과를 기반으로 실행 경로의 기초를 정의한다.
④ 설계서나 소스코드를 기반으로 흐름도를 작성하고 논리적 순환 복잡도(Cyclomatic complexity)를 측정한다.

27 다음 중 시스템 테스트 중, 비기능적 요구사항에 대한 설명과 가장 거리가 먼 것은 무엇인가?

① 요구사항은 성능과 가용성처럼 기능적 요구사항에서 다루지 못한 품질적인 요소를 다룬다.
② 항목들은 객관적으로 측정할 수 있어야 한다.
③ 명세서(요구사항 명세서, 유스케이스 등) 기반의 블랙박스 테스트를 진행한다.
④ 성능, 회복, 보안 등의 목적 기반 테스트를 진행한다.

28 탐색 기법 중에서 '((찾을값 – 최소값) / (최대값 – 최소값)) × 데이터개수'로 탐색을 수행하는 기법에 해당하는 것은 무엇인가?

① 보간 탐색
② 블록 탐색
③ 이진 트리 탐색
④ 해싱 탐색

29 선형 구조 중 아래에서 설명하는 것은 무엇인가?

> • 2개의 포인터를 사용하여 자신의 다음 노드(Next)와 이전 노드(Prev)의 위치를 기억한다.
> • 탐색의 방향을 바꾸어 이전 노드를 탐색할 수 있다.
> • 특정 노드의 포인터가 훼손되었을 때 복구의 가능성이 있다.

① 데크(Deque)
② 이중 연결 리스트(Double Linked List)
③ 단일 연결 리스트(Single Linked List)
④ 단일 원형 연결 리스트(Single Circular Linked List)

30 소프트웨어 유지보수 부작용 중 아래에서 설명하는 것은 무엇인가?

> 자료구조 변경으로 인하여 발생하는 부작용이다.

① 데이터 부작용
② 용량 부작용
③ 코딩의 부작용
④ 문서 부작용

31 다음 중 애플리케이션 성능 측정 지표와 가장 거리가 먼 것은?

① 처리량
② 업데이트 주기
③ 응답 시간
④ 자원 사용률

32 자료 (4, 3, 2, 1, 5)에서 버블 정렬 기법(오름차순)을 사용했을 때, 1회전 후의 결과에 해당하는 것은 무엇인가?

① 2, 3, 1, 4, 5
② 2, 3, 4, 1, 5
③ 1, 2, 4, 3, 5
④ 3, 2, 1, 4, 5

• 1회전 : 3, 2, 1, 4, 5
• 2회전 : 2, 1, 3, 4, 5
• 3회전 : 1, 2, 3, 4, 5

정답 27 ③ 28 ① 29 ② 30 ① 31 ② 32 ④

33 다음 중 자료구조의 개념에 대한 설명과 가장 거리가 먼 것은 무엇인가?

① 효과적인 자료구조는 데이터 용량과 실행 시간 등을 최대한으로 사용한다.
② 데이터의 추가, 삭제, 탐색을 보다 효율적으로 연산하는 활동도 포함된다.
③ 프로그램에서 쉽게 활용될 수 있도록 논리적으로 설계된 데이터의 구조 및 관계를 의미한다.
④ 같은 데이터라도 데이터 구조를 어떻게 구성하는지에 따라 성능에 많은 영향을 미친다.

34 다음 중 아래에서 설명하는 것은 무엇인가?

> 결함은 대부분 소수의 특정 모듈에 집중되어 있으므로 결함의 발견, 가시화, 제거, 예방 등을 효율적으로 진행할 수 있어야 한다.

① 오류-부재의 궤변
② 완벽한 테스트는 불가능
③ 결함 집중
④ 살충제 패러독스

35 다음 중 형상 관리 도구의 필요성에 대한 설명과 가장 거리가 먼 것은 무엇인가?

① 높은 품질의 소프트웨어를 빠르게 개발한다.
② 불필요한 소스코드의 수정을 제한할 수 있다.
③ 빠른 오류 복구가 가능한다.
④ 프로젝트 개발 비용을 효율적으로 관리한다.

36 연계 통합 구현 중 아래에서 설명하는 것은 무엇인가?

> • 전송하고자 하는 데이터를 생성하고 변환한다.
> • 송신 모듈과 데이터 생성, 데이터 송신 상태를 모니터링한다.

① 수신 시스템
② 네트워크 연결
③ 중계 시스템
④ 송신 시스템

37 인터페이스 구현 검증 도구 중 아래에서 설명하는 것은 무엇인가?

> 다양한 브라우저(웹) 지원 및 개발언어를 지원하는 웹 애플리케이션 테스트 프레임워크

① STAF
② FitNesse
③ NTAF
④ Selenium

38 다음 중 설계 기반 테스트의 종류에 해당하는 것은 무엇인가?

① 성능 기반 테스트
② 경계 기반 테스트
③ 명세 기반 테스트
④ 개념 기반 테스트

39 다음 중 해싱 함수의 종류에 해당하지 않는 것은 무엇인가?

① 병합법(Merge)
② 제산법(Division)
③ 의사 무작위법(Pseudo Random)
④ 폴딩법(Folding)

40 정적 테스트 중 아래에서 설명하는 것은 무엇인가?

> 요구사항 명세서 작성자가 동료들에게 내용을 설명하면서 결함을 발견한다.

① 동료 검토(Peer Review)
② 워크스루(Walk Through)
③ 인스펙션(Inspection)
④ 경계값 분석(Boundary Value Analysis)

41 데이터베이스 로그(log)를 필요로 하는 회복 기법은?

① 타임 스탬프 기법
② 대수적 코딩 방법
③ 즉시 갱신 기법
④ 폴딩 기법

42 다음 SQL 명령문의 의미로 가장 적절한 것은?

> DROP TABLE 학과 CASCADE

① 학과 테이블을 제거하시오.
② 학과 필드를 제거하시오.
③ 학과 테이블과 이 테이블을 참조하는 다른 테이블도 함께 제거하시오.
④ 학과 테이블이 다른 테이블에 참조 중이면 제거하지 마시오.

43 다음 중 NDBMS(Network DBMS)에 대한 설명과 가장 거리가 먼 것은 무엇인가?

① 레코드 관계는 1:1 표현만 할 수 있다.
② HDBMS보다는 유연하지만 설계가 복잡하고 종속성 문제 해결이 안 되는 단점이 있다.
③ 개체는 레코드로 변환하여 정점(Vertex)으로 표현된다.
④ 데이터를 네트워크 형태의 논리적으로 표현한 데이터 모델이다.

44 정규화 과정에서 결정자가 후보키가 아닌 종속을 제거한 상태에 해당하는 것은 무엇인가?

① 제2정규형
② 보이스 코드 정규형
③ 비정규형
④ 제3정규형

45 데이터 조작어(DML)에서 테이블의 내용을 수정하는 명령어에 해당하는 것은 무엇인가?

① SELECT
② INSERT
③ UPDATE
④ DELETE

46 시스템 카탈로그에 대한 설명으로 틀린 것은?

① DBMS가 스스로 생성하고 유지하는 데이터베이스 내의 특별한 테이블들의 집합체이다.
② 데이터베이스 구조에 관한 메타 데이터를 포함한다.
③ 데이터베이스 구조가 변경될 때마다 DBMS는 자동적으로 시스템 카탈로그 테이블을 갱신한다.
④ 일반 사용자도 SQL을 사용하여 직접 시스템 카탈로그를 갱신할 수 있다.

47 다음 중 시스템 카탈로그의 특징에 대한 설명과 가장 거리가 먼 것은 무엇인가?

① DDL을 통해 테이블, 뷰, 인덱스 등에 변경을 주면 DBMS가 자동으로 시스템 카탈로그를 변경한다.
② DBMS가 스스로 생성하고 유지하며 데이터 디렉토리에 저장된 접근 정보를 통해 접근한다.
③ 테이블로 형태로 구성되어 있으며, DQL을 통해 내용을 조회할 수 있다.
④ DML과 DBSM을 통해 시스템 카탈로그를 직접 변경한다.

48 데이터베이스 환경에서 이상 현상의 종류에 해당하지 않는 것은 무엇인가?

① 삭제 이상
② 삽입 이상
③ 갱신 이상
④ 개념 이상

49 다음 중 데이터베이스 관리 시스템(DBMS)에 대한 설명과 가장 거리가 먼 것은 무엇인가?

① 많은 사용자가 공유할 수 있다.
② 훼손된 데이터에 대한 복구가 매우 쉽다.
③ 데이터를 표준화하고 보안을 강화하며 무결성을 유지시킨다.
④ 특정 부분에 문제가 발행하면 전체 시스템에 영향을 미치는 경우가 많다.

50 다음 중 스토리지(Storage)에 해당하지 않는 것은 무엇인가?

① DoS
② SAN
③ NAS
④ DAS

51 다음 중 수평 분할에 사용되는 기법에 해당하지 않는 것은 무엇인가?

① 해시 분할
② 범위 분할
③ 부분 분할
④ 복합 분할

52 데이터 모델링 중 아래에서 설명하는 것은 무엇인가?

- 개체 타입 간의 관계를 이용하여 현실 세계를 표현하는 방법으로 E-R 모델이 대표적이다.
- 데이터 모델의 골격을 정의하는 상위 수준의 모델로 주요 개체 타입, 기존 속성, 관계, 주요 업무 기능 등을 포함한다.
- 정보 내용에 대한 요구 조건을 만족시키면서 쉽게 이해할 수 있는 정보구조를 설계하는 단계이다.

① 독립적 설계
② 개념적 설계
③ 논리적 설계
④ 물리적 설계

53 데이터베이스 시스템의 정의에서 컴퓨터 시스템이 접근할 수 있는 저장 매체에 저장된 데이터에 해당하는 것은 무엇인가?

① 운영 데이터(Operational Data)
② 통합 데이터(Integrated Data)
③ 공유 데이터(Shared Data)
④ 저장 데이터(Stored Data)

54 다음 SQL문에서 ORDER BY절의 의미를 옳게 설명한 것은?

ORDER BY 가산점 DESC, 사원번호 ASC

① 가산점은 오름차순으로, 사원번호는 내림차순으로 정렬
② 가산점은 내림차순으로, 사원번호는 오름차순으로 정렬
③ 가산점은 사원번호를 하나의 그룹으로 묶어 내림차순으로 정렬
④ 가산점은 사원번호를 하나의 그룹으로 묶어 오름차순으로 정렬

55 함수 종속의 종류에서 A → B, B → C, A → C 에 해당하는 것은 무엇인가?

① 완전 함수 종속
② 이행적 함수 종속
③ 부분 함수 종속
④ 주종적 함수 종속

56 종속성 중에서 A 속성이 B 속성을 유일하게 식별할 수 있는 상태에 해당하는 것은 무엇인가?

① Join Dependency
② Multi-Valued Dependency
③ Index Dependency
④ Functional Dependency

57 다음 중 데이터 정의어에 대한 설명과 가장 거리가 먼 것은 무엇인가?

① 테이블의 구조를 정의하거나 수정할 목적으로 사용하는 명령어이다.
② 명령어가 수행되면 이전 상태로 복귀할 수 있다.
③ 데이터베이스 관리자(DBA)가 사용하는 언어이다.
④ 논리적, 물리적인 데이터베이스를 정의하거나 수정할 목적으로 사용하는 명령어이다.

58 뷰(VIEW)의 특징으로 옳지 않은 것은?

① 뷰에 대한 검색 연산은 기본 테이블 검색 연산과 비교하여 제약이 따른다.
② DBA는 보안 측면에서 뷰를 활용할 수 있다.
③ 뷰 위에 또 다른 뷰를 정의할 수 있다.
④ 뷰는 하나 이상의 기본 테이블로부터 유도되어 만들어지는 가상 테이블이다.

59 데이터 무결성 제약사항 중에서 '외래키로 지정된 속성은 참조하는 기본키에 존재하지 않는 값을 입력할 수 없다'는 성질에 해당하는 것은 무엇인가?

① 참조 무결성
② 대체 무결성
③ 개체 무결성
④ 도메인 무결성

60 학생 테이블에서 학번이 "1144077"인 학생의 학년을 "2"로 수정하기 위한 SQL 질의어는?

① UPDATE 학년="2" FROM 학생 WHERE 학번="1144077";
② UPDATE 학생 SET 학년="2" WHERE 학번="1144077";
③ REPLACE FROM 학생 SET 학년="2" WHERE 학번="1144077";
④ REPLACE 학년="2" SET 학생 WHEN 학번="1144077";

UPDATE 〈테이블〉 SET 〈필드〉=〈값〉 WHERE 조건식;

61 다음 중 고정 분할 할당 기법에 대한 설명과 가장 거리가 먼 것은 무엇인가?

① 주기억장치의 사용자 영역을 여러 개의 고정된 크기로 분할하여 데이터를 할당하는 기법이다.
② 단편화 발생으로 인해 주기억장치의 공간 낭비가 크다.
③ 실행할 프로그램의 크기를 미리 알고 있어야 하고 프로그램 전체가 주기억장치에 위치해야 한다.
④ 단편화를 줄이기 위해서, 프로그램을 주기억장치에 적재하면서 필요한 만큼만 영역을 분할하는 기법이다.

62 다음 중 C언어 표준 라이브러리에 해당하지 않는 것은 무엇인가?

① string.h
② math.h
③ time.h
④ print.h

63 C언어에서 다음 코드의 출력 결과에 해당하는 것은 무엇인가?

```c
int main()
{
  printf("%c", 'N');
  printf("%c", 'I');
  printf("%c", 'C');
  printf("%c", 'E');
  return 0;
}
```

① E　　　② N
　C　　　　I
　I　　　　C
　N　　　　E
③ NICE　　④ ECIN

printf 함수는 알아서 줄 바꿈을 해주지 않는다("\n" 필요).

64 객체지향 설계 원칙 중 아래에서 설명하는 것은 무엇인가?

- 사용하지 않는 인터페이스에 시스템이 영향을 받아서는 안 된다.
- 사용하지 않는 인터페이스는 구현하지 말아야 한다.
- 하나의 일반적인 인터페이스보다 여러 개의 구체적인 인터페이스를 구성하는 것이 좋다.

① 개방 폐쇄(Open-Closed)
② 단일 책임(Single Responsibility)
③ 인터페이스 분리(Interface Segregation)
④ 의존성 뒤집기(Dependency Inversion)

65 Java에서 아래 코드의 출력 결과에 해당하는 것은 무엇인가?

```java
public static void main (String[]args)
{
  int[][] arr = {
    {2,7,9,5,5},
    {1,5,4},
    {6,5,8,1}
  };
  int sum = 0;
  for(int i=0; i<arr.length; i++){
    sum += arr[i][1];
  }
  System.out.println(sum);
}
```

① 17　　　② 9
③ 19　　　④ 10

```java
public static void main (String[]args)
{
  #1 arr의 길이는 3
  int[][] arr = {
    #2 arr[0]의 길이는 5
    {2,7,9,5,5},
    #3 arr[0]의 길이는 3
    {1,5,4},
    #4 arr[0]의 길이는 4
    {6,5,8,1}
  };
  int sum = 0;
  #5 arr의 길이(3)만큼 반복
  for(int i=0; i<arr.length; i++){
    #6 각 배열의 1번째 값 누적
    sum += arr[i][1];
  }
  System.out.println(sum);
}
```

66 다음 중 모놀리식(Monolithic) 커널의 설명에 해당하는 것은 무엇인가?

① 구현이 간단하여 속도가 빠르다.
② 사용자가 필요한 기능을 추가하여 운영체제를 확장할 수 있도록 한다.
③ 시스템 운영에 필요한 최소한의 기능들만을 제공한다.
④ 임의적으로 기능을 적재하여 동적으로 사용한다.

67 다음 중 커널 레벨 스레드에 대한 설명과 가장 거리가 먼 것은 무엇인가?

① 라이브러리에 의해 구현된 일반적인 스레드이다.
② 독립적으로 스케줄링이 되므로 특정 스레드가 대기 상태에 들어가도 다른 스레드는 작업을 계속할 수 있다.
③ 커널 레벨에서 모든 작업을 지원하기 때문에 멀티 CPU를 사용할 수 있다.
④ 하나의 사용자 스레드가 하나의 커널 스레드와 연결되는 1대1 모델이다.

68 객체지향 기술에서 동일한 이름의 여러 메소드 중, 매개변수로 전달되는 인수의 타입과 개수를 식별하여 적절한 메소드를 호출해주는 기능에 해당하는 것은 무엇인가?

① 개방 폐쇄(Open-Closed)
② 정보 은닉(Information Hiding)
③ 객체(Object)
④ 오버로딩(Overloading)

69 C언어에서 데이터를 16진수의 형태로 출력하고 싶을 때 사용하는 서식 지정자에 해당하는 것은 무엇인가?

① %x ② %d
③ %s ④ %c

70 다음 중 아래에서 설명하는 것은 무엇인가?

> 처음의 과도한 페이지 부재를 방지하기 위해 필요가 예상되는 모든 페이지를 한꺼번에 페이지 프레임에 적재하는 기법이다.

① 워킹 셋 ② 프리페이징
③ 스래싱 ④ PFF

71 다음 중 투명성(Transparency)의 개념에 대한 설명과 가장 거리가 먼 것은 무엇인가?

① 중복(Replication) 투명성 : 데이터가 여러 곳에 중복되어 있더라도 사용자는 마치 하나의 데이터만 존재하는 것처럼 사용 가능, 시스템은 자동으로 여러 자료에 대한 작업 수행
② 장애(Failure) 투명성 : 트랜잭션, DBMS, 네트워크, 컴퓨터 장애에도 트랜잭션을 정확히 처리함
③ 병행(Concurrency) 투명성 : 다수의 트랜잭션이 동시에 실현되더라도 그 결과는 영향을 받지 않음
④ 위치(Location) 투명성 : 데이터베이스의 논리적인 위치를 알 필요없이 단지 데이터베이스의 논리적인 명칭만으로 엑세스할 수 있음

72 C언어에서 아래 코드의 출력 결과에 해당하는 것은 무엇인가?

```
int main()
{
  int a=1;
  while(a<16){
    a*=2;
  }
  printf("%d", a);
  return 0;
}
```

① 15
② 32
③ 16
④ 18

a=1	a<16	a*=2	printf("%d", a)
1	true	1*2	
2	true	1*2*2	
4	true	1*2*2*2	
8	true	1*2*2*2*2	
16	false		16

73 하드웨어 환경 구성 중 아래에서 설명하는 것은 무엇인가?

- 클라이언트에서 요청하는 서비스 중 동적 데이터를 제공하는 시스템이다.
- 날씨, 주식 등 자주 변동되는 데이터를 제공한다.

① 파일 서버 환경 구성
② 웹 애플리케이션 서버 환경 구성
③ 데이터베이스 서버 환경 구성
④ 클라이언트 환경 구성

74 아래의 파이썬 코드에서 출력되는 결과에 해당하는 것은 무엇인가?

```
a = 32 << 2
b = 256 >> 2
print(a + b)
```

① 128
② 64
③ 192
④ 96

#1 32*2²=128
a = 32 << 2
#2 256*2⁻²=64
b = 256 >> 2
print(a + b)

75 객체지향 기술에서 상속받은 메소드의 내부 기능을 새롭게 정의하는 기능에 해당하는 것은 무엇인가?

① Instance
② Use-Based Testing
③ Method Overriding
④ Message

76 객체지향 분석 방법론 중 아래에서 설명하는 것은 무엇인가?

- 분석과 설계 프로세스 간에 뚜렷한 구분이 없다.
- 고객 명세의 평가로 시작하여 설계로 끝나는 연속적인 프로세스로 접근하는 방법이다.

① Jacobson
② Wirfs-Brocks
③ Rumbaugh
④ Booch

77 다음 중 올바른 객체지향 분석 절차에 해당하는 것은 무엇인가?

① 기능 모델링 → 동적 모델링 → 객체 모델링
② 객체 모델링 → 기능 모델링 → 동적 모델링
③ 객체 모델링 → 동적 모델링 → 기능 모델링
④ 동적 모델링 → 객체 모델링 → 기능 모델링

78 다음 중 PCB에 저장되어 있는 정보에 대한 설명과 가장 거리가 먼 것은 무엇인가?

① 개발 비용
② 현재 상태
③ 프로세스의 고유 번호
④ 포인터

79 다음 중 a가 10보다 크고 b가 10 이상인지 확인하는 식에 해당하는 것은 무엇인가?

① a > 10 || b < 10
② a > 10 && b > 10
③ a > 10 | b >= 10
④ a > 10 && b >= 10

80 유닉스 명령어 중 아래에서 설명하는 것은 무엇인가?

> 파일 이름 변경

① MOVE
② REN
③ chown
④ mv

81 양방향 암호화 알고리즘 종류 중 아래에서 설명하는 것은 무엇인가?

> 적절한 시간 내에 인수가 큰 정수의 소인수 분해가 어렵다는 점을 이용한 공개키 암호화 기법에 널리 사용되는 암호 알고리즘 기법이다.

① RSA
② AES
③ SEED
④ ARIA

82 다음 중 SW 개발 보안을 위한 관리 항목이 아닌 것은 무엇인가?

① 높은 등급으로 할당된 보안결함 사고의 수
② 전체 문제 수 대비 근본원인이 도출된 보안결함 수
③ 한 번만에 근본원인이 도출된 보안결함 수
④ 관리직원의 접근 실수에 따른 보안결함 수

83 패킷망 기술의 표준(CCITT 규정) 중 아래에서 설명하는 것은 무엇인가?

> 패킷망에서 패킷형 단말기를 위한 DTE와 DCE 사이의 접속 규정

① X.75
② X.25
③ X.28
④ X.21

84 네트워크 관련 신기술 중 아래에서 설명하는 것은 무엇인가?

> 이동통신 업체 간에 같은 플랫폼을 사용토록 함으로써 국가적 낭비를 줄이자는 목적으로 추진된 한국형 무선 인터넷 플랫폼이다.

① WAP ② VPN
③ Wi-Fi ④ WIPI

85 다음 중 동적 분석 테스트에 대한 설명과 가장 거리가 먼 것은 무엇인가?

① 정확도와 커버리지가 향상된다.
② 설계나 구조 관점 및 통합으로 인한 보안 취약점의 검증이 어렵다.
③ 소프트웨어를 실행하여 보안 취약점을 분석한다.
④ 소프트웨어 테스트 단계에서 사용되며 소스 코드가 필요 없다.

86 의도적인 위협의 한 종류로서, 정보 유출을 위해 시스템에 잠입하는 형태로 탐지가 어려운 위협의 형태는 무엇인가?

① 간접적인 위협
② 적극적인 위협
③ 소극적인 위협
④ 자연적인 위협

87 다음 중 SW 개발 보안 특성에 해당하지 않는 것은 무엇인가?

① Non-repudiation
② Integrity
③ Sharing
④ Availability

88 다음 중 IP주소에 대한 설명과 가장 거리가 먼 것은 무엇인가?

① IPv4의 경우에는 약 43억 개의 주소 지정이 가능하다.
② 현재는 IPv6만을 사용하고 있으며 각 주소 체계의 변환을 담당하는 서비스(NAT)를 사용한다.
③ 전 세계의 인터넷이 가능한 기기에 부여되는 유익한 식별 주소이다.
④ IPv4의 패킷 크기는 64KB로 제한되어 있다.

89 순서적 할당(Round Robin) 방식 중 아래에서 설명하는 것은 무엇인가?

> • 최대 200km까지 연결이 가능한 LAN의 광케이블 데이터 전송의 표준
> • 토큰링에 기반을 두고 있으며, 넓은 지역 수천 명의 사용자를 지원
> • 네트워크 액세스를 제어하기 위해 토큰 패싱 방식 사용

① 망형(Mang 방식)
② 중앙형(Polling 방식)
③ 분산형(Token 방식)
④ FDDI(Fiber Distributed Data Interface)

90 다음 중 아래에서 설명하는 것은 무엇인가?

> - 데이터 흐름을 순차적으로 암호화하는 방식이다.
> - 블록 암호보다 빠르지만 암호화 강도는 약하여 주로 실시간 스트리밍 음성, 영상 등에 이용된다.

① 치환 암호 ② 블록 암호
③ 비트 암호 ④ 스트림 암호

91 다음 중 웹 서비스 프로토콜에 해당하지 않는 것은 무엇인가?

① HTTPS ② SMTP
③ S-HTTP ④ HTTP

92 다음 중 FTP 서비스에 대한 설명과 가장 거리가 먼 것은 무엇인가?

① Binary Mode : 이미지 파일 전송
② Text(ASCII) Mode : 문서 파일 전송
③ Anonymous FTP : 익명으로 이용 가능한 FTP
④ ZIP Mode : 압축 파일 전송

93 다음 중 BSC 특징에 대한 설명과 가장 거리가 먼 것은 무엇인가?

① 동기식에서도 사용된다.
② 회선 연결은 점대점, 멀티포인트 방식에서만 사용한다.
③ 전송 방향은 반이중 방식으로만 사용한다.
④ 문자 지향 프레임이다.

94 다음 중 접근 통제 보안 정책에 해당하지 않는 것은 무엇인가?

① DAC
② IDC
③ MAC
④ RBAC

95 192.168.1.0/24 네트워크에서 FLSM 방식으로 이용하여 5개의 subnet으로 나눴다. 이때 서브넷팅된 3번째 네트워크의 3번째 사용 가능한 IP 주소에 해당하는 것은 무엇인가? (ip subnet-zero는 적용되지 않았다.)

① 192.168.255.0
② 192.168.1.64
③ 192.168.1.255
④ 192.168.1.99

- 32비트 중 네트워크 비트(24)를 제외한 8비트로 서브넷팅 진행
- 필요한 서브넷 개수 파악 : 5개만 필요하지만 2의 제곱수로만 분할 가능하므로 8개로 분할
- 8비트 중 좌측 3비트($2^3=8$)가 서브넷 주소, 우측 5비트가 호스트 주소로 사용됨
- 네트워크 비트에 해당하는 IP주소는 그대로 적고, 나머지 비트로 서브넷 표현
- ip subnet-zero가 없으면 첫 번째 서브넷은 무시
- 네트워크 주소, 브로드캐스트 주소를 제외한 영역이 실제 사용 가능한 IP주소

서브넷	네트워크 주소	브로드캐스트 주소
1	192.168.1.0(000 00000)	192.168.1.31(000 11111)
2	192.168.1.32(001 00000)	192.168.1.63(001 11111)
3	192.168.1.64(010 00000)	192.168.1.95(010 11111)
4	192.168.1.96(011 00000)	192.168.1.127(011 11111)
5	192.168.1.128(100 00000)	192.168.1.159(100 11111)
6	192.168.1.160(101 00000)	192.168.1.191(101 11111)
7	192.168.1.192(110 00000)	192.168.1.223(110 11111)
8	192.168.1.224(111 00000)	192.168.1.256(111 11111)

정답 90 ④ 91 ② 92 ④ 93 ① 94 ② 95 ④

96 다음 중 클라우드 컴퓨팅 기반 서비스에 대한 설명과 가장 거리가 먼 것은 무엇인가?

① PaaS(Platform as a Service) : 개발을 위한 하드웨어 및 소프트웨어 구축이 되어 있는 서비스
② SaaS(Software as a Service) : 소프트웨어 메뉴얼에 대한 서비스
③ BaaS(Blockchain as a Service) : 블록체인의 기본 인프라를 추상화하여 블록체인 응용기술을 제공하는 서비스
④ IaaS(Infrastructure as a Service) : 서버, 스토리지, 네트워크 등의 인프라를 임대하는 서비스

97 다음 중 하드웨어 관련 신기술에 해당하지 않는 것은 무엇인가?

① Blockchain
② Memristor
③ RAID
④ MEMS

98 침입 방지 시스템(IPS : Intrusion Prevention System)의 구성 요소에 해당하지 않는 것은?

① 스크리닝 라우터(Screening Router)
② 배스천 호스트(Bastion Host)
③ 파이프 라인(Pipe Line)
④ 통신 네트워크 카드(NIC)

99 통신 프로토콜의 구성 요소인 Syntax에 해당하지 않는 것은 무엇인가?

① 부호화
② 데이터 형식
③ 조정
④ 신호 레벨

100 악성 프로그램 중 아래에서 설명하는 것은 무엇인가?

> 정상적인 프로그램으로 가장한 뒤, 사용자가 프로그램을 실행하면 활성화되어 시스템을 공격한다.

① Trap Door
② Spyware
③ Rootkit
④ Trojan Horse

정보처리기사 필기 실전 모의고사 08회

시험 일자	문항 수	시험 시간
년 월 일	총 100문항	2시간 30분

수험번호 : _____

성 명 : _____

복습포인트 파트01-챕터01-섹션02

01 다음 중 CMMI 종류에 대한 설명과 가장 거리가 먼 것은 무엇인가?

① SE-CMM : 시스템 엔지니어링 능력 평가 모델
② SW-CMM : 소프트웨어 능력 성숙도 모델
③ IPD-CMM : 인력 개발과 관리 능력 성숙도 모델
④ SE-CMM : 시스템 엔지니어링 능력 성숙도 모델

복습포인트 파트01-챕터01-섹션01

02 다음 중 스크럼 모델의 구성에 해당하지 않는 것은 무엇인가?

① Scrum Master
② Project Owner
③ Development Team
④ Scrum Staff

복습포인트 파트01-챕터04-섹션01

03 다음 중 소프트웨어 모듈 응집도에 해당하지 않는 것은 무엇인가?

① Temporal
② Sequential
③ Content
④ Communication

복습포인트 파트01-챕터04-섹션02

04 소프트웨어 아키텍처 패턴 중 아래에서 설명하는 것은 무엇인가?

> • 분산 시스템에서 원격 서비스 실행을 통해 상호작용을 한다.
> • 서버와 클라이언트 사이에 위치하여 클라이언트가 요청한 기능을 서버 대신 클라이언트에게 서비스한다.

① 피어 투 피어 패턴(Peer-to-peer Pattern)
② 클라이언트/서버 패턴(Client/Server Pattern)
③ 마스터/슬레이브 패턴(Master/Slave Pattern)
④ 브로커 패턴(Broker Pattern)

복습포인트 파트01-챕터01-섹션01

05 CBD에서 단계별 산출물에 해당하지 않는 것은 무엇인가?

① 구현 단계
② 실현 단계
③ 시험 단계
④ 설계 단계

정답 01 ③ 02 ④ 03 ③ 04 ④ 05 ②

06 다음 중 프로젝트 관리의 위험 관리에 대한 설명과 가장 거리가 먼 것은 무엇인가?

① 위험을 항상 관찰하고, 발생 즉시 조치한다.
② 위험 발생 후 대처방안을 문서화한다.
③ 위험 요소를 파악하고 위험의 비중과 영향력을 측정한다.
④ 프로젝트 진행 과정에서 예상되는 각종 상황을 예상하고 대처하는 활동이다.

07 미들웨어의 종류 중 아래에서 설명하는 것은 무엇인가?

> • 사용자의 요구에 따라 변화하는 동적인 콘텐츠를 처리하기 위해 사용되는 미들웨어이다.
> • 데이터 접근, 세션 관리, 트랜잭션 관리 등을 위해 데이터베이스 서버와 주로 연동하여 사용한다.

① RPC
② TP-Monitor
③ WAS
④ MOM

08 다음 중 구조적 분석의 원리에 해당하지 않는 것은 무엇인가?

① 정형화 원칙
② 계층적 구조의 개념
③ 자료 흐름의 원칙
④ 분할 정복의 개념

09 요구사항 명세에서 정형 명세 기법에 해당하지 않는 것은 무엇인가?

① 수학적인 이해가 필요하며 도구 사용이 필수적이다.
② 명세서가 간결하고 명세와 구현이 일치된다.
③ 자연어를 기반으로 사용자의 요구를 서술한다.
④ 사용자의 요구사항을 정확하게 표현할 수 있다.

10 다음 중 행위 다이어그램의 종류에 해당하지 않는 것은 무엇인가?

① 패키지(Package)
② 상태(State)
③ 커뮤니케이션(Communication)
④ 유스케이스(Use Case)

11 UML에서 스테레오 타입 기호에 해당하는 것은 무엇인가?

① ≪ ≫
② (( ))
③ {{ }}
④ [[ ]]

정답 06 ② 07 ③ 08 ③ 09 ③ 10 ① 11 ①

12 다음 중 비기능적 요구사항에 해당하는 설명은 무엇인가?

① 새로운 도서를 등록한다.
② 등록된 도서를 검색한다.
③ 대여회원을 검색한다.
④ 최대 등록 가능한 도서 수는 2만 권이다.

13 다음 중 공통 모듈의 설계 원칙에 대한 설명과 가장 거리가 먼 것은 무엇인가?

① 정확성 : 시스템 구현에 필요여부를 정확히 판단할 수 있도록 설계한다.
② 명확성 : 기능의 구성이 한 가지로 해석될 수 있도록 일관되게 설계한다.
③ 일관성 : 요구사항 출처, 관련 시스템 등의 관계를 파악할 수 있도록 설계한다.
④ 완전성 : 시스템 구현에 필요한 모든 요구사항을 수행할 수 있도록 설계한다.

14 다음 중 제어 추상화에 대한 설명으로 옳은 것은?

① 데이터의 세부적인 속성 및 표현 방법 없이 대표적인 표현으로 대체
② 상세 수행 과정이 아닌 전반적인 흐름만 파악하도록 표현
③ 상세 제어 매커니즘이 아닌 포괄적인 표현으로 대체
④ 제어 시스템의 상호작용을 간략하게 표현

15 디자인 패턴에서 구조 패턴에 해당하지 않는 것은 무엇인가?

① Composite
② Adapter
③ Command
④ Decorator

16 다음 중 소프트웨어 비용 추정모형에 해당하지 않는 것은 무엇인가?

① 기능 점수
② Putnam
③ COCOMO
④ CLAPS

17 다음 중 프레임워크의 기대 효과에 대한 설명과 가장 거리가 먼 것은 무엇인가?

① 정형화된 개발 기술과 방법을 제공함으로써 설계, 개발 등 시스템 구축 전반에 걸친 표준을 제시할 수 있다.
② 프레임워크 기반으로 개발된 컴포넌트들을 타 사업에서 사용할 수 없어 보안성이 극대화될 수 있다.
③ 프레임워크로 적용된 소프트웨어는 보다 체계적이고 안정적이어서 변경이 되더라도 위험 부담을 줄일 수 있다.
④ 전자 정부 표준 프레임워크 기반으로 개발된 시스템 간에 컴포넌트 연계가 용이하여 상호 운용성이 극대화될 수 있다.

18 다음 중 CASE의 특징에 대한 설명과 가장 거리가 먼 것은 무엇인가?

① 언어 번역 프로그램을 지원한다.
② 전문 분석가의 지원이 필요하다.
③ CASE 툴 간의 호환성이 없다.
④ 가격은 비싸지만 개발 기간이나 인력이 감소되기 때문에 전체 개발비용은 절감된다.

19 다음 중 애자일(Agile) 방법론의 개발모델에 해당하지 않는 것은 무엇인가?

① kanban
② SPICE
③ DSDM
④ Scrum

20 다음 중 인터페이스 설계 방식에 해당하지 않는 것은 무엇인가?

① 시스템 연계   ② 데이터베이스 연계
③ 간접 연계   ④ 직접 연계

21 빅 오(O) 표기법에서 입력 데이터 수와 관계 없이 연산 횟수가 고정되는 형태에 해당하는 것은 무엇인가?

① $O(\log n)$ ② $O(n \log n)$
③ $O(1)$ ④ $O(n^2)$

22 테스트 커버리지 중 아래에서 설명하는 것은 무엇인가?

- 애플리케이션의 전체 기능을 모수(매개변수)로 설정하고 테스트한다.
- 실제 테스트가 수행된 기능의 수를 측정하는 방법이다.

① 기능(Function) 기반 커버리지
② 코드(Code) 기반 커버리지
③ 라인(Line) 기반 커버리지
④ 문자(Char) 기반 커버리지

23 클린 코드 작성 원칙 중 아래에서 설명하는 것은 무엇인가?

- 이해하기 쉬운 식별자, 명령어를 사용
- 들여쓰기 등을 활용하여 코드의 구조를 이해하기 쉽게 구성

① 단순성   ② 추상화
③ 가독성   ④ 직관성

24 해싱 함수에서 키의 숫자 분포를 파악하여 분포가 고른 부분을 이용하여 위치를 결정하는 방법에 해당하는 것은 무엇인가?

① 제산법(Division)
② 제곱법(Square)
③ 숫자 분석법(Digit Analysis)
④ 의사 무작위법(Pseudo Random)

정답 18 ① 19 ② 20 ② 21 ③ 22 ① 23 ③ 24 ③

25 정렬의 기법 중에서 최악의 경우 O(n^1.5)의 시간복잡도를 가지는 기법에 해당하는 것은 무엇인가?

① 힙 정렬
② 이진 병합 정렬
③ 쉘 정렬
④ 버킷 정렬

26 형상 관리 도구의 기능 중 아래에서 설명하는 것은 무엇인가?

> 새로운 버전의 코드를 저장소에 업로드 하는 기능이다.

① import
② update
③ check-out
④ check-in

27 다음 중 JSON(JavaScript Object Notation)에 대한 설명과 가장 거리가 먼 것은 무엇인가?

① 기존의 XML을 대체하는 독립적인 개방형 표준 형식이다.
② 보편적으로 AJAX 기술에서 많이 사용된다.
③ 사용자가 임의로 태그를 생성하여 사용할 수 있다.
④ 자바스크립트를 기반으로 개발되었으며 데이터 객체를 속성과 값의 쌍으로 표현한다.

28 수신 시스템의 예외 처리 방안 중, 시스템 환경(네트워크 및 서버)에서 예외가 발생하는 경우에 해당하는 것은 무엇인가?

① 데이터 정합성 체크
② 입력 대기 큐를 통해 요청을 받은 후, 서버가 정상 가동되면 순차적으로 처리
③ 송신측 프로그램이 원인인 경우 송신측 프로그램 수정
④ 특수문자는 오류가 나지 않는 문자로 대치하여 처리

29 다음 중 사용자 관점에서의 패키징 고려사항에 대한 설명과 가장 거리가 먼 것은 무엇인가?

① 하드웨어와 함께 통합 적용될 수 있도록 하며 Managed Service 형태로 제공하도록 한다.
② 사용자의 편의성과 사용상의 안정성을 우선으로 고려한다.
③ 소프트웨어가 실행되는 하드웨어의 최대 사양을 안내한다.
④ 사용자가 이해할 수 있는 인터페이스와 매뉴얼을 제공한다.

30 다음 중 소프트웨어 버전 관리 도구가 아닌 것은?

① CVS
② VPN
③ SVN
④ Git

31 다음 중 블랙박스의 개념에 대한 설명과 가장 거리가 먼 것은 무엇인가?

① 소스코드의 모든 문장을 한 번 이상 테스트 수행하여 선택, 반복 등의 분기점을 테스트한다.
② 요구사항 명세서를 기반으로 구현된 기능을 테스트 케이스로 설계하는 방법이다.
③ 기능 및 인터페이스, 데이터 접근, 성능 등의 오류를 발견하기 위해 테스트 후반부에 적용된다.
④ 소프트웨어 인터페이스에서 실행되며 기능 테스트라고도 한다.

32 다음 중 코드(Code) 기반 커버리지에 대한 설명과 가장 거리가 먼 것은 무엇인가?

① 분기(Branch) 커버리지 : 전체 조건식뿐만 아니라 개별 조건식도 참 한 번, 거짓 한 번 결과가 되도록 수행하는 커버리지
② 조건(Condition) 커버리지 : 결정 명령문 내의 각 조건이 적어도 한 번은 참과 거짓의 결과가 되도록 수행하는 커버리지
③ 구문(Statement) 커버리지 : 모든 명령문을 적어도 한 번 수행하는 커버리지
④ 다중 조건 커버리지 : 결정 조건 내 모든 개발 조건식의 모든 가능한 조합을 100% 보장하는 커버리지

33 애플리케이션 통합 테스트 중 아래에서 설명하는 것은 무엇인가?

> 주요 제어 모듈의 상위 모듈에 종속되어 있는 하위 모듈의 그룹을 클러스터로 결합하여 진행한다.

① 하향식 통합 테스트
② 회기 테스트
③ 상향식 통합 테스트
④ 빅뱅 테스트

34 다음 중 소프트웨어 품질 목표 항목에 해당하지 않는 것은 무엇인가?

① 처리량(Throughput)
② 정확성(Correctness)
③ 효율성(Efficiency)
④ 무결성(Integrity)

35 폴리쉬 표기법의 종류에서 연산자가 피연산자들의 앞쪽에 위치하는 형식에 해당하는 것은 무엇인가?

① 후위식(Postfix)
② 중위식(Infix)
③ 전위식(Prefix)
④ 상위식(Topfix)

36 선형 구조 중 아래에서 설명하는 것은 무엇인가?

- 가장 나중에 삽입된 데이터가 가장 먼저에 추출되는 후입선출(LIFO) 방식이다.
- 프로그램의 함수 호출, 깊이 우선 탐색, 재귀 호출, Post-fix 등에 사용된다.
- 0-주소 명령어 방식에서 활용된다.

① 단일 원형 연결 리스트
　(Single Circular Linked List)
② 스택(Stack)
③ 큐(Queue)
④ 이중 연결 리스트(Double Linked List)

37 사용자 중심의 패키징 작업에서 패키지 변경 개선에 해당하지 않는 것은 무엇인가?

① 변경 부분 정리
② 정상 기능 및 서비스 분류
③ 개선 포인트 도출
④ 재배포 수행

38 아래 트리에서 4번 노드의 형제 노드에 해당하는 것은 무엇인가?

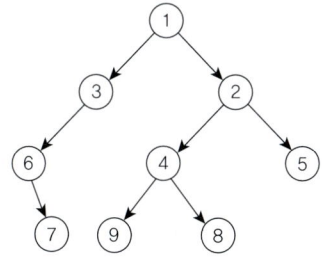

① 5번
② 6번
③ 6번과 5번
④ 9번과 8번

39 다음 중 소프트웨어 유지보수의 종류에 해당하지 않는 것은 무엇인가?

① Perfective maintenance
② Preventive maintenance
③ Code Inspection
④ Corrective maintenance

40 A, B, C, D의 순서로 정해진 입력 자료를 스택에 입력하였다가 출력한 결과가 될 수 없는 것은? (단, 왼쪽부터 먼저 출력이 된 순서이다.)

① C, B, A, D
② C, D, A, B
③ B, A, D, C
④ B, C, D, A

어떤 순서로 입출력을 해도 나올 수 없는 결과를 찾는 문제이다.
- C, B, A, D : PUSH A → PUSH B → PUSH C → POP C → POP B → POP A → PUSH D → POP D
- B, A, D, C : PUSH A → PUSH B → POP B → POP A → PUSH C → PUSH D → POP D → POP C
- B, C, D, A : PUSH A → PUSH B → POP B → PUSH C → POP C → PUSH D → POP D → POP A

41 다음 중 E-R 다이어그램의 표기법에 해당하지 않는 것은 무엇인가?

① 관계는 둥근 사각형으로 표시한다.
② 개체는 사각형으로 표시한다.
③ 속성은 타원으로 표시한다.
④ 각각의 요소는 실선으로 연결한다.

42 뷰(view)에 대한 설명으로 옳지 않은 것은?

① 데이터베이스 일부만 선택적으로 보여주므로 데이터베이스의 접근을 제한할 수 있다.
② 복잡한 검색을 사용자는 간단하게 할 수 있다.
③ 사용자에게 데이터의 독립성을 제공할 수 있다.
④ 뷰는 별도의 디스크 공간을 차지하여 생성되는 실제적 테이블이다.

43 로킹(Locking) 기법에 대한 설명으로 틀린 것은?

① 로킹의 대상이 되는 객체의 크기를 로킹 단위라고 한다.
② 로킹 단위가 작아지면 병행성 수준이 낮아진다.
③ 데이터베이스도 로킹 단위가 될 수 있다.
④ 로킹 단위가 커지면 로크 수가 작아 로킹 오버헤드가 감소한다.

44 확장 E-R 다이어그램 중 아래에서 설명하는 것은 무엇인가?

- 여러 개체 타입의 공통적인 특성을 상위 개체 타입으로 표현하는 것이다.
- 하위 개체 타입은 상위 개체 타입의 속성과 메소드를 상속받을 수 있다.
- 상향식 설계 방식이며, "is-a" 관계를 기본으로 한다.

① 일반화(Generalization)
② 집단화(Aggregation)
③ 상속(Inheritance)
④ 분류화(Classification)

45 다음 중 정규형의 개념에 대한 설명과 가장 거리가 먼 것은 무엇인가?

① 데이터베이스는 반드시 모든 정규형을 만족해야 하는 것은 아니다.
② 특정 조건에 만족하는 릴레이션 스키마의 형태를 의미한다.
③ 어떠한 관계 구조가 바람직한 것인지, 바람직하지 못한 관계를 어떻게 분해해야 하는지에 대한 판단 기준을 제공한다.
④ 기본 정규형에 1NF, 2NF, 3NF가 있고 고급 정규형에는 BCNF, 4NF, 5NF가 있다.

46 다음 중 일반 집합 연산자에 해당하지 않는 것은 무엇인가?

① 차집합(Difference)
② 합집합(Union)
③ 교집합(Intersection)
④ 여집합(complement set)

47 정규화 과정에서 이행적 함수 종속을 제거한 상태에 해당하는 것은 무엇인가?

① 비정규형
② 제3정규형
③ 제2정규형
④ 제1정규형

48 다음 중 순수 관계 연산자에서 사용하는 연산기호에 해당하지 않는 것은 무엇인가?

① ∩
② ÷
③ π
④ ⋈

49 데이터 조작어(DML)에서 테이블의 내용을 삭제하는 명령어에 해당하는 것은 무엇인가?

① INSERT
② SELECT
③ UPDATE
④ DELETE

50 SQL에서 데이터베이스에 대한 일련의 처리를 하나로 모은 작업 단위로 관리할 수 있는데, 이 작업 단위는?

① 페이지(Page)
② 세그먼테이션(Segmentation)
③ 디스패치(Dispatch)
④ 트랜잭션(Transaction)

51 SQL 문장에서 group by절에 의해 선택된 그룹의 탐색조건을 지정할 수 있는 것은?

① having
② where
③ union
④ join

52 시스템 카탈로그에 대한 설명으로 부적합한 것은?

① 데이터베이스 시스템에 따라 상이한 구조를 가진다.
② 사용자도 SQL을 이용하여 검색할 수 있다.
③ 데이터베이스에 대한 통계정보가 저장될 수 있다.
④ 사용자 데이터베이스이다.

53 절차형 SQL 중 아래에서 설명하는 것은 무엇인가?

> • SQL 문장을 활용하여 특정 기능을 수행할 수 있는 트랜잭션 언어이다.
> • 호출을 통해 실행되며, 일반적으로 데이터 조작어 위주로 구성된다.
> • 프로시저와 다르게 종료 시 단일 값을 반환한다.

① Trigger
② User Defined Function
③ Procedure
④ Data Query Language

54 다음 중 중복 테이블을 추가하는 경우에 대한 설명과 가장 거리가 먼 것은 무엇인가?

① 처리 범위를 줄이지 않고는 수행 속도를 개선할 수 없는 경우에 추가한다.
② 많은 범위의 데이터를 자주 처리해야 하는 경우에 추가한다.
③ 다른 서버에 저장된 테이블을 이용해야 하는 경우에 추가한다.
④ 정규화로 인해 수행 속도가 너무 빨라지는 경우에 추가한다.

55 다음 중 DBMS의 특징에 해당하지 않는 것은 무엇인가?

① 무결성
② 효율성
③ 전환성
④ 회복성

56 스키마에서 실제로 데이터베이스에 저장될 레코드의 형식을 정의하고 저장 데이터 항목의 표현 방법, 내부 레코드의 물리적 순서 등의 데이터 처리에 대한 제약사항을 정의한 것에 해당하는 것은 무엇인가?

① 외부 스키마
② 내부 스키마
③ 개념 스키마
④ 물리 스키마

57 데이터 정의어(DDL)에서 데이터베이스 오브젝트를 삭제하는 명령어에 해당하는 것은 무엇인가?

① DROP
② TRUNCATE
③ ALTER
④ CREATE

58 RDBMS의 기본 용어에서 릴레이션의 속성 이름의 집합에 해당하는 것은 무엇인가?

① 도메인(Domain)
② 기수(Cardinality)
③ 릴레이션 인스턴스(Relation Instance)
④ 릴레이션 스키마(Relation Schema)

59 다음 중 아래에서 설명하는 것은 무엇인가?

- 오픈 소스 기반의 분산 컴퓨팅 플랫폼이다.
- 일반 PC들로 가상화된 대형 스토리지를 형성한다.

① 하둡(Hadoop)
② 크롤링(Crawling)
③ 비컨(Beacon)
④ 구글(Google)

60 데이터 모델링에서 물리적 설계 단계에 해당하지 않는 것은 무엇인가?

① 접근 경로 설계
② 스키마의 평가 및 최적화
③ 저장 레코드 등을 클러스터링(Clustering)
④ 레코드 분석 및 형식 설계

정답 54 ④ 55 ③ 56 ② 57 ① 58 ④ 59 ① 60 ②

61 객체지향 기술 중 아래에서 설명하는 것은 무엇인가?

> - 상위 클래스의 속성과 메소드를 하위 클래스에서 사용하도록 하는 기법이다.
> - 하위 클래스는 상위 클래스의 모든 요소를 재사용 또는 확장할 수 있다.
> - 상위 클래스의 추상적인 요소를 하위 클래스가 구체화하여 사용한다.

① 상속(Inheritance)
② 다형성(Polymorphism)
③ 추상화(Abstract)
④ 캡슐화(Encapsulation)

62 다음 중 교착상태가 발생할 수 있는 필요 충분 조건에 해당하지 않는 것은 무엇인가?

① Preemption
② Circular wait
③ Hold and wait
④ Mutual exclusion

63 다음 중 기억장치 구분 종류에 해당하지 않는 것은 무엇인가?

① 보조 기억장치
② 쿠키 기억장치
③ 캐시 기억장치
④ 주 기억장치

64 C언어에서 아래 코드의 출력 결과에 해당하는 것은 무엇인가?

```
int main()
{
  int i;
  int sum=0;
  for(i=0; i<10; i++){
    sum += i*i;
  }
  printf("%d", i);
  return 0;
}
```

① 55
② 10
③ 285
④ 81

```
int main()
{
  int i;
  int sum=0;
  #1 0부터 9까지 반복하는 반복문이 끝나면
  for(i=0; i<10; i++){
    sum += i*i;
  }
  #2 i는 마지막 값(9)보다 1 많은 상태가 된다.
  printf("%d", i);
  return 0;
}
```

65 다음 중 올바른 객체지향 분석 절차에 해당하는 것은 무엇인가?

① 동적 모델링 → 객체 모델링 → 기능 모델링
② 기능 모델링 → 동적 모델링 → 객체 모델링
③ 객체 모델링 → 동적 모델링 → 기능 모델링
④ 객체 모델링 → 기능 모델링 → 동적 모델링

66 객체지향 설계의 제어 방식에서 순서가 존재하는 객체 운영 방식에 해당하는 것은 무엇인가?

① 메시지 중심 제어 방식
② 순차적 제어 방식
③ 동시 제어 방식
④ 이벤트 중심 제어 방식

67 아래의 Java 코드에서 생성자 메소드에 해당하는 것은 무엇인가?

```
class Circle{
  void createCircle(int a, int b){ }
  void createCircle(int a){ }
  Circle(){ }
}
public class Main{
   public static void main (String[] args){
      int sum = 0;
      System.out.println(sum);
   }
}
```

① Circle(){ }
② void createCircle(int a){ }
③ public static void main (String[]args){
④ void createCircle(int a, int b){ }

생성자 메소드는 리턴 타입이 없고 클래스명과 이름이 같다.

68 다음 중 C언어 표준 라이브러리 함수에 대한 설명과 가장 거리가 먼 것은 무엇인가?

① strlen() : 문자열의 길이
② scanf() : 서식에 의한 입력(키보드)
③ atoi() : 문자열을 실수 타입으로 변환
④ printf() : 서식에 의한 출력(모니터)

69 운영체제에서의 시간 중 아래에서 설명하는 것은 무엇인가?

> 작업이 입력되고 처음 실행되기까지 걸린 시간으로 반응 시간이라고도 한다.

① 대기 시간
② 반환 시간
③ 실행 시간
④ 응답 시간

70 다음 중 환경 설정 명령어에 해당하지 않는 것은 무엇인가?

① echo
② env
③ set
④ update

71 다음 중 Context Switching에 대한 설명과 가장 거리가 먼 것은 무엇인가?

① Time Slice가 작을수록 문맥 교환 수와 인터럽트 횟수, 오버헤드가 증가한다.
② 인터럽트가 발생한 경우, 진행 중인 프로그램의 재개(Resume)에 필요한 레지스터 문맥을 저장한다.
③ CPU가 할당되는 프로세스를 변경하기 위해 현재 실행되는 프로세스의 상태 정보를 저장하고, 이후 실행될 프로세스의 상태 정보를 설정한 다음 CPU를 할당하여 실행하는 작업이다.
④ Time Slice가 클수록 문맥 교환 수와 인터럽트 횟수, 오버헤드가 증가한다.

72 다음 중 비선점형 스케줄링에 대한 설명과 가장 거리가 먼 것은 무엇인가?

① 응답 시간의 예측이 용이하며, 일괄 처리 시스템에 적당하다.
② CPU를 사용하는 현재 프로세스가 종료되면 다른 프로세스에 CPU를 할당한다.
③ 현재 실행 중인 프로세스를 다른 프로세스가 강제적으로 중단시킬 수 있으므로 조심하여야 한다.
④ FIFO, SJF, HRN 등이 있다.

73 가상기억장치의 구현 기법 중 아래에서 설명하는 것은 무엇인가?

- 가상기억장치에 보관되어 있는 프로그램과 주기억장치의 영역을 동일한 크기로 나눈 후 나눠진 프로그램을 동일하게 나눠진 주기억장치의 영역에 적재하는 기법이다.
- 외부 단편화는 발생하지 않지만, 내부 단편화는 발생할 수 있다.

① 페이징 기법
② 스와핑 기법
③ 세그먼테이션 기법
④ 포인터 기법

74 메모리 관리 기법 중 Worst Fit 방법을 사용할 경우 13K 크기의 프로그램 실행을 위해서는 어느 부분에 할당되는가?

번호	메모리 공간 크기	사용 여부
1	8K	빈 공간
2	9K	빈 공간
3	12K	사용 중
4	15K	빈 공간

① 1
② 2
③ 3
④ 4

75 C언어에서 아래와 같은 프로그램에 5 10을 입력한 경우의 출력 결과에 해당하는 것은 무엇인가?

```
int main()
{
  int a;
  double b;
  scanf("%d %lf", a, b);
  printf("%d %lf", a, b);
  return 0;
}
```

① 5.0 10.0 ② 5 10
③ 5 10.000000 ④ 에러 발생

scanf((" 서식문자열"), &(변수), ...);

76 다음 중 Java에 대한 설명과 가장 거리가 먼 것은 무엇인가?

① 컴파일을 통해 생성된 Class 파일을 가상 머신을 통해 실행해야 한다.
② C++에 비해 단순하고 분산 환경 및 보안성을 지원한다.
③ 컴파일 과정이 필요 없는 스크립트 언어이다.
④ 객체지향 기술을 염두에 두고 만들어진 프로그래밍 언어이다.

77 파이썬에서 클래스의 self의 의미에 해당하는 것은 무엇인가?

① 생성자 메소드 자신
② 클래스 자신
③ 인스턴스 자신
④ 메소드 자신

78 다음 중 변수명 선언 규칙에 대한 설명과 가장 거리가 먼 것은 무엇인가?

① 이후 글자는 영문자, 숫자, 언더바(_)를 사용하여 구성한다.
② 예약어는 변수명으로 선언할 수 있다.
③ 공백이나 다른 특수문자를 포함할 수 없다.
④ 변수는 사용하기 전에 초기화를 진행해야 한다.

79 분산 처리 시스템의 연결 위상 중 아래에서 설명하는 것은 무엇인가?

- 포인트 투 포인트(Point-to-Point) 방식으로 회선을 연결한다.
- 단말장치의 추가와 제거가 쉽지만, 중앙 컴퓨터가 고장나면 전체 통신망의 기능이 정지된다.
- 교환 노드의 수가 가장 적다.

① 망형 구조
② 버스형 구조
③ 성형 구조
④ 매립형 구조

정답 75 ④ 76 ③ 77 ② 78 ② 79 ③

80 C언어에서 아래 코드의 출력 결과에 해당하는 것은 무엇인가?

```
int main(){
  int a=2, b=3, c=4;
  printf("%d", a++ + b<<1 * c);
  return 0;
}
```

① 80
② 32
③ 26
④ 48

* → + → ≪ → ++

81 전자 우편(E-Mail) 서비스에서 사용되는 프로토콜이 아닌 것은 무엇인가?

① SMTP
② POP3
③ IMAP
④ DNS

82 침입 탐지 시스템 중 아래에서 설명하는 것은 무엇인가?

- IDS가 호스트 내부에 설치되어 컴퓨터 내부 사용자들의 활동을 감지하고 해킹을 탐지하는 보안 시스템이다.
- 응용 프로그램과 컴퓨터 시스템 로그 파일 등의 정보를 운영체제로부터 가져온다.

① NIDS
② Snort
③ HIDS
④ IDS

83 양방향 암호화 알고리즘 종류 중 아래에서 설명하는 것은 무엇인가?

- 1975년 미국 NBS에서 발표한 개인키 암호화 알고리즘이다.
- 블록 크기는 64비트이며, 키 길이는 56비트이다.

① RSA(Rivest Shamir Adleman)
② DES(Data Encryption Standard)
③ ECC(Elliptic Curve Crypto)
④ AES(Advanced Encryption Standard)

84 응용 계층의 전자우편 중 아래에서 설명하는 것은 무엇인가?

- 양방향 통신을 제공하며 메일을 구분할 수 있다.
- 메일의 헤더 및 내용의 일부분을 미리 볼 수 있어 수신 전 처리가 가능하다.

① SMTP
② MIME
③ IMAP
④ POP3

85 다음 중 IPv6의 특징에 대한 설명과 가장 거리가 먼 것은 무엇인가?

① 인증성, 기밀성, 데이터 무결성의 지원으로 보안 문제를 해결할 수 있다.
② 주소의 확장성, 융통성, 연동성이 향상되며 실시간 흐름 제어로 향상된 멀티미디어 기능을 제공한다.
③ 점보그램 옵션 설정을 통해 패킷 크기 제한을 없앨 수 있어서 대역폭이 넓은 네트워크를 더 효율적으로 사용할 수 있다.
④ 전송 속도가 느린 반면, 서비스별로 패킷을 구분할 수 있어 품질 보증이 용이하다.

86 다음 중 SDDC에 대한 설명이 아닌 것은 무엇인가?

① SDC : 소프트웨어 정의 컴퓨팅 환경으로 서버의 CPU, 메모리에 대해서 소프트웨어 명령어 기반으로 제어할 수 있는 컴퓨터
② SDN : 개방형 API를 통해 네트워크의 트래픽 전달 동작을 소프트웨어 기반 컨트롤러에서 제어/관리하는 가상화 네트워크 기술
③ SDS : 서버와 서버를 하나의 논리적인 스토리지로 통합한 서비스 기술
④ 프로비저닝 : SDDC 자원에 대한 할당관리 기술

87 다음 중 Linked Open Data에 대한 설명과 가장 거리가 먼 것은 무엇인가?

① 사용자가 정보를 다양하고 효율적으로 활용할 수 있도록 한다.
② 웹에 게시되는 데이터에 식별자(URI)를 부여한다.
③ 데이터를 재사용할 수 있고, 데이터 중복을 줄일 수 있는 장점이 있다.
④ 웹상의 모든 데이터와 데이터베이스를 유료로 공개하고 연계하는 것이다.

88 하드웨어 관련 신기술 중 아래에서 설명하는 것은 무엇인가?

> 하나의 프로세서 내에 일반 애플리케이션을 처리하는 일반 구역과 보안이 필요한 애플리케이션을 처리하는 보안 구현으로 분할하는 기술이다.

① SOA
② PIA
③ CEP
④ TrustZone

89 다음 중 로그 파일에 대한 설명과 가장 거리가 먼 것은 무엇인가?

① 로그 정보를 설정할 수 있는 파일의 경로는 "/etc/syslog.conf"이다.
② 컴퓨터 시스템의 모든 사용 내역을 기록하고 있는 파일을 말한다.
③ 로그 파일이 삭제되어도 오류 추적이 가능하다.
④ 컴퓨터 시스템이 침입되었을 때 로그 파일을 분석하여 침입 원인과 해커를 추적한다.

90 다음 중 다중 등급 접근 제어 모델에 해당하지 않는 것은 무엇인가?

① BLP(Bell-LaPadula) Model
② Chinese Wall Model
③ Role Model
④ Biba Integrity Model

91 네트워크 공격 기술 중 아래에서 설명하는 것은 무엇인가?

> 네트워크 주변을 지나다니는 패킷을 엿보면서 계정(ID)과 패스워드 등의 개인정보를 알아내기 위한 공격 행위다.

① Spoofing
② DoS
③ Smurfing
④ Sniffing

92 다음 중 컴퓨터 사용자의 키보드 및 마우스 입력 정보를 탐지해 중요 정보를 탈취하는 공격 방식으로 알맞은 것은 무엇인가?

① 블루스나프
② 키로거
③ 블루재킹
④ 스미싱

93 다음 중 스트림 암호(Stream Cipher)에 대한 설명과 가장 거리가 먼 것은 무엇인가?

① 데이터 흐름을 순차적으로 암호화하는 방식이다.
② 암호화 키와 복호화 키가 달라서(비대칭) 암호화 키는 공개한다.
③ 블록 암호보다 빠르지만 암호화 강도는 약하다.
④ 한 비트에만 영향을 주기 때문에 오류 발생에 영향을 덜 받는다.

94 다음 중 정보가 갖추어야 할 기능에 대한 설명과 가장 거리가 먼 것은 무엇인가?

① 기밀성
② 부인봉쇄
③ 보안성
④ 무결성

95 관리자가 경로를 직접 설정하여 빠르고 안정적인 라우팅은 무엇인가?

① 외부 라우팅
② 동적 라우팅
③ 내부 라우팅
④ 정적 라우팅

96 다음 중 HDLC 특징에 대한 설명과 가장 거리가 먼 것은 무엇인가?

① 회선 연결은 점대점, 멀티 포인트, 루프 방식 모두 사용 가능하다.
② 바이트 지향 프레임이다.
③ 동기식 전송으로 전송 효율과 신뢰성이 높다.
④ 오류 제어 방식은 연속적 ARQ(Go-Back-N, Selective-Repeat)를 사용한다.

97 다음 중 소프트웨어 보안 결함의 종류에 해당하지 않는 것은 무엇인가?

① 소프트웨어의 특이한 고장
② 소프트웨어 보안 결함
③ 하드웨어 결함
④ 잠재적 보안 결함

98 집중화기의 특징에 대한 설명과 가장 거리가 먼 것은 무엇인가?

① 전송 채널과 수신 채널의 개수가 같다.
② 데이터 임시 보관을 위한 버퍼가 필요하며 비동기식 전송이다.
③ 통신 회선의 채널을 정적으로 배분하고 독점 형태로 공유한다.
④ 다중화기에 비해 기술이 복잡하고 비용이 많이 든다.

99 사용자 인증된 시스템에 인증이 유지되는 구간을 뜻하는 인증 관련 용어는?

① Session
② Log-In
③ Signature
④ Certificate

100 다음 중 데이터링크 계층(Data Link Layer)에 대한 설명과 가장 거리가 먼 것은 무엇인가?

① 물리 주소인 MAC 주소가 이 계층에 해당한다.
② 양 끝단의 응용 프로세스가 통신을 관리하기 위한 방법을 제공하는 계층이다.
③ 전송 데이터에 대한 CRC 오류/흐름제어가 필요하다.
④ 물리적인 연결이 이뤄지는 계층이며 전송 단위는 Frame이다.

정답 95 ④ 96 ② 97 ③ 98 ① 99 ① 100 ②

정보처리기사 필기 실전 모의고사 09회

시험 일자	문항 수	시험 시간
년 월 일	총 100문항	2시간 30분

수험번호 : _____

성   명 : _____

---

01 CLASP에서 5가지 관점에 해당하지 않는 것은 무엇인가?

① 활동 구현 ② 코드
③ 취약성   ④ 개념

02 다음 중 CASE의 도구에 해당하지 않는 것은 무엇인가?

① SADT   ② PSL/PSA
③ TAGS   ④ Hadoop

03 다음 중 요구사항 관리 도구의 주요 기능에 해당하지 않는 것은 무엇인가?

① 보안성   ② 이력 관리
③ 프로젝트 생성 ④ 요구사항 작성

04 레이아웃 구성 요소 중 아래에서 설명하는 것은 무엇인가?

> 회사 정보, 저작권 정보 등 정보 제공자의 정보를 나타내는 영역

① Layout   ② Element
③ Basic Rules ④ Footer

05 다음 중 소프트웨어 개발 프로젝트의 비용을 결정하는 요소와 거리가 가장 먼 것은 무엇인가?

① 프로젝트의 규모
② 개발자 간의 친밀도
③ 개발 기간
④ 소프트웨어 라이선스

06 플랫폼의 성능 측정 기준 중, 데이터 처리에 시스템 자원을 사용하는 정도를 나타내는 것을 무엇이라 하는가?

① 가용성
② 응답 시간
③ 정확성
④ 사용률

07 다음 중 소프트웨어 공학의 기본 원칙에 대한 설명과 가장 거리가 먼 것은 무엇인가?

① 품질 높은 소프트웨어 상품을 개발한다.
② 불규칙적인 검증을 시행한다.
③ 결과에 관한 명확한 기록을 유지한다.
④ 현대적인 프로그래밍 기술을 적용한다.

정답 01② 02④ 03① 04④ 05② 06④ 07②

[복습포인트] 파트01-챕터01-섹션02

08 다음 중 테일러링(Tailoring) 방법론에 대한 설명과 가장 거리가 먼 것은 무엇인가?

① 다양한 종류의 프로젝트를 일관된 하나의 방법론으로만 적용하기 어려웠기 때문에 등장하였다.
② ISO/IEC 12207, CMMI, SPICE 등의 소프트웨어 개발 프레임워크를 사용한다.
③ 개발하려는 소프트웨어 특성에 맞도록 소프트웨어 개발 방법론의 절차, 사용 기법 등을 수정 및 보완하는 것이다.
④ 방법론의 최적화를 위하여 프로젝트를 단편화시킨다.

[복습포인트] 파트01-챕터04-섹션01

09 다음 중 소프트웨어 모듈 결합도에 해당하지 않는 것은 무엇인가?

① 통신 결합도(Communication Coupling)
② 내용 결합도(Content Coupling)
③ 제어 결합도(Control Coupling)
④ 외부 결합도(External Coupling)

[복습포인트] 파트01-챕터01-섹션02

10 다음 중 CPM에 대한 설명과 가장 거리가 먼 것은 무엇인가?

① 개별 작업의 가장 근접한 시간을 측정한다.
② 프로젝트 개발 기간을 결정하는 임계경로를 알 수 있다.
③ 단계별 작업 간의 경계 시간을 계산할 수 있다.
④ 즉각적으로 측정 비용이 나온다.

[복습포인트] 파트04-챕터03-섹션01

11 다음 중 생성 패턴의 개념에 대한 설명과 가장 거리가 먼 것은 무엇인가?

① 기능의 구체적인 알고리즘을 정의하는 패턴이다.
② 클래스의 정의와 객체 생성 방식을 구조화, 캡슐화된 방법으로 제시한다.
③ 시스템이 어떤 구체적인 클래스를 사용하는지에 대한 정보를 캡슐화한다.
④ 객체를 생성하는 데 사용되는 패턴이다.

[복습포인트] 파트01-챕터02-섹션02

12 구조적 분석 도구 중 아래에서 설명하는 것은 무엇인가?

> 자료와 정보가 시스템의 구성 요소들 사이를 어떻게 흐르는지 그림으로 표현한 양식이다.

① HIPO
② DFD
③ NS
④ KS

[복습포인트] 파트01-챕터01-섹션02

13 다음 중 기능 점수의 비용 산정 요소에 해당하지 않는 것은 무엇인가?

① 인터페이스의 수
② 사용자 명령어 수
③ 개발자 인원의 수
④ 출력 유형의 수

정답 08④ 09① 10④ 11① 12② 13③

14 다음 중 공유도(Fan-in)에 해당하지 않는 것은 무엇인가?

① 이상적인 모듈 설계이지만, 단일 실패 지점이 발생할 가능성이 있으므로 중점적인 관리가 필요하다.
② 공유도가 높다는 것은 해당 모듈의 호출이 가능한 상위 클래스가 많다는 것이다.
③ 해당 모듈을 사용(호출)하는 상위 모듈들의 개수이다.
④ 불필요한 호출이 있는지, 업무 로직을 좀 더 단순화할 수 있는지 검토가 필요하다.

15 DBMS의 개념에 해당하지 않는 것은 무엇인가?

① 모든 관련 응용 프로그램들이 데이터베이스를 공유할 수 있다.
② 사용자의 요구에 따라 데이터베이스 정보를 관리해 주는 소프트웨어이다.
③ 기존의 파일 시스템의 단점인 종속성과 중복성의 문제를 해결해 준다.
④ 별도의 라이선스 및 유지관리 비용이 없다.

16 소프트웨어 아키텍처 패턴 중 아래에서 설명하는 것은 무엇인가?

> - 서브 시스템(Filter)이 입력 데이터를 받아 처리한 결과를 파이프를 통해 다음 서브 시스템으로 넘겨주는 과정을 반복한다.
> - 버퍼링 또는 동기화 목적으로 사용된다.

① 클라이언트/서버 패턴(Client/Server Pattern)
② 마스터/슬레이브 패턴(Master/Slave Pattern)
③ 브로커 패턴(Broker Pattern)
④ 파이프-필터 패턴(Pipe-filter Pattern)

17 다음 중 CMM(Capability Maturity Model) 5단계에 해당하지 않는 것은 무엇인가?

① 정의(Defined)
② 관리(Managed)
③ 최적화(Optimizing)
④ 적용성(Adaptability)

18 다음 중 스크럼 모델의 제품 책임자에 해당하지 않는 것은 무엇인가?

① 백로그(Backlog)에 스토리를 작성하고 우선순위를 지정, 갱신할 수 있다.
② 요구사항을 책임지고 의사를 결정하는 역할을 담당한다.
③ 제품에 대한 요구사항을 작성하는 주체이다.
④ 일일 스크럼 회의를 주관하고 발생된 장애 요소를 공론화하여 처리한다.

19 다음 중 시스템 코드 설계 원칙에 해당하지 않는 것은 무엇인가?

① 적은 자릿수
② 표의성
③ 보안성
④ 고유성

20 행위 다이어그램의 종류 중 아래에서 설명하는 것은 무엇인가?

> • 사용자의 요구를 분석하여 기능을 모델링하는 작업에 사용한다.
> • 사용자와 사용 사례로 구성되며, 사례 간의 관계를 구성한다.

① 상태(State)
② 유스케이스(UseCase)
③ 시퀀스(Sequence)
④ 브릿지(Bridge)

21 블랙박스 테스트의 종류 중 아래에서 설명하는 것은 무엇인가?

> 입력 조건에 유효한 값과 무효한 값을 균등하게 하여 테스트 케이스 설계

① 비교 검사(Comparison Testing)
② 경곗값 분석(Boundary Value Analysis)
③ 오류 예측 검사(Error Guessing)
④ 동치(동등) 분할 검사(Equivalence Partitioning Testing)

22 정적 테스트 중 아래에서 설명하는 것은 무엇인가?

> • 요구사항 명세서 작성자를 제외한 다른 전문가들이 명세서를 검토
> • 결함, 표준 위배, 문제점 등을 파악

① 워크스루(Walk Through)
② 동료 검토(Peer Review)
③ 인스펙션(Inspection)
④ 경곗값 분석(Boundary Value Analysis)

23 아래에서 설명하는 설계 기반 테스트는 무엇인가?

> 소프트웨어 내부 로직을 기반으로 테스트 케이스를 구현하여 테스트를 진행한다.

① 구조 기반 테스트
② 명세 기반 테스트
③ 코드 기반 테스트
④ 성능 기반 테스트

24 다음 중 인터페이스 구현 환경 구축 절차에 대한 설명과 가장 거리가 먼 것은 무엇인가?

① 연계 데이터베이스 또는 계정 생성
② 연계 응용 프로그램 구현
③ 미들웨어 없이 애플리케이션 간 직접 연결
④ 연계를 위한 테이블 생성 위치 및 대상

25. 아래 트리에서 트리의 차수(Degree Of Tree)에 해당하는 것은 무엇인가?

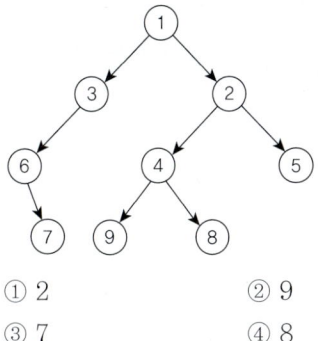

① 2
② 9
③ 7
④ 8

26. 자료구조의 유형 중 아래에서 설명하는 것은 무엇인가?

> • 보조기억 장치에 데이터값이 실제로 기록되는 자료구조이다.
> • 순차 파일, 색인 파일 등이 있다.

① 비선형 구조
② 선형 구조
③ 파일 구조
④ 단순 구조

27. 방향성 완전 그래프에서 노드의 개수가 8개일 때, 최대 간선의 수에 해당하는 것은 무엇인가?

① 16
② 56
③ 64
④ 32

28. 테스트 자동화 도구의 종류 중 아래에서 설명하는 것은 무엇인가?

> 테스트가 실행될 환경을 시뮬레이션하여 컴포넌트 및 모듈이 정상적으로 테스트될 수 있도록 지원하는 도구이다.

① 테스트 하네스 도구
② 성능 테스트 도구
③ 테스트 실행 도구
④ 정적 분석 도구

29. 인터페이스 구현 검증 도구 중 아래에서 설명하는 것은 무엇인가?

> 웹 기반 테스트 케이스 설계/실행/결과 확인 등을 지원하는 테스트 프레임워크

① FitNesse
② NTAF
③ STAF
④ Selenium

30. 소프트웨어 품질 목표 항목 중 아래에서 설명하는 것은 무엇인가?

> 소프트웨어를 쉽게 배우고 사용할 수 있는가의 정도이다.

① 유연성(Flexibility)
② 효율성(Efficiency)
③ 신뢰성(Reliability)
④ 사용 용이성(Usability)

31 다음 중 제품 소프트웨어 설치 매뉴얼 작성 순서에 해당하지 않는 것은 무엇인가?

① 통신상태 확인
② Uninstall 절차 확인
③ 설치 파일 / 백업 파일 확인
④ 이상 Case 확인

32 탐색 기법 중 아래에서 설명하는 것은 무엇인가?

- 해싱 함수를 사용하여 데이터를 검색하는 것이다.
- 기존의 탐색법들과는 달리 데이터의 내용과 인덱스를 미리 연결하여 짧은 시간에 탐색이 가능하다.
- 적절한 해싱 함수를 이용하여 데이터의 저장 위치를 결정한다.

① 해시 탐색(Hash Search)
② 이분(이진) 검색(Binary Search)
③ 블록 탐색(Block Search)
④ 보간 탐색(Interpolation Search)

33 소프트웨어 설계의 최소 단위인 모듈(컴포넌트)의 기능을 중심으로 테스트하는 것을 무엇이라 하는가?

① 통합 테스트
② 테스트 케이스
③ 테스트 하네스
④ 단위 테스트

34 다음 중 릴리즈 노트 추가 작성 및 개선 사항 발생의 예외 케이스에 대한 설명과 가장 거리가 먼 것은 무엇인가?

① 자체 기능 향상을 포함한 모든 추가 기능의 향상에 릴리즈 노트를 작성한다.
② 인터페이스 객체 수신 시 예외가 발생하는 케이스를 정의하고 케이스별 예외 처리 방안을 정의한다.
③ 긴급 오류를 수정할 경우에도 릴리즈 노트를 작성하는 것이 좋다.
④ 테스트 단계의 베타 버전 출시 단계에서도 릴리즈 노트를 작성할 수 있다.

35 다음 중 정적 분석 도구에 해당하지 않는 것은 무엇인가?

① checkstyle
② cppcheck
③ valgrind
④ pmd

36 자료 (67, 61, 26, 17, 85)에서 버블 정렬 기법(오름차순)을 사용했을 때, 1회전 후의 결과에 해당하는 것은 무엇인가?

① 26, 61, 17, 67, 85
② 26, 61, 67, 17, 85
③ 17, 26, 67, 61, 85
④ 61, 26, 17, 67, 85

- 1회전 : 61, 26, 17, 67, 85
- 2회전 : 26, 17, 61, 67, 85
- 3회전 : 17, 26, 61, 67, 85

정답 31 ① 32 ① 33 ④ 34 ② 35 ③ 36 ④

37 다음 중 형상 관리를 통해 관리하는 항목에 해당하지 않는 것은 무엇인가?

① 문서의 이력
② 프로그램의 소스코드
③ 디자인 공유
④ 문서의 버전

38 소프트웨어 유지보수의 종류 중 아래에서 설명하는 것은 무엇인가?

> 소프트웨어 유지보수의 비용 분포 중 가장 많은 부분을 차지하는 보수로 성능의 문제를 수정, 보완하여 최상의 소프트웨어로 유지하게 한다.

① 완전 보수
② 적응 보수
③ 하자 보수
④ 예방 보수

39 다음 중 프로그램의 구조, 경로 등을 위주로 테스트하는 기법은 무엇인가?

① 블랙박스 테스트
② 경험 기반 테스트
③ 화이트박스 테스트
④ 성능 테스트

40 탐색 기법 중에서 해싱 함수를 사용하여 데이터를 검색하는 기법에 해당하는 것은 무엇인가?

① 해싱 탐색
② 보간 탐색
③ 이진 트리 탐색
④ 블록 탐색

41 다음의 SQL 명령에서 DISTINCT의 의미를 가장 잘 설명한 것은?

> SELECT DISTINCT 학과명 FROM 학생 WHERE 총점 > 80;

① 학과명이 중복되지 않게 검색한다.
② 중복된 학과명만 검색한다.
③ 동일한 총점을 가진 학생만 검사한다.
④ 학과명만 제외하고 검색한다.

42 데이터 조작어(DML)에서 테이블의 내용을 조회하는 명령어에 해당하는 것은 무엇인가?

① DELETE
② INSERT
③ UPDATE
④ SELECT

43 다음 SQL문을 관계 대수적으로 표현할 때 필요한 관계 연산자로 가장 적절한 것은?

> SELECT 학번, 이름 FROM 학생 WHERE 학번 = 2000314

① JOIN과 SELECT
② SELECT와 PROJECT
③ DIVISION과 SELECT
④ JOIN과 PROJECT

- 속성 중 일부만 탐색 = 수직 분할 = PROJECT = π
- 튜플 중 일부만 탐색 = 수평 분할 = SELECT = σ

44 함수 종속의 종류에서 기본키만으로 해당 데이터를 식별 가능한 종속 관계에 해당하는 것은 무엇인가?

① 주종적 함수 종속
② 이행적 함수 종속
③ 부분 함수 종속
④ 완전 함수 종속

45 DBMS의 필수 기능에서 데이터의 사용 권한을 구분하고 외부로부터 보호하는 것에 해당하는 것은 무엇인가?

① 조작 기능
② 정의 기능
③ 병합 기능
④ 제어 기능

46 데이터베이스 시스템의 정의에서 불필요한 데이터를 제거하고 중복이 최소화된 데이터들의 집합에 해당하는 것은 무엇인가?

① 운영 데이터(Operational Data)
② 통합 데이터(Integrated Data)
③ 공유 데이터(Shared Data)
④ 저장 데이터(Stored Data)

47 데이터베이스 구조에서 테이블을 이용하여 데이터 상호 간의 관계를 표현한 형태에 해당하는 것은 무엇인가?

① HDBMS(Hierarchical DBMS)
② NTFS(NT File System)
③ RDBMS(Relational DBMS)
④ NDBMS(Network DBMS)

48 다음 중 시스템 카탈로그의 구성 요소에 해당하지 않는 것은 무엇인가?

① 데이터 디렉터리
② 시스템 카탈로그
③ 소프트웨어 목록
④ 메타 데이터

49 데이터베이스 용어 중 아래에서 설명하는 것은 무엇인가?

> - 데이터 모델링의 단계 중 가장 중요한 단계로서, 논리 데이터 모델링을 상세화하는 단계이다.
> - 정확성, 일치성, 단순성, 비중복성, 안정성이 보장된다.
> - 하나의 릴레이션에 하나의 의미만 존재할 수 있도록 릴레이션을 분해하는 과정이다.

① Anomaly
② Dependency
③ De-Normalization
④ Normalization

50 빅데이터 처리 중, 가상화를 사용하는 과정은 무엇인가?

① 생성 과정
② 저장 과정
③ 표현 과정
④ 분석 과정

51 다음 중 데이터 조작어에 대한 설명과 가장 거리가 먼 것은 무엇인가?

① 데이터를 검색, 삽입, 갱신, 삭제할 수 있도록 지원하는 명령어이다.
② 일반 사용자 및 응용 프로그래머가 사용하는 언어이다.
③ 사용자와 관리자 간의 인터페이스를 제공한다.
④ 트랜잭션 제어어를 활용하여 실행 전 상태로 복귀 가능한 명령어이다.

52 키(key)의 종류 중에서 후보키들 중 튜플의 식별을 위해 지정된 키에 해당하는 것은 무엇인가?

① 후보키(Candidate Key)
② 외래키(Foreign Key)
③ 슈퍼키(Super Key)
④ 기본키(Primary Key)

53 데이터베이스의 상태를 변환시키기 위하여 논리적 기능을 수행하는 하나의 작업 단위를 무엇이라하는가?

① 프로시저
② 트랜잭션
③ 모듈
④ 도메인

54 3개의 속성과 3개의 튜플을 가진 릴레이션 A와 2개의 속성과 2개의 튜플을 가진 릴레이션 B에서 카티션 프로덕트를 진행한 결과 릴레이션의 기수에 해당하는 것은 무엇인가?

① 4 ② 3
③ 5 ④ 6

55 회복에 따른 연산자 중 아래에서 설명하는 것은 무엇인가?

> Undo로 인해 회복이 된 경우에 로그(Log)에 갱신되어 있는 데이터를 데이터베이스에 다시 적용하는 연산이다.

① Undo ② Medo
③ Trando ④ Redo

56 다음 중 논리 데이터 모델의 구성 요소에 해당하지 않는 것은 무엇인가?

① 관계 ② 연산
③ 속성 ④ 개체

57 정규화 과정에서 도메인이 원자값만 가지도록 분해한 상태에 해당하는 것은 무엇인가?

① 보이스 코드 정규형
② 제5정규형
③ 제1정규형
④ 비정규형

58 다음 중 테이블 분할 시 고려사항에 대한 설명과 가장 거리가 먼 것은 무엇인가?

① 데이터 검색 로직에 중점을 두어 테이블 분할 여부를 결정한다.
② 기본키의 유일성 관리가 어려워진다.
③ 특정 속성의 접근 경로가 복잡한 경우에 중복 속성을 추가하여 경로를 단축시킨다.
④ 분할된 테이블 전체를 자주 조회하는 경우 수행 속도가 느려진다.

59 STUDENT 릴레이션에 대한 SELECT 권한을 모든 사용자에게 허가하는 SQL 명령문은?

① GRANT SELECT FROM STUDENT TO PROTECT;
② GRANT SELECT ON STUDENT TO PUBLIC;
③ GRANT SELECT FROM STUDENT TO ALL;
④ GRANT SELECT ON STUDENT TO ALL;

STUDENT 릴레이션에 대한 SELECT 권한(SELECT ON STUDENT)을 모든 사용자(TO PUBLIC)에게 허가(GRANT)한다.

60 데이터베이스 이상 현상 중에서 특정 데이터를 갱신할 때, 데이터의 불일치가 발생하는 상태에 해당하는 것은 무엇인가?

① 개념 이상
② 삭제 이상
③ 삽입 이상
④ 갱신 이상

61 파이썬에서 사용할 수 있는 자료구조에 해당하는 것은 무엇인가?

① 배열
② 구조체
③ 리스트
④ 포인터

62 아래의 C 코드에서 출력되는 결과에 해당하는 것은 무엇인가?

```
int main()
{
  int ar1[5] = {1, 6, 4, 5, 3};
  int ar2[5] = {2, 3, 5, 4, 7};
  printf("%d", ar1[5]*ar2[5]);
  return 0;
}
```

① 25
② 21
③ 에러
④ 20

인덱스는 항상 0부터 시작한다.

63 다음 중 쉘 스크립트에서 제어문에 해당하지 않는 것은 무엇인가?

① if
② set
③ case
④ while

정답 58③ 59② 60④ 61③ 62③ 63②

64 객체지향 분석 순서 중 아래에서 설명하는 것은 무엇인가?

- 객체 모델링에서 생성된 객체들의 기능과 상태 등을 파악하는 단계이다.
- 사건과 상태, 조건과 활동들을 파악하여 표시한다.
- 상태, 활동 다이어그램을 활용하여 기능의 흐름을 표시한다.

① 물리 모델링
② 정적 모델링
③ 동적 모델링
④ 객체 모델링

65 다음 중 C언어의 자료형에 해당하지 않는 것은 무엇인가?

① 실수형　② 문자형
③ 정수형　④ 스왑형

66 다음 중 PHP에 대한 설명과 가장 거리가 먼 것은 무엇인가?

① 절차지향 프로그래밍을 지원한다.
② 많은 오픈 소스 프레임워크와 라이브러리를 사용할 수 있다.
③ HTML에 포함되어 동작하는 서버측 스크립트 언어이다.
④ C언어, Java와 유사한 문법을 사용한다.

67 C언어에서 정수형 변수를 선언할 때 가능한 키워드에 해당하지 않는 것은 무엇인가?

① double
② char
③ short
④ long

68 다음 중 선점형 방식의 개념에 대한 설명과 가장 거리가 먼 것은 무엇인가?

① 대기 중인 프로세스를 다른 프로세스가 강제적으로 중단시킬 수 있으므로 조심하여야 한다.
② RR, SRT, MFQ 등이 있다.
③ 빠른 응답 시간을 필요로 하는 대화식, 시분할, 실시간 처리에 적당하다.
④ 다른 프로세스가 현재 사용 중인 프로세스를 중단시키고 CPU를 차지할 수 있다.

69 다음 중 객체지향 설계 원칙에 해당하지 않는 것은 무엇인가?

① 리스코프 치환(Liskov Substitution)
② 상호배제(Mutex : Mutual eXclusion)
③ 단일 책임(Single Responsibility)
④ 의존성 뒤집기(Dependency Inversion)

70 교착상태의 필요 충분 조건 중 하나 이상을 부정하여 교착상태를 해결하는 방안은?

① 회피(Avoidance)
② 발견(Detection)
③ 예방(Prevention)
④ 회복(Recovery)

71 아래의 C 코드에서 출력되는 결과에 해당하는 것은 무엇인가?

```
int main()
{
  int x=1, y=6;
  while (y--) {
    x++;
  }
  printf("x=%d, y=%d", x, y);
  return 0;
}
```

① x=7 y=0
② x=6 y=-1
③ x=7 y=-1
④ x=6 y=0

C언어에서는 0이 아니면 true로 판단한다.

x=1	y=6	while (y--)	x++	printf(x, y);
1	6	true → 5	2	
2	5	true → 4	3	
3	4	true → 3	4	
4	3	true → 2	5	
5	2	true → 1	6	
6	1	true → 0	7	
7	0	false → -1		7, -1

72 C언어에서 연산자의 우선순위가 높은 것에서 낮은 순으로 올바르게 연결된 것에 해당하는 것은 무엇인가?

① 괄호 - 산술 - 논리 - 관계
② 산술 - 논리 - 괄호 - 관계
③ 산술 - 관계 - 논리 - 괄호
④ 괄호 - 산술 - 관계 - 논리

73 다음 중 인터럽트 처리 절차에 해당하지 않는 것은 무엇인가?

① 중단된 프로그램 제거
② 인터럽트를 요청
③ 상태 복구
④ 인터럽트 서비스 루틴 실행

74 다음 중 자바 접근제어자에 해당하지 않는 것은 무엇인가?

① protected
② private
③ public
④ extern

75 다음 중 페이지 교체 알고리즘에 해당하지 않는 것은 무엇인가?

① FIFO
② MVT
③ OPT
④ LRU

정답 70 ③ 71 ③ 72 ④ 73 ① 74 ④ 75 ②

76 C언어에서 아래 코드의 출력 결과에 해당하는 것은 무엇인가?

```
int main()
{
  int i;
  int a=1, b=1, c;
  for(i=0; i<5; i++){
    c = a + b;
    a = b;
    b = c;
  }
  printf("%d", c);
  return 0;
}
```

① 13
② 15
③ 9
④ 8

- 피보나치 수열 : 1, 1, 2, 3, 5, 8, 13, 21, …
- 피보나치 수열 공식 : c=a+b; a=b; b=c;
- 피보나치 수열은 처음 두 수를 준비하고 계산을 시작한다.
- 따라서 5번의 반복이라면 수열의 7번째 수가 답이 된다.

77 객체의 정의에서 객체를 나타내는 자료구조, 상태 등에 해당하는 것은 무엇인가?

① 메시지
② 오버라이딩
③ 메소드
④ 속성

78 다음 중 스래싱(thrashing)에 대한 설명과 가장 거리가 먼 것은 무엇인가?

① 프로세스 수행 과정 중 자주 페이지 부재가 발생함으로써 나타나는 현상으로 전체 시스템의 성능이 저하된다.
② 다중 프로그래밍의 정도가 더욱 커지면 스래싱이 나타나면서 CPU의 이용률은 급격히 감소하게 된다.
③ 프로세스의 처리 시간보다 페이지 교체에 소요되는 시간이 더 많아지는 현상이다.
④ 페이지 부재는 페이지 프레임에 사용할 페이지가 존재하는 것이다.

79 운영체제 종류에 해당하지 않는 것은 무엇인가?

① Windows
② Android
③ Mac OS
④ Visual Studio

80 객체지향 기술에서 상속받은 메소드의 내부 기능을 새롭게 정의하는 기능에 해당하는 것은 무엇인가?

① 메소드 오버라이딩(Method Overriding)
② 메시지(Message)
③ 개방 폐쇄(Open-Closed)
④ 사용 기반(Use-Based Testing)

81 TCP의 3-Way-Handshake 취약점을 이용한 서비스 거부 공격은 무엇인가?

① Blue Snarfing
② Smurf Attack
③ Distributed Denial of Service
④ SYN Flooding

82 다음 중 시스템 보안 구현 도구에 해당하지 않는 것은 무엇인가?

① NBTScan ② nmap
③ BLP   ④ MBSA

83 다음 중 백도어 탐지 기법에 해당하지 않는 것은 무엇인가?

① 은폐성 검사
② SetUID 파일 검사
③ 동작 중인 프로세스와 열린 포트 확인
④ 무결성 검사

84 데이터베이스 관련 신기술 중 아래에서 설명하는 것은 무엇인가?

> 하둡(Hadoop)과 관계형 데이터베이스 간에 데이터를 전송할 수 있도록 설계된 도구

① MapReduce ② Tajo
③ VoIP   ④ Sqoop

85 다음 중 메시지 교환(Message Switching) 방식에 대한 설명과 가장 거리가 먼 것은 무엇인가?

① 교환 방식 중 전송 지연 시간이 가장 길다.
② 전송할 데이터 전체를 메시지 형태(전문)로 전송한다.
③ 속도나 코드 변환이 가능하고 메시지의 전송 경로가 같다.
④ 응답 시간이 느려 대화형 데이터 전송에는 부적절하다.

86 다음 중 분산형(Token 방식)에 대한 설명과 가장 거리가 먼 것은 무엇인가?

① 토큰 링 : 링 구조에서 토큰을 운영하는 방식
② 토큰 패싱 : 버스 구조의 네트워크 구조에서 토큰 링 형태로 토큰 운영
③ 멀티 링 : 하나가 아닌 여러 개의 토큰을 사용
④ 토큰 버스 : 버스 구조에서 토큰을 운영하는 방식

87 OSI 7계층에서 하위 계층에 해당하지 않는 것은 무엇인가?

① Data Link Layer
② Presentation Layer
③ Network Layer
④ Transport Layer

88 다음 중 해시 함수를 이용한 암호화 알고리즘에 해당하지 않는 것은 무엇인가?

① MD5　　② SNEFRU
③ SHFRAN　④ MD4

89 다음 중 소프트웨어 관련 신기술에 대한 설명과 가장 거리가 먼 것은 무엇인가?

① Grayware : 애드웨어, 공유웨어, 스파이웨어 등의 총칭
② RIA : 판매 또는 배포 계획이 있었으나 실제로 고객에게 판매되거나 배포되지 않은 포스트웨어
③ 증강 현실 : 사용자의 현실 세계에 3차원 가상 물체를 겹쳐 보여주는 기술
④ Hash : 임의의 길이의 입력 데이터나 메시지를 고정된 길이의 값이나 키로 변환하는 기술

90 다음 중 DRM의 구성 요소에 해당하지 않는 것은 무엇인가?

① 콘텐츠 소비자
② DRM 컨트롤러
③ 클리어링 하우스
④ 콘텐츠 분배자

91 다음 중 시스템 보안 구현 도구가 아닌 것은?

① MBSA
② NMAP
③ BIOS
④ NBTScan

92 다음 중 telnet(Tele Network)에 대한 설명과 가장 거리가 먼 것은 무엇인가?

① 데이터가 평문으로 전달되기 때문에 보안성이 떨어진다.
② 인터넷상의 다른 컴퓨터에 로그인하여 자신의 로컬 컴퓨터처럼 사용할 수 있도록 한다.
③ 22번 포트를 사용한다.
④ 원격지에 있는 컴퓨터에 권한을 가진 사용자가 접속하여 프로그램을 실행하거나 시스템 관리 작업을 할 수 있는 서비스이다.

93 다음 중 대칭키 방식의 개념에 대한 설명과 가장 거리가 먼 것은 무엇인가?

① 암호화 키와 복호화 키가 동일하다.
② 변환 방식에 따라 전치 암호와 대치 암호로 구분된다.
③ 비밀키, 개인키, 단일키 암호화 방식이라고도 한다.
④ 송신측과 수신측이 통신하기 전에 키를 분배하고 모두 비밀리에 보관하고 있어야 한다.

94 구조적 방법론에 기반하지 않고 경험자의 지식을 통해 위험분석을 수행하는 분석 접근법은 무엇인가?

① 베이스라인(Baseline) 접근법
② 비정형(Informal) 접근법
③ 상세(Detailed) 위험분석
④ 복합(Combined) 접근법

95 다음 중 해시 암호 알고리즘에 해당하지 않는 것은 무엇인가?

① RC4
② MD5
③ SHA
④ MD4

96 다음 중 IP 계층의 Domain Name에 대한 설명과 가장 거리가 먼 것은 무엇인가?

① 모든 도메인 네임은 고유하게 존재해야 한다.
② 점(.)으로 구분하여 구성되며, 우측으로 갈수록 큰 범위(상위 도메인)이다.
③ 공백 포함 영문만을 이용해 만들 수 있다.
④ 숫자로 구성된 IP주소를 기억하기 쉬운 문자 형태로 변환한 것이다.

97 다음 중 클라우드 컴퓨팅에 대한 설명과 가장 거리가 먼 것은 무엇인가?

① 모든 하드웨어가 가상화되어 가상 자원의 풀(Pool)을 구성한다.
② 응용 프로그램이나 데이터를 자신의 컴퓨터에 설치할 필요 없이 이용 가능하다.
③ 통신 기기를 이용해 언제 어디서나 서비스를 이용할 수 있도록 하는 기술이다.
④ 처리해야 하는 작업 및 데이터를 인터넷으로 연결된 다른 컴퓨터로 처리하는 기술이다.

98 다음 중 HTTPS에 대한 설명과 가장 거리가 먼 것은 무엇인가?

① 세션 계층에서 동작한다.
② S-HTTP와 같은 의미이다.
③ SSL에서 사용자 페이지 요청을 암호화/복호화하는 웹 프로토콜이다.
④ 80번 포트 대신 443번을 사용하고 40비트의 암호화 키를 사용한다.

99 다음 중 아래에서 설명하는 것은 무엇인가?

> 일반적으로 무료 공개 프로그램을 통해 다른 사람의 컴퓨터에 잠입하여 중요한 개인정보를 유출시키는 소프트웨어이다.

① Joke
② Spyware
③ Worm
④ Hoax

복습포인트 파트05-챕터01-섹션03

100 192.168.1.0/24 네트워크를 사용하는 회사에서 A, B, C, D 부서에 각각 120개, 60개, 20개, 20개의 host를 할당하기 위한 서브넷팅을 VLSM, ip subnet-zero 방식으로 수행했을 때, A 부서가 사용 가능한 첫 번째 호스트 주소에 해당하는 것은 무엇인가?

① 192.168.1.64
② 192.168.1.24
③ 192.168.255.0
④ 192.168.1.1

- 32비트 중 네트워크 비트(24)를 제외한 8비트로 서브넷팅을 진행한다.
- 네트워크 주소와 브로드캐스트 주소를 고려하여 필요한 호스트의 개수를 파악한다.
  - A 부서(120)는 $2^7-2=126$개의 IP주소 사용이 가능한 7비트의 호스트 비트가 필요
  - B 부서(60)는 $2^6-2=62$개의 IP주소 사용이 가능한 6비트의 호스트 비트가 필요
  - C 부서(20)는 $2^5-2=30$개의 IP주소 사용이 가능한 5비트의 호스트 비트가 필요
  - D 부서(20)는 $2^5-2=30$개의 IP주소 사용이 가능한 5비트의 호스트 비트가 필요
- 사용될 호스트 비트를 제외한 잔여 호스트 비트는 서브넷 마스크로 사용한다.
  - A 서브넷 : 192.168.1.0/24+1
  - A 부서의 네트워크 주소 : 192.168.1.0
  - A 부서의 브로드캐스트 주소 : 192.168.1.127
  - A 부서가 사용 가능한 IP주소 : 192.168.1.1 ~ 192.168.1.126
  - B 서브넷 : 192.168.1.128/24+2
  - B 부서의 네트워크 주소 : 192.168.1.128
  - B 부서의 브로드캐스트 주소 : 192.168.1.191
  - B 부서가 사용 가능한 IP주소 : 192.168.1.129 ~ 192.168.1.190
  - C 서브넷 : 192.168.1.192/24+3
  - C 부서의 네트워크 주소 : 192.168.1.192
  - C 부서의 브로드캐스트 주소 : 192.168.1.223
  - C 부서가 사용 가능한 IP주소 : 192.168.1.193 ~ 192.168.1.222
  - D 서브넷 : 192.168.1.224/24+3
  - D 부서의 네트워크 주소 : 192.168.1.224
  - D 부서의 브로드캐스트 주소 : 192.168.1.255
  - D 부서가 사용 가능한 IP주소 : 192.168.1.225 ~ 192.168.1.254

정보처리기사 필기 실전 모의고사 10회

시험 일자	문항 수	시험 시간
년 월 일	총 100문항	2시간 30분

수험번호 : _____

성 명 : _____

복습포인트 파트01-챕터01-섹션02
01 테일러링(Tailoring) 방법론에서 내부적 요건에 해당하지 않는 것은 무엇인가?
① 요구사항 : 프로젝트의 생명주기 활동에서 우선적으로 고려할 요구사항이 서로 다른 경우
② 표준 품질 기준 : 산업 분야별 표준 품질 기준이 서로 다른 경우
③ 보유 기술 : 소프트웨어 개발 방법론, 산출물 등이 서로 다른 경우
④ 목표 환경 : 시스템의 개발 환경과 유형이 서로 다른 경우

복습포인트 파트01-챕터01-섹션01
02 추상적인 명세를 구체화하여 소프트웨어를 재사용하는 구성 방식은 무엇인가?
① 생성 중심
② 합성 중심
③ 선행 중심
④ 결과 중심

복습포인트 파트01-챕터05-섹션01
03 다음 중 시스템 연계 기술에 해당하지 않는 것은 무엇인가?
① API
② DB Connection
③ Scoop
④ JDBC

복습포인트 파트01-챕터01-섹션01
04 Scrum model에서 개발 프로세스에 해당하지 않는 것은 무엇인가?
① 스프린트
② 제품 PR 제작
③ 제품 백로그
④ 스프린트 검토 회의

복습포인트 파트01-챕터02-섹션01
05 다음 중 Open Source에 대한 설명과 가장 거리가 먼 것은 무엇인가?
① 사용 가능한 라이선스의 개수 및 인원수를 파악해야 한다.
② 라이선스 종류별로 공개 범위에 차이가 있기 때문에 종류를 정확하게 파악해야 한다.
③ 기술의 지속 가능성을 고려하여 선택해야 한다.
④ 개발 소스코드가 공개된 유료 기술들의 총칭이다.

복습포인트 파트01-챕터01-섹션02
06 다음 중 CMMI 종류에 해당하지 않는 것은 무엇인가?
① IPD-CMM
② SE-CMM
③ US-CMM
④ SW-CMM

정답 01 ② 02 ① 03 ③ 04 ② 05 ④ 06 ③

07 다음 중 요구사항 검증의 주요 항목에 대한 설명으로 옳은 것은 무엇인가?

① 일관성(Consistency) : 개발 내용이 요구사항과 일치하는지 판단
② 변경 용이성(Easily Changeable) : 명세서 변경이 용이한지 판단
③ 추적 가능성(Traceability) : 요구사항에 해당하는 항목을 추적할 수 있는지 판단
④ 완전성(Completeness) : 누락된 요구사항이 있는지 판단

08 디자인 패턴에서 생성 패턴에 해당하지 않는 것은 무엇인가?

① Builder
② Factory Method
③ Iterator
④ Abstract Factory

09 다음 중 요구사항 개발 절차에 해당하지 않는 것은 무엇인가?

① 요구사항 명세화
② 요구사항 변경관리
③ 요구사항 분석 및 추출
④ 타당성 조사

10 나선형(Spiral) 모델에 대한 설명으로 옳지 않은 것은?

① 누락 및 추가된 요구사항 반영이 불가능하다.
② 폭포수 모델과 프로토타입 모델의 장점에 위험 분석 기능을 더한 모델이다.
③ 나선을 돌듯이 여러 번의 지속적인 개발 과정을 통해 점진적으로 개발하는 것이다.
④ 개발 중 발생할 수 있는 위험을 최소화하는 것이 목적이며 유지보수가 필요 없다.

11 다음 중 XP(eXtreme Programming)의 특징에 해당하지 않는 것은 무엇인가?

① 고객의 참여와 개발 과정(Release)의 반복을 극대화하여 개발 생산성을 향상시키는 방법이다.
② 제품 책임자, 마스터, 개발팀으로 구성된다.
③ 비교적 소규모 인원의 개발 프로젝트에 효과적이다.
④ XP의 가치에는 의사소통, 단순성, 용기, 존중, 피드백이 있다.

12 다음 중 가장 강한 응집도는 무엇인가?

① 우연적 응집도
② 시간적 응집도
③ 절차적 응집도
④ 순차적 응집도

13 다음 중 소프트웨어 아키텍처 패턴에 해당하지 않는 것은 무엇인가?

① 파이프-필터 패턴(Pipe-filter Pattern)
② 블록 패턴(Block Pattern)
③ 계층화 패턴(Layered Pattern)
④ 마스터/슬레이브 패턴(Master/Slave Pattern)

14 비용 산정 기법에서 소프트웨어 비용 결정 요소에 해당하지 않는 것은 무엇인가?

① 생산성
② 자원
③ 프로젝트
④ 비용

15 UML의 사물 다이어그램 중 아래에서 설명하는 것은 무엇인가?

> 시스템의 개념적, 물리적 요소인 클래스, 컴포넌트, 노드 등을 표현한다.

① Grouping Things
② Annotation Things
③ Structural Things
④ Node Things

16 다음 중 협약(Contract)에 의한 설계를 따를 경우에 포함되어야 할 조건에 해당하지 않는 것은 무엇인가?

① 결과조건(postcondition)
② 선행조건(precondition)
③ 불변조건(invariant)
④ 복습조건(review)

17 다음 중 UML에 대한 설명과 가장 거리가 먼 것은 무엇인가?

① Rumbaugh, Booch, Jacobson 등의 객체지향 방법론의 장점을 통합하였다.
② 시스템의 구조를 표현하는 행위 다이어그램과 시스템의 동작을 표현하는 구조 다이어그램이 있다.
③ 객체 기술에 관한 국제표준화기구인 OMG(Object Management Group)에서 표준으로 지정하였다.
④ 이해관계자 상호 간의 의사소통이 원활하게 이루어지도록 표준화하여 시각적으로 표현하는 대표적인 객체지향 모델링 언어이다.

18 다음 중 보안 개발 방법론의 종류 중 CWE에 대한 설명과 가장 거리가 먼 것은 무엇인가?

① 시간 및 상태 : 동시 또는 거의 동시 수행을 지원하는 병렬 시스템, 하나 이상의 프로세스가 동작되는 환경에서 시간 및 상태를 부적절하게 관리하여 발생할 수 있는 보안 취약점
② 보안 기능 : 보안 기능(인증, 접근제어, 기밀성, 암호화, 권한 관리 등)을 부적절하게 구현 시 발생할 수 있는 보안 취약점
③ 코드 오류 : 인가된 사용자가 데이터를 수정하였을 때 발생하는 코드 오류
④ API 오용 : 의도된 사용에 반하는 방법으로 API를 사용하거나, 보안에 취약한 API를 사용하여 발생할 수 있는 보안 취약점

정답 13② 14④ 15③ 16④ 17② 18③

19 다음 중 디자인 패턴의 개념에 대한 설명과 가장 거리가 먼 것은 무엇인가?
① 기능보다 구조, 가독성, 확장성에 비중을 둔다.
② 문제를 해결하기 위한 설계 패턴을 체계적으로 분류하여 소프트웨어 개발의 효율성과 재사용성을 높인 것이다.
③ 디자인 패턴은 모든 종류의 시스템에 적용할 수 있지만, 아키텍처는 일관된 문제에 적용된다.
④ 소프트웨어 아키텍처는 전체 시스템의 구조나 설계 모형을 재사용할 때 사용하지만 디자인 패턴은 구현 단계에서 해결 방안까지도 제공한다.

20 다음 중 자료 사전의 표기법에 해당하지 않는 것은 무엇인가?
① //
② ()
③ =
④ +

21 소프트웨어 테스트에서 오류의 80%는 전체 모듈의 20% 내에서 발견된다는 법칙은?
① Brooks의 법칙
② Boehm의 법칙
③ Pareto의 법칙
④ Jackson의 법칙

22 다음 중 유지보수 비용 측정 방법에 해당하지 않는 것은 무엇인가?
① Putnam 방법
② Vessey & Webber 방법
③ BL(belady와 lehman) 방법
④ COCOMO 방법

23 힙 정렬의 시간복잡도에서 최악의 경우에 해당하는 것은 무엇인가?
① $O(nlogn)$
② $O(dn)$
③ $O(n^{1.5})$
④ $O(1)$

24 다음 중 형상 관리 도구의 기능에 해당하지 않는 것은 무엇인가?
① import
② delete
③ update
④ check-out

25 다음 이진트리를 후위(Postorder) 운행한 결과로 옳은 것은?

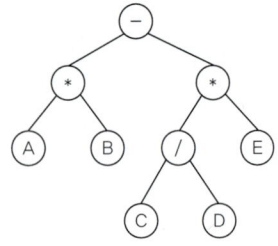

① A*B-C/D*E
② -*AB*/CDE
③ AB*CDE/*-
④ AB*CD/E*-

- 전위 순회 : root → left → right
- 중위 순회 : left → root → right
- 후위 순회 : left → right → root

26 성능 측정 지표 중 아래에서 설명하는 것은 무엇인가?

> 트랜잭션을 처리하는 동안 사용하는 CPU 사용량, 메모리 사용량, 네트워크 사용량 등을 말한다.

① Turnaround Time
② Response Time
③ Throughput
④ Resource Usage

27 결함의 종류 중 아래에서 설명하는 것은 무엇인가?

> 결함으로 인해 소프트웨어 및 서비스가 기대 결과를 나타내지 못하는 것이다.

① 장애(Failure)
② 차이(Diff)
③ 결함(Defect)
④ 오류(Error)

28 다음 중 연계 시스템을 구성하는 시스템과 거리가 먼 것은 무엇인가?

① 수신 시스템
② 중계 시스템
③ 동기 시스템
④ 송신 시스템

29 화이트 박스의 제어 구조 검사 중 아래에서 설명하는 것은 무엇인가?

> 소스코드의 반복 구조를 중점적으로 테스트

① 조건 검사
② 루프 검사
③ 데이터 흐름 검사
④ 오류-예측 검사

30 탐색 기법에서 검색 대상 데이터를 절반씩 나누어 가며 검색하는 기법은 무엇인가?

① 보간 탐색
② 선형 탐색
③ 이분(이진) 탐색
④ 이진 트리 탐색

31 인수 테스트 중 다음이 설명하는 것은 무엇인가?

> 개발자의 장소에서 사용자가 개발자 앞에서 행하는 기법

① 베타 테스트
② 동치 분할 테스트
③ 알파 테스트
④ 형상 테스트

정답 25 ④ 26 ④ 27 ① 28 ③ 29 ② 30 ③ 31 ③

32 다음 중 설계 기반 테스트에 해당하지 않는 것은?

① 명세 기반 테스트
② 구조 기반 테스트
③ 회귀 기반 테스트
④ 경험 기반 테스트

33 빅 오(O) 표기법에서 데이터 처리에 필요한 연산 횟수가 데이터 수에 따라 일정하게 증가하는 형태에 해당하는 것은 무엇인가?

① $O(n)$
② $O(0)$
③ $O(1)$
④ $O(n^2)$

34 다음 중 아래에서 설명하는 것은 무엇인가?

> 아무리 많은 오류를 제거한다 해도 사용자의 요구사항을 만족하지 못하는 프로그램은 품질이 높다고 말할 수 없다.

① 결함 집중
② 오류-부재의 궤변
③ 살충제 패러독스
④ 완벽한 테스트는 불가능

35 다음 중 자료구조의 개념에 대한 설명과 가장 거리가 먼 것은 무엇인가?

① 데이터의 추가, 삭제, 탐색을 보다 효율적으로 연산하는 활동도 포함된다.
② 상황에 따라 다양한 형태의 자료구조를 선택하여 활용한다.
③ 프로그램에서 쉽게 활용될 수 있도록 논리적으로 설계된 데이터의 구조 및 관계를 의미한다.
④ 같은 데이터라면 데이터 구조를 어떻게 구성하여도 성능은 거의 같다.

36 다음 중 패키징 도구 활용 시 주의사항에 대한 설명과 가장 거리가 먼 것은 무엇인가?

① 여러 기종에 대한 콘텐츠 호환성 및 디지털 저작권 관리 기술(DRM) 연동을 고려한다.
② 표준 형식은 없지만, 배포 정보에 대한 이력을 정확하게 관리하여 진행한다.
③ 반드시 내부 콘텐츠에 대한 암호화 및 보안 기능을 고려한다.
④ 사용자 편의성을 고려해 최대한 단순하고 효율적으로 적용될 수 있도록 한다.

37 폴리쉬 표기법의 종류에서 연산자가 피연산자들의 뒤쪽에 위치하는 형식에 해당하는 것은 무엇인가?

① 중위식(Infix)
② 후위식(Postfix)
③ 전위식(Prefix)
④ 상위식(Topfix)

38 소스코드 품질을 개선하기 위한 활동과 가장 거리가 먼 것은?

① 코드 인스펙션
② 코드 라우팅
③ 리팩토링
④ 증명

39 다음 중 상세 기능별 인터페이스 정의서(명세서)에 대한 설명과 가장 거리가 먼 것은 무엇인가?

① 호출 이후 결과를 확인하기 위한 반환값을 정의한다.
② 인터페이스 현황을 쉽게 확인하기 위하여 한 시스템이 갖는 인터페이스 목록이다.
③ 사후 조건 및 인터페이스 데이터를 정의한다.
④ 세부 기능이 동작하기 전에 필요한 사전 조건을 정의한다.

40 비선형 구조 중 아래에서 설명하는 것은 무엇인가?

- 데이터를 계층 구조로 표현하기에 적합한 자료 구조이다.
- 하나 이상의 노드를 가지며 각 노드는 간선(Edge, Branch)으로 연결된다.
- 방향성(Directed)이 있는 비순환(Acyclic) 그래프의 한 종류이다.

① 데크(Deque)
② 사이클(Cycle)
③ 트리(Tree)
④ 차수(Degree)

41 성적 테이블에서 이름과 학과는 내림차순, 성별은 오름차순으로 조회하는 SQL에 해당하는 것은 무엇인가?

① SELECT 이름, 학과, 성별 FROM 성적 ORDER BY 이름 ASC, 학과 ASC, 성별
② SELECT 이름, 학과, 성별 FROM 성적 ORDER BY 이름, 학과, DESC 성별
③ SELECT 이름, 학과, 성별 FROM 성적 ORDER BY 이름 DESC, 학과 DESC, 성별 ASC
④ SELECT 이름, 학과, 성별 FROM 성적 ORDER BY 이름 ASC, 학과 DESC

42 회복 기법 중 아래에서 설명하는 것은 무엇인가?

갱신 결과를 로그에 기록해 두었다가 트랜잭션이 완료되면 한 번에 데이터베이스에 반영(Redo)한다.

① 즉시 갱신
② 지연 갱신
③ 이상 갱신
④ 로그 갱신

43 다음 중 E-R 다이어그램에 대한 설명과 가장 거리가 먼 것은 무엇인가?

① 잘 설계된 E-R 다이어그램은 업무 수행 방식의 변경에 영향을 거의 받지 않는다.
② 하나의 개체는 하나 테이블로 전환된다.
③ 업무 영역이 변경되는 경우에는 설계 변경이 발생할 수 있다.
④ 논리적인 그림이기 때문에 시스템에 아무런 영향을 받지 않는다.

44 정규화 과정에서 다치 종속을 제거한 상태에 해당하는 것은 무엇인가?

① 제5정규형
② 제4정규형
③ 보이스 코드 정규형
④ 제1정규형

45 RDBMS의 기본 용어에서 릴레이션에서 생성된 튜플의 개수에 해당하는 것은 무엇인가?

① 도메인(Domain)
② 릴레이션 스키마(Relation Schema)
③ 기수(Cardinality)
④ 속성(Attribute)

46 다음 중 테이블 수직 분할에 대한 설명과 가장 거리가 먼 것은 무엇인가?

① 테이블의 속성 중 특정 속성들만 접근이 잦을 경우에 사용한다.
② 레코드(Record, 튜플)를 기준으로 테이블을 분할한다.
③ 자주 조회되는 속성을 기준으로 분할한다.
④ 갱신 위주의 속성을 기준으로 분할한다.

47 트랜잭션을 취소하는 이외의 조치를 명세할 필요가 있는 경우 메시지를 보내 어떤 값을 자동적으로 갱신하도록 프로시저를 기동시키는 방법은?

① 트리거(trigger)
② 무결성(integrity)
③ 잠금(lock)
④ 복귀(rollback)

48 2개의 속성과 4개의 튜플을 가진 릴레이션 A와 3개의 속성과 5개의 튜플을 가진 릴레이션 B에서 카티션 프로덕트를 진행한 결과 릴레이션의 기수와 차수에 해당하는 것은 무엇인가?

① 기수=20, 차수=5
② 기수=9, 차수=6
③ 기수=6, 차수=9
④ 기수=5, 차수=20

49 다음은 SQL의 갱신문이다. ( ) 안의 내용으로 적당한 것은?

> UPDATE 직원 ( ) 주소 = '종로' WHERE 성명 = '홍길동'

① SET
② IN
③ FROM
④ INTO

50 종속성 중에서 둘 이상의 속성(Multi-Valued)을 가진 결정자에 의해 정해지는 속성에 대한 의존성에 해당하는 것은 무엇인가?

① Join Dependency
② Functional Dependency
③ Index Dependency
④ Multi-Valued Dependency

51 EMPLOYEE 테이블의 DEPT_ID 열의 값이 "D1"인 튜플이 2개, "D2"인 튜플이 3개, "D3"인 튜플이 1개라고 하자. 다음 SQL문 ㉠, ㉡의 실행 결과 튜플 수를 올바르게 나타낸 것은?

> ㉠ SELECT DEPT_ID FROM EMPLOYEE;
> ㉡ SELECT DISTINCT DEPT_ID FROM EMPLOYEE;

① ㉠ 3, ㉡ 1
② ㉠ 3, ㉡ 3
③ ㉠ 6, ㉡ 1
④ ㉠ 6, ㉡ 3

DISTINCT가 붙으면 튜플의 수는 DEPT_ID의 도메인 개수와 같아진다.

52 학생(STUDENT) 테이블에 컴퓨터정보과 학생 120명, 인터넷정보과 학생 160명, 사무자동화과 학생 80명에 관한 데이터가 있다고 했을 때, 다음에 주어지는 SQL문 (ㄱ), (ㄴ), (ㄷ)을 각각 실행시키면, 결과 튜플 수는 각각 몇 개인가? (단, DEPT는 학과 컬럼명임)

> (ㄱ) SELECT DISTINCT DEPT FROM STUDENT
> (ㄴ) SELECT DEPT FROM STUDENT
> (ㄷ) SELECT COUNT(DISTINCT DEPT) FROM STUDENT WHERE DEPT='컴퓨터정보과'

	(ㄱ)	(ㄴ)	(ㄷ)
①	3	360	1
②	360	3	120
③	3	360	120
④	360	3	1

DISTINCT가 붙으면 튜플의 수는 DEPT의 도메인 개수와 같아진다.

53 확장 E-R 다이어그램 중 아래에서 설명하는 것은 무엇인가?

> • 각각의 관련 있는 개체 타입을 통해 하나의 새로운 개체 타입을 만드는 것이다.
> • "part-whole" 관계 또는 "is-a-part-of" 관계를 표현할 수 있다.
> • 개체 타입들 간의 구조적인 집약 관계이다.

① 특수화(Specialization)
② 집단화(Aggregation)
③ 상속(Inheritance)
④ 일반화(Generalization)

54 다음 중 아래 SQL문장에 대한 설명과 가장 거리가 먼 것은 무엇인가?

> CREATE TABLE 학생(
> 학번 INT PRIMARY KEY,
> 이름 CHAR(10) NOT NULL,
> 연락처 CHAR(15) DEFAULT '비공개'
>);

① 이름은 최대 10개의 문자를 필수로 입력할 수 있게 한다.
② 학생 테이블 수정하는 문장이다.
③ 학생 필드는 정수를 저장하며 기본키로 설정한다.
④ 연락처는 입력이 없을 시 "비공개"를 자동으로 입력한다.

55 다음 중 스키마의 종류에 해당하지 않는 것은 무엇인가?

① 개념 스키마 ② 내부 스키마
③ 외부 스키마 ④ 물리 스키마

56 데이터 정의어(DDL)에서 데이터베이스 오브젝트의 내용을 삭제하는 명령어에 해당하는 것은 무엇인가?

① CREATE
② DROP
③ ALTER
④ TRUNCATE

57 다음 중 RDBMS(Relational DBMS)에 대한 설명과 가장 거리가 먼 것은 무엇인가?

① 종합적이고 단순한 데이터 구조이며 가장 뛰어난 논리적 구조를 지원한다.
② 계층구조를 이용하여 데이터 상호 간의 관계를 표현한다.
③ 레코드가 아닌 테이블 기준으로 관계를 맺는 시스템이다.
④ 시스템의 부하가 커서 수행 속도가 느리다.

58 SQL 지원 도구 중 아래에서 설명하는 것은 무엇인가?

- 운영 중인 시스템에 대한 가용성 확보, 다운 타임 최소화 등을 통한 안정적인 시스템 운영을 위한 모니터링 도구이다.
- 시스템 부하량과 접속자 파악, 장애 진단 등을 진행한다.

① APM(Application Performance Management)
② PL/SQL 도구
③ EXPLAIN PLAN 도구
④ STAMP 도구

59 다음 중 정규화의 필요성에 대한 설명과 가장 거리가 먼 것은 무엇인가?

① 자료구조를 안정화한다.
② 저장 공간을 최소화한다.
③ 불일치를 최대화한다.
④ 이상 현상을 방지한다.

60 다음 중 데이터베이스 관리 시스템(DBMS)에 대한 설명과 가장 거리가 먼 것은 무엇인가?

① 데이터 관리의 복잡성은 늘어나지만 관련된 대부분의 기능을 지원한다.
② 데이터를 표준화하고 보안을 강화하며 무결성을 유지시킨다.
③ 특정 부분에 문제가 발행하면 전체 시스템에 영향을 미치는 경우가 많다.
④ 데이터 동시 접근에 의한 문제점을 방지하기 위해 관리자만 접근 가능하다.

61 유닉스 파일 시스템에서 실린더 블록에 해당하지 않는 것은 무엇인가?

① 파일 데이터 블록
② i-node 블록
③ 슈퍼 블록
④ Boot 블록

62 페이지 교체 알고리즘 중 아래에서 설명하는 것은 무엇인가?

> • FIFO 기법의 단점을 보완하는 기법이다.
> • 오랫동안 주기억장치에 있던 페이지 중 자주 사용되는 페이지의 교체를 방지하기 위한 기법이다.

① LRU ② NUR
③ OPT ④ SCR

63 다음 중 객체지향 기술의 특징에 대한 설명과 가장 거리가 먼 것은 무엇인가?

① 구현된 객체와 객체 간의 통신을 통해 객체지향 프로그램이 구현된다.
② 현실 세계의 개체들을 속성과 메소드가 결합된 형태의 객체로 표현한다.
③ 현실 세계에 존재하는 속성을 데이터화한 것을 데이터베이스라고 한다.
④ 속성에 대한 기능 및 동작을 메시지라고 한다.

64 다음 중 객체지향 설계 원칙에 해당하지 않는 것은 무엇인가?

① 의존성 뒤집기(Dependency Inversion)
② 인터페이스 분리(Interface Segregation)
③ 분할 정복법(Divide and Conquer)
④ 리스코프 치환(Liskov Substitution)

정답 60 ④ 61 ④ 62 ④ 63 ④ 64 ③

65 C언어에서 아래 코드의 출력 결과에 해당하는 것은 무엇인가?

```c
int main()
{
    int i;
    int b=0, c=1;
    for(i=0; i<10; i++){
        c = c^b;
    }
    printf("%d", c);
    return 0;
}
```

① 1
② 7
③ 2
④ 4

b=0	c=1	i=0	i<10	c=c^b	i++
0	1	0	true	0001^0000=0001₍₂₎=1₍₁₀₎	1
	1	1	true	0001^0000=0001₍₂₎=1₍₁₀₎	2
	1	2	true	0001^0000=0001₍₂₎=1₍₁₀₎	3
	1	3	true	0001^0000=0001₍₂₎=1₍₁₀₎	4
	1	4	true	0001^0000=0001₍₂₎=1₍₁₀₎	5
	1	5	true	0001^0000=0001₍₂₎=1₍₁₀₎	6
	1	6	true	0001^0000=0001₍₂₎=1₍₁₀₎	7
	1	7	true	0001^0000=0001₍₂₎=1₍₁₀₎	8
	1	8	true	0001^0000=0001₍₂₎=1₍₁₀₎	9
	1	9	true	0001^0000=0001₍₂₎=1₍₁₀₎	10
	1	10	false		

66 하나의 메인 통신 회선에 다수의 단말기가 연결되어 있는 형태의 네트워크 토폴로지는 무엇인가?

① Star Topology
② Bus Topology
③ Ring Topology
④ Tree Topology

67 다음 중 MFQ(Multilevel Feedback Queue)에 대한 설명과 가장 거리가 먼 것은 무엇인가?

① 우선순위가 있는 각 큐(대기 리스트)가 있으며 큐마다 Time Slice가 존재한다.
② 맨 마지막 단계의 큐는 RR 스케줄링 방식을 사용한다.
③ 낮은 큐일수록 Time Slice는 커지며, CPU 사용을 마친 프로세스는 낮은 큐로 이동된다.
④ 프로세스가 도착(입력)한 순서대로 처리한다.

68 아래의 Java 코드에서 같은 지역에 같은 이름의 메소드명을 사용하여 각각 다른 종류의 인수로 명령을 수행하는 것과 관련된 객체지향 프로그래밍 기법에 해당하는 것은 무엇인가?

```java
class Circle{
    void createCircle(int a, int b){ }
    void createCircle(int a){ }
    Circle(){ }
}
public class Main{
    public static void main (String[] args){
        int sum = 0;
        System.out.println(sum);
    }
}
```

① overriding
② protected
③ private
④ overloading

- 메소드명이 클래스와 같으면 생성자 메소드
- 메소드명이 다른 클래스의 메소드명과 같으면 오버라이딩
- 메소드명이 같은 클래스의 메소드명과 같으면 오버로딩

69 다음 중 운영체제의 성능 평가 기준에 대한 설명과 가장 거리가 먼 것은 무엇인가?

① 사용 가능도 : 시스템을 사용할 필요가 있을 때 즉시 사용 가능한 정도를 의미한다.
② 처리 능력 : 일정 시간 내에 시스템이 처리하는 작업의 양을 의미한다.
③ 반환 시간 : 프로세스가 자원을 사용하기 위해 운영체제로부터 할당받은 시간이다.
④ 신뢰도 : 시스템이 주어진 문제를 정확하게 해결하는지를 나타내는 척도이다.

70 객체지향 분석 방법론 중 아래에서 설명하는 것은 무엇인가?

- E-R 다이어그램을 사용하여 모델링하는 방법이다.
- 객체 식별, 구조 식별, 주체 정의, 속성과 인스턴스 연결 정의, 연산과 메시지 연결 정의 등의 과정으로 구성되는 방법이다.

① Jacobson
② Coad Yourdon
③ Rumbaugh
④ Wirfs-Brocks

71 유닉스 명령어 중 아래에서 설명하는 것은 무엇인가?

새로운 프로세스 생성

① fsck
② exec
③ mkdir
④ fork

72 다음 중 프로세스 주요 상태에 해당하지 않는 것은 무엇인가?

① Ready
② Update
③ Block
④ Exit

73 객체지향 기술의 구성 요소 중 아래에서 설명하는 것은 무엇인가?

- 객체들 사이를 상호작용하기 위한 인터페이스(메소드)를 뜻한다.
- 객체들은 메시지를 통해 메소드 수행을 시작한다.

① 인스턴스(Instance)
② 클래스(Class)
③ 메시지(Message)
④ 갱신(Update)

74 아래 파이썬 코드에서 출력되는 결과에 해당하는 것은 무엇인가?

```
"s = 2021 korea"
print(s[-2], s[2])
```

① a 0
② e 0
③ a 2
④ e 2

문자열	2	0	2	1		k	o	r	e	a
인덱스	0	1	2	3	4	5	6	7	8	9
역 인덱스	-10	-9	-8	-7	-6	-5	-4	-3	-2	-1

정답 69 ③ 70 ② 71 ④ 72 ② 73 ③ 74 ④

75 C언어에서 10진수 15를 16진수로 출력한 결과에 해당하는 것은 무엇인가?
① C   ② A
③ F   ④ B

76 C언어에서 사용할 수 없는 변수명은?
① std2021   ② text+num
③ _Hello   ④ amount

77 다음 함수 중 성격이 나머지 셋과 다른 것은 무엇인가?
① getchar   ② putchar
③ printf   ④ puts

78 다음 중 세그먼테이션 기법에 대한 설명과 가장 거리가 먼 것은 무엇인가?
① 기억장치의 사용자 관점을 보존하는 기억장치 관리 기법이다.
② 외부 단편화는 발생하지 않지만, 내부 단편화는 발생할 수 있다.
③ 세그먼트의 위치정보를 저장하는 세그먼트 맵 테이블과 서로의 영역을 침범하지 않게 하는 기억장치 보호키가 필요하다.
④ 가상기억장치에 보관되어 있는 프로그램을 다양한 크기의 논리적인 단위(세그먼트)로 나눈 후 주기억장치에 적재하는 기법이다.

79 객체지향 분석 방법론에서 Rumbaugh 분석 모델의 종류에 해당하지 않는 것은 무엇인가?
① 객체   ② 동적
③ 기능   ④ 단위

80 C언어에서 올바른 변수 선언문에 해당하지 않는 것은 무엇인가?
① int a=b=10;   ② int a, b=10;
③ int a=10;   ④ int a; a=10;

81 개인적인 친분이나 인간의 심리를 이용하는 비기술적인 수단으로 개인 정보를 수집하는 공격 기법은 무엇인가?
① 트로이 목마   ② 사회 공학 공격
③ 트랩 도어   ④ 스파이웨어

82 다음 중 S/MIME의 기능에 해당하지 않는 것은 무엇인가?
① 송신 사실 부인방지
② 사용자 인증
③ 가용성
④ 무결성

83 다음 중 응용 계층의 전자우편에 대한 설명과 가장 거리가 먼 것은 무엇인가?

① IMAP : 자신에게 온 E-mail만을 관리하는 프로토콜
② POP3 : 자신의 E-mail 서버에 도착한 메일을 컴퓨터로 가져오는 프로토콜
③ SMTP : 작성된 메일을 다른 사람의 계정의 E-mail 서버로 전송해 주는 프로토콜
④ MIME : 텍스트, 이미지, 오디오 등의 멀티미디어 메일을 주고받기 위한 프로토콜

84 소프트웨어 관련 신기술 중 아래에서 설명하는 것은 무엇인가?

> 백화점, 영화관, 쇼핑센터 등에 설치되며 일반적으로 터치 스크린을 이용하여 운영되는 무인 종합 정보 시스템이다.

① Memristor
② N-Screen
③ Hash
④ Kiosk

85 다음 중 프로세스 주요 상태에 해당하지 않는 것은 무엇인가?

① 제거
② 준비
③ 실행
④ 종료

86 다음 중 DRM의 기술 요소에 해당하지 않는 것은 무엇인가?

① 저작권 표현
② 방화벽 기술
③ 인증
④ 키 관리

87 양방향 암호화 알고리즘 종류 중 아래에서 설명하는 것은 무엇인가?

> RSA의 대안으로 대두된 이산대수의 난해성에 기반한 공개키 암호화 알고리즘

① DES
② RSA
③ ECC
④ ARIA

88 데이터 흐름을 순차적으로 암호화하는 방식을 사용하는 암호는?

① 치환 암호
② 블록 암호
③ 스트림 암호
④ 해시 암호

89 다음 중 아래에서 설명하는 것은 무엇인가?

> • 실행 파일이 아닌 일반 문서 파일 등에 삽입되어 활동하는 바이러스이다.
> • 오피스 문서 등에 삽입되어 스크립트 환경에서 작동되는 바이러스이다.

① 부트 바이러스
② 파일 바이러스
③ 메모리 상주 바이러스
④ 매크로 바이러스

90 네트워크 관련 신기술 중 아래에서 설명하는 것은 무엇인가?

> - TCP/IP 프로토콜 위에서 동작하는 발행–구독 기반의 메시징 프로토콜이다.
> - 메시지 매개자(Broker)를 통해 송신자가 특정 메시지를 발행하고 수신자가 메시지를 구독하는 방식으로 IBM이 주도하여 개발되었다.

① Mesh Network
② Beacon
③ MQTT
④ PICONET

91 무결성 검사 도구 중 아래에서 설명하는 것은 무엇인가?

> 파일과 시스템 무결성

① TripWire
② trojan.pl
③ Hobgoblin
④ fcheck

92 다음 중 공개키 방식의 개념에 대한 설명과 가장 거리가 먼 것은 무엇인가?

① 암호화 키는 공개하고, 복호화 키는 비밀리에 보관하고 있어야 한다.
② 대표적인 알고리즘으로 Stream이 있다.
③ 비대칭키, 공영키 방식으로 전자 서명에 적합하다.
④ 암호화 키와 복호화 키가 다르다.

93 IPv4 중 아래에서 설명하는 클래스 무엇인가?

> 첫 24비트가 네트워크 ID이고 나머지 8비트가 호스트 ID이다.

① B 클래스
② A 클래스
③ D 클래스
④ C 클래스

94 다음 중 보안 운영체제에 대한 설명과 가장 거리가 먼 것은 무엇인가?

① 기존의 운영체제 내에 보안 기능만을 따로 뽑아낸 운영체제이다.
② 신뢰성 운영체제(Trusted OS)라고도 한다.
③ 컴퓨터 사용자에 대한 식별 및 인증, 강제적 접근 통제 등의 보안 기능 요소를 갖추어진 운영체제이다.
④ 보안계층을 운영체제의 커널 레벨로 낮춘 차세대 보안 솔루션이다.

95 다중화기 중 아래에서 설명하는 것은 무엇인가?

> - 전송 회선의 대역폭을 타입 슬롯으로 나누어 채널에 할당하는 방식이다.
> - 복잡한 기술로 비용이 많이 들고 타임 슬롯이 낭비되는 경우가 많다.

① ATDM ② TDM
③ CDM   ④ FDM

96 다음 중 세션 가로채기의 탐지 방안에 대한 설명이 아닌 것은 무엇인가?

① 비동기화 탐지 : 서버와 시퀀스 넘버를 주기적으로 체크, 비동기화 상태 시 탐지
② Ack Storm 탐지 : 급격한 Ack 비율 증가 시 탐지
③ 예상치 못한 접속의 리셋 탐지 : 세션에 대한 공격 시도 시 세션이 멈추거나 리셋되는 경우를 탐지
④ 공격자의 침입 탐지 : 공격자가 중간에 끼어서 작동하여 발생하는 패킷의 유실과 길어진 응답시간을 탐지

97 접근 요청자의 신분과 접근 규칙에 기반을 두는 접근 통제 방식은 무엇인가?

① MAC
② DAC
③ RBAC
④ PAP

98 다음 중 블록 암호(Block Cipher)에 대한 설명과 가장 거리가 먼 것은 무엇인가?

① 블록의 길이가 정해져 있으므로 기호의 삽입, 삭제가 불가능하다.
② 비트에만 영향을 주기 때문에 오류 발생에 영향을 덜 받는다.
③ 블록 암호는 구현이 용이하며 혼돈과 확산 이론을 기반으로 설계된다.
④ 암호화 과정에서의 오류는 여러 변환 과정의 영향을 미치므로 파급력이 크다.

99 하드웨어 관련 신기술에서 Companion(Second) Screen에 해당하는 것은 무엇인가?

① TV 방송 등의 내용을 공유하며 추가적인 기능을 수행할 수 있는 기기
② 하드디스크나 주변 장치 없이 기본적인 메모리만 갖추고 서버와 네트워크로 운영되는 개인용 컴퓨터
③ 한 번의 기록만으로 자료를 영구 보관할 수 있는 광 저장 장치
④ 태블릿 기능을 포함하는 5인치 이상의 스마트폰

100 네트워크 장비 유형 중 아래에서 설명하는 것은 무엇인가?

> 여러 대의 컴퓨터를 연결하여 네트워크로 보내거나 하나의 네트워크로 수신된 정보를 여러 대의 컴퓨터로 송신하기 위한 장비이다.

① Switch
② Bridge
③ Repeater
④ Hub

CHAPTER 02

최신 기출문제

학습 방향

시험에서 가장 중요한 것은 바로 과년도 기출문제입니다. 기출문제를 보면 어떤 내용들이 중요하고 어떤 내용을 위주로 공부해야 하는지 알 수 있습니다. 이전에 출제되었던 문제들을 풀어 보면서 이론을 정리해보세요.

정보처리기사 필기 최신 기출문제 01회

시험 일자	문항 수	시험 시간
2025년 제1회	총 100문항	2시간 30분

수험번호 : _____

성   명 : _____

---

01 폭포수 모델의 단점을 보완하기 위해 등장한 모델로, 시제품을 제작하여 최종 결과물을 예측하고 고객 평가를 반영하는 개발 방법론은 무엇인가?

① 폭포수 모델
② 프로토타입 모델
③ 나선형 모델
④ 애자일 모델

02 나선형 프로세스는 개발 과정을 반복하면서 점진적으로 완성도를 높이는 방식이다. 다음은 나선형 프로세스의 주요 단계이다. 빈칸에 들어갈 알맞은 용어는 무엇인가?

> 계획 및 목표 설정 → (빈칸) → 공학적 개발 및 검증 → 고객 평가

① 요구사항 분석
② 위험 분석
③ 테스트 설계
④ 인터페이스 구현

03 다음 중 애자일(Agile) 방법론이 중시하는 가치가 아닌 것은 무엇인가?

① 소통과 협업
② 절차와 문서화
③ 변화에 대한 대응
④ 고객과의 상호작용

04 다음 중 익스트림 프로그래밍(XP)의 핵심 가치에 포함되지 않는 것은 무엇인가?

① 의사소통
② 단순성
③ 복잡성
④ 존중

05 다음 중 자료 흐름도(DFD)를 작성할 때 지켜야 할 지침이 아닌 것은 무엇인가?

① 단위 프로세스를 거친 데이터 흐름에는 새로운 이름을 부여한다.
② 데이터 출력을 위해서는 반드시 입력이 있어야 한다.
③ 최하위 프로세스는 소단위 명세서를 가져야 한다.
④ 자료 흐름은 시간 순서를 고려하여 작성한다.

06 다음 중 자료 흐름도(DFD)에서 데이터가 시작되거나 끝나는 지점을 나타내는 구성 요소는 무엇인가?

① 단말(Terminator)
② 프로세스(Process)
③ 자료 저장소(Data Store)
④ 자료 흐름(Data Flow)

07 다음 다이어그램에서, 전체 프로젝트의 CPM(Critical Path Method)은 무엇인가?

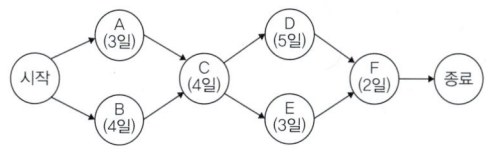

① 14일
② 12일
③ 15일
④ 13일

08 다음 중 소프트웨어 개발 비용 산출 모델에 해당하지 않는 것은 무엇인가?

① LOC 기반 비용 산정(라인 수 기반)
② SWOT 분석 기반 비용 산정
③ COCOMO 모델
④ 기능 점수(Function Point) 기반 산정

09 다음 중 소프트웨어 개발에서 코드의 양을 기준으로 비용을 산정하는 방법은 무엇인가?

① LOC(Line of Code)
② FP(Function Point)
③ PERT(Program Evaluation Review Technique)
④ CPM(Critical Path Method)

10 다음 중 CASE 도구의 특징에 해당하지 않는 것은 무엇인가?

① 소프트웨어 개발 전 과정을 자동화한다.
② 품질 향상과 생산성 향상에 기여한다.
③ 유지보수 비용 절감에 도움이 된다.
④ 개발 기간을 일부러 늘려 품질을 높인다.

11 다음 중 데이터베이스와 연결하여 데이터를 관리하는 미들웨어는 무엇인가?

① MOM
② DBMS
③ ORB
④ WAS

12 다음 중 요구 사항 분석의 특징에 해당하지 않는 것은 무엇인가?

① 개발된 소프트웨어의 최종 성능을 보장한다.
② 이해관계자의 요구사항을 도출하고 명확하게 정의한다.
③ 요구사항의 충돌을 해결하고 우선순위를 부여한다.
④ 요구사항 변경이 전체 개발에 영향을 줄 수 있음을 고려한다.

13 다음 중 UML 상태 다이어그램에서 객체의 상태 변화를 나타내는 구성 요소는 무엇인가?

① Actor
② Message
③ State
④ Usecase

14 다음 중 UML 활동(Activity) 다이어그램의 의미로 올바른 것은 무엇인가?

① 시스템이나 객체가 수행하는 작업의 흐름을 순서대로 표현한 다이어그램
② 객체 간의 관계와 속성을 표현한 다이어그램
③ 시스템 외부 사용자의 요구를 표현한 다이어그램
④ 객체의 상태 변화 과정을 시간 흐름에 따라 표현한 다이어그램

15 다음 중 터치 제스처 종류에 해당하지 않는 것은 무엇인가?
① 더블탭(Double Tap)
② 스와이프(Swipe)
③ 핀치(Pinch)
④ 롤오버(Rollover)

16 다음 중 기존 소프트웨어의 소스코드를 분석하여 설계 정보나 데이터 구조를 추출하는 과정을 무엇이라고 하는가?
① 유스케이스
② 이식
③ 역공학
④ 통합

17 다음 중 서브 시스템들이 데이터를 순차적으로 처리하여 다음 서브 시스템에 전달하는 소프트웨어 아키텍처 패턴은 무엇인가?
① 클라이언트-서버(Client-Server)
② 브로커(Broker)
③ 이벤트-버스(Event-Bus)
④ 파이프-필터(Pipe-Filter)

18 다음 중 EAI(Enterprise Application Integration) 구축 방식에 해당하지 않는 것은 무엇인가?
① 데이터 스프린트
② 포인트 투 포인트
③ 허브 앤 스포크
④ 메시지 버스

19 다음 중 소프트웨어 모듈 내 구성 요소들이 서로 밀접하게 관련되어 있는 정도를 의미하는 것은 무엇인가?
① 결합도(Coupling)
② 응집도(Cohesion)
③ 복잡도(Complexity)
④ 가용성(Availability)

20 다음 중 소프트웨어 모듈 간 결합도의 종류에 해당하지 않는 것은 무엇인가?
① 데이터 결합도(Data Coupling)
② 스탬프 결합도(Stamp Coupling)
③ 제어 결합도(Control Coupling)
④ 프로세스 결합도(Process Coupling)

21 다음 중 형상 관리의 주요 요소에 해당하지 않는 것은 무엇인가?
① 품질 보증(Quality Assurance)
② 형상 식별(Configuration Identification)
③ 형상 통제(Configuration Control)
④ 형상 감사(Configuration Audit)

22 다음 중 WAS(Web Application Server)에 대한 설명으로 옳지 않은 것은 무엇인가?
① HTTP 세션을 관리하고 동적 콘텐츠를 생성하는 서버이다.
② 클라이언트와 서버 간 데이터베이스를 직접 연결하는 역할만 수행한다.
③ 웹 서버와 데이터베이스 서버 사이에서 비즈니스 로직을 처리한다.
④ JSP, Servlet과 같은 웹 애플리케이션을 실행한다.

23 다음 중 소스코드 정적 분석 도구에 해당하지 않는 것은 무엇인가?

① SonarQube
② cppcheck
③ Selenium
④ PMD

24 다음 중 DRM(Digital Rights Management) 기술에 포함되지 않는 것은 무엇인가?

① 암호화(Encryption)
② 키 관리(Key Management)
③ 정책 관리(Policy Management)
④ 가상화 기술(Virtualization Technology)

25 다음 중 인터페이스 구현 검증 도구에 해당하지 않는 것은 무엇인가?

① Selenium
② JUnit
③ STAF
④ FitNesse

26 다음 중 정형 기술 검토(FTR, Formal Technical Review) 원칙에 해당하지 않는 것은 무엇인가?

① 검토할 제품에 대한 체크리스트를 개발한다.
② 제품 검토 외에 해결책과 개선책을 논의한다.
③ 검토 과정과 결과를 재검토한다.
④ 사전 준비를 강요하고 작성한 메모를 공유한다.

27 다음 중 선형 자료 구조에 해당하지 않는 것은 무엇인가?

① 스택(Stack)
② 큐(Queue)
③ 트리(Tree)
④ 데크(Deque)

28 다음 중 스택(Stack)의 대표적인 활용 예에 해당하지 않는 것은 무엇인가?

① 함수 호출 관리
② 후위 표기식 계산
③ 깊이 우선 탐색(DFS)
④ 선입선출 방식의 작업 대기열 처리

29 다음 중 시간 복잡도 O(1)의 의미로 가장 알맞은 것은 무엇인가?

① 입력 데이터 크기에 관계없이 일정한 횟수의 연산이 수행된다.
② 입력 데이터 크기에 비례하여 연산 횟수가 증가한다.
③ 입력 데이터 크기의 제곱에 비례하여 연산 횟수가 증가한다.
④ 입력 데이터 크기에 따라 연산 횟수가 로그 형태로 증가한다.

30 다음 중 평균 시간 복잡도가 $O(N^2)$로 동일하지 않은 정렬 방식은 무엇인가?

① 선택 정렬(Selection Sort)
② 버블 정렬(Bubble Sort)
③ 삽입 정렬(Insertion Sort)
④ 퀵 정렬(Quick Sort)

31 다음 중 블랙박스 테스트 기법에 해당하지 않는 것은 무엇인가?

① 동등 분할 테스트
② 경계값 분석
③ 제어 구조 검사
④ 원인-효과 그래프

32 다음 중 화이트박스 테스트 기법에 해당하지 않는 것은 무엇인가?

① 기초 경로 테스트
② 조건 커버리지 테스트
③ 결정 커버리지 테스트
④ 유스케이스 다이어그램 테스트

33 다음 중 알파 테스트에 대한 설명으로 가장 알맞은 것은 무엇인가?

① 개발자가 개발 장소에서 사용자의 참여 하에 수행하는 테스트
② 일반 사용자들이 다양한 환경에서 자유롭게 수행하는 테스트
③ 시스템 전체 기능을 통합한 후 최종적으로 수행하는 테스트
④ 제품의 품질 인증을 위해 외부 기관에서 수행하는 테스트

34 다음 중 소스코드 인스펙션에서 정의하는 오류 종류에 해당하지 않는 것은 무엇인가?

① DA
② FN
③ SN
④ LO

35 다음 중 이진트리 구성에 사용되는 기본 용어에 해당하지 않는 것은 무엇인가?

① 루트 노드
② 단말 노드
③ 스택 노드
④ 내부 노드

36 다음 중 소스코드 최적화 기법에 해당하지 않는 것은 무엇인가?

① 코드 가독성 향상
② 코드 중복 제거
③ 하드코딩 증가
④ 데이터 추상화 적용

37 다음 중 소프트웨어 유지보수 유형에 해당하지 않는 것은 무엇인가?

① 회귀 보수
② 하자 보수
③ 완전 보수
④ 예방 보수

38 다음 중 애플리케이션 성능 지표에 대한 설명으로 옳지 않은 것은 무엇인가?

① 처리량은 단위 시간당 시스템이 처리한 작업량을 의미한다.
② 응답 시간은 요청이 완료될 때까지 걸린 시간을 의미한다.
③ 경과 시간은 요청 후 응답이 완료되기까지 사용자가 느끼는 주관적 시간이다.
④ 자원 사용률은 CPU, 메모리 등 시스템 자원이 사용된 비율을 의미한다.

39 다음 중 테스트 하네스(Test Harness)의 구성 요소에 해당하지 않는 것은 무엇인가?

① 드라이버(Driver)
② 스텁(Stub)
③ 목업(Mockup)
④ 버퍼(Buffer)

40 다음 중 소프트웨어 테스트 관련 용어에 대한 설명으로 옳지 않은 것은 무엇인가?

① 오류(Error)는 소프트웨어 설계나 구현에서 사람에 의해 발생한 실수를 의미한다.
② 결함(Defect)은 오류로 인해 발생한 소프트웨어 내부의 문제를 의미한다.
③ 실패(Failure)는 결함이 실행되어 잘못된 결과를 초래한 현상을 의미한다.
④ 테스트(Test)는 소프트웨어가 완벽하게 동작함을 증명하기 위한 과정이다.

41 다음 중 데이터 정의어(DDL)에 해당하는 SQL 명령어는 무엇인가?

① CREATE
② SELECT
③ INSERT
④ UPDATE

42 다음 중 릴레이션(Relation)의 특징에 해당하지 않는 것은 무엇인가?

① 튜플 간 순서가 존재한다.
② 속성 간 순서는 의미가 없다.
③ 튜플은 유일해야 한다.
④ 각 속성은 원자값만 가져야 한다.

43 다음 중 데이터베이스 키(Key)의 특징에 해당하지 않는 것은 무엇인가?

① 튜플을 유일하게 식별할 수 있어야 한다.
② 후보키는 유일성과 최소성을 모두 만족해야 한다.
③ 기본키는 NULL 값을 가질 수 있다.
④ 외래키는 다른 릴레이션의 기본키를 참조할 수 있다.

44 다음 중 데이터 모델의 표현 요소에 해당하지 않는 것은 무엇인가?

① 데이터 구조(Data Structure)
② 데이터 연산(Operation)
③ 데이터 제약조건(Constraint)
④ 데이터 가상화(Virtualization)

45 다음 중 참조 무결성 제약조건의 특징으로 가장 알맞은 것은 무엇인가?

① 외래키는 참조하는 기본키가 존재해야 한다.
② 외래키는 항상 NULL 값을 가져야 한다.
③ 기본키는 다른 테이블을 참조할 수 없다.
④ 외래키는 무조건 고유(unique)해야 한다.

46 다음 중 E-R 다이어그램(Entity-Relationship Diagram)의 기본 구성 요소에 해당하지 않는 것은 무엇인가?

① 개체(Entity)
② 관계(Relationship)
③ 속성(Attribute)
④ 프로시저(Procedure)

47 다음 중 E-R 다이어그램의 특징에 해당하지 않는 것은 무엇인가?

① 개체 간의 관계를 도형을 사용하여 표현한다.
② 데이터베이스의 물리적 저장 구조를 상세히 설계한다.
③ 업무의 데이터 구조를 명확히 시각화한다.
④ 데이터 간의 논리적 구조를 중심으로 모델링한다.

48 다음 중 TCL에 해당하지 않는 명령은 무엇인가?

① COMMIT
② ROLLBACK
③ SAVEPOINT
④ REVOKE

49 다음 중 다른 사용자에게 부여받은 권한을 다시 부여할 수 있도록 하는 SQL 문장은 무엇인가?

① GRANT SELECT ON 테이블명 TO 사용자 WITH GRANT OPTION
② REVOKE SELECT ON 테이블명 FROM 사용자
③ COMMIT SELECT ON 테이블명 TO 사용자 WITH GRANT OPTION
④ ROLLBACK SELECT ON 테이블명 FROM 사용자

50 다음 중 분산 데이터베이스의 특징에 해당하지 않는 것은 무엇인가?

① 물리적으로 분산되어 있으나 논리적으로 통합되어 관리된다.
② 각 지역 데이터베이스는 독립적으로 관리될 수 있다.
③ 데이터베이스 간 통신은 필요하지 않다.
④ 장애 발생 시 무결성과 신뢰성을 유지해야 한다.

51 다음 중 분산 데이터베이스 시스템의 주요 구성 요소에 해당하지 않는 것은 무엇인가?

① 통신 네트워크
② 분산 DBMS
③ 트랜잭션 처리기
④ 데이터 웨어하우스

52 다음 중 아래 SQL 문장을 올바르게 해석한 것은 무엇인가?

```
SELECT customer_id, first_name, last_name
FROM customers
WHERE email IS NOT NULL;
```

① 이메일이 입력된 고객들의 ID, 이름, 성을 조회한다.
② 이메일이 없는 고객들의 ID, 이름, 성을 조회한다.
③ 모든 고객들의 ID, 이름, 성을 조회한다.
④ 이메일이 NULL인 고객만을 조회한다.

53 다음 중 병행제어(Concurrency Control)의 장점에 해당하지 않는 것은 무엇인가?

① 데이터의 무결성을 유지할 수 있다.
② 다수의 사용자가 동시에 데이터에 접근할 수 있다.
③ 트랜잭션의 결과를 불일치 상태로 만든다.
④ 시스템 자원의 활용도를 높일 수 있다.

54 다음 중 데이터베이스에서 뷰(View)의 특징에 해당하지 않는 것은 무엇인가?

① 실제 데이터는 저장하지 않고 정의만 저장된다.
② 보안성 강화에 활용될 수 있다.
③ 수정 작업이 항상 자유롭고 쉽다.
④ 복잡한 질의를 단순화할 수 있다.

55 다음 중 트랜잭션의 ACID 특성에 해당하지 않는 것은 무엇인가?

① Accessibility
② Atomicity
③ Consistency
④ Durability

56 다음 중 관계 대수(Relational Algebra)에서 집합 연산에 해당하지 않는 것은 무엇인가?

① UNION
② SELECT
③ INTERSECT
④ MINUS

57 DAS(Direct Attached Storage) 인터페이스에 적용되는 프로토콜이 아닌 것은 무엇인가?

① USB
② SATA
③ SCSI
④ Fibre Channel

58 다음 중 데이터베이스 이상 현상(삽입, 갱신, 삭제 이상)의 주된 원인은 무엇인가?

① 인덱스 설정 오류
② 데이터 중복과 종속성 문제
③ 저장공간 부족
④ 쿼리 최적화 실패

59 다음 중 STUDENT(SNO, SNAME, YEAR, DEPT) 테이블에 200번, 김길동, 2학년, 전산과 학생 정보를 삽입하는 SQL 명령으로 올바른 것은 무엇인가?

① INSERT INTO STUDENT (SNO, SNAME, YEAR, DEPT) VALUES ('김길동', 200, '2학년', '전산과');
② INSERT STUDENT (200, '김길동', '2학년', '전산과');
③ INSERT INTO STUDENT VALUES ('김길동', 200, '2학년', '전산과');
④ INSERT INTO STUDENT (SNO, SNAME, YEAR, DEPT) VALUES (200, '김길동', '2학년', '전산과');

60 다음 중 관계대수 π name, dept (σ year = 3 (student))를 SQL로 올바르게 표현한 것은 무엇인가?

① SELECT name, dept FROM student WHERE year = 3;
② SELECT year FROM student WHERE name = 'dept';
③ SELECT * FROM student WHERE year = 3;
④ SELECT name, dept FROM student WHERE dept = 3;

61 다음 중 객체지향 기술에 해당하지 않는 것은 무엇인가?

① 캡슐화(Encapsulation)
② 정보은닉(Information Hiding)
③ 트랜잭션 제어(Transaction Control)
④ 상속성(Inheritance)

62 다음 설명에 해당하는 파일 편성 방식은 무엇인가?

> 레코드들이 키 값의 순서에 관계없이 저장되며, 삽입이나 삭제, 탐색 등의 처리 속도가 일정한 방식이다.

① 순차 파일 편성(Sequential File Organization)
② 인덱스 순차 파일 편성(Indexed Sequential File Organization)
③ 직접 파일 편성(Direct File Organization)
④ 해시 파일 편성(Hash File Organization)

63 다음 중 세마포어(Semaphore)에 대한 설명으로 가장 알맞은 것은 무엇인가?

① 프로세스 간 데이터 교환을 위한 고속 메모리 공간이다.
② 하나의 프로세스를 여러 개의 스레드로 분할하는 기법이다.
③ 동일한 자원에 대해 접근 권한을 명시적으로 설정하는 정책이다.
④ 다수의 프로세스가 공유 자원에 접근할 때 상호 배제를 구현하기 위해 사용하는 동기화 기법이다.

64 다음 중 통합 개발 환경(IDE)의 세부 기능에 대한 설명으로 옳지 않은 것은 무엇인가?

① 코드 편집 기능은 구문 강조, 자동 완성 등을 지원한다.
② 디버깅 기능은 실행 중 오류를 찾아 수정할 수 있도록 지원한다.
③ 형상 관리 기능은 소스코드 버전 관리를 지원한다.
④ 운영체제 커널을 직접 수정하는 기능을 제공한다.

65 다음 중 가비지 콜렉터(Garbage Collector)의 역할로 가장 알맞은 것은 무엇인가?

① 프로세스 간 통신을 지원한다.
② 프로그램 실행 중 사용하지 않는 메모리를 자동으로 회수한다.
③ 사용자 입력을 실시간으로 처리한다.
④ 데이터베이스 연결을 최적화한다.

66 다음 파이썬 코드의 출력 결과를 보기에서 고르시오.

```
def f(*x):
    s = 0
    for i in x:
        s += i
    return s
print(f(1, 2, 3))
```

① 6
② 123
③ 5
④ 7

67 다음 파이썬 코드의 출력 결과를 보기에서 고르시오.

```
s = "abcd"
for c in s:
    print(c, end=" ")
```

① a b c d
② a
  b
  c
  d
③ abcd
④ a-b-c-d

68 다음 C 언어의 출력 결과를 보기에서 고르시오.

```
#include <stdio.h>
int main() {
    int b[5] = {10, 20, 30, 40, 50};
    int a = 0;
    printf("%d", b[(a++) + 2]);
    return 0;
}
```

① 10
② 20
③ 30
④ 40

69 다음 C 코드에서 〈 빈칸 〉에 들어갈 적절한 printf 서식 문자 조합을 보기에서 고르시오.

```
#include <stdio.h>
int main() {
    char a = 'X';
    char b = 'F';
    printf("< 빈칸 >", a, b/1.5);
    return 0;
}
```

① %c %d
② %c %f
③ %d %f
④ %c %c

70 다음 C 코드의 출력 결과를 보기에서 고르시오.

```c
#include <stdio.h>
int main() {
    int a = 0x5A;
    int b = 0x3C;
    printf("%X", a & b);
    return 0;
}
```

① 1A
② 18
③ 5A
④ 3C

71 다음 C 코드의 실행 결과를 보기에서 고르시오.

```c
#include <stdio.h>
int main() {
    char a[9] = "ABACADBC";
    for (int i = 1; i < 8; i++) {
        if (a[i] == 'B') {
            a[i] = 'D';
        } else {
            char t = a[i];
            a[i] = a[i - 1];
            a[i - 1] = t;
        }
    }
    printf("%s", a);
    return 0;
}
```

① ADBAACDC
② AADACDDC
③ ABAAADCC
④ AACADDCD

72 다음 Java 코드의 출력 결과를 보기에서 고르시오.

```java
public class Main {
    public static void main(String[] args) {
        int a = 70;
        int b = 50;
        int c = ((a + b) / 2 >= 60) ? 2 : 4;
        System.out.println(c);
    }
}
```

① 2
② 4
③ 60
④ 120

73 다음 중 변수 명명 규칙에 어긋나는 것을 보기에서 고르시오. (단, 언어는 C 또는 Java 기준이다.)

① score1
② _average
③ 1total
④ maxValue

74. 다음 Java 코드는 외부에서 Account 클래스의 멤버 변수에 직접적으로 접근할 수 없도록 접근 제어를 지정하였다. 빈칸에 들어갈 알맞은 접근 제어자의 조합을 보기에서 고르시오.

```
class Account {
    < 빈칸 > int balance;
    < 빈칸 > void deposit(int amount) {
        balance += amount;
    }
}
public class Main {
    public static void main(String[] args) {
        Account a = new Account();
        a.deposit(100);
    }
}
```

① public, public
② private, private
③ private, public
④ protected, public

75. Java에서 A 클래스의 생성자 메소드와 소멸자 메소드의 이름으로 올바른 것을 보기에서 고르시오.

① 생성자 : A, 소멸자 : finalize
② 생성자 : init, 소멸자 : delete
③ 생성자 : A, 소멸자 : destructor
④ 생성자 : newA, 소멸자 : destroy

76. 다음 중 페이징(Paging) 기법에 대한 설명으로 옳지 않은 것은 무엇인가?

① 주기억장치를 동일한 크기의 페이지 단위로 나눈다.
② 가상 주소를 페이지 번호와 페이지 내 주소로 구분하여 관리한다.
③ 프로세스 전체를 연속된 공간에 적재해야만 실행할 수 있다.
④ 페이지 단위로 메모리를 관리하여 단편화를 줄일 수 있다.

77. 다음 중 리피터(Repeater)에 대한 설명으로 옳지 않은 것은 무엇인가?

① 신호를 증폭하여 전송 거리를 연장한다.
② 1계층(물리 계층)에서 동작한다.
③ 신호를 수신하고, 재생하여 다시 송신한다.
④ 패킷을 분석하여 최적 경로를 선택한다.

78. 다음 중 First Fit 메모리 할당 기법의 설명으로 가장 알맞은 것은 무엇인가?

① 가장 큰 빈 공간을 찾아 할당하는 기법이다.
② 메모리에서 처음으로 발견된 충분한 크기의 빈 공간에 데이터를 할당하는 기법이다.
③ 가장 작은 빈 공간을 찾아 할당하는 기법이다.
④ 메모리 전체를 탐색하여 최적의 공간을 찾는 기법이다.

79 umask 값이 022로 설정된 경우, 새로 생성되는 파일의 기본 권한 중 다른 사용자(other)에게 허용되지 않는 권한은 무엇인가?

① 읽기(Read)
② 쓰기(Write)
③ 실행(Execute)
④ 읽기와 실행(Read and Execute)

80 다음 중 디자인 패턴의 세부 종류에 해당하지 않는 것은 무엇인가?

① 생성 패턴(Creational Pattern)
② 구조 패턴(Structural Pattern)
③ 동기화 패턴(Synchronization Pattern)
④ 행동 패턴(Behavioral Pattern)

81 다음 중 오용 탐지(Misuse Detection)에 대한 설명으로 옳지 않은 것은 무엇인가?

① 정상 행위를 기준으로 이상 징후를 탐지하는 방법이다.
② 알려진 공격 패턴을 기반으로 시스템 침입을 탐지한다.
③ 오용에 해당하는 패턴을 정의하여 탐지 정확도를 높인다.
④ 서명 기반 탐지 방법과 밀접하게 연관된다.

82 다음 중 암호 기술과 직접적으로 관련이 없는 것은 무엇인가?

① 대칭 키 암호화
② 공개 키 기반구조(PKI)
③ 해시 함수
④ 라운드 로빈 스케줄링

83 공개키 암호 방식 중 하나로, 두 개의 소수의 곱셈을 기반으로 키를 생성하며, 암호화와 복호화에 서로 다른 키를 사용하는 대표적인 비대칭 암호 기법은 무엇인가?

① AES
② DES
③ RSA
④ SHA-256

84 다음 중 세션 하이재킹(Session Hijacking) 탐지 기법에 해당하지 않는 것은 무엇인가?

① 세션 키 주기적 변경
② 사용자 행위 패턴 분석
③ IP 주소 및 User-Agent 검사
④ 암호화되지 않은 비밀번호 저장

85 다음 중 거리 벡터(Distance Vector) 라우팅 방식을 사용하며, 최대 홉 수가 15로 제한된 라우팅 프로토콜은 무엇인가?

① OSPF
② BGP
③ RIP
④ IS-IS

86 다음 중 HRN(Highest Response Ratio Next) 스케줄링 기법에서 프로세스의 우선순위를 계산하는 공식으로 가장 알맞은 것은 무엇인가?

① (대기 시간 + 서비스 시간) ÷ 서비스 시간
② (도착 시간 + 서비스 시간) ÷ 대기 시간
③ 서비스 시간 ÷ 대기 시간
④ 도착 시간 ÷ 서비스 시간

87 다음 중 WEP의 취약점을 개선하기 위해 개발된 무선 네트워크 보안 프로토콜은 무엇인가?

① WPA3
② TKIP
③ AES
④ SSL

88 다음 중 VLAN(Virtual LAN)에 대한 설명으로 가장 알맞은 것은 무엇인가?

① 하나의 물리적 네트워크를 여러 개의 가상 네트워크로 분리하는 기술이다.
② 서로 다른 물리적 네트워크를 하나로 통합하는 기술이다.
③ 인터넷 접속 속도를 향상시키는 기술이다.
④ IP 주소를 자동으로 할당하는 기술이다.

89 다음 중 OSI 7계층에서 네트워크 계층(Network Layer)의 주요 기능에 해당하지 않는 것은 무엇인가?

① 경로 선택(Routing)
② 패킷 전달(Packet Forwarding)
③ 흐름 제어(Flow Control)
④ 논리적 주소(IP 주소) 할당

90 다음 중 ARP(Address Resolution Protocol)에 대한 설명으로 옳지 않은 것은 무엇인가?

① IP 주소를 MAC 주소로 변환해주는 프로토콜이다.
② 네트워크 계층에서 동작하는 프로토콜이다.
③ 같은 네트워크 안에서 호스트를 찾을 때 사용된다.
④ MAC 주소를 IP 주소로 변환하는 역할을 한다.

91 다음 중 IPv4의 특징에 해당하지 않는 것은 무엇인가?

① 32비트 주소 체계를 사용한다.
② 주소 고갈 문제를 해결하기 위해 설계되었다.
③ 4개의 옥텟(Octet)으로 구성된다.
④ 네트워크 계층에서 동작한다.

92 다음 중 블록체인 네트워크를 구축, 운영, 관리하는 기능을 클라우드 서비스 형태로 제공하는 것은 무엇인가?

① SaaS
② PaaS
③ FaaS
④ BaaS

93 다음 설명에 해당하는 것은 무엇인가?

> IBM에서 개발한 고가용성 클러스터링 솔루션으로, 시스템이나 서버 장애 발생 시 다른 시스템이 자동으로 서비스를 이어받아 무중단 서비스를 지원하는 기능을 제공한다.

① Memristor
② HACMP
③ VMware
④ Docker

94 다음 중 허니팟(Honeypot)에 대한 설명으로 옳지 않은 것은 무엇인가?

① 공격자를 유인하기 위해 의도적으로 취약한 시스템을 구축하는 것이다.
② 공격자의 침입 경로와 공격 방법을 분석할 수 있다.
③ 보안 시스템을 강화하기 위해 공격자의 접근을 완전히 차단하는 기술이다.
④ 실제 운영 시스템과 분리되어 별도로 구축된다.

95 다음 중 사용자가 주장하는 신원을 시스템이 검증하는 과정을 의미하는 것은 무엇인가?

① Authorization
② Accounting
③ Auditing
④ Authentication

96 다음 중 "something you have" 인증 요소에 해당하지 않는 것은 무엇인가?

① OTP 토큰
② 스마트 카드
③ 지문 인식
④ 보안 카드

97 다음 중 공개키 암호화 기법에 해당하지 않는 것은 무엇인가?

① RSA
② ElGamal
③ AES
④ ECC

98 다음 중 Beacon에 대한 설명으로 가장 알맞은 것은 무엇인가?

① 저전력 블루투스 통신을 이용해 주변 기기에 주기적으로 신호를 전송하는 장치이다.
② 근거리 무선통신 방식으로 데이터를 직접 전송하는 장치이다.
③ 고속 데이터 전송을 위해 사용하는 광대역 무선 장치이다.
④ 장거리 통신을 지원하는 위성 통신 장치이다.

99 다음 중 위치 기반 서비스를 제공하는 소셜 네트워크 애플리케이션으로, 사용자가 방문한 장소를 체크인하고 공유할 수 있도록 지원하는 것은 무엇인가?

① Foursquare
② WhatsApp
③ Zoom
④ Spotify

100 다음 중 정보보안 3요소(CIA)에 해당하지 않는 것은 무엇인가?

① 기밀성(Confidentiality)
② 무결성(Integrity)
③ 가용성(Availability)
④ 정확성(Accuracy)

정보처리기사 필기 최신 기출문제 02회

시험 일자	문항 수	시험 시간
2024년 제3회	총 100문항	2시간 30분

수험번호 : _____

성   명 : _____

---

01 다음 중 현행 시스템 분석 시 고려해야 할 사항과 거리가 먼 것은 무엇인가?

① 시스템 구성
② 소프트웨어 구성
③ 개발자 구성
④ 하드웨어 구성

02 다음 중 럼바우 분석 프로세스에서 사용되는 다이어그램이 아닌 것은 무엇인가?

① 객체 다이어그램
② 자료 흐름도
③ 소멸 차트
④ 활동 다이어그램

03 다음 중 아래와 같은 형태의 오류는 무엇인가?

ks-002A → ks-00A2

① Omission
② Transcription
③ Addition
④ Transposition

04 다음 중 나선형 모델의 개발 프로세스가 아닌 것은 무엇인가?

① 고객 평가
② 유지보수
③ 위험 분석
④ 공학적 개발 및 검증

05 다음 중 UML에 대한 설명과 가장 거리가 먼 것은 무엇인가?

① 구조, 행동, 그룹 등의 사물이 존재한다.
② 생성, 구조, 행위 다이어그램이 있다.
③ 사물, 관계, 다이어그램으로 구성된다.
④ 관계는 사물과 사물의 연관성을 표현한 것이다.

06 다음 중 XP의 가치에 해당하지 않는 것은 무엇인가?

① 의사소통
② 확약
③ 피드백
④ 존중

07 다음 중 정형기술검토(FTR)의 원칙이 아닌 것은 무엇인가?

① 제품의 검토에만 집중한다.
② 논쟁과 반박을 제한한다.
③ 해결책이나 개선책에 대해 논의하지 않는다.
④ 참가자의 수를 확대한다.

08 다음 중 행위 다이어그램의 종류에 해당하지 않는 것은 무엇인가?

① 활동
② 유스케이스
③ 절차
④ 클래스

09 다음 중 성별 정보(남, 여)를 표현하기 위한 UI 요소로 가장 부적합한 것은 무엇인가?

① Radio Button
② Command Button
③ Combo Box
④ Check Box

10 다음 중 애자일 개발 프로세스의 가치가 아닌 것은 무엇인가?

① 계획
② 소통
③ 협업
④ 변화 대응

11 다음 중 자료 흐름도에 대한 설명과 거리가 먼 것은 무엇인가?

① 데이터 출력을 위해서는 반드시 입력이 필요하다.
② 기능에 의한 작업 소요시간을 파악하기 위한 도표이다.
③ 프로세스, 자료 흐름, 자료 저장소, 단말로 구성된다.
④ 최하위 프로세스는 소단위 명세서를 가진다.

12 기능과 데이터의 관계를 계층 구조로 표현하여 한눈에 이해하기 쉽도록 구성한 도표는 무엇인가?

① Data Dictionary
② Nassi-Schneiderman
③ Hierarchy Input Process Output
④ Data Flow Diagram

13 시스템 카탈로그에 대한 설명과 거리가 먼 것은 무엇인가?

① DBMS가 스스로 생성하고 유지한다.
② 데이터베이스 객체가 변경되면 자동으로 변경된다.
③ DCL을 통해 내용 조회가 가능하다.
④ 직접적인 변경은 불가능하다.

14 SW공학의 기본 원칙에 해당하지 않는 것은 무엇인가?

① 현대적인 프로그래밍 기술을 지속적으로 적용한다.
② 소프트웨어에 대한 하드웨어의 상대적 비용을 절감한다.
③ 개발 단계별 산출물에 대한 명확한 기록을 유지한다.
④ 품질에 대한 지속적인 검증이 필요하다.

15 NUI에서 사용하는 터치 제스처에 해당하지 않는 것은 무엇인가?

① Tap
② Pinch
③ Drag
④ Click

16 다음 중 올바른 설계 방향에 대한 내용은 무엇인가?

① 공유도와 응집도는 높이고, 제어도와 결합도는 낮추도록 설계되어야 한다.
② 공유도와 제어도는 높이고, 결합도와 응집도는 낮추도록 설계되어야 한다.
③ 공유도와 제어도는 낮추고, 결합도와 응집도는 낮추도록 설계되어야 한다.
④ 공유도와 응집도는 낮추고, 제어도와 결합도는 높이도록 설계되어야 한다.

17 소프트웨어의 전체적인 설계 단계를 상위/하위로 나눌 때, 상위 설계에 해당하지 않는 항목은 무엇인가?

① 내부 로직
② 시스템 구조
③ 화면 구성
④ DB 설계

18 요구사항 모델링에서 일반적으로 사용되는 다이어그램은 무엇인가?

① Overview
② Data Dictionary
③ UML
④ Visual Table

19 서브 시스템에 입력된 데이터를 처리한 결과를 다음 서브 시스템으로 전달하는 형식의 아키텍처는 무엇인가?

① Pipe-Filter
② Peer-To-Peer
③ Broker
④ MVC

20 폭포수 모델에 대한 설명과 가장 거리가 먼 것은 무엇인가?

① 정해진 단계를 한 번씩만 진행하며 이전 단계로 돌아갈 수 없다.
② 결과물이 명확하게 산출되어야 다음 단계로 넘어가는 방식이다.
③ 과거부터 현재까지 가장 폭넓게 사용되는 방식이다.
④ 제품의 기능 보완이 불가능하므로 매뉴얼 작성이 필수적이다.

21 프로젝트를 진행하는 도중에 새로운 인원을 투입하는 경우 오히려 개발 일정을 지연시킬 수 있다. 이에 해당하는 법칙은 무엇인가?

① Brooks의 법칙
② Effort의 법칙
③ Pareto의 법칙
④ Context의 법칙

22 다음 중 최악의 시간 복잡도를 기준으로 나머지 셋과 다른 시간 복잡도를 가지는 정렬은 무엇인가?

① 삽입 정렬
② 버블 정렬
③ 선택 정렬
④ 힙 정렬

23 다음 중 프로그램 개발 언어의 선정 기준과 가장 거리가 먼 것은 무엇인가?

① 알고리즘 및 자료 구조의 난이도를 고려해야 한다.
② 프로젝트 진행 인원의 스케줄을 고려해야 한다.
③ 소프트웨어의 수행 환경을 고려해야 한다.
④ 담당 개발자의 경험과 지식 등을 고려해야 한다.

24 분기마다 가장 최적의 해를 선택하여 결과를 도출하는 방식의 알고리즘으로, 반드시 종합적인 최적의 해를 보장하지 않는 기법은 무엇인가?

① Greedy
② Dynamic
③ Recursive
④ Backtracking

25 다음 중 소스코드의 정적 분석 도구에 해당하지 않는 것은 무엇인가?

① cppcheck
② SonarQube
③ checkstyle
④ Valgrind

26 다음 중 아래의 중위식을 후위식으로 올바르게 변환한 것은 무엇인가?

(A−B)*C+D

① AB−C+D*
② A−BC*D+
③ AB−C*D+
④ A−B−CD*+

27 아주 오래된 소프트웨어는 그것을 개발한 개발자 또는 관련 참고문서 등이 없어서 유지보수가 어렵다. 해당 소프트웨어의 소스코드를 의미하는 용어는 무엇인가?

① Spaghetti Code
② Alien Code
③ Clean Code
④ Hard Code

28 다음 중 소프트웨어 품질 목표에 해당하지 않는 것은 무엇인가?

① 효율성
② 준법성
③ 이식성
④ 유연성

29 다음 중 연결 리스트의 특징이 아닌 것은 무엇인가?

① 배열의 단점을 보완한 자료구조이다.
② 노드별 포인터를 활용하므로 배열보다 기억 공간을 절약할 수 있다.
③ 접근 속도는 배열보다 느린 편이다.
④ 다양한 종류의 연결 리스트가 존재한다.

30 다음 중 SPICE의 단계별 프로세스 수행 능력 단계가 잘못 짝지어진 것은 무엇인가?

① 레벨0 − 불완전
② 레벨1 − 수행
③ 레벨2 − 최적
④ 레벨3 − 확립

31 다음 인스펙션 프로세스에서 빈칸에 해당하는 절차를 순서대로 나열한 것은 무엇인가?

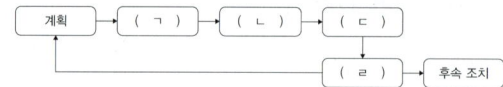

① 검토 회의, 수정, 사전 교육, 준비
② 준비, 검토 회의, 수정, 사전 교육
③ 사전 교육, 준비, 수정, 검토 회의
④ 사전 교육, 준비, 검토 회의, 수정

32 문제 처리 프로세스를 도형을 통해 논리 중심으로 표현하는 구조적 분석 도구는 무엇인가?

① DD
② NS Chart
③ DFD
④ HIPO

33 아래의 트리를 중위 순회(INODER)하는 경우, 올바른 방문 순서는 무엇인가?

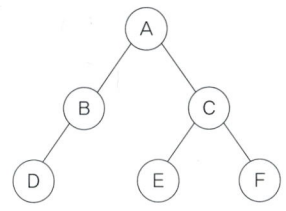

① B D A E C F
② D B A E C F
③ A B C D E F
④ A B D C E F

34 다음 중 단위 테스트 도구에 해당하지 않는 것은?

① AJAXUnit
② CppUnit
③ JUnit
④ HttpUnit

35 [42, 17, 85, 56, 23]의 수열을 삽입 정렬할 때, 1 회전 후의 결과로 옳은 것은?

① [17, 42, 85, 23, 56]
② [17, 42, 23, 85, 56]
③ [42, 17, 85, 56, 23]
④ [17, 42, 85, 56, 23]

36 다음 중 소프트웨어 결함의 80%는 20%의 기능에 집중된다는 원리는 무엇인가?

① 살충제 패러독스
② 파레토의 법칙
③ 오류-부재의 궤변
④ 브룩스의 법칙

37 다음 중 블랙박스 테스트에 해당하는 것은 무엇인가?

① Boundary Value Analysis
② Basic Path
③ Condition Testing
④ Loop Testing

38 다음 중 클린 코드의 작성 원칙에 해당하지 않는 것은 무엇인가?

① 안정적이고 동일한 로직은 가급적 반복해서 작성한다.
② 가독성이 높고 단순하며 의존성이 낮은 코드이다.
③ 기능 및 설계에 대한 이해가 비교적 쉬운 코드이다.
④ 기억하기 쉬운 용어 및 접두어를 사용하여 이름을 정의한다.

39 다음 중 DRM 기술 요소에 해당하지 않는 것은?

① 로그인
② 인증
③ 크랙 방지
④ 키 관리

40 DRM 구성 요소 중, 디지털 콘텐츠 원본을 안전하게 유통하기 위한 전자적 보안 장치는 무엇인가?

① 패키저
② DRM 컨트롤러
③ 보안 컨테이너
④ 클리어링 하우스

41 어떤 릴레이션에서 각 속성이 아래와 같이 도메인을 가질 때, 이 릴레이션의 최대 기수는 얼마인가?

> 성별 : 2
> 학과 : 3
> 수강형태 : 2

① 3
② 7
③ 셀 수 없음
④ 12

42 다음 중 릴레이션과 그 구성요소에 대한 설명으로 틀린 것은 무엇인가?

① 릴레이션 스키마와 릴레이션 인스턴스의 결합으로 구성된다.
② 속성은 개체를 구성하는 고유의 특성이다.
③ 각 튜플은 순서가 존재하며 중복 없이 고유한 값을 가진다.
④ 개체에 관한 데이터를 속성과 튜플로 구성된 2차원 테이블의 구조로 표현한 것이다.

43 사용하고 있는 데이터가 논리적으로 유일하다고 생각할 수 있는 환경을 제공하는 데이터베이스 투명성은 무엇인가?

① Replication
② Location
③ Fragmentation
④ Failure

44 다음 중 OLAP 함수의 종류가 아닌 것은 무엇인가?

① COUNT
② DELETE
③ SUM
④ RANK

45 아래 SQL 문장을 올바르게 해석한 것은 무엇인가?

> REVOKE SELECT ON lecture FROM jane;

① jane 사용자의 lecture 테이블에 대한 SELECT 권한 확인
② jane 사용자의 lecture 테이블에 대한 SELECT 권한 부여
③ jane 사용자의 lecture 테이블에 대한 SELECT 권한 요청
④ jane 사용자의 lecture 테이블에 대한 SELECT 권한 회수

46 트랜잭션의 특징인 ACID에 대한 설명으로 가장 거리가 먼 것은 무엇인가?

① 트랜잭션 실행 도중 다른 트랜잭션의 영향을 받지 않아야 한다.
② 시스템 고정 요소는 트랜잭션 이후에도 같아야 한다.
③ 트랜잭션의 결과는 항상 유지(영구 반영)되어야 한다.
④ 모든 연산이 수행되거나 선택적으로 수행되어야 한다.

47 다음 중 수학에서의 교집합(∩) 연산과 같은 역할을 하는 관계 연산은 무엇인가?

① INTERSECT
② MINUS
③ UNION
④ NOT

48 로크의 단위가 큰 경우에 해당하지 않는 것은 무엇인가?

① 로크의 개수가 줄어든다.
② 병행 제어 기법이 단순해진다.
③ 병행성 수준이 높아진다.
④ 오버헤드가 감소한다.

49 4개의 속성, 2개의 후보키, 6개의 릴레이션 인스턴스가 존재하는 릴레이션의 차수는 얼마인가?

① 4
② 2
③ 6
④ 알 수 없음

50 SQL 문법에서 HAVING 절을 사용하기 위해 함께 사용해야 하는 것은 무엇인가?

① GROUP BY
② WHERE BY
③ ORDER BY
④ JOIN BY

51 80점 대의 학생 정보를 조회하고 싶을 때, 적절한 SQL 구문은 무엇인가?

① BETWEEN 80 AND 89
② BETWEEN 80 AND 90
③ BETWEEN 80 OR 89
④ BETWEEN 80 OR 90

52 아래의 SQL문장을 올바르게 해석한 것은 무엇인가?

> SELECT 성명, 학년 FROM 데이터베이스 WHERE EXISTS
> (SELECT * FROM 인공지능 WHERE 데이터베이스.학번 = 인공지능.학번);

① 인공지능 테이블에서, 데이터베이스 수업을 수강하는 학생을 조회
② 인공지능 테이블에서, 데이터베이스 수업을 수강하지 않는 학생을 조회
③ 데이터베이스 테이블에서, 인공지능 수업을 수강하는 학생을 조회
④ 데이터베이스 테이블에서, 인공지능 수업을 수강하지 않는 학생을 조회

53 다음 중 정규화의 필요성에 해당하지 않는 것은 무엇인가?

① 삽입 이상의 제거
② 갱신 이상의 제거
③ 삭제 이상의 제거
④ 성능 이상의 제거

54 제3정규형을 만족시키기 위해 수행해야 하는 작업으로 옳은 것은 무엇인가?

① 부분 함수 종속 제거
② 다치 종속 제거
③ 이행적 함수 종속 제거
④ 조인 종속 제거

55 다음 중 로그를 이용한 회복 기법에 사용되는 연산이 아닌 것은 무엇인가?

① Undo
② Redo
③ Replace
④ CheckPoint

56 다음 중 아래에서 설명하는 스토리지 유형은 무엇인가?

- Fibre Channel과 같은 고속 네트워크 기술을 사용한다.
- 대규모 데이터베이스, 고성능 컴퓨팅 등 높은 성능이 요구되는 환경에서 주로 사용된다.
- 여러 스토리지 장치를 통합 관리하여 데이터 가용성을 높이고, 유연한 확장이 가능하다.

① NAS
② SAN
③ DAS
④ KAS

57 관계 대수에 대한 설명과 가장 거리가 먼 것은 무엇인가?

① 절차적 언어이다.
② 관계 해석과 관계 대수는 처리 기능 및 능력이 동등하다.
③ 일반 집합 연산자는 합집합, 교집합, 차집합, 교차곱이 있다.
④ 일반 집합 연산자와 존재 연산자가 있다.

58 다음 중 데이터베이스의 논리적 설계 단계에서 수행하지 않는 작업은 무엇인가?

① 모든 업무 영역에 대한 개체, 속성, 관계, 프로세스 등을 파악한다.
② 개념 모델을 컴퓨터가 이해할 수 있는 논리적 구조로 매핑한다.
③ 목표 시스템에 적용할 수 있는 트랜잭션 인터페이스를 설계한다.
④ 모든 업무 데이터를 비정규화하여 표현한다.

59 트랜잭션 분석을 위해 각 테이블에 대한 생성, 조회, 갱신, 삭제 프로세스의 영향도를 테이블 형식으로 표현한 것은 무엇인가?

① Balanced Tree
② CRUD Matrix
③ Clustering
④ Entity Integrity

60 다음 중 중복 값을 허용하지 않는 인덱스를 생성하기 위한 옵션은 무엇인가?

① REPLACE
② NULL
③ UNIQUE
④ FORCE

61 다음 중 각 작업 노드별 소요 시간이 아래와 같을 때, 주 공정에 소요되는 시간은 얼마인가?

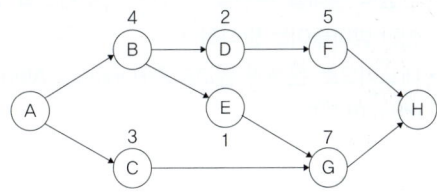

① 10
② 11
③ 12
④ 22

62 새로운 프로세스를 생성하는 UNIX 명령어는 무엇인가?

① find
② fork
③ mount
④ grep

63 다음 중 그룹은 쓰기 권한을 제거하고 일반 사용자는 쓰기, 실행 권한을 제거하는 umask 값은 무엇인가?

① 421
② 754
③ 012
④ 023

64 아래 Java 코드의 수행 결과로 옳은 것은 무엇인가?

```
public class Main{
    public static int mth(int a){
        return a*3;
    }
    public static int mth(int a, int b){
        return a*b-2;
    }
    public static int mth(int a, int b, int c){
        return a+b*c;
    }
    public static void main(String[] args) {
        int v = mth(4, 5);
        System.out.println(v);
    }
}
```

① 15
② 12
③ 18
④ 30

65 프로세스별 실행 시간과 도착 시간이 아래와 같을 때, SJF 스케줄링을 적용한다면 가장 먼저 작업이 완료되는 프로세스는 무엇인가?

프로세스	실행 시간	도착 시간
A	20	3
B	15	0
C	10	5
D	17	2

① A
② B
③ C
④ D

66 아래 Python 코드를 실행하여 출력되는 결과에 포함되는 None 값의 개수는?

```
def fn(s):
    if s[0]=="김":
        return s

string = "김진수,강하영,김소연,박영진,김가을"

a = string.split(",")
b = list(map(fn, a))
print(b)
```

① 1
② 2
③ 3
④ 4

67 아래에서 설명하는 해결 방안은 무엇인가?

- 안정적 상태를 유지할 수 있는 프로세스의 요청만 받아들이는 방식이다.
- 대표적으로 은행원 알고리즘(Banker's Algorithm)이 있다.

① Prevention
② Detection
③ Avoidance
④ Recovery

68 아래 Python 코드의 수행 결과로 옳은 것은 무엇인가?

```
a = 10
b = 20

def fn(n):
    a = n

fn(30)
print(a)
```

① 10
② 20
③ 30
④ 오류

69 디자인 패턴을 소프트웨어 개발에 적용함으로써 얻게 되는 이점이 아닌 것은 무엇인가?

① 유지보수성이 증가한다.
② 협업의 효율성이 증대된다.
③ 모든 언어에 적용 가능하다.
④ 시스템의 확장성이 향상된다.

70 아래 C 코드의 for문을 while문으로 올바르게 변환한 것은 무엇인가?

```
for(i=0; i<10; i++){
    sum+=i;
}
```

①
```
i=0;
while(i<10){
    i++;
    sum+=i;
}
```

②
```
i=0;
while(i<10){
    sum+=i;
    i++;
}
```

③
```
i=0;
while(i<10){
    sum+=i;
}
i++;
```

④
```
i=0;
i++;
while(i<10){
    sum+=i;
}
```

71 다음 중 객체지향 설계 원칙에 해당하지 않는 것은 무엇인가?

① Super Responsibility
② Open-Closed
③ Liskov Substitution
④ Interface Segregation

72 다음 중 UDP에 대한 설명과 가장 거리가 먼 것은 무엇인가?

① 흐름 제어 및 순서 제어가 없어 전송 속도는 빠르지만 신뢰성 보장이 어렵다.
② 신뢰성을 보장하지 않는 연결성 통신을 제공한다.
③ 하나의 정보를 다수의 인원이 수신해야 하는 경우에 적합한 프로토콜이다.
④ 신뢰성 제공을 위한 기능이 없어 상대적으로 간단한 프레임 구조를 가진다.

73 C 코드에서 정수 타입과 그 크기가 잘못 짝지어진 것은?

① char - 1
② short - 2
③ int - 4
④ long - 6

74 C 코드에서 break의 역할에 대한 설명으로 가장 옳지 않은 것은?

① (무한)루프문을 벗어날 때 사용한다.
② switch~case문에서 중지점을 지정할 때 사용한다.
③ 모든 선택문, 제어문에서 사용 가능하다.
④ 해당 지역의 반복문을 벗어날 수 있다.

75 다음 중 IPv4에서 C클래스에 해당하지 않는 주소는 무엇인가?

① 192.168.0.1
② 223.255.255.254
③ 128.0.1.100
④ 200.100.200.15

76 파일 디스크립터(File Descriptor)라고도 하며 운영체제가 특정 파일에 접근할 때 파악되어야 할 파일의 관리 정보를 저장해 준 블록을 의미하는 것은 무엇인가?

① FCB
② KBF
③ FDT
④ ACR

77 3개의 빈 프레임과 [2,2,3,1,3,2,4,3,3,5]의 페이지 참조열을 가진 상황에서 FIFO 알고리즘을 적용했을 때의 페이지 부재 횟수는?

① 4
② 5
③ 6
④ 7

78 전송 계층 중 TCP에서 사용되는 데이터 단위는 무엇인가?

① 비트
② 데이터그램
③ 세그먼트
④ 프레임

79 아래의 Java 코드를 수행한 결과로 옳은 것은?

```
public class Main{
    public static void main(String[] args){
        int a = 17;
        int b = a%2==0?a:0;
        if(b<17){
            System.out.println("a");
        }else{
            System.out.println("b");
        }
    }
}
```

① a
② b
③ 17
④ 오류

80 아래 C 코드의 수행 결과로 옳은 것은?

```
int main(){
    int a=10, b=0, c=0;
    while(a-->b){
        b++;
        c++;
    }
    printf("%d", c);
    return 0;
}
```

① 4
② 5
③ 6
④ 7

81 아래에서 설명하는 네트워크 관련 용어는 무엇인가?

- 긍정 응답을 기다리지 않고 사용 중인 채널에 일정한 규칙을 통하여 접근하는 방식이다.
- 충돌 검출, 재송신 기능이 포함된다.
- IEEE 802.3 프로토콜을 사용한다.

① CSMA/CD
② ALOHA
③ STDM
④ ATDM

82 192.168.123.0/24의 네트워크를 6개의 서브 네트워크로 나누었을 때, 2번째 네트워크의 1번째 사용 가능한 IP주소는 무엇인가?

① 192.168.123.32
② 192.168.123.33
③ 192.168.123.64
④ 192.168.123.65

83 웹 페이지에 악의적인 스크립트를 포함시켜 사용자 측에서 실행되게끔 유도하는 공격 기법은 무엇인가?

① Smurf Attack
② Cross-Site Request Forgery
③ Ping of Death
④ Cross-Site Scripting

84 DES를 대체하는 미국의 표준 대칭키 블록 알고리즘은 무엇인가?

① SEED
② IDEA
③ AES
④ ARIA

85 TCP 헤더의 구성 요소 중, 무결성 보장을 위한 에러 검출에 사용되는 영역은 무엇인가?

① Destination Port
② Reserved
③ Urgent Point
④ Checksum

86 시스템의 파일 무결성을 검사하여 파일이 무단으로 변경되었는지 여부를 확인하는 보안 도구로, 크래커의 침입이나 백도어 생성 여부, 설정 파일의 변경 여부를 체크하는 것은 무엇인가?

① TripWire
② Trusted OS
③ Firewall
④ Root Kit

87 다음 중 전송 회선의 대역폭을 다수의 작은 채널로 분할하여 동시에 이용하는 다중화기 방식은 무엇인가?

① TDM
② FDM
③ CDM
④ WDM

88 데이터 센터 전체를 운영하는 소프트웨어가 필요한 기능 및 규모에 따라 동적으로 하드웨어 자원을 할당, 관리하는 역할을 수행하는 데이터 센터는 무엇인가?

① PaaS
② SDDC
③ Mesh Network
④ Data Warehouse

89 OSI 7 계층 중, 네트워크 계층에 해당하지 않는 프로토콜은 무엇인가?

① ARP
② RARP
③ IP
④ TCP

90 IPv6의 주소 표현 중 올바르지 못한 것은 무엇인가?

① 2001:0db8:85a3:1234:5678:9ABC:DEFG:HIJK
② 2001:0db8:85a3:0000:0000:8a2e:0370:7334
③ 2001:0db8:85a3::8a2e:0370:7334
④ ::1:2

91 보안에 취약한 구조를 가진 IP를 개선하기 위해 국제 인터넷 기술 위원회(IETF)에서 설계한 표준은 무엇인가?

① DNS
② ICMP
③ IPSec
④ ARP

92 스니핑 공격의 한 종류로, 위조된 MAC 주소를 지속적으로 네트워크에 흘려 스위치의 주소 테이블을 오버플로우 시키는 방식의 공격 기법은?

① Switch Jamming
② ARP Spoofing
③ ARP Redirect
④ ICMP Redirect

93 아래 이미지와 같은 방식의 블록 암호화 운용 방식은 무엇인가?

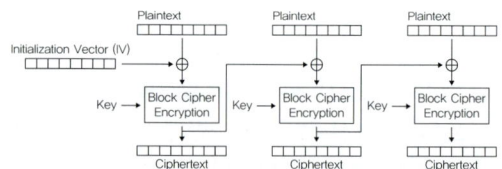

① ECB
② AAC
③ CBC
④ KGB

94 이산대수의 난해성에 기반한 공개키 암호화 알고리즘은 무엇인가?

① RSA
② DSA
③ ECC
④ DES

95 아래 이미지는 접근 통제 정책을 정리한 것이다. 빈칸에 해당하는 용어를 올바르게 나열한 것은 무엇인가?

정책	(가)	(나)	(다)
권한 부여	시스템	데이터 소유자	중앙 관리자
접근 결정	보안 등급 (Level)	신분 (Identity)	역할 (Role)
정책 변경	고정적	변경 용이	변경 용이
장점	안정적, 중앙집중적	구현 용이, 유연함	관리 용이

① DAC, RBAC, MAC
② MAC, DAC, RBAC
③ MAC, RBAC, DAC
④ RBAC, MAC, DAC

96 바이러스처럼 다른 파일에 기생하지 않고 독립적으로 자신을 복제하여 확산시키는 악성코드는 무엇인가?

① Trojan Horse
② Key Logger
③ SpyWare
④ Worm

97 네트워크 접속 장치(MAC) 주소를 IP 주소로 변환하는 프로토콜은 무엇인가?

① ICMP
② ARP
③ RARP
④ IP

98 데이터를 암호화하여 전달하는 방식의 원격 제어 서비스는 무엇인가?

① SSH
② telnet
③ POP3
④ HTTPS

99 웹 서비스에 사용되는 프로토콜 중, 전체 통신 내용을 암호화하며 443번 포트를 사용하는 프로토콜은 무엇인가?

① HTTP
② S-HTTP
③ HSTP
④ HTTPS

100 다음 중 데이터 링크 계층에 해당하는 네트워크 장비는 무엇인가?

① 스위치
② 전송 회선
③ 리피터
④ 허브

정보처리기사 필기 최신 기출문제 03회

시험 일자	문항 수	시험 시간
2024년 제2회	총 100문항	2시간 30분

수험번호 : _____
성   명 : _____

01 다음 중 사용자 요구사항을 분석하여 기능을 중심으로 모델링한 결과를 표현한 도표는 무엇인가?
① 자료 흐름도
② 유스 케이스
③ NS 차트
④ 시퀀스

02 다음 중 UML의 실체화 관계에 해당하는 특징이 아닌 것은 무엇인가?
① 사물들의 공통적인 기능을 상위 사물로 그룹화하여 표현한다.
② 상위 사물 쪽에 속이 빈 삼각 실선 화살표로 표현한다.
③ [하위 사물 can do 상위 사물]의 형태로 해석된다.
④ 실체화된 사물들의 공통 속성을 묶게 되면 일반화 관계가 된다.

03 다음 중 Walk Through에 대한 설명으로 옳은 것은?
① 완성된 소프트웨어를 통해 요구사항 검증이 가능한지 파악
② 요구사항 명세서 작성자 이외의 전문 검토 그룹이 상세히 결함을 분석
③ 요구사항 명세서 작성자가 다수의 동료들(이해관계자)에게 내용을 직접 설명하면서 결함을 분석
④ 미리 요구사항 명세서를 배포하여 사전 검토 후 짧은 회의를 통해 결함을 분석

04 다음 중 디자인 패턴의 종류가 아닌 것은?
① 개념
② 생성
③ 구조
④ 행위

05 다음 중 Scrum 모델의 프로세스에 해당하지 않는 것은?
① 유저 스토리를 우선순위에 따라 Backlog에 기록, 관리한다.
② 2~4주 정도의 반복적인 Iteration을 통해 제품을 완성한다.
③ 유저 스토리를 분할하여 Task 형태로 각 개발팀에게 분배한다.
④ 소멸차트를 통해 개발 상황을 체크한다.

06 아래에서 설명하는 디자인 패턴은 무엇인가?

- 클래스가 오직 하나의 인스턴스만을 가지도록 하는 패턴이다.
- 접근제한자와 정적 변수를 활용하며 다수의 인스턴스로 인한 문제(성능 저하 등)를 방지할 수 있다.

① Builder
② Singleton
③ Factory Method
④ Adaptor

07 다음 중 Waterfall 개발 프로세스에 대한 설명과 가장 거리가 먼 것은?

① 개발 중 발생할 수 있는 위험을 최소화하는 것이 목적이다.
② 정해진 단계를 한 번씩만 진행하며 이전 단계로 돌아갈 수 없다.
③ 단계별로 결과물이 명확하게 산출되어야 다음 단계로 넘어가는 방식이다.
④ 제품의 기능 보완이 불가능하므로 매뉴얼 작성이 필수적이다.

08 다음 중 eXtreme Programming 모델에 대한 설명으로 가장 거리가 먼 것은?

① 짧은 개발 과정의 반복을 극대화하여 개발 생산성을 높인다.
② 소규모 프로젝트에 효과적이다.
③ 기능별로 고객의 피드백을 받을 수 있도록 릴리즈 규모를 작게 분할한다.
④ 확약, 전념, 정직, 존중, 용기 등의 가치를 가진다.

09 다음 중 자료 흐름도에 대한 설명으로 옳지 않은 것은 무엇인가?

① 단위 프로세스를 거친 데이터 흐름에는 새로운 이름을 부여한다.
② 자료 저장소는 이름 위, 아래로 평행선을 그어 표기한다.
③ 제어의 흐름에 중심을 두고 있어 작업 소요 시간을 파악할 수 있다.
④ 프로세스, 자료 흐름, 자료 저장소, 단말로 구성된다.

10 다음 중 아래에서 설명하는 객체지향 용어는 무엇인가?

> • 객체의 타입을 정의하고 구현(Instantiation)하는 틀(Frame)이다.
> • 유사한 성격을 가진 객체들의 공통된 특성을 추상화한 단위이다.
> • 객체가 가지는 속성과 객체가 수행하는 메소드를 정의한 것이다.

① 클래스(Class)
② 객체(Object)
③ 인스턴스(Instance)
④ 메시지(Message)

11 다음 중 소프트웨어 개발 프로젝트의 관리 요소(3P)가 아닌 것은?

① People
② Price
③ Process
④ Problem

12 아래 CPM 도표에서 임계 경로(Critical Path)에 포함되지 않는 노드는 무엇인가?

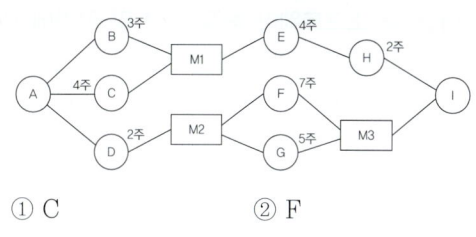

① C
② F
③ E
④ H

13 아래에서 설명하는 비용 산정 기법은 무엇인가?

> • 하향식 비용 산정 기법 중 하나이다.
> • 조정자(Coordinator)가 여러 전문가의 의견을 종합하여 비용을 산정한다.
> • 전문가들은 측정 비용을 조정자에게 익명으로 제출하고 조정자는 서로 의견을 공유하고 조율하는 과정을 통해 어느 정도 일치되는 비용이 도출되면 개발 비용으로 선정한다.

① 델파이(delphi)
② COCOMO(COnstructive COst MOdel)
③ 단계별 노력(Effort Per Task)
④ LOC(Line Of Code)

14 COCOMO(COnstructive COst MOdel)의 하위 분류 중, 300KDSI 이하의 운영체제, DBMS, 트랜잭션 처리 시스템 등의 개발에 적용되는 비용 산정 기법은 무엇인가?

① Organic
② Semi-Detached
③ Basic-Embedded
④ Embedded

15 다음 중 소프트웨어 품질 특성 및 평가에 대한 표준에 해당하지 않는 것은?

① Functionality
② Reliability
③ Usability
④ Capability

16 CASE(Computer Aided Software Engineering) 도구에 대한 특징과 가장 거리가 먼 것은 무엇인가?

① 소프트웨어 개발의 전 과정을 자동화하고 점진적 개발을 지원한다.
② 표준화된 문서 생성과 정보 공유 및 협업 지원을 통해 유지 보수, 생산성을 향상시킨다.
③ 명령어, 문법의 숙지가 필요하며 CASE 도구 간 호환성이 높다.
④ 도구의 비용은 비싸지만 개발 비용, 기간은 절감된다.

17 소프트웨어 개발 프로젝트의 모든 과정에서 발생하는 산출물들의 변경 과정을 체계적으로 관리하고 유지하는 활동 및 기법은 무엇인가?

① 형상관리
② 요구관리
③ 인증관리
④ 검증관리

18 다음 중 미들웨어에 대한 설명으로 옳은 것은?

① 운영체제와 소프트웨어 애플리케이션 사이에 위치하여 운영체제가 제공하는 서비스를 확장하여 제공하는 소프트웨어이다.
② 소스코드를 무료로 공개하여 제한 없이 누구나 사용 및 개작이 가능한 소프트웨어이다.
③ 사용자, 애플리케이션, 데이터베이스와 상호작용하여 데이터를 저장, 관리, 상호작용하는 시스템이다.
④ 하드웨어와 소프트웨어 리소스를 관리하고 컴퓨터 프로그램을 위한 공통 서비스를 제공한다.

19 다음 중 HIPO(Hierarchy Input Process Output) 차트의 종류가 아닌 것은?

① 가시적 도표
② 의존적 도표
③ 총체적 도표
④ 세부적 도표

20 UML 다이어그램 중, Timing 다이어그램에 대한 설명으로 옳은 것은?

① 한 객체의 이벤트 활성에 따른 상태 변화를 표현
② 객체의 상태 변화와 시간 제약을 명시적으로 표현
③ 객체들의 생성과 소멸, 객체들이 주고받는 메시지를 표현
④ 사용자의 요구사항을 분석하여 기능을 중심으로 모델링한 결과물을 표현

21 다음 중 테스트 환경 구축에 대한 설명으로 가장 거리가 먼 것은 무엇인가?

① 실제 환경과 유사한 시스템을 구축하여 테스트를 진행한다.
② 물리적 구축이 어려운 경우에는 가상 환경을 이용하여 테스트를 진행한다.
③ 네트워크 역시 VLAN과 같은 기술을 활용하여 논리적으로 분할된 환경을 구성한다.
④ 테스트 성공 여부 판단의 기준은 기대 결과와 실제 결과가 완전히 일치하는 것이다.

22 다음 중 개발이 완료된 소프트웨어에 대해 사용자 요구사항 충족 여부를 사용자가 직접 테스트하는 테스트 방식은 무엇인가?

① 시스템 테스트
② 인수 테스트
③ 회귀 테스트
④ 단위 테스트

23 소프트웨어 복잡도를 판단하는 요소 중 하나로, "자신을 호출하는 모듈의 수"를 나타내는 것은 무엇인가?

① Fan-In
② Fan-Out
③ Cohesion
④ Coupling

24 다음 중 효율적인 모듈 설계에 해당하는 것은 무엇인가?

① 제어도와 결합도는 높이고, 공유도와 응집도는 낮추도록 설계되어야 한다.
② 공유도와 응집도는 높이고, 제어도와 결합도는 낮추도록 설계되어야 한다.
③ 제어도와 응집도는 높이고, 공유도와 결합도는 낮추도록 설계되어야 한다.
④ 공유도와 결합도는 높이고, 제어도와 응집도는 낮추도록 설계되어야 한다.

25 다음 중 동일한 입력을 기반으로 수행된 기능의 출력 결과를 이용하여 서로 다른 기능을 수행하는 경우의 응집도는 무엇인가?

① Temporal
② Procedural
③ Communication
④ Parameter

26 다음 중 모듈 간 가장 강한 의존성을 가지는 결합도는 무엇인가?

① External   ② Stamp
③ Control   ④ Content

27 페이지 교체 알고리즘 중, FIFO를 변형한 형태로 페이지 부재가 발생하지 않으면 참조된 페이지를 큐의 맨 뒤로 이동시키는 알고리즘은 무엇인가?

① LRU   ② LFU
③ NUR   ④ SCR

28 다음 중 후위식(postfix)을 변환하기에 가장 적절한 자료구조는 무엇인가?

① 스택
② 트리
③ 연결 리스트
④ 데크

29 다음 중 아래 트리의 전위 순회 경로로 옳은 것은?

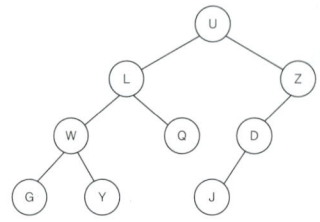

① G→Y→W→Q→L→J→D→Z→U
② G→W→Y→L→Q→U→J→D→Z
③ G→D→W→Q→L→J→Y→Z→U
④ U→L→W→G→Y→Q→Z→D→J

30 다음 트리를 중위 순회할 경우, 4번째로 방문하는 노드는 무엇인가?

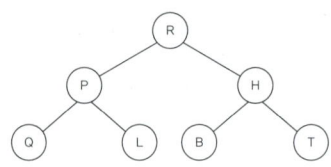

① R
② P
③ H
④ L

31 다음 중 아래 문자 배열에서 이진 탐색 방식으로 〈H〉를 찾을 경우의 탐색 횟수로 올바른 것은 무엇인가? (단, 탐색 횟수의 기준은 값을 비교하는 횟수라고 가정한다.)

| A B C D E F G H I J K |

① 2
② 3
③ 4
④ 5

32 아래 트리 구조는 5개의 데이터 [33, 52, 24, 77, 36]를 하향식 힙으로 변환한 것이다. [A] 노드에 해당하는 데이터는 무엇인가?

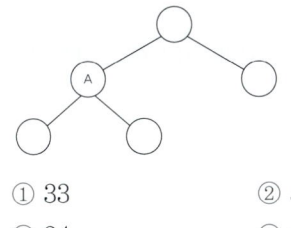

① 33　　② 52
③ 24　　④ 36

33 다음 중 해싱을 이용하여 처리 데이터에 직접 접근이 가능한 파일 편성(설계) 방식은 무엇인가?

① indexed sequential organization
② sequential organization
③ Random organization
④ Hash-Directed organization

34 다음 중 제품 소프트웨어 패키징에 포함되어야 하는 요소와 가장 거리가 먼 것은?

① 디지털 저작권 보호 기술
② 릴리즈 노트 및 매뉴얼
③ 소프트웨어 수정을 위한 소스코드
④ 소프트웨어 업데이트 및 삭제를 위한 프로그램

35 다음 중 단위 테스트에 대한 설명과 가장 거리가 먼 것은?

① 점증적 방식과 비점증적 방식으로 나눌 수 있다.
② 소프트웨어 설계의 최소 단위인 모듈의 기능을 중심으로 테스트한다.
③ 모듈의 기능 수행 여부와 논리적인 오류를 검출하는 과정이다.
④ 일반적으로 화이트박스 테스트를 진행한다.

36 입력값의 범위를 유사한 특성을 가진 그룹으로 분류하고, 각 그룹에서 유효한 값과 무효한 값을 균등하게 선택하여 테스트 케이스를 설계하는 테스트 기법은 무엇인가?

① Boundary Value Analysis
② Error Guessing
③ Equivalence Partitioning
④ Cause-Effect Graphing

37 다음 중 문제가 해결되어 더 이상 조치가 필요하지 않음을 의미하는 결함 추적 상태는 무엇인가?

① 결함 수정
② 결함 해제
③ 결함 할당
④ 결함 종료

38 럼바우 분석 절차 중, 상태/활동 다이어그램을 활용하여 기능의 흐름을 표시하는 절차는 무엇인가?

① 개념 모델링
② 객체 모델링
③ 동적 모델링
④ 기능 모델링

39 다음 중 프로그램 실행 없이 소스코드의 구조 분석에 중점을 둔 테스트의 종류와 가장 거리가 먼 것은?

① Basic Path
② Peer Review
③ Walkthrough
④ Inspection

40 다음 중 아래 인접 행렬에 해당하는 그래프는 무엇인가?

```
0 1 1
0 0 0
1 1 0
```

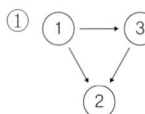

41 다음 중 릴레이션의 특징에 대한 설명과 가장 거리가 먼 것은 무엇인가?

① 개체에 관한 데이터를 3차원 테이블의 구조로 표현한 것이다.
② 릴레이션 스키마와 릴레이션 인스턴스의 결합으로 구성된다.
③ 관계형 데이터베이스에서 사용된다.
④ 릴레이션의 각 튜플은 고유해야 하며 순서가 존재하지 않는다.

42 다음 중 슈퍼키에 대한 설명으로 옳은 것은 무엇인가?

① 유일성을 만족하지만, 기밀성을 만족하지 못한다.
② 유일성을 만족하지만, 최소성을 만족하지 못한다.
③ 최소성을 만족하지만, 유일성을 만족하지 못한다.
④ 최소성을 만족하지만, 기밀성을 만족하지 못한다.

43 다음 중 정보 모델링에 대한 설명으로 옳은 것은 무엇인가?

① 객체 다이어그램을 활용하여 객체와 객체 간의 관계를 정의한다.
② 상태, 활동 다이어그램을 활용하여 기능의 흐름을 표시한다.
③ 자료 흐름도(DFD)를 활용하여 입출력 데이터, 세부 기능을 결정한다.
④ 미시적(Micro)/거시적(Macro) 개발 프로세스를 모두 사용하는 분석 기법이다.

44 다음 중 반정규화에 대한 설명과 가장 거리가 먼 것은 무엇인가?

① 시스템 운영의 단순화를 위해 정규화되지 않은 데이터 모델을 중복, 통합, 분할하는 기법이다.
② 정규화를 통해 수행 속도가 느려진 경우에 성능 향상을 위해 적용한다.
③ 다량의 범위나 특정 범위 데이터만 자주 처리해야 하는 경우에 적용한다.
④ 집계 정보가 자주 요구되는 경우에 적용한다.

45 다음 중 "Y가 X에 종속되고 Z가 Y에 종속되면, Z는 X에 종속된다."는 종속성 추론 기본 규칙은 무엇인가?

① 결합 규칙
② 반사 규칙
③ 증가 규칙
④ 이행 규칙

46 다음 중 "A 속성이 B 속성에 함수적으로 종속"된 것을 올바르게 표현한 식은 무엇인가?

① A→B
② A⊇B
③ B→A
④ B⊇A

47 왼쪽 테이블 레코드는 전부 포함하고, 오른쪽 테이블 레코드는 기준 필드가 일치하는 것만 조인하는 것은?

① INNER JOIN
② LEFT JOIN
③ RIGHT JOIN
④ OUTER JOIN

48 다음 중 데이터 제어어에 해당하지 않는 SQL 명령은 무엇인가?

① GRANT
② TRUNCATE
③ REVOKE
④ COMMIT

49 다음 중 SQL 명령의 분류가 나머지 셋과 다른 하나는 무엇인가?

① UPDATE
② CREATE
③ ALTER
④ DROP

50 다음 중 모든 연산이 수행되거나 하나도 수행되지 말아야 한다는 트랜잭션의 특징은 무엇인가?

① Consistency
② Isolation
③ Durability
④ Atomicity

51 정보학과와 경영학과의 릴레이션이 아래와 같을 때, 아래 SQL의 수행 결과로 올바른 것은 무엇인가?

[정보학과]

학번	이름	나이	학점
111	가은	19	A
222	나연	20	B
333	다영	19	B
555	라희	20	C
666	마리	22	B

[경영학과]

학번	이름	나이	학점
222	나연	20	B
444	바다	19	C
555	라희	20	C
666	마리	22	B
777	사연	21	A

SELECT 이름 FROM 정보학과 WHERE 학번 IN(SELECT 학번 FROM 경영학과 WHERE 학점='C');

① 나연
② 라희
③ 바다
④ 가은

52 다음 중 뷰(VIEW)의 특징에 대한 설명과 가장 거리가 먼 것은 무엇인가?

① 실체가 없는 논리적인 가상 테이블이다.
② 시스템 카탈로그에 저장된다.
③ 뷰를 통해 또 다른 뷰를 정의할 수 있다.
④ 종속된 테이블이 제거되어도 뷰는 사라지지 않는다.

53 데이터베이스에 대한 전문 지식이 없는 사용자가 쿼리문 작성 대신, 예시를 사용하여 데이터를 요청하는 방식은 무엇인가?

① QBE
② ECC
③ HHC
④ POP

54 서버와 저장장치를 직접 연결하는 방식의 스토리지는 무엇인가?

① DAS
② NAS
③ SAN
④ FHD

55 특정 열에 대해 데이터 형식, 타입, 길이, Null 허용 여부 등의 제약으로 무결성을 보장하는 무결성은 무엇인가?

① 속성 무결성
② 도메인 무결성
③ 개체 무결성
④ 참조 무결성

56 각 객체가 어떤 사용자에게 접근이 가능한지 리스트 형태로 관리하는 접근제어 요소는 무엇인가?

① ACM
② ACL
③ DAC
④ MAC

57 다음 중 내부 정보를 비인가된 개인, 단체, 프로세스 등으로부터 보호하고 인가된 사용자만 정보에 접근할 수 있는 특성은 무엇인가?

① Confidentiality
② Integrity
③ Availability
④ Vulnerability

58 릴레이션 데이터 전체를 삭제하는 DDL 명령어는 무엇인가?

① ALTER
② DROP
③ DELETE
④ TRUNCATE

59 다음 중 아래의 SQL문을 수행했을 때 출력되지 않는 값은 무엇인가?

[정보학과]

학번	이름	나이	학점
111	가은	19	A
222	나연	20	B
333	다영	19	B
555	라희	20	C
666	마리	22	B

[경영학과]

학번	이름	나이	학점
222	나연	20	B
444	바다	19	C
555	라희	20	C
666	마리	22	B
777	사연	21	A

```
SELECT 이름 FROM 정보학과 INNER JOIN 경영학과 ON 정보학과.학번 = 경영학과.학번;
```

① 가은
② 나연
③ 라희
④ 마리

60 두 릴레이션을 중복 없이 하나의 릴레이션으로 합치는 집합 연산자는 무엇인가?

① INTERSECT
② UNION ALL
③ UNION
④ EXCEPT

61 아래 Python 코드의 실행 결과는 무엇인가?

```
a = ["Python", "is", "programming", "language"]
s = a[1:5:3]
print(s)
```

① ['is']
② ['o']
③ ['programming', 'language']
④ ['language']

62 아래 파이썬 코드의 실행 결과는 무엇인가?

```
a = ['A', 'B', 'C', 'D']
s = a
del(s[2])
print(s)
```

① ['A', 'B', 'C', 'D']
② ['C']
③ ['A', 'C', 'D']
④ ['A', 'B', 'D']

63 아래 C코드의 실행 결과는 무엇인가?

```c
#include <stdio.h>
int fn(int *x, int *y){
    int s = *x + *y;
    *x *= 10;
    *y += 10;
    return s;
}
int main(){
    int a=3, b=4, s;
    s = fn(&a, &b);
    printf("%d %d %d", s, a, b);
    return 0;
}
```

① 7 10 10
② 44 3 4
③ 7 30 14
④ 0 3 4

64 아래 C코드는 변수 n의 홀수/짝수 여부를 판단하여 출력한다. 빈칸에 알맞은 코드는 무엇인가?

```c
#include <stdio.h>
int fn(int n){
    int s = <ㄱ>;
    if(s==1){
        <ㄴ>;
    }
    return 0;
}

int main(){
    int n=10;
    if(fn(n)){
        printf("홀수");
    }else{
        printf("짝수");
    }
    return 0;
}
```

① <ㄱ> n%2, <ㄴ> return 1
② <ㄱ> n//2, <ㄴ> return 1
③ <ㄱ> n%2, <ㄴ> return 0
④ <ㄱ> n/2, <ㄴ> return 1

65 아래 C코드의 출력 결과는 무엇인가?

```c
#include <stdio.h>
struct s{
    unsigned int x : 2;
    unsigned int y : 4;
    unsigned int z : 8;
};
int main(){
    struct s a;
    a.x = 2;
    a.y = 8;
    a.z = 32;
    printf("%ld", sizeof(a));
    return 0;
}
```

① 2
② 4
③ 8
④ 32

66 아래 Java코드의 출력 결과로 올바른 것은 무엇인가?

```java
public class Main{
    public static void main(String[] args) {
        int a=3, b=5;
        System.out.println("3 + 5 = " + 3 + 5);
        System.out.println("3 + 5 = " + (3 + 5));
    }
}
```

① 3 + 5 = 8
　 3 + 5 = 8
② 3 + 5 = 35
　 3 + 5 = 35
③ 3 + 5 = 35
　 3 + 5 = 8
④ 3 + 5 = 8
　 3 + 5 = 35

67 아래 Java코드의 출력 결과로 옳은 것은 무엇인가?

```
public class Main{
  public static void main(String[] args) {
    int n=5243, s=0, t;
    while(n>0){
      t = n%10;
      s += t;
      n /= 10;
    }
    System.out.println(s);
  }
}
```

① 3
② 14
③ 3425
④ 0

68 C언어에서 malloc 함수를 사용하여 생성한 데이터는 어떤 메모리 영역에 위치하는가?

① 코드 영역
② 데이터 영역
③ 힙 영역
④ 스택 영역

69 다음 중 주기억 장치 할당 기법에 해당하지 않는 것은 무엇인가?

① 페이징
② 단일 분할 할당
③ 다중 분할 할당
④ 가상 분할 할당

70 3개의 빈 프레임이 존재하고 페이지 참조열이 아래와 같을 때, 발생하는 페이지 빈도수는 얼마인가?

[3, 0, 1, 2, 0, 2, 0, 4, 2]

① 3
② 4
③ 5
④ 6

71 다음 중 프로세스 스케줄링에 대한 설명과 거리가 먼 것은?

① 중요 자원의 선점 및 불안정성이 높은 프로세스가 우선순위를 가진다.
② CPU 할당을 위해 프로세스들 사이의 우선순위를 부여, 관리하는 것이다.
③ 신속한 응답 시간, 효율적 자원 활용의 균형이 유지되어야 한다.
④ 실행 중인 프로세스의 강제 중단 여부에 따라 비선점형, 선점형 스케줄링으로 나뉜다.

72 다음 중 비선점형 스케줄링이 아닌 것은?

① HRN
② SRT
③ SJF
④ FIFO

73 아래 Python코드의 출력 결과로 옳은 것은 무엇인가?

```
s = ''
for i in range(1, 16):
    if(i%5==0):
        s += "O"
    else:
        s += "X"
print(s)
```

① OOOOXOOOOXOOOOX
② XXXXOXXXXOXXXXO
③ OXXXXOXXXXOXXXX
④ XOOOOXOOOOXOOOO

74 아래 Python코드의 출력 결과로 옳은 것은 무엇인가?

```
a = [1, 2, 3, 4, 5, 6, 7, 8, 9, 0]
a[3:7:2] = ['s', 't']
print(a)
```

① [1, 2, 3, 's', 5, 6, 't', 8, 9, 0]
② [1, 2, 's', 4, 5, 6, 't', 8, 9, 0]
③ [1, 2, 's', 4, 5, 't', 7, 8, 9, 0]
④ [1, 2, 3, 's', 5, 't', 7, 8, 9, 0]

75 다음 중 웹 크롤링을 위한 파이썬 프레임워크는 무엇인가?

① Scrapy
② Django
③ NumPy
④ Scikit-learn

76 아래의 조건에 따라 사용하기 적절한 파이썬 자료구조는 무엇인가?

- 데이터 수정이 가능해야 한다.
- 키워드로 데이터에 접근할 수 있어야 한다.

① list
② tuple
③ dictionary
④ array

77 UNIX에 대한 설명과 가장 거리가 먼 것은?

① 다수의 작업을 병행처리 할 수 있다.
② 다수의 사용자가 동시에 사용할 수 있다.
③ 커널과 쉘, 유틸리티로 구성된다.
④ Java언어 기반으로 제작되어 이식성이 우수하다.

78 빈 기억공간의 크기가 각각 8, 8, 10, 10일 때, 6, 6, 12, 15 크기를 가진 파일을 순서대로 할당하는 경우의 내부 단편화의 합은 얼마인가?

① 4
② 7
③ 11
④ 27

79 프로그램을 다양한 크기의 논리적인 조각으로 나눈 후, 주기억 장치에 적재하는 기법은 무엇인가?

① 페이징
② 세그먼테이션
③ 오버레이
④ 스와핑

80 아래 Java코드의 출력 결과로 옳은 것은 무엇인가?

```
class a{
  static int c = 10;
}
class b{
  int x = a.c + 10;
}
public class Main{
  public static void main(String[] args) {
    b t = new b();
    System.out.print(t.x);
  }
}
```

① 20
② 10
③ 0
④ 오류

81 인터넷을 통해 사용자의 컴퓨터에 침입하여 내부 문서를 암호화한 뒤에 해독 프로그램 제공을 조건으로 사용자에게 돈을 요구하는 공격 방식은 무엇인가?

① Smurf Attack
② SYN Flooding
③ Ransomware
④ SQL Injection

82 사회 공학 공격(Social Engineering Attack)에 해당하지 않는 것은?

① Back Door
② Phishing
③ Smishing
④ Parming

83 다음 중 시스템 인증 접근 방법에 대한 예시가 올바르지 않은 것은?

① 지식 기반 인증 : 패스워드, 핀 번호 등
② 소유 기반 인증 : 서명, 움직임 등
③ 존재 기반 인증 : 지문, 홍채 등
④ 위치 기반 인증 : GPS 좌표, IP 주소 등

84 최대 50m 거리의 스마트폰을 자동으로 인식하여 데이터를 전송하는 무선 통신 장치는 무엇인가?

① Foursquare
② Beacon
③ Mesh Network
④ Smart Grid

85 위치 기반 소셜 네트워크 서비스로, 자신의 위치를 지도상에 표시하거나 방문한 곳의 정보를 남길 수 있는 기능을 제공하는 것은?

① Ubiquitous
② MQTT
③ Zing
④ Foursquare

86 가상화된 대형 스토리지를 형성하고 그 안에 보관된 거대한 데이터 세트를 병렬로 처리할 수 있도록 개발된 자바 소프트웨어 프레임워크는 무엇인가?

① Memristor
② Foursquare
③ Hadoop
④ Beacon

87 TCP/IP 프로토콜 중, 응용 계층의 프로토콜에 해당하지 않는 것은 무엇인가?

① SSL
② TCP
③ SMTP
④ HTTP

88 다음 중 부정 응답에 해당하는 전송 제어 문자는 무엇인가?

① NAK
② ACK
③ SYN
④ ETX

89 이산대수의 난해성에 기반한 암호화 알고리즘으로 비트코인 등에 활용되는 방식은 무엇인가?

① RSA
② ECC
③ DSA
④ MD5

90 아래 이미지와 같은 동작 방식을 가지는 블록 암호화 방식은 무엇인가?

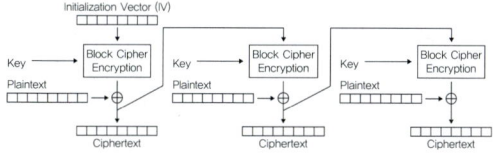

① CBC
② ECB
③ CFB
④ OFB

91 판매나 배포 계획이 있었으나 실제로 고객에게 판매되거나 배포되지 않은 소프트웨어는 무엇인가?

① Vaporware
② Kiosk
③ HoneyPot
④ TensorFlow

92 웹 페이지에 악의적인 스크립트를 포함시켜 사용자 측에서 실행되게끔 유도하는 취약점은 무엇인가?

① Dictionary Attack
② Back Door
③ Smishing
④ XSS

93 다음 중 대칭키 암호화 방식이 아닌 것은 무엇인가?

① DES
② RSA
③ SEED
④ ARIA

94 해시 암호에 대한 설명으로 옳지 않은 것은 무엇인가?

① 동일한 입력에 대해 동일한 출력을 보장한다.
② 양방향으로 변환 가능한 알고리즘이다.
③ SNEFRU, MD4, MD5, N-NASH, SHA 등이 있다.
④ 암호화, 무결성 검증 등 정보보호의 다양한 분야에서 활용된다.

95 다음 중 위험 분석에 대한 설명과 가장 거리가 먼 것은 무엇인가?

① 위험은 위협에 의해 정보 자산이 피해를 입을 확률과 자산에 끼치는 영향이다.
② 위험을 인식하고 적절한 비용 이내에서 적절한 통제 방안을 통해 위협을 통제하는 과정이다.
③ 위험을 전부 제거하는 것이 궁극적인 목적이다.
④ 잔여 위험이 너무 적은 경우는 위험 관리의 성능이 좋거나 자산의 가치가 낮은 경우일 수 있다.

96 IPv6의 주소 표기법으로 올바른 것은 무엇인가?

① 192.168.1.30
② 3ffe:1900:4545:0003:0200:f8ff:ffff:1105
③ 00:A0:C3:4B:21:33
④ 0000:002A:0080:c703:3c75

97 다음 중 네트워크 토폴로지에 해당하지 않는 것은?

① Line
② Bus
③ Mesh
④ Tree

98 다음 중 OSI 7계층의 전송 계층에 해당하는 설명이 아닌 것은?

① 단말기 간 신뢰성을 보장하는 데이터 송수신을 제공한다.
② 오류 검출, 흐름 제어, 다중화 등을 수행한다.
③ 종단 간 통신을 다루는 최하위 계층이다.
④ 프레임 단위로 데이터를 전송한다.

99 전자우편 서비스에서 멀티미디어 메일을 주고받기 위한 프로토콜은 무엇인가?

① SMTP
② POP3
③ MIME
④ IMAP

100 IPv4 주소 체계에 해당하지 않는 전송 방식은 무엇인가?

① 애니캐스트
② 유니캐스트
③ 멀티캐스트
④ 브로드캐스트

정보처리기사 필기 최신 기출문제 04회

시험 일자	문항 수	시험 시간
2024년 제1회	총 100문항	2시간 30분

수험번호 : _____

성   명 : _____

---

01 사용자 요구사항 분석에 활용되는 가상의 인물로, 어떤 제품을 사용할 집단에 있는 다양한 사용자 유형을 대표하는 것은 무엇인가?
① 스크럼 마스터   ② 페르소나
③ 액션 빌더   ④ 액터

02 다음 중, 바람직한 소프트웨어 설계의 기준과 가장 거리가 먼 것은 무엇인가?
① 모듈의 효과적 제어를 위해 수평적으로 구성되어야 한다.
② 절차와 자료 구조에 대해 명확하게 표현되어야 한다.
③ 요구사항 명세서의 모든 내용을 구현해야 한다.
④ 구현 및 테스트를 통해 결함과 기능 추적이 가능해야 한다.

03 아래에서 설명하는 소프트웨어 설계 방식은 무엇인가?

> • 절차와 절차의 영향을 받는 데이터를 하나로 묶어서 설계하는 방식이다.
> • 설계 난이도가 높고 느린 편이지만 코드의 재활용성 및 유지보수가 용이하다.

① 하향식 설계
② 객체지향 설계
③ 절차지향 설계
④ 상향식 설계

04 다음 중, 소프트웨어 품질 특성 표준(ISO/IEC 25010)에 해당하지 않는 것은 무엇인가?
① 기능성
② 효율성
③ 종속성
④ 사용성

05 다음 중, 컴포넌트에 대한 설명과 가장 거리가 먼 것은 무엇인가?
① 재사용이 가능한 독립적인 소프트웨어 단위이다.
② 애플리케이션 개발을 위한 기반 구조를 제공한다.
③ UI 요소, DB 연결, 비즈니스 로직 등 다양한 형태를 가진다.
④ 다른 컴포넌트와 조합하여 더 복잡한 시스템 구축이 가능하다.

06 다음 중, UI 설계에 대한 설명과 가장 거리가 먼 것은 무엇인가?
① 별다른 이해의 노력 없이 즉시 사용 가능해야 한다.
② 사용자의 목적을 정확하게 달성시킬 수 있어야 한다.
③ 누구나 쉽게 배우고 익힐 수 있어야 한다.
④ 시스템 요구사항을 수용하고 오류를 최소화해야 한다.

07 LOC 기법에서 사용하는 예측치 요소가 아닌 것은?

① 측정치
② 기대치
③ 낙관치
④ 비관치

08 다음 중, 아래에서 설명하는 소프트웨어 개발 모델은 무엇인가?

> • 단계별로 결과물이 명확하게 산출되어야 다음 단계로 넘어가는 방식이다.
> • 제품의 기능 보완이 불가능하므로 매뉴얼 작성이 필수적이다.

① 프로토타입 모델
② 폭포수 모델
③ 나선형 모델
④ 스크럼 모델

09 다음 중, 애자일 프로세스에 대한 설명으로 옳지 않은 것은?

① 소프트웨어를 사용할 고객과의 소통에 중심을 둔다.
② Scrum, XP 모델과 달리 고객의 피드백을 긴 주기로 반영한다.
③ 절차, 문서보다는 소통과 협업에 가치를 둔다.
④ 계획의 수행보다 변화에 대응하는 것에 가치를 둔다.

10 좋은 SW 설계를 위한 방침으로 옳은 것은?

① 응집도와 결합도는 모두 높여야 한다.
② 응집도는 높이고, 결합도는 낮추어야 한다.
③ 응집도는 낮추고, 결합도는 높여야 한다.
④ 응집도와 결합도를 모두 낮춰야 한다.

11 COCOMO 모델 중, 30만 라인 이하의 OS, DBMS, 트랜잭션 처리 시스템 등에 적용되는 산정 기법은 무엇인가?

① Organic
② Embedded
③ Detached
④ Semi-Detached

12 다음 중, XP에 대한 설명으로 옳은 것은 무엇인가?

① 제품 책임자와 스크럼 마스터, 개발팀으로 구성된다.
② 사용자 스토리에 따라 스파이크 또는 이터레이션을 진행한다.
③ 반복적인 스프린트를 통해 제품을 완성시켜 나간다.
④ 짧은 시간 동안 소멸차트를 통해 진행 상황을 점검한다.

13 HIPO 다이어그램에 해당하지 않는 것은 무엇인가?

① 가시적 도표
② 세부적 도표
③ 총체적 도표
④ 순차적 도표

14 NS 차트의 구성요소가 아닌 것은 무엇인가?

① 순차
② 이동
③ 선택
④ 반복

15 CASE 도구의 원천 기술이 아닌 것은 무엇인가?
① 구조적 기법
② 기술 지원
③ 자동 프로그래밍
④ 분산 처리

16 소프트웨어 품질을 평가하기 위한 국제 표준 문서 및 모델을 의미하는 것은 무엇인가?
① ISO/IEC 25010
② ISO/IEC 29119
③ ISO/IEC 12207
④ ISO/IEC 12119

17 다음 중, 밀접도가 가장 낮은 응집도는 무엇인가?
① Procedural
② Functional
③ Coincidental
④ Sequential

18 다음 중, 다이어그램의 종류가 나머지 셋과 다른 하나는 무엇인가?
① 활동 다이어그램
② 상호작용 다이어그램
③ 유스케이스 다이어그램
④ 클래스 다이어그램

19 다음 중, UML의 연관 관계에 대한 설명과 거리가 먼 것은?
① 둘 이상의 사물이 서로 관련되어 있음을 나타낸다.
② 사물이 다른 사물에 포함되어 있는 관계를 표현한다.
③ 방향성을 실선 화살표로 표현한다.
④ 사물이 서로 참조하는 경우에는 실선으로만 표현한다.

20 LOC 기법에 대한 설명으로 옳지 않은 것은?
① 낙관치, 기대치, 비관치를 이용하여 예측치를 산정한다.
② 노력과 월평균 인건비를 통해 개발 비용을 산정한다.
③ 하향식 비용 산정 기법에 해당한다.
④ 개발 기간, 생산성, 노력 등을 계산할 수 있다.

21 아래에서 설명하는 알고리즘 설계 기법은 무엇인가?

- 어떤 문제를 해결하기 위해 그 문제를 더 작은 문제의 연장선으로 생각하는 방식이다.
- 작은 문제의 풀이를 활용하여 큰 문제의 풀이를 찾는 Bottom-Up 방식이다.

① 동적 계획법
② 재귀적 알고리즘
③ 근사 알고리즘
④ 분할 정복법

22 아래 트리를 In-Order 방식으로 운행할 경우 올바른 순서는 무엇인가?

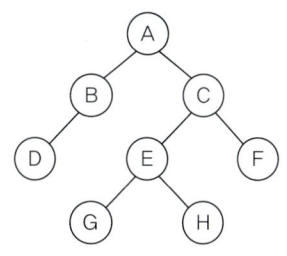

① A B D C E G H F
② D B A G E H C F
③ D B G H E F C A
④ A B C D E F G H

23 다음 중, 해시 함수의 종류에 해당하지 않는 것은 무엇인가?

① 제산법
② 폴딩법
③ 난수 변환법
④ 무작위법

24 다음 중, 인터페이스 구현 검증 지원 도구가 아닌 것은 무엇인가?

① STAF
② NTAF
③ FitNesse
④ JTAF

25 다음 중, 디지털 저작권 관리(DRM) 기술에 대한 설명과 가장 거리가 먼 것은 무엇인가?

① 사용자에게 배포되는 소프트웨어이므로 반드시 내부 콘텐츠에 대한 암호화 및 보안을 고려해야 한다.
② 디지털 저작물에 대한 배타적/독점적 권리로 타임의 침해를 받지 않을 고유한 권한이다.
③ 복제가 어려운 디지털 저작물에 대해 불법 복제 및 배포 등을 막기 위한 절차적인 방법을 말한다.
④ 콘텐츠 식별, 정책, 암호화, 인증 등의 기술을 바탕으로 저작물의 신뢰도를 향상시킨다.

26 정형 기술 검토(FTR)의 원칙이 아닌 것은 무엇인가?

① 제품의 검토에만 집중한다.
② 논쟁과 반박을 제한한다.
③ 참가자의 수를 확대한다.
④ 해결책에 대해서 논하지 않는다.

27 V-모델 중 인수 테스트에 대한 설명으로 옳지 않은 것은?

① 사용자 요구사항 충족 여부를 사용자가 직접 테스트하는 것이다.
② 알파 테스트는 개발자의 장소에서 테스트를 진행한다.
③ 베타 테스트는 제한되지 않은 환경에서 테스트를 진행한다.
④ 모듈의 기능 수행 여부와 논리적인 오류를 검출하는 과정이다.

28 다음 중, 단위 테스트 도구가 아닌 것은 무엇인가?

① CppUnit
② RowUnit
③ JUnit
④ HttpUnit

29 문자열 "ABCDEFGHIJKLMN"에서 이진 탐색 기법을 사용하여 "E"를 찾는 경우, 실제 비교 횟수는 얼마인가?

① 3
② 4
③ 5
④ 6

30 입력 데이터 간의 관계와 출력에 미치는 영향을 분석하여 테스트 케이스를 설계하여 테스트를 진행하는 기법으로 옳은 것은?

① Boundary Value Analysis
② Equivalence Partitioning
③ Cause-Effect Graphing
④ Error Guessing

31 테스트 진행을 위한 입력값, 실행 조건, 기대 결과 등의 집합을 의미하는 테스트 관련 용어는 무엇인가?

① 테스트 스크립트
② 테스트 스위트
③ 테스트 케이스
④ 테스트 드라이버

32 V-모델에 의한 테스트 수행 절차를 올바르게 나열한 것은?

① 단위 테스트-통합 테스트-시스템 테스트-인수 테스트
② 단위 테스트-인수 테스트-통합 테스트-시스템 테스트
③ 단위 테스트-시스템 테스트-통합 테스트-인수 테스트
④ 통합 테스트-시스템 테스트-인수 테스트-단위 테스트

33 빅 오(O) 표기법 중, O(1)에 대한 설명으로 옳은 것은?

① 항상 일정한 수행 횟수를 가지는 시간 복잡도이다.
② 항상 한 번의 수행 횟수를 가지는 시간 복잡도이다.
③ 연산 횟수가 일정하게 증가하는 시간 복잡도이다.
④ 연산 횟수가 늘어나는 폭이 점점 커지는 시간 복잡도이다.

34 다음 중, 소스코드 정적 분석 도구가 아닌 것은 무엇인가?

① cppcheck
② checkstyle
③ Valgrind
④ SonarQube

35 아래 트리에서, 트리의 높이와 노드 9의 깊이를 더한 값은?

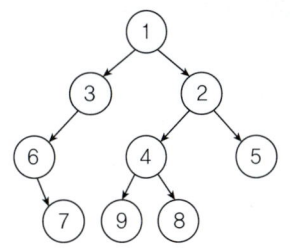

① 6
② 7
③ 8
④ 9

36 프로그램의 개발 단계별 산출물의 변경 사항 등을 관리하는 기능 및 활동을 뜻하는 용어는 무엇인가?

① 생산 관리
② 형상 관리
③ 절차 관리
④ 유지 보수

37 테스트 원칙 중, 동일한 테스트 케이스로 테스트를 반복 수행하면 새로운 결함 발견이 불가능하다는 것은 무엇인가?

① Defect Clustering
② Absence of Errors Fallacy
③ Pesticide Paradox
④ Pareto's principle

38 소프트웨어 제품의 개발 과정에 대한 테스트를 의미하는 것은?

① Refactoring
② Debugging
③ Validation
④ Verification

39 아래와 같은 프로그램 구조에서, 이미지에 적힌 숫자 순으로 테스트를 진행하는 하향식 통합 테스트 방식은 무엇인가?

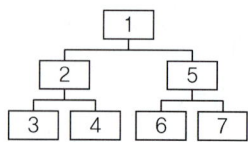

① 중위 우선 방식
② 깊이 우선 방식
③ 전위 우선 방식
④ 너비 우선 방식

40 아래 트리를 전위 순회 방식으로 탐색할 경우, 4번째로 방문하게 되는 노드는 무엇인가?

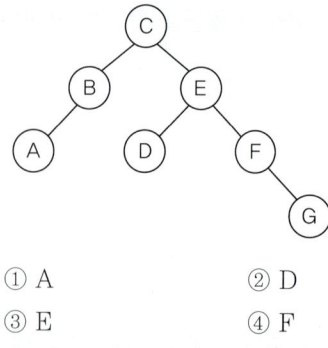

① A   ② D
③ E   ④ F

41 다음 중, 아래에서 설명하는 스키마는 무엇인가?

- 물리적인 저장장치 입장에서 데이터베이스가 저장되는 방법이나 구조를 정의한 것이다.
- 효율적인 관리를 위한 접근 권한, 보안 정책, 무결성 규칙 등이 포함된다.
- DBA에 의해 구성되며, 데이터베이스당 하나만 존재한다.

① 외부 스키마
② 논리 스키마
③ 개념 스키마
④ 내부 스키마

42 아래의 표를 참고하여 정확한 보기를 고르시오.

번호	지역	업종	매출	직원수
1	서울	컨설팅	100억	100명
2	부산	제조	50억	50명
3	대구	IT	30억	30명
4	인천	금융	20억	20명
5	광주	서비스	10억	10명

① Relation 5개, Cardinality 1개, Degree 4개
② Relation 4개, Cardinality 5개, Degree 1개
③ Relation 1개, Cardinality 5개, Degree 4개
④ Relation 1개, Cardinality 6개, Degree 5개

43 다음 중, 키(key)에 대한 설명과 가장 거리가 먼 것은 무엇인가?

① 데이터를 분류, 정렬하거나 검색할 때의 기준이 되는 속성을 의미한다.
② 키의 종류에는 후보키, 기본키, 대체키, 슈퍼키, 외래키 등이 있다.
③ 튜플들에 대해 유일성과 최소성을 모두 만족시키는 속성이다.
④ 기본키로 지정된 속성을 제외한 후보키를 슈퍼키라고 한다.

44 다음 중, 데이터 모델링 단계에 해당하지 않는 것은?

① 개념 모델링
② 논리 모델링
③ 추상 모델링
④ 물리 모델링

45 아래가 설명하는 논리 개체 관계로 올바른 것은 무엇인가?

> · 개체와 개체 사이의 주종 관계를 나타낸 것으로 식별 관계와 비식별 관계가 있다.
> · 식별 관계 : 개체의 외래키가 기본키에 포함되는 관계
> · 비식별 관계 : 개체의 외래키가 기본키에 포함되지 않는 관계

① Dependent
② Redundant
③ Recursive
④ Mutually Exclusive

46 다음 중, 시스템 카탈로그에 대한 설명으로 가장 거리가 먼 것은?

① DBMS가 스스로 생성하고 유지한다.
② DB 객체가 변경되면 자동으로 반영된다.
③ DML을 통해 조회 및 변경이 가능하다.
④ 데이터 사전으로도 불리며 메타 데이터가 포함된다.

47 다음 트랜잭션의 특징 중, 모든 연산이 수행되거나 하나도 수행되지 말아야 한다는 것은 무엇인가?

① Atomicity
② Isolation
③ Consistency
④ Durability

48 국어, 영어, 수학 점수가 기록되어 있는 릴레이션에 과학 속성을 추가하기 위해 필요한 데이터베이스 명령어는 무엇인가?

① INSERT   ② UPDATE
③ ALTER   ④ SHIFT

49 VIEW에 대한 설명으로 옳지 않은 것은?

① 물리적으로 실존하는 객체이다.
② 시스템 카탈로그에 저장된다.
③ 뷰를 통해 또 다른 뷰를 정의할 수 있다.
④ 종속된 테이블이 제거되면 함께 제거된다.

50 논리 데이터 모델을 시스템 운영의 단순화를 위해서 중복, 통합, 분할 등을 수행하는 데이터 모델링 기법은 무엇인가?

① Clustering
② Partitioning
③ De-Normalization
④ Sharding

51 서버와 저장장치를 직접 연결하는 스토리지 유형은 무엇인가?

① NAS
② SAN
③ SAD
④ DAS

52 특정 열에 중복값 또는 Null에 대한 제한을 두어 개체 식별자의 역할을 할 수 있게 하는 데이터베이스 무결성은 무엇인가?

① 개체 무결성
② 도메인 무결성
③ 참조 무결성
④ 사용자 무결성

53 속성 A, B, C에 대한 관계식이 아래와 같을 때, 해당되는 종속성은 무엇인가?

> A → B, B → C, A → C

① 이행적 종속
② 완전 함수 종속
③ 부분 함수 종속
④ 배타적 종속

54 다음 중, 로크의 단위가 큰 경우에 해당하지 않는 것은?

① 병행성 수준이 낮아진다.
② 오버헤드가 증가한다.
③ 로크의 개수가 적어진다.
④ 병행 제어 기법이 단순해진다.

55 다음 중, 결정자가 후보키가 아닌 함수 종속을 제거하여 모든 결정자가 후보키인 정규형은 무엇인가?

① 1NF
② BCNF
③ 2NF
④ 3NF

56 다음 중, DDL 명령어에 해당하지 않는 것은?

① CREATE
② ALTER
③ TRUNCATE
④ REVOKE

57 다음 중, 이상 현상이 아닌 것은 무엇인가?

① 삭제 이상
② 삽입 이상
③ 갱신 이상
④ 권한 이상

58 다음 중, 함수 종속에 대해 A→B를 올바르게 해석한 것은?

① A 속성은 B 속성에 함수적으로 종속된다.
② B 속성은 A 속성에 함수적으로 종속된다.
③ A 속성은 종속자, B 속성은 결정자이다.
④ B 속성은 A 속성에 대해 부분집합이다.

59 아래 '학과정보' 테이블에 대한 SQL문의 실행 결과로 옳은 것은?

학과	인원	평균학점	담당교수	강의실
건축	40	3.5	A	201
교육	50	2.7	B	304
복지	30	4.1	C	107
경영	30	4.3	D	303
관광	40	3.3	E	402

> select COUNT(*) from 학과정보 where 평균학점 >3.5;
> select AVG(인원) from 학과정보 where 담당교수 NOT IN('A', 'D');

① 3, 40
② 2, 40
③ 3, 38
④ 2, 38

60 송도지점의 날짜별 매출기록을 내림차순으로 조회할 때 필요한 명령어가 올바르게 나열된 것은?

① select 날짜, 매출 from 매출현황 where 지점='송도' order by 날짜 DESC
② select 날짜, 매출 from 매출현황 where 지점='송도' order by 날짜 ASC
③ select 날짜, 매출 from 매출현황 where 지점='송도' sort by 날짜 DESC
④ select 날짜, 매출 from 매출현황 where 지점='송도' sort by 날짜 ASC

61 아래 Python코드의 실행결과로 올바른 것은 무엇인가?

```
a = [[0 for a in range(2)] for b in range(3)]
print(a)
```

① [0, 0, 0, 0, 0, 0]
② [[0, 0], [0, 0], [0, 0]]
③ [[0, 0, 0], [0, 0, 0]]
④ [[0, 0], [0, 0, 0]]

62 아래 C코드의 for문을 while문으로 올바르게 변환한 것은 무엇인가?

```
for(i=0; i<10; i++){
   sum+=i;
}
```

①
```
while(i<10){
   i=0;
   i++;
   sum+=i;
}
```

②
```
i=0;
while(i<10){
   i++;
   sum+=i;
}
```

③
```
i=0;
while(i<10){
   sum+=i;
   i++;
}
```

④
```
while(i<10){
   i=0;
   sum+=i;
   i++;
}
```

63 아래 C코드에 선언된 변수c의 값을 출력하기 위한 서식문자로 가장 부적절한 것은?

```
char c=70;
```

① %d
② %c
③ %f
④ %x

64 아래 C코드를 참고하여 출력되는 값이 나머지 셋과 다른 것을 고르시오.

```
int ar[2][2] = {{11, 22}, {33, 44}};
int *p = ar;
printf("%d %d %d %d", ar[0][1], p[1], *(p+1), *(ar+1));
```

① ar[0][1]
② p[1]
③ *(p+1)
④ *(ar+1)

65 아래 C코드의 실행결과로 올바른 것은 무엇인가?

```
int fn(int* x, int n){
   if(n==1) return 1;
   return *x+fn(x, n-1);
}
int main(){
   int x=5;
   printf("%d", fn(&x, x));
   return 0;
}
```

① 21
② 25
③ 15
④ 5

66 아래 Python코드의 실행결과로 올바른 것은 무엇인가?

```
a = [1, 2, 3, 4, 5, 6, 7, 8]
a[:5:2] = (10, 20, 30)
print(a)
```

① 오류
② [11, 22, 33, 14, 25, 36, 17, 28]
③ [10, 20, 30, 4, 5, 6, 7, 8]
④ [10, 2, 20, 4, 30, 6, 7, 8]

67 아래 Java코드의 실행결과로 올바른 것은 무엇인가?

```
class A{
  public int func(int a, int b){
    return a+b;
  }
}
class B extends A{
  public double func(double a, double b){
    return a-b;
  }
}
public class Main{
  public static void main(String[] args) {
    int a=10, b=5;
    B x = new B();
    System.out.println(x.func(a, b));
  }
}
```

① 10
② 15
③ 5
④ 20

68 Java에서 실행 가능한 기본 출력 메소드가 아닌 것은 무엇인가?

① System.out.print()
② System.out.printb()
③ System.out.println()
④ System.out.printf()

69 다음 중, 디자인 패턴의 유형이 아닌 것은 무엇인가?

① 상속
② 생성
③ 행위
④ 구조

70 다음 중, 디자인 패턴의 유형이 나머지 셋과 다른 하나는?

① Memento
② State
③ Decorator
④ Command

71 다음 중, 리눅스 버전 등의 시스템 정보를 출력하는 리눅스 명령어는 무엇인가?

① chown
② fork
③ chdir
④ uname

72 다음 중, 아래에서 설명하는 객체지향 기술은 무엇인가?

- 캡슐화의 가장 큰 목적으로 실제 구현되는 내용의 일부를 외부로부터 감추는 것이다.
- 클래스 내부 속성과 메소드를 외부의 영향으로부터 보호할 수 있도록 설계하는 방법이다.

① Information Hiding
② Polymorphism
③ Abstract
④ Inheritance

73 다음 중, 정수를 저장할 수 있는 자료형이 아닌 것은?

① int
② short
③ double
④ long

74 다음 중, 은행원 알고리즘은 교착 상태의 해결 방법 중 어떤 기법에 해당하는가?

① Recovery
② Detection
③ Avoidance
④ Prevention

75 다음 중, 사용자 명령 해석을 통해 시스템의 기능 수행을 돕는 유닉스의 구성요소는 무엇인가?

① Shell
② Utility
③ Micro-Kernel
④ Monolithic-Kernel

76 다음 중, 자료 흐름도를 활용하여 입출력 데이터, 세부 기능 등을 결정하는 럼바우 분석 절차는 무엇인가?

① 객체 모델링
② 동적 모델링
③ 기능 모델링
④ 개념 모델링

77 다음 중, 아래 내용이 설명하는 리눅스 로그 파일은 무엇인가?

- 리눅스 시스템에서 사용자의 성공한 로그인/로그아웃 정보 기록
- 시스템의 종료/시작 시간 기록

① tapping
② wtmp
③ xtslog
④ linuxer

78 10.100.240.0/22 네트워크에서 FLSM 방식으로 10개의 subnet으로 나누었을 때, 2번째 서브넷의 5번째 유효한 IP주소는 무엇인가? (단, ip subnet-zero는 적용하지 않는다.)

① 10.100.240.132
② 10.100.240.133
③ 10.100.240.69
④ 10.100.240.68

79 작업별 실행 시간과 대기 시간이 아래 표와 같을 때, HRN 방식을 적용할 경우 가장 먼저 수행되는 작업은 무엇인가?

작업	실행시간	대기시간
A	15	18
B	12	24
C	25	20
D	4	10

① B
② D
③ A
④ C

80 객체지향 기술 중, 캡슐화에 대한 처리와 가장 거리가 먼 것은?

① 문제 해결에 필요한 속성과 메소드를 하나의 클래스로 묶는다.
② 인터페이스를 단순화 시킨다.
③ 실제 구현되는 내용을 외부의 영향으로부터 보호한다.
④ 여러 하위 객체들이 서로 다른 형태를 가질 수 있도록 한다.

81 아래 설명에 해당하는 용어를 고르시오.

- 네트워크의 트래픽 전달 동작을 소프트웨어 기반으로 제어/관리하는 접근 방식이다.
- 네트워크 제어 영역과 포워딩 영역을 분리한다.
- 네트워크 리소스를 가상화하고 추상화하는 네트워크 인프라에 대한 접근 방식이다.

① SDN
② MAC
③ ISDN
④ ATM

82 인터넷상에서 작은 패킷 단위로 나누어 전송되는 정보를 감시하여 유해 트래픽을 차단하고, 중요한 서비스에 대한 우선순위를 부여함으로써 망을 한층 효율적으로 사용할 수 있게 하는 기술은 무엇인가?

① PDF
② NFT
③ DPI
④ API

83 아래 설명에 해당하는 도구는 무엇인가?

- 호스트 기반으로 파일 시스템 오브젝트들의 변화를 탐지하는 시스템이다.
- 침입 이후 탐지에 매우 유용할 뿐만 아니라 무결성 입증과 변화 관리 그리고 정책 준수 같은 다른 여러 목적으로도 사용될 수 있다.

① SATAN
② Klaxon
③ Watcher
④ Tripwire

84 아래 설명에 해당하는 용어는 무엇인가?

- 컴퓨터에서 서버의 안정성을 증대시키기 위한 솔루션으로 여러 컴퓨터 시스템을 연결할 수 있다.
- 각 시스템 간에 공유 디스크를 중심으로 클러스터링으로 엮어지며 다수의 시스템을 동시에 연결한다.
- 2개 시스템이 각각 업무를 수행함으로써 시스템 장애를 몇 초 만에 복구할 수 있다.

① HACMP
② renderung
③ blockchain
④ RAID

85 아래 설명에 해당하는 용어는 무엇인가?

- 1990년대의 '스노우 크래쉬' 소설에서 처음 사용된 용어이다.
- 현실 세계와 같이 사회, 경제, 문화 활동에 대한 상호작용이 이뤄진다.
- 게임, SNS, 교육, 의료 등 많은 산업에서 활용한다.

① Augmented Reality
② Metaverse
③ Mobile Location Service
④ Hologram

86 다음 중, 사용자의 역할에 기반을 두고 접근을 통제하는 접근 통제 모델은 무엇인가?

① RBAC
② MAC
③ DAC
④ AAC

87 전기 및 정보통신기술을 활용하여 전력망을 지능화, 고도화함으로써 고품질의 전력 서비스를 제공하고 에너지 이용 효율을 극대화하는 전력망은?

① 디지털 아카이빙
② 스마트 그리드
③ 미디어 빅뱅
④ 로직 네트워크

88 다음 중, IPv6의 전송 방식에 해당하지 않는 것은?

① 유니 캐스트
② 멀티 캐스트
③ 브로드 캐스트
④ 애니 캐스트

89 사용자로부터 입력되는 값을 기반으로 재요청하는 기능을 이용하여 공격자가 의도한 도메인으로 사용자를 이동시키는 취약점(공격 기법)은 무엇인가?

① Switch Jamming
② Blue Snarfing
③ Dictionary Attack
④ Open Redirect

90 다음 중, AES(Advanced Encryption Standard)에 대한 설명과 가장 거리가 먼 것은?

① DES를 대체하는 미국의 표준 대칭키 블록 알고리즘이다.
② 128bit의 블록 크기와 가변 길이 키(128/192/256)를 가진다.
③ 키의 길이에 따라 10/12/14 라운드를 진행한다.
④ 보안성을 강화한 3AES 알고리즘도 존재하지만 최근에는 사용하지 않는다.

91 소유 기반 인증(Something You Have) 요소에 해당하지 않는 것은 무엇인가?

① 출입 카드
② 지문 인식
③ OTP
④ 토큰

92 10cm 이내의 거리에서 기가급 초고속 근접 무선통신이 가능한 기술은 무엇인가?

① SDDC
② Ad-hoc
③ Zing
④ RFID

93 CSMA/CA 방식에 대한 설명과 가장 거리가 먼 것은?
① 예비 신호 전송을 통해 패킷 충돌을 피하는 방식이다.
② CSMA 방식에 충돌 검출 기능과 재송신 기능을 추가하였다.
③ IEEE 802.11 프로토콜을 사용한다.
④ 사용 중인 채널에 일정한 규칙을 통하여 접근하는 방식이다.

94 OSI 7계층 중, 네트워크 계층에 해당하는 장비는 무엇인가?
① 라우터
② 브릿지
③ 스위치
④ 리피터

95 IP나 ICMP의 특성을 악용하여 엄청난 양의 데이터를 한 사이트에 집중적으로 보냄으로써 네트워크의 일부를 불능 상태로 만드는 공격 방법은 무엇인가?
① Blue Jacking
② LAND Attack
③ SYN Flooding
④ Smurf Attack

96 OSI 7계층 중, 데이터 통신을 위한 양 끝단의 응용 프로세스가 통신을 관리하기 위한 방법을 제공하는 계층은 무엇인가?
① Session Layer
② Physical Layer
③ Network Layer
④ Transport Layer

97 IPv4의 헤더 구조 중, 도착한 패킷에 대한 오류 여부를 체크하기 위해 존재하는 요소는 무엇인가?
① TOS
② Checksum
③ Time To Live
④ Version

98 규정된 크기 이상의 ICMP 패킷을 전송하여 DoS를 유발시키거나 과부하로 인한 Crashing, 리부팅 등을 유발하는 공격 방법은 무엇인가?
① Ping of Death
② Trojan Horse
③ Sniffing
④ Brute Force Attack

99 다음 중, 정보보안의 3요소에 해당하지 않는 것은?
① Confidentiality
② Authentication
③ Integrity
④ Availability

100 다음 중, 해시 암호화 알고리즘에 해당하는 것은?
① SNEFRU
② IDEA
③ SEED
④ TKIP

정보처리기사 필기 최신 기출문제 05회

시험 일자	문항 수	시험 시간
2023년 제3회	총 100문항	2시간 30분

수험번호 : _____

성 명 : _____

---

01 자료 흐름도를 활용하여 입출력 데이터, 세부 기능을 결정하는 럼바우 분석 절차는 무엇인가?

① 정보 모델링
② 동적 모델링
③ 객체 모델링
④ 기능 모델링

02 공유도(Fan-In)에 대한 설명과 가장 거리가 먼 것은 무엇인가?

① 자신을 호출하는 모듈의 수를 나타낸다.
② 공유도가 높은 경우 공통 모듈과 측면에서는 잘 설계되었다고 할 수 있다.
③ 공유도가 높은 경우 단일 실패 시점이 발생할 가능성이 있다.
④ 공유도가 높은 경우 불필요한 업무 로직을 단순화시킬 방법이 없는지 검토한다.

03 다음 중 SOLID에 해당하지 않는 것은 무엇인가?

① Interface Segregation
② Liskov Substitution
③ Single Responsibility
④ Observer

04 다음 중 객체지향 기술의 구성 요소에 대한 설명이 틀린 것은 무엇인가?

① 클래스는 유사한 성격의 객체들의 공통 특성을 추상화한 단위다.
② 메소드는 C언어의 구조체와 같은 개념을 가진다.
③ 인스턴스는 특정 클래스에 의해 구현된 객체이다.
④ 객체들은 요청 메시지를 통해 메소드 수행을 시작한다.

05 ISO/IEC 9126의 기능성에 대한 내부 품질에 해당하지 않는 것은?

① 상호운용성
② 보안성
③ 준수성
④ 친밀성

06 다음 중 EAI의 구축 유형에 해당하지 않는 것은 무엇인가?

① Point-to-Point
② Hub & Spoke
③ Protocol
④ Message Bus

07 프로젝트 개발 일정을 기능별로 시간의 흐름에 따라 막대 그래프를 사용하여 표현한 것은 무엇인가?

① HIPO Chart
② NS Chart
③ Burndown Chart
④ Gantt Chart

08 데이터의 세부적인 속성 및 표현 방법 없이 대표적인 표현으로 대체하는 추상화 기법은 무엇인가?

① 제어 추상화
② 과정 추상화
③ 자료 추상화
④ 객체 추상화

09 Java 언어 기반으로 소프트웨어를 빌드하고 형상 관리 도구 연동이 가능한 소프트웨어 빌드 자동화 도구는 무엇인가?

① Gradle
② Jenkins
③ RESTful
④ Distributor

10 MVC 패턴의 구성 요소가 아닌 것은 무엇인가?

① Component
② Model
③ Controller
④ View

11 객체들의 생성과 소멸, 서로 주고받는 메시지뿐 아니라 객체들의 연관 관계까지 표현하는 다이어그램은 무엇인가?

① State
② Activity
③ Timing
④ Communication

12 애자일 프로세스에 대한 설명과 가장 거리가 먼 것은 무엇인가?

① 폭포수, 나선형, 프로토타입 모델 등이 있다.
② 소프트웨어를 사용할 고객과의 소통에 중심을 둔 방법론들의 통칭이다.
③ 짧은 개발 주기를 반복하면서 고객의 피드백을 소프트웨어에 반영한다.
④ 고객과의 소통을 통해 작업의 우선순위를 지정하여 개발을 진행한다.

13 ISO/IEC 25010을 설명하는 문장으로 가장 옳은 것은?

① 소프트웨어 테스트를 위한 국제 표준이다.
② 패키지 소프트웨어의 제품 품질 요구사항 및 테스트를 위한 국제 표준이다.
③ 소프트웨어 품질 특성 및 평가에 관한 표준이다.
④ 소프트웨어 수명 주기 프로세스에 관한 국제 표준이다.

14 소프트웨어에 대한 요구사항 일치 여부, 표준 준수 및 결함 발생 여부를 검토하는 가장 일반적인 정적 분석 기법은 무엇인가?

① FAT
② NTFS
③ DAS
④ FTR

15 일반적인 UI 설계 지침에 해당하지 않는 항목은 무엇인가?

① 투명성
② 단순성
③ 가시성
④ 명확성

16 다음 중 자료 흐름도에 대한 설명으로 옳지 않은 것은 무엇인가?

① 최상위 프로세스는 소단위 명세서를 가진다.
② 기능에 의한 데이터의 흐름을 도형으로 표현한다.
③ 데이터 출력을 위해서는 반드시 입력값이 필요하다.
④ 프로세스, 단말, 자료 흐름, 자료 저장소로 구성된다.

17 다음 중 프로토타입의 개념과 가장 거리가 먼 설명은 무엇인가?

① 사용자와 시스템 사이의 인터페이스에 중점을 두어 개발한다.
② 프로토타입을 통해 고객의 평가를 수집하고 보완할 수 있다.
③ 단계가 반복될수록 비용이 증가하고 사용성이 과대평가된다.
④ 최종 구현 단계에서는 완전히 새롭게 개발된다.

18 COCOMO 모델의 세부 산정 기법에 해당하지 않는 것은?

① Full-Detached
② Organic
③ Semi-Detached
④ Embedded

19 나선형 프로세스에 대한 설명으로 옳지 않은 것은?

① 누락 및 추가된 요구사항 반영이 가능하다.
② 개발 중 발생 가능한 위험을 최소화하는 것이 목적이다.
③ 별도의 유지보수가 필요하다.
④ 반복적인 개발 과정을 통해 점진적으로 소프트웨어를 완성한다.

20 아래의 요구사항을 기능적/비기능적 요구사항으로 분류했을 때, 나머지 셋과 다른 하나는 무엇인가?

① 시스템은 24시간 내내 가동되어야 한다.
② 상품을 검색하고 장바구니에 담을 수 있어야 한다.
③ 파일을 업로드하고 다운로드할 수 있어야 한다.
④ 결제 시스템 연동이 가능해야 한다.

21 소프트웨어 테스트에 대한 설명과 가장 거리가 먼 것은 무엇인가?

① 사용자가 요구하는 기능, 성능, 사용성, 안정성 등을 만족하는지 찾는 활동이다.
② 시스템에 잠재되어 있는 모든 결함을 찾아내어 문제점을 완벽히 제거하는 것이 최종 목표이다.
③ 프로그램 실행 전에 코드 리뷰, 인스펙션 등을 통해 오류를 사전에 예방할 수 있다.
④ 반복적인 테스트를 거쳐 제품의 신뢰도를 향상시킬 수 있다.

22 결함이 없더라도 요구사항을 만족하지 못한다면 품질을 보증할 수 없다는 테스트 기본 원칙은 무엇인가?

① Pesticide Paradox
② Defect Clustering
③ Absence of Errors Fallacy
④ Pareto's Principle

23 다음 중 응집도 품질이 낮은 순에서 높은 순으로 올바르게 나열된 것은 무엇인가?

① 시간적, 기능적, 절차적, 통신적
② 논리적, 우연적, 순차적, 기능적
③ 절차적, 통신적, 논리적, 우연적
④ 논리적, 시간적, 순차적, 기능적

24 변수 A, B, C, D를 스택 연산하여 최종 출력될 수 있는 값으로 옳지 않은 것은?

① ADBC
② BCAD
③ DCBA
④ ADCB

25 데이터 [15, 12, 33, 26, 19, 24]를 삽입 정렬하는 경우, 3회전 후 결과로 옳은 것은 무엇인가?

① [12, 15, 19, 26, 33, 24]
② [12, 15, 19, 24, 26, 33]
③ [12, 15, 26, 33, 19, 24]
④ [12, 15, 33, 26, 19, 24]

26 아래 이미지와 같은 다이어그램은 무엇인가?

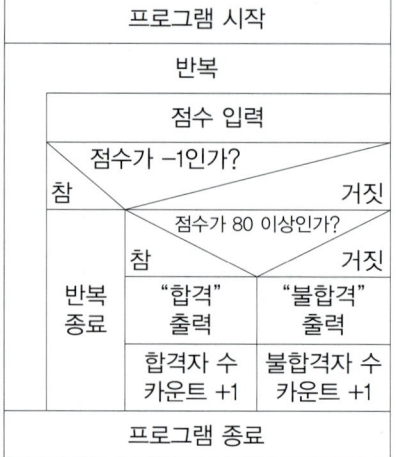

① Flow Chart
② Gantt Chart
③ HIPO Chart
④ NS Chart

27 아래 그래프 이미지로 계산한 순환 복잡도는 얼마인가?

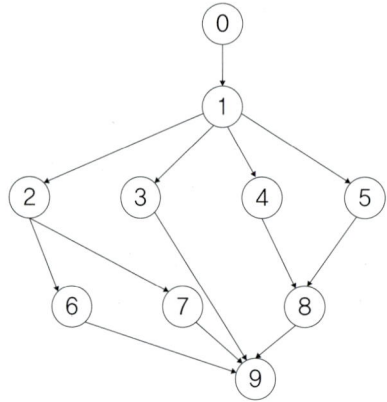

① 6
② 7
③ 4
④ 5

28 다음 중 동일한 시간 복잡도를 가진 정렬 방식이 아닌 것은 무엇인가? (단, 시간 복잡도는 최악의 경우를 기준으로 판단한다.)

① 삽입 정렬
② 버블 정렬
③ 힙 정렬
④ 선택 정렬

29 다음 중 선형 자료 구조의 종류가 아닌 것은 무엇인가?

① 스택
② 그래프
③ 큐
④ 데크

30 형상 관리 도구의 기능에 대한 설명이 다른 것은 무엇인가?

① check-in은 수정한 소스코드를 저장소에 업로드하는 기능
② update는 저장소와 컴퓨터의 형상을 동기화 하는 기능
③ import는 순수 소스코드 파일만 받아오는 기능
④ commit은 업로드된 데이터의 반영을 최종 승인하는 기능

31 통합 개발 환경에 포함되는 기능이 아닌 것은 무엇인가?

① Storage
② Compile
③ Debugging
④ Coding

32 정렬 대상을 완전 이진 트리 형태로 만들어 정렬하는 방식으로 최대/최소값을 비교적 쉽게 추출할 수 있는 방식은 무엇인가?

① 퀵 정렬
② 선택 정렬
③ 힙 정렬
④ 삽입 정렬

33 파일 편성의 종류에 해당하지 않는 것은?

① 반복 편성
② 순차 편성
③ 임의 편성
④ 색인 순차 편성

34 V-모델에 의한 테스트 수행 절차를 올바르게 나열한 것은 무엇인가??

① 단위, 인수, 시스템, 통합
② 시스템, 단위, 인수, 통합
③ 단위, 시스템, 통합, 인수
④ 단위, 통합, 시스템, 인수

35 다음 중 연계 데이터 표현 방식에 해당하지 않는 것은 무엇인가?

① XML
② JSON
③ XLSX
④ YAML

36 아래 트리를 전위 순회하는 경우, 7번째 노드에 해당하는 것은 무엇인가?

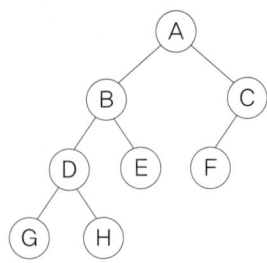

① H
② G
③ C
④ F

37 아래 문장은 테스트 관련 용어에 대한 설명이다. 빈칸에 해당하는 용어로 옳은 것은 무엇인가?

- (ㄱ) : 개발자 입장에서 제품의 개발 과정에 대한 테스트
- (ㄴ) : 사용자 입장에서 제품의 개발 결과에 대한 테스트

① Debugging / Validation
② Verification / Debugging
③ Validation / Verification
④ Verification / Validation

38 입력 데이터 수에 따라 연산 횟수가 늘어나는 폭이 점점 커지는 시간 복잡도는 무엇인가?

① O(N!)
② O(N^2)
③ O(N)
④ O(NlogN)

39 상향식 통합 테스트에 사용되는 요소로, 존재하지 않는 상위 모듈의 역할을 하는 더미 모듈은 무엇인가?

① Test Stub
② Test Driver
③ Test Suites
④ Test Case

40 작업을 여러 개의 작은 단위로 분해하여 계층 구조로 표현하는 프로젝트 일정 관리 기법은 무엇인가?

① FTP
② FTR
③ WBS
④ WMV

41 아래 SQL문은 수강생이 20명 이상인 학과의 학과명과 교수명을 중복 없이 출력한다. 빈칸에 알맞은 코드는 무엇인가?

SELECT DISTINCT 학과명, 교수명 FROM 수강정보
〈빈칸〉;

① ORDER BY 학과명 HAVING COUNT(*)>=20
② GROUP BY 학과명 HAVING COUNT(*)>=20
③ ORDER BY 학과명 WHERE COUNT(*)>=20
④ GROUP BY 학과명 WHERE COUNT(*)>=20

42 다음 중 후보키(Key)에 대한 설명과 가장 거리가 먼 것은 무엇인가?

① 유일성은 속성을 유일하게 구분할 수 있는 성질이다.
② 최소성은 가장 적은 수의 속성으로 구성되는 성질이다.
③ 튜플의 식별을 위해 후보키 중 하나를 기본 키로 지정한다.
④ 모든 튜플에 대해 유일성과 최소성을 모두 만족 시켜야 한다.

43 다음 중 정규화에 대한 설명으로 옳지 않은 것은 무엇인가?

① 데이터 모델의 정확성, 비중복성, 안정성 등을 보장한다.
② 논리 데이터 모델링을 상세화하는 가장 중요한 단계이다.
③ 기본 정규형에는 1NF, 2NF, 3NF, BCNF가 있고, 고급 정규형에는 4NF, 5NF가 있다.
④ 유연한 데이터 구축이 가능하나 물리적인 접근이 복잡해진다.

44 분산 데이터베이스 시스템에 대한 설명으로 옳지 않은 것은 무엇인가?

① 물리적으로 분산된 데이터베이스를 논리적으로 통합하여 운영한다.
② 일부 데이터베이스에 문제가 발생하면 전체 시스템이 마비된다.
③ 시스템 규모를 점진적으로 확장할 수 있다.
④ 데이터베이스 설계 및 관리가 복잡해지고 비용이 증가한다.

45 다음 중 트랜잭션의 원자성을 위반한 경우에 해당되는 것은 무엇인가?

① 재고 관리 시스템에서 상품의 재고량이 음수가 되는 경우
② A 계좌에서 B 계좌로 10만 원을 이체하는 트랜잭션에서, A 계좌에서 10만 원이 출금되었지만 B 계좌에 입금되지 않은 경우
③ A 사용자가 자신의 계좌 잔액을 조회하는 도중에, B 사용자가 같은 계좌에 돈을 입금하는 경우
④ 트랜잭션이 성공적으로 완료되었지만, 시스템 장애로 인해 데이터베이스가 손상되어 트랜잭션 결과가 사라진 경우

46 파티셔닝 유형에 해당하지 않는 것은 무엇인가?

① Domain 분할
② Hash 분할
③ Range 분할
④ List 분할

47 SQL에서 사용하는 집계 함수가 아닌 것은 무엇인가?

① COUNT()
② DISTINCT()
③ MAX()
④ STDDEV()

48 데이터베이스의 스키마 종류에 해당하지 않는 것은 무엇인가?

① 객체 스키마
② 외부 스키마
③ 내부 스키마
④ 개념 스키마

49 관계된 다른 릴레이션의 기본키를 참조하는 속성은 무엇인가?
① 대체키
② 후보키
③ 슈퍼키
④ 외래키

50 병행 처리의 문제점이 아닌 것은 무엇인가?
① 오버헤드 증가
② 분실된 갱신
③ 연쇄 복귀
④ 비완료 의존성

51 아래 문장의 빈칸에 들어갈 용어로 알맞은 것은 무엇인가?

> (ㄱ)(은)는 릴레이션 어커런스라고도 하며, 이것의 전체 개수를 (ㄴ)(이)라고 한다.

① 릴레이션 스키마 / 차수
② 릴레이션 스키마 / 도메인
③ 릴레이션 인스턴스 / 기수
④ 릴레이션 인스턴스 / 차수

52 아래 SQL 문장에 대한 설명으로 옳지 않은 것은 무엇인가?

> SELECT 제품명, COUNT(주문번호) AS 주문횟수 FROM 주문정보
> GROUP BY 제품명 HAVING 주문횟수>0;

① 제품명별 주문번호의 개수를 집계한다.
② 제품명이 중복되어 출력될 수 있다.
③ 주문횟수가 1 이상인 데이터를 출력한다.
④ 출력되는 속성명은 제품명과 주문횟수이다.

53 반납일까지 도서를 반납하지 않은 회원에 대해 연체 여부 속성값을 "예"로 설정하고자 할 때, 필요한 명령은 무엇인가?
① SET, FROM, WHERE
② INSERT, SET, FROM
③ UPDATE, SET, WHERE
④ ALTER, SET, FROM

54 다음 중 관계 해석의 기호와 그 뜻이 올바르게 이어지지 않은 것은?
① ∨ : 원자식 간의 관계를 '또는'으로 연결
② ∀ : 원자식을 부정
③ ∧ : 원자식 간의 관계를 '그리고'로 연결
④ ∃ : 어느 것 하나라도 존재

55 다음 중 SQL 명령 및 옵션과 그 의미가 다른 것은 무엇인가?
① SORT BY : 정렬
② DISTINCT : 중복 없이 탐색
③ DESC : 내림차순 정렬
④ HAVING : 그룹별 조건식

56 VIEW의 정보가 저장되는 위치는 무엇인가?
① 개념 스키마
② 데이터 흐름도
③ 데이터 스토리지
④ 시스템 카탈로그

57 VIEW의 특징으로 옳지 않은 것은 무엇인가?
① 데이터의 논리적인 독립성 유지
② 뷰를 변경하기 위해서는 삭제 후 다시 생성
③ 여러 테이블에 존재하는 데이터에 접근하는 방법 단일화
④ 일부 데이터에 대한 접근만 허용하여 데이터 보안 유지

58 다음 중 관계 대수에 대한 설명으로 옳지 않은 것은?

① 연산자와 연산 규칙을 사용하여 주어진 릴레이션으로부터 원하는 릴레이션을 유도한다.
② 순수 관계 연산자는 전칭 정량자와 존재 정량자가 있다.
③ 원하는 정보를 어떻게 유도하는가를 정의하는 절차적 언어이다.
④ 일반 집합 연산자는 합, 교, 차, 교차곱이 있다.

59 다음 중 DML에 해당하는 명령어는 무엇인가?

① ALTER
② DROP
③ ROLLBACK
④ DELETE

60 트랜잭션의 상태 중, 트랜잭션의 실패로 실행 전 상태로 복구된 상태를 의미하는 것은?

① Undo
② Aborted
③ Failed
④ Committed

61 사용 빈도가 가장 적은 페이지를 교체하는 페이지 교체 알고리즘은 무엇인가?

① LRU
② LFU
③ NUR
④ SCR

62 다음 중 디자인 패턴에 대한 설명과 가장 거리가 먼 것은 무엇인가?

① 반복적인 문제들의 해결을 위한 설계 패턴을 다양화한 것이다.
② 구현 단계의 문제에 실제로 적용 가능하다.
③ 생성, 구조, 행위 패턴으로 구분된다.
④ 소프트웨어 구조 파악과 원활한 의사소통이 가능하다.

63 아래 Jave코드에서 지역 변수에 해당하지 않는 것은 무엇인가?

```
public class Variable {
  int c;
  static String d;
  void func(int e){
    this.c = e;
  }
  public static void main(String args[]) {
    int a=30;
    Variable b = new Variable();
    b.func(a);
  }
}
```

① e
② b
③ a
④ c

64 컴퓨터의 중단 원인이 교착 상태인지 다른 이유인지 파악하는 방식의 교착 상태 해결 방안은 무엇인가?

① 회피
② 발견
③ 회복
④ 예방

65 다음 중 C언어에서 변수로 사용할 수 없는 식별자는 무엇인가?

① last_name
② iAge
③ 2ndNumber
④ isFinished

66 아래 C코드와 같은 의미를 가진 코드는 무엇인가?

```
!(x > 10 && y < 5)
```

① x < 10 || y > 5
② x <= 10 && y >= 5
③ x <= 10 || y >= 5
④ x < 10 && y > 5

67 C언어에서 특정 라이브러리를 코드에 포함시키기 위한 전처리 지시자는 무엇인가?

① #ifdef
② #define
③ #insert
④ #include

68 123.123.2.0/24 의 네트워크를 4개의 서브넷으로 서브넷팅할 경우, 서브넷당 사용 가능한 호스트의 개수는 얼마인가? (단, ip subnet-zero는 적용되지 않았다.)

① 64
② 32
③ 30
④ 62

69 다음 중 IPv4의 C클래스 범위에 해당하는 주소가 아닌 것은 무엇인가?

① 160.168.0.1
② 220.168.0.1
③ 192.168.0.1
④ 210.168.0.1

70 네트워크에 연결된 단말기의 운영체제에서 인터넷 오류 및 제어 메시지를 수신하는 데 사용되는 프로토콜은 무엇인가?

① RIP
② ARP
③ IP
④ ICMP

71 프로세스별 실행/대기시간이 아래와 같을 때, 가장 높은 우선순위를 가지는 프로세스는 무엇인가?

프로세스	실행시간	대기시간
A	15	5
B	10	15
C	20	20
D	15	20

① A
② B
③ C
④ D

72 아래 C코드와 동일한 연산을 수행하는 연산은 무엇인가?

```
N<<3
```

① $N+2^3$
② $N*2^3$
③ $N*3^2$
④ $N+(2*3)$

73 아래 Java코드의 출력 결과로 옳은 것은 무엇인가?

```
class A{
  int fn(int a, int b){
    return fn(a, b, 25);
  }
  int fn(int a){
    return fn(a, 5);
  }
  int fn(int a, int b, int c){
    return a+b+c;
  }
}
public class Main{
   public static void main(String[] args) {
     A a = new A();
     System.out.print(a.fn(5,10));
     System.out.print(a.fn(7));
   }
}
```

① 4037
② 7525
③ 4047
④ 3527

74 다음 중 객체지향 기본 원칙 및 개념에 해당하지 않는 것은 무엇인가?

① 캡슐화
② 정보공유
③ 상속성
④ 다형성

75 아래 C코드의 출력 결과로 옳은 것은 무엇인가?

```
#include <stdio.h>
struct A{
  int ar[5];
};
int main(){
  struct A a;
  int i, sum=0;
  for(i=0; i<5; i++)
    a.ar[i] = i*2-1;
  for(i=0; i<5; i++)
    sum += a.ar[i];
  printf("%d", sum);
  return 0;
}
```

① 16
② 15
③ 14
④ 13

76 다음 중 TCP에 대한 설명과 가장 거리가 먼 것은?

① 3-way 핸드셰이킹 때문에 지연시간이 발생된다.
② 전송 속도는 빠르지만 신뢰성 보장이 어렵다.
③ 단말기 간 논리적 연결을 설정하여 패킷 단위로 교환한다.
④ 주소 지정, 다중화, 연결 유지, 품질 관련 서비스, 흐름 제어 등의 기능을 제공한다.

77 아래 C코드의 출력결과로 옳은 것은 무엇인가?

```
#include <stdio.h>
int int_ang(int n) {
  if (n<3){
    return -1;
  }
  return 180*(n-2)/n;
}
int main(){
  printf("%d", int_ang(6));
  return 0;
}
```

① 120
② 80
③ 90
④ 30

78 아래 C코드의 출력 결과로 옳은 것은 무엇인가?

```
#include <stdio.h>
int main(){
  int d1=17, d2=3, q=0, r=17;
  while(r>=d2){
    r-=d2;
    q++;
  }
  printf("%d", r);
  return 0;
}
```

① 1
② 2
③ 3
④ 4

79 파일 폴더에 대한 소유 권한을 변경하는 유닉스 명령어는 무엇인가?

① chown
② mount
③ who
④ cat

80 종료 분기가 무조건 참인 무한 Loop를 종료하기 위한 코드는 무엇인가?

① escape
② define
③ struct
④ break

81 출발지를 공격대상지 IP로 위조한 요청 정보를 전송하여 다량의 응답을 받아 서비스 거부 상태를 일으키는 방식의 공격 방법은 무엇인가?

① DRDoS
② Ping of Death
③ SYN Flooding
④ Blue Snarfing

82 프로토콜과 포트 번호가 일치하지 않는 것은 무엇인가?

① FTP : 21
② telnet : 23
③ HTTP : 80
④ HTTPS : 85

83 공격자가 변조하여 배포한 URL 주소에 사용자가 접속하여 피싱 및 악성 코드에 노출되는 공격 기법은 무엇인가?

① XSS
② CSRF
③ Open Redirect
④ SQL Injection

84 클라우드 기반으로 암호화 키 생성, 저장, 처리 등을 하는 보안 모듈은 무엇인가?

① Cloud HSM
② Data Warehouse
③ Linked Open Data
④ Data Mining

85 IPSec에 대한 설명과 가장 거리가 먼 것은 무엇인가?

① 보안성 제공을 위해 AH, ESP, IKE 프로토콜로 구성된다.
② 동작 모드는 전송 모드와 터널 모드로 나뉜다.
③ IPv6부터 보안이 필요한 경우에만 선택적으로 사용 가능하다.
④ 보안에 취약한 구조를 가진 IP를 개선하기 위해 국제 인터넷 기술 위원회(IETF)에서 설계한 표준이다.

86 OSI 7 계층의 프로토콜 및 콘텐츠를 파악하여 침입 시도를 탐지하는 패킷 분석 기술은 무엇인가?

① SDN
② DPI
③ XSS
④ NFC

87 IDS에 대한 설명과 가장 거리가 먼 것은 무엇인가?

① 외부의 공격에 대응하는 방법에는 예방, 선점, 방해, 오인, 탐지 등이 있다.
② 불법적인 침입을 탐지하고 차단한다.
③ 탐지의 결과가 완벽하진 않다.
④ 호스트 기반과 네트워크 기반 IDS가 존재한다.

88 다음 중 사회 공학 공격에 해당하지 않는 공격 기법은 무엇인가?

① Back Door
② Parming
③ Smishing
④ Spear Phishing

89 분산된 다수의 좀비 PC(악성 Bot)를 이용하여 공격 대상 시스템의 서비스를 마비시키는 공격 방식은 무엇인가?

① spoofing
② Session Hijacking
③ DDoS
④ Stack Overflow

90 대칭키 알고리즘에 대한 설명과 가장 거리가 먼 것은 무엇인가?

① 대표적인 알고리즘은 DES, AES, SEED, ARIA, RC4 등이 있다.
② 알고리즘이 단순하고 속도가 빠르다.
③ N명이 대칭키 방식으로 암호화하는 경우 키의 개수는 2N 개이다.
④ 암호화 키와 복호화 키가 동일(대칭)하여 키가 외부에 공개되어선 안 된다.

91 긍정 응답을 기다리지 않고 사용 중인 채널에 일정한 규칙을 통하여 접근하는 방식에 해당하는 것은 무엇인가?

① X.25
② OSPF
③ CSMA
④ IGRP

92 AAA 프레임워크에 해당하지 않는 것은 무엇인가?

① Authentication
② Accounting
③ Access
④ Authorization

93 해시 탐색에 대한 설명으로 옳지 않은 것은 무엇인가?

① 시간복잡도는 O(N)이다.
② 해시 함수는 충돌을 최소화할 수 있어야 한다.
③ 함수 계산이 단순하고 빠르게 처리될 수 있어야 한다.
④ 제산법, 폴딩법, 제곱법, 숫자분석법 등이 있다.

94 정보보안 핵심요소 CIA에 해당하지 않는 사례는 무엇인가?

① 암호화, 접근 권한 관리 등을 통해 개인정보 유출 방지
② 소프트웨어가 무단으로 변경되지 않도록 보호
③ 다양한 라이선스를 통한 맞춤 서비스
④ 부하 분산, 장애 복구 시스템 구축

95 서로 다른 프로토콜을 사용하는 네트워크를 연결하여 전송 목적지까지의 경로를 최적화해주는 장비는 무엇인가?

① Router
② Gateway
③ Switch
④ Repeater

96 송신측이 전송한 프레임에 대하여 수신측으로부터 응답신호(ACK, NAK)를 받을 때까지 기다리는 요청 방식은 무엇인가?
① Stop and Wait ARQ
② Go Back N ARQ
③ Selective Repeat ARQ
④ Adaptive ARQ

97 계층형 토폴로지에 대한 설명으로 옳은 것은 무엇인가?
① 단말기 추가/제거 용이, 교환 노드(중계기)의 수가 토폴로지 중 가장 적음
② 분산 처리 시스템에 적용, 관리 및 확장이 용이함
③ 양방향 데이터 전송, 특정 방향의 단말기가 고장나도 다른 방향으로 전송 가능
④ 간단한 구조, 단말기 추가/제거 용이, 단말기의 고장이 통신망에 영향 없음

98 OSI 7 계층 중, 물리 계층에 해당하는 장비가 아닌 것은?
① 리피터
② 라우터
③ 전송 회선
④ 허브

99 사용자가 시스템에 로그인한 순간부터 로그아웃할 때까지의 구간을 무엇이라 하는가?
① Log
② Authentication
③ Turnaround
④ Session

100 단일 홈 게이트웨이 구조에 스크리닝 라우터를 추가하여 사용하는 IPS 구축 방식은 무엇인가?
① Dual-Homed Gateway
② Screened Host Gateway
③ Single-Homed Gateway
④ Screen-Subnet Gateway

정보처리기사 필기 최신 기출문제 06회

시험 일자	문항 수	시험 시간
2023년 제2회	총 100문항	2시간 30분

수험번호 : _____
성   명 : _____

01 정형 기술 검토(FTR)의 일반적인 원칙에 해당하지 않는 것은 무엇인가?

① 해결책이나 개선책을 제한한다.
② 문제 영역을 명확히 표현하고 의제를 제한한다.
③ 논쟁과 반박을 제한한다.
④ 참가자의 수를 제한한다.

02 다음 중 UML의 구성 요소에 해당하지 않는 것은 무엇인가?

① 정의
② 사물
③ 관계
④ 다이어그램

03 다음 중 요구사항 분석 프로세스에 해당하지 않는 것은 무엇인가?

① 요구사항 분류
② 요구사항 할당
③ 요구사항 명세
④ 요구사항 협상

04 소프트웨어 구성 요소를 재사용함으로써 얻는 장점과 가장 거리가 먼 것은?

① Alien Code의 활용
② 유지보수의 용이성
③ 개발비용의 절감
④ 테스트 및 검증 시간 절약

05 다음 요구사항 분류에 대한 설명 중 옳지 않은 것은?

① 기능적 요구사항은 시스템의 기능에 대한 요구사항이다.
② 비기능적 요구사항은 시스템의 성능에 대한 요구사항이다.
③ 사용자 요구사항은 친숙한 표현을 사용한다.
④ 시스템 요구사항은 프로그래밍 언어를 사용한다.

06 다음 중 CASE 도구의 특징과 가장 거리가 먼 것은?

① 사용법이 간단하여 누구든 쉽게 이용할 수 있다.
② 도구의 비용은 비싸지만 개발비용은 절감된다.
③ 도구 간 호환성이 없다.
④ 개발의 전 과정을 자동화하고 점진적 개발을 지원한다.

07 전달 대상 모듈에게 제어 요소를 함께 전달하는 경우의 결합도는 무엇인가?

① Content
② External
③ Stamp
④ Control

08 다음 중 TP-Monotor에 대한 설명으로 옳은 것은 무엇인가?

① 응용 프로그램의 프로시저를 사용하여 원격 프로시저를 호출하기 위한 미들웨어이다.
② 온라인 트랜잭션 업무를 처리하고 감시 및 제어하는 미들웨어이다.
③ 메시지 기반의 비동기형 메시지를 전달하는 방식의 미들웨어이다.
④ HTTP 세션 처리를 위한 웹 환경을 구현하기 위한 미들웨어이다.

09 다음 중 Coad-Yourdon 기법에서 사용하는 다이어그램은 무엇인가?

① 상태 다이어그램
② 객체 다이어그램
③ E-R 다이어그램
④ 자료 흐름도

10 다음 중 UI의 유형이 나머지 셋과 다른 하나는 무엇인가?

① 이미지, 아이콘을 활용하여 메뉴를 구성한 소프트웨어
② 음성 인식이 가능한 스마트 스피커
③ 마이크로소프트사의 Kinect/VR 헤드셋
④ 지문과 얼굴을 인식할 수 있는 키오스크

11 다음 중 EAI의 구축 유형이 아닌 것은 무엇인가?

① Message Bus(ESB)
② Managed Service
③ Hub&Spoke
④ Point to Point

12 정보 공학 방법론에서 데이터 구조를 설계할 때 활용하는 다이어그램은 무엇인가?

① 개체-관계 다이어그램
② 자료 흐름도
③ 프로세스 의존도
④ 프로세스 계층도

13 소프트웨어 설계 방식 중, 기능을 가진 작은 단위 모듈을 먼저 개발하고, 이 모듈을 조합하여 전체 시스템을 완성해 나가는 것은 무엇인가?

① Process Oriented
② Top-down
③ Object Oriented
④ Bottom-up

14 기능과 데이터의 관계를 계층 구조로 표현한 다이어그램은 무엇인가?

① E-R
② HIPO
③ DFD
④ NS

15 다음 중 유스케이스 다이어그램의 구성 요소에 대한 설명이 틀린 것은 무엇인가?

① 시스템 범위 : 관련 액터들을 사각형으로 묶어서 표현
② 유스케이스 : 사용자 관점의 제공 서비스나 기능을 표현
③ 관계 : 유스케이스/액터 간의 관계를 표현
④ 주 액터 : 상호작용을 통해 이득을 얻는 대상

16 소프트웨어 아키텍처에 대한 설명과 가장 거리가 먼 것은 무엇인가?
① 소프트웨어 품질 요구사항을 만족할 수 있는 아키텍처를 선정한다.
② 시스템 아키텍처 설계에 제약을 거는 하위 개념이다.
③ 소프트웨어 구성 요소들의 상호관계를 정의한다.
④ 소프트웨어의 품질 확보, 구축, 개선이 용이하다.

17 XP 모델에 관련된 설명과 가장 거리가 먼 것은 무엇인가?
① 짧은 개발 과정의 반복을 통해 고객의 참여를 극대화하는 개발 모델이다.
② 단계별 단순한 설계를 통해 개발 속도를 향상시킨다.
③ 대규모 인원으로 진행하는 프로젝트에 효과적이다.
④ 의사소통, 단순성, 용기, 존중, 피드백의 가치를 가진다.

18 CASE 도구의 원천 기술이 아닌 것은?
① 프로토타이핑
② 상호 보완적 기법
③ 자동 프로그래밍
④ 분산 처리

19 가장 낮은 품질의 응집도는 무엇인가?
① Sequential
② Functional
③ Logical
④ Procedural

20 럼바우 분석 절차 중, 객체 다이어그램을 활용하여 객체와 객체 간의 관계를 정의하는 모델링 기법은 무엇인가?
① 동적 모델링
② 정보 모델링
③ 비트 모델링
④ 기능 모델링

21 다음 중 Migration에 대한 설명으로 옳은 것은?
① 기존 소프트웨어의 명세를 통해 소프트웨어를 분석하고 재공학 대상을 식별하여 재공학의 가치를 판단하는 것이다.
② 외계인 코드로부터 소프트웨어의 소스코드를 복구하여 설계 정보와 데이터 구조 정보 등을 추출한다.
③ 기존 소프트웨어의 구조 및 기능을 다른 플랫폼에서 사용할 수 있도록 변환하는 것이다.
④ 소프트웨어의 기능이나 외적인 동작은 변형하지 않으면서 소프트웨어의 코드를 재구성하여 내부 구조와 품질을 향상시키는 것이다.

22 입력 조건에 유효한 값과 무효한 값을 균등하게 하여 테스트 케이스를 설계하는 블랙박스 테스트 기법은 무엇인가?
① Boundary Value Analysis
② Error Guessing
③ Equivalence Partitioning
④ Cause-Effect Graphing

23 분기구조 탐색에서 탐색에 실패하는 경우, 탐색이 성공했던 분기로 되돌아가는 방식의 알고리즘은 무엇인가?

① Backtracking
② Divide and Conquer
③ Approximation
④ Greedy

24 아래의 그래프를 인접행렬로 표현했을 때, 3행에 해당하는 값은 무엇인가?

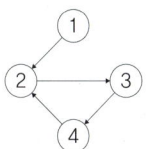

① 0 0 1 0
② 1 1 0 0
③ 0 0 0 1
④ 1 0 1 0

25 이기종 시스템 간 연동을 위한 전사적 애플리케이션 통합 환경은 무엇인가?

① SHA
② DAS
③ EAI
④ IDE

26 다음 중 블랙박스 테스트 기법에 해당하는 것은 무엇인가?

① Data Flow
② Condition
③ Basic Path
④ Comparison

27 ISO/IEC 25010의 신뢰성에 대한 내부 평가 항목에 해당하지 않는 것은?

① 고장 허용성
② 이해도
③ 성숙도
④ 준수성

28 중위식 "A+B*C−D"를 후위식으로 올바르게 변환한 것은 무엇인가?

① AB*CD+−
② AB*C+−D
③ A+−B*CD
④ ABC*+D−

29 소프트웨어 테스트에서 코드의 모든 조건문이 참과 거짓을 모두 한 번 이상 취하는지를 측정하는 커버리지는 무엇인가?

① Statement
② Condition
③ Decision
④ Condition/Decision

30 6개의 데이터 [17, 26, 8, 61, 20, 25]를 선택 정렬하는 경우, 3회전 후의 결과로 옳은 것은 무엇인가?

① [8, 17, 26, 61, 20, 25]
② [8, 17, 20, 25, 26, 61]
③ [8, 17, 20, 61, 26, 25]
④ [8, 17, 20, 25, 26, 61]

31 요구사항 명세서를 토대로 명세서 작성자 이외의 전문 검토 그룹이 상세히 결함을 분석하는 검토 기법은 무엇인가?

① Walk Through
② Inspection
③ Peer
④ Include

32 세부 표준 프로세스에 기반하여 프로젝트를 통제하는 수준의 CMMI 프로세스 성숙도 단계는 무엇인가?

① Initial
② Optimizing
③ Managed
④ Defined

33 해시 탐색에 사용되는 용어 중, 서로 다른 슬롯이 같은 키를 가지는 현상을 의미하는 것은 무엇인가?

① Chaining
② Probing
③ Synonym
④ Collision

34 대표적인 화이트박스 테스트 기법으로 소스코드 기반의 흐름도를 통해 Cyclomatic complexity를 측정하는 것은 무엇인가?

① 조건 검사
② 기초 경로 검사
③ 데이터 흐름 검사
④ 루프 검사

35 Debugging에 대한 설명으로 옳은 것은 무엇인가?

① 제품의 개발(생산) 과정에 대한 테스트이다.
② 프로그램의 오류를 찾고, 수정하는 것이다.
③ 제품의 개발(생산) 결과에 대한 테스트이다.
④ 소스코드 내의 보안 결함에 대한 테스트이다.

36 소프트웨어 패키징에 대한 설명으로 옳지 않은 것은 무엇인가?

① 사용자에게 배포되는 소프트웨어를 유통하기 위한 작업이다.
② 내부 콘텐츠에 대한 암호화 및 보안을 고려해야 한다.
③ 여러 가지 콘텐츠 및 단말기 간 DRM 연동을 고려해야 한다.
④ 사용자 편의성보다 최대한 보안에 신경 써서 작업한다.

37 형상 관리에 대한 설명으로 옳은 것은 무엇인가?

① 제품 소프트웨어의 가시성을 확보할 수 있다.
② 제품 소프트웨어의 변경이 자유로워진다.
③ 배포판의 버그 및 수정 이력에 대한 추적을 막을 수 있다.
④ 인가되지 않은 사용자도 소스를 안전하게 수정할 수 있다.

38 코드의 기능 변경 없이 구조를 개선하여 안정성과 가독성을 확보하는 기법은 무엇인가?

① Proof
② Code Inspection
③ Refactoring
④ Clean Code

39 단위 테스트 도구에 해당하지 않는 것은?

① PUnit
② CppUnit
③ Junit
④ HttpUnit

40 DRM 구성 요소 중, 키(Key) 관리 및 라이선스 발급을 관리하는 것은 무엇인가?

① Contents Distributor
② Clearing House
③ Contents Provider
④ Packager

41 정규화에 대한 설명과 가장 거리가 먼 것은 무엇인가?

① 논리 데이터 모델링을 상세화하는 가장 중요한 단계이다.
② 잘못된 릴레이션을 어떻게 분해해야 하는지에 대한 기준을 제공한다.
③ 데이터 모델의 정확성, 일치성, 단순성, 비중복성, 안정성 등을 보장한다.
④ 데이터 무결성 유지를 위해 중복성과 일관성을 보장하기 위한 개념이다.

42 다음 중 데이터 종속성에 해당하지 않는 것은 무엇인가?

① 완전 함수 종속
② 부분 함수 종속
③ 분할 종속
④ 다치 종속

43 이름, 반, 국어, 영어, 수학 속성이 존재하는 테이블에서 영어 속성을 제거하기 위한 SQL 명령은 무엇인가?

① CREATE
② DROP
③ DELETE
④ ALTER

44 데이터의 물리적 위치의 고려 없이 동일한 명령을 사용할 수 있어야 한다는 분산 데이터베이스 투명성은 무엇인가?

① 분할 투명성
② 위치 투명성
③ 중복 투명성
④ 병행 투명성

45 다음 중 기수에 대한 설명으로 옳은 것은 무엇인가?

① 데이터의 가장 작은 논리적 단위
② 정보의 부재를 명시
③ 전체 속성의 개수
④ 전체 튜플의 개수

46 다음 중 순수 관계 연산자에 해당하지 않는 것은?

① π
② σ
③ ×
④ ÷

47 데이터베이스의 키(Key) 중, 유일성을 만족하지 않아도 되는 것은 무엇인가?

① 기본키
② 대체키
③ 슈퍼키
④ 외래키

48 아래의 학생정보 릴레이션에 SQL문을 적용했을 때 출력되는 결과로 옳은 것은 무엇인가?

SELECT DISTINCT 학과 FROM 학생정보 WHERE 등급 IN('B', 'C');

이름	성별	학과	등급
가을	여	영문	A
나래	남	영문	A
다솜	여	국문	B
라희	여	국문	C
마린	남	영문	A
바람	남	국문	B

① 영문
② A
③ 다솜
④ 국문

49 다음 중 원자식 간의 관계를 '그리고'로 연결하는 의미를 가지는 관계 해석 연산자는 무엇인가??

① ∨
② ∧
③ ∀
④ ∃

50 성별을 "남", "여" 순으로 정렬하고, 같은 성별을 가진 학생들의 점수를 내림차순으로 정렬하기 위한 SQL문을 완성하기 위해 빈칸에 들어갈 알맞은 값은 무엇인가?

SELECT * FROM 학생정보 ORDER BY 성별 〈①〉, 점수 〈②〉;

① ASC, ASC
② DESC, ASC
③ DESC, DESC
④ ASC, DESC

51 다음 중 개념 스키마에 대한 설명과 거리가 먼 것은 무엇인가?

① 모든 사용자의 입장에서 필요한 데이터베이스의 구조를 정의한다.
② 기억 장치에 데이터를 물리적으로 구현하기 위한 방법을 정의한다.
③ 효율적인 관리를 위한 접근권한, 보안정책, 무결성 규칙 등을 정의한다.
④ DBA에 의해 구성되며, 데이터베이스당 하나만 존재한다.

52 서버와 저장 장치를 직접 연결하는 방식으로 다른 서버와 파일 공유가 불가능한 구조를 가지는 스토리지 유형은 무엇인가?

① SAD
② SAN
③ NAS
④ DAS

53 요구사항 분석의 핵심 단계로, 분석된 요구사항을 기반으로 업무 처리의 실체들과 그들의 관계를 설계하는 것은 무엇인가?

① 개념 모델링
② 정보 모델링
③ 구조 모델링
④ 정형 모델링

54 트랜잭션의 특징에 해당하지 않는 것은?

① Atomicity
② Consistency
③ Revoke
④ Durability

55 기본키 및 대체키는 어떤 키로부터 결정/분류되는가?

① 외래키
② 후보키
③ 고유키
④ 애니키

56 특정 열에 중복 값 또는 Null에 대한 제한을 두어 개체 식별자의 역할을 할 수 있게 하는 특성을 가진 무결성은 무엇인가?

① 도메인 무결성
② 참조 무결성
③ 사용자 정의 무결성
④ 개체 무결성

57 반정규화를 위해 컬럼이나 데이터 범위를 사용 빈도에 따라 나누는 기법은 무엇인가?

① 테이블 분할
② 테이블 조합
③ 테이블 추가
④ 테이블 제거

58 병행 처리의 문제점을 개선하기 위한 기법 중 하나로, 트랜잭션이 갱신 중인 데이터를 다른 트랜잭션이 접근하지 못하도록 잠그는 것은 무엇인가?

① 갱신
② 로킹
③ 회복
④ 회피

59 이상 현상의 종류에 해당하지 않는 경우는 무엇인가?

① 참조 시, 불필요한 정보도 함께 참조해야 하는 현상
② 삽입 시, 관련 없는 정보도 함께 삽입해야 하는 현상
③ 갱신 시, 데이터의 불일치가 발생하는 현상
④ 삭제 시, 관련된 정보도 함께 삭제해야 하는 현상

60 관계 대수의 일반 집합 연산에 해당하지 않는 것은 무엇인가?
① UNION
② PROJECT
③ INTERSECT
④ MINUS

61 상속된 여러 하위 객체들이 서로 다른 형태를 가지거나 다른 작업을 수행할 수 있도록 하는 성질을 의미하는 객체지향 기술은 무엇인가?
① 다형성
② 추상화
③ 상속
④ 캡슐화

62 OSI 7 계층 중, 네트워크상의 단말기 간 신뢰성 있는 데이터 송수신을 제공할 수 있도록 지원하는 계층은 무엇인가?
① Network
② Data Link
③ Transport
④ Physical

63 IPv6를 표현하는 수 체계는 무엇인가?
① 16진수
② 10진수
③ 8진수
④ 2진수

64 190.1.1.0/24 네트워크를 FLSM 방식으로 8개의 서브넷으로 나누었다면 마지막 서브 네트워크의 사용 가능한 마지막 IP주소는 무엇인가? (단, ip subnet-zero를 적용한다.)
① 190.1.1.31
② 190.1.1.254
③ 190.1.1.255
④ 190.1.1.256

65 다음 중 정수를 할당할 수 없는 자료형은 무엇인가?
① long
② int
③ char
④ double

66 12, 10, 10, 15의 크기를 가진 메모리 공간이 있고 2번째 공간이 현재 사용 중일 때, 10의 크기를 가진 데이터를 First Fit 방식으로 할당한다면 몇 번째 공간에 할당되는가?
① 할당되지 않는다.
② 4번째 공간
③ 1번째 공간
④ 3번째 공간

67 캡슐화의 가장 큰 목적으로, 클래스 내부 속성과 메소드를 외부의 영향으로부터 보호할 수 있도록 설계하는 객체지향 기술은 무엇인가?
① Abstract
② Encapsulation
③ Inheritance
④ Information Hiding

68 아래 C코드의 출력 결과로 옳은 것은 무엇인가?

```
#include <stdio.h>
struct k{
  int n1;
  int n2;
};
int main(){
  struct k g = {15, 16};
  if(g.n1+g.n2%2==1)
    printf("%d", g.n1);
  else
    printf("%d", g.n2);
  return 0;
}
```

① 16
② 15
③ 31
④ 0

69 OSI 7 계층에서 사용되는 데이터 단위(PDU)가 아닌 것은?

① 메시지
② 세그먼트
③ 데이터그램
④ 필드

70 최대 15홉 이하 소규모의 네트워크를 대상으로 적용되는 라우팅 프로토콜은 무엇인가?

① OSPF
② BGP
③ IGRP
④ RIP

71 아래 C코드의 출력 결과로 옳은 것은 무엇인가?

```
#include <stdio.h>
int main(){
  int ar[] = {17, 25, 40, 32, 27};
  int *p = ar;
  int cnt = 1;
  for(int i=0; i<5; i++)
    if(*(p+i)>25) cnt++;
  printf("%d", cnt);
  return 0;
}
```

① 1
② 2
③ 3
④ 4

72 다음 중 C언어에서 연산자 우선순위가 가장 높은 것은 무엇인가? (단, 모든 연산자는 이항 연산자다.)

① &
② %
③ ^
④ =

73 C언어에서, 문자열을 정수, 실수로 변환하기 위한 내장함수가 존재하는 라이브러리는 무엇인가?

① stdio.h
② math.h
③ string.h
④ stdlib.h

74 IPv4의 주소 형식에 대한 설명으로 옳지 않은 것은 무엇인가?

① 8비트씩 4부분으로 구성되는 32비트 주소 체계이다.
② 각 자리는 10진수로 표현하며 점(.)으로 구분한다.
③ 유니, 멀티, 애니캐스트의 전송 방식을 가진다.
④ 네트워크/호스트 영역을 구분하는 5개의 클래스가 있다.

75 디자인 패턴에 대한 설명과 가장 거리가 먼 것은 무엇인가?

① 소프트웨어의 구조, 가독성 향상이 아닌 기능의 향상에 집중한다.
② 생성 패턴은 클래스 정의, 객체 생성 방식에 적용한다.
③ 구조 패턴은 객체 간 구조와 인터페이스에 적용한다.
④ 행위 패턴은 기능 및 반복적인 작업에 적용한다.

76 다음 중 행위 패턴에 해당하지 않는 디자인 패턴은 무엇인가?

① Interpreter
② Command
③ Memento
④ Decorator

77 아래 Java코드의 출력 결과로 옳은 것은 무엇인가?

```
class A{
  A(){
    System.out.print("A");
  }
  void fn(){
    System.out.print("a");
  }
}
class B extends A{
  B(){
    System.out.print("B");
  }
  void fn(){
    System.out.print("b");
  }
}
public class Main{
  public static void main(String[] args) {
    A a = new B();
    a.fn();
  }
}
```

① abB
② BAb
③ abb
④ ABb

78 서로 다른 프로토콜을 사용하는 네트워크를 연결하여 목적지까지 최적의 경로를 설정해주는 네트워크 장비는 무엇인가?

① Hub
② Switch
③ Gateway
④ Router

79 아래 C코드의 출력 결과로 옳은 것은 무엇인가?

```
#include <stdio.h>
struct s{
  int x : 2;
  short y : 4;
};
struct k{
  short x : 8;
  short y : 10;
};
int main(){
  printf("%ld %ld", sizeof(struct s), sizeof(struct k));
  return 0;
}
```

① 2 2
② 2 8
③ 4 4
④ 4 10

80 아래 C코드의 출력 결과로 옳은 것은 무엇인가?

```
#include <stdio.h>
int fn(int num){
  if(num%2==0){
    printf("O");
    return 1;
  }
  printf("X");
  return 0;
}
int main(){
  int a=19, b=20;
  if(fn(a)&&fn(b)) printf("E");
  else printf("D");
  return 0;
}
```

① OXE
② XD
③ XOD
④ XOE

81 암호화 및 복호화에 사용되는 키의 동일성에 따라 분류되는 암호화 방식이 아닌 것은?

① DES
② RSA
③ SHA
④ AES

82 IoT와 같이 대역폭이 제한된 통신환경에 최적화되어 개발된 발행-구독 기반의 경량 메시지 전송 프로토콜은 무엇인가?
① MQTT
② BEACON
③ RFID
④ M-DISC

83 네트워크 상에 전송되는 트래픽을 훔쳐보는 행위로서 자신에게 와야 할 정보가 아닌 정보를 자신이 받도록 조작하는 공격 기법은 무엇인가?
① Snooping
② Scanning
③ Sniffing
④ SYN Flooding

84 VR(가상현실)보다 진화한 개념으로, 현실세계와 같은 사회·경제·문화 활동이 이뤄지는 3차원의 가상세계를 가리키는 용어는 무엇인가?
① Kiosk
② Mashup
③ AI
④ Metaverse

85 접근 통제 모델 중, 무결성 강조 모델에 해당하지 않는 것은 무엇인가?
① Bell-LaPadula
② Biba Integrity
③ Chinese Wall
④ Clark-Wilson

86 SW 개발 보안 요소(CIA)에 해당하지 않는 것은 무엇인가?
① 기밀성
② 투명성
③ 무결성
④ 가용성

87 패킷의 출발지 주소 및 포트를 임의로 변경하여 출발지와 목적지 주소를 동일하게 함으로써, 서비스 거부 상태에 빠지도록 하는 공격 방법은 무엇인가?
① Smurf Attack
② LAND Attack
③ SYN Flooding
④ Ping of Death

88 위조된 MAC주소를 지속적으로 네트워크에 흘려 스위치의 주소 테이블을 오버플로우시켜 스위치가 제 기능을 못 하게 한 뒤 스니핑 공격을 수행하는 기법은 무엇인가?
① ARP Spoofing
② Switch Jamming
③ ARP Redirect
④ ICMP Redirect

89 식별된 사용자의 자격이나 메시지 내용을 검증하여 유효성을 확보하는 작업을 의미하는 용어는 무엇인가?
① Confidentiality
② Authentication
③ Integrity
④ Availability

90 유형 혹은 무형의 사물들이 다양한 방식으로 서로 연결되어 개별 객체들이 제공하지 못했던 새로운 서비스를 제공하는 기술은 무엇인가?
① Kiosk
② IoT
③ Hash
④ HoneyPot

91 규정된 크기 이상의 ICMP 패킷을 전송하여 서비스 거부를 유발시키는 공격 기법은 무엇인가?
① ARP Redirect
② Integrity
③ Chinese Wall
④ Ping of Death

92 리눅스 같은 운영체제의 IP서버에서 네트워크 접근을 필터링하기 위해 사용되는 시스템은 무엇인가?
① HoneyPot
② TCP wrapper
③ Docker
④ TensorFlow

93 저속, 저비용, 저전력의 무선망을 위한 기술로 주로 무선 개인 영역 통신망(WPAN) 기반의 홈 네트워크 및 무선 센서망에서 사용되는 기술은 무엇인가?
① ZigBee
② Blockchain
③ Grayware
④ Semantic Web

94 MD5 대체하는 256bit 암호화 해시 함수는 무엇인가?
① SNEFRU
② SHA
③ SEED
④ AES

95 RSA 기법에 대한 설명과 가장 거리가 먼 것은 무엇인가?
① 공개키 기반 서명 알고리즘 중 가장 먼저 실용화되고 가장 보편화되어 있다.
② 큰 합성수의 소인수 분해가 어렵다는 점을 이용한 알고리즘이다.
③ 키의 길이가 짧고 속도가 빠른 편이다.
④ SSL, 공동인증서(공인인증서) 등에 활용되고 있다.

96 다음 중 블록 암호 운용 방식이 아닌 것은?
① ECC
② ECB
③ OFB
④ CTR

97 방화벽에 대한 설명과 가장 거리가 먼 것은 무엇인가?
① 불법적인 외부 침입을 차단하여 내부 네트워크를 보호한다.
② 알려지지 않은 형태의 공격도 지능적으로 자동 차단한다.
③ 시스템 내부자가 방화벽을 우회접속 하는 것에 대해 막을 수 있는 방법이 없다.
④ 화이트 리스트, 블랙 리스트 정책이 존재한다.

98 다음 중 하둡과 관계형 데이터베이스 간에 데이터를 전송할 수 있도록 설계된 도구는 무엇인가?

① Mining
② Warehouse
③ Sqoop
④ MEMS

99 네트워크 관리자가 의도한 바를 시스템이 자동으로 파악하여 네트워크 구성 및 운영을 최적화하는 지능형 네트워킹 기술은 무엇인가?

① HSM
② ISDN
③ IBN
④ Zing

100 다음 중 비대칭키 암호화에 대한 설명과 가장 거리가 먼 것은 무엇인가?

① 변환 방식에 따라 블록 암호와 스트림 암호로 구분된다.
② 암호화 키는 공개 가능하다.
③ 대표적인 알고리즘은 RSA이다.
④ 관리해야 할 키의 개수가 비교적 적다.

정보처리기사 필기 최신 기출문제 07회

시험 일자	문항 수	시험 시간
2023년 제1회	총 100문항	2시간 30분

수험번호 : _____

성   명 : _____

01 UML 다이어그램 중, 시간과 순서에 따라 객체들 간의 상호작용을 나타내는 다이어그램은 무엇인가?

① 유스케이스 다이어그램
② 클래스 다이어그램
③ 순차 다이어그램
④ 활동 다이어그램

02 분산 시스템에서 서로 다른 애플리케이션, 프로세스, 시스템 간의 통신을 중개하는 소프트웨어는 무엇인가?

① 데이터베이스
② 웹 서버
③ 메시지 지향 미들웨어
④ 웹 브라우저

03 애자일 방법론에 대한 설명으로 가장 거리가 먼 것은 무엇인가?

① 계획을 최소화하고 반복적인 개발을 통해 소프트웨어를 개발하는 방법론이다.
② 대화와 협력을 통해 변경사항을 수용한다.
③ 물리적인 문서보다는 작동하는 소프트웨어에 중점을 둔다.
④ 테스트 자동화를 하지 않는다.

04 다음 중 유스케이스 관계에 해당하지 않는 것은 무엇인가?

① include
② extend
③ inheritance
④ generalization

05 다음 중 비기능적 요구사항에 해당되는 것은 무엇인가?

① 사용자는 로그인 시스템을 사용할 수 있어야 한다.
② 시스템은 사용자가 입력한 데이터를 검증하고 처리해야 한다.
③ 시스템은 검색 요청에 대해 2초 이내에 결과를 제공해야 한다.
④ 사용자는 시스템에서 새로운 항목을 추가하거나 수정할 수 있어야 한다.

06 다음 중 객체지향 방법론에서 사용하는 객체지향의 개념이 아닌 것은 무엇인가?

① 캡슐화
② 추상화
③ 다형성
④ 절차지향

07 다음 중 미들웨어에 대한 설명과 가장 거리가 먼 것은 무엇인가?

① 미들웨어는 서로 다른 시스템 간에 데이터를 주고받을 수 있도록 돕는 소프트웨어이다.
② 미들웨어는 소프트웨어 컴포넌트들 간의 통신을 추상화하여 단순화한다.
③ 미들웨어는 단일 시스템 내에서 작동하는 소프트웨어 모듈들 간의 상호작용을 관리한다.
④ 미들웨어는 일반 소프트웨어를 포함하는 개념이다.

08 다음 중 UI의 설계 지침으로 옳은 것은 무엇인가?

① 가능한 한 많은 정보를 담아야 한다.
② 일관성이 있어야 하며, 적극적으로 사용자 피드백을 반영해야 한다.
③ 디자인적으로 독창적이고 혁신적이어야 한다.
④ 반응 속도보다는 정확한 처리에 중점을 두어야 한다.

09 다음 중 객체지향에서의 다형성에 대한 설명과 가장 거리가 먼 것은?

① 다른 이름의 메서드가 다른 객체에서 같은 방식으로 작동하는 것이다.
② 상속을 통해 구현된다.
③ 코드의 재사용성을 높여준다.
④ 객체지향 프로그래밍의 기본 개념 중 하나이다.

10 다음이 설명하는 것은 무엇인가?

> 개발자와 사용자 간의 의사소통을 위해 사용되며, 소프트웨어가 필요로 하는 비즈니스 프로세스 및 데이터를 식별하고 문서화한다.

① 프로젝트 일정
② 기술적 요구사항
③ 비즈니스 요구사항
④ 개발 프로세스

11 객체지향 프로그래밍에서의 객체에 대한 설명과 거리가 먼 것은 무엇인가?

① 객체는 속성과 메서드로 구성된 인스턴스이다.
② 객체는 추상적인 개념이며, 메모리에 직접 저장될 수 없다.
③ 객체는 다른 객체와 상호작용하며, 메시지를 주고받을 수 있다.
④ 객체는 정보 은닉을 지원하며, 외부에서 직접 접근할 수 없다.

12 객체지향 프로그래밍에서의 클래스에 대한 설명으로 옳은 것은 무엇인가?

① 클래스는 객체의 블루프린트(설계도)로, 객체를 생성하는 데 사용된다.
② 클래스는 객체의 인스턴스이며, 객체의 속성과 메서드를 가지고 있다.
③ 클래스는 객체를 추상화한 것으로, 객체의 공통된 특징을 표현한다.
④ 클래스는 객체가 실행하는 행위를 정의한 것으로, 객체의 행동을 표현한다.

13 애자일 프로세스 모델에 대한 설명으로 옳지 않은 것은?

① 계획과 분석 단계에서 프로토타입을 개발하여 고객의 요구사항을 검증함으로써 빠른 피드백을 받을 수 있다.
② 개발 초기부터 전체 시스템을 개발하며, 나중에 기능을 추가하거나 수정함으로써 시스템의 완성도를 높인다.
③ 작은 주기적 반복을 통해 소프트웨어를 개발하며, 고객의 요구사항을 반영한다.
④ 자주 회의를 개최하여 팀원 간의 의견을 공유하고 작업 상황을 파악한다.

14 소프트웨어 재사용 요소에 대한 설명과 가장 거리가 먼 것은 무엇인가?

① 모듈은 기능적으로 완전한 하나의 시스템이며, 라이브러리와 컴포넌트를 포함할 수 있다.
② 라이브러리는 여러 애플리케이션에서 사용할 수 있는 프로그램의 모음이다.
③ 컴포넌트는 독립적으로 배포 가능하며, 다른 컴포넌트나 애플리케이션에서 재사용 가능한 소프트웨어 모듈이다.
④ 라이브러리는 코드를 묶어서 실행 가능한 형태로 만들어주는 것이며, 모듈과 컴포넌트와는 차이가 있다.

15 GoF 디자인 패턴 중, 구조 패턴이 아닌 것은 무엇인가?

① 데코레이터 패턴
② 어댑터 패턴
③ 팩토리 메서드 패턴
④ 프록시 패턴

16 UI의 필수 기능 중 사용자에게 현재 상황에 대한 정보를 제공하는 기능은 무엇인가?

① 피드백
② 오류 제어
③ 프롬프트
④ 도움말

17 UI의 종류 중 CLI(Command Line Interface)에 대한 설명으로 옳은 것은 무엇인가?

① 텍스트로 명령어를 입력하여 작동하는 인터페이스
② 마우스와 같은 입력 장치를 사용하여 상호 작용하는 인터페이스
③ 제스처나 음성 등을 이용하여 상호 작용하는 인터페이스
④ 웹 브라우저와 같은 그래픽 인터페이스를 사용하는 인터페이스

18 소프트웨어 모델링에 대한 설명 중, 옳지 않은 것은 무엇인가?

① 소프트웨어 모델링은 소프트웨어 시스템을 추상화하고 이를 다양한 관점에서 분석하는 것을 말한다.
② 소프트웨어 모델링은 소프트웨어 개발의 초기 단계에서만 사용되며, 개발 후에는 더 이상 사용되지 않는다.
③ 소프트웨어 모델링을 통해 시스템의 요구사항, 구조, 동작 등을 명확하게 이해할 수 있으며, 이를 토대로 개발 및 유지보수를 수행할 수 있다.
④ 소프트웨어 모델링은 UML, ERD, DFD 등 다양한 모델링 언어를 사용하여 수행할 수 있다.

19 유스케이스 다이어그램(Use Case Diagram)의 구성 요소에 대한 설명 중 잘못된 것은 무엇인가?

① 액터(Actor)는 시스템과 상호작용하는 개체를 나타내며, 타원으로 표현된다.
② 유스케이스(Use Case)는 시스템이 제공하는 기능 또는 시나리오를 나타내며, 직사각형으로 표현된다.
③ 관계(Relationship)는 액터와 유스케이스 간의 상호작용을 표현한다. 실선, 점선, 화살표 등으로 표현된다.
④ 속성(Attribute)은 시스템의 특징을 표현하며, 다이어그램에 표시되지 않는다.

20 소프트웨어 아키텍처 모델 중 MVC(Model View Controller)와 관련한 설명으로 틀린 것은 무엇인가?

① 모델(Model)은 데이터와 그 데이터를 다루는 메서드를 포함한다.
② 뷰(View)는 모델의 변경사항을 사용자에게 알리는 역할을 한다.
③ 컨트롤러(Controller)는 모델과 뷰 간의 상호작용을 관리한다.
④ 모델은 데이터와 데이터 처리를 담당하며, 뷰와 컨트롤러에 독립적으로 존재한다.

21 통합 테스트와 관련된 설명 중 가장 거리가 먼 것은 무엇인가?

① 상향식 통합 테스트는 하위 모듈에서부터 상위 모듈로 통합해가는 방식이다.
② 하향식 통합 테스트는 상위 모듈에서부터 하위 모듈로 통합해가는 방식이다.
③ 상향식 통합 테스트는 Top-Down 방식이다.
④ 각 통합 테스트는 필요에 따라 더미 모듈을 사용하여 테스트를 진행한다.

22 아래의 정수 배열에서 이진 탐색 기법으로 60을 찾을 때 비교 횟수는?

```
69 82 62 87 60 79 76 3 32
```

① 3
② 4
③ 5
④ 6

23 워크스루(Walkthrough)에 대한 설명 중 옳은 것은?

① 소프트웨어의 동작을 테스트하기 위한 기법 중 하나이다.
② 코드의 논리적인 오류나 오작동을 검사하기 위한 기법 중 하나이다.
③ 소프트웨어 설계 문서나 요구사항 명세서를 검토하는 기법 중 하나이다.
④ 단위 테스트를 수행하기 전 코드를 검토하는 기법 중 하나이다.

24 형상관리에 대한 설명 중 틀린 설명은?

① 소프트웨어 개발의 특정 단계에서 발생하는 산출물을 관리하는 것을 의미한다.
② 소프트웨어 개발 과정에서 변경 및 이력 관리를 수행하는 것을 의미한다.
③ 소프트웨어 버전관리와 배포를 자동화하는 도구가 많이 사용된다.
④ 소프트웨어 형상관리 시스템에서는 파일이나 코드의 이전 버전을 참조할 수 있다.

25 객체지향 용어에 대한 설명 중 틀린 것은?

① 캡슐화(Encapsulation)는 객체의 외부 상태를 내부에서 직접 접근하지 못하도록 보호하는 것을 의미한다.
② 상속(Inheritance)은 부모 클래스의 특성을 자식 클래스가 물려받는 것을 의미한다.
③ 다형성(Polymorphism)은 같은 타입 또는 기능의 객체가 다른 동작을 수행할 수 있는 능력을 의미한다.
④ 추상화(Abstraction)는 구체적인 사물이나 개념에서 공통적인 특징을 추출하는 것을 의미한다.

26 DRM(Digital Rights Management)에 대한 설명 중 틀린 것은?

① 디지털 콘텐츠의 불법 복제와 유통을 방지하기 위한 기술적 보호조치를 의미한다.
② 디지털 콘텐츠의 이용 권한을 제한하고 관리할 수 있는 기술이다.
③ 저작권자가 콘텐츠에 대한 사용 권한을 주는 것을 의미한다.
④ 디지털 콘텐츠의 저작권 보호를 위한 법적 규제이다.

27 소프트웨어 위험 관리에 대한 설명 중 가장 거리가 먼 것은?

① 프로젝트에서 발생할 수 있는 위험들을 식별, 분석하고 관리하는 과정이다.
② 위험 발생 시 대처 방법을 결정하고 예방하는 방법을 포함한다.
③ 소프트웨어의 성능 및 기능적 요구사항을 평가하는 과정이다.
④ 소프트웨어 위험 관리는 프로젝트 일정과 예산을 조정하는 데 사용될 수 있다.

28 소프트웨어 버전 관리 도구에 대한 설명 중 옳지 않은 것은?

① Git은 분산 버전 관리 시스템으로, 코드의 변경 이력을 추적하고 협업 기능을 지원한다.
② Subversion은 중앙집중식 버전 관리 시스템으로, 파일의 변화를 체크아웃 단위로 관리한다.
③ CVS는 파일 단위의 변경 이력을 추적하며, 분산 협업 기능을 제공한다.
④ Mercurial은 Git과 마찬가지로 분산 버전 관리 시스템으로, 큰 프로젝트에서의 확장성이 뛰어나다.

29 블랙박스 테스트 유형이 아닌 것은?

① 동치 분할 테스트
② 페어와이즈 테스트
③ 경계값 분석 테스트
④ 기초 경로 테스트

30 Refactoring에 대한 설명으로 옳은 것은?

① 코드의 기능을 변경하지 않고 코드의 구조를 개선하여 유지보수성을 향상시키는 과정이다.
② 단순히 코드의 리팩토링을 의미하며, 기능적인 부분은 수정하지 않는다.
③ 처음부터 코드를 재작성하는 것과 같이 많은 비용이 소모된다.
④ 팀원 간의 코드 작성 규칙을 독창성 있게 유지할 수 있도록 도와준다.

31 소프트웨어 테스트의 V-모델에 대한 설명 중 틀린 것은?

① 소프트웨어 개발과 테스트의 관계를 표현한 모델이다.
② 개발 단계별로 검증하고 수행해야 하는 테스트를 시각화한 것이다.
③ 상위 단계의 테스트 결과가 만족스럽게 나오지 않아도 하위 단계의 테스트를 진행할 수 있다.
④ 소프트웨어 개발 과정에서 문제점을 발견하고, 이를 수정하는 등의 과정을 거쳐 소프트웨어의 품질을 향상시키는 역할을 한다.

32 IDE(Integrated Development Environment)는 개발자들이 프로그램을 개발하는 데 필요한 다양한 기능들을 통합하여 제공하는 통합 개발 환경이다. IDE에서 제공하지 않는 기능은 무엇인가?

① 코드 작성 기능
② 프로그램 컴파일 기능
③ 디버깅 기능
④ DRM 기능

33 아래의 트리를 중위 순회(Inorder Traversal)한 결과는 무엇인가?

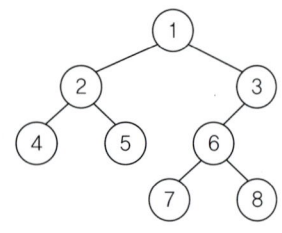

① 4 → 5 → 2 → 7 → 8 → 6 → 3 → 1
② 4 → 2 → 5 → 1 → 7 → 6 → 8 → 3
③ 1 → 2 → 3 → 4 → 5 → 6 → 7 → 8
④ 1 → 2 → 4 → 5 → 3 → 6 → 7 → 8

34 인터페이스 구현 시 사용하는 표준 데이터 포맷이 아닌 것은?

① JSON
② XML
③ YAML
④ HTTP

35 Stack 자료 구조에 대한 설명 중 옳지 않은 것은?

① 후입선출(LIFO)의 원리에 따라 데이터를 저장하고 꺼낼 수 있는 자료 구조이다.
② 주요 연산으로 push(삽입)과 pop(삭제)가 있으며, top(최상위)을 확인할 수 있다.
③ 데이터를 push할 때, Stack의 크기를 초과하면 자동으로 새로운 메모리 공간이 할당된다.
④ 재귀 알고리즘을 구현하는 데 유용하게 사용된다.

36 소프트웨어 개발에 사용되는 테스트 도구와 가장 거리가 먼 것은?

① Git
② Jenkins
③ Selenium
④ JUnit

37 테스트 오라클의 하위 종류가 아닌 것은?

① 참 오라클
② 샘플링 오라클
③ 휴리스틱 오라클
④ 로직 오라클

38 시간 복잡도가 나머지 셋과 다른 하나는 무엇인가?

① 삽입 정렬
② 병합 정렬
③ 쉘 정렬
④ 선택 정렬

39 해시 함수에 대한 특징으로 옳지 않은 것은?

① 해시 함수는 연산의 방식에 따라 제산법, 폴딩법, 제곱법, 숫자분석법, 기수변환법, 무작위법 등으로 나뉜다.
② 해시 함수는 충돌을 완벽하게 배제할 수 있다.
③ 함수의 계산이 너무 복잡하지 않고 빠르게 처리될 수 있어야 한다.
④ 해시 함수를 사용하여 데이터를 검색하는 기법을 해시 탐색이라고 한다.

40 5개의 노드를 가진 방향 그래프의 최대 간선 수는?

① 10
② 5
③ 20
④ 25

41 데이터베이스의 제1정규형에 대한 설명으로 틀린 것은?

① 모든 속성은 원자값(Atomic value)을 가지고 있다.
② 각 테이블은 유일한 기본키(primary key)를 가진다.
③ 모든 속성은 반드시 값이 있어야 한다.
④ 테이블은 중복된 행(row)을 포함할 수 없다.

42 데이터베이스의 트랜잭션에 대한 설명으로 틀린 것은?

① 트랜잭션은 하나 이상의 SQL 명령문으로 이루어진 작업 단위이다.
② 트랜잭션은 ACID 원칙을 따라야 한다.
③ 트랜잭션은 항상 완전히 실행되거나 완전히 실행되지 않아야 한다.
④ 트랜잭션은 여러 개의 스레드에서 동시에 실행될 수 있다.

43 분산 데이터베이스의 투명성에 대한 설명으로 틀린 것은?

① 분산 데이터베이스는 사용자로 하여금 데이터가 분산되어 있는 것을 인식시키지 않도록 하는 투명성을 제공한다.
② 분산 데이터베이스의 위치 투명성은 사용자가 데이터가 어디에 저장되어 있는지 인식할 수 있도록 한다.
③ 분산 데이터베이스의 병행 제어 투명성은 여러 사용자가 동시에 데이터에 접근할 때 일관성을 유지하도록 한다.
④ 분산 데이터베이스는 데이터 복제(replication)를 제공하여 데이터 가용성을 높일 수 있다.

44 〈도서〉 테이블에서 [조건]에 맞는 데이터를 조회하기 위한 SQL문장은 무엇인가?

[조건]
- sales가 200 이상이면서 400 이하인 도서 조회
- 조회 결과는 name과 author만 출력하며, sales를 기준으로 내림차순 정렬

① SELECT name, author FROM 도서 WHERE sales >= 200 AND sales <= 400 ORDER BY sales ASC;
② SELECT name, author FROM 도서 WHERE sales BETWEEN 200 AND 400 ORDER BY sales DESC;
③ SELECT name, author FROM 도서 WHERE sales >= 200 OR sales <= 400 ORDER BY sales DESC;
④ SELECT name, author FROM 도서 WHERE sales > 200 AND sales < 400 ORDER BY sales DESC;

45 데이터베이스의 index 개체에 적용할 수 있는 명령어가 아닌 것은?

① CREATE
② DROP
③ ALTER
④ INSERT

46 물리적 데이터베이스 구조의 기본 데이터 단위인 저장 레코드의 양식을 설계할 때 고려 사항으로 틀린 것은?

① 필드의 크기
② 인덱스의 포함 여부
③ 데이터의 무결성 제약 조건
④ 데이터베이스 사용자의 접근 권한

47 SQL의 종류별 특징으로 옳은 것은?

① TCL : 데이터베이스의 구조를 정의하거나 변경하는 데 사용됨
② DDL : 데이터베이스에 있는 데이터를 검색, 삽입, 수정, 삭제하는 데 사용됨
③ DCL : 데이터베이스에 대한 접근 권한을 관리하는 데 사용됨
④ DML : 트랜잭션의 시작과 종료, 롤백 등을 제어하는 데 사용됨

48 시스템 카탈로그에 대한 설명으로 가장 거리가 먼 것은?

① 데이터베이스에 저장된 데이터에 대한 메타 데이터를 포함하고 있다.
② 데이터베이스에서 사용되는 인덱스 정보와 통계 정보를 담고 있다.
③ 데이터베이스 내의 테이블과 관련된 정보를 포함하고 있다.
④ 일반적으로 사용자가 직접 수정할 수 있는 테이블이다.

49 데이터베이스의 릴레이션 구성 요소에 대한 설명이 틀린 것은?

① 튜플은 릴레이션에서 하나의 레코드에 해당하는 데이터를 의미한다.
② 속성은 릴레이션에서 컬럼에 해당하는 데이터를 의미한다.
③ 레코드는 릴레이션에 저장된 데이터의 집합을 의미한다.
④ 릴레이션의 구성 요소는 튜플, 속성, 레코드 등이 있다.

50 데이터베이스의 VIEW에 대한 설명이 틀린 것은?
① 논리적 데이터 구조로서 물리적으로 저장되지 않는다.
② 기본 테이블로부터 파생되며, 저장된 데이터를 변경하지 않고 조회할 수 있다.
③ 이용하여 데이터를 조회하면 기본 테이블에 영향을 미치지 않는다.
④ 데이터베이스에서 실제로 존재하는 테이블이다.

51 트랜잭션의 상태에 대한 설명 중 틀린 것은?
① Active 상태는 트랜잭션이 시작되어 명령어를 실행 중인 상태를 말한다.
② Partially Commited 상태는 트랜잭션이 실행을 완료했지만, 아직 Commit되지 않은 상태를 말한다.
③ Failed 상태는 트랜잭션의 실행 도중 문제가 발생하여 중단된 상태를 말한다.
④ Completed 상태는 트랜잭션이 정상적으로 종료되어 Commit된 상태를 말한다.

52 성적 테이블의 평균에 따라 재시험 응시 여부를 기록하는 열을 성적 테이블에 추가하려고 한다. 이때 필요한 명령이 포함된 SQL의 종류는 무엇인가?
① 데이터 제어어
② 데이터 조작어
③ 데이터 정의어
④ 데이터 설계어

53 키(key)의 종류에 대한 설명으로 틀린 것은?
① 기본키는 유일하게 튜플을 식별할 수 있는 키이다.
② 슈퍼키는 하나 이상의 속성으로 구성된 키로, 유일성을 보장하지 않는다.
③ 대체키는 테이블에 있는 모든 튜플에 대해 유일한 키이다.
④ 후보키는 기본키가 될 수 있는 키 후보들의 집합이다.

54 데이터베이스 설계 단계별 특징에 대한 설명으로 틀린 것은?
① 개념적 설계는 추상적인 개념으로부터 데이터 모델을 만드는 단계이다.
② 논리적 설계는 실제 데이터베이스에서 사용될 테이블의 구조와 속성을 결정하는 단계이다.
③ 물리적 설계는 논리적 설계를 바탕으로 데이터를 저장할 물리적 장치와 접근 방법을 설계하는 단계이다.
④ 논리적 설계와 물리적 설계는 별개의 단계로 진행되며, 물리적 설계 이후 논리적 설계를 수행한다.

55 데이터베이스의 기본키(Primary Key)에 대한 설명이 틀린 것은?
① 기본키는 릴레이션에서 튜플을 유일하게 식별하는 속성(Attribue) 또는 속성의 집합(Set)이다.
② 기본키는 NULL 값을 가질 수 있다.
③ 기본키는 릴레이션에 단 하나만 존재할 수 있다.
④ 기본키를 이루는 속성(Attribute)은 반드시 유일성(Uniqueness)과 최소성(Minimality)을 만족해야 한다.

56 데이터베이스의 무결성 제약 조건에 대한 설명 중 가장 거리가 먼 것은?

① 개체 무결성은 기본키가 NULL 값이나 중복된 값이 없도록 제약을 두는 것이다.
② 참조 무결성은 외래키와 참조되는 테이블의 기본키 값이 항상 일치하도록 제약을 두는 것이다.
③ 도메인 무결성은 각 속성에 설정된 데이터 타입과 범위에 따라 데이터가 삽입되도록 제약을 두는 것이다.
④ 무결성 제약 조건은 데이터베이스 성능을 향상시키기 위한 목적으로 설정하는 것이다.

57 〈사원〉 테이블에서 "A" 부서의 인원수를 출력하는 SQL문장이 되기 위해 빈칸에 적절한 용어는?

[SQL]

> SELECT [빈칸](*) FROM 사원 WHERE 부서명 = 'A';

① SUM
② COUNT
③ NUMS
④ NUMBER

58 다음 중 튜플의 개수와 속성의 개수를 올바르게 짝지은 것은?

① Cardinality / record
② Degree / Cardinality
③ Cardinality / Degree
④ Degree / record

59 아래는 "jane"에게 〈대여〉 테이블을 대상으로 조회와 삽입 권한을 부여하고, 부여된 권한을 "jane"이 다시 다른 누군가에게 부여할 수 있는 권한을 지정하는 SQL문장이다. 빈칸에 알맞은 용어는 무엇인가?

[SQL]

> GRANT SELECT, INSERT ON 대여 TO jane [빈칸];

① OPTION WITH GRANT
② WITH GRANT OPTION
③ GRANT WITH OPTION
④ WITH OPTION GRANT

60 〈도서〉 테이블에 대한 〈SQL〉 문장이 아래와 같을 때 나타나는 결과는 무엇인가?

[SQL]

> SELECT SUM(sales) FROM 도서 WHERE author LIKE 'J%';

id	name	author	sales
1	The Great Gatsby	F. Scott Fitzgerald	250
2	To Kill a Mockingbird	Harper Lee	400
3	1984	George Orwell	350
4	Pride and Prejudice	Jane Austen	300
5	The Catcher in the Rye	J.D. Salinger	200
6	Lord of the Flies	William Golding	150
7	The Hobbit	J.R.R. Tolkien	500
8	The Da Vinci Code	Dan Brown	450

① 1000
② 700
③ 0
④ NULL

61 아래 C코드를 수행한 결과로 출력되는 x, y, z의 값으로 옳은 것은?

```c
#include <stdio.h>
int main() {
    int a = 8, b = 5, c = 2;
    int x, y, z;
    if (a > b) {
        x = a * c;
    } else {
        x = a + b + c;
    }
    if (b != c) {
        y = b / c;
    } else {
        y = b * c;
    }
    z = (a & b) | c;
    printf("x = %d\ny = %d\nz = %d\n", x, y, z);
    return 0;
}
```

① 16, 2, 2
② 15, 2, 2
③ 16, 2.5, 2
④ 16, 2, 0

62 아래 C언어의 문자열 처리 함수에 대한 설명으로 틀린 것은?

① strlen() – 문자열의 길이
② strcpy() – 문자열 복사
③ strcat() – 문자열 병합
④ strcmp() – 문자열 압축

63 아래 C코드를 수행한 결과로 출력되는 값으로 옳은 것은?

```c
#include <stdio.h>
#define SIZE 5
typedef struct {
    int x;
    int y;
} Point;
int main() {
    Point points[SIZE] = {{1, 2}, {3, 4}, {5, 6}, {7, 8}, {9, 10}};
    int x_sum = 0, y_sum = 0;
    for (int i = 0; i < SIZE; i++) {
        x_sum += points[i].x;
        y_sum += points[i].y;
    }
    printf("Total x: %d, Total y: %d\n", x_sum, y_sum);
    return 0;
}
```

① 15, 20
② 25, 20
③ 15, 30
④ 25, 30

64 아래 Python코드를 무한 반복하려고 할 때, 빈칸에 들어갈 수 없는 코드는?

```
while [빈칸]:
    print("This is an infinite loop!")
```

① true
② True
③ 1
④ -1

65 IPv4의 헤더 구조에 대한 설명 중 틀린 것은?

① 전체 길이(Total Length) : IP 주소의 전체 길이
② 생존 시간(Time to Live) : 패킷이 라우터를 통과할 때마다 1씩 감소하며, 0이 되면 폐기
③ 헤더 검사 합(Checksum) : 헤더의 오류를 검사
④ 버전(Version) : IP를 사용하는 버전

66 OSPF와 다른 성격을 가진 라우팅 프로토콜은?

① RIP
② BGP
③ EIGRP
④ IGRP

67 프로세스의 강제 중단 여부에 따라 나뉘는 프로세스의 분류에서 나머지 셋과 다른 것은?

① RR
② SRT
③ MFQ
④ HRN

68 UNIX 운영체제에 관한 특징으로 틀린 것은?

① 다중 작업을 지원하는 운영체제이다.
② 프로세스와 파일 처리를 위한 다양한 도구와 명령어가 있다.
③ 다중 사용자를 지원하지 않는다.
④ 네트워크 기능을 지원한다.

69 UDP 프로토콜에 대한 설명으로 틀린 것은?

① 비연결형 전송
② 적은 오버헤드
③ 빠른 전송
④ 신뢰성 있는 데이터 전송 보장

70 파이썬 자료구조 중, 도서 정보를 구성하기 위한 자료구조와 가장 거리가 먼 것은?

- 도서 정보는 매주 추가되거나 삭제될 수 있다.
- 도서 정보는 도서명, 출판사, ISBN, 구입액, 발행년도 등이 포함된다.

① 리스트
② 튜플
③ 집합
④ 딕셔너리

71 아래 Java코드를 수행한 결과로 출력되는 값으로 옳은 것은?

```
public class Main {
  public static void main(String[] args) {
    int[] arr = createArray();
    printArray(arr);
  }
  public static int[] createArray() {
    int[] arr = new int[5];
    for(int i = 0; i < arr.length; i++) {
      arr[i] = i * i;
    }
    return arr;
  }
  public static void printArray(int[] arr) {
    System.out.print("[");
    for(int i = 0; i < arr.length; i++) {
      System.out.print(arr[i] + " ");
    }
    System.out.println("]");
  }
}
```

① [1 2 3 4 5]
② [0 1 4 9 16]
③ [0 1 2 3 4]
④ [0 2 4 6 8]

72 아래 Java코드가 정상적으로 수행되기 위해 빈칸에 알맞은 코드는?

```
public class Main {
  public static void main(String[] args) {
    int x = 5;
    String result;
    if (x >= [빈칸]) {
      result = "x는 10보다 큰";
    } else {
      result = "x는 10 이하인";
    }
    result += (x % 2 == 0) ? "짝수" : "홀수";
    System.out.println(result);
  }
}
```

① 10
② 11
③ 9
④ 5

73 공통 모듈의 개념에서 가장 높은 품질의 응집도와 결합도를 올바르게 연결한 것은?

① 낮은 응집도 – 강한 결합도
② 높은 응집도 – 약한 결합도
③ 높은 응집도 – 강한 결합도
④ 낮은 응집도 – 약한 결합도

74 아래 C코드를 수행한 결과로 출력되는 값으로 옳은 것은?

```
#include <stdio.h>
int main() {
  int a = 5, b = 3, c = 10;
  float d = 2.5, e = 1.5, f = 3.2;
  int sum = a + b * c - (a / b);
  float quotient = d / e;
  if (sum == c && quotient > f) {
    printf("조건이 참입니다.\n");   ----㉠
  }
  else {
    printf("조건이 거짓입니다.\n"); ----㉡
  }
  if (!(a < b) && (c >= a || f < e)) {
    printf("논리 연산자가 올바르게 작동합니다.\n"); ----㉢
  }
  else {
    printf("논리 연산자가 올바르게 작동하지 않습니다.\n"); ----㉣
  }
  return 0;
}
```

① ㄱ, ㄷ
② ㄱ, ㄹ
③ ㄴ, ㄷ
④ ㄴ, ㄹ

75 IPv4와 IPv6의 차이점을 올바르게 설명한 것은?

① IPv4는 32비트 주소 체계를 사용하며, IPv6는 128비트 주소 체계를 사용한다.
② IPv4는 주로 사설망에 사용되며, IPv6는 인터넷에서 사용된다.
③ IPv4는 무선 네트워크에만 사용되며, IPv6는 유선 네트워크에만 사용된다.
④ IPv4와 IPv6는 주소 체계를 제외하고는 차이가 없다.

76 4개의 빈 페이지 프레임과 아래와 같은 순서로 페이지 참조가 발생할 때, LRU 페이지 교체 알고리즘을 사용할 경우 발생하는 페이지 부재 횟수는?

페이지 참조 순서 : 2, 1, 5, 3, 3, 1, 5, 2

① 7
② 4
③ 2
④ 5

77 4개의 빈 페이지 프레임과 아래와 같은 순서로 페이지 참조가 발생할 때, LRU 페이지 교체 알고리즘을 사용할 경우 발생하는 페이지 부재 횟수는?

페이지 참조 순서 : 4, 5, 1, 1, 2, 3, 2, 3

① 7
② 4
③ 2
④ 5

78 다음 중, 내용 결합도에 대한 설명은 무엇인가?

① 모듈이 다른 모듈의 내부 기능과 데이터를 직접적으로 사용하는 경우이다.
② 모듈이 모듈 외부에 선언된 변수를 참조하여 기능을 수행하는 경우이다.
③ 전달 대상 모듈에게 값만 전달하는 것이 아니라 제어 요소를 함께 전달하는 경우이다.
④ 모듈 간의 인터페이스로 전달되는 인수와 매개변수를 통해서만 상호작용이 일어나는 경우이다.

79 아래 C코드를 수행한 결과로 출력되는 값으로 옳은 것은?

```
#include <stdio.h>
int main(){
    int arr[5] = {50};
    int res = arr - &arr[0];
    printf("%d", res);
    return 0;
}
```

① 50
② 4
③ 0
④ 45

80 높은 품질의 모듈을 설계하기 위한 방법으로 가장 옳은 것은?

① 높은 공유도와 낮은 응집도를 갖도록 설계한다.
② 높은 제어도와 낮은 결합도를 갖도록 설계한다.
③ 명확하고 간결하게 작성되어야 한다.
④ 모듈의 테스트는 실제 모듈을 적용하는 개발팀이 담당한다.

81 소프트웨어 개발에서 정보보안 3요소에 해당하지 않는 것은?

① 기밀성(Confidentiality)
② 무결성(Integrity)
③ 가용성(Availability)
④ 확실성(Certainty)

82 클라우드 컴퓨팅 관련 서비스에 해당하지 않는 것은?

① IaaS(Infrastructure as a Service)
② SaaS(Software as a Service)
③ PaaS(People as a Service)
④ FaaS(Function as a Service)

83 키오스크에 대한 설명에 해당하지 않는 것은?

① 자동화된 인터페이스 기반의 컴퓨터 시스템
② 터치스크린, 바코드리더, 스캐너 등의 하드웨어를 사용하여 사용자와 상호작용
③ 주로 음식점, 백화점 등에서 주문과 결제, 정보 제공 등에 사용
④ 인간 직원이 수행하는 업무를 대체하기 위한 기술

84 소프트웨어 취약점을 보완할 수 있는 설정에 해당하지 않는 것은?

① 방화벽 설정
② 암호화 기능 활성화
③ 패치 및 업데이트 설치
④ 권한 상승

85 소프트웨어 개발 프레임워크에 대한 설명에 해당하지 않는 것은?

① 소프트웨어 개발을 위한 일련의 지침과 원칙을 제공한다.
② 효율적이고 표준화된 개발 방법을 제공한다.
③ 소프트웨어 개발의 모든 단계에서 사용된다.
④ 특정 기술과 프로그래밍 언어에 대한 규정을 제공한다.

86 네트워크 토폴로지(Topology)에 대한 설명으로 틀린 것은?

① 스타 토폴로지 – 모든 장비가 중앙의 허브에 연결되는 형태
② 링 토폴로지 – 모든 장비가 순환 형태로 연결되는 형태
③ 버스 토폴로지 – 모든 장비가 한 줄로 연결되는 형태
④ 메시 토폴로지 – 여러 개의 버스 토폴로지가 연결되어 있는 형태

87 소프트웨어 시스템을 대상으로 하는 소극적인(Passive) 공격에 해당하지 않는 것은?

① 서비스거부(DoS) 공격
② 중간자(MitM) 공격
③ 피싱(Phishing) 공격
④ 도청(Eavesdropping) 공격

88 악성코드(malware)에 해당하지 않는 것은?

① 바이러스(Virus)
② 스팸(Spam)
③ 트로이목마(Trojan Horse)
④ 웜(Worm)

89 여러 대의 컴퓨터를 조작하여 대상 시스템에 대량의 데이터를 보내, 정상적인 트래픽을 처리하지 못하게 만들어 서비스를 마비시키는 공격 기법은?
① SQL Injection
② Phishing
③ Ransomware
④ DDoS

90 XSS 공격에 대한 설명으로 옳은 것은?
① 사용자가 입력한 스크립트를 실행하여 개인정보를 탈취하는 공격이다.
② 웹사이트의 취약점을 이용하여 서버에 대한 권한을 획득하는 공격이다.
③ 사용자가 신뢰하는 웹사이트에서 악성 스크립트를 실행시켜, 사용자를 대신하여 웹사이트에 로그인하는 공격이다.
④ 웹사이트에 악성 스크립트를 삽입하여, 이를 열람하는 사용자의 컴퓨터에 악성코드를 설치하는 공격이다.

91 애자일 방법론에 대한 특징이 아닌 것은?
① 계획 대신 변화에 대한 대처를 강조한다.
② 프로젝트 초기에 구체적인 목표와 계획을 세우고, 이를 엄격하게 따른다.
③ 프로젝트에서 필요한 문서화와 프로세스를 최소화한다.
④ 작은 주기로 반복적인 개발을 진행하며, 고객의 피드백을 수용한다.

92 비대칭키 암호화 알고리즘의 특징이 아닌 것은?
① 공개키와 개인키를 사용하여 데이터를 암호화하고 복호화한다.
② 대칭키 암호화 방식에 비해 암호화 강도가 높다.
③ RSA, ECC 등이 대표적인 비대칭 암호화 알고리즘이다.
④ 대칭키를 사용하여 데이터를 암호화하고, 공개키를 사용하여 대칭키를 전달한다.

93 대칭 암호화 알고리즘의 종류로 옳은 것은?
① RSA
② SHA-256
③ AES
④ Diffie-Hellman

94 월 평균 생산 코드라인이 4KLOC인 인원을 10명 투입하여 목표 LOC가 200KLOC인 시스템을 개발했을 때, 올바른 개발 기간은?
① 4
② 5
③ 6
④ 7

95 다음 중 접근 통제 방법의 종류가 아닌 것은?
① ACL
② ABAC
③ SSO
④ RBAC

96 COCOMO(Constructive Cost Model)의 특징이 아닌 것은?
① 프로젝트가 간결할수록 개발 비용이 상승한다.
② 프로젝트 규모에 따라 3가지 모델이 존재한다.
③ 투입된 개발 인원수와 개발 기간을 기반으로 비용을 산정한다.
④ 개발 비용 산정에는 LOC(Line of Code)를 사용한다.

97 다음 중 콜백, GPS, IP 주소 등을 이용한 인증 방법으로 옳은 것은?
① 지식 기반 인증(Knowledge-based authentication)
② 소유 기반 인증(Possession-based authentication)
③ 존재(생체) 기반 인증(Biometric authentication)
④ 위치 기반 인증(Location-based authentication)

98 시스템 보안을 위한 AAA에 대한 기술이 아닌 것은?
① 네트워크 보안 기술
② 역할 기반 접근 제어
③ 패스워드 정책 설정
④ 데이터 암호화

99 소프트웨어 개발 프로젝트 일정 관리에 사용되는 차트가 아닌 것은?
① Pareto Chart
② PERT Chart
③ Gantt Chart
④ CPM Chart

100 정보 자산에 접근할 수 있는 권한을 부여하고, 권한에 맞게 제한하는 보안 메커니즘은?
① 암호화(Encryption)
② 접근통제(Access Control)
③ 침입 탐지 및 방지 시스템(IDS/IPS)
④ 블록체인(Blockchain)

정보처리기사 필기 최신 기출문제 08회

시험 일자	문항 수	시험 시간
2022년 제3회	총 100문항	2시간 30분

수험번호 : _____

성   명 : _____

---

01 워크스루(Walk Through)에 대한 설명과 가장 거리가 먼 것은 무엇인가?
① 프로그램의 실행 화면을 보면서 테스트하는 것이다.
② 테스트 결과 명세를 설계나 또 다른 테스트 케이스 등에 적용할 수 있다.
③ 복잡한 알고리즘이나 코드의 기능 및 동작을 이해하려고 할 때 유용하다.
④ 미리 배포한 요구사항 명세서를 사전 검토 후 진행된다.

02 결합도에 대한 설명과 가장 거리가 먼 것은 무엇인가?
① 자료 결합도 : 모듈 간의 인터페이스가 자료 요소로만 구성될 때의 결합도
② 스탬프 결합도 : 모듈 간의 인터페이스로, 배열의 자료 구조가 전달될 때의 결합도
③ 제어 결합도 : 모듈이 모듈 외부에 선언된 변수를 참조할 때의 결합도
④ 외부 결합도 : 어떤 모듈에서 선언한 데이터를 다른 모듈에서 참조할 때의 결합도

03 익스트림 프로그래밍(eXtreme Programming)의 5가지 가치에 해당하지 않는 것은 무엇인가?
① 협상
② 의사소통
③ 단순성
④ 피드백

04 HIPO(Hierarchy Input Process Output)에 대한 설명과 가장 거리가 먼 것은 무엇인가?
① 상향식 소프트웨어 개발에 유용하다.
② HIPO 차트 종류에는 가시적 도표, 총체적 도표, 세부적 도표가 있다.
③ 기능과 자료의 의존 관계를 동시에 표현할 수 있다.
④ 계층 구조로 표현되어 보기 쉽고 이해하기 쉽다.

05 모바일 기기에서 사용하는 NUI 인터페이스에 해당하지 않는 것은 무엇인가?
① Pinch
② Click
③ Press
④ Flick

06 UML 확장 모델에서 스테레오 타입 객체를 표현할 때 사용하는 기호는 무엇인가?
① :: ::
② {{ }}
③ (( ))
④ ≪ ≫

07 보헴이 제안한 것으로, 위험 분석 기능이 있으며, 여러 번의 개발과정을 거쳐 점진적으로 개발하는 모형은 무엇인가?

① 폭포수 모델
② 프로토타입 모델
③ 나선형 모델
④ 리터칭 모델

08 UI 설계 원칙 중 누구나 쉽게 이해하고 사용할 수 있어야 한다는 원칙은 무엇인가?

① 유연성
② 유효성
③ 신뢰성
④ 직관성

09 자료 흐름도(Data Flow Diagram)의 구성 요소에 해당하지 않는 것은 무엇인가?

① 프로세스
② 자료 흐름
③ 반복 구조
④ 자료 저장소

10 다음 중 SOLID 원칙이라고 불리는 객체지향 설계 원칙에 해당하지 않는 것은 무엇인가?

① ISP(Interface Segregation Principle)
② DIP(Dependency Inversion Principle)
③ WBP(Wirfs Brock Principle)
④ LSP(Liskov Substitution Principle)

11 UML 모델에서 한 사물의 명세가 바뀌면 다른 사물에 영향을 주며, 일반적으로 한 클래스가 다른 클래스를 오퍼레이션의 매개 변수로 사용하는 경우에 나타나는 관계는 무엇인가?

① Composition
② Generalization
③ Realization
④ Dependency

12 객체지향 기술의 구성 요소 중, 객체에게 어떤 행위를 하도록 지시하는 명령은 무엇인가?

① Object
② Message
③ Instance
④ Class

13 〈아래〉에서 설명하는 디자인 패턴은 무엇인가?

> • 클래스가 오직 하나의 인스턴스만을 가지도록 하는 패턴이다.
> • 접근제한자와 정적 변수를 활용하며 다수의 인스턴스로 인한 문제(성능 저하 등)를 방지할 수 있다.

① Composite
② Adaptor
③ Prototype
④ Singleton

14 파이프 필터 형태의 소프트웨어 아키텍처에 대한 설명으로 옳은 것은 무엇인가?

① 서브 시스템이 입력 데이터를 받아 처리하고 결과를 다음 서브 시스템으로 넘겨주는 과정을 반복한다.
② 원격 서비스 실행을 통해 상호작용하며 컴포넌트 간의 통신을 조정한다.
③ 서비스를 제공하는 하나의 노드와 서비스를 요청하는 다수의 노드로 구성된다.
④ 시스템을 논리적으로 분리하여 서로 인접한 계층끼리 상호작용한다.

15 대표적으로 DOS 및 Unix 등의 운영체제에서 조작을 위해 사용하던 것으로, 정해진 명령 문자열을 입력하여 시스템을 조작하는 사용자 인터페이스(User Interface)는 무엇인가?

① TUI(Touch User Interface)
② CLI(Command Line Interface)
③ GUI(Graphic User Interface)
④ NUI(Natural User Interface)

16 UML에서 시퀀스 다이어그램의 구성 항목에 해당하지 않는 것은 무엇인가?

① 생명선
② 실행
③ 제어신호
④ 메시지

17 그림에서 설명하는 모듈 F에서의 fan-in과 fan-out의 수는 무엇인가?

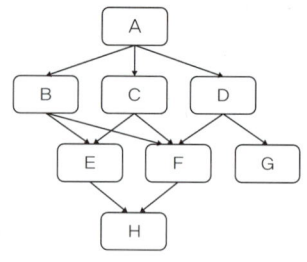

① fan-in : 1, fan-out : 3
② fan-in : 4, fan-out : 1
③ fan-in : 3, fan-out : 1
④ fan-in : 1, fan-out : 4

18 객체지향 개념에서 연관된 데이터와 함수를 함께 묶어 외부와 경계를 만들고 필요한 인터페이스만을 밖으로 드러내는 과정은 무엇인가?

① 정보은닉(Information Hiding)
② 추상화(Abstract)
③ 캡슐화(Encapsulation)
④ 상속(Inheritance)

19 그래픽 표기법을 이용하여 소프트웨어 구성 요소를 모델링하는 럼바우 분석 기법에 해당하지 않는 것은 무엇인가?

① 객체 모델링
② 추상 모델링
③ 기능 모델링
④ 동적 모델링

20 분산 컴퓨팅 환경에서 서로 다른 기종 간의 하드웨어나 프로토콜, 통신환경 등을 연결하여 응용 프로그램과 운영환경 간에 원만한 통신이 이루어질 수 있게 서비스를 제공하는 소프트웨어는 무엇인가?

① 데이터베이스
② 형상관리
③ 트로이목마
④ 미들웨어

21 소프트웨어 테스트에 대한 설명과 가장 거리가 먼 것은 무엇인가?

① 화이트박스 테스트는 모듈의 논리적인 구조를 체계적으로 점검할 수 있다.
② 블랙박스 테스트는 프로그램의 구조를 고려하지 않는다.
③ 가급적 같은 형태의 테스트를 반복해야 한다.
④ 테스트 케이스에는 일반적으로 시험 조건, 테스트 데이터 및 예상 결과가 포함되어야 한다.

22 디지털 저작권 관리(DRM)의 기술 요소에 해당하지 않는 것은 무엇인가?

① 크랙 방지 기술
② 정책 관리 기술
③ 구독 관리 기술
④ 암호화 기술

23 소프트웨어 형상관리(Configuration management)에 대한 설명과 가장 거리가 먼 것은 무엇인가?

① 소프트웨어에서 일어나는 수정이나 변경을 알아내고 제어하는 것을 의미한다.
② 형상 변경은 허가받은 인원에 한해서 자유롭게 가능하다.
③ 소프트웨어 개발의 전체 비용을 줄이고, 개발과정의 여러 방해요인이 최소화되도록 보증하는 것을 목적으로 한다.
④ 형상관리의 기능 중 하나는 버전 제어 기술이다.

24 아래 〈조건〉에 맞추어 트리를 후위 순회(Post Traversal)를 수행한 결과로 옳은 것은 무엇인가?

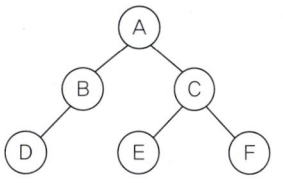

① A B D C E F
② D B E F C A
③ A B C D E F
④ D B A E C F

25 EAI(Enterprise Application Integration)의 구축 유형에 해당하지 않는 것은 무엇인가?

① Point-to-Point
② Hub & Spoke
③ Message Bus
④ Tree Bus

26 소프트웨어 테스트에서 오류의 80%는 전체 모듈의 20% 내에서 발견된다는 법칙에 해당하는 것은 무엇인가?

① 결함 집중(Defect Clustering)의 법칙
② Pareto의 법칙
③ 살충제 패러독스(Pesticide Paradox)
④ 오류-부재의 궤변(Absence of Errors Fallacy)

27 테스트 오라클에 대한 설명과 가장 거리가 먼 것은 무엇인가?

① 샘플링 오라클 : 특정한 몇몇 테스트 케이스의 입력 값들에 대해서만 기대하는 결과를 제공하는 오라클이다.
② 휴리스틱 오라클 : 특정 테스트 케이스의 입력 값에 대해 기대하는 결과를 제공하고, 나머지 입력 값들에 대해서는 추정으로 처리하는 오라클이다.
③ 참 오라클 : 테스트 분기에서 True가 나타날 수 있는 입력 값에 대해서만 결과를 제공하는 오라클이다.
④ 일관성 검사 오라클 : 애플리케이션의 변경이 있을 경우 테스트 케이스의 수행 전과 후의 결과 값이 동일한지를 확인하는 오라클이다.

28 IPSec(IP Security)에 대한 설명과 가장 거리가 먼 것은 무엇인가?

① ESP는 발신지 인증, 데이터 무결성, 기밀성 모두를 보장한다.
② IPv6부터 보안이 필요한 경우에 선택적으로 사용 가능하다.
③ 운영 모드는 Tunnel 모드와 Transport 모드로 분류된다.
④ AH는 발신지 호스트를 인증하고, IP 패킷의 무결성을 보장한다.

29 스택(STACK)의 응용 분야에 해당하지 않는 것은 무엇인가?

① 인터럽트의 처리
② 입출력 버퍼
③ 수식의 계산
④ 서브루틴의 복귀 번지 저장

30 선택(Selection) 정렬을 이용하여 오름차순으로 정렬하고자 한다. 3회전 수행 결과에 해당하는 것은 무엇인가?

8, 3, 4, 9, 7

① 3, 8, 4, 9, 7
② 3, 4, 7, 8, 9
③ 3, 4, 8, 9, 7
④ 3, 4, 7, 9, 8

31 해싱 함수(Hashing Function)의 종류에 해당하지 않는 것은 무엇인가?

① 제곱법(Mid-Square)
② 숫자 분석법(Digit Analysis)
③ 제산법(Division)
④ 정렬법(Sort)

32 인터페이스 구현 검증 도구에 해당하지 않는 것은 무엇인가?

① JUnit
② STAF
③ ESB
④ NTAF

33 순서가 A, B, C, D로 정해진 입력 자료를 스택에 입력하였다가 출력할 때, 가능한 출력 순서의 결과에 해당하지 않는 것은 무엇인가?

① A, B, C, D
② A, B, D, C
③ D, C, A, B
④ B, C, D, A

34 클린 코드 작성 원칙에 대한 설명과 가장 거리가 먼 것은 무엇인가?

① 코드가 길어질 경우 의도적으로 코드 중복 작성
② 누구든지 쉽게 이해하는 코드 작성
③ 다른 모듈에 미치는 영향 최소화
④ 단순, 명료한 코드 작성

35 소스코드 품질 분석 도구 중 정적 분석 도구에 해당하지 않는 것은 무엇인가?

① valgrind
② pmd
③ checkstyle
④ cppcheck

36 알파, 베타 테스트와 가장 밀접한 연관이 있는 테스트 단계에 해당하는 것은 무엇인가?

① 단위 테스트
② 인수 테스트
③ 통합 테스트
④ 시스템 테스트

37 테스트 드라이버(Test Driver)에 대한 설명과 가장 거리가 먼 것은 무엇인가?

① 시험 대상 모듈을 호출하는 간이 소프트웨어이다.
② 최상위 모듈부터 하위 모듈로 단계별 통합하며 테스트를 수행한다.
③ 필요에 따라 매개 변수를 전달하고 모듈을 수행한 후의 결과를 보여줄 수 있다.
④ 상향식 통합 테스트에서 사용된다.

38 소프트웨어 패키징에 대한 설명과 가장 거리가 먼 것은 무엇인가?

① 신규 및 변경 개발소스를 식별하고, 이를 모듈화하여 상용제품으로 패키징한다.
② 고객의 편의성을 위해 매뉴얼 및 버전관리를 지속적으로 한다.
③ 범용 환경에서 사용이 가능하도록 일반적인 배포 형태로 패키징이 진행된다.
④ 즉각적인 유지보수를 위해 소스코드를 포함한다.

39 연결 리스트(Linked List)에 대한 설명과 가장 거리가 먼 것은 무엇인가?

① 가장 단순한 구조이며 접근 속도가 비교적 빠르다.
② 노드의 삽입이나 삭제가 쉽다.
③ 연결을 해주는 포인터(Pointer)를 위한 추가 공간이 필요하다.
④ 연결 리스트 중에서 중간 노드 연결이 끊어지면 그 다음 노드를 찾기 힘들다.

40 알고리즘 시간 복잡도 O(1)에 대한 설명으로 옳은 것은 무엇인가?

① 알고리즘 수행 시 수행되는 분기문이 1개
② 알고리즘 수행 시 필요한 입력 데이터가 1개
③ 알고리즘 수행 시 필요한 연산 횟수가 1회
④ 알고리즘 수행시간이 입력 데이터 수와 관계없이 일정

41 데이터베이스 무결성에 대한 설명으로 옳은 것은 무엇인가?

① 데이터 변경에 제한을 둘수록 무결성이 훼손될 확률이 높다.
② 참조 무결성은 데이터 형식, 타입, 길이, Null 허용 여부 등의 제약으로 무결성을 보장한다.
③ 도메인 무결성은 참조 관계가 존재하는 두 개체 간 데이터의 일관성을 보증하는 특성이다.
④ 개체 무결성은 한 릴레이션의 기본키를 구성하는 어떠한 속성값도 널(NULL) 값이나 중복값을 가질 수 없음을 규정하는 것이다.

42 트랜잭션 상태 제어의 대한 설명과 가장 거리가 먼 것은 무엇인가?

① 활동 상태는 트랜잭션이 수행되기 시작하여 현재 실행 중인 상태를 의미한다.
② 완료는 트랜잭션이 성공적으로 종료되어 Commit 연산까지 수행한 상태를 의미한다.
③ 실패는 연산을 취소하고 원래의 내용으로 복원된 상태를 의미한다.
④ 철회는 트랜잭션이 수행하는 데 실패하여 Rollback 연산까지 수행한 상태를 의미한다.

43 무결성을 보장하기 위해 트랜잭션이 가져야 할 특성에 대한 설명과 가장 거리가 먼 것은 무엇인가?

① 트랜잭션 내의 모든 명령은 반드시 완벽히 수행되어야 하며, 모두가 완벽히 수행되지 않고 어느 하나라도 오류가 발생하면 트랜잭션 전부가 취소되어야 한다.
② 트랜잭션의 결과는 일시적인 것으로, 영구 반영되기 위해서는 별도의 작업이 필요하다.
③ 트랜잭션의 수행과 관계없이 데이터베이스가 가지고 있는 고정 요소는 일관되어야 한다.
④ 둘 이상의 트랜잭션이 동시에 병행 실행되는 경우 어느 하나의 트랜잭션 실행 중에 다른 트랜잭션의 연산이 끼어들 수 없다.

44 분산 데이터베이스의 특징에 대한 설명과 가장 거리가 먼 것은 무엇인가?

① 물리적으로 분산되어 있는 데이터베이스를 한 공간에 통합하여 관리한다.
② 지역 서버의 고유 데이터에 대한 작업은 중앙 서버의 통제 없이 자유롭게 수행할 수 있다.
③ 새로운 지역 서버를 추가하거나 장비를 추가하는 등의 작업이 용이하다.
④ 위치 투명성, 중복 투명성, 병행 투명성, 장애 투명성을 목표로 한다.

45 파티셔닝 방식 중 '월별, 분기별'과 같이 지정한 열의 값을 기준으로 범위를 지정하여 분할하는 방식은 무엇인가?

① Hash Partitioning
② Range Partitioning
③ List Partitioning
④ Composite Partitioning

46 다양한 종류의 데이터베이스를 구분하는 기준은 무엇인가?

① 데이터의 양
② 데이터 간 관계
③ 업무의 유형
④ 제공 업체

47 다음 SQL문의 실행 결과에 대한 설명으로 옳은 것은 무엇인가?

```
ALTER TABLE 학생 DROP 학년 CASCADE;
```

① 학생 테이블에서 학년 속성을 제거하되 학년 속성을 참조하는 테이블이 있다면 제거 작업을 취소한다.
② 학생 테이블에서 학년 속성을 제거하되 학년 속성을 참조하는 테이블은 무시한다.
③ 학생 테이블에서 학년 속성을 제거하되 학년 속성을 참조하는 다른 테이블의 속성도 함께 제거한다.
④ 학생 테이블에서 학년 속성을 참조하는 다른 테이블을 삭제한다.

48 물리적 데이터베이스를 설계하는 전 단계로서, 데이터 모델링이라 불리는 데이터베이스 설계 단계는 무엇인가?

① 개념적 데이터베이스 설계
② 추상적 데이터베이스 설계
③ 논리적 데이터베이스 설계
④ 이론적 데이터베이스 설계

49 정규화에 대한 설명과 가장 거리가 먼 것은 무엇인가?

① 업무 시스템 운영의 편의성을 위해 릴레이션을 분할, 통합, 중복화하는 것이다.
② 정규형에는 제1정규형, 제2정규형, 제3정규형, BCNF형, 제4정규형 등이 있다.
③ 릴레이션에 속한 모든 도메인이 원자값만으로 되어 있는 정규형은 제1정규형이다.
④ 제1정규형이 제2정규형이 되기 위해서는 기본키가 아닌 모든 속성이 기본키에 대하여 완전 함수적 종속을 만족해야 한다.

50 개체-관계(E-R) 모델에 대한 설명과 가장 거리가 먼 것은 무엇인가?

① 특정 DBMS를 고려하여 제작하지 않는다.
② 개념적 데이터베이스 단계에서 제작된다.
③ 직사각형, 삼각형, 오각형 등의 도형으로 표현한다.
④ E-R 모델의 기본적인 아이디어를 시각적으로 가장 잘 나타낸 것이 E-R 다이어그램이다.

51 관계형 데이터베이스의 구성 요소에 대한 설명과 가장 거리가 먼 것은 무엇인가?

① 하나의 속성 값들은 동일한 값이 있을 수 있다.
② 튜플은 개체 고유의 특성으로 릴레이션 구성의 가장 작은 논리적 단위이다.
③ 한 릴레이션에 포함된 튜플은 모두 상이하다.
④ 한 릴레이션을 구성하는 속성 사이에는 순서가 없다.

52 SQL의 명령어를 DCL, DML, DDL로 구분할 경우, 다음 중 성격이 다른 하나는 무엇인가?

① INSERT
② CREATE
③ ALTER
④ DROP

53 키는 개체 집합에서 고유하게 개체를 식별할 수 있는 속성이다. 데이터베이스에서 사용되는 키의 종류에 대한 설명과 가장 거리가 먼 것은 무엇인가?

① 후보키는 개체들을 고유하게 식별할 수 있는 속성이다.
② 슈퍼키는 한 개 이상의 속성들의 집합으로 구성된 키이다.
③ 외래키는 다른 테이블의 기본키로 사용되는 속성이다.
④ 기본키는 테이블에서 첫 번째 속성이다.

54 SQL의 TRUNCATE 명령어에 대한 설명과 가장 거리가 먼 것은 무엇인가?

① DELETE와 달리 특정 조건에 맞지 않는 데이터를 삭제한다.
② DELETE와 같이 테이블의 모든 데이터를 삭제한다.
③ DROP과 달리 테이블 스키마는 제거되지 않고 유지된다.
④ DELETE에 비해 빠르게 데이터를 제거하는 것이 가능하다.

55 데이터베이스의 병행 제어(Concurrency Control)에 대한 설명과 가장 거리가 먼 것은 무엇인가?

① 여러 사용자가 데이터베이스를 동시에 접근하여 데이터를 처리하기 위함이다.
② 처리 결과의 정확성 유지를 위해 데이터를 잠그거나 여는 등의 제어가 필요하다.
③ 로킹 단위가 작으면 오버헤드가 감소한다.
④ 로킹 단위가 크면 병행성 수준이 낮아진다.

56 시스템 카탈로그에 대한 설명과 가장 거리가 먼 것은 무엇인가?

① 시스템 자체에 관련 있는 다양한 객체에 관한 정보를 포함하는 시스템 데이터베이스이다.
② 데이터 사전이라고도 한다.
③ 기본 테이블, 뷰, 인덱스, 패키지, 접근 권한 등의 정보를 저장한다.
④ 사용자가 임의로 수정할 경우 별도의 백업이 필요하다.

57 트리거(Trigger)에 대한 설명으로 옳은 것은 무엇인가?

① 외부 변수의 입출력과 반환값이 존재한다.
② 모든 데이터베이스 언어를 사용할 수 있다.
③ 독립적 프로세스로 비교적 낮은 수준의 무결성 및 품질이 요구된다.
④ 이벤트가 발생할 때마다 관련 작업이 자동으로 수행되는 절차형 SQL이다.

58 관계 대수와 관계 해석에 대한 설명과 가장 거리가 먼 것은 무엇인가?

① 관계 대수로 표현한 식은 관계 해석으로도 표현할 수 있다.
② 관계 해석은 관계 데이터의 연산을 표현할 수 있다.
③ 관계 해석은 원하는 정보가 무엇이라는 것만 정의하는 비절차적인 특징을 가지고 있다.
④ 관계 대수는 처리 기능과 능력 면에서 관계 해석에 비해 높은 수준이다.

59 〈아래〉에서 설명하는 정보 시스템은 무엇인가?

> - 각 시스템 간에 공유 디스크를 중심으로 집단화(clustering)로 엮이며 다수의 시스템을 동시에 연결할 수 있다.
> - 구성에 따라 여러 가지 방식으로 구현할 수 있지만 실제 널리 쓰이는 방식은 2개의 서버를 연결하는 것으로, 2개의 시스템이 각각의 업무를 수행한다.
> - 1개의 서버에서 장애가 발생하면 다른 하나의 서버가 그 서버의 업무를 대신 수행하여 시스템 장애를 불과 몇 초 만에 복구할 수 있다.

① LOCUS   ② MOSIX
③ HDMI   ④ HACMP

60 데이터베이스에 영향을 주는 생성, 읽기, 갱신, 삭제 연산으로 프로세스와 테이블 간에 매트릭스를 만들어서 트랜잭션을 분석하는 것은 무엇인가?

① CSUD 분석
② CRAD 분석
③ CSAD 분석
④ CRUD 분석

61 〈아래〉에서 설명하는 OSI 7계층은 무엇인가?

> - 데이터 통신을 위한 양 끝단의 응용 프로세스가 통신을 관리하기 위한 방법을 제공하는 계층이다.
> - 데이터 전송 중에 연결이 끊어지는 경우, 동기점(Synchronization Point)을 통해 오류를 복구한다.

① 전송 계층
② 표현 계층
③ 세션 계층
④ 응용 계층

62 아래 C코드를 수행한 결과로 옳은 것은 무엇인가?

```
#include <stdio.h>
int main() {
  int a = 3, b = 4, c = 5;
  int r1, r2, r3;
  r1 = a < 4 && b <= 4;
  r2 = a > 3 || b <= 5;
  r3 = !c;
  printf("%d", r1 - r2 + r3);
}
```

① -1   ② 1
③ 2   ④ 0

63 아래 C코드에 'c'를 입력했을 때 결과로 옳은 것은 무엇인가?

```
#include <stdio.h>
main() {
  char ch;
  scanf("%c", &ch);
  switch(ch) {
  case 'a':
    printf("one");
  case 'b':
    printf("two");
  case 'c':
    printf("three");
    break;
  case 'd':
    printf("four");
    break;
  }
}
```

① three ② one
③ four ④ two

64 C언어 프로그램에서 밑줄 친 부분과 동일한 의미에 해당하는 것은 무엇인가?

```
#include <stdio.h>
main() {
  int a, b;
  for (a = 0; a < 2; a++)
    for (b = 0; b < 2; b++)
      printf("%d", !a && !b);
}
```

① a ≫ !b
② a && b
③ !(a || b)
④ !(a && b)

65 아래 Python 코드에 'jima@youngjin'을 입력했을 경우 결과로 옳은 것은 무엇인가?

```
def fa(s):
    return s[-1]
a, b = map(fa, input().split("@"))
print(a, b)
```

① jima@youngjin
② jim, youngji
③ jim@youngji
④ jim youngji

66 HRN에 대한 설명과 가장 거리가 먼 것은 무엇인가?

① 대기시간과 서비스시간을 이용하는 방법이다.
② 우선순위 산정 공식은 (실행시간)/(대기시간)+(실행시간)이다.
③ 대기시간이 긴 프로세스일수록 우선순위가 높아진다.
④ SJF 기법을 보완하기 위한 스케줄링 방법이다.

67 C언어에서 malloc() 함수에 대한 설명과 가장 거리가 먼 것은 무엇인가?

① 원하는 시점에 원하는 만큼 메모리를 동적으로 할당한다.
② free 명령어로 할당된 메모리를 해제한다.
③ 할당된 메모리는 자동으로 0으로 초기화된다.
④ 메모리 할당이 불가능할 경우 NULL이 반환된다.

68 프로세스에 대한 설명과 가장 거리가 먼 것은 무엇인가?
① 프로세서가 할당되는 실체로, 디스패치가 가능한 단위이다.
② 신뢰도 향상을 위해 반드시 도착한 순서대로 CPU에 할당된다.
③ 프로세스는 비동기적 행위를 일으키는 주체이다.
④ PCB를 가지며 PCB에는 프로세스의 현재 상태, 고유식별자를 가지고 있다.

69 메모리에 3개의 빈 프레임이 있으며, 아래의 순서로 페이지 참조가 발생할 때, FIFO 페이지 교체 알고리즘을 사용할 경우의 결과값에 해당하는 것은 무엇인가?

> 3, 0, 1, 2, 0, 3, 0, 4, 2

① 3, 0, 1
② 2, 0, 1
③ 2, 3, 0
④ 4, 2, 0

70 〈아래〉에서 설명하는 내용은 무엇인가?

> 프로세스 처리 도중, 참조할 페이지가 주기억장치에 없어 프로세스 처리시간보다 페이지 교체에 소요되는 시간이 더 많아지는 현상

① 스래싱(Thrashing)
② 워킹 셋(Working Set)
③ 프리페이징(Prepaging)
④ 구역성(Locality)

71 IP 버전에 대한 설명과 가장 거리가 먼 것은 무엇인가?
① IPv6는 총 168비트로 구성되며 보안이 우수하다.
② IPv4는 각 부분을 옥텟으로 구성, 총 32비트로 구성된다.
③ IPv6는 각 부분을 콜론으로 구분한다.
④ IPv4는 네트워크 부분의 길이에 따라 A 클래스에서 E 클래스까지 총 5단계로 구성되어 있다.

72 JAVA에서 힙(Heap)에 남아있으나 변수가 가지고 있던 참조값을 잃거나 변수 자체가 없어짐으로써 더 이상 사용되지 않는 객체를 제거해주는 역할을 하는 모듈은 무엇인가?
① Java Script
② Garbage Collector
③ Memory Remover
④ Debugging

73 UNIX에서 새로운 프로세스를 생성하는 명령어는 무엇인가?
① mount
② exec
③ fork
④ who

74 교착상태가 발생할 수 있는 조건이 아닌 것은 무엇인가?
① Linear wait
② No preemption
③ Hold and wait
④ Mutual exclusion

75 IEEE 802.3 LAN에서 사용되는 전송 매체 접속 제어(MAC) 방식은 무엇인가?

① CSMA/CA
② Token RING
③ Token BUS
④ CSMA/CD

76 프로세스 상태의 종류가 아닌 것은 무엇인가?

① Input
② Ready
③ Running
④ Exit

77 TCP/IP에서 사용되는 논리 주소를 물리 주소로 변환시켜 주는 프로토콜은 무엇인가?

① ARP
② RARP
③ ICMP
④ IMAP

78 OSI 7계층 중 네트워크 계층에 대한 설명과 가장 거리가 먼 것은 무엇인가?

① 패킷을 발신지로부터 최종 목적지까지 전달하는 책임을 진다.
② 물리적(전기, 기계) 신호를 주고받는 계층이다.
③ 패킷에 발신지와 목적지의 논리 주소를 추가한다.
④ 라우터 또는 교환기는 패킷 전달을 위해 경로를 지정하거나 교환 기능을 제공한다.

79 프레임워크(Framework)에 대한 설명으로 옳은 것은 무엇인가?

① 소프트웨어 구성에 필요한 기본 구조를 제공함으로써 재사용이 가능하게 해준다.
② 프로그램의 기반, 구조를 잡고 구조에 맞는 프레임워크를 적용한다.
③ 검증된 프레임워크를 사용하기 위해서는 충분한 예산이 필요하다.
④ 프로그램 구성이 복잡해져 전문 개발자가 필요하다.

80 C언어 라이브러리 중 stdlib.h에 대한 설명으로 옳은 것은 무엇인가?

① 기본 데이터 입출력에 관한 함수들이 있다.
② 제곱근, 절대값 등 수학 관련된 연산을 수하는 함수들이 있다.
③ 문자열 관련 처리(길이, 복사, 비교 등)를 수행하는 함수들이 있다.
④ 문자열을 수치 데이터로 변환하는 함수와 수치 데이터를 문자열로 변환하는 함수 등이 있다.

81 응용 프로그램의 주요 취약점에 대한 설명과 가장 거리가 먼 것은 무엇인가?

① 로직 결함 : 악의적 사용자가 권한을 강화하여 애플리케이션 기능 및 데이터에 비인가 접근을 하는 것이다.
② SQL Injection : 웹 응용 프로그램에 SQL을 삽입하여 내부 데이터베이스(DB) 서버의 데이터를 유출 및 변조하고, 관리자 인증을 우회한다.
③ XSS : 웹페이지에 악의적인 스크립트를 삽입하여 방문자들의 정보를 탈취한다.
④ OS Command Injection : 외부 입력 값을 통해 시스템 명령어의 실행을 유도함으로써 권한을 탈취하거나 시스템 장애를 유발한다.

82 악성코드의 유형 중 다른 컴퓨터의 취약점을 이용하여 스스로 전파하거나 메일로 전파되며 스스로를 증식하는 것은 무엇인가?

① Spyware
② Worm
③ Trojan Horse
④ Ransomware

83 정보보안 요소 중 무결성(Integrity)에 대한 설명으로 옳은 것은 무엇인가?

① 데이터 송수신 사실에 대한 증명을 통해 해당 사실을 부인하지 못하도록 하는 특성
② 인가된 사용자가 문제없이 시스템 내의 정보를 사용할 수 있다는 특성
③ 시스템 내의 정보는 오직 인가된 사용자만 접근할 수 있다는 특성
④ 시스템 내의 정보는 오직 인가된 사용자만 수정할 수 있다는 특성

84 세션 하이재킹을 탐지하는 방법으로 거리가 먼 것은 무엇인가?

① 비동기화 상태 탐지
② ACK STORM 탐지
③ 인가된 사용자 접속의 리셋 탐지
④ 패킷의 유실 및 재전송 증가 탐지

85 정보보안의 3요소에 해당하지 않는 것은 무엇인가?

① 기밀성
② 무결성
③ 가용성
④ 인가성

86 LOC 기법에 의하여 예측된 총 라인수가 36,000라인, 개발에 참여할 프로그래머가 6명, 프로그래머들의 평균 생산성이 월간 300라인일 때 개발에 소요되는 기간은 얼마인가?

① 20개월
② 12개월
③ 24개월
④ 16개월

87 COCOMO 모델에 의한 비용 산정에 대한 설명과 가장 거리가 먼 것은 무엇인가?

① 보헴이 제안한 원시 프로그램의 규모에 의한 비용 예측 모형이다.
② 같은 규모의 소프트웨어라도 그 유형에 따라 비용이 다르게 산정된다.
③ 소프트웨어 기능을 증대시키는 요인별로 가중치를 부여하여 비용을 산정한다.
④ 비용 산정 유형으로 Organic Mode, Embedded Mode, Semi-Detached Mode가 있다.

88 Wi-Fi에서 제정한 무선 랜(WLAN) 인증 및 암호화 관련 표준은 무엇인가?

① AES
② DSA
③ TKIP
④ WPA

89 〈아래〉에서 설명하는 암호화 알고리즘은 무엇인가?

> - DES를 대체하는 미국의 표준 대칭키 블록 알고리즘이다
> - 128bit의 블록 크기와 가변 길이 키(128/192/256)를 가진다.

① IDEA
② AES
③ SEED
④ ARIA

90 침입 탐지 시스템(IDS, Intrusion Detection System)에 대한 설명과 가장 거리가 먼 것은 무엇인가?

① HIDS(Host-Based Intrusion Detection)는 운영체제에 설정된 사용자 계정에 따라 어떤 사용자가 어떤 접근을 시도하고 어떤 작업을 했는지에 대한 기록을 남기고 추적한다.
② NIDS(Network-Based Intrusion Detection System)로는 대표적으로 Snort가 있다.
③ 지식 기반 침입 탐지는 알려지지 않은 새로운 행위에 대한 비정상 여부를 판단한다.
④ 외부 인터넷에 서비스를 제공하는 서버가 위치하는 네트워크인 DMZ(Demilitarized Zone)에는 IDS가 설치될 수 있다.

91 네트워크 장비에 대한 설명과 가장 거리가 먼 것은 무엇인가?

① 브리지는 LAN과 LAN을 연결하거나 LAN 안에서의 컴퓨터 그룹을 연결하는 기능을 수행하며, 데이터 링크 계층 중 MAC 계층에서 사용된다.
② 스위치는 LAN과 LAN을 연결하여 훨씬 더 큰 LAN을 만드는 장치로, OSI 7계층의 2계층에서 사용된다.
③ 리피터는 데이터의 네트워크 출입구 역할을 한다.
④ 라우터는 LAN과 LAN의 연결 기능에 데이터 전송의 최적 경로를 선택할 수 있는 기능이 추가된 것으로, 서로 다른 LAN이나 LAN과 WAN의 연결도 수행하고, OSI 7계층의 네트워크 계층에서 동작한다.

92 SQL Injection 공격에 대한 설명과 가장 거리가 먼 것은 무엇인가?

① SQL Injection은 임의로 작성한 SQL 구문을 애플리케이션에 삽입하는 공격 방식이다.
② SQL Injection 취약점이 발생하는 곳은 주로 웹 애플리케이션과 데이터베이스가 연동되는 부분이다.
③ 로그인과 같이 웹에서 사용자의 입력 값을 받아 데이터베이스 SQL문으로 데이터를 요청하는 경우 SQL Injection을 수행할 수 있다.
④ 사용자로부터 입력받은 값을 즉시 데이터베이스에 반영한 뒤 입력값을 검증하여 공격을 차단할 수 있다.

93 브리지와 구내 정보 통신망(LAN)으로 구성된 통신망에서 루프(폐회로)를 형성하지 않으면서 연결을 설정하는 알고리즘은 무엇인가?

① Depth First Search
② Breadth First Search
③ Spanning Tree
④ Heuristic Search

94 〈아래〉에서 설명하는 것은 무엇인가?

> • 블록체인(Blockchain) 개발환경을 클라우드로 서비스하는 개념
> • 블록체인 네트워크에 노드의 추가 및 제거가 용이
> • 블록체인의 기본 인프라를 추상화하여 블록체인 응용 프로그램을 만들 수 있는 클라우드 컴퓨팅 플랫폼

① IaaS
② TaaS
③ BaaS
④ SaaS

95 소프트웨어 재공학의 주요 활동 중 기존 소프트웨어를 다른 운영체제나 하드웨어 환경에서 사용할 수 있도록 변환하는 것은 무엇인가?

① 이식(Migration)
② 분석(Analysis)
③ 재구성(Restructuring)
④ 역공학(Reverse Engineering)

96 암호화 알고리즘 중 성격이 다른 하나는 무엇인가?

① MD4
② MD5
③ RSA
④ SHA-1

97 〈아래〉에서 설명하는 것은 무엇인가?

> • 서버와 저장장치를 연결하는 전용 네트워크를 별도로 구성한다.
> • 저장장치 및 파일 공유가 가능하고 확장성, 유연성, 가용성이 뛰어나다.
> • 장비(FC, Fibre Channel) 업그레이드가 필수이며 비용이 많이 든다.

① SAS
② DAS
③ NAS
④ SAN

98 기존 무선 랜의 한계 극복을 위해 등장하였으며, 대규모 디바이스의 네트워크 생성에 최적화되어 차세대 이동통신, 홈네트워킹, 공공안전 등의 특수목적에 사용되는 새로운 방식의 네트워크 기술을 의미하는 것은 무엇인가?

① Bluetooth
② WIPI
③ Wibro
④ Mesh Network

99 CPM(Critical Path Method)에 대한 설명과 가장 거리가 먼 것은 무엇인가?

① 프로젝트 내에서 각 작업이 수행되는 시간과 각 작업 사이의 관계를 파악할 수 있다.
② 효과적인 프로젝트의 통제를 가능하게 해준다.
③ 작업별 개발 기간이 불확실하여 기간 내에 개발 완료 가능한지 확률을 분석할 때 사용한다.
④ 경영층의 과학적인 의사 결정을 지원한다.

100 클라우드 기반 HSM(Cloud-based Hardware Security Module)에 대한 설명과 가장 거리가 먼 것은 무엇인가?

① 클라우드(데이터센터) 기반 암호화 키 생성, 처리, 저장 등을 하는 보안 기기이다.
② 소프트웨어적으로 구현되므로 소프트웨어식 암호 기술에 내재된 보안 취약점을 해결할 수 있다.
③ 국내에서는 공인인증제의 폐지와 전자서명법 개정을 추진하면서 클라우드 HSM 용어가 자주 등장하였다.
④ 클라우드에 인증서를 저장하므로 기존 HSM 기기나 휴대폰에 인증서를 저장해 다닐 필요가 없다.

정보처리기사 필기 최신 기출문제 09회

시험 일자	문항 수	시험 시간
2022년 제2회	총 100문항	2시간 30분

수험번호 : _____

성   명 : _____

---

01 UML 다이어그램 중 순차 다이어그램에 대한 설명으로 틀린 것은?
① 객체 간의 동적 상호작용을 시간 개념을 중심으로 모델링하는 것이다.
② 주로 시스템의 정적 측면을 모델링하기 위해 사용한다.
③ 일반적으로 다이어그램의 수직 방향이 시간의 흐름을 나타낸다.
④ 회귀 메시지(Self-Message), 제어블록(Statement block) 등으로 구성된다.

02 메시지 지향 미들웨어(Message-Oriented Middleware, MOM)에 대한 설명으로 틀린 것은?
① 느리고 안정적인 응답보다는 즉각적인 응답이 필요한 온라인 업무에 적합하다.
② 독립적인 애플리케이션을 하나의 통합된 시스템으로 묶기 위한 역할을 한다.
③ 송신측과 수신측의 연결 시 메시지 큐를 활용하는 방법이 있다.
④ 상이한 애플리케이션 간 통신을 비동기 방식으로 지원한다.

03 익스트림 프로그래밍에 대한 설명으로 틀린 것은?
① 대표적인 구조적 방법론 중 하나이다.
② 소규모 개발 조직이 불확실하고 변경이 많은 요구를 접하였을 때 적절한 방법이다.
③ 익스트림 프로그래밍을 구동시키는 원리는 상식적인 원리와 경험을 최대한 끌어 올리는 것이다.
④ 구체적인 실천 방법을 정의하고 있으며, 개발 문서보다는 소스코드에 중점을 둔다.

04 유스케이스(Use Case)의 구성 요소 간의 관계에 포함되지 않는 것은?
① 포함
② 확장
③ 구체화
④ 일반화

05 요구사항 분석에서 비기능적(Nonfunctional) 요구에 대한 설명으로 옳은 것은?

① 시스템의 처리량(Throughput), 반응 시간 등의 성능 요구나 품질 요구는 비기능적 요구에 해당하지 않는다.
② '차량 대여 시스템이 제공하는 모든 화면이 3초 이내에 사용자에게 보여야 한다'는 비기능적 요구이다.
③ 시스템 구축과 관련된 안전, 보안에 대한 요구사항들은 비기능적 요구에 해당하지 않는다.
④ '금융 시스템은 조회, 인출, 입금, 송금의 기능이 있어야 한다'는 비기능적 요구이다.

06 정보공학 방법론에서 데이터베이스 설계의 표현으로 사용하는 모델링 언어는?

① Package Diagram
② State Transition Diagram
③ Deployment Diagram
④ Entity-Relationship Diagram

07 미들웨어(Middleware)에 대한 설명으로 틀린 것은?

① 여러 운영체제에서 응용 프로그램들 사이에 위치한 소프트웨어이다.
② 미들웨어의 서비스 이용을 위해 사용자가 정보 교환 방법 등의 내부 동작을 쉽게 확인할 수 있어야 한다.
③ 소프트웨어 컴포넌트를 연결하기 위한 준비된 인프라 구조를 제공한다.
④ 여러 컴포넌트를 1대1, 1대다, 다대다 등 여러 가지 형태로 연결이 가능하다.

08 UI의 설계 지침으로 틀린 것은?

① 이해하기 편하고 쉽게 사용할 수 있는 환경을 제공해야 한다.
② 주요 기능을 메인 화면에 노출하여 조작이 쉽도록 하여야 한다.
③ 치명적인 오류에 대한 부정적인 사항은 사용자가 인지할 수 없도록 한다.
④ 사용자의 직무, 연령, 성별 등 다양한 계층을 수용하여야 한다.

09 객체지향 개념에서 다형성(Polymorphism)과 관련한 설명으로 틀린 것은?

① 다형성은 현재 코드를 변경하지 않고 새로운 클래스를 쉽게 추가할 수 있게 한다.
② 다형성이란 여러 가지 형태를 가지고 있다는 의미로, 여러 형태를 받아들일 수 있는 특징을 말한다.
③ 메소드 오버라이딩(Overriding)은 상위 클래스에서 정의한 일반 메소드의 구현을 하위 클래스에서 무시하고 재정의할 수 있다.
④ 메소드 오버로딩(Overloading)의 경우 매개 변수 타입은 동일하지만 메소드명을 다르게 함으로써 구현, 구분할 수 있다.

10 소프트웨어 개발 영역을 결정하는 요소 중 다음 사항과 관계 있는 것은?

> • 소프트웨어에 의해 간접적으로 제어되는 장치와 소프트웨어를 실행하는 하드웨어
> • 기존의 소프트웨어와 새로운 소프트웨어를 연결하는 소프트웨어
> • 순서적 연산에 의해 소프트웨어를 실행하는 절차

① 기능(Function)
② 성능(Performance)
③ 제약 조건(Constraint)
④ 인터페이스(Interface)

11 객체에 대한 설명으로 틀린 것은?

① 객체는 상태, 동작, 고유 식별자를 가진 모든 것이라 할 수 있다.
② 객체는 공통 속성을 공유하는 클래스들의 집합이다.
③ 객체는 필요한 자료 구조와 이에 수행되는 함수들을 가진 하나의 독립된 존재이다.
④ 객체의 상태는 속성값에 의해 정의된다.

12 속성과 관련된 연산(Operation)을 클래스 안에 묶어서 하나로 취급하는 것을 의미하는 객체지향 개념은?

① Inheritance
② Class
③ Encapsulation
④ Association

13 애자일(Agile) 프로세스 모델에 대한 설명으로 틀린 것은?

① 변화에 대한 대응보다는 자세한 계획을 중심으로 소프트웨어를 개발한다.
② 프로세스와 도구 중심이 아닌 개개인과의 상호소통을 통해 의견을 수렴한다.
③ 협상과 계약보다는 고객과의 협력을 중시한다.
④ 문서 중심이 아닌, 실행 가능한 소프트웨어를 중시한다.

14 명백한 역할을 가지고 독립적으로 존재할 수 있는 시스템의 부분으로 넓은 의미에서는 재사용되는 모든 단위라고 볼 수 있으며, 인터페이스를 통해서만 접근할 수 있는 것은?

① Model
② Sheet
③ Component
④ Cell

15 GoF(Gang of Four) 디자인 패턴을 생성, 구조, 행동 패턴의 세 그룹으로 분류할 때, 구조 패턴이 아닌 것은?

① Adapter 패턴
② Bridge 패턴
③ Builder 패턴
④ Proxy 패턴

16 UI와 관련된 기본 개념 중 하나로, 시스템의 상태와 사용자의 지시에 대한 효과를 보여주어 사용자가 명령에 대한 진행 상황과 표시된 내용을 해석할 수 있도록 도와주는 것은?

① Feedback
② Posture
③ Module
④ Hash

17 UI의 종류로 멀티 터치(Multi-touch), 동작 인식(Gesture Recognition) 등 사용자의 자연스러운 움직임을 인식하여 서로 주고받는 정보를 제공하는 사용자 인터페이스를 의미하는 것은?

① GUI(Graphical User Interface)
② OUI(Organic User Interface)
③ NUI(Natural User Interface)
④ CLI(Command Line Interface)

18 소프트웨어 모델링과 관련한 설명으로 틀린 것은?

① 모델링 작업의 결과물은 다른 모델링 작업에 영향을 줄 수 없다.
② 구조적 방법론에서는 DFD(Data Flow Diagram), DD(Data Dictionary) 등을 사용하여 요구 사항의 결과를 표현한다.
③ 객체지향 방법론에서는 UML 표기법을 사용한다.
④ 소프트웨어 모델을 사용할 경우 개발될 소프트웨어에 대한 이해도 및 이해 당사자 간의 의사소통 향상에 도움이 된다.

19 유스케이스 다이어그램(Use Case Diagram)에 관련된 내용으로 틀린 것은?

① 시스템과 상호작용하는 외부시스템은 액터로 파악해서는 안 된다.
② 유스케이스는 사용자 측면에서의 요구사항으로, 사용자가 원하는 목표를 달성하기 위해 수행할 내용을 기술한다.
③ 시스템 액터는 다른 프로젝트에서 이미 개발되어 사용되고 있으며, 본 시스템과 데이터를 주고받는 등 서로 연동되는 시스템을 말한다.
④ 액터가 인식할 수 없는 시스템 내부의 기능을 하나의 유스케이스로 파악해서는 안 된다.

20 소프트웨어 아키텍처 모델 중 MVC(Model-View-Controller)와 관련한 설명으로 틀린 것은?

① MVC 모델은 사용자 인터페이스를 담당하는 계층의 응집도를 높일 수 있고, 여러 개의 다른 UI를 만들어 그 사이에 결합도를 낮출 수 있다.
② 모델(Model)은 뷰(View)와 제어(Controller) 사이에서 전달자 역할을 하며, 뷰마다 모델 서브 시스템이 각각 하나씩 연결된다.
③ 뷰(View)는 모델(Model)에 있는 데이터를 사용자 인터페이스에 보이는 역할을 담당한다.
④ 제어(Controller)는 모델(Model)에 명령을 보냄으로써 모델의 상태를 변경할 수 있다.

21 통합 테스트(Integration Test)와 관련한 설명으로 틀린 것은?

① 시스템을 구성하는 모듈의 인터페이스와 결합을 테스트하는 것이다.
② 하향식 통합 테스트의 경우 넓이 우선(Breadth First) 방식으로 테스트를 할 모듈을 선택할 수 있다.
③ 상향식 통합 테스트의 경우 시스템 구조도의 최상위에 있는 모듈을 먼저 구현하고 테스트한다.
④ 모듈 간의 인터페이스와 시스템의 동작이 정상적으로 잘 되고 있는지를 빨리 파악하고자 할 때 상향식보다는 하향식 통합 테스트를 사용하는 것이 좋다.

22 다음과 같이 레코드가 구성되어 있을 때, 이진 검색 방법으로 14를 찾을 경우 비교되는 횟수는?

```
1 2 3 4 5 6 7 8 9 10 11 12 13 14 15
```

① 2   ② 3
③ 4   ④ 5

23 소프트웨어 공학에서 워크스루(Walk Through)에 대한 설명으로 틀린 것은?

① 사용 사례를 확장하여 명세하거나 설계 다이어그램, 원시코드, 테스트 케이스 등에 적용할 수 있다.
② 복잡한 알고리즘 또는 반복, 실시간 동작, 병행 처리와 같은 기능이나 동작을 이해하려고 할 때 유용하다.
③ 인스펙션(Inspection)과 동일한 의미를 가진다.
④ 단순한 테스트 케이스를 이용하여 프로덕트를 수작업으로 수행해보는 것이다.

24 소프트웨어의 개발과정에서 소프트웨어의 변경 사항을 관리하기 위해 개발된 일련의 활동을 뜻하는 것은?

① 복호화
② 형상관리
③ 저작권
④ 크랙

25 테스트 케이스와 관련한 설명으로 틀린 것은?

① 테스트의 목표 및 테스트 방법을 결정하기 전에 테스트 케이스를 작성해야 한다.
② 프로그램에 결함이 있더라도 입력에 대해 정상적인 결과를 낼 수 있기 때문에 결함을 검사할 수 있는 테스트 케이스를 찾는 것이 중요하다.
③ 개발된 서비스가 정의된 요구 사항을 준수하는지 확인하기 위한 입력 값과 실행 조건, 예상 결과의 집합으로 볼 수 있다.
④ 테스트 케이스 실행이 통과되었는지 실패하였는지 판단하기 위한 기준을 테스트 오라클(Test Oracle)이라고 한다.

26 객체지향 개념을 활용한 소프트웨어 구현과 관련한 설명 중 틀린 것은?

① 객체(Object)란 필요한 자료 구조와 수행되는 함수들을 가진 하나의 독립된 존재이다.
② JAVA에서 정보은닉(Information Hiding)을 표기할 때 private의 의미는 '공개'이다.
③ 상속(Inheritance)은 개별 클래스를 상속 관계로 묶음으로써 클래스 간의 체계화된 전체 구조를 파악하기 쉽다는 장점이 있다.
④ 같은 클래스에 속하는 개개의 객체이자 하나의 클래스에서 생성된 객체를 인스턴스(Instance)라고 한다.

27 DRM(Digital Rights Management)과 관련한 설명으로 틀린 것은?

① 디지털 콘텐츠와 디바이스의 사용을 제한하기 위해 하드웨어 제조업자, 저작권자, 출판업자 등이 사용할 수 있는 접근 제어 기술을 의미한다.
② 디지털 미디어의 생명 주기 동안 발생하는 사용 권한 관리, 과금, 유통 단계를 관리하는 기술로도 볼 수 있다.
③ 클리어링 하우스(Clearing House)는 사용자에게 콘텐츠 라이센스를 발급하고 권한을 부여해주는 시스템을 말한다.
④ 원본을 안전하게 유통하기 위한 전자적 보안은 고려하지 않기 때문에 불법 유통과 복제의 방지는 불가능하다.

28 위험 모니터링의 의미로 옳은 것은?

① 위험을 이해하는 것
② 첫 번째 조치로 위험을 피할 수 있도록 하는 것
③ 위험 발생 후 즉시 조치하는 것
④ 위험 요소 징후들에 대하여 계속적으로 인지하는 것

29 동시에 소스를 수정하는 것을 방지하며 다른 방향으로 진행된 개발 결과를 합치거나 변경 내용을 추적할 수 있는 소프트웨어 버전 관리 도구는?

① RCS(Revision Control System)
② RTS(Reliable Transfer Service)
③ RPC(Remote Procedure Call)
④ RVS(Relative Version System)

30 화이트박스 테스트와 관련한 설명으로 틀린 것은?

① 화이트박스 테스트의 이해를 위해 논리 흐름도(Logic-Flow Diagram)를 이용할 수 있다.
② 테스트 데이터를 이용해 실제 프로그램을 실행함으로써 오류를 찾는 동적 테스트(Dynamic Test)에 해당한다.
③ 프로그램의 구조를 고려하지 않기 때문에 테스트 케이스는 프로그램 또는 모듈의 요구나 명세를 기초로 결정한다.
④ 테스트 데이터를 선택하기 위하여 검증 기준(Test Coverage)을 정한다.

31 알고리즘과 관련한 설명으로 틀린 것은?

① 주어진 작업을 수행하는 컴퓨터 명령어를 순서대로 나열한 것으로 볼 수 있다.
② 검색(Searching)은 정렬이 되지 않은 데이터 혹은 정렬이 된 데이터 중에서 키값에 해당되는 데이터를 찾는 알고리즘이다.
③ 정렬(Sorting)은 흩어져 있는 데이터를 키값을 이용하여 순서대로 열거하는 알고리즘이다.
④ 선형 검색은 검색을 수행하기 전에 반드시 데이터의 집합이 정렬되어 있어야 한다.

32 버블 정렬을 이용하여 다음 자료를 오름차순으로 정렬할 경우 PASS 1의 결과는?

9, 6, 7, 3, 5

① 6, 9, 7, 3, 5
② 3, 9, 6, 7, 5
③ 3, 6, 7, 9, 5
④ 6, 7, 3, 5, 9

33 다음은 인스펙션(Inspection) 과정을 표현한 것이다. (가)~(마)에 들어갈 말을 보기에서 찾아 바르게 연결한 것은?

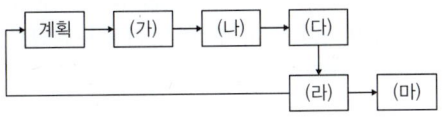

- ㉠ 준비
- ㉡ 사전 교육
- ㉢ 인스펙션 회의
- ㉣ 수정
- ㉤ 후속 조치

① (가) - ㉡, (나) - ㉢
② (나) - ㉠, (다) - ㉢
③ (다) - ㉢, (라) - ㉤
④ (라) - ㉣, (마) - ㉢

34 소프트웨어를 보다 쉽게 이해할 수 있고 적은 비용으로 수정할 수 있도록 겉으로 보이는 동작의 변화 없이 내부 구조를 변경하는 것은?

① Refactoring
② Architecting
③ Specification
④ Renewal

35 단위 테스트(Unit Test)와 관련한 설명으로 틀린 것은?

① 구현 단계에서 각 모듈의 개발을 완료한 후 개발자가 명세서의 내용대로 정확히 구현되었는지 테스트한다.
② 모듈 내부의 구조를 구체적으로 볼 수 있는 구조적 테스트를 주로 시행한다.
③ 필요 데이터를 인자를 통해 넘겨주고, 테스트 완료 후 그 결과값을 받는 역할을 하는 가상의 모듈을 테스트 스텁(Stub)이라고 한다.
④ 테스트할 모듈을 호출하는 모듈도 있고, 테스트할 모듈이 호출하는 모듈도 있다.

36 IDE(Integrated Development Environment) 도구의 각 기능에 대한 설명으로 틀린 것은?

① Coding - 프로그래밍 언어를 가지고 컴퓨터 프로그램을 작성할 수 있는 환경을 제공
② Compile - 저급언어의 프로그램을 고급언어 프로그램으로 변환하는 기능
③ Debugging - 프로그램에서 발견되는 버그를 찾아 수정할 수 있는 기능
④ Deployment - 소프트웨어를 최종 사용자에게 전달하기 위한 기능

37 아래 Tree 구조에 대하여 후위 순회(Postorder)한 결과는?

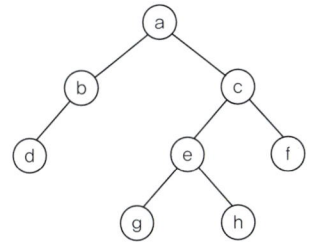

① a → b → d → c → e → g → h → f
② d → b → g → h → e → f → c → a
③ d → b → a → g → e → h → c → f
④ a → b → d → g → e → h → c → f

38 인터페이스 구현 시 사용하는 기술로 속성-값 쌍(Attribute-Value Pairs)으로 이루어진 데이터 오브젝트를 전달하기 위해 사용하는 개방형 표준 포맷은?

① JSON
② HTML
③ AVPN
④ DOF

39 순서가 있는 리스트에서 데이터의 삽입(Push), 삭제(Pop)가 한쪽 끝에서 일어나며 LIFO(Last-In-First-Out)의 특징을 가지는 자료구조는?

① Tree
② Graph
③ Stack
④ Queue

40 다음 중 단위 테스트 도구로 사용될 수 없는 것은?

① CppUnit
② JUnit
③ HttpUnit
④ IgpUnit

41 다음 조건을 모두 만족하는 정규형은?

- 테이블 R에 속한 모든 도메인이 원자값만으로 구성되어 있다.
- 테이블 R에서 키가 아닌 모든 필드가 키에 대해 함수적으로 종속되며, 키의 부분 집합이 결정자가 되는 부분 종속이 존재하지 않는다.
- 테이블 R에 존재하는 모든 함수적 속속에서 결정자가 후보키이다.

① BCNF
② 제1정규형
③ 제2정규형
④ 제3정규형

42 데이터베이스의 트랜잭션 성질들 중에서 다음 설명에 해당하는 것은?

트랜잭션의 모든 연산들이 정상적으로 수행 완료되거나 아니면 전혀 어떠한 연산도 수행되지 않은 원래 상태가 되도록 해야 한다.

① Atomicity
② Consistency
③ Isolation
④ Durability

43 분산 데이터베이스 시스템과 관련한 설명으로 틀린 것은?

① 물리적으로 분산된 데이터베이스 시스템을 논리적으로 하나의 데이터베이스 시스템처럼 사용할 수 있도록 한 것이다.
② 물리적으로 분산되어 지역별로 필요한 데이터를 처리할 수 있는 지역 컴퓨터(Local Computer)를 분산 처리기(Distributed Processor)라고 한다.
③ 분산 데이터베이스 시스템을 위한 통신 네트워크 구조가 데이터 통신에 영향을 주므로 효율적으로 설계해야 한다.
④ 데이터베이스가 분산되어 있음을 사용자가 인식할 수 있도록 분산 투명성(Distribution Transparency)을 배제해야 한다.

44 다음 테이블을 보고 강남지점의 판매량이 많은 제품부터 출력되도록 할 때 다음 중 가장 적절한 SQL 구문은? (단, 출력은 제품명과 판매량이 출력되도록 한다.)

〈푸드〉 테이블

지점명	제품명	판매량
강남지점	비빔밥	500
강북지점	도시락	300
강남지점	도시락	200
강남지점	미역국	550
수원지점	비빔밥	600
인천지점	비빔밥	800
강남지점	잡채밥	250

① SELECT 제품명, 판매량 FROM 푸드 ORDER BY 판매량 ASC;
② SELECT 제품명, 판매량 FROM 푸드 ORDER BY 판매량 DESC;
③ SELECT 제품명, 판매량 FROM 푸드 WHERE 지점명 = '강남지점' ORDER BY 판매량 ASC;
④ SELECT 제품명, 판매량 FROM 푸드 WHERE 지점명 = '강남지점' ORDER BY 판매량 DESC;

45 데이터베이스의 인덱스와 관련한 설명으로 틀린 것은?
① 문헌의 색인, 사전과 같이 데이터를 쉽고 빠르게 찾을 수 있도록 만든 데이터 구조이다.
② 테이블에 붙여진 색인으로 데이터 검색 시 처리 속도 향상에 도움이 된다.
③ 인덱스의 추가, 삭제 명령어는 각각 ADD, DELETE이다.
④ 대부분의 데이터베이스에서 테이블을 삭제하면 인덱스도 같이 삭제된다.

46 물리적 데이터베이스 구조의 기본 데이터 단위인 저장 레코드의 양식을 설계할 때 고려 사항이 아닌 것은?
① 데이터 타입
② 데이터 값의 분포
③ 트랜잭션 모델링
④ 접근 빈도

47 SQL의 기능에 따른 분류 중에서 REVOKE문과 같이 데이터의 사용 권한을 관리하는 데 사용하는 언어는?
① DDL(Data Definition Language)
② DML(Data Manipulation Language)
③ DCL(Data Control Language)
④ DUL(Data User Language)

48 데이터 사전에 대한 설명으로 틀린 것은?
① 시스템 카탈로그 또는 시스템 데이터베이스라고도 한다.
② 데이터 사전 역시 데이터베이스의 일종이므로 일반 사용자가 생성, 유지 및 수정할 수 있다.
③ 데이터베이스에 대한 데이터인 메타 데이터(Metadata)를 저장하고 있다.
④ 데이터 사전에 있는 데이터에 실제로 접근하는 데 필요한 위치 정보는 데이터 디렉토리(Data Directory)라는 곳에서 관리한다.

49 데이터베이스에서 릴레이션에 대한 설명으로 틀린 것은?

① 모든 튜플은 서로 다른 값을 가지고 있다.
② 하나의 릴레이션에서 튜플은 특정한 순서를 가진다.
③ 각 속성은 릴레이션 내에서 유일한 이름을 가진다.
④ 모든 속성 값은 원자 값(atomic value)을 가진다.

50 데이터베이스에서의 뷰(View)에 대한 설명으로 틀린 것은?

① 뷰는 다른 뷰를 기반으로 새로운 뷰를 만들 수 있다.
② 뷰는 일종의 가상 테이블이며, update에는 제약이 따른다.
③ 뷰는 기본 테이블을 만드는 것처럼 create view를 사용하여 만들 수 있다.
④ 뷰는 논리적으로 존재하는 기본 테이블과 다르게 물리적으로만 존재하며 카탈로그에 저장된다.

51 트랜잭션의 상태 중 트랜잭션의 마지막 연산이 실행된 직후의 상태로, 모든 연산의 처리는 끝났지만 트랜잭션이 수행한 최종 결과를 데이터베이스에 반영하지 않은 상태는?

① Active
② Partially Committed
③ Committed
④ Aborted

52 SQL의 명령을 사용 용도에 따라 DDL, DML, DCL로 구분할 경우, 그 성격이 나머지 셋과 다른 것은?

① SELECT   ② UPDATE
③ INSERT   ④ GRANT

53 키의 종류 중 유일성과 최소성을 만족하는 속성 또는 속성들의 집합은?

① Atomic key
② Super key
③ Candidate key
④ Test key

54 데이터베이스에서 개념적 설계 단계에 대한 설명으로 틀린 것은?

① 산출물로 E-R Diagram을 만들 수 있다.
② DBMS에 독립적인 개념 스키마를 설계한다.
③ 트랜잭션 인터페이스를 설계 및 작성한다.
④ 논리적 설계 단계의 앞 단계에서 수행된다.

55 테이블의 기본키(Primary Key)로 지정된 속성에 관한 설명으로 가장 거리가 먼 것은?

① NOT NULL로 널 값을 가지지 않는다.
② 릴레이션에서 튜플을 구별할 수 있다.
③ 외래키로 참조될 수 있다.
④ 검색할 때 반드시 필요하다.

56 데이터 모델의 구성 요소 중 데이터 구조에 따라 개념 세계나 컴퓨터 세계에서 실제로 표현된 값들을 처리하는 작업을 의미하는 것은?

① Relation
② Data Structure
③ Constraint
④ Operation

57 다음 [조건]에 부합하는 SQL문을 작성하고자 할 때, [SQL문]의 빈칸에 들어갈 내용으로 옳은 것은? (단, '팀코드' 및 '이름'은 속성이며, '직원'은 테이블이다.)

[조건]

이름이 '한지석'인 팀원이 소속된 팀코드를 이용하여 해당 팀에 소속된 팀원들의 이름을 출력하는 SQL문 작성

[SQL문]

SELECT	이름
FROM	직원
WHERE	팀코드 = ( );

① WHERE 이름 = '한지석'
② SELECT 팀코드 FROM 이름
  WHERE 직원 = '한지석'
③ WHERE 직원 = '한지석'
④ SELECT 팀코드 FROM 직원
  WHERE 이름 = '한지석'

58 무결성 제약조건 중 개체 무결성 제약조건에 대한 설명으로 옳은 것은?

① 릴레이션 내의 튜플들이 각 속성의 도메인에 정해진 값만을 가져야 한다.
② 기본키는 NULL 값을 가져서는 안 되며 릴레이션 내에 오직 하나의 값만 존재해야 한다.
③ 자식 릴레이션의 외래키는 부모 릴레이션의 기본키와 도메인이 동일해야 한다.
④ 자식 릴레이션의 값이 변경될 때 부모 릴레이션의 제약을 받는다.

59 관계 데이터 모델에서 릴레이션(Relation)에 포함되어 있는 튜플(Tuple)의 수를 무엇이라고 하는가?

① Degree
② Cardinality
③ Attribute
④ Cartesian product

60 사용자 'PARK'에게 테이블을 생성할 수 있는 권한을 부여하기 위한 SQL문의 구성으로 빈칸에 적합한 내용은?

[SQL문]

| GRANT(   ) PARK; |

① CREATE TABLE TO
② CREATE TO
③ CREATE FROM
④ CREATE TABLE FROM

61 C언어에서 문자열 처리 함수의 서식과 그 기능의 연결로 틀린 것은?

① strlen(s) - s의 길이를 구한다.
② strcpy(s1, s2) - s2를 s1으로 복사한다.
③ strcmp(s1, s2) - s1과 s2를 연결한다.
④ strrev(s) - s를 거꾸로 변환한다.

62 다음 C언어 프로그램이 실행되었을 때, 실행 결과는?

```
#include <stdio.h>
int main(int argc, char *argv[]) {
    int a = 5, b = 3, c = 12;
    int t1, t2, t3;
    t1 = a && b;
    t2 = a || b;
    t3 = !c;
    print("%d", t1 + t2 + t3);
    return 0;
}
```

① 0
② 2
③ 5
④ 14

63 다음 C언어 프로그램이 실행되었을 때, 실행 결과는?

```
#include <stdio.h>
struct st{
    int a;
    int c[10];
};

int main (int argc, char *argv[]) {
    int i = 0;
    struct st ob1;
    struct st ob2;
    ob1.a = 0;
    ob2.a = 0;

    for(i=0; i<10; i++) {
        ob1.c[i] = i;
        ob2.c[i] = ob1.c[i] + i;
    }
    for(i=0; i<10; i=i+2) {
        ob1.a = ob1.a + ob1.c[i];
        ob2.a = ob2.a + ob2.c[i];
    }

    printf("%d", ob1.a + ob2.a);
    return 0;
}
```

① 30
② 60
③ 80
④ 120

64 IP 프로토콜에서 사용하는 필드와 해당 필드에 대한 설명으로 틀린 것은?

① Header Length는 IP 프로토콜의 헤더 길이를 32비트 워드 단위로 표시한다.
② Packet Length는 IP 헤더를 제외한 패킷 전체의 길이를 나타내며 최대 크기는 $2^{32}-1$ 비트이다.
③ Time To Live는 송신 호스트가 패킷을 전송하기 전 네트워크에서 생존할 수 있는 시간을 지정한 것이다.
④ Version Number는 IP 프로토콜의 버전번호를 나타낸다.

65 다음 Python 프로그램의 실행 결과가 [실행 결과]와 같을 때, 빈칸에 적합한 것은?

```
x = 20

if x == 10:
    print('10')
(    ) x == 20:
    print('20')
else:
    print('other')
```

[실행 결과]

```
20
```

① either
② elif
③ else if
④ else

66 RIP 라우팅 프로토콜에 대한 설명으로 틀린 것은?

① 경로 선택 메트릭은 홉 카운트(hop count)이다.
② 라우팅 프로토콜을 IGP와 EGP로 분류했을 때 EGP에 해당한다.
③ 최단 경로 탐색에 Bellman-Ford 알고리즘을 사용한다.
④ 각 라우터는 이웃 라우터들로부터 수신한 정보를 이용하여 라우팅 표를 갱신한다.

67 다음에서 설명하는 프로세스 스케줄링은?

> 최소 작업 우선(SJF) 기법의 약점을 보완한 비선점 스케줄링 기법으로 다음과 같은 식을 이용해 우선순위를 판별한다.
>
> 우선순위 = $\dfrac{\text{대기한 시간}+\text{서비스를 받을 시간}}{\text{서비스를 받을 시간}}$

① FIFO 스케줄링   ② RR 스케줄링
③ HRN 스케줄링   ④ MQ 스케줄링

68 UNIX 운영체제에 관한 특징으로 틀린 것은?

① 하나 이상의 작업에 대하여 백그라운드에서 수행이 가능하다.
② Multi-User는 지원하지만 Multi-Tasking은 지원하지 않는다.
③ 트리 구조의 파일 시스템을 갖는다.
④ 이식성이 높으며 장치 간의 호환성이 높다.

69 UDP 프로토콜의 특징이 아닌 것은?

① 비연결형 서비스를 제공한다.
② 단순한 헤더 구조로 오버헤드가 적다.
③ 주로 주소를 지정하고, 경로를 설정하는 기능을 한다.
④ TCP와 같이 트랜스포트 계층에 존재한다.

70 Python 데이터 타입 중 시퀀스(Sequence) 데이터 타입에 해당하며 다양한 데이터 타입들을 주어진 순서에 따라 저장할 수 있으나 저장된 내용을 변경할 수 없는 것은?

① 복소수(complex) 타입
② 리스트(list) 타입
③ 사전(diet) 타입
④ 튜플(tuple) 타입

71 다음 JAVA 프로그램이 실행되었을 때, 실행 결과는?

```
public class Rarr {
    static int[] marr() {
        int temp[] = new int[4];
        for(int i=0; i<temp.length; i++)
            temp[i] = i;
        return temp;
    }
    public static void main(String[] args) {
        int iarr[];
        iarr = marr();
        for(int i =0; i<iarr.length; i++)
            System.out.print(iarr[i] + " ");
    }
}
```

① 1 2 3 4
② 0 1 2 3
③ 1 2 3
④ 0 1 2

72 다음 JAVA 프로그램이 실행되었을 때의 결과는?

```
public class ovr {
    public static void main(String[] args) {
        int a = 1, b = 2, c = 3, d = 4;
        int mx, mn;
        mx = a < b ? b : a;
        if(mx==1) {
            mn = a > mx? b : a;
        }
        else {
            mn = b < mx? d : c;
        }
        System.out.println(mn);
    }
}
```

① 1
② 2
③ 3
④ 4

73 다음 중 Myers가 구분한 응집도(Cohesion)의 정도에서 가장 낮은 응집도를 갖는 단계는?

① 순차적 응집도(Sequential Cohesion)
② 기능적 응집도(Functional Cohesion)
③ 시간적 응집도(Temporal Cohesion)
④ 우연적 응집도(Coincidental Cohesion)

74 다음 C언어 프로그램이 실행되었을 때, 실행 결과는?

```
#include <stdio.h>
int main(int arge, char *argv[]) {
    int n1 = 1, n2 = 2, n3 = 3;
    int r1, r2, r3;

    r1 = (n2 <= 2) || (n3 > 3);
    r2 = !n3;
    r3 = (n1 >1) && (n2 < 3);

    printf("%d", r3-r2+r1);
    return 0;
}
```

① 0
② 1
③ 2
④ 3

75 IP 프로토콜의 주요 특징에 해당하지 않는 것은?

① 체크섬(Checksum) 기능으로 데이터 체크섬(Data Checksum)만 제공한다.
② 패킷을 분할, 병합하는 기능을 수행하기도 한다.
③ 비연결형 서비스를 제공한다.
④ Best Effort 원칙에 따른 전송 기능을 제공한다.

76 4개의 페이지를 수용할 수 있는 주기억장치가 있으며, 초기에는 모두 비어 있다고 가정한다. 다음의 순서로 페이지 참조가 발생할 때, LRU 페이지 교체 알고리즘을 사용할 경우 몇 번의 페이지 결함이 발생하는가?

페이지 참조 순서 : 1, 2, 3, 1, 2, 4, 1, 2, 5

① 5회
② 6회
③ 7회
④ 8회

77 사용자 수준에서 지원되는 스레드(thread)가 커널에서 지원되는 스레드에 비해 가지는 장점으로 옳은 것은?

① 한 프로세스가 운영체제를 호출할 때 전체 프로세스가 대기할 필요가 없으므로 시스템 성능을 높일 수 있다.
② 동시에 여러 스레드가 커널에 접근할 수 있으므로 여러 스레드가 시스템 호출을 동시에 사용할 수 있다.
③ 각 스레드를 개별적으로 관리할 수 있으므로 스레드의 독립적인 스케줄링이 가능하다.
④ 커널 모드로의 전환 없이 스레드 교환이 가능하므로 오버헤드가 줄어든다.

78 한 모듈이 다른 모듈의 내부 기능 및 그 내부 자료를 참조하는 경우의 결합도는?

① 내용 결합도(Content Coupling)
② 제어 결합도(Control Coupling)
③ 공통 결합도(Common Coupling)
④ 스탬프 결합도(Stamp Coupling)

79 a[0]의 주소값이 10일 경우 다음 C언어 프로그램이 실행되었을 때의 결과는? (단, int형의 크기는 4Byte로 가정한다.)

```
#include <stdio.h>
int main(int argc, char *argv[]) {
    int a[] = {14, 22, 30, 38};
    printf("%u, ", &a[2]);
    printf("%u", a);
    return 0;
}
```

① 14, 10
② 14, 14
③ 18, 10
④ 18, 14

80 모듈화(Modularity)와 관련한 설명으로 틀린 것은?

① 시스템을 모듈로 분할하면 각각의 모듈을 별개로 만들고 수정할 수 있기 때문에 좋은 구조가 된다.
② 응집도는 모듈과 모듈 사이의 상호의존 또는 연관 정도를 의미한다.
③ 모듈 간의 결합도가 약해야 독립적인 모듈이 될 수 있다.
④ 모듈 내 구성 요소들 간의 응집도가 강해야 좋은 모듈 설계이다.

81 소프트웨어 개발에서 정보보안 3요소에 해당하지 않는 설명은?

① 기밀성 : 인가된 사용자에 대해서만 자원 접근이 가능하다.
② 무결성 : 인가된 사용자에 대해서만 자원 수정이 가능하며 전송 중인 정보는 수정되지 않는다.
③ 가용성 : 인가된 사용자는 가지고 있는 권한 범위 내에서 언제든 자원 접근이 가능하다.
④ 휘발성 : 인가된 사용자가 수행한 데이터는 처리 완료 즉시 폐기되어야 한다.

82 어떤 외부 컴퓨터가 접속되면 접속 인가 여부를 점검해서 인가된 경우에는 접속이 허용되고, 그 반대의 경우에는 거부할 수 있는 접근제어 유틸리티는?

① tcp wrapper
② trace checker
③ token finder
④ change detector

83 기기를 키오스크에 갖다 대면 원하는 데이터를 바로 가져올 수 있는 기술로 10cm 이내 근접 거리에서 기가급 속도로 데이터 전송이 가능한 초고속 근접무선통신(NFC : Near Field Communication) 기술은?

① BcN(Broadband Convergence Network)
② Zing
③ Marine Navi
④ C-V2X(Cellular Vehicle To Everything)

84 취약점 관리를 위한 응용 프로그램의 보안 설정과 가장 거리가 먼 것은?

① 서버 관리실 출입 통제
② 실행 프로세스 권한 설정
③ 운영체제의 접근 제한
④ 운영체제의 정보 수집 제한

85 소프트웨어 개발 프레임워크와 관련한 설명으로 가장 적절하지 않은 것은?

① 반제품 상태의 제품을 토대로 도메인별로 필요한 서비스 컴포넌트를 사용하여 재사용성 확대와 성능을 보장받을 수 있게 하는 개발 소프트웨어이다.
② 라이브러리와는 달리 사용자 코드에서 프레임워크를 호출해서 사용하고, 그에 대한 제어도 사용자 코드가 가지는 방식이다.
③ 설계 관점에 개발 방식을 패턴화시키기 위한 노력의 결과물인 소프트웨어 디자인 패턴을 반제품 소프트웨어 상태로 집적화시킨 것으로 볼 수 있다.
④ 프레임워크의 동작 원리를 그 제어 흐름의 일반적인 프로그램 흐름과 반대로 동작한다고 해서 IoC(Inversion of Control)이라고 설명하기도 한다.

86 클라우드 기반 HSM(Cloud-based Hardware Security Module)에 대한 설명으로 틀린 것은?

① 클라우드(데이터센터) 기반 암호화 키 생성, 처리, 저장 등을 하는 보안 기기이다.
② 국내에서는 공인인증제의 폐지와 전자서명법 개정을 추진하면서 클라우드 HSM 용어가 자주 등장하였다.
③ 클라우드에 인증서를 저장하므로 기존 HSM 기기나 휴대폰에 인증서를 저장해 다닐 필요가 없다.
④ 하드웨어가 아닌 소프트웨어적으로만 구현되기 때문에 소프트웨어식 암호 기술에 내재된 보안 취약점을 해결할 수 없다는 것이 주요 단점이다.

87 다음 내용이 설명하는 기술로 가장 적절한 것은?

- 다른 국을 향하는 호출이 중계에 의하지 않고 직접 접속되는 그물 모양의 네트워크이다.
- 통신량이 많은 비교적 소수의 국 사이에 구성될 경우 경제적이며 간편하지만, 다수의 국 사이에는 회선이 세분화되어 비경제적일 수도 있다.
- 해당 형태의 무선 네트워크의 경우 대용량을 빠르고 안전하게 전달할 수 있어 행사장이나 군 등에서 많이 활용된다.

① Virtual Local Area Network
② Simple Station Network
③ Mesh Network
④ Modem Network

88 물리적 위협으로 인한 문제에 해당하지 않는 것은?

① 화재, 홍수 등 천재지변으로 인한 위협
② 하드웨어 파손, 고장으로 인한 장애
③ 방화, 테러로 인한 하드웨어와 기록장치를 물리적으로 파괴하는 행위
④ 방화벽 설정의 잘못된 조작으로 인한 네트워크, 서버 보안 위협

89 악성코드의 유형 중 다른 컴퓨터의 취약점을 이용하여 스스로 전파하거나 메일로 전파되며 스스로를 증식하는 것은?

① Worm
② Rogue Ware
③ Adware
④ Reflection Attack

90 다음 설명에 해당하는 공격 기법은?

> 시스템 공격 기법 중 하나로 허용 범위 이상의 ICMP 패킷을 전송하여 대상 시스템의 네트워크를 마비시킨다.

① Ping of Death
② Session Hijacking
③ Piggyback Attack
④ XSS

91 다음 설명에 해당하는 소프트웨어는?

> - 개발해야 할 애플리케이션의 일부분이 이미 내장된 클래스 라이브러리로 구현이 되어 있다.
> - 따라서, 그 기반이 되는 이미 존재하는 부분을 확장 및 이용하는 것으로 볼 수 있다.
> - JAVA 기반의 대표적인 소프트웨어로는 스프링(Spring)이 있다.

① 전역 함수 라이브러리
② 소프트웨어 개발 프레임워크
③ 컨테이너 아키텍처
④ 어휘 분석기

92 소프트웨어 개발 방법론 중 애자일(Agile) 방법론의 특징과 가장 거리가 먼 것은?

① 각 단계의 결과가 완전히 확인된 후 다음 단계 진행
② 소프트웨어 개발에 참여하는 구성원들 간의 의사소통 중시
③ 환경 변화에 대한 즉시 대응
④ 프로젝트 상황에 따른 주기적 조정

93 대칭 암호 알고리즘과 비대칭 암호 알고리즘에 대한 설명으로 틀린 것은?

① 대칭 암호 알고리즘은 비교적 실행 속도가 빠르기 때문에 다양한 암호의 핵심 함수로 사용될 수 있다.
② 대칭 암호 알고리즘은 비밀키 전달을 위한 키 교환이 필요하지 않아 암호화 및 복호화의 속도가 빠르다.
③ 비대칭 암호 알고리즘은 자신만이 보관하는 비밀키를 이용하여 인증, 전자서명 등에 적용이 가능하다.
④ 대표적인 대칭키 암호 알고리즘으로는 AES, IDEA 등이 있다.

94 두 명의 개발자가 5개월에 걸쳐 10000 라인의 코드를 개발하였을 때, 월별(man-month) 생산성 측정을 위한 계산 방식으로 가장 적합한 것은?

① 10000/2
② 10000/(5×2)
③ 10000/5
④ (2×10000)/5

95 접근 통제 방법 중 조직 내에서 직무, 직책 등 개인의 역할에 따라 결정하여 부여하는 접근 정책은?

① RBAC
② DAC
③ MAC
④ QAC

96 COCOMO(Constructive Cost Model) 모형의 특징이 아닌 것은?

① 프로젝트를 완성하는 데 필요한 man-month로 산정 결과를 나타낼 수 있다.
② 보헴(Boehm)이 제안한 것으로 원시코드 라인 수에 의한 비용 산정 기법이다.
③ 비교적 작은 규모의 프로젝트 기록을 통계 분석하여 얻은 결과를 반영한 모델이며 중소 규모 소프트웨어 프로젝트 비용 추정에 적합하다.
④ 프로젝트 개발 유형에 따라 object, dynamic, function의 3가지 모드로 구분한다.

97 각 사용자 인증의 유형에 대한 설명으로 가장 적절하지 않은 것은?

① 지식 : 주체는 '그가 알고 있는 것'을 보여주며 예시로는 패스워드, PIN 등이 있다.
② 소유 : 주체는 '그가 가지고 있는 것'을 보여주며 예시로는 토큰, 스마트카드 등이 있다.
③ 존재 : 주체는 '그를 대체하는 것'을 보여주며 예시로는 패턴, QR 등이 있다.
④ 행위 : 주체는 '그가 하는 것'을 보여주며 예시로는 서명, 움직임, 음성 등이 있다.

98 시스템의 사용자가 로그인하여 명령을 내리는 과정에 대한 시스템의 동작 중 다음 설명에 해당하는 것은?

> • 자신의 신원(identity)을 시스템에 증명하는 과정이다.
> • 아이디와 패스워드를 입력하는 과정이 가장 일반적인 예시라고 볼 수 있다.

① Aging
② Accounting
③ Authorization
④ Authentication

99 다음에서 설명하는 IT 기술은?

> - 네트워크를 제어부, 데이터 전달부로 분리하여 네트워크 관리자가 보다 효율적으로 네트워크를 제어, 관리할 수 있는 기술
> - 기존의 라우터, 스위치 등과 같이 하드웨어에 의존하는 네트워크 체계에서 안정성, 속도, 보안 등을 소프트웨어로 제어, 관리하기 위해 개발됨
> - 네트워크 장비의 펌웨어 업그레이드를 통해 사용자의 직접적인 데이터 전송 경로 관리가 가능하고, 기존 네트워크에는 영향을 주지 않으면서 특정 서비스의 전송 경로 수정을 통하여 인터넷 상에서 발생하는 문제를 처리할 수 있음

① SDN(Software Defined Networking)
② NFS(Network File System)
③ Network Mapper
④ AOE Network

100 프로젝트 일정 관리 시 사용하는 PERT 차트에 대한 설명에 해당하는 것은?

① 각 작업들이 언제 시작하고 언제 종료되는지에 대한 일정을 막대 도표를 이용하여 표시한다.
② 시간선(Time-line) 차트라고도 한다.
③ 수평 막대의 길이는 각 작업의 기간을 나타낸다.
④ 작업들 간의 상호 관련성, 결정경로, 경계시간, 자원할당 등을 제시한다.

정보처리기사 필기 최신 기출문제 10회

시험 일자	문항 수	시험 시간
2022년 제1회	총 100문항	2시간 30분

수험번호 : _____

성　　명 : _____

---

01 User Interface 설계 시 오류 메시지나 경고에 관한 지침으로 가장 거리가 먼 것은?

① 메시지는 이해하기 쉬워야 한다.
② 오류로부터 회복을 위한 구체적인 설명이 제공되어야 한다.
③ 오류로 인해 발생될 수 있는 부정적인 내용을 적극적으로 사용자들에게 알려야 한다.
④ 소리나 색의 사용을 줄이고 텍스트로만 전달하도록 한다.

02 다음 중 애자일(Agile) 소프트웨어 개발에 대한 설명으로 틀린 것은?

① 공정과 도구보다 개인과의 상호작용을 더 가치 있게 여긴다.
② 동작하는 소프트웨어보다는 포괄적인 문서를 가치 있게 여긴다.
③ 계약 협상보다는 고객과의 협력을 가치 있게 여긴다.
④ 계획을 따르기보다 변화에 대응하기를 가치 있게 여긴다.

03 소프트웨어 설계에서 요구사항 분석에 대한 설명으로 틀린 것은?

① 소프트웨어가 무엇을 해야하는가를 추적하여 요구사항 명세를 작성하는 작업이다.
② 사용자의 요구를 추출하여 목표를 정하고 어떤 방식으로 해결할 것인지 결정하는 단계이다.
③ 소프트웨어 시스템이 사용되는 동안 발견되는 오류를 정리하는 단계이다.
④ 소프트웨어 개발의 출발점이면서 실질적인 첫 번째 단계이다.

04 객체지향 기법에서 상위 클래스의 메소드와 속성을 하위 클래스가 물려받는 것을 의미하는 것은?

① Abstraction
② Polymorphism
③ Encapsulation
④ Inheritance

05 테스트 기법 중 하향식 테스트 방법과 상향식 테스트 방법에 대한 비교 설명으로 가장 옳지 않은 것은?

① 하향식 테스트에서는 통합 검사 시 인터페이스가 이미 정의되어 있어 통합이 간단하다.
② 하향식 테스트에서 레벨이 낮은 데이터 구조의 세부 사항은 테스트 초기 단계에서 필요하다.
③ 상향식 테스트는 최하위 수준에서 각각의 모듈들을 테스트하고 이러한 모듈이 완성되면 이들을 결합하여 검사한다.
④ 상향식 테스트에서는 인터페이스가 이미 성립되어 있지 않더라도 기능 추가가 쉽다.

06 자료 흐름도(DFD)의 각 요소별 표기 형태의 연결이 옳지 않은 것은?

① Process : 원
② Data Flow : 화살표
③ Data Store : 삼각형
④ Terminator : 사각형

07 소프트웨어 개발에 이용되는 모델(Model)에 대한 설명 중 거리가 먼 것은?

① 모델은 개발 대상을 추상화하고 기호나 그림 등으로 시각적으로 표현한다.
② 모델을 통해 소프트웨어에 대한 이해도를 향상시킬 수 있다.
③ 모델을 통해 이해 당사자 간의 의사소통이 향상된다.
④ 모델을 통해 향후 개발될 시스템의 유추는 불가능하다.

08 다음의 설명에 해당하는 언어는?

> 객체 지향 시스템을 개발할 때 산출물을 명세화, 시각화, 문서화하는 데 사용된다. 즉, 개발하는 시스템을 이해하기 쉬운 형태로 표현하여 분석가, 의뢰인, 설계자가 효율적인 의사소통을 할 수 있게 해준다. 따라서, 개발 방법론이나 개발 프로세스가 아니라 표준화된 모델링 언어이다.

① JAVA
② C
③ UML
④ Python

09 다음 내용이 설명하는 UI 설계 도구는?

> • 디자인, 사용 방법 설명, 평가 등을 위해 실제 화면과 유사하게 만든 정적인 형태의 모형
> • 시각적으로만 구성 요소를 배치하는 것으로 일반적으로 실제로 구현되지는 않음

① 스토리보드(Storyboard)
② 목업(Mockup)
③ 프로토타입(Prototype)
④ 유스케이스(Usecase)

10 애자일(Agile) 기법 중 스크럼(Scrum)과 관련된 용어에 대한 설명이 틀린 것은?

① 스크럼 마스터(Scrum Master)는 스크럼 프로세스를 따르고, 팀이 스크럼을 효과적으로 활용할 수 있도록 보장하는 역할 등을 맡는다.
② 제품 백로그(Product Backlog)는 스크럼 팀이 해결해야 하는 목록으로 소프트웨어 요구사항, 아키텍처 정의 등이 포함될 수 있다.
③ 스프린트(Sprint)는 하나의 완성된 최종 결과물을 만들기 위한 주기로 3달 이상의 장기간으로 결정된다.
④ 속도(Velocity)는 한 번의 스프린트에서 한 팀이 어느 정도의 제품 백로그를 감당할 수 있는지에 대한 추정치로 볼 수 있다.

11 UML 다이어그램 중 정적 다이어그램이 아닌 것은?

① 컴포넌트 다이어그램
② 배치 다이어그램
③ 순차 다이어그램
④ 패키지 다이어그램

12 LOC 기법에 의하여 예측된 총 라인수가 36000라인, 개발에 참여할 프로그래머가 6명, 프로그래머들의 평균 생산성이 월간 300라인일 때 개발에 소요되는 기간을 계산한 결과로 가장 옳은 것은?

① 5개월
② 10개월
③ 15개월
④ 20개월

13 클래스 설계 원칙에 대한 바른 설명은?

① 단일 책임 원칙 : 하나의 클래스만 변경 가능해야 한다.
② 개방-폐쇄의 원칙 : 클래스는 확장에 대해 열려 있어야 하며 변경에 대해 닫혀 있어야 한다.
③ 리스코프 교체의 원칙 : 여러 개의 책임을 가진 클래스는 하나의 책임을 가진 클래스로 대체되어야 한다.
④ 의존 관계 역전의 원칙 : 클라이언트는 자신이 사용하는 메소드와 의존 관계를 갖지 않도록 해야 한다.

14 GoF(Gangs of Four) 디자인 패턴에서 생성(Creational) 패턴에 해당하는 것은?

① 컴퍼지트(Composite)
② 어댑터(Adapter)
③ 추상 팩토리(Abstract Factory)
④ 옵서버(Observer)

15 아키텍처 설계과정이 올바른 순서로 나열된 것은?

㉮ 설계 목표 설정
㉯ 시스템 타입 결정
㉰ 스타일 적용 및 커스터마이즈
㉱ 서브 시스템의 기능, 인터페이스 동작 작성
㉲ 아키텍처 설계 검토

① ㉮ → ㉯ → ㉰ → ㉱ → ㉲
② ㉲ → ㉮ → ㉯ → ㉱ → ㉰
③ ㉮ → ㉲ → ㉯ → ㉱ → ㉰
④ ㉮ → ㉯ → ㉰ → ㉲ → ㉱

16 사용자 인터페이스를 설계할 경우 고려해야 할 가이드라인과 가장 거리가 먼 것은?

① 심미성을 사용성보다 우선하여 설계해야 한다.
② 효율성을 높이게 설계해야 한다.
③ 발생하는 오류를 쉽게 수정할 수 있어야 한다.
④ 사용자에게 피드백을 제공해야 한다.

17 소프트웨어 설계에서 자주 발생하는 문제에 대한 일반적이고 반복적인 해결 방법을 무엇이라고 하는가?

① 모듈 분해 ② 디자인 패턴
③ 연관 관계 ④ 클래스 도출

18 객체지향 분석 기법의 하나로 객체 모형, 동적 모형, 기능 모형의 3개 모형을 생성하는 방법은?

① Wirfs-Block Method
② Rumbaugh Method
③ Booch Method
④ Jacobson Method

19 입력되는 데이터를 컴퓨터의 프로세서가 처리하기 전에 미리 처리하여 프로세서가 처리하는 시간을 줄여주는 프로그램이나 하드웨어를 말하는 것은?

① EAI   ② FEP
③ GPL   ④ Duplexing

20 객체지향 개념 중 하나 이상의 유사한 객체들을 묶어 공통된 특성을 표현한 데이터 추상화를 의미하는 것은?

① Method   ② Class
③ Field   ④ Message

21 클린 코드(Clean Code)를 작성하기 위한 원칙으로 틀린 것은?

① 추상화 : 하위 클래스/메소드/함수를 통해 애플리케이션의 특성을 간략하게 나타내고, 상세 내용은 상위 클래스/메소드/함수에서 구현한다.
② 의존성 : 다른 모듈에 미치는 영향을 최소화하도록 작성한다.
③ 가독성 : 누구든지 읽기 쉽게 코드를 작성한다.
④ 중복성 : 중복을 최소화할 수 있는 코드를 작성한다.

22 통합 테스트에서 테스트의 대상이 되는 하위 모듈을 호출하고, 파라미터를 전달하는 가상의 모듈로 상향식 테스트에 필요한 것은?

① 테스트 스텁(Test Stub)
② 테스트 드라이버(Test Driver)
③ 테스트 슈트(Test Suites)
④ 테스트 케이스(Test Case)

23 스택(Stack)에 대한 옳은 내용으로만 나열된 것은?

> ㉠ FIFO 방식으로 처리된다.
> ㉡ 순서 리스트의 뒤(Rear)에서 노드가 삽입되며, 앞(Front)에서 노드가 제거된다.
> ㉢ 선형 리스트의 양쪽 끝에서 삽입과 삭제가 모두 가능한 자료 구조이다.
> ㉣ 인터럽트 처리, 서브루틴 호출 작업 등에 응용된다.

① ㉠, ㉡   ② ㉡, ㉢
③ ㉣   ④ ㉠, ㉡, ㉢, ㉣

24 소프트웨어 모듈화의 장점이 아닌 것은?
① 오류의 파급 효과를 최소화한다.
② 기능의 분리가 가능하여 인터페이스가 복잡하다.
③ 모듈의 재사용 가능으로 개발과 유지보수가 용이하다.
④ 프로그램의 효율적인 관리가 가능하다.

25 소프트웨어 프로젝트 관리에 대한 설명으로 가장 옳은 것은?
① 개발에 따른 산출물 관리
② 소요인력은 최대화하되 정책 결정은 신속하게 처리
③ 주어진 기간은 연장하되 최소의 비용으로 시스템을 개발
④ 주어진 기간 내에 최소의 비용으로 사용자를 만족시키는 시스템을 개발

26 정형 기술 검토(FTR)의 지침으로 틀린 것은?
① 의제를 제한한다.
② 논쟁과 반박을 제한한다.
③ 문제 영역을 명확히 표현한다.
④ 참가자의 수를 제한하지 않는다.

27 소프트웨어 재공학의 주요 활동 중 기존 소프트웨어 시스템을 새로운 기술 또는 하드웨어 환경에서 사용할 수 있도록 변환하는 작업을 의미하는 것은?
① Analysis
② Migration
③ Restructuring
④ Reverse Engineering

28 정보 시스템 개발 단계에서 프로그래밍 언어 선택 시 고려할 사항으로 가장 거리가 먼 것은?
① 개발 정보 시스템의 특성
② 사용자의 요구사항
③ 컴파일러의 가용성
④ 컴파일러의 독창성

29 소프트웨어 패키징에 대한 설명으로 틀린 것은?
① 패키징은 개발자 중심으로 진행한다.
② 신규 및 변경 개발소스를 식별하고, 이를 모듈화하여 상용제품으로 패키징한다.
③ 고객의 편의성을 위해 매뉴얼 및 버전관리를 지속적으로 한다.
④ 범용 환경에서 사용이 가능하도록 일반적인 배포 형태로 패키징이 진행된다.

30 자료 구조의 분류 중 선형 구조가 아닌 것은?
① 트리
② 리스트
③ 스택
④ 데크

31 아주 오래되거나 참고문서 또는 개발자가 없어 유지보수 작업이 아주 어려운 프로그램을 의미하는 것은?
① Title Code
② Source Code
③ Object Code
④ Alien Code

32 소프트웨어를 재사용함으로써 얻을 수 있는 이점으로 가장 거리가 먼 것은?
① 생산성 증가
② 프로젝트 문서 공유
③ 소프트웨어 품질 향상
④ 새로운 개발 방법론 도입 용이

33 인터페이스 간의 통신을 위해 이용되는 데이터 포맷이 아닌 것은?

① AJTML
② JSON
③ XML
④ YAML

34 프로그램 설계도의 하나인 NS Chart에 대한 설명으로 가장 거리가 먼 것은?

① 논리의 기술에 중점을 두고 도형을 이용한 표현 방법이다.
② 이해하기 쉽고 코드 변환이 용이하다.
③ 화살표나 GOTO를 사용하여 이해하기 쉽다.
④ 연속, 선택, 반복 등의 제어 논리 구조를 표현한다.

35 순서가 A, B, C, D로 정해진 입력자료를 push, push, pop, push, push, pop, pop, pop 순서로 스택연산을 수행하는 경우 출력 결과는?

① B D C A
② A B C D
③ B A C D
④ A B D C

36 분할 정복(Divide and Conquer)에 기반한 알고리즘으로 피벗(pivot)을 사용하며 최악의 경우 $\frac{n(n-1)}{2}$ 회의 비교를 수행해야 하는 정렬(Sort)은?

① Selection Sort
② Bubble Sort
③ Insert Sort
④ Quick Sort

37 화이트 박스 검사 기법에 해당하는 것으로만 짝 지어진 것은?

> ㉠ 데이터 흐름 검사
> ㉡ 루프 검사
> ㉢ 동등 분할 검사
> ㉣ 경계값 분석
> ㉤ 원인 결과 그래프 기법
> ㉥ 오류 예측 기법

① ㉠, ㉡
② ㉠, ㉣
③ ㉡, ㉤
④ ㉢, ㉥

38 소프트웨어 품질 관련 국제 표준인 ISO/IEC 25000에 관한 설명으로 옳지 않은 것은?

① 소프트웨어 품질 평가를 위한 소프트웨어 품질 평가 통합 모델 표준이다.
② System and Software Quality Requirements and Evaluation으로 줄여서 SQuaRE라고도 한다.
③ ISO/IEC 2501n에서는 소프트웨어의 내부 측정, 외부 측정, 사용 품질 측정, 품질 측정 요소 등을 다룬다.
④ 기존 소프트웨어 품질 평가 모델과 소프트웨어 평가 절차 모델인 ISO/IEC 9126과 ISO/IEC 14598을 통합하였다.

39 코드 인스펙션과 관련한 설명으로 틀린 것은?

① 프로그램을 수행시켜보는 것 대신에 읽어보고 눈으로 확인하는 방법으로 볼 수 있다.
② 코드 품질 향상 기법 중 하나이다.
③ 동적 테스트 시에만 활용하는 기법이다.
④ 결함과 함께 코딩 표준 준수 여부, 효율성 등의 다른 품질 이슈를 검사하기도 한다.

40 프로젝트에 내재된 위험 요소를 인식하고 그 영향을 분석하여 이를 관리하는 활동으로서, 프로젝트를 성공시키기 위하여 위험 요소를 사전에 예측, 대비하는 모든 기술과 활동을 포함하는 것은?

① Critical Path Method
② Risk Analysis
③ Work Breakdown Structure
④ Waterfall Model

41 데이터베이스 설계 단계 중 물리적 설계 시 고려사항으로 적절하지 않은 것은?

① 스키마의 평가 및 정제
② 응답 시간
③ 저장 공간의 효율화
④ 트랜잭션 처리량

42 DELETE 명령에 대한 설명으로 틀린 것은?

① 테이블의 행을 삭제할 때 사용한다.
② WHERE 조건절이 없는 DELETE 명령을 수행하면 DROP TABLE 명령을 수행했을 때와 동일한 효과를 얻을 수 있다.
③ SQL을 사용 용도에 따라 분류할 경우 DML에 해당한다.
④ 기본 사용 형식은 "DELETE FROM 테이블 [WHERE 조건];"이다.

43 어떤 릴레이션 R의 모든 조인 종속성의 만족이 R의 후보키를 통해서만 만족될 때, 이 릴레이션 R이 해당하는 정규형은?

① 제5정규형
② 제4정규형
③ 제3정규형
④ 제1정규형

44 E-R 모델에서 다중값 속성의 표기법은?

① ◇
② □
③ ○
④ ─

45 다른 릴레이션의 기본키를 참조하는 키를 의미하는 것은?

① 필드키
② 슈퍼키
③ 외래키
④ 후보키

46 관계해석에서 '모든 것에 대하여'의 의미를 나타내는 논리 기호는?

① ⊐
② ∈
③ ∀
④ ⊂

47 다음 릴레이션의 Degree와 Cardinality는?

학번	이름	학년	학과
13001	고현수	3학년	전기
13002	한진일	4학년	기계
13003	장백일	2학년	컴퓨터

① Degree : 4, Cardinality : 3
② Degree : 3, Cardinality : 4
③ Degree : 3, Cardinality : 12
④ Degree : 12, Cardinality : 3

48 뷰(View)에 대한 설명으로 틀린 것은?

① 뷰 위에 또 다른 뷰를 정의할 수 있다.
② DBA는 보안성 측면에서 뷰를 활용할 수 있다.
③ 사용자가 필요한 정보를 요구에 맞게 가공하여 뷰로 만들 수 있다.
④ SQL을 사용하면 뷰에 대한 삽입, 갱신, 삭제 연산 시 제약 사항이 없다.

49 관계 대수식을 SQL 질의로 옳게 표현한 것은?

$$\pi_{\text{이름}}(\sigma_{\text{학과}='교육'}(\text{학생}))$$

① SELECT 학생 FROM 이름 WHERE 학과='교육';
② SELECT 이름 FROM 학생 WHERE 학과='교육';
③ SELECT 교육 FROM 학과 WHERE 이름='학생';
④ SELECT 학과 FROM 학생 WHERE 이름='교육';

50 정규화 과정에서 함수 종속이 A→B이고 B→C일 때 A→C인 관계를 제거하는 단계는?

① 1NF → 2NF
② 2NF → 3NF
③ 3NF → BCNF
④ BCNF → 4NF

51 CREATE TABLE문에 포함되지 않는 기능은?

① 속성 타입 변경
② 속성의 NOT NULL 여부 지정
③ 기본키를 구성하는 속성 지정
④ CHECK 제약조건의 정의

52 SQL과 관련한 설명으로 틀린 것은?

① REVOKE 키워드를 사용하여 열 이름을 다시 부여할 수 있다.
② 데이터 정의어는 기본 테이블, 뷰 테이블, 또는 인덱스 등을 생성, 변경, 제거하는 데 사용되는 명령어이다.
③ DISTINCT를 활용하여 중복값을 제거할 수 있다.
④ JOIN을 통해 여러 테이블의 레코드를 조합하여 표현할 수 있다.

53 다음 SQL문의 실행 결과로 생성되는 튜플 수는?

SELECT 급여 FROM 사원;

〈사원〉 테이블

사원ID	사원명	급여	부서ID
101	김하나	30000	1
102	박대한	35000	2
103	홍기원	40000	3
104	야수한	35000	2
105	정민국	40000	3

① 1
② 3
③ 4
④ 5

54 다음 SQL문에서 사용된 BETWEEN 연산의 의미와 동일한 것은?

SELECT *
FROM 성적
WHERE (점수 BETWEEN 90 AND 95)
   AND 학과 = '컴퓨터공학과';

① 점수 >= 90 AND 점수 <= 95
② 점수 > 90 AND 점수 < 95
③ 점수 > 90 AND 점수 <= 95
④ 점수 >= 90 AND 점수 < 95

55 트랜잭션의 상태 중 트랜잭션의 수행이 실패하여 Rollback 연산을 실행한 상태는?

① 철회(Aborted)
② 부분 완료(Partially Committed)
③ 완료(Commit)
④ 실패(Fail)

56 데이터 제어어(DCL)에 대한 설명으로 옳은 것은?
① ROLLBACK : 데이터의 보안과 무결성을 정의한다.
② COMMIT : 데이터베이스 사용자의 사용 권한을 취소한다.
③ GRANT : 데이터베이스 사용자의 사용 권한을 부여한다.
④ REVOKE : 데이터베이스 조작 작업이 비정상적으로 종료되었을 때 원래 상태로 복구한다.

57 테이블 R과 S에 대한 SQL에 대한 SQL문이 실행되었을 때, 실행 결과로 옳은 것은?

R

A	B
1	A
3	B

S

A	B
1	A
2	B

```
SELECT A FROM R
UNION ALL
SELECT A FROM S;
```

①
1

②
3
2

③
1
3

④
1
3
1
2

58 분산 데이터베이스 시스템(Distributed Database System)에 대한 설명으로 틀린 것은?
① 분산 데이터베이스는 논리적으로는 하나의 시스템에 속하지만 물리적으로는 여러 개의 컴퓨터 사이트에 분산되어 있다.
② 위치 투명성, 중복 투명성, 병행 투명성, 장애 투명성을 목표로 한다.
③ 데이터베이스의 설계가 비교적 어렵고, 개발 비용과 처리 비용이 증가한다는 단점이 있다.
④ 분산 데이터베이스 시스템의 주요 구성 요소는 분산 처리기, P2P 시스템, 단일 데이터베이스 등이 있다.

59 테이블 두 개를 조인하여 뷰 V_1을 정의하고, V_1을 이용하여 뷰 V_2를 정의하였다. 다음 명령 수행 후 결과로 옳은 것은?

```
DROP VIEW V_1 CASCADE;
```

① V_1만 삭제된다.
② V_2만 삭제된다.
③ V_1과 V_2 모두 삭제된다.
④ V_1과 V_2 모두 삭제되지 않는다.

60 데이터베이스에서 병행제어의 목적으로 틀린 것은?
① 시스템 활용도 최대화
② 사용자에 대한 응답시간 최소화
③ 데이터베이스 공유 최소화
④ 데이터베이스 일관성 유지

61 IP 주소체계와 관련한 설명으로 틀린 것은?

① IPv6의 패킷 헤더는 32octet의 고정된 길이를 가진다.
② IPv6는 주소 자동설정(Auto Configuration) 기능을 통해 손쉽게 이용자의 단말을 네트워크에 접속시킬 수 있다.
③ IPv4는 호스트 주소를 자동으로 설정하며 유니캐스트(Unicast)를 지원한다.
④ IPv4는 클래스별로 네트워크와 호스트 주소의 길이가 다르다.

62 다음 C언어 프로그램이 실행되었을 때, 실행 결과는?

```
#include <stdio.h>
#include <stidlib.h>
int main(int argc, char *argv[]) {
    int arr[2][3]={1, 2, 3, 4, 5, 6}
    int (*p)[3]=NULL;
    p=arr;
    print("%d, ", *(p[0]+1) + *(p[1]+2));
    print("%d", *(*(p+1)+0) + *(*(p+1)+1));
    return 0;
}
```

① 7, 5
② 8, 5
③ 8, 9
④ 7, 9

63 OSI 7계층 중 데이터링크 계층에 해당되는 프로토콜이 아닌 것은?

① HTTP
② HDLC
③ PPP
④ LLC

64 C언어에서 두 개의 논리값 중 하나라도 참이면 1을, 모두 거짓이면 0을 반환하는 연산자는?

① ||
② &&
③ **
④ !=

65 IPv6에 대한 특성으로 틀린 것은?

① 표시 방법은 8비트씩 4부분의 10진수로 표시한다.
② 2^{128}개의 주소를 표현할 수 있다.
③ 등급별, 서비스별로 패킷을 구분할 수 있어 품질보장이 용이하다.
④ 확장 기능을 통해 보안 기능을 제공한다.

66 JAVA의 예외(exception)와 관련한 설명으로 틀린 것은?

① 문법 오류로 인해 발생한 것
② 오동작이나 결과에 악영향을 미칠 수 있는 실행 시간 동안에 발생한 오류
③ 배열의 인덱스가 그 범위를 넘어서는 경우 발생하는 오류
④ 존재하지 않는 파일을 읽으려고 하는 경우에 발생하는 오류

67 TCP/IP 계층 구조에서 IP의 동작 과정에서의 전송 오류가 발생하는 경우에 대비해 오류 정보를 전송하는 목적으로 사용하는 프로토콜은?

① ECP(Error Checking Protocol)
② ARP(Address Resolution Protocol)
③ ICMP(Internet Control Message Protocol)
④ PPP(Point-to-Point Protocol)

68 좋은 소프트웨어 설계를 위한 소프트웨어의 모듈 간의 결합도(Coupling)와 모듈 내 요소 간 응집도(Cohesion)에 대한 설명으로 옳은 것은?

① 응집도는 낮게 결합도는 높게 설계한다.
② 응집도는 높게 결합도는 낮게 설계한다.
③ 양쪽 모두 낮게 설계한다.
④ 양쪽 모두 높게 설계한다.

69 다음과 같은 형태로 임계 구역의 접근을 제어하는 상호배제 기법은?

```
P(S) : while S <= 0 do skip;
S := S-1;
V(S) : S := S+1;
```

① Dekker Algorithm
② Lamport Algorithm
③ Peterson Algorithm
④ Semaphore

70 소프트웨어 개발에서 모듈(Module)이 되기 위한 주요 특징에 해당하지 않는 것은?

① 다른 것들과 구별될 수 있는 독립적인 기능을 가진 단위(Unit)이다.
② 독립적인 컴파일이 가능하다.
③ 유일한 이름을 가져야 한다.
④ 다른 모듈에서의 접근이 불가능해야 한다.

71 빈 기억 공간의 크기가 20KB, 16KB, 8KB, 40KB일 때 기억장치 배치 전략으로 "Best Fit"을 사용하여 17KB의 프로그램을 적재할 경우 내부 단편화의 크기는 얼마인가?

① 3KB
② 23KB
③ 64KB
④ 67KB

72 다음 C언어 프로그램이 실행되었을 때, 실행 결과는?

```
#include <stdio.h>
#include <stdlib.h>
int main(int argc, char *argv[]) {
    int i = 0
    while(1){
        if(i==4){
            break;
        }
        ++i;
    }
    print("i = %d", i);
    return 0;
}
```

① i = 0
② i = 1
③ i = 3
④ i = 4

73 다음 JAVA 프로그램이 실행되었을 때, 실행 결과는?

```java
public class Main{
  static void rs(char a[]) {
    for(int i = 0; i<a.length-1; i++)
      if(a[i] == 'B')
        a[i] = 'C';
      else
        a[i] = a[i+1];
  }
  static void pca(char a[]) {
    for(int i = 0; i<a.length; i++)
      System.out.print(a[i]);
    System.out.println();
  }
  public static void main(String[] args){
    char c[] = {'A', 'B', 'D', 'D', 'A', 'B', 'C'};
    rs(c);
    pca(c);
  }
}
```

① BCDABCA
② BCDABCC
③ CDDACCC
④ CDDACCA

74 개발 환경 구성을 위한 빌드(Build) 도구에 해당하지 않는 것은?

① Ant
② Kerberos
③ Maven
④ Gradle

75 3개의 페이지 프레임을 갖는 시스템에서 페이지 참조 순서가 1, 2, 1, 0, 4, 1, 3일 경우 FIFO 알고리즘에 의한 페이지 교체의 경우 프레임의 최종 상태는?

① 1, 2, 0
② 2, 4, 3
③ 1, 4, 2
④ 4, 1, 3

76 다음 C언어 프로그램이 실행되었을 때, 실행 결과는?

```c
#include <stdio.h>
#include <sstdlib.h>
int main(int atgc, char *argv[]) {
    char str1[20] = "KOREA";
    char str2[20] = "LOVE";
    char* p1=NULL;
    char* p2=NULL;
    p1=str1;
    p2=str2;
    str1[1]=p2[2];
    str2[3]=p1[4];
    strcat(str1, str2);
    printf("%c", *(p1+2));
    return 0;
}
```

① E
② V
③ R
④ O

77 다음 Python 프로그램이 실행되었을 때, 실행 결과는?

```
a=100
list_data = ['a', 'b', 'c']
dict_data = {'a':90, 'b':95}
print(list_data[0])
print(dict_data['a'])
```

① a
   90
② 100
   90
③ 100
   100
④ a
   a

78 C언어에서 정수 변수 a, b에 각각 1, 2가 저장되어 있을 때 다음 식의 연산 결과로 옳은 것은?

```
a < b + 2 && a << 1 <= b
```

① 0
② 1
③ 3
④ 5

79 다음 Python 프로그램이 실행되었을 때, 실행 결과는?

```
a = ["대", "한", "민", "국"]
for i in a:
    print(i)
```

① 대한민국

② 대
   한
   민
   국

③ 대

④ 대대대대

80 UNIX 시스템의 쉘(shell)의 주요 기능에 대한 설명이 아닌 것은?

① 사용자 명령을 해석하고 커널로 전달하는 기능을 제공한다.
② 반복적인 명령 프로그램을 만드는 프로그래밍 기능을 제공한다.
③ 쉘 프로그램 실행을 위해 프로세스와 메모리를 관리한다.
④ 초기화 파일을 이용해 사용자 환경을 설정하는 기능을 제공한다.

81 소프트웨어 생명주기 모델 중 나선형 모델(Spiral Model)과 관련한 설명으로 틀린 것은??

① 소프트웨어 개발 프로세스를 위험 관리(Risk Management) 측면에서 본 모델이다.
② 위험 분석(Risk Analysis)은 반복적인 개발 진행 후 주기의 마지막 단계에서 최종적으로 한 번 수행해야 한다.
③ 시스템을 여러 부분으로 나누어 여러 번의 개발 주기를 거치면서 시스템이 완성된다.
④ 요구사항이나 아키텍처를 이해하기 어렵다거나 중심이 되는 기술에 문제가 있는 경우 적합한 모델이다.

82 정보 시스템과 관련한 다음 설명에 해당하는 것은?

- 각 시스템 간에 공유 디스크를 중심으로 클러스터링으로 엮여 다수의 시스템을 동시에 연결할 수 있다.
- 조직, 기업의 기간 업무 서버 등의 안정성을 높이기 위해 사용될 수 있다.
- 여러 가지 방식으로 구현되며 2개의 서버를 연결하는 것으로 2개의 시스템이 각각 업무를 수행하도록 구현하는 방식이 널리 사용된다.

① 고가용성 솔루션(HACMP)
② 점대점 연결 방식(Point-to-Point Mode)
③ 스턱스넷(Stuxnet)
④ 루팅(Rooting)

83 위조된 매체 접근 제어(MAC) 주소를 지속적으로 네트워크로 흘려보내, 스위치 MAC 주소 테이블의 저장 기능을 혼란시켜 더미 허브(Dummy Hub)처럼 작동하게 하는 공격은?

① Parsing
② LAN Tapping
③ Switch Jamming
④ FTP Flooding

84 다음 내용이 설명하는 스토리지 시스템은?

- 하드디스크와 같은 데이터 저장장치를 호스트 버스 어댑터에 직접 연결하는 방식
- 저장장치와 호스트 기기 사이에 네트워크 디바이스 없이 직접 연결하는 방식으로 구성

① DAS
② NAS
③ BSA
④ NFC

85 취약점 관리를 위해 일반적으로 수행하는 작업이 아닌 것은?

① 무결성 검사
② 응용 프로그램의 보안 설정 및 패치(Patch) 적용
③ 중단 프로세스 및 닫힌 포트 위주로 확인
④ 불필요한 서비스 및 악성 프로그램의 확인과 제거

86 소프트웨어 생명주기 모델 중 V 모델과 관련한 설명으로 틀린 것은?

① 요구 분석 및 설계 단계를 거치지 않으며 항상 통합 테스트를 중심으로 V 형태를 이룬다.
② Perry에 의해 제안되었으며 세부적인 테스트 과정으로 구성되어 신뢰도 높은 시스템을 개발하는 데 효과적이다.
③ 개발 작업과 검증 작업 사이의 관계를 명확히 들어내 놓은 폭포수 모델의 변형이라고 볼 수 있다.
④ 폭포수 모델이 산출물 중심이라면 V 모델은 작업과 결과의 검증에 초점을 둔다.

87 블루투스(Bluetooth) 공격과 해당 공격에 대한 설명이 올바르게 연결된 것은?

① 블루버그(BlueBug) – 블루투스의 취약점을 활용하여 장비의 파일에 접근하는 공격으로 OPP를 사용하여 정보를 열람
② 블루스나프(BlueSnarf) – 블루투스를 이용해 스팸처럼 명함을 익명으로 퍼뜨리는 것
③ 블루프린팅(BluePrinting) – 블루투스 공격 장치의 검색 활동을 의미
④ 블루재킹(BlueJacking) – 블루투스 장비 사이의 취약한 연결 관리를 악용한 공격

88 DoS(Denial of Service) 공격과 관련한 내용으로 틀린 것은?

① Ping of Death 공격은 정상 크기보다 큰 ICMP 패킷을 작은 조각(Fragment)으로 쪼개어 공격 대상이 조각화 된 패킷을 처리하게 만드는 공격 방법이다.
② Smurf 공격은 멀티캐스트(Multicast)를 활용하여 공격 대상이 네트워크의 임의의 시스템에 패킷을 보내게 만드는 공격이다.
③ SYN Flooding은 존재하지 않는 클라이언트가 서버별로 한정된 접속 가능 공간에 접속한 것처럼 속여 다른 사용자가 서비스를 이용하지 못하게 하는 것이다.
④ Land 공격은 패킷 전송 시 출발지 IP주소와 목적지 IP주소 값을 똑같이 만들어서 공격 대상에게 보내는 공격 방법이다.

89 다음 설명에 해당하는 시스템은?

- 1990년대 David Clock이 처음 제안하였다.
- 비정상적인 접근의 탐지를 위해 의도적으로 설치해 둔 시스템이다.
- 침입자를 속여 실제 공격당하는 것처럼 보여줌으로써 크래커를 추적 및 공격 기법의 정보를 수집하는 역할을 한다.
- 쉽게 공격자에게 노출되어야 하며 쉽게 공격이 가능한 것처럼 취약해 보여야 한다.

① Apache
② Hadoop
③ Honeypot
④ MapReduce

90 다음이 설명하는 IT 기술은?

- 컨테이너 응용 프로그램의 배포를 자동화하는 오픈 소스 엔진이다.
- 소프트웨어 컨테이너 안에 응용 프로그램들을 배치시키는 일을 자동화해 주는 오픈 소스 프로젝트이자 소프트웨어로 볼 수 있다.

① StackGuard
② Docker
③ Cipher Container
④ Scytale

91 간트 차트(Gantt Chart)에 대한 설명으로 틀린 것은?

① 프로젝트를 이루는 소작업별로 언제 시작되고 언제 끝나야 하는지를 한 눈에 볼 수 있도록 도와준다.
② 자원 배치 계획에 유용하게 사용된다.
③ CPM 네트워크로부터 만드는 것이 가능하다.
④ 수평 막대의 길이는 각 작업(Task)에 필요한 인원수를 나타낸다.

92 Python 기반의 웹 크롤링(Web Crawling) 프레임워크로 옳은 것은?

① Li-fi
② Scrapy
③ CrawlCat
④ SBAS

93 Secure 코딩에서 입력 데이터의 보안 약점과 관련한 설명으로 틀린 것은?

① SQL 삽입 : 사용자의 입력값 등 외부 입력값이 SQL 쿼리에 삽입되어 공격
② 크로스사이트 스크립트 : 검증되지 않은 외부 입력값에 의해 브라우저에서 악의적인 코드가 실행
③ 운영체제 명령어 삽입 : 운영체제 명령어 파라미터 입력값이 적절한 사전검증을 거치지 않고 사용되어 공격자가 운영체제 명령어를 조작
④ 자원 삽입 : 사용자가 내부 입력값을 통해 시스템 내에 사용이 불가능한 자원을 지속적으로 입력함으로써 시스템에 과부하 발생

94 Windows 파일 시스템인 FAT와 비교했을 때의 NTFS의 특징이 아닌 것은?

① 보안에 취약
② 대용량 볼륨에 효율적
③ 자동 압축 및 안정성
④ 저용량 볼륨에서의 속도 저하

95 DES는 몇 비트의 암호화 알고리즘인가?

① 8
② 24
③ 64
④ 132

96 리눅스에서 생성된 파일 권한이 644일 경우 umask 값은?

① 022
② 666
③ 777
④ 755

97 다음 내용이 설명하는 로그 파일은?

- 리눅스 시스템에서 사용자의 성공한 로그인/로그아웃 정보 기록
- 시스템의 종료/시작 시간 기록

① tapping
② xtslog
③ linuxer
④ wtmp

98 상향식 비용 산정 기법 중 LOC(원시 코드 라인 수) 기법에서 예측치를 구하기 위해 사용하는 항목이 아닌 것은?

① 낙관치
② 기대치
③ 비관치
④ 모형치

99 OSI 7 Layer 전 계층의 프로토콜과 패킷 내부의 콘텐츠를 파악하여 침입 시도, 해킹 등을 탐지하고 트래픽을 조정하기 위한 패킷 분석 기술은?

① PLCP(Packet Level Control Processor)
② Traffic Distributor
③ Packet Tree
④ DPI(Deep Packet Inspection)

100 소프트웨어 개발 방법론의 테일러링(Tailoring)과 관련한 설명으로 틀린 것은?

① 프로젝트 수행 시 예상되는 변화를 배제하고 신속히 진행하여야 한다.
② 프로젝트에 최적화된 개발 방법론을 적용하기 위해 절차, 산출물 등을 적절히 변경하는 활동이다.
③ 관리 측면에서의 목적 중 하나는 최단기간에 안정적인 프로젝트 진행을 위한 사전 위험을 식별하고 제거하는 것이다.
④ 기술적 측면에서의 목적 중 하나는 프로젝트에 최적화된 기술 요소를 도입하여 프로젝트 특성에 맞는 최적의 기법과 도구를 사용하는 것이다.

CHAPTER
03

최신 기출문제
정답 & 해설

정답 & 해설

최신 기출문제 01회   2-186p

01 ②	02 ②	03 ②	04 ③	05 ④
06 ①	07 ③	08 ②	09 ①	10 ④
11 ②	12 ①	13 ③	14 ①	15 ④
16 ③	17 ④	18 ①	19 ②	20 ④
21 ①	22 ②	23 ③	24 ④	25 ①
26 ②	27 ④	28 ④	29 ①	30 ④
31 ③	32 ④	33 ①	34 ③	35 ③
36 ③	37 ③	38 ③	39 ④	40 ④
41 ①	42 ①	43 ③	44 ④	45 ①
46 ④	47 ②	48 ④	49 ①	50 ④
51 ④	52 ①	53 ③	54 ③	55 ④
56 ②	57 ④	58 ②	59 ④	60 ①
61 ③	62 ①	63 ④	64 ④	65 ②
66 ①	67 ④	68 ③	69 ②	70 ②
71 ④	72 ①	73 ③	74 ④	75 ①
76 ③	77 ④	78 ③	79 ②	80 ③
81 ①	82 ②	83 ③	84 ④	85 ①
86 ①	87 ②	88 ①	89 ③	90 ④
91 ②	92 ①	93 ②	94 ③	95 ④
96 ③	97 ③	98 ①	99 ①	100 ④

01 ②
프로토타입 모델은 폭포수 모델처럼 단계별 개발을 하지만, 중간에 시제품(프로토타입)을 제작해 사용자의 평가를 받고, 이를 수정·반영하여 최종 제품 개발에 활용하는 방식이다.

02 ②
오답 피하기
요구사항 분석은 초기 요구 수집, 테스트 설계는 개발 후 품질 검사, 인터페이스 구현은 UI 관련 작업에 해당된다.

03 ②
애자일 방법론은 '사람과 소통', '변화 대응', '고객 협력'을 중시한다. 절차, 문서, 계획보다 작동하는 소프트웨어와 유연한 대응을 더 중요하게 생각한다.

04 ③
XP(eXtreme Programming)의 핵심 가치는 의사소통(Communication), 단순성(Simplicity), 용기(Courage), 존중(Respect), 피드백(Feedback)이다.

05 ④
DFD는 '기능에 의한 데이터 흐름'을 표현하는 도구로, '시간 순서'는 고려하지 않는다.

06 ①
DFD의 구성 요소 중 단말(Terminator)은 외부 시스템이나 사용자를 의미하며, 데이터가 시스템으로 들어오거나 시스템을 벗어나는 출발점 또는 도착점을 나타낸다.

오답 피하기
프로세스는 데이터를 변환하는 기능을, 자료 저장소는 데이터를 저장하는 장소를, 자료 흐름은 데이터의 이동 경로를 의미한다.

07 ③
- 시작 → A → C → D → F → 종료 (14일)
- 시작 → A → C → E → F → 종료 (12일)
- 시작 → B → C → D → F → 종료 (15일)
- 시작 → B → C → E → F → 종료 (13일)

08 ②
SWOT 분석은 조직의 강점, 약점, 기회, 위협을 분석하는 경영 기법으로, 비용 산정 모델과는 관계가 없다.

09 ①
LOC는 개발된 프로그램의 코드 라인 수를 기준으로 개발 규모와 비용을 산정하는 가장 기본적인 방법이다.

오답 피하기
FP는 소프트웨어 기능의 복잡도를 기반으로 산정하고, PERT는 프로젝트 일정을 예측하는 기법이며, CPM은 프로젝트 일정 관리에서 임계 경로를 찾는 방법이다.

10 ④
CASE 도구(Computer Aided Software Engineering)는 소프트웨어 개발의 전 과정을 자동화하고, 품질 향상, 생산성 향상, 유지보수 비용 절감에 도움을 준다. 개발 기간은 오히려 단축시키는 것이 목표이며, 일부러 늘리는 것은 CASE 도구의 목적과 정반대이다.

11 ②

DBMS는 데이터베이스를 관리하고 데이터 저장, 검색, 갱신 등을 지원하는 소프트웨어다.

> 오답 피하기

MOM은 메시지 기반 비동기 통신을 지원하는 미들웨어이고, ORB는 객체 간 통신을 지원하는 미들웨어(CORBA 기반)이다. WAS는 웹 애플리케이션 서버로, HTTP 세션 관리 및 동적 콘텐츠 생성을 지원한다.

12 ①

'최종 성능 보장'은 개발 이후 테스트와 품질 관리 단계의 목표이지, 요구사항 분석 단계의 직접 목표는 아니다.

13 ③

상태(State)는 객체가 특정 시점에 가지고 있는 속성이나 조건을 나타낸다.

14 ①

> 오답 피하기

객체 간의 관계와 속성을 표현한 다이어그램은 E-R 다이어그램, 시스템 외부 사용자의 요구를 표현한 다이어그램은 유스케이스 다이어그램, 객체의 상태 변화 과정을 시간 흐름에 따라 표현한 다이어그램은 시퀀스 다이어그램이다.

15 ④

터치 제스처에는 더블탭, 스와이프, 핀치, 드래그, 플릭, 회전(Rotate) 등이 포함된다.

> 오답 피하기

롤오버는 마우스 포인터를 객체 위에 올렸을 때 발생하는 이벤트로, 터치 기반 동작이 아니다.

16 ③

> 오답 피하기

유스케이스는 시스템의 동작을 사용자의 입장에서 표현한 시나리오이고, 실행 프로그램이 최초 설계된 환경과 다른 환경에서 동작을 허용시키는 과정을 이식이라고 하며, 기능이 다른 여러 개의 응용 프로그램을 하나로 묶어 놓는 것을 통합이라고 한다.

17 ④

> 오답 피하기

클라이언트-서버는 요청과 응답 구조, 브로커는 클라이언트와 서버 간 중개 역할. 이벤트-버스는 이벤트를 여러 컴포넌트에 전달하는 방식이다.

18 ①

EAI(Enterprise Application Integration)의 주요 구축 방식에는 포인트 투 포인트, 허브 앤 스포크, 메시지 버스, 그리고 이들을 혼합한 하이브리드 방식 등이 있다.

> 오답 피하기

데이터 스프린트는 주로 애자일 방법론을 적용할 때 사용된다.

19 ②

> 오답 피하기

결합도는 서로 다른 모듈 간의 의존성 정도를 의미한다. 복잡도는 시스템이나 소프트웨어가 얼마나 복잡한지(공유도, 제어도)를 나타내는 지표이고, 가용성은 시스템이 필요한 순간에 사용 가능한 정도를 의미한다.

20 ④

결합도에는 자료 결합도(Data Coupling), 스탬프 결합도(Stamp Coupling), 제어 결합도(Control Coupling), 외부 결합도(External Coupling), 공통(공유) 결합도(Common Coupling), 내용 결합도(Content Coupling)가 있다.

21 ①

형상 관리의 주요 요소는 형상 식별, 형상 통제, 형상 상태 보고, 형상 감사이다.

22 ②

WAS는 웹 서버(Web Server)와 데이터베이스 서버(DB Server) 사이에서 비즈니스 로직을 처리하는 서버이다. 단순히 데이터베이스 연결만 수행하는 것이 아니라, 동적 웹 페이지 생성, 세션 관리, 트랜잭션 관리 등을 수행한다.

23 ③

셀레니움(Selenium)은 웹 애플리케이션의 동작을 테스트하는 동적 테스트 도구로, 코드 정적 분석과는 목적이 다르다.

24 ④

가상화 기술은 서버나 저장 공간을 가상화하는 기술로, DRM과는 직접적인 관련이 없다.

25 ①

셀레니움(Selenium)은 웹 애플리케이션의 사용자 인터페이스(UI) 테스트를 자동화하는 도구로, 인터페이스 구현 검증 도구 범주에는 포함되지 않는다.

26 ②

FTR의 목적은 산출물의 오류를 찾고 품질을 높이는 것이며, 해결책이나 개선책에 대한 논의는 금지된다.

27 ③

트리는 계층적 구조를 가지는 비선형 자료 구조로, 부모-자식 관계를 통해 여러 방향으로 확장된다.

28 ④

스택은 후입선출(LIFO) 구조를 가지며, 함수 호출 관리, 후위 표기식 계산, 깊이 우선 탐색(DFS) 등에 사용된다.

> **오답 피하기**
> 선입선출(FIFO) 방식의 작업 대기열 처리는 큐(Queue) 자료 구조가 담당한다.

29 ①

O(1)은 상수 시간 복잡도를 의미하며, 입력 데이터의 크기와 무관하게 항상 일정한 시간(연산횟수)이 소요된다.

30 ④

퀵 정렬은 평균적으로 O(NlogN)의 시간 복잡도를 가지며, 최악의 경우에만 $O(N^2)$가 된다.

31 ③

제어 구조 검사는 소스코드의 제어 흐름을 분석하는 화이트박스 테스트 기법에 해당한다.

32 ④

화이트박스 테스트는 소스코드 내부 로직을 분석하여 테스트하는 방법이다.

33 ①

알파 테스트는 외부에 공개하지 않고 해당 소프트웨어가 개발된 환경에서 통제된 상태로 테스트를 수행하며, 베타 테스트는 일정 수의 사용자에게 공개적으로 소프트웨어를 사용하게 하고 이에 관한 의견을 듣는 과정을 거치는 테스트이다.

34 ③

- 데이터 오류(DA) : 데이터 유형 정의, 변수 선언, 매개 변수 등에서 나타나는 오류
- 기능 오류(FN) : 서브루틴이나 블록이 잘못된 것(What)을 수행하는 오류
- 논리 오류(LO) : 서브루틴이나 블록이 수행하는 방법(How)을 잘못 수행하는 오류
- 성능 오류(PF) : 프로그램을 수행하며 요구되는 성능을 만족시키지 못하는 오류
- 문서 오류(DC) : 프로그램 구성 요소인 선언 부분, 잘못되거나 불필요한 주석 등에서 나타나는 오류

35 ③

스택 노드는 트리 자료구조가 아니라 스택 자료구조에서 사용하는 용어로, 이진트리와 직접 관련이 없다.

36 ③

하드코딩은 데이터를 코드 내부에 직접 작성하는 것으로, 유지 보수를 어렵게 하고 보안 위험을 증가시키므로 최적화와는 반대되는 행위이다.

37 ①

소프트웨어 유지보수 유형은 하자 보수(버그 수정), 완전 보수(성능 개선), 예방 보수(문제 발생 방지), 적응 보수(환경 변화 대응)로 분류된다.

38 ③

경과 시간은 요청이 시작된 시점부터 종료된 시점까지 걸린 객관적 실제 시간을 의미한다.

39 ④

버퍼는 데이터 임시 저장 공간으로, 테스트 하네스 구성 요소에는 포함되지 않는다.

40 ④

소프트웨어 테스트는 소프트웨어가 요구사항을 충족하는지 확인하고, 잠재된 오류나 결함을 발견하기 위한 과정이다. '완벽한 동작 증명'은 불가능하므로, 오류 발견과 품질 확보가 진짜 목적이다.

41 ①

데이터 정의어(DDL)는 데이터베이스의 구조나 객체(테이블, 뷰, 인덱스 등)를 정의, 수정, 삭제할 때 사용하는 SQL 명령어이다. 대표적으로 CREATE, ALTER, DROP, TRUNCATE 등이 있다.

42 ①

릴레이션은 데이터베이스의 테이블 구조를 의미하며, 튜플(행), 속성(열) 간에는 순서가 존재하지 않는다.

43 ③

기본키는 릴레이션 내에서 튜플을 유일하게 식별하기 위한 키로, NULL 값을 가질 수 없다.

44 ④

데이터 모델은 데이터를 구조화하고, 조작하며, 제약조건을 설정하는 것으로 구성된다.

45 ①

참조 무결성 제약조건은 외래키(Foreign Key)가 참조하는 기본키(Primary Key)가 반드시 존재해야 함을 보장하는 규칙이다. NULL 값을 가질 수도 있고, 고유(unique)할 필요는 없다.

46 ④

E-R 다이어그램의 구성 요소 : 개체(Entity), 관계(Relationship), 속성(Attribute)

47 ②

E-R 다이어그램은 데이터 간의 논리적 관계를 시각적으로 표현하는 모델이다.

48 ④

REVOKE는 DCL에 해당하는 명령이다.

49 ①

WITH GRANT OPTION은 부여받은 권한을 다른 사용자에게 다시 부여할 수 있도록 허용하는 옵션으로, GRANT 문장에 추가하여 사용한다.

> 오답 피하기

REVOKE는 권한을 취소하는 명령, COMMIT과 ROLLBACK은 트랜잭션 제어 명령이다.

50 ③

서로 다른 지역에 있는 데이터베이스는 통신을 통해 데이터 일관성 및 무결성을 유지해야 하며, 장애가 발생해도 무결성과 신뢰성을 보장해야 한다.

51 ④

데이터 웨어하우스는 대량의 데이터 분석을 위해 통합 저장하는 시스템이다.

52 ①

NULL 값은 제외한(실제 이메일 주소가 입력된) 데이터만 조회된다.

53 ③

병행제어는 다수의 트랜잭션이 동시에 데이터베이스에 접근하더라도 데이터의 일관성과 무결성을 유지하도록 하는 기능이다.

54 ③

뷰를 통한 데이터 수정은 제한적이며, 특히 다중 테이블을 조인한 뷰나 집계 결과가 포함된 뷰는 수정이 어렵다.

55 ①

ACID는 데이터베이스 트랜잭션의 4대 필수 특성을 의미하며 Atomicity(원자성), Consistency(일관성), Isolation(고립성), Durability(지속성)이 있다.

56 ②

SELECT는 순수 관계 연산자이다.

57 ④

Fibre Channel(FC)은 SAN(Storage Area Network) 환경에서 스토리지와 서버를 네트워크로 연결할 때 주로 사용하는 프로토콜이다.

58 ②

데이터베이스 이상 현상은 테이블 설계 시 중복된 데이터나 잘못된 종속성 때문에 발생한다.

59 ④

INSERT INTO 테이블명 (열 목록) VALUES (값 목록) 형태로 작성해야 하며, 각 컬럼의 순서와 타입에 맞춰 값을 입력해야 한다.

60 ①

σ는 조건을 의미하는 수평적 부분집합(SELECT) 연산이고, π는 수직적 부분집합(PROJECT) 연산을 의미한다. 따라서 year가 3인 레코드를 선택하고, 그 중 name과 dept만 출력한다.

61 ③

트랜잭션 제어는 데이터베이스 관리(DBMS)에서 트랜잭션의 일관성, 원자성 등을 보장하기 위한 기술로, 객체지향 기술에 포함되지 않는다.

62 ③

해싱 등의 방법으로 키를 변환하여 일정한 순서 없이 임의로 데이터를 기록하는 편성 방식으로, 임의 편성이라고도 한다.

> 오답 피하기

해시 파일 편성(Hash File Organization)은 사실상 직접 파일 편성과 거의 동일한 개념(직접 파일이 해싱을 주로 사용함)이다. 하지만 정보처리기사 등 국가기술자격 시험의 파일 편성 분류 문제에서는 이와 같은 특징을 가진 파일 편성의 공식 명칭으로 직접 파일 편성(DAM, Direct Access Method)을 정답으로 채택하는 경우가 일반적이다. 이 문제는 정보처리기사, 정보처리산업기사 등의 필기 시험에서 자주 출제되는 '파일 편성 방식'의 정의를 묻는 전형적인 문제이므로, '키 순서 무관'과 '속도 일정(직접 접근)'이라는 키워드가 나오면 직접 파일(Direct File)을 선택하면 된다.

63 ④

세마포어는 프로세스나 스레드 간에 공유 자원에 대한 접근을 조율하고, 동시 접근으로 발생할 수 있는 문제를 방지하기 위해 사용하는 동기화 기법으로, 주로 P 연산(대기)과 V 연산(신호)으로 구현되며 공유 자원 보호에 사용된다.

64 ④

IDE는 코드 작성, 컴파일, 디버깅, 형상 관리 등의 개발에 필요한 다양한 기능을 하나의 환경에서 통합 제공한다.

65 ②

가비지 콜렉터(Garbage Collector)는 메모리 관리 기법 중의 하나로, 프로그램이 동적으로 할당했던 메모리 영역 중에서 필요 없게 된 영역을 해제하는 역할을 한다.

66 ①

- *x는 가변 매개변수로, 인수는 튜플의 형태(1, 2, 3)로 전달된다.
- 반복문에서 1+2+3을 누적하여 s에 저장하므로 최종 결과는 6이 된다.

67 ①

- 문자열 "abcd"를 for문으로 한 글자씩 c에 저장하여 출력한다.
- print(c, end=" ")로 출력할 때 줄 바꿈 없이 각 글자 뒤에 공백(" ")을 넣는다.
- 따라서 결과는 a b c d 가 된다.

68 ③

- a는 처음에 0이다.
- a++는 현재 값(0)을 사용하고 나중에 1 증가시킨다.
- 따라서 (a++) + 2는 0 + 2 = 2가 된다.
- b[2]는 배열에서 세 번째 요소이며, 30이다.
- 따라서 출력 결과는 30이 된다.

69 ②

- a는 문자형 변수이므로 %c로 출력해야 한다.
- b는 문자형(char)이지만, 정수형과 호환되므로 연산이 가능하다.
- b/1.5를 하면 자동으로 double형 변환이 일어난다.
- float 또는 double형 결과는 %f 서식을 사용해야 한다.

70 ②

- a = 0x5A는 2진수로 01011010이다.
- b = 0x3C는 2진수로 00111100이다.
- a & b를 계산하면 대응하는 비트끼리 AND 연산하므로 00011000이 된다.
- 00011000은 16진수로 0x18, 십진수로 24이다.
- 출력 서식 %X는 대문자 16진수로 출력하므로 18이 된다.

71 ④

인덱스	요소	처리	단계별 결과
0	A	진행 안 함	
1	B	B → D	ADACADBC
2	A	1번 요소와 교환	AADCADBC
3	C	2번 요소와 교환	AACDADBC
4	A	3번 요소와 교환	AACADDBC
5	D	4번 요소와 교환	AACADDBC
6	B	B → D	AACADDDC
7	C	6번 요소와 교환	AACADDCD

72 ①

- a = 70, b = 50이므로 (a + b) / 2 = 120 / 2 = 60이다.
- 평균이 60이므로 조건 (a + b) / 2)= 60은 참이다.
- 삼항 연산자의 참 결과는 2이므로 변수 c에는 2가 저장된다.

73 ③

- C, Java 모두 변수명은 숫자로 시작할 수 없다.
- 1total은 숫자(1)로 시작하므로 명명 규칙을 위반한다.

74 ③

- 멤버 변수 balance는 외부 접근을 차단 : private
- deposit 메소드를 통해서 balance에 접근해야 함 : public

75 ①

생성자명은 클래스명과 같아야 한다.

76 ③

프로세스 전체를 연속된 공간에 적재할 필요 없이, 필요한 페이지들만 메모리에 올려서 실행할 수 있어 단편화를 줄이고 메모리 활용을 높인다.

77 ④

패킷을 분석하거나 최적 경로를 선택하는 기능은 라우터(Router)와 같은 3계층 장비가 수행하는 일이다.

78 ②

First Fit은 메모리의 빈 공간을 순서대로 검색하여, 요청된 크기보다 크거나 같은 첫 번째 빈 공간에 데이터를 할당하는 방식이다.

79 ②

- umask 값은 새로 생성되는 파일이나 디렉터리의 기본 권한에서 제한할 권한을 지정한다.
- 기본 파일 권한 666(읽기/쓰기)에서 umask 022를 빼면 644(소유자는 읽기/쓰기, 그룹과 다른 사용자는 읽기) 권한이 된다. 따라서 다른 사용자는 읽기 권한은 가지지만 쓰기 권한은 가지지 않는다(다른 사용자는 일반 사용자라고도 한다).

80 ③

디자인 패턴은 생성 패턴, 구조 패턴, 행동 패턴으로 분류할 수 있다.

81 ①

오용 탐지는 알려진 공격 패턴이나 비정상적인 행위를 미리 정의하여, 시스템 내에서 이러한 패턴이 발생할 경우 이를 탐지하는 방식이다.

오답 피하기
정상 행위를 기준으로 이상 징후를 탐지하는 방법은 이상 탐지(Anomaly Detection)에 해당한다.

82 ④

라운드 로빈 스케줄링은 운영체제에서 프로세스 스케줄링에 사용되는 기법으로 암호 기술과는 관련이 없다.

83 ③

RSA는 Rivest, Shamir, Adleman이 고안한 공개키 기반의 암호 시스템으로 큰 소수 두 개를 곱해 만든 수를 기반으로 키를 생성하고, 암호화 키와 복호화 키가 다르다. 데이터 암호화뿐 아니라 전자 서명 기능에도 널리 사용된다.

84 ④

암호화되지 않은 비밀번호 저장은 보안 위협 요소에 해당하며, 세션 하이재킹 탐지 기법은 아니다.

85 ③

RIP는 내부 라우팅 프로토콜로, 경로 설정 기준은 홉 카운트로 15개까지만 허용한다.

86 ①

HRN 우선순위 계산 = (대기 시간 + 서비스 시간) ÷ 서비스 시간

87 ②

TKIP(Temporal Key Integrity Protocol)은 WEP의 약점을 보완하기 위해 개발된 보안 프로토콜로, 동적으로 키를 변경하여 무선 네트워크의 보안을 강화한다.

88 ①

VLAN은 네트워크를 물리적으로 세분화할 필요 없이 논리적으로 세분화할 수 있는 가상의 LAN이다.

89 ③

흐름 제어는 전송 계층(Transport Layer)에서 담당하는 기능으로, 데이터 흐름을 조절하여 송신 측과 수신 측 간의 속도 차이를 보완한다.

90 ④

MAC 주소를 IP 주소로 변환하는 것은 RARP(Reverse ARP)가 수행하는 역할이다.

91 ②

인터넷 사용자가 급증함에 따라 주소 고갈 문제가 발생했고 이 문제를 해결하기 위해 IPv6가 새롭게 설계되었다.

92 ④

SaaS는 소프트웨어 서비스, PaaS는 플랫폼 서비스이다.

93 ②

VMware는 가상화 솔루션, Docker는 컨테이너 기술을 의미한다.

94 ③

허니팟은 공격자를 유인해 공격 행위와 방법을 관찰, 분석하기 위한 가상의 취약 시스템이다. 공격을 완전히 차단하는 것이 목적이 아니라, 일부러 공격자가 접근하게 하여 보안 강화를 위한 정보를 수집하는 데 목적이 있다.

95 ④

Authorization(권한 부여)은 인증된 사용자가 수행할 수 있는 작업을 결정하는 과정이다.

오답 피하기
Accounting(계정 관리)과 Auditing(감사)은 시스템 이용 내역을 기록하고 감시하는 과정이다.

96 ③

지문 인식은 사용자의 신체적 특징을 이용하는 것으로 'something you are(생체 기반 인증)' 요소에 해당한다.

97 ③

AES는 대칭키 암호화 방식으로, 암호화와 복호화에 같은 키를 사용하는 방식이다.

98 ①

Beacon은 근거리에 있는 스마트 기기를 자동으로 인식하여 필요한 데이터를 전송할 수 있는 무선 통신 장치이다.

99 ①

오답 피하기
WhatsApp은 메신저 앱, Zoom은 화상 회의 앱, Spotify는 음악 스트리밍 서비스다.

100 ④

정보보안 3요소는 기밀성(권한이 없는 접근을 차단), 무결성(정보의 정확성과 일관성 유지), 가용성(필요할 때 정보에 접근 가능)을 의미한다.

최신 기출문제 02회

01 ③	02 ③	03 ④	04 ②	05 ②
06 ②	07 ④	08 ④	09 ②	10 ①
11 ②	12 ③	13 ③	14 ②	15 ④
16 ①	17 ①	18 ④	19 ①	20 ④
21 ①	22 ④	23 ②	24 ①	25 ④
26 ③	27 ①	28 ②	29 ②	30 ③
31 ④	32 ②	33 ②	34 ①	35 ④
36 ②	37 ①	38 ①	39 ①	40 ②
41 ④	42 ③	43 ①	44 ②	45 ④
46 ④	47 ①	48 ③	49 ①	50 ①
51 ①	52 ③	53 ④	54 ①	55 ④
56 ①	57 ④	58 ④	59 ②	60 ④
61 ③	62 ①	63 ④	64 ③	65 ②
66 ②	67 ③	68 ①	69 ③	70 ②
71 ①	72 ②	73 ④	74 ①	75 ③
76 ①	77 ①	78 ③	79 ①	80 ②
81 ①	82 ④	83 ④	84 ①	85 ④
86 ①	87 ④	88 ②	89 ①	90 ④
91 ③	92 ①	93 ③	94 ④	95 ②
96 ④	97 ③	98 ①	99 ④	100 ①

01 ③

현행 시스템 파악 절차 : 시스템 구성 → 소프트웨어 구성 → 하드웨어 구성

02 ③

럼바우 기법에 활용되는 다이어그램
- 객체 모델링 : 객체 다이어그램
- 동적 모델링 : 상태/활동 다이어그램
- 기능 모델링 : 자료 흐름도

03 ④

코드 오류의 종류
- 생략 오류(Omission Error) : 입력 시 한 자리를 빼놓고 기록한 경우(예 1234 → 123)
- 필사 오류(Transcription Error) : 입력 시 임의의 한 자리를 잘못 기록한 경우(예 1234 → 1235)
- 전위 오류(Transposition Error) : 입력 시 좌우 자리를 바꾸어 기록한 경우(예 1234 → 1243)
- 이중 오류(Double Transposition Error) : 전위 오류가 두 가지 이상 발생한 경우(예 1234 → 2143)
- 추가 오류(Addition Error) : 입력 시 한 자리 추가로 기록한 경우(예 1234 → 12345)
- 임의 오류(Random Error) : 위의 오류가 두 가지 이상 결합하여 발생한 경우(예 1234 → 12367)

04 ②

나선형 모델의 개발 프로세스 : 계획 및 목표 설정 → 위험 분석 → 공학적 개발 및 검증 → 고객 평가

05 ②

UML의 종류에는 6개의 구조적(정적) 다이어그램과 7개의 행위적(동적) 다이어그램이 있다.

오답 피하기

생성 패턴, 구조 패턴, 행위 패턴은 디자인 패턴의 종류이다.

06 ②

XP의 가치 : 의사소통, 단순성, 용기, 존중, 피드백

07 ④

FTR의 원칙
- 검토될 제품에 대한 체크 리스트를 개발
- 자원과 시간 일정을 할당
- 문제 영역을 명확히 표현하고 의제를 제한
- 제품의 검토에만 집중
- 검토의 과정과 결과를 재검토
- 논쟁과 반박을 제한
- 참가자의 수를 제한
- 사전 준비를 강요하고 사전에 작성한 메모들을 공유
- 모든 검토자들을 위해 의미 있는 훈련을 진행
- 해결책이나 개선책에 대해서 논하지 않음

08 ④

행위 다이어그램의 종류 : 유스케이스, 절차, 통신, 상태, 활동, 상호작용, 타이밍

09 ②

UI 요소
- 텍스트(Text) 박스 : 서비스 이용에 필요한 정보를 입력하는 공간
- 라디오(Radio) 버튼 : 다수의 나열된 항목 중 하나의 값을 선택
- 토글(Toggle) 버튼 : 하나의 버튼으로 두 상태를 번갈아가며 설정
- 콤보(Combo) 박스 : 드롭다운 리스트에서 원하는 항목을 하나만 선택
- 체크(Check) 박스 : 다수의 나열된 항목 중 하나 이상의 값을 선택
- 명령(Command) 버튼 : 전송, 이동, 초기화 등의 지정된 명령을 수행

10 ①

애자일 개발 프로세스는 절차, 문서, 계획보다 소통, 협업, 변화 대응에 가치를 둔다.

11 ②

제어의 흐름이 아닌 데이터의 흐름에 중심을 두고 있으며 작업 소요시간은 파악이 불가능하다.

12 ③

오답 피하기
- Data Dictionary : 자료 흐름도에 사용된 데이터의 이름과 속성을 표기한 자료(메타 데이터)
- Nassi-Schneiderman : 문제 처리 프로세스를 도형을 통해 논리 중심으로 표현한 차트
- Data Flow Diagram : 기능에 의한 데이터의 흐름을 도형으로 표현한 도표

13 ③

시스템 카탈로그의 특징
- DBMS가 스스로 생성하고 유지하며 데이터 디렉토리에 저장된 접근 정보를 통해 접근할 수 있다.
- DML을 통해 내용 조회가 가능하지만, 직접적인 변경은 불가능하다.
- DDL을 통해 데이터베이스 객체가 변경되면 DBMS에 의해 자동으로 변경된다.

14 ②

소프트웨어 공학의 기본 원칙
- 현대적인 프로그래밍 기술을 지속적으로 적용
- 소프트웨어 품질에 대해 지속적인 검증 시행
- 소프트웨어 개발 단계별 산출물에 대한 명확한 기록 유지

소프트웨어 공학의 목적
- 소프트웨어 개발에 필요한 비용과 기간 예측
- 하드웨어에 대한 소프트웨어의 상대적 비용 절감
- 급속하게 발전하는 하드웨어, 소프트웨어 기술 반영

15 ④

터치 제스처 : Tap, Double Tap, Drag, Flick, Pinch, Press, Rotate, swipe

16 ①

- 공유도, 응집도 : ↑
- 제어도, 결합도 : ↓

17 ①

- 상위(아키텍처) 설계(예비 설계) : 시스템 구조, DB 설계, 화면 레이아웃 등
- 하위(모듈) 설계(상세 설계) : 구성 요소들의 내부 구조(로직), 동적 행위(절차) 등

18 ③

UML(Unified Modeling Language)은 시스템 분석, 설계, 구현 등 개발과정에서 개발자와 고객 또는 개발자 상호 간의 의사소통이 원활하게 이루어지도록 표준화한 대표적인 객체지향 모델링 언어이다.

19 ①

오답 피하기
- Peer-To-Peer : 각 컴포넌트가 서버와 클라이언트의 역할을 유동적으로 바꾸어가며 서비스를 요청하고 제공하는 패턴
- Broker : 다수의 서버와 다수의 클라이언트 사이에 브로커를 두고 클라이언트의 요청을 브로커가 판단하여 적절한 서버에게 전달하는 방식으로 구성되는 패턴
- MVC : 데이터와 시각화 요소, 상호작용을 서로 분리하여 UI 변경에 다른 업무 로직이 받는 영향을 최소화하는 패턴

20 ③

폭포수(Waterfall) 모델
- 과거에 가장 폭넓게 사용되던 방식이다.
- 정해진 단계를 한 번씩만 진행하며 이전 단계로 돌아갈 수 없다.
- 단계별로 결과물이 명확하게 산출되어야 다음 단계로 넘어가는 방식이다.
- 제품의 기능 보완이 불가능하므로 매뉴얼 작성이 필수적이다.

21 ①

오답 피하기
- Effort의 법칙 : 노력 아끼기 법칙, 적게 행하고 많이 이룬다는 법칙
- Pareto의 법칙 : 80:20 법칙, 80%의 결과가 20%의 원인에 의해 발생한다는 법칙
- Context의 법칙 : 전후 문맥이나 처한 상황에 따라 인식하는 의미가 달라진다는 법칙

22 ④

정렬 방식	평균	최악
삽입 정렬	$O(N^2)$	$O(N^2)$
버블 정렬	$O(N^2)$	$O(N^2)$
선택 정렬	$O(N^2)$	$O(N^2)$
쉘 정렬	$O(N^{1.5})$	$O(N^{1.5})$
힙 정렬	$O(NlogN)$	$O(NlogN)$
이진 병합 정렬	$O(NlogN)$	$O(NlogN)$
퀵 정렬	$O(NlogN)$	$O(N^2)$
버킷 정렬	$O(D+N)$	$O(N^2)$

23 ②

프로젝트 진행 인원의 스케줄은 프로젝트 일정 계획 수립 시 고려한다.

24 ①

오답 피하기

- Dynamic : 작은 문제의 해(풀이)를 활용하여 큰 문제의 해를 찾는 방식
- Recursive : 풀이 도중 같은 풀이를 다시 불러오는 과정을 반복하는 방식
- Backtracking : 분기구조 탐색에서 탐색에 실패하는 경우, 탐색이 성공했던 이전 분기로 되돌아가는 방식

25 ④

- 정적 분석 도구 : pmd, cppcheck, SonarQube, checkstyle
- 동적 분석 도구 : Avalanche, Valgrind

26 ③

(A−B)*C+D → [AB−]*C+D → [AB−C*]+D → AB−C*D+

27 ②

오답 피하기

Spaghetti Code는 소스코드가 정제되지 않고 서로 얽혀있는 상태를 의미한다.

28 ②

소프트웨어 품질 목표 : 정확성(Correctness), 신뢰성(Reliability), 효율성(Efficiency), 무결성(Integrity), 유지보수 용이성(Maintainability), 사용 용이성(Usability), 검사 용이성(Testability), 이식성(Portability), 상호 운용성(Interoperability), 유연성(Flexibility), 재사용성(Reusability)

29 ②

연결 리스트의 특징

- 데이터의 삽입, 삭제가 어려운 배열의 단점을 보완한 자료 구조이다.
- 데이터의 연속적 나열이 아닌, 서로 다른 위치의 노드와 노드의 연결로 구성된다.
- 노드마다 포인터가 필요하므로 기억 공간이 추가로 필요하다.
- 접근 속도는 배열보다 느린 편이다.
- 노드의 형태와 구성에 따라 다양한 종류의 연결 리스트가 존재한다.

30 ③

레벨0	불완전
레벨1	수행
레벨2	관리
레벨3	확립
레벨4	예측 가능
레벨5	최적

31 ④

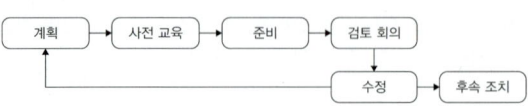

32 ②

오답 피하기

- DD : 자료 흐름도에 있는 자료를 좀 더 자세히 정의하고 기록한 것
- DFD : 시스템의 데이터 흐름과 처리 과정을 기호로 표현한 것
- HIPO : 기능과 데이터의 관계를 계층 구조로 표현한 것

33 ②

중위 순회 : 좌측 노드 → 부모 노드 → 우측 노드

오답 피하기

이진 트리 운행법(Traversal)

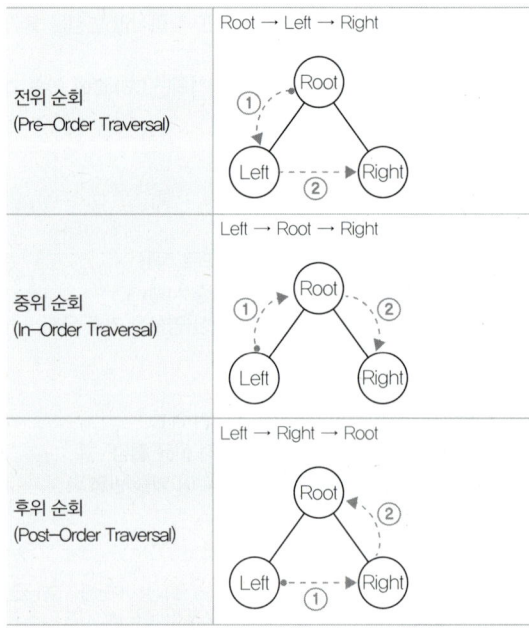

34 ①

AJAXUnit이라는 것은 없으며, Ajax(Asynchronous JavaScript and XML)는 비동기 방식으로 서버와 통신할 수 있도록 하는 새로운 개발 기법을 의미한다.

35 ④

- 1회전 : [17, 42, 85, 56, 23]
- 2회전 : [17, 42, 85, 56, 23]
- 3회전 : [17, 42, 56, 85, 23]
- 4회전 : [17, 23, 42, 56, 85]

36 ②

오답 피하기
- 살충제 패러독스(Pesticide Paradox) : 동일한 테스트 케이스로 반복 실행하면 새로운 결함 발견 불가능(개선 필요)
- 오류-부재의 궤변(Absence of Errors Fallacy) : 결함이 없더라도 요구사항을 만족하지 못한다면 품질 보증 불가능
- 브룩스의 법칙(Brook's law) : 지연되는 프로젝트에 사람을 더 투입할수록 진행이 더 느려진다는 법칙

37 ①

블랙박스 테스트 기법
- 동등(동치) 분할 검사(Equivalence Partitioning Testing)
- 경계값 분석(Boundary Value Analysis)
- 오류 예측 검사(Error Guessing)
- 원인-효과 그래프 검사(Cause-Effect Graph Testing)
- 비교 검사(Comparison Testing)

화이트박스 테스트 기법
- 기초 경로 검사(Basic Path Testing)
- 제어 구조 검사(Control Structure Testing) : 조건 검사(Condition Testing), 루프 검사(Loop Testing), 데이터 흐름 검사(Data Flow Testing)

38 ①

클린 코드 작성 원칙 : 가독성, 단순성, 의존성 최소화, 중복성 최소화, 추상화 등

39 ①

DRM 기술 요소
- 암호화(Encryption) : 콘텐츠 및 라이선스 암호화하고, 전자 서명을 할 수 있는 기술
- 키 관리(Key Management) : 콘텐츠를 암호화한 키에 대한 저장 및 배포 기술
- 암호화 파일 생성(Packager) : 콘텐츠를 암호화하기 위한 기술
- 식별 기술(Identification) : 콘텐츠에 대한 식별 체계 표현 기술
- 저작권 표현(Right Expression) : 라이선스의 내용 표현 기술
- 정책 관리(Policy management) : 라이선스 발급 및 사용에 대한 정책 표현 및 관리 기술
- 크랙 방지(Tamper Resistance) : 크랙에 의한 콘텐츠 사용 방지 기술
- 인증(Authentication) : 라이선스 발급 및 사용의 기준이 되는 사용자 인증 기술

40 ③

오답 피하기
- 패키저 : 콘텐츠를 메타 데이터와 함께 배포 가능한 형태로 묶어 암호화하는 프로그램
- DRM 컨트롤러 : 배포된 콘텐츠의 이용 권한을 통제하는 프로그램
- 클리어링 하우스 : 저작권에 대한 사용 권한, 라이선스 발급, 사용량에 따른 결제 관리 등을 수행하는 곳

41 ④

모든 속성이 제한된 수의 도메인을 가질 때, 릴레이션의 최대 기수는 각 도메인의 곱과 같다.

42 ③

각 튜플은 고유해야 하며 순서가 없다.

43 ①

오답 피하기
- Location Transparency : 위치 투명성. 데이터베이스 상에 존재하는 어떠한 데이터의 물리적인 위치의 고려 없이 동일한 명령을 사용할 수 있어야 한다.
- Fragmentation Transparency : 분할 투명성. 테이블(릴레이션)의 분할 구조를 사용자가 별도로 파악할 필요가 없어야 한다.
- Failure Transparency : 장애 투명성. 특정 지역의 컴퓨터 시스템이나 네트워크에 장애가 발생해도 데이터 무결성과 트랜잭션의 원자성이 보장되어야 한다.

44 ②

OLAP 함수의 종류 : 집계 함수(SQL 집계 함수와 동일), 순위 함수, 행 순서 함수, 그룹 내 비율 함수

45 ④

REVOKE는 관리자가 사용자에게 부여했던 테이블에 관한 권한을 취소한다.

46 ④

원자성(Atomicity) : 모든 연산이 수행되거나 하나도 수행되지 말아야 한다.

47 ①

오답 피하기
- MINUS : 차집합
- UNION : 합집합
- NOT : 여집합

48 ③

- 로크의 단위가 큰 경우 : 로크의 개수가 적어져 병행 제어 기법이 단순해지며, 병행성(공유도) 수준이 낮아지고 오버헤드가 감소한다.
- 로크의 단위가 작은 경우 : 로크의 개수가 많아져 병행 제어 기법이 복잡해지며, 병행성(공유도) 수준이 높아지고 오버헤드가 증가한다.

49 ①
차수(Degree) : 열(속성)의 개수

50 ①
HAVING 절은 GROUP BY 절로 선택된 그룹에 대한 탐색 조건을 지정한다.

51 ①
BETWEEN A AND B는 A와 B도 포함하는 범위이다.

52 ③
문제의 SQL 문장은 '데이터베이스' 테이블에서 인공지능 수업을 수강하는 학생의 성명과 학년을 조회하는 쿼리이다. 즉, '데이터베이스' 테이블과 '인공지능' 테이블을 연결하여 인공지능 수업을 함께 듣는 학생만을 필터링한다.

53 ④
정규화의 궁극적인 목적은 데이터의 삽입, 갱신, 삭제 등에서 발생할 수 있는 이상 현상을 제거하는 것이다.

54 ③
- 1NF(제1정규형) : 도메인이 원자값만 가지도록 분해
- 2NF(제2정규형) : 부분 함수 종속 제거
- 3NF(제3정규형) : 이행적 함수 종속 제거
- BCNF(보이스 코드 정규형) : 결정자가 후보키가 아닌 종속 제거
- 4NF(제4정규형) : 다치 종속 제거
- 5NF(제5정규형) : 후보키를 통하지 않는 조인 종속 제거

55 ③
오답 피하기
- Undo : 변경된 데이터를 취소하여 원래의 내용으로 복원
- Redo : Undo로 인해 회복된 내역이 기록된 로그를 바탕으로 다시 데이터를 반영
- CheckPoint : Undo/Redo 연산의 기준점(SavePoint)

56 ②
오답 피하기
- DAS : 서버와 저장장치를 직접 연결하는 방식
- NAS : 서버와 저장장치를 네트워크를 통해 연결하는 방식

57 ④
관계 대수는 일반 집합 연산자과 순수 관계 연산자로 구분할 수 있다.

일반 집합 연산자	합집합(∪), 교집합(∩), 차집합(-), 교차곱(×)
순수 관계 연산자	SELECT(σ), PROJECT(π), JOIN(⋈), DIVISION(÷)

58 ④
논리 데이터 모델링의 특징
- 요구사항을 충분히 수집하지 않으면 다음 단계의 요구사항 변경에 따른 많은 비용이 발생한다.
- 특정 시스템의 성능 및 제약사항으로부터 독립적이다.
- E-R 모델을 활용하여 이해당사자들과 의사소통한다.
- 모든 업무 데이터를 정규화하여 표현한다.

59 ②
오답 피하기
- Balanced Tree : 트리의 노드가 한 방향으로 쏠리지 않도록 노드를 삽입 및 삭제할 때 규칙에 맞도록 트리를 재정렬하여 왼쪽과 오른쪽 노드의 균형을 항상 유지하는 트리
- Clustering : 데이터베이스에서 관련 있는 데이터를 같은 그룹으로 묶는 기술
- Entity Integrity : 기본 테이블의 기본키를 구성하는 어떤 속성도 Null 값이나 중복 값을 가질 수 없다는 규정

60 ③
오답 피하기
REPLACE : 특정 문자열을 찾아 바꾸는 함수

61 ③
임계 경로(Critical Path=주 공정) : 작업 소요 시간이 가장 오래 걸리는 경로

62 ②
오답 피하기
- find : 파일 찾기
- mount : 파일 시스템을 마운팅
- grep : 문자열 패턴 검색

63 ④
읽기(4), 쓰기(2), 실행(1) 중 제한하고 싶은 권한을 더하여 지정한다.

7	모든 권한을 제한
6	읽기(4)+쓰기(2) 권한을 제한
5	읽기(4)+실행(1) 권한을 제한
3	쓰기(2)+실행(1) 권한을 제한

오답 피하기
각 자리의 의미
- 첫 번째 자리 : 파일 소유자 권한
- 두 번째 자리 : 그룹 권한
- 세 번째 자리 : 기타 사용자 권한

64 ③

2개의 인수로 mth 메소드를 호출하였으므로 a*b-2의 결과가 출력된다.

65 ②

SJF 스케줄링은 실행 시간이 가장 짧은 프로세스 순으로 처리하는 비선점형 스케줄링 방식으로, 가장 먼저 도착한 프로세스가 가장 먼저 완료된다.

66 ②

```
def fn(s):
    if s[0]=="김":   #문자열의 첫 글자가 "김"이면 문자
                      열 전체를 반환(아니면 None 반환)
        return s

string = "김진수,강하영,김소연,박영진,김가을"

a = string.split(",")   #쉼표를 기준으로 분할하여 리
                         스트 형태로 할당
b = list(map(fn, a))    #a리스트의 각 요소를 fn함수에
                         적용하여 각 결과를 리스트b에
                         할당
print(b)
```

67 ③

오답 피하기
- Prevention : 교착 상태의 필요 충분 조건 중 하나 이상을 부정하여 교착 상태를 예방하는 방법
- Detection : 컴퓨터의 중단 원인이 교착 상태인지 다른 이유인지 파악하는 방법
- Recovery : 교착 상태가 발생한 프로세스 중 중단할 프로세스를 정하여 자원을 빼앗는 방법

68 ①

```
a = 10   #전역변수
b = 20

def fn(n):
    a = n   #지역변수 a를 새로 선언하여 n 값을 할당

fn(30)
print(a)   #전역변수 a 출력
```

69 ③

디자인 패턴의 특징
- 소프트웨어 구조 파악과 원활한 의사소통이 가능하다.
- 소프트웨어 개발의 생산성, 효율성, 재사용성, 확장성 등이 향상된다.
- 초기 비용이 많이 들고 객체지향 개발에만 사용할 수 있다.

70 ②

```
for( i=0 ; i<10; i++ ){
    sum+=i;
}
```

71 ①

객체지향 설계 원칙(SOLID) : SRP(단일 책임 원칙), OCP(개방-폐쇄 원칙), LSP(리스코프 치환 원칙), ISP(인터페이스 분리 원칙), DIP(의존 역전 원칙)

72 ②

UDP(User Datagram Protocol)는 신뢰성을 보장하지 않는 비연결성(비접속형) 통신을 제공하는 프로토콜이다.

73 ④

long 타입은 시스템 환경에 따라 4 또는 8바이트이다.

74 ③

break는 if문을 벗어나는 용도로 사용되지는 않는다.

75 ③

C클래스 주소 범위 : 192.0.0.0 ~ 223.255.255.255

76 ①

파일 디스크립터(File Descriptor)
- 파일을 관리하기 위한 시스템이 필요로 하는 파일에 대한 정보를 가진 제어 블록을 의미하며, 파일 제어 블록(File Control Block)이라고도 한다.
- 파일마다 독립적으로 존재하며, 시스템에 따라 다른 구조를 가질 수 있다.
- 보통 파일 디스크립터는 보조 기억장치 내에 저장되어 있다가 해당 파일이 Open될 때 주 기억장치로 옮겨진다.
- 파일 디스크립터는 파일 시스템이 관리하므로 사용자가 직접 참조할 수 없다.

77 ②

프레임	2	2	3	1	3	2	4	3	3	5
1	2	2	2	2	2	2	4	4	4	4
2			3	3	3	3	3	3	3	5
3				1	1	1	1	1	1	1
부재	발생		발생	발생			발생			발생

78 ③

- 물리 계층 : 비트
- 데이터 링크 계층 : 프레임
- 네트워크 계층 : 패킷
- 전송 계층 : 데이터그램(UDP)/세그먼트(TCP)

79 ①

```
b = a%2==0?a:0
```

변수 a가 짝수면 a, 그렇지 않으면 0을 변수 b에 할당한다.

80 ②

a	b	c	while{ a>b	a--	b++	c++ }
10	0	0	TRUE	9	1	1
9	1	1	TRUE	8	2	2
8	2	2	TRUE	7	3	3
7	3	3	TRUE	6	4	4
6	4	4	TRUE	5	5	5
5	5	5	FALSE			

81 ①

오답 피하기

- ALOHA : 각 단말기에서 전송할 데이터가 있으면 점유 허가 신호를 전송
- STDM : 전송 매체상의 전송 프레임마다 해당 채널의 시간 폭이 고정으로 할당
- ATDM : 전송 매체상의 전송 프레임마다 해당 채널의 시간 슬롯이 가변적으로 할당

82 ④

- 32-24 = 8bit 중 3bit를 서브넷, 5bit를 호스트로 할당한다.
  - 3bit(서브넷) : 필요한 서브넷은 6개지만, ip subnet-zero가 적용되지 않으므로 1개를 더해 7개가 필요하며, 4개(2bit)<7개≤8개(3bit) 이므로 3bit가 필요하다.
  - 5bit(호스트) : 서브넷당 32개의 주소가 할당되며, 첫 주소(네트워크)와 마지막 주소(브로드밴드)를 제외한 30개의 호스트가 실제 사용 가능한 호스트가 된다.
- 0번 서브넷 : 192.168.123.0 ~ 192.168.123.31 (사용 안 됨)
- 1번 서브넷 : 192.168.123.32 ~ 192.168.123.63
- 2번 서브넷 : 192.168.123.64 ~ 192.168.123.95

83 ④

오답 피하기

- Smurf Attack : 여러 호스트가 특정 대상에게 다량의 ICMP Echo Reply를 보내게 하여 DoS를 유발
- Cross-Site Request Forgery : 애플리케이션에 악의적인 영향을 끼치기 위해 요청을 위조하여 공격
- Ping of Death : 규정된 크기 이상의 ICMP 패킷을 전송하여 DoS를 유발

84 ③

오답 피하기

- SEED : 한국인터넷진흥원(KISA)에서 민간 부분의 암호 활용을 위하여 국내 순수 기술로 개발하여 보급한 블록 대칭키 암호화 알고리즘
- IDEA : DES를 대체하기 위해 스위스에서 개발된 것으로 유럽에서 많이 사용
- ARIA : 국내 국가보안연구소를 중심으로 학계, 연구계가 공동으로 개발하여 정부 및 공공기관에서 범용적으로 사용

85 ④

오답 피하기

- Source/Destination Port(16/16bit) : 출발지/목적지 포트 번호
- Reserved(6bit) : 사용되고 있지 않은(예약된) 필드
- Urgent Point(16bit) : URG 플래그 비트가 사용된 경우 긴급 데이터 처리용 필드

86 ①

오답 피하기

- Trusted OS : 기존의 운영체제 내에 보안 기능을 추가한 운영체제
- Firewall : 일련의 보안 규칙을 기반으로 네트워크 트래픽을 모니터링하고 제어하는 보안 시스템
- Root Kit : 시스템 침입 후 침입 사실을 숨긴 채 차후의 불법적인 해킹에 사용되는 기능들을 제공하는 프로그램의 모음

87 ②

오답 피하기

- TDM : 시간 분할 다중화
- CDM : 코드 분할 다중화
- WDM : 파장 분할 다중화

88 ②

오답 피하기

- PaaS(Platform as a Service) : 개발을 위한 하드웨어 및 소프트웨어 구축이 되어 있는 서비스
- Mesh Network : 기존 무선 랜의 한계 극복을 위해 등장하였으며, 대규모 디바이스의 네트워크 생성에 최적화
- Data Warehouse : 기업의 효율적인 의사 결정을 위해 데이터의 시계열적 축적과 통합을 목표로 하는 기술의 구조적, 통합적 환경

89 ④

TCP는 전송 계층에 해당한다.

90 ①

16진수는 0~F까지만 포함된다.

오답 피하기

::1:2 → 0000:0000:0000:0000:0000:0000:0001:0002

91 ③

오답 피하기

- DNS : 문자열로 구성된 도메인 네임을 숫자로 된 IP주소로 변환해 주는 서비스
- ICMP : 네트워크에 연결된 단말기의 운영체제에서 오류 메시지를 수신하는 데 사용
- ARP : IP주소를 네트워크 접속 장치(MAC)주소로 변환

92 ①

오답 피하기

- ARP Spoofing : 로컬 통신 서버와 클라이언트의 MAC 주소를 공격자의 MAC 주소로 속임
- ARP Redirect : 희생자의 ARP Cache Table 정보 변조 후 스니핑
- ICMP Redirect : 희생자의 라우팅 테이블 변조 후 스니핑

93 ③

CBC는 이전 블록의 암호문과 평문을 XOR 연산 후 암호화하는 방식이다.

94 ③

오답 피하기

- RSA : 서로 다르지만 연결된 두 개의 암호화 키(개인 및 공개)를 사용하는 비대칭 암호화 기술
- DSA : 정부용 전자서명 알고리즘
- DES : 미국 연방 표준국(NIST)에서 발표한 대칭키 기반의 블록 암호화 기술

95 ②

정책	MAC	DAC	RBAC
권한 부여	시스템	데이터 소유자	중앙 관리자
접근 결정	보안 등급(Level)	신분(Identity)	역할(Role)
정책 변경	고정적	변경 용이	변경 용이
장점	안정적, 중앙집중적	구현 용이, 유연함	관리 용이

96 ④

오답 피하기

- Trojan Horse : 정상적인 파일로 가장해 컴퓨터 내부에 숨어 있다가 특정 포트를 열어 공격자의 침입을 도와 정보를 유출함
- Key Logger : 키보드 입력을 모두 기록하여 그 안에서 중요 정보를 탈취함
- SpyWare : 사용자 동의 없이 설치되어 컴퓨터의 정보를 수집함

97 ③

오답 피하기

- ICMP : 네트워크 장치에서 네트워크 통신 문제를 진단하는 데 사용하는 네트워크 계층 프로토콜
- ARP : IP 주소를 MAC 주소로 변환하는 주소 해석 프로토콜
- IP : 송신 호스트와 수신 호스트가 패킷 교환 네트워크에서 정보를 주고받는 데 사용하는 정보의 규약

98 ①

오답 피하기

- telnet : 특정 사용자가 네트워크를 통해 다른 컴퓨터에 연결하여 그 컴퓨터에서 제공하는 서비스를 받을 수 있도록 하는 인터넷 표준 프로토콜
- POP3 : 이메일을 수신할 때 사용하는 프로토콜
- HTTPS : HTTP에 SSL 계층을 포함하여 보안 기능이 강화된 프로토콜

99 ④

오답 피하기

- HTTP : 웹 서버와 사용자의 인터넷 브라우저 사이에 문서를 전송하기 위해 사용되는 프로토콜(80번 포트 사용)
- HTTPS : HTTP에 SSL 계층을 포함하여 보안 기능이 강화된 프로토콜(443번 포트 사용)
- S-HTTP : 제공되는 페이지만 암호화(HTTPS는 전체 통신 내용 암호화)

100 ①

전송 회선, 허브, 리피터는 물리 계층 장비에 해당한다.

최신 기출문제 03회

01 ②	02 ②	03 ④	04 ①	05 ②
06 ②	07 ①	08 ④	09 ③	10 ①
11 ②	12 ②	13 ①	14 ②	15 ④
16 ③	17 ①	18 ①	19 ②	20 ②
21 ④	22 ②	23 ①	24 ②	25 ③
26 ④	27 ④	28 ①	29 ④	30 ①
31 ③	32 ②	33 ④	34 ③	35 ①
36 ③	37 ③	38 ③	39 ①	40 ②
41 ①	42 ②	43 ①	44 ②	45 ④
46 ③	47 ②	48 ②	49 ①	50 ④
51 ②	52 ④	53 ①	54 ①	55 ②
56 ③	57 ①	58 ④	59 ①	60 ③
61 ①	62 ④	63 ③	64 ①	65 ②
66 ③	67 ②	68 ③	69 ④	70 ③
71 ①	72 ②	73 ②	74 ②	75 ①
76 ③	77 ①	78 ①	79 ②	80 ①
81 ③	82 ①	83 ②	84 ①	85 ④
86 ③	87 ①	88 ②	89 ②	90 ④
91 ①	92 ④	93 ②	94 ②	95 ②
96 ②	97 ①	98 ④	99 ③	100 ①

01 ②

유스 케이스(Use Case) : 개발될 시스템을 이용해 수행할 수 있는 기능을 사용자의 관점에서 표현하는 방법

오답 피하기

- 자료 흐름도(DFD, Data Flow Diagram) : 시스템 구성요소인 프로세스와 프로세스 간 데이터 흐름을 표현하는 방법
- NS 차트(Nassi-Schneiderman Chart) : 논리 기술에 중점을 둔 도형을 이용하여 표현하는 방법
- 시퀀스(Sequence) : 시스템이나 객체들이 메시지를 주고받으며 상호 작용하는 과정을 그림으로 표현하는 방법

02 ②

실체화 관계는 속이 빈 삼각 점선 화살표로 표현한다.

오답 피하기

속이 빈 삼각 실선 화살표는 일반화 관계를 표현한다.

03 ④

요구사항 검증 방법

동료 검토 (Peer Review)	요구사항 명세서 작성자가 명세서 내용을 직접 설명하고 동료들이 이를 들으면서 결함을 발견
워크스루 (Walk Through)	검토 회의 전에 요구사항 명세서를 미리 배포하여 사전 검토한 후에 짧은 결함을 발견
인스펙션 (Inspection)	요구사항 명세서 작성자를 제외한 다른 검토 전문가들이 요구사항 명세서를 확인하면서 결함을 발견

04 ①

디자인 패턴의 종류 : 생성 패턴, 구조 패턴, 행위 패턴

05 ②

오답 피하기

이터레이션(Iteration) : 하나의 릴리즈를 1~3주의 개발 기간으로 세분화한 단위(XP 모델)

06 ②

오답 피하기

- Builder(빌더) : 객체 생성에 많은 인수가 필요한 복잡한 객체를 단계적으로 생성하는 패턴
- Factory Method(팩토리 메소드) : 상위 클래스에서는 객체를 생성하기 위한 인터페이스를 정의하고 하위 클래스는 어떤 클래스의 인스턴스를 생성할 것인지를 결정하는 패턴
- Adaptor(어댑터) : 서로 다른 인터페이스를 가진 클래스들을 함께 사용할 수 있도록 하는 패턴

07 ①

오답 피하기

개발 중 발생할 수 있는 위험을 최소화하는 것이 목적인 개발 프로세스는 나선형 모델(Spiral Model, 점진적 모형)이다.

08 ④

오답 피하기

확약, 전념, 정직, 존중, 용기는 스크럼의 가치이다.

09 ③

자료 흐름도(DFD, Data Flow Diagram)는 작업 소요 시간을 파악할 수 없다.

10 ①

오답 피하기

- 객체(Object) : 클래스에 의해 구현된 각각의 대상(인스턴스)들을 총칭
- 인스턴스(Instance) : 특정 클래스에 의해 구현된 (좁은 범위의) 객체
- 메시지(Message) : 객체 간 통신(상호작용)을 위해 서로 주고받는 인터페이스

11 ②

프로젝트 관리 요소 : People, Process, Problem

12 ②

임계 경로(Critical Path)란 작업 시간이 가장 오래 걸리는 경로를 말하며,

A-B-M1-E-H-I	9주
A-C-M1-E-H-I	10주
A-D-M2-F-M3-I	9주
A-D-M2-G-M3-I	7주

문제에서는 A-C-M1-E-H-I가 임계 경로이다.

13 ①

오답 피하기

- COCOMO(COnstructive COst MOdel) : 원시 프로그램의 규모인 LOC에 의해 비용을 산정하는 기법
- 단계별 노력(Effort Per Task) : 기능을 구현시키는 데 필요한 노력을 생명 주기의 각 단계별로 비용을 산정하는 기법
- LOC(Line Of Code) : 각 기능의 원시 코드 라인 수의 비관치, 낙관치, 기대치를 측정하여 예측치를 구하고 이를 이용하여 비용을 산정하는 기법

14 ②

반분리형(Semi-Detached Mode) : 30만(300KDSI) 라인 이하

오답 피하기

- 조직형(Organic Mode) : 5만 라인 이하
- 내장형(Embedded Mode) : 30만 라인 이상

15 ④

ISO/IEC 9126(25010) : Functionality, Reliability, Usability, Efficiency, Maintainability, Portability

16 ③

CASE 도구는 도구 간 호환성이 없다.

17 ①

형상관리(SCM)
- 개발 과정에서 변경사항을 관리하기 위한 일련의 활동이다.
- 모든 단계 및 유지보수 단계에서도 수행된다.
- 개발 전체 비용을 줄이고 여러 방해요인 최소화 보증을 목적으로 한다.

18 ①

오답 피하기

- 오픈소스SW : 소스코드를 무료로 공개하여 제한 없이 누구나 사용 및 개작이 가능한 소프트웨어이다.
- 데이터베이스 : 사용자, 애플리케이션, 데이터베이스와 상호작용하여 데이터를 저장, 관리, 상호작용하는 시스템이다.
- 운영체제 : 하드웨어와 소프트웨어 리소스를 관리하고 컴퓨터 프로그램을 위한 공통 서비스를 제공한다.

19 ②

HIPO 차트의 종류 : 가시적, 총체적, 세부적 도표

20 ②

오답 피하기

- State : 한 객체의 이벤트 활성에 따른 상태 변화를 표현
- Sequence : 객체들의 생성과 소멸, 객체들이 주고받는 메시지를 표현
- Use case : 사용자의 요구사항을 분석하여 기능을 중심으로 모델링한 결과물을 표현

21 ④

테스트의 성공 여부는 다양한 요소에 따라 판단 기준이 다양해질 수 있다.

22 ②

오답 피하기

- 시스템 테스트 : 소프트웨어가 목표 시스템에 완벽하게 수행되는지 테스트
- 회귀 테스트 : 테스트 완료 후 변경된 모듈에 대해 같은 내용으로 테스트
- 단위 테스트 : 모듈의 기능을 중심으로 테스트

23 ①

Fan-In : 자신을 호출하는 모듈의 수

오답 피하기

- Fan-Out : 자신이 호출하는 모듈의 수
- Cohesion(응집도) : 모듈의 독립성 또는 모듈 내부 구성요소 간 연관 정도
- Coupling(결합도) : 외부 모듈과의 연관도 또는 모듈 간의 상호의존성

24 ②

효율적인 모듈은 공유도와 응집도는 높이고, 제어도와 결합도는 낮추도록 설계되어야 한다.

25 ③

응집도(Cohension)

우연적 (Coincidental)	서로 간에 어떠한 의미 있는 연관 관계도 없는 기능 요소로 구성될 경우의 응집도
논리적 (Logical)	유사한 성격을 갖거나 특정 형태로 분류되는 처리 요소들이 한 모듈에서 처리되는 경우의 응집도
시간적 (Temporal)	특정 시간에 처리되어야 하는 활동들을 한 모듈에서 처리할 경우의 응집도
절차적 (Procedural)	모듈이 다수의 관련 기능을 가질 때 모듈 안의 구성요소들이 그 기능을 순차적으로 수행할 경우의 응집도
통신적 (Communication)	동일한 입력과 출력을 사용하여 다른 기능을 수행하는 활동들이 모여 있을 경우의 응집도
순차적 (Sequential)	모듈 내에서 한 활동으로부터 나온 출력 값을 다른 활동이 사용할 경우의 응집도
기능적 (Functional)	모듈 내부의 모든 기능이 단일한 목적을 위해 수행되는 경우의 응집도

26 ④

결합도(Coupling)

내용 (Content)	다른 모듈 내부에 있는 변수나 기능을 다른 모듈에서 사용하는 경우의 결합도
공통 (Common)	파라미터가 아닌 모듈 밖에 선언되어 있는 전역 변수를 참조하고 전역 변수를 갱신하는 식으로 상호작용하는 경우의 결합도
외부 (External)	모듈이 다수의 관련 기능을 가질 때 모듈 안의 구성요소들이 그 기능을 순차적으로 수행할 경우의 결합도
제어 (Control)	어떤 모듈이 다른 모듈의 내부 논리 조직을 제어하기 위한 목적으로 제어 신호를 이용하여 통신하는 경우의 결합도
스탬프 (Stamp)	모듈 간의 인터페이스로 배열이나 객체, 구조 등이 전달되는 경우의 결합도
자료 (Data)	모듈 간의 인터페이스로 전달되는 파라미터를 통해서만 모듈 간의 상호 작용이 일어나는 경우의 결합도

27 ④

오답 피하기

- LRU : 최근에 가장 오랫동안 사용하지 않은 페이지를 교체하는 기법
- LFU : 사용 빈도가 가장 적은 페이지를 교체하는 기법
- NUR : 최근에 사용하지 않은 페이지를 교체하는 기법

28 ①

오답 피하기

- 트리 : 노드와 가지를 이용하여 사이클을 이루지 않도록 구성한 그래프 형태
- 연결 리스트 : 노드의 포인터를 이용하여 서로 연결시킨 자료 구조로, 노드의 삽입 및 삭제 작업이 용이함
- 데크 : 삽입과 삭제가 리스트의 양쪽 끝에서 모두 발생 가능함

29 ④

전위 순회 : 루트 노드→좌측 노드→우측 노드

30 ①

중위 순회 : 좌측 노드→루트 노드→우측 노드

31 ③

Index	0	1	2	3	4	5	6	7	8	9	10
Data	A	B	C	D	E	F	G	H	I	J	K

- 비교1. 중간 인덱스 : (0+10)/2=5(F)
  F는 H보다 작으므로 F의 다음 위치를 시작 인덱스로 설정
- 비교2. 중간 인덱스 : (6+10)/2=8(I)
  I는 H보다 크므로 I의 이전 위치를 종료 인덱스로 설정
- 비교3. 중간 인덱스 : (6+7)/2=6(G)
  G는 H보다 작으므로 G의 다음 위치를 시작 인덱스로 설정
- 비교4. 중간 인덱스 : (7+7)/2=7(H)
  탐색 완료

32 ②

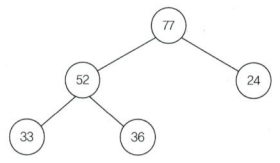

33 ④

오답 피하기

- indexed sequential : sequential+Random
- sequential : 물리적으로 연속된 위치에 기록
- Random(Direct) : 해싱 등을 이용하여 순서 없이 임의 기록

34 ③

제품 SW 패키지 포함 요소 : DRM, 릴리즈 노트, 사용자/설치 매뉴얼, 설치/삭제 프로그램 등

35 ①

단위 테스트
- 소프트웨어 설계의 최소 단위인 모듈(컴포넌트)의 기능을 중심으로 테스트하는 것이다.
- 모듈의 기능 수행 여부와 논리적인 오류를 검출하는 과정이다.
- 블랙박스 테스트가 불가능하지는 않지만, 일반적으로 화이트 박스 테스트를 진행한다.

오답 피하기

통합 테스트
- 소프트웨어의 각 모듈 간의 인터페이스 관련 오류 및 결함을 찾아내기 위한 체계적인 테스트 기법들의 총칭이다.
- 단위 테스트가 끝난 모듈 또는 컴포넌트 단위의 프로그램들이 설계 단계에서 제시한 애플리케이션과 동일한 구조와 기능으로 구현되었는지 확인하는 활동이다.
- 점증적 방식 : 통합 단계별로 테스트를 수행하는 방식(하향식 통합, 상향식 통합)
- 비점증적 방식 : 모든 모듈을 통합한 전체 프로그램을 한 번에 테스트(빅뱅)

36 ③

오답 피하기
- Boundary Value Analysis : 입력 조건의 경계에서 오류가 발생할 확률이 높다는 점을 이용하여 입력 조건의 경계값을 테스트 케이스로 설계
- Error Guessing : 과거의 경험이나 확인자의 감각에 의존하여 테스트 케이스를 설계
- Cause-Effect Graphing : 입력 데이터 간의 관계와 출력에 미치는 영향을 분석하여 효용성이 높은 테스트 케이스를 설계

37 ④

결함 등록 (Open)	발견된 결함이 등록된 상태
결함 검토 (Reviewed)	등록된 결함에 적절한 후속 작업(할당, 보류, 해제)을 선택하기 위해 검토
결함 할당 (Assigned)	결함 수정을 위해 담당 개발자에게 결함 할당
결함 수정 (Resolved)	담당 개발자가 결함 수정을 완료한 상태
결함 조치 보류 (Deferred)	우선순위 및 일정에 의해 결함의 수정을 보류, 연기한 상태
결함 종료 (Closed)	결함이 해결되어 개발 담당자가 종료를 승인한 상태
결함 해제 (Clarified)	개발 담당자가 결함을 검토하여 결함이 아니라고 최종 판단

38 ③

오답 피하기
- 객체 모델링(정보 모델링) : 객체 다이어그램을 활용하여 객체와 객체 간의 관계 정의
- 기능 모델링 : 자료 흐름도(DFD)를 활용하여 입출력 데이터, 세부 기능 결정

39 ①

- 정적 테스트 : 프로그램 실행 없이 소스코드의 구조 분석(인스펙션, 동료 검토, 워크스루 등)
- 동적 테스트 : 프로그램의 실행 화면을 보면서 테스트 수행(화이트박스, 블랙박스)

40 ②

출발\도착	1	2	3
1	0	1	1
2	0	0	0
3	1	1	0

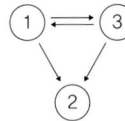

41 ①

릴레이션은 개체에 관한 데이터를 2차원 테이블의 구조로 표현한 것이다.

42 ②

슈퍼키(Super Key) : 유일성

오답 피하기

후보키(Candidate Key) : 유일성, 최소성

43 ①

오답 피하기
- 동적 모델링 : 상태, 활동 다이어그램을 활용하여 기능의 흐름을 표시한다.
- 기능 모델링 : 자료 흐름도(DFD)를 활용하여 입출력 데이터, 세부 기능을 결정한다.
- Booch : 미시적(Micro)/거시적(Macro) 개발 프로세스를 모두 사용하는 분석 기법이다.

44 ①

반정규화는 정규화가 진행된 이후에 진행된다.

45 ④

> 오답 피하기

- 결합 규칙 : X → Y이고 X → Z이면, X → YZ 성립
- 반사 규칙 : Y가 X의 부분집합(X⊇Y)이면, X → Y 성립
- 증가 규칙 : X → Y이면, XZ → YZ 성립

46 ③

결정자 → 종속자

47 ②

> 오답 피하기

- INNER JOIN : 두 테이블의 기준 필드가 일치하는 레코드만 조인
- RIGHT JOIN : 오른쪽 테이블 레코드는 전부 포함하고, 왼쪽 테이블 레코드는 기준 필드가 일치하는 것만 조인
- OUTER JOIN : 두 테이블의 기준 필드가 일치하지 않는 모든 레코드도 함께 조인

48 ②

데이터 제어어(DCL) : GRANT, REVOKE, COMMIT, ROLLBACK

> 오답 피하기

TRUNCATE는 데이터 정의어(DDL)로, 테이블 내의 데이터를 삭제한다.

49 ①

- DDL : CREATE, ALTER, DROP, TRUNCATE
- DML : INSERT, UPDATE, DELETE, SELECT
- DCL : GRANT, REVOKE, COMMIT, ROLLBACK

50 ④

트랜잭션의 특징(ACID)

- 원자성(Atomicity) : 모든 연산이 수행되거나 하나도 수행되지 말아야 함
- 일관성(Consistency) : 시스템 고정 요소는 트랜잭션 이후에도 같아야 함
- 고립성(Isolation) : 트랜잭션 실행 도중 다른 트랜잭션의 영향을 받지 않아야 함
- 지속성(Durability) : 트랜잭션의 결과는 항상 유지(영구 반영)되어야 함

51 ②

`SELECT 학번 FROM 경영학과 WHERE 학점='C'`

경영학과에서 C 학점을 받은 학생 → 444, 555

`SELECT 이름 FROM 정보학과 WHERE 학번 IN(444, 555)`

444, 555 중 정보학과에도 등록되어 있는 학생 → 444

52 ④

원본 테이블로부터 유도되는 가상의 테이블이므로 종속된 테이블이 제거되면 함께 제거된다.

53 ①

QBE(Query by Example)

- 관계형 데이터베이스를 위한 데이터베이스 질의어
- 사용자가 명령, 예시 요소, 조건을 입력하는 시각적 테이블을 사용

54 ①

> 오답 피하기

- NAS : 서버와 저장장치를 네트워크를 통해 연결
- SAN : DAS의 빠른 처리와 NAS의 파일 공유의 장점을 혼합
- FHD(Full HD) : 16:9 화면 비율로 가장 보편적으로 많이 사용되는 해상도

55 ②

> 오답 피하기

- 속성 무결성 : 속성은 지정된 형식에 맞는 값이어야 한다는 특성
- 개체 무결성 : 특정 열에 중복 값 또는 Null에 대한 제한을 두어 개체 식별자의 역할을 할 수 있게 하는 특성
- 참조 무결성 : 참조하는 열은 참조되는 열(식별자)에 존재하지 않는 값을 참조할 수 없는 특성

56 ②

> 오답 피하기

- ACM : 접근 제어 대상과 주체를 표 형태로 관리
- DAC : 접근 주체의 신분과 접근 규칙에 기반하여 관리
- MAC : 보안 전문가에 의해 생성되는 규칙에 기반하여 관리

57 ①

> 오답 피하기

- Integrity : 정보가 불법적으로 생성(위조), 변경(변조), 삭제되지 않는 속성
- Availability : 인가된 사용자가 문제 없이 정보를 사용할 수 있는 속성
- Vulnerability : 정보 시스템에 손상의 원인을 제공하는 보안상의 약점

58 ④

> 오답 피하기

- ALTER : DB 객체 수정
- DROP : DB 객체 제거
- DELETE : 데이터 삭제(DML)

59 ①

두 릴레이션 중, 학번이 동일한 튜플의 이름을 조회한다.

60 ③

> 오답 피하기
- INTERSECT : 교집합
- UNION ALL : 합집합(중복 포함)
- EXCEPT : 차집합

61 ①

a	index	0	1	2	3
	data	Python	is	programming	language

s = a[1:5:3]

- index가 1인 요소부터 4인 요소까지 3단계씩 건너뛰며 추출
- index는 3까지만 존재하므로 'is'만 리스트화 되어 할당

62 ④

2번째 요소('C')를 삭제하고 출력하는 코드이다.

> 오답 피하기

리스트는 얕은 복사(Shallow Copy)가 되므로 a와 s 모두 같은 리스트이다.

63 ③

변수 a, *x와 b, *y는 같은 데이터를 참조한다.
- s : *x + *y는 3 + 4 = 7
- a : *x *= 10은 3*10 = 30
- b : *y += 10은 4+10 = 14

64 ①

- 〈ㄱ〉 : s가 1이면 return 1 이 반환되기 때문에 s는 n이 홀수일 때 결과가 1이 나오는 식이 되어야 하므로 n%2
- 〈ㄴ〉 : fn(n)이 True여야 "홀수"가 출력되므로 return 1

65 ②

- int 타입의 비트 필드는 4바이트(32비트) 단위로 늘어남
- 문제에서 2, 4, 8비트를 사용했으므로 총 14비트 사용
- 따라서 최소 단위인 4바이트 공간을 가짐
- sizeof 연산은 데이터 공간의 크기를 바이트 단위로 출력

66 ③

〈문자열+정수〉는 정수를 문자 형태로 연결하여 출력된다.

67 ②

- t = n%10 : n의 1의 자리 숫자를 t에 할당
- s += t : 할당된 숫자를 s에 누적
- n /= 10 : n을 10으로 나누어 자신에게 할당(1의 자리 숫자 삭제됨)

68 ③

코드 영역	프로그램 코드
데이터 영역	전역, 정적 변수
힙 영역	동적 할당
스택 영역	지역, 매개 변수

69 ④

- 연속 할당 기법 : 단일 분할 할당, 다중 분할 할당
- 분산 할당 기법 : 페이징, 세그먼테이션

70 ③

남은 참조 열 : [3, 0, 1, 2, 0, 2, 0, 4, 2]
프레임 : [[], [], []] – 페이지 부재 발생(1)
남은 참조 열 : [0, 1, 2, 0, 2, 0, 4, 2]
프레임 : [3, [], []] – 페이지 부재 발생(2)
남은 참조 열 : [1, 2, 0, 2, 0, 4, 2]
프레임 : [3, 0, []] – 페이지 부재 발생(3)
남은 참조 열 : [2, 0, 2, 0, 4, 2]
프레임 : [3, 0, 1] – 페이지 부재 발생(4)
남은 참조 열 : [0, 2, 0, 4, 2]
프레임 : [2, 0, 1] – 페이지 부재 발생 안 함
남은 참조 열 : [2, 0, 4, 2]
프레임 : [2, 0, 1] – 페이지 부재 발생 안 함
남은 참조 열 : [0, 4, 2]
프레임 : [2, 0, 1] – 페이지 부재 발생 안 함
남은 참조 열 : [4, 2]
프레임 : [2, 0, 1] – 페이지 부재 발생(5)
남은 참조 열 : [2]
프레임 : [2, 4, 1] – 페이지 부재 발생 안 함

71 ①

중요 자원의 선점 및 안정성이 높은 프로세스가 우선순위를 가진다.

72 ②

- 선점형(중단 가능) 스케줄링 : 실시간 처리 중심(RR, SRT, MFQ)
- 비선점형(중단 불가) 스케줄링 : 일괄 처리 중심(FIFO, SJF, HRN)

73 ②

1~15 중 5의 배수(i%5==0)이면 O, 그렇지 않으면 X를 출력하는 코드이다.

74 ④

- a[3:7:2] : 3번째 요소(4)부터 6번째 요소(6)까지 2칸 간격으로 할당
- 따라서, 3/6번째 요소에 각각 's', 't'를 할당

75 ①

오답 피하기

- Django : 웹 개발을 위한 강력하고 포괄적인 백엔드 프레임워크
- NumPy : 과학 계산 및 수치 분석을 위한 라이브러리
- Scikit-learn : 머신러닝 알고리즘 개발 및 학습을 위한 라이브러리

76 ③

오답 피하기

- list : 각 노드가 데이터와 포인터를 가지고 한 줄로 연결된 방식으로 데이터를 저장
- tuple : 리스트와 비슷하지만, 요소의 값을 변경하는 것이 불가능
- array : 같은 타입의 변수들로 이루어진 유한 집합

77 ④

C언어 기반으로 제작되어 이식성이 우수하고 라이선스 비용이 저렴하다.

78 ①

기억공간의 크기	파일	내부 단편화
8	6	2
8	6	2
10	×	0
10	×	0

오답 피하기

- 내부 단편화 : 데이터 및 프로그램을 할당하고 남은 공간
- 외부 단편화 : 데이터 및 프로그램의 크기가 커서 할당되지 못하는 공간

79 ②

오답 피하기

- 페이징 : 동일한 크기의 페이지와 페이지 프레임으로 나눈 후 적재
- 오버레이 : 주기억 장치의 공간이 부족해지면 불필요한 조각을 중첩하여 적재
- 스와핑 : 프로그램 전체를 적재하여 사용하다가 다른 프로그램으로 교체

80 ①

클래스 a의 변수 c는 정적(static) 변수이므로 인스턴스 생성 없이 접근이 가능하다.

81 ③

오답 피하기

- Smurf Attack : ICMP 프로토콜의 취약점을 이용한 공격
- SYN Flooding : TCP의 3-Way-Handshake 취약점을 이용한 공격
- SQL Injection : SQL을 주입(Injection)하여 의도하지 않은 명령어를 수행하거나 허용되지 않은 데이터에 접근하도록 조작

82 ①

Back Door : 시스템 보안을 제거하여 만들어 놓은 비밀 통로를 통해 정상적인 인증 절차를 우회하는 기법

오답 피하기

- Phishing : 개인정보(private data)와 낚시(fishing)의 합성어
- Smishing : SMS + Phising의 합성어로 SMS를 이용해 이루어지는 피싱
- Parming : Private Data + Farming의 합성어로 가짜 사이트로 접속을 유도하여 개인정보 등을 탈취

83 ②

지식 기반 인증	• 사용자가 기억하고 있는 정보를 기반으로 인증 • 패스워드, 핀 번호 등
소유 기반 인증	• 사용자가 소유하고 있는 것을 기반으로 인증 • 신분증, 메모리 카드, OTP 등
존재(생체) 기반 인증	• 사용자가 가지고 있는 고유한 생체적 특징을 기반으로 인증 • 지문, 홍채, 얼굴 등
위치 기반 인증	• 사용자가 인증을 시도하는 위치의 적절성을 기반으로 인증 • GPS, IP 주소 등

84 ②

오답 피하기

- Foursquare : 위치 기반 소셜 네트워크 서비스
- Mesh Network : 대규모 디바이스의 네트워크 생성에 최적화
- Smart Grid : 전기 및 정보통신기술을 활용하여 전력망 이용 효율을 극대화하는 전력망

85 ④

오답 피하기

- Ubiquitous : 시간과 장소에 상관없이 자유롭게 네트워크에 접속할 수 있는 정보 통신 환경
- MQTT : TCP/IP 프로토콜 위에서 동작하는 발행-구독 기반의 메시징 프로토콜
- Zing : 10cm 이내 거리에서 데이터 전송이 가능한 초고속 (3.5Gbps) NFC 기술

86 ③

오답 피하기

- Memristor(멤리스터) : 메모리와 레지스터의 합성어로 전기가 없는 상태에서도 전사 상태를 저장(인공 지능 분야에 활용)
- Foursquare(포스퀘어) : 위치 기반 소셜 네트워크 서비스
- Beacon(비컨) : 근거리에 있는 스마트 기기를 자동으로 인식해 필요한 데이터를 전송할 수 있는 무선 통신 장치

87 ②

> 오답 피하기

TCP : 전송 계층 프로토콜

88 ①

> 오답 피하기

- ACK(ACKnowledge) : 긍정 응답
- SYN(SYNchronous Idle) : 문자 동기
- ETX(End of TeXt) : 본문의 종료

89 ②

> 오답 피하기

- RSA : 큰 합성수의 소인수 분해가 어렵다는 점을 이용한 알고리즘
- DSA : 전자서명 표준(DSS)에서 사용하기 위해 발표한 정부용 공개키 암호화 알고리즘
- MD5 : 암호화 알고리즘이 아닌 데이터 무결성을 점검하기 위한 해시 알고리즘

90 ③

> 오답 피하기

- CBC

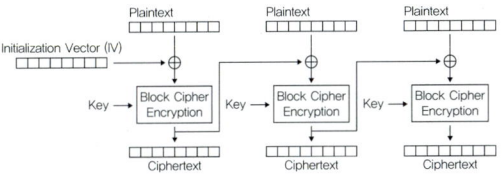

- ECB

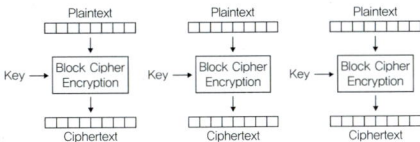

- OFB

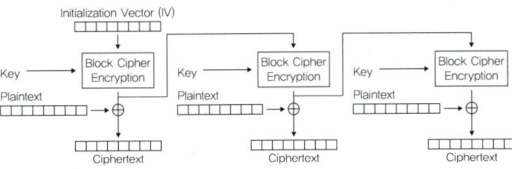

91 ①

> 오답 피하기

- Kiosk : 터치 스크린을 이용하여 운영되는 무인 종합 정보 시스템
- HoneyPot : 해커의 공격을 유도하여 그들의 활동을 추적하고 분석하는 데 사용되는 가상의 시스템
- TensorFlow : 구글(Google)사에서 개발한 오픈 소스 기계 학습(machine learning) 엔진

92 ④

> 오답 피하기

- Dictionary Attack : 원본 데이터에 대한 해쉬값을 미리 계산하여 사전 형태(레인보우 테이블)로 만들어놓고 하나하나 대입해보는 공격 방법
- Back Door : 시스템 보안을 제거하여 만들어 놓은 비밀 통로를 통해 정상적인 인증 절차를 우회하는 기법
- Smishing : SMS + Phising의 합성어로 SMS를 이용해 이루어지는 피싱

93 ②

- 대칭키 방식 : DES, AES, SEED, ARIA, RC4 등
- 비대칭키 방식 : RSA, ECC, DSA 등

94 ②

해시 암호는 키 없이 단방향(암호화)으로만 변환 가능한 알고리즘이다.

95 ③

위험을 전부 제거하는 것은 불가능하므로 위험을 수용 가능한 수준으로 감소시키는 것이 목적이다.

96 ②

- IPv6의 주소 표기법은 16비트씩 8부분으로 구성되는 128비트 주소 체계이다.
- 각 자리는 0부터 FFFF(65535)까지의 16진수로 표현하며 콜론(:)으로 구분한다.

97 ①

네트워크 토폴로지 : Bus, Star, Ring, Tree, Mesh

98 ④

전송 계층은 세그먼트 단위로 데이터를 전송한다.

99 ③

> 오답 피하기

- SMTP : 수신측 이메일 서버로 전송
- POP3 : 수신측 이메일 서버에서 컴퓨터로 다운로드
- IMAP : 이메일 서버에서 메일의 헤더를 분석하여 수신하기 전에 처리

100 ①

- IPv4 전송 방식 : 유니캐스트, 멀티캐스트, 브로드캐스트
- IPv6 전송 방식 : 유니캐스트, 멀티캐스트, 애니캐스트

최신 기출문제 04회

2-233p

01 ②	02 ①	03 ②	04 ③	05 ②
06 ④	07 ①	08 ②	09 ②	10 ②
11 ④	12 ②	13 ④	14 ②	15 ②
16 ①	17 ③	18 ④	19 ②	20 ③
21 ①	22 ②	23 ③	24 ④	25 ③
26 ③	27 ④	28 ②	29 ②	30 ③
31 ③	32 ②	33 ①	34 ③	35 ①
36 ②	37 ③	38 ②	39 ②	40 ③
41 ④	42 ③	43 ④	44 ④	45 ①
46 ③	47 ①	48 ③	49 ①	50 ③
51 ②	52 ②	53 ②	54 ②	55 ②
56 ④	57 ④	58 ②	59 ②	60 ①
61 ②	62 ②	63 ③	64 ④	65 ②
66 ④	67 ②	68 ②	69 ①	70 ③
71 ④	72 ②	73 ②	74 ②	75 ①
76 ③	77 ②	78 ②	79 ②	80 ④
81 ①	82 ②	83 ④	84 ②	85 ②
86 ②	87 ②	88 ②	89 ②	90 ④
91 ②	92 ③	93 ②	94 ①	95 ④
96 ①	97 ②	98 ①	99 ②	100 ①

01 ②

페르소나(Persona)란, 잠재적인 사용자의 다양한 목적과 관찰된 행동 패턴을 응집시켜 놓은 가상의 사용자를 의미한다.

오답 피하기

- 스크럼 마스터(Scrum Master) : 스크럼 팀이 스크럼을 잘 수행할 수 있도록 객관적인 시각에서 조언을 해주는 가이드
- 액션 빌더(Action Builder) : 액션 파일을 생성, 편집, 저장, 다운로드 할 수 있는 소프트웨어
- 액터(Actor) : 기능을 요구하는 대상이나 수행 결과를 통보받는 기능 혹은 기능을 사용하게 될 대상

02 ①

설계는 명확하고 구조적으로 구성되어야 한다.

03 ②

객체지향 설계는 각 요소들을 객체로 만든 후, 객체들을 조립해서 SOLID 원칙에 따라 소프트웨어를 개발하는 기법이다.

오답 피하기

- 하향식 설계 : 계층 구조상에서 시스템의 주요 컴포넌트들을 찾고 그것을 낮은 수준의 컴포넌트들로 분해하는 것
- 절차지향 설계 : 프로그램의 순서와 흐름을 먼저 세우고 필요한 자료구조와 함수를 설계하는 것
- 상향식 설계 : 가장 기본적인 컴포넌트를 먼저 설계한 다음에 이것을 사용하는 상위 수준의 컴포넌트를 설계하는 것

04 ③

소프트웨어 품질 특성 표준(ISO/IEC 25010) : 기능성, 신뢰성, 사용성, 효율성, 유지보수성, 이식성

05 ②

컴포넌트(Component)

- 재사용이 가능한 각각의 독립된 모듈이다(재사용 가능한 UI 코드 조각).
- 컴포넌트 기반 개발을 한다면 반복되는 요소를 일일이 입력하지 않고 이미 만들어진 컴포넌트들을 조합하여 화면을 구성할 수 있다.

오답 피하기

기반 구조 = 틀 = 프레임워크

06 ④

UI 설계 시, 사용자 요구사항을 수용해야 한다.

07 ①

LOC 기법

- 소프트웨어 각 기능의 LOC의 비관치, 낙관치, 기대치를 측정하여 예측치를 구한 후 이것으로 비용을 산정하는 방법이다.
- 예측치는 (낙관치+4×기대치+비관치)/6으로 구할 수 있다.

08 ②

폭포수 모델(Waterfall Model)

- 순차적인 소프트웨어 개발 프로세스로, 요구사항 분석 단계 → 소프트웨어 설계 → 소프트웨어 구현 → 소프트웨어 시험 → 소프트웨어 통합 → 소프트웨어 유지보수 단계로 진행된다.
- 전 단계가 수행되어 완료되기 전에는 다음 단계로 진행할 수 없다.

오답 피하기

- 프로토타입 모델(Prototype Model) : 폭포수 모델을 기반으로 개발하면서 사용자의 요구를 충분히 반영하기 위해 프로토타입을 추가한 모델
- 나선형 모델(Spiral Model) : 위험 분석 단계를 포함한 개발 단계를 점진적으로 반복하여 개발을 완성하는 모델
- 스크럼 모델(Scrum Model) : 작은 팀의 자율적인 협업과 스프린트를 통한 짧은 개발 주기로 소프트웨어를 개발하는 모델

09 ②

애자일(Agile)이란, 서비스를 테스트하고 피드백을 받아 적용하는 과정을 짧은 주기로 반복하는 방식이다.

10 ②

좋은 SW는 응집도가 높고, 결합도는 낮다.

11 ④

COCOMO 모델 산정 기법
- 조직형(Organic Mode) : 5만 라인 이하
- 반 분리형(Semi-Detached Mode) : 30만 라인 이하
- 임베디드형(Embedded Mode) : 30만 라인 이상

12 ②

XP(eXtreme Programming)
- 애자일 기법 중에 가장 널리 알려진 기법으로, 고객의 참여와 개발 과정의 반복을 극대화하여 개발 생산성을 향상시킨다.
- 릴리즈 테스트마다 고객을 직접 참여시키므로, 비교적 소규모 인원의 개발 프로젝트에 효과적이다.
- 핵심가치 : 의사소통, 단순성, 용기, 존중, 피드백

> **오답 피하기**
> 다른 보기는 스크럼(Scrum) 기법에 대한 내용이다.

13 ④

HIPO 다이어그램의 종류

가시적 도표 (Visual Table of Contents)	시스템의 전체적인 기능과 흐름을 보여주는 계층(Tree) 구조도(도식 목차)
총체적 도표 (Overview Diagram)	프로그램을 구성하는 기능을 기술한 것으로 입력, 처리, 출력에 대한 전반적인 정보를 제공하는 도표(총괄 도표, 개요 도표)
세부적 도표 (Detail Diagram)	총체적 도표에 표시된 기능을 구성하는 기본 요소들을 상세히 기술하는 도표(상세 도표)

14 ②

NS 차트는 처리, 반복, 선택의 일반적인 프로그래밍 언어의 구성요소를 표현할 수 있다.

15 ②

CASE의 원천 기술
- 구조적 기법
- 프로토타이핑 기술
- 자동 프로그래밍 기술
- 정보 저장소 기술
- 분산 처리 기술

16 ①

ISO/IEC 25010 : ISO/IEC 9126 호환성과 보안성을 강화하여 개정한 제품에 대한 국제 표준

> **오답 피하기**
> - ISO/IEC 9126 : 소프트웨어 품질 특성과 평가를 위한 국제 표준
> - ISO/IEC 12119 : 패키지 소프트웨어의 일반적인 제품 품질 요구사항 및 테스트를 위한 국제 표준
> - ISO/IEC 14598 : 소프트웨어 품질의 측정과 평가에 필요 절차를 규정한 표준

17 ③

응집도(Cohesion)
- 내부 요소들의 서로 관련있는 정도, 즉 모듈이 독립적인 기능으로 구성됐는지 정도를 의미한다.
- 응집도가 강할수록 독립적인 모듈이므로, 응집도는 강할수록 좋다.

기능적 응집도 (Functional Cohesion)	모듈 내부의 모든 기능 요소들이 단일 문제와 연관되어 수행될 경우의 응집도	응집도 강함 ↑
순차적 응집도 (Sequential Cohesion)	모듈 내 하나의 활동으로부터 나온 출력 데이터를 그 다음 활동의 입력 데이터로 사용할 경우의 응집도	
교환적 응집도 (Communication Cohesion)	동일한 입력과 출력을 사용해 서로 다른 기능을 수행하는 구성 요소들이 모였을 경우의 응집도	
절차적 응집도 (Procedural Cohesion)	모듈의 다수의 관련 기능을 가질 때 모듈 안의 구성 요소들이 그 기능을 순차적으로 수행할 경우의 응집도	
시간적 응집도 (Temporal Cohesion)	특정 시간에 처리되는 몇 개의 기능을 모아 하늬이 모듈로 작성할 경우의 응집도	
논리적 응집도 (Logical Cohesion)	유사한 성격을 갖거나 특정 형태로 분류되는 처리 요소들로 하나의 모듈이 형성되는 경우의 응집도	
우연적 응집도 (Coincidental Cohesion)	모듈 내부의 각 구성 요소들이 서로 관련 없는 요소로만 구성된 경우의 응집도	↓ 응집도 약함

18 ④

구조적 다이어그램	클래스, 객체, 컴포넌트, 배치, 복합체 구조, 패키지
행위적 다이어그램	유스케이스, 시퀀스, 커뮤니케이션, 상태, 활동, 타이밍

19 ②

사물이 다른 사물에 포함되어 있는 관계를 표현하는 것은 집합/포함 관계이다.

20 ③

LOC 기법은 상향식 비용 산정 기법이다.

21 ①

동적 계획 : 작은 문제의 풀이를 활용

> **오답 피하기**
> 분할 정복 : 문제를 작게 나누는 것

22 ②

중위 순회는 왼쪽 끝 노드에서 시작하여 오른쪽 끝 노드에서 끝난다.

23 ③

해시 함수의 종류

제산(Division)법	레코드 키를 해시표의 크기보다 큰 수 중에서 가장 작은 소수로 나눈 나머지를 홈 주소로 삼는 방식
제곱(Mid-square)법	레코드 키 값을 제곱한 후 그 중간 부분의 값을 홈 주소로 삼는 방식
폴딩(Folding)법	레코드 키 값을 여러 부분으로 나눈 후 각 부분의 값을 더하거나 XOR(배타적 논리합)한 값을 홈 주소로 삼는 방식
기수(Radix) 변환법	키 숫자의 진수를 다른 진수로 변환시켜 주소 크기를 초과한 높은 자릿수는 절단하고 이를 다시 주소 범위에 맞게 조정하는 방식
대수적 코딩 (Algebraic Coding)법	키 값을 이루고 있는 각 자리의 비트 수를 한 다항식의 계수로 간주하고 이 다항식을 해시표의 크기에 의해 정의된 다항식으로 나누어 얻은 나머지 다항식의 계수를 홈 주소로 삼는 방식
계수 분석법 (숫자 분석법)	키 값을 이루는 숫자의 분포를 분석하여 비교적 고른 자리를 필요한 만큼 택해서 홈 주소로 삼는 방식
무작위법	난수를 발생시켜 나온 값을 홈 주소로 삼는 방식

24 ④

인터페이스 구현 검증 도구의 종류

xUnit	Java(Junit), C++(Cppunit), .Net(Nunit)와 같이 다양한 언어를 지원하는 단위 테스트 프레임워크
STAF	서비스 호출 및 컴포넌트 재사용 등 다양한 환경을 지원하는 테스트 프레임워크
FitNesse	웹 기반 테스트 케이스 설계, 실행, 결과 확인 등을 지원하는 테스트 프레임워크
NTAF	FitNesse의 장점인 협업과 STAF의 장점인 재사용 및 확장성을 통합한 NHN(Naver)의 테스트 자동화 프레임워크
Selenium	다양한 브라우저 및 개발 언어를 지원하는 웹 어플리케이션 테스트 프레임워크
watir	Ruby를 사용하는 애플리케이션 테스트 프레임워크

25 ③

디지털 저작물은 현실의 저작물에 비해서 복제가 매우 쉬운 편이다.

26 ③

정형 기술 검토(FTR)는 참가자의 수를 제한하는 것이 원칙이다.

27 ④

모듈의 기능 수행 여부와 논리적인 오류를 검출하는 과정은 단위 테스트에 대한 설명이다.

28 ②

단위 테스트 도구

CppUnit	C++ 프로그래밍 언어용 단위 테스트 도구
JUnit	Java 프로그래밍 언어용 단위 테스트 도구
HttpUnit	웹 브라우저 없이 웹 사이트 테스트를 수행하기 위해 사용되는 오픈소스 테스트 프레임워크

29 ①

- 1번째 기준 : G
- 2번째 기준 : C
- 3번째 기준 : E

30 ③

블랙박스 테스트의 종류

동치 분할 검사 (Equivalence Partitioning Testing)	동등 분할 기법이라고도 하며, 입력 자료에 초점을 맞춰 테스트 케이스를 만들고 검사하는 방법
경계값 분석 (Boundary Value Analysis)	입력 자료에만 치중한 동치 분할 기법을 보완하기 위한 기법으로, 입력 조건의 중간값보다 경계값에서 오류가 발생될 확률이 높다는 점을 이용하여 입력 조건의 경계값을 테스트 케이스로 선정하여 검사하는 기법
원인-효과 그래프 검사 (Cause-Effect Graphing Testing)	입력 데이터 간의 관계와 출력에 영향을 미치는 상황을 체계적으로 분석한 다음, 효용성이 높은 테스트 케이스를 선정하여 검사하는 기법
오류 예측 검사 (Error Guessing)	데이터 확인 검사라고도 하며, 과거의 경험이나 확인자의 감각으로 테스트하는 기법으로, 다른 블랙박스 테스트 기법으로는 찾아낼 수 없는 오류를 찾아내는 일련의 보충적 검사 기법
비교 검사 (Comparison Testing)	여러 버전의 프로그램에 동일한 테스트 자료를 제공하여 동일한 결과가 출력되는지 테스트하는 기법

31 ③

테스트 케이스(Test Case)

- 구현된 SW가 사용자 요구사항을 정확하게 준수했는지 확인하기 위해 설계된 입력값, 실행 조건, 기대 결과 등으로 구성된 테스트 항목에 대한 명세서이다.
- 명세 기반 테스트의 설계 산출물에 해당된다.

오답 피하기

- 테스트 스크립트(Test Script) : 자동화된 테스트 실행 절차에 대한 명세서
- 테스트 스위트(Test Suites) : 시스템에 사용되는 테스트 케이스의 집합
- 테스트 드라이버(Test Driver) : 테스트 대상의 하위 모듈을 호출하고 모듈 테스트 수행 후의 결과를 도출하는 도구

32 ①

V-모델의 테스트 수행 절차

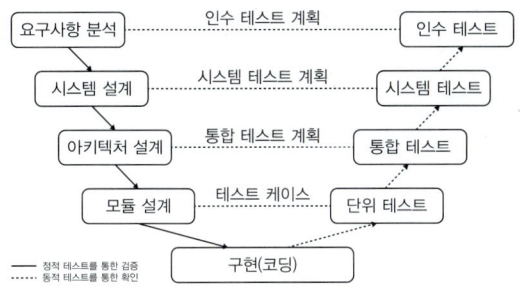

33 ①

O(1)	입력값(n)에 관계 없이 일정하게 문제 해결에 단 하나의 단계만을 거침
O(log2n)	문제 해결에 필요한 단계가 입력값(n) 또는 조건에 의해 감소
O(n)	문제 해결에 필요한 단계가 입력값(n)과 1:1의 관계를 가짐
O(nlog2n)	문제 해결에 필요한 단계가 입력값 n(log2n)번만큼 수행
O(n^2)	문제 해결에 필요한 단계가 입력값(n)의 제곱만큼 수행
O(2^n)	문제 해결에 필요한 단계가 2의 입력값(n) 제곱만큼 수행

34 ③

- 정적 분석 도구 : pmd, cppcheck, SonarQube, checkstyle, ccm, cobertura 등
- 동적 분석 도구 : Avalanche, Valgrind 등

35 ①

- 트리의 높이 : 루트 노드와 단말 노드까지의 거리(간선의 개수)
- 노드의 깊이 : 해당 노드의 상위(부모) 노드 개수

36 ②

형상 관리(SCM, Software Configuration Management)
- 소프트웨어 개발 과정에서 소프트웨어 변경 사항을 관리하기 위해 개발된 일련의 활동이다.
- 변경의 원인을 알아내고 제어하며, 적절히 변경되고 있는지 확인하여 해당 담당자에게 통보한다.

37 ③

소프트웨어 테스트 원칙

테스팅은 결함이 존재함을 밝히는 활동	테스트에서 결함을 찾지 못하더라고 그 SW에 결함이 없다고 할 수는 없음
완벽한 테스팅은 불가능	모든 가능성에 대해 테스팅하는 것은 불가능함
개발 초기에 시작	개발 초기 단계에서 테스트를 하면 초기에 결함을 발견할 수 있음
결함 집중	대다수의 결함은 소수 특정 모듈에 집중되어 결함이 발생되는 경우가 많음
살충제 패러독스 (Pesticide Paradox)	테스트 케이스로 동일한 절차를 반복 수행하면 새로운 결함을 찾을 수 없음
정확(Context)에 의존적	테스팅은 정황에 따라 진행되므로, SW에 따라 테스팅도 달라짐
오류 부재의 궤변	개발된 시스템이 사용자의 요구사항을 만족하지 못하거나 사용성이 낮다면 오류를 발견하고 제거해도 품질이 높다고 말할 수 없음

38 ④

검증(Verification) : 기능을 제대로 수행하고 명세서에 맞게 만들어졌는지 개발자의 입장에서 점검하는 것

오답 피하기

- 리팩토링(Refactoring) : 결과를 유지하면서 내부의 코드 구조를 재조정하는 것
- 디버깅(Debugging) : 프로그램에서 발견되는 버그를 찾아 수정하는 것
- 확인(Validation) : 개발된 소프트웨어가 요구사항을 만족시키는지 사용자의 입장에서 확인하는 것

39 ②

하향식 통합 검사(Top Down Integration Test)

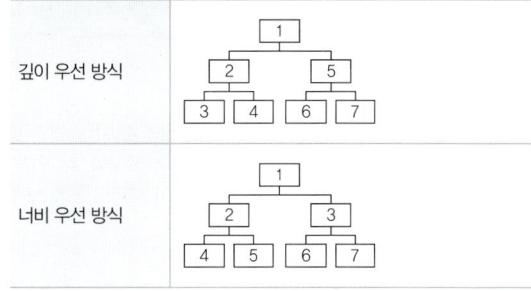

오답 피하기

전위 순회는 테스트가 아닌 탐색에 사용되는 용어이다.

40 ③

전위 순회 방식 : C - B - A - E - D - F - G

41 ④

스키마(Schema)의 종류

외부 스키마 (Internal Schema)	서브 스키마라고도 하며, 사용자가 사용하는 한 부분에서 본 논리적 구조
개념 스키마 (Internal Schema)	논리적 관점(사용자 관점)에서 본 전체적인 데이터 구조
내부 스키마 (Internal Schema)	물리적 저장 장치 관점(기계 관점)에서 본 데이터베이스의 물리적 구조

42 ③

- Cardinality = 행(튜플)의 개수 = 기수
- Degree = 열(속성)의 개수 = 차수

> **오답 피하기**
> 인덱스는 일반적으로 Degree에 포함시키지 않는다.

43 ④

기본키로 지정된 속성을 제외한 후보키는 대체키라고 한다.

44 ③

데이터 모델링의 절차 : 개념 모델링 → 논리 모델링 → 물리 모델링

45 ①

관계(Relationship)의 종류

종속 관계 (Dependent Relationship)	두 개체 사이 주종 관계를 표현하는 것으로, 식별 관계와 비식별 관계가 있음
중복 관계 (Redundant Relationship)	두 개체 사이 2번 이상의 종속 관계가 발생하는 관계
재귀 관계 (Recursive Relationship)	개체가 자기 자신과 관계를 갖는 것
배타 관계 (Exclusive Relationship)	개체 속성이나 구분자를 기준으로 개체의 특성을 분할하는 관계

46 ③

시스템 카탈로그(System Catalog)는 직접적인 데이터 변경이 불가능하고, 사용자가 SQL문을 실행시켜 기본 테이블, 뷰, 인덱스 등을 변경하면 데이터베이스 관리 시스템이 자동으로 시스템 카탈로그를 갱신한다.

47 ①

트랜잭션(Transaction)의 특징(ACID)

원자성(Atomicity)	하나라도 실패할 경우 전체가 취소되어야 함 (All or Nothing)
일관성(Consistency)	트랜잭션이 실행 성공 후 항상 일관된 데이터베이스 상태를 보존해야 함
격리성(Isolation)	트랜잭션 실행 중 생성하는 연산의 중간 결과를 다른 트랜잭션이 접근 불가
영속성(Durability)	성공이 완료된 트랜잭션의 결과는 영속적으로 데이터베이스에 저장

48 ③

- DDL(데이터 정의어)

CREATE	스키마, 도메인, 테이블, 뷰, 인덱스 정의
ALTER	테이블에 대한 정의 변경
DROP	스키마, 도메인, 테이블, 뷰, 인덱스 삭제
TRUNCATE	테이블 초기화

- DML(데이터 조작어)

SELECT	테이블에서 조건에 맞는 튜플 검색
INSERT	테이블에 새로운 튜플 삽입
DELETE	테이블에서 조건에 맞는 튜플 삭제
UPDATE	데이터에서 조건에 맞는 튜플 내용 변경

- DCL(데이터 제어어)

GRANT	데이터베이스 사용자에게 사용자 권한 부여
REVOKE	데이터베이스 사용자의 사용 권한 취소

- TCL(트랜잭션 제어어)

COMMIT	트랜잭션을 완료하여 데이터 변경사항을 최종 반영
ROLLBACK	데이터 변경사항을 이전의 상태로 복구
SAVEPOINT	지정된 특정 시점까지 Rollback

49 ①

뷰(VIEW)는 논리적으로 유도된 가상의 테이블이다.

50 ③

반정규화(De-Normalization)

- 시스템의 성능 향상, 개발 및 운영의 편의성 등을 위해 정규화된 데이터를 통합, 중복, 분리하는 과정으로, 의도적으로 정규화 원칙을 위배하는 행위이다.
- 테이블 통합, 테이블 분할, 중복 테이블 추가, 중복 속성 추가 등이 있다.

> **오답 피하기**
> - 클러스터링(Clustering) : 두 대 이상의 서버를 하나의 서버처럼 운영하는 것
> - 파티셔닝(Partitioning) : 대용량의 테이블을 보다 작은 논리적인 단위(파티션)로 나누는 것
> - 샤딩(Sharding) : 하나의 거대한 데이터베이스나 네트워크 시스템을 여러 개의 작은 조각으로 나누어 분산 저장하여 관리하는 것

51 ④

스토리지(Storage)의 종류

DAS (Direct Attached Storage)	서버와 저장장치를 전용 케이블로 직접 연결하는 방식
NAS (Network Attached Storage)	서버와 저장장치를 네트워크를 통해 연결하는 방식
SAN (Storage Area Network)	서버와 저장장치를 연결하는 전용 네트워크를 별도로 구성하는 방식(DAS의 빠른 처리와 NAS의 파일 공유 혼합)

52 ①

무결성(Integrity)의 종류

개체 무결성 (Entity Integrity)	기본 테이블의 기본키를 구성하는 어떤 속성도 Null 값이나 중복값을 가질 수 없음 (실체 무결성)
도메인 무결성 (Domain Integrity)	주어진 속성값이 정의된 도메인에 속한 값이어야 함(영역 무결성)
참조 무결성 (Referential Integrity)	외래키 값은 Null이거나 참조 릴레이션의 기본키 값과 동일함 함(릴레이션은 참조할 수 없는 외래키 값을 가질 수 없음)
사용자 정의 무결성 (User-Defined Integrity)	속성값들은 사용자가 정의한 제약 조건에 만족해야 함

53 ①

이행적 종속이란, A가 아닌 다른(이행) 속성(B)으로도 종속자를 결정할 수 있는 관계이다.

54 ②

로킹 단위(Locking Granularity)

로킹 단위	로크 수	관리	병행성	오버헤드	공유도
큼	작음	단순함	낮아짐	적음	저하
작음	큼	복잡함	높아짐	많음	증가

55 ②

정규화(Normalization)

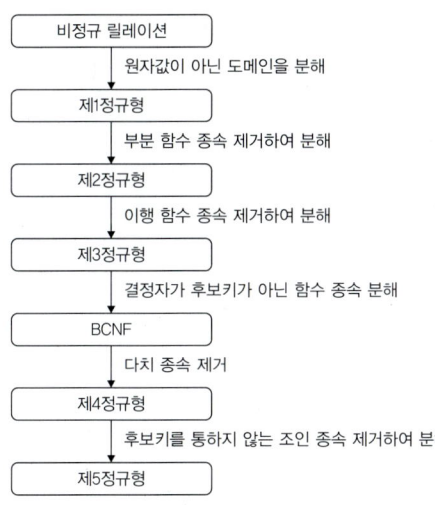

56 ④

DDL(데이터 정의어)

CREATE	스키마, 도메인, 테이블, 뷰, 인덱스 정의
ALTER	테이블에 대한 정의 변경
DROP	스키마, 도메인, 테이블, 뷰, 인덱스 삭제
TRUNCATE	테이블 초기화

오답 피하기

REVOKE는 DCL 명령어이다.

57 ④

이상(Anomaly) 현상의 종류

삽입 이상 (Insertion Anomaly)	릴레이션에 데이터를 삽입할 때 의도와는 상관 없는 값들도 함께 삽입되는 현상
삭제 이상 (Deletion Anomaly)	릴레이션에서 한 튜플을 삭제할 때 의도와는 상관 없는 값들이 삭제되는 현상
갱신 이상 (Update Anomaly)	릴레이션에서 튜플에 있는 속성값을 갱신할 때 일부 튜플의 정보만 갱신되며 정보에 모순이 생기는 현상

58 ②

화살표는 결정을 내리는 방향을 의미한다.

59 ②

```
select COUNT(*) from 학과정보 where 평균학점>3.5;
```

→ 평균학점이 3.5를 초과하는 행의 개수

```
select AVG(인원) from 학과정보 where 담당교수 NOT IN('A', 'D');
```

→ 담당교수가 A, D가 아닌 행의 인원수 평균

60 ①

ORDER BY절
- 특정 속성을 기준으로 정렬하여 검색할 때 사용한다.
- 오름차순(ASC)과 내림차순(DESC)으로 설정할 수 있으며, 별도의 설정을 하지 않으면 오름차순(ASC)으로 정렬된다.

61 ②

[0 for a in range(2)] = [0, 0]
[[0, 0] for b in range(3)] = [[0, 0], [0, 0], [0, 0]]

62 ③

for	while

for(①;②;③){
  ④
}
	①
	while(②){
	  ④
	  ③
	}

63 ③

70은 정수이므로, 정수를 표현할 수 없는 서식문자를 선택해야 한다.

오답 피하기

%f는 소수점을 포함하는 실수를 표현한다.

64 ④

2차원 배열명과 포인터 연산을 이용하여 내부 요소에 접근하려면 아래와 같이 2중 포인터를 사용해야 한다.

```
*(**(ar+0)+1))
```

65 ①

```
int x=5
fn(&x, x) : 5+fn(x, 4)
fn(x, 4) : 5+fn(x, 3)
fn(x, 3) : 5+fn(x, 2)
fn(x, 2) : 5+fn(x, 1)
fn(x, 1) : 1
5+[5+[5+[5+1]]] = 21
```

66 ④

```
a[:5:2] = (10, 20, 30)
```

→ 리스트의 첫 번째 요소부터 4번째 요소까지 2칸 단위로 각각 10, 20, 30 할당(a[0] : 10, a[2] : 20, a[4] : 30)

67 ②

클래스 A와 B의 func는 매개변수 형식이 다르므로 오버라이딩이 아니라 오버로딩에 해당된다. 따라서, 메소드 호출 시 인수 형식이 정수이므로 A 클래스의 func가 수행된다.

68 ②

System.out.print()	값이나 변수의 내용을 형식 없이 출력
System.out.println()	값이나 변수의 내용을 형식 없이 출력한 후 커서를 다음 줄의 처음으로 이동
System.out.printf()	서식 문자열에 맞게 변수의 내용을 출력

69 ①

디자인 패턴(Design Pattern)
- 모듈 간의 관계 및 인터페이스를 설계할 때 참조할 수 있는 전형적인 해결 방식 또는 예제를 의미한다.
- GOF의 디자인 패턴은 생성 패턴(Creational Pattern), 구조 패턴(Structural Pattern), 행위 패턴(Behavior Pattern)으로 구분된다.

70 ③

디자인 패턴(Design Pattern)의 종류

생성 패턴	팩토리 메소드 패턴(Factory Method Pattern), 추상 팩토리 패턴(Abstract Factory Pattern), 빌더 패턴(Builder Pattern), 프로토타입 패턴(Prototype Pattern), 싱글톤 패턴(Singleton Pattern)
구조 패턴	어댑터 패턴(Adapter Pattern), 브리지 패턴(Bridage Pattern), 컴포지트 패턴(Composite Pattern), 데코레이터 패턴(Decorator Pattern), 퍼싸드 패턴(Facade Pattern), 플라이 웨이트 패턴(Fly wight Pattern), 프록시 패턴(Porxy Pattern)
행위 패턴	책임 연쇄 패턴(Chain of Responsibility Pattern), 커맨드 패턴(Command Pattern), 옵저버 패턴(Observer Pattern), 중재자 패턴(Mediator Pattern), 방문자 패턴(Visitor Pattern), 전략 패턴(Strategy Pattern), 메멘토 패턴(Memento), 템플릿 메소드 패턴(Templete Method Pattern), 해석자 패턴(Interpreter Pattern), 반복자 패턴(Iterator Pattern), 상태 패턴(State Pattern)

71 ④

uname -a : 시스템의 모든 정보 확인

오답 피하기
- chown : 파일이나 디렉터리의 소유자, 소유 그룹 수정
- fork : 새로운 프로세스 생성
- chdir : 디렉터리 위치 변경

72 ①

정보 은닉(Information hiding) : 다른 객체에게 자신의 정보를 숨기고 자신의 연산만을 통해 접근 가능하게 하는 것으로, 각 개체의 수정이 다른 객체에게 주는 영향을 최소화 하는 것

오답 피하기
- 다형성(Polymorphism) : 하나의 메시지에 대해 각 개체가 가진 고유한 방법대로 응답하는 것
- 추상화(Abstraction) : 불필요한 부분을 생략하고 중요한 것에만 중점을 두어 모델화 하는 것
- 상속성(Inheritance) : 상위 클래스의 모든 속성과 연산을 하위 클래스가 물려받는 것

73 ③

double : 부동 소수점

74 ③

교착 상태 해결 방법

예방 기법 (Prevention)	• 교착 상태가 발생하지 않도록 사전에 시스템을 제어하는 방법 • 상호 배제 부정, 점유 및 대기 부정, 비선점 부정, 환형 대기 부정
회피 기법 (Avoidance)	• 교착 상태가 발생할 가능성을 배제하지 않고 교착 상태가 발생하면 적절히 피해나가는 방법 • 은행원 알고리즘
발견 기법 (Detection)	• 시스템에 교착 상태가 발생했는지 점검해 교착 상태에 있는 프로세스와 자원을 발견하는 방법 • 자원 할당 그래프 등을 사용
회복 기법 (Recovery)	• 교착 상태가 발생한 후에 회복하는 방법 • 교착 상태를 일으킨 프로세스를 종료하거나 교착 상태의 프로세스에 할당된 자원을 선점해 프로세스나 자원을 회복

75 ①

유닉스(UNIX)의 구성요소

커널(Kernel)	하드웨어 보호 및 프로그램과 하드웨어 간의 인터페이스 역할
쉘(Shell)	사용자의 명령어를 인식하여 프로그램을 호출하고 명령을 수행하는 명령어 해석기
유틸리티 프로그램	일반 사용자가 작성한 응용 프로그램 처리

76 ③

럼바우(Rumbaugh) 객체지향 분석 기법

- 소프트웨어 구성 요소를 그래픽 표기법을 이용하여 모델링하는 객체지향 분석 기법이다.
- 객체 모델링 → 동적 모델링 → 기능 모델링 순서로 진행된다.

객체 모델링 (Object Modeling)	• 객체 다이어그램 • 정보 모델링이라고도 하며, 시스템에서 요구하는 객체를 찾고 객체들 간의 관계를 정의
동적 모델링 (Dynamic Modeling)	• 상태 다이어그램 • 시간의 흐름에 따라 객체들 사이의 제어 흐름, 동작 순서 등의 동적인 행위를 표현
기능 모델링 (Functional Modeling)	• 자료 흐름도(DFD) • 프로세스들의 자료 흐름을 중심으로 처리 과정을 표현

77 ②

wtmp 로그 파일 : 성공한 로그인/로그아웃 로그 파일, 시스템 on/off 정보 로그 파일

78 ②

10.100.240.0/22 네트워크를 10개로 분할하려면 실제로는 16개로 분할해야 하며, 필요한 서브넷bit는 4이다.
따라서, 호스트bit는 32-(22+4)=6bit이므로, 서브넷당 호스트 개수는 2^6=64개이다.
0번 : 10.100.240.0~63
1번 : 10.100.240.64~127
2번 : 10.100.240.128~111
ip subnet-zero를 적용하지 않았으므로 0번 서브넷은 제외한다. 즉, 2번 서브넷의 처음과 마지막 주소를 제외한 10.100.240.129부터가 유효한 IP주소이다.

79 ②

- A작업 우선순위 = (18+15)/15 = 2.2
- B작업 우선순위 = (24+12)/12 = 3
- C작업 우선순위 = (20+25)/25 = 1.8
- D작업 우선순위 = (10+4)/4 = 3.5

오답 피하기

우선순위 = (대기시간+실행시간)/(실행시간)

80 ④

캡슐화(Encapsulation)

- 데이터와 데이터를 처리하는 함수를 하나로 묶는 것을 의미한다.
- 캡슐화된 객체는 인터페이스를 제외한 세부 내용이 은폐되어 외부의 접근이 제한적이다.
- 외부 모듈의 변경으로 인한 파급 효과가 적다.
- 캡슐화된 객체들은 재사용이 용이하다.
- 인터페이스가 단순해지고 결합도가 낮아진다.

81 ①

SDN : Software Defined Networks, 소프트웨어 정의 네트워킹

오답 피하기

- MAC : Mandatory Access Control, 강제적 접근 통제
- ISDN : Integrated Service Digital Network, 종합 정보 통신망
- ATM : Asynchronous Transfer Mode, 비동기 전달 모드

82 ③

DPI : Deep Packet Inspection, OSI 7 Layer 전 계층의 프로토콜과 패킷 내부의 콘텐츠를 파악하여 침입 시도나 해킹 등을 탐지하고 트래픽을 조정하기 위한 패킷 분석 기술

오답 피하기

- PDF : Portable Document Format, 이동 가능 문서 형식
- NFT : Non-Fungible Token, 대체 불가능 토큰
- API : Application Programming Interface

83 ④

Tripwire
- 크래커가 침입하여 백도어를 만들어 놓거나 설정 파일을 변경했을 때 분석하는 도구이다.
- 현실에서도 '적의 침입을 탐지하는 철선'이라는 의미로 사용된다.

84 ①

HACMP
- High Availability Clustering MultiProcessing, 고가용성 솔루션
- '2개 이상의 시스템 운용을 통해 가용성을 극대화' 하는 점이 핵심이다.

85 ②

메타버스(Metaverse)
- 가상, 초월을 의미하는 '메타'와 세계, 우주를 의미하는 '유니버스'를 합성한 신조어이다.
- '현실 세계처럼 상호작용이 가능한 세계'가 핵심이다.

오답 피하기
- Augmented Reality(증강현실) : 가상현실의 한 분야로 실제로 존재하는 환경에 가상의 사물이나 정보를 합성하여 마치 원래의 환경에 존재하는 사물처럼 보이도록 하는 컴퓨터 그래픽 기법
- Mobile Location Service : 맵, 관심 지점, 경로 계산, 추적 등의 위치 기능을 지원하는 위치 추적 서비스
- Hologram(홀로그램) : 두 개의 렌즈가 서로 만나 일으키는 빛의 간섭 현상을 이용하여 입체 정보를 기록하고 재생하는 홀로그래피 기술로 촬영된 것

86 ①

역할 기반 접근 통제(RBAC)
- 사용자의 역할에 따라 접근 권한을 부여하는 방식이다.
- 중앙관리자가 접근 통제 권한을 지정한다.
- 임의 접근 통제와 강제 접근 통제의 단점을 보완하였다.
- 다중 프로그래밍 환경에 최적화된 방식이다.

오답 피하기
- MAC(강제 접근 통제) : 주체와 객체의 등급을 비교하여 접근 권한을 부여하는 방식
- DAC(임의 접근 통제) : 데이터에 접근하는 사용자의 신원에 따라 접근 권한을 부여하는 방식

87 ②

스마트 그리드(Smart Grid)
- 정보 기술을 전력에 접목해 효율성을 높인 시스템으로, 전력 IT라고도 한다.
- 전력선을 기반으로 모든 통신, 정보, 관련 애플리케이션 인프라를 하나의 시스템으로 통합하여 관리함으로써 효율적인 에너지 관리가 가능하다.

오답 피하기
- 디지털 아카이빙(Digital Archiving) : 디지털 정보 자원을 장기적으로 보존하기 위한 작업
- 미디어 빅뱅(Media Big Bang) : 정보 통신 발달, 소비 환경 변화로 새로운 미디어가 등장해 기존 미디어 질서가 해체되는 미디어 환경 변화를 의미함

88 ③

IPv6의 전송 방식 : Multicast, Unicast, Anycast

오답 피하기
IPv4의 전송 방식 : Multicast, Unicast, Broadcast

89 ④

Open Redirect
- 외부의 해킹 공격자가 사용자 입력값을 위·변조하여 일반 사용자를 악의적인 사이트로 이동시키는 공격 기법이다.
- 일반 사용자의 입장에서 URL이 정상적인 주소와 악의적인 주소가 혼합된 형태를 띠기 때문에 해당 URL을 정상적인 주소로 착각할 가능성이 존재한다.

오답 피하기
- Switch Jamming
- Blue Snarfing
- Dictionary Attack

90 ④

AES(Advanced Encryption Standard)
- 56bit 키를 사용하는 DES가 더 이상 안전하지 않게 되면서 등장하였다.
- 128bit 평문을 128bit 암호문으로 출력하는 알고리즘이다.
- 사용되는 키의 길이는 128, 192, 256bit로 각 대응하는 라운드 수는 10, 12, 14 라운드 수를 사용한다.
- 128, 192, 256bit 키의 길이를 가졌어도 각 라운드에 사용되는 키의 길이는 128bit이다.

오답 피하기
이전 DES의 대안으로 3DES도 사용되었지만, 보안성이 낮고 실행 속도가 느려 더 이상 사용되지 않는다.

91 ②

지문 인식은 존재 기반 인증(Somthing You Are)이다.

92 ③

Zing : 기기를 키오스크에 가져다 대면 데이터를 바로 가져올 수 있는, 10cm 이내 기가급 속도로 데이터 전송. 초고속 근접 무선 통신

오답 피하기

- SDDC(Software Defined Data Center, 소프트웨어 정의 데이터 센터) : 데이터 센터의 모든 자원을 가상화하여 인력의 개입 없이 소프트웨어 조작만으로 관리 및 제어되는 데이터 센터
- Ad-hoc(애드 혹) : 고정된 기반 망의 도움 없이 이동 노드 간에 자율적으로 구성되는 네트워크
- RFID(Radio Frequency IDentification) : 전파 신호를 통해 비접촉식으로 사물에 부착된 얇은 평면 형태의 태그를 식별하여 정보를 처리하는 시스템

93 ②

CSMA 방식에 충돌 검출 기능과 재송신 기능을 추가한 방식은 CSMA/CD(Collision Detection)이다.

94 ①

네트워크 계층(Network Layer)의 장비 : 라우터, L3 스위치 등

오답 피하기

- 브릿지 : 데이터링크 계층(DataLink Layer)
- 스위치 : 데이터링크 계층(DataLink Layer)
- 리피터 : 물리 계층(Physical Layer)

95 ④

Smurf Attack : 출발지 주소를 공격 대상의 IP로 설정하여, 네트워크 전체에게 ICMP Echo 패킷을 직접 브로드 캐스팅해 마비시키는 공격 기법

오답 피하기

- Blue Jacking : 블루투스를 이용하여 스팸메일처럼 메시지를 익명으로 퍼뜨리는 공격 기법
- LAND Attack : 공격자가 패킷의 출발지 주소나 포트를 임의로 변경해 출발지와 목적지 주소를 동일하게 함으로써 공격 대상 컴퓨터를 서비스 거부 상태에 빠지도록 하는 공격 기법
- SYN Flooding : ACK를 보내지 않고 SYN 패킷만 보내 서버의 동시 가용 사용자 수를 점유하여 다른 사용자가 서버를 사용하지 못하게 하는 공격 기법

96 ①

OSI 7계층

물리 계층 (Physical Layer)	실제 장치들을 연결하기 위해 필요한 전기적, 물리적 세부 사항 정의
데이터링크 계층 (Data Link Layer)	인접한 통신장치 간의 신뢰성 있는 정보 전송 보장
네트워크 계층 (Network Layer)	단말기 간 데이터 전송을 위한 최적화된 경로 제공
전송 계층 (Transport Layer)	상위 계층들이 데이터 전달의 유효성이나 효율성을 생각하지 않도록 도와주면서 사용자들에게 신뢰성 있는 데이터 전달
세션 계층 (Session Layer)	양 끝단의 응용 프로세스가 통신을 관리하기 위한 방법 제공
표현 계층 (Presentation Layer)	데이터의 압축과 암호화를 수행하고 전송을 위한 포맷으로 변경
응용 계층 (Application Layer)	사용자와 네트워크 간 응용 서비스 연결, 데이터 생성

97 ②

IPv4의 헤더 구조

4bit	4bit	8bit	16bit	
Version	HLEN	Service Type	Total Length	
Identification			Flags	Fragmentation Offset
Time-to-live		Protocol	Header Checksum	
Source IP Address				
Destination IP Address				
Options				

Version	IP 프로토콜의 버전
HLEN(Header Length)	헤더의 길이
Type of Service	IP 데이터그램의 서비스 유형
Total Packet Length	헤더와 데이터를 합친 전체 길이
Identification	식별 번호
Flags	프래그먼트 패킷의 상태나 생성 여부를 결정하는 플래그
Fragmentation Offset	조각나기 전 원래 데이터그램의 바이트 범위
TTL(Time-to-live)	IP패킷의 수명
Protocol	어느 상위 계층 프로토콜이 데이터 내에 포함되었는지 표시
Header Checksum	Header 필드의 오류 검출
Source IP Address	송신측 IP 주소
Destination IP Address	목적지 IP 주소
Options	선택사항 옵션

98 ①

Ping of Death(죽음의 핑) : Ping 명령을 전송할 때 패킷의 크기를 인터넷 프로토콜 허용 범위(65,536바이트) 이상으로 전송하여 공격 대상의 네트워크를 마비시키는 서비스 거부 공격 방법

오답 피하기

- Trojan Horses(트로이 목마) : 겉보기에는 정상적인 프로그램처럼 보이지만 실행시키면 악성 코드가 활성화 되는 공격 방법
- Sniffing(스니핑) : 네트워크 중간에서 남의 패킷 교환을 도청하는 공격 방법
- Brute Force Attack(무차별 대입 공격) : 프로그램을 사용하여 가능한 모든 문자의 조합 시행하여 문자를 적용해 보는 공격 방법

99 ②

정보보안 3요소

기밀성(Confidentiality)	인가되지 않은 개인 혹은 시스템 접근에 따른 정보 공개 및 노출을 차단
무결성(Integrity)	정당한 방법을 따르지 않고서는 데이터가 변경될 수 없으며, 데이터의 정확성 및 완전성과 고의/악의로 변경되거나 훼손되지 않음을 보장
가용성(Availability)	권한을 가진 사용자나 애플리케이션이 원하는 서비스를 지속해서 사용할 수 있도록 보장

100 ①

해시 함수의 종류 : SHA 시리즈, MD5, N-NASH, SNEFRU 등

오답 피하기

- IDEA : DES를 대체하기 위한 스위스 개발 알고리즘
- SEED : 한국인터넷진흥원(KISA)에서 개발한 블록 암호화 알고리즘
- TKIP : 임시 키 무결성 프로토콜

최신 기출문제 05회

2-247p

01 ④	02 ④	03 ④	04 ②	05 ④
06 ③	07 ④	08 ③	09 ②	10 ①
11 ④	12 ①	13 ③	14 ④	15 ①
16 ①	17 ④	18 ①	19 ③	20 ①
21 ②	22 ③	23 ④	24 ①	25 ③
26 ④	27 ④	28 ③	29 ②	30 ③
31 ①	32 ③	33 ①	34 ④	35 ③
36 ③	37 ④	38 ④	39 ②	40 ③
41 ②	42 ①	43 ③	44 ①	45 ②
46 ①	47 ②	48 ①	49 ①	50 ①
51 ③	52 ③	53 ③	54 ②	55 ①
56 ④	57 ③	58 ②	59 ①	60 ②
61 ②	62 ①	63 ④	64 ①	65 ③
66 ③	67 ④	68 ③	69 ①	70 ④
71 ②	72 ③	73 ①	74 ②	75 ②
76 ②	77 ①	78 ②	79 ①	80 ④
81 ①	82 ①	83 ②	84 ①	85 ②
86 ②	87 ②	88 ①	89 ③	90 ③
91 ③	92 ③	93 ①	94 ③	95 ①
96 ①	97 ②	98 ②	99 ④	100 ②

01 ④

- 객체 모델링(정보 모델링) : 객체 다이어그램을 활용하여 객체와 객체 간의 관계 정의
- 동적 모델링 : 상태, 활동 다이어그램을 활용하여 기능의 흐름 표시
- 기능 모델링 : 자료 흐름도(DFD)를 활용하여 입출력 데이터, 세부 기능 결정

02 ④

공유도(Fan-In)	• 자신을 호출(공유)하는 모듈의 수를 나타낸다. • 공유도가 높은 경우 공통 모듈화 측면에서는 잘 설계되었다고 할 수 있다. • 단일 실패지점이 발생할 수 있으므로 중점 관리 및 더 많은 테스트를 통한 검증이 필요하다.
제어도(Fan-Out)	• 자신이 호출(제어)하는 모듈의 수를 나타낸다. • 제어도가 높은 경우 불필요한 업무 로직을 단순화시킬 방법이 없는지 검토가 필요하다.

03 ④

SOLID(객체지향 설계 원칙)
- Single Responsibility
- Open-Closed
- Liskov Substitution
- Interface Segregation
- Dependency Inversion

04 ②

메소드(Method)는 요청 메시지에 의해 객체가 수행해야 할 연산을 정의한 것으로, C언어의 함수와 같은 개념을 가진다.

05 ④

기능성의 내부 품질 : 적합성, 상호운용성, 보안성, 정확성, 준수성

06 ③

EAI의 구축 유형 : 포인트 투 포인트, 허브 앤 스포크, 메시지 버스, 하이브리드 등

07 ④

오답 피하기
- HIPO Chart : 기능과 데이터의 관계를 계층 구조로 표현한 차트
- NS Chart : 문제 처리 프로세스를 도형을 통해 논리 중심으로 표현한 차트
- Burndown Chart : 시간에 따라 처리되는 작업량을 나타내는 차트

08 ③

- 제어 추상화 : 상세 제어 매커니즘이 아닌 포괄적인 표현으로 대체
- 과정 추상화 : 상세 수행 과정이 아닌 전반적인 흐름만 파악하도록 표현
- 자료 추상화 : 데이터의 세부적인 속성 및 표현 방법 없이 대표적인 표현으로 대체

09 ②

오답 피하기
- Gradle : Groovy를 기반으로 한 오픈소스 형태의 자동화 도구
- RESTful : HTTP와 URI 기반으로 자원에 접근할 수 있도록 제공하는 애플리케이션 개발 인터페이스

10 ①

MVC 패턴의 구성 요소 : 모델(Model), 뷰(View), 컨트롤러(Controller)

11 ④

오답 피하기
- State : 한 객체의 이벤트 활성에 따른 상태 변화를 표현
- Activity : 흐름도처럼, 객체의 프로세스나 로직의 처리 흐름을 순서에 따라 표현
- Timing : 객체의 상태 변화와 시간 제약을 명시적으로 표현

12 ①

애자일 모델을 기반으로 하는 개발 모델에는 Scrum, XP, Kanban, crystal, FDD(기능 주도 개발), ASD(적응형 소프트웨어 개발), DSDM(동적 시스템 개발) 등이 있다.

13 ③

오답 피하기
- ISO/IEC 29119 : 소프트웨어 테스트를 위한 국제 표준이다.
- ISO/IEC 12119 : 패키지 소프트웨어의 제품 품질 요구사항 및 테스트를 위한 국제 표준이다.
- ISO/IEC 12207 : 소프트웨어 수명 주기 프로세스에 관한 국제 표준이다.

14 ④

오답 피하기
- FAT, NTFS : 윈도우 파일 시스템
- DAS : 서버와 저장장치를 전용 케이블로 직접 연결하는 기술

15 ①

UI 설계 지침 : 사용자 중심, 일관성, 단순성, 결과 예측 가능, 가시성, 표준화, 접근성, 명확성, 오류 발생 해결 등

16 ①

자료 흐름도의 작성 지침
- 단위 프로세스를 거친 데이터 흐름에는 새로운 이름 부여
- 데이터 출력을 위해서는 반드시 입력 필수
- 해당 프로세스와 하위 자료 흐름도의 데이터 흐름 일치
- 최하위 프로세스는 소단위 명세서를 가짐

17 ④

프로토타입은 사용자의 요구사항이 정확하게 반영될 때까지 지속적으로 개선하고 보완하여 최종 설계를 완성한다.

18 ①

COCOMO의 소프트웨어 개발 유형 : 조직형(Organic Mode), 반분리형(Semi-Detached Mode), 내장형(Embedded Mode)

19 ③

나선형 프로세스는 별도의 유지보수가 필요하지 않다.

20 ①

- ① : 비기능적 요구사항
- ②, ③, ④ : 기능적 요구사항

오답 피하기
- 기능적 요구사항 : 시스템이 무엇을 수행해야 하는지에 대한 명세를 포함
- 비기능적 요구사항 : 시스템의 성능, 보안, 인터페이스 등에 관한 제약 조건 및 품질 요구사항을 정의

21 ②

결함은 완벽하게 제거할 수 없다.

22 ③

오답 피하기
- Pesticide Paradox : 동일한 테스트 케이스로 반복 실행하면 새로운 결함 발견 불가능
- Defect Clustering : 결함의 대부분은 특정 모듈에 집중
- Pareto's Principle : 결함의 80%는 20%의 기능에서 발생

23 ④

(낮음) 우연적, 논리적, 시간적, 절차적, 통신적, 순차적, 기능적 (높음)

24 ①

오답 피하기
ADBC : push(A) → pop(A) → push(B) → push(C) → push(D) → pop(D)까지만 가능하고, 이후부터 스택 연산에 의해 C가 pop되므로 불가능한 출력값이다.

25 ③

- 1 pass : [12, 15, 33, 26, 19, 24]
- 2 pass : [12, 15, 33, 26, 19, 24]
- 3 pass : [12, 15, 26, 33, 19, 24]
- 4 pass : [12, 15, 19, 26, 33, 24]
- 5 pass : [12, 15, 19, 24, 26, 33]

26 ④

NS Chart : 논리의 기술에 중점을 두고 도형으로 표현하는 방법

오답 피하기
- Flow Chart : 순서도라고 하며, 일의 처리 과정을 간단한 기호와 도식으로 표현하는 방법
- Gantt chart : 프로젝트의 각 작업들이 언제 시작하고 언제 종료되는지에 대한 작업 일정을 막대 도표를 이용하여 표현하는 방법
- HIPO Chart : 각 모듈별 실행 과정인 입력, 처리, 출력 기능을 표현하는 방법

27 ④

간선수(13)-노드수(10)+2 = 5

28 ③

- $O(N^2)$: 삽입 정렬, 버블 정렬, 선택 정렬, 퀵 정렬, 버킷 정렬
- $O(NlogN)$: 힙 정렬, 이진 병합 정렬

29 ②

선형 구조 (Linear Structure)	• 배열(Array)
	• 선형 리스트(Linear List)
	  - 연속 리스트(Contiguous List)
	  - 연결 리스트(Linked List)
	• 스택(Stack)
	• 큐(Queue)
	• 데크(Deque)

비선형 구조 (Non-Linear Structure)	• 트리(Tree) • 그래프(Graph)

30 ③

순수 소스코드 파일만 받아오는 기능은 export이다.

오답 피하기
- check-out : 저장소(repository)로부터 원하는 버전의 소프트웨어 형상의 사본을 컴퓨터로 가져오는 기능
- check-in : 개발자가 수정한 소스코드를 저장소에 업로드하는 기능
- commit : 저장소 업로드가 성공적으로 완료되었을 때, 반영을 최종 승인하는 기능
- update : 저장소와 컴퓨터의 형상을 동기화하는 기능(소스코드 수정 전에 반드시 수행)
- import : 비어 있는 저장소에 처음 소스를 업로드하는 기능
- export : 버전 관리 파일을 뺀 순수 소스코드 파일만 받아오는 기능

31 ①

오답 피하기

- Coding : 자바, 파이썬 등 개발언어를 통해 애플리케이션 개발 환경 제공
- Compile : 문법에 어긋나는지 확인하고 기계어로 변환하는 기능 제공
- Debugging : 프로그래밍 과정에 발생하는 오류 및 비정상적인 연산 제거
- Deployment : 외부 형상, 배포관리 기능과 연계되어 자동 배포 등 가능

32 ③

힙 정렬 : 임의의 자료에서 최소값 또는 최대값을 구하는 경우에 가장 적합한 정렬 방식

오답 피하기

- 퀵 정렬 : 레코드의 키를 기준으로 작은 값은 왼쪽에, 큰 값은 오른쪽에 분해하여 정렬
- 선택 정렬 : 오름차순으로 정렬했을 때 가장 작은 값을 찾아 선택된 자료와 교환하여 정렬
- 삽입 정렬 : 첫 번째 자료를 기준으로 차례로 비교하여 정렬

33 ①

파일 편성의 종류 : 순차 파일(Sequential File), 색인 순차 파일(Indexed Sequential File), VSAM 파일, 직접 파일(Direct File), 역 파일(Inverted File), 다중 리스트 파일(Multi-List File), 다중 링 파일(Multi-Ring File)

34 ④

V-모델

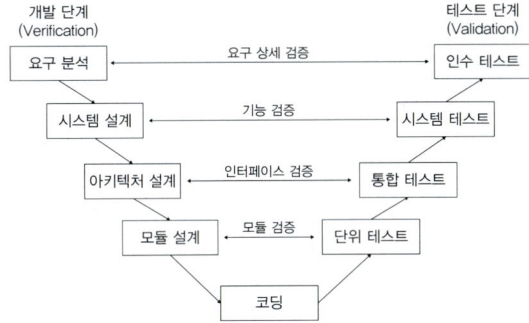

35 ③

오답 피하기

- XML(eXtensible Markup Language) : 사용자가 임의로 생성한 태그를 통해 상세화
- JSON(JavaScript Object Notation) : XML 대체하는 독립적인 개방형 표준 형식, 자바스크립트 기반, 〈속성, 값〉의 쌍으로 표현, AJAX 기술에서 많이 사용됨
- YAML(Yaml Ain't Markup Language) : JSON에서 발전된 마크업 언어, 사람이 쉽게 읽을 수 있음
- Text 형식 : 항목 분리자(Delimiter : 콤마, 콜론, 세미콜론 등)를 통해 상세화

36 ③

A → B → D → G → H → E → C → F

37 ④

- 검증(Verification) : 제품의 개발(생산) 과정에 대한 테스트(개발자 입장)
- 확인(Validation) : 제품의 개발(생산) 결과에 대한 테스트(사용자 입장)

오답 피하기

디버깅(Debugging) : 프로그램의 오류를 찾고, 수정하는 것

38 ④

- O(1) : 입력 데이터 수와 관계없이 일정한 수행 횟수를 가지는 복잡도
- O(logN) : 입력 데이터 수에 따라 연산 횟수가 늘어나는 폭이 점점 감소
- O(N) : 입력 데이터 수에 따라 연산 횟수가 일정하게 증가(비례)
- O(NlogN) : 입력 데이터 수에 따라 연산 횟수가 늘어나는 폭이 점점 확대
- O(N^2) : 입력 데이터 수에 따라 연산 횟수가 데이터 수의 제곱만큼 필요
- O(2^n) : 입력 데이터 수에 따라 연산 횟수가 데이터 수의 지수 승만큼 필요
- O(N!) : 입력 데이터 수에 따라 연산 횟수가 입력 데이터 수의 누승(팩토리얼)만큼 필요

39 ②

오답 피하기

- Test Stub : 상위 모듈의 테스트를 위한 최소한의 기능만 가지는 더미 모듈
- Test Suites : 테스트 대상 컴포넌트나 모듈, 시스템에 사용되는 테스트 케이스의 집합
- Test Case : 입력값, 실행 조건, 기대 결과 등의 집합

40 ③

WBS : 프로젝트를 시각적으로 분류한 작업 분류 체계

오답 피하기
- FTP : TCP/IP 네트워크(인터넷)상의 장치가 파일을 전송할 때 사용하는 규약
- FTR : 소프트웨어 개발 산출물 대상 요구사항 확인 및 검증을 수행하는 방법
- WMV : 비디오 압축에 사용되는 코덱

41 ②

```
GROUP BY 학과명
```
→ 학과별로 수강생이 20명 이상인지 체크하기 위해서 학과명으로 그룹

```
HAVING COUNT(*)>=20
```
→ GROUP BY절에서 조건은 HAVING을 사용한다.

42 ①

유일성은 튜플을 유일하게 구분할 수 있는 성질이다.

43 ③

- 기본 정규형 : 1NF, 2NF, 3NF
- 고급 정규형 : BCNF, 4NF, 5NF

44 ②

특정 DB에 문제가 발생해도 다른 DB를 사용할 수 있기 때문에 신뢰도와 가용성이 보장된다.

45 ②

오답 피하기
- 일관성 위반 : 재고 관리 시스템에서 상품의 재고량이 음수가 되는 경우
- 고립성 위반 : A 사용자가 자신의 계좌 잔액을 조회하는 도중에, B 사용자가 같은 계좌에 돈을 입금하는 경우
- 지속성 위반 : 트랜잭션이 성공적으로 완료되었지만, 시스템 장애로 인해 데이터베이스가 손상되어 트랜잭션 결과가 사라진 경우

46 ①

파티셔닝(Partitioning)의 유형
- 범위(Range) 분할 : 지정한 컬럼 값을 기준으로 분할
- 해시(Hash) 분할 : 해시 함수에 따라 데이터를 분할
- 조합(Composite, 복합) 분할 : 범위 분할 후 해시 분할로 다시 분할
- 목록(List) 분할 : 분할할 항목을 관리자가 직접 지정

47 ②

집계 함수의 종류
- COUNT() : 레코드 개수
- SUM()/AVG() : 합계/평균
- MAX()/MIN() : 최대값/최소값
- STDDEV() : 표준편차
- VARIANCE() : 분산

오답 피하기
DISTINCT() : 중복되는 데이터 제거

48 ①

스키마(Schema) : 외부(서브) 스키마(External Schema), 개념 스키마(Conceptual Schema), 내부 스키마(Internal Schema)

49 ④

키(Key)의 종류
- 슈퍼키(Super Key) : 각 행을 유일하게 식별할 수 있는 속성들의 집합(유일성O, 최소성×)
- 후보키(Candidate Key) : 각 행을 유일하게 식별할 수 있는 최소한의 속성들의 집합(유일성O, 최소성O)
- 기본키(Primary Key) : 후보키 중 특별히 선정된 키
- 대체키(Alternate Key) : 후보키 중에서 선정된 기본키를 제외한 나머지 후보키
- 외래키(Foreign Key) : 다른 테이블, 릴레이션의 기본키를 참조하는 속성 또는 속성들의 집합

50 ①

병행 처리의 문제점 : 분실된 갱신, 모순성, 연쇄 복귀, 비완료 의존성

51 ③

- 튜플(Tuple)은 테이블에서 Row에 해당하며, 릴레이션에선 인스턴스에 해당한다.
- 튜플의 개수를 기수라고 한다.

52 ②

같은 값을 그룹하여 출력하므로 중복되어 출력될 수 없다.

53 ③

UPDATE 테이블명 SET 속성명=수정값 WHERE 조건식

54 ②

∀ : 모든 가능한 튜플(For All)

오답 피하기
¬ : 원자식을 부정

55 ①

정렬 : ORDER BY 〈컬럼명〉 [ASC|DESC]

56 ④

오답 피하기
- 개념 스키마 : 조직체 전체 관점에서 데이터베이스를 정의하는 스키마
- 데이터 흐름도 : 시스템 구성 요소인 프로세스와 프로세스 간 데이터 흐름을 표현
- 데이터 스토리지 : 데이터를 보존하고 필요에 따라 액세스할 수 있도록 개발된 기술을 사용하여 정보를 보존하는 것

57 ③

여러 테이블에 존재하는 데이터에 접근하는 방법을 단순화하고 다양화할 수 있다.

58 ②

순수 관계 연산자 : SELECT(σ), PROJECT(π), JOIN($\bowtie$), DIVISION($\div$)

오답 피하기
전칭 정량자와 존재 정량자는 관계해석에 사용되는 정량자이다.

59 ④

DML 명령어 : INSERT, UPDATE, DELETE, SELECT

60 ②

트랜잭션의 상태
- 활동(Active) : 실행 중인 상태
- 부분 완료(Partially Committed) : 마지막 연산을 끝내고 결과를 반영하기 직전의 상태
- 완료(Committed) : 연산을 완료하고 결과를 데이터베이스에 반영한 상태
- 실패(Failed) : 연산 실행 중 어떤 오류에 의해 더 이상 연산이 진행될 수 없는 상태
- 철회(Aborted) : 트랜잭션 실패로 트랜잭션 실행 전 상태로 복구(ROLL-BACK)된 상태
- 실행 취소(Undo) : 변경되었던 데이터를 취소하고 원래의 내용으로 복원
- 다시 실행(Redo) : Undo를 통해 원래 내용으로 변경되었던 데이터를 다시 앞의 내용으로 복원

61 ②

오답 피하기
- LRU : 최근에 가장 오랫동안 사용하지 않은 페이지를 교체
- NUR : 최근에 사용하지 않은 페이지를 교체
- SCR : 오랫동안 주기억 장치에 있던 페이지 중 자주 사용되는 페이지의 교체

62 ①

반복적인 문제들의 해결하기 위한 설계 패턴을 일반화한 것으로 GoF 디자인 패턴이라고도 한다.

63 ④

멤버 변수 : c(인스턴스 변수), d(클래스 변수)

64 ②

오답 피하기
- 회피 : 안정적 상태를 유지할 수 있는 프로세스의 요청만 받아들이는 방식
- 회복 : 교착 상태가 발생한 프로세스 중 중단할 프로세스를 정하여 자원을 빼앗는 방식
- 예방 : 교착 상태의 필요 충분 조건 중 하나 이상을 부정하여 교착 상태를 예방

65 ③

변수명 생성 규칙
- 변수명의 첫 글자는 영문자 또는 언더바(_)만 사용한다.
- 이후 글자에는 영문자와 언더바 이외의 숫자를 사용할 수 있다.
- 변수명은 고유해야 하며, 예약어로 지정할 수 없다.
  - 예약어(keyword) : 프로그래밍 언어가 사용하기 위해 미리 선점한 단어

66 ③

드모르간 법칙
- 첫 번째 법칙 : ~(A ∧ B) = ~A ∨ ~B
- 두 번째 법칙 : ~(A ∨ B) = ~A ∧ ~B

67 ④

오답 피하기
- #ifdef : 조건부 컴파일 지시자
- #define : 매크로명 생성

68 ③

- ip subnet-zero가 적용되지 않았으므로
  4+1 = 5 = (2^2<5<=2^3) = 8개의 서브넷으로 서브넷팅한다.
- 32bit-24bit-3bit(8) = 5bit(32)가 호스트 범위이다.
- 32에서 네트워크/브로드캐스트 주소를 제외한 30이 실제 호스트 개수이다.

69 ①

C class 범위 : 192.0.0.0 ~ 223.255.255.255

70 ④

오답 피하기

- RIP : 네트워크에서 라우팅을 관리하는 데 사용되는 프로토콜
- ARP : 논리 주소인 IP주소를 물리 주소인 MAC 주소로 바꾸어주는 역할을 하는 프로토콜
- IP : 송신 호스트와 수신 호스트가 패킷 교환 네트워크에서 정보를 주고받는 데 사용하는 프로토콜

71 ②

우선순위 = (대기시간+서비스시간)/서비스시간

프로세스	실행시간	대기시간	우선순위
A	15	5	(5+15)/15 = 1.3
B	10	15	(15+10)/10 = 2.5
C	20	20	(20+20)/20 = 2.0
D	15	20	(20+15)/15 = 2.3

72 ②

A<<B = A*2^B

73 ①

- a.fn(5,10) → return fn(5, 10, 25)
- a.fn(7) → return fn(7, 5) → return fn(7, 5, 25)

74 ②

객체지향의 주요 개념 : 캡슐화, 상속성, 다형성, 정보은닉, 추상화

75 ②

-1 + 1 + 3 + 5 + 7 = 15

76 ②

신뢰성 높은 데이터 전송을 위해 다양한 기능을 제공하므로 복잡한 프레임 구조를 가진다.

77 ①

정N각형의 내각을 구하는 코드이다.

78 ②

d1	d2	q	r	while{ r>=d2	r-=d2	q++ }
17	3	0	17	TRUE	14	1
17	3	1	14	TRUE	11	2
17	3	2	11	TRUE	8	3
17	3	3	8	TRUE	5	4
17	3	4	5	TRUE	2	5
17	3	5	2	FALSE		

79 ①

오답 피하기

- mount : 파일 시스템 마운팅
- who : 접속한 사용자 출력
- cat : 파일 내용 표시

80 ④

오답 피하기

- escape : LIKE 연산으로 '%'나 '_' 등과 같은 특수문자 검색
- define : 컴파일러가 원본 파일에서 식별자가 발생할 때마다 토큰 문자열 대체
- struct : 구조화된 데이터 처리

81 ①

오답 피하기

- Ping of Death : 규정된 크기 이상의 ICMP 패킷을 전송하여 DoS를 유발
- SYN Flooding : TCP의 3-Way-Handshake 취약점을 이용한 공격으로 다량의 SYN 패킷을 보내 다른 연결을 받아들이지 못하게 하는 방식의 공격법
- Blue Snarfing : 블루투스의 취약점을 이용하여 목표 장비의 임의 파일에 접근하는 공격 방법

82 ④

HTTPS : 443

83 ③

오답 피하기

- XSS : 웹 페이지에 악의적인 스크립트를 포함시켜 사용자측에서 실행되게끔 유도
- CSRF : 웹 사이트 간의 요청을 위조하여 공격
- SQL Injection : SQL을 주입하여 의도치 않은 명령을 수행하도록 공격

84 ①

오답 피하기
- Data Warehouse : 기업의 전략적 관점에서 효율적인 의사 결정을 지원하기 위해 데이터의 시계열적 축적과 통합을 목표로 하는 기술의 구조적, 통합적 환경
- Linked Open Data : 사용자가 정확하게 원하는 정보를 찾을 수 있도록 웹상의 모든 데이터와 데이터베이스를 무료로 공개하고 연계
- Data Mining : 대용량 데이터에서 의미 있는 통계적 패턴이나 규칙, 관계를 찾아내 분석하여 유용하고 활용할 수 있는 정보 추출

85 ③

IPv4에서는 보안이 필요한 경우에만 선택적으로 사용하였지만 IPv6부터는 기본 스펙에 포함된다.

86 ②

오답 피하기
- SDN : 네트워크 관리를 간소화하고 네트워크 구성의 유연성을 높이기 위한 가상화 네트워크 기술
- XSS : 공격자가 웹 페이지에 악성 스크립트를 삽입하여 사용자의 브라우저에서 실행되게 하는 공격
- NFC : 10cm 이내 거리에서 무선 데이터를 주고받는 근거리 무선 통신 기술

87 ②

IDS는 탐지의 결과가 완벽할 수 없기 때문에, 공격에 대한 탐지만 하고 차단은 하지 않는다.

88 ①

사회 공학적 공격은 인간 상호 작용의 깊은 신뢰를 바탕으로 사람들을 속여 정상 보안 절차를 깨뜨리기 위한 비기술적 침입 수단이다.

오답 피하기
Back Door는 정상적인 보안 조치를 우회하여 시스템에 액세스할 수 있는 모든 경로인 백도어를 사용하여 데이터와 시스템에 무단으로 침입하는 공격 기법이다.

89 ③

오답 피하기
- spoofing : 스니핑 등의 보안 공격을 위해 자신을 다른 주체로 속이는 행위
- Session Hijacking : 당한 사용자가 수행한 세션 인증을 가로채어 중요 자원에 접근하는 공격
- Stack Overflow : 버퍼를 초과하는 입력값을 의도적으로 발생시켜 장애 유발

90 ③

N명이 대칭키 방식으로 암호화하는 경우 키의 개수 = N(N−1)/2

91 ③

CSMA는 각 노드가 데이터 프레임을 송신하기 전에 통신 회선을 조사하여 사용 중이면 대기하고, 그렇지 않으면 데이터 프레임을 송신하는 방식이다.

92 ③

AAA 프레임워크 : 인증(Authentication), 권한(Authorization), 과금(Accounting)

93 ①

해시 탐색의 시간복잡도는 O(1)이다.

94 ③

오답 피하기
- Confidentiality : 암호화, 접근 권한 관리 등을 통해 개인정보 유출 방지
- Integrity : 소프트웨어가 무단으로 변경되지 않도록 보호
- Availability : 부하 분산, 장애 복구 시스템 구축

95 ①

오답 피하기
- Gateway : 서로 다른 통신망에 접속하기 위한 관문의 역할을 하는 장치
- Switch : 허브의 기능을 확장한 것으로, 전송 중 패킷(전송 단위)의 충돌이 일어나지 않도록 목적지로 지정한 포트로만 1:1로 데이터를 전송하는 장치
- Repeater : 데이터 전송 중 감쇠되는 신호를 증폭시켜 목적지까지 안정적으로 도달하도록 지원하는 장치

96 ①

오답 피하기
- Go Back N ARQ : 송신측이 NAK(부정응답)를 받게 되면, 모든 프레임을 재전송
- Selective Repeat ARQ : Go Back N ARQ의 단점을 보완한 방식으로 오류가 난 부분만 재전송
- Adaptive ARQ : 전송 효율을 극대화하기 위해 데이터 프레임의 길이를 동적으로 변경

97 ②

오답 피하기
- Star Topology : 단말기 추가/제거 용이, 교환 노드(중계기)의 수가 토폴로지 중 가장 적음
- Ring Topology : 양방향 데이터 전송, 특정 방향의 단말기가 고장나도 다른 방향으로 전송 가능
- Bus Topology : 간단한 구조, 단말기 추가/제거 용이, 단말기의 고장이 통신망에 영향 없음

98 ②

라우터는 3계층(네트워크 계층)의 장비이다.

99 ④

오답 피하기
- Log : 시스템 사용에 대한 모든 내역을 기록해 놓은 것
- Authentication : 사용자가 기억하고 있는 정보를 기반으로 인증하는 것
- Turnaround : 작업을 의뢰한 시간부터 처리가 완료될 때까지 걸린 시간

100 ②

오답 피하기
- Dual-Homed Gateway : 배스천 호스트에 통신 네트워크 카드 2개를 장착하여 사용
- Single-Homed Gateway : 배스천 호스트에 통신 네트워크 카드 1개를 장착하여 사용
- Screen-Subnet Gateway : 배스천 호스트 양쪽에 스크리닝 라우터를 설치한 후 외부에 통신 네트워크 카드를 추가하여 사용

최신 기출문제 06회

2-262p

01 ①	02 ①	03 ③	04 ①	05 ④
06 ①	07 ④	08 ②	09 ③	10 ①
11 ②	12 ①	13 ④	14 ②	15 ①
16 ②	17 ③	18 ②	19 ③	20 ②
21 ③	22 ③	23 ①	24 ③	25 ③
26 ④	27 ②	28 ④	29 ③	30 ③
31 ②	32 ④	33 ④	34 ②	35 ②
36 ④	37 ①	38 ③	39 ①	40 ②
41 ④	42 ③	43 ④	44 ②	45 ④
46 ③	47 ④	48 ④	49 ②	50 ④
51 ②	52 ④	53 ②	54 ③	55 ②
56 ①	57 ①	58 ②	59 ①	60 ②
61 ①	62 ②	63 ①	64 ②	65 ④
66 ③	67 ④	68 ①	69 ④	70 ④
71 ④	72 ②	73 ④	74 ③	75 ①
76 ④	77 ④	78 ④	79 ②	80 ②
81 ③	82 ①	83 ③	84 ④	85 ①
86 ②	87 ②	88 ②	89 ②	90 ②
91 ④	92 ②	93 ③	94 ②	95 ③
96 ①	97 ②	98 ③	99 ③	100 ①

01 ①

FTR의 원칙
- 검토될 제품에 대한 체크리스트를 개발
- 자원과 시간 일정을 할당
- 문제 영역을 명확히 표현하고 의제를 제한
- 제품의 검토에만 집중
- 검토의 과정과 결과를 재검토
- 논쟁과 반박을 제한
- 참가자의 수를 제한
- 사전 준비를 강요하고 사전에 작성한 메모들을 공유
- 모든 검토자들을 위해 의미 있는 훈련을 진행
- 해결책이나 개선책에 대해서 논하지 않음

02 ①

UML의 구성 요소 : 사물(Things), 관계(Relationship), 다이어그램(Diagram)

03 ③

요구사항 분석 : 요구사항 분류, 개념 모델링, 요구사항 할당, 요구사항 협상, 정형 분석

04 ①

외계인 코드(Alien Code)는 아주 오래되거나 참고문서 또는 개발자가 없어서 유지보수 작업이 어려운 코드이므로 활용하기가 어렵다.

05 ④
시스템 요구사항은 기술적이고 정확한 표현을 사용하는 것이 중요하며, 반드시 프로그래밍 언어만을 사용해야 하는 것은 아니다.

06 ①
CASE 도구는 사용법이 어렵기 때문에 명령어와 문법 등을 숙지하는 데 시간이 필요하다.

07 ④

오답 피하기
- Content : 모듈이 다른 모듈의 내부 기능과 데이터를 직접적으로 사용하는 경우
- External : 인수의 전달 없이 특정 모듈이 다른 모듈의 내부 데이터를 참조하는 경우
- Stamp : 관련 있는 모듈들이 동일한 자료 구조를 공유하는(전달하는) 경우

08 ②

오답 피하기
- RPC : 응용 프로그램의 프로시저를 사용하여 원격 프로시저를 호출하기 위한 미들웨어이다.
- MOM : 메시지 기반의 비동기형 메시지를 전달하는 방식의 미들웨어이다.
- WAS : HTTP 세션 처리를 위한 웹 환경을 구현하기 위한 미들웨어이다.

09 ③

오답 피하기
- 상태 다이어그램 : 동적 모델링에서 사용
- 객체 다이어그램 : 럼바우 기법의 객체 모델링에서 사용
- 자료 흐름도 : 기능 모델링에서 사용

10 ①
UI의 유형
- CLI(Command Line Interface) : 명령 문자열을 통해 시스템과 상호작용
- GUI(Graphic User Interface) : 메뉴, 아이콘 등의 그래픽 요소를 통해 상호작용
- NUI(Natural User Interface) : 사람의 음성, 촉각 등을 통해 상호작용

11 ②
EAI 구축 유형 : Point-to-Point, Hub&Spoke, Message Bus, Hybrid

12 ①
- 데이터 모델링 도구 : 개체-관계 다이어그램(ERD)
- 프로세스 모델링 도구 : 자료 흐름도, 프로세스 의존도(PDD), 프로세스 계층도(PHD)

13 ④

오답 피하기
- 절차지향 설계(Process Oriented Design) : 작업 처리 절차를 중심으로 설계. 컴퓨터의 처리 구조와 유사해 속도가 빠르지만 유지보수가 어려움
- 객체지향 설계(Object Oriented Design) : 절차와 절차의 영향을 받는 데이터를 하나로 묶어서 설계. 설계 난이도가 높고 속도가 느린 편이지만 코드의 재활용성 및 유지보수가 쉬움
- 상향식 설계(Bottom-up design) : 기능을 가진 작은 단위 모듈을 먼저 개발하고, 이 모듈을 조합하여 전체 시스템을 완성해 나가는 방식
- 하향식 설계(Top-down design) : 요구사항 분석을 통해 전체 구조를 설계하고, 해당 구조에 기반한 하위 모듈을 정의/구현하는 방식

14 ②

오답 피하기
- E-R : 개체와 개체 간 관계를 미리 약속된 도형을 사용하여 알기 쉽게 표현한 도표
- DFD : 기능에 의한 데이터의 흐름을 도형으로 표현한 도표
- NS : 문제 처리 프로세스를 도형을 통해 논리 중심으로 표현한 차트

15 ①
시스템 범위 : 관련 유스케이스들을 사각형으로 묶어서 표현

16 ②
소프트웨어 아키텍처
- 소프트웨어의 기본 구조를 정의한 것으로, 소프트웨어 설계 및 구현을 위한 틀을 제공한다.
- 소프트웨어 구성 요소들(모듈, 컴포넌트 등)의 상호관계를 정의한다.
- 소프트웨어 아키텍처를 기반으로 설계된 소프트웨어는 품질 확보, 구축, 개선이 용이하다.
- 소프트웨어 품질 요구사항을 만족할 수 있는 아키텍처를 선정한다.

17 ③
XP 모델
- 고객의 참여와 짧은 개발 과정의 반복을 극대화하여 개발 생산성을 높이는 개발 모델이다.
- 소규모 인원으로 진행하는 프로젝트에 효과적이다.
- 단계별 단순한 설계를 통해 개발 속도를 향상시킨다.
- XP의 가치는 의사소통, 단순성, 용기, 존중, 피드백이 있다.

18 ②

CASE의 원천 기술 : 구조적 기법, 프로토타이핑, 자동 프로그래밍, 정보 저장소, 분산 처리

19 ③

(낮음) Coincidental → Logical → Temporal → Procedural → Communication → Sequential → Functional (높음)

20 ②

객체 모델링(정보 모델링) : 객체 다이어그램을 활용하여 객체와 객체 간의 관계 정의

> 오답 피하기
> - 동적 모델링 : 상태, 활동 다이어그램을 활용하여 기능의 흐름을 표시
> - 기능 모델링 : 자료 흐름도(DFD)를 활용하여 입출력 데이터, 세부 기능 결정

21 ③

이식(Migration) : 기존 소프트웨어의 구조 및 기능을 다른 플랫폼에서 사용할 수 있도록 변환하는 것이다.

> 오답 피하기
> - 분석(Analysis) : 기존 소프트웨어의 명세를 통해 소프트웨어를 분석하고 재공학 대상을 식별하여 재공학의 가치를 판단하는 것이다.
> - 역공학(Reverse Engineering) : 외계인 코드로부터 소프트웨어의 소스코드를 복구하여 설계 정보와 데이터 구조 정보 등을 추출한다.
> - 재구성(Restructuring) : 소프트웨어의 기능이나 외적인 동작은 변형하지 않으면서 소프트웨어의 코드를 재구성하여 내부 구조와 품질을 향상시키는 것이다.

22 ③

> 오답 피하기
> - Boundary Value Analysis : 입력 조건의 경계에서 오류가 발생할 확률이 높다는 점을 이용하여 입력 조건의 경계값을 테스트 케이스로 설계한다.
> - Error Guessing : 과거의 경험이나 확인자의 감각에 의존하여 테스트 케이스를 설계한다.
> - Cause-Effect Graphing : 입력 데이터 간의 관계와 출력에 미치는 영향을 분석하여 효용성이 높은 테스트 케이스를 설계한다.

23 ①

> 오답 피하기
> - Divide and Conquer : 크고 방대한 문제를 효율적으로 풀 수 있는 단위로 작게 나누는(Top-down) 방식이다.
> - Approximation : 최적화되는 답을 구할 수는 없어도 비교적 빠른 시간에 계산이 가능하도록 근사 해법을 수행하는 알고리즘이다.
> - Greedy : 분기마다 가장 최적의 해를 선택하여 결과를 도출하는 방식이다.

24 ③

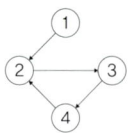

```
    1 2 3 4      1 → 2
  1 0 ① 0 0     2 → 3
  2 0 0 ① 0     3 → 4
  3 0 0 0 ①     4 → 2
  4 0 ① 0 0
```

25 ③

EAI(Enterprise Application Integration) : 기업에서 운영하는 이기종 간의 정보 전달, 연계, 통합이 가능하도록 하는 솔루션

> 오답 피하기
> - SHA(Secure Hash Algorithm) : 보안 해시 알고리즘
> - DAS(Direct Attached Storage) : 서버와 저장장치를 전용 케이블로 직접 연결하는 방식
> - IDE(Integrated Development Environment) : 소프트웨어 및 애플리케이션 개발을 위한 기본 도구로 구성된 소프트웨어 애플리케이션

26 ④

- 화이트박스 테스트 : Basic Path, Condition, Loop, Data Flow
- 블랙박스 테스트 : Equivalence, Boundary Value Analysis, Cause-Effect Graphing, Error Guessing, Comparison

27 ②

ISO/IEC 25010의 내부 평가 항목
- 기능성 : 적합성, 상호운용성, 보안성, 정확성, 준수성
- 신뢰성 : 고장 허용성, 회복성, 성숙도, 준수성
- 사용성 : 학습성, 운영성, 이해도, 친밀성, 준수성
- 효율성 : 반응 시간, 지원 특성, 준수성
- 유지보수성 : 분석성, 변경성, 안정성, 테스트 용이성, 준수성
- 이식성 : 적용성, 설치성, 공존성, 교체성, 준수성

28 ④

A+B*C−D
→ A+[B*C]−D
→ [A+[BC*]]−D
→ [[ABC*+]−D]
→ ABC*+D−

29 ③

오답 피하기

- Statement : 모든 구문을 한 번 이상 수행하는 테스트 커버리지
- Condition : 결정문 내부 개별 조건식의 결과가 참과 거짓의 결과를 한 번 이상 수행하는 테스트 커버리지
- Condition/Decision : 결정문의 결과와 결정문 내부 개별 조건식의 결과가 참과 거짓의 결과를 한 번 이상 수행하는 테스트 커버리지

30 ③

- 1pass : [8, 26, 17, 61, 20, 25]
- 2pass : [8, 17, 26, 61, 20, 25]
- 3pass : [8, 17, 20, 61, 26, 25]
- 4pass : [8, 17, 20, 25, 26, 61]
- 5pass : [8, 17, 20, 25, 26, 61]

31 ②

인스펙션(Inspection) : 요구사항 명세서 작성자 이외의 전문 검토 그룹이 상세히 결함을 분석

오답 피하기

- 워크스루(Walk Through) : 미리 요구사항 명세서를 배포하여 사전 검토 후 짧은 회의를 통해 결함을 분석
- 동료(Peer) 검토 : 요구사항 명세서 작성자가 다수의 동료들(이해관계자)에게 내용을 직접 설명하면서 결함을 분석

32 ④

CMMI 프로세스 성숙도 단계

- 초기(Initial) : 표준화된 프로세스 없이 프로젝트 수행 결과 예측 곤란
- 관리(Managed) : 기본적인 프로세스 구축에 의해 프로젝트 관리
- 정의(Defined) : 세부 표준 프로세스 기반 프로젝트 통제
- 정량적 관리(Quantitatively Managed) : 프로젝트 활동이 정량적으로 관리, 통제되고 성과 예측 가능
- 최적화(Optimizing) : 지속적인 개선 활동이 정착화되고 최적의 관리로 프로젝트 수행

33 ④

충돌(Collision) : 서로 다른 슬롯이 같은 키를 가지는 현상

오답 피하기

- 체인법(Chaining) : 오버플로우 해결을 위해 슬롯을 연결 리스트 형태로 연결
- 프로빙(Probing) : 충돌이 발생한 데이터를 다음 버킷(1차)이나 멀리 떨어진 버킷(2차)으로 이동
- 동의어(Synonym) : 충돌이 일어난 슬롯의 집합

34 ②

기초 경로(Basic Path) 테스트 : 설계서나 소스코드를 기반으로 흐름도를 작성하여 논리적 순환 복잡도(Cyclomatic complexity)를 측정

오답 피하기

- 조건 검사(Condition Testing) : 논리식(조건)을 중심으로 테스트
- 데이터 흐름 검사(Data Flow Testing) : 변수의 정의와 사용을 중심으로 테스트
- 루프 검사(Loop Testing) : 반복 구조를 중심으로 테스트

35 ②

디버깅(Debugging) : 프로그램의 오류를 찾고, 수정하는 작업

오답 피하기

- 검증(Verification) : 제품의 개발(생산) 과정에 대한 테스트(개발자 입장)
- 확인(Validation) : 제품의 개발(생산) 결과에 대한 테스트(사용자 입장)
- 안전(Security) 테스트 : 소스코드 내의 보안 결함에 대한 테스트

36 ④

사용자의 입장에서 불편할 수 있는 문제를 고려하여 최대한 효율적으로 적용한다.

37 ①

제품 소프트웨어 형상 관리의 중요성

- 제품 소프트웨어는 지속적으로 변경되므로 이에 대한 개발 통제가 중요하다.
- 제품 소프트웨어의 형상 관리가 잘 되지 않으면 배포판의 버그 및 수정에 대한 추적의 결여 및 무절제한 변경이 난무할 수 있다.
- 형상 관리가 잘 되지 않으면 제품 소프트웨어의 가시성(Visibility)에서 결핍이 일어나게 되고 전체적인 조망이나 Insight가 결여되어 장기적인 관리 체계에 문제를 야기할 수 있다.

38 ③

오답 피하기

- 증명(Proof) : 소프트웨어 품질이 아주 중요한 경우에 활용(모든 기대 결과와 실제 결과 비교)
- 코드 인스펙션(Code Inspection) : 코드에 존재하는 결함을 확인하는 검사
- Clean Code : 가독성이 높고, 단순하며 의존성이 낮고 중복이 최소화된 코드

39 ①

오답 피하기

- CppUnit : C++ 프로그래밍 언어용 단위 테스트 도구
- JUnit : 자바 프로그래밍 언어용 단위 테스트 도구
- HttpUnit : 웹 브라우저 없이 웹 사이트 테스트를 수행하는 데 사용되는 오픈 소스

40 ②

오답 피하기

- Contents Distributor : 암호화된 콘텐츠 제공
- Contents Provider : 콘텐츠를 제공하는 저작권자
- Packager : 콘텐츠를 메타 데이터와 함께 배포 가능한 단위로 묶는 기능

41 ④

정규화(Normalization)

- 데이터 무결성을 유지하기 위해 중복성을 최소화하고 정보의 일관성을 보장하기 위한 개념이다.
- 논리 데이터 모델링을 상세화하는 가장 중요한 단계이다.
- 데이터 모델의 정확성, 일치성, 단순성, 비중복성, 안정성 등을 보장한다.
- 잘못된 릴레이션을 어떻게 분해해야 하는지에 대한 판단 기준을 제공한다.
- 데이터 모델의 단순화를 통해 편의성과 안정성, 무결성을 유지할 수 있다.
- 유연한 데이터 구축이 가능하지만 물리적인 접근경로가 복잡해진다.

42 ③

데이터 종속성 : 완전/부분 함수 종속, 다가(다치) 종속, 조인 종속

43 ④

SQL 명령어

- CREATE : DB 객체 생성
- ALTER : DB 객체 구조 수정
- DROP : DB 객체 제거
- TRUNCATE : DB 객체 데이터 전체 삭제

44 ②

투명성(Transparency)

- 분할 투명성(Fragmentation Transparency) : 테이블(릴레이션)의 분할 구조를 사용자가 별도로 파악할 필요가 없어야 한다.
- 위치 투명성(Location Transparency) : 어떤 작업을 수행하기 위해 분산 데이터베이스 상에 존재하는 어떠한 데이터의 물리적인 위치의 고려 없이 동일한 명령을 사용할 수 있어야 한다.
- 중복 투명성(Replication Transparency) : 중복된 데이터와 데이터의 저장 위치 등에 대한 정보를 사용자가 별도로 인지할 필요가 없어야 한다.
- 장애 투명성(Failure Transparency) : 분산 데이터베이스 환경에서 특정 지역의 컴퓨터 시스템이나 네트워크에 장애가 발생해도 데이터 무결성과 트랜잭션의 원자성이 보장되어야 한다.
- 병행 투명성(Concurrency Transparency) : 다수 트랜잭션이 동시 수행되는 환경에서도 결과의 일관성이 유지되어야 한다.

45 ④

기수 : 전체 튜플의 개수

오답 피하기

- 속성 : 데이터의 가장 작은 논리적 단위
- Null : 정보의 부재를 명시
- 차수 : 전체 속성의 개수

46 ③

- 일반 집합 연산자 : 합집합(∪), 교집합(∩), 차집합(−), 교차곱(×)
- 순수 관계 연산자 : SELECT(σ), PROJECT(π), JOIN(⋈), DIVISION(÷)

47 ④

- 유일성과 최소성을 만족 : 후보키, 기본키, 대체키
- 유일성을 만족 : 슈퍼키

48 ④

등급이 B 또는 C에 해당하는 학생의 학과를 중복 없이 출력한다.

49 ②

관계 해석 연산자

- OR(∨) : 원자식 간의 관계를 '또는'으로 연결
- AND(∧) : 원자식 간의 관계를 '그리고'로 연결
- NOT(¬) : 원자식을 부정

오답 피하기

- 전칭 정량자(∀) : 모든 가능한 튜플(For All)
- 존재 정량자(∃) : 어떤 튜플 하나라도 존재(There Exists)

50 ④
- ASC : 오름차순 정렬
- DESC : 내림차순 정렬

51 ②
개념 스키마(Internal Schema)
- 모든 사용자(조직)의 입장에서 필요한 데이터베이스의 구조를 정의한 스키마이다.
- 효율적인 관리를 위한 접근권한, 보안정책, 무결성 규칙 등도 포함된 DB 전체를 정의한다.
- 데이터베이스 관리자(DBA)에 의해 구성되며, DB당 하나만 존재한다.

오답 피하기
기억 장치에 데이터를 물리적으로 구현하기 위한 방법을 정의하는 것은 내부 스키마(Internal Schema)이다.

52 ④
- DAS : 서버와 직접 연결
- NAS : 서버와 네트워크를 통해 연결
- SAN : DAS + NAS

53 ①
개념 모델링은 요구사항 분석의 핵심 단계로, 분석된 요구사항을 기반으로 업무 처리의 실체들과 그들의 관계를 설계한다.

54 ③
트랜잭션의 특징(ACID) : Atomicity, Consistency, Isolation, Durability

55 ②
- 기본키(Primary Key) : 후보키 중 특별히 선정된 키
- 대체키(Alternate Key) : 후보키 중에서 선정된 기본키를 제외한 나머지 후보키

56 ④
오답 피하기
- 도메인 무결성(Domain Integrity) : 열의 값이 정의된 도메인의 범위 안에서 표현되어야 한다는 무결성
- 참조 무결성(Referential Integrity) : 참조 관계가 존재하는 두 개체 간 데이터의 일관성을 보증해야 한다는 무결성
- 사용자 정의 무결성(User-Defined Integrity) : 속성 값들이 사용자가 정의한 제약 조건에 만족해야 한다는 무결성

57 ①
반정규화(Denormalization)의 방법
- 테이블 통합 : 두 개의 테이블이 항상 함께 조인되는 경우가 많을 때 수행
- 테이블 분할 : 레코드별로 사용 빈도의 차이가 큰 경우 사용 빈도에 따라 수행
- 중복 테이블 추가 : 여러 테이블에서 데이터를 추출해서 사용해야 하거나 다른 서버에 저장된 테이블을 이용해야 하는 경우가 많을 때 수행
- 중복 속성 추가 : 데이터를 조회하는 경로를 단축하기 위해 수행

58 ②
로킹(Locking)
- 데이터베이스 병행제어를 위해 트랜잭션(transaction)이 접근하고자 하는 데이터를 잠가(lock) 다른 트랜잭션이 접근하지 못하도록 하는 병행제어 기법이다.
- 한 번에 로킹할 수 있는 객체의 크기를 로킹 단위라고 한다.
- 로킹 단위별 특징

로킹 단위	커짐	작아짐
로크 수	적어짐	커짐
병행제어	단순	복잡
로킹 오버헤드	감소	증가
병행성 수준	낮아짐	높아짐
DB 공유도	감소	증가

59 ①
이상 현상(Anomaly)
- 삽입 이상 : 튜플 삽입 시, 관련 없는 정보도 함께 삽입해야 하는 현상
- 갱신 이상 : 튜플 갱신 시, 데이터의 불일치가 발생하는 현상
- 삭제 이상 : 튜플 삭제 시, 관련된 정보도 함께 삭제해야 하는 현상

60 ②
- 일반 집합 연산자 : 합집합(∪, UNION), 교집합(∩, INTERSECT), 차집합(-, MINUS), 교차곱(×, Cartesian Product)
- 순수 관계 연산자 : SELECT(σ), PROJECT(π), JOIN(⋈), DIVISION(÷)

61 ①
객체지향의 4가지 특징
- 캡슐화(Encapsulation) : 문제 해결에 필요한 속성과 메소드를 하나로 묶는 것이다.
- 추상화(Abstraction) : 클래스들의 공통된 요소를 추출하여 상위 클래스로 구현한다.
- 상속(Inheritance) : 위 클래스의 멤버(속성과 메소드)를 하위 클래스에서 물려받도록 하는 것이다.
- 다형성(Polymorphism) : 상속된 여러 하위 객체들이 서로 다른 형태를 가질 수 있게 하는 성질이다.

62 ③

오답 피하기

- Network Layer : 주소를 정하고 경로를 선택하여 패킷(네트워크 계층의 기본 전송 단위)을 전달
- Data Link Layer : 물리 계층을 통해 노드 간 송수신되는 정보의 오류와 흐름을 관리
- Physical Layer : 물리적(전기, 기계) 신호를 주고받는 계층

63 ①

IPv6(Internet Protocol version 6)
- 16비트씩 8부분, 총 128비트로 구성된다.
- 각 부분을 16진수로 표현하고, 콜론(:)으로 구분한다.
- IPv6의 주소 체계 : 유니캐스트(Unicast), 멀티캐스트(Multicast), 애니캐스트(Anycast)

64 ②

- ip subnet-zero를 적용하므로 8개 그대로 진행한다.
- $8 <= 2^3 = 3bit$의 서브넷 비트가 할당되므로, IP주소 전체 비트(32)−서브넷마스크 비트(24)−서브넷 비트(3) = 5bit의 호스트 비트를 할당한다.
- $5bit = 2^5 = 32$이고, 네트워크 시작 주소가 0이므로 0부터 32씩 더하여 각 서브넷의 네트워크 주소와 브로드캐스트 주소를 지정한다.

```
190.1.1.0   ~ 190.1.1.31
190.1.1.32  ~ 190.1.1.63
190.1.1.64  ~ 190.1.1.95
...
190.1.1.192 ~ 190.1.1.223
190.1.1.224 ~ 190.1.1.255
```

- 마지막 서브넷의 사용 가능한 마지막 IP주소는 브로드캐스트 주소의 바로 전 IP주소이므로 190.1.1.254이다.

65 ④

- 정수형 : byte, short, int, long
- 실수형 : float, double
- 문자형(정수 호환) : char

66 ③

First Fit, 즉 최초 적합으로 데이터를 할당한다면 할당 가능한 공간 중 첫 번째 공간에 데이터가 할당된다.

오답 피하기

- 최초 적합(First Fit) : 데이터 배치가 가능한 공간 중 첫 번째 공간에 배치
- 최적 적합(Best Fit) : 데이터 배치가 가능한 공간 중 여유 공간(단편화)을 가장 적게 남기는 공간에 배치
- 최악 적합(Worst Fit) : 데이터 배치가 가능한 공간 중 여유 공간(단편화)을 가장 크게 남기는 공간에 배치

67 ④

정보은닉(Information Hiding) : 모든 객체지향 언어적 요소를 활용하여 객체에 대한 구체적인 정보를 노출시키지 않도록 하는 기법

68 ①

```
g.n1+g.n2%2==1
```

① g.n2%2 : 0
② g.n1+① : 15
③ ②==1 : false

69 ④

OSI 7 계층의 데이터 단위(PDU)
- 물리 계층 : 비트
- 데이터링크 계층 : 프레임
- 네트워크 계층 : 패킷
- 전송 계층 : TCP(세그먼트)/UDP(데이터그램)
- 응용 계층 : 전문(Message)

70 ④

오답 피하기

- OSPF : 모든 라우터가 모든 링크의 정보를 파악하여 최단 경로를 선출하는 프로토콜로, 대규모 네트워크에서 사용됨
- BGP : 인터넷의 라우팅 프로토콜로, 대규모 네트워크에서 사용됨
- IGRP : IGP용 라우팅 프로토콜로, 중규모 네트워크에서 사용됨

71 ④

- *p = ar이므로, *(p+i)는 ar[i]와 같고, ar[i]25와 같다.
- 25보다 큰 수(40, 32, 27)의 개수만큼 cnt가 증가하는데, cnt의 초기값이 1이므로 최종결과는 4가 된다.

72 ②

연산자	종류	결합 방향	우선순위
단항	++, --, -, !, ~, sizeof, &, *	좌측	높음
산술	*, /, %, +, -	우측	↕
시프트	<<, >>	우측	
관계	<, >, <=, >=, ==, !=	우측	
비트	&, ^, |	우측	
논리	&&, ||	우측	
복합대입	=, +=, -=, *=, /=, %=, <<=, >>=	좌측	낮음

73 ④

- stdio.h : printf, scanf, getchar, putchar, ...
- math.h : sqrt, pow, abs, ...
- string.h : strlen, strcpy, strcmp, ...
- stdlib.h : atoi, atof, atol, rand, ...

74 ③

IPv4는 유니, 멀티, 브로드캐스트의 전송 방식을 가진다.

75 ①

기능의 향상이 아닌 문제 해결을 통한 소프트웨어의 구조 변경, 코드의 가독성 등에 집중한다.

76 ④

- 생성 패턴 : Factory Method, Abstract Factory, Builder, Prototype, Singleton
- 구조 패턴 : Adaptor, Bridge, Composite, Decorator, Facade, Flyweight, Proxy
- 행위 패턴 : Interpreter, Template Method, Chain of Responsibility, Command, Iterator, Mediator, Memento, Observer, State, Strategy, Visitor

77 ④

- new B() : 상속받은 클래스는 상위 클래스의 생성자 메소드를 우선 호출하고, 하위 클래스의 생성자 메소드를 호출한다.
- A a = new B() : 업캐스팅(상위 클래스 멤버만 사용 가능)
- a.fn() : 오버라이딩된 메소드는 업캐스팅을 무시하고 하위 클래스의 메소드로 실행된다.

78 ④

> 오답 피하기

- Hub : 컴퓨터 신호를 여러 개의 다른 선으로 분산시켜 내보낼 수 있는 장치
- Switch : 네트워크 회선과 서버 컴퓨터를 연결하는 네트워크 장비
- Gateway : 두 개의 완전히 다른 네트워크 사이의 데이터 형식을 변환하는 장치

79 ③

- 비트 필드는 가장 큰 정수 타입 크기가 기준이 된다.
- 기준 타입의 크기를 벗어나면 기준 타입 단위로 크기가 확장된다.
- short 타입은 16비트이므로 총 18비트가 필요한 구조체 k는 32비트(4바이트)가 할당된다.

80 ②

&& 연산은 두 논리값이 전부 true(1)여야 true(1)를 반환하는데, 첫 논리값이 false(0)라면 두 번째 논리식은 수행되지 않고 바로 false(0)를 반환한다. 때문에, fn(b)는 수행되지 않는다.

81 ③

해시 암호 : 단방향 암호화만 가능(SNEFRU, MD4, MD5, N-NASH, SHA, …)

> 오답 피하기

- 비밀키 : 동일한 키를 사용하여 암/복호화(DES, AES, SEED, ARIA, RC4, …)
- 공개키 : 다른 키를 사용하여 암/복호화(RSA, ECC, DSA, …)

82 ①

> 오답 피하기

- BEACON : 최대 50m 거리의 스마트폰을 자동으로 인식하여 데이터를 전송하는 장치
- RFID : 사물에 전자 태그를 부착하고 무선 통신을 이용하여 주변 정보를 감지하는 센서 기술
- M-DISC : 한 번의 기록만으로 자료를 영구 보관할 수 있는 광 저장 장치

83 ③

> 오답 피하기

- Snooping : 네트워크상에 떠도는 중요 정보를 몰래 획득
- Scanning : 네트워크상의 컴퓨터와 가동 서비스를 탐색하여 장비 구성, 포트 구성 등을 파악
- SYN Flooding : TCP의 3-Way-Handshake 취약점을 이용한 공격

84 ④

> 오답 피하기

- Kiosk : 터치스크린으로 운영되는 무인 종합 정보 시스템
- Mashup : 웹에서 제공하는 정보 및 서비스를 이용하여 새로운 서비스를 만드는 기술
- AI : 인간의 두뇌와 같이 컴퓨터 스스로 추론, 학습, 판단 등 인간지능적인 작업을 수행하는 시스템

85 ①

> 오답 피하기

- 기밀성 강조 모델 : Bell-LaPadula
- 무결성 강조 모델 : Biba Integrity, Chinese Wall, Clark-Wilson

86 ②

SW 개발 보안 요소(CIA) : 기밀성(Confidentiality), 무결성(Integrity), 가용성(Availability)

87 ②

오답 피하기

- Smurf Attack : ICMP 프로토콜의 취약점을 이용하여 서비스 거부 유발
- SYN Flooding : 보낸 SYN 요청에 대한 서버의 SYN-ACK에 응답하지 않고 SYN 요청만 마구잡이로 보내는 네트워크 계층 공격
- Ping of Death : 규정된 크기 이상의 ICMP 패킷을 전송하여 서비스 거부 유발

88 ②

오답 피하기

- ARP Spoofing : 로컬 통신 서버와 클라이언트의 MAC 주소를 공격자의 MAC 주소로 속임
- ARP Redirect : 희생자의 ARP Cache Table 정보 변조 후 스니핑
- ICMP Redirect : 희생자의 라우팅 테이블 변조 후 스니핑

89 ②

오답 피하기

- 기밀성(Confidentiality) : 인가된 사용자만 정보에 접근할 수 있는 속성
- 무결성(Integrity) : 정보가 불법적으로 생성(위조), 변경(변조), 삭제되지 않는 속성
- 가용성(Availability) : 인가된 사용자가 문제없이 정보를 사용할 수 있는 속성

90 ②

오답 피하기

- Kiosk : 터치스크린으로 운영되는 무인 종합 정보 시스템
- Hash : 임의의 길이의 입력 데이터나 메시지를 고정된 길이의 값이나 키로 변환하는 것
- HoneyPot : 해커의 공격을 유도하여 그들의 활동을 추적하고 분석하는 데 사용되는 가상의 시스템

91 ④

오답 피하기

- ARP Redirect : 공격자가 피해자들에게 자신이 라우터라고 속여서 피해자들의 패킷이 자신에게 한번 거친 후 라우터로 가도록 하는 공격
- Integrity : 데이터의 정확성과 일관성 및 유효성을 보장하는데 필요한 일련의 규칙이나 제약 조건
- Chinese Wall : 금융회사 내 부서 간 또는 계열사 간 정보 교류를 차단하는 장치나 제도

92 ②

오답 피하기

- HoneyPot : 해커의 공격을 유도하여 그들의 활동을 추적하고 분석하는 데 사용되는 가상의 시스템
- Docker : 컨테이너 응용 프로그램의 배포를 자동화하는 오픈 소스 엔진
- TensorFlow : 구글사에서 개발한 오픈소스 기계 학습 엔진

93 ①

오답 피하기

- Blockchain : P2P 네트워크를 이용하여 온라인 금융 거래 정보를 온라인 네트워크 참여자의 디지털 장비에 분산 저장하는 기술
- Grayware : 사용자 입장에서는 유용하거나 악의적이라고 판단될 수 있는 애드웨어, 공유웨어, 스파이웨어 등
- Semantic Web : 사람을 대신하여 컴퓨터가 정보를 읽고 이해하고 가공하여 새로운 정보를 만들어 낼 수 있도록 이해하기 쉬운 의미를 가진 차세대 지능형 웹

94 ②

오답 피하기

- SNEFRU : 32bit 해시 함수
- SEED : 128bit 블록 암호화 알고리즘
- AES : 128bit 개인키 암호화 알고리즘

95 ③

RSA 기법은 키의 길이가 길고 속도가 느린 편이다.

96 ①

블록 암호 운용 방식 : ECB, CBC, PCBC, CFB, OFB, CTR

97 ②

방화벽의 한계
- 프로그램 내부에 포함된 악성 코드(바이러스, 웜, XSS, …)를 탐지하거나 방어할 수 없다.
- 시스템 내부자가 방화벽을 우회접속하는 것에 대해 막을 수 있는 방법이 없다.
- 예측하지 못한 새로운 형태의 공격에는 능동적으로 대응하기 어렵다.

98 ③

스쿱(Sqoop) : 관계형 데이터베이스와 하둡 HDFS 사이에 데이터를 전송할 수 있도록 설계된 오픈소스 소프트웨어

99 ③

오답 피하기
- HSM : 디지털 키 및 기타 중요한 정보에 대한 보안을 제공하도록 설계된 물리적 디바이스
- ISDN : 음성, 문자, 화상 등의 다양한 통신 서비스를 하나의 디지털 통신망을 근간으로 하여 종합적으로 제공하는 통신망
- Zing : 기기를 키오스크에 갖다 대면 원하는 데이터를 바로 가져올 수 있는 기술

100 ①

블록 암호와 스트림 암호로 구분되는 방식은 대칭키 방식이다.

최신 기출문제 07회

2-277p

01 ③	02 ③	03 ④	04 ③	05 ③
06 ④	07 ④	08 ②	09 ①	10 ③
11 ②	12 ①	13 ②	14 ④	15 ③
16 ①	17 ①	18 ②	19 ①	20 ②
21 ③	22 ①	23 ②	24 ①	25 ①
26 ③	27 ③	28 ③	29 ④	30 ①
31 ③	32 ④	33 ②	34 ④	35 ③
36 ①	37 ④	38 ②	39 ②	40 ③
41 ②	42 ④	43 ②	44 ②	45 ④
46 ④	47 ③	48 ④	49 ③	50 ④
51 ④	52 ③	53 ②	54 ④	55 ②
56 ④	57 ③	58 ③	59 ③	60 ①
61 ①	62 ④	63 ④	64 ①	65 ①
66 ②	67 ④	68 ③	69 ④	70 ②
71 ②	72 ②	73 ②	74 ③	75 ①
76 ②	77 ④	78 ①	79 ③	80 ③
81 ④	82 ③	83 ④	84 ④	85 ④
86 ④	87 ①	88 ②	89 ④	90 ③
91 ②	92 ④	93 ③	94 ③	95 ③
96 ①	97 ④	98 ①	99 ①	100 ②

01 ③

오답 피하기
- 유스케이스 다이어그램 : 시스템과 사용자의 상호작용을 다이어그램으로 표현한 것
- 클래스 다이어그램 : 클래스 내부의 정적인 내용이나 클래스 사이의 관계를 표기하는 다이어그램
- 활동 다이어그램 : 처리 로직이나 조건에 따른 처리흐름을 순서에 따라 정의한 다이어그램

02 ③

메시지 지향 미들웨어(MOM, Message Oriented Middleware)
- 응용 소프트웨어 간의 데이터 통신을 위한 소프트웨어
- 비동기 방식으로 메시지 전달
- 메시지 API를 통해 분산되어 있는 애플리케이션 간의 다리 역할을 함으로써 데이터를 교환할 수 있도록 하는 시스템

03 ④

애자일 소프트웨어 테스트를 자동화하면 테스트 프로세스와 제품의 전반적인 품질을 향상시킬 수 있다.

04 ③

유스케이스 관계의 종류
- 연관 관계(Association)
- 포함 관계(Include)
- 확장 관계(Extend)
- 일반화 관계(Generalization)

05 ③

비기능적 요구사항은 시스템의 성능, 안정성, 보안 등과 같은 기능 외의 요구사항을 명시하는 것으로, 예를 들면 "시스템은 모든 작업에 대해 1초 이내의 응답 시간을 제공해야 한다."와 같은 요구사항이 해당된다.

06 ④

객체지향 프로그래밍의 4가지 특징 : 추상화, 상속, 다형성, 캡슐화

07 ④

미들웨어는 하나의 애플리케이션을 특정 데이터베이스로 연결해 주는 소프트웨어를 의미한다.

08 ②

UI 설계 지침

사용자 중심	사용자가 쉽게 이해하고 편리하게 사용할 수 있는 환경을 제공하며, 실사용자에 대한 이해가 바탕이 되어야 한다.
일관성	버튼이나 조작 방법 등을 일관성 있게 제공하므로 사용자가 쉽게 기억하고 습득할 수 있게 설계해야 한다.
단순성	조작 방법을 단순화시켜 인지적 부담을 감소시켜야 한다.
결과 예측 가능	작동시킬 기능만 보고도 결과를 미리 예측할 수 있게 설계해야 한다.
가시성	메인 화면에 주요 기능을 노출시켜 최대한 조작이 쉽도록 설계해야 한다.
표준화	기능 구조와 디자인을 표준화해 한 번 학습한 이후에는 쉽게 사용할 수 있도록 설계해야 한다.
접근성	사용자의 연령, 성별, 인종 등 다양한 계층이 사용할 수 있도록 설계해야 한다.
명확성	사용자가 개념적으로 쉽게 인지할 수 있도록 설계해야 한다.
오류 발생 해결	오류가 발생하면 사용자가 쉽게 인지할 수 있도록 설계해야 한다.

09 ①

다형성(Polymorphis)은 한 타입의 참조변수를 통해 여러 타입의 객체를 참조할 수 있도록 만든 것으로, 하나의 타입에 여러 객체를 대입할 수 있는 성질이다.

10 ③

비즈니스 요구사항을 정확하게 작성하여야 소프트웨어를 효과적으로 개발할 수 있다.

11 ②

객체(Object)는 물리적이거나 추상적인 개념이며, 객체가 메모리에 할당되어 실제 사용될 때 '인스턴스'라고 한다.

12 ①

클래스(Class)는 객체를 생성하기 위한 일종의 설계도이며, 객체가 가지는 속성(필드)과 동작(메서드)으로 이루어져 있다.

13 ②

애자일 프로세스 모델(Scrum)
- 고객의 요구에 민첩하게 대응하고 그때그때 주어지는 문제를 풀어나가는 방법이다.
- 좀 더 빠른 시간 안에 일부이지만 소프트웨어를 사용할 수 있게 하는 것을 중요하게 생각한다.

14 ④

모듈과 컴포넌트를 포함 관계로 생각하면 문제를 풀기 어렵다. 모듈은 '단위 기능'을 기준으로 부품화 한 것이며, 컴포넌트는 독립적으로 재사용이 가능한 소프트웨어 블록이다. 기준에 따라 컴포넌트가 모듈이 될 수 있고, 모듈 역시 컴포넌트의 역할을 할 수 있다.

> **오답 피하기**
> 코드를 묶어서 실행 가능한 형태로 만들어 주는 것은 linker(연계편집)의 역할이다.

15 ③

생성 패턴	• 클래스 정의, 객체 생성 방식에 적용 가능한 패턴 • Factory Method, Abstract Factory, Builder, Prototype, Singleton
구조 패턴	• 객체 간 구조와 인터페이스에 적용 가능한 패턴 • Adaptor, Bridge, Composite, Decorator, Facade, Flyweight, Proxy
행위 패턴	• 기능(알고리즘), 반복적인 작업에 적용 가능한 패턴 • Interpreter, Template Method, Chain of Responsibility, Command, Iterator, Mediator, Memento, Observer, State, Strategy, Visitor

16 ①

UI의 필수 기능 중 사용자에게 현재 상황에 대한 정보를 제공하는 기능은 피드백(Feedback)이다.

17 ①

명령줄 인터페이스(CLI, Command-Line Interface 또는 Character User Interface)는 글자를 입력하여 컴퓨터에 명령을 내리는 방식으로 도스, 명령 프롬프트, bash 등이 해당된다.

18 ②

소프트웨어 모델링(Software Modeling)은 소프트웨어 설계 단계에서도 사용 가능하다.

19 ④

유스케이스 다이어그램(Use Case Diagram)은 시스템이 제공하고 있는 기능 및 그와 관련된 외부 요소를 사용자의 관점에서 표현하는 다이어그램으로, 주요 구성 요소, 서로와의 관계 및 각각의 속성을 나타낸다.

20 ②

뷰(View)는 단순히 모델의 데이터를 화면에 표현할 뿐, 모델의 변경사항을 직접 사용자에게 '알리는 역할'을 하지 않는다. 모델이 변경되면 모델이 뷰에 통지하거나(Observer 패턴 활용), 컨트롤러가 뷰를 갱신하는 방식으로 동작한다.

21 ③

상향식 통합 테스트는 Bottom-Up 방식이다.

22 ①

이진 탐색 기법은 배열이 정렬되어 있다는 가정하에 사용 가능한 검색 알고리즘이다. 따라서 이진 탐색을 사용하기 위해서는 주어진 배열을 오름차순으로 정렬해야 한다. 주어진 배열을 정렬하면 [3, 32, 60, 62, 69, 76, 79, 82, 87]이 된다.

시작값	종료값	중간값	비교 횟수
3	87	69(큼)	1
3	62	32(작음)	2
60	62	60(일치)	3

따라서, 60을 찾기 위해서는 총 3번의 비교가 필요하다.

23 ③

인스펙션(Inspection)
- 요구사항 명세서 작성자를 제외한 다른 검토 전문가들이 요구사항 명세서를 확인하면서 결함을 발견하는 형태의 검토 방법이다.
- 검토 회의 전에 요구사항 명세서를 미리 배포하여 사전 검토한 후에 결함을 발견한다.

24 ①

형상관리는 개발 중 발생하는 모든 산출물이 변경됨으로써 점차 변해가는 소프트웨어 형상을 체계적으로 관리하고 유지하는 기법이다.

25 ①

캡슐화(Encapsulation)는 클래스 안에 서로 연관 있는 속성과 기능들을 하나의 캡슐로 만들어 데이터를 외부로부터 보호하는 것을 의미한다.

26 ③

디지털 권리 관리(Digital Rights Management) : 출판자 또는 저작권자가 그들이 배포한 디지털 자료나 하드웨어의 사용을 제어하고 이를 의도한 용도로만 사용하도록 제한하는 데 사용되는 모든 기술

27 ③

28 ③

CVS(Concurrent Versions System)는 서버와 클라이언트로 구성되고, 다수가 동시에 운영체제로 접근 가능한 형상관리 도구이다.

29 ④

화이트박스 테스트 (White Box Test)	문장 검증, 분기 검증, 경로 검증, 조건 검증
블랙박스 테스트 (Black Box Test)	동등 분할 기법(Equivalence Partitioning), 경계값 분석 기법(Boundary Value Analysis), 오류 예측 기법(Error Guessing), 원인 결과 그래프 기법(Cause Effect Graph), 의사결정 테이블 테스팅, 상태전이 테스팅, 페어와이즈 테스팅(Pair-wise testing)

30 ①

리팩토링(Refactoring)
- 외부의 동작을 변경하지 않고 내부 구조를 개선한다.
- 소프트웨어의 기능 및 동작을 변경해서는 안 된다.
- 처음부터 미리 작업하기보다는 지속적으로 좋은 디자인으로 변경한다.

31 ③

V-모델의 테스트는 하위 단계에서 상위 단계로 진행한다.

32 ④

통합 개발 환경(IDE, Integrated Development Environment)
- 코딩, 디버그, 컴파일, 배포 등 프로그램 개발에 관련된 모든 작업을 하나의 프로그램 안에서 처리하는 환경을 제공하는 소프트웨어
- 소프트웨어 코드를 효율적으로 개발하도록 돕는 소프트웨어 애플리케이션으로 소프트웨어 편집, 빌드, 테스트, 패키징과 같은 기능을 사용하기 쉬운 하나의 애플리케이션에 통합

> 오답 피하기

DRM : 디지털 권리 관리, Digital Rights Management

33 ②

중위 순회는 〈좌〉〈루트〉〈우〉 순서로 순회하는 방법으로, 트리의 가장 왼쪽 노드부터 순회가 시작된다. 노드〈4〉를 기준으로 보면 〈좌:4〉〈루트:2〉〈우:5〉이므로 4-2-5 순으로 시작하는 2번이 정답이다.

34 ④

> 오답 피하기

HTTP(Hypertext Transfer Protocol)는 클라이언트와 서버 간 통신을 위한 프로토콜이다.

35 ③
스택이 담을 수 있는 크기를 초과하여 자료를 Push하면 스택 오버플로우(Stack Overflow)가 발생한다.

36 ①
오답 피하기
Git은 분산 버전 관리 시스템이다.

37 ④
테스트 오라클(Test Oracle)의 유형
- 참(True) 오라클 : 모든 입력값에 대하여 기대 결과를 생성(발생된 오류 모두 검출)
- 샘플링(Sampling) 오라클 : 특정 몇 개의 입력값에 대해서만 기대 결과 제공
- 휴리스틱(Heuristic) 오라클 : 샘플링 오라클을 개선, 특정 입력값에 대해 기대 결과를 제공하고, 나머지 값들에 대해서는 휴리스틱(추정)으로 처리
- 일관성 검사(Consistent) 오라클 : 애플리케이션 변경이 있을 때, 수행 전과 후의 결과값이 동일한지 확인

38 ②
- 삽입 정렬, 쉘 정렬, 선택 정렬 → $O(n^2)$ (최악)
- 병합 정렬 → $O(n \log n)$

39 ②
해시 함수가 서로 다른 두 개의 입력값에 대해 동일한 출력값을 내는 상황을 해시 충돌이라고 한다. 해시 함수가 무한한 가짓수의 입력값을 받아 유한한 가짓수의 출력값을 생성하는 경우, 비둘기집 원리에 의해 해시 충돌은 항상 존재한다.

40 ③
5(5−1) = 5×4 = 20

오답 피하기
- 방향 그래프의 최대 간선 수 = n(n−1)
- 무방향 그래프의 최대 간선 수 = n(n−1)/2

41 ②
1NF는 원자값을 가지기 위한 정규형으로, 분할하는 과정에서 기본키가 없는 테이블이 생성될 수 있다.

42 ④
오답 피하기
프로세스는 여러 개의 스레드에서 동시에 실행될 수 있다.

43 ②
오답 피하기
위치 투명성 (Location Trasparency) : 데이터베이스의 실제 위치를 알 필요 없이 단지 데이터베이스의 논리적인 명칭만으로 엑세스할 수 있음

44 ②

sales BETWEEN 200 AND 400	200~400
DESC	내림차순 정렬

45 ④
INDEX 명령어
- CREATE : 인덱스 생성
- DROP : 인덱스 삭제
- ALTER : 인덱스 속성 변경
- SHOW : 인덱스 보기

46 ④
저장 레코드 양식 설계 시 고려사항
- 데이터의 타입
- 데이터 값의 분포
- 데이터 접근 빈도

47 ③
DCL(데이터 제어 언어, Data Control Language) : 데이터베이스에 대한 접근 권한을 관리하는 데 사용됨

오답 피하기
- TCL(트랜잭션 제어 언어, Transaction Control Language) : 트랜잭션의 시작과 종료, 롤백 등을 제어하는 데 사용됨
- DDL(데이터 정의 언어, Data Definition Language) : 데이터베이스의 구조를 정의하거나 변경하는 데 사용됨
- DML(데이터 조작 언어, Data Manipulation Language) : 데이터베이스에 있는 데이터를 검색, 삽입, 수정, 삭제하는 데 사용됨

48 ④
시스템 카탈로그(System Catalog)는 DDL을 통해 데이터베이스 객체가 변경되면 DBMS에 의해 자동으로 변경된다.

49 ③
릴레이션에 실제 저장되는 데이터의 집합은 릴레이션 인스턴스이다.

오답 피하기
릴레이션의 각 행을 레코드라고 한다.

50 ④
뷰(VIEW)는 하나 이상의 테이블로부터 유도되는 논리적인(실체가 없는) 가상 테이블이다.

51 ④
Completed 상태 : 이미 커밋이나 롤백을 실행했으니 더이상 커밋과 롤백을 하지 말라는 오류

52 ③

DDL(데이터 정의어)	SCHEMA, DOMAIN, TABLE, VIEW, INDEX를 정의하거나 변경 또는 삭제할 때 사용하는 언어
DML(데이터 조작어)	데이터베이스 사용자가 응용 프로그램이나 질의어를 통하여 저장된 데이터를 실질적으로 처리할 때 사용하는 언어
DCL(데이터 제어어)	데이터의 보안, 무결성, 데이터 회복, 병행 수행 제어 등을 정의할 때 사용하는 언어

53 ②

슈퍼키(Super Key)는 테이블에서 각 행을 유일하게 식별할 수 있는 하나 또는 그 이상의 속성들의 집합으로, 유일성만 만족하면 슈퍼키가 될 수 있다.

54 ④

개념적 설계 → 논리적 설계 → 물리적 설계

55 ②

기본키는 NULL 값을 가질 수 없다.

56 ④

무결성 제약 조건의 목적은 데이터베이스에 저장된 데이터의 무결성을 보장하고 데이터베이스의 상태를 일관되게 유지하는 것이다.

57 ②

COUNT 함수는 테이블에 컬럼의 데이터 개수를 출력한다.

58 ③

- 카디널리티(Cardinality) = 기수 = 튜플의 개수
- 디그리(Degree) = 차수 = 속성의 개수

59 ②

WITH GRANT OPTION : 자신이 부여받은 권한에 대해서 다른 계정의 사용자에게 권한을 부여할 수 있다.

60 ①

LIKE 'J%' : 'J'로 시작하는 문자열

오답 피하기

- LIKE %J : 'J'로 끝나는 문자열 패턴
- LIKE J% : 'J'로 시작하는 문자열 패턴
- LIKE %J% : 'J'를 포함하는 문자열 패턴
- LIKE J_ : 'J'로 시작하는 2글자 문자열 패턴
- LIKE _J_ : 'J'가 가운데 있는 3글자 문자열 패턴
- LIKE J__ : 'J'로 시작하는 3글자 문자열 패턴

61 ①

```c
#include <stdio.h>
int main() {
    int a = 8, b = 5, c = 2;
    int x, y, z;
    if (a > b) {   // 8>5(true)
        x = a * c;   // 16
    } else {
        x = a + b + c;
    }
    if (b != c) {   // 5!=2(true)
        y = b / c;   // 2
    } else {
        y = b * c;
    }
    z = (a & b) | c;   // (1000 & 0101) | 0010
    printf("x = %d\ny = %d\nz = %d\n", x, y, z);
    return 0;
}
```

62 ④

strcmp() : 문자열 비교

63 ④

구조체 중 x에 저장되는 값 : 1, 3, 5, 7, 9
구조체 중 y에 저장되는 값 : 2, 4, 6, 8, 10

64 ①

- 파이썬은 대소문자를 구분한다.
- 파이썬은 0을 False로, 0 이외의 값을 True로 인식한다.

65 ①

전체 길이(Total Length) : 헤더와 데이터를 합한 IP 패킷 전체 길이

66 ②

오답 피하기

BGP(Border Gateway Protoco) : 경계 경로 프로토콜, 인터넷의 라우팅 프로토콜

67 ④

- 비선점형(중단 불가) 스케줄링 : 일괄 처리 중심(FIFO, SJF, HRN)
- 선점형(중단 가능) 스케줄링 : 실시간 처리 중심(RR, SRT, MFQ)

68 ③

UNIX는 범용 다중 사용자 방식의 대화식, 시분할 처리 시스템용 운영체제이다.

69 ④

UDP(User Datagram Protocol)는 신뢰성을 보장하지 않는 비연결성(비접속형) 통신을 제공하는 프로토콜이다.

70 ②

Python의 자료구조

리스트(List)	순서를 가지는 객체의 모음으로 대괄호([ ])를 사용하며 요소는 쉼표(,)를 통하여 구분한다.
튜플(Tuple)	리스트와 유사하나 요소의 수정과 삭제가 불가능하며, 괄호(( ))를 사용한다.
집합(set)	리스트와 유사하나 요소들의 중복을 허용하지 않고 요소의 순서가 없는 객체들의 모음이다. 중괄호({ })를 사용하며 요소는 쉼표(,)를 통하여 구분한다.
사전(Dictionary)	단어가 있고 뜻이 있는 사전처럼 파이썬 리스트에서의 사전은 키와 밸류를 가지는 모음이다.

71 ②

createArray 함수는 크기가 5인 int형 배열을 생성하고, 각 요소에 해당 인덱스의 제곱을 초기화한 후, 배열을 반환한다. printArray 함수는 주어진 배열을 출력한다.

72 ②

11 이상(>=)은 10 초과(>)와 같은 의미이다.

73 ②

- 응집도 : 높을수록 높은 품질이다.

응집도 낮음(낮은 품질) → 응집도 높음(높은 품질)
우연적 응집도 ⇒ 논리적 응집도 ⇒ 시간적 응집도 ⇒ 절차적 응집도 ⇒ 통신적 응집도 ⇒ 순차적 응집도 ⇒ 기능적 응집도

- 결합도 : 낮을수록 높은 품질이다.

결합도 낮음(높은 품질) ← 결합도 높음(낮은 품질)
자료 결합도 ⇒ 스탬프 결합도 ⇒ 제어 결합도 ⇒ 외부 결합도 ⇒ 공통 결합도 ⇒ 내용 결합도

74 ③

- sum = a + b * c − (a / b) → 34
- quotient = d / e → 1.666667
- sum == c → 거짓
- quotient > f → 거짓
- !(a < b) → 참
- c >= a || f < e → 참

75 ①

구분	IPv4	IPv6
표시 방법	32비트	128비트
주소 길이	8비트, 4부분, 10진수	16비트, 8부분, 16진수
주소 개수	약 43억 개	약 43억×43억×43억×43억(2128) 개
주소 할당 방식	비순차 할당	순차 할당
브로드캐스트 주소	있음	없음
헤더 크기	가변	고정
QoS 제공	미흡	제공
보안	IPSec 별도 설치	IPSec 자체 지원
서비스 품질	제한적 품질 보장	확장된 품질 보장
Plug & Play	불가	가능

76 ②

[-][-][-][-], 참조:2, 교체대상:- (페이지 부재로 인해 교체됨)
[2][-][-][-], 참조:1, 교체대상:- (페이지 부재로 인해 교체됨)
[2][1][-][-], 참조:5, 교체대상:- (페이지 부재로 인해 교체됨)
[2][1][5][-], 참조:3, 교체대상:- (페이지 부재로 인해 교체됨)
[2][1][5][3], 참조:3, 교체대상:2 (페이지가 존재하므로 교체되지 않았음)
[2][1][5][3], 참조:1, 교체대상:2 (페이지가 존재하므로 교체되지 않았음)
[2][1][5][3], 참조:5, 교체대상:2 (페이지가 존재하므로 교체되지 않았음)
[2][1][5][3], 참조:2, 교체대상:2 (페이지가 존재하므로 교체되지 않았음)

77 ④

[-][-][-][-], 참조:4, 교체대상:- (페이지 부재로 인해 교체됨)
[4][-][-][-], 참조:5, 교체대상:- (페이지 부재로 인해 교체됨)
[4][5][-][-], 참조:1, 교체대상:- (페이지 부재로 인해 교체됨)
[4][5][1][-], 참조:1, 교체대상:- (페이지가 존재하므로 교체되지 않았음)
[4][5][1][-], 참조:2, 교체대상:- (페이지 부재로 인해 교체됨)
[4][5][1][2], 참조:3, 교체대상:4 (페이지 부재로 인해 교체됨)
[3][5][1][2], 참조:2, 교체대상:5 (페이지가 존재하므로 교체되지 않았음)
[3][5][1][2], 참조:3, 교체대상:5 (페이지가 존재하므로 교체되지 않았음)

78 ①

오답 피하기

- 공유(Common) 결합도 : 모듈이 모듈 외부에 선언된 변수를 참조하여 기능을 수행하는 경우
- 제어(Control) 결합도 : 전달 대상 모듈에게 값만 전달하는 것이 아니라 제어 요소를 함께 전달하는 경우
- 자료(Data) 결합도 : 모듈 간의 인터페이스로 전달되는 인수와 매개변수를 통해서만 상호작용이 일어나는 경우

79 ③

배열명은 주소 상수로, 배열의 첫 번째 요소의 위치값을 가진다. 따라서 배열명이 가지는 값과 배열의 첫 번째(0) 요소의 위치값(&)은 동일하므로 두 수의 차는 0이다.

80 ③

공통 모듈 명세 원칙

- 정확성(Correctness) : 해당 기능이 목표 시스템에 필요한 것인지 여부를 정확히 판단할 수 있도록 명세한다.
- 명확성(Clarity) : 해당 기능이 분명하게 이해되고 한 가지로 확실하게 해석될 수 있도록 명세한다.
- 완전성(Completeness) : 해당 기능의 구현에 필요한 모든 요구사항을 명세한다.
- 일관성(Consistency) : 해당 기능이 다른 공통 기능들과 상호 충돌이 없도록 명세한다.
- 추적성(Traceability) : 해당 기능이 가지는 요구사항의 출처와 관련 시스템의 관계 등에 대한 식별이 가능하도록 명세한다.

오답 피하기

응집도는 높을수록, 결합도는 낮을수록 좋은 모듈이다.

81 ④

정보보안의 3요소(CIA)

- 기밀성(Confidentiality)
- 무결성(Integrity)
- 가용성(Availability)

82 ③

오답 피하기

PaaS : Platform as a Service(플랫폼 기반 서비스)

83 ④

오답 피하기

RPA(로봇 프로세스 자동화, Robotic Process Automation) : 디지털 로봇 또는 봇이라고도 알려져 있는 가상 소프트웨어 로봇을 사용해 시간이 많이 드는 수작업을 수행하는 비즈니스 프로세스 자동화 기술

84 ④

85 ④

소프트웨어 개발 프레임워크는 소프트웨어 개발에 공통적으로 사용되는 구성 요소와 아키텍처를 일반화하여 제공해주는 반제품 형태의 소프트웨어 시스템이다.

86 ④

Mesh Topology(망형) : 공중 데이터 통신망에서 사용하는 방식으로 모든 단말기를 서로 연결한 형태

87 ①

수동적(소극적) 공격 (Passive Attack)	• 도청(Sniffing) • 트래픽 분석 • 스캐닝 등
능동적(적극적) 공격 (Active Attack)	• 위장/사칭(Masquerade) • 불법 수정(Modification) • 방해(Interruption) • 위조(Fabrication) • 재생 공격(Replay Attack) • 서비스거부(DoS) • 분산 서비스 공격(DDOS) 등

88 ②

스팸(Spam) : 요청 없이 불특정 다수에게 대량으로 전송되는 메시지(보통 이메일이나 문자 메시지) 또는 전화 등을 의미함

89 ④

오답 피하기

- SQL Injection : 악의적인 사용자가 보안상의 취약점을 이용하여, 임의의 SQL문을 주입하고 실행되게 하여 데이터베이스가 비정상적인 동작을 하게 함
- Phishing : 전자우편 또는 메신저를 사용해서 신뢰할 수 있는 사람 또는 기업이 보낸 메시지인 것처럼 가장함으로써, 비밀번호 및 신용카드 정보와 같이 기밀을 요하는 정보를 부정하게 얻으려는 방법
- Ransomware : 컴퓨터 시스템을 감염시켜 접근을 제한하고, 몸값을 요구함

90 ③

XSS(Cross Site Scripting) 공격 : 게시판이나 웹 메일 등에 자바 스크립트와 같은 스크립트 코드를 삽입하여 개발자가 고려하지 않은 기능이 작동하게 하는 공격

91 ②

애자일 프로세스 모델(Scrum)
- 고객의 요구에 민첩하게 대응하고 그때그때 주어지는 문제를 풀어나가는 방법이다.
- 좀 더 빠른 시간 안에 일부이지만 소프트웨어를 사용할 수 있게 하는 것을 중요하게 생각한다.

92 ④

구분	대칭키	비대칭키
개념	동일한 키 사용 (대칭키, 비밀키 방식) 동일 비밀키 기반 암/복호화 알고리즘	다른 키 사용 (비대칭키, 공개키+개인키) 암/복호키가 서로 다른 알고리즘
키 관계	암호화키 = 복호화키	암호화키 ≠ 복호화키
키 관리	암복호화를 위해 키 공유	공개키만 공유
장점	비트 단위 암호로 빠른 속도 제공	키 공유가 용이하고 여러 분야에 응용 가능
단점	비밀키 유출 시 데이터 노출 위험, 키 관리 복잡	암/복호화 속도 느림, 개인키 관리 필요
종류	DES, 3DES, AES, SEED, ARIA 등	Diffie-Hellman, RSA, DSA, ECC 등

93 ③

오답 피하기

RSA와 Diffie-Hellman은 비대칭키 알고리즘이고, SHA-256은 단방향 해시함수이다.

94 ②

(200/4)/10 = 50/10 = 5

95 ③

접근 통제(Access control)
- ACL(Access Control List) : 특정 사용자의 시스템 액세스 권한 여부를 결정하는 데 사용
- ABAC(Attribute-based access control) : 역할 대신 속성을 이용하여 더 세밀하게 권한을 부여
- RBAC(Role-based access control) : 사용자의 역할에 따라 액세스 권한을 부여하는 방식

오답 피하기

SSO(Single Sign On) : 1회 사용자 인증으로 다수의 애플리케이션 및 웹사이트에 대한 사용자 로그인을 허용하는 인증 솔루션

96 ①

프로젝트가 간결할수록 개발 비용은 줄어든다.

97 ④

- 알고 있는 것(지식 기반 인증, Something You Know) : 기억하고 있는 정보를 이용해 인증 수행(패스워드, 핀 번호 등)
- 가지고 있는 것(소유 기반 인증, Something You Have) : 소지품을 통해 인증 수행(출입카드, OTP 등)
- 스스로의 모습(존재 기반 인증, Something You Are) : 생체 정보를 통해 인증 수행(지문인식, 홍채인식 등)
- 행동하는 것(행위 기반 인증, Something You Do) : 행위자의 움직임을 통해 인증 수행(서명, 움직임 등)

98 ①

AAA
- 인증(Authentication) : 망, 시스템 접근을 허용하기 전에 사용자의 신원을 검증
- 권한 부여(Authorization) : 검증된 사용자에게 어떤 수준의 권한과 서비스를 허용
- 계정 관리(Accounting) : 사용자의 자원에 대한 사용 정보를 모아서 과금, 감사, 용량 증설, 리포팅 등

99 ①

파레토 차트(Pareto Chart)는 자료들이 어떤 범주에 속하는가를 나타낸 계수형 자료일 때 각 범주에 대한 빈도를 막대의 높이로 나타낸 그림으로, 원인 또는 문제를 빈도 및 누적 영향의 내림차순으로 정렬하는 통계 차트이다.

100 ②

오답 피하기
- 암호화(Encryption) : 정보를 노출시키지 않기 위해 특정 알고리즘을 이용하여 암호화된 형태로 변형하는 것
- 침입 탐지 및 방지 시스템(IDS/IPS) : 네트워크에서 악의적인 활동을 지속적으로 모니터링하고 예방 조치를 취하는 네트워크 보안 도구
- 블록체인(Blockchain) : 분산 컴퓨팅 기술 기반의 데이터 위변조 방지 기술

최신 기출문제 08회

2-294p

01 ①	02 ③	03 ①	04 ①	05 ②
06 ④	07 ③	08 ④	09 ③	10 ③
11 ④	12 ②	13 ④	14 ①	15 ②
16 ③	17 ②	18 ③	19 ②	20 ④
21 ③	22 ③	23 ②	24 ②	25 ④
26 ②	27 ③	28 ②	29 ②	30 ④
31 ④	32 ③	33 ③	34 ①	35 ①
36 ③	37 ②	38 ④	39 ①	40 ④
41 ④	42 ③	43 ②	44 ①	45 ②
46 ②	47 ③	48 ③	49 ①	50 ②
51 ①	52 ①	53 ④	54 ①	55 ③
56 ④	57 ②	58 ④	59 ④	60 ④
61 ③	62 ④	63 ①	64 ③	65 ④
66 ②	67 ③	68 ②	69 ④	70 ①
71 ①	72 ②	73 ①	74 ①	75 ④
76 ③	77 ①	78 ②	79 ①	80 ④
81 ①	82 ③	83 ④	84 ①	85 ④
86 ①	87 ④	88 ④	89 ①	90 ③
91 ③	92 ④	93 ③	94 ②	95 ①
96 ③	97 ④	98 ④	99 ③	100 ②

01 ①

워크스루(Walk Through)는 검토 회의 전에 요구사항 명세서를 미리 배포하여 사전에 검토한 후, 짧은 결함을 발견하는 방법이다.

오답 피하기

명세 및 코드를 검토하는 것은 정적인 형태(실행하지 않는)의 작업이다.

02 ③

제어 결합도는 어떤 모듈이 다른 모듈 내부의 논리적인 흐름을 제어하기 위해 제어신호를 통신하거나 제어 요소를 전달하는 결합도이다.

오답 피하기

모듈이 모듈 외부에 선언된 변수를 참조할 때의 결합도는 공유(공통) 결합도이다.

03 ①

XP의 다섯 가지 가치
- 의사소통(Communication)
- 단순성(Simplicity)
- 용기(Courage)
- 피드백(Feedback)
- 존중(Respect)

04 ①

HIPO는 하향식 소프트웨어 개발을 위한 문서화 도구이다.

05 ②

- 새롭게 추가된 개념으로, Touch Gesture의 종류를 묻는 문제이다.
- Tap(누르기), Double Tap(두 번 누르기), Drag(누른 채 움직임), Flick(빠르게 스크롤), Pinch(두 손가락으로 넓히기/좁히기), Press(오래 누르기), Rotate(회전하기) 등이 있다.

06 ④

UML의 스테레오 타입은 《 》(길러멧, Guillemet) 기호를 사용하여 표현한다.

07 ③

오답 피하기
- 폭포수 모델 : 요구사항 분석, 설계, 구현, 시험, 유지보수 과정을 순차적으로 접근하는 방법
- 프로토타입 모델 : 개발하려는 시스템의 주요 기능을 시스템 개발 초기에 실제 운영할 모형을 만들어 평가 후 전체 시스템으로 확장하는 방법

08 ④

직관성(Intuitiveness) : 누구나 쉽게 이해하고, 쉽게 사용할 수 있어야 한다.

오답 피하기
- 유효성(Efficiency) : 정확하고 완벽하게 사용자의 목표가 달성될 수 있어야 한다.
- 학습성(Learnability) : 모두가 쉽게 배우고 사용할 수 있어야 한다.
- 유연성(Flexibility) : 사용자의 요구사항을 최대한 수용하고, 실수를 방지할 수 있어야 한다.

09 ③

자료 흐름도(Data Flow Diagram)의 구성 요소
- 프로세스
- 데이터 흐름
- 데이터 저장소
- 외부 엔티티

10 ③

SOLID 원칙
- SRP(Single responsibility principle, 단일 책임 원칙)
- OCP(Open/closed principle, 개방 폐쇄 원칙)
- LSP(Liskov substitution principle, 리스코프 치환 원칙)
- ISP(Interface segregation principle, 인터페이스 분리 원칙)
- DIP(Dependency inversion principle, 의존관계 역전 원칙)

11 ④

의존(Dependency) 관계 : 서로에게 영향을 주는 짧은 시간 동안만 연관을 유지하는 관계

오답 피하기
- 포함(Composition) 관계 : 포함하는 사물의 변화가 포함되는 사물에게 영향을 미치는 관계
- 일반화(Generalization) 관계 : 하나의 사물이 다른 사물에 비해 더 일반적이거나 구체적인 관계
- 실체화(Realization) 관계 : 사물이 할 수 있거나 해야 하는 기능으로, 서로를 그룹화할 수 있는 관계

12 ②

- Message : 객체들 사이를 상호작용하기 위한 인터페이스

오답 피하기
- Object : 클래스에 의해 구현된 대상들의 총칭
- Instance : 특정 클래스에서 구현된 객체(좁은 범위의 객체)
- Class : 객체의 타입을 정의하고 객체를 구현하는 틀

13 ④

오답 피하기
- Composite : 객체들의 관계를 트리 구조로 구성하여 부분-전체 계층을 표현하는 패턴
- Adaptor : 기존에 생성된 클래스를 재사용할 수 있도록 중간에서 맞춰주는 역할을 하는 인터페이스를 만드는 패턴
- Prototype : 처음부터 일반적인 원형을 만들어놓고 그것을 복사한 후 필요한 부분만 수정해서 사용하는 패턴

14 ①

파이프-필터 패턴(Pipe-Filter Pattern)
- 데이터 스트림 절차의 각 단계를 필터 컴포넌트로 캡슐화하여 파이프를 통해 전송하는 패턴이다.
- 필터 컴포넌트는 재사용성이 좋고 확장이 용이하다.

15 ②

오답 피하기
- GUI : 입출력 등의 기능을 아이콘 등의 그래픽으로 나타낸 방식
- NUI : 인간의 자연스러운 신체 움직임으로 직접적으로 소통하는 방식

16 ③

시퀀스 다이어그램의 구성 항목
- 액터(Actor)
- 객체(Object)
- 생명선(Lifeline)
- 실행 상자(Active Box, 활성 상자)
- 메시지(Message)
- 객체 소멸
- 프레임(Frame)

17 ③

해당 모듈로 들어오고(in) 나가는(out) 제어신호(화살표)의 개수를 파악한다. 만약 문제에서 화살표가 보이지 않아도 아래 방향으로 내려간다고 생각하고 값을 구한다.

18 ③

오답 피하기
- 정보은닉(Information Hiding) : 내부 데이터, 내부 연산을 외부에서 접근하지 못하도록 숨기는 것
- 추상화(Abstract) : 공통의 속성이나 기능을 묶어 이름을 붙이는 것
- 상속(Inheritance) : 상위 개념의 특징을 하위 개념이 물려받는 것

19 ②

럼바우(Rumbaugh) 분석 기법
- 모델링 기법 중 하나로, 소프트웨어 구성 요소를 그래픽으로 표현한 기법이다.
- 객체 모델링 기법, OMT, Object Modeling Technique라고도 한다.
- 분석 단계 : 객체 모델링 → 동적 모델링 → 기능 모델링

20 ④

오답 피하기
- 데이터베이스 : 전자적으로 저장되고 체계적인 데이터 모음
- 형상관리 : 소프트웨어의 변경사항을 체계적으로 추적하고 통제하는 것
- 트로이목마 : 사용자가 원하는 것으로 변장해 시스템 방어망을 뚫고 들어가는 악성코드

21 ③

살충제 패러독스(Pesticide Paradox) : 동일한 테스트 케이스를 반복 실행하면 추가적인 결함의 발견이 불가능하다.

22 ③

디지털 저작권 관리(DRM)의 기술 요소
- 암호화(Encryption) : 콘텐츠 밑 라이선스를 암호화하고 전자 서명을 할 수 있는 기술
- 키 관리(key Management) : 콘텐츠를 암호화한 키에 대한 저장 및 분배 기술
- 암호화 파일 생성(Pakager) : 콘텐츠를 암호화된 콘텐츠로 생성하기 위한 기술
- 식별 기술(Identification) : 콘텐츠에 대한 식별 체계 표현 기술
- 저작권 표현(Right Expression) : 라이선스의 내용 표현 기술
- 정책 관리(Policy Management) : 라이선스 발급 및 사용에 대한 정책 표현 및 관리 기술
- 크랙 방지(Tamper Resistance) : 크랙에 의한 콘텐츠 사용 방지 기술
- 인증(Authentication) : 라이선스 발급 및 사용의 기준이 되는 사용자 인증 기술

23 ②
형상 변경은 형상 통제의 절차를 거쳐서 진행되어야 한다.

24 ②
- 후위 순회는 〈좌〉〈우〉〈루트〉순으로 순회한다.
- 접근한 노드가 〈루트〉인 경우, 해당 노드를 기준으로 다시 〈좌〉〈우〉〈루트〉순으로 순회한다.

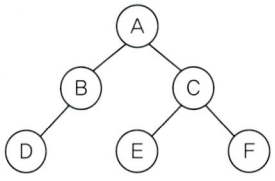

① A 기준으로 시작 : B(루트 노드)CA
② B 기준으로 시작 : [D][B]
③ B 노드의 순회가 끝났으므로, ①을 마저 진행
④ A 기준으로 시작 : B(완)C(루트 노드)A
⑤ C 기준으로 시작 : [E][F][C]
⑥ C 노드의 순회가 끝났으므로, ④를 마저 진행
⑦ A 기준으로 시작 : B(완)C(완)[A]

25 ④
EAI(Enterprise Application Integration)의 구축 유형
- Point-to-Point
- Hub & Spoke
- Message Bus
- Hybrid

26 ②
오답 피하기
- 결함 집중(Defect Clustering)의 법칙 : 애플리케이션의 결함은 대부분 특정 모듈에 집중되어 있다. 파레토 법칙을 적용하기도 한다.
- 살충제 패러독스(Pesticide Paradox) : 동일한 테스트케이스로 동일한 테스트를 반복하면 더 이상 결함이 발견되지 않는 현상이 발생한다.
- 오류-부재의 궤변(Absence of Errors Fallacy) : 소프트웨어의 결함을 모두 제거해도 사용자의 요구사항을 만족시키지 못하면 해당 소프트웨어는 품질이 높다고 말할 수 없다.

27 ③
참(True) 오라클
- 모든 입력값에 적합한 결과를 생성하여, 발생한 오류를 모두 검출할 수 있는 오라클이다.
- 주로 항공기, 임베디드, 발전소 소프트웨어 등의 크리티컬한 업무에 적용한다.

28 ②
IPSec은 IPv6뿐만 아니라 IPv4에서도 적용된 보안 프로토콜이다.

29 ②
오답 피하기
프린터 스풀이나 입출력 버퍼와 같은 대기 행렬에는 큐(Queue)가 적합하다.

30 ④
- 1회전 : [3, 8, 4, 9, 7]
- 2회전 : [3, 4, 8, 9, 7]
- 3회전 : [3, 4, 7, 9, 8]
- 4회전 : [3, 4, 7, 8, 9]

31 ④
해싱 함수(Hashing Function)의 종류
- Division(제산법)
- Mid-Square(제곱법)
- Digit Analysis(숫자 분석법)
- Shifting(이동법)
- Radix Conversion(기수 변환법)
- Folding(중첩법)
- Pseudo Random(난수 생성법)
- Algebraic Coding(대수적 코딩)
- 자리수 재배열

32 ③
오답 피하기
ESB(Enterprise Service Bus)는 시스템 구성의 일종인 서비스 지향 아키텍처(SOA)에 의해서 기업의 애플리케이션을 통합하는 기술이다.

33 ③
- A, B, C, D : 입-출(A)-입-출(B)-입-출(C)-입-출(D)
- A, B, D, C : 입-출(A)-입-출(B)-입-출(D)-출(C)
- B, C, D, A : 입-입-출(B)-입-출(C)-입-출(D)-출(A)

34 ①
클린 코드(Clean Code) 작성 원칙
- 이해하기 쉬운 용어를 사용하여 작성
- 한 번에 하나의 처리를 수행하도록 작성
- 코드의 변경이 다른 부분에 영향을 끼치지 않게 작성
- 중복된 코드를 제거하고 공통된 코드를 사용하여 작성

35 ①
- 정적 분석 도구 : pmd, cppcheck, SonarQube, checkstyle, ccm, cobertura
- 동적 분석 도구 : Avanlanche, Valgrind

36 ②
오답 피하기
- 단위 테스트 : 모듈 개발 후 화이트박스 테스트 시행
- 통합 테스트 : 하향식, 상향식, 빅뱅, 연쇄식 통합
- 시스템 테스트 : 전체 시스템의 기능과 성능 검증

37 ②
테스트 드라이버(Test Driver)는 상향식 방식(bottom-up)이다.

오답 피하기
최상위 모듈부터 하위 모듈로 단계별 통합하며 테스트를 수행하는 것은 테스트 스텁(Test Stub)이다.

38 ④
소스코드는 향후 관리를 고려해 모듈화하여 패키징하며, 다양한 환경에서 소프트웨어를 손쉽게 사용할 수 있도록 일반적인 배포 형태로 패키징한다.

39 ①
연결 리스트(Linked List)는 각각의 연결되어 있는 위치들을 따라서 접근해야 하기 때문에 배열에 비해서 접근 속도가 느리다.

40 ④
O(1)는 일정한 복잡도(Constant Complexity)라고 하며, 입력값이 증가하더라도 시간이 늘어나지 않는다.

41 ④
오답 피하기
- 주로 데이터에 적용되는 연산에 제한을 두어 데이터의 무결성을 유지한다.
- 참조 관계가 존재하는 두 개체 간 데이터의 일관성을 보증하는 것은 참조 무결성(Referential integrity)이다.
- 데이터 형식, 타입, 길이, Null 허용 여부 등의 제약으로 무결성을 보장하는 것은 도메인 무결성(Domain integrity)이다.

42 ③
실패(Failed) : 정상적인 실행이 더 이상 진행될 수 없을 때 가지는 상태

오답 피하기
철회(Aborted) : 트랜잭션이 취소되고 데이터베이스가 트랜잭션 시작 전 상태로 환원된 상태

43 ②
영속성(Durability) : 성공이 완료된 트랜잭션의 결과는 영속적으로 데이터베이스에 저장하는 특성

44 ①
분산 데이터베이스는 여러 곳으로 분산되어 있는 데이터베이스를 하나의 가상 시스템으로 사용할 수 있도록 한 데이터베이스이다.

45 ②
Range Partitioning(범위 분할) : 데이터를 특정 범위 기준으로 분할할 때 사용한다.

오답 피하기
- Hash Partitioning(해시 분할) : 해시 함수를 사용하여 데이터를 분할할 때 사용한다.
- List Partitioning(목록 분할) : 데이터 값이 특정 목록에 포함된 경우 데이터를 분리한다.
- Composite Partitioning(합성 분할) : 파티셔닝 종류 중 두 개 이상을 사용하는 방식이다.

46 ②
데이터베이스는 데이터 간의 관계로 구분한다.

47 ③
- DROP : DB 객체 제거
- CASCADE : 관련된 튜플 모두 함께 처리

48 ③
개념적 데이터베이스 설계 → 논리적 데이터베이스 설계 → 물리적 데이터베이스 설계

49 ①
관계형 데이터베이스의 설계에서 중복을 최소화하도록 데이터를 구조화하는 것을 정규화(Normalization)라고 한다.

50 ③
개체-관계(E-R) 모델은 직사각형, 마름모, 타원, 이중 타원, 실선, 점선 등으로 표현한다.

51 ②
오답 피하기
데이터베이스를 구성하는 가장 작은 논리적 단위는 속성이다.

52 ①

INSERT는 DML 명령어이고, CREATE, ALTER, DROP은 DDL 명령어이다.

오답 피하기

데이터 정의어(DDL)	• CREATE : DB 객체 생성 • ALTER : DB 객체 수정 • DROP : DB 객체 제거 • TRUNCATE : DB 객체 데이터 전체 삭제
데이터 조작어(DML)	• INSERT : 데이터 삽입 • UPDATE : 데이터 갱신 • DELETE : 데이터 삭제 • SELECT : 데이터 조회
데이터 제어어(DCL)	• GRANT : 사용자 권한 부여 • REVOKE : 사용자 권한 회수 • COMMIT : 트랜잭션 결과 반영(확정) • ROLLBACK : 트랜잭션 작업 취소 • CHECKPOINT : 트랜잭션 복귀지점 설정

53 ④

기본키(PK, Primary Key)
- 주 키 또는 프라이머리 키라고 한다.
- 후보키 중에서 특별히 선정된 키로 중복된 값을 가질 수 없으며, 후보키의 성질을 갖는다.
- 유일성과 최소성을 가지며 튜플을 식별하기 위해 반드시 필요한 키이다.

54 ①

TRUNCATE는 DB 객체 데이터 전체를 삭제한다.

55 ③

로크의 단위

로크의 단위가 큰 경우	• 로크의 개수가 적어져 병행 제어 기법이 단순해진다. • 병행성(공유도) 수준이 낮아지고 오버헤드가 감소한다.
로크의 단위가 작은 경우	• 로크의 개수가 많아져 병행 제어 기법이 복잡해진다. • 병행성(공유도) 수준이 높아지고 오버헤드가 증가한다.

56 ④

시스템 카탈로그(System Catalog)는 DDL을 통해 데이터베이스 객체가 변경되면 DBMS에 의해 자동으로 변경된다.

57 ④

트리거(Trigger)는 데이터베이스 시스템에서 데이터의 이벤트(입력, 갱신, 삭제 등)가 발생할 때마다 관련 작업이 자동으로 수행되는 절차형 SQL이다.

오답 피하기

트리거의 구문에 DCL는 사용할 수 없다.

58 ④

관계 대수와 관계 해석은 처리 기능과 능력 면에서 동등하다.

오답 피하기

관계 해석 (Relational Calculus)	관계 대수 (Relational Algebra)
비절차적 언어	절차적 언어
원하는 정보가 무엇(what)인지	원하는 정보를 어떻게(how) 얻어야 하는지
명제와 변수로 구성	연산자와 피연산자로 구성
연결자와 한정자 사용	연산자의 종류 사용
튜플 관계 해석, 도메인 관계 해석	순수 관계 연산자, 일반 집합 연산자

59 ④

HACMP(High Availability Clustering Multiprocessing) : 주로 기업 시스템의 안정성을 높여 고가용성을 실현하기 위한 제반 솔루션

60 ④

- CRUD : 생성(Create), 읽기(Read), 갱신(Update), 삭제(Delete)
- CRUD 분석 : 데이터베이스 테이블에 변화를 주는 트랜잭션의 CRUD 연산에 대해 CRUD 매트릭스를 작성하여 분석하는 것

61 ③

물리 계층 (Physical Layer)	물리적(전기, 기계) 신호를 주고받는 계층으로, 데이터의 종류나 오류를 제어하지 않는다.
데이터링크 계층 (Data Link Layer)	물리 계층을 통해 노드 간 송수신되는 정보의 오류와 흐름을 관리하여 정보 전달의 안전성을 높이는 계층이다.
네트워크 계층 (Network Layer)	주소를 정하고 경로를 선택하여 패킷(네트워크 계층의 기본 전송 단위)을 전달해주는 계층이다.
전송 계층 (Transport Layer)	네트워크 상의 단말기 간 신뢰성 있는 데이터 송수신을 제공할 수 있도록 지원하는 계층이다.
세션 계층 (Session Layer)	데이터 통신을 위한 양 끝단의 응용 프로세스가 통신을 관리하기 위한 방법을 제공하는 계층이다.
표현 계층 (Presentation Layer)	응용 프로세스 간 데이터 표현상의 차이에 상관없이 통신이 가능하도록 독립성을 제공하는 계층이다.
응용 계층 (Application Layer)	네트워크 가상 터미널이 존재하여 서로 상이한 프로토콜에 의해 발생하는 호환성 문제를 해결하는 계층이다.

62 ④

```
int a = 3, b = 4, c = 5;
r1 = 3 < 4 && 4 <= 4;
    // 둘 다 참이므로 true(1)
r2 = 3 > 3 || 4 <= 5;
    // 거짓과 참이므로 true(1)
r3 = !5;
    // 0이 아닌 정수는 true(1)이므로 false(0)
r1 - r2 + r3 = 1 - 1 + 0
```

63 ①

break는 자신이 속한 반복문 및 switch문을 즉시 벗어난다.

64 ③

- 부정에 대한 논리곱은 논리합에 대한 부정과 같다.
- 〈a에 속하지 않는(!) 동시에(&&) b에 속하지 않는(!) 인원〉과 〈a 와 b 중 하나라도(||) 속하지 않는(!) 인원〉은 같은 의미의 문장이다.

a	b	!a && !b
0	0	true
0	true	false
true	0	false
true	true	false

a	b	!(a || b)
0	0	true
0	true	false
true	0	false
true	true	false

65 ④

```
input().split("@")
    #입력받은 문자열을 '@' 기준으로 분할
map(fa, input().split("@"))
    #분할된 문자열을 각각 fa함수의 인수로 전달
return s[:-1]
    #문자열의 마지막 문자를 제외하고 결과값으로 반환
a, b = map(~~)
    #fa함수의 결과를 각각 변수 a, b에 할당
```

66 ②

HRN의 우선순위 : (대기시간+서비스(실행)시간)/서비스(실행)시간

67 ③

malloc()은 0으로 초기화되지 않는다.

```
malloc(<총크기(개수×크기)>)
```

오답 피하기

```
calloc(<개수>, <크기>)    // 0으로 자동 초기화
```

68 ②

프로세스(Process)는 우선순위에 따라 CPU에 할당된다.

69 ④

참조 열 : [3, 0, 1, 2, 0, 3, 0, 4, 2]
프레임 : [[], [], []] - 0번 프레임에 <3> 페이지 할당
↓
남은 참조 열 : [0, 1, 2, 0, 3, 0, 4, 2]
프레임 : [3, [], []] - 1번 프레임에 <0> 페이지 할당
↓
남은 참조 열 : [1, 2, 0, 3, 0, 4, 2]
프레임 : [3, 0, []] - 2번 프레임에 <1> 페이지 할당
↓
남은 참조 열 : [2, 0, 3, 0, 4, 2]
프레임 : [3, 0, 1] - 0번 프레임에 <2> 페이지 할당
↓
남은 참조 열 : [0, 3, 0, 4, 2]
프레임 : [2, 0, 1] - 페이지 부재 발생 안 함
↓
남은 참조 열 : [3, 0, 4, 2]
프레임 : [2, 0, 1] - 1번 프레임에 <3> 페이지 할당
↓
남은 참조 열 : [0, 4, 2]
프레임 : [2, 3, 1] - 2번 프레임에 <0> 페이지 할당
↓
남은 참조 열 : [4, 2]
프레임 : [2, 3, 0] - 0번 프레임에 <4> 페이지 할당
↓
남은 참조 열 : [2]
프레임 : [4, 3, 0] - 1번 프레임에 <2> 페이지 할당

70 ①

오답 피하기

- 워킹 셋(Working Set) : 프로세스가 일정 시간 동안 자주 참조하는 페이지들의 집합(스래싱 예방 방법)
- 프리페이징(Prepaging) : 프로그램을 실행할 때 필요할 것이라 판단되는 페이지를 미리 올리는 것
- 구역성(Locality) : 프로세스가 실행되는 동안 주기억장치를 참조할 때 일부 페이지만 집중적으로 참조하는 성질

71 ①

IPv6는 총 128비트로 구성된다.

72 ②

오답 피하기

- Java Script : 객체 기반의 스크립트 프로그래밍 언어
- Debugging : 컴퓨터 프로그램 개발 단계 중에 발생하는 시스템의 논리적인 오류나 비정상적 연산을 찾아내고 그 원인을 밝히고 수정하는 작업 과정

73 ③

오답 피하기

- mount : 파일 시스템 마운팅
- exec : 새로운 프로세스 수행
- who : 접속한 사용자 출력

74 ①

교착상태의 발생 조건
- 상호 배제(Mutual Exclusion)
- 점유 대기(Hold and Wait)
- 비선점(No Preemption)
- 순환 대기(Circular Wait)

75 ④

오답 피하기

- CSMA/CA : IEEE 802.11 무선 LAN에서 사용하는 프로토콜
- Token RING : OSI 모델의 데이터 링크 계층에서 쓰이는 근거리 통신망 프로토콜
- Token BUS : 토큰링과 버스 방식의 장점을 포함하는 방식으로서 물리적으로는 버스형으로 연결되어 있으나 실제 동작은 논리적으로 구성된 링 형태의 프로토콜

76 ①

프로세스 상태

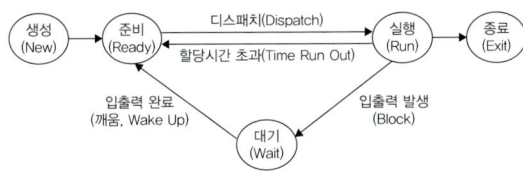

77 ①

오답 피하기

- RARP : IP호스트가 자신의 물리 네트워크 주소(MAC)는 알지만 IP주소를 모르는 경우, 서버로부터 IP주소를 요청하기 위해 사용
- ICMP : 네트워크 내 장치가 데이터 전송과 관련된 문제를 전달하기 위해 사용하는 프로토콜
- IMAP : 메일 서버 또는 서비스에서 전자메일 혹은 메시지를 읽어오는 클라이언트/서버 프로토콜

78 ②

오답 피하기

물리적(전기, 기계) 신호를 주고받는 계층은 물리 계층(Physical Layer)이다.

79 ①

프레임워크(Framework)
- 복잡한 문제를 해결하거나 서술하는 데 사용되는 기본 개념 구조이다.
- 애플리케이션 개발 시 필수적인 코드, 알고리즘, DB 커넥션 등의 기능들을 위해 뼈대(구조)를 제공한다.

80 ④

81 ①

오답 피하기

권한 부여 우회 : 악의적 사용자가 권한을 강화하여 애플리케이션 기능 및 데이터에 비인가 접근을 하는 것

82 ②

Worm(웜) : 독립적으로 실행되는 악의적인 소프트웨어로, 스스로 복제하고 다른 컴퓨터로 전파된다.

오답 피하기

- Spyware(스파이웨어) : 사용자의 동의 없이 컴퓨터에 몰래 설치되어, 중요한 개인정보 등을 염탐한다.
- Trojan Horse(트로이목마) : 정상적인 프로그램으로 위장하여 시작부터 끝까지 램에 상주하며, 시스템 내부 정보를 공격자의 컴퓨터로 빼돌리는 프로그램이다.
- Ransomware(랜섬웨어) : 컴퓨터 시스템을 감염시켜 접근을 제한하고 일종의 몸값을 요구하는 악성 소프트웨어이다.

83 ④

오답 피하기

- 부인 방지성(Non-Repudiation) : 데이터 송수신 사실에 대한 증명을 통해 해당 사실을 부인하지 못하도록 하는 특성
- 가용성(Availability) : 인가된 사용자가 문제없이 시스템 내의 정보를 사용할 수 있다는 특성
- 기밀성(Confidentiality) : 시스템 내의 정보는 오직 인가된 사용자만 접근할 수 있다는 특성

84 ③

세션 하이재킹(Session Hijacking) 탐지법
- 비동기화 상태 탐지
- ACK STORM 탐지
- 예상치 못한 접속의 리셋 탐지
- 패킷의 유실 및 재전송 증가 탐지

85 ④

정보보안의 3요소(CIA)
- 기밀성(Confidentiality)
- 무결성(Integrity)
- 가용성(Availability)

86 ①

36,000/(6×300) = 20(개월)

87 ③

오답 피하기

소프트웨어 기능을 증대시키는 요인별로 가중치를 부여하여 비용을 산정하는 방법은 기능 점수(FP, Function Point) 모형이다.

88 ④

오답 피하기

- AES : 미국 표준 기술 연구소에 의해서 연방 정보 처리 표준으로 지정된 암호화 방식
- DSA : 외부 데이터 소스와 통신하는 데 사용하는 소프트웨어 구성요소
- TKIP : IEEE 802.11의 무선 네트워킹 표준으로 사용되는 보안 프로토콜

89 ②

오답 피하기

- IDEA : 블록 암호 알고리즘
- SEED : 대칭 키 블록 암호 알고리즘
- ARIA : 범용 블록 암호 알고리즘

90 ③

오답 피하기

알려지지 않은 새로운 행위에 대한 비정상 여부를 판단할 수 있는 것은 행위 기반 침입 탐지이다.

91 ③

리피터(Repeater)는 근접한 네트워크 사이에 신호가 안정적으로 도착할 수 있도록 재생, 증폭시키는 역할을 한다.

오답 피하기

데이터의 네트워크 출입구 역할을 하는 장치는 게이트웨이(Gateway)이다.

92 ④

SQL 삽입 공격(SQL Injection)은 입력값에 대한 검증이 필요하기 때문에 데이터베이스에 반영하는 데 시간이 소요된다.

93 ③

오답 피하기

- Depth First Search(깊이 우선 탐색) : 하나의 노드에서 시작해서 다음 분기(branch)로 넘어가기 전에 해당 분기를 완전하게 탐색하는 방법
- Breadth First Search(너비 우선 탐색) : 하나의 노드에서 시작해서 인접한 노드를 먼저 탐색하는 방법
- Heuristic Search(휴리스틱 탐색) : 그래프로 표현된 문제에 대한 특별한 정보를 이용하여 탐색하는 방식

94 ③

오답 피하기

- IaaS : 서버, 스토리지, 네트워크 등의 인프라를 임대하는 서비스
- SaaS : 인프라와 운영체제, 소프트웨어까지 갖춰져 있는 서비스

95 ①

오답 피하기

- 분석(Analysis) : 기존 소프트웨어 명세서를 확인하고 소프트웨어의 동작을 이해한 후, 재공학 대상 선정
- 재구성(Restructuring) : 기존 소프트웨어의 기능을 변경하지 않고 소프트웨어 형태에 맞게 수정
- 역공학(Reverse Engineering) : 원시 코드를 분석하여 소프트웨어의 관계를 파악하고 기존 시스템의 설계 정보를 재발견한 후 다시 작업

96 ③

MD4, MD5, SHA-1은 해시 함수 알고리즘이다.

오답 피하기

RSA는 비대칭키 암호화 알고리즘이다.

97 ④

스토리지(Storage)

DAS(Direct Attached Storage)	서버와 저장장치를 전용 케이블로 직접 연결하는 방식
NAS(Network Attached Storage)	서버와 저장장치를 네트워크를 통해 연결하는 방식
SAN(Storage Area Network)	DAS의 빠른 처리와 NAS의 파일 공유 장점을 혼합한 방식으로, 서버와 저장장치를 연결하는 전용 네트워크를 별도로 구성

98 ④

오답 피하기

- Bluetooth(블루투스) : 디지털 통신 기기를 위한 개인 근거리 무선 통신 산업 표준
- WIPI(위피) : 대한민국의 표준 모바일 플랫폼
- Wibro(와이브로, Wireless Broadband) : 이동하면서도 초고속 인터넷을 이용할 수 있는 무선 휴대 인터넷

99 ③

주 공정법(CPM, Critical Path Method)
- 많은 작업들의 수행순서가 복잡하게 얽혀 있는 프로젝트의 일정을 계산하는 알고리즘으로 프로젝트 관리의 대표적인 기법
- 처음부터 끝까지 프로젝트를 완수하는 데 드는 시간을 측정하고 가장 긴 의존 활동을 식별함

100 ②

클라우드 기반 HSM(Cloud Based Hardware Security Modul) : 클라우드 기반 데이터 암호화 키 생성, 전용 하드웨어, 소프트웨어에 내재된 암호 기술 취약점 보완 가능

오답 피하기

하드웨어적으로 구현되므로 소프트웨어식 암호 기술에 내재된 보안 취약점을 해결할 수 있다.

최신 기출문제 09회

01 ②	02 ①	03 ①	04 ③	05 ②
06 ④	07 ②	08 ③	09 ④	10 ④
11 ②	12 ③	13 ①	14 ③	15 ③
16 ①	17 ③	18 ①	19 ①	20 ②
21 ③	22 ②	23 ③	24 ②	25 ①
26 ②	27 ④	28 ④	29 ③	30 ③
31 ④	32 ④	33 ②	34 ①	35 ③
36 ②	37 ②	38 ①	39 ③	40 ④
41 ①	42 ①	43 ④	44 ④	45 ③
46 ③	47 ③	48 ②	49 ②	50 ④
51 ②	52 ④	53 ③	54 ③	55 ④
56 ④	57 ③	58 ②	59 ③	60 ①
61 ③	62 ②	63 ③	64 ②	65 ②
66 ②	67 ③	68 ②	69 ③	70 ④
71 ②	72 ③	73 ④	74 ②	75 ①
76 ①	77 ④	78 ①	79 ③	80 ②
81 ④	82 ①	83 ②	84 ③	85 ②
86 ④	87 ③	88 ④	89 ①	90 ①
91 ②	92 ①	93 ②	94 ②	95 ①
96 ④	97 ③	98 ④	99 ①	100 ④

01 ②

시퀀스 다이어그램은 시스템의 동적인 면을 표현하는 대표적인 다이어그램이다.

02 ①

빠른 응답속도가 필요한 업무에 사용되는 미들웨어는 TP-Monitor이다.

03 ①

XP는 애자일 모델이다.

04 ③

05 ②

- 기능적 요구사항 : 시스템의 기능, 제어 연산, 기술에 대한 요구 사항
- 비기능적 요구사항 : 성능, 보안, 품질, 안전 등에 대한 요구 사항

06 ④

07 ②

미들웨어는 데이터 교환의 일관성 유지를 위해 표준화된 인터페이스를 제공하므로 사용자가 정보 교환 방법 등을 확인할 필요가 없다.

08 ③

UI는 결함(error)의 처리와 결함에 대한 메시지 처리 기능이 포함되어야 한다.

09 ④

메소드 오버로딩(Overloading) : 메소드명은 같지만, 매개 변수의 개수와 타입을 달리하여 구현되는 개념

10 ④

11 ②

이 문제의 객체는 객체지향 기술에서의 객체를 뜻하며, 객체는 인스턴스의 집합으로 볼 수 있다.

12 ③

13 ①

애자일의 핵심은 '유연함'이다.

14 ③

15 ③

16 ①

17 ③

18 ①

다양한 소프트웨어 모델링 절차를 거쳐 소프트웨어가 개발되며, 각 단계별 모델은 다음 단계 모델링의 기반이 된다.

19 ①

- 사용자(주) 액터 : 상호작용을 통해 이득을 얻는 대상
- 시스템(부) 액터 : 주 액터의 목적 달성을 위해 제공되는 외부 시스템(조직, 기관)

20 ②

- Model : 응용 프로그램의 데이터 처리 담당
- View : 모델의 데이터 시각화 담당(UI)
- Controller : 모델과 업무 로직의 상호작용 담당

21 ③

상향식은 최하위 모듈에서부터 최상위 모듈 방향으로 올라가며 수행된다.

22 ②

1 2 3 4 5 6 7 **8** 9 10 11 12 13 14 15
1 2 3 4 5 6 7 8 9 10 11 **12** 13 14 15
1 2 3 4 5 6 7 8 9 10 11 12 13 **14** 15

23 ③

- Walk Through : 미리 요구사항 명세서를 배포하여 사전 검토 후 짧은 회의를 통해 결함을 분석
- Inspection : 요구사항 명세서 작성자 이외의 전문 검토 그룹이 상세히 결함 분석

24 ②

25 ①

일반적인 테스트 프로세스는 테스트 계획, 테스트 분석, 테스트 디자인, 테스트 케이스 및 시나리오 작성, 테스트 수행, 테스트 결과 평가 및 리포팅의 절차로 이루어진다.

26 ②

27 ④

디지털 저작권 보호 기술 : 콘텐츠 및 컴퓨터 프로그램과 같이 복제가 용이한 저작물에 대해 불법 복제 및 배포 등을 막기 위한 기술적인 방법

28 ④

29 ①

30 ③

화이트박스는 프로그램의 내부 로직(경로 구조, 루프 등)을 중심으로 테스트를 진행한다.

31 ④

선형 탐색은 데이터의 개수나 정렬 여부를 알지 못해도 사용 가능하다.

32 ④

데이터	9	6	7	3	5
1pass	6	7	3	5	9
2pass	6	3	5	7	9
3pass	3	5	6	7	9

33 ②

인스펙션 절차 : '계획, 사전 교육, 준비, 회의, 수정'의 반복과 후속 조치

34 ①

35 ③

3번 보기는 단위 테스트보다는 통합 테스트와 밀접한 관련이 있지만, 테스트 드라이버(데이터 입출력)에 대한 설명을 하고 있으므로 3번이 정답이다.

36 ②

Compile : 소스코드(원시 프로그램)를 기계어 코드(목적 프로그램)로 변환하는 기능

37 ②

후위 순회 : 좌측 자식 노드 → 우측 자식 노드 → 부모 노드

38 ①

39 ③

40 ④

41 ①

42 ①

43 ④

분산 투명성(Distribution Transparency) : 분산 데이터베이스를 단일 데이터베이스로 인식하도록 하는 특성

44 ④

- SELECT 제품명, 판매량 FROM 푸드 : 제품명, 판매량 출력
- WHERE 지점명 = '강남지점' : 강남지점의 데이터만 출력
- ORDER BY 판매량 DESC; : 판매량 내림차순 정렬

45 ③

데이터베이스 객체를 생성, 삭제할 때는 CREATE와 DROP 명령을 사용한다.

46 ③

저장 레코드 양식 설계 시 고려사항
- 데이터의 타입
- 데이터 값의 분포
- 데이터 접근 빈도

47 ③

48 ②

시스템 카탈로그는 DBMS가 자동 생성, 관리하므로 조회는 가능하지만 변경은 불가능하다.

49 ②

각 튜플은 고유해야 하며 순서가 없다.

50 ④

뷰는 물리적으로 존재하는 기본 테이블과 다르게 논리적으로만 존재하며 카탈로그에 저장된다.

51 ①

52 ④

53 ③

54 ③

트랜잭션 인터페이스 설계는 논리적 설계 단계에서 수행한다.

55 ②

기본키는 데이터 식별에 반드시 필요한 요소이다.

56 ④

57 ④

58 ②

59 ②

- Degree : 열의 개수
- Cardinality : 행의 개수

60 ①

61 ③

strcmp : 두 문자열이 같은지 비교

62 ②

- a && b : 1
- a || b : 1
- !c : 0(12는 true이므로 false로 변환됨)

63 ②

```
for(i=0; i<10; i++){
    //0, 1, 2, 3, 4, 5, 6, 7, 8, 9
    ob1.c[i] = i;
    //0, 2, 4, 6, 8, 10, 12, 14, 16, 18
    ob2.c[i] = ob1.c[i] + i;
}
for(i=0; i<10; i=i+2){
    // 짝수 위치(0, 2, 4, 6, 8)의 값 누적
    ob1.a = ob1.a + ob1.c[i]; //0, 2, 4, 6, 8
    ob2.a = ob2.a + ob2.c[i]; //0, 4, 8, 12, 16
}
printf("%d", ob1.a + ob2.a);
```

64 ②

IP 패킷의 길이는 Total Length라고 표현하며, 1비트당 1바이트를 의미한다. Total Length 필드 길이가 16bit이므로, 최대한의 패킷 크기는 $2^{16}-1$, 65,535바이트가 패킷 하나의 최대 크기다.

65 ②

66 ②

RIP는 IGP의 Distanse Vactor에 해당한다.

67 ③

68 ②

유닉스는 다수의 작업을 병행 처리할 수 있고, 다수의 사용자가 동시에 사용할 수 있다.

69 ③

UDP : 신뢰성을 보장하지 않는 비연결성(비접속형) 통신을 제공하는 프로토콜

70 ④

71 ②

배열 데이터의 위치값을 할당(temp[i]=i), 출력하는 코드이다.

72 ③

- a < b ? b : a의 결과는 b=2
- b < mx ? d : c의 결과는 c=3

73 ④

74 ②

- (n2 <= 2) || (n3 > 3)는 true || false와 같고, 결과는 true이다.
- !n3의 결과는 false이다.
- (n1 > 1) && (n2 < 3)의 결과는 false && true와 같고, 결과는 false이다.

75 ①

Checksum : 헤더와 데이터의 무결성 보장을 위한 에러 검출 기능 제공

76 ①

페이지 참조 순서	페이지 프레임			페이지 부재
1, 2, 3, 1, 2, 4, 1, 2, 5	1			발생
2, 3, 1, 2, 4, 1, 2, 5	1	2		발생
3, 1, 2, 4, 1, 2, 5	1	2	3	발생
1, 2, 4, 1, 2, 5	1	2	3	
2, 4, 1, 2, 5	1	2	3	
4, 1, 2, 5	1	2	3	4	발생
1, 2, 5	1	2	3	4	
2, 5	1	2	3	4	
5	1	2	5	4	발생

77 ④

- 오버헤드 : 시스템의 제어 프로그램이 시스템 지원을 위하여 대기하는 시간
- 사용자 수준 : 사용자 라이브러리를 통해 구현, 빠르지만 구현이 어려움
- 커널 수준 : OS가 지원하는 스레드를 통해 구현, 느리지만 구현이 쉬움

78 ①

79 ③

- 이 문제는 실제 코드를 수행하여 나온 결과를 묻는 것이 아니라 주소값의 개념을 묻는 문제로, 포인터 연산 공식은 [첨자 × 타입크기(byte)] 이다.
- a의 주소값은 a[0]의 주소값과 같으며, 10+(0×4) = 10
- a[2]의 주소값은, 10+(2×4) = 18

80 ②

- 응집도 : 모듈의 내부 요소들의 관계가 얼마나 밀접한지(관련이 있는지)를 나타내는 정도
- 결합도 : 모듈과 모듈 간의 관련성이 얼마나 깊은지(의존적인지)를 나타내는 정도

81 ④

82 ①

83 ②

84 ①

85 ②

디자인 패턴에 모듈의 장점 및 기능을 결합하여 실제적인 개발의 틀(frame)을 제공하고 이를 통해 개발자가 기능을 구체화(제어의 역 흐름)한다.

86 ④

87 ③

88 ④

89 ①

90 ①

91 ②

92 ①

각 단계의 결과가 완전히 확인된 후 다음 단계 진행하는 모델은 폭포수이다.

93 ②

- 대칭키(비밀키) 암호화 : 알고리즘이 단순하고 속도가 빠르지만 관리해야 할 키의 개수가 비교적 많은 편
- 비대칭키(공개키) 암호화 : 알고리즘이 복잡하고 속도가 느리지만 관리해야 할 키의 개수가 비교적 적은 편
- 대칭키 역시 키 교환(키 합의)를 통해서 알고리즘이 수행된다.

94 ②

월별 생산성 = 코드 라인 ÷ (기간 × 인원) = 코드 라인 ÷ 기간(월) ÷ 인원

95 ①

96 ④

COCOMO는 LOC 규모와 소프트웨어의 유형에 따라 Organic, Semi-Detached, Embedded로 나뉜다.

97 ③

존재(스스로의 모습, Something You Are) : 지문, 홍채 등

98 ④

99 ①

100 ④

1~3번 보기는 간트 차트에 대한 설명이다.

최신 기출문제 10회

2-330p

01 ④	02 ②	03 ③	04 ④	05 ④
06 ③	07 ④	08 ③	09 ②	10 ③
11 ③	12 ④	13 ②	14 ③	15 ①
16 ①	17 ②	18 ②	19 ②	20 ②
21 ①	22 ②	23 ③	24 ②	25 ④
26 ④	27 ②	28 ④	29 ①	30 ①
31 ④	32 ④	33 ①	34 ③	35 ①
36 ④	37 ①	38 ③	39 ①	40 ②
41 ①	42 ②	43 ①	44 ③	45 ③
46 ③	47 ①	48 ④	49 ③	50 ②
51 ①	52 ①	53 ④	54 ①	55 ①
56 ①	57 ④	58 ④	59 ③	60 ③
61 ①	62 ①	63 ①	64 ①	65 ①
66 ①	67 ③	68 ②	69 ④	70 ④
71 ①	72 ④	73 ②	74 ③	75 ④
76 ③	77 ①	78 ②	79 ②	80 ③
81 ②	82 ①	83 ③	84 ①	85 ①
86 ①	87 ③	88 ②	89 ①	90 ②
91 ④	92 ②	93 ③	94 ①	95 ③
96 ①	97 ②	98 ④	99 ④	100 ①

01 ④

UI는 사용자의 이해를 돕기 위해 다양한 요소를 활용한다.

02 ②

03 ③

요구 사항 개발 프로세스 : 도출 – 분석 – 명세 – 확인

04 ④

05 ④

상향식 테스트 방법에서는 데이터 입출력 확인을 위한 테스트 모듈(드라이버)이 필요하다.

06 ③

데이터 저장소는 평행선으로 표현한다.

07 ④

모델은 목표 시스템의 향후 개발 방향을 설정한다.

08 ③

09 ②

10 ③

스프린트 주기는 약 2~4주의 짧은 개발 기간을 가진다.

11 ③

12 ④

$36000 \div 6 \div 300 = 20$

13 ②

14 ③

15 ①

아키텍처의 설계과정이 정확하게 나타나 있는 곳은 없지만, 1과목을 공부하면서 '목표'를 가장 먼저 설정하고 '검토'를 마지막에 수행한다는 것을 파악했다면 충분히 풀 수 있는 문제이다.

16 ①

UI 설계의 핵심은 사용성의 극대화이다.

17 ②

18 ②

19 ②

FEP(Front-End Processor) : 입력되는 데이터를 컴퓨터의 프로세서가 처리하기 전에 미리 처리하여 프로세서가 차지하는 시간을 줄여주는 프로그램이나 하드웨어

20 ②

21 ①

상위 클래스를 추상화, 하위 클래스를 구체화한다.

22 ②

23 ③

24 ②

복잡한 기능은 분리될수록 단순해진다.

25 ④

SW 프로젝트 관리의 핵심은 효율적인 자원(시간, 비용 등) 관리이다.

26 ④
정형 기술 검토의 핵심 키워드는 집중, 준비, 제한이다.

27 ②

28 ④

29 ①
소프트웨어 패키징은 사용자 편의성을 고려해야 한다.

30 ①

31 ④

32 ④
소프트웨어를 새로 개발하는 것이 아닌, 다시 사용하는 것이다.

33 ①

34 ③
NS 차트의 단점은 비순차적 흐름을 표현할 수 없는 것이다.

35 ①

명령어	입력	출력	스택
push	A		A
push	B		A, B
pop		B	A
push	C		A, C
push	D		A, C, D
pop		D	A, C
pop		C	A
pop		A	

36 ④

37 ①

38 ③
ISO/IEC 25000(SQuaRE) : SW 품질 평가 통합 모델
- 2500n : 품질 관리
- 2501n : 품질 모델
- 2502n : 품질 측정
- 2503n : 품질 요구
- 2504n : 품질 평가
- 2505n : 확장 분야

39 ③

40 ②

41 ①
스키마의 평가 및 정제는 논리적 설계 단계에서 수행된다.

42 ②
DROP TABLE은 테이블 자체를 삭제한다.

43 ①

44 ③

45 ③

46 ③
- ∃ : 존재한다(There exist)
- ∀ : 모든 것에 대하여(for all)

47 ①
- Degree : 열의 개수
- Cardinality : 행의 개수

48 ④

49 ②

50 ②

51 ①
속성 타입을 지정하는 것이 아닌, 변경에는 ALTER 명령어를 사용한다.

52 ①
REVOKE : 부여한 권한 회수

53 ④
사원 테이블의 모든 급여 데이터 조회

54 ①
BETWEEN A AND B : A부터 B까지에 해당하는 범위

55 ①

56 ③

57 ④

UNION ALL : 중복을 제거하지 않고 합집합 수행

58 ④

분산 데이터베이스의 구성 요소 : 분산 처리기, 분산 데이터베이스, 통신 네트워크, 분산 트랜잭션

59 ③

60 ③

61 ①

IPv6 패킷 헤더 길이 : 40octet(byte)

62 ③

p[0]은 arr[0]와 같다.
p[0]+1은 arr[0][1]와 같으므로 2
p[1]은 arr[1]와 같다.
p[1]+2은 arr[1][2]와 같으므로 6

p는 arr[0]의 주소와 같으므로 p+1은 arr[1]과 같다.
따라서, *(*(p+1)+0)은 arr[1][0]이므로 4
그리고, *(*(p+1)+1)은 arr[1][1]이므로 5

63 ①

64 ①

65 ①

- IPv4 : 8비트씩 4부분의 10진수로 표현
- IPv6 : 16비트씩 8부분의 16진수로 표현

66 ①

문법 오류는 실행(컴파일) 자체가 불가능하다.

67 ③

68 ②

69 ④

70 ④

모듈은 독립적으로 분리되지만, 폐쇄적이어선 안 된다.

71 ①

Best Fit : 가장 작은 단편화 크기를 가지는 공간에 할당

72 ④

i	i==4	break	i++
0	false		1
1	false		2
2	false		3
3	false		4
4	true	수행	

73 ②

c[]							i	i<a.length-1	if		else
[0]	[1]	[2]	[3]	[4]	[5]	[6]			a[i]=='B'	a[i]='C'	a[i]=a[i+1]
A	B	D	D	A	B	C	0	TRUE	FALSE		a[0]='B'
B	B	D	D	A	B	C	1	TRUE	TRUE	a[1]='C'	
B	C	D	D	A	B	C	2	TRUE	FALSE		a[2]='D'
B	C	D	D	A	B	C	3	TRUE	FALSE		a[3]='A'
B	C	D	A	A	B	C	4	TRUE	FALSE		a[4]='B'
B	C	D	A	B	B	C	5	TRUE	TRUE	a[5]='C'	
B	C	D	A	B	C	C	6	FALSE			

74 ②

75 ④

페이지 참조 순서	페이지 프레임			페이지 부재
1, 2, 1, 0, 4, 1, 3	1			발생
2, 1, 0, 4, 1, 3	1	2		발생
1, 0, 4, 1, 3	1	2		존재
0, 4, 1, 3	1	2	0	발생
4, 1, 3	4	2	0	발생
1, 3	4	1	0	발생
3	4	1	3	발생

76 ③

p1과 str1이 같음
p2와 str2가 같음
str1[1]=str2[2] : KOREA 중 O를 V로 변경(KVREA)
str2[3]=str1[4] : LOVE 중 E를 A로 변경(LOVA)

77 ①

- list_data[0] : 0번째 데이터('a')
- dict_data['a'] : 'a'의 값(90)

78 ②

a < (b+2) : true
a << 1 : 2
2 <= b : true
true && true : 1

79 ②

print 함수는 줄바꿈이 기본이다.

80 ③

81 ②

나선형 모델은 주기적으로 위험 분석을 수행한다.

82 ①

83 ③

84 ①

85 ③

활성화된 프로세스와 열린 포트를 중심으로 취약점을 관리한다.

86 ①

87 ③

88 ②

Smurf 공격은 브로드캐스트를 통해 공격한다.

89 ③

90 ②

91 ④

수평 막대의 길이 : 각 작업(Task)에 필요한 기간

92 ②

93 ④

자원 삽입 : 자원 조작이 가능한 문자열을 삽입하여 보호 자원에 접근하는 취약점

94 ①

95 ③

96 ①

666 − 644 = 022

97 ④

해당 문제는 출제 범위에 포함되지 않는 내용이다.

98 ④

예측치 = (낙관치+4×기대치+비관치)/6

99 ④

100 ①

테일러링의 핵심은 프로젝트 상황에 맞게끔 수정하고 보완하는 것이다.

PART 07

실기!
문제로 합격하기

파트 소개

필기에 합격했다면 이제 실기 문제로 합격에 한 발 다가갈 단계입니다. 실기, 문제로 합격하기!를 통해 기출문제와 모의고사를 풀어보면서 필기에서 공부했던 내용들을 다시 한 번 복습해보세요. 필기에서 공부했던 내용이 실기에는 어떻게 문제화되는지 알아보고, 부족했던 부분들은 앞으로 돌아가서 확실하게 공부해두세요. 이기적은 모든 수험생들의 합격을 응원합니다!

CHAPTER 01

실전 모의고사

학습 방향

이론을 모두 공부했다면, 이제 앞으로 출제될 가능성이 있는 문제들을 풀어보세요. 각 이론들마다 문제화될 수 있는 내용들을 쏙쏙 골라 총 10회의 모의고사를 수록했습니다. 문제를 풀어본 후 정답과 해설을 확인하면서 이론을 정리해보세요.

정보처리기사 실기 실전 모의고사 01회

시험 일자	문항 수	시험 시간
년 월 일	총 20문항	2시간 30분

수험번호 : _____

성　　명 : _____

---

01 다음이 의미하는 용어를 쓰시오.

- 제품의 내부 요소들이 명세서에 따라 수행되고 충분히 실행되는가를 보장하기 위한 검사이다.
- 프로그램 원시 코드의 논리적인 구조를 커버하도록 테스트 케이스를 설계한다.
- 코드의 제어 구조 설계 절차에 초점을 맞춰 테스트 케이스를 설계하며, 주로 테스트 과정 초기에 적용된다.

답 :

정답
화이트박스 테스트(White Box Test)

---

02 다음은 인수 테스트 종류에 대한 설명이다. 빈칸 ( ) 안에 들어갈 용어를 쓰시오.

- 알파 테스트는 개발자의 장소에서 사용자가 개발자 앞에서 행하는 테스트 기법이며 오류와 사용상의 문제점을 사용자와 개발자가 함께 확인하면서 기록한다.
- ( )(은)는 다수의 사용자에게 제한되지 않은 환경에서 프로그램을 사용하게 하고 오류가 발견되면 개발자에게 통보하는 방식의 테스트 방법이다.

답 :

정답
베타(Beta) 테스트

03 다음의 성적 테이블에서 학생별 점수 평균을 구하기 위한 SQL문을 작성하시오.

성명	과목	점수
홍길동	국어	80
홍길동	영어	68
홍길동	수학	97
강감찬	국어	58
강감찬	영어	97
강감찬	수학	65

답 :

정답
SELECT 성명, AVG(점수) FROM 성적 GROUP BY 성명;

04 아래 성적 테이블에서 과목별 점수의 평균을 구하기 위한 SQL문을 작성하시오.

성명	과목	점수
홍길동	국어	80
홍길동	영어	68
홍길동	수학	97
강감찬	국어	58
강감찬	영어	97
강감찬	수학	65

답 :

정답
SELECT 과목, AVG(점수) FROM 성적 GROUP BY 과목;

05 정보보호는 정보의 수집 및 가공, 저장, 검색, 송수신 중 발생할 수 있는 정보의 훼손과 변조, 유출 등을 방지하기 위한 관리적, 기술적 수단을 마련하는 것이다. 정보보호의 목표 5가지를 쓰시오.

답:

정답
기밀성(Confidentiality), 무결성(Integrity), 가용성(Availability), 인증성(Authenticity), 책임성(Accountability)

06 아래 C언어로 작성된 프로그램의 실행 결과를 쓰시오.

```c
int main() {
    int data[5] = {10, 6, 7, 9, 3};
    int temp;
    for (int i = 0; i < 4; i++) {
        for (int j = i + 1; j < 5; j++) {
            if (data[i] > data[j]) {
                temp = data[i];
                data[i] = data[j];
                data[j] = temp;
            }
        }
    }
    for(int i = 0; i < 5; i++) {
        printf("%d ", data[i]);
    }
}
```

답:

정답

3 6 7 9 10

해설

```c
int main() {
    int data[5] = {10, 6, 7, 9, 3};
    int temp;
    #1 2 중 반복에 대소 비교를 통한 스왑코드 → 정렬
    for (int i = 0; i < 4; i++) {
        #2 j의 시작 값이 i보다 크므로 i가 왼쪽 값, j가 오른쪽 값
        for (int j = i + 1; j < 5; j++) {
            #3 왼쪽 값이 클 때 스왑 → 오름차순
            if (data[i] > data[j]) {
                #4 스왑공식 정렬 방향과 상관 없이 일정함
                temp = data[i];
                data[i] = data[j];
                data[j] = temp;
            }
        }
    }
    for(int i = 0; i < 5; i++) {
        printf("%d ", data[i]);
    }
}
```

07 아래 C언어로 작성된 프로그램의 결과가 '4'로 출력되기 위해서는 ㄱ~ㅁ 중 어느 곳에 어떤 코드를 입력해야 하는지 쓰시오.

```c
int main() {
    int a=3, k=1;
    switch(a) {
    case 3:
        k++;
        (      ㄱ      );
    case 6:
        k+=3;
        (      ㄴ      );
    case 9:
        k--;
        (      ㄷ      );
    case 10:
        k*=2;
        (      ㄹ      );
    default:
        k=0;
        (      ㅁ      );
    }
    printf("%d", k);
}
```

위치 :

코드 :

정답
위치 : ㄷ
코드 : break

해설
case문 진행을 멈추기 위해서는 break문이 필요하다.

08 아래 C언어로 작성된 프로그램의 실행 결과를 쓰시오.

```c
int main() {
    int a=2, d=6, total=a, n=2;
    for(int i=0; i<5; i++) {
        total+=a+(n-1)*d;
        n++;
    }
    printf("%d", total);
}
```

답:

정답
102

해설

초기값	i=0	i<5	total+= a+(n-1)*d	n++	i++
a=2 d=6 n=2 total=2	0	true	2 + 8	3	1
	1	true	2 + 8 + 14	4	2
	2	true	2 + 8 + 14 + 20	5	3
	3	true	2 + 8 + 14 + 20 + 26	6	4
	4	true	2 + 8 + 14 + 20 + 26 + 32	7	5
	5	false			

09 아래 JAVA언어로 작성된 프로그램의 실행 결과를 쓰시오.

```
class Person {
    void study(){
        System.out.println("인생공부");
    }
}
class Student extends Person {
    void study(){
        System.out.println("학교공부");
    }
}
public class Main {
    public static void main(String[] args) {
        Student a = new Student();
        Person b = new Student();
        Person c = new Person();
        a.study();
        b.study();
        c.study();
    }
}
```

답 :

정답

학교공부
학교공부
인생공부

해설

```
class Person {
    #5-1 업캐스팅되었어도 메소드가 오버라이딩되어 있다면 하위 클래스 메소드 호출
    void study(){
        System.out.println("인생공부");
    }
}
class Student extends Person {
    #5-2 오버라이딩된 메소드 호출
    void study(){
        System.out.println("학교공부");
    }
}
public class Main {
    public static void main(String[] args) {
        #1 Student 인스턴스 생성하여 Student 타입 변수에 할당
        Student a = new Student();
        #2 Student 인스턴스 생성하여 Person 타입 변수에 할당(업캐스팅)
        Person b = new Student();
        #3 Person 인스턴스 생성하여 Person 타입 변수에 할당
        Person c = new Person();
        a.study(); #4 변수가 Student 타입이므로 Student 클래스의 study 호출
        b.study(); #5 변수가 Person 타입이므로 Person 클래스의 study 호출
        c.study(); #6 변수가 Person 타입이므로 Person 클래스의 study 호출
    }
}
```

10 아래 Python언어로 작성된 프로그램의 실행 결과를 쓰시오.

```
list_a = [273, 32, 100, "korea", 50, [10, True, 30]]
print(list_a[3][3])
```

답 :

정답
e

해설

list_a	[0]	[1]	[2]	[3]					[4]	[5]		
	273	32	100	[0]	[1]	[2]	[3]	[4]	50	[0]	[1]	[2]
				k	o	r	e	a		10	True	30

11 다음이 의미하는 용어를 쓰시오.

- CPU 내에서 발생 및 사용되는 데이터를 일시적으로 저장하는 저장장치이다.
- 가격대비 용량이 가장 작고 기억장치 중 속도가 가장 빠르다.
- 플립플롭(Flip-Flop)과 래치(Latch)로 구성된다.

답 :

정답
레지스터(Register)

12 레지스터의 종류를 크게 제어장치와 연산장치에 사용되는 레지스터로 구분하여 약술하시오.

제어장치 :

연산장치 :

정답
- 제어장치 : 제어장치(CU : Control Unit)의 레지스터는 명령어 수행에 필요한 데이터를 저장하는 레지스터이다.
- 연산장치 : 연산장치(ALU : Arithmetic Logic Unit)의 레지스터는 산술 및 논리 연산 등의 연산기능을 수행할 때 사용되는 레지스터이다.

13 아래 설명에 해당하는 정규형을 쓰시오.

- 원자성을 가지지 못하는 반복 그룹 속성이 제거된 릴레이션 스키마이다.
- 릴레이션의 모든 속성 및 도메인이 원자성을 가진다면 이 정규형에 해당한다.

답:

정답
제1정규형

14 아래 설명에 해당하는 정규형을 쓰시오.

- 부분 함수 종속을 제거한 릴레이션 스키마이다.
- 기본키가 아닌 모든 속성들이 기본키에 완전 함수 종속이면 이 정규형에 속한다.
- 완전 함수 종속 관계를 만들기 위해 릴레이션을 기본키 중심으로 분해한다.

답:

정답
제2정규형

15 빈칸을 채워 서브넷 마스크에 대한 설명을 완성하시오.

- 배정받은 하나의 네트워크 주소를 다시 여러 개의 작은 하위 네트워크로 나누어 사용하는 방식을 말한다.
- (①) : 동일한 크기로 서브넷을 나누는 방식이다.
- (②) : 다양한 크기로 서브넷을 나누는 방식이다.

① :

② :

정답
① : FLSM(Fixed Length Subnet Mask)
② : VLSM(Variable Length Subnet Mask)

16 IPv6의 주소 형식에 대한 문장의 빈칸에 알맞은 값을 쓰시오.

> • 16비트씩 8부분으로 구성되는 (①) 주소 체계이다.
> • 각 자리는 0부터 65535까지의 (②)(으)로 표현하며 콜론(:)으로 구분한다.

① :

② :

정답
① : 128비트
② : 16진수

---

17 다음이 설명하는 용어를 쓰시오.

> 중앙 관리자나 중앙 데이터 저장소가 존재하지 않고 P2P망 내의 참여자들에게 모든 거래 목록이 분산 저장되어 거래가 발생할 때마다 지속적으로 갱신되는 디지털 원장을 의미한다.

답 :

정답
분산 원장 기술(DLT : Distributed Ledger Technology)

---

18 다음이 설명하는 용어를 쓰시오.

> 백화점, 영화관, 쇼핑센터 등에 설치되며 일반적으로 터치 스크린을 이용하여 운영되는 무인 종합 정보 시스템이다.

답 :

정답
키오스크(Kiosk)

19 다음이 설명하는 용어를 쓰시오.

> 물리적인 자산을 컴퓨터에 동일하게 표현한 가상 모델로, 물리적인 자산 대신 해야 할 일을 소프트웨어로 가상화함으로써 실제 자산의 특성에 대한 정확한 정보를 얻을 수 있는 기술이다.

답 :

정답
디지털 트윈(Digital Twin)

20 다음이 설명하는 용어를 쓰시오.

> 인간의 두뇌와 같이 컴퓨터 스스로 추론, 학습, 판단 등 인간지능적인 작업을 수행하는 시스템이다.

답 :

정답
인공지능(AI : Artificial Intelligence)

정보처리기사 실기 실전 모의고사 02회

시험 일자	문항 수	시험 시간
년 월 일	총 20문항	2시간 30분

수험번호 : _____

성   명 : _____

---

01 다음이 의미하는 용어를 쓰시오.

> '내부 필드 테스트'라고도 하며, 신제품을 개발한 회사가 자사 직원을 대상으로 실시하는 자체 검사를 뜻한다. 주로 새로운 프로토타입이 운영되는 과정에서 상품으로 출시하기 전 개발인력이 성능을 시험하는 것으로 통제된 환경에서 테스트가 진행되며, 오류와 사용상의 문제점을 사용자와 개발자가 함께 확인하면서 기록한다.

답 :

정답
알파(Alpha) 테스트

---

02 다음은 테스트 오라클의 종류에 대한 설명이다. 빈칸 (   ) 안에 들어갈 용어를 쓰시오.

> 결과를 판단하기 위해 테스트 케이스에 대한 예상 결과를 계산하거나 확인하는 테스트 오라클에는 특정한 몇몇 테스트 케이스의 입력값들에 대해서만 기대 결과를 제공하는 '샘플링(Sampling) 오라클'과 애플리케이션의 변경이 있을 때, 테스트 케이스의 수행 전과 후의 결과 값이 동일한지를 확인하는 '일관성 검사(Consistent) 오라클', 모든 테스트 케이스의 입력값에 대해 기대 결과를 제공하고 발생되는 모든 오류를 검출할 수 있는 '(   ) 오라클'이 있다.

답 :

정답
참(True)

03 학적 테이블에서 전화번호가 Null값이 아닌 학생명을 모두 검색하기 위한 SQL문을 작성하시오.

답 :

정답
SELECT 학생명 FROM 학적 WHERE 전화번호 IS NOT NULL;

해설
- NULL값이 아닌 값을 찾을 때 : IS NOT NULL
- NULL값을 찾을 때 : IS NULL

04 아래 성적 테이블에서 성명에 '길'이 포함되는 학생의 성명과 점수를 출력하는 SQL문을 작성하시오.

성명	과목	점수
홍길동	국어	80
홍길동	영어	68
홍길동	수학	97
강감찬	국어	58
강감찬	영어	97
강감찬	수학	65

답 :

정답
SELECT 성명, 점수 FROM 성적 WHERE 성명 LIKE '%길%'

해설
- 길로 시작 : 길%
- 길로 끝남 : %길
- 길을 포함 : %길%

05 정보보안의 요소 3가지를 쓰시오.

답 :

정답
기밀성(Confidentiality), 무결성(Integrity), 가용성(Availability)

06 컴퓨터 바이러스의 시스템 공격 유형 중, 전형적인 공격 유형 4가지를 쓰시오.

답 :

정답
가로막기(Interruption), 가로채기(Interception), 수정(Modification), 위조(Fabrication)

07 아래는 C언어로 작성된, 점수를 입력받아 등급을 출력하는 프로그램이다. 프로그램이 정상 작동하도록 빈칸에 알맞은 코드를 쓰시오. (예 : 85점인 경우 B+가 출력된다.)

```c
int main() {
    int score = 85;
    switch(      빈칸      ) {
    case 9:
        printf("A+"); break;
    case 8:
        printf("B+"); break;
    case 7:
        printf("C+"); break;
    case 6:
        printf("D+"); break;
    default:
        printf("F"); break;
    }
}
```

답 :

정답
score/10

해설
- 정수 나누기 정수의 결과는 정수이다.
- 90~99를 10으로 나누면 9.0~9.9(실수)가 아닌 9(정수)이다.

08 아래는 C언어로 작성된, 윤년을 계산하는 프로그램이다. 프로그램이 정상 작동하도록 빈칸에 알맞은 코드를 쓰시오. (윤년은 4의 배수이면서 100의 배수가 아닌 년도이거나 400의 배수인 년도이다.)

```c
int main() {
    int year;
    printf("년도를 입력하세요 : ");
    scanf("%d",&year);
    if(((    ㄱ    ) && (    ㄴ    )) || (year % 400 == 0))
        printf("%d년은 윤년입니다.\n",year);
    else
        printf("%d년은 윤년이 아닙니다.\n",year);
}
```

ㄱ :

ㄴ :

정답
ㄱ : year % 4 == 0
ㄴ : year % 100 != 0

해설
A % B == 0 : A는 B의 배수, B는 A의 약수

09 아래 C언어로 작성된 프로그램의 실행 결과를 쓰시오.

```c
int main() {
    int score[5] = {70, 80, 75, 60, 90};
    int up80=0, m=0;
    for(int i=0; i<5; i++) {
        if(score[i]>80) up80++;
        if(m<score[i]) m = score[i];
    }
    printf("%d, %d", up80, m);
}
```

답 :

정답

1. 90

해설

```c
int main() {
    int score[5] = {70, 80, 75, 60, 90};
    #1 개수 카운팅과 최대값 변수는 최저값으로 초기화
    int up80=0, m=0;
    for(int i=0; i<5; i++) {
        if(score[i]>80) up80++;
        #2 최대값 계산 공식
        if(m<score[i])
            m = score[i];
    }
    printf("%d, %d", up80, m);
}
```

10 아래 JAVA언어로 작성된 프로그램의 실행 결과를 쓰시오.

```java
class Person {
    void study(){
        System.out.println("인생공부");
    }
}
class Student extends Person {
    void study(String sub){
        System.out.print(sub + "공부/");
    }
}
public class Main {
    public static void main(String[] args) {
        Student a = new Student();
        a.study("수학");
        a.study();
    }
}
```

답 :

정답

수학공부/인생공부

해설

```
class Person {
    void study(){
        System.out.println("인생공부");
    }
}
class Student extends Person {
    #1 study 메소드는 상속을 통해 오버로딩되어 있음
    void study(String sub){
        System.out.print(sub + "공부/");
    }
}
public class Main {
    public static void main(String[] args) {
        Student a = new Student();
        #2 문자열을 인수로 받는 Student 클래스의 study 메소드 호출
        a.study("수학");
        #3 매개변수가 없는 Person 클래스의 study 메소드 호출
        a.study();
    }
}
```

11 아래 Python언어로 작성된 프로그램의 실행 결과를 쓰시오.

```
list_a = [273, 32, 100, "korea", 50, [10, True, 30]]
print(list_a[5][:2])
```

답 :

정답
[10, True]

해설
[:2] : 첫 요소부터 2번째 요소 전까지 슬라이싱

list_a	[0]	[1]	[2]	[3]					[4]	[5]		
	273	32	100	[0]	[1]	[2]	[3]	[4]	50	[0]	[1]	[2]
				k	o	r	e	a		10	True	30

12 버스는 주변 장치 간에 정보 교환을 위해 연결된 통신 회선으로 CPU 내부 요소 사이의 정보를 전송하는 내부 버스와 CPU와 주변장치 사이의 정보를 전송하는 외부 버스가 있다. 외부 버스의 종류 3가지를 쓰시오.

답 :

정답
주소 버스, 데이터 버스, 제어 버스

13 운영체제에서 사용하는 시간의 개념 중 실행 시간(Running time), 반환 시간(Turnaround time), 시간 간격(Time Slice, Quantum) 외의 2가지를 쓰시오.

답 :

정답
응답 시간(Response time), 대기 시간(Waiting time)

14 정규화 과정 중 제5정규형에 대해 간략히 서술하시오.

답:

> **정답**
> 후보키를 통하지 않는 조인 종속을 제거한 상태

15 아래 설명에 해당하는 정규형을 쓰시오.

- 결정자이면서 후보키가 아닌 함수 종속을 제거한 릴레이션 스키마이다.
- 모든 결정자가 후보키인 경우이다.
- 해당되는 경우가 거의 없어 실제로 고려되지 않는 정규형이다.

답:

> **정답**
> 보이스-코드 정규형

16 IPv4의 주소 부족 문제 해결 방안 중 하나로, 기존의 IPv4의 클래스 체계를 무시하고 네트워크 주소와 호스트 주소를 임의로 구분하여 사용하는 방식에 대한 용어를 쓰시오.

답:

> **정답**
> CIDR(Classless Inter-Domain Routing)

17 IPv4의 주소 부족 문제 해결 방안 중 하나로, 부족한 IP주소를 해결하기 위해 몇 개의 IP를 여러 사용자가 공유할 수 있도록 인터넷에 접속할 때마다 자동으로 IP주소를 동적으로 할당해 주는 기술에 대한 용어를 쓰시오.

답 :

정답
DHCP(Dynamic Host Configuration Protocol)

18 다음이 설명하는 용어를 쓰시오.

- 임의의 길이의 입력 데이터나 메시지를 고정된 길이의 값이나 키로 변환하는 기술이다.
- 데이터의 암호화가 아닌 무결성을 검증하기 위한 방법으로 사용된다.

답 :

정답
Hash

19 다음이 설명하는 용어를 쓰시오.

소프트웨어를 제공하는 입장에서는 악의성이 없더라도 사용자 입장에서는 유용하지 않거나 악의적이라고 판단될 수 있는 애드웨어, 공유웨어, 스파이웨어 등의 총칭이다.

답 :

정답
그레이웨어(Grayware)

20 다음이 설명하는 용어를 쓰시오.

> - 기업의 소프트웨어 인프라인 정보시스템을 공유와 재사용이 가능한 서비스 단위나 컴포넌트 중심으로 구축하는 정보기술 아키텍처이다.
> - 정보를 누구나 이용 가능한 서비스로 간주하고 연동과 통합을 전제로 아키텍처를 구축해 나간다.

답:

정답

서비스 지향 아키텍처(SOA : Service Oriented Architecture)

정보처리기사 실기 실전 모의고사 03회

시험 일자	문항 수	시험 시간
년 월 일	총 20문항	2시간 30분

수험번호 : _____

성   명 : _____

---

01 다음 설명 중 빈칸 ①~③에 가장 부합하는 용어를 쓰시오.

> 테스트 오라클은 테스트 결과가 올바른지 판단하기 위해 사전에 정의된 참 값을 대입하여 비교하는 기법 및 활동을 말한다. 테스트 오라클의 특징으로는 (①), (②), (③)(이)가 있다. (①)(은)는 테스트 오라클은 모든 테스트 케이스에 적용할 수 없음을 뜻하고, (②)(은)는 테스트 오라클의 기대 값을 수학적 기법으로 산출함을 뜻하며, 마지막으로 (③)(은)는 테스트 대상 프로그램의 실행, 결과 비교, 커버리지 측정 등을 자동화함을 의미한다.

① :

② :

③ :

정답
① : 제한된 검증
② : 수학적 기법
③ : 자동화 기능

---

02 아래에 나열된 일반적인 테스트 프로세스의 항목을 순서대로 올바르게 쓰시오.

> 계획, 수행, 결과 평가 및 보고서 작성, 케이스 및 시나리오 작성, 분석 및 디자인, 결함 추적 및 관리

답 :

정답
계획 → 분석 및 디자인 → 케이스 및 시나리오 작성 → 수행 → 결과 평가 및 보고서 작성 → 결함 추적 및 관리

03 성적 테이블에서 학과가 컴퓨터공학과이고 점수가 90점에서 95점 사이인 학생의 정보를 출력하기 위한 SQL문을 작성하시오. 조건에는 반드시 BETWEEN을 포함하여 작성하시오.

답 :

정답
SELECT * FROM 성적
WHERE (점수 BETWEEN 90 AND 95) AND 학과 = "컴퓨터공학과"

해설
BETWEEN A AND B : A에서 B 사이

04 특정 테이블을 삭제해야 할 때, 해당 테이블을 참조하는 테이블도 함께 삭제하기 위한 삭제 옵션을 쓰시오.

답 :

정답
CASCADE

05 다음이 의미하는 용어를 쓰시오.

- 보안에 문제가 되는 부분을 제거하거나 교체하는 방식으로 코딩하는 것이다.
- 각종 보안 위협으로부터 대응하고자 정보 시스템 개발 시 보안성을 고려하여 보안 취약점을 사전에 제거할 수 있도록 코딩하는 것이다.
- 초기 설계 단계부터 보안 요소를 고려하여 진행하는 개발 방식이다.

답 :

정답
시큐어 코딩(Secure Coding)

06 블록 암호(Block Cipher)에 대해 간략히 쓰시오.

답:

정답
- 평문을 일정한 단위로 나누어서 단위마다 암호화 과정을 수행하여 암호문을 얻는 방법이다.
- 출력 블록의 각 비트는 입력 블록과 키의 모든 비트에 의존한다.
- 블록의 길이가 정해져 있으므로 기호의 삽입, 삭제가 불가능하다.
- 암호화 과정에서의 오류는 여러 변환 과정의 영향을 미치므로 파급력이 크다.
- 블록 암호는 구현이 용이하며 혼돈과 확산 이론을 기반으로 설계된다.

07 아래 C언어로 작성된 프로그램의 실행 결과를 쓰시오.

```c
int main() {
    int score[5] = {17, 15, 24, 18, 27};
    int cnt=0;
    for(int i=0; i<5; i++) {
        if(score[i]%2 + score[i]%3 == 0) cnt++;
    }
    printf("%d", cnt);
}
```

답:

정답
2

해설
score[i]가 2와 3의 공배수라면 2와 3으로 나눴을 때 나머지는 0이다.

08 아래 C언어로 작성된 프로그램은 입력한 두 수 사이의 자연수의 합계를 출력하고 있다. 빈칸에 알맞은 코드를 쓰시오. (두 수를 포함하여 합계를 내고, 음수 및 중복 수는 입력하지 않는다.)

```c
int main() {
    int a, b, max, min, sum=0;
    scanf("%d %d", &a, &b);
    if(a>b){
        max=b; min=a;
    }else{
        max=a; min=b;
    }
    for(int n=(  ㄱ  ); n<=(  ㄴ  ); n++)
        sum += n;
    printf("%d", sum);
}
```

ㄱ :

ㄴ :

정답

ㄱ : max

ㄴ : min

해설

```c
int main() {
    int a, b, max, min, sum=0;
    scanf("%d %d", &a, &b);
    if(a>b){
        #1 max가 작은 값, min이 큰 값이다.
        max=b; min=a;
    }else{
        #2 변수명의 함정에 빠지면 안 된다.
        max=a; min=b;
    }
    #3 for문은 작은 값(max)에서 큰 값(min)으로 진행된다.
    for(int n=max; n<=min; n++)
        sum += n;
    printf("%d", sum);
}
```

09 아래 C언어로 작성된 프로그램은 2단부터 5단까지의 구구단을 출력한다. 빈칸에 알맞은 코드를 쓰시오.

```
int main() {
    for (int i = 2; i <= (   ㄱ   ); i++) {
        for (int j = 1; j <= (   ㄴ   ); j++) {
            printf("%d x %d = %d\n", i, j, i*j);
        }
        printf("\n");
    }
    return 0;
}
```

ㄱ :

ㄴ :

정답

ㄱ : 5

ㄴ : 9

해설

i \ j	1	2	3	4	5	6	7	8	9
2									
3									
4									
5									

10 아래 JAVA언어로 작성된 프로그램은 에러가 발생한다. 그 이유를 간략히 쓰시오.

```
class Student {
    void study(){
        System.out.println("공부");
    }
}
class Friend extends Student {
    void play(){
        System.out.println("놀자");
    }
}
public class Main {
    public static void main(String[] args) {
        Student a = new Student();
        a.play();
    }
}
```

답 :

정답
상위 클래스의 인스턴스는 하위 클래스의 메소드를 호출할 수 없다.

11 아래 Python언어로 작성된 프로그램의 실행 결과를 쓰시오.

```
list_a = [273, 32, 100, "korea", 50, [10, True, 30]]
print(list_a[3][::-1])
```

답 :

정답
aerok

해설
[::-1] : 요소를 역순으로 탐색

	[0]	[1]	[2]	[3]					[4]	[5]		
list_a	273	32	100	[0]	[1]	[2]	[3]	[4]	50	[0]	[1]	[2]
				k	o	r	e	a		10	True	30

---

12 다음은 운영체제의 자원관리의 종류이다. ①~④에 알맞은 설명을 쓰시오.

- 프로세스 관리 : ①
- 기억장치 관리 : ②
- 주변장치 관리 : ③
- 파일 관리 : ④

① :

② :

③ :

④ :

정답
① : 프로세스의 생성과 제거, 시작 및 정비, 스케줄링 등을 담당한다.
② : 프로세스에게 메모리 할당 및 회수 등을 담당한다.
③ : 입출력 장치의 스케줄링 및 관리를 담당한다.
④ : 파일의 생성과 삭제, 변경, 유지 등의 관리를 담당한다.

13 다음이 의미하는 용어를 쓰시오.

- C언어를 기반으로 제작되었으며, 이식성이 우수하다.
- 하나 이상의 작업을 병행 처리할 수 있고, 둘 이상의 사용자가 동시에 시스템을 사용할 수 있다.
- 표준이 정해져 있고 제품의 공급 업체(Vendor)가 많으며 라이선스 비용이 저렴하다.
- 계층적 파일 시스템과 풍부한 네트워킹 기능이 존재한다.
- 쉘 명령어 프로그램과 사용자 위주의 시스템 명령어가 제공된다.

답 :

정답
유닉스(Unix)

14 정규화 과정 중 제4정규형에 대해 간략히 서술하시오.

답 :

정답
다치 종속을 제거한 상태

15 아래 설명에 해당하는 정규형을 쓰시오.

- 이행적 함수 종속(Transitive Dependency)을 제거한 릴레이션 스키마이다.
- 결정자이자 종속자에 해당하는 속성을 기준으로 릴레이션을 분할한다.

답 :

정답
제3정규형

16 다음이 의미하는 용어를 쓰시오.

- 숫자로 구성된 IP주소를 기억하기 쉬운 문자 형태로 변환한 것이다.
- 공백 없이 한글과 영문, 숫자를 이용해 만들 수 있으며 고유하게 존재해야 한다.
- 점(.)으로 구분하여 구성되며, 우측으로 갈수록 큰 범위이다.

답 :

정답
DN(Domain Name)

17 IPv4의 주소 형식에 대한 문장의 빈칸에 알맞은 값을 쓰시오.

- 8비트씩 4부분으로 구성되는 (①) 주소 체계이다.
- 각 자리는 0부터 255까지의 (②)(으)로 표현하며 점(.)으로 구분한다

① :
② :

정답
① : 32비트
② : 10진수

18 다음이 설명하는 용어를 쓰시오.

인터넷이나 기타 디지털 매체를 통해 유통되는 데이터의 저작권 보호를 위해 데이터의 안전한 배포를 활성화하거나 불법 배포를 방지하기 위한 시스템이다.

답 :

정답
디지털 저작권 관리(DRM : Digital Rights Management)

19 다음이 설명하는 용어를 쓰시오.

- 메모리와 레지스터의 합성어로 전기가 없는 상태에서도 전사 상태를 저장할 수 있다.
- 인간의 뇌 시냅스와 같은 기능과 작동을 하는 회로소자로 인공 지능 분야에 활용된다.

답 :

정답
Memristor

20 다음이 설명하는 용어를 쓰시오.

- 대상을 실제 손으로 만질 수 있는 물체로 만들어내는 것을 말한다.
- 건축가나 항공우주, 전자, 공구 제조, 자동차, 디자인, 의료 분야 등에서 사용되고 있다.

답 :

정답
3D 프린팅

정보처리기사 실기 실전 모의고사 04회

시험 일자	문항 수	시험 시간
년 월 일	총 20문항	2시간 30분

수험번호 : _____

성   명 : _____

---

01 다음 설명 중 빈칸 ( )에 가장 부합하는 용어를 쓰시오.

- 사람이 반복적으로 수행하던 테스트 절차를 스크립트 형태로 구현하는 ( )(을)를 적용하는 것이다.
- ( )(을)를 적용함으로써 쉽고 효율적으로 테스트를 수행할 수 있도록 한 것이다.
- ( )(을)를 사용함으로써 휴먼 에러를 줄이고 테스트의 정확성을 유지하면서 테스트의 품질을 향상시킬 수 있다.

답 :

정답
자동화 도구

---

02 다음 설명에 해당하는 화이트박스 테스트의 제어 구조 검사를 빈칸 ①~③에 각각 쓰시오.

- (①) : 소스코드의 논리적 조건을 테스트
- (②) : 소스코드의 반복 구조를 중점적으로 테스트
- (③) : 소스코드의 변수 정의, 사용을 중점적으로 테스트

① :

② :

③ :

정답
① : 조건 검사(Condition Testing)
② : 루프 검사(Loop Testing)
③ : 데이터 흐름 검사(Data Flow Testing)

03 판매실적 테이블에 대해 서울 지역의 지점명, 판매액을 출력하고자 한다. 판매액을 기준으로 내림차순을 하여 출력하기 위한 SQL문을 작성하시오.

[테이블명 : 판매실적]

도시	지점명	판매액
서울	강남지점	330
서울	강북지점	168
광주	광주지점	197
서울	강서지점	158
서울	강동지점	197
대전	대전지점	165

답 :

정답
SELECT 지점명, 판매액 FROM 판매실적 WHERE 도시="서울" ORDER BY 판매액 DESC;

04 특정 테이블을 삭제해야 할 때, 해당 테이블을 참조하는 테이블이 있다면 삭제를 취소하는 삭제 옵션을 쓰시오.

답 :

정답
RESTRICT

05 접근 통제 정책 3가지를 쓰시오.

답 :

정답
임의적 접근 통제(DAC : Discretionary Access Control), 강제적 접근 통제(MAC : Mandatory Access Control), 역할 기반 접근 통제(RBAC : Role Based Access Control)

06 네트워크 공격 기술에 대한 설명이다. 다음이 의미하는 용어를 쓰시오.

> 개인정보와 낚시의 합성어로, 불특정 다수에게 지인 또는 신뢰할 수 있는 기관으로 가장하여 이메일, 문자 메시지(스미싱), 전화(보이스피싱) 등으로 개인정보 및 금융정보를 불법으로 뽑아내는 공격 방식이다.

답 :

정답
피싱(Phishing)

07 아래 C언어로 작성된 프로그램으로 3과 5의 공배수를 구하기 위해 빈칸에 알맞은 코드를 쓰시오. (두 빈칸의 코드 순서는 신경쓰지 마시오.)

```
int main() {
    int score[5] = {17, 15, 24, 18, 27};
    int cnt=0;
    for(int i=0; i<5; i++) {
        if((   ㄱ   ) && (   ㄴ   )) cnt++;
    }
    printf("%d", cnt);
}
```

ㄱ :
ㄴ :

정답

ㄱ : score[i]%3 == 0
ㄴ : score[i]%5 == 0
(거꾸로 입력해도 정답)

해설

- score[i]%3 == 0 : score[i]가 3의 배수인지 판단
- score[i]%5 == 0 : score[i]가 5의 배수인지 판단

08 아래 C언어로 작성된 프로그램의 실행 결과를 쓰시오.

```c
int main()
{
    char a, b;
    char *pa=&a, *pb=&b;
    int res = sizeof(a)+sizeof(b)==sizeof(pa)+sizeof(pb);
    printf("%d",res);
    return 0;
}
```

답 :

정답

0

해설

sizeof 연산자는 변수 타입에 따라 결과가 달라지지만 포인터 변수는 4바이트로 고정이기 때문에 문자형 변수 사이즈(1)와 포인터 변수 사이즈(4)는 같지 않다.

09 아래는 C언어로 작성된, 입력받은 두 수를 나눠 몫과 나머지를 구하는 프로그램이다. 빈칸에 알맞은 코드를 쓰시오. (단, 두 값 중 앞의 값이 크고 음수를 입력하지 않는다.)

```c
int main() {
    int a, b;
    scanf("%d %d", &a, &b);
    printf("%d 나누기 %d의 몫은 %d입니다.\n", a, b, (   ㄱ   ));
    printf("%d 나누기 %d의 나머지는 %d입니다.", a, b, (   ㄴ   ));
}
```

ㄱ :

ㄴ :

정답
ㄱ : a/b
ㄴ : a%b

10 아래 JAVA언어로 작성된 프로그램의 실행 결과를 쓰시오.

```java
class Book {
    String title;
    String author;
    Book(String title) {
        this(title, "작자 미상");
    }
    Book(String title, String author) {
        this.title = title;
        this.author = author;
    }
}
public class Main {
    public static void main(String[] args) {
        Book a = new Book("어린왕자", "생텍쥐페리");
        Book b = new Book("춘향전");
        System.out.println(a.title + " : " + a.author);
        System.out.println(b.title + " : " + b.author);
    }
}
```

답 :

정답

어린왕자 : 생텍쥐페리

춘향전 : 작자 미상

해설

```java
class Book {
    String title;
    String author;
    #2-1 인수로 넘겨받은 title과 "작자 미상"을 #1-1의 생성자로 전달
    Book(String title) {
        this(title, "작자 미상");
    }
    #1-1 인수로 넘겨받은 title과 author를 할당
    Book(String title, String author) {
        this.title = title;
        this.author = author;
    }
}
public class Main {
    public static void main(String[] args) {
        #1 문자열 인수를 2개 넘기면서 인스턴스 생성
        Book a = new Book("어린왕자", "생텍쥐페리");
        #2 문자열 인수를 1개 넘기면서 인스턴스 생성
        Book b = new Book("춘향전");
        System.out.println(a.title + " : " + a.author);
        System.out.println(b.title + " : " + b.author);
    }
}
```

11 아래 Python언어로 작성된 프로그램의 실행 결과를 쓰시오.

```
a = {"철수": 40, "영희": 50}
a['길동'] = 70
a['철수'] = 60
print(a['철수']+a["영희"])
```

답 :

정답
110

해설

```
a = {"철수": 40, "영희": 50}
#1  키가 없는 경우 새로 추가
a['길동'] = 70
#2  '철수'와 "철수"는 같은 데이터이다.
#   키가 존재하는 경우 데이터 수정
a['철수'] = 60
print(a['철수']+a["영희"])
```

12 다음은 유닉스의 기본 구성에 대한 설명이다. ①~③에 알맞은 용어를 쓰시오.

- (①) : 유닉스의 핵심요소로, 핵심 시스템을 관리하고 서비스를 제공한다.
- (②) : 사용자 명령의 입력을 받아 시스템 기능을 수행하는 명령 해석기이다.
- (③) : 문서 편집, 데이터베이스 관리, 언어 번역, 네트워크 기능 등을 제공한다.

① :
② :
③ :

정답
① : 커널(Kernel)
② : 쉘(Shell)
③ : 유틸리티(Utility)

13 프로세스의 주요 상태와 각각에 대한 설명을 간략히 쓰시오.

답 :

정답
- 준비(Ready) 상태 : 기억 장치에 존재하는 프로세스를 선택하여 CPU의 할당을 기다리는 시점
- 실행(Run) 상태 : 대기 상태의 프로세스가 CPU를 할당받아 작업이 진행되는 상태
- 대기(Block) 상태 : 프로세스의 특정 작업을 진행하기 위해 입출력 작업 등을 기다리는 상태
- 종료(Exit) 상태 : 프로세스 실행이 완료되어 종료된 상태

---

14 정규화 과정 중 보이스-코드 정규형에 대해 간략히 서술하시오.

답 :

정답
결정자가 후보키가 아닌 종속을 제거한 상태

---

15 아래 설명에 해당하는 정규형을 쓰시오.

- 다치 종속(Multi-Valued Dependency)을 제거한 릴레이션 스키마이다.
- 다치 종속은 둘 이상의 속성(Multi-Valued)을 가진 결정자에 의해 정해지는 속성이다.

답 :

정답
제4정규형

16 TCP에서 가상 회선이 처음 개설될 때 두 시스템 간 정확한 메시지를 전송하기 위해 사용하는 플래그(제어 비트)가 무엇인지 약어로 쓰시오.

답 :

정답
SYN

---

17 RARP의 반대 개념으로 호스트의 IP주소(논리적 주소)를 호스트와 연결된 네트워크 접속 장치의 물리적 주소(MAC)로 번역해 주는 프로토콜이 무엇인지 풀네임으로 쓰시오.

답 :

정답
Address Resolution Protocol

---

18 다음이 설명하는 용어를 쓰시오.

> 여러 개의 하드디스크로 디스크 배열을 구성하여 파일을 구성하고 있는 데이터 블록을 서로 다른 디스크들에 분산 저장할 경우 그 블록들을 여러 디스크에서 동시에 읽거나 쓸 수 있으므로 디스크의 속도가 매우 향상되는 기술이다.

답 :

정답
RAID(Redundant Array of Independent Disks)

19 다음이 설명하는 용어를 쓰시오.

복수의 다른 단말기에서 동일한 콘텐츠를 자유롭게 이용할 수 있는 서비스를 말한다.

답 :

정답
N-Screen

20 다음이 설명하는 용어를 쓰시오.

하드디스크나 주변 장치 없이 기본적인 메모리만 갖추고 서버와 네트워크로 운영되는 개인용 컴퓨터이다.

답 :

정답
Thin Client PC

정보처리기사 실기 실전 모의고사 05회

시험 일자	문항 수	시험 시간
년 월 일	총 20문항	2시간 30분

수험번호 : _____
성 명 : _____

---

01 소스코드 품질 분석 도구 중 하나인 Clean Code의 개념을 간략히 작성하시오.

답 :

정답
- 중복을 최소화한 가독성이 좋고 단순한 코드이다.
- 로직의 이해가 빠르고 수정 속도가 빨라진다.
- 오류를 찾기 용이하고 유지보수 비용이 낮아진다.

---

02 경계값 분석(Boundary Value Analysis)에 대하여 서술하시오.

답 :

정답
입력 조건의 경계에서 오류가 발생할 확률이 높다는 점을 이용하여 입력 조건의 경계값의 테스트 케이스를 생성한다.

---

03 학생 테이블에 대한 조회 권한을 부여하는 SQL문을 작성하시오. 조회 권한을 부여하는 대상은 'U1'이며 권한을 부여받은 대상은 다른 대상에게 같은 권한을 부여할 수 있도록 작성하시오.

답 :

정답
GRANT SELECT ON STUDENT TO U1 WITH GRANT OPTION;

해설
STUDENT 테이블의 검색권한(GRANT SELECT ON STUDENT)을 U1에게 부여(TO U1)하고, U1은 부여받은 권한을 다른 사용자에게 부여(WITH GRANT OPTION)할 수 있음

04 아래의 SQL문장에서 틀린 부분을 찾아 올바르게 고쳐 쓰시오. (문장 전체가 아닌 틀린 부분만 명확히 판단이 되면 정답으로 인정)

```
SELECT player_name, height FROM player
WHERE team_id = 'Korea' AND height BETWEEN 170 OR 180;
```

답 :

정답
BETWEEN 170 OR 180 → BETWEEN 170 AND 180

해설
BETWEEN A AND B : A에서 B 사이

05 다음은 접근 통제 정책의 비교표이다. ①~③에 맞는 용어를 쓰시오.

정책	①	②	③
권한 부여	시스템	데이터 소유자	중앙 관리자
접근 결정	보안 등급	신분	역할
정책 변경	고정적	변경 용이	변경 용이
장점	안정적, 중앙 집중적	구현 용이, 유연함	관리 용이

① :

② :

③ :

정답
① : 강제적 접근 통제(MAC : Mandatory Access Control)
② : 임의적 접근 통제(DAC : Discretionary Access Control)
③ : 역할 기반 접근 통제(RBAC : Role Based Access Control)

06 아래 C언어로 작성된 프로그램의 실행 결과를 쓰시오.

```c
int main() {
    int data[5] = {10, 6, 7, 9, 3};
    int temp;
    for (int i = 0; i < 4; i++) {
        for (int j = i + 1; j < 5; j++) {
            if (data[i] < data[j]) {
                temp = data[i];
                data[i] = data[j];
                data[j] = temp;
            }
        }
    }
    for(int i = 0; i < 5; i++) {
        printf("%d ", data[i]);
    }
}
```

답:

정답
10 9 7 6 3

해설

```c
int main() {
    int data[5] = {10, 6, 7, 9, 3};
    int temp;
    #1 2중 반복에 대소 비교를 통한 스왑코드 → 정렬
    for (int i = 0; i < 4; i++) {
        #2 j의 시작 값이 i보다 크므로 i가 왼쪽 값, j가 오른쪽 값
        for (int j = i + 1; j < 5; j++) {
            #3 왼쪽 값이 작을 때 스왑 → 내림차순
            if (data[i] < data[j]) {
                #4 스왑공식 정렬 방향과 상관 없이 일정함
                temp = data[i];
                data[i] = data[j];
                data[j] = temp;
            }
        }
    }
    for(int i = 0; i < 5; i++) {
        printf("%d ", data[i]);
    }
}
```

07 아래는 C언어로 작성된, 두 수를 입력받아서 차이값을 출력하는 프로그램이다. 입력되는 수에서 어떤 수가 클지 모르는 상황에서 차이값이 음수가 나오지 않도록 빈칸에 알맞은 코드를 쓰시오. (단, 두 수는 같은 값을 입력하지 않는다.)

```
int main() {
    int a, b;
    scanf("%d %d", &a, &b);
    if (    빈칸    )
        printf("%d, %d의 차이값은 %d입니다.", a, b, a-b);
    else
        printf("%d, %d의 차이값은 %d입니다.", a, b, b-a);
}
```

답:

정답

a>b

해설

```
int main() {
    int a, b;
    scanf("%d %d", &a, &b);
    #1 a-b의 결과로 양수가 나오려면 a가 커야 한다.
    if a>b
        printf("%d, %d의 차이값은 %d입니다.", a, b, a-b);
    else
        printf("%d, %d의 차이값은 %d입니다.", a, b, b-a);
}
```

08 아래 C언어로 작성된 프로그램의 실행 결과를 쓰시오.

```
int main() {
    int a=10, b=15;
    printf("%d", ++a/5 << b/2-1*2);
}
```

답 :

정답
64

해설
++a/5 << b/2-1*2
ㄱ. b/2 = 7
ㄴ. 1*2 = 2
ㄷ. ㄱ-ㄴ = 5
ㄹ. ++a = 11
ㅁ. ㄹ/5 = 2
ㅂ. ㅁ<<ㄷ = 64

09 아래 JAVA언어로 구현된 클래스는 내부 변수의 직접적인 접근을 막고 특정 메소드를 통해 값을 할당받아 출력해 주고 있다. 이와 관련된 객체지향 프로그래밍 기술을 영어로 쓰시오.

```
class Student{
  private String name;
  private int age;

  public void setName (String name){ this.name = name; }
  public void setAge (int age){ this.name = name; }
  public String getName(){ return name; }
  public int getAge(){ return age; }
}
```

답 :

정답
Encapsulation

10 아래 Python언어로 작성된 프로그램의 실행 결과를 쓰시오.

```
a = ['A', 'b', 'C']
a.pop(0)
a.append('B')
a.insert(0, 'G')
a.remove('B')
print(a)
```

답:

정답
['G', 'b', 'C']

해설
```
a = ['A', 'b', 'C']
#1 0번째 요소 삭제 → ['b', 'C']
a.pop(0)
#2 마지막 위치에 'B' 추가 → ['b', 'C', 'B']
a.append('B')
#3 0번째 위치에 'G' 추가 → ['G', 'b', 'C', 'B']
a.insert(0, 'G')
#4 'B' 삭제 (대소문자 구분) → ['G', 'b', 'C']
a.remove('B')
print(a)
```

11 다음은 커널(Kernel)에 대한 설명이다. ①~②에 알맞은 커널의 종류를 쓰시오.

- (①) : 시스템 운영에 필요한 최소한의 기능들만을 제공하며, 사용자가 필요한 기능을 추가하여 운영체제를 확장할 수 있도록 한다.
- (②) : 구현이 간단하여 속도가 빠르며, 임의 기능을 적재하여 동적으로 사용할 수 없다.

① :

② :

정답
① : 마이크로(Micro) 커널
② : 모놀리식(Monolithic) 커널

12 다음은 프로세스의 상태 전이 과정에 대한 설명이다. ①~④에 맞는 용어를 쓰시오.

> - (①) : 준비 상태의 프로세스가 실행 상태로 변하는 과정
> - (②) : 실행 상태의 프로세스가 할당된 시간을 다 사용했지만 아직 작업을 끝내지 못한 경우 다시 준비 상태로 넘어가는 과정
> - (③) : 실행 상태의 프로세스가 입출력에 의한 작업을 위해 대기 상태로 변하는 과정
> - (④) : 입출력 등이 완료되어 대기 상태의 프로세스가 준비 상태로 변하는 과정

① :

② :

③ :

④ :

정답
① : Dispatch
② : Time Run Out
③ : Block
④ : Wake Up

13 정규화 과정 중 제3정규형에 대해 간략히 서술하시오.

답 :

정답
이행적 함수 종속을 제거한 상태

14 아래 설명에 해당하는 정규형을 쓰시오.

> - 후보키를 통하지 않은 조인 종속을 제거한 릴레이션 스키마이다.
> - 조인 종속(Join Dependency)은 정규화를 통해서 분해된 각 릴레이션이 분해 전 릴레이션으로 재구성될 수 있는 것이다.
> - 릴레이션에 존재하는 모든 조인 종속성이 릴레이션의 후보키를 통해서만 성립된다.

답 :

정답
제5정규형

15 다음이 의미하는 용어를 쓰시오.

- 네트워크 장비를 관리 감시하기 위한 목적으로 UDP상에 정의된 응용 계층 표준 프로토콜이다.
- 네트워크 관리자가 네트워크 성능을 관리하고 네트워크 문제점을 찾는다.

답 :

정답
SNMP(Simple Network Management Protocol)

16 다음 빈칸에 알맞은 용어를 쓰시오

(   )은 IP 네트워크상에서 오디오와 비디오를 전달하기 위한 통신 프로토콜이다. 전화, 그리고 WebRTC, 텔레비전 서비스, 웹 기반 푸시 투 토크 기능을 포함한 화상 통화 분야 등의 스트리밍 미디어를 수반하는 통신, 엔터테인먼트 시스템에 사용된다.

답 :

정답
RTP(Real Time transport Protocol)

17 다음이 설명하는 용어를 쓰시오.

- USB 표준 중 하나로, 기존 A형에 비해 크기가 작고 위아래 구분이 없다.
- 데이터 전송 속도는 초당 10Gbps이며 전력은 최대 100w까지 전송된다.

답 :

정답
C-Type USB

18 다음이 설명하는 용어를 쓰시오.

> 하나의 프로세서 내에 일반 애플리케이션을 처리하는 일반 구역과 보안이 필요한 애플리케이션을 처리하는 보안 구역으로 분할하는 기술이다.

답 :

정답
TrustZone

19 다음이 설명하는 용어를 쓰시오.

> - 한 번의 기록만으로 자료를 영구 보관할 수 있는 광 저장 장치이다.
> - 기존의 염료층에 표시하는 방식과 달리 물리적으로 조각하는 방식으로 빛, 열, 습기 등의 요인에 영향을 받지 않는다.

답 :

정답
M(Millennial) DISC

20 다음이 설명하는 용어를 쓰시오.

> 기존의 관리 방법이나 분석 체계로는 처리하기 어려운 막대한 양의 정형 또는 비정형 데이터 집합이다.

답 :

정답
Big Data

정보처리기사 실기 실전 모의고사 06회

시험 일자	문항 수	시험 시간
년 월 일	총 20문항	2시간 30분

수험번호 : _____

성   명 : _____

---

01 클린 코드(Clean Code)는 중복을 최소화한 가독성이 좋고 단순한 코드이다. 클린 코드 작성 원칙 5가지를 쓰시오.

답 :

정답
가독성, 단순성, 의존성 배제, 중복성 제거, 추상화

---

02 단위 테스트는 코딩이 완료된 직후 소프트웨어 설계의 최소 단위인 모듈이나 컴포넌트에 초점을 맞춰 테스트하는 것이다. 단위 테스트 수행 방법을 빈칸 ①~②에 각각 쓰시오.

- (①) : 목적 및 실행 코드 기반의 블랙박스 테스트를 진행하며, 최소 기능 단위로 테스트한다.
- (②) : 프로그램 내부 구조 및 복잡도를 검증하는 화이트박스 테스트를 진행한다.

① :

② :

정답
① : 명세 기반 테스트
② : 구조 기반 테스트

---

03 데이터 제어어(DCL)에 대해 간략히 설명하시오.

답 :

정답
데이터의 보안, 무결성, 트랜잭션 병행제어 등을 위해 쓰인다.
대표적 명령 : COMMIT, ROLLBACK, GRANT, REVOKE

04 아래 두 테이블에 대한 곱집합(카티션 프로덕트)의 차수를 쓰시오.

R

회원번호	이름	과목
1	홍길동	영어
2	김경희	국어
3	안재홍	수학

×

S

성별	지역
남	서울
여	인천

답 :

정답
5

---

05 다음은 다중 접근 통제 정책에 대한 설명이다. 알맞은 접근제어 모델을 쓰시오.

- 정보의 무결성을 강조한 모델로서 Biba Integrity 모델보다 향상된 모델이다.
- 정보의 노출 방지보다 변조 방지가 더 중요한 금융기업과 같은 상업용 보안 구조 요구사항을 충족하는 범용 모델이다.
- 접근 권한을 가지고 있지 않은 사용자뿐만 아니라 정당한 사용자 또한 접근을 제어한다.

답 :

정답
클락-윌슨 모델(Clark-Wilson Model)

06
버퍼 오버플로우 공격은 정상적인 경우에는 사용되지 않아야 할 주소 공간(메모리), 원래는 경계선 관리가 적절하게 수행되어 덮어쓸 수 없는 부분에 해커가 임의의 코드를 덮어씀으로써 발생하는 취약점을 이용하는 공격이다. 이 공격을 차단하는 2가지 방법과 각각에 대해 간략히 쓰시오.

답:

정답
- 스택 가드(SG : Stack Guard) : 메모리상에서 프로그램의 복귀 주소와 변수 사이에 특정 값을 저장해 두었다가 그 값이 변경되었을 경우 오버플로우 상태로 가정하여 프로그램 실행을 중단하는 기술이다.
- 스택 쉴드(SS : Stack Shield) : 함수가 모두 수행하고 종료 시 저장된 값과 스택의 복사본 값을 비교해 값이 다를 경우 공격자로 간주하고 프로그램 실행을 중단한다.

07
아래 C언어로 작성된 프로그램의 실행 결과를 쓰시오.

```c
int main() {
    int a = (21 / 4) * 3;
    int b = (a * a) / a;
    printf("%d%d", a, b);
}
```

답:

정답
1515

해설

```c
int main() {
    #1 21(정수) / 4(정수) → 5(정수)
    #   5 * 3 → 15
    int a = (21 / 4) * 3;
    #2 (15*15)/15 → 15
    int b = (a * a) / a;
    #3 정수 2개를 붙여서 표현하는 것에 주의
    printf("%d%d", a, b);
}
```

08 아래 C언어로 작성된 프로그램의 실행 결과를 쓰시오.

```c
int main() {
    int sw=-1, n=2;
    printf("1");
    for(int i=1; i<5; i++) {
        if(sw==1)
            printf("+");
        printf("%d", n++*sw);
        sw *= -1;
    }
}
```

답:

정답

1-2+3-4+5

해설

```c
int main() {
    int sw=-1, n=2;
    #1 부호가 없는 1을 먼저 출력
    printf("1");
    for(int i=1; i<5; i++) {
        #-2가 먼저 출력되도록 sw(-1)를 1과 비교
        if(sw==1)
            #5 양수는 부호가 없기 때문에 강제 출력
            printf("+");
        #3 출력될 수(n)에 부호(sw)를 적용하여 출력 → n 증가
        printf("%d", n++*sw);
        #4 -1을 곱하여 양, 음수가 반복되도록 지정
        sw *= -1;
    }
}
```

09

아래는 C언어로 작성된, 학점을 입력받아 등급을 출력하는 프로그램이다. 프로그램이 정상 작동하도록 빈칸에 알맞은 코드를 쓰시오. (예 : 3.7인 경우 'B+'가 출력된다.)

```c
int main() {
    double score=3.7;
    int i = (   빈칸   );
    switch(i) {
    case 4:
        printf("A+"); break;
    case 3:
        printf("B+"); break;
    case 2:
        printf("C+"); break;
    case 1:
        printf("D+"); break;
    default:
        printf("F"); break;
    }
}
```

답:

정답

score

해설

```c
int main() {
    double score=3.7;
    #1 실수(3.7)를 정수 공간(i)에 할당하면 소수점 데이터가 소실(삭제)된다.
    # 3.0~3.9까지의 값(실수)은 3(정수)으로 자동 변환된다.
    int i = score;
    switch(i) {
    case 4:
        printf("A+"); break;
    case 3:
        printf("B+"); break;
    case 2:
        printf("C+"); break;
    case 1:
        printf("D+"); break;
    default:
        printf("F"); break;
    }
}
```

10 아래 JAVA언어로 구현된, 캡슐화가 적용된 클래스이다. 클래스가 정상 작동되도록 빈칸에 알맞은 코드를 쓰시오.

```
class Book{
  private String name;
  private String author;

  public void setName(String name){ (   ㄱ   ) }
  public void setAuthor(String author){ (   ㄴ   ) }
  public String getName(){ return name; }
  public String getAuthor(){ return author; }
}
```

ㄱ :

ㄴ :

정답

ㄱ : this.name = name;
ㄴ : this.author = author;

해설

```
class Book{
  #1 private 지정된 멤버는 클래스 내부에서만 접근 가능
  private String name;
  private String author;

  #2 매개변수(name)를 통해 넘겨받은 값을 클래스(this)의 name으로 할당
  public void setName(String name){ this.name = name; }
  #3 매개변수(author)를 통해 넘겨받은 값을 클래스(this)의 author로 할당
  public void setAuthor(String author){ this.author = author; }
  public String getName(){ return name; }
  public String getAuthor(){ return author; }
}
```

11 아래 Python언어로 작성된 프로그램의 실행 결과를 쓰시오.

```
s = "Hello Python"
print(s[6:10], s[-2:])
```

답 :

정답

Pyth on

해설

```
s = "Hello Python"
#1 마지막 인덱스(10) 전까지만 슬라이싱
#  마지막 인덱스 생략 시엔 끝까지 슬라이싱
print(s[6:10], s[-2:])
```

인덱스	0	1	2	3	4	5	6	7	8	9	10	11
문자열	H	e	l	l	o		P	y	t	h	o	n
역인덱스	−12	−11	−10	−9	−8	−7	−6	−5	−4	−3	−2	−1

12 쉘 스크립트(Shell Script)에 대해 간략히 쓰시오.

답 :

정답

- 운영체제의 제어 프로그램을 통제할 수 있는 인터프리터 방식의 프로그램이다.
- 여러 제어 명령을 주기적으로 자동으로 실행시킬 수 있다.
- 관리자 및 권리 권한을 가진 사용자가 운영체제의 다양한 제어 방식이나 권한을 통제하는 데 사용된다.
- 원하는 스크립트를 작성하여 sh 파일로 저장한 뒤에 필요할 때 실행한다.

13 다음 설명에서 빈칸 ( )에 맞는 용어를 쓰시오.

> • ( )(은)는 프로세스 내에서의 작업 단위로서 시스템의 여러 자원을 할당받아 실행하는 프로그램 단위이다.
> • 프로세스의 일부 특성을 갖고 있기 때문에 경량 프로세스라고도 하며, ( ) 기반 시스템에서 ( )(은)는 독립적인 스케줄링의 최소 단위로서 프로세스의 역할을 담당한다.
> • 동일 프로세스 환경에서 서로 독립적인 다중 수행이 가능하다.

답 :

정답
스레드(Thread)

14 정규화 과정 중 제2정규형에 대해 간략히 서술하시오.

답 :

정답
부분 함수 종속을 제거한 상태

15 병행 제어 기법 중 로킹(Locking)에서 로크의 단위가 큰 경우에 해당하는 특징을 모두 고르시오.

> ㄱ. 로크의 개수가 적어져 병행 제어 기법이 단순해진다.
> ㄴ. 로크의 개수가 많아져 병행 제어 기법이 복잡해진다.
> ㄷ. 병행성(공유도) 수준이 낮아지고 오버헤드가 감소한다.
> ㄹ. 병행성(공유도) 수준이 높아지고 오버헤드가 증가한다.

답 :

정답
ㄱ, ㄷ

16 인터넷에서 파일을 주고 받을 수 있도록 하는 프로토콜로, 다른 컴퓨터가 접속하면 파일의 업로드와 다운로드 서비스를 제공한다. 별도의 계정 없이 익명으로도 이용 가능하며 ASCII 전송 모드와 Binary 전송 모드가 있는 프로토콜은 무엇인가?

답 :

정답
FTP(File Transfer Protocol)

17 TCP 프로토콜은 상대방과의 통신 수립 단계 때문에 지연시간이 생기는데, 3단계로 이루어진 통신 수립 단계를 의미하는 용어를 쓰시오.

답 :

정답
3-way 핸드셰이킹

18 다음이 설명하는 용어를 쓰시오.

> 다양한 채널에서 소비자와 상호작용을 통해 생성된, 기업 마케팅에 있어 효율적이고 다양한 데이터이며, 이전에 사용하지 않거나 알지 못했던 새로운 데이터나 기존 데이터에 새로운 가치가 더해진 데이터이다.

답 :

정답
Broad Data

19 다음이 설명하는 용어를 쓰시오.

> 일련의 데이터를 정의하고 설명해 주는 데이터로, 빠른 검색이나 내용을 간략하고 체계적으로 하기 위해 주로 사용된다.

답 :

정답
Meta Data

20 다음이 설명하는 용어를 쓰시오.

> 디지털 정보 자원을 장기적으로 보존하기 위한 작업으로, 아날로그 콘텐츠는 디지털로 변환한 후 압축하여 저장하고, 디지털 콘텐츠는 체계적으로 분류하여 메타 데이터를 만들어 DB화하는 작업이다.

답 :

정답
Digital Archiving

정보처리기사 실기 실전 모의고사 07회

시험 일자	문항 수	시험 시간
년 월 일	총 20문항	2시간 30분

수험번호 : _____

성   명 : _____

---

01 다음이 의미하는 용어를 쓰시오.

- 코드의 기능 자체는 바뀌지 않은 상태에서 구조를 개선하는 것이다.
- 완성된 코드의 구조를 좀 더 안정되게 설계하는 기술이다.
- 소프트웨어의 디자인을 개선하여 가독성을 높인다.

답 :

정답
리팩토링(Refactoring)

---

02 다음은 점증적인 통합 테스트에 대한 설명이다. 이것이 의미하는 용어를 쓰시오.

- 테스트 초기부터 사용자에게 시스템 구조를 시각화할 수 있다.
- 깊이 우선 통합법이나 넓이 우선 통합법을 사용하여 아래 단계로 이동한다.
- 프로그램의 상위 모듈에서 하위 모듈 방향으로 통합하면서 테스트하는 기법이다.

답 :

정답
하향식(Top Down) 통합 테스트

03 데이터 정의어(DDL)에 대해 간략히 설명하시오.

답:

정답
DB(Schema), Table, View, Index 등을 정의(생성·갱신·삭제)할 때 쓰이며, 대표적인 명령어에는 CREATE, ALTER, DROP 등이 있다.

04 학생 테이블의 학과 속성값을 오름차순 정렬하여, 중복을 허용하지 않도록 '학생_인덱스'라는 이름으로 인덱스를 정의하는 SQL문을 작성하시오.

답:

정답
CREATE UNIQUE INDEX 학생_인덱스 ON 학생(학과 ASC);

해설
UNIQUE : 중복 비허용

05 시스템 인증 중, 사용자 인증의 종류 3가지와 각각에 대하여 간략히 서술하시오.

답:

정답
- 단순(Simple) 사용자 인증 : 가장 일반적으로 사용하는 방식으로 하나의 패스워드를 사용하여 인증을 받는 기법
- 단일(Unique) 사용자 인증 : 하나의 인증 요소만 사용하는 인증 방법으로 보안에 매우 취약한 편
- 이중(Two-factor) 사용자 인증 : 단일 사용자 인증 요소 중에 2개 이상을 조합하여 사용하는 인증 기법

06 아래 C언어로 작성된 정렬 프로그램에서 빈칸에 알맞은 코드를 적으시오.

```c
int main() {
    int data[5] = {10, 6, 7, 9, 3};
    int temp;
    for (int i = 0; i < 4; i++) {
        for (int j = i + 1; j < 5; j++) {
            if (data[i] > data[j]) {
                temp = data[i];
                (   빈칸   );
                data[j] = temp;
            }
        }
    }
    for(int i = 0; i < 5; i++) {
        printf("%d ", data[i]);
    }
}
```

답 :

정답
data[i] = data[j]

해설
정렬 프로그램에는 스왑 공식이 반드시 나온다.
C = A
A = B
B = C이므로 A는 data[i], B는 data[j]이다.

07 아래는 C언어로 작성된, 두 수를 입력받아서 차이값을 출력하는 프로그램이다. 입력되는 수 중에 어떤 수가 클지 모르는 상황에서 차이값이 음수가 나오지 않도록 빈칸에 알맞은 코드를 쓰시오. (단, 두 수는 같은 값을 입력하지 않는다.)

```c
int main() {
    int a, b, max, min;
    scanf("%d %d", &a, &b);
    if(     빈칸     ){
        max=b; min=a;
    }else{
        max=a; min=b;
    }
    printf("%d, %d의 차이값은 %d입니다.", max, min, max-min);
}
```

답:

정답
a<b

해설

```c
int main() {
    int a, b, max, min;
    scanf("%d %d", &a, &b);
    #1 대소 비교를 통해 큰 값이 max에 저장되도록 한다.
    if a<b {
        max=b; min=a;
    }else{
        max=a; min=b;
    }
    printf("%d, %d의 차이값은 %d입니다.", max, min, max-min);
}
```

08 아래 C언어로 작성된 프로그램의 실행 결과를 쓰시오.

```c
int main() {
    int a=10, b=5;
    printf("%d, ", a / b * 2);
    printf("%d, ", ++a * 3);
    printf("%d, ", a>b && a != 5);
}
```

답:

정답

4, 33, 1,

해설

```c
int main() {
    int a=10, b=5;
    #1 우선순위가 같은 경우 우측 방향 연산
    printf("%d, ", a / b * 2);
    #2 단항 연산이 이항 연산보다 우선
    printf("%d, ", ++a * 3);
    #3 비교 연산 후에 논리 연산(&&) 진행
    printf("%d, ", a>b && a != 5);
}
```

09 아래 JAVA언어로 작성된 프로그램의 실행 결과를 쓰시오.

```java
public class Main {
    public static int[] makeArray(int n) {
        int[] t = new int[n];
        for(int i = 0; i < n; i++) {
            t[i] = (i*7)%10;
        }
        return t;
    }
    public static void main(String[] atgs) {
        int[] a = makeArray(4);
        for(int i = 0; i < a.length; i++)
            System.out.print(a[i] + " ");
    }
}
```

답:

정답

0 7 4 1

해설

```java
public class Main {
    public static int[] makeArray(int n) {
        #2 4칸의 정수 배열 생성 후 반복문으로 순회
        int[] t = new int[n];
        for(int i = 0; i < n; i++) {
            #3 반복용 변수(i)에 7을 곱한값 중 1의 자리(%10) 할당
            # t[0] = (0*7)%10 → 0
            # t[1] = (1*7)%10 → 7
            # t[2] = (2*7)%10 → 14
            # t[3] = (3*7)%10 → 21
            t[i] = (i*7)%10;
        }
        return t;
    }
    public static void main(String[] atgs) {
        #1 인수 4를 이용하여 makeArray 메소드 호출
        int[] a = makeArray(4);
        for(int i = 0; i < a.length; i++)
            System.out.print(a[i] + " ");
    }
}
```

10 아래 Python언어로 작성된 프로그램에서 self의 의미를 간략히 서술하시오.

```
class ClassicCar:
    color = "빨간색"
    def test(self):
        color = "파란색"
        print("color = ", color)
        print("self.color = ", self.color)
father = ClassicCar()
father.test()
```

답 :

정답
- self는 클래스 자신을 지칭하는 데 사용된다.
- 메소드 내부에서 self를 통해 클래스의 변수나 다른 메소드에 접근할 수 있다.

---

11 비선점형(Non Preemption) 방식은 현재 실행 중인 프로세스를 다른 프로세스가 강제적으로 중단시킬 수 없는 방식이며 일괄 처리 시스템에 적당하다. 비선점형 방식 3가지와 각각에 대한 설명을 간략히 쓰시오.

답 :

정답
- FIFO(First In First Out) : 프로세스가 도착(입력)한 순서대로 처리한다.
- SJF(Short Job First) : 실행 시간이 가장 짧은 프로세스 순으로 처리한다.
- HRN(Highest Response-ratio Next) : 대기 시간이 긴 프로세스의 우선순위를 높여서 긴 작업과 짧은 작업 간의 지나친 불평등을 해소할 수 있다.

12 다음은 교착상태(DeadLock)가 발생할 수 있는 필요 충분 조건에 대한 설명이다. ①~④에 맞는 용어를 쓰시오.

> - (①) : 한 리소스는 한 번에 한 프로세스만이 사용할 수 있다.
> - (②) : 어떤 프로세스가 하나 이상의 리소스를 점유하고 있으면서 다른 프로세스가 가지고 있는 리소스를 기다린다.
> - (③) : 프로세스가 작업을 마친 후 리소스를 자발적으로 반환할 때까지 기다린다.
> - (④) : 각 프로세스는 순환적으로 다음 프로세스가 요구하는 자원을 가진다.

① :

② :

③ :

④ :

정답

① : 상호 배제(Mutual exclusion)

② : 점유와 대기(Hold and wait)

③ : 비선점(Non preemption)

④ : 환형 대기(Circular wait)

13 정규화 과정 중 제1정규형에 대해 간략히 서술하시오.

답:

> **정답**
> 도메인이 원자값만 가지도록 테이블을 분해한 상태

14 병행 제어 기법 중 로킹(Locking)에서 로크의 단위가 작은 경우에 해당하는 특징을 모두 고르시오.

> ㄱ. 로크의 개수가 적어져 병행 제어 기법이 단순해진다.
> ㄴ. 로크의 개수가 많아져 병행 제어 기법이 복잡해진다.
> ㄷ. 병행성(공유도) 수준이 낮아지고 오버헤드가 감소한다.
> ㄹ. 병행성(공유도) 수준이 높아지고 오버헤드가 증가한다.

답:

> **정답**
> ㄴ, ㄹ

15 OSI 7계층의 하위 계층 4가지를 쓰시오.

답:

> **정답**
> 전송 계층(Transport Layer), 네트워크 계층(Network Layer), 데이터링크 계층(Data Link Layer), 물리 계층(Physical Layer)

16 전자우편 서비스는 온라인으로 편지를 주고받을 수 있는 서비스이다. 전자우편 서비스에서 사용하는 프로토콜을 3가지 쓰시오.

답:

정답
SMTP(Simple Mail Transfer Protocol), POP3(Post Office Protocol), MIME(Multipurpose Internet Mail Extensions), IMAP(Internet Messaging Protocol)

17 다음이 설명하는 용어를 쓰시오.

> 오픈 소스를 기반으로 한 분산 컴퓨팅 플랫폼으로 가상화된 대형 스토리지를 형성하고 그 안에 보관된 거대한 데이터 세트를 병렬로 처리할 수 있도록 개발된 자바 소프트웨어 프레임워크이다.

답:

정답
하둡(Hadoop)

18 다음이 설명하는 용어를 쓰시오.

> 우리나라 개발자들이 주도하는 하둡 기반의 분산 데이터 웨어하우스 프로젝트로, 맵리듀스를 사용하지 않고 SQL을 사용한다.

답:

정답
Tajo

19 다음이 설명하는 용어를 쓰시오.

> 데이터를 삭제하는 것이 아니라 압축하고, 중복된 정보를 배제하고, 새로운 기준에 따라 나누어 저장하는 작업이다.

답 :

정답
Data Diet

20 다음이 설명하는 용어를 쓰시오.

> 기업의 전략적 관점에서 효율적인 의사 결정을 지원하기 위해 데이터의 시계열적 축적과 통합을 목표로 하는 기술의 구조적, 통합적 환경이다.

답 :

정답
Data Warehouse

정보처리기사 실기 실전 모의고사 08회

시험 일자	문항 수	시험 시간
년 월 일	총 20문항	2시간 30분

수험번호 : _____
성 명 : _____

---

01 다음 설명에 부합하는 정적 테스트는 무엇인지 용어를 쓰시오.

- 프로그램을 실행하지 않고 요구사항 명세서, 소스코드를 대상으로 분석한다.
- 검토 회의 전에 미리 준비된 자료를 배포하여 사전 검토를 진행한다.
- 검토 회의를 빠르게 진행하여 오류를 조기에 발견한다.

답 :

정답
워크스루(Walk Through)

---

02 통합 테스트에서 사용되는 Stub과 Driver에 대하여 간략히 서술하시오.

답 :

정답
Stub : 상위 모듈의 테스트를 위한 기능만 가지고 있는 시험용 하위 모듈
Driver : 아직 존재하지 않는 상위 모듈의 역할(인터페이스)을 하는 시험용 모듈

---

03 데이터 조작어(DML)에 대해 간략히 설명하시오.

답 :

정답
테이블의 데이터를 조회하고 조작(삽입·갱신·삭제)할 때 쓰인다.
대표적 명령 : SELECT, INSERT, DELETE, UPDATE

04 수강생 테이블의 학번, 성명, 과목 필드에 각각 '1234', '길동', '정보처리'의 값을 삽입하는 SQL 문장을 작성하시오.

답 :

정답
INSERT INTO 학생(학번, 성명, 과목) VALUES('1234', '길동', '정보처리');

05 다음이 의미하는 용어를 쓰시오.

- 조직의 정보보호 대상에 대한 위험을 수용할 수 있는 수준으로 유지하기 위해 정보보호 대상에 대한 위험을 분석하는 과정이다.
- 분석된 위험으로부터 정보 대상을 보호하기 위하여 효율적인 보호 대책을 마련하는 단계이다.
- 경제적으로 문제가 없는 범위 안에서 위험을 최소화하는 보안 대책을 준비하는 데 필요한 정보를 제공한다.

답 :

정답
위험 관리

06 다음이 의미하는 용어를 쓰시오.

- 불법적인 외부 침입으로부터 내부 네트워크의 정보를 보호하기 위한 시스템이다.
- 일반적으로 방화벽(Firewall)이 그 역할을 담당한다.
- 내부와 외부 네트워크 사이의 정보 흐름을 안전하게 통제하는 시스템이다.

답 :

정답
침입 차단 시스템(IPS : Intrusion Prevention System)

07 아래 C언어로 작성된 프로그램의 실행 결과를 쓰시오.

```c
int main() {
    int a=2, r=3, total=a, n=2;
    for(int i=0; i<3; i++) {
        a*=r;
        total+=a;
    }
    printf("%d", total);
}
```

답:

정답
80

해설

```c
int main() {
    int a=2, r=3, total=a, n=2;
    for(int i=0; i<3; i++) {
        #1 같은 값(r)을 누승(*=)하여 누적(+=) → 등비수열
        a*=r;
        #2 total의 초기값(2)을 고려하여 패턴 파악
        #   2 + 2*3 + (2*3)*3 + ((2*3)*3)*3
        total+=a;
    }
    printf("%d", total);
}
```

08 아래 C언어로 작성된 프로그램의 실행 결과를 쓰시오.

```c
int main()
{
    char a, b;
    char *pa=&a, *pb=&b;
    int res = sizeof(a)+sizeof(b)==sizeof(*pa)+sizeof(*pb);
    printf("%d",res);
    return 0;
}
```

답 :

정답
1

해설

```c
int main()
{
    char a, b;
    #1 *pa는 a와 같은 데이터 공간 핸들
    #2 *pb는 b와 같은 데이터 공간 핸들
    char *pa=&a, *pb=&b;
    #3 서로 같은 공간의 크기(sizeof)를 비교하므로 true(1)
    int res = sizeof(a)+sizeof(b)==sizeof(*pa)+sizeof(*pb);
    printf("%d",res);
    return 0;
}
```

09 아래 C언어로 작성된 프로그램은 배열 a의 요소 전체를 출력한다. 배열명(a)을 사용하지 않고 정상 작동되도록 빈칸을 채우시오.

```c
int main() {
    int a[5]= {1, 2, 3, 4, 5};
    int *p=a;
    for(int i=0; i<5; i++)
        printf("%d ",(    빈칸    ));
    return 0;
}
```

답 :

정답

*(p+i)

해설

```c
int main() {
    int a[5]= {1, 2, 3, 4, 5};
    #1 배열명은 주소상수이므로 &를 붙일 필요가 없음
    # *p는 a와 같은 데이터 공간 핸들
    int *p=a;
    for(int i=0; i<5; i++)
        #2 a[i]는 *(a+i)와 같고, *p는 a와 같으므로 *(p+i)도 같은 공간을 핸들
        printf("%d ", *(p+i));
    return 0;
}
```

10 JAVA언어의 대표 기술인 오버로딩에 대해 간략히 서술하시오.

답 :

정답
자바의 한 클래스 내에 이미 사용하려는 이름과 같은 이름을 가진 메소드가 있더라도, 매개변수의 개수 또는 타입이 다르면 같은 이름을 사용해서 메소드를 정의할 수 있다.

---

11 Python언어가 코드 각각의 지역을 구분할 때 중괄호 대신 사용하는 것을 쓰시오.

답 :

정답
들여쓰기

---

12 교착상태는 둘 이상의 프로세스가 실현 불가능한 상태를 무한정 기다리고 있는 상태를 말한다. 교착 상태 해결 방안 4가지를 쓰시오.

답 :

정답
예방(Prevention), 회피(Avoidance), 발견(Detection), 회복(Recovery)

13 주기억장치는 위치값이 데이터들로 구성되어 있으며 주소를 통해 접근한다. 주기억장치 관리 전략 중, 배치(Placement) 전략에 대한 설명을 참고하여 빈칸을 채우시오.

- 최초 적합(First Fit) : 데이터 배치가 가능한 공간 중 첫번째 공간에 배치
- (①   ) : 데이터 배치가 가능한 공간 중 여유 공간(단편화)을 가장 적게 남기는 공간에 배치
- (②   ) : 데이터 배치가 가능한 공간 중 여유 공간(단편화)을 가장 크게 남기는 공간에 배치

① :

② :

정답
① 최적 적합(Best Fit)
② 최악 적합(Worst Fit)

14 정규화 과정 중 비정규형에 대해 간략히 서술하시오.

답 :

정답
정규화가 전혀 진행되지 않은 상태

15 대용량의 테이블을 논리적인 단위의 작은 테이블로 나누어 성능 저하 방지 및 관리를 용이하게 하는 파티셔닝의 분할 유형 중 3가지를 적으시오.

답 :

정답
범위(Range) 분할, 해시(Hash) 분할, 조합(Composite) 분할, 목록(List) 분할

16 OSI 7계층의 상위 계층 3가지를 쓰시오.

답 :

정답
응용 계층(Application Layer), 표현 계층(Presentation Layer), 세션 계층(Session Layer)

17 다음이 의미하는 용어를 쓰시오.

- 양 끝단의 응용 프로세스가 통신을 관리하기 위한 방법을 제공하는 계층이다.
- 통신하는 사용자들을 동기화하고 오류복구 명령들을 일괄적으로 다룬다.
- 동시 송수신 방식(duplex), 반이중 방식(half-duplex), 전이중 방식(full duplex)의 통신과 함께 체크 포인팅과 유휴, 종료, 다시 시작 과정 등을 수행한다.

답 :

정답
세션 계층(Session Layer)

18 다음이 설명하는 용어를 쓰시오.

사용자가 정확하게 원하는 정보를 찾을 수 있도록 웹상의 모든 데이터와 데이터베이스를 무료로 공개하고 연계하는 것으로 데이터를 재사용할 수 있고, 데이터 중복을 줄일 수 있다는 장점이 있다.

답 :

정답
Linked Open Data

19 다음이 설명하는 용어를 쓰시오.

- 근거리 무선 접속을 지원하기 위해 사용되는 대표적인 통신 기술이다.
- 휴대폰, 노트북, 이어폰, 핸드폰 등을 기기 간에 서로 연결해 정보를 교환하는 근거리 무선 기술 표준을 말한다.

답 :

정답
블루투스(Bluetooth)

20 다음이 설명하는 용어를 쓰시오.

기존 무선 랜의 한계 극복을 위해 등장하였으며, 대규모 디바이스의 네트워크 생성에 최적화되어 차세대 이동통신, 홈 네트워킹, 공공 안전 등의 특수 목적을 위한 새로운 방식의 네트워크 기술이다. 대표 AP만 유선으로 연결되며 무선 통신 라우터들이 모든 노드를 무선으로 연결하는 방식이다.

답 :

정답
(무선) Mesh Network

정보처리기사 실기 실전 모의고사 09회

시험 일자	문항 수	시험 시간
년 월 일	총 20문항	2시간 30분

수험번호 : _____

성　　명 : _____

---

01 다음이 의미하는 용어를 쓰시오.

- 요구사항 명세서를 기반으로 구현된 기능을 테스트 케이스로 설계하는 방법이다.
- 소프트웨어 인터페이스에서 실행되며 기능 테스트라고도 한다.
- 기능 및 인터페이스, 데이터 접근, 성능 등의 오류를 발견하기 위해 테스트 후반부에 적용된다.

답 :

정답
블랙박스 테스트(Black Box Test)

---

02 블랙박스 테스트(Black Box Test)의 정의에 대하여 약술하시오.

답 :

정답
블랙박스는 요구사항 명세서를 기반으로 구현된 기능을 테스트 케이스로 설계하는 방법이다. 소프트웨어 인터페이스에서 실행되며 기능 테스트라고도 한다.

03 두 릴레이션 A, B에 대해 B 릴레이션의 모든 조건을 만족하는 튜플들을 릴레이션 A에서 분리해 내어 프로젝션하는 관계대수 연산기호를 쓰시오.

답:

정답
÷

04 학생 테이블에서 3학년 학생의 학번과 성명, 연락처 속성을 이용하여 학번, 이름, 전화번호 속성으로 구성된 '3학년연락처' 뷰를 생성하시오.

답:

정답
CREATE VIEW 3학년연락처(학번, 이름, 전화번호)
AS SELECT 학번, 성명, 연락처 FROM 학생 WHERE 학년= 3;

05 컴퓨터 바이러스의 감염 위치에 따른 분류 3가지를 쓰시오.

답:

정답
부트(Boot) 바이러스, 파일(File) 바이러스, 매크로(Macro) 바이러스, 메모리 상주 바이러스

06 아래 C언어로 작성된 프로그램은 2~100 사이의 소수(prime number)를 판별하여 출력한다. 빈칸에 알맞은 코드를 쓰시오.

```c
int main()
{
    int num, i;
    for (num = 2; num <= 100; num++) {
        for (i = 2; i < num; i++) {
            if (num % i == 0) break;
        }
        if (    빈칸    ) printf("%d ", num);
    }
    printf("\n");
    return 0;
}
```

답:

정답

i == num

해설

```c
int main()
{
    int num, i;
    for (num = 2; num <= 100; num++) {
        #1 소수 판별을 위해 1과 자기 자신(num)을 제외한 수 중에서
        for (i = 2; i < num; i++) {
            #2 약수가 존재하는지 확인 → 반복 종료
            if (num % i == 0) break;
        }
        #3 break(약수)를 만나지 않았을 경우 i가 num과 같아진다.
        #   따라서, i와 num이 같다면 약수가 없다 → 소수 발견 → 출력
        if i == num printf("%d ", num);
    }
    printf("\n");
    return 0;
}
```

07 아래 C언어로 작성된 프로그램의 실행 결과를 쓰시오.

```c
int main() {
    int ar[2][3]= {1, 2, 3, 4, 5, 6};
    printf("%d", ar[1][1]);
    return 0;
}
```

답:

정답

5

해설

	..[0]	..[1]	..[2]
ar[0]	1	2	3
ar[1]	4	5	6

```c
int main() {
    #1 차원 구분 없이 초기화될 경우 순서대로(왼쪽위에서 오른쪽 아래로) 할당
    int ar[2][3]= {1, 2, 3, 4, 5, 6};
    printf("%d", ar[1][1]);
    return 0;
}
```

08 아래 C언어로 작성된 프로그램의 실행 결과를 쓰시오.

```c
int main() {
    int ar[4][2]= {1, 2, 3, 4, 5, 6, 7, 8};
    int *p = ar;
    printf("%d", *(p+7));
    return 0;
}
```

답 :

정답

8

해설

	..[0]	..[1]
ar[0]	*(p+0) → 1	*(p+1) → 2
ar[1]	*(p+2) → 3	*(p+3) → 4
ar[2]	*(p+4) → 5	*(p+5) → 6
ar[3]	*(p+6) → 7	*(p+7) → 8

```
int main() {
    int ar[4][2]= {1, 2, 3, 4, 5, 6, 7, 8};
    int *p = ar;
    #1 배열 데이터는 연속적으로 나열되어 있으므로 포인터 연산을 통해 순차접근 가능
    printf("%d", *(p+7));
    return 0;
}
```

09 JAVA언어 대표 기술인 오버라이딩에 대해 간략히 서술하시오.

답 :

정답
부모 클래스로부터 상속받은 메소드를 자식 클래스에서 재정의하는 것이다.

10 Python에서 클래스의 생성자 메소드를 구현할 때, 사용하는 식별자를 쓰시오.

답 :

정답
__init__

11 교착상태 해결 방안 중, 회복(Recovery)은 교착상태가 발생한 프로세스 중 희생양을 정하여 자원을 빼앗는 방식이다. 희생양을 정하는 기준을 간략히 쓰시오.

답 :

정답
- 우선순위가 낮은 프로세스
- 진행률이 적은 프로세스
- 자원을 적게 사용하고 있는 프로세스
- 기아(무한 대기) 상태 등으로 수행이 불가능한 프로세스

12 다음이 의미하는 용어를 쓰시오.

- 주기억장치보다 큰 사용자 프로그램을 실행하기 위한 기법이다.
- 프로그램을 여러 개의 조각으로 나눈 후 필요한 조각을 차례로 주기억장치에 적재하여 프로그램을 실행한다.
- 주기억장치의 공간이 부족해지면 적재된 조각 중 불필요한 조각을 중첩하여 적재한다.
- 여러 조각으로 나누는 작업은 프로그래머가 직접 수행해야 한다.

답 :

정답
오버레이 기법

13 정규화의 목적을 간략히 쓰시오.

답 :

정답
데이터의 중복 및 종속성으로 인한 이상(Anomaly) 현상의 제거

14 정규화된 엔티티, 속성, 관계를 시스템의 성능 향상과 개발 운영의 단순화를 위해 중복, 통합, 분리 등을 수행하는 데이터 모델링 기법을 적으시오.

답 :

정답
반정규화

15 다음은 OSI 7계층에 대한 설명이다. 빈칸 ( )에 맞는 용어를 쓰시오.

> ( )(은)는 우리가 흔히 아는 IP주소를 제공하는 계층으로 ( )에서는 대표적으로 노드들을 거칠 때마다 라우팅해 주는 역할을 담당한다. 전송 단위는 Packet이다.

답 :

정답
네트워크 계층(Network Layer)

---

16 OSI 7계층에서 종단 간 신뢰성 있고 효율적인 데이터를 전송하기 위해 오류 검출과 복구, 흐름제어를 수행하는 계층을 쓰시오.

답 :

정답
전송 계층(Transport Layer)

---

17 다음이 설명하는 용어를 쓰시오.

> - RFID 기술 중 하나로 최대 통신 거리가 10cm 이내로 좁은 비접촉식 통신 기술이다.
> - 통신 장비 중 최대 통신 가능 거리가 가장 좁다.

답 :

정답
NFC(Near Field Communication)

18 다음이 설명하는 용어를 쓰시오.

- 근거리에 있는 스마트폰을 자동으로 인식하여 필요한 데이터를 전송할 수 있는 무선 통신 장치이다.
- 최대 50m 거리에서도 무선으로 통신할 수 있다.

답 :

정답
비콘(Beacon)

19 다음이 설명하는 용어를 쓰시오.

- 여러 개의 독립된 통신 장치가 블루투스 및 UWB 기술을 사용하여 통신망을 형성하는 무선 네트워크 구축 기술이다.
- TDM 기술을 사용하며 주국(Master)을 통해 일대다로 통신이 이루어진다.

답 :

정답
PICONET

20 다음이 설명하는 용어를 쓰시오.

- TCP/IP 프로토콜 위에서 동작하는 발행-구독 기반의 메시징 프로토콜이다.
- 사물통신, 사물인터넷과 같이 대역폭이 제한된 통신환경에 최적화하여 개발된 푸시 기술 기반의 경량 메시지 전송 프로토콜이다.
- 메시지 매개자(Broker)를 통해 송신자가 특정 메시지를 발행하고 수신자가 메시지를 구독하는 방식으로 IBM이 주도하여 개발되었다.

답 :

정답
MQTT(Message Queuing Telemetry Transport)

정보처리기사 실기 실전 모의고사 10회

시험 일자	문항 수	시험 시간
년 월 일	총 20문항	2시간 30분

수험번호 : _____

성 명 : _____

---

01 다음이 의미하는 용어를 쓰시오.

- 코딩이 완료된 직후 소프트웨어 설계의 최소 단위인 모듈이나 컴포넌트에 초점을 맞춰 테스트하는 것이다.
- 모듈의 기능 수행 여부를 판정하고 내부에 존재하는 논리적인 오류를 검출한다.
- 사용자의 요구사항을 기반으로 한 기능성 테스트를 최우선으로 수행한다.

답 :

정답
단위 테스트(Unit Test)

---

02 블랙박스 테스트(Black Box Test) 테스트 기법을 3가지 쓰시오.

답 :

정답
- 동치(동등) 분할 검사(Equivalence Partitioning Testing)
- 경계값 분석(Boundary Value Analysis)
- 원인-효과 그래프 검사(Cause-Effect Graphing Testing)
- 오류 예측 검사(Error Guessing)
- 비교 검사(Comparison Testing)

03
프로젝트번호(PNO) 1, 2, 3에서 일하는 사원의 주민등록번호(JUNO)를 검색하는 SQL문을 작성하시오. 단, 사원 테이블(WORKS)은 프로젝트번호(PNO), 주민등록번호(JUNO) 필드로 구성된다.

답 :

정답
SELECT JUNO FROM WORKS WHERE PNO IN(1, 2, 3);

04
아래 학생 테이블을 대상으로 하는 SQL문의 결과를 쓰시오. (필드명을 제외한 예상 출력 데이터만 기록)

[학생]

NO	NAME	KOR	ENG	MATH
203355	고소현	100	100	100
211135	한진만	100	NULL	100
222233	홍길동	NULL	0	100

[SQL문]

SELECT SUM(MATH) FROM 학생 WHERE NAME <> '홍길동' ;

답 :

정답
200

해설
이름이 홍길동이 아닌 튜플들의 MATH 점수 합계

05 악성 프로그램 중, 파괴 기능 없이 확산의 목적을 가지고 끊임없는 자기복제를 통해 시스템에 과부하를 주는 형태의 공격을 하는 것은 무엇인지 쓰시오.

답:

정답
웜(Worm)

06 다음이 의미하는 용어를 쓰시오.

- 평문을 비트 혹은 바이트 단위로 암호화한다.
- 작고 빠르기 때문에 휴대폰이나 컴퓨터 능력이 적게 사용되는 환경에 적합하다.
- 알고리즘 구현 속도가 빠르기 때문에 실용적이며, 군사적인 목적으로 많이 사용된다.
- 한 비트에만 영향을 주기 때문에 오류 발생에 영향을 덜 받는다.
- 난수와 같은 초기 값을 발생시켜 평문과 XOR연산을 통해 암호화한다.

답:

정답
스트림 암호(Stream Cipher)

07 아래 C언어로 작성된 프로그램의 실행 결과를 쓰시오.

```c
int main() {
    int a=1, b=1, num;
    for(int i=0; i<6; i++) {
        num = a + b;
        a = b;
        b = num;
    }
    printf("%d", num);
}
```

답:

정답
21

08 아래 C언어로 작성된 프로그램은 2~100 사이의 소수(prime number)를 판별하여 출력한다. 빈칸에 알맞은 코드를 쓰시오.

```c
int main()
{
    int num, i;
    for (num = 2; num <= 100; num++) {
        for (i = 2; i <= num/2; i++) {
            if (   빈칸   ) break;
        }
        if (i > num/2) printf("%d ", num);
    }
    printf("\n");
    return 0;
}
```

답 :

정답
num % i == 0

해설
```
int main()
{
    int num, i;
    for (num = 2; num <= 100; num++) {
        #1 소수 판별을 위한 약수 판단 범위는
        #   2부터 자신(num)까지
        #   2부터 자신의 절반(num/2)까지
        #   2부터 자신의 제곱근(int(srqt(num)))까지 중 하나를 사용
        for (i = 2; i <= num/2; i++) {
            #2 어떤 범위를 써도 약수를 판단하는 조건식은 변하지 않는다.
            if num % i == 0 break;
        }
        if (i > num/2) printf("%d ", num);
    }
    printf("\n");
    return 0;
}
```

09 아래 JAVA언어로 작성된 프로그램이 정상 작동되도록 빈칸에 적절한 코드를 쓰시오.

```
class Person {
    String name;
    public Person(String name) {
        this.name = name;
    }
}
class Student extends Person {
    String dept;
    public Student(String name) {
        (   빈칸   );
    }
}
public class Main {
    public static void main(String[] args) {
        Student s = new Student("GilDong");
        System.out.print(s.name);
    }
}
```

답:

정답

super(name)

해설

```java
class Person {
    String name;
    #3 매개변수(name)를 통해 넘겨받은 GilDong을
    # 클래스(this)의 name으로 할당
    public Person(String name) {
        this.name = name;
    }
}
class Student extends Person {
    String dept;
    #2 매개변수(name)를 통해 넘겨받은 GilDong을 할당할 곳(name)이
    # 상위 클래스에 있으므로 상위 클래스(super) 생성자로 전달
    public Student(String name) {
        super(name);
    }
}
public class Main {
    public static void main(String[] args) {
        #1 GilDong을 인수로 Student 인수 생성
        Student s = new Student("GilDong");
        System.out.print(s.name);
    }
}
```

10 아래 C언어로 작성된 프로그램의 실행 결과를 쓰시오.

```c
int main() {
    int ar[4][2]= {1, 2, 3, 4};
    printf("%d", ar[3][1]);
    return 0;
}
```

답 :

정답
0

해설

	..[0]	..[1]
ar[0]	1	2
ar[1]	3	4
ar[2]	0	0
ar[3]	0	0

```c
int main() {
    #1  2차원 배열의 초기화 역시 남은 공간을 0으로 채운다.
    int ar[4][2]= {1, 2, 3, 4};
    printf("%d", ar[3][1]);
    return 0;
}
```

11 아래 Python언어로 작성된 프로그램은 사용자 입력값이 60에서 80 사이일 때 "정상 범위입니다."를 출력한다. 프로그램이 정상 작동하도록 빈칸에 알맞은 코드를 쓰시오. (단, and 및 or, range, in을 사용하면 오답 처리됨)

```
val = int(input())
if (   빈칸   ):
    print("정상 범위입니다.")
```

답:

정답
60 <= val <= 80

해설
파이썬은 변수에 대해 범위 비교가 가능하다.

```
val = int(input())
if 60 <= val <= 80 :
    print("정상 범위입니다.")
```

12 다음은 스와핑에 대한 설명이다. 빈칸 ①~②에 맞는 용어를 쓰시오.

스와핑 기법은 프로그램 전체를 할당하여 사용하다가 필요에 따라 다른 프로그램으로 교체하는 기법으로 사용자 프로그램이 완료될 때까지 교체 과정을 여러 번 수행할 수 있다.
- (①) : 보조기억장치에 있는 프로그램이 주기억장치로 이동되는 것
- (②) : 주기억장치에 있는 프로그램이 보조기억장치로 이동되는 것

① :
② :

정답
① : Swap In
② : Swap Out

13 투명성은 사용자가 분산된 여러 자원의 위치 정보를 알지 못하고 마치 하나의 커다란 컴퓨터 시스템을 사용하는 것처럼 느끼도록 하는 성질이다. 분산 처리 시스템에서 투명성의 종류 4가지를 쓰시오.

답:

정답
위치(Location) 투명성, 중복(Replication) 투명성, 병행(Concurrency) 투명성, 장애(Failure) 투명성

14 다음이 의미하는 용어를 쓰시오.

- 데이터 모델링의 단계 중 가장 중요한 단계로서 논리 데이터 모델링을 상세화하는 단계이다.
- 정확성, 일치성, 단순성, 비중복성, 안정성이 보장된다.
- 하나의 릴레이션에 하나의 의미만 존재할 수 있도록 릴레이션을 분해하는 과정이다.

답:

정답
정규화

15 OSI 7계층의 물리 계층은 물리적인 하드웨어 전송 기술로 이루어져 있으며 전기적이고 기계적인 신호를 주고받는 역할을 하는 계층이다. 물리계층의 대표적인 장비 3가지를 쓰시오.

답:

정답
통신 케이블, 허브, 리피터

16 다음이 의미하는 용어를 쓰시오.

- 노드 간의 신뢰성 있는 데이터 전송을 보장하기 위한 계층이다.
- 전송 데이터에 대한 CRC 오류/흐름제어가 필요하다.
- 물리 주소인 MAC 주소가 이 계층에 해당한다.
- 물리적인 연결이 이뤄지는 계층이며 전송 단위는 Frame이다.

답 :

정답
데이터링크 계층(Data Link Layer)

---

17 다음이 설명하는 용어를 쓰시오.

클라우드 컴퓨팅 기반 서비스 중 하나로 인프라와 운영체제, 소프트웨어까지 갖춰져 있는 서비스이다.

답 :

정답
SaaS(Software as a Service)

---

18 다음이 설명하는 용어를 쓰시오.

클라우드 컴퓨팅 기반 서비스 중 하나로 서버, 스토리지, 네트워크 등의 인프라를 임대하는 서비스이다.

답 :

정답
IaaS(Infrastructure as a Service)

19 다음이 설명하는 용어를 쓰시오.

> 클라우드 컴퓨팅 기반 서비스 중 하나로, 블록체인의 기본 인프라를 추상화하여 블록체인 응용 기술을 제공하는 서비스이다.

답 :

정답
BaaS(Blockchain as a Service)

20 다음이 설명하는 디지털 변조 방식을 쓰시오.

> - 디지털 데이터의 1과 0을 위상(각도, 위치)을 다르게 하여 전송하는 방식이다.
> - 위상을 다르게 하면 여러 개의 신호를 만들 수 있어 전송 속도(용량)가 빨라진다.

답 :

정답
위상 편이 변조(PSK : Phase Shift Keying)

CHAPTER

02

최신 기출문제

> **학습 방향**
>
> 시험에서 가장 중요한 것은 바로 과년도 기출문제입니다. 기출문제를 보면 어떤 내용들이 중요하고 어떤 내용을 위주로 공부해야 하는지 알 수 있습니다. 이전에 출제되었던 문제들을 풀어 보면서 이론을 정리해보세요.

정보처리기사 실기 최신 기출문제 01회

시험 일자	문항 수	시험 시간
2025년 제1회	총 20문항	2시간 30분

수험번호 : _____
성   명 : _____

01 아래 C코드의 출력 결과를 쓰시오.

```
int main() {
    char a[5] = {'B','A','E','D'};
    printf("%d\n",a[2]-a[0]);
    char c = 'C', t1, t2;
    int i=0;
    while(-1){
        if(a[i]>c) break;
        i++;
    }
    t1 = a[i];
    a[i++] = c;
    for(;i<5;i++){
        t2 = a[i];
        a[i] = t1;
        t1 = t2;
    }
    for(i=0;i<5;i++){
        printf("%c",a[i]);
    }
    return 0;
}
```

답 :

02 아래 문장이 의미하는 오류 검사 방식을 영문 약어로 쓰시오.

- 원본 정보에 체크섬이라는 특수 코드를 추가하여 전송된 데이터의 오류를 감지하는 방법을 제공하는 수학적 기법이다.
- 패리티 검사의 한계를 극복하기 위해 나온 오류 검출 방식이다.
- 미리 정해진 생성 다항식과 나눗셈 연산을 통해 잉여값을 계산하여 코드에 사용된다.

답:

03 아래 Java 코드의 출력 결과를 쓰시오.

```java
public class Main{
    static int ma(int a){
        if(a<=1) return a;
        return ma(a-1) + ma(a-3);
    }
    static int ma(String a){
        int b = Integer.parseInt(a);
        if(b<=1) return b;
        return ma(b-1) + ma(b-2);
    }
    public static void main(String[] args){
        int s = ma("5");
        System.out.println(s);
    }
}
```

답:

04 디자인 패턴 중, 서로 호환되지 않는 인터페이스를 가진 클래스들이 함께 동작할 수 있도록 중간에 변환 역할을 하는 객체를 제공하는 구조적 패턴은 무엇인지 〈보기〉에서 찾아 쓰시오.

〈보기〉

Builder, Prototype, Singleton, Adaptor, Bridge, Composite, Decorator, Facade, Flyweight, Proxy, Interpreter, Template Method

답:

05 아래 Python 코드의 출력 결과를 쓰시오.

```
class Node:
    def __init__(self, val):
        self.value = val
        self.chNode = []

def ta(a):
    ns = [Node(i) for i in a]
    for k in range(1,len(ns)):
        ns[(k-1)//2].chNode.append(ns[k])
    return ns

def ca(n, lv=0):
    if n is None:
        return 0
    return (n.value if lv%2==1 else 0) + sum(ca(n, lv+1) for n in n.chNode)

a = [3, 5, 7, 9, 11, 15, 16]
na = ta(a)
print(ca(na[0]))
```

답:

06 아래 C코드의 출력 결과를 쓰시오.

```
struct st{
    char n[10];
    int s[3];
};
int fa(struct st *n){
    return n->s[0] + n->s[1] + n->s[2];
}int main(){
    struct st ar[2] = {
        {"Han", {0xA0, 0x7B, 0x93}},
        {"Go", {0xA2, 0x9B, 0x9A}}
    };
    int sum = 0, i;
    for(i=0; i<2; i++){
        sum += fa(&ar[i]);
    }
    printf("%d", sum&0xA5);
    return 0;
}
```

답:

07 아래 설명에 해당하는 무결성 원칙을 〈빈칸〉에 쓰시오.

(ㄱ)	외래키는 참조하는 기본키의 값과 일치하거나, NULL만 허용된다.
(ㄴ)	테이블의 기본키는 반드시 고유해야 하며, NULL 값을 가질 수 없다.
(ㄷ)	각 속성(필드)은 정의된 데이터 타입과 허용된 값의 범위 내에서만 값을 가질 수 있다.

ㄱ :

ㄴ :

ㄷ :

08 아래 C코드의 출력 결과를 쓰시오.

```c
#include <stdio.h>

int main() {
    int sum = 0, *p, s=1;
    int ar[3][3];

    for(int i=0; i<3; i++)
        for(int j=0; j<3; j++)
            ar[i][j] = i + j;

    p = ar;
    for(int i=0; i<9; i++){
        sum += p[i]*s;
        s *= -1;
    }

    printf("%d\n", sum);
    return 0;
}
```

답:

09 정상 사용자의 세션 식별 정보를 탈취하여 공격자가 해당 사용자인 것처럼 가장해 시스템에 불법적으로 접근하는 공격 기법은 무엇인지 쓰시오.

답:

10 아래 Java 코드의 출력 결과를 쓰시오.

```java
public class Main{
    public static void main(String[] args){
        int a=5, b=0, c;
        try{
            c = a / b;
        }catch(ArithmeticException e){
            System.out.println("A");
        }catch(ArrayIndexOutOfBoundsException e){
            System.out.println("B");
        }finally{
            System.out.println("C");
        }
    }
}
```

답 :

11 "192.168.11.25/22"의 주소를 가지는 네트워크에 포함 가능한 IP주소를 〈보기〉에서 모두 찾아 쓰시오.

〈보기〉

ㄱ : 192.168.8.100
ㄴ : 192.168.8.0
ㄷ : 192.168.7.10
ㄹ : 192.168.10.55
ㅁ : 192.168.11.200

답 :

12 〈사원〉 테이블에 아래의 〈SQL〉을 적용한 출력 결과를 쓰시오.

〈사원〉 테이블

사번	이름	거주지	급여	수당
1001	김진수	서울	3,200,000	200,000
1002	이현정	부산	2,900,000	180,000
1003	박세영	인천	3,500,000	250,000
1004	최준혁	대전	3,100,000	170,000
1005	정예진	광주	3,000,000	160,000

〈SQL〉

SELECT 이름 FROM 사원 WHERE 거주지 = '인천' OR 수당 > 200000;

답 :

13 "시스템에 심각한 오류가 발생했습니다"와 같은, 실제로 존재하지 않는 문제를 알리며 사용자가 특정 보안 프로그램이나 소프트웨어를 구매 또는 설치하도록 유도하는 악성 프로그램은 무엇인지 〈보기〉에서 찾아 쓰시오.

〈보기〉

Ransomware, Adware, Spyware, Scareware, Trojan horse, Phishing

답 :

14 아래의 문장을 참고하여, 빈칸에 해당하는 용어를 쓰시오.

(ㄱ)	릴레이션에서 하나의 행을 의미하며, 개별 데이터를 저장한다.
(ㄴ)	릴레이션의 열을 구성하는 각각의 속성을 말한다.
(ㄷ)	애트리뷰트가 가질 수 있는 값들의 집합을 의미한다.
(ㄹ)	릴레이션이 가지고 있는 열의 개수를 나타낸다.

ㄱ :

ㄴ :

ㄷ :

ㄹ :

15 아래 C코드를 참고하여, 순서도의 〈빈칸(①~⑥)〉에 해당하는 코드를 쓰시오. (입력되는 코드에서 쉼표를 제외한 구분자({ } ;) 여부는 채점에 영향을 주지 않는다.) 그리고, 구문 커버리지를 만족하기 위한 코드 수행 경로(숫자)를 쓰시오.

```c
int main(){
    int a=8, b=10;
    while(a<b){
        a++;
        a/=2;
        b/=2;
    }
    printf("done");
    return 0;
}
```

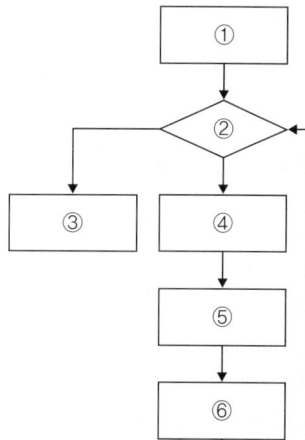

①:

②:

③:

④:

⑤:

⑥:

커버리지 순서 : 1 → 2 →   →   →

16 아래의 문장을 참고하여, 빈칸에 해당하는 결합도를 〈보기〉에서 찾아 쓰시오.

(ㄱ)	두 모듈이 데이터를 구조체 형태로 교환하며, 각 데이터의 의미만 알고 구조 전체를 공유하지는 않는다.
(ㄴ)	한 모듈이 다른 모듈의 내부 기능(코드나 변수 등)에 직접 접근하여 사용하는 가장 강한 결합 형태이다.
(ㄷ)	두 모듈이 서로 호출할 때, 매개변수를 통해 값만 전달하는 가장 약한 결합 형태이다.

〈보기〉

Data, Stamp, Control, External, Common, Content

ㄱ:

ㄴ:

ㄷ:

17 아래 C코드의 출력 결과를 쓰시오.

```c
#include <stdio.h>
#include <stdlib.h>

typedef struct Node {
    int data;
    struct Node* next;
} Node;

void append(Node** head, int value) {
    Node* newNode = (Node*)malloc(sizeof(Node));
    newNode->data = value;
    newNode->next = NULL;

    if (*head == NULL) {
        *head = newNode;
        return;
    }
    Node* curr = *head;
    while (curr->next != NULL) {
        curr = curr->next;
    }
    curr->next = newNode;
}

void printList(Node* head) {
    Node* curr = head;
    while (curr != NULL) {
        printf("%d ", curr->data);
        curr = curr->next;
    }
}
```

```
void recon(Node** head, int value) {
    if (*head == NULL || (*head)->data == value)
        return;

    Node *prev = *head;
    Node *curr = (*head)->next;

    while (curr != NULL) {
        if (curr->data == value) {
            prev->next = curr->next;
            curr->next = *head;
            *head = curr;
            return;
        }
        prev = curr;
        curr = curr->next;
    }
}

int main() {
    Node* head = NULL;

    append(&head, 10);
    append(&head, 20);
    append(&head, 30);
    append(&head, 40);
    append(&head, 50);

    recon(&head, 30);
    printList(head);

    return 0;
}
```

답:

18 아래 Java 코드의 출력 결과를 쓰시오.

```java
class Pa{
    static int tot=0;
    int a=2;
    public Pa(){
        tot+=a;
        aa();
    }
    public void aa(){
        tot--;
    }
}
class Ca extends Pa{
    int a=4;
    public Ca(){
        tot+=a--;
        aa();
    }
    public void aa(){
        tot*=2;
    }
}
public class Main{
    public static void main(String[] args){
        new Ca();
        System.out.println(Ca.tot);
    }
}
```

답:

19 아래 문장을 읽고, 해당하는 프로토콜을 영문 약어로 쓰시오.

(ㄱ)	IP 주소를 입력받아 해당하는 MAC 주소를 찾아주는 프로토콜이다.
(ㄴ)	MAC 주소를 입력받아 해당하는 IP 주소를 찾아주는 프로토콜이다.

ㄱ :

ㄴ :

20 아래 Java 코드의 출력 결과를 쓰시오.

```
public class Main{
    static int ma(int ar[], int st, int ed){
        if(st>=ed)return 0;
        int mid = (st+ed)/2;
        return ar[mid] + Math.max(ma(ar, st, mid), ma(ar, mid+1, ed));
    }
    public static void main(String[] args){
        int ar[] = {6, 10, 12, 18, 20};
        int s = ma(ar, 0, ar.length-1);
        System.out.println(s);
    }
}
```

답 :

정보처리기사 실기 최신 기출문제 02회

시험 일자	문항 수	시험 시간
2024년 제3회	총 20문항	2시간 30분

수험번호 : _____

성   명 : _____

---

01 아래에서 설명하는 것은 무엇인지 쓰시오.

- 소프트웨어 개발에서 발생하는 반복적인 문제들의 해결을 위한 설계 패턴을 일반화한 것이다.
- 기능 및 알고리즘, 반복적인 작업 등에 적용할 수 있다.
- Command, Iterator, Mediator, Memento 등이 있다.

답 :

02 노드들에 의해 자율적으로 구성되는 네트워크로, 무선 인터페이스가 가지는 통신 거리상의 제약을 극복할 수 있어 긴급 부고, 긴급 회의, 전쟁터에서의 군사 네트워크 등에 응용할 수 있는 네트워크는 무엇인지 쓰시오.

답 :

03 트랜잭션의 작업 결과가 최종 반영되기 전까지의 작업은 메모리 영역에서 진행되므로 복구가 가능하다. 이 복구를 하기 위한 명령어는 무엇인지 쓰시오.

답 :

04 아래 SQL 문장은 학번을 기준으로 두 테이블을 합친다. 빈칸에 알맞은 키워드를 쓰시오.

〈SQL〉

```
SELECT 학생명, 학과 FROM AI JOIN DB [ 빈칸 ] (학번);
```

답 :

05 아래와 같은 코드와 진리표가 존재할 때, 결정 커버리지를 만족할 수 있는 테스트 케이스 조합을 쓰시오. (조합은 번호 ①~③로 쓰시오)

〈코드〉

```
if(a>5 && b<6)
    printf("X");
else
    printf("O");
```

〈진리표〉

번호	a>5	b<6	&&
①	true	true	true
②	true	false	false
③	false	x	false

답 :

06 아래 C코드의 수행 결과를 쓰시오.

```c
#include <stdio.h>
void fn(int *a, int *b){
    int t;
    t = *a;
    *a = *b;
    *b = t;
}
int main(){
    int ar[] = {10,20,30,40,50};
    int i=0,k=4;
    while(i<k){
        fn(ar+i++, ar+k--);
    }
    for(i=0; i<5; i++)
        printf("%d ", ar[i]);
    return 0;
}
```

답 :

07 아래 C코드의 수행 결과를 쓰시오.

```c
#include <stdio.h>
struct p{
    int x;
    int y;
};
union x{
    struct p *a;
    struct p *b;
};
int main(){
    struct p p1 = {10,20};
    struct p p2 = {30,40};
    union x x1;
    x1.a = &p1;
    x1.b = &p2;
    printf("%d", x1.a->x);
    return 0;
}
```

답:

08 아래 C코드의 수행 결과를 쓰시오.

```c
#include <stdio.h>
struct p{
    int data;
    struct p *n;
};
int main(){
    struct p p1,p2,p3,p4;
    p1.data = 10;
    p1.n = &p2;
    p2.data = 20;
    p2.n = &p3;
    p3.data = 30;
    p3.n = &p4;
    p4.data = 40;
    printf("%d", p1.n->n->data);
    return 0;
}
```

답:

09 아래는 네트워크 프로토콜에 대한 설명이다. 빈칸에 알맞은 용어를 쓰시오.

> [ㄱ] : 인터넷 프로토콜의 불안정함을 개선하여 안정적으로 데이터를 송신하기 위해 다양한 방법을 제공하는 신뢰성 있는 연결형 프로토콜이다.
> [ㄴ] : 스트리밍 서비스처럼 하나의 정보를 다수의 인원에게 송신해야 하는 경우에 적합한 비연결성 프로토콜이다.

ㄱ:
ㄴ:

10 아래의 설명을 읽고, OSI 7 계층 중 해당하는 계층을 쓰시오.

> - 비트 단위로 수신되는 데이터의 오류 및 흐름을 제어하여 데이터의 안정성을 높인다.
> - MAC 주소를 통해 통신하며 프레임 단위로 데이터를 전송한다.
> - 브리지, 스위치 등의 장비가 이 계층에 해당된다.

답:

11 소프트웨어 컨테이너 안의 응용 프로그램들의 배치 및 배포를 자동화하는 오픈 소스 엔진(소프트웨어)을 무엇이라 하는지 쓰시오.

답:

12 아래 Python 코드의 수행 결과를 쓰시오.

```
a = [10,20,30,40]
a[:2], a[2:] = a[::2], a[1::2]
print(sum(a[1:3]))
```

답:

13 아래 Python 코드의 수행 결과를 쓰시오.

```
def fn(a):
    t = type(a)
    if t == type(100):
        return 20
    if t == type("300"):
        return 25
    else:
        return 30

print(fn("100"))
print(fn(300))
print(fn(20.0))
```

답 :

14 3개의 빈 페이지 프레임과 [A,B,C,D,B,A,B,A,C,A]의 참조열이 있을 때, LRU 페이지 교체 알고리즘을 적용할 경우 발생하는 페이지 부재 횟수를 쓰시오.

답 :

15 정보처리기사 시험 응시생 100명 중, 20대는 45명, 30대는 25명, 40대 이상은 30명으로 조사되었다. 아래와 같은 SQL 문장이 수행되었을 때, 나타날 수 있는 튜플의 최대 개수는 얼마인가?

⟨SQL⟩

SELECT * FROM 응시생정보 WHERE 나이 BETWEEN 25 AND 35;

답 :

16 아래의 이미지와 같이 하나의 사물이 다른 사물에 대해 상위, 하위 관계를 가지는 것을 표현하는 관계는 무엇인지 쓰시오.

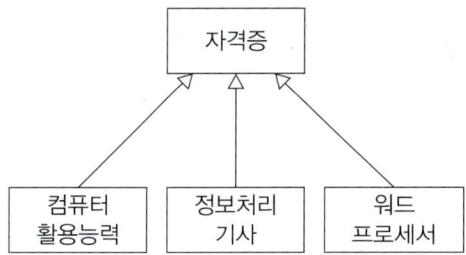

답 :

17 아래 SQL 문장은 중복 없는 인덱스를 생성한다. 빈칸에 해당하는 키워드를 쓰시오.

〈SQL〉

CREATE [빈칸] INDEX idx_score ON score(...);

답 :

18 아래 Java 코드의 수행 결과를 쓰시오.

```
public class Main{
    public static void main(String[] args) {
        String a = "book";
        String b = "Book";
        String c = "book";
        String e = new String("book");
        System.out.println(a==b);
        System.out.println(a==e);
        System.out.println(a.equals(c));
    }
}
```

답 :

19 아래 Java 코드의 수행 결과를 쓰시오.

```java
class A{
    int a = 10;
    int get(){
        return a+5;
    }
}
class B{
    int b = 3;
    int get(){
        return b*5;
    }
}
public class Main{
    public static void main(String[] args) {
        A x = new A();
        B y = new B();
        System.out.println(x.a+y.get());
    }
}
```

답:

20 아래 Java 코드의 수행 결과를 쓰시오.

```java
class A{
    int a = 10;
    int mth(){
        return 20;
    }
}class B extends A{
    int b = 20;
    int mth(){
        return a*5;
    }
}public class Main{
    public static void main(String[] args) {
        B k = new B();
        System.out.println(k.mth());
    }
}
```

답 :

정보처리기사 실기 최신 기출문제 03회

시험 일자	문항 수	시험 시간
2024년 제2회	총 20문항	2시간 30분

수험번호 : _____

성　명 : _____

---

01 아래 Java코드의 수행 결과로 출력되는 결과를 쓰시오.

```java
public class Main{
    static void fn(int[] a, int[] b){
        if(a==b) System.out.print("O");
        else System.out.print("X");
    }
    static void fn(int a, int b){
        if(a==b) System.out.print("O");
        else System.out.print("X");
    }
    public static void main(String[] args) {
        int[] ar1 = new int[]{1, 2, 3};
        int[] ar2 = new int[]{1, 2, 3};
        int[] ar3 = new int[]{1, 2, 3, 4};
        fn(ar1, ar2);
        fn(ar2, ar3);
        fn(ar1[1], ar3[1]);
    }
}
```

답 :

02 아래에서 설명하는 용어를 쓰시오.

- 정규화된 논리 데이터 모델을 시스템 운영의 단순화를 위해 중복, 통합, 분할 등을 수행하는 데이터 모델링 기법이다.
- 완벽한 수준의 정규화를 진행하면 일관성과 안정성은 증가하지만 성능이 저하될 수 있으므로 성능 향상을 위해 테이블을 통합, 분할, 추가하는 과정이다.

답 :

03 〈사원〉 테이블은 사원번호, 이름, 거주지, 부서 속성으로 구성되어 있다. 아래는 지시사항과 그에 맞는 SQL 문장이다. 〈빈칸〉에 적절한 코드를 쓰시오.

상황 : 〈사원〉 테이블에 "기획부", "박영진", "1111" 데이터 추가
SQL : [ㄱ] 사원(사원번호, 이름, 부서) VALUE('1111', '박영진', '기획부');
상황 : 〈사원〉 테이블에서 "홍길동" 삭제
SQL : DELETE FROM 사원 [ㄴ];
상황 : 〈사원〉 테이블에서 "홍길동"의 거주지를 "인천"으로 변경
SQL : UPDATE [ㄷ] WHERE 이름='홍길동';

ㄱ :
ㄴ :
ㄷ :

04 아래 〈수강생〉 테이블의 Cardinality와 Degree를 쓰시오.

〈수강생〉

학번	이름	거주지	연락처
111	가희	서울	010-1234
222	나연	인천	010-1235
333	상철	인천	010-1236
444	영진	경기	010-1237

Cardinality :

Degree :

05 아래에서 설명하는 용어를 쓰시오.

- 보안에 취약한 구조를 가진 IP를 개선하기 위해 국제 인터넷 기술 위원회(IETF)에서 설계한 표준이다.
- IPv4에서는 보안이 필요한 경우에만 선택적으로 사용하였지만 IPv6부터는 기본 스펙에 포함된다.
- IP계층에서의 보안성 제공을 위해 AH, ESP, IKE 프로토콜로 구성된다.
- 동작 모드는 전송 모드와 터널 모드로 나뉜다.
  - 전송 모드 : IP 헤더를 제외한 IP 패킷의 페이로드(Payload)만을 보호
  - 터널 모드 : IP 패킷 전체를 보호

답 :

06 아래에서 설명하는 응집도를 〈보기〉에서 찾아 쓰시오.

모듈의 기능 수행으로 인한 출력 결과를 다른 모듈의 입력값으로 사용하는 경우의 응집도

〈보기〉

Communication, Procedural, Temporal, Logical, Functional, Sequential

답 :

07 내부 구현을 노출시키지 않고 집약된(집합) 객체에 접근하고 싶은 경우에 적용하는 디자인 패턴을 〈보기〉에서 찾아 쓰시오.

〈보기〉

Singleton, Adapter, Iterator, Factory Method, Composite, Observer, Abstract Factory, Proxy, Strategy, Builder, Decorator, Command

답 :

08 아래 C코드의 수행 결과를 쓰시오.

```c
#include <stdio.h>
int main(){
    char s[15] = "ADCDBCCAADBDBAB";
    char *a = "DB";
    char *b = "AD";
    int i, c, ac=0, bc=0;
    for(i=0; i<15; i++){
        for(c=0; c<2; c++){
            if(s[i+c]!=a[c]) break;
        }
        if(c==2) ac++;
        for(c=0; c<2; c++){
            if(s[i+c]!=b[c]) break;
        }
        if(c==2) bc++;
    }
    printf("%d %d", ac, bc);
    return 0;
}
```

답: 3 2

09 아래 설명을 읽고, 해당하는 패킷 교환 방식을 쓰시오.

[ㄱ] : 제어 패킷을 통해 논리적 전송 경로를 확보한 뒤 데이터 패킷을 전송하는 방식으로 패킷의 전송 순서는 바뀌지 않고 그대로 전송되며, 체증(Traffic)이 비교적 많이 발생한다.

[ㄴ] : 논리적 경로의 확보 없이 자유롭게 데이터 패킷을 전송하는 방식으로 제어 패킷이 필요 없고, 패킷의 전송 순서는 바뀔 수 있으며, 체증(Traffic)이 비교적 적게 발생한다.

ㄱ:

ㄴ:

10 아래 C코드를 수행한 결과를 쓰시오.

```c
#include <stdio.h>
void fn(int a, int b){
    int t = a;
    a = b;
    b = t;
}
int main(){
    int a=5, b=3, s=0;
    fn(a, b);
    switch(b){
        case 1:
            s+=2;
        case 3:
            s+=4;
        case 5:
            s+=8;
    }
    printf("%d", s);
    return 0;
}
```

답:

11 아래 C코드를 수행한 결과를 쓰시오.

```c
#include <stdio.h>
void fn(char *a, char *b){
    while(*b){
        a++;
        b++;
    }
    *a = '\0';
}int main(){
    char s1[20] = "programming";
    char s2[20] = "dream";
    int i, c=0;
    fn(s1, s2);
    for(i=0; s1[i]!='\0'; i++)
        c++;
    printf("%d", c);
    return 0;
}
```

답 :

12 아래 Java코드를 수행한 결과를 쓰시오.

```java
public class Main{
    public static void main(String[] args) {
        int[] n = {0, 1, 2, 3, 4, 5, 6, 7, 8, 9};
        int a=0, b=0;
        for(int i=0; i<10; i++){
            if((n[i]/2)%2==0 || n[i]%2==0)
                a+=n[i];
            else
                b+=n[i];
        }
        System.out.println(a+"/"+b);
    }
}
```

답 :

13 RIP는 소규모 네트워크를 대상으로 수행되는 라우팅 프로토콜이다. 경로를 산출하는 기준이 거리값(홉 : 경로상의 라우터 수) 하나로, 속도 등이 고려되지 않아 실제로는 최적의 경로가 아닌 경우가 많다. 아래의 네트워크에서 F노드로 갈 수 있는 경로를 RIP 방식으로 구하시오. (단, 출발은 A노드이고 간선은 비용을 산출한 것이다.)

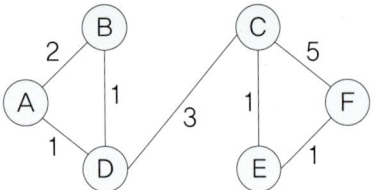

답:

14 아래에서 설명하는 암호화 용어를 쓰시오.

> • DES를 대체하는 미국의 표준 대칭키 블록 알고리즘이다.
> • 128bit의 블록 크기와 가변 길이 키(128/192/256)를 가진다.
> • 키의 길이에 따라 10/12/14 라운드를 진행한다.
> • 메모리를 적게 사용하고 속도가 빨라 모바일 장비에서도 사용할 수 있다.

답:

15 아래 C코드의 수행 결과를 쓰시오.

```
#include <stdio.h>
int main(){
    int ar[3][3] = {1, 2, 3, 4, 5, 6, 7, 8, 9};
    int *p[2] = {ar[1], ar[2]};
    printf("%d", p[0][1] + *(p[1]+2) + **p);
    return 0;
}
```

답:

16 아래와 같은 프로세스, 도착시간, 실행시간이 존재할 때, 평균 대기시간을 쓰시오. (단, SRT 방식으로 처리하며 결과는 소수점 1자리까지 나타낸다.)

프로세스	도착시간	실행시간
P1	0	10
P2	2	6
P3	4	4

답 : 4.7

17 아래 Java코드를 수행한 결과를 쓰시오.

```java
public class Main{
    public static void main(String[] args) {
        String s = "acsvsdcxcd";
        int[] v = new int[26];
        for(int i=0; i<10; i++){
            char c = s.charAt(i);
            if(v[c-'a']==0){
                System.out.print(c);
                v[c-'a']=1;
            }
        }
    }
}
```

답 : acsvdx

18 아래에서 설명하는 결합도는 무엇인지 쓰시오.

- 전달 대상 모듈에게 값만 전달하는 것이 아니라 제어 요소를 함께 전달하는 경우이다.
- 전달되는 제어 요소에 따라 대상 모듈의 처리 절차가 달라진다.

답 : 제어 결합도(Control Coupling)

19 아래 C코드의 수행 결과를 쓰시오.

```c
#include <stdio.h>
struct s{
    int n;
    struct s *p;
};
int main(){
    struct s a, b;
    struct s *k;

    a.n = 10;
    b.n = 20;
    k = &a;
    a.p = &b;

    printf("%d", k->p->n);

    return 0;
}
```

답:

20 아래 Java코드의 수행 결과를 쓰시오.

```java
public class Main{
    public static void main(String[] args) {
        String s = "Don't put all your eggs in one basket";
        String[] a = s.split("o");
        System.out.print(a.length);
    }
}
```

답:

정보처리기사 실기 최신 기출문제 04회

시험 일자	문항 수	시험 시간
2024년 제1회	총 20문항	2시간 30분

수험번호 : _____

성   명 : _____

---

01 응집도는 모듈의 내부 요소들의 관계가 얼마나 밀접한지를 나타내는 정도를 나타낸다. 아래는 응집도를 낮은 품질에서 높은 품질 순으로 나열한 것이다. 〈빈칸〉에 적절한 용어를 쓰시오.

> 우연적 응집도 → [ㄱ] 응집도 → [ㄴ] 응집도 → [ㄷ] 응집도 → 통신적 응집도 → 순차적 응집도 → 기능적 응집도

ㄱ :

ㄴ :

ㄷ :

02 아래 C코드를 수행 후 출력되는 결과를 쓰시오.

```c
#include <stdio.h>
int main(){
    int n1=13, n2=23, a;
    a = n1<n2 ? 2 : 3;
    if(a%2==0) n1<<a;
    else n2<<a;
    printf("%d", n1+n2);
    return 0;
}
```

답 :

03 아래의 〈강의정보〉 테이블은 강의코드가 기본키로 설정되어 있다. 강사명은 강의코드에 의해 종속되는데, 강의명에 의해서도 종속이 되고 있는 상태이다. 이러한 문제를 제거하기 위한 정규화 단계를 쓰시오.

〈강의정보〉

강의코드	강의명	강의실	강사명
A01	정보처리	302	가희
A02	컴퓨터활용	301	나연
A03	데이터베이스	402	상철
A04	네트워크	404	영진
A05	정보처리	403	가희

⬇

강의코드	강의명	강의실
A01	정보처리	302
A02	컴퓨터활용	301
A03	데이터베이스	402
A04	네트워크	404
A05	정보처리	403

강의명	강사명
정보처리	가희
컴퓨터활용	나연
데이터베이스	상철
네트워크	영진
정보처리	가희

답 :

04 아래 Java코드를 수행한 결과를 쓰시오.

```java
class A{
    static int c = 0;
    static A fn(){
        c++;
        return new A();
    }
    int fa(){
        return c;
    }
}public class Main{
    public static void main(String[] args) {
        A a = A.fn();
        A b = A.fn();
        A c = A.fn();
        System.out.println(c.fa());
    }
}
```

답:

05 아래 설명에 해당하는 라우팅 프로토콜은 무엇인지 〈보기〉에서 찾아 쓰시오

- VLSM 및 CIDR을 지원하는 대규모 기업 네트워크에서 가장 널리 사용되는 프로토콜이다.
- 라우팅 테이블의 변화가 발생하는 즉시 업데이트가 발생하므로 컨버전스 타임이 짧다.
- 홉 카운트와 더불어 다양한 요소를 고려하여 경로를 선택하기 때문에 최적의 경로일 확률이 높다.

〈보기〉

IGP, BGP, RIP, IGRP, OSPF, EIGRP

답:

06 3개의 빈 프레임이 존재하고, 페이지 참조 열이 아래와 같을 때, LRU 알고리즘에 의해 발생하는 페이지 부재 횟수를 쓰시오.

[3, 0, 2, 2, 4, 1, 2, 0]

답:

07 아래 Java코드의 메소드 수행 순서를 차례로 쓰시오.

```
class A{
    A(){   ---①
        System.out.print("D");
    }
    void fb(){   ---②
        System.out.print("R");
    }
}
class B extends A{
    B(){   ---③
        System.out.print("E");
    }
    void fb(){   ---④
        super.fb();
        System.out.print("A");
        fa();
    }
    void fa(){   ---⑤
        System.out.print("M");
    }
}
public class Main{
    public static void main(String[] args) {
        A a = new B();
        a.fb();
    }
}
```

답:(①)→( )→( )→( )→( )

08 아래의 설명을 읽고 해당하는 조인의 종류를 쓰시오.

> [ㄱ] : 오른쪽 테이블의 모든 행을 포함하고, 왼쪽 테이블은 일치하는 행만 포함
> [ㄴ] : 두 테이블에서 공통되는 값을 가진 행만 포함
> [ㄷ] : 두 테이블의 모든 행을 조합하여 모든 가능한 조합을 생성

ㄱ :
ㄴ :
ㄷ :

09 아래 SQL 문장은 〈정보처리〉 과목에서 "A" 학점을 얻은 학생 중, 〈데이터보안〉 과목을 수강 중인 학생의 정보를 출력한다. 〈빈칸〉에 적절한 코드를 쓰시오.

〈SQL〉

> SELECT 학번, 이름 FROM 데이터보안
> WHERE 학번 [빈칸];

답 :

10 잠행적이고 지속적인 컴퓨터 해킹 프로세스들의 집합으로, 단체, 국가, 사업체 등을 표적으로 오랫동안 상당한 정도의 은밀한 형태의 공격을 지속하는 것을 의미하는 용어를 쓰시오.

답 :

11 아래 C코드의 수행 결과를 쓰시오.

```c
#include <stdio.h>
#include <string.h>
int main(){
    char s[8] = {"ABCDEFGH"};
    char t[8];
    char *p = s;
    int a=0, b=strlen(s)-1, c=0;
    while(c<b){
        t[c++] = *(p+a++);
        t[b--] = *(p+a++);
    }
    for(int i=0; i<8; i++)
        printf("%c",t[i]);
    return 0;
}
```

답:

12 123.100.12.0/22의 네트워크에서, 6개의 서브네트워크로 서브네팅하는 경우 첫 번째 서브넷의 브로드캐스트 주소를 쓰시오. (단, FLSM 방식으로 진행하며 ip subnet-zero는 적용하지 않는다.)

답:

13 컴퓨터 시스템에 침투하여 자신의 존재를 숨기고, 시스템의 관리자 권한을 탈취하여 공격을 수행하는 악성 소프트웨어는 무엇인지 쓰시오.

답:

14 아래 C코드의 수행 결과를 쓰시오.

```c
#include <stdio.h>
void fn(int c){
    if(c == 5) return;
    printf("1");
    fn(c+1);
    printf("2");
}
int main(){
    fn(1);
}
```

답 :

15 아래 Python코드의 수행 결과를 쓰시오.

```python
s = ["Seoul", "Busan", "Jeju", "Gwangju", "Incheon"]
a = ""
for i in s:
    a+=i[2]
print(a)
```

답 :

16 각 조건이 참 또는 거짓이 되는 모든 경우의 수를 고려하여 테스트 케이스를 설계하고, 각 조건이 결과에 독립적으로 영향을 미치는지를 검증하는 가장 엄격한 테스트 커버리지는 무엇인지 쓰시오.

답 :

17 아래 Java코드에서 ㉠, ㉡에 적용된 객체지향 기술은 무엇인지 쓰시오.

```
class A{
    void fn( ){
        System.out.println("A");
    }
}
class B extends A{
    void fn( ){    ---- ㉠
        System.out.println("B");
    }
}
public class Main{
    public static void main(String[ ] args) {
        A a = new B( );    ---- ㉡
        a.fn( );
    }
}
```

ㄱ:

ㄴ:

18 아래 설명에 해당하는 디자인 패턴을 〈보기〉에서 찾아 쓰시오.

- 관련이 있는 서브 클래스를 묶어서 팩토리 클래스로 만들고, 조건에 따라 객체를 생성하는 패턴이다.
- 객체 생성 코드가 상위 클래스에 존재하여 생성된 객체를 하위 클래스가 받아서 사용한다.
- 다수의 클래스를 하나의 추상 클래스로 묶어서 관리할 수 있는 패턴이다.

〈보기〉

Proxy, Abstract Factory, Builder, Adaptor, Composite, Template Method

답:

19 아래 C코드의 수행 결과를 쓰시오.

```c
#include <stdio.h>
char fn(char c){
    char t = 'A'+(c-'A'+10)%26;
    return t;
}
int main(){
    char p[10] = "DREAM";
    char e[10];
    int i;
    for(i=0; i<5; i++){
        e[i] = fn(p[i]);
    }
    printf("%s", e);
    return 0;
}
```

답 :

20 아래 SQL 문장을 수행한 결과를 쓰시오. (속성명 없이 출력 데이터만 쓰시오.)

학번	성별	과목명	점수	거주지
111	남	A	85	서울
222	남	A	70	인천
333	여	B	90	서울
444	남	B	80	서울
555	남	A	75	경기
666	여	C	80	광주

〈SQL〉

SELECT COUNT(*) FROM 수강생
WHERE 거주지 = '서울' OR (점수 >= 80 AND 성별 = '남');

답 :

정보처리기사 실기 최신 기출문제 05회

시험 일자	문항 수	시험 시간
2023년 제3회	총 20문항	2시간 30분

수험번호 : ＿＿＿＿＿＿＿＿
성　　명 : ＿＿＿＿＿＿＿＿

---

01 아래 C코드의 수행 결과를 쓰시오.

```c
#include <stdio.h>
void main( ) {
    char *p = "KOREA";
    printf("%s\n", p);
    printf("%s\n", p+2);
    printf("%c\n", *p);
    printf("%c\n", *(p+0));
    printf("%c\n", *p+1);
}
```

답 :

02 아래 설명에 해당하는 용어를 영문 약어로 쓰시오.

- 하나의 전송로를 여러 대의 단말이 함께 사용하기 위해서 제어하는 방식이다.
- B-ISDN의 중심이 되는 전송/교환 기술로 모든 정보를 53바이트의 고정길이로 취급한다.

답 :

03 아래 설명에 해당하는 용어를 〈보기〉에서 찾아 쓰시오.

- 모든 하드웨어가 가상화되어 가상 자원의 풀(Pool)을 구성하고, 데이터 센터 전체를 운영하는 소프트웨어가 필요한 기능 및 규모에 따라 동적으로 자원을 할당, 관리하는 역할을 수행하는 데이터 센터이다.
- 컴퓨팅, 네트워킹, 스토리지, 관리 등을 인력 개입 없이 모두 소프트웨어로 정의한다.

〈보기〉

Zing, SDDC, MQTT, VPN, VoIP, RFID

답 :

04 인터넷 사용자들이 비밀번호를 제공하지 않고 다른 웹사이트상의 자신들의 정보에 대해 웹사이트나 애플리케이션의 접근 권한을 부여할 수 있는 공통적인 수단으로서 사용되는, 접근 위임을 위한 개방형 표준은 무엇인지 쓰시오.

답 :

05 아래 Java코드를 수행한 결과를 쓰시오.

```java
class A{
    A(){
        System.out.print("K");
    }
    void fb(){
        System.out.print("R");
    }
}class B extends A{
    B(){
        System.out.print("O");
    }
    void fb(){
        super.fb();
        System.out.print("E");
        fa();
    }
    void fa(){
        System.out.print("A");
    }
}public class Main{
    public static void main(String[] args) {
        A a = new B();
        a.fb();
    }
}
```

답:

06 아래 설명에 따라 a.txt 파일의 권한을 부여하는 리눅스 명령을 작성하시오.

- 소유자 : 모든 권한 부여
- 그룹 사용자 : 읽기, 쓰기 권한 부여
- 사용자 : 읽기, 실행 권한 부여

답 :

07 아래 설명에 해당하는 네트워크 용어를 쓰시오.

- 인터넷에 연결된 대부분의 가정이나 사무실은 공인 IP 주소의 부족과 네트워크 관리의 효율성을 위해 사설 IP 주소를 사용한다.
- 그러나 인터넷에 접속하려면 공인 IP 주소가 필요하므로 사설 IP 주소를 공인 IP 주소로 변환하여 인터넷에 접속할 수 있도록 해줄 수 있는 기술이 필요하다.

답 :

08 목적지까지 데이터를 전송하기 위한 거리와 방향만을 라우팅 테이블에 기록하는 방식을 가진 라우팅 프로토콜을 〈보기〉에서 찾아 쓰시오.

〈보기〉

EIGRP, IGRP, RIP, OSPF, BGP

답 :

09 아래 C코드의 수행 결과를 쓰시오.

```c
#include <stdio.h>
int fa(int n) {
    if (n == 0)
        return 1;
    return n * fa(n-1);
}
int main(){
    printf("%d", fa(6));
    return 0;
}
```

답:

10 아래는 정보의 접근 통제 정책에 대한 표이다. 〈빈칸〉에 적절한 용어를 쓰시오.

정책	[ㄱ]	[ㄴ]	[ㄷ]
권한 부여	시스템	데이터소유자	중앙관리자
접근 결정	보안등급	신분	역할
정책 변경	고정적	변경 용이	변경 용이
장점	안정적, 중앙집중적	구현 용이, 유연함	관리 용이

ㄱ :

ㄴ :

ㄷ :

11 아래 C코드가 정상적으로 수행되기 위해 〈빈칸〉에 적절한 코드를 쓰시오. (단, 코드는 포인터 변수 p를 사용해야 한다.)

```c
#include <stdio.h>
#include <string.h>
struct k{
    int a;
    char s[10];
};
int main(){
    struct k b;
    struct k *p=&b;
    p->a = 20;
    strcpy(p->s, "Jane");
    printf("%d %s", [ ㄱ ], [ ㄴ ]);
    return 0;
}
```

ㄱ:
ㄴ:

12 아래 Python코드의 수행 결과를 쓰시오.

```python
s = "Talk is cheap show me the code"
a = s.split()
print(a[3][3])
```

답:

13 아래의 설명을 읽고 적절한 순수 관계 연산자를 기호 형태로 쓰시오.

- [ㄱ] : 지정된 속성만을 추출하여 수직적(속성) 부분 집합을 구하는 연산
- [ㄴ] : 조건에 맞는 튜플을 추출하여 수평적(튜플) 부분 집합을 구하는 연산
- [ㄷ] : 대상 릴레이션(R)에서 다른 릴레이션(S) 속성의 데이터와 일치하는 튜플 중, 다른 릴레이션의 속성과 일치하는 속성을 제거한 릴레이션을 생성하는 연산

ㄱ :

ㄴ :

ㄷ :

14 아래의 수강생 테이블은 학번을 기본키로 사용하고 있고, 동아리 테이블은 학번을 외래키로 설정하여 수강생 테이블의 학번을 참조하고 있는 상태이다. 아래 데이터 현황을 참고하여 현재 발생한 무결성 침해 요소를 쓰시오.

〈수강생〉

학번	이름	거주지	연락처
1111	가희	서울	010-1234
2222	나연	인천	010-1235
3333	상철	인천	010-1236
4444	영진	경기	010-1237

〈동아리〉

학번	가입일	관심사
1111	6.2	…
2222	5.15	…
3333	7.12	…
5555	6.18	…

답 :

15 같은 그룹의 하위 모듈들을 묶어주는 패키지 간의 의존 관계를 표현하는 다이어그램은 무엇인가?

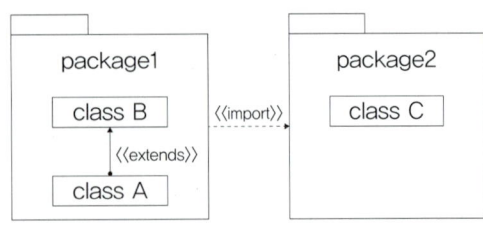

답 :

16 입력한 점수에 따라 학점을 출력하는 프로그램에 대한 테스트 계획이 아래와 같을 때, 수행되는 테스트 기법으로 가장 적절한 것은 무엇인지 쓰시오

점수	학점
100~90	A
89~80	B
79~70	C
69~60	D
0~59	F

테스트 데이터	100	101	80	69	59	-1
기대 결과	A	오류	B	D	F	오류
실제 결과	…	…	…	…	…	…

답:

17 아래 Python코드를 수행하여 〈10〉을 입력하면 출력되는 값은 무엇인지 쓰시오.

```
n = int(input("숫자를 입력하세요: "))
s = 0

for i in range(1, n):
    if n % i == 0:
        s += i

print(s)
```

답:

18 아래는 orders 테이블과 returns 테이블의 order_id를 모두 합치는 SQL 문장이다. 가져오는 값의 중복을 허용한다고 했을 때, 〈빈칸〉에 해당하는 코드를 쓰시오.

```
SELECT order_id FROM orders
[ 빈칸 ]
SELECT order_id FROM returns;
```

답:

19 아래 Java코드를 수행한 결과를 쓰시오.

```java
class Parent {
    int fa(int num) {
        if (num <= 1) return num;
        return fa(num - 1) + fa(num - 2);
    }
}
class Child extends Parent {
    int fa(int num) {
        if (num <= 1) return num;
        return fa(num - 2) + fa(num - 3);
    }
}
public class Main {
    public static void main (String[ ] args) {
        Parent obj = new Child( );
        System.out.print(obj.fa(4));
    }
}
```

답 :

20 아래 Java 코드는 오류가 발생한다. 오류가 발생하는 행 번호를 쓰시오.

```
1   class A{
2       int fn(int num) {
3           return num+10;
4       }
5   }
6   public class Main {
7       public static void main (String[ ] args) {
8           int num = 10;
9           int a = fn(num);
10          System.out.print(a);
11      }
12  }
```

답 :

정보처리기사 실기 최신 기출문제 06회

시험 일자	문항 수	시험 시간
2023년 제2회	총 20문항	2시간 30분

수험번호 : _____
성   명 : _____

01 아래 설명에 해당하는 용어를 쓰시오.

- 데이터나 시스템의 무단 변경을 막아 정보의 신뢰성을 보장하는 보안 기술로 데이터 위변조를 방지하여 해킹이나 사이버 공격으로부터 시스템을 안전하게 보호하는 역할을 한다.
- 디지털 서명, 해시 함수, 시간 도장 등을 통해 구현할 수 있으며 데이터의 무결성 보장, 시스템 보안 강화, 신뢰성 확보가 가능하다.

답 :

02 아래 설명에 해당하는 디자인 패턴을 〈보기〉에서 찾아 쓰시오.

- [ㄱ] : 객체 생성에 많은 인수가 필요한 복잡한 객체를 단계적으로 생성하는 패턴
- [ㄴ] : 클래스가 오직 하나의 인스턴스만을 가지도록 하는 패턴

〈보기〉

Factory Method, Builder, Singleton, Decorator, Facade, Flyweight, Proxy, Command, Iterator, Mediator, Observer, Strategy

ㄱ :
ㄴ :

03 아래 Java 코드는 오류가 발생한다. 오류가 발생하는 행 번호를 쓰시오.

```
1    class a{
2        int c = 10;
3    }
4    class b{
5        int x = a.c + 10;
6    }
7    public class Main{
8        public static void main(String[] args) {
9            b t = new b();
10           System.out.print(t.x);
11       }
12   }
```

답:

04 아래 테스트 모듈과 그 설명을 올바르게 연결하시오.

ㄱ. Test Suites •

ㄴ. Test Case •

ㄷ. Test Driver •

ㄹ. Test Stub •

• A. 테스트 대상 컴포넌트나 모듈, 테스트 케이스의 집합

• B. 존재하지 않는 상위 모듈의 역할을 하는 더미 모듈

• C. 상위 모듈의 테스트를 위한 최소한의 기능만 가지는 더미 모듈

• D. 입력값, 실행 조건, 기대 결과 등의 집합

05 아래 이미지는 애플리케이션과 데이터베이스가 구축되는 프로세스를 단계별로 나타낸 것이다. 〈빈칸〉에 해당하는 용어를 쓰시오.

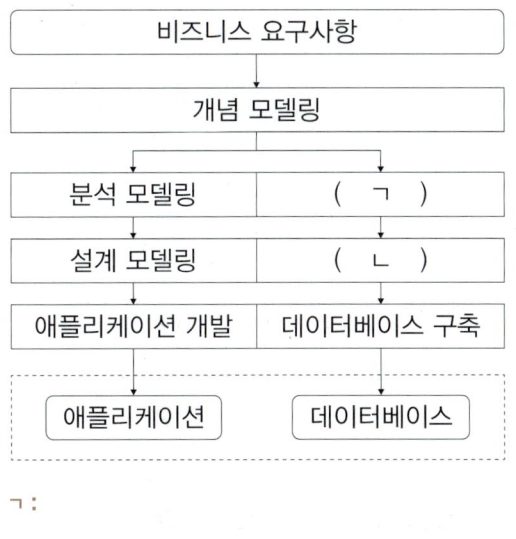

ㄱ :
ㄴ :

06 클라우드 컴퓨팅은 통신 기기를 이용해 언제 어디서나 다른 컴퓨터를 통해 작업 및 데이터를 처리하는 기술이다. 관련 서비스에 대한 설명에 해당하는 용어를 〈보기〉에서 찾아 쓰시오.

- [ㄱ] : 서버, 스토리지, 네트워크 등의 인프라를 임대하는 서비스
- [ㄴ] : 개발을 위한 하드웨어 및 소프트웨어 구축이 되어 있는 서비스

〈보기〉

SaaS, PaaS, IaaS, BaaS

ㄱ :
ㄴ :

답: 6

08 아래 C코드는 선택 정렬을 구현한 것이다. 〈빈칸〉에 알맞은 코드를 쓰시오.

```c
#include <stdio.h>

int main() {
    int n, i, j, min, temp;
    printf("정렬할 숫자의 개수를 입력하세요: ");
    scanf("%d", &n);
    int arr[n];
    printf("정렬할 숫자들을 입력하세요: ");
    for (i = 0; i < n; i++)
        scanf("%d", &arr[i]);
    for (i = 0; [ ㄱ ]; i++) {
        min = i;
        for (j = i + 1; j < n; j++) {
            if (arr[j] < arr[min])
                min = j;
        }
        temp = arr[i];
        arr[i] = [ ㄴ ];
        arr[min] = temp;
    }
    for (i = 0; i < n; i++)
        printf("%d ", arr[i]);
    return 0;
}
```

ㄱ:

ㄴ:

09 아래 C코드의 출력 결과를 쓰시오.

```c
#include <stdio.h>
int main() {
    int ar[] = {10, 20, 30, 40, 50};
    int temp, i, a;
    for(i=0; i<5; i++){
        temp = ar[i];
        ar[i] = ar[(i+3)%5];
        ar[(i+3)%5] = temp;
    }
    for(i=0; i<5; i++)
        printf("%d ", ar[i]);
    return 0;
}
```

답 :

10 코드 커버리지 중, 결정문 내부의 개별 조건식들의 결과가 참과 거짓일 때의 경우를 모두 한 번 이상 수행하는 테스트 커버리지는 무엇인지 쓰시오.

답 :

11 아래 설명을 읽고 〈빈칸〉에 해당하는 해시 함수를 쓰시오.

- [ㄱ] : 키를 제곱한 결과의 일부분으로 저장 위치 결정
- [ㄴ] : 키의 숫자 분포가 고른 부분을 분석하여 저장 위치 결정
- [ㄷ] : 키의 값을 다른 진법으로 변환하여 저장 위치 결정

ㄱ :

ㄴ :

ㄷ :

12 아래 C코드는 배열 요소들의 평균을 출력하지만 오류가 발생한다. 그 이유를 약술하시오.

```c
#include <stdio.h>
int main() {
    int a[] = {45, 30, 35, 45, 50};
    int n = sizeof(a) / sizeof(a[0]);
    int s = 0, avg;
    for (int i = 0; i < n; i++)
        s += a[i];
    avg = (double)s / n;
    printf("%.2lf\n", avg);
    return 0;
}
```

답:

13 아래의 〈수강정보〉 테이블에 〈데이터〉를 추가하는 SQL 문장을 작성하시오.

〈수강정보〉

강의코드	강의명	담당교수	강의실
a-101	정보처리기사	박영진	302호

〈데이터〉

b-101	컴퓨터활용능력	한진만	304호

답:

14 Orders 테이블과 Orders 테이블을 참조하는 외래키 제약 조건이 있는 모든 테이블을 삭제하는 SQL 문장을 작성하시오.

답:

15 아래의 〈보기〉에서 비대칭키 암호화 알고리즘을 모두 찾아 쓰시오.

〈보기〉

RSA, AES, SEED, ECC, DSA, ARIA, RC4, DES

답:

16 아래 Java코드의 출력 결과를 쓰시오.

```java
public class Main{
    public static void main(String[] args) {
        String a = "dream";
        String b = "dream";
        String c = a;
        String d = new String("dream");
        System.out.println(a==b);
        System.out.println(a==d);
        System.out.println(c.equals(d));
    }
}
```

답:

17 아래 Python코드는 "programming is great"를 출력한다. 〈빈칸〉에 적절한 코드를 쓰시오.

```
s = "python is a great programming language"
a = [ ㄱ ]
b = [ ㄴ ]
c = [ ㄷ ]
print(a, b, c)
```

ㄱ:

ㄴ:

ㄷ:

18 아래 Python코드를 수행했을 때, 변수 d값이 저장되는 위치는 어디(㉠~㉣)인지 쓰시오.

```
s = [
    {"s_over":12, "s_data":0},   --- ㉠
    {"s_over":12, "s_data":8},   --- ㉡
    {"s_over":10, "s_data":0},   --- ㉢
    {"s_over":14, "s_data":0}    --- ㉣
    ]
d = 10
m = 100
a = 0
for i in s:
    if i["s_over"]>=d and i["s_data"]==0:
        if m>i["s_over"]-d:
            m = i["s_over"]-d
            a = i
a["s_data"] = d
```

답 :

19 아래 Python코드의 수행 결과를 쓰시오.

```
m = 67900
v = [50000, 10000, 5000, 1000, 500, 100]
a = []
for i in v:
    a.append(m//i)
    m=m-(m//i)*i
print(a)
```

답 :

20 아래 Python코드의 수행 결과를 쓰시오.

```
s = ['A', 'B', 'C', 'D']
t = []
a = ""

t.append(s.pop(0))
t.append(s.pop(0))
t.append(s.pop(0))
a += t.pop()
a += t.pop()
t.append(s.pop(0))
a += t.pop()
a += t.pop()

print(a)
```

답: CBDA

정보처리기사 실기 최신 기출문제 07회

시험 일자	문항 수	시험 시간
2023년 제1회	총 20문항	2시간 30분

수험번호 : _____
성   명 : _____

---

01 아래 C코드를 수행하여 출력되는 결과를 쓰시오.

```c
#include <stdio.h>
int b2d(char *s) {
  int dec = 0;
  int p = 1;
  for (int i = sizeof(s) - 1; i >= 0; i--) {
    dec += (s[i] - '0') * p;
    p *= 2;
  }
  return dec;
}
int main(){
    printf("%d", b2d("00101101"));
    return 0;
}
```

답:

02 OSI 7계층 중 2계층(데이터링크)에서 구현되며, 터널링을 위해 단말 노드를 상호 인식/인증시켜 주는 프로토콜은 무엇인지 영문이 포함된 약어로 쓰시오.

답:

최신 기출문제 07회 2-585

03 〈빈칸〉을 채워 테이블 "R"에서 인원이 20명 이상인 "학과"별로 가장 높은 "점수"를 출력하는 SQL문을 완성하시오.

〈SQL〉
```
SELECT 학과, MAX(점수) AS 최고점수 FROM R [빈칸];
```

답:

04 자바스크립트 및 XML 등의 기술을 결합한 것으로, 비동기적으로 필요한 부분만 백그라운드 처리가 가능하여 전체 웹페이지를 새로 고치지 않아도 수정된 정보를 확인할 수 있게 하는 기술은 무엇인지 영문 약어로 쓰시오.

답:

05 테이블 R에서 "동아리"에 가입하지 않은 학생을 삭제하는 SQL문장을 작성하시오. (동아리에 가입되지 않은 학생은 동아리 필드가 비어 있음)

답:

06 아래에서 설명하는 용어를 〈보기〉에서 찾아 쓰시오.

- 인터넷상의 다른 컴퓨터를 자신의 컴퓨터처럼 사용할 수 있도록 하는 서비스이다.
- 22번 포트를 사용하며 데이터를 암호화하여 전달하여 보안성이 향상되었다.

〈보기〉
```
SSH, telnet, SSL, HTTP, SMTP, TCP, FTP
```

답:

07 아래 Java코드에 적용된 객체 지향 기술을 쓰시오. (단, 캡슐화 및 정보은닉은 제외)

```java
class Person {
  private String name;
  private int age;

  public Person(String name, int age) {
    this.name = name;
    this.age = age;
  }

  public Person(String name) {
    this.name = name;
    this.age = 0;
  }

  public Person(int age) {
    this.name = "Unknown";
    this.age = age;
  }

  public Person() {
    this.name = "Unknown";
    this.age = 0;
  }
}

public class Main
{
  public static void main(String[] args) {
      Person person = new Person("Jane Doe");
  }
}
```

답:

08 아래 Java코드는 배열을 오름차순 선택 정렬한다. 〈빈칸〉에 적절한 코드를 쓰시오.

```java
public class Main {
  public static void selectionSort(int[] arr) {
    for (int i = 0; i < arr.length - 1; i++) {
    int minIndex = i;
    for (int j = i + 1; j < arr.length; j++)
      if (arr[j] ( ㄱ ) arr[minIndex]) minIndex = j;
    swap(arr, i, minIndex);
    }
  }

  public static void swap(int[] arr, int i, int j) {
    int temp = arr[i];
    ( ㄴ );
    arr[j] = temp;
  }
  public static void main(String[] args) {
    int[] arr = {78, 34, 90, 12, 56};
    selectionSort(arr);
    for (int i = 0; i < arr.length; i++)
      System.out.print(arr[i]+" ");
  }
}
```

ㄱ :

ㄴ :

09 아래 설명을 읽고, 〈빈칸〉에 적절한 패킷 교환 방식을 쓰시오.

- (ㄱ) : 제어 패킷을 통해 가상의(논리적) 전송 경로를 확보한 뒤 데이터 패킷을 전송하는 방식이다. 전송 초기 단계에 논리적 연결 설정을 위한 작업이 필요하며 전송 경로에 종속적이다.
- (ㄴ) : 논리적 경로의 확보 없이 자유롭게 데이터 패킷을 전송하는 방식으로 제어 패킷이 필요 없다. 별도의 초기 설정이 필요 없고 전송 경로에 독립적이다.

ㄱ :
ㄴ :

10 아래 설명을 읽고, 〈빈칸〉에 적절한 릴레이션 관련 용어를 〈보기〉에서 찾아 쓰시오.

- (ㄱ) : 하나의 개체(레코드)를 표현하는 완전하고 고유한 정보 단위
- (ㄴ) : 하나의 속성 값이 가질 수 있는 모든 원자(분해할 수 없는) 값의 집합
- (ㄷ) : 현실 세계의 대상을 데이터베이스로 표현하고자 하는 논리적인 표현 단위

〈보기〉

Entity Type, Attribute, Domain, Tuple, Relation, Relation Schema, Relation Occurrence, Degree, Cardinality

ㄱ :
ㄴ :
ㄷ :

11 아래 설명이 나타내는 용어는 무엇인지 쓰시오.

- 바이러스처럼 다른 파일에 기생하지 않고 독립적으로 자신을 복제하여 확산한다.
- 전파 속도가 매우 빠르며 시스템에 과부하를 일으켜 마비시킨다.

답 :

12 아래 C 코드를 수행하여 출력되는 결과를 쓰시오.

```c
#include <stdio.h>
int main() {
  char str1[]="present";
  char str2[]="preserv";
  int len = sizeof(str1);

  int diff = 0;
  for (int i = 0; i < len; i++) {
    if (str1[i] != str2[i])
      diff++;
  }

  printf("%d\n", diff);
  return 0;
}
```

답:

13 아래 Java코드를 수행한 결과를 쓰시오.

```java
class Animal {
  public void makeSound() {
    System.out.println("Animal is making a sound.");
  }
}
class Cat extends Animal {
  public void makeSound() {
    System.out.println("Meow!");
  }
}
public class Main {
  public static void main(String[] args) {
    Animal animal = new Cat();
    animal.makeSound();
  }
}
```

답 :

14 복잡하게 설계된 클래스를 기능부와 구현부로 분리한 뒤, 두 클래스를 연결하는 디자인 패턴은 무엇인지 〈보기〉에서 찾아 쓰시오.

〈보기〉

Factory Method, Abstract Factory, Builder, Prototype, Adaptor, Bridge, Composite, Decorator, Iterator, Mediator, Memento, Observer

답 :

15 아래의 C코드를 결정 커버리지로 테스트하기 위해 필요한 테스트케이스는 몇 개인지 쓰시오.

```c
#include <stdio.h>
int main() {
  int n=38;
  if (n%2==0)
    printf("Even");
  else
    printf("Odd");
  return 0;
}
```

답:

16 아래 Java코드가 정상적으로 수행되기 위해 〈빈칸〉에 들어가야 하는 코드를 쓰시오.

```java
class A {
  ( 빈칸 ) void fa() {
    System.out.println("Youngjin");
  }
}
public class Main {
  public static void main(String[] args) {
    A.fa();
  }
}
```

답:

17 아래 설명을 읽고, Python에서 제공하는 자료 구조의 유형 중, 〈빈칸〉에 해당하는 용어를 쓰시오.

- (ㄱ) : 서로 다른 형태의 값을 저장할 수 있는 가변 시퀀스 자료 구조
- tuple : 서로 다른 형태의 값을 저장할 수 있는 불변 시퀀스 자료 구조
- (ㄴ) : 정렬되지 않는 고유한 값을 저장할 수 있는 자료 구조
- dictionary : 키-값 쌍의 형태로 값을 저장할 수 있는 자료 구조
- (ㄷ) : 변수에 값이 없거나 할당되지 않았음을 의미

ㄱ :

ㄴ :

ㄷ :

18 아래 스키마에 대한 설명을 읽고, 〈빈칸〉에 알맞은 용어를 쓰시오.

- (ㄱ) : 특정 사용자의 입장에서 필요한 데이터베이스의 구조를 정의
- (ㄴ) : 모든 사용자(조직)의 입장에서 필요한 데이터베이스의 구조를 정의
- (ㄷ) : 물리적인 저장장치 입장에서 데이터베이스가 저장되는 방법이나 구조를 정의

ㄱ :

ㄴ :

ㄷ :

19 네트워크에 연결된 단말기의 운영체제에서 오류 메시지를 수신하는 데 사용되는 제어 메시지 프로토콜은 무엇인지 〈보기〉에서 찾아 쓰시오.

〈보기〉

telnet, FTP, DHCP, TFTP, HTTP, SMTP, DNS, ANMP, TCP, UDP, ICMP, ARP

답 :

20 아래 C코드를 수행한 결과를 쓰시오.

```c
#include <stdio.h>
void fb(char *a, char *b) {
    char temp = *a;
    *a = *b;
    *b = temp;
}
void fa(char *str) {
    int e = sizeof(str)-1;
    for (int i = 0; i <= e / 2; i++)
        fb(&str[i], &str[e-i]);
}
int main() {
    char str[10] = "youngjin";
    fa(str);
    printf("%s", str);
    return 0;
}
```

답 :

정보처리기사 실기 최신 기출문제 08회

시험 일자	문항 수	시험 시간
2022년 제3회	총 20문항	2시간 30분

수험번호 : _____

성   명 : _____

---

01 IP 주소 192.168.1.0/24가 지정되었고 4개 부서가 아래와 같이 필요한 호스트가 다를 때, 영업팀 서브넷의 첫 번째 사용 가능한 IP주소는 무엇인지 쓰시오. (단, ip-subnet zero를 적용한다.)

- 총무팀 : 40
- 영업팀 : 16
- 회계팀 : 30
- 인사팀 : 10

답 :

02 입력값에 대한 출력 기대결과가 아래 〈표1〉과 같고, 실제 테스트 기록이 〈표2〉와 같다면 어떤 종류의 테스트를 진행한 것인지 쓰시오.

〈표1〉

입력범위		기대결과
0	39	과락
40	59	재시험
60	100	합격

〈표2〉

입력값	0	-1	40	59	101	99	60
기대결과	과락	오류	재시험	재시험	오류	합격	합격
실제결과	과락	오류	재시험	합격	오류	합격	합격

답 :

03 아래의 〈SQL〉을 수행한 후 출력되는 결과는 무엇인지 쓰시오.

```sql
CREATE TABLE R (
  student_id INT,
  name CHAR(20),
  department CHAR(40),
  club CHAR(40)
);
INSERT INTO R (student_id, name, department, club) VALUES
(1, "김철수", "컴퓨터공학", "로봇"),
(2, "박영희", "경영학", "디자인"),
(3, "이민수", "전자공학", "자동차"),
(4, "최수진", "사회학", "독서"),
(5, "강지훈", "문헌정보학", "독서"),
(6, "서지영", "미술학", "디자인");

SELECT DISTINCT COUNT(club) FROM R;
SELECT COUNT(DISTINCT club) FROM R;
```

답 :

04 아래 C 코드를 수행하여 출력되는 결과는 무엇인지 쓰시오.

```c
#include <stdio.h>
int main() {
  int i, j, count = 0;
  for (i = 1; i <= 30; i++) {
    int sum = 0;
    for (j = 1; j < i; j++)
      if (i % j == 0) sum += j;
    if (sum == i) count++;
  }
  printf("%d", count);
  return 0;
}
```

답 :

05 한 번의 로그인으로 여러 허용된 시스템 및 자원에 접근할 수 있도록 하는 기술은 무엇인지 쓰시오.

답:

06 아래 설명을 읽고, 〈빈칸〉에 해당하는 관계 대수 기호를 쓰시오.

- (ㄱ) : 두 릴레이션에서 동일한 튜플을 추출
- (ㄴ) : 대상 릴레이션에서 다른 릴레이션과 동일한 부분을 제거하여 추출
- (ㄷ) : 두 릴레이션을 튜플의 중복 없이 합하는 연산

ㄱ :

ㄴ :

ㄷ :

07 아래 설명을 읽고, 〈빈칸〉에 해당하는 디자인 패턴을 〈보기〉에서 골라 쓰시오.

- (ㄱ) : 객체 생성에 많은 인수가 필요한 복잡한 객체를 단계적으로 생성하는 패턴
- (ㄴ) : 서로 다른 인터페이스를 가진 클래스들을 함께 사용할 수 있도록 하는 패턴
- (ㄷ) : 객체 간의 통신이 직접 이루어지지 않고 중재자를 통해 진행되어 결합도를 감소시키는 패턴

〈보기〉

Factory Method, Abstract Factory, Builder, Prototype, Adaptor, Bridge, Composite, Decorator, Iterator, Mediator, Memento, Observer

ㄱ :

ㄴ :

ㄷ :

08 FIFO와 SJF의 단점을 보완하여 개발된 방법으로, 우선순위 산정 공식의 계산 결과가 큰 작업에 높은 우선순위를 부여(Aging)하는 프로세스 스케줄링 방식은 무엇인지 영문 약어로 쓰시오.

답:

09 아래 설명을 읽고, 〈빈칸〉에 알맞은 용어를 쓰시오.

- (ㄱ) : 친분이나 심리 등을 이용하는 비기술적인 수단으로 개인정보를 얻어내는 공격
- (ㄴ) : 정기적으로 저장되고 있지만, 활용되고 있지 않거나 활용할 수 없는 정보

ㄱ:
ㄴ:

10 ESM의 진화된 형태로 네트워크 하드웨어 및 응용 프로그램에 의해 생성된 보안 경고의 실시간 분석을 제공하는 시스템은 무엇인지 쓰시오.

답:

11 아래 Python 코드를 수행하여 출력된 결과를 쓰시오.

```
list1 = [2, 8, 4, 3]
list2 = list(map(lambda x: x - 2, list1))
print(list2)
```

답:

12 CVS의 단점을 보완한 형상 관리 도구로, 사실상 업계 표준으로 사용되고 있는 도구는 무엇인지 〈보기〉에서 찾아 쓰시오.

〈보기〉

RCS, SVN, Bitkeeper, Git, Clear Case

답:

13 하나의 프로세서 내에 일반 애플리케이션을 처리하는 일반 구역과 보안이 필요한 애플리케이션을 처리하는 보안 구현으로 분할하는 기술은 무엇인지 쓰시오.

답:

14 아래 C코드를 수행한 결과를 쓰시오.

```c
#include <stdio.h>
int main() {
  int arr[4] = {34, 56, 58, 27};
  int ark[4];
  for (int i = 0; i < 4; i++) {
    ark[i] = 1;
    for (int j = 0; j < 4; j++)
      if (arr[i] < arr[j]) ark[i]++;
  }
  for (int i = 0; i < 4; i++)
    printf("%d", ark[i]);
  return 0;
}
```

답:

15 테이블 R에는 "자동차" 학과는 40명, "경영" 학과는 30명, "영문" 학과는 50명의 학생정보가 저장되어 있다. 아래 〈SQL〉을 수행한 뒤 출력되는 결과를 쓰시오.

〈SQL〉
```
SELECT SUM(COUNT(학과)) FROM R GROUP BY 학과;
```

답:

16 아래 Java코드를 수행하여 출력되는 결과를 쓰시오.

```java
public class Main {
  public static void main(String[] args) {
    int max = 0;
    for (int i = 1; i < 1000; i++)
      if (i % 2 != 0 && i % 3 == 0)
        if (max < i) max = i;
    System.out.println(max);
  }
}
```

답:

답: 4

18 아래 Java코드를 수행하여 출력되는 결과를 쓰시오.

```java
public class Main {
  public static void main(String[] args) {
    int n = 4;
    int[] arr = new int[n];
    arr[0] = n;
    for (int i = 1; i < n; i++)
      arr[i] = (arr[i - 1] + 7) % 10;
    for (int i = 0; i < n; i++)
      System.out.print(arr[i] + " ");
  }
}
```

답:

19 E-R 다이어그램의 요소 중, 여러 값을 가지는 속성을 표현하는 기호는 무엇인지 쓰시오. (기호를 직접 그리지 않고 글로 표현)

답:

20 아래 설명을 읽고, 〈빈칸〉에 적절한 UML 용어를 쓰시오.

- (ㄱ) : 사물과 사물의 연관성을 표현
- (ㄴ) : 관계가 형성될 수 있는 대상으로, 모델을 구성하는 가장 중요한 요소
- (ㄷ) : 사물과의 관계를 정형화된 도형으로 표현

ㄱ:

ㄴ:

ㄷ:

정보처리기사 실기 최신 기출문제 09회

시험 일자	문항 수	시험 시간
2022년 제2회	총 20문항	2시간 30분

수험번호 : _____
성　　명 : _____

---

01 아래의 설명을 읽고, 〈빈칸〉에 알맞은 용어를 보기에서 찾아 쓰시오.

> Functional Dependency는 한 속성이 다른 속성을 유일하게 식별할 수 있는 상태의 종속성이다. A→B일 때, A 속성을 결정자, B 속성을 종속자라고 한다.
> - (ㄱ) Dependency : 종속자가 모든 결정자에 종속되는 경우
> - (ㄴ) Dependency : 종속자가 일부 결정자에 종속되는 경우

〈보기〉

> Full Functional, Determinant, Partial Functional, MultiValued, Transitive, Dependent

ㄱ :
ㄴ :

02 아래 설명을 읽고, 〈빈칸〉에 알맞은 용어를 쓰시오.

> - (ㄱ) 테스트 : 개발 장소에서 진행되는 테스트, 개발자와 문제점을 함께 발견하는 방식
> - (ㄴ) 테스트 : 제한되지 않은 환경에서 테스트, 개발자에게 문제점을 통보하는 방식

ㄱ :
ㄴ :

03 아래 Java 코드를 수행한 결과를 쓰시오.

```
class A{
  int n;
  A(int n){ this.n = n; }
  int fa(){
    int sum = 0;
    for(int i=n; i>0; i--)
      sum+=n;
    return sum;
  }
}
public class Main{
  public static void main(String[] args) {
    A a = new A(7);
    System.out.println(a.fa());
  }
}
```

답:

04 공용 네트워크를 사설 네트워크처럼 사용할 수 있도록 제공하는 것으로, 구축이 간편하고 필요시 암호화하여 보안성을 높일 수 있는 기술이 무엇인지 영문 약어(대문자)로 쓰시오.

답:

05 아래 〈SQL〉은 테이블 R 전체 인원의 나이보다 많은 나이를 가진 테이블 S의 인원수를 출력한다. 〈빈칸〉에 알맞은 용어를 쓰시오.

〈SQL〉

SELECT COUNT(*) FROM S
WHERE age 〉 (빈칸) (SELECT age FROM R);

〈S〉

id	name	age
1	John	23
2	Mary	25
3	Alice	24

〈R〉

id	name	age
1	Bob	22
2	Carol	20
3	Peter	23

답 :

06 아래 설명을 읽고, 〈빈칸〉에 알맞은 용어를 영문 약어로 쓰시오.

- (ㄱ) : 웹 서버와 사용자의 인터넷 브라우저 사이에 문서를 전송하기 위해 사용되는 프로토콜, 80번 포트 사용
- (ㄴ) : 신뢰성을 보장하지 않는 비연결성(비접속형) 통신을 제공하는 프로토콜
- (ㄷ) : 인터넷 상의 다른 컴퓨터를 자신의 컴퓨터처럼 사용할 수 있도록 하는 서비스, 22번 포트 사용

ㄱ :
ㄴ :
ㄷ :

07 아래 C 코드를 수행한 결과를 쓰시오.

```c
#include <stdio.h>
int main() {
  double grade = 3.7;
  int a = grade+0.5;
  switch(a){
    case 5:
      printf("A+");
      break;
    case 4:
      printf("A");
      break;
    case 3:
      printf("B");
      break;
    case 2:
      printf("C");
      break;
  }
  return 0;
}
```

답:

08 아래 설명을 읽고, 〈빈칸〉에 알맞은 복잡도를 영어로 쓰시오.

- (ㄱ) : 자신을 호출하는 모듈의 수를 나타낸 것으로, (ㄱ)(이)가 높은 경우 공통 모듈화 측면에서는 잘 설계되었다고 할 수 있다. 하지만 단일 실패 지점이 발생할 수 있으므로 중점 관리 및 더 많은 테스트를 통한 검증이 필요하다.
- (ㄴ) : 자신이 호출하는 모듈의 수를 나타낸 것으로, (ㄴ)(이)가 높은 경우 불필요한 업무 로직을 단순화시킬 방법이 없는지 검토가 필요하다.

ㄱ:

ㄴ:

09 코드(E.F.Codd) 박사가 제안한 비절차적 언어로, 수학의 술어 해석(Predicate Calculus)을 기반으로 원하는 정보가 무엇인지에 대해 정의하는 것은 무엇인지 쓰시오.

답:

10 테이블 R에 아래와 같은 관계 대수 연산을 적용할 경우 나타나는 결과의 기수는 무엇인지 쓰시오.

⟨R⟩

id	name	age
1	John	23
2	Mary	25
3	Alice	24

π name (R)

답:

11 아래 설명을 읽고, ⟨빈칸⟩에 알맞은 라우팅 프로토콜을 ⟨보기⟩에서 찾아 쓰시오.

- (ㄱ) : 최대 15홉 이하 규모의 네트워크를 주요 대상으로 하는 라우팅 프로토콜이다. 최적의 경로를 산출하기 위한 정보로써 홉(거리 값)만을 고려하므로, 실제로는 최적의 경로가 아닌 경우가 많다.
- (ㄴ) : 네트워크 변화에 대해 신속하게 반응할 수 있는 독립적 네트워크 내에서만 사용하는 프로토콜이다. 라우팅 테이블 갱신을 위해 필요한 정보만 전송할 수 있어 회선 부하가 감소된다.
- (ㄷ) : 독립 운용되는 대규모 네트워크 그룹(AS) 간 네트워크 정보를 교환하기 위해 주로 사용되는 정책 기반 프로토콜이다. Distance Vector 방식의 발전된 형태로, 최적의 경로를 찾는 라우팅 정보라기보다는 도달 가능성을 알리는 프로토콜에 가깝다.

⟨보기⟩

RIP, EIGRP, Distance Vector, OSPF, BGP, IGRP, IGP, EGP, Link State Vector

ㄱ :
ㄴ :
ㄷ :

12 아래 C 코드를 수행한 결과를 쓰시오.

```c
#include <stdio.h>
int st_len(char *s){
  int cnt=0;
  while(*s != '\0'){
    if(*s<='d')cnt++;
    s++;
  }
  return cnt;
}
int main(){
  char str[] = "standard";
  int c = st_len(str);
  printf("%d", c);
  return 0;
}
```

답:

13 아래 설명을 읽고, 〈빈칸〉에 알맞은 용어를 쓰시오.

- (ㄱ) : DES를 대체하기 위해서 스위스에서 개발한 국제 데이터 암호화 알고리즘으로, 128비트의 키를 통해 64비트 블록을 암호화하는 대칭키 암호화 알고리즘이다.
- (ㄴ) : 국가 안전 보장국(NSA)에서 개발한 암호화 알고리즘으로, 블록 크기는 64비트이며 키 길이는 80비트이다.

ㄱ:

ㄴ:

14 아래 C 코드를 수행한 결과를 쓰시오.

```c
#include <stdio.h>
int main() {
    int ar[4][2] = { {1, 2}, {3, 4}, {5, 6}, {7, 8} };
    int* p = &ar[0][0];
    int result1 = p[7];
    int result2 = ar[2][1];
    printf("%d", result1 + result2);
    return 0;
}
```

답 :

15 아래 Python 코드를 수행한 결과를 쓰시오.

```python
def shift_string(string, amount):
    shifted_string = string[-amount:] + string[:-amount]
    return shifted_string

input_string = "youngjin"
shift_amount = 2
output_string = shift_string(input_string, shift_amount)
print(output_string)
```

답 :

16 아래 C 코드를 수행한 결과를 쓰시오.

```c
#include <stdio.h>
struct nums{
  int a;
  int b;
};
int main(){
  struct nums k = {0, 0};
  int i;
  for(i=1; i<6; i++){
    if (i % 2 == 1){
      k.a += i;
    }else{
      k.b += i;
    }
  }
  printf("%d", k.b-k.a);
  return 0;
}
```

답:

17 테이블 R에 대해 아래와 같은 〈SQL〉을 수행한 경우 출력되는 결과는 무엇인지 쓰시오.

〈R〉

학번	이름	학과	복수전공	동아리
20230001	김지민	컴퓨터공학	NULL	로봇
20230002	박준영	경영학	NULL	NULL
20230003	이혜미	문예창작학	국어국문학	문예
20230004	오재현	사회학	정치학	NULL
20230005	이지은	영어영문학	일어일문학	영어회화

〈SQL〉

SELECT COUNT(*) FROM R WHERE 복수전공 IS NULL AND 동아리 IS NULL;

답:

18 객체 지향 개발 원칙(SOLID) 중, 아래에서 설명하는 것은 무엇인지 보기에서 찾아 쓰시오.

- 하위 클래스는 상위 클래스의 기능이 호환될 수 있어야 한다.
- 상위 클래스의 기능을 수행하기 위해 하위 클래스는 상위 클래스의 제약사항을 준수해야 한다.

〈보기〉

Single Responsibility, Open-Closed, Liskov Substitution, Interface Segregation, Dependency Inversion

답 :

19 IP 주소 〈192.168.1.0/24〉가 지정된 네트워크를 5개의 서브 네트워크로 서브넷팅 했을 때, 3번째 서브 네트워크 중 5번째로 사용 가능한 IP주소는 무엇인지 쓰시오. (단, ip subnet-zero를 적용한다.)

답 :

20 모듈이나 컴포넌트의 변화로 인해 의도하지 않은 오류가 생기지 않았음을 보증하기 위한 활동으로, 통합 테스트가 완료된 후에 변경된 모듈이나 컴포넌트가 있다면 새로운 오류 여부를 확인하기 위해 수행하는 테스트는 무엇인지 〈보기〉에서 찾아쓰시오.

〈보기〉

Recovery, Security, Stress, Performance, Structure, Regression, Parallel

답 :

정보처리기사 실기 최신 기출문제 10회

시험 일자	문항 수	시험 시간
2022년 제1회	총 20문항	2시간 30분

수험번호 : _____

성   명 : _____

01 아래 설명에 해당하는 RAID 유형을 숫자로 쓰시오.

- 빠른 데이터 입출력을 위해 스트라이핑(Striping)을 구현하는 방식이다.
- 다수의 디스크에 데이터 입출력을 분산시켜 매우 빠른 속도를 나타낸다.
- 데이터를 분할하여 각각의 디스크에 나눠 저장하는 방식으로, 데이터 안정성이 매우 떨어진다는 단점이있다.

답 :

02 아래 설명 중, 빈칸에 해당하는 용어를 [보기]에서 찾아 쓰시오.

- (ㄱ) : 변경되었던 데이터를 취소하고 원래의 내용으로 복원하는 기능이다.
- (ㄴ) : 원래 내용으로 복원되었던 데이터를 log를 통해 다시 앞의 내용으로 되돌리는 기능이다.

〈보기〉

Commit, Undo, RollBack, CheckPoint, Redo, SavePoint

ㄱ :

ㄴ :

03 아래 기술된 용어를 영문 약어로 변환하여 쓰시오.

IEEE 802.11의 무선 네트워킹 표준으로 사용되는 보안 프로토콜이다. IEEE 802.11i의 작업 그룹과 와이파이 얼라이언스에서 WEP를 하드웨어의 교체 없이 대체하기 위해 고안되었다.

답 :

04 사용자 인터페이스 중, 아래 설명에 해당하는 용어를 영문 약어로 쓰시오.

사람의 음성이나 행동, 촉각 등을 통해 컴퓨터와 상호작용하는 환경

답:

05 아래 분석 기법에 대한 설명 중, 빈칸에 해당하는 용어를 [보기]에서 찾아 쓰시오.

- (ㄱ) : 소스코드를 실행하지 않고 코드의 표준, 스타일, 복잡도 및 결함 등을 찾아내는 분석 기법
- (ㄴ) : 소스코드를 실행하여 프로그램의 흐름과 연산 결과, 메모리 및 스레드 결함 등을 찾아내는 분석 기법

〈보기〉

Static, Execution, Code, Dynamic, Analysis, Debug

ㄱ :
ㄴ :

06 아래 설명에 해당하는 용어를 쓰시오.

자바 프로그래밍 언어용 유닛 테스트 프레임워크로, 테스트 주도 개발 면에서 중요하며 SUnit과 함께 시작된 XUnit이라는 이름의 유닛 테스트 프레임워크 계열의 하나이다. 컴파일 타임에 JAR로써 링크된다.

답:

07 아래 [보기]에서, 화이트 박스 테스트 기법을 3가지 찾아 쓰시오.

〈보기〉

Equivalence Partitioning Testing, Condition Testing, Boundary Value Analysis, Cause-Effect Graphing Testing, Loop Testing, Comparison Testing, Data Flow Testing, Error Guessing

답:

08 아래 기술된 용어를 영문 약어로 쓰시오.

> 정보 통신 서비스 제공자가 정보 통신망의 안정성 및 신뢰성을 확보하여 정보 자산의 기밀성, 무결성, 가용성을 실현하기 위한 관리적, 기술적 수단과 절차 및 과정을 체계적으로 관리, 운용하는 체계이다.

답:

09 아래 데이터베이스 용어에 대한 설명 중, 빈칸에 해당하는 용어를 [보기]에서 찾아 쓰시오.

> - 슈퍼키는 (ㄱ)(을)를 만족하는 속성이 없을 때, 둘 이상의 속성을 합쳐서 튜플을 식별할 수 있게 만들어진 속성으로 (ㄴ)(을)를 만족시키지 못한다.
> - 후보키는 릴레이션에 존재하는 모든 튜플에 대해 (ㄱ)(와)과 (ㄴ)(을)를 모두 만족시키는 속성이다.

〈보기〉

> 유일성, 무결성, 투명성, 최소성, 다형성, 유연성

ㄱ:
ㄴ:

10 아래 설명에 해당하는 공격 유형을 쓰시오.

> APT 공격에서 주로 쓰이는 공격이며, 공격 대상이 자주 방문하는 홈페이지의 Web Exploit(웹 취약점)을 이용하여 악성코드를 심은 뒤, 사용자가 모르게 해당 악성코드를 다운로드 받게 하고, 다운로드 된 악성코드를 통해 공격을 하는 방식이다.

답:

11 아래 V-모델의 이미지 중, 빈칸에 해당하는 용어를 쓰시오.

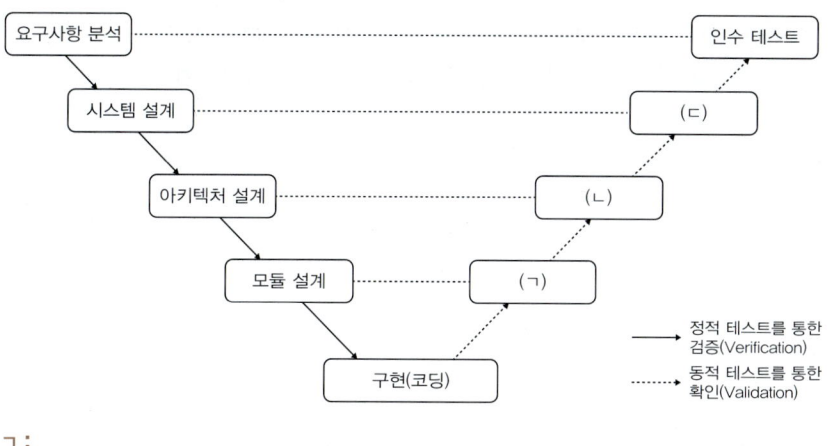

ㄱ :
ㄴ :
ㄷ :

12 데이터베이스의 이상현상 중, 삭제 이상에 대해 약술하시오.

답 :

13 아래 기술된 [조건]에 맞게 출력되도록 SQL을 작성하시오.

[조건]

성적 테이블에서 name과 score 속성을 score 기준 내림차순하여 조회

답 :

14 아래 파이썬의 자료구조 관련 함수에 대한 설명 중, 빈칸에 해당하는 용어를 [보기]에서 찾아 쓰시오.

- (ㄱ) : 인수로 전달된 (순회 가능한) 자료구조를 분해하여 요소별로 추가하는 메소드
- (ㄴ) : 리스트의 내부 요소 하나를 추출하는 메소드(추출된 요소는 리스트 내부에서 삭제됨)
- (ㄷ) : 리스트 내부 요소들의 배열 순서를 반대로 뒤집는 메소드

〈보기〉

pop, remove, del, sort, reverse, extend, insert, append

ㄱ :

ㄴ :

ㄷ :

15 아래 파이썬 코드의 실행 결과를 쓰시오.

```
def exam(num1, num2=2):
    print('a=', num1, 'b=', num2)
exam(10)
```

답 :

16 아래 C 코드의 실행 결과를 쓰시오. (단, 사용자 입력값은 5라고 가정한다.)

```
#include <stdio.h>
int func(int a) {
    if (a <= 1) return 1;
    return a * func(a - 1);
}
int main() {
    int a;
    scanf("%d", &a);
    printf("%d", func(a));
}
```

답 :

17 아래 C 코드의 실행 결과가 4321일 때, 빈칸에 해당하는 코드를 쓰시오.

```c
#include <stdio.h>
int main() {
    int number = 1234;
    int div = 10;
    int result = 0;
    while (number ( ㄱ ) 0) {
        result = result * div;
        result = result + number ( ㄴ ) div;
        number = number ( ㄷ ) div;
    }
    printf("%d", result);
}
```

ㄱ:
ㄴ:
ㄷ:

18 아래 C 코드의 실행 결과를 쓰시오.

```c
#include <stdio.h>
int isPrime(int number) {
    int i;
    for (i=2; i<number; i++) {
        if (number % i == 0) return 0;
    }
    return 1;
}
int main(void) {
    int number = 13195, max_div=0, i;
    for (i=2; i<number; i++)
        if (isPrime(i) == 1 && number % i == 0)
            max_div = i;
    printf("%d", max_div);
    return 0;
}
```

답:

19 아래 JAVA 코드 중, 빈칸에 해당하는 코드를 쓰시오.

```
class Car implements Runnable{
  int a;
  public void run(){
      system.out.println("message");
  }
}
public class Main{
  public static void main(String args[]){
    Thread t1 = new Thread(new (   빈칸   )());
    t1.start();
  }
}
```

답 :

20 아래 JAVA 코드의 실행 결과를 쓰시오.

```
class YG {
    int a;
    int b;
}
public class Main {
    static void func1(YG m){
        m.a *= 10;
    }
    static void func2(YG m){
        m.a += m.b;
    }
    public static void main(String args[]){
        YG m = new YG();
        m.a = 100;
        func1(m);
        m.b = m.a;
        func2(m);

        System.out.printf("%d", m.a);
    }
}
```

답 :

CHAPTER

03

최신 기출문제
정답 & 해설

최신 기출문제 01회

01 3
BACED

해설

a[2]−a[0]	문자는 정수값을 가지므로 'E(5번째 문자)'−'B(2번째 문자)'는 문자 간의 거리값을 의미한다.
if(a[i]>c) break;	c('C')보다 큰 값을 만나면 인덱스(i) 증가를 멈춘다.
t1 = a[i]; a[i++] = c;	해당 위치의 요소를 옮긴 후, c값을 할당한다.
for(;i<5;i++){ ... }	할당된 다음 위치부터 배열의 끝까지 t1을 할당하며 swap 진행한다.

02 CRC

해설

체크섬 사용, 패리티 검사의 한계 극복, 생성 다항식 기반의 연산은 CRC(Cyclic Redundancy Check)의 핵심적인 특징이다.

03 1

해설

ma("5")	• 문자열이므로 최초 1회는 return ma(b−1) + ma(b−2);를 진행한다. • 이후부터는 return ma(a−1) + ma(a−3);을 진행한다.
return ma(a−1) + ma(a−3);	ma(5) : ma(4) + ma(3) = 1 ma(4) : ma(3) + ma(1) = 1 ma(3) : ma(2) + ma(0) = 0 ma(2) : ma(1) + ma(−1) = 0 ma(1) : 1 ma(0) : 0 ma(−1) : −1

04 Adaptor

해설

'서로 호환되지 않는 인터페이스를 가진 클래스들이 함께 동작할 수 있도록 중간에 변환 역할을 하는 객체를 제공'한다는 설명은 Adaptor 패턴의 핵심적인 목적이다.

05 12

해설

```
class Node:
    def __init__(self, val):
        self.value = val
        self.chNode = []    #자식 노드가 저장될 리스트

def ta(a):
    ns = [Node(i) for i in a]    #리스트 기반으로 노드 생성
    for k in range(1,len(ns)):    #루트 노드를 제외하고 순회
        ns[(k-1)//2].chNode.append(ns[k])    #자신의 부모 노드에 추가
    return ns

def ca(n, lv=0):
    if n is None:
        return 0
    # 홀수 레벨의 값만 누적
    return (n.value if lv%2==1 else 0) + sum(ca(n, lv+1) for n in n.chNode)

a = [3, 5, 7, 9, 11, 15, 16]
na = ta(a)
print(ca(na[0]))
```

06 133

해설
- 16진수를 10진수로 변환할 수 있어야 풀 수 있는 문제이다.
- 각 구조체의 배열 s의 값을 전부 누적하여 0xA5와 and 연산한 값을 출력한다.
- 최종 printf : sum & 0xA5
  sum = 901
  0xA5 (16진수) = 165 (10진수)
  901을 2진수로 변환 : 0011 1000 0101
  165을 2진수로 변환 : 0000 1010 0101
  비트 AND 연산 :

  ```
        0011  1000  0101  (901)
     &  0000  1010  0101  (165)
        ─────────────────
        0000  1000  0101  (133)
  ```

07 ㄱ : 참조 무결성
ㄴ : 개체 무결성
ㄷ : 도메인 무결성

해설

참조 무결성 (Referential Integrity)	• 외래키(Foreign Key)와 그 외래키가 가리키는 기본키(Primary Key) 간의 연결성을 보장한다. • 외래키의 값은 반드시 해당 테이블에서 참조하는 기본키의 실제 값 중 하나여야 하거나, 아니면 NULL 값을 가질 수 있도록 허용되어야 한다. • 이는 관계형 데이터베이스에서 데이터 간의 논리적 연결이 끊어지지 않도록 하는 데 중요하다.
개체 무결성 (Entity Integrity)	• 각 테이블의 기본키가 갖춰야 할 필수적인 조건을 명시한다. • 기본키로 지정된 속성은 반드시 고유한 값을 가져야 하며, 동시에 NULL 값이 될 수 없다. • 이로써 모든 행(튜플)이 유일하게 식별될 수 있도록 하여 데이터의 혼란을 방지한다.
도메인 무결성 (Domain Integrity)	• 이 원칙은 데이터베이스 내 각 속성(컬럼)이 허용 가능한 값의 범위나 유형을 제한한다. • 특정 속성에 입력되는 값은 미리 정의된 데이터 타입(예 숫자, 문자열, 날짜)을 따라야 하며, 설정된 유효 범위 내에 있어야 한다 (예 나이를 나타내는 필드에는 양의 정수만 입력).

08 2

해설

ar[i][j] = i + j;	배열의 행, 열 위치값을 더해 요소값으로 할당한다. | 0 | 1 | 2 | | 1 | 2 | 3 | | 2 | 3 | 4 |
sum += p[i]*s;	포인터 변수를 배열처럼 사용할 수 있으며, 2차원 배열 역시 1차원 배열처럼 접근 가능하다.
s *= -1;	각 요소값의 부호를 변경하는 스위치 변수이다. +0-1+2-1+2-3+2-3+4 = 2

09 세션 하이재킹

해설
세션 하이재킹(Session Hijacking)
- 웹 애플리케이션 보안 분야에서 중요한 위협 중 하나로, 이 공격은 사용자와 서버 간의 통신에서 생성되는 세션 정보를 가로채는 방식으로 작동한다.
- 공격자는 세션 ID(쿠키나 URL 파라미터 등)를 훔쳐서, 마치 합법적인 사용자인 것처럼 시스템에 접근해 권한을 탈취한다.
- 이 공격은 사용자가 이미 인증을 마친 후에 발생하기 때문에, 아무리 강력한 로그인 인증 절차를 사용해도 완전히 막기는 어렵다.
- 정상 사용자의 세션 식별 데이터를 빼돌려 공격자가 해당 사용자로 위장, 시스템에 무단 침입하는 행위가 이 공격의 본질이다.

10 A
C

해설
- try 구역의 코드에 예외가 발생할 경우 적절한 처리를 수행한다.
- a/b = 5/0이므로, ArithmeticException이 발생한다.
- finally 구역은 항상(예외가 발생하지 않아도) 마지막에 수행된다.
- 즉, 5/0에서 ArithmeticException 발생 → catch 블록 "A"가 출력 → finally에서 "C"가 출력된다.

11 ㄱ, ㄹ, ㅁ

해설
- 서브넷 마스크
  - /22 → 255.255.252.0
  - 블록 단위 : $2^{(32-22)}$ = 1024개
- 네트워크 주소
  - IP주소와 서브넷 마스크를 AND 연산
  - 192.168.8.0
- 브로드캐스트 주소
  - 네트워크 주소에서 서브넷의 0인 부분을 모두 1로 바꿈
  - 192.168.11.255
- 192.168.11.25/22 네트워크 범위 : 192.168.8.1 ~ 192.168.11.254 까지의 호스트 IP 주소를 가진다.

12 박세영

해설
거주지 = '인천' OR 수당 〉 200000 : 거주지가 인천이거나, 수당이 200000을 초과하는 튜플을 조회한다.

13 Scareware

해설

스케어웨어(Scareware)
- Scare(겁주다) + Software(소프트웨어)의 합성어이다.
- 존재하지 않는 오류를 경고해 사용자에게 겁을 줘서 불필요한 소프트웨어를 설치·구매하도록 유도하는 악성 프로그램이다.

14 ㄱ : 튜플(Tuple)
ㄴ : 애트리뷰트(Attribute)
ㄷ : 도메인(Domain)
ㄹ : 차수(Degree)

해설

튜플(Tuple)	릴레이션에서 하나의 행을 의미하며, 개별 데이터를 저장한다.
애트리뷰트(Attribute)	릴레이션의 열을 구성하는 각각의 속성을 말한다.
도메인(Domain)	애트리뷰트가 가질 수 있는 값들의 집합을 의미한다.
차수(Degree)	릴레이션이 가지고 있는 열의 개수를 나타낸다.

15 ① : int a=8, b=10
② : while(a<b)
③ : printf("done")
④ : a++
⑤ : a/=2
⑥ : b/=2
커버리지 순서 : 1 → 2 → 3 → 4 → 5 → 6 → 2 → 3

해설

- 구문 커버리지는 코드의 모든 문장을 한 번 이상 수행하도록 설계해야 한다.
- 초기에 a=8, b=10이므로 a<b → true → 루프에 진입한다.
- 반복문을 실행하다 보면 언젠가 a>=b가 되어 종료 조건도 확인된다.

16 ㄱ : Stamp
ㄴ : Content
ㄷ : Data

해설

결합도(Coupling)
- 모듈 간의 상호 의존성 정도를 나타낸다.
- 낮을수록 좋은 구조(Low Coupling)이다.
- 유지보수성과 재사용성을 향상시킬 수 있다.
- 종류

자료 결합 (Data Coupling)	모듈 간에 단순한 데이터만 인자(parameter)로 전달
스탬프 결합 (Stamp Coupling)	모듈 간에 구조체(또는 레코드) 전체를 인자로 전달
제어 결합 (Control Coupling)	제어 신호(플래그, boolean 등)를 전달해서 어떤 처리를 할지 결정
외부 결합 (External Coupling)	모듈 간 외부 시스템, 장치, 인터페이스를 공유
공통 결합 (Common Coupling)	전역 변수(Global Variable)를 여러 모듈이 공유
내용 결합 (Content Coupling)	한 모듈이 다른 모듈의 내부를 직접 참조 또는 수정

17 30 10 20 40 50

해설

- curr->next = newNode
  - 해당 코드는 연결 리스트를 구현한 것이다. 연결 리스트는 각 요소를 순서대로 연결하는 것으로, 연결의 방향을 파악하는 것이 우선이다.
  - append 함수를 보면, 새로운 노드가 마지막(현재) 노드의 다음 노드로 지정되는 것을 알 수 있다.
  - 따라서, 10 20 30 40 50 순으로 연결된다.
- recon 함수에서

*head == NULL || (*head)->data == value	리스트가 비어있거나, 이미 맨 앞에 찾을 데이터가 있다면 함수를 종료한다.
Node *curr = (*head)->next;	헤드 노드의 다음 노드로 시작하여 데이터를 찾는다.
if (curr->data == value) { ... }	데이터를 찾은 경우
	prev->next = curr->next; : 이전 노드의 다음 노드 자리에 찾은 노드의 다음 노드를 연결한다(이전 노드와 다음 노드를 연결하는 작업).
	curr->next = *head; : 찾은 노드의 다음 노드 자리에 연결 리스트의 시작 노드를 연결한다.
	*head = curr; : 연결 리스트의 시작 노드를 찾은 노드로 지정한다.

- recon(&head, 30); : 30이 리스트 앞으로 이동된다.

18 16

해설

```
class Pa{
    ⓪ 정적변수, 전체 공유
    static int tot=0;
    int a=2;
    ② a(2) 누적 후 오버라이딩 된 aa 호출
    public Pa(){
        tot+=a;
        aa();
    }
    public void aa(){
        tot--;
    }
}
class Ca extends Pa{
    int a=4;
    ④ a(4) 누적 후 a값 1 감소(tot에 영향 없음) 후 aa 호출
    public Ca(){
        tot+=a--;
        aa();
    }
    ③ 기존값을 2배 누승=4
    ⑤ 기존값을 2배 누승=16
    public void aa(){
        tot*=2;
    }
}
public class Main{
    public static void main(String[] args){
        ① 인스턴스 생성(부모 객체부터 생성)
        new Ca();
        ⑥ Ca.tot값 출력 = 16
        System.out.println(Ca.tot);
    }
}
```

19 ㄱ : ARP
ㄴ : RARP

해설

ARP(Address Resolution Protocol)	• IP 주소를 물리적 MAC 주소로 변환하는 데 사용된다. • 예를 들어, 컴퓨터가 특정 IP 주소를 가진 다른 컴퓨터와 통신하려고 할 때, ARP를 사용하여 해당 IP 주소에 해당하는 MAC 주소를 알아낸다. • 이더넷 환경에서 주로 사용한다.
RARP(Reverse Address Resolution Protocol)	• MAC 주소를 IP 주소로 변환하는 데 사용된다. • 주로 디스크 없는 워크스테이션(diskless workstation)이나 네트워크 부팅 시 자신의 MAC 주소를 이용해 서버로부터 IP 주소를 할당받을 때 사용된다. • 현재는 DHCP가 이 기능을 대체하여 더 널리 사용되고 있다.

20 30

해설

ma(ar, 0, ar.length−1);	배열과 시작, 종료 위치를 전달
int mid = (st+ed)/2;	시작, 종료 위치를 통해 중간 위치 생성
return ar[mid] + Math.max(ma(ar, st, mid), ma(ar, mid+1, ed));	중간 위치에 해당하는 값과 배열을 둘로 나누어 최대값 계산(재귀)
if(st)=ed)return 0;	시작, 종료 위치가 같아지면 중간값이 없으므로 결과는 0

• 따라서, 아래와 같이 수행된다(메소드명과 배열명은 생략하여 표현).
 ma(0~4) : ar[2](12) + max(ma(0~2), ma(3~4))
 ma(0~2) : ar[1](10) + max(ma(0~1), ma(2~2))
 ma(3~4) : ar[3](18) + max(ma(3~3), ma(4~4))
 ma(0~1) : ar[0](6) + max(ma(0~0), ma(1~1))
 ※ ma(N~N) 형태의 결과는 모두 0이다.
• 즉, ar[2](12) + max(ma(0~2), ma(3~4))는 12 + max(16, 18) = 12+18 = 30이다.

최신 기출문제 02회

01 행위 패턴

02 애드혹 네트워크(Ad-hoc network)

03 ROLLBACK

04 USING

해설
USING 절은 두 테이블에서 같은 이름을 가진 속성을 조인 조건으로 사용할 때 간단히 표현할 수 있다. ON을 사용하려면 (A.학번=DB.학번)으로 입력해야 한다.

05 ①, ③ 또는 ①, ②

해설
- 조건식 : a>5, b<6
- 결정문 : (a)5 && b<6)
- 결정문의 결과가 참/거짓을 모두 나타낼 수 있게끔 테스트 케이스를 설계해야 한다.

06 50 40 30 20 10

해설
- fn함수는 두 인수의 원본 데이터를 교환(스왑)해 준다.
- i는 0부터 증가(++)하고, k는 4부터 감소(--)하므로, 이 둘이 만나는 순간(i<k) while문은 종료된다.
- ar+i : 배열 ar의 i번째 요소 위치(주소)
- ar+k : 배열 ar의 k번째 요소 위치(주소)
- fn(ar+i, ar+k) : 배열 ar의 i, k번째 요소를 서로 스왑한다.

07 30

해설
union x는 공용체이므로 포인터 변수 a와 b는 같은 공간을 공유한다. 즉, a와 b는 항상 같은 값이 반영되므로 어떤 포인터에 접근하더라도 나중에 할당된 p2의 데이터에 접근하게 된다.

08 30

해설
- 각 구조체의 n은 다음 구조체의 위치를 할당받은 상태이다.
- p1.n : p1의 n값 = 다음 구조체의 위치(p2의 위치)
- p1.n->n : p2를 찾아가서 그 안의 n값 = 다음 구조체의 위치(p3의 위치)
- p1.n->n->data : p3를 찾아가서 그 안의 data값

09 ㄱ : TCP
ㄴ : UDP

10 데이터링크 계층(Data Link Layer)

11 Docker

12 50

해설
○,● = ◇,◆ : ◇는 ○에 할당, ◆는 ●에 할당
- a[::2] : 처음부터 끝까지 2단계로 슬라이싱(짝수 위치 요소 : 10,30)
- a[1::2] : 1번째 요소부터 끝까지 2단계로 슬라이싱(홀수 위치 요소 : 20,40)
- sum() : 인수로 받은 요소들(a[1:3])의 합계를 구하는 함수

13 25
20
30

해설
- t = type(a) : 인수의 타입 할당
- t == type(100) : t가 정수 타입인지 비교
- t == type("300") : t가 문자열 타입인지 비교

14 6

해설

참조열	A	B	C	D	B	A	B	A	C	A
프레임1	A/0	A/1	A/2	D/0	D/1	D/2	D/3	D/4	C/0	C/1
프레임2	/	B/0	B/1	B/2	B/0	B/1	B/0	B/1	B/2	B/3
프레임3	/	/	C/0	C/1	C/2	A/0	A/1	A/0	A/1	A/0
부재	발생	발생	발생	발생		발생			발생	

*<할당된 페이지>/<LRU> 형식으로 표기된 것임

15 70

해설
20대가 전부 25세 이상이고, 30대가 전부 35세 이하인 경우에 해당한다.

16 일반화 관계

해설
- 하나의 사물이 다른 사물에 대해 상위, 하위 관계를 가지는 것을 표현한다.
  - 상위 사물 : 하위 사물들의 일반적인 속성을 가진 사물을 표현
  - 하위 사물 : 상위 사물에 대해 구체적인 속성을 가진 사물을 표현
- 상위 사물 쪽에 속이 빈 삼각 실선 화살표로 표현한다.
- [하위 사물 is kind of 상위 사물]의 형태로 해석된다.

17 UNIQUE

18 false
false
true

해설
- a==b : a와 b가 같은 객체인지 확인
- a==e : a와 e가 같은 객체인지 확인 → 문자열은 같지만, 서로 다른 객체
- a.equals(c) : a와 c의 내부 문자들이 같은지 확인

19 25

해설
- x.a : A클래스의 인스턴스 변수 a값 = 10
- y.get() : B클래스의 get메소드의 반환값 = b*5 = 15

20 50

해설
- 클래스 A와 B는 상속의 관계에 있으므로 하위 클래스에서 상위 클래스의 모든 멤버에 접근 가능하다. 즉, B클래스에서 인스턴스 변수 a에 접근할 수 있다.
- 두 클래스 모두 mth()가 존재하므로 오버라이딩이 적용된다. 따라서, B클래스에 있는 mth()가 호출된다.

최신 기출문제 03회

01 XXO

해설
- fn(int[] a, int[] b)에서의 a==b : a와 b에 할당된 객체들이 동일한 객체인지 비교
- fn(int a, int b)에서의 a==b : a와 b에 할당된 데이터가 같은지 비교

02 반정규화(De-Normalization)

03 ㄱ : INSERT INTO
ㄴ : WHERE 이름='홍길동'
ㄷ : 사원 SET 거주지='인천'

04 Cardinality : 4
Degree : 4

해설
- Cardinality : 행 개수
- Degree : 열 개수

05 IPSec(IP Security)

06 Sequential

07 Iterator

08 3 2

해설
- 바깥쪽 for문은 s를 순회하고, 안쪽 for문은 a와 b를 순회한다.
- if(s[i+c]!=a[c]) break;
 : s를 순회하며 a문자열과 글자 단위로 비교한다. 만약, 일치하지 않는 글자가 있다면 for문을 바로 중단한다.
- if(c==2) ac++;
 : 안쪽 반복문이 중단되지 않고 끝까지 수행된다면 변수 c의 값은 2이다. 따라서, c==2는 반복문이 온전히 종료되었는지를 판단한다. 반복문이 완료되었다면, 문자열 패턴이 일치했으므로 ac값을 증가시킨다.

09 ㄱ : 가상 회선(Virtual Circuit) 방식
ㄴ : 데이터그램(Datagram) 방식

10 12

해설

fn(a, b);
: fn함수에서 수행되는 swap은 fn지역 내부에서만 진행되므로 main지역의 a, b는 변경되지 않는다. 따라서, switch(b)의 b는 5가 아니라 30이다.

11 5

해설

- while(*b)
  : 종료문자 '\0'은 Null문자로, 정수로 치면 0에 해당한다. 따라서, 종료문자를 만날 때까지 a++, b++를 반복한다.
- a++, b++
  : a와 b는 포인터 변수이므로 ++은 위치값을 증가시킨다.
- *a = '\0'
  : 따라서, b 문자열의 종료문자를 만난 위치와 같은 위치에 a 문자열에도 종료 문자를 할당한다.
- i=0; s1[i]!='\0'; i++
  : 문자열의 처음부터 '\0'가 새롭게 추가된 위치까지의 글자 개수를 반환한다. 즉, s2의 문자 개수와 같은 값이 출력된다.

12 35/10

해설

(n[i]/2)%2==0 || n[i]%2==0
: 자신의 절반의 값이 짝수이거나, 자신이 짝수인 수는 0, 1, 2, 4, 5, 6, 8, 9이다.

13 A D C F

해설

RIP는 거치는 라우터의 개수(홉)가 가장 적은 경로를 계산한다.

14 AES(Advanced Encryption Standard)

15 18

해설

	ar[][0]	ar[][1]	ar[][2]
ar[0][]	1	2	3
ar[1][] p[0]	4 **p	5 p[0][1]	6
ar[2][] p[1]	7	8	9 *(p[1]+2)

16 4, 7

해설

(○:실행, ●:대기)

진행 시간	P1	P2	P3
0	○		
1	○		
2	●	○	
3	●	○	
4	●	○	●
5	●	○	●
6	●	○	●
7	●	○	●
8	●		○
9	●		○
10	●		○
11	●		○
12	○		
13	○		
14	○		
15	○		
16	○		
17	○		

17 acsvdx

해설

- int[] v = new int[26]
  : 알파벳 소문자 개수만큼 배열 생성(0으로 초기화)
- char c = s.charAt(i)
  : 문자열 내 문자를 차례로 할당
- v[c-'a']==0
  : 문자에서 'a'를 빼면 해당 문자의 순서를 파악할 수 있다. 따라서, 해당 순서의 문자가 탐색된 적이 있는지를 파악하는 코드이다.
- v[c-'a']=1
  : 탐색된 적이 없다면, 해당 문자를 출력하고 탐색 여부를 1로 변경한다.

18 제어 결합도(Control Coupling)

19 20

해설

k−>p−>n
: 포인터 k가 가리키는 구조체(a)의 포인터 p가 가리키는 구조체(b)의 변수 n의 값이다.

20 4

해설

"Don't put all your eggs in one basket"
: s.split("o") : "o"를 기준으로 문자열 s를 분할한다. s에는 "o"가 3개 있으므로 총 4개의 문자열로 분해된다.

최신 기출문제 04회

01 ㄱ : 논리적
ㄴ : 시간적
ㄷ : 절차적

02 36

해설
- a = n1<n2 ? 2 : 3;
  : n1<n2 이 참이므로 a=2
- if(a%2==0) n1<<a;
  : a는 짝수이므로 n1<<2 수행. 그러나 수행 결과를 다시 n1에 할당하지 않았으므로 n1의 값은 변하지 않는다. 따라서, n1+n2 은 13+23과 같다.

03 제3정규형(3NF)

해설
종속자 C의 결정자가 B 외에도 A가 추가로 존재하는 종속 관계인 이행적 함수 종속성(Transitive Dependency)을 제거하는 정규화이다.

04 3

해설
클래스(static이 붙은) 변수는 클래스 명으로 접근 가능하며, 프로그램이 끝날 때까지 유지되고 모든 인스턴스와 공유된다.

05 OSPF

해설
OSPF(Open Shortest Path First)
- 동적 라우팅 프로토콜, 대표적인 링크 상태 라우팅 프로토콜이다.
- 인터넷에서 연결된 링크의 상태를 감시하여 최적의 경로를 선택한다.
- VLSM 및 CIDR을 지원하는 대규모 기업 네트워크에서 가장 널리 사용된다.
- 라우팅 테이블의 변화가 발생하는 즉시 업데이트가 발생하므로 컨버전스 타임이 짧다.
- 홉 카운트와 더불어 다양한 요소를 고려하여 경로를 선택하기 때문에 최적의 경로일 확률이 높다.

06 6

해설

참조 열	3	0	2	2	4	1	2	0
프레임1	3	3	3	3	4	4	4	0
미사용	0	1	2	3	0	1	2	0
프레임2		0	0	0	0	1	1	1
미사용		0	1	2	3	0	1	2
프레임3			2	2	2	2	2	2
미사용			0	0	1	2	0	1
	부재	부재	부재			부재	부재		부재

07 (①) → (③) → (④) → (②) → (⑤)

해설
- 상속된 클래스의 인스턴스 생성 시, 상위 클래스의 생성자를 먼저 호출한다.
- 오버라이딩은 업캐스팅을 무시하고 하위 메소드를 호출할 수 있다.
- super 키워드로 호출된 메소드는 오버라이딩되어 있어도 상위 메소드를 호출한다.

08 ㄱ : RIGHT (OUTER) JOIN
ㄴ : INNER JOIN
ㄷ : CROSS JOIN

09 IN(SELECT 학번 FROM 정보처리 WHERE 학점='A')

10 지능형 지속 공격(APT, Advanced Persistent Threat)

11 ACEGHFDB

해설
- b=strlen(s)−1
  : 배열 s의 크기−1 = 배열의 가장 마지막 위치값
- t[c++] = *(p+a++);
  : 배열 t의 첫 위치부터 올라가며 할당, 배열 s의 첫 요소부터 차례로 할당
- t[b−−] = *(p+a++);
  : 배열 t의 마지막 위치부터 내려가며 할당, 배열 s의 첫 요소부터 차례로 할당

12 123.100.12.255

해설
- ip subnet-zero 미적용이므로 6에서 7로 변경한다.
- 서브넷 $2^2<7<=2^3$이므로 네트워크 비트는 3bit이다.
- 32(전체bit)−22(서브넷마스크bit)−3(서브넷bit) = 7bit = 2^7 = 서브넷당 128개의 호스트이므로.
- 0번 서브넷 : 123.100.12.0 ~ 127(미사용)
- 1번 서브넷 : 123.100.12.128(네트워크 주소) ~ 255(브로드캐스트 주소)

13 루트킷(Rootkit)

14 11112222

해설

재귀호출 전 출력("1")은 전부 미리 출력되고, 재귀호출 후 출력("2")은 전부 호출된 뒤에 출력된다.

15 osjac

해설

```
S e  o  u l
B u  s  a n
J e  j  u
G w a  n g j u
I n  c  h e o n
```

16 변형 조건/결정 커버리지(MC/DC)

17 ㄱ : 오버라이딩
ㄴ : 업캐스팅

해설

- 오버라이딩 : 상속받은 메소드를 재정의
- 업캐스팅 : 상위타입 객체 변수에 하위 객체를 할당

18 Abstract Factory

19 NBOKW

해설

- c−'A'
 : 특정 문자에서 'A'를 빼면, 'A'와 특정 문자 사이의 글자 개수를 구할 수 있다. 다시 말해, 'A'문자부터 특정 문자까지의 거리를 구할 수 있다.
- +10
 : 현재 거리에서 10글자 뒤의 위치를 구한다.
- %26
 : 10글자 뒤의 위치가 마지막 글자(Z)를 넘어가면 다시 처음('A')부터 진행할 수 있도록 하는 코드이다.
- 즉, 평문을 10칸 오른쪽에 있는 문자로 대치하는 코드이다.

20 3

해설

거주지가 서울이거나, 점수가 80 이상인 남학생의 수를 구한다.

최신 기출문제 05회

01 KOREA
REA
K
K
L

해설

- p+2 : p[2]의 위치(R)부터 문자열 출력
- *p : P[0]를 문자 출력
- *(p+0) : P[0]를 문자 출력
- *p+1 : P[0] 다음(+1) 문자 출력

02 ATM

03 SDDC

04 OAuth(Open Authorization)

05 KOREA

해설

```
class A{
  A(){
    System.out.print("K");
  } ②
  void fb(){
    System.out.print("R");
  }
}class B extends A{
  B(){
    System.out.print("O");
  }
  void fb(){
    super.fb(); ④
    System.out.print("E");
    fa(); ⑤
  }
  void fa(){
    System.out.print("A");
  }
}public class Main{
  public static void main(String[] args) {
    A a = new B(); ①
    a.fb(); ③
  }
}
```

06 chmod 765 a.txt

해설
- 4 : 읽기
- 2 : 쓰기
- 1 : 실행

07 N.A.T.(Network Address Translation)

08 RIP, IGRP

해설
- Distanse Vactor는 목적지까지 데이터를 전송하기 위한 거리와 방향만을 라우팅 테이블에 기록하는 방식이다.
- RIP, IGRP는 Distanse Vactor의 하위 분류이다.

09 720

해설
fn(6) = 6 * fn(5)
fn(5) = 5 * fn(4)
fn(4) = 4 * fn(3)
fn(3) = 3 * fn(2)
fn(2) = 2 * fn(1)
fn(1) = 1

10 ㄱ : MAC
ㄴ : DAC
ㄷ : RBAC

11 ㄱ : p–>a
ㄴ : p–>s

해설
- p–>a : 포인터 변수 p가 가리키는 구조체 변수의 a값에 접근
- p–>s : 포인터 변수 p가 가리키는 구조체 변수의 s값에 접근

12 w

해설
s.split() : 공백을 기준으로 문자열을 분할하여 리스트화

13 ㄱ : π
ㄴ : σ
ㄷ : ÷

14 참조 무결성 훼손

해설
참조 무결성
- 참조 관계가 존재하는 두 개체 간 데이터의 일관성을 보증하는 특성이다.
- 참조하는 열은 참조되는 열(식별자)에 존재하지 않는 값(555)을 참조할 수 없다.

15 패키지 다이어그램

16 경계값 분석(Boundary Value Analysis)

해설
경계값 분석(Boundary Value Analysis)이란, 입력 조건의 경계에서 오류가 발생할 확률이 높다는 점을 이용하여 입력 조건의 경계값을 테스트 케이스로 설계하는 기법이다.

17 8

해설

			if{ }	
n	s	i	n%i==0	s+=i
10	0	1	TRUE	1
10	1	2	TRUE	3
10	3	3	FALSE	
10	3	4	FALSE	
10	3	5	TRUE	8
10	8	6	FALSE	
10	8	7	FALSE	
10	8	8	FALSE	
10	8	9	FALSE	

18 UNION ALL

19 0

해설
오버라이딩된 메소드는 업캐스팅을 무시하므로 Child의 fa가 실행된다.
fa(4) : fa(2)+fa(1)
fa(2) : fa(0)+fa(–1)
fa(1) : 1
fa(0) : 0
fa(–1) : –1

20 9

해설
클래스 내부의 멤버 메소드는 인스턴스 생성 후에 호출이 가능하다.

최신 기출문제 06회

01 템퍼 프루핑(Tamper Proofing)

02 ㄱ : Builder
ㄴ : Singleton

03 5

해설

인스턴스 변수는 클래스 이름으로 접근할 수 없다. 해당 코드의 오류를 없애기 위해서는 static이 필요하다.

04 ㄱ–A, ㄴ–D, ㄷ–B, ㄹ–C

05 ㄱ : 논리 (데이터) 모델링
ㄴ : 물리 (데이터) 모델링

06 ㄱ : IaaS
ㄴ : PaaS

해설

- SaaS : 인프라와 운영체제, 소프트웨어까지 갖춰져 있는 서비스
- BaaS : 블록체인의 기본 인프라를 추상화하여 블록체인 응용 기술을 제공하는 서비스

07 7

해설

```
#include <stdio.h>
int main() {
  int i, c = 0;
  for (i=1; i<=2024; i++){
//1부터 2024까지 증가하며 변수 i에 할당
    if(i%100==0) c=0;
//i가 100의 배수이면 변수 c를 0으로 초기화
    if(i%4==0) c++;
//i가 4의 배수이면 변수 c를 1 증가
  }
  printf("%d\n", c);
  //i가 2000일 때, 변수 c가 초기화된 다음 증가하므로
2000, 2004, ..., 2020, 2024일 때 1씩 증가
  return 0;
}
```

08 ㄱ : i < n–1
ㄴ : arr[min]

해설

- 선택 정렬은 왼쪽 값과 "오른쪽 나머지 값들의 최소값"을 비교하여 스왑하는 방식으로 왼쪽 값의 비교는 마지막 요소의 바로 전(–1)까지만 진행된다.
- 스왑 공식 : A=B, B=C, C=A

09 30 10 20 50 40

해설

ar[i] = ar[(i+3)%5] : 자신과 3칸 떨어진 요소와 스왑
1회전 : 40 20 30 10 50
2회전 : 40 50 30 10 20
3회전 : 30 50 40 10 20
4회전 : 30 10 40 50 20
5회전 : 30 10 20 50 40

10 조건(Condition) 커버리지

해설

- 구문(Statement) 커버리지 : 모든 구문을 한 번 이상 수행하는 테스트 커버리지
- 결정(Decision) 커버리지 : 결정문의 결과가 참과 거짓의 결과를 수행하는 테스트 커버리지
- 조건(Condition) 커버리지 : 결정문 내부 개별 조건식의 결과가 참과 거짓의 결과를 수행하는 테스트 커버리지
- 조건/결정 커버리지 : 결정문의 결과와 결정문 내부 개별 조건식의 결과가 참과 거짓의 결과를 수행하는 테스트 커버리지

11 ㄱ : 제곱법(Square)
ㄴ : 숫자분석법(Digit Analysis)
ㄷ : 기수변환법(Radix Conversion)

12 실수로 계산된 값을 정수형 변수에 할당하고, 그 값을 다시 실수 형태로 출력하고 있다.

13 INSERT INTO 수강정보 VALUES ('b–101', '컴퓨터활용능력', '한진만', '304호')

해설

모든 속성에 순서대로 데이터를 추가할 때는 속성명을 생략할 수 있다.

14 DROP TABLE Orders CASCADE;

15 RSA, ECC, DSA

16 true
false
true

> 해설

- a, b, c는 같은 객체를 사용하고 있다.
- d는 (내용은 같지만) 다른 객체이다.
- 문자열==문자열 : 같은 객체인지 비교
- 문자열.equals(문자열) : 같은 내용인지 비교

17 ㄱ : s[18:29]
ㄴ : s[7:9]
ㄷ : s[12:17]

> 해설

0	1	2	3	4	5	6
p	y	t	h	o	n	

7	8	9	10	11	12	13
i	s		a		g	r

14	15	16	17	18	19	20
e	a	t		p	r	o

21	22	23	24	25	26	27
g	r	a	m	m	i	n

28	29	30	31	32	33	34
g		l	a	n	g	u

35	36	37
a	g	e

18 ⓒ

> 해설

- i["s_over"]>=d and i["s_data"]==0
  : 변수 d값이 s_over보다 작고, s_data가 0인 경우
- m>i["s_over"]-d
  : s_over에서 d를 뺀 값이 m보다 작은 경우
- a = i
  : 해당 딕셔너리를 a에 별도 할당

19 [1, 1, 1, 2, 1, 4]

> 해설

m	i	a.append(m//i)	m=m-(m//i)*i
67900	50000	1	17900
17900	10000	1	7900
7900	5000	1	2900
2900	1000	2	900
900	500	1	400
400	100	4	0

20 CBDA

> 해설

- t.append(s.pop(0)) : s의 가장 왼쪽 요소를 추출(삭제)하여 t의 가장 오른쪽에 추가
- a += t.pop() : t의 가장 오른쪽 요소를 추출(삭제)하여 a에 누적
- a는 문자열이므로 오른쪽으로 문자가 연결됨

최신 기출문제 07회

2-585p

01 45

해설

sizeof(s)	문자열은 1바이트 문자가 모인 것이므로 sizeof(〈문자열〉)은 문자열의 개수를 뜻한다.
(s[i] – '0')	아스키 코드에 의해 '0'–'0'은 같은 값을 빼는 것이므로 0이며, '1'–'0'은 다음 값에서 현재 값을 빼는 것이므로 1이다.
p *= 2	p는 1부터 시작해서 2배씩 누승된다.

따라서 이 코드는, 문자열을 역으로 순회하면서 10진수로 변환하는 코드이다.

02 L2TP(Layer 2 Tunneling Protocol)

해설

만점 방지용으로 새로 나온 개념이다.

03 GROUP BY 학과 HAVING COUNT(*))=20

해설

그룹별 개수(인원수)를 체크하려면 HAVING을 이용해야 한다.

04 AJAX

해설

AJAX(Asynchronous Java Script and XML)는 자바스크립트, XML, 비동기가 핵심 키워드이다.

05 DELETE FROM R WHERE 동아리 IS NULL

06 SSH

해설

SSH(Secure Shell)는 공개키 방식의 암호 방식을 사용하여 원격지 시스템에 접근한 후 암호화된 메시지를 전송할 수 있는 시스템이다.

07 (생성자) 오버로딩

해설

같은 이름의 메소드+다른 형식의 매개변수 : 오버로딩
같은 이름의 메소드+같은 형식의 매개변수 : 오버라이딩

08 ㄱ : <
ㄴ : arr[i] = arr[j]

해설

스왑 공식 C=A, A=B, B=C

arr[j] < arr[minIndex] minIndex = j;	minIndex에 j가 할당된다는 것은 arr[j]가 arr[minIndex]보다 작다는 뜻이다.

09 ㄱ : 가상 회선(Virtual Circuit)
ㄴ : 데이터그램(Datagram)

10 ㄱ : Tuple
ㄴ : Domain
ㄷ : Entity Type

11 웜(Worm)

12 2

해설

if (str1[i] != str2[i]) diff++;	• 같은 변수를 첨자로 사용한다는 것은 같은 위치를 비교한다는 뜻이다. • 두 문자열의 각 문자가 서로 다른 경우 diff를 증가시킨다.

13 Meow!

해설

Animal animal = new Cat();	상위 타입 객체 변수에 하위 타입 인스턴스 할당 : 업캐스팅
animal.makeSound();	오버라이딩된 메소드는 업캐스팅보다 우선된다. (하위 메소드 호출)

14 Bridge

15 2

해설

- 결정문은 하나 이상의 조건식으로 인해 프로그램의 분기가 발생하는 지점이다.
- 결정 커버리지는 결정문이 참, 거짓을 한 번씩 나타내도록 테스트하는 것으로, 결정문들의 참 또는 거짓이 나올 수 있는 경우의 수만큼 테스트케이스가 필요하다.
- 문제의 코드는 결정문이 하나 있으므로 2개의 테스트케이스가 필요하다.

16 static

해설

객체 변수명이 아닌 클래스명으로 멤버에 접근하기 위해서는 static 키워드가 붙어야 한다.

17 ㄱ : 리스트(list)
ㄴ : 집합(set)
ㄷ : None(대소문자 주의)

18 ㄱ : 외부
ㄴ : 개념
ㄷ : 내부

19 ICMP

20 nijgnuoy

해설

| int e = sizeof(str)—1; | 문자열의 마지막 위치값(문자열 길이-1) |
| fb(&str[i], &str[e—i]); | i은 정순, e(마지막 위치)—i는 역순으로 진행되므로 양쪽 끝에서부터 문자열 교환 |

포인터를 이용한 스왑 함수(fb)가 아니었다면 원본은 변하지 않는다는 점에 주의한다.

최신 기출문제 08회

01 192.168.1.97/27

해설

- 서브넷별 필요 호스트의 개수가 다를 경우에는 VLSM (Variable Length Subnet Mask)을 적용해야 한다.
- 일반적으로 가장 큰 서브넷을 먼저 할당하게 되는데, 여기서는 총무팀 서브넷에 해당한다.
- 40을 수용 가능한 2의 제곱수는 64(2^6)이므로 6bit가 필요하다. 따라서, 주어진 8bit 영역에서 2bit는 기존의 서브넷 마스크(24)에 더해진다.

총무팀 서브넷 : 192.168.1.0/26
사용 가능 범위 : 192.168.1.1~192.168.1.62

- 다음은 회계팀이다. 30을 수용 가능한 2의 제곱수는 32(2^5)이므로 5bit가 필요하다. 따라서, 주어진 8bit 영역에서 3bit는 기존의 서브넷 마스크(24)에 더해진다. 총무팀 서브넷 영역에 이어서 설정한다.

회계팀 서브넷 : 192.168.1.64/27
사용 가능 범위 : 192.168.1.65~192.168.1.94

- 다음은 영업팀이다. 16을 수용 가능한 2의 제곱수는 16(2^4)지만, 앞서 설명했듯이 2개의 주소가 더 필요하므로 32(2^5)인 5bit가 필요하다. 따라서, 주어진 8bit 영역에서 3bit는 기존의 서브넷 마스크(24)에 더해진다. 회계팀 서브넷 영역에 이어서 설정한다.

영업팀 서브넷 : 192.168.1.96/27
사용 가능 범위 : 192.168.1.97~192.168.1.126

- 마지막으로 인사팀이다. 10을 수용 가능한 2의 제곱수는 16(2^4)이므로 4bit가 필요하다. 따라서, 주어진 8bit 영역에서 4bit는 기존의 서브넷 마스크(24)에 더해진다. 영업팀 서브넷 영역에 이어서 설정한다.

인사팀 서브넷 : 192.168.1.128/28
사용 가능 범위 : 192.168.1.129~192.168.1.142

02 경계값 분석 테스트(Boundary Value Analysis)

해설

- 입력 자료에만 치중한 동치 분할 기법을 보완하기 위한 기법이다.
- 입력 조건의 중간값보다 경계값에서 오류가 발생할 확률이 높다는 점을 이용하여 입력 조건의 경계값을 테스트 케이스로 선정하여 검사한다.

03 6, 4

해설

DISTINCT COUNT(club) : 개수를 구한 후 중복 제거(의미 없음)
COUNT(DISTINCT club) : 중복을 제거 후 개수를 구함

04 2

해설

for (i = 1; i <= 30; i++)	i가 1부터 30까지 증가하며 반복
for (j = 1; j < i; j++)	j를 1부터 i의 전까지 증가하며 반복
if (i % j == 0) sum += j;	j가 i의 약수면 sum에 누적
if (sum == i) count++;	약수들의 합과 i가 같으면 count 증가

05 SSO(Single Sign-On)

06 ㄱ : ∩
ㄴ : −
ㄷ : ∪

해설

합집합(UNION)	∪	두 릴레이션에 존재하는 튜플의 합집합을 구하되, 결과로 생성된 릴레이션에서 중복되는 튜플은 제거
교집합(INTERSECTION)	∩	두 릴레이션에 존재하는 튜플의 교집합을 구하는 연산
차집합(DIFFERENCE)	−	두 릴레이션에 존재하는 튜플의 차집합을 구하는 연산
교차곱(CARTESIAN PRODUCT)	×	두 릴레이션에 있는 튜플들의 순서쌍을 구하는 연산

07 ㄱ : Builder
ㄴ : Adaptor
ㄷ : Mediator

08 HRN

해설

HRN(Highest Response Ratio Next) 스케줄링
- HRN 스케줄링 기법은 SJF 스케줄링 기법의 약점인 긴 작업과 짧은 작업 사이의 불평등을 보완하기 위한 방법이다.
- HRN의 우선순위 선정 방법 : (대기시간+서비스(실행)시간)/서비스(실행)시간 = 시스템 응답시간
- 시스템 응답시간이 커질수록 우선순위가 높아진다.

09 ㄱ : 사회 공학 공격
ㄴ : 다크 데이터

해설

| 사회 공학 공격 (Social Engineering Attack) | • 사회 공학(Social Engineering) 기법
• 인간 상호 작용의 깊은 신뢰를 바탕으로 사람들을 속여 정상 보안 절차를 깨트리기 위한 비기술적 침입 수단
• 사람과 사람 사이에 존재하는 기본적인 신뢰를 바탕으로 공격하거나 원하는 정보를 취득하는 행위 |
| 다크 데이터 (Dark Data) | • 정보를 수집한 후 저장만 하고 분석에 활용하고 있지 않은 다량의 데이터
• 사용되지 않고 저장공간만 차지하고 있는 불필요한 정보
• 정형화된 데이터가 아닌 이미지, 영상, 소리 등의 형태로 존재하여 분석이 어려움 |

10 SIEM(Security Information & Event Management)

해설

SIEM(보안 정보 및 이벤트 관리)
- 해당 회차 시험에서 새로 추가된 정보보안 관련 신기술 용어이다.
- 조직에서 비즈니스에 문제를 일으키기 전에 보안 위협을 탐지, 분석 및 대응하도록 도와주는 솔루션이다.
- SIM(보안 정보 관리)과 SEM(보안 이벤트 관리)의 기능을 하나의 보안 관리 시스템으로 통합하였다.
- 여러 원본에서 이벤트 로그 데이터를 수집하고 실시간 분석을 바탕으로 정상적인 범위를 벗어나는 활동을 식별하여 적절한 조치를 취한다.
- 잠재적인 사이버 공격에 신속하게 대응하고 규정 준수 요구사항을 충족할 수 있도록 조직 네트워크의 활동에 대한 가시성을 제공한다.

11 [0, 6, 2, 1]

해설

lambda x: x − 2	넘겨받은 인수를 x에 저장한 뒤, 2를 빼서 반환하는 람다 함수
list(map(lambda x: x − 2, list1))	람다 함수에 리스트 요소를 하나하나 전달하여 결과를 리스트 형태로 저장
print(list2)	리스트가 출력될 때는 대괄호로 감싸서 출력

12 SVN

해설

SVN(Subversion)은 클라이언트/서버 구조로, 서버(Repository)에 최신 버전의 파일과 변경 내역이 관리된다.

13 TrustZone

해설

트러스트 존(TrustZone)은 하나의 프로세서 내에 일반 애플리케이션을 처리하는 일반 구역과 보안이 필요한 애플리케이션을 처리하는 보안 구역으로 분할하여 관리하는 하드웨어 기반의 보안 기술이다.

14 3 2 1 4

해설

2차원 배열을 순회하는 코드에서, 1로 초기화된 변수가 대소 비교를 통해 1씩 증가한다면 순위를 구하는 코드이다.

if (arr[i] < arr[j]) ark[i]++;	작은 쪽이 증가하므로 큰 수가 1등인 내림차순 순위

15 120

해설

학과별 튜플 수(40, 30, 50)의 합이 답이 된다.

16 999

해설

i % 2 != 0 && i % 3 == 0	2의 배수가 아니면서 3의 배수인 수
if (max < i) max = i;	최댓값을 구하는 코드지만, 1~1000까지 수가 증가하고 있으므로 새로운 수가 발견되면 무조건 할당된다.

17 4

해설

- 2차원 배열을 순회하는 중첩 for문은 시험에 자주 출제되는 개념이다.
- 반복문 내부의 조건식은, 배열의 인덱스 범위(0~4)에서 위(ar[i-1][j]), 아래(ar[i+1][j]), 좌(ar[i][j-1]), 우(ar[i][j+1])의 값이 1인지 판단하고, 1인 곳이 3곳 이상 존재한다면 count값을 1 증가시킨다.

18 4 1 8 5

해설

```
public class Main {
  public static void main(String[] args) {
    int n = 4;
    int[] arr = new int[n];   // n개의 배열 생성
    arr[0] = n;   // 첫 번째 요소는 n으로 할당
    for (int i = 1; i < n; i++)   // 첫 요소 이후부터 배열 순회
      arr[i] = (arr[i - 1] + 7) % 10; // 앞 요소에 7을 더한 후 1의 자리 값을 할당
    for (int i = 0; i < n; i++)
      System.out.print(arr[i] + " ");
  }
}
```

19 이중 실선 타원

해설

기호	의미	설명
▭	개체 타입	독립적으로 존재하는 개체
▭	약한 개체 타입	상위 개체 타입을 가지는 개체
○	속성	일반 속성
○	기본키 속성	개체 타입의 인스턴스를 식별하는 속성
○	다중값(복합) 속성	여러 값을 가지는 속성
◇	관계 타입	객체 간 관계와 대응수(1:1, 1:N 등) 기술
─	요소의 연결	개체와 개체 간, 속성 간 관계 구조 정의

20
ㄱ : 관계
ㄴ : 사물
ㄷ : 다이어그램

최신 기출문제 09회

01 ㄱ : Full Functional
ㄴ : Partial Functional

02 ㄱ : 알파(Alpha)
ㄴ : 베타(Beta)

03 49

해설

```
class A{
  int n;
  // ②매개변수 n에 전달된 인수(7)를 인스턴스 변수 n에 할당
  A(int n){ this.n = n; }
  int fa(){
    int sum = 0;
    for(int i=n; i>0; i--)  // ④n(7)~1까지 반복(7회)
      sum+=n;    // ⑤n을 누적
    return sum;  // ⑥누적된 값을 리턴
  }
}
public class Main{
  public static void main(String[] args) {
    A a = new A(7);  // ①생성자 호출, 인수 전달(7)
    System.out.println(a.fa());  // ③fa메소드 호출 후, ⑦결과값 출력
  }
}
```

04 VPN

해설

VPN : Virtual Private Network, 가상 사설 네트워크

05 ALL

해설

- 하위 쿼리의 결과가 다수이므로, 다중행 비교 연산자가 답이 되어야 한다.
- ALL은 각각의 튜플 다수의 결과를 모두 만족해야 출력되는 연산으로, ANY의 반대 개념이다.
  - 속성=ANY(A, B, C) : 속성=A or 속성=B or 속성=C
  - 속성=ALL(A, B, C) : 속성=A and 속성=B and 속성=C

06 ㄱ : HTTP
ㄴ : UDP
ㄷ : SSH

해설

- HTTP(Hypertext Transfer Protocol) : 클라이언트와 서버 간 통신을 위한 통신 규칙 세트 또는 프로토콜
- UDP(User Datagram Protocol) : 컴퓨터가 다른 컴퓨터와 데이터 통신을 하기 위한 프로토콜
- SSH(Secure Shell) : 원격 호스트에 접속하기 위해 사용되는 보안 프로토콜

07 A

해설

실수 데이터에 0.5를 더하고 int형으로 변환하면 실수 데이터를 반올림한 결과와 같다.

08 ㄱ : Fan-In
ㄴ : Fan-Out

09 관계 해석(Relational Calculus)

해설

관계 해석 (Relational Calculus)	관계 대수 (Relational Algebra)
비절차적 언어	절차적 언어
원하는 정보가 무엇(what)인지	원하는 정보를 어떻게(how) 얻어야 하는지
명제와 변수로 구성	연산자와 피연산자로 구성
연결자와 한정자 사용	연산자의 종류 사용
튜플 관계 해석, 도메인 관계 해석	순수 관계 연산자, 일반 집합 연산자

10 3

해설

name
John
Mary
Alice

11 ㄱ : RIP
ㄴ : IGRP
ㄷ : BGP

해설

- RIP : Routing Information Protocol
- IGRP : Interior Gateway Routing Protocol
- BGP : Border Gateway Protocol

12 4

> **해설**

if(*s<='d')cnt++;	st_len 함수의 while문은 문자 위치마다 'd'를 포함한 이전 순서의 문자(a, b, c, d)인 경우 cnt값을 증가시킨다.
s++;	문자 포인터를 1 증가시키면 다음 문자의 위치값이 된다.
while(*s != '\0')	문자열의 종료 문자('\0')를 발견하면 반복을 종료한다.

따라서 standard에 a, b, c, d 문자가 몇 개 포함되어 있는지가 답이 된다.

13 ㄱ : IDEA
　ㄴ : SKIPJACK

> **해설**

만점 방지용 문제로 크게 신경 쓰지 않아도 좋다.

14 14

> **해설**

int* p = &ar[0][0];	포인터 변수 p는 배열의 첫 위치 주소를 할당받음으로써 ar과 같은 의미를 가진다.
int result1 = p[7];	2차원 배열이지만, 인덱스를 하나만 사용할 경우에는 배열 요소를 순차적으로 접근한다. 따라서 p[7]은 마지막 7번째 요소인 ar[3][1]에 접근할 수 있다.

결국, result1 + result2는 ar[3][1] + ar[2][1]과 같다.
(배열 인덱스는 0부터 시작한다는 점을 항상 기억해야 함)

15 inyoungj

> **해설**

string[-amount:] + string[:-amount]	현재 amount가 2이므로 string[-2:] + string[:-2]와 같다.

string[-2:] 는 문자열의 뒤 2글자만 포함된 문자열이고,
string[:-2] 는 문자열의 뒤 2글자를 제외한 문자열이다.

16 −3

> **해설**

for(i=1; i<6; i++)	for문은 1부터 5까지의 i값을 k.a 또는 k.b에 누적한다.
if (i % 2 == 1)	누적의 기준은 홀수일 경우 k.a, 짝수일 경우 k.b에 누적하여, 결과적으로 k.a에는 1+3+5, k.b에는 2+4의 결과가 할당된다.

따라서 (2+4)−(1+3+5)의 결과가 답이 된다.

17 1

> **해설**

"복수전공"과 "동아리" 모두 진행하고 있지 않은 학생수가 답이 된다.

18 Liskov Substitution

19 192.168.1.69/27

20 Regression

최신 기출문제 10회

01 0

02 ㄱ : Undo
ㄴ : Redo

03 TKIP

해설

임시 키 무결성 프로토콜(Temporal Key Integrity Protocol)

04 NUI

05 ㄱ : Static
ㄴ : Dynamic

06 JUnit

07 Condition Testing, Loop Testing, Data Flow Testing

08 ISMS

해설

정보 보호 관리 체계(Information Security Manangement System)

09 ㄱ : 유일성
ㄴ : 최소성

10 Watering Hole

11 ㄱ : 단위 테스트
ㄴ : 통합 테스트
ㄷ : 시스템 테스트

12 데이터를 삭제할 때, 원치 않는 다른 데이터 역시 함께 삭제되는 현상이다.

13 SELECT name, score FROM 성적 ORDER BY score DESC;

14 ㄱ : extend
ㄴ : pop
ㄷ : reverse

15 a= 10 b= 2
(띄어쓰기에 유의)

해설

def exam(num1, num2=2): 매개변수 num2는 전달된 값이 없을 경우 2를 할당받는다.

16 120

해설

func(a)	a<=1	a*func(a-1)
func(5)	false	5 × func(4) = 120
func(4)	false	4 × func(3) = 24
func(3)	false	3 × func(2) = 6
func(2)	false	2 × func(1) = 2
func(1)	true(return 1)	

17 ㄱ : >
ㄴ : %
ㄷ : /

해설

- while (number > 0) {
  → number가 0이 되기 전까지 반복 수행
- result = result * div;
  → result의 자릿수를 왼쪽으로 한 칸 이동(예 : 43일 경우 430으로)
- result = result + number % div;
  → number의 1의 자리 숫자를 result에 누적
- number = number / div;
  → number의 1의 자리 숫자를 제거(예 : 1234일 경우 123으로)

18 29

해설

본 문제는 소인수분해의 개념을 적용해야 풀 수 있는 문제로, 미리 소인수분해에 대해 복습을 하신 뒤 풀어볼 것을 권합니다.

```
#include <stdio.h>
int isPrime(int number) {
    int i;
    //2부터 넘겨받은 인수 전까지 반복
    for (i=2; i<number; i++) {
        //number의 약수가 존재하면 0 반환
        if (number % i == 0) return 0;
    }
    return 1; //그렇지 않다면 1 반환
}
int main(void) {
    int number = 13195, max_div=0, i;
    //2부터 13195 전까지 반복
    for (i=2; i<number; i++)
        //isPrime(i)의 결과가 1이면서 i가 number의 약수이면
        //즉, 소수(Prime Number)면서 자신의 약수이면
        if (isPrime(i) == 1 && number % i == 0)
            //max_div에 i값 할당
            max_div = i;
    printf("%d", max_div);
    return 0;
}
//결국, 소인수분해를 통한 최대 약수를 구하는 문제
//13195 = 5 × 7 × 13 × 29이므로, 최대 약수는 29
```

19 Car

해설

스레드는 Runnable 인터페이스를 상속받은 클래스를 통해 생성된 인스턴스를 통해 구현된다.

이 문제에서 Runnable 인터페이스를 상속받은 클래스는 Car가 유일하며, new 키워드를 통해 생성될 수 있는 인스턴스 역시 Car 타입이 유일하다.

20 2000

해설

```
class YG {
    int a;
    int b;
}
public class Main {
    static void func1(YG m){
        m.a *= 10; //100 * 10
    }
    static void func2(YG m){
        m.a += m.b; //1000+1000
    }
    public static void main(String args[]){
        YG m = new YG(); //인스턴스 생성 후 변수 a에 100 할당
        m.a = 100;
        func1(m);
        m.b = m.a; //m.b = 1000;
        func2(m);

        System.out.printf("%d", m.a);
    }
}
```

이기적과 함께 또, 기적
또, 합격

이기적 강의는
무조건 0원!

이기적 영진닷컴

공부하다가
궁금한 사항은?

이기적 스터디 카페

기출 복원 EVENT

기적의 적중률, 여러분의 참여로 완성됩니다

1. 이기적 수험서로 공부하고 시험에 응시했다면 누구나 참여 가능
2. 응시일로부터 7일 이내 복원 문제만 인정(수험표 첨부 필수!)
3. 중복, 누락, 허위 문제는 당첨 대상에서 제외

※ 이벤트별 혜택은 변경될 수 있으므로 자세한 내용은 해당 QR을 참고해 주세요.

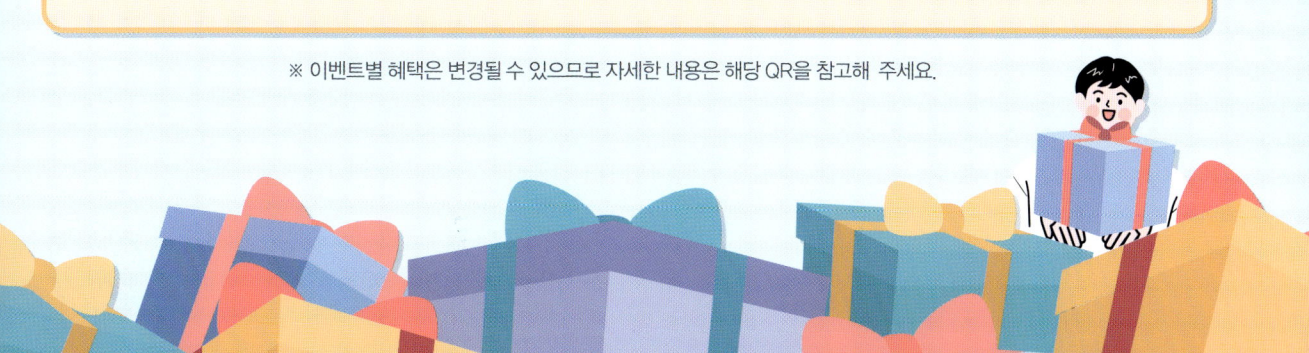

한번에 합격, 자격증은 이기적

이기적 스터디 카페

합격 전담마크! 추가 자료부터
1:1 Q&A까지 다양한 혜택 받기

365 이벤트

매일 매일 쏟아지는 이벤트!
기출복원, 리뷰, 합격 후기, 정오표

막판정리 핸드북

마지막까지 함께할 수 있는
중요 내용들로 가득 담은 핵심 자료집

CBT 온라인 문제집

연습도 실전처럼!
PC와 모바일로 언제든지 시험 연습

이기적 스터디 카페
홈페이지 : license.youngjin.com
질문/답변 : cafe.naver.com/yjbooks

이기적 유튜브 채널
@ydot0789 채널을 구독해 주세요!
15만 구독자와 약 10,000개의 동영상으로 합격을 준비하세요!

이기적 카카오톡 플러스친구
@이기적 친구를 추가해 주세요!
합격을 부르는 소식, 카톡으로 먼저 받아보고 혜택을 챙기세요!

올인원 막판정리

이렇게 기막힌 적중률

정보처리기사

YoungJin.com Y.
영진닷컴

합격까지 모든 순간 이기적과 함께!

이기적 365 EVENT

QR코드를 찍어 이벤트에 참여하고 푸짐한 선물 받아가세요!

1. 기출문제 복원하기
이기적 책으로 공부하고 시험을 봤다면 7일 내로 문제를 제보해 주세요!

2. 합격 후기 작성하기
당신만의 특별한 합격 스토리와 노하우를 전해 주세요!

3. 온라인 서점 리뷰 남기기
온라인 서점에서 책을 구매하고 평점과 리뷰를 남겨 주세요!

4. 정오표 이벤트 참여하기
더 완벽한 이기적이 될 수 있게 수험서의 오류를 제보해 주세요!

※ 이벤트별 혜택은 변경될 수 있으므로 자세한 내용은 해당 QR을 참고해 주세요.

01 소프트웨어 설계

1. 소프트웨어 개발 프레임워크

- 모듈 : 기능별 부품화, 재사용, 개발자가 틀 구성
- 라이브러리 : 관련 모듈 모음, 표준(내장)/외부(설치)
- 디자인 패턴 ✦* : 특정 기능의 세부적인 해결 방식
- SW 개발 프레임워크 : 디자인 패턴+모듈, 제어의 역 흐름, 검증됨
- SW 아키텍처 : 프레임워크들의 체계적 구성, 설계 지침
- 컴포넌트 : 모듈 형태의 소프트웨어 블럭, 인터페이스 통해 접근
  └ 협약에 의한 설계 시 포함 조건 : 선행, 결과, 불변
- 소프트웨어 재사용 : 모든 형태를 재사용 가능
  └ 합성 중심 : 모듈 조립
  └ 생성 중심 : 추상 명세 구체화

2. SDLC(소프트웨어 개발 생명 주기)

- 폭포수 : 단계별 진행, 이전 단계 보완 불가, 매뉴얼 작성 필수
- 프로토타입 : 시제품을 통해 폭포수 모델의 단점 보완 (기능/인터페이스 중점으로 개발)
  └ 변경 불가
- 나선형 : 다회 개발, 위험 분석을 통해 점진적으로 리스크 최소화
- 애자일 : 짧은 개발 주기, 고객 소통 중심 ✦*
  - 종류 : XP, Kanban, crystal, FDD, ASD, DSDM
  - 가치 : 절차, 문서, 계획 < 소통, 협업, 변화 대응
- XP(eXtreme Programming)
  - 고객 참여+짧은 개발 반복 극대화, 소규모
  - 가치 : 의사소통, 단순성, 용기, 존중, 피드백

3. 프로젝트 일정 계획 방법론

- PERT : 작업별 기간 불확실 = 개발 완성 확률 예측
  └ 예측치 : (낙관치+4×기대치+비관치)/6
- CPM : 작업별 기간 확실 = 최단시간(주공정) 계산
  - 원형 노드 : 작업 완료 시점
  - 박스 노드(이정표) : 종속된 작업을 모두 완료
- 간트 차트 : 시간의 흐름에 따라 기능을 막대로 표현
  └ 작업 간 의존성, 문제 요인 파악 어려움(소규모 활동)

4. 비용 산정 기법

- 전문가 : 경험(주관적) 기반 빠르게 산정
- 델파이 : 여러 전문가 의견 종합, 조율
- LOC 기반 비용 산정 : 소스코드 라인 수 기반 산정 ✨*
  - 예측치 : (낙관치+4×기대치+비관치)/6
  - 노력 = 개발 기간×투입 인원 = LOC/인당 월평균 생산 코드 라인
  - 개발 비용 = 노력×월평균 인건비
  - 개발 기간 = LOC/(인당 월평균 생산 코드 라인×투입 인원)
  - 생산성 = LOC/노력
- 단계별 노력 : LOC 보완, 기능 구현 난이도에 가중치 부여
- COCOMO ✨* : 보헴이 제안, 널리 통용
  - Basic : LOC 기반

Organic	5만 라인(50KDSI) 이하
Semi-Detached	30만 라인(300KDSI) 이하
Embedded	30만 라인(300KDSI) 이상

  - Intermediate : Basic+요구사항, 팀 능력, 개발 환경
  - Detailed : Intermediate+개발 단계 좀 더 세부적 분석
- Putnam : Rayleigh-Norden 곡선 노력 분포도 기반, 개발 기간이 늘어나면 노력 감소
- 기능 점수 : 기능 증대 요인별 가중치를 부여

5. 소프트웨어 개발 표준

- ISO/IEC 25010 : 소프트웨어 품질 특성 및 평가 표준

기능성(Functionality)	적합성, 상호운용성, 보안성, 정확성, 준수성
신뢰성(Reliability)	고장 허용성, 회복성, 성숙도, 준수성
사용성(Usability)	학습성, 운영성, 이해도, 친밀성, 준수성
효율성(Efficiency)	반응 시간, 지원 특성, 준수성
유지보수성(Maintainability)	분석성, 변경성, 안정성, 테스트 용이성, 준수성
이식성(Portability)	적용성, 설치성, 공존성, 교체성, 준수성

- CASE 도구 ★ : 개발 프로세스 전 과정 자동화 도구
  - 품질/신뢰성 향상, 재활용성 향상, 생산성 향상, 기간/비용 절감
  - 도구 비용 비쌈, 운용 난이도 높음, 도구 간 호환성 없음

6. 형상 관리 프로세스

- 형상 관리 : 개발 프로젝트 내 산출물 변경 과정(버전) 관리
- 무분별한 형상 변경 지양
- 식별(baseline 설정) → 통제(요구 승인) → 상태 보고 → 감사
  └ 베이스라인 : 수정 및 추적의 기준선

7. USECASE 다이어그램
└ 사용자-시스템 간 기능/상호작용 표현

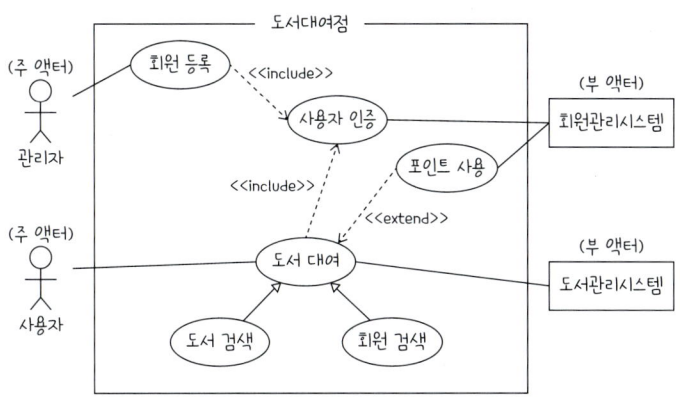

- 구성 : 시스템 범위, 주/부 액터, 유스케이스, 관계
- 관계 ✯*

포함(필수적)	공통 기능 추출, 점선 화살표, <<include>>
일반화	상위/하위 관계, 속 빈 실선 화살표
확장(선택적)	조건부 실생, 점선 화살표, <<extend>>

8. 요구사항 분석 기법/도구

- 요구사항 분석

분류	기능적/비기능적 요구사항 분류
개념 모델링	업무 처리 실체와 관계 모델링
할당 ─ UML 활용	요구사항 만족을 위한 구성 요소 식별
협상	상충된 요구사항 합의(우선순위 부여)
정형 분석	정형화된 언어로 명확하게 표현

└ 이해관계자, 자원, 기능/비기능

- 요구사항 분석 도구

자료 흐름도(DFD)	• 데이터 흐름 표현(시간x) • 작성 지침 : 각각 흐름에는 새로운 이름 부여, 입력 후 출력 • 구성 요소 ✯* : 프로세스(타원), 자료 흐름(화살표), 자료 저장소(상하 평행선), 단말(사각형) • 자료 사전 : DFD에 사용된 데이터명/속성
NS 차트	순차, 선택, 반복의 제어구조 표현
HIPO	기능과 데이터의 관계를 계층 구조(의존성)로 표현

자료 사전: 정의(=), 연결(+), 선택([|]), 반복({ }), 생략(( )), 주석(*)

└ 종류 : 가시적, 총체적, 세부적

- 요구사항 검토 ✯*

동료(Peer) 검토	비형식적, 다수 동료와 함께 검증
인스펙션(Inspection)	형식적, 전문 검토 그룹과 함께 검증
워크스루(Walk Through)	미리 배포된 명세 기반으로 짧은 회의 진행

9. UML
개발자 간 소통을 위해 사물, 관계, 다이어그램으로 구성
- 사물 : 구조, 행동, 그룹, 주해
- 관계 ★

연관	• 사물의 지속적 연관성 • 실선 화살표	→
집합	• 독립적 포함 관계 • 전체 사물 쪽에 속 빈 마름모	◇—
포함	• 종속적 포함 관계 • 전체 사물 쪽에 속 친 마름모	◆—
일반화	• 상위(일반적)/하위(구체적) 관계 • 상위 쪽 속 빈 삼각 실선 화살표	—▷
의존	• 짧은 시간 관계 유지 • 영향 받는 쪽 점선 화살표	---→
실체화	• 공통 기능 그룹화 • 상위 쪽 속 빈 삼각 점선 화살표	---▷

- 다이어그램 ★
  정적 6개, 동적 7개

정적(구조적) 다이어그램	• 클래스 : 클래스 간 구조, 클래스명, 속성, 연산, 접근 제어자로 구성 • 객체 : 특정 시점의 객체 간 관계 • 컴포넌트 : 구현 단계, 컴포넌트 간 구성/연결 • 배치 : 구현 단계, 노드/컴포넌트 등의 물리적 아키텍처 • 복합체 : 복합적 구조를 가진 요소의 내부 구조 • 패키지 : 패키지 간의 의존 관계
동적(행위적) 다이어그램	• 유스케이스 : 요구사항을 기능 중심으로 모델링 • 상태 : 특정 기간 객체의 상태 변화 • 활동 : 객체의 처리 흐름 • 시퀀스 : 객체의 생성, 소멸, 메시지 • 통신 : 시퀀스+객체 간 연관 관계 • 타이밍 : 객체의 상태 변화+시간별 상호작용 • 상호작용 개요 : 상호작용 다이어그램 간 제어 흐름

생명선 : 시간에 따라 객체로부터 뻗어가는 점선
실행 : 활성화 상태, 점선 위 직사각형
메시지 : 요청과 응답, 화살표

10. UI

- 정의 : 사용자와 컴퓨터 간 소통 보조 연계 시스템
- 추구 분야 : 물리적 제어(정보/기능), 구성과 표현, 기능적(편의성)
- 종류 : CLI(명령 문자열), GUI(그래픽 요소), NUI(음성, 터치)
  - 터치 제스처 : Tap, Double Tap, Drag, Flick, Pinch, Press, Rotate, Swipe
- 필수 기능 : 프롬프트 및 검증, 결함 처리, 도움말, 피드백
- 설계 원칙 : 직관성, 유효성, 학습성, 유연성
- 감성공학 : 인간의 감성을 UI에 반영하는 기술
  - HCI : UI 상호작용이 효율적으로 구성되도록 연구
  - UX : 시스템 이용에 있어 느끼게 되는 종합적 경험
    - 주관성, 정황성, 총체성

11. 공통 모듈

- 모듈화 : 시스템 분할/추상화 = 성능 지표 향상
  - 모듈 개수 상승 = 크기 감소 = 통합 비용 상승
  - 모듈 개수 하락 = 크기 증가 = 통합 비용 하락
- 공통 모듈 : 공통/공개적으로 사용하는 모듈, 사용법, 유지보수 용이
- 모듈의 품질 ✪*
  - 공유도/응집도 ↑, 제어도/결합도 ↓
  - 응집도 : 모듈 내부 요소들의 밀접도가 높도록 설계
  - 결합도 : 모듈 간의 관련도가 낮도록 설계
- 모듈의 설계 복잡도
  - 공유도(Fan-In) : 자신을 호출하는 모듈의 수
  - 제어도(Fan-Out) : 자신이 호출하는 모듈의 수
- 3R : 재사용, 역공학, 재공학
- SW 재공학 ✪* : 기존 시스템 이용 = SW 위기를 유지보수로 해결
  - 신뢰성 저하, 개발비의 증대, 계획의 지연, …

분석	재공학의 가치가 있는지 판단
재구성	코드/구조 변경(품질 향상)
역공학	외계인 코드로부터 설계 정보/데이터 복구
이식	다른 플랫폼용으로 변환

12. 응집도(고품질부터 나열)

    ↳ 높은 응집도

- Functional ★* : 모두 같은 문제 해결을 위해 존재
- Sequential : 출력 결과를 다른 모듈의 입력으로 사용
- Communication : 출력 결과를 서로 다른 모듈의 입력으로 사용
- Procedural : 여러 모듈이 순차적으로 수행됨(입출력 상관 x)
- Temporal : 서로 관련 없지만, 특정 시기에 함께 수행
- Logical : 유사한 성격/형태의 기능 모음
- Coincidental : 서로 아무 관련 없음(설계 실패)

13. 결합도(고품질부터 나열)

    ↳ 낮은 결합도

- Data ★* : 인수/매개변수로만 상호작용
- Stamp : 같은 자료 구조 공유
- Control : 값+제어 요소 전달(처리 절차 제어)
- External : 전달 없이 다른 모듈 내부 데이터 참조
- Common : 모듈 외부(전역) 변수 참조
- Content : 다른 모듈 내부 요소 직접 사용

14. 소프트웨어 아키텍처 패턴

- 서버/클라이언트 : 서비스 제공하는 서버와 요청하는 다수의 클라이언트
- 마스터/슬레이브 : 작업을 배포하는 마스터와 처리하는 다수의 슬레이브
- 파이프-필터 : 각 서브 시스템의 처리 결과를 다음 서브 시스템의 입력으로 구성
- 브로커 : 다수의 서버/클라이언트 사이에서 적절한 목적지를 연결
- 피어-투-피어 : 서버/클라이언트 역할 변경(파일 공유)
- 이벤트-버스 : 채널 구독자(리스너)에게 데이터 처리 결과에 대한 알림 전송
- 블랙보드 : 비결정성 알고리즘 구현(패턴 인식)
- MVC : Model(데이터 처리), View(시각화), Controller(상호작용) ★*
- 인터프리터 : 언어 및 명령어 해석 및 수행 방법 결정

15. 미들웨어 종류

- DBMS : 데이터베이스의 저장, 관리, 검색
- RPC : 원격 동작 프로시저 호출
- MOM : 비동기 메시지 통신을 통해 데이터 교환
- TP-Monitor : 온라인 트랜잭션의 무결성과 신뢰성 관리
- ORB : 분산 환경에서 객체지향+투명한 통신 환경 구현
- WAS : <u>웹 환경(http)</u>에서 동적 콘텐츠/서비스 제공
  └ 웹 서버 : 웹 환경에서 정적 콘텐츠 제공

02 소프트웨어 개발

16. 자료구조 유형

- 선형 : 1대1 대응 관계

스택	• 입출력 방향 동일(후입선출) • 서브 루틴(함수), 깊이 우선 탐색, 재귀 호출, 후위식
큐	• 입출력 방향 반대(선입선출) • 프린터 스풀, 입출력 버퍼
데크	• 입출력이 양쪽에서 발생 • 입력 제한(Scroll) : 출력만 양쪽에서 발생 • 출력 제한(Shelf) : 입력만 양쪽에서 발생
선형 리스트(배열)	• 단순, 접근 속도 빠름 • 삽입/삭제 비효율적

- 비선형 : 1대다(트리)/다대다(그래프) 대응 관계
- 파일 ✯* : 보조기억 장치에 데이터 기록

순차	순서대로 기록, 순차 탐색 빠름, 이후 처리 불편
직접(랜덤)	해싱 활용, 순서 없고 속도 일정, 충돌 가능성
색인 순차	순차 기록+인덱스 구성(융통성), 이후 데이터 처리 용이, 별도 공간 필요

17. 알고리즘 유형

- Dynamic : 작은(하위) 문제의 해답을 재활용하여 큰 문제 해결
- Greedy : 각 단계별 최적의 선택을 통해 최종 결과 도출
- Recursive : 풀이 도중 자기 자신을 다시 호출하여 문제 해결
- Approximation ✯* : 최적해가 아니더라도 빠르게 근사값을 찾는 방식
- Divide and Conquer : 큰 문제를 나누어 해결한 뒤 재결합
- Backtracking : 결과 도출에 실패한 경우, 성공한 분기로 되돌아가 다른 경로 탐색

18. 수식 표기법 ☆*

Pre-fix	연산자가 피연산자 앞에 위치	예) 중위 표기법 (A-B)*C+D를 전위 표기법으로 수정하는 방법 (A-B)*C+D → -AB -AB*C+D → *-ABC *-ABC+D → +*-ABCD
In-fix	연산자가 피연산자 사이에 위치	예) 전위 표기법 +*-ABCD를 중위 표기법으로 수정하는 방법 +*-ABCD → A-B +*(A-B)CD → (A-B)*C +(A-B)*CD → (A-B)*C+D
Post-fix	연산자가 피연산자 뒤에 위치	예) 중위 표기법 (A-B)*C+D를 후위 표기법으로 수정하는 방법 (A-B)*C+D → AB- AB-*C+D → AB-C* AB-C*+D → AB-C*D+

19. 트리 용어, 순회

- 트리 용어
  - Root 노드 : 최상위 루트, 부모 없음
  - Leaf 노드 : 최하위 루트, 자식 없음
  - Internal 노드 : Leaf를 제외한 노드
  - Sibling 노드 : 부모가 같은 노드
- 트리 구조
  - Size : 자신+모든 자식 노드 개수
  - Depth ☆* : 모든 부모 노드 개수
  - Height : 자신과 Leaf 노드까지의 간선 개수
  - Level ☆* : 같은 깊이를 가지는 노드의 집합
  - Degree : 자신의 자식 노드 개수

- 트리 순회 ✨*

Pre-Order	부모 → 좌측 → 우측	
In-Order	좌측 → 부모 → 우측	
Post-Order	좌측 → 우측 → 부모	

20. 시간 복잡도

느린 것 → 빠른 것 : O(n!) > O(2ⁿ) > O(n²) > O(nlogn) > O(n) > O(logn) > O(1)

O(1)	무조건 일정한 연산 횟수 수행	
O(logN)	증가 폭 점점 감소	이분/이진 트리 탐색
O(N)	일정하게 증가	순차 탐색
O(NlogN)	증가 폭 점점 상승	퀵/힙/병합 정렬
O(N^2)	데이터 수의 제곱만큼 증가	선택/버블/삽입/버킷 정렬
O(2^N) O(nⁿ)	데이터 수의 지수승만큼 증가	재귀 호출
O(N!) O(2ⁿ)	데이터 수의 누승만큼 증가	

21. 해시 함수 종류

- Division : 특정 값으로 나눈 나머지 이용
- Folding : 분할된 숫자의 합, XOR 연산 결과 이용
- Square : 제곱한 결과의 일부분 이용
- Digit Analysis : 숫자 분포 이용
- Radix Conversion : 다른 진법으로 변환한 값 이용
- Random : 난수 이용

22. 연계 데이터 표현 방식

- XML(eXtensible Markup Language) : 사용자가 임의로 생성한 태그를 통해 상세화
- JSON(JavaScript Object Notation) ★ : XML 대체하는 독립적인 개방형 표준 형식, 자바스크립트 기반, <속성, 값>의 쌍으로 표현, AJAX 기술에서 많이 사용됨
  - AJAX(Asynchronous Javascript And XML) : 비동기식 자바 스크립트와 XML을 활용하는 차세대 웹 2.0 기술을 통칭
- YAML(Yaml Ain't Markup Language) : JSON에서 발전된 마크업 언어, 사람이 쉽게 읽을 수 있음
- Text 형식 : 항목 분리자(Delimiter)를 통해 상세화
  - 콤마, 콜론, 세미콜론 등

23. EAI(연계 기술 표준)

구분	설명	그림
Point-to-Point	미들웨어 없이 직접 연결	
Hub & Spoke(EAI)	허브를 통해 연결, 단일 접점	
Message Bus(ESB) ↑ Enterprise Service Bus	미들웨어 통해 연결, 서비스 중심 통합	
EAI/ESB(Hybrid)	EAI 그룹 간 ESB로 연결	

24. 인터페이스 구현 검증 도구

- xUnit : Junit, Cppunit 등 특정 언어용 단위 테스트
- STAF : 이기종 환경, 범용 테스트 자동화
- FitNesse : 웹 기반 협업/인수 테스트
- NTAF : STAF 기반 네트워크 테스트
- Selenium : 웹 애플리케이션 테스트 자동화 도구
- watir : Ruby언어 기반 웹 브라우저 자동화, 오픈 소스

25. DRM(Digital Rights Management)

- DRM 구성

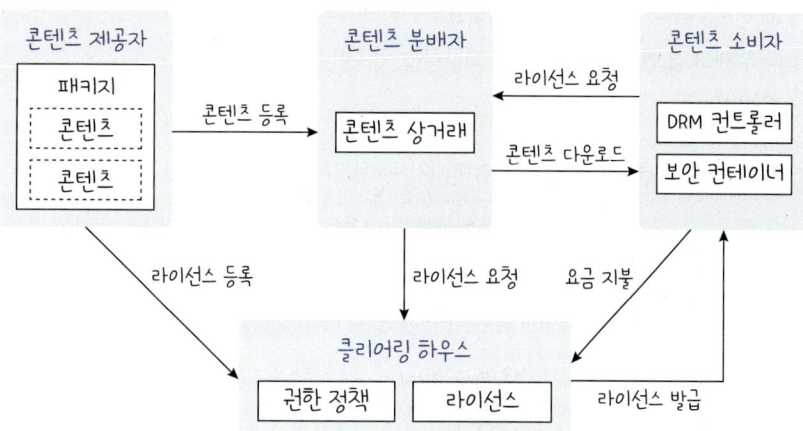

- DRM 기술(보안 관련) : 암호화, 키 관리, 암호화 파일 생성(Packager), 식별 기술, 저작권 표현, 정책 관리, 크랙 방지, 인증

26. 테스트

- 테스트 용어
  - 오류(Error) : 결함의 원인, 휴먼 에러에 의해 생성되는 실수
  - 결함(Defect)/결점(Fault)/버그(Bug) : 오류로 인해 포함되는 완전하지 못한 부분
    └ Debugging : 프로그램의 오류를 수정
  - 실패(Failure)/문제(Problem) : 결함에 의해 의도하지 않은 결과 발생
  - 검증(Verification) ✿* : 개발 과정에 대한 테스트 (개발자 입장)
  - 확인(Validation) ✿* : 개발 결과에 대한 테스트 (사용자 입장)

- 테스트 원리
  - 개발 단계별 적절한 테스트 적용, 그러나 모든 결함을 없앨 수 없음
  - 결함 집중 ✿* : 결함의 대부분은 특정 부분에 집중
    └ 낚시/파레토의 법칙
  - 살충제 패러독스 : 새로운 결함의 발견을 위해 테스트 개선
  - 오류-부재의 궤변 : 결함 여부보다 요구사항 만족이 우선

- 테스트 기법 ✿*

정적 실행 없이 구조 분석	인스펙션		결함을 찾기 위해 사전 준비된 문서를 바탕으로 엄격한 절차에 따라 수행
	동료 검토		같은 수준의 동료 개발자나 팀원이 코드나 문서를 확인하고 피드백을 주는 비공식적 검토
	워크스루		작성자가 참가자들에게 문서 내용을 설명하여 의견을 받는 비형식적 검토
동적 실행 중 테스트	화이트박스 내부 로직 중심 으로 테스트	기초 경로(Basic Path)	소스코드를 흐름도로 만들어 복잡도 판단 → 복잡도 = 간선수-노드수+2
		제어구조 검사	조건 검사, 루프 검사, 데이터 흐름 검사
	블랙박스 기능(결과) 중심 으로 테스트	Equivalence Partitioning	유효/무효 값을 균등하게 테스트
		Boundary Value Analysis	입력 범위 경계 값을 테스트
		Cause-Effect Graphing	입/출력의 관계 및 영향 분석
		Error Guessing	경험, 감각에 의존
		Comparison	여러 버전에 동일한 테스트

- 테스트 오라클
  └ 사전 정의된 참값을 비교

True	모든 입력값에 대한 기대 결과 비교
Sampling	특정 입력값에 대한 기대 결과 비교
Heuristic	Sampling+나머지는 추정으로 처리
Consistent	애플리케이션 변경 전/후 결과값 비교

27. V-모델

- V-모델 구성 ✪*

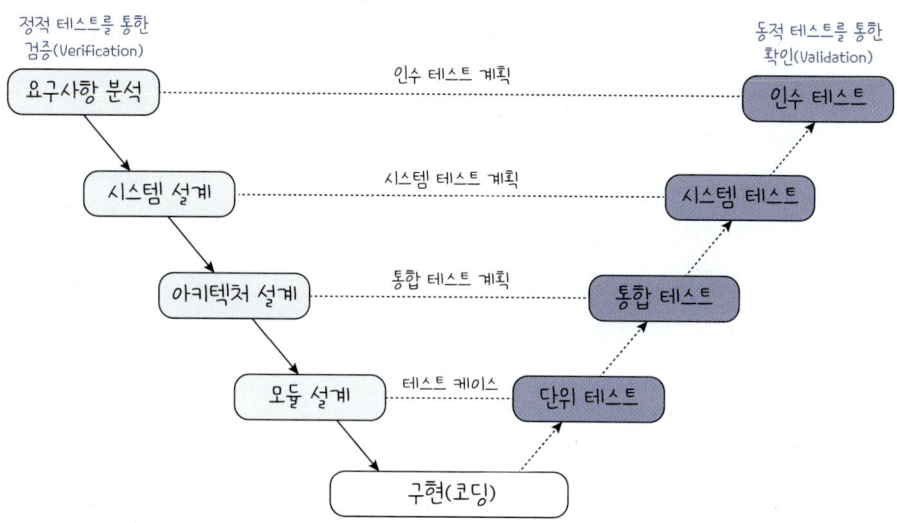

- 통합 테스트 : 단위 테스트 후 인터페이스 관련 테스트

하향식 통합	메인 모듈 → 하위 모듈, 깊이/너비 우선, stub 활용
상향식 통합	하위 모듈 → 메인 모듈, driver 활용

- 인수 테스트 : 사용자가 요구사항 충족 여부 테스트

알파	개발자의 장소에서 함께 진행
베타	장소 제한 없이 테스트 진행

28. 소스코드 최적화

- Bad Code : 복잡한 로직, 중복 코드, 스파게티 코드
- Clean Code : 가독성, 중복 최소화, 이해 용이, 추상화(구조적)
- Hard Code : 보안 관련 요소를 직접 나타낸 코드
- 소스코드 품질 분석 도구

정적 분석 도구	pmd, cppcheck, SonarQube, checkstyle
동적 분석 도구	Avalanche, Valgrind

- 소프트웨어 유지보수
  - Corrective : 버그/잠재적 오류 원인 제거
  - Perfective : 성능 문제 보완(높은 비용)
  - Adaptive : 환경의 변화를 반영
  - Preventive : 사용자 요구 예측
- 정형 기술 검토(FTR) 원칙 ★*
  - 준비 : 체크리스트, 사전 준비, 훈련
  - 초점 : 제품 검토, 문제점 명확화
  - 제한 : 시간, 참가자, 논쟁, 해결책
  - 후속 : 재검토

03 데이터베이스 구축

29. 관계형 데이터베이스

- 릴레이션 구성 ★*

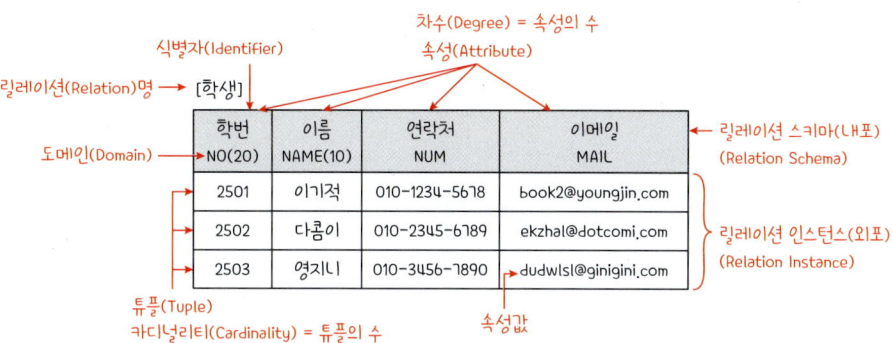

- 각 튜플은 고유해야 하며 순서가 없음
- 차수(Degree) : 전체 속성의 개수
- 기수(Cardinality) : 전체 튜플의 개수
- Null : 정보의 부재(없음)를 명시
  └ "아직 모름" 또는 "적용 불가"

- 키 종류 ★*

(후보)키	유일성+최소성
기본키	후보키 중 선택된 키
대체키	후보키 중 선택되지 않은 키
슈퍼키	유일성
외래키	다른 릴레이션의 기본키 참조

30. 정규화

- 데이터 종속성
  - 함수 종속 : 결정자(종속 기준) → 종속자
  - 다치 종속 : 결정자 → 서로 관련 없는 종속자
  - 조인 종속 : 셋 이상 분리 후 다시 복원 가능
- 정규형

기본 정규형	1NF	도메인이 원자값만 가지도록 분해
	2NF	부분 함수 종속 제거
	3NF	이행적 함수 종속 제거
고급 정규형	BCNF	결정자가 후보키가 아닌 종속 제거
	4NF	다치 종속 제거
	5NF	후보키를 통하지 않는 조인 종속 제거

- 이상 현상 ✪* : 삽입 이상, 갱신 이상, 삭제 이상
- 반정규화 : 운용 편의를 위해 중복, 통합, 분할

31. SQL

- DDL : CREATE, ALTER, DROP, TRUNCATE
  - SET DEFAULT : 관련 튜플 모두 기본값 지정
  - SET NULL : 관련 튜플을 (삭제하는 대신) NULL값으로 수정
  - CASCADE : 관련된 튜플 모두 함께 처리
  - RESTRICT : 관련된 튜플이 없는 경우에만 처리
- DML : SELECT, INSERT, DELETE, UPDATE
  - DISTINCT : 중복된 레코드는 하나만 출력
  - GROUP BY ~ HAVING : 그룹 ~ 그룹 내 조건
  - ORDER BY : 정렬 — ASC ↑ / DESC ↓
- DCL : GRANT, REVOKE
  - WITH GRANT OPTION : 부여받은 권한 재부여/회수
  - WITH ADMIN OPTION : 부여받은 권한 재부여
- TCL : COMMIT, ROLLBACK, CHECKPOINT

32. 관계형 질의 언어 ★*

- 관계 해석 : 비절차적, 술어 해석 기반, 데이터가 무엇인지 정의

연산자	OR(∨), AND(∧), NOT(⌐)
정량자	전칭(∀), 존재(∃)

- 관계 대수 : 절차적, 연산자 기반, 데이터 처리 방법

일반 집합 연산자	합집합(∪), 교집합(∩), 차집합(-), 교차곱(×)
순수 관계 연산자	SELECT(σ), PROJECT(π), JOIN(⋈), DIVISION(÷)

33. 트랜잭션

- 트랜잭션 특징(ACID) ★*

원자성(Atomicity)	모든 연산이 수행되거나 하나도 수행되지 말아야 함
일관성(Consistency)	시스템 고정 요소는 트랜잭션 이후에도 같아야 함
고립성(Isolation)	트랜잭션 실행 도중 다른 트랜잭션의 영향을 받지 않아야 함
지속성(Durability)	트랜잭션의 결과는 항상 유지(영구 반영)되어야 함

- 트랜잭션 상태 제어
  - Active : 실행 중
  - Partially Committed : 연산 완료
  - Committed : DB 반영
  - Aborted : 실행 전 상태로 복구
  - Undo : 원래 내용 복원
  - Redo : 복원 취소

34. 시스템 카탈로그

- 구성 요소 : 시스템 카탈로그(DD), 데이터 디렉터리, 메타 데이터 ← DBMS가 스스로 생성/관리, 조회 가능, 변경 불가능

- 무결성 ★

도메인 무결성	도메인 범위 안에서만 표현
개체 무결성	식별자는 중복/Null 값을 가지지 못함
참조 무결성	식별자에 존재하는 값만 참조

- 스키마 ★

외부 스키마	사용자 입장, 다양한 DB구조 정의
개념 스키마	조직(DBA) 입장, 관리를 위한 하나의 DB구조 정의
내부 스키마	저장장치 입장, 물리적 구현을 위한 DB구조 정의

- 인덱스 : 검색 속도 특화, 수정 비효율적
- 뷰 : 원본에서 유도된 가상의 테이블 (논리적)
  - 시스템 카탈로그에 저장, 원본이 삭제되면 함께 삭제
  - 데이터 접근 방식 단순/다양화, 보안 유지, 독립성
  - 인덱스 불가, 변경 불가, 내용 수정 매우 제한
- 절차형 SQL
  - Procedure : 호출로 실행, 반환값 없음
  - User Defined Function : 호출로 실행, 반환값 있음
  - Trigger : 이벤트에 의해 자동 실행, 인수/반환값 없음

35. 로킹

- 로킹/회복 : <u>병행 처리의 문제점 개선</u>
  - 분실된 갱신, 모순성, 연쇄 복귀, 비완료 의존성
- 로크의 단위 ✰*

큰 경우	로크 개수/병행성(공유도)/오버헤드 ↓
작은 경우	로크 개수/병행성(공유도)/오버헤드 ↑

36. 스토리지

- 파티셔닝 : 하나의 테이블을 논리적인 작은 테이블로 분할

범위(Range) 분할	지정한 컬럼 값을 기준으로 분할
해시(Hash) 분할	해시 함수에 따라 데이터를 분할
조합(Composite) 분할	범위 분할 후 해시 분할로 다시 분할
목록(List) 분할	분할할 항목을 관리자가 직접 지정

= 복합

- 스토리지 구성 방식

DAS	• 서버와 저장장치를 직접 연결 • 운영 용이, 공유 불가능, 확장성 부족
NAS	• 서버와 저장장치를 네트워크로 연결 • 파일 공유, 확장성, 성능 저하 가능
SAN	• 서버와 저장장치를 전용 네트워크로 구성 • DAS+NAS, Fibre Channel 필수

04 프로그래밍 언어 활용

37. 프로그래밍 언어

- 종류 ✨

C	절차 지향, UNIX, 포인터
C++	C+객체지향
Java	객체지향 기반, Garbage Collector
Javascript	프로토타입(Prototype) 기반, 웹 스크립트, 보안/성능 취약
Python	단순, 객체지향+스크립트, 동적 타이핑
PHP	서버 측 웹 개발, 다양한 라이브러리, 보안 취약

- IDE 기능 요소 : Coding, Compile, Debugging, Deployment 등

38. 객체지향

- 구성 요소
  - Class : 객체 타입 정의/구현, 공통 특성 추상화 (속성+메소드)
  - Object : 클래스에 의해 구현된 대상의 총칭, 개별로 고유한 속성을 가짐
  - Instance : 특정 클래스에 의해 구현된 객체
  - Message : 객체 간 상호작용 수단
  - Method : 객체가 수행할 연산 정의 (≒ 함수)
- 기술
  - Encapsulation : 관련 속성과 메소드를 그룹화
  - Information Hiding : 캡슐화된 정보를 보호(접근 제어)
  - Abstract : 공통된 요소 추출하여 상위 클래스로 구현(구조화)
  - Inheritance : 상위 클래스 재사용, 기능 확장
  - Polymorphism : 상속된 여러 하위 객체들이 서로 다른 형태를 가짐
    - 오버로딩 : 같은 이름으로 서로 다른 메소드 호출
    - 오버라이딩 : 상속된 메소드를 재정의
    - 업캐스팅 : 하위 객체를 상위 객체 타입으로 제어

- 객체지향 분석 방법론

Rumbaugh (가장 일반적)	객체(정보) 모델링	객체 다이어그램
	동적 모델링	상태/활동 다이어그램
	기능 모델링	자료 흐름도(DFD)
Booch	Micro+Macro 개발 프로세스	
Jacobson	유스케이스 활용	
Coad&Yourdon	E-R 다이어그램 활용	
Wirfs-Brock	분석과 설계 간 구분 없이 연속적	

- 객체지향 설계 원칙(SOLID) ★*

Single Responsibility	클래스 내 기능들은 하나의 문제 해결을 위해 존재
Open-Closed	확장은 개방적, 수정은 폐쇄적
Liskov Substitution	하위 클래스는 상위 클래스에 호환(대체) 가능
Interface Segregation	필요한/구체적인 인터페이스 구현
Dependency Inversion	하위 클래스의 변경이 상위 클래스에 영향을 주지 않음

39. 디자인 패턴 ★*

- 생성 패턴

Factory Method	객체 생성을 하위 클래스에 위임
Abstract Factory	관련 하위 클래스들이 상위 클래스의 객체 생성 코드를 받아서 사용
Builder	객체 생성 과정을 단계별로 분리
Prototype	기존 객체를 복제하여 새로운 객체 생성
Singleton	오직 하나의 인스턴스만 존재

- 구조 패턴

Adaptor	서로 다른 인터페이스를 변환하여 함께 작동
Bridge	기능부와 구현부로 분리(독립)하여 연결
Composite	복합 객체를 단일 객체처럼 관리(트리 구조)
Decorator	기존 클래스 변경 없이 새로운 기능 추가
Facade	복잡한 서브 시스템을 단순한 인터페이스로 사용
Flyweight	사용 빈도 높은 데이터 공유 극대화
Proxy	대리자를 통해 객체 접근

(Adaptor 행 주석: 추상화 — "다른 인터페이스"를 가리킴)
(Bridge 행 주석: "기능부"에 밑줄)

- 행위 패턴

Interpreter	언어/명령어 문법 해석
Template Method	상위 클래스는 틀, 하위 클래스에서 구현
Chain of Responsibility	객체들이 순서대로 문제 해결
Command	요청을 객체로 캡슐화, 복구/취소 가능
Iterator	내부 구현을 노출하지 않고 순차적 접근 방법 제공
Mediator	객체 간 통신을 중재자를 통해 처리(단순화)
Memento	객체 상태를 저장해두어 복구 가능하도록 도움
Observer	객체 상태 변화 관찰/통지
State	내부 상태에 따라 다른 기능 수행
Strategy	문제 해결에 다양한 알고리즘 사용/확장/변경
Visitor	자료구조에서 알고리즘 분리(추가 용이)

40. UNIX/LINUX

- UNIX 구성

커널(Kernel)	핵심 시스템 관리
쉘(Shell)	사용자 명령 해석을 통해 시스템 기능 수행
유틸리티(Utility)	문서 편집, 언어 번역 등의 기능 제공

- 명령어

ls	파일 목록	exec	프로세스 실행
cp	파일 복사	fork	프로세스(하위)를 생성
cat	파일 내용 출력	fsck	파일 시스템 검사, 복구
mv	파일 이동/이름 변경	getpid	프로세스 정보 출력
mkdir	새로운 디렉터리 생성	uname	시스템 정보 출력
chdir	현재 작업 디렉터리 변경	mount	파일 시스템 연결(마운팅)
clear	터미널 화면 삭제	sleep	프로세스 실행 일시 중단(대기)
chmod	접근 권한 변경	who	로그인 사용자 정보 출력
find	파일 검색	grep	특정 패턴을 가진 텍스트 검색
chown	파일 소유자(owner) 변경		

41. 프로세스

- 프로세스 전이 과정 ★★

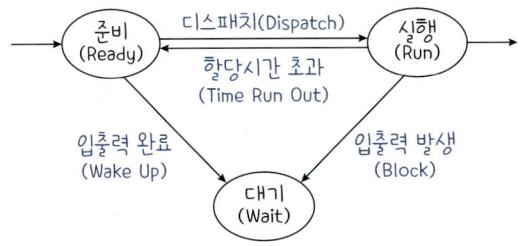

- 프로세스 스케줄링

비선점형	FIFO	도착 순서대로 처리, 평균 반환 시간↑
	SJF	실행 시간이 짧은 순으로 처리, 기아 상태 발생
	HRN	대기 시간이 길어질수록 우선순위 상승
선점형	RR	프로세스를 순서대로 처리
	SRT	실행 시간이 가장 적은 프로세스 처리
	MFQ	짧은/입출력 위주 프로세스에 우선순위 부여

HRN 우선순위 = (대기 시간+실행 시간)/실행 시간

RR — Time Slice 단위로 처리

- 교착 상태 필요 충분 조건⭐ : 상호 배제(Mutual exclusion), 점유와 대기(Hold and wait), 비선점(No preemption), 환형 대기(Circular wait)
- 교착 상태 해결 방안⭐ : 예방(Prevention), 회피(Avoidance), 발견(Detection), 회복(Recovery)

42. 기억 장치 관리 전략

- 배치 전략

First Fit	첫 번째 배치 가능한 곳에 배치
Best Fit	여유 공간이 적게 남는 곳에 배치⭐
Worst Fit	여유 공간이 많이 남는 곳에 배치

- 페이지 교체 알고리즘

FIFO	가장 오래된 페이지 교체
OPT	가장 오래 사용 안 될 페이지 교체
LRU	가장 오래 사용 안 된 페이지 교체
LFU	사용 빈도가 가장 적은 페이지 교체
NUR	최근에 사용하지 않은 페이지 교체
SCR	오래된 페이지 중 자주 사용되는 페이지 교체 방지

05 정보 시스템 구축 관리

43. 네트워크

- 네트워크 장비

Hub	다수의 컴퓨터 연결, 더미/스위칭
Repeater	전송 중 감쇠 신호 증폭 (속도↓)
Bridge	같은 프로토콜을 사용하는 서로 다른 LAN 연결, 트래픽 조절
Switch (소프트웨어 기반)	허브 확장, 충돌 방지
Router (하드웨어 기반)	목적지까지의 최적 경로 설정
Gateway	서로 다른 통신망 접속을 위한 출입구

- 네트워크 토폴로지

Bus	단일 중앙 회선에 장치 연결, 간단, 보안 취약
Star	중앙 허브에 장치 연결, 관리 용이, 허브 리스크 상승
Ring	이웃 단말기 간 연결, 양방향, 관리 어려움, 보안 취약
Tree	Star 토폴로지를 계층적으로 연결, 확장성, 트래픽 과도
Mesh	모든 단말기 연결, 공중 통신망, 연결성, 비용 상승

44. OSI 7계층 ★

Physical	물리적 매체를 통해 전송	전송 회선, 허브, 리피터
Data Link	노드 간 전송 데이터 흐름 제어	스위치, 브리지, 이더넷
Network	목적지까지 안전하고 효율적으로 전달	라우터, IP, ICMP, ARP
Transport	종단 간 데이터 흐름 제어	TCP, UDP
Session	통신 프로세스 간 동기화(대화 제어)	
Presentation	데이터 인코딩, 압축, 암호화	
Application	사용자 대상 인터페이스/서비스 지원	HTTP, FTP, SMTP, DNS

45. TCP/IP

- 응용 계층
  - SMTP : 메일 전송
  - POP3 : 메일 수신(다운로드) ★
  - MIME : 멀티미디어 관련 메일 관리
  - IMAP : 메일 헤더 분석/처리
  - telnet : 원격제어, 평문 전달, 23번 포트
  - SSH : 원격제어, 암호문 전달, 22번 포트
  - HTTP : 웹 문서 전송, 80번 포트
  - HTTPS : 웹 문서 전송, 전체 암호화, 443번 포트 ★
  - S-HTTP : 웹 문서 전송, 페이지 암호화
  - DNS : 도메인 네임을 IP주소로 변환, 53번 포트 ★
  - FTP : 파일 전송, 21번 포트
- 전송 계층
  - TCP : 안정적으로 데이터 흐름 제어(신뢰성)
  - UDP : 비연결성 통신 제공, 스트리밍 적합

DHCP	IP주소 자동 할당	RTP	실시간 멀티미디어 데이터 전송
NTP	컴퓨터 시간 동기화	TFTP	FTP보다 간단한 파일 전송
SNMP	네트워크 장비 관리		

- 인터넷 계층
  - IP : 정보 송수신, TCP로 신뢰성 부여
  - ARP : IP주소 → MAC주소 ★
  - RARP : MAC주소 → IP주소 ★
  - ICMP : 오류 메시지 수신/관리
  - IPSec : IP+보안

46. IP주소 체계

IPv4	IPv6
• 8bit × 4부분(32bit) • 마침표로 구분 • 10진수 • 유니/멀티/브로드캐스트	• 16bit × 6부분(128bit) • 콜론으로 구분 • 16진수 • 유니/멀티/애니캐스트

47. 신기술 동향 ⭐⭐

- Kiosk : 터치 스크린+무인 정보 시스템
- Digital Twin : 물리적 자산을 가상 모델로 복제
- Deep Learning : 인공 신경망 기반 기계 학습
- Blockchain : 금융 정보를 참여자들의 네트워크 장비에 분산 저장
- Grayware : 악의성이 없지만 사용자에 따라 불편하거나 위험할 수 있는 SW
- Scareware : 거짓 사실로 공포심 자극하여 설치/구매 유도 SW
- Vaporware : 계획이 있었지만 실제 배포되지 않은 SW
- HoneyPot : 공격을 유도하여 공격자 정보 수집/분석
- Metaverse : 사회/경제/문화 활동이 가능한 가상세계
- HACMP : 2대 이상의 시스템을 클러스터링, 안정적 서비스
- Cloud HSM : 클라우드 기반 보안 모듈
- Hadoop : 오픈 소스 기반 분산 컴퓨팅 플랫폼, 병렬 처리
- Data Warehouse : 기업의 의사 결정 지원, 시계열적 축적/통합
- Data Mining : 빅데이터에서 의미 있는 규칙, 관계 추출
- Bluetooth : 근거리 무선 접속
- Smart Grid : 고도화된 지능형 전력망
- Mesh Network : 무선 랜 한계 극복, 대규모, 특수 목적
- Beacon : 근거리에 주기적으로 무선 신호 방출
- Foursquare : 위치 기반 SNS
- 클라우드 컴퓨팅 : 인터넷으로 연결된 컴퓨터를 활용하여 처리

SaaS	운영체제, 소프트웨어 구축
PaaS	개발을 위한 플랫폼(HW/SW) 구축
IaaS	인프라(서버, 스토리지, 네트워크) 임대
BaaS	블록체인 응용 기술 제공

- SDDC : 인력 개입 없이 SW로 정의되는 데이터 센터
- DPI : OSI 7 Layer 전 계층을 모니터링하는 패킷 분석 기술

48. 사용자 인증

- 사용자 인증 유형(시스템 인증 구분)

Something You Know	지식 기반	패스워드/핀 번호
Something You Have	소유 기반	출입증/OTP
Something You Are	존재 기반	지문/홍채
Something You Do	행위 기반	서명/행동
Somewhere You Are	위치 기반	GPS/IP

- Log-In : 접근 허가를 위한 인증 과정
  - Session : 로그인 → 로그아웃 구간
  - SSO ✶* : 한 번의 로그인으로 모든 시스템 이용
- 인증 도구

Digital Signature	송신자가 자신의 비밀키로 암호화한 메시지를 수신자가 송신자의 공개키로 해독
Digital Certificate	공개키를 소유한 사용자에 대해서 신뢰할 만한 인증기관의 서명용 개인키로 전자 서명한 인증서
AAA ✶*	인증(Authentication), 권한 부여/인가(Authorization), 계정관리(Accounting)

- 접근 통제 정책

정책	MAC	DAC	RBAC
권한 부여	시스템	데이터 소유자	중앙 관리자
접근 결정	보안 등급(Level)	신분(Identity)	역할(Role)
정책 변경	고정적	변경 용이	변경 용이
장점	안정적, 중앙 집중적	구현 용이, 유연함	관리 용이

49. 보안 공격

- 정보보안 3요소(CIA) ⭐

기밀성(Confidentiality)	인가된 사용자만 정보에 접근할 수 있는 속성
무결성(Integrity)	정보가 불법적으로 생성(위조), 변경(변조), 삭제되지 않는 속성
가용성(Availability)	인가된 사용자가 문제없이 정보를 사용할 수 있는 속성

- 취약점
  - XSS(Cross-Site Scripting) : 웹 페이지에 악의적 스크립트 포함, 사용자 측 실행
  - Injection : 코드, SQL 등을 주입하여 의도하지 않은 명령 수행/접근
  - CSRF(Cross-Site Request Forgery) : 사이트 요청 위조
  - Session Hijacking : 세션이 연결되어 있는 상태를 가로채는 공격

- 악성 코드
  - Trojan Horse : 정상 파일에 숨어있다 특정 시점에 포트 개방
  - Worm : 독립적, 자기 복제를 통한 시스템 과부하
  - Ransomware ⭐ : 내부 파일 암호화 해독을 조건으로 금전 요구
  - Sniffing : 전송되는 트래픽 훔쳐보기

- 서비스 거부(Denial of Service) 공격
  - Ping of Death ⭐ : 규정된 크기 이상의 ICMP 패킷을 전송
  - SYN Flooding : TCP의 3-Way-Handshake 취약점을 이용
  - Smurf : ICMP 프로토콜의 취약점을 이용
  - DDoS : 분산된 다수의 좀비 PC(악성 Bot)를 이용하여 공격
  - DRDoS : 출발지 IP를 공격 대상 IP로 위조하여 다수의 반사 서버로 요청 정보(SYN)를 전송
  - LAND : 출발지와 목적지 주소(또는 포트)를 동일하게 하여 동작 마비

- 사회 공학 공격
  - Voice Phishing : 전화 등으로 공공기관을 사칭하여 이루어지는 피싱
  - Smishing : SMS를 이용해 이루어지는 피싱
  - Parming : 가짜 사이트 접속을 유도하여 개인정보 탈취
  - Spear Phishing : 특정 그룹을 목표로 진행되는 피싱
  - Baiting : 무료 영화/웹툰 사이트 등으로 유도

- 보안 솔루션
  - 침입 차단 시스템(Firewall) : 불법 침입 차단, 내부 문제/새로운 공격 대응 불가

Deny All(Whitelist)	허용할 들어오는 트래픽 선별
Permit All(Blacklist)	차단할 나가는 트래픽 선별

  - 침입 방지 시스템(IPS) : 불법 침입 차단, 새로운 형태 공격 차단(지능적)
  - 침입 탐지 시스템(IDS) : 비정상 접근 탐지, 차단 불가

50. 암호 알고리즘

- 비밀(대칭)키 : 양방향(암/복호화), 키 비공개

DES	64bit 블록, 16라운드
AES	DES 대체, 미국, 128bit 블록, 가변길이 키/라운드
IDEA	DES 대체, 스위스, 64bit 블록, 8라운드
SEED	한국 기술, 128bit 블록, 16라운드
ARIA	한국 기술, AES 개선, 128bit 블록
WEP	유선 LAN 수준의 무선 보안
TKIP	WEP 취약성 보완
WPA	TKIP 기반 무선랜 보안 표준

- 공개(비대칭)키 : 양방향(암/복호화), 암호화 키 공개 ✨

RSA	소인수 분해 원리
ECC	RSA 대안, 이산대수 난해성, 비트코인/ElGamal에 활용
DSA	미국 정부용, ElGamal 알고리즘 기반

- 해시 암호 : 단방향(암호화), 무결성 검사
  └ SNEFRU, MD4, MD5, N-NASH, SHA

이기적 유튜브 채널

유튜브에서 **이기적 영진닷컴**을 검색해보세요!

교재 연계 동영상 강의	 저자 직강 무료 강의
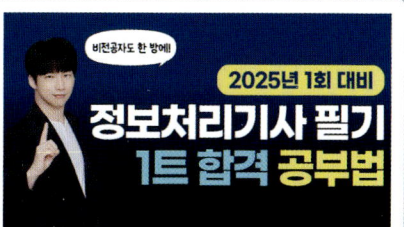 시험 관련 특별 강의	 그 밖의 다양한 콘텐츠

 구독자 수 **약 15만 명**

 업로드 영상 **약 9천 개**

누적 조회수 **약 5500만 회**

이기적 영진닷컴

"이" 한 권으로
합격의 "기적"을 경험하세요!